Reinhard Stockmann, Ulrich Menzel, Franz Nuscheler
Entwicklungspolitik

Reinhard Stockmann, Ulrich Menzel,
Franz Nuscheler

Entwicklungspolitik

Theorien – Probleme – Strategien

2., überarbeitete und erweiterte Auflage

ISBN 978-3-486-71874-4
e-ISBN (PDF) 978-3-486-85564-7
e-ISBN (EPUB) 978-3-11-039890-8

Library of Congress Cataloging-in-Publication Data
A CIP catalog record for this book has been applied for at the Library of Congress.

Bibliografische Information der Deutschen Nationalbibliothek
Die Deutsche Nationalbibliothek verzeichnet diese Publikation in der Deutschen Nationalbibliografie; detaillierte bibliografische Daten sind im Internet über http://dnb.dnb.de abrufbar.

© 2016 Walter de Gruyter GmbH, Berlin/Boston
Einbandabbildung: iStockphoto © AntiMartina
Druck und Bindung: CPI books GmbH, Leck
♾ Gedruckt auf säurefreiem Papier
Printed in Germany

www.degruyter.com

Vorwort zur 1. Auflage

Die Idee zu diesem Werk stammt von Dr. Arno Mohr, der vom Oldenbourg Wissenschaftsverlag damit beauftragt worden war, eine Reihe „Hand- und Lehrbücher der Soziologie" herauszugeben. Schon Anfang 2006 war er an mich mit dem Wunsch herangetreten, ein Buch zur Entwicklung der Dritten Welt zu schreiben. Die Mitautoren waren schnell gefunden: die Kollegen Ulrich Menzel und Franz Nuscheler mit ihren je spezifischen Stärken. In einem gemeinsamen Workshop erstellten wir ein Konzept, das drei zentrale Themen von Entwicklung behandelt: Theorien der Entwicklung, Grundprobleme der Entwicklung und Strategien zu ihrer Überwindung. Ursprünglich war ein stärker integriertes Werk intendiert gewesen. Doch bald merkten wir, dass die unterschiedlichen Wissenschaftszugänge, Arbeitsweisen, Schreibstile etc. doch eher drei Werke ergeben würden, die unter einem Dach, einer gemeinsamen Themenstellung, vereint werden sollten. So ist ein Handbuch entstanden, das drei zentrale Aspekte von Entwicklung behandelt, die aufeinander aufbauen und sich gegenseitig ergänzen. Die einzelnen Kapitel informieren umfassend und aktuell über den derzeitigen Forschungsstand und weisen auf Erkenntnislücken und weitere Forschungsbedarfe hin. Sie sollen insbesondere Studierenden aller Fachrichtungen, aber auch allen anderen entwicklungspolitisch Interessierten, eine fundierte Grundlage bieten, um die Paradigmen der entwicklungstheoretischen Ideengeschichte und ihre wichtigsten Kontroversen, die Grundprobleme der Entwicklungsländer, die eng mit denen der Industrieländer verwoben sind, sowie die entwicklungspolitischen Strategien und die aus ihnen resultierenden Wirkungen verstehen und einordnen zu können. Wir hoffen, dass dieses Werk hierzu einen Beitrag leistet.

Für die Autoren
Reinhard Stockmann

Vorwort zur 2. Auflage

Nach fünf Jahren war eine gründliche Rundumerneuerung unseres Buches zwingend notwendig. Viel hat sich in den letzten Jahren auf der internationalen wie nationalen entwicklungspolitischen Bühne getan. 2015 könnte zu einem weichenstellenden Jahr für die Entwicklungspolitik avancieren, in dem die wegweisenden *Millennium Development Goals* durch die Post-2015-Entwicklungsagenda abgelöst werden. Viele Entwicklungsprobleme harren weiterhin ihrer Lösung und dies in zunehmend turbulenter werdenden Zeiten, die gekennzeichnet sind durch (Bürger-)Kriege, Terrorismus, Finanz-, Wirtschafts- und Umweltkrisen, die globale Migrationsströme verursachen. Umso wichtiger ist es, in dieser wachsenden Komplexität Strukturierungsangebote zu unterbreiten. Diese können theoretischer Natur sein, indem versucht wird, Entwicklungsprozesse und ihre Disparitäten zu erklären. Ein anderer Weg ist es, die Weltprobleme zu benennen, zu beschreiben und zu analysieren. Und zu guter Letzt kann man sich ansehen, wie die Weltgemeinschaft versucht, diesen Herausforderungen zu begegnen.

Diese drei Wege werden in dem vorliegenden Band beschritten. Wir freuen uns, dass die Zerlegung dieser komplexen Thematik in drei Blöcke überwiegend positiv von den Rezensenten/-innen aufgenommen wurde und dass gerade darin eine „große Stärke des Buches" (Fred Krüger) bzw. ein gelungener „stilistischer Kniff" (Meik Nowak) gesehen wird. Das Lob, dass „dieses Buch *das* Standardwerk hinsichtlich des vielfältigen Themas Entwicklungspolitik im deutschen Sprachraum darstellt" (politische bildung 3/2011) war uns Ansporn, eine sorgfältige Überarbeitung für die zweite Auflage vorzunehmen, ohne die Grundstruktur zu verändern.

Reinhard Stockmann
Ulrich Menzel
Franz Nuscheler

Dank zur 1. Auflage

So ein voluminöses Werk wie das vorliegende kann nicht ohne Unterstützung vieler Helfer/-innen gedeihen. Zu besonderem Dank sind die Autoren verpflichtet: Angelika Nentwig, Miriam Grapp, Anna Katharina Harz, Ursula Schürmann, Bettina Kolodziej und Yann Lorenz, die den kaum zu bändigenden Textstrom in eine publizierbare Form brachten.

Nicht zuletzt ist dem Oldenbourg Verlag zu danken, der mit den Autoren viel Geduld hatte und das Werk nun allen Interessierten in einer Zeit zugänglich gemacht hat, in der Fragen der Entwicklung und der Entwicklungspolitik die Gesellschaft wieder stärker interessieren.

Reinhard Stockmann
Ulrich Menzel
Franz Nuscheler

Dank zur 2. Auflage

Zur Überarbeitung dieses umfangreichen Buches haben viele beigetragen, denen wir ganz herzlich danken: Sandra Bäthge, Selina Röhrig, Angelika Nentwig und Bettina Kolodziej.

Inhalt

Vorwort zur 1. Auflage —— V

Vorwort zur 2. Auflage —— VI

Dank zur 1. Auflage —— VII

Dank zur 2. Auflage —— VII

Einleitung: Entwicklung —— 1
Reinhard Stockmann

Teil I: Entwicklungstheorie
Ulrich Menzel

1	**Was ist Entwicklungstheorie?** —— 13	
1.1	Was ist Entwicklung? —— 13	
1.2	Funktionen sozialwissenschaftlicher Theorie —— 18	
1.3	Analytische versus normative Entwicklungstheorie —— 21	
1.4	Die entwicklungstheoretischen Begriffe —— 27	
1.5	Entwicklungstheorie als Sonderfall der Mutterdisziplinen? —— 34	
1.6	Entwicklungstheorie als Produkt von Entwicklung —— 37	
2	**Die Paradigmen der entwicklungspolitischen Ideengeschichte** —— 47	
2.1	Die Vorgeschichte: Merkantilismus und Physiokratie —— 47	
2.2	Die klassische Politische Ökonomie und deren Kritik —— 52	
2.3	Max Weber und der Beginn der Entwicklungssoziologie —— 71	
2.4	Das entwicklungstheoretische Sozialismus-Paradoxon —— 75	
2.5	Neoklassik und deren Kritik: Keynesianismus und Korporatismus —— 79	
2.6	Boeke und die Dualismustheorie —— 82	
2.7	Parsons und der Strukturfunktionalismus —— 85	
3	**Die Etablierung der Disziplin durch die Pioniere** —— 88	
3.1	Keynesianische Entwicklungsökonomie —— 88	
3.2	Comparative Politics und die Theorie Politischer Entwicklung —— 100	
3.3	Theorien mentalen und sozialen Wandels —— 103	
3.4	Historisch-komparative Ansätze —— 107	

4 Die kritischen Gegenpositionen — 109
4.1 Die Singer-Prebisch-These — 109
4.2 Baran und die Neoimperialismustheorie — 112
4.3 Strukturalismus und Dependenztheorie — 115

5 Die große Zeit der Entwicklungstheorie — 127
5.1 Weltmarkt und ungleicher Tausch — 127
5.2 Peripherer Kapitalismus — 130
5.3 Neue Weltwirtschaftsordnung versus Grundbedürfnisse — 135
5.4 Weltsystemtheorie Wallerstein versus Elsenhans — 137
5.5 Koloniale Produktionsweise und Bielefelder Verflechtungsansatz — 145
5.6 Schwacher Staat oder starker Staat? — 150
5.7 Die Theorie nachholender Entwicklung — 155
5.8 Die Renaissance der Neoklassik und deren Kritik — 161
5.9 Der bürokratische Entwicklungsstaat — 165

6 Die Theorie in der Krise — 169
6.1 Die Differenzierung der Entwicklungsländer — 169
6.2 Die Umkehrung des Peripherisierungsdrucks — 179
6.3 Das Stadienmodell der Entwicklung: von der Agrargesellschaft zur Postindustriellen Gesellschaft — 181
6.4 Postskriptum: 30 Jahre später „nichts Neues im Westen" — 185

Literatur — 192

Teil II: Weltprobleme
Franz Nuscheler

1 Weltprobleme – globale Herausforderungen — 207
1.1 Der Katalog von globalen Herausforderungen — 209
1.2 Herausforderungen und Überforderungen der Entwicklungspolitik — 211
1.3 Themenschwerpunkte von Teil II — 213

2 Die Janusköpfigkeit der Globalisierung — 220
2.1 Dimensionen und Wirkungsketten der Globalisierung — 221
2.2 Wer wird an- oder abgekoppelt? — 226
2.3 Soziale Gewinner/-innen und Verlierer/-innen der Globalisierung — 231
2.4 Dekolonisierung der „letzten Kolonie" — 233
2.5 Risiken für eine globale nachhaltige Entwicklung — 234

2.6	Globalisierung, Demokratie und Menschenrechte —— 236	
2.7	Fazit: Wenn sich die Probleme globalisieren, muss sich auch die Politik globalisieren —— 240	

3 Weltwirtschaftskrise: Globale Verwundbarkeiten —— 244
- 3.1 Auswirkungen der globalen Finanz- und Wirtschaftskrise —— 245
- 3.2 Von der hegemonialen zur fragmentierten Weltordnung —— 249
- 3.3 Die Verschuldungskrise entschärfte sich im Süden und verschärfte sich im Norden —— 251
- 3.4 Unvollendete Bauarbeiten an einer neuen globalen Finanzarchitektur —— 254

4 Umstrittene Welthandelsordnung —— 257
- 4.1 Handel: Chance oder Sackgasse für Entwicklung? —— 258
- 4.2 Das zählebige Streitthema der Terms of Trade —— 260
- 4.3 Funktionsweisen des „unfairen Handels" —— 262
- 4.4 Kaffee: das Paradebeispiel für „unfairen Handel" —— 265
- 4.5 Teilreparaturen von agrar- und entwicklungspolitischen Fehlentwicklungen —— 267
- 4.6 Die WTO: umstrittene Gralshüterin des Freihandels —— 270
- 4.7 Fazit: Perspektiven für eine ökosoziale Weltwirtschaft —— 273

5 Ressourcenarmut – „Ressourcenfluch" – Ressourcenkonflikte —— 278
- 5.1 Rohstoffe: Reichtum und Elend vieler Entwicklungsländer —— 279
- 5.2 Von gescheiterten Rohstoffabkommen zur Rohstoffdiplomatie —— 281
- 5.3 Wie aus dem Ressourcenreichtum ein „Ressourcenfluch" wurde —— 283
- 5.4 Energiearmut – mehr als ein Erschwernis des Alltags —— 287
- 5.5 Wasser: verknappendes Lebensmittel und Reservoir der Ernährungssicherung —— 289
- 5.6 Von Wasserkrisen zu „Wasserkriegen"? —— 291
- 5.7 Fazit: „Do not harm!" —— 293

6 Das Armutsproblem als entwicklungspolitisches Schlüsselproblem —— 295
- 6.1 Definitionen von Armut —— 296
- 6.2 Lernprozesse in der Armutsforschung —— 298
- 6.3 Armut jenseits des niedrigen BIP pro Kopf —— 301
- 6.4 Feminisierung der Armut —— 303
- 6.5 Formen und Dimensionen der Kinderarmut —— 306
- 6.6 AIDS: ein sich verlangsamender Akzelerationsfaktor von Armut —— 311
- 6.7 Erfolge und Misserfolge des MDG-Großprojekts —— 313
- 6.8 Fazit: Armut nur im visionären „Museum der Weltgeschichte" —— 316

7 Droht ein „Jahrhundert des Hungers"? —— 319
- 7.1 Das Elend von Prognosen: Fortschritte und Rückschritte —— 320
- 7.2 Wie viele Menschen könnte die Erde ernähren? —— 321
- 7.3 Lehren des „Weltagrarberichts" von 2008 —— 325
- 7.4 Ursachen und Lehren der „Ernährungskrise" von 2007/08 —— 328
- 7.5 Von „Mensch oder Schwein" zu „Tank oder Teller" —— 329
- 7.6 Gefährdung der marinen Nahrungsquelle und des „Menschheitserbes Meer" —— 331
- 7.7 Fazit: die „Zero-Hunger-Challenge" – eine unlösbare Herausforderung —— 333

8 Der unsterbliche Malthus: das Horrorszenario der „Bevölkerungsexplosion" —— 337
- 8.1 Das Problem des „demografischen Übergangs" —— 339
- 8.2 Globale und regionale Fakten und Trends —— 340
- 8.3 Armut als Akzelerationsfaktor —— 342
- 8.4 Mehr Menschen verbrauchen mehr Ressourcen —— 347
- 8.5 Lehren aus bevölkerungspolitischen Erfahrungen —— 348
- 8.6 Die ICPD-Ziele und MDGs bedingen sich wechselseitig —— 351
- 8.7 Das „Jahrhundert der Städte" —— 352
- 8.8 Fazit: Es gibt Alternativen zu „Laissez mourir" —— 356

9 Der „globale Marsch": die Welt in Bewegung —— 358
- 9.1 Verwirrende Begriffe, Daten und Trends —— 359
- 9.2 Das „Weltflüchtlingsproblem" wurde wieder brisant —— 361
- 9.3 Das Grauzonen-Problem: die irreguläre Migration —— 365
- 9.4 Globalisierung und Migration: Genese einer globalen Klassengesellschaft —— 366
- 9.5 Migration und Entwicklung —— 367
- 9.6 Braingain versus Braindrain —— 369
- 9.7 Umfang und umstrittene Wirkungen der Remittances —— 370
- 9.8 Fazit: Nagelproben für die Menschenrechte in der „Festung Europa" —— 372

10 Umweltkrisen – Klimawandel – „Klimakriege" —— 375
- 10.1 Krise der Biosphäre – Verarmung der Artenvielfalt —— 376
- 10.2 Das Schwinden der Tropenwälder —— 376
- 10.3 Gefährdung der Böden und der Ernährungsbasis —— 379
- 10.4 Gefährdungspotenziale und Sicherheitsrisiken des Klimawandels —— 381
- 10.5 Harald Welzers Apokalypse von „Klimakriegen" —— 385
- 10.6 Die Weltbürgerbewegung: mehr als ein philosophisches Konstrukt? —— 388

| 10.7 | Der ökologische Nord-Süd-Konflikt —— 391 |
| 10.8 | Fazit: vom „ökologischen Imperativ" zu den SDGs —— 393 |

11 Politische Strukturgebrechen: Bad Governance – Korruption – Staatszerfall —— 397

11.1	Strukturgebrechen von Bad Governance —— 398
11.2	Konjunktur des Konzepts von Good Governance —— 400
11.3	Korruption als Metapher für Bad Governance —— 402
11.4	Die „apokalyptische Trias" in fragilen Staaten —— 403
11.5	Demokratie – eine Bedingung von Entwicklung? —— 405
11.6	Fazit: Ohne Rechtssicherheit gibt es keine Entwicklung —— 408

12 Planetarische Verantwortungsethik im „globalen Verantwortungsraum" —— 410

Literatur —— 412
   Weiterführende Literatur, Daten und Analysen —— 419

Teil III: Entwicklungsstrategien und Entwicklungszusammenarbeit
Reinhard Stockmann

1 Einbettung der Entwicklungspolitik in die Gesamtpolitik —— 425

2 Entwicklungsstrategien —— 432

2.1	Entwicklungsstrategien aus historischer Perspektive —— 432
2.2	Internationale Entwicklungsstrategien im 21. Jahrhundert —— 451
2.3	Entwicklungsstrategien Deutschlands seit dem Millennium —— 477

3 Entwicklungszusammenarbeit Deutschlands —— 491

3.1	Handlungskonzepte für die Entwicklungszusammenarbeit —— 491
3.2	ODA-Leistungen —— 500
3.3	Instrumente der Entwicklungszusammenarbeit —— 508
3.4	Nationale Akteure der Entwicklungszusammenarbeit —— 520
3.4.1	Das BMZ und seine staatlichen Durchführungsorganisationen —— 520
3.4.2	Organisatorische Zersplitterung der staatlichen Entwicklungszusammenarbeit —— 536
3.4.3	Nichtregierungsorganisationen und Politische Stiftungen —— 545

4 Wirksamkeit der Entwicklungszusammenarbeit —— 562

| 4.1 | Kritik an der Entwicklungszusammenarbeit —— 562 |
| 4.2 | Individuelle Beobachtungs- und Erfahrungsberichte —— 563 |

4.3 Ergebnisse makroökonomischer Analysen —— 566
4.4 Evaluationen zur Wirksamkeit von Projekten und Programmen der Entwicklungszusammenarbeit —— 575
4.5 Warum alles besser werden könnte —— 587
4.6 Lehren für die Zukunft —— 593

5 **Entwicklungspolitischer Reformbedarf** —— 601

Literatur —— 616

Abkürzungsverzeichnis —— 638

Autoren —— 643

Einleitung: Entwicklung

Reinhard Stockmann

„Entwicklung" ist ein Begriff mit vielen Facetten, der aus der politischen Diskussion nicht mehr wegzudenken ist. Obwohl erst im 17. Jahrhundert als Übersetzung des lateinischen „evolutio" nachweisbar, hat er eine beispielhafte Karriere gemacht. Ähnlich wie in dem Begriff des „développement" in der Philosophie Leibniz' bildet das Verb „volvere" (= wickeln) die semantische Grundlage, sodass „Entwicklung" auf die Entfaltung und Hervorbringung von etwas hinweist, was bereits vorhanden und einer Sache inhärent ist, aber noch ent- bzw. ausgewickelt werden muss (vgl. Mols 1991: 116). Die gleiche Grundannahme, dass Entwicklung etwas zutage treten lässt, was vorher schon angelegt war, wird auch von den Naturwissenschaften geteilt. Im 18. und 19. Jahrhundert wird der Begriff immer mehr für die Bezeichnung von auf Fortschritt ausgelegten Prozessen angewendet: „Man geht davon aus, dass Individuen wie soziale Gebilde genügend Können und Rationalität erworben haben, um durch den Einsatz des eigenen Kräftepotentials eine immer bessere Welt hervorzubringen" (Mols, 1991: 116). An dieser Definition wird deutlich, dass Entwicklung ein aktiver Prozess des „Sich-Entwickelns" ist. Wissen, Kenntnisse und rationales Bewusstsein können in Ausbildungsprozessen erworben werden, doch ohne Einsatz des eigenen Kräftepotenzials gibt es keine Entwicklung. Schon Kant (1803) hatte darauf hingewiesen, dass die Geschöpfe die Entwicklung durch ihre eigene Tätigkeit zustande bringen müssen, also ein passives „Entwickelt-Werden" ausgeschlossen.

Der Begriff Entwicklung findet Eingang in die unterschiedlichsten Entwicklungskonzepte und Theorien. Ob Comte, Marx, Spencer oder Toynbee, gemeinsam ist ihnen die Vorstellung, dass gesellschaftliche Entwicklung eine in der Grundtendenz aufsteigende Linie darstelle, „eines mehr stufenförmig oder mehr kontinuierlich, manchmal auch dialektisch gedachten Fortschritts von ‚primitiveren' zu ‚höher entwickelten' Formen" (Geiger u. Mansilla 1983: 35).

Seit dem 19. Jahrhundert dient der Begriff als Legitimationsgrundlage für die Übertragung westlicher wirtschaftlicher, kultureller, sozialer und politischer Lebensformen auf außereuropäische Gesellschaften. Die christliche Auffassung von der Welt als Heilsgeschichte wird durch einen säkular definierten Entwicklungsbegriff ersetzt, der allen wirtschafts- und gesellschaftspolitischen Nachzüglern eine nachholende Entwicklung und damit Teilhabe am westlichen Konsum- und Wohlstandsmodell verspricht.

Der Begriff Entwicklung wird demnach erst durch die mit ihm konnotierten Werthaltungen, ethisch-politischen oder gar ideologischen Überzeugungen mit Inhalt gefüllt. Da ihn zudem die verschiedensten akademischen Disziplinen (Natur-, Wirtschafts- und Gesellschaftswissenschaften) verwenden, wird der Begriff um inhaltliche Facetten angereichert, die dem jeweiligen Wissenschaftskontext entstammen.

Selbstverständlich hat der Begriff auch über die Zeit hinweg seine Bedeutung verändert. In den 1950er-Jahren wurde Entwicklung auf wirtschaftliches Wachstum reduziert. In den 1960er-Jahren holten die Dependenztheorien zum großen Gegenentwurf aus und verbanden mit dem Begriff eine autochthone und emanzipative Entwicklung. Unter dem Eindruck ausbleibender Entwicklungserfolge waren die 1970er-Jahre geprägt von Überlegungen, wie die Grundbedürfnisse der Menschen in den Bereichen Ernährung, Gesundheit, Beschäftigung, Wohnen und Bildung sichergestellt werden könnten. Entwicklung wurde gleichgesetzt mit der Verbesserung der Lebensbedingungen.

Mit dem in den 1980er-Jahren aufkommenden Bewusstsein, dass die Ressourcen dieser Welt endlich sind, wurde immer klarer sichtbar, dass Entwicklungsvorstellungen – unabhängig davon, auf welcher theoretischen oder ideologischen Grundlage sie basieren – in den globalen Ruin führen, wenn das westliche Entwicklungsmodell ungebremst weiterhin als Leitmotiv dient. Gerade die Erfolge zunächst der „kleinen Tiger" in Südostasien, dann aber auch großer Volkswirtschaften wie Brasilien, Mexiko, Indien und China machten deutlich, dass der konsumorientierte Entwicklungsweg, konsequent zu Ende gedacht, nicht für alle Staaten replizierbar ist. Das Modell der nachholenden Entwicklung wurde in den 1990er-Jahren zunehmend durch das Konzept der nachhaltigen Entwicklung, wenn auch nicht ersetzt, so doch ergänzt.

Die Vieldeutigkeit des Begriffs führte schon in den 1980er-Jahren zu einer Debatte über seine Nützlichkeit. Einige plädierten dafür, das „quallige, amöbengleiche" Wort (Sachs 1989) zu eliminieren, „weil es einen zur Weißglut treibt" (Dirmoser 1991: 13). Doch Nohlen und Nuscheler (1993: 55) weisen zurecht darauf hin, dass es nicht genügt, einen Begriff für bankrott zu erklären, ohne ihn durch einen besseren und allgemein akzeptierten Begriff zu ersetzen.

Die Anhänger des „Post-Developmentalismus" gehen noch einen Schritt weiter. Sie wollen nicht nur den Begriff eliminieren, sondern auch jede Art von damit verbundener Entwicklungsvorstellung, da sie Entwicklung weder für ein erstrebenswertes noch für ein durch die gesamte Menschheit erreichbares Ziel halten. Nicht neu ist ihre Kritik, dass das wie auch immer mit Entwicklung verknüpfte Konstrukt dazu diene, die Vorherrschaft der industrialisierten über die restliche Welt zu legitimieren und zu zementieren. Allerdings ist diese Kritik am Entwicklungsbegriff selbst sehr undifferenziert, da sie sich nur auf einen Teil der damit verbundenen Entwicklungsvorstellungen bezieht.

Die von Wolfgang Sachs (1993: 9) geäußerte Ansicht, „dem Glauben an die Idee der Entwicklung abzuschwören, damit im Denken Raum ist für neue mutige Antworten", ist genauso unrealistisch wie naiv. Entwicklung findet auch statt, wenn sie nicht theoretisch unterfüttert oder von irgendwelchen Mächten gesteuert wird. Auch wenn es intellektuell durchaus einsichtig ist, dass das ressourcenausbeuterische, immer nur auf fortwährendes Wirtschaftswachstum setzende westliche Entwicklungsmodell global betrachtet ruinös ist und nachfolgenden Generationen die Folgen dieses Handelns aufbürdet, gibt es kaum ein Land, das diesen Weg nicht eingeschlagen hat oder zumindest begehen möchte.

Individuelles und kollektives Handeln stehen zudem im Einklang. Nicht nur Individuen und Familien wollen ihre Lebensbedingungen durch mehr Konsum, größeren Wohnraum, mehr (Auto-)Mobilität etc. verbessern und verwenden die Güter Bildung und Ausbildung lediglich als Mittel, um diese Ziele zu erreichen, sondern auch einzelne Staaten. Ganze Nationen, infiltriert durch westliche Kultur- und Konsumbilder, die via TV und Internet in die ärmsten Hütten der Welt transportiert werden, orientieren sich an diesem Entwicklungsmodell. Sie verfolgen – unterstützt durch internationale Entwicklungspolitik – diversifizierte Strategien, um möglichst rasch in den Genuss der individuellen und nationalen Statussymbole westlichen Entwicklungsfortschritts zu gelangen.

Die Vorstellung, man könne sich einfach vom Developmentalismus verabschieden, überschätzt die globale Steuerungsfähigkeit von (Post-)Entwicklungsprozessen, unterschätzt die Strahlkraft des westlichen Konsum- und Wohlstandsmodells und ignoriert den Willen von Milliarden Menschen, an dieser, als Ausgeburt westlichen Machstrebens denunzierten Entwicklung teilzuhaben.

Dabei ist die Haltung der Post-Developmentalisten nicht weniger eurozentristisch als die der Befürworter einer nachholenden Entwicklung. Indem sie sich auf einer höheren Aufklärungsstufe zur Rettung der Menschheit wähnen, leugnen sie die pragmatischen Entwicklungsbemühungen von Milliarden von Menschen, die versuchen, ein wenig von dem Wohlstand zu erreichen, der den Post-Developmentalisten schon in die Wiege gelegt wurde.

Letztlich ist das Dilemma um die Begriffsbestimmung und Deutung des Entwicklungsbegriffs normativ nicht zu lösen, weil er abhängig ist von individuellen und kollektiven Wertvorstellungen, die sich in Raum und Zeit ständig verändern. Nohlen und Nuscheler (1993: 56) halten Entwicklung für einen „Cluster-Begriff, dessen konstitutive Eigenschaften nicht verbindlich festgelegt werden können". Deshalb wird die Suche nach einem allgemein anerkannten Begriff erfolglos bleiben. Stattdessen schlagen sie (1993: 64ff.) das „magische Fünfeck von Entwicklung" vor, das auf theoretisch begründeten Elementen von Entwicklung basiert. D. h., sie definieren Kraft Setzung, welche normativen Elemente im Entwicklungsbegriff enthalten sein sollen. Auch wenn sich dieser Vorschlag an Theorien der Entwicklung und internationalen Übereinkünften orientiert, basiert er „nur" auf argumentativ begründeten Plausibilitätsüberlegungen. Andere Schwerpunktsetzungen können deshalb zu anderen Elementen eines Entwicklungsbegriffs führen.

Der Entwicklungsbegriff von Nohlen und Nuscheler (1993: 67ff.) konstituiert sich aus fünf Elementen:

1. Unter Wachstum verstehen die Autoren nicht nur eine quantitative Vermehrung von Gütern und Dienstleistungen, sondern eines, das an qualitative Bedingungen geknüpft ist. Einerseits an seine Verwendung zur gesellschaftlichen Wohlfahrtsvermehrung (also Verminderung der Armut) und andererseits an die Voraussetzung, dass das Wachstum nicht auf Kosten der natürlichen Lebensgrundlagen erfolgt.

2. Arbeit wird als ein weiteres unverzichtbares Element des Entwicklungsbegriffs bezeichnet. Mittels produktiver und ausreichend bezahlter Beschäftigung soll eine in Entwicklungsländern reichlich vorhandene Entwicklungsressource genutzt werden. Dadurch werden die Voraussetzungen dafür geschaffen, dass Menschen aus eigener Kraft ihre Armut überwinden können.
3. Gleichheit und Gerechtigkeit werden als qualitative Korrekturfaktoren zu Wachstum begriffen. Es geht nicht nur um die Stimulierung von Wachstum, sondern auch um dessen sozial gerechte Verteilung.
4. Partizipation wird von den Autoren als normativer Sammelbegriff definiert, der politische und soziale Menschenrechte zusammenfasst: „Partizipation fordert politische Mitwirkung und soziale Teilhabe an den materiellen und kulturellen Gütern einer Gesellschaft, ist also der Gegenbegriff zu Marginalität" (Nohlen u. Nuscheler 1993: 71).
5. Mit dem Element der Unabhängigkeit und Eigenständigkeit soll vor allem das Recht jedes Staates auf eine eigenständige Entwicklung postuliert werden.

Das schon in den 1970er-Jahren entwickelte Modell wurde in den 1990er-Jahren um aktuelle Aspekte wie die ökologische Dimension und den Markt ergänzt, ohne jedoch die Entwicklungsdefinition substanziell zu verändern. Erst in dem 2005 erschienenen Lern- und Arbeitsbuch „Entwicklungspolitik" verwandelt Nuscheler das „magische Fünfeck" in Anlehnung an das zivilisatorische Hexagon von Dieter Senghaas (1994: 24) in ein entwicklungspolitisches Hexagon. Indem das Dreieck der Nachhaltigkeit eingefügt wird, wird das Modell um die ökologische Dimension erweitert. Ulrich Menzel hat diese Überlegungen zum „Hexagon der Entwicklung" weiterentwickelt (vgl. Menzel im folgenden Kapitel).

Fasst man die bisherigen Ausführungen zu dem Begriff und den damit verbundenen Konzepten der Entwicklung zusammen, dann wird deutlich, dass sich drei zentrale Themenkreise identifizieren lassen, die gemeinsame Schnittflächen aufweisen, aber eine jeweils eigenständige analytische Behandlung notwendig machen.

Zum einen ist zu beobachten, dass der Entwicklungsbegriff zahlreiche theoretische Wurzeln hat, die in historischer, räumlicher und kultureller Hinsicht sowie abhängig von den philosophischen Weltanschauungen, Disziplinen und gesellschaftlichen Systementwürfen große Unterschiede aufweisen. Deshalb setzt sich Teil I des Buches mit den zentralen Theorieströmungen und Kontroversen auseinander.

Zum anderen können aus dem „entwicklungspolitischen Hexagon" Nuschelers und Menzels nicht nur wichtige Dimensionen von Entwicklung abgeleitet werden, sondern auch zentrale Problemfelder, die im Rahmen von Entwicklungsprozessen überwunden werden müssen. Mit diesem Thema beschäftigt sich Teil II dieses Buches.

Darüber hinaus wurde aus den bisherigen Ausführungen deutlich, dass unabhängig von den jeweils vorherrschenden Theorien der Entwicklung, die „entwickelten" Länder bereit waren und es immer noch sind, die „weniger entwickelten" Länder bei ihren Bemühungen, ihre Entwicklungsprobleme zu lösen, zu unterstützen. Auch wenn diese Hilfs- oder Kooperationsangebote aus sehr unterschiedlichen Motiven erfolgen, hat sich seit etwa Mitte des letzten Jahrhunderts ein Politikfeld etabliert, das die „Entwicklungspolitik" umfasst. Diese ist Gegenstand des dritten Teils dieses Buches.

Im Einzelnen bedeutet dies, dass sich Teil I des Buches von *Ulrich Menzel* mit den theoretischen Fragen der Entwicklung auseinandersetzt.

Im ersten Teil „Entwicklungstheorie" geht es um die Metaebene des Themas. Was ist überhaupt Entwicklungstheorie und womit beschäftigt sie sich? Welche Funktion hat sozialwissenschaftliche Theorie im Hinblick auf das Thema? Inwieweit ist Entwicklungstheorie eine analytische und inwieweit eine normative Theorie? Welcher Begrifflichkeit bedient sie sich und was impliziert die Verwendung kontroverser Begriffe? Ist Entwicklungstheorie als Querschnittswissenschaft eine eigenständige akademische Disziplin, ist sie die Summe der Unterabteilungen der Mutterdisziplinen Volkswirtschaftslehre, Soziologie und Politikwissenschaft oder gibt es gar keine besondere Entwicklungstheorie, weil die Theorie der Mutterdisziplinen für alle Gesellschaften unabhängig von ihrem Entwicklungsstand Erklärungskraft beansprucht? Und schließlich: Ist die Theoriebildung im Fach ein autonomer Vorgang, der nur durch innerakademische Debatten vorangetrieben wird und immer wieder die Entwicklungspolitik und, in deren Folge, die tatsächliche Entwicklung beeinflusst, oder ist entwicklungstheoretisches Denken auch das Produkt seiner Zeit und damit von Entwicklung?

Das erste Kapitel des ersten Teils befasst sich mit der oft gestellten und nie allseitig befriedigend beantworteten Frage: Was ist Entwicklung? In Weiterentwicklung der Überlegungen von Dieter Senghaas und Franz Nuscheler wird zur Beantwortung dieser Frage das „Hexagon der Entwicklung" vorgeschlagen. Im Zentrum des Hexagons steht die Befriedigung menschlicher Bedürfnisse. Dazu bedarf es politischer Stabilität, wirtschaftlicher Leistungsfähigkeit, sozialer Gerechtigkeit, ökologischer Nachhaltigkeit, kultureller Identität und gesellschaftlicher Partizipation. Die sechs Dimensionen stehen in einer spannungsgeladenen Wechselwirkung zu den globalen Rahmenbedingungen aus Weltpolitik, Weltmarkt, Weltverteilungsgerechtigkeit, Weltumwelt, Weltkultur und Weltgesellschaft, die förderliche wie abträgliche Wirkungen haben, und als Herausforderung wie als Chance wahrgenommen werden können. Zu berücksichtigen ist dabei, dass menschliche Bedürfnisse nicht statisch sind, sondern sich selbst entwickeln, wobei dieser Prozess wiederum von den sechs Dimensionen des Hexagons wie den sechs Dimensionen der globalen Rahmenbedingungen positiv wie negativ beeinflusst werden kann.

In den folgenden Kapiteln des ersten Teils geht es um die Entwicklungstheorie selbst. Welche Paradigmen lassen sich in der entwicklungstheoretischen Ideengeschichte identifizieren, die für das heutige Denken immer noch oder wieder relevant sind? Was war die Absicht der entwicklungstheoretischen Pioniere der 1950er-Jahre, die die Disziplin begründet haben? Wie lauten die kritischen Gegenpositionen, die seit den 1960er-Jahren die Debatte befeuert haben? Worum ging es in der großen Zeit der Entwicklungstheorie der 1970er- und 1980er-Jahre? Wieso geriet sie in den 1990er-Jahren in die Krise, sodass vom „Ende der großen Theorie" (Menzel 1992) gesprochen werden konnte, und wird die „große Entwicklungstheorie" angesichts neuerlicher globaler Veränderungsprozesse nun vielleicht zurückkehren?

In den Kapiteln 2 bis 6 des ersten Teils wird immer die gleiche Logik verfolgt. Zunächst werden die Kernaussagen der entwicklungstheoretischen Denker herausgearbeitet, wobei nach den drei Teildisziplinen Entwicklungsökonomie, Entwicklungssoziologie und Entwicklungspolitologie unterschieden wird. Anschließend werden die Teildisziplinen in den Kontext ihrer Mutterdisziplinen gestellt, da davon auszugehen ist, dass ein Paradigmenwechsel bei der Mutterdisziplin, etwa vom Merkantilismus zum Liberalismus oder vom Neoliberalismus zum Keynesianismus, auch Rückwirkungen auf die Teildisziplinen hat. Schließlich werden die Wechselwirkungen zwischen den konkurrierenden Lehrmeinungen herausgearbeitet. Dies hat von Anfang an, auch schon in den Frühphasen der entwicklungstheoretischen Ideengeschichte und nicht erst seit der Etablierung des Fachs im engeren Sinne ab etwa 1950, zu großen Debatten geführt über das Verhältnis von Markt und Staat, geistigen Antrieben und materiellen Bedingungen, internen und externen Faktoren, Individuum und Gesellschaft, Ausbeutung der Natur und deren Bewahrung, Entwicklung von Kompetenzen und den damit verbundenen Kosten, Eurozentrismus versus Kulturrelativismus, gar über das Verständnis des Entwicklungsbegriffs selbst und dessen legitimatorischer Funktion. Zum Ende hin werden die herrschenden Lehrmeinungen und deren Kritik sowie der Wandel der Lehrmeinungen in den jeweiligen historischen Kontext gestellt, um deutlich zu machen, dass Entwicklungstheorie nicht nur im Sinne von Handlungsanleitung Entwicklung beeinflusst, sondern auch selbst das Resultat von erfolgreicher oder fehlgeleiteter Entwicklung ist. Nur das Verständnis der Dialektik der skizzierten Wechselwirkungen liefert, so die Generalthese, ein adäquates Verständnis von Entwicklungstheorie. Der Autor beschließt den ersten Teil mit einer kritischen Auseinandersetzung des 2014 erschienenen Sonderhefts der Politischen Vierteljahresschrift (PVS) zum Thema Entwicklungstheorien und den darin dargestellten aktuellen „Weltgesellschaftliche[n] Transformationen, entwicklungspolitische[n] Herausforderungen, theoretische[n] Innovationen".

Dennoch kann der erste Teil nur einen Überblick geben. Ein tieferes Verständnis verlangt das Studium der entwicklungstheoretischen Primärliteratur. Was sagen die großen Denker wie Smith und Ricardo, List und Marx, Weber und Parsons, Heckscher und Ohlin, Boeke und Keynes, Harrod und Domar, Hirschman und Nurkse, Rostow und Lerner, Singer und Prebisch, Frank und Wallerstein, Balassa und Bhagwati, Myrdal und O'Donnel, Elsenhans und Evers, Menzel und Senghaas etc. selbst?

Franz Nuscheler befasst sich in Teil II des Buches mit der realen Welt, an der sich die Erklärungsversuche der Theorien bewähren müssen. Nuscheler knüpft an die Theorie der „Weltrisikogesellschaft" von Ulrich Beck (2007) an. Vor dem Hintergrund globaler Systemrisiken wie Finanzkrisen, Klimawandel, Pandemien oder Staatszerfall sieht er die Entwicklungspolitik besonders gefordert, da es vor allem die Entwicklungsländer sind, welche solchen Krisen besonders anfällig gegenüberstehen. So widmet sich der Autor in zwölf Kapiteln dem verzweigten Komplex globaler Herausforderungen, welche die Welt insgesamt und insbesondere das Feld der Entwicklungspolitik beschäftigen, das sich in besonderer Weise mit diesen Weltproblemen auseinandersetzt und nach Lösungsstrategien sucht.

Im Mittelpunkt aller entwicklungspolitischen Zielkataloge stand von Anfang an die Überwindung des Hungers und der extremen Armut, die in vielfachen und sich wechselseitig verstärkenden Dimensionen auftritt. Die begrenzten Erfolge der öffentlichen Transferleistungen (ODA) aus der OECD-Welt in den Süden bei der Armutsbekämpfung warfen höchst kontrovers diskutierte Streitfragen auf, die in den einzelnen Kapiteln von Teil II aufgegriffen werden:

Wer verschuldet Armut und Hunger? Warum ist es der Staatengemeinschaft auch mit ihrem ambitiösen Großprojekt der Millennium-Entwicklungsziele (MDGs) nicht gelungen, der Warnung der Food and Agriculture Organization (FAO), dass ein „Jahrhundert des Hungers" bevorstehe, die Hoffnung des Friedensnobelpreisträgers Muhammed Yunus entgegenzusetzen, dass Armut und Hunger schon bald in das Museum Weltgeschichte abgestellt werden könnten? Ist es das hohe Bevölkerungswachstum, das in den ärmsten Ländern am höchsten ist, das alle internen und internationalen Entwicklungsanstrengungen konterkariert? Obwohl die Fertilitätsraten weltweit deutlich sanken, muss das von Thomas R. Malthus vor über zwei Jahrhunderten formulierte und durch die Wirtschafts- und Sozialgeschichte gründlich widerlegte „Verelendungsgesetz" noch immer als wohlfeile Erklärung herhalten. Ist es der „unfaire Handel", der es den Entwicklungsländern erschwert, der Armutsfalle zu entrinnen, obwohl die erfolgreichen Schwellenländer den Außenhandel zur Wohlstandsmehrung zu nutzen verstanden? Oder ist es das durch den Zerfall von schwachen Staaten verschärfte Problem von Bad Governance, das dazu führte, dass sowohl die teilweise reichlich vorhandenen Ressourcen an Land und Rohstoffen als auch die externen Subsidien im Gestrüpp von Misswirtschaft und Korruption verrotteten, zwar parasitäre Kleptokratien (d. h. die Herrschaft von Dieben) reich, aber die Bevölkerungsmehrheiten arm machten? Dann verwandelte sich der Reichtum an Ressourcen in einen „Ressourcenfluch". Dies waren Streitfragen, mit denen die Entwicklungspolitik immer konfrontiert war.

Seit Beginn des neuen Millenniums rückten einige andere globale Herausforderungen in den Vordergrund der entwicklungspolitischen Debatten: Wer sind die Gewinner und Verlierer der Globalisierung und der von ihr beschleunigten Machtverschiebungen in der Weltpolitik und Weltwirtschaft, zu deren Treibsatz China avancierte? Vertraute Weltbilder und die noch immer allzu präsente und simplifizierende Gegenüberstellung von Nord und Süd, von Erster und Dritter Welt wurden von neuen, komplexer werdenden Realitäten überholt. Die Weltwirtschaftskrise zwang den G8-Club dazu, zusammen mit einem Dutzend aufstrebender Schwellenländer in der G20 nach Auswegen aus der globalen Finanzkrise zu suchen. In den Medien war nun viel von einer Krise des Kapitalismus und noch häufiger von drohenden Konflikten um sich verknappende Ressourcen (Energie, Rohstoffen, Land und Wasser) die Rede. Über all diesen Krisen in der „Weltrisikogesellschaft" schwebt aber das Damoklesschwert des Klimawandels. Seine Auswirkungen werden nach Erkenntnissen der internationalen Klimaforschung alle Weltregionen vor tief greifende Anpassungsprobleme stellen, aber besonders verwundbare Regionen mit Existenzproblemen konfrontieren, auf die die Entwicklungspolitik als eine Komponente globaler Strukturpolitik noch Antworten finden muss. Die Apokalypse von „Klimakriegen" lässt keine Verharmlosung dieser wirklich globalen Herausforderung zu. Die reiche OECD-Welt fürchtet in Anbetracht dessen nicht nur destabilisierende Turbulenzen in der weltpolitischen Peripherie sowie den internationalen Terrorismus, der sich in zerfallenden Staaten wie Somalia und dem Irak oder vom Bürgerkrieg geschüttelten Gesellschaften wie der syrischen einnistet und sich mit dem sogenannten „Islamischen Staat", Boko Haram oder Al-Shabaab von seiner grausamsten Seite zeigt. Darüber hinaus sorgt sich die hinter der „Festung Europa" abgeschottete westliche Wohlstandswelt vor einem von Kriegen, Armut und Klima- und Umweltkrisen angeschobenen „globalen Marsch", der sich in einer steigenden Anzahl von Bootsflüchtlingen vor Europas Mittelmeerküsten anzukündigen scheint. Trotz der fortwährenden Abwehrmaßnahmen gegenüber unkontrollierter Migration vollzog sich diesbezüglich ein bemerkenswerter Lernprozess, der nicht nur Risiken und Gefahren, sondern auch die potenziellen Gewinne der internationalen Migration für die Herkunfts- und Zielländer erkannte. Der Tatbestand, dass die Geldüberweisungen („remittances") der Migrant/-innen an ihre Heimatländer häufig den Umfang der ODA sowie der öffentlichen und privaten Kapitalzuflüsse übersteigen, beförderte dieses zögerliche Umdenken.

In Teil III dieses Buches beschäftigt sich *Reinhard Stockmann* mit dem Feld der Politik, das sich der Entwicklungsproblematik widmet. Unter Entwicklungspolitik werden alle Maßnahmen verstanden, die auf eine normativ bestimmte Veränderung der Situation der Entwicklungsländer ausgerichtet sind. Leininger und Messner (2011: 124) definieren Entwicklungspolitik als „alle Maßnahmen (...), die von den Entwicklungsländern (EL) selbst, den Industrieländern (IL), Internationalen Organisationen und transnat. Akteuren ergriffen werden, um die wirtschaftl., soziale und polit. Entwicklung der EL zu fördern und globale Entwicklungsprobleme kollektiv zu lösen". Die Entwicklungspolitik ist von der Entwicklungszusammenarbeit, oft auch als Entwicklungshilfe („development aid") bezeichnet, zu unterscheiden. Während die Entwicklungspolitik neben der Entwicklungszusammenarbeit (EZ) als ihrem wichtigsten Element auch handels-, finanz-, struktur-, rohstoff- und währungspolitische Maßnahmen umfasst, bezeichnet die Entwicklungszusammenarbeit die Maßnahmen, die konkret zur Verbesserung der Lebensverhältnisse in den Entwicklungsländern in Kooperation zwischen diesen und sogenannten Geberländern gemeinsam vereinbart und durchgeführt werden. Mit der Entwicklungszusammenarbeit ist ein bilateraler und multilateraler Ressourcentransfer (in Form finanzieller, technischer oder personeller Hilfe) verbunden.

Teil III ist deshalb so aufgebaut, dass zunächst die Einbettung der Entwicklungspolitik in die Gesamtpolitik beschrieben wird. Dabei werden die Dimensionen von Entwicklungspolitik herausgearbeitet und von anderen Politikfeldern abgegrenzt.

Politische Strategien dienen dazu, die im Rahmen einzelner Politikfelder definierten Ziele zu erreichen. Die entwicklungspolitischen Strategien sind so vielfältig wie die Ziele, denen sie dienen, und haben sich in den letzten Jahrzehnten so wie die jeweils im Vordergrund stehenden Entwicklungstheorien, aber auch die jeweils prioritär zu behandelnden Entwicklungsprobleme gewandelt.

Zunächst werden die Entwicklungsstrategien in historischer Perspektive betrachtet, bevor die wichtigsten entwicklungspolitischen Konferenzen und Erklärungen dieses Jahrzehnts sowie ihre Auswirkungen auf die formulierten Entwicklungsstrategien dargestellt werden. Die internationalen Entwicklungskonferenzen haben in der deutschen Entwicklungspolitik deutliche Spuren hinterlassen. Insbesondere die zur Jahrtausendwende in New York verabschiedeten Millennium Development Goals sowie die in Paris unterzeichnete Paris Declaration zur Steigerung der Wirksamkeit der Entwicklungszusammenarbeit bilden das Koordinatensystem für die deutsche Entwicklungspolitik.

Wie eingangs dargelegt, ist die Entwicklungszusammenarbeit ein Teilbereich der Entwicklungspolitik, in dem es darum geht, entwicklungspolitische Ziele mit entsprechenden Strategien und unter Anwendung spezifischer Förderinstrumente entweder in direkter Kooperation mit ausgewählten Partnerländern oder über internationale Organisationen umzusetzen. Welcher Handlungskonzepte und Instrumente sich die Entwicklungszusammenarbeit bedient, welche Leistungen im Rahmen der öffentlichen Entwicklungszusammenarbeit erbracht werden und welche Akteure im Rahmen der deutschen Entwicklungszusammenarbeit tätig sind, wird in Kapitel 2 des dritten Teils dargestellt. Dabei wird zwischen dem BMZ als dem politiksteuernden Ministerium und seinen staatlichen Durchführungsorganisationen sowie der Vielfalt nicht staatlicher (zivilgesellschaftlicher) Organisationen und einer Besonderheit des deutschen institutionellen EZ-Systems, den Politischen Stiftungen, unterschieden.

Da die Wirksamkeit der Entwicklungszusammenarbeit immer wieder fundamental in Zweifel gezogen wird, wird dieser Frage hier ein besonderes Kapitel gewidmet. Es wird untersucht, welche Argumente gegen die Entwicklungszusammenarbeit vorgebracht werden und wie gut begründet sie sind, d. h., auf welcher Datengrundlage sie eigentlich fußen, wie vertrauenswürdig diese unter wissenschaftlichen Gesichtspunkten sind und ob sie überhaupt dazu geeignet sind, die zentrale Frage nach der Wirksamkeit zu beantworten. Nachdem gezeigt wurde, dass es nur wenige profunde und überzeugende Nachweise der Wirksamkeit der Entwicklungszusammenarbeit sowohl auf der Mikro- und noch mehr auf der Makroebene gibt, werden neuere Versuche dargestellt, die Wirksamkeit der Entwicklungszusammenarbeit mithilfe robuster Evaluationsdesigns und -methoden („rigorous impact evaluation") nachzuweisen. Abschließend werden zehn Lehren für die Evaluation der Wirksamkeit der Entwicklungszusammenarbeit für die Zukunft abgeleitet. Das letzte Kapitel von Teil III thematisiert den entwicklungspolitischen Reformbedarf.

Entwicklung im Sinne eines zielgerichteten Wandels bedarf nicht nur einer theoretischen Fundierung und einer Analyse der Entwicklungsprobleme und ihrer Zusammenhänge, sondern auch entwicklungspolitischer Strategien zu ihrer Überwindung. Deshalb hat dieses Buch drei Themen von Entwicklung herausgegriffen, die jeweils von einem Autor behandelt werden, der sich in diesem Metier auskennt. Herausgekommen ist dabei ein Buch mit drei relativ separaten Teilen, mit einem für den jeweiligen Autor charakteristischen Aufbau, Sprach- und Argumentationsstil. Obwohl die Individualität und Originalität der drei Teile höher bewertet wurden als der Anspruch auf eine konsistente, mehr integrierte und aufeinander bezogene Darstellung, fügen sich diese dennoch zu einem Ganzen zusammen. Bei der Behandlung des Themas Entwicklung besteht die Gefahr, sich in Details zu verlieren, da Entwicklung eine schillernde Vielfalt von Facetten aufweist. Deshalb wurde hier der Versuch unternommen, drei Themenstränge, die zentrale Elemente einer jeden Entwicklungsdiskussion sind, zu bündeln und in sich konsistent abzuhandeln.

Teil I: **Entwicklungstheorie**

Ulrich Menzel

1 Was ist Entwicklungstheorie?

1.1 Was ist Entwicklung?

Der Begriff „Entwicklung" ist zwar seit vielen Jahrzehnten in aller Munde, was aber unter dem Begriff zu verstehen ist, darüber gibt es keinen Konsens, weder unter Experten, noch unter Entwicklungspolitikern und schon gar nicht in der interessierten Öffentlichkeit[1]. Zwar wird im landläufigen Verständnis darunter zuerst wirtschaftliche Entwicklung im Sinne von Wachstum, Industrialisierung und Wohlstandssteigerung verstanden, doch geht es gleichermaßen um politische, soziale und sogar mentale Entwicklung. Diese betrifft also nicht nur die Wirtschaft, den Staat und die Gesellschaft, also die Systemebene, sondern auch deren Akteure, also die Entwicklung der Fähigkeiten und Fertigkeiten jedes einzelnen Menschen (Kößler 1998, Hein 1998, S. 147 ff.). Bereits aus dem Spannungsfeld dieser unterschiedlichen Perspektiven (System oder Akteur) entzünden sich viele Kontroversen bis hin zu der grundsätzlichen Frage, ob Entwicklung im oben genannten Sinne überhaupt anzustreben ist. Selbst diese betrifft wieder die Systemebene, wenn über die „Grenzen des Wachstums" diskutiert wird, und die Akteursebene, wenn von den Postdevelopmentalisten Entwicklung nach westlichem Muster und im Sinne der Aufklärung schlechthin infrage gestellt und stattdessen ein Zurück zu traditionellen Gemeinschaften empfohlen wird.

Etymologisch wird seit dem 18. Jahrhundert die ältere Bedeutung des Begriffs im Sinne von „auseinanderentwickeln", „herausentwickeln" durch die neuere Bedeutung „entfalten", „herausbilden" ersetzt. Das Konkrete, ein Stück Papier zu entfalten, wird ersetzt durch das Übertragene, nämlich Gedanken, Talente, Fähigkeiten zu entwickeln. Der Vorgang verweist auf die Nähe zur frühkindlichen Entwicklung und zur Evolutionstheorie des frühen 19. Jahrhunderts. Erst seit etwa 1950 wird der Begriff im heutigen Sinne zur Charakterisierung von „Entwicklungsländern" im Unterschied zu „Industrieländern" verwendet, deren Entwicklung durch „Entwicklungshilfe" zu unterstützen ist. Dabei ist wieder nicht nur die Systemebene im Sinne von Wirtschaftswachstum oder Staatenbildung, sondern immer auch die Akteursebene und damit Entwicklung im Sinne der alten übertragenen Bedeutung von Aufklärung, Alphabetisierung, Bildung und Ausbildung gemeint.

Hinzu kommt, dass das Verständnis des Begriffs im Laufe der Jahrhunderte und besonders in den letzten 70 Jahren einem sich im Dekadenrhythmus beschleunigen-

---

[1] Die zweite überarbeitete Auflage basiert auf zahlreichen früheren Texten, insbesondere auf Menzel 1992, Menzel 1995 und einem viersemestrigen Vorlesungszyklus zur Geschichte der Entwicklungstheorie, der an den Universitäten Frankfurt und Braunschweig gehalten wurde. Eingegangen sind auch Überlegungen, die erst in neuen Aufsätzen und vor allem in Menzel 2015 ihren Niederschlag gefunden haben. In der ersten Auflage wurde, um Platz zu sparen, auf die umfängliche kommentierte Bibliografie in Menzel 1995 verwiesen und nur spärlich zitiert. Dies ist bei den Rezensenten auf Kritik gestoßen, sodass in der zweiten Auflage ausgiebiger Belegstellen und weiterführende Literatur genannt werden, wenn auch der Hinweis auf Menzel 1995 bestehen bleibt.

Tabelle I/1: Der Wandel des Verständnisses von Entwicklung

	Paradigma	Verständnis von Entwicklung
16.–18. Jh.	Merkantilismus	Staatenbildung Machtentfaltung Steigerung des Edelmetallvorrats durch Bergbau und Überschüsse im Außenhandel
18. Jh. (2. Hälfte)	Physiokratie	Rentenmaximierung Evolution von Gesellschaft Agrarentwicklung
1780er-Jahre	Klassik	Wohlstand der Nationen Steigerung der Arbeitsproduktivität
1840er-Jahre	Neomerkantilismus	Nachholende Industrialisierung Steigerung der produktiven Kräfte
1880er-Jahre	Neoklassik Klassische Soziologie	Wirtschaftswachstum Rationalisierung Arbeitsteilung Soziale Differenzierung
1920er-Jahre	Marxismus	Ursprüngliche sozialistische Akkumulation Aufbau des Sozialismus
1940er-Jahre	Keynesianische Entwicklungsökonomie	Wirtschaftswachstum Importsubstitutionsindustrialisierung
1950er-Jahre	Modernisierungstheorie	Wachstum Staatenbildung Sozialer Wandel Mentaler Wandel
1960er-Jahre	Dependenztheorie	Autozentrierte Entwicklung Massenkonsumgüterindustrialisierung
1970er-Jahre	Alternative menschliche Entwicklung	Stärkung menschlicher Kapazitäten Grundbedürfnisbefriedigung Nachhaltigkeit
1980er-Jahre	Renaissance des Neoliberalismus	Wirtschaftswachstum durch Strukturanpassung und Exportorientierung
1990er-Jahre	Theorie des bürokratischen Entwicklungsstaates	Wirtschaftswachstum durch Staatsintervention und Exportorientierung
2000er-Jahre	Institutionenökonomik Postdevelopment/ Verwobene Moderne	Institutionenbildung Gute Regierungsführung Rückkehr zur Subsistenzorientierung traditioneller Gemeinschaften Ablehnung von Entwicklung

den Wandel unterworfen war, der wiederum abhing von dem jeweils herrschenden Paradigma, in dessen Sinne Entwicklungspolitik betrieben wurde. Die nachfolgende Tabelle I/1 benennt nur die wichtigsten Bedeutungen seit der Herausbildung des Merkantilismus im 16. Jahrhundert, dem ersten Paradigma, das mit dem Problem des Entwicklungsgefälles zwischen Vorreitern und Nachzüglern „entwicklungsstrategisch" umgehen wollte.

Die Übersicht allein der Begriffe macht bereits deutlich, dass ein allgemein und durchgängig akzeptiertes Verständnis von Entwicklung nicht zu finden ist, da sich das Verständnis im Laufe der Zeit geändert hat, alte Verständnisse trotz des Wandels weiterleben oder eine Renaissance erfahren und konkurrierende Verständnisse nebeneinander existieren können, die sich sogar gegenseitig ausschließen. Hier wird eine analytische Klärung des Begriffs „Entwicklung" angeboten, die zugleich als normativer Maßstab für alle weiteren Ausführungen gilt. Demnach sollte die *Befriedigung menschlicher Bedürfnisse* im Zentrum des Begriffs stehen, wobei Bedürfnisse nicht nur materiell, sondern in einem umfassenden, also auch mentalen, Sinne gemeint sind. Dabei ist zu berücksichtigen, dass auch das Verständnis des Begriffs „Bedürfnisse" relativ ist und von den jeweiligen Gegebenheiten und Möglichkeiten abhängt. Auch Bedürfnisse können sich entwickeln, werden womöglich durch eigene Entwicklung oder die Entwicklung anderer erst geweckt. Insofern ist Entwicklung auch ein Prozess, der mit der Entwicklung von Bedürfnissen einhergeht und niemals ein Endstadium erreichen kann. Damit steht der Akteur im Zentrum des Entwicklungsbegriffs. Da jedes Individuum aber in einem gesellschaftlichen und naturräumlichen Kontext steht, bedarf es förderlicher Rahmenbedingungen auf der Systemebene. Diese wird durch das *Hexagon der Entwicklung* aus politischer Stabilität, wirtschaftlicher Leistungsfähigkeit, sozialer Gerechtigkeit, gesellschaftlicher Partizipation, ökologischer Nachhaltigkeit und kultureller Identität gebildet (siehe Abbildung I/1).

Die Eckpunkte des Hexagons sind nicht als hierarchisch in ihrer Wertigkeit aufzufassen, sondern als prinzipiell gleichrangig, auch wenn die wirtschaftliche Leistungsfähigkeit in den „harten" Entwicklungstheorien im Vordergrund steht. Sie wirken aufeinander ein und stehen ihrerseits in einem Spannungsverhältnis zum globalen Kontext von Weltpolitik, Weltmarkt, Weltverteilungsgerechtigkeit, Weltumwelt, Weltkultur und Weltgesellschaft. Damit findet „Entwicklung" auf drei Ebenen, der des Individuums, seinem gesellschaftlichen Kontext und im globalen Rahmen, statt. Zwischen den drei Ebenen besteht eine spannungsgeladene Wechselwirkung von Chancen und Herausforderungen, die im positiven Sinne genutzt oder im negativen Sinne zu Entwicklungsblockaden und Fehlentwicklungen führen kann.

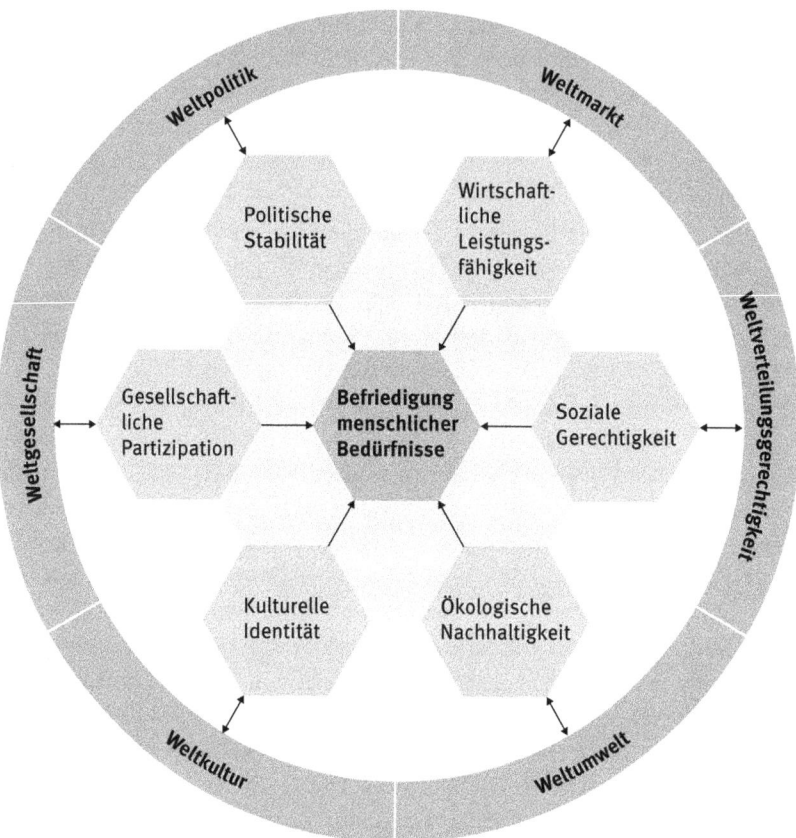

Abbildung I/1: Das Hexagon der Entwicklung[2] (© Menzel)

Politische Stabilität im Sinne von Durchsetzung des Gewaltmonopols, Frieden, Rechtssicherheit, Schutz des Eigentums, funktionierenden und leistungsfähigen staatlichen Institutionen ist eine elementare Rahmenbedingung, ohne die Entwicklung nicht stattfinden kann. Das zeigen die seit den 1990er-Jahren sich häufenden Fälle fragiler Staatlichkeit bis hin zum kompletten Staatszerfall mit aller Deutlichkeit. Entwicklung kann nicht stattfinden ohne Wirtschaftswachstum. Nur so sind die Deckung des Bedarfs einer wachsenden Bevölkerung und die Befriedigung wachsender individueller Bedürfnisse möglich. Wirtschaftswachstum ist aber nur möglich durch wachsende wirtschaftliche Leistungsfähigkeit, die sich an der Steigerung der Arbeitsproduktivität, der Bodenproduktivität und der besseren Nutzung des Kapitalstocks (Kapitalproduktivität) ablesen lässt. Dabei geht es aber nicht nur um Wachstum schlechthin, sondern auch um die breitenwirksame Verteilung des Wachstums. So-

---

[2] Das Hexagon der Entwicklung ist ein Zitat des von Dieter Senghaas formulierten „Zivilisatorischen Hexagons" (Senghaas 2004). Vgl. dazu auch das „entwicklungspolitische Hexagon" von Nuscheler (2004, S. 247).

ziale Gerechtigkeit im Sinne von Verteilungsgerechtigkeit heißt, dass möglichst viele Mitglieder einer Gesellschaft am Entwicklungsprozess partizipieren. An dieser Stelle wird deutlich, dass politische Stabilität nicht nur der Garant wirtschaftlicher Entwicklung, sondern auch der Garant von sozialer Entwicklung ist. Da wirtschaftliches Wachstum immer auch zulasten der Natur geht durch Erschöpfung von Böden, Verbrauch von Bodenschätzen und fossilen Energieträgern, Verlust der Biodiversität, Umnutzung von Landschaft für Siedlung, Verkehr und Industrie, durch den Klimawandel verursachende Emissionen in Luft und Wasser, muss Wirtschaftswachstum nachhaltig sein in dem Sinne, dass der Naturverbrauch zu begrenzen ist, dass die Natur sich regenerieren kann. Die richtige Balance zu finden zwischen Wirtschaftswachstum und Nachhaltigkeit ist eine besondere Herausforderung nicht nur für Wissenschaft und Technik, sondern auch für die Politik und das Verhalten jedes Einzelnen. Kulturelle Identität ist gleichermaßen eine Entwicklungsressource wie ein zu bewahrendes Ziel von Entwicklung. Hier und nicht nur in der egoistischen Nutzenmaximierung eines global agierenden Homo oeconomicus wird eine Antriebsquelle gesehen, warum Menschen bestrebt sind, die wirtschaftliche Leistungsfähigkeit zu steigern. Die Beeinträchtigung kultureller Identität ist eine wesentliche Ursache, warum es zu Konflikten, zu politischer Instabilität, zum Staatszerfall mit negativen Konsequenzen für die anderen Eckpunkte des Hexagons kommt. Gesellschaftliche Partizipation schließlich ist die Voraussetzung, dass politische Entwicklung im Sinne von Demokratie, Garantie von Freiheits- und Menschenrechten, Entfaltung unternehmerischer Initiative, Durchsetzung von Verteilungsgerechtigkeit, Behauptung kultureller Identitäten und sogar ökologischer Nachhaltigkeit überhaupt stattfinden kann. Die Eckpunkte des Hexagons sind damit Voraussetzung wie Ziel von Entwicklung. Sie bilden den analytischen wie den normativen Gegenstand von Entwicklungstheorie.

Damit sind verschiedene Disziplinen – die Wirtschaftswissenschaft, die Politikwissenschaft, die Soziologie, aber auch die Psychologie, die Pädagogik, die Kultur- und sogar die Natur- und Ingenieurwissenschaften angesprochen. Die akademischen Disziplinen lassen sich wiederum in Teildisziplinen unterscheiden: Die Wirtschaftswissenschaft, Politikwissenschaft und Soziologie der *Entwicklungsländer*, die empirisch und vielfach mit Fallstudien arbeiten (1); die Wirtschaftswissenschaft, Politikwissenschaft und Soziologie des *Entwicklungsprozesses*, die die allgemeinen Theorien der Mutterdisziplinen auf Entwicklungsländer anwenden, aber auch aus der Analyse von Entwicklungsprozessen der Vorreiter gewonnen sein können (2); und die *Entwicklungspolitik* auf nationaler wie internationaler Ebene, bei der die genannten Disziplinen politikberatend im Sinne der Formulierung von *Entwicklungsstrategien* zur Erreichung der normativ bestimmten Entwicklungsziele wirken (3). Bei der Entwicklungstheorie im engeren Sinne geht es um die unter (2) genannten Sachverhalte, die wiederum in die Disziplinen Entwicklungsökonomie, Entwicklungspolitologie und Entwicklungssoziologie unterteilbar sind. Damit gehört die Entwicklungstheorie zur Gruppe der sozialwissenschaftlichen Theorien.

Allerdings – *die* Entwicklungstheorie gab es nicht, gibt es nicht und wird es nicht geben. Es gibt vielmehr eine Vielzahl konkurrierender Theorien und Theoreme auf ganz unterschiedlichem Abstraktionsniveau, die sich zum Teil ergänzen aber auch diametral widersprechen können. Manche Theorien sind empirisch gewonnen, andere rein axiomatisch abgeleitet. Manche verstehen sich als analytisch, manche als normativ, manche als kritisch, manche als affirmativ, manche haben einen universalen, andere einen partikularen Anspruch, manche sind am globalen Gemeinwohl, andere am Wohl eines Staates, einer gesellschaftlichen Gruppe oder gar des Einzelnen orientiert. Welche Theorie Konjunktur hat, zum Mainstream wird, welche in Opposition dazu steht oder nur Unterströmung bleibt, welche eine Renaissance erfährt oder in Vergessenheit gerät, ist nicht nur vom Erkenntnisfortschritt über den Gegenstand „Entwicklung", sondern auch von den realen Entwicklungsprozessen, von der Interessenlage der nationalen oder internationalen Gewinner und Verlierer in diesem Prozess, von den theoretischen Paradigmenwechseln in den Mutterdisziplinen oder gar epochalen politischen Trends und Umbrüchen wie z. B. der Entkolonialisierung nach 1945 oder dem Zerfall des „Ostblocks" 1990 abhängig. Deshalb ist es nicht möglich, *das* Lehrbuch zur Entwicklungstheorie zu schreiben. In ein Lehrbuch gehört auch nicht jede neue Mode und jede aktuelle Wendung der Diskussion, sondern eher das, was als gesicherte Erkenntnis über den Gegenstand des Faches angesehen werden kann. Hilfreich zum Verständnis dessen, was alles unter „Entwicklungstheorie" zu fassen ist, ist eine Orientierung an den großen und kleinen Debatten der Entwicklungstheorie. Mehr noch – anhand der Debatten, die im Fach geführt werden, lässt sich der Erkenntnisfortschritt, lässt sich die Entwicklung des Entwicklungsdenkens nachvollziehen und zumindest eine Annäherung an den Gegenstand des Erkenntnisinteresses erzielen.

1.2 Funktionen sozialwissenschaftlicher Theorie

In den Sozialwissenschaften hat Theorie ganz unterschiedliche Funktionen, je nachdem, ob man von ihrer empirisch-analytischen oder von ihrer normativen Dimension ausgeht. Empirisch-analytisch heißt die Beschäftigung mit dem, was ist (oder war), und normativ heißt Beschäftigung mit dem, was sein soll. Der Zusammenhang zwischen beiden Dimensionen besteht darin, dass man aus der empirischen Untersuchung der Vergangenheit die Gegenwart verstehen und so künftiges Handeln anleiten will. Soweit es bei der Entwicklungstheorie um Letzteres geht, damit wie bei der Friedens- und Konfliktforschung um die strategische Anleitung zu einer besseren Welt, ist Entwicklungstheorie eine idealistische und damit normative Wissenschaft. Da sich Entwicklungstheorie aber auch mit der Erklärung gesellschaftlicher Prozesse von bereits als „entwickelt" geltenden Ländern befasst, wobei explizit oder implizit Erkenntnisse aus der Analyse der entwickelten Länder auf die Entwicklungsländer übertragen werden, ist Entwicklungstheorie beides – als historische Sozialwissenschaft eine empirisch-analytische und als Anleitung zur Formulierung von Entwicklungsstrategien oder als Grundlage für Politikberatung eine normative Theorie.

Ein grundsätzliches erkenntnistheoretisches Problem besteht in der Frage, wie man überhaupt zu Theorie kommt. Soll man zunächst die Fakten auf sich wirken lassen, um aus dem Vergleich der vielen erhobenen Daten oder analysierten Texte zu allgemeinen Aussagen zu kommen (= induktive Methode) oder bedarf es, bevor man mit der Datensammlung oder Auswertung von Texten beginnt, bereits eines theoretischen Vorverständnisses, in dessen Licht die Daten erhoben, ausgewählt und interpretiert werden (= deduktive Methode)? Nur wenn ich ein theoretisches Vorverständnis von Entwicklung habe, bin ich in der Lage, die relevanten Variablen zu erkennen und zu interpretieren. Lasse ich mich zu sehr vom theoretischen Vorverständnis leiten, werde ich „betriebsblind", werde ich relevante Variablen nicht erkennen oder fehlinterpretieren. In der Regel ist die Mischung aus beiden Herangehensweisen die beste Methode, der ein iterativer Prozess zugrunde liegen sollte. Ohne ein theoretisches Vorverständnis keine empirische Untersuchung, ohne Empirie keine wissenschaftlich abgesicherte Theorie. Allerdings kann sozialwissenschaftliche Theorie nie die Erklärungskraft naturwissenschaftlicher Theorie erreichen und Aussagen mit Gesetzeskraft im Sinne von „Wenn-dann-Aussagen" formulieren. Da man es in den Sozialwissenschaften mit Menschen zu tun hat, sind so viele Variablen wirksam, dass eindeutige und immerfort gültige Aussagen nicht möglich sind. Jede sozialwissenschaftliche Theorie liefert immer nur Annäherungen an die Wahrheit, lässt Ausnahmen und Sonderbedingungen zu und ist auch immer abhängig vom jeweiligen historischen und gesellschaftlichen Kontext, in dem sie entstanden ist. Hier liegt ein wesentlicher Grund, warum es gerade auf dem Feld der Entwicklungstheorie so viele konkurrierende Lehrmeinungen und so viele Paradigmenwechsel gibt.

Fangen wir ganz unten an. Gleichviel, ob man mit amtlicher Statistik arbeitet, selbst Daten erhebt durch Interviews, teilnehmende Beobachtung oder Experimente, ob man Texte primärer (z. B. Behördenschrifttum) oder sekundärer (entwicklungspolitische Literatur) Art auswertet, immer steht eine unendliche Zahl von Daten und Texten zur Verfügung. Bevor sie erhoben und ausgewertet werden, müssen Vorüberlegungen angestellt werden: Welche Daten sollen erhoben, welche Texte sollen gelesen werden? Das theoretische Vorverständnis hilft, Fragestellungen und Hypothesen im Hinblick auf den Untersuchungsgegenstand zu formulieren und nur die im Lichte der Fragestellung und der darauf bezogenen Hypothesen relevanten Daten und Texte zu beschaffen, zu selektieren oder zu erheben. In einem zweiten Schritt müssen diese Informationen in eine Ordnung gebracht und beschrieben werden. Nach welchen Kriterien, nach welchen quantitativen (z. B. Kohler/Kreuter 2008) oder qualitativen (z. B. Mayring 2010) Methoden dies geschieht, dazu bieten sich viele Alternativen. Die im Lichte des Gegenstands und der Fragestellung adäquate Wahl der Methode ist wiederum theoriegeleitet. Der eigentliche theoretische Schritt ist der Übergang von der Beschreibung zur Analyse und Interpretation des empirischen Materials. Spätestens an dieser Stelle wird klar, dass dies in erheblichem Maße vom theoretischen Vorverständnis abhängt. Noch so sorgfältig und methodisch umsichtig erhobene Daten sprechen nicht nur für sich, sondern lassen sich im Lichte des jeweils zugrunde gelegten entwicklungstheoretischen Paradigmas ganz unterschiedlich analysieren und vor allen Dingen interpretieren.

Bei der Analyse und Interpretation sollte die theoretische Beschäftigung aber nicht stehen bleiben. Die Güte einer Theorie misst sich an ihrer Prognosefähigkeit, die wiederum eine wesentliche Grundlage der Politikberatung zu sein hat. Um auf das naturwissenschaftliche Beispiel zurückzukommen. Wenn ich viele Male beobachtet habe, dass das Wasser friert, wenn das Thermometer unter null Grad sinkt, kann ich die Prognose abgeben: Immer wenn es kälter als null Grad wird, friert das Wasser. Diese Eindeutigkeit kann es bei Prognosen über Entwicklung leider nicht geben. Dennoch sollten Aussagen getroffen werden können nach dem Muster: Wenn dieser oder jener Zustand herbeigeführt wird, dann ist diese oder jene Reaktion wahrscheinlich. Entwicklungsstrategien sollten demnach immer theoriegeleitet sein, da sie dazu dienen, die prognostizierten Ziele zu erreichen. Wenn wider Erwarten eine andere, womöglich konträre, Reaktion eintritt, ist dies Anlass, die Theorie zu überprüfen, zu modifizieren, ggf. als widerlegt zu betrachten und dementsprechend auch die entsprechende Strategie zu ändern.

Von der Prognosefunktion einer Theorie kommt man zu ihrer Funktion als Handlungsanleitung. Das Politikfeld, auf das Entwicklungstheorie bezogen ist und für das es die theoretische Grundlage beansprucht, heißt „Entwicklungspolitik". Die korrespondierenden Begriffe „Entwicklungshilfe" oder „Entwicklungszusammenarbeit" (EZ) haben eine andere normative Konnotation. Entwicklungspolitik, gleichviel, ob im innergesellschaftlichen, zwischenstaatlichen oder supranationalen Rahmen stattfindend, bezieht sich immer auf künftiges Handeln. Daraus ergibt sich eine weitere Doppelfunktion. Theorie dient, da es immer verschiedene Handlungsoptionen gibt, der Legitimierung politischen Handelns, dient, zu begründen, warum diese oder jene Alternative besser oder vernünftiger ist, wobei die jeweiligen Rahmenbedingungen zu berücksichtigen sind. Theorie hat aber auch die Funktion, zuvor die Prinzipien und Normen und darauf aufbauend die Regeln und Entscheidungsverfahren zu begründen, an denen sich entwicklungspolitisches Handeln auszurichten hat.

Damit erreichen wir eine neue Dimension. Es geht nicht mehr nur um die Erklärung dessen, was ist und wie es dazu gekommen ist, sondern um die Formulierung dessen, was künftig sein soll. Die dem künftigen Handeln zugrunde liegenden Maßstäbe sind aber nicht mehr nur wissenschaftlich begründbar, sondern auch abhängig von Normen, die aus anderen politischen, gesellschaftlichen und vor allem kulturellen Kontexten stammen können. Da diese von Gesellschaft zu Gesellschaft, von Kultur zu Kultur unterschiedlich sind oder sein können und sich im Zeitverlauf verändern (können), ist die normative Funktion von Entwicklungstheorie eine besonders kontroverse Angelegenheit, die zu einem nicht enden wollenden Streit der Paradigmen und zu anhaltenden interkulturellen Missverständnissen führt.

Entwicklungspolitik im engeren Sinne gibt es seit Ende der 1940er-Jahre. Entwicklungstheorie im heutigen Verständnis wird etwa seit dem gleichen Zeitraum betrieben, obwohl entwicklungstheoretisches Denken unter anderer Begrifflichkeit bis in die Ära des Merkantilismus im 17. Jahrhundert zurückreicht. Es gibt wohl kaum eine akademische Disziplin, die seit ihrem Bestehen von so vielen hochkontroversen Debatten, Schulbildungen und Paradigmenwechseln begleitet war. Dabei waren diese Wandlungsprozesse nicht nur das Resultat wachsenden theoretischen Verständnisses über den Gegenstandsbereich „Entwicklung", des theoretischen Inputs, sondern auch das Resultat ihres Outputs, der Entwicklung, Nichtentwicklung oder Fehlentwicklung als Folge von theoretisch fundierter Entwicklungspolitik. Beides hat wiederum die zugrunde liegenden Normen und Prinzipien beeinflusst.

Und schließlich hat Theorie eine erkenntnistheoretische Funktion. Wenn man den gesamten Prozess von Sammlung, Auswahl, Ordnung, Beschreibung, Analyse, Prognose, Legitimierung, Handlungsanleitung und Evaluation der Resultate des Handelns durchgegangen ist, kommt man ggf. zu neuen Erkenntnissen, die das theoretische Vorverständnis erweitern, modifizieren oder infrage stellen, sodass Entwicklungstheorie ein wachsendes Reflexionsniveau erreicht. Da es sich bei dem Fach im engeren Sinne im akademischen Fächerkanon um eine junge Disziplin handelt, sind hier die anfänglichen Erkenntnisfortschritte besonders groß gewesen, während sie mittlerweile kaum noch erkennbar sind.

1.3 Analytische versus normative Entwicklungstheorie

Die Unterscheidung zwischen der analytischen und der normativen bzw. der daraus abgeleiteten strategischen Dimension von Entwicklungstheorie ist nicht nur wissenschaftstheoretisch geboten, sondern auch aus Rücksicht auf den Gegenstandsbereich, der durch *Ungleichzeitigkeit* gekennzeichnet ist. Analytisch befasst sie sich mit den vielschichtigen Fragen, ob, wann, warum und wie es in einzelnen Teilen der Welt zu Entwicklungsprozessen gekommen ist, wie diese Prozesse auf den einen Teil der Welt gewirkt haben, ggf. aufgrund des Vorbildcharakters nachvollzogen wurden, während ein anderer Teil nicht oder nur unzureichend davon erfasst wurde, dort Prozesse von blockierter, fehlgeleiteter oder abgebrochener Entwicklung stattgefunden haben, Stagnation oder gar Rückentwicklungen zu konstatieren sind.

In einem umfassenden Verständnis ist Entwicklung ein Prozess, der alle Gesellschaften der Welt betrifft, wobei der Zeitpunkt, zu dem eine Gesellschaft freiwillig oder gezwungenermaßen in diesen Prozess eintritt und das Tempo, in dem es diesen Prozess mitvollzieht, sehr unterschiedlich sein können. Demnach beginnt Entwicklung mit dem Ursprung der Menschheit. In dem Maße, wie sich die Menschen als Folge von Wanderung und klimatischen Veränderungen über die Welt ausbreiten, beginnt dieser Prozess an verschiedenen Orten der Welt zu ganz unterschiedlichen Zeitpunkten. Dabei waren die Veränderungen über lange Zeiträume kaum merklich, wurde Entwicklung von den Zeitgenossen gar nicht als solche wahrgenommen. Erst vor etwa 2500 Jahren hat der Prozess in manchen Regionen Asiens und Europas ein forciertes Tempo angenommen. Insbesondere die Einzugsbereiche von Flusssystemen waren die

Orte, wo Entwicklung zuerst einsetzte, wo es zur ersten Staatenbildung von sogenannten hydraulischen Gesellschaften gekommen ist (Wittfogel 1977). In dem Maße, wie es in der Frühphase der Globalisierung seit etwa 1250 zu einer Vernetzung von Asien und Europa durch Eroberung, Handel, Kommunikation und Wanderung gekommen ist (Abu Lughod 1989, Gunn 2003), erfolgte Entwicklung von Gesellschaft zu Gesellschaft nicht mehr autonom, sondern in gegenseitiger Beeinflussung. Mit Beginn der europäischen Welteroberung seit Ende des 15. Jahrhunderts nahm diese Beeinflussung einen vielfach gewaltsamen Charakter an.

Demgegenüber steht das eingeschränkte Verständnis, dass Entwicklungstheorie sich nur auf den kurzen Zeitraum seit Ende des Zweiten Weltkriegs und die sich daran anschließende Entkolonialisierung zu beziehen hat. Demzufolge wären nur die postkolonialen Gesellschaften Gegenstand entwicklungstheoretischer Überlegungen. Damit kommt eine Variable, der damals eskalierende Ost-West-Konflikt, ins Spiel, der gerade auf dem Feld der Entwicklungsländer ausgetragen wurde. Vorrangig ging es seit 1947 aus westlicher Sicht darum, im Rahmen einer umfassenden Containment-Politik auch durch Entwicklungshilfe zu verhindern, dass die ehemaligen Kolonien sich politisch am „Ostblock" und entwicklungspolitisch am sowjetischen Industrialisierungsmodell und der Kollektivierung der Landwirtschaft orientierten. Umgekehrt versuchte auch die östliche Seite durch Entwicklungspolitik auf Basis der marxistischen Politischen Ökonomie das Umgekehrte zu erreichen. Damit gab es von Anfang an eine „kapitalistische" und eine „sozialistische" Entwicklungstheorie. Auch wenn beide in der klassischen Politischen Ökonomie bzw. deren Kritik wurzelten, war die gegenseitige Kritik durch das konkurrierende ordnungspolitische Leitbild geprägt.

Folgt man der Annahme eines Strukturbruchs nach 1945, dann war in der Tat alles neu. Es gab wiedergewonnene Unabhängigkeit alter Staaten, neue Staaten in Gebieten, in denen es zuvor keine Staaten gegeben hatte oder deren Grenzen quer zu den Grenzen vorkolonialer Gesellschaften lagen und damit das Problem von Staaten ohne Nationenbildung, die womöglich nur die Hülle der Kolonialverwaltung übernommen hatten. Zum Teil erfolgte dieser Umbruch auf revolutionäre Weise im Zuge eines Unabhängigkeitskriegs, zum Teil durch eine friedliche Übergabe vonseiten des Kolonialherrn. Hinzu kam eine denkbar heterogene Wirtschaftsstruktur in vielen der neuen Staaten. Am einen Ende des Spektrums die jahrhundertealte Eingliederung in eine internationale Arbeitsteilung wie in der Karibik und am anderen Ende die noch weitgehend unberührte Nomadenwirtschaft im Steppengürtel Zentralasiens oder gar Sammler- und Jägerkulturen im noch unerschlossenen Urwald, im Becken des Amazonas oder in Wüstengebieten wie im Innern Australiens. Daraus resultierten komplexe Fragen, wie die aus der sich überstürzenden Umbruchsituation resultierenden Probleme zu verstehen, und welche Strategien zu verfolgen waren, diese Probleme zu lösen. Entwicklungspolitik als Querschnittsthema war geboren. Die Entwicklungsökonomie wurde eine Spezialdisziplin der Wirtschaftswissenschaft, die Entwicklungssoziologie eine Spezialdisziplin der Soziologie, die Entwicklungspolitologie eine Spezialdisziplin der Politikwissenschaft, die Entwicklungspsychologie eine Spezialdisziplin der Psychologie, später sogar im Sinne des Konzepts „angepasste Technologie" die Entwicklungstechnologie eine Spezialdisziplin der Umwelt- und Ingenieurwissenschaften.

Es gibt allerdings Einwände gegen die These vom Strukturbruch nach dem Zweiten Weltkrieg. Die Entkolonialisierung setzte nicht 1947 in Indien ein, sondern 1919 nach dem Ersten Weltkrieg durch den Zerfall des Osmanischen Reiches, des russischen Zarenreichs und des Reiches der Österreichischen Habsburger oder ab 1810 in Lateinamerika durch den Zerfall des Reiches der Spanischen Habsburger bzw. Portugals, während der Französischen Revolution in Haiti oder noch früher 1776 in den 13 Neuenglandkolonien. Manche nichtwestlichen Länder wie Japan, Iran, Afghanistan, Thailand (Siam), China und Äthiopien sind, auch wenn sie z. T. Einschränkungen ihrer Souveränität hinnehmen mussten, nie Kolonien gewesen, können also auch keine postkoloniale Gesellschaft darstellen. Andere wie die Türkei als Kerngebiet des Osmanischen Reiches, Portugal und Spanien, selbst Russland waren zwar selbst Kolonialmächte und dennoch ganz oder in Teilen (etwa im asiatischen Teil Russlands) Gegenstand entwicklungspolitischen Bemühens. Wieder andere wie die USA, Kanada, Australien oder Neuseeland waren lange Zeit Kolonien außerhalb von Europa oder noch andere wie Irland, Norwegen oder Finnland waren lange Zeit Kolonien innerhalb von Europa und vermochten dennoch alle, frühzeitig in die Gruppe der Industrieländer aufzusteigen. Selbst Kolonie war nicht gleich Kolonie. Manche großen Flächenstaaten wie etwa Russland oder China haben einen Teil der von ihnen eroberten „Kolonien" bis heute erhalten. In anderen ehemaligen Kolonien, das gilt besonders für Subsahara-Afrika oder den Nahen Osten, setzt sich der Zerfall ehemaliger Kolonien in ihren Nachfolgestaaten, z. B. Sudan oder Somalia bzw. Irak oder Libyen, immer noch weiter fort. Große Flächenstaaten weisen zudem ein großes Entwicklungsgefälle innerhalb ihrer Grenzen auf, das den Begriff „interner Kolonialismus" rechtfertigt. Dies gilt selbst für mittelgroße Staaten wie Italien, dessen nördlicher Teil immer zur europäischen Entwicklungsschiene von Oberitalien bis in die Niederlande gehörte und dessen südlicher Teil bis heute strukturelle Entwicklungsprobleme in vieler Hinsicht aufweist. Paradoxerweise konnte es in Großreichen wie dem der Spanischen Habsburger sogar so sein, dass das politische Zentrum Kastilien zugleich wirtschaftliche Peripherie der von ihm beherrschten Niederlande war. Alle diese Einwände und Differenzierungen sind wichtig bezüglich der Diskussion um die internen und externen Dimensionen der Entwicklungsproblematik. Auch reichen die Anfänge der Entwicklungsökonomie und Entwicklungssoziologie im engeren Sinne bis in die frühen 1940er-Jahre zurück, als von Ost-West-Konflikt noch keine Rede sein konnte, wurden von aufgeklärten Kolonialbeamten betrieben und fußen auf ökonomischen oder soziologischen Theorien, die bis in die 1930er-Jahre, ins 19. Jahrhundert und noch weiter zurückreichen.

Dem eingeschränkten Verständnis von Entwicklungstheorie als ganz neuer Disziplin kann also ein umfassenderes gegenübergestellt werden, das Entwicklungsprozesse schlechthin verstehen will. Aus dem weiteren Verständnis folgt zweierlei: Zur Entwicklungstheorie und ihrer Geschichte gehört die gesamte einschlägige Theoriebildung der Wirtschaftswissenschaft, der Soziologie, Politikwissenschaft und der Psychologie, soweit sie sich mit Fragen des Wirtschaftswachstums, der Industrialisierung, der Einkommensverteilung, des Außenhandels, des sozialen und mentalen Wandels, der Staaten- und Nationenbildung und der Demokratisierung befasst sowie die wirtschaftspolitischen, sozialpolitischen und verfassungsrechtlichen Instrumentarien, die diese Prozesse begleiten. Es gibt keine entwicklungstheoretische Stunde Null, sondern ein Kontinuum bis ins 17. Jahrhundert, als sich zum ersten Mal im Bewusstsein der Zeitgenossen Entwicklungsunterschiede zwischen Vorreitern und Nachzüglern offenbarten, die als Problem erkannt wurden (Rist 1997).

Wenn es aber eine Kontinuität theoretischer Beschäftigung zwischen der Zeit vor und nach 1945 gibt, dann steht auch die These vom Strukturbruch infrage. 1945 wie 1990 waren jeweils nur ein Datum der Entwicklungsgeschichte. Die Probleme vorher waren die gleichen wie danach. Damit stellt sich auch die Frage des Untersuchungsgegenstands von Entwicklungstheorie neu. Lernen kann man dann nicht nur aus den Erfolgen und Misserfolgen der postkolonialen Gesellschaften bzw. der Entwicklungsländer seit 1945 bzw. 1990, sondern auch aus der Entwicklungsgeschichte derjenigen Gesellschaften, die bereits vor 1945 bzw. vor 1990 erfolgreich oder nicht erfolgreich waren. Wenn man aber zu dem Schluss kommt, dass man auch aus der Entwicklungsgeschichte Lateinamerikas im 19. Jahrhundert, aus Europas Entwicklung im 16. bis 18. Jahrhundert, gar aus einer rund tausendjährigen Entwicklung Asiens, als im China der Song-Zeit seit etwa 960 die erste wirtschaftliche Revolution der Weltgeschichte stattfand (Elvin 1973, Schottenhammer 2002), lernen kann, dann muss man sich auch mit den Theorien dieser Epochen befassen. Diese haben nicht nur Antworten auf ihre zeitgenössischen Probleme gegeben, sondern auch damals politisches Handeln angeleitet und waren insofern entwicklungswirksam.

Damit wird eine fundamentale Frage aufgeworfen. Gibt es einen weltweit gleichgerichteten Entwicklungsprozess, bei dem technische und institutionelle Innovationen sowie wirtschaftlicher Wandel die Richtung vorgeben, dessen Herausforderungen und Chancen sich keine Gesellschaft dauerhaft entziehen kann? Die Unterschiede zwischen den einzelnen Gesellschaften lägen dann nur im Zeitpunkt, zu dem sie mit diesem Prozess in Berührung kommen, der Stufe, die sie in diesem Prozess bereits erklommen haben, und der Art und Weise, wie sie politisch damit umgehen, soweit ihnen dazu der nötige Handlungsspielraum bleibt. Wie sie das machen und wie erfolgreich sie dabei sind, das hängt ganz wesentlich von ihren jeweiligen eigenen Voraussetzungen und Randbedingungen ab. Soweit ein zyklisches Verständnis von Entwicklung vorliegt, heißt das, dass auf Phasen des Aufstiegs auch Phasen der Stagnation, des relativen oder gar absoluten Niedergangs folgen (können), die nicht nur extern, sondern auch intern erklärbar sind.

Oder gibt es einschneidende Ereignisse in der Weltgeschichte wie die Etablierung der „Pax Mongolica" im Zuge der Eroberung der eurasischen Landmasse durch die Mongolen seit 1230, die Seeexpeditionen der frühen Ming in das Becken des Indiks zu Beginn des 15. Jahrhunderts, der Vertrag von Tordesillas 1494, der die nichteuropäische Welt in zwei Hemisphären teilte und den Beginn der europäischen Welteroberung Ende des 15. Jahrhunderts markierte, die systematische Kolonialpolitik des 17. Jahrhunderts im Zeitalter des Merkantilismus, die Industrielle Revolution Ende des

18. Jahrhunderts, die Ära des Freihandels und die Transportrevolution Mitte des 19. Jahrhunderts, der Imperialismus Ende des 19. Jahrhunderts, der Beginn des Ost-West-Konflikts und der Aufstieg der USA zur Hegemonialmacht nach dem Zweiten Weltkrieg, das Ende des Ost-West-Konflikts 1989/90, der neuerliche Aufstieg Chinas (und demnächst Indiens) Ende des 20. Jahrhunderts und die beschleunigte Globalisierung im Informationszeitalter (Menzel 2015)? Je nachdem, wann und wie eine Gesellschaft davon erfasst wurde, ergeben sich ganz unterschiedliche Entwicklungschancen, die die Vorstellung von der weltweit gleichgerichteten Entwicklung fragwürdig machen. Gilt in Abwandlung des berühmten Satzes von Karl Marx, dass das jeweils am weitesten entwickelte Land allen anderen nur das Bild der eigenen Zukunft zeigt? Wird die Entwicklung der Vorreiter zum Modell, zur Norm, zum Leitbild der Nachzügler? Gibt es womöglich, wenn sich erst einmal ein Entwicklungsgefälle etabliert hat, gar keine Alternative, als sich dieser Norm zu beugen? Zumindest sind die gesellschaftlichen Kosten, sich dieser Norm zu verweigern, wie letztlich auch das sozialistische Modell – insbesondere in seinen extremen Varianten – gezeigt hat, dauerhaft nicht vertretbar. Wenn das so ist, dann macht es für entwicklungstheoretische Überlegungen einen grundsätzlichen Unterschied, ob ein Land Vorreiter, gar der Erste war, oder Nachzügler oder womöglich sogar Absteiger aus einer früheren Position des Vorreiters.

Oder gibt es unterschiedliche Entwicklungswege, gar grundsätzliche Entwicklungsblockaden, mindestens aber kritische Entwicklungsphasen von Herausforderungen und Chancen, die es notwendig machen, auch entwicklungstheoretisch in Alternativen zu denken? Dahinter steht die fundamentale geschichtsphilosophische Frage: Gibt es einen Fortschritt in der Geschichte? Beantwortet man diese Frage mit Ja, ist man Anhänger eines idealistischen Geschichts- und Menschenbilds. Fortschritt in der Geschichte heißt, dass die Welt zu einer besseren Welt wird, in der zumindest langfristig alle Probleme lösbar sind. Und es bedeutet: Der Mensch ist vernunftbegabt. Das unterscheidet ihn vom Tier. Wenn er vernunftbegabt ist, zeigt er auch Einsicht in das Vernünftige, in die bessere Welt, zumindest ist er lernfähig und zum Besseren zu erziehen, ist er aufnahmebereit für Modelle, für Hilfe zur Entwicklung. Idealistische Ziele wie Frieden, Wohlstand, Demokratie, Gleichberechtigung, Menschenrechte, Nachhaltigkeit, alles das, was man als Ergebnis von Entwicklung versteht, sind grundsätzlich und für alle erreichbar. Auch wenn es kein gradliniger Prozess ist und wenn es immer wieder, sogar katastrophale, Rückschläge gibt, am Ende eines langen historischen Prozesses gibt es die bessere Welt, an der alle teilhaben. Der Entwicklungsfortschritt misst sich jeweils daran, inwieweit und für wie viele sich die genannten Ziele realisiert haben.

Beantwortet man die Frage mit Nein, ist man Anhänger eines realistischen Menschen- und Geschichtsbilds. Der Mensch ist nicht nur vernunftbegabt, sondern auch triebgesteuert, ist nicht nur friedliebend, solidarisch, altruistisch, sondern auch machtstrebend, egoistisch, kriegerisch. Mindestens lebt der gute Mensch in einer schlechten Welt und ist auch immer zum Schlechten verführbar. Deshalb gibt es keinen grundsätzlichen Fortschritt, keinen Sinn in der Geschichte, sondern immer nur die

Wiederkehr alter Probleme. Entwicklung innergesellschaftlich wie im Weltmaßstab ist demzufolge wie Macht eine relative Kategorie, ein Nullsummenspiel. Was der eine gewinnt, muss der andere verlieren. Der Aufstieg Europas führte zum Niedergang der asiatischen und amerikanischen Hochkulturen, der Wiederaufstieg Asiens zum Niedergang Europas, die Industrialisierung in dem einen Teil der Welt zur Deindustrialisierung in einem anderen.

Zu dieser Kontroverse muss man Stellung beziehen. Im Kern ist entwicklungstheoretisches Denken, da es um Fortschritt geht, idealistisches Denken. Wenn man allerdings Zweifel hegt, ob die Richtung dieser Entwicklung erstrebenswert ist, weil sie zur Zerstörung der Natur führt, weil die Ressourcen endlich sind, weil sie kulturelle Vielfalt nivelliert, weil sie die Herrschaft des Marktes anstelle der Moralökonomie setzt, weil sie zu entfremdeter Arbeit führt oder weil man im Sinne des Nullsummendenkens davon überzeugt ist, dass dauerhaft nur ein Teil der Welt auf Kosten eines anderen an Entwicklung partizipiert, dann stellt sich die radikale Alternative. Es geht dann nicht mehr um die Frage von Markt oder Staat, Wachstum oder Umverteilung, Wohlstand oder Demokratie, Außen- oder Binnenorientierung, Freihandel oder Protektionismus, sondern viel grundsätzlicher um die Infragestellung von Entwicklung, ob universalistisch oder partikularistisch, überhaupt. Die von den Theoretikern des Postdevelopment (Ziai 2014b) vorgestellte Lösung, aus der radikalen Kritik des Entwicklungsdenkens, aus der Dekonstruktion von Entwicklung formuliert, lautet Abkopplung vom globalen Entwicklungsprozess, Entwicklung „alternativer" Lebensformen, am besten zurück zu einem Zustand, bevor die jeweilige Gesellschaft von diesem Prozess erfasst wurde. Ob dieser „prämoderne" Zustand, zu dem die postmodernen Entwicklungstheoretiker zurückwollen, tatsächlich so paradiesisch war, ist eine Frage, die sich empirisch nicht klären lässt, da es kaum Zeugnisse über diesen Zustand gibt. Es hat sich allerdings herausgestellt, dass alle radikalen Experimente alternativer Entwicklung (Kambodscha, China während der Kulturrevolution, Nordkorea, Albanien), möglicherweise auch despotische Gesellschaften zu früheren Zeiten wie etwa das Inka-Reich in Totalitarismus und Katastrophe geendet sind.

Wenn man also von einem idealistischen Entwicklungsbegriff ausgeht, heißt das nicht zwangsläufig blinde Fortschrittsgläubigkeit nach dem Motto: Alle Probleme dieser Welt sind lösbar. Es ist nur eine Frage des Verständnisses, der richtigen Ideen, des richtigen Einsatzes von Technik und Wissenschaft und der Mobilisierung der entsprechenden materiellen Ressourcen. Entwicklungstheorie muss immer kritisch sein, Probleme, Fehlentwicklungen, Entwicklungsblockaden, abträgliche Rahmenbedingungen als solche identifizieren und zu Politikempfehlungen kommen, wie damit umzugehen ist, ohne in eine grundsätzliche Fortschrittskritik zu verfallen. Entwicklungsdenken muss optimistisch sein.

Was allerdings als Fortschritt empfunden wird, mit welchen Mitteln, auf wessen Kosten, zu wessen Gunsten, in welcher Reihenfolge, das sind durch und durch normative Fragen. Hier wird es immer wieder Gratwanderungen zwischen Wünschbarkeit und Notwendigkeit geben. Die Geschichte des entwicklungstheoretischen Denkens zeigt, dass seine Normen immer von der Rangposition, die eine Gesellschaft im Entwicklungsprozess eingenommen hat, ihren politischen und kulturellen Rahmenbedingungen, von internationalen Interessenlagen, von dem, was gerade den Entwicklungsdiskurs bestimmt hat, abhängig waren. Nochmals: Es ist nicht möglich, von *der* Entwicklungstheorie zu sprechen. Vielmehr geht es immer um spezifische Einsichten und spezifische Empfehlungen, die auf besondere Situationen reagieren.

1.4 Die entwicklungstheoretischen Begriffe

Im Licht dieser Überlegungen sind die verwendeten Begriffe kritisch zu hinterfragen und auf ihren jeweiligen semantischen Gehalt zu überprüfen. Die Teile der Welt, die heute als Entwicklungsländer bezeichnet werden, versprachen zu Beginn der europäischen Welteroberung am Ende des 15. Jahrhunderts eine Verheißung. Blickte man nach Osten, verwendete man den Begriff „Indien" als Sammelname für alle afrikanischen und asiatischen Gesellschaften, die durch das Osmanische Reich wie durch die Sahara von Europa getrennt waren und an deren sagenhaften Reichtümern man partizipieren wollte ohne die arabischen oder osmanischen Zwischenhändler. Begriffe wie Ostindien und Westindien, Britisch Indien, Niederländisch Indien, Indonesien oder Indochina erinnern daran. Blickte man nach Westen, sprach man von der „Neuen Welt" des zuvor unbekannten Kontinents Amerika jenseits des Atlantiks, der durch die Alte Welt in Europa zu erschließen war. Später, nachdem die europäischen Mächte territoriale Besitznahme in Übersee vorgenommen hatten, wurde der Begriff „Kolonien" im Sinne der Ausweitung der Mutterländer üblich. England wurde um Neuengland, Frankreich um Neufrankreich, Amsterdam um Neuamsterdam, Braunschweig um Neubraunschweig etc. erweitert. Dabei überwog die positive Konnotation, ging es doch um die Verwirklichung einer besseren Gesellschaft, um Erschließung und Ausbeutung, gaben die klassischen Kolonialtheorien Empfehlungen im Sinne einer „Art of Colonization" (Wakefield 1849), wie dies am besten zu geschehen habe. Bartolomé de Las Casas (1484–1566) mit seinem „Kurzgefaßten Bericht von der Verwüstung der Westindischen Länder" (1552) war der erste, der die Schattenseiten der frühen Kolonialisierung brandmarkte. Dennoch blieb die Kritik am Kolonialismus und die Erkenntnis, dass dieser nicht nur Wohlstand für die Kolonialmächte und Entwicklung für die Kolonisierten, sondern auch Gewalt und Zerstörung bewirken könne, lange Zeit nur Unterströmung einer grundsätzlich dem Kolonialismus positiv gegenüber eingestellten Literatur. Sie gipfelte in der These, dass es die „Bürde des weißen Mannes" (Rudyard Kipling 1899) sei, den nichtwestlichen Gesellschaften die Zivilisation zu bringen.

Erst seit den 1940er-Jahren kam ein vages Problembewusstsein, auf der begrifflichen Ebene erstmals im berühmten „point four" der „Inauguraladresse" des amerikanischen Präsidenten Harry S. Truman (1884–1972) an den Kongress vom 20. Januar 1949, zum Ausdruck. Darin heißt es:

> Fourth, we must embark on a bold new program for making the benefits of our scientific advances and industrial progress available for the improvement and growth of *underdeveloped areas*. More than half the people of the world are living in conditions approaching misery. Their food is inadequate. They are victims of disease. Their economic life is primitive and stagnant. Their poverty is a handicap and a threat both to them and to more prosperous areas. (Truman 1949)

Damit wurde erstmalig der Gedanke formuliert, dass Kolonien nicht dazu da sind, in den Dienst der Mutterländer gestellt zu werden, um zu deren Entwicklung beizutragen, sondern dass ehemalige Kolonien von den Industrieländern oder gar den ehemaligen Mutterländern entwickelt werden sollen, dass statt des Transfers von Ressourcen vom Süden in den Norden ein Transfer vom Norden in den Süden zu leisten ist. Die Inauguraladresse begründete das neue Politikfeld „Entwicklungshilfe", das aber erst mit Antritt der Kennedy-Administration 1961 ihre institutionelle Umsetzung erlebte. Das von Truman verkündete Vier-Punkte-Programm gehörte zur Politik der Eindämmung (Containment), die als umfassende Strategie gegenüber der Sowjetunion im eskalierenden Ost-West-Konflikt konzipiert wurde. Der unterstellten grundsätzlichen Bereitschaft zur Expansion vonseiten der Sowjetunion sollte nicht nur politisch und militärisch, sondern auch durch ein wirtschaftliches Hilfsprogramm entgegengetreten werden. Der strategische Stellenwert der Entwicklungshilfe im Ost-West-Konflikt wurde allerdings erst 1957 von Max F. Millikan (1913–1969) und Walt W. Rostow (1916–2003) (Millikan/Rostow 1957; dies. 1957/58) theoretisch begründet. Die hier von der US-Regierung verwendete Begrifflichkeit meinte zwar ein wirtschaftliches Merkmal („unterentwickelt"), benutzte dieses aber zu einer Klassifikation von „Gebieten" (gemeint sind Kolonien und nicht Länder), da die meisten heutigen Staaten 1949 noch nicht unabhängig waren und Truman noch Rücksicht auf die Kolonialmächte Großbritannien und Frankreich nehmen musste, einerseits Verbündete im Ost-West-Konflikt, andererseits aber noch nicht bereit, ihre Imperien aufzugeben.

Da in vielen dieser „Gebiete" nationale Unabhängigkeitsbewegungen aktiv waren, bestand aus amerikanischer Sicht die Gefahr der Verquickung von Unabhängigkeitsstreben und Positionierung im Ost-West-Konflikt. Da hier erstmals von prominenter Seite eingeräumt wurde, dass Kolonien wirtschaftlich zurückgeblieben sind, drohte die ordnungspolitische Orientierung an der Sowjetunion, die behauptete, dass der Sozialismus nicht nur mehr Verteilungsgerechtigkeit bedeutet, sondern auch wirtschaftlich leistungsfähiger sei als der Kapitalismus, es gar möglich sei, den kapitalistischen Westen nicht nur einzuholen, sondern sogar zu überholen. Der damalige weltpolitische Kontext musste für die US-Regierung bedrohlich sein. Die Chinesische Revolution stand Anfang 1949 kurz vor dem Abschluss, die Anlehnung, womöglich sogar Unterordnung, Chinas an die Sowjetunion war zu erwarten. Das bereits 1947 unabhängig gewordene Indien orientierte sich, gestützt auf die Arbeiten des indischen Ökonomen Prasanda Chandra Mahalanobis (1893–1972), bereits am sowjetischen Modell der Planwirtschaft (Mahalanobis 1963).

Aus der Ankündigung Trumans und dem darin verwendeten spärlichen Vokabular werden eine Reihe von fundamentalen Annahmen deutlich mit implizit weitreichenden Konsequenzen:

1. Es gibt eine ganze Gruppe von Gebieten (Kolonien) auf der Welt, die wirtschaftlich im Vergleich zu den westlichen Industrieländern „unterentwickelt" im Sinne von „primitiv" und „stagnierend" sind.
2. Entwicklungsprobleme werden als rein wirtschaftliche verstanden.
3. Technische Hilfe und Kredite sollen in der Lage sein, diese Probleme zu lösen. Das Modell für diese Vorstellungen lieferte der Marshall-Plan, der im amerikanischen Verständnis die wirtschaftliche Wiederbelebung Westeuropas, dessen politische Stabilisierung und damit die Abwehr der Ausbreitung des Kommunismus in Europa bewirkt hatte. Entwicklung im Sinne wirtschaftlicher Entwicklung war demnach von außen unterstützbar.
4. Dabei stand das westliche (US-amerikanische) Wachstums- und Industrialisierungsmodell Pate.
5. Implizit wurde unterstellt, dass die Ursachen für „Unterentwicklung" interner, d. h. innergesellschaftlicher Natur sind.
6. Das sowjetische Modell wurde als attraktive Alternative für Kolonien angesehen.
7. Da von fortschreitender Entkolonialisierung in Asien und Afrika auszugehen war, würde es zu weiterer Staatenbildung kommen. Womöglich würde sich eine ganze Gruppe von Staaten an der Sowjetunion orientieren und damit die Machtverhältnisse im internationalen System radikal verschieben.
8. Auch wenn der Begriff „Dritte Welt" noch nicht verwendet wurde, so wurden die „unterentwickelten Gebiete" doch bereits als Gruppe mit gemeinsamen Merkmalen wahrgenommen, die sie vom Westen wie vom Osten unterschied.

Entwicklung wurde demnach bei der Formulierung des neuen Politikfelds im Sinne von Wachstum verstanden, wobei dieses vorrangig durch Industrialisierung zu erreichen sei. Dass damit komplexe gesellschaftliche und kulturelle Zusammenhänge angesprochen waren, wurde noch nicht wahrgenommen. Ein Entwicklungsland wurde behandelt wie ein Unternehmen, dem man Geld leiht, um Investitionen in moderne technische Ausrüstungen zu finanzieren, und dessen Mitarbeiter man einer Fortbildung unterzieht, damit sie sachgerecht mit diesen Ausrüstungen umgehen können. Politische und soziale Entwicklung geriet anfänglich kaum ins Blickfeld oder wurde als zwangsläufige Folge der Industrialisierung angesehen. Soweit Bildungs- und Ausbildungsfragen angesprochen waren, wurden diese instrumentell als Voraussetzung für Industrialisierung und nicht um ihrer selbst willen verstanden. Folglich stellte man den „Industrieländern" die „Entwicklungsländer" als eine Gruppe gegenüber, die noch nicht das Stadium der Industriegesellschaften erreicht hatte, aber auf dem Weg dahin war. Industrialisierung wurde zur Inkarnation von Entwicklung, selbst wenn viele Industrieländer in den 1950er-Jahren schon auf dem Weg in die Deindustrialisierung waren. Leitbild war, die rückständige, traditionelle oder vormoderne Agrargesellschaft in eine moderne Industriegesellschaft zu verwandeln. Später sollten in

Anlehnung an Jean Fourastié (1907–1990) mit dem Begriff „Dienstleistungsgesellschaft" typologisch eine dritte Stufe dem anfänglich zweistufigen Stadienmodell von Agrar- und Industriegesellschaft hinzugefügt werden (Fourastié 1954).

Der seit den 1970er-Jahren verwendete Begriff „unterentwickelte Länder", obwohl gleichlautend, steht dazu in kritischer Opposition, weil er von einem anderen paradigmatischen Verständnis ausgeht. Hier wird die Vorstellung von der gleichgerichteten Entwicklung aller Länder radikal infrage gestellt und stattdessen argumentiert, dass der Entwicklungsprozess der Entwicklungsländer nicht verzögert eingesetzt hat, sondern in eine andere Richtung verläuft, an deren Ende nicht Entwicklung, sondern Unterentwicklung steht. Unterentwicklung ist nicht der Ausgangspunkt, sondern das Ergebnis eines Prozesses. Deshalb wird konsequenterweise von der Entwicklung der Unterentwicklung gesprochen. Zurückgeführt wird diese nicht auf verspäteten Wandel im Innern, sondern auf Einflüsse von außen, die im Kolonialismus und der Eingliederung in eine internationale Arbeitsteilung zu suchen sind. Damit war die erste entwicklungstheoretische Hauptkontroverse formuliert, die erste große Debatte eröffnet. In der ersten optimistischen Sicht spricht man deshalb auch von nachholender, in der zweiten pessimistischen Sicht von blockierter oder fehlgeleiteter Entwicklung. Aus einer strukturalistischen Perspektive werden dafür die Begriffe „Zentrum" und „Peripherie" verwendet. Gemeinsam ist beiden Begriffstraditionen allerdings, dass der Staat (bzw. das Land) als Analyseeinheit angesehen wird. Entwicklungsprozesse bzw. Prozesse von Unterentwicklung beziehen sich immer auf einzelne Entwicklungsländer (developing bzw. backward countries) bzw. unterentwickelte Länder (underdeveloped countries).

Der Sammelbegriff „Entwicklungsländer" hat in dem Maße, wie die Entwicklungstheorie die Unterschiede der unter diesem Begriff rubrizierten Länder wahrgenommen hat, eine semantische Differenzierung erfahren. Statt der Dichotomie von Industrie- und Entwicklungsländern werden Begriffe verwendet, die Unterschiede auf einer Skala von Entwicklung ausdrücken: Schwellenländer oder junge Industrieländer (New Industrializing Countries – NICs) auf der einen und am wenigsten entwickelte Länder (Least Developed Countries – LLDCs) auf der anderen Seite des Spektrums. Oder es werden gemeinsame Merkmale wie ölexportierende Länder, Landlocked Countries, Kleinst- und Inselstaaten eingeführt, die positiv oder negativ als entwicklungsrelevant angesehen werden. Seit einiger Zeit sind Begriffe wie „Schwache Staaten", „Fragile Staaten", „Scheiternde Staaten" oder „Gescheiterte Staaten" (failed states) hinzugekommen, die politische Systemmerkmale hervorheben und ein Kontinuum politischer Entwicklung markieren, das im Unterschied zum positiv besetzten Begriff „Nationalstaatsbildung" einen Prozess von Entstaatlichung beschreibt.

Gruppiert wurden die genannten Länder zu Teilwelten, die durch gemeinsame Merkmale konstituiert sind. Aus den westlichen Industrieländern wurde die Erste Welt, aus den östlichen Industrieländern die Zweite Welt, auch wenn diese sich selbst nie so bezeichnet hat, wobei wirtschaftliche und politische Merkmale der Blockzugehörigkeit wenig trennscharf kombiniert wurden, gehörten sozialistische Entwicklungsländer wie China, Nordkorea, Nordvietnam oder Kuba doch zur Zweiten Welt.

Aus der übrigen Welt wurde die „Dritte Welt" (Tiers monde). Der Begriff stammt von dem französischen Demografen Alfred Sauvy (1898 – 1990), erstmals am 14.08.1952 in einem Zeitungsartikel „Trois Mondes, une Planète" (Sauvy 1952) in Anlehnung an den „Dritten Stand" der Französischen Revolution emanzipatorisch konnotiert. Der Artikel endet in dem Satz „Denn schließlich will diese wie der Dritte Stand ignorierte, ausgebeutete und verachtete Dritte Welt wie dieser auch etwas gelten". Später hat Sauvy den Begriff weiter ausgeführt und empirisch präzisiert im Hinblick darauf, welche Länder Afrikas, Asiens und Lateinamerikas er dazu zählt und welche nicht, wie z. B. die VR China in Asien, Südafrika in Afrika oder Argentinien in Lateinamerika (Sauvy 1961). Frantz Fanon (1925 – 1961) verwendete ihn in „Die Verdammten dieser Erde" (Fanon 1966) bereits ganz selbstverständlich und hat wesentlich zu seiner Popularisierung beigetragen. Gemeinsame Ziele der sich der Dritten Welt zugehörig fühlenden Länder waren die Entkolonialisierung und ordnungspolitisch ein dritter Weg zwischen Kapitalismus und Kommunismus im Sinne einer eigenständigen Entwicklung, um der politischen auch die wirtschaftliche Emanzipation von den Mutterländern folgen zu lassen. Aus westlicher Sicht wurde so aus der Dritten Welt die Welt der Blockfreien, die erstmals auf der Bandung-Konferenz 1955 programmatisch in Erscheinung getreten war und sich 1961 auf der Konferenz von Belgrad in der Blockfreienbewegung organisiert hatte. Spätestens seitdem war Entwicklungshilfe hoch politisiert, diente sie doch dazu, den Anschluss weiterer Entwicklungsländer zur Gruppe der Blockfreien oder gar an das sozialistische Lager zu verhindern. Lateinamerikanische Länder waren in Bandung noch nicht vertreten, gehörten damals aufgrund ihrer politischen Anlehnung an die USA trotz wirtschaftlicher Rückständigkeit noch zur „Ersten Welt". Umgekehrt trat China in Bandung auf, ein erstes Signal zur Emanzipation von der Sowjetunion und ein Hinweis, dass auch die „Zweite Welt" sich ausdifferenzierte.

Die Konnotation des Begriffs „Dritte Welt" im Sinne von arm, rückständig oder unterentwickelt, latent sogar von drittklassig erfuhr der Begriff erst später. Angesichts der wirtschaftlichen Differenzierung wurde später der Begriff „Vierte Welt" als Sammelbezeichnung der ganz armen Länder eingeführt, die ein niedrig angesetztes Mindest-Pro-Kopf-Einkommen nicht erreichten. Damit fand ein quantitativer wirtschaftlicher Indikator – Länder mit hohem, mittlerem oder niedrigem Pro-Kopf-Einkommen – Eingang in die Terminologie zur Klassifizierung der Welt. Entwicklung drückte sich aus in der Erreichung eines bestimmten Einkommensniveaus. Während der Begriff Entwicklungsländer eindeutig wirtschaftlich gemeint war, verbarg sich hinter dem vielfach synonym gebrauchten Begriff „Dritte Welt" je nach Kontext ein wirtschaftliches, ein politisches, ein ordnungspolitisches, ein emanzipatorisches oder ein abwertendes Verständnis.

Die strukturalistische Terminologie „Zentrum" und „Peripherie" verlässt die Einzelfallbetrachtung bzw. die nationalstaatliche Perspektive und geht nicht von einer Skala, sondern nur noch von einer Dichotomie aus. Hier die westlichen Industrieländer, dort die ehemaligen Kolonien und heutigen unterentwickelten Länder, wobei der Status der Zweiten Welt semantisch wie in der Sache ausgeblendet bleibt. Manchmal wird als Zwischenkategorie die „Semiperipherie" eingeführt, um ein Minimum an Differenzierung zu erlauben. „Semiperipherien" sind aber keine Zwischenkategorie im Entwicklungsniveau, sondern haben eine für das Gesamtsystem funktionale Bedeutung wie die Unteroffiziere in der Armee oder der Mittelbau in der Universität. Sie können aber auch als Zwischenkategorie für einzelne Länder oder Teile der Welt dienen, die eine Aufwärts- oder Abwärtsmobilität im Weltsystem durchlaufen. Entscheidender Unterschied zur vorgenannten Terminologie ist, dass der politische Status, ob Kolonie, Halbkolonie oder ob souveränes, aber abhängiges Land, für die Entwicklungsproblematik als nahezu bedeutungslos angesehen wird. Vorrangig wirtschaftliche Variablen, vor allem die Rangposition in der internationalen Arbeitsteilung, werden als ausschlaggebend für das Entwicklungsniveau angesehen. Entwicklung wird nicht durch Wohlstand bzw. Pro-Kopf-Einkommen gemessen, sondern durch internationale Wettbewerbsfähigkeit in dem Sinne, ob man am oberen oder am unteren Ende technologischer Entwicklung steht. Entwicklungsländer sind ehemalige Kolonien, die sich im Prozess der Entwicklung befinden, während Peripherie die Gesamtheit der unterentwickelten Länder meint, deren Entwicklungsblockaden auch nach der politischen Unabhängigkeit aufgrund des beibehaltenen niedrigen Rangplatzes in der internationalen Arbeitsteilung, nämlich der Fortschreibung als Primärgüterlieferanten, fortbestehen.

Eine besondere Konnotation hatte die „Theorie der Drei Welten" aus chinesischer Sicht. Mit der Ersten Welt waren hier die ehemaligen Supermächte USA und Sowjetunion, mit der Zweiten Welt die übrigen Industrieländer in Ost und West und mit der Dritten Welt die Länder Asiens, Afrikas und Lateinamerikas unter Führung Chinas gemeint. Damit wurde darauf insistiert, dass nicht, wie von sich behauptet, die Sowjetunion, sondern das maoistische China, das vor der Öffnungs- und Modernisierungspolitik seit 1978 das Leitbild eines erfolgreichen Entwicklungsmodells beanspruchte, die Alternative zur westlich-kapitalistischen Industrialisierung sei (Menzel 1978). Die ordnungspolitische Modellfunktion für autoritäre Systeme in Asien und Afrika im Sinne des bürokratischen Entwicklungsstaates hat China bis heute behalten.

Auch geografische Begriffe wie Norden, Süden, Osten und Westen haben eine entwicklungstheoretische Konnotation, bei der latent oder offen klimatische Faktoren als verantwortlich für Entwicklung angesehen werden. Der Norden, das sind die Länder der gemäßigten Zone, die durchaus, wie im Falle Australiens oder Neuseelands, auf der südlichen Halbkugel liegen können. Der Süden, das sind die Länder der „heißen Zone", wie sie Friedrich List (1789–1846) nannte, die aufgrund abträglicher klimatischer Bedingungen rückständig sind, auch wenn dazu die ariden Gebiete der USA oder das fast auf dem Äquator liegende Singapur gehören mögen. Der Westen, das ist Demokratie und Marktwirtschaft, der Osten, das ist Diktatur und Planwirtschaft. Wo der Osten und wo der Westen ist, wird immer aus westeuropäischer Perspektive bestimmt. Auch für die USA liegt China im Fernen Osten, obwohl von dort aus die Bezeichnung „Ferner Westen" angebracht wäre.

Mit dem Ende des Ost-West-Konflikts und der Auflösung der Zweiten Welt, die sich nach ihrer politischen und wirtschaftlichen Transformation im europäischen Teil teilweise in die alte Erste Welt integriert hat, ergibt der Begriff „Dritte Welt" im Sinne von blockfrei, als Alternative zwischen Kapitalismus und Sozialismus oder gar als kollektiver Akteur in den internationalen Beziehungen weder politisch noch entwicklungstheoretisch Sinn. Zur gleichen Erkenntnis ist sogar der Schöpfer des Begriffs Sauvy gekommen, als er sich 1989 im Le Monde (vom 14.02.1989) davon distanzierte. Mit dem dekonstruktivistischen Aufsatz „Das Ende der ‚Dritten Welt' und das Scheitern der großen Theorie" wurde diesem Umstand Rechnung getragen, auch wenn das Anliegen vielfach missverstanden wurde (Menzel 1991, 1992a, 2009). Ein weiteres Argument war die schon lange nicht mehr zu leugnende krasse Differenzierung der ihr ehemals zugehörigen Länder. Auf der einen Seite die neuen Industrieländer in Ost- und Südostasien, die in mancher Hinsicht die alten Industrieländer bereits überholt haben, daneben die wohlhabenden ölexportierenden Länder am Persischen Golf ohne besondere Industrialisierung, die osteuropäischen und zentralasiatischen Transformationsländer, die zum Teil ein rohstoffbasiertes Wachstum erfahren, die klassischen Entwicklungsländer, die seit Jahrzehnten mehr oder weniger stagnieren, und die Katastrophenländer, die nicht nur besonders arm, sondern auch besonders fragil und damit vom Staatszerfall bedroht sind. Sofern sie über funktionierende staatliche Strukturen kaum mehr verfügen, ist selbst der Begriff „Staat" obsolet geworden. Insbesondere das in den 1980er-Jahren nicht mehr zu leugnende Schwellenländerphänomen hat die überkommenen entwicklungstheoretischen Grundpositionen erschüttert, weil es weder modernisierungstheoretisch noch neoklassisch noch strukturalistisch befriedigend zu erklären war.

Von *der* Dritten Welt zu sprechen als homogene Gruppe von Staaten mit gleichgerichteten politischen und wirtschaftlichen Interessen und entsprechender Organisation zur Verfolgung dieser Ziele ergibt offensichtlich schon lange keinen Sinn mehr. Trotz des augenscheinlichen „Endes der Dritten Welt" als Konstrukt der Tiers mondisme und der Sinnentleerung des Begriffs führt er ein zähes Leben und wird weiter verwendet, weil kein besserer sich anbietet. Die derzeit verwendeten Begriffe „Globaler Norden" und „Globaler Süden" versuchen sich wenig überzeugend an einer Wiederbelebung der dichotomischen Sichtweise. Tabelle I/2 stellt den Wandel der entwicklungstheoretischen Begriffe zusammenfassend dar.

Festzuhalten bleibt, dass es zu keinem Zeitpunkt allgemein akzeptierte Begriffe, ein allgemeines Verständnis oder gar eine unumstrittene Definition dieser Begriffe gab. Alle in der Debatte verwendeten Begriffe waren immer politische als Resultat des weltpolitischen Kontexts, in dem sie entstanden sind, und der Diskurse, in denen sie verwendet wurden. Und sie waren auch immer Konstrukte unterschiedlicher theoretischer Sichtweisen. Je nachdem, welches Paradigma jeweils hegemonial war, beförderte es die vorrangige Verwendung dieses oder jenes Begriffs und der damit verbundenen Assoziationen. Dennoch waren diese Konstrukte immer handlungsmächtig, sofern sie für die Entwicklungspolitik Agenda Setting betrieben haben und insofern handlungsleitend waren. Kritische Entwicklungstheorie sollte demzufolge auch immer dekonstruktivistisch verfahren, indem sie Ideologiekritik betreibt.

Tabelle I/2: Der Wandel der entwicklungstheoretischen Begriffe[a]

	Heutige entwickelte Länder	Heutige Entwicklungsländer
15.–18. Jh.	Okzident Alte Welt	Orient Neue Welt + „Indien"
19. Jh. – 1945	Kolonialmächte Mutterländer Imperien	Kolonien Länder der „heißen Zone"
1940er – 1960er-Jahre	Industrieländer Moderne Gesellschaften	Entwicklungsländer Rückständige Länder Traditionale Gesellschaften
1970er-Jahre	Erste Welt Norden Zentrum Metropolen	Dritte Welt Süden Peripherie Satelliten Unterentwickelte Länder Abhängige Länder
1980er-Jahre	Alte Industrieländer	Junge Industrieländer Schwellenländer Ölländer Wenig entwickelte Länder Länder mit geringem Einkommen
1990er-Jahre	Postindustrielle Gesellschaften	Vierte Welt Fragile Staaten Zerfallene Staaten
2000er-Jahre	Globaler Norden	Globaler Süden

[a] Nicht alle Begriffe sind im Deutschen gebräuchlich, sondern Übersetzungen aus dem Englischen.

1.5 Entwicklungstheorie als Sonderfall der Mutterdisziplinen?

Ist Entwicklungstheorie (Singular), selbst wenn man sie als Querschnittsthema versteht, eine eigenständige interdisziplinäre akademische Disziplin? Oder sind Entwicklungstheorien (Plural) lediglich Teildisziplinen der Mutterdisziplinen? Wenn Ersteres zutrifft, dann wurde das Fach in den frühen 1950er-Jahren neu gegründet. Wenn Letzteres zutrifft, dann gibt es nur Theorien wirtschaftlicher, sozialer, politischer und womöglich sogar kultureller Entwicklung, die für die Frühphasen späterer Industrieländer genauso Gültigkeit besitzen wie für die Frühphasen heutiger Schwellenländer. Deren ideengeschichtlicher Ursprung fällt dann zusammen mit dem Beginn der Fächer Politische Ökonomie (bzw. Nationalökonomie oder Volkswirtschaftslehre), Soziologie und Politikwissenschaft. Oder gelten für Entwicklungsländer die gleichen theoretischen Aussagen wie für die übrige Welt?

Die Antwort auf die Fragen hängt wesentlich davon ab, welchem theoretischen Paradigma man anhängt. Dies lässt sich besonders gut am Beispiel der Entwicklungsökonomie illustrieren. Deren Pioniere der 1950er-Jahre waren bis auf wenige Ausnahmen Keynesianer und bemühten sich um die Begründung einer eigenständigen akademischen Disziplin (Agarwala/Singh 1958, Meier/Seers 1984, Meier 1987). Der neoklassische Mainstream der 1980er-Jahre hingegen leugnete eine besondere entwicklungsökonomische Theorie und behauptete, dass es nur *eine* wirtschaftswissenschaftliche Theorie gibt, die für alle Länder, gleich welchen Entwicklungsstands, gilt. Unter den theoretischen Angeboten sei die Neoklassik das Beste. Befolgung neoliberaler Rezepte sei deshalb bereits Entwicklungspolitik. Der empfohlene oder erzwungene Rückzug des Staates aus der Wirtschaft im Rahmen der Strukturanpassungspolitik des Washington-Konsensus war die Konsequenz. Auch wenn man kein Anhänger des Neoliberalismus ist, bleibt die Frage, welche Bedeutung die Erkenntnisse über die Ursachen der Entwicklung heutiger OECD-Länder vor, während und nach der Industriellen Revolution haben zur Erklärung heutiger Probleme der Entwicklungsländer. Es ist mehr als fraglich, ob die klassische bzw. neoklassische Theorie immer und überall gültige Erklärungen liefert oder ob sie, selbst im Falle der Industrieländer, nur in bestimmten Entwicklungsphasen Erklärungskraft hat, während sich für andere Phasen andere Paradigmen anbieten.

Begann folglich die Entwicklungsökonomie Ende des 18. Jahrhunderts mit der französischen und britischen Klassik (Say, Smith, Ricardo), setzte sich seit den 1880er-Jahren fort mit der Neoklassik (Marshall u. a.) und mündete in den 1980er-Jahren in die Renaissance der Neoklassik (Balassa, Bhagwati, Krüger)? Oder wurzelt Sie eher im englischen und französischen Merkantilismus des 17. und 18. Jahrhunderts, setzte sich fort im Neomerkantilismus des 19. Jahrhunderts (Ganilh, Carey, List u. a.), im Keynesianismus der 1950er-Jahre und mündet in der gegenwärtigen Institutionenökonomik bzw. in der Renaissance des Keynesianismus? Gelten ihre Erklärungen für alle Gesellschaften gleichermaßen, angefangen von der ersten modernen Ökonomie der Weltgeschichte, den Niederlanden im 17. Jahrhundert, bis zu den aktuellen Ländern mit Hochwachstum wie China und Indien? Oder gelten für ehemalige Kolonien, für die Zeit nach 1945 andere Bedingungen als früher, die auch theoretisch anders zu fassen sind? Haben die Stadien- oder Stufenlehren von Friedrich List, Walt W. Rostow oder Jean Fourastié allgemeine Gültigkeit oder gelten sie nur für frühe Fälle des Wandels von der Agrar- über die Industrie- zur Dienstleistungsgesellschaft, während spätere Fälle durch die Gleichzeitigkeit des Ungleichzeitigen gekennzeichnet sind?

Ähnliches trifft auch zu für die Soziologie und deren Theorien gesellschaftlicher Entwicklung. Gelten die Theorien der Gründerväter Max Weber (1864–1920), Émile Durkheim (1858–1917) und Ferdinand Tönnies (1855–1936), die sich auf den sozialen Wandel im Zuge der Industriellen Revolution in der zweiten Hälfte des 19. Jahrhunderts beziehen, auch für künftige Gesellschaften im Industrialisierungsprozess? Oder kann die parallel zur Entwicklungsökonomie in den 1950er-Jahren entstandene Entwicklungssoziologie für sich in Anspruch nehmen, theoretische Erkenntnisse zu formulieren, die nur für gegenwärtige Entwicklungsgesellschaften gültig sind? Die Modernisierungstheorie bzw. die Theorie des sozialen Wandels im Anschluss an Talcott Parsons und Shmuel N. Eisenstadt der 1950er-Jahre (Heintz 1962, Besters/Boesch 1966, Zapf 1971) identifizierte Prozesse des Übergangs von traditionellen zu modernen Gesellschaften, die mit Schlagworten wie Arbeitsteilung, Urbanisierung, Alphabetisierung, soziale Differenzierung und Mobilisierung bezeichnet wurden. Diese wurden aus der Analyse von Industriegesellschaften gewonnen und auf Entwicklungsländer übertragen. Auch hier stellt sich die Frage nach der Zulässigkeit dieser Übertragung. Die der Modernisierungstheorie kritisch gegenüberstehende Entwicklungssoziologie leugnet, dass deren Theorien sozialen Wandels allgemeine Gültigkeit haben und bemüht sich in vielen Einzelfallstudien um den Nachweis, dass blockierte oder fehlgeleitete wirtschaftliche Entwicklung auch zu gesellschaftlichen Deformationen geführt hat, die besondere analytische Konsequenzen verlangen (Schrader 2008). Allgemeiner formuliert: Ist die Entwicklungssoziologie eine Bindestrichsoziologie, eine Art Volkskunde für Entwicklungsländer, die sich nicht grundsätzlich von der Ethnologie unterscheidet, oder handelt es sich um eine eigenständige akademische Disziplin als soziologisches Pendant zur Entwicklungsökonomie?

Gleiches gilt schließlich für die Politikwissenschaft. Gelten theoretische Aussagen im Anschluss an Gabriel Almond, David E. Apter oder Stein Rokkan über politische Prozesse von Staatenbildung, Nationenbildung, Demokratisierung, Gewaltenteilung, über die Herausbildung des Rechtsstaats, des Steuerstaats, des Verwaltungsstaats und des Sozialstaats für alle Länder der Welt gleichermaßen? Ist Demokratisierung das zwangsläufige Ergebnis von Industrialisierung und sozialer Mobilisierung? Alle Länder, die sich industrialisieren, würden demnach auch zu demokratischen Rechtsstaaten. Oder gibt es neben dem angelsächsischen oder westeuropäischen Weg, der in die Siedlerkolonien exportiert wurde, noch andere Wege in die Moderne? Ist Industrialisierung auch unter autoritären staatlichen Bedingungen möglich? Selbst wenn das sowjetische Industrialisierungsmodell gescheitert ist, so stellt sich doch die Frage, ob es neben dem (west-)europäisch-bürgerlichen Weg auch einen asiatisch-bürokratischen gibt, der in der Theorie des bürokratischen Entwicklungsstaats auf den Begriff gebracht wird. Letzterer ist nicht zwangsläufig weniger erfolgreich und kann durchaus breitenwirksam sein in dem Sinne, dass ein großer Teil der Bevölkerung am wachsenden Wohlstand partizipiert und damit den Indikator Pro-Kopf-Einkommen bedient. Gibt es analog zur Entwicklungsökonomie und Entwicklungssoziologie auch eine spezifische Entwicklungspolitologie (Nuscheler 1986)? Oder formuliert die politische Ideengeschichte wie die moderne Staats- und Demokratietheorie Aussagen, die auch Gültigkeit für die Entwicklungsländer haben? Immerhin gab es in den 1970er-Jahren eine intensive Debatte über den Staat in der Dritten Welt als besondere Kategorie. Die spätere Debatte zur Erklärung des Schwellenländerphänomens in Asien zwischen Neoliberalen, Revisionisten und Kulturalisten wie die Debatte um Rentenstaaten (Elsenhans 2001) weisen auf Alternativen politischer Entwicklung.

Eine weitere Kontroverse betrifft die Reichweite von Entwicklungstheorie. In den 1950er- bis 1970er-Jahren herrschte jenseits des Paradigmenstreits zumindest insofern Konsens, dass die Theorien und die daraus abgeleiteten Entwicklungsstrategien jeweils globale Erklärungskraft besitzen. Die fortschreitende Differenzierung der Entwicklungsländer hat Zweifel aufkommen lassen, ob „große Theorien" (Menzel 1992a) dem Gegenstandsbereich noch angemessen sind. Paradoxerweise ging dieser Bewusstseinswandel einher mit einem wachsenden Verständnis von Globalisierungsprozessen. Auch Entwicklungsländer sind ganz unterschiedlich von Globalisierung betroffen, können deren Gewinner oder Verlierer sein, können kaum berührt werden oder sich gar dem Globalisierungsprozess entziehen, sodass besser von der Gleichzeitigkeit von Globalisierung und Fragmentierung (Menzel 1998) zu sprechen ist. Hieran sollte später die Literatur über „fragile Staatlichkeit" und Entwicklung anknüpfen.

An die Stelle von Theorien globaler Reichweite sind deshalb vielfach solche „mittlerer Reichweite" getreten, die nur noch einzelne gesellschaftliche Aspekte erklären oder Gültigkeit nur noch für einzelne Gruppen von Entwicklungsländern beanspruchen. So operierte die Schwellenländerdiskussion oder die Diskussion über Rentenökonomien bzw. die Ölstaaten am Persischen Golf mit Indikatoren, die sie von den übrigen Entwicklungsländern unterschied. Oder es werden regionale Gruppierungen vorgenommen wie Afrika südlich der Sahara, Ostasien, Naher und Mittlerer Osten. Damit geraten geopolitische, historische und kulturelle Faktoren in den theoretischen Fokus, die als relevant angesehen werden, warum asiatische Länder derzeit so erfolgreich, viele afrikanische Länder hingegen Katastrophenfälle sind. In der Nachfolge der Weber-These über den Zusammenhang von protestantischer Ethik und Geist des Kapitalismus werden andere Hochreligionen auf ihr entwicklungsförderndes oder entwicklungshemmendes Potenzial untersucht.

Vergleicht man allerdings asiatische Länder untereinander, ist es kaum möglich, gemeinsame kulturelle oder historische Merkmale von China, Indonesien und Indien zu identifizieren. Aufgrund ihrer Geschichte, ihrer Kultur, ihrer Religion, ihres gegenwärtigen politischen Systems sind sie denkbar unterschiedlich und gelten dennoch als Schwellenländer. Umgekehrt fällt es schwer zu erklären, warum in Subsahara-Afrika Botsuana ein Erfolgsfall ist, während Somalia der krasse Fall eines gescheiterten Staates ist. Führen diese Vergleiche zu der Konsequenz, dass selbst Theorien mittlerer Reichweite wenig Aussagekraft haben und jeder Fall separat erklärt werden muss? Ist nicht bereits der Begriff „Staat" oder „Land" in vielen afrikanischen Fällen unangebracht, wurden doch die an europäischen Kabinettstischen ausgehandelten Grenzen nach der Entkolonialisierung übernommen, kann von Staatenbildung, gar von Nationalstaatsbildung kaum die Rede sein, liegt hier eine wesentliche Erklärung für das neue Phänomen der schwachen, gescheiterten oder zerfallenen Staaten.

1.6 Entwicklungstheorie als Produkt von Entwicklung

Entwicklungstheorie als akademische Disziplin im engeren Sinne blickt also auf eine Geschichte von etwa 70 Jahren zurück. Berücksichtigt man allerdings die Wurzeln der Querschnittsdisziplin, muss man bis zum Beginn der drei Mutterdisziplinen zurückgehen. Während die Natur- und Geisteswissenschaften im Mittelmeerraum (aber auch in Asien) vor etwa 2500 Jahren entstanden sind, handelt es sich bei den Sozial- und Wirtschaftswissenschaften um junge Disziplinen im akademischen Fächerkanon. Der Beginn der Soziologie reicht zurück bis ins letzte Viertel des 19. Jahrhunderts. Die Politikwissenschaft in ihrer neueren Tradition beginnt an der Wende zum 20. Jahrhundert, in ihrer älteren Tradition als Teil der Politischen Ökonomie bzw. Kameral- oder Polizeywissenschaft (hiermit verwandt ist der englische Begriff „policy") in der Frühen Neuzeit. Die Wirtschaftswissenschaft im modernen Sinne gibt es seit der Klassik, die mit Adam Smiths „Wealth of Nations" von 1776 und David Ricardos „Principles of Political Economy and Taxation" von 1817 ihren Ausgangspunkt nimmt. In ihrer älteren Version reicht sie unter dem Begriff „Merkantilismus" bis ins frühe 17. Jahrhundert zurück, als die staatswissenschaftlichen Fächer noch eine Einheit bildeten.

Der Begriff „Politische Ökonomie" wurde erstmals 1615 von Antoine de Montchréstien (1575–1621) im Titel seines „Traicté de l'oeconomie politique" verwendet. Die Entstehung des Merkantilismus mit seinen spezifischen englischen, französischen, deutsch-österreichischen und italienischen Ausprägungen fiel zusammen mit der Herausbildung des absolutistischen Staats und war Folge des Entwicklungsgefälles zwischen dem Vorreiter Niederlande und den übrigen europäischen Staaten, während die Niederlande mit Hugo Grotius (1583–1645) oder Pieter de la Court (1618–1685) bereits im 17. Jahrhundert die ersten liberalen Autoren vorzuweisen hatten. Damit wird deutlich, dass wichtige Etappen der Ideengeschichte des Faches im Kontext von besonderen Herausforderungen zu sehen sind. Die moderne, d. h. liberale, Wirtschaftswissenschaft entstand als Gegenbewegung zum Merkantilismus zu Beginn der Industriellen Revolution in Großbritannien und Frankreich, die Soziologie in Deutschland und Frankreich, als die soziale Frage im Verlauf der Industriellen Revolution immer drängender wurde, die neuere Politikwissenschaft in den USA und Großbritannien als ersten Demokratien im Vorfeld des Ersten Weltkriegs, die Entwicklungstheorie im engeren Sinne in den USA nach dem Zweiten Weltkrieg im Kontext des beginnenden Ost-West-Konflikts in den USA. Erst nach 1950 lassen sich Beiträge aus Lateinamerika und nach 1960 aus Afrika und Asien identifizieren.

Wenn man also verstehen will, welche entwicklungstheoretischen Aussagen, gleichviel ob analytisch oder normativ, in einer bestimmten Phase entstanden sind, ist jeweils der Kontext der realen Entwicklung zu berücksichtigen. Das vormoderne Weltsystem (Abu-Lughod 1989, Frank/Gills 1993), das in der Ära der Pax Mongolica zwischen 1250 und 1350 seine größte Ausdehnung erreichte, erstreckte sich nahezu über die gesamte eurasische Landmasse. Die Niederlande und Oberitalien, selbst der Mittelmeerraum, waren nur der ferne Westen, fast schon die Peripherie dieses Weltsystems mit seinem Zentrum im Becken des Indischen Ozeans. Indien und China waren Europa damals in jeder Hinsicht weit überlegen (Maddison 2001, Menzel 2015). Dies ist der Grund, warum in Europa die Suche des Seewegs nach Indien im 15. Jahrhundert ein großes Thema war. Die Europäer wollten den direkten Zugang zu den Schätzen des Orients, über die seit Marco Polo (1254–1325) sagenhafte Berichte vorlagen, und damit den Zwischenhandel der Araber und Osmanen auf den alten Routen durch das Rote Meer und den Persischen Golf umgehen. Als die Portugiesen nach langer Suche 1498 endlich in Indien anlangten, mussten sie feststellen, dass die Araber dort schon lange etabliert waren und dass man den Indern wirtschaftlich hoffnungslos unterlegen war. Die Teilnahme am Gewürzhandel konnte nur militärisch erzwungen werden. Die Präsenz der Portugiesen in Asien als Seemacht beschränkte sich im gesamten 16. Jahrhundert nur randständig auf einige Hafenkolonien (Hormuz, Goa, Diu, Malacca) und Faktoreien. Die Handelsbilanz war durchgängig negativ, weil die Asiaten keinen Bedarf nach europäischen Produkten hatten, die gegen Gewürze, Seide, Baumwolltextilien oder andere Luxusgüter hätten getauscht werden können. In China wurden sie lediglich in der winzigen Enklave Macao geduldet, in Japan nur in Nagasaki und 1637 sogar wieder des Landes verwiesen.

Ganz anders die Spanier, die im Anschluss an Kolumbus auf der Westroute den Seeweg nach Indien gesucht, stattdessen aber „Amerika", benannt nach dem Vornamen des italienischen Abenteurers Amerigo Vespucci, gefunden hatten. Auch diese stießen auf Hochkulturen, vermochten diese aber militärisch zu besiegen und später als Landmacht große Teile Amerikas flächendeckend zu kolonisieren. Neben der Anlage von Zuckerplantagen in der Karibik war der Silberbergbau in Mexiko und Peru die Haupteinnahmequelle. Die Bergwerksrente diente als „politisches Silber" zur Finanzierung des spanischen Militärapparats in Europa. Auf diese Weise gelangte es über diverse Zwischenstationen auch nach Asien, um die negative Handelsbilanz auszugleichen. Damit wurde das amerikanische Silber zum ersten Schmiermittel der Weltwirtschaft und trug wesentlich dazu bei, dass der europäische Fernhandel überhaupt expandieren konnte. Brasilien, das aufgrund des Tordesillas-Vertrags (1494) Portugal zugesprochen war, diente anfänglich nur als Zwischenstation auf der Carreira da India nach Asien.

Der Vergleich des portugiesischen Kolonialismus in Asien und des spanischen Kolonialismus in Amerika macht die grundlegende Weichenstellung zu Beginn des 16. Jahrhunderts deutlich. Die asiatischen Hochkulturen blieben nahezu unbeeindruckt. Portugal gründete zwar den Estado da India mit der Hauptstadt Goa, beschränkte sich aber darauf, die Seeverbindungen von Europa nach Asien und im Becken des Indiks zu kontrollieren, um aus der Besteuerung des Seehandels eine Rente zu erzielen. Der um Afrika herum gelenkte Gewürzhandel konnte den Transithandel auf den alten Routen durch das Rote Meer und den Persischen Golf zur syrischen Küste nur wenig beeinträchtigen. In Amerika hingegen führte der Kolonialismus nicht nur zur Zerstörung der alten Hochkulturen, sondern als Folge der Immigration, der Zwangsarbeit und der eingeschleppten Krankheiten zu einer weitgehenden Ausrottung der einheimischen Bevölkerung. Teile des Kontinents wurden in eine internationale Arbeitsteilung eingebunden, bei der Plantagen- und Minenprodukte gegen europäische Fertigwaren getauscht wurden. Eine eigene Manufaktur war den Kolonien untersagt.

Afrika, aufgrund des Tordesillas-Vertrags in der portugiesischen Hälfte gelegen, nahm eine Zwischenposition ein. Einerseits wurde es Ursprung eines florierenden transatlantischen Sklavenhandels, um die ausgerottete indianische Bevölkerung in Amerika zu ersetzen. An dem einen Ende waren die Portugiesen die Sklavenhändler, an dem anderen Ende die Spanier die Abnehmer und Sklavenhalter. Dies konstituierte den berüchtigten Dreieckshandel zwischen Europa, Westafrika und der Karibik. Andererseits blieb die europäische Kolonisierung Afrikas, abgesehen vom klimatisch gemäßigten Süden, bis ins späte 19. Jahrhundert nur randständig, wurde der Kontinent als letzter in die Weltwirtschaft integriert. In Spanien und Portugal wirkten der koloniale Handel und die Plünderung der Kolonien kaum entwicklungsfördernd, da die Erträge für die Herrschaftskosten der portugiesischen Seemacht bzw. des spanischen Imperiums in Europa und Asien sowie die Kirchen und Klöster der Katholischen Kirche verwendet wurden. Für die Iberer, die den europäischen Feudalismus in die Welt exportierten, hat der Kolonialbesitz definitiv keine entwicklungsfördernde Wirkung gezeigt, weil die überkommene feudale Rentenorientierung erhalten blieb. Portugal und Spanien gehörten bis ins 20. Jahrhundert zu den Armenhäusern Europas.

Dies änderte sich grundlegend Ende des 16. Jahrhunderts, als sich in den Niederlanden aufgrund vielfältiger innovatorischer Leistungen die „erste moderne Ökonomie" der Welt herausbildete (de Vries/van der Woude 1997). Nicht zufällig emanzipierte sich der wirtschaftlich am weitesten entwickelte Teil des Spanischen Reiches in einem langen Unabhängigkeitskampf als erster. An dessen Ende stand der Ruin der Spanischen Habsburger und in den Nördlichen Niederlanden mit Amsterdam das neue kommerzielle und finanzielle Zentrum der Weltwirtschaft. Dank ihrer hohen Wettbewerbsfähigkeit waren die Niederlande in der Lage, die innereuropäische Arbeitsteilung von der Ostsee bis in den Mittelmeerraum zu dirigieren und nach Übersee auszugreifen. In Asien konnte Portugal weitgehend aus dem Geschäft gedrängt werden, in Brasilien (Niederländisch Brasilien) gelang dies nur für kurze Zeit. Während sie in Europa diverse See- und Landkriege mit den aufstrebenden Engländern und Franzosen führte, einigte man sich 1619 auf einer Kolonialkonferenz in London, dem protestantischen Tordesillas, im Hinblick auf Asien mit England auf zwei Einflusszonen, eine englische in Indien und eine niederländische in Indonesien. Obwohl die niederländischen und später auch die englischen Aktivitäten in Asien weit über das portugiesische Engagement hinausgingen, indem eine territoriale Expansion über die Hafenkolonien und Faktoreien hinaus betrieben wurde, so berührte dies das asiatisch-europäische Entwicklungsgefälle bis weit ins 18. Jahrhundert nur kaum. Noch um 1800 dürfte etwa die Hälfte des Weltsozialprodukts in Indien und China erzeugt worden sein (Maddison 2001, S. 261).

Entwicklungstheoretisch interessanter waren die Reaktionen der europäischen Nachzügler auf den Vorreiter Niederlande. England verfolgte in der Cromwell-Ära ab 1650 mit der Navigationsakte und der Stapelakte einen Merkantilismus, der auf den Außenhandel beschränkt blieb mit dem Ziel, die niederländische Dominanz auf dem maritimen Sektor zu brechen, die eigene Handelsmarine zu fördern und sich als Seemacht zu etablieren. Da die Niederländer dies nicht hinnehmen wollten, wurden drei Seekriege geführt, bis am Ende des Spanischen Erbfolgekriegs (1713) um die Aufteilung des Spanischen Reiches sich Großbritannien als führende See- und Handelsmacht durchgesetzt hatte. Das mächtigere und wohlhabendere Frankreich entwickelte unter Richelieu und Colbert in der Regierungszeit Ludwig XIV. ein umfassendes Programm staatlicher Regie über die Wirtschaft, das weit über die Außenwirtschaft hinausging und auch die Gewerbeförderung umfasste. Mithilfe der merkantilistischen Politik konnten die europäischen Nachzügler der ersten Generation (Großbritannien und Frankreich) dem Vorreiter Niederlande die Stirn bieten und diesen militärisch wie wirtschaftlich in die Schranken verweisen. Ende des 17. Jahrhunderts begann der „Dutch Decline", konnte die „erste moderne Ökonomie" nicht als erste in das Zeitalter der Industriellen Revolution eintreten. In Übersee ging der Konflikt unentschieden aus. In der Neuen Welt dehnte sich Großbritannien auf Kosten Spaniens in Nordamerika und der Karibik aus und kreierte den Typ der Siedlerkolonie. In Asien blieb es beim Patt mit den Niederländern. Frankreich wurde nach dem Frieden von Paris (1763) aus Indien und Nordamerika verdrängt. In Afrika übernahm man 1713 das Privileg des Sklavenhandels. China zeigte sich weiterhin widerspenstig und verweigerte den Niederländern wie den Engländern den Zugang zum chinesischen Markt.

Ein neuerlicher Wandel setzte erst im letzen Viertel des 18. Jahrhunderts mit der Industriellen Revolution ein, die in Großbritannien ihren Ausgang nahm. Es stieg nicht nur zur Führungsmacht in Europa auf und setzte die übrigen europäischen Länder einem harten Verdrängungswettbewerb aus, auch im Verhältnis zu Asien trat erstmals ein grundsätzlicher Wandel ein. Großbritannien importierte seitdem nicht mehr Baumwolltextilien aus Indien, um sie in Europa zu vermarkten, vielmehr machte die seit 1700 durch die Calico-Gesetze gegen die indische Konkurrenz geschützte britische Baumwollindustrie derart rasche Produktivitätsfortschritte, dass die bis dato führende indische Textilmanufaktur niederkonkurriert wurde. Seitdem setzte der Niedergang Indiens ein, kam der Handel auf den alten Routen nach Europa wirklich zum Erliegen, trug dies auch zum Niedergang der Levante bei. Die expandierende englische Baumwollindustrie führte zum Aufschwung des Plantagensektors in den amerikanischen Südstaaten und zu einem neuerlichen Schub für den Sklavenhandel.

Erst nach dem industriellen Durchbruch kam es in Großbritannien zum programmatischen Wechsel vom Merkantilismus zum Liberalismus der Klassischen Politischen Ökonomie. Seit Mitte des 19. Jahrhunderts wurden deren Ideen politisch umgesetzt, als eine liberale Mehrheit im Parlament einseitig das Freihandelsprinzip (Abschaffung der Kornzölle, Aufhebung der Navigationsakte, der Stapelakte u. a.) gegen den Widerstand der konservativen Gentry und der alten Handelskompanien durchsetzte, die ihre Grundrente bzw. ihre Monopole verteidigen wollten. Baumwolle und Getreide gegen Fertigwaren waren die Grundlage des freihändlerischen Bündnisses zwischen den amerikanischen Südstaaten und den Staaten des Mittleren Westens mit Großbritannien vor dem amerikanischen Bürgerkrieg. Großbritannien war wohlgemerkt nicht dank der Verfolgung liberaler Prinzipien zur industriellen Führungsmacht aufgestiegen, sondern dank merkantilistischer Politik gegen die niederländische und indische Konkurrenz. Erst nachdem man an der Spitze stand, wurde das liberale Gedankengut zur herrschenden Lehre. Über ein System von Handelsverträgen, die über die Meistbegünstigungsklausel miteinander verknüpft waren, wurde der

Freihandel in Europa für einige Jahrzehnte zur herrschenden Praxis, während man in Übersee zum Mittel der „Kanonenbootdiplomatie" griff, um die Märkte zu öffnen. Als China dem britischen Opiumschmuggel, der das aus dem Handel mit Tee resultierende Defizit ausgleichen sollte, energisch entgegentrat, setzten die Briten die Öffnung mit Gewalt durch. Ähnliches geschah mit Japan und Siam. Seitdem akzentuierte sich das Gefälle zwischen Europa und Asien. Indien musste einen Niedergang hinnehmen, wurde auch in der Fläche kolonisiert, während China stagnierte und kommerziell durchdrungen wurde, aber seine territoriale Integrität behaupten konnte.

Als mit Deutschland und den USA die zweite Generation der Nachzügler im Westen auf den Plan trat, der Begriff „Schwellenländer" war damals noch nicht gebräuchlich, kam es zu wachsender Rivalität mit Großbritannien. Die Unabhängigkeit der USA entzündete sich an der Frage, ob die amerikanischen Kolonien über eine Besteuerung (Tea Act) vonseiten des Mutterlandes an den Herrschaftskosten des Empire zu beteiligen waren. Nach der Unabhängigkeit betrieben die USA eine protektionistische Politik, da bereits der erste amerikanische Finanzminister Alexander Hamilton erkannt hatte, dass zu der politischen die wirtschaftliche Emanzipation vom Mutterland hinzutreten müsse.

Deutschland, aber auch andere europäische Länder, kehrten seit der Großen Depression (1873–1896) zum Schutzzoll zurück, orientierten sich eher an den Lehren Friedrich Lists als am Liberalismus der Klassik. Etwa um 1900 waren sowohl die USA wie Deutschland im Begriff, Großbritannien industriell zu überholen und einen wachsenden Anteil am Welthandel zu erobern. Großbritannien als alte weltwirtschaftliche und industrielle Führungsmacht stand vor dem Dilemma zwischen Festhalten an der liberalen Ordnung und Behauptung der Wohlfahrtsgewinne durch den Freihandel bei schrittweiser Deindustrialisierung oder Einschwenkungen auf die protektionistische Linie unter Aufgabe der weltwirtschaftlichen Führungsrolle, die nur noch in den internationalen Dienstleistungen (Handel, Schifffahrt, Finanzwesen) behauptet werden konnte. Da das Land als einziges den liberalen Dogmen treu blieb, kehrte sich der Peripherisierungsdruck um. Das erste Land der Industriellen Revolution wurde nach den Niederlanden zum zweiten Land des relativen Abstiegs in Europa. Der nachholende Kolonialismus Deutschlands und der USA blieb begrenzt. Die USA vermochten zwar bis an die Pazifikküste zu expandieren und sich die ehemals französischen und spanischen Territorien in Nordamerika einzuverleiben, die Kolonisierungsbestrebungen in der Karibik und im Pazifik blieben bis auf die Philippinen gering. Immerhin etablierten sich die USA als pazifische Seemacht. Weil man in China zu spät gekommen war, propagierte man dort das liberale Prinzip der „open door", das sich mit der eigenen antikolonialen Tradition gut vereinbaren ließ.

Afrika südlich der Sahara war der eigentliche Schauplatz eines verspäteten Kolonialismus, wobei es weniger um die Aufteilung „herrenloser Gebiete" ging, sondern um die Konkurrenz der imperialistischen Mächte untereinander. Der Burenkrieg um die Kontrolle Südafrikas und seiner Rohstoffe war der Höhepunkt dieses Konflikts. Lateinamerika war schon Anfang des 19. Jahrhunderts weitgehend unabhängig geworden dank der Schwäche der iberischen Imperien, der programmatischen Schützenhilfe der Französischen Revolution und der Unabhängigkeit der Neuengland-Kolonien. Die Unabhängigkeit Lateinamerikas änderte aber nichts an deren Einbindung in die klassische internationale Arbeitsteilung (Kolonialwaren gegen Fertigwaren), nur dass nicht mehr Spanien und Portugal, sondern Großbritannien und zunehmend die USA die Partner wurden. Entsprechend der wechselnden internationalen Nachfrage wurde z. B. in Brasilien der Zuckerboom durch den Goldboom, durch den Kautschukboom und zuletzt durch den Kaffeeboom abgelöst. Den Verlust Nordamerikas kompensierten die Briten mit dem Aufbau des Zweiten Empire in Australien, Neuseeland, Südafrika und Ostafrika und der schrittweisen Eroberung Indiens und der malayischen Halbinsel. Gleichzeitig expandierten Ende des 19. Jahrhunderts in Asien die Nachzügler der dritten Generation – Russland in der Endphase des Zarenreichs und Japan im Zuge eines verspäteten Kolonialismus. Im heutigen Verständnis des Begriffs, wenn damit nichtwestliche Gesellschaften gemeint sind, muss Japan als erstes Schwellenland bezeichnet werden. In Zentralasien war Großbritannien, in Ostasien Japan der Gegner Russlands. Verlierer war wieder China, das auf sein hanchinesisches Kernland zurückgedrängt wurde. Auch diese Nachzügler setzten keineswegs auf die liberale Karte. Besonders in Japan trat neben die Außenhandelspolitik eine umfassende Industriepolitik, die das Land zum Modell des bürokratischen Entwicklungsstaats machte (Johnson 1982).

Der Erste Weltkrieg hatte als Konflikt zwischen alten und neuen Industrieländern auch eine Entwicklungsdimension und wurde am Ende durch den Eintritt der neuen wirtschaftlichen Führungsmacht USA entschieden, während die alten Imperien, das zaristische Russland, das Osmanische Reich und Österreich-Ungarn, an diesem Konflikt zerbrochen sind. Dies setzte eine neue Welle der Entkolonialisierung in Osteuropa und im Vorderen Orient in Gang. Die Schwächung der Kolonialmächte daheim, besonders im Anschluss an große Kriege, war immer die Voraussetzung der Emanzipation der Kolonien. Die Zwischenkriegszeit wurde durch die Weltwirtschaftskrise der 1930er-Jahre geprägt. Großbritannien, das bis zuletzt an den liberalen Prinzipien Freihandel und Goldstandard festgehalten hatte, war nicht mehr in der Lage, die Krise erfolgreich zu bekämpfen und dem hegemonialen Dilemma zwischen Status- und Positionsverlust erlegen. Die USA waren noch nicht bereit, eine internationale Führungsrolle zu übernehmen, sondern beharrten auf ihren isolationistischen Prinzipien. Konsequenz war der Zerfall der Weltwirtschaft in große Blöcke, die unterschiedlicher Programmatik folgten. Im angelsächsischen Bereich löste der Keynesianismus die Neoklassik als herrschende Lehre ab und wurde im New Deal der Roosevelt-Ära zum neuen Leitbild der Wirtschaftspolitik. Die Sowjetunion verabschiedete sich von der Weltrevolution, wollte stattdessen den Sozialismus in einem Land aufbauen und verfolgte seitdem eine autarkistische Entwicklungspolitik, gestützt auf zentrale Planwirtschaft und staatliches Eigentum an Produktionsmitteln. Finanziert wurde das ambitionierte Programm vorrangiger Schwerindustrialisierung auf Kosten der Landwirtschaft, die zum Zweck der Eintreibung der agrarischen Überschüsse zwangskollektiviert wurde. Dieser Vorgang wurde euphemistisch „ursprüngliche sozialistische Akkumulation" genannt. In Deutschland, Italien, Spanien und einigen Balkanländern wurde eine Wirtschaftspolitik unter faschistischen Vorzeichen verfolgt. Auch wenn das Privateigentum nicht grundsätzlich infrage gestellt wurde, so bekam der Staat im Rahmen von Perspektivplanung eine bestimmende Rolle. Deutsches Ziel war eine autarke Großraumwirtschaft in Zentral- und Osteuropa. In Asien schließlich expandierte Japan auf dem Kontinent und exportierte das Modell des bürokratischen Entwicklungsstaats nach Korea, Taiwan und in die Mandschurei. Selbst in China begann während der Guomindang-Ära der 1920/30er-Jahre eine Politik der staatlich inszenierten wirtschaftlichen Reformen, die die Stagnation des Kaiserreichs überwinden, China die volle Souveränität zurückbringen und eine Industrialisierung in Gang setzen sollte. Wäre dies nicht seit 1937 durch den Krieg mit Japan gestoppt worden, hätte die Modernisierung Chinas schon damals begonnen, wäre nicht Japan, sondern China zum Modell des bürokratischen Entwicklungsstaats geworden. Damit war der Liberalismus als ordnungspolitisches Modell weltweit auf dem Rückzug.

Wie der Erste Weltkrieg lässt sich auch der Zweite Weltkrieg als Fortsetzung des Konflikts auf- und absteigender Großmächte interpretieren, bei dem unterschiedliche ordnungspolitische Modelle aufeinanderprallten. Die aus der Not geborene Koalition der ungleichen Alliierten zerbrach nach der deutschen und japanischen Niederlage, nicht zuletzt, weil die ordnungspolitischen Grundsätze der USA und der Sowjetunion sich diametral entgegenstanden. Da der eskalierende Ost-West-Konflikt einherging mit der dritten Welle der Entkolonialisierung in Asien, rasch gefolgt von der vierten Welle in Afrika, politisierte sich auch die Enwicklungsproblematik auf ganz neue Weise. Sollte das westliche Modell aus Demokratie, Privateigentum und Marktwirtschaft oder das östliche Modell aus Diktatur, Staats- bzw. Kollektiveigentum und Planwirtschaft zum Modell für die postkolonialen Gesellschaften werden und damit die Machtbalance zwischen Ost und West verändern? Die Sowjetunion hatte ihr Modell nach 1945 in Osteuropa oktroyiert, war dabei, es im Zuge der Chinesischen Revolution auf Ostasien auszudehnen, und reklamierte ihren Sozialismus als Königsweg der Entwicklung bzw. als Theorie nachholender Entwicklung.

Der Westen, das heißt in erster Linie die neue Führungsmacht USA, musste dieser Herausforderung sein angelsächsisches Modell entgegenstellen, wobei den besonderen Bedingungen der postkolonialen Gesellschaften Rechnung zu tragen war. Entsprechende Entwicklungsstrategien waren zu entwickeln, die durch Entwicklungshilfe umgesetzt oder unterstützt werden sollten. Begründet und legitimiert wurden diese Strategien unter dem Dach der Modernisierungstheorie durch eine neue Disziplin, die Entwicklungstheorie. Diese orientierte sich an der damals herrschenden Volkswirtschaftslehre, dem Keynesianismus, an der Fortentwicklung der klassischen Soziologie durch den Strukturfunktionalismus im Anschluss an Parsons und an den Theorien von Nationalstaatsbildung und Demokratisierung, die aus den angelsächsischen Re-educationprogrammen und Demokratisierungsbestrebungen bei den Kriegsgegnern Deutschland, Italien und Japan entlehnt waren. Letztere hatten Modernisierung unter autoritären Vorzeichen betrieben, die von der gleichzeitig entstehenden Totalitarismustheorie als pathologische Abweichung vom angelsächsischen Weg in die Moderne bezeichnet worden war. Welche Erklärungskraft die Totalitarismustheorie für Länder wie China heute besitzt, ist eine interessante Fragestellung.

In Reaktion auf die Ost-West-Konstellation etablierte sich seit der Bandung-Konferenz (1955) die „Blockfreien-Bewegung" als dritte Kraft, die programmatisch einen dritten Weg zwischen Sozialismus und Kapitalismus verfolgen wollte. Faktisch war es eher eine Schaukelpolitik und das Bestreben, möglichst viele Transferzahlungen (Renten) aus beiden Lagern zu ergattern. Das sowjetische Modell wurde nur in wenige Entwicklungsländer (China, Nordkorea, Vietnam, Kuba, Angola, Mozambique, Äthiopien etc.) exportiert, nur wenige versuchten tatsächlich einen dritten Weg (Indien in den 1950er-Jahren, Algerien, Jugoslawien, Tansania), während die meisten auf die westliche Karte setzten. Lateinamerika orientierte sich am stärksten an den USA. Es ist deshalb kein Zufall, dass hier, als die erhofften Erfolge im Ansatz steckenblieben, in Form der Dependenztheorie die erste radikale Kritik an der westlichen Modernisierungstheorie und Entwicklungsökonomie formuliert wurde.

Die Krise der Großtheorien begann erst Ende der 1970er-Jahre als Folge der einsetzenden Differenzierung der Entwicklungsländer in Schwellenländer, Ölländer, „normale" Entwicklungsländer und ganz arme Länder. Das Beispiel der Kartell-Politik der OPEC war Anlass, eine neue Weltwirtschaftsordnung zu konzipieren, die eine Art globalen Keynesianismus zum Ziel hatte. Die Erkenntnis, dass das japanische Modell des bürokratischen Entwicklungsstaats in Südkorea, Taiwan und Singapur kopiert wurde, war Anlass für eine staatstheoretische Diskussion. China reklamierte nach dem Schisma mit der Sowjetunion in den 1960er-Jahren einen eigenen Weg zum Aufbau des Sozialismus und präsentierte sich als entwicklungspolitisches Modell für die übrige Dritte Welt. In manchen afrikanischen Ländern, so im Falle der Ujamaa-Bewegung in Tansania, wurde tatsächlich damit experimentiert.

Ein neuerlicher Schwenk erfolgte in den 1980er-Jahren, als der Neoliberalismus den Keynesianismus als herrschende Lehre in der Wirtschaftswissenschaft ablöste. Konsequenterweise führte dies zur „konterrevolutionären" Wende (Toye 1989) in der Entwicklungstheorie. Die Besonderheit einer (keynesianischen) Entwicklungsökonomie wurde geleugnet, Neoliberalismus als adäquates Konzept zur Lösung der Entwicklungsländerprobleme reklamiert. Seinen Ausdruck fand dies im Washington-Konsens. Die neoliberale Wende trug dazu bei, dass das Spektrum der Entwicklungsländer von Gewinnern und Verlierern der Globalisierung sich erweiterte. Der Wiederaufstieg Asiens setzte sich fort mit den Schwellenländern der zweiten Generation (Malaysia, Thailand, Indonesien), zu denen China seit dem radikalen Kurswechsel des Jahres 1978, der Abwendung vom Maoismus und der Hinwendung zu einer Politik der Öffnung und Modernisierung des Landes, später Indien und Vietnam als besondere Schwergewichte hinzutraten (Menzel 2014).

Neu gemischt wurden die Karten seit dem Zerfall der Sowjetunion, der Transformationsprozesse in Osteuropa und dem Ende des Ost-West-Konflikts. Da das politische Motiv für Entwicklungspolitik entfallen war, wurde die Hilfe des Ostens eingestellt, die Hilfe des Westens drastisch reduziert. Eine Konsequenz in Afrika südlich der Sahara war der Zerfall staatlicher Strukturen in vielen Ländern. Erst jetzt offenbarte sich, welche stabilisierende Funktion die Militär- und Wirtschaftshilfe des Westens wie des Ostens gehabt hatte, selbst wenn die angestrebte Entwicklung ausgeblieben war. Damit akzentuierte der sich seit den 1970er-Jahren abzeichnende Differenzierungsprozess. In den ölexportierenden Ländern am Persischen Golf hat sich eine Region des rentenfinanzierten Wohlstands etabliert, große Teile Asiens sind zu jungen Industrieländern aufgestiegen und damit die eigentlichen Gewinner der Globalisierung, Lateinamerika behält sein heterogenes Bild von Entwicklung und Unterentwicklung, Afrika südlich der Sahara ist bis auf wenige Ausnahmen zur großen Krisenregion der Welt geworden, die sich paradoxerweise als Folge des „Arabischen Frühlings" auf etliche Länder des Nahen und Mittleren Ostens ausgedehnt hat. Osteuropa holt auf, die Deindustrialisierung in Westeuropa und Nordamerika setzt sich fort. Russland hat sich nach dem Zerfall der Sowjetunion in der Putin-Ära als rentenbasierte Rohstoffökonomie stabilisiert, die versucht, verlorenen Einfluss in Osteuropa, im Kaukasus und in Zentralasien zurückzugewinnen mit der Konsequenz, dass das Phänomen fragiler Staatlichkeit sich an den Rändern Russlands ausbreitet. Große Teile Asiens, allen voran China und Indien, sind auf dem besten Weg, in die weltwirtschaftliche Führungsposition zurückzukehren, die sie seit etwa 1800 verloren haben. Andre Gunder Frank (1929–2005) hat dies „ReOrient" genannt (Frank 1998). Der sogenannte „Beijing-Konsens" (Ramo 2004) ist zum Gegenmodell für den „Washington-Konsens" (Williamson 1990) avanciert. Die neue Weltfinanz- und Weltwirtschaftskrise der Jahre 2008 ff. hat zu einer Renaissance des Keynesianismus (Skidelsky 2009) geführt und die Hegemonie des neoliberalen Denkens endgültig gebrochen. Dies hat entwicklungstheoretische Konsequenzen und wird die Repolitisierung der Entwicklungstheorie fördern.

Damit stellen sich auch theoretische Fragen. Gibt es, anders als die Modernisierungstheorie behauptet, auch wenn diese durch die Transformationsprozesse in Osteuropa eine späte Bestätigung und kurzzeitige Renaissance erfahren hat, doch verschiedene Wege in die Moderne? Hat die mit der Modernisierungstheorie verwandte Totalitarismustheorie geirrt, wenn sie diese als „pathologisch" abgetan hat? Neben dem westlichen Weg steht der östliche des bürokratischen Entwicklungsstaats, der nicht zwangsläufig dem angelsächsischen Demokratiemodell folgt. In Japan, Taiwan oder Südkorea ist, so die These, die Demokratisierung nur der amerikanischen Intervention nach 1945 zu verdanken, während Malaysia, Singapur, Vietnam und vor allem China zeigen, dass Industrialisierung auch ohne Demokratisierung möglich ist. Eine weitere grundsätzliche Frage lautet, warum ausgerechnet Asien so erfolgreich ist, das Profil Lateinamerikas so ambivalent bleibt und Afrika zum großen Krisenkontinent geworden ist. Zur Beantwortung dieser Fragen reicht die herkömmliche Entwicklungstheorie nicht aus, sind vielfältige kulturelle, religiöse und historische Faktoren, nämlich *wie* der Kolonialismus in jedem einzelnen Fall gewirkt hat (bzw. gar nicht wirksam war), zu bemühen.

2 Die Paradigmen der entwicklungspolitischen Ideengeschichte

2.1 Die Vorgeschichte: Merkantilismus und Physiokratie

Die Wurzeln der Entwicklungstheorie gehen zurück auf eine Epoche der Wirtschaftspolitik, die erstmals von Adam Smith „Merkantilismus", in Frankreich nach dem Finanzminister Ludwigs XIV. „Colbertismus" und in Deutschland „Kameral- oder Polizeywissenschaft" genannt wurde. Der Merkantilismus (Heckscher 1932) war allerdings kein ausgefeiltes theoretisches Lehrgebäude, sondern eine Summe praktischer Maßnahmen im Bereich der Finanz-, Industrie-, Infrastruktur-, Außenhandels-, Kolonial- und Gesellschaftspolitik, die darauf abzielten, die politische und militärische Machtentfaltung der sich herausbildenden europäischen Nationalstaaten im Zeitalter des Absolutismus auf eine solide finanzielle Basis zu stellen. Die wirtschaftlichen Konsequenzen des Merkantilismus waren insofern nur das Abfallprodukt absolutistischer Machtpolitik. Die Entwicklung des Staates hatte Vorrang vor der Entwicklung der Wirtschaft. Die Kuh, die man melken wollte, sollte auch zu fressen bekommen.

Seine Hauptvertreter stammten aus England und Frankreich. In Frankreich gehörten dazu neben Jean Baptiste Colbert (1619–1683) vor allem Barthélemy de Laffemas (1545–1612), Maximilien de Béthune Sully (1560–1641), Sébastian de Vauban (1633–1707), der als erster Ingenieur des Königs auch für die Festungsbauten Frankreichs zuständig war, ferner Pierre le Pesant de Boisguillebert (1646–1714) und François de Forbonnais (1722–1800). In England begann die merkantilistische Ahnengalerie mit John Hales (um 1516–1572) und setzte sich fort mit Thomas Mun (1571–1641), Gerard de Malynes (1586–1641) und Josiah Child (1630–1699), der zugleich auch Gouverneur der berühmten East India Company war. Prominente Kameralisten in Deutschland und Österreich waren Veit Ludwig von Seckendorff (1626–1692), Johann Joachim Becher (1635–1682), Philipp Wilhelm von Hörnigk (1640–1714), Johann Heinrich Gottlieb von Justi (1717–1771) und Joseph von Sonnenfels (1733–1817). In Spanien wurde die merkantilistische Lehre vernachlässigt und ein reiner Fiskalismus betrieben, weil man mit den Silberminen in Mexiko und Peru fast ein Monopol bei der weltweiten Förderung von Edelmetall besaß und es deshalb nicht im Außenhandel zu verdienen, sondern „nur" zu fördern und sicher nach Europa zu schaffen hatte, um es dort als „politisches Silber" zur Finanzierung des Machtapparats zu verwenden. Dass der permanente Abfluss von Edelmetall an die Konkurrenten Niederlande, England und Frankreich, durch den die spanische Macht buchstäblich zerrann, auch mit der Ignoranz in Fragen der Politischen Ökonomie zu tun hatte, erkannten die spanischen Zeitgenossen nicht.

Die Unterschiede bestanden aber nicht nur im zeitlichen Auftreten der politischen Ökonomen, sondern auch in den Akteuren, Interessenten und Instrumenten merkantilistischer Politik. In England war das Parlament während der Herrschaft

Cromwells (1649–1666) und später seit der Glorious Revolution (1688–1689) die entscheidende Instanz. Es verabschiedete die Gesetze (Navigation Act – 1651, Staple Act – 1660, Corn Laws 1660, Calico-Acts seit 1700), mit denen der Außenhandel reglementiert wurde. Nutznießer waren die Fernhandelskaufleute gegen die niederländische Konkurrenz, der Grundbesitz, um die Getreidepreise und damit die Grundrente hochzuhalten, und zuletzt die junge Baumwollindustrie, weil auch diese gegen indische Konkurrenz zu schützen war. Im absolutistischen Frankreich war die Bürokratie der Akteur merkantilistischer Politik, wobei hier nicht nur der Außenhandel reguliert wurde, sondern unter Colbert ein umfassendes System staatlicher Regie über die Wirtschaft insgesamt errichtet wurde, die bis heute im französischen Etatismus fortlebt. In Italien ging es um die Rolle der Banken und die Geldpolitik, in Deutschland vor allem um die Maximierung der Einkünfte der Territorialfürsten, die in der fürstlichen Rentenkammer (Camera) verwaltet wurden. Deshalb der Begriff Kameralwissenschaft.

Der Wohlstand und damit die „Entwicklung" eines Landes, so die damalige Vorstellung, drücke sich aus in seinem Vorrat an Edelmetall, der aus drei Quellen gespeist werden kann: durch die Ausbeutung eigener Gold- und Silberminen, durch die Eroberung und Plünderung anderer Länder, die über Edelmetall verfügen, sowie durch den Überschuss, der im Außenhandel zu erzielen ist. Edelmetall konnte gefördert, erobert (auch durch Freibeuterei) oder verdient werden, während der Versuch der Alchemisten, Gold zu machen, eine unseriöse Idee war, auch wenn daraus die Anorganische Chemie entstanden ist. Entwicklungstheoretisch interessant und langfristig am erfolgreichsten war die dritte Variante, das Edelmetall zu verdienen, da hier Fragen der Wettbewerbsfähigkeit einer Volkswirtschaft im Vergleich zu weiter fortgeschrittenen Konkurrenten aufgeworfen wurden. Außenhandel und somit Wohlstand bzw. Entwicklung waren im damaligen Verständnis wie Macht ein Nullsummenspiel und entsprachen dem realistischen Denken des Absolutismus. Was der eine gewinnt, muss der andere verlieren, ganz so, wie es in der Zahlungsbilanz eines Landes abgebildet wird. Dem Minus in der Leistungsbilanz muss ein Plus in der Kapitalbilanz gegenüberstehen. Dass die Bearbeitung des Bodens (Physiokratie) oder die produktive Verwendung von Kapital und Arbeit (Klassik) Quelle des Wohlstands sind, dass also im idealistischen (liberalen) Verständnis bei entsprechender Anstrengung *alle* gewinnen können, war noch nicht ins Bewusstsein gedrungen. Die Wirtschaftspolitik richtete sich deshalb auf die Frage, wie durch staatliche Intervention eine positive Handelsbilanz zu erzielen sei, die durch den Zufluss von Edelmetall (heute Devisen) ausgeglichen wird. Mithilfe von Zöllen und Verboten sollten die Importe von Manufakturwaren reduziert und eigene Manufakturen gefördert werden, durch Navigationsakten und Stapelgesetze der Außenhandel den einheimischen Schiffen reserviert bleiben, um auch eine positive Dienstleistungsbilanz zu erzielen.

Der Merkantilismus war aber auch ein Bündel von Maßnahmen zur Nationalstaatsbildung durch Integration nach innen und Separation nach außen, zur Ausschaltung von Partikularinteressen zugunsten des nationalen Interesses. Er förderte die Durchsetzung des Verwaltungs- und Steuerstaats. Er sollte einer ökonomischen

Logik durch die Trennung von Moral und Wirtschaft zum Durchbruch verhelfen und er war nicht zuletzt eine politische Strategie zur Durchsetzung der staatlichen Macht nach innen und der Absicherung dieser Macht nach außen. Das Leitbild lautete: Der politisch und militärisch starke Staat basiert auf einer leistungsfähigen Wirtschaft, um seine Organe aus Bürokratie und Militär aber auch die Repräsentation des Staates zu finanzieren. Das nationale Interesse dient als Legitimation der sozialen Kosten wirtschaftlicher Entwicklung. Nationalismus wurde so zu einer ökonomischen Potenz. Damit richtete sich der Merkantilismus gegen den religiösen und politischen Universalismus von Kaiser und Papst wie gegen den Partikularismus einzelner Stände wie Grundherren, Klöster, Städtebünde, Zünfte und Gilden. Stattdessen wollte er die Interessen des absolutistischen Staates und des entstehenden frühkapitalistischen Bürgertums, das in die Handelskompanien investierte, als Partner gegen die Interessen des Adels fördern. Deren Interessenharmonie ergab sich aus dem Umstand, dass der Staat das Bürgertum zur Finanzierung seiner Macht benötigte, das Bürgertum umgekehrt des staatlichen Schutzes nach innen und außen bedurfte, um seine wirtschaftlichen Interessen gerade auch in Übersee zu verfolgen. Dass staatlich privilegierte und mit Monopolen ausgestattete Fernhandelskompanien auf Aktienbasis die eigentlichen Akteure in Übersee und damit die Vorreiter des Kolonialismus waren, entsprach dieser Logik. In heutiger Terminologie könnte man das den „bürokratischen Entwicklungsstaat" nennen.

Im Anschluss an Heckscher (1932) lassen sich sieben Dimensionen merkantilistischer Politik unterscheiden: Der Merkantilismus als System zur Bildung von Nationalstaaten (1) wirkt integrierend nach innen durch die Aufhebung von Binnenzöllen, die Angleichung von Maßen, Gewichten, Währungen, Steuern, Gewerbeordnungen etc. und durch den Ausbau der Infrastruktur aus Kanälen, Straßen, später Eisenbahnen. Er wirkt separierend nach außen durch Zollgrenzen, Einfuhrbeschränkungen, Wechselkurse u. a. Damit trägt er dazu bei, das Territorialprinzip durchzusetzen. Der Merkantilismus als System der Gewerbeförderung (2) betreibt Industriepolitik durch die Aufhebung mittelalterlicher Zunftordnungen, Förderung der Wissenschaft, Qualitätskontrolle, Arbeits- und Armengesetze, aber auch durch Importverbote oder hohe Zölle auf Manufakturwaren, Zollfreiheit für Rohstoffe, Maschinenexportverbote, Festschreibung niedriger Löhne, um die internationale Konkurrenzfähigkeit zu gewährleisten. Der Merkantilismus als Schutzsystem (3) verhängt Agrarzölle zur Sicherung von Grundrenten, Manufakturzölle zur Sicherung von Extraprofiten, Navigations- und Stapelakte über die Ausschaltung ausländischer Konkurrenz zur Sicherung von Monopolrenten, erlässt aber auch Exportverbote im Hochtechnologiebereich (z. B. britisches Maschinenexportverbot), um technischen Vorsprung zu behaupten. Der Merkantilismus als Geldsystem (4) fördert den Edelmetallbergbau (und die Alchemie zum Zwecke des Goldmachens), die Entdeckung und Ausbeutung von Edelmetallvorkommen in Übersee (die legendäre Suche nach der Bonanza oder dem El Dorado), den Kaperkrieg gegen andere Kolonialmächte (spanische Silberflotte) und den Zustrom von Edelmetall durch Erzielung einer positiven Handelsbilanz und durch die Manipulation des Wechselkurses von Gold und Silber bzw. die Ausnutzung unterschiedlicher Wechselkurse in Drittländern. Der Merkantilismus als Kolonialsystem (5) strebt nach wirtschaftlicher Autarkie und Versorgungssicherheit mit Rohstoffen, Nahrungs- und Genussmitteln durch die Gründung von Kolonien, Kolonialgesellschaften und Handelskompanien, denen Privilegien im Handel mit Kolonialwaren, Sklaven, Fertigwaren und Edelmetall verliehen werden. Dazu gehört auch das Manufakturverbot in den Kolonien, die Besteuerung der Kolonien und des Kolonialhandels. Der Merkantilismus als Machtsystem (6) verfolgt das Ziel der Maximierung der Staatseinnahmen durch Steuern, Zölle, Gebühren und Gewinne staatlicher Unternehmen, durch den Aufbau einer Bürokratie zur Förderung, Kontrolle und Besteuerung der privaten Wirtschaft, durch den Unterhalt eines Stehenden Heeres und einer Kriegsflotte, durch die Förderung der Rüstungsindustrie. Nach außen führt er Kriege aus wirtschaftlichen Motiven, nach innen werden konkurrierende Mächte wie Zünfte, Gilden, Grundherren, Klöster und religiöse Minderheiten durch staatliche Regulierung in Schach gehalten. Nicht nur Wohlstand, auch Macht ist ein relatives Gut. Der Machtgewinn des einen führt zum Machtverlust des anderen. Und schließlich versteht sich der Merkantilismus als ordnungspolitisches System (7). Der Markt wird einer staatlichen Regulierung unterzogen. Oberste Prämisse ist: Das Wohl des Staates steht über dem Wohl des Individuums. Der Deregulierung im Inneren durch Aufhebung der mittelalterlichen Zunftbeschränkungen steht die Regulierung nach außen gegenüber. Die religiösen Vorbehalte des Mittelalters gegen Zins, Wucher, Luxus, Tabak, Alkohol, Sklaven, gegen das Erwerbsstreben schlechthin (sei das Heil doch nicht von dieser Welt) werden bekämpft, um neue Geschäftsfelder zu eröffnen und die kapitalistische Gesinnung zu fördern. Dazu gehört auch die Toleranz gegenüber nationalen und religiösen Minderheiten wie Juden, Calvinisten (Hugenotten), Täufern und anderen reformierten Glaubensrichtungen. Der später sogenannte Neomerkantilismus im 19. Jahrhundert hat viele dieser Elemente wieder aufgegriffen, die sich heute im Instrumentenkasten des bürokratischen Entwicklungsstaats wiederfinden.

Die grundsätzliche Kritik am Merkantilismus wurde in Frankreich in der zweiten Hälfte des 18. Jahrhunderts durch eine neue volkswirtschaftliche Lehrmeinung vorgetragen, die unter dem Begriff „Physiokratie" in die Dogmengeschichte einging und ein erstes Verständnis über volkswirtschaftliche Zusammenhänge offenbarte (Gide/Rist 1923). Wohlstand, so die zentrale Annahme, ist kein Nullsummenspiel, der durch eine positive Handelsbilanz erzeugt werden kann, die Quelle des Wohlstands ist vielmehr die Natur. Hervorragende Vertreter der Physiokratie waren François Quesnay (1694–1774) mit seinem „Tableau économique" von 1758, der Marquis de Mirabeau (1715–1789), Guillaume François Le Trosne (1728–1780) und Pierre Samuel Du Pont de Nemours (1739–1817), der in die USA auswanderte, dort den Du-Pont-Konzern gründete und nebenbei auch den Begriff „Physiokratie" (= Herrschaft der Natur) prägte. Deutsche Physiokraten waren Johann August Schlettwein (1731–1802) und Jakob Mauvillon (1743–1794), während die Lehre in England kaum Anklang fand.

Am bekanntesten wurde das Tableau économique, die erste Formulierung eines wirtschaftlichen Kreislaufmodells, Ansatz einer Volkswirtschaftlichen Gesamtrechnung. Es unterscheidet die „produktive Klasse" der bürgerlichen Pächter, die „Klasse der Grundeigentümer", die zusammen mit den Bauern den primären Sektor bilden, und die „sterile Klasse" aus Manufakturisten, die den sekundären, und Händlern, freien Berufen, Dienstpersonal etc., die den tertiären Sektor bilden. Der Struktur des Tableaux liegen fünf Prinzipien zugrunde. Die produktive Klasse ist durch ihre Bearbeitung der Natur für die eigentliche Wertschöpfung zuständig. Das Nettoprodukt der Landwirtschaft nach Abzug der Produktionskosten ist eine freie Gabe der Natur. Der Überschuss wird als Rente an die Grundeigentümer im Sinne eines Entgelts für die Ausgaben abgeliefert, die diese ursprünglich für die Melioration des Bodens (Rodung, Entwässerung, Einzäunung, Gebäude) aufgewendet haben. Ein Teil des Nettoprodukts geht an die Manufakturisten und Händler, die dafür im Gegenzug gewerbliche Erzeugnisse an Pächter und Grundeigentümer liefern. Jede Klasse teilt ihre Ausgaben gleichmäßig zwischen landwirtschaftlichen und gewerblichen Gütern auf. Am Ende der Kreislaufperiode verfügt jede Klasse über die gleiche Menge an Werten wie zu Beginn der Periode.

Damit gewannen die Physiokraten erstmals eine Vorstellung über Entstehung, Verwendung und Verteilung des Einkommens, wie sie heute in den drei Seiten der Volkswirtschaftlichen Gesamtrechnung erscheinen. Neu war die Vorstellung eines Kreislaufs, nach dem das Einkommen auch von der Nachfrage und nicht nur vom Angebot abhängt. Ansatzweise wurde eine Wachstumstheorie formuliert, insofern das Wachstum von den Investitionen in die Landwirtschaft (Bodenmeliorationen) abhängt und nicht das Resultat eines Überschusses in der Handelsbilanz ist, der von außen zufließt. Damit kritisierten die Physiokraten die Vernachlässigung der Landwirtschaft durch die Merkantilisten. Sie lieferten auch eine Legitimation für die Existenz des Grundbesitzes, dessen Renteneinkommen das Äquivalent für die Urbarmachung des Bodens sei, bevor dieser den Bauern zur Bearbeitung überlassen wird. Nur Grundeigentümer können sparen und den gesparten Teil der Rente für Investitionen in die Landwirtschaft verwenden. Der Profit der Manufakturisten wurde als „Lohn" für deren administrative Tätigkeit und nicht als Rendite des von ihnen eingesetzten Kapitals verstanden. Ein moderner Kapitalbegriff war noch nicht vorhanden.

Daneben entwarfen die Physiokraten auch eine rudimentäre Gesellschaftstheorie. Die Gesellschaft habe sich in einem evolutionären Prozess aus ursprünglichen Gemeinschaften von Sammlern und Jägern durch Arbeitsteilung, strukturelle Differenzierung (Klassenteilung) und politische Einigung entwickelt. Diese Begriffe sollten im 19. Jahrhundert bei den Gründervätern der Soziologie wieder auftauchen. Die so entstandene Gesellschaft repräsentiere mit ihren drei Klassen und der zentralen Autorität des Fürsten eine natürliche Ordnung, die sich nach den Regeln der Vernunft und nicht etwa der Demokratie richte. Aufgabe des Fürsten, am besten in Gestalt des aufgeklärten Monarchen, sei die Garantie des Eigentums und der Schutz dieser Ordnung. Der Begriff der natürlichen Ordnung, die nicht durch Eingriffe gestört werden dürfe, bezog sich auch auf die Natur – eine allererste Formulierung des Nachhaltigkeitsgesichtspunkts, der beim Wachstum der Landwirtschaft zu berücksichtigen sei – und den Handel, der nicht beschränkt werden dürfe. Letzteres war eine weitere Kritik am Merkantilismus. Mit Ausbruch der Französischen Revolution verschwand das den adligen Grundbesitz und dessen Renteneinkommen legitimierende physiokratische Denken und wurde ersetzt durch die Klassik, die ihre prominentesten Vertreter in Großbritannien und in Frankreich hatte, und folglich als Legitimierung der wirtschaftlichen Aktivitäten des „Dritten Standes" gegen die Interessen des Grundbesitzes diente.

2.2 Die klassische Politische Ökonomie und deren Kritik

Dass Großbritannien im 18. Jahrhundert den Niederlanden den Rang als führende europäische Wirtschafts- und Handelsmacht abgelaufen hatte, lag nicht zuletzt daran, dass dort die merkantilistische Politik auf außenwirtschaftlichem Gebiet am konsequentesten verfolgt wurde. Als in der zweiten Hälfte des 18. Jahrhunderts ein zunächst langsames, aber stetiges Wirtschaftswachstum einsetzte und das Land sich vor dem Hintergrund bahnbrechender technologischer Innovationen industrialisierte, wurde mit der britischen Politischen Ökonomie eine Lehre entwickelt, die einen systematischen Anspruch erhob und den Merkantilismus einer noch grundsätzlicheren Kritik als die Physiokratie unterzog. Erster Vertreter des neuen Denkens, das später Klassik genannt wurde, war der Schotte Adam Smith (1723–1790), dessen Hauptwerk, „An Inquiry into the Nature and the Causes of the Wealth of Nations" (Plural!), von 1776 die erste konsistente entwicklungstheoretische Schrift überhaupt ist. Fortgesetzt wurde die Klassik mit dem konservativen Robert Thomas Malthus (1766–1834), „An Essay on the Principles of Population as It Affects the Future Improvement of Society" (1798) und dem liberalen David Ricardo (1772–1823) mit „On the Principles of Political Economy and Taxation" von 1817. Mit John Stuart Mill (1806–1873) und seinem Hauptwerk „Principles of Political Economy" (1848) fand sie ihren Abschluss, um nur die prominentesten Vertreter zu nennen.

Der wesentliche Unterschied zum Merkantilismus bestand darin, dass dem Wohl des Individuums Vorrang vor dem Wohl des Staates bzw. dem Gemeinwohl eingeräumt wurde. Dahinter stand die anthropologische Grundannahme, dass der Mensch selbstsüchtig, nur nach der Verbesserung seiner eigenen Lage und nicht der der Gesellschaft strebt, wie später Karl Marx argumentierte. Erst aus der Summe der individuellen Anstrengungen resultiere das Gemeinwohl, ein Gedankengang, der auf den Einfluss von Bernard Mandeville (1670–1733) „Die Bienenfabel oder Private Laster, öffentliche Vorteile" (1714 bzw. 1723) hinweist (Mandeville 1980). Das Individuum handelt im Sinne des Homo oeconomicus zweckrational, da alle seine Entscheidungen einem strikten Kosten-Nutzen-Kalkül unterworfen sind. Insofern ist die Klassik eine Rational-Choice-Theorie, die die strikte Rationalisierung aller Lebensbereiche verlangt. Damit das Leitbild des selbstsüchtigen Homo oeconomicus sich durchsetzen kann, müssen alle Beschränkungen, die seiner freien Entfaltung entgegenstehen, beiseite geräumt werden. Die sichtbare Hand staatlicher Regulierung, wie sie die Merkantilisten gefordert haben, muss durch die unsichtbare Hand des Marktes als alleiniger Regulierungsinstanz ersetzt werden. Der Staat wird auf eine Nachtwächterfunktion für die innere und äußere Sicherheit reduziert. In der radikalen Variante des Liberalismus, wie sie in Rembrandts „Nachtwache" (1642) zum Ausdruck kommt, sorgen die Bürger sogar noch selbst für die innere Sicherheit, bleibt dem Staat nur die Garantie der äußeren Sicherheit durch Armee und Flotte.

Unterstellt wird, dass auf den Märkten für Güter, Arbeitskräfte, Kapital und Immobilien vollkommene Konkurrenz herrscht und der einzelne Marktteilnehmer über umfassende Marktkenntnis verfügt. Die Mobilität der Produktionsfaktoren ist innerstaatlich unbegrenzt. Kapital und Arbeit fließen aus den Bereichen, in denen ein Überangebot besteht und demzufolge nur eine geringe Vergütung der Produktionsfaktoren zu erzielen ist, in solche, wo ein Mangel herrscht, und demzufolge eine höhere Vergütung lockt, bis Angebot und Nachfrage sich überall im Gleichgewicht befinden. Damit wird in der Tendenz immer die optimale Allokation der Produktionsfaktoren gewährleistet, befindet sich deren Vergütung in Form von Profit, Lohn und Rente im Ausgleich, während staatlicher Dirigismus zu Fehlallokationen und damit Vergeudung bzw. Unterausnutzung von Ressourcen führen kann. Im internationalen Rahmen ist die Mobilität der Produktionsfaktoren allerdings eingeschränkt bzw. gar nicht gegeben, wodurch von Land zu Land Unterschiede erhalten bleiben, die es auszunutzen gilt.

Während die Physiokratie noch von der Annahme ausging, dass nur die Natur die Quelle des Wohlstands sei und in der Industrie Werte, die in der Urproduktion in Landwirtschaft und Bergbau entstanden sind, umgeformt werden, ging die Klassik von der Annahme aus, dass menschliche Arbeit, egal wo verausgabt, wertschaffend und somit wohlstandsfördernd ist. Selbst Dienstleistungstätigkeiten gehören, wenn sie produktionsnah sind, dazu. Die daraus resultierende Arbeitswertlehre besagt, dass der Wert einer Ware von dem durchschnittlichen Arbeitsaufwand abhängt, der zu ihrer Erzeugung notwendig ist. Damit erfolgte zum zweiten Mal eine Revidierung der Vorstellung, wodurch Entwicklung im Sinne der Wohlstandsmehrung einer Gesellschaft zustande kommt. Die Theorie der Merkantilisten lautete: durch den Überschuss im Außenhandel. Die Theorie der Physiokraten lautete: durch die Ausbeutung der Natur. Die Theorie der Klassiker lautete: durch menschliche Arbeit. Diese drei Theorien reflektierten den Aufstieg und Abstieg volkswirtschaftlicher Sektoren und gesellschaftlicher Klassen. Der Merkantilismus stellte den Fernhandel, die Physiokratie die Landwirtschaft und die Klassik die Manufaktur bzw. Industrie ins Zentrum der Argumentation. Entsprechend wurden legitimatorische Argumente geliefert, warum hoher Handelsprofit, hohe Grundrente oder hohe industrielle Profite notwendig sind für die Entwicklung eines Landes bzw. warum die Interessen von Handelskompanien, Grundbesitzern oder Industriekapitalisten vorrangig zu bedienen sind. Betrachtet man diese Argumente im Licht der späteren Stadientheorien à la List, erkennt man die Korrespondenz mit der historischen Abfolge von Handelskapitalismus, Agrarkapitalismus und Industriekapitalismus. Erst mit dem Übergang zur Dienstleistungsgesellschaft, der nur noch marginalen Bedeutung des Agrarsektors und der drastisch rückläufigen Bedeutung des Industriesektors wurden die objektiven Werttheorien (aus dem Ausland, aus der Natur, aus der Arbeit) durch die subjektive neoklassische

Grenznutzentheorie ersetzt, bei der der Wert einer Ware nur noch von ihrer Knappheit abhängt, am Ende nur noch eine Frage der spekulativen Bewertung ist.

Die Produktivität der Arbeit und damit auch ihre wohlfahrtssteigernde Wirkung, hier liegt der entwicklungstheoretische Kern der Klassik, kann durch Investitionen und durch Arbeitsteilung gesteigert werden. Investitionen können nur getätigt werden, wenn zuvor ein Teil des Einkommens gespart und nicht konsumiert wird, da Investitionen aus dem Ersparten zu finanzieren sind. Sparen können aber nur die Bezieher hoher Einkommen, während alle anderen ihre Einkommen für den Lebensunterhalt aufzuwenden haben. Im Sinne einer hohen Investitionstätigkeit ist deshalb eine anfängliche Ungleichheit in der Einkommensverteilung von Vorteil. Die Entlohnung der Arbeit darf daher die notwendigen Subsistenzkosten nicht überschreiten, da sonst die Profite der Unternehmer und damit deren Spar- und Investitionstätigkeit geschmälert werden. Hohe Investitionen führen wiederum zur Steigerung der Arbeitsproduktivität und damit in Kombination mit zusätzlich beschäftigten Arbeitskräften zu Wachstum. Erst mit Zeitverzögerung setzt sich dieses Wachstum in breitenwirksamen Wohlstand um. Hier klingt erstmals das Argument „Wachstum zuerst, Umverteilung später" an. Dabei muss, um keine Ressourcen zu verschwenden, die optimale Kombination der Produktionsfaktoren Boden, Kapital und Arbeit gefunden werden. Diese stellt sich auf den jeweiligen Märkten durch die freie Konkurrenz heraus. Die Produktionsfaktoren wandern immer dahin, wo deren höchste Vergütung erzielt werden kann. Auch der Boden wird zur Ware. Feudale Grundeigentümer verwandeln sich in Agrarkapitalisten. Die Einhegungsgesetze des 18. Jahrhunderts, die das Gemeindeland zum Verschwinden brachten, haben diesen Prozess gefördert. Damit verkündeten Smith und seine Nachfolger eine optimistische Botschaft und lieferten eine Begründung für die Reduzierung des staatlichen Einflusses für liberale Handels- und Fabrikgesetze gegen die Monopolrechte von Zünften, Gilden und Handelskompanien und für Freihandel gerade im Bereich der Agrargüter, dem sich die Grundbesitzer widersetzten. Er legitimierte aber auch die anfänglichen sozialen Kosten, die getragen werden müssen, bis alle an der Entwicklung partizipieren.

Malthus lieferte die konservativ-pessimistische Reaktion auf die liberal-optimistische Botschaft von Smith vor dem Hintergrund der sozialen Not und der wirtschaftlichen Schwierigkeiten während des Krieges mit Frankreich und der politischen Herausforderung durch die Französische Revolution. Gegen dessen Wohlfahrtstheorie stellte er das „Naturgesetz der Armut" und nahm damit die spätere Teufelskreisargumentation moderner Entwicklungstheoretiker wie Gunnar Myrdal (1898–1987) vorweg. Die Begründung lieferte er mit der Theorie, dass die Bevölkerung schneller wächst, als die Nahrungsmittelproduktion gesteigert werden kann – eine frühe Formulierung der „Grenzen des Wachstums". Dahinter stand wiederum das „Gesetz vom abnehmenden Bodenertragszuwachs" als Resultat eines überproportional zunehmenden Kapitalaufwands. Die Folge seien steigende Nahrungsmittelpreise und eine Verelendung der Bevölkerung. Der Ausgleich zwischen einer (geometrisch) wachsenden Bevölkerung und einem (arithmetisch) wachsenden Nahrungsmittelangebot könne nur durch Seuchen, Hungersnöte, Kriege oder sexuelle Enthaltsamkeit geleistet werden. Deshalb kritisierte Malthus auch das britische Armengesetz von 1795, das die soziale Unterstützung an die Familiengröße und die Getreidepreise knüpfte. So würden nur Müßiggang und die Verschärfung des Bevölkerungsdrucks auf ein unzureichendes Nahrungsmittelangebot gefördert – eine frühe Formulierung des „Samariter-Dilemmas". Damit war Malthus auch der Begründer der Unterkonsumtionstheorie. Im Gegensatz zu dem „Gesetz über die Absatzwege" des Franzosen Jean-Baptiste Say (1767–1832), dass jedes Produkt auch seinen Käufer finde (Say 1807), vertrat er die Position, dass im Bereich der Massenkonsumgüter mehr produziert werde, als von den Arbeitern konsumiert werden könne. Die Lösung des Problems liege im Luxuskonsum durch die Bezieher hoher Einkommen. Deren hohe Einkommen haben damit nicht nur (wie bei Smith) die Funktion, eine hohe Sparrate und daraus resultierend hohe Investitionsrate zu ermöglichen (Angebotstheorie), sondern den ansonsten nicht absetzbaren Rest der Produktion zu verbrauchen (Nachfragetheorie im Bereich der Luxusgüter). Deshalb haben, anders als bei Smith, auch Grundbesitzer und deren Renten eine volkswirtschaftliche Bedeutung. Malthus legitimierte also neben der Grundrente nicht nur die temporäre, sondern eine dauerhafte Ungleichheit in der Einkommensverteilung. Eine nachfrageorientierte Wohlfahrtsstaatspolitik würde demgegenüber Entwicklung blockieren.

Ricardo stand wiederum für die optimistische, d. h. liberale, Richtung der Klassik und entwickelte zentrale Gedanken von Smith weiter (Ricardo 1972). Er argumentierte vor dem Hintergrund des Handelskriegs mit Frankreich (1807–1814) und den von den Grundbesitzern nach 1815 im Parlament durchgesetzten neuen Getreidezöllen, die, in der „gleitenden Zollskala" festgesetzt, einen Kompromiss zwischen Renteninteressen und steigenden Lebenshaltungskosten bei schlechten Ernten herbeiführen sollten. Entwicklungstheoretisch besonders relevant sind Ricoardos Theorem der komparativen Kosten und seine Wachstums- und Verteilungstheorie. Im Kapitel „Über den auswärtigen Handel" wird die Annahme von Smith, dass Arbeitsteilung wohlfahrtssteigernd wirkt, um die internationale Dimension erweitert. Dazu bemüht er ein historisches Beispiel, den Methuen-Vertrag zwischen England und Portugal aus dem Jahre 1703, der den bilateralen Handel und den Zugang zur portugiesischen Kolonie Brasilien und dessen neu entdeckte Goldvorkommen in Vila Rica fördern sollte. Er war auch ein Glied in der wachsenden Abhängigkeit Portugals von England, in die man sich nolens volens begab, um ein Gegengewicht gegen die führende Wirtschaftsmacht Niederlande zu bilden, die Portugal auf drei Kontinenten (Asien, Afrika, Brasilien) unter Druck setzte.

Zur Illustrierung arbeitet Ricardo mit folgendem Modell: Portugal und England erzeugen beide zwei Güter – Wein und (Woll-)Tuch. Die Annahme lautet, dass in Portugal der Weinerzeugung und in England der Tucherzeugung aufgrund der klimatischen Unterschiede (Sonne bzw. Regen fördern den Weinbau bzw. die Schafweide) eine höhere (Arbeits-)Produktivität zugrunde liegt. Da Ricardo von der Arbeitswerttheorie ausgeht, beziffert er eine bestimmte Einheit der in beiden Ländern produzierten Güter in den jeweils dazu verausgabten Arbeitsstunden. Adam Smith hatte gezeigt, dass im Falle absoluter Unterschiede in der Arbeitsproduktivität eine Spezialisierung für beide Partner von Vorteil ist. Diesen absoluten Vorteil illustriert Ricardo mit folgendem Zahlenbeispiel (siehe Tabelle I/3):

Tabelle I/3: Arbeitsaufwand zur Wein- und Tucherzeugung vor und nach der Spezialisierung bei absolutem Vorteil

	Portugal		England		Summe	
Wein	80	**160**	120	**0**	200	**160**
Tuch	100	**0**	90	**180**	190	**180**
Summe	180	**160**	210	**180**	390	**340**

Fette Werte = eingesetzte Arbeitsstunden nach der Spezialisierung

Eine bestimmte Menge Wein kann in Portugal mit 80 Arbeitsstunden und in England mit 120 Arbeitsstunden erzeugt werden, eine bestimmte Menge Tuch in Portugal mit 100 Arbeitsstunden und in England mit 90 Arbeitsstunden. Wenn beide Länder sich jeweils auf die Branche konzentrieren, in der sie einen Produktivitätsvorteil besitzen, dort die Erzeugung verdoppeln, die Hälfte der Produktion exportieren und die Branche mit dem Produktivitätsnachteil aufgeben, wird die gleiche Menge Wein bzw. Tuch nach der Spezialisierung in 160 statt in 200 Stunden bzw. in 180 statt in 190 Stunden erzeugt. Portugal spart 20, England sogar 30, beide zusammen sparen 50 Stunden Arbeit. Der Wohlfahrtsgewinn äußert sich demnach im reduzierten Arbeitsaufwand. Die eingesparte Arbeit kann für eine Steigerung der Produktion eingesetzt werden. Voraussetzung ist, dass Kapital und Arbeit in beiden Ländern mobil sind, in die jeweils andere Branche wandern können und keine Restriktionen der Mobilität entgegenstehen. Im weiteren Argumentationsgang geht Ricardo über Smith hinaus, indem er zeigt, dass eine Spezialisierung selbst dann noch sinnvoll ist, wenn ein Land in beiden Branchen über die höhere Arbeitsproduktivität verfügt.

Tabelle I/4: Arbeitsaufwand zur Wein- und Tucherzeugung vor und nach der Spezialisierung bei relativem Vorteil

	Portugal		England		Summe	
Wein	80	**160**	120	**0**	200	**160**
Tuch	90	**0**	100	**200**	190	**200**
Summe	170	**160**	220	**200**	390	**360**

Fette Werte = eingesetzte Arbeitsstunden nach der Spezialisierung

Im zweiten Zahlenbeispiel ist die Wein- wie die Tucherzeugung in Portugal produktiver als in England (siehe Tabelle I/4). Demnach müssten beide Branchen in England aufgegeben werden, englisches Kapital und englische Arbeiter nach Portugal wandern und Portugal den gesamten Weltmarkt beliefern. Da Ricardo aber (damals nicht zu

Unrecht) international von eingeschränkter Faktormobilität ausgeht, also englisches Kapital kaum und englische Arbeitskräfte gar nicht nach Portugal wandern können, macht es für England Sinn, sich auf die Branche zu spezialisieren, in der der komparative Nachteil am geringsten ist. Das ist im Zahlenbeispiel wenig überraschend die Tuchindustrie (100:90) und nicht die Weinindustrie (120:80). Nach der Spezialisierung spart England 20 und Portugal 10 Stunden.

Implizit wird in beiden Zahlenbeispielen vorausgesetzt, dass die Transportkosten nicht den Vorteil kompensieren, dass Zölle nicht den Vorteil aufheben oder gar, dass der Außenhandel nicht durch Verbote unterbunden ist. Die handelspolitische Forderung lautet demnach *Freihandel*, damit der arbeitssparende und in diesem Sinne wohlfahrtssteigernde Vorteil der Spezialisierung für alle wirksam werden kann. Das, um das Argument zu illustrieren, simple Zwei-Länder-/Zwei-Güter-Modell lässt sich auf beliebig viele Länder und Güter ausweiten, ohne das Argument zu schmälern. Später sollte sich allerdings herausstellen, dass Ricardos Annahme von der internationalen Immobilität der Produktionsfaktoren nicht mehr zutrifft, Kapital in Form von Direktinvestitionen und Arbeitskräfte durch Migration international durchaus mobil geworden sind. Die Tuchproduktion kann, wie seit den 1970er-Jahren geschehen, sehr wohl nach Portugal (oder heute nach China) verlagert werden und damit zur Deindustrialisierung Englands führen. Implizit ging es beim Methuen-Vertrag und womöglich auch bei Ricardo auch um die Annahme, dass der Wert des von England nach Portugal gelieferten Wolltuchs den im Gegenzug gelieferten Portwein übertreffen würde. An dieser Stelle kommt die portugiesische Kolonie Brasilien ins Spiel, deren Gold die negative Handelsbilanz Portugals gegenüber England ausgleichen würde. Hinter dem Methuen-Vertrag stand definitiv ein merkantilistisches Interesse. Ob es bei Ricardo völlig überwunden war, kann an dieser Stelle bezweifelt werden. Allerdings fällt die brasilianische Unabhängigkeit mit Ricardos Schrift zusammen.

Keine explizite Aussage macht Ricardo über die Verteilung des Wohlstandsgewinns zwischen beiden Ländern. Dieser ergibt sich aus den Austauschrelationen. Welche Menge Wein und damit welche Menge Arbeitsstunden werden international gegen welche Menge Tuch bzw. Arbeitsstunden getauscht? Aus dieser offenen Frage sollte später die Kontroverse über die „Modifikation des Wertgesetzes auf dem Weltmarkt" bzw. die „Theorie vom ungleichen Tausch" von mehr gegen weniger Arbeit entstehen. Da die Faktorpreise (Arbeitslöhne) sich aufgrund der eingeschränkten Faktormobilität international nicht angleichen, besteht die Möglichkeit, dass das Land mit der höheren Entlohnung des Faktors Arbeit das Land mit der niedrigeren Entlohnung ausbeutet, die Vorteile der internationalen Arbeitsteilung ungleich verteilt sind. Im von Ricardo verwendeten Beispiel würde Portugal England ausbeuten. Das Argument basiert allerdings auf der Akzeptanz der Arbeitswerttheorie.

Mit dem Theorem der komparativen Kosten wurde nicht nur die Grundlage der modernen Außenhandelstheorie formuliert, sondern erstmals eine universalistische Theorie, die bis heute ein zentrales Thema der Entwicklungsökonomie geblieben ist. Außenhandel ist anders als im merkantilistischen Verständnis kein Nullsummenspiel. Alle können, wenn auch in unterschiedlichem Ausmaß, durch internationale Arbeitsteilung gewinnen. Die handelspolitische Konsequenz wurde Mitte des 19. Jahrhunderts mit der Aufhebung der merkantilistischen Handelspolitik und dem Übergang zum Freihandel gezogen. Dies war erstmals bei Hugo Grotius Schrift „De mare liberum" angeklungen, der allerdings nicht ökonomisch, sondern naturrechtlich argumentiert hatte (Grotius 1919).

Der Freihandel wurde von Ricardo auch aufgrund seiner Wachstumstheorie präferiert, die auf seiner Verteilungstheorie beruht. Ricardo unterscheidet wie Smith entsprechend den drei Produktionsfaktoren Boden, Arbeit und Kapital die drei Einkommensarten Rente, Lohn und Profit. Wie Malthus argumentiert er, dass die Grundrente von der Höhe des Bodenertrags abhängig ist. Je nach Güte des Bodens wird eine unterschiedliche Rente erzielt. Die Bewirtschaftung von Grenzböden, deren Ertrag gerade noch die Produktionskosten deckt, wirft gar keine Rente ab. Die Höhe des Lohns ist von den Subsistenzkosten der Arbeiter abhängig, wobei Ricardo das Existenzminimum nicht physisch, sondern gewohnheitsmäßig definiert. Erst der Rest des volkswirtschaftlichen Gesamteinkommens, nach Abzug von Rente und Lohn, bleibt als Profit übrig. Aufgrund der Kapitalmobilität zwischen den Branchen ist die Höhe des Profits in der Tendenz überall gleich.

Wenn nun die Bevölkerung eines Landes und die Nachfrage nach Nahrungsmitteln wächst, deshalb knappheitsbedingt die Preise steigen, sodass immer neue Grenzböden bebaut werden müssen, deren Bewirtschaftung aufgrund der steigenden Nahrungsmittelpreise „rentabel" wird, steigt die Rente auf den besseren Böden. Deren Besitzer erzielen eine Differenzialrente, weil die Agrarpreise sich an den Kosten auf den schlechtesten Böden orientieren. Andernfalls würden diese nicht bebaut. Zusätzlich führt das Gesetz vom abnehmenden Bodenertragszuwachs zu steigenden Agrarpreisen. Diese wirken lohnsteigernd, da die Löhne sich an den Subsistenzkosten orientieren. Damit sinkt der Anteil des Einkommens, der auf den Profit entfällt. Sinkende Profite reduzieren das Sparvolumen und führen zu sinkenden Investitionen und damit verlangsamtem Wachstum, bis Stagnation erreicht ist. Am Ende können für eine wachsende Bevölkerung nicht mehr genügend Nahrungsmittel produziert werden, da die produktivitätssteigernden Investitionen ausbleiben.

Dieser pessimistischen Perspektive kann, so Ricardo, nur der Freihandel mit Agrargütern entgegenwirken. Wenn die besseren Böden des Auslands in die inländische Versorgung einbezogen werden und damit das Nahrungsmittelangebot bei fallenden Preisen steigt, sinkt die Grundrente und verschwindet die Differenzialrente, weil die eigenen Grenzböden aufgegeben werden können. Außerdem ermöglichen sinkende Agrarpreise aufgrund sinkender Subsistenzkosten sinkende Löhne. Beides wirkt in dieselbe Richtung: Die Profite steigen wieder, es wird mehr investiert und bei steigender Arbeitsproduktivität mehr produziert. Kurz – es findet Entwicklung statt. Hier wird deutlich, wieso Ricardo die importbehindernden Getreidezölle, die in England 1660 eingeführt worden waren und 1815 erneuert wurden, um den Landlords nach Ende der napoleonischen Kriege hohe Renten zu garantieren, ins Zentrum seiner Kritik stellt. Bemerkenswert ist auch, dass er, obwohl selbst Landlord, den theoretischen und politischen Generalangriff gegen die Renteninteressen der Grundbesitzer führt. Erstaunlicherweise ist Ricardos Rententheorie anders als seine Theorie der komparativen Kosten später kaum für die Entwicklungstheorie fruchtbar gemacht worden, obwohl doch die Suche nach Renten (Rent-seeking) auch und gerade heute als ein wesentliches Entwicklungshindernis angesehen wird. Auch lässt sich der Wohlstand der Ölstaaten am Persischen Golf unter Rückgriff an Ricardo erklären. Der Ölpreis orientiert sich langfristig an den Produktionskosten auf den „schlechtesten Ölfeldern", (z. B. Nordsee-Öl, Ölschiefer in Kanada), da diese sonst nicht ausgebeutet würden. Die Ölstaaten mit den „besten Ölfeldern" erzielen eine immer höhere Differenzialrente.

Die klassische Theorie war aber nicht nur die Munition, die in England selbst dem politischen Liberalismus in den 1830er-/1840er-Jahren zum Durchbruch verhalf und Mitte des 19. Jahrhunderts Schritt für Schritt die merkantilistischen Außenhandelsgesetze zu Fall brachte, sie war auch die Theorie des wirtschaftlichen Vorreiters, der, auf die Überlegenheit seiner Wettbewerbsfähigkeit bauend, diese Prinzipien weltweit durchzusetzen suchte und folglich, zumindest in der Theorie, an der kolonialen Beherrschung fremder Territorien kein Interesse mehr haben durfte (Winch 1965). Der Freihandel wurde erst einseitig, dann bilateral durch Handelsverträge, die durch das Prinzip der Meistbegünstigung miteinander verknüpft waren und so ein internationales Freihandelsregime konstituierten, und zuletzt gewaltsam mit den Mitteln der „Kanonenbootdiplomatie" gegen widerspenstige Länder durchgesetzt. Die zweite Hälfte des 19. Jahrhunderts wird deshalb auch als die Ära des Freihandels bzw. kritisch als Ära des Freihandelsimperialismus bezeichnet. Die ihr zugrunde liegende klassische Lehre setzte sich alsbald über England hinaus als herrschende volkswirtschaftliche Lehrmeinung in Europa durch, wurde im entwicklungstheoretischen Diskurs des 19. Jahrhunderts hegemonial.

Die Gegenposition wurde bereits sehr früh, in der Tradition des Merkantilismus als System der Gewerbeförderung verbleibend und als „Neomerkantilismus" bezeichnet, durch den ersten amerikanischen Finanzminister, Alexander Hamilton (1757–1804), thematisiert, der die protektionistische und isolationistische Tradition der Republikaner begründete, die bis heute nachhallt. In seinem berühmten „Report on Manufactures" (1790) formulierte Hamilton erstmals den Gedanken des Erziehungszolls, dem sogar der Klassiker John Stewart Mill Sympathie abgewinnen konnte (Mill 1848). Hamilton argumentierte, dass die vollständige Unabhängigkeit der Neuengland-Staaten erst gegeben sei, wenn die ehemaligen Kolonien in der Lage seien, ihre eigenen Manufakturwaren zu erzeugen und nicht mehr auf die Importe aus dem früheren Mutterland angewiesen seien, war das Manufakturverbot in den Kolonien doch ein Instrument der klassischen Kolonialpolitik gewesen. Die Freihandelsorientierung im Sinne Ricardos entsprach deshalb eher den Interessen der exportorientierten Plantagenökonomien der Südstaaten, während im Norden vor wie nach dem Bürgerkrieg, der auch in diesem dogmengeschichtlichen Konflikt zu sehen ist, protektionistische Vorstellungen von Ökonomen wie Henry Charles Carey (1793–1879) und Daniel Raymond (1786–1849) dominierten. Der hochprotektionistische „Smoot-/Hawley-Tarif" der 1930er-Jahre in Reaktion auf die Weltwirtschaftskrise stand in dieser Tradition. Freihandel wurde in den USA erst nach dem Zweiten Weltkrieg zur hegemonialen

Doktrin, als diese den wirtschaftlichen Vorsprung Großbritanniens längst aufgeholt hatten und selbst an der Spitze standen.

Auf dem europäischen Kontinent wurde die Gegenposition zuerst von den Theoretikern der französischen Kontinentalsperre François-Louis-Auguste Ferrier (1777–1861) mit „Du gouvernement considéré dans ses rapports avec le commerce" (1805) und Charles Ganilh (1758–1836) „Untersuchungen über die Systeme der politischen Ökonomie" (1814, franz. 1809) vertreten. Seit der französischen Niederlage bei Trafalgar war klar, dass Großbritannien nicht zur See zu besiegen war und damit seine Position als Welthandelsmacht unangefochten blieb. In Bedrängnis bringen konnte man es vielleicht, wenn man es von seinen europäischen Absatzmärkten fernhielt. Die aus dieser Überlegung von Napoleon 1805 dekretierte und immer weiter verschärfte Kontinentalsperre als Instrument des Wirtschaftskriegs schnitt aber Kontinentaleuropa auch vom Bezug der begehrten Kolonialwaren ab, die nur noch durch Schmuggel zu beziehen waren. Die Kontinentalsperre wirkte insofern auch entwicklungsfördernd, da sie die englische Konkurrenz im Bereich der Textilindustrie ausschloss und den Anstoß gab, Substitute für die Kolonialwaren zu produzieren. Der Beginn der Industriellen Revolution in der Schweiz (Spinnerei und Spinnmaschinenbau) und der Anbau von Zuckerrüben mit nachgelagerter Zuckerindustrie in Deutschland fällt in die Zeit der Kontinentalsperre (1805–1815) und kann als Beleg für die protektionistische Theorie von Terrier und Ganilh gewertet werden.

Einem Schwaben, Friedrich List (1789–1846) aus Reutlingen, war es vorbehalten, den zuerst in den USA und später in Frankreich propagierten Neomerkantilismus zu einem theoretischen System auszubauen. List entwickelte in seinem Hauptwerk „Das nationale System der politischen Ökonomie" (1841) eine Stufenlehre, bei der er fünf Stufen, die Stufe der Jäger und Sammler, die Stufe der Viehzucht (Nomaden), die Stufe der Agrikultur (Bauern), die Stufe der Agrikultur und Manufaktur sowie die Stufe der Agrikultur, Manufaktur und des Handelsstands unterschied. Dabei dürfte ihm die Erfahrung des Exils in den USA die sinnliche Anschauung vermittelt haben. Großbritannien befände sich als einziges Land auf der fünften Stufe, die USA, Frankreich und die deutschen Staaten auf der vierten Stufe, die Länder der „heißen Zone" inklusive Spanien und Portugal auf der dritten Stufe. Selbst argumentierte er vom Standpunkt der „Länder der vierten Stufe" (heute „Schwellenländer"), die in der Lage seien, den englischen Vorsprung aufzuholen, wenn sie bewusst für eine Übergangszeit die universalistischen Freihandelsprinzipien der Klassik verletzten. Andernfalls würden sie aufgrund des britischen Verdrängungswettbewerbs auf der vierten Stufe verbleiben.

An die Stelle von Ricardos Theorie der Werte (Wohlstandsgewinn durch Reduzierung von Arbeitszeit) setzte er seine Theorie der produktiven Kräfte. Unter „produktiven Kräften" verstand List die Fähigkeiten und Kompetenzen einer Gesellschaft insgesamt, die sich nicht nur in der Ausstattung mit Sachkapital, sondern auch in der Innovationskraft, Ingenieurleistung, im unternehmerischen Geist, im Bildungs- und Ausbildungsniveau der Beschäftigten, modern ausgedrückt im „Humankapital", äußert. Nicht die Menge an Gütern bzw. deren Wert, auch nicht die Einsparung von Arbeitszeit durch internationale Spezialisierung, mache den Wohlstand eines Landes aus, sondern die Fähigkeit, immer anspruchsvollere Güter erzeugen zu können. Statt billige Manufakturwaren zu importieren und den Wohlfahrtsgewinn im Sinne eines Preisvorteils zu kassieren, sollen die Länder der vierten Stufe Manufakturen aufbauen, die notwendige Infrastruktur schaffen und alles zu einer kohärenten Verbindung fügen. Die dafür notwendigen Basisinvestitionen, die sich privatwirtschaftlich nicht rentieren, müssen (zumindest anfänglich) vom Staat geleistet werden. Die nationale Gewerbsproduktivkraft könne sich aber nur entfalten, so die handelspolitische Konsequenz, wenn sie in der Aufbauphase Schutz vor der überlegenen englischen Konkurrenz bekomme. Separation durch Schutzzölle nach außen und Integration durch Wegfall administrativer Hemmnisse und Ausbau der Infrastruktur nach innen lautete deshalb sein Rezept. Konsequenterweise trat List auch durch den Plan eines deutschen Eisenbahnnetzes hervor, das einen substanziellen Beitrag zur Überwindung der deutschen Kleinstaaterei geleistet hätte. Der zeitweilig mit dem Verzicht auf billigere ausländische Produkte verbundene Wohlstandsverlust im Sinne der Klassik wurde von List als zu zahlende „Lernkosten" abgebucht, werde aber mehr als kompensiert durch den künftigen Wohlstandsgewinn als Folge entfalteter produktiver Kräfte.

In dieser Frage führte List eine erbitterte Auseinandersetzung mit der „Englischen Schule", die als die zweite große Debatte nach der Debatte über die Freiheit der Meere im Anschluss an Grotius in der Internationalen Politischen Ökonomie bezeichnet werden kann. Sobald der englische Industrialisierungsvorsprung aufgeholt, die fünfte Stufe erklommen sei, könne zum Freihandel übergegangen werden. Für die „Länder der dritten Stufe", die in der „heißen Zone" gelegenen Kolonien wie für Südeuropa (sic!), sah List diese Möglichkeit nicht. Damit formulierte List in dreifacher Hinsicht eine erste umfassende Kritik der Klassik. Indem er die Bedeutung des Nationalstaats herausstellte, wandte er sich gegen deren Universalismus. Die Entwicklungspotenz des Nationalismus werde verkannt. Indem er die geistige Dimension der produktiven Kräfte herausstellte, wandte er sich gegen deren Materialismus, der nur Tauschwerte bzw. Arbeitsstunden berücksichtige. Indem er das nationale Wohl herausstellte, wandte er sich gegen deren Individualismus und die darin enthaltene anthropologische Annahme der Selbstsucht als einzig treibender Kraft menschlichen Handelns. Auch die Gemeinwohlorientierung kann eine Triebkraft sein. Ferner ist das Gemeinwohl weit mehr als die Summe der individuellen Erfolge, da aus der Vereinigung der Kräfte große Synergieeffekte entstehen können. Produktivitätssteigerungen resultieren nicht nur aus Arbeitsteilung und Investitionen, sondern auch aus der Zusammenführung von Individuen zu gemeinschaftlichen Zwecken. Durch die Leugnung der Entwicklungschancen der „Länder der heißen Zone" entpuppte sich List allerdings auch als borniter Eurozentrist und Vorläufer der späteren Klimatheorien, während Ricardo gerade in dem Klima Portugals Entwicklungschancen durch Spezialisierung, etwa auf „sonnenintensive" Produkte, diagnostizierte.

Zweifellos ist List in den 1820er-Jahren durch seine politische Emigration in die USA von den amerikanischen Ökonomen beeinflusst worden. Umgekehrt beeinflusste List spätere Autoren und Politiker wie Christian Beyel in der Schweiz, Sergei Witte in Russland und sogar Faschisten wie Mihail Manoilesco in Rumänien. Wir finden bei ihm eine frühe Formulierung der in den 1950er-/1960er-Jahren so populären Strategie der Importsubstitutionsindustrialisierung, die auf die protektionistisch abgesicherte Ausweitung des Binnenmarkts anstelle des Exportwachstums abzielte. Der Unterschied zum klassischen Merkantilismus besteht darin, dass Zweck und Mittel vertauscht werden. Manufakturen sind nicht dazu da, um über die Reduzierung der Importe bzw. die Steigerung der Exporte den Edelmetallvorrat und damit das finanzielle Fundament der Macht des absolutistischen Staates auszubauen, der Aufbau von Manufakturen selbst ist vielmehr der Zweck, da sie ein wesentlicher Faktor zur Steigerung der produktiven Kräfte sind. Nicht Machtentfaltung, sondern Hebung des nationalen Kompetenzniveaus ist das Ziel, nachholende Industrialisierung ist der Weg dahin. Damit wird eine neue Dimension von Entwicklung im Sinne der wissenschaftlich-technischen Kompetenz eines Landes und des Bildungs- und Qualifikationsniveaus seiner Bevölkerung angesprochen. Das Nullsummendenken des klassischen Merkantilismus wird im Neomerkantilismus aufgegeben. Wenn auch nicht alle, so können doch zumindest einige, die besagten Länder der vierten Stufe, modern ausgedrückt die Schwellenländer, sich entwickeln, in der Hierarchie der internationalen Arbeitsteilung aufsteigen. List begründete damit eine entwicklungstheoretische Gegentradition zur englischen Klassik, die Deutsche Historische Schule.

Dieser Sonderentwicklung in der nationalökonomischen Doktrinenbildung mit Wilhelm Roscher (1817–1894), Bruno Hildebrandt (1812–1886) und Karl Knies (1821–1878) als Vertreter der jüngeren und Gustav von Schmoller (1838–1917) und Werner Sombart (1863–1941) als Vertreter der älteren Historischen Schule, zu denen im weiteren Sinne auch Max Weber (1864–1920) gezählt werden kann, ging es weniger um die deduktive, an Modellen orientierte, Theoriebildung wie bei der Klassik, als um die analytische, d.h. induktive Aufarbeitung der in Deutschland seit Mitte des 19. Jahrhunderts ablaufenden nachholenden Industrialisierung und der daraus resultierenden sozialen Frage. Damit nahmen sie nicht nur wissenschaftstheoretisch, sondern auch dogmengeschichtlich eine Frontstellung ein – gegen die Klassik wie gegen den Sozialismus, auch wenn Karl Marx als der letzte Vertreter der Klassik bezeichnet werden kann. Marx teilte nämlich als deren anderer Antipode den Universalismus der Klassik, machte aber, ausgehend von deren Arbeitswerttheorie, nicht die Entstehung der Einkommen, die besagte Vergütung der Produktionsfaktoren, sondern deren Verteilung zum Ansatzpunkt seiner Kritik. Basierend auf den wirtschaftsromantischen Vorstellungen bei Johann Gottlieb Fichte (1762–1814) und Adam Müller (1779–1829) über den „Geschlossenen Handelsstaat" (1800) und die „Elemente der Staatskunst" (1809/1810) wurde bei der Historischen Schule die Wirtschaft als organisches Ganzes und nicht als eine Summe von Wirtschaftssubjekten verstanden. Theoretische Aussagen wurden nicht deduktiv und am Schreibtisch wie in der Klassik, sondern induktiv durch die Beobachtung von Einzelphänomenen gewonnen. Insofern beginnt hier die empirische Sozial- und Wirtschaftswissenschaft. Statt axiomatisch begründeter theoretischer Gebäude wurden Prozesse beschrieben. Erkenntnisse über wirtschaftliche Zusammenhänge seien nicht aus Modellen ableitbar, sondern nur aus der empirisch gewonnenen Kenntnis über die historische Wirklichkeit des Wirtschaftslebens. Dazu bedürfe es der historischen Forschung und des Sammelns von Daten, um lange Zeitreihen zu erstellen und von Land zu Land zu vergleichen. Sogar die Klassik selbst sei ein historisches Ereignis und erklärbar aus der besonderen Situation, in der sich Großbritannien in der ersten Hälfte des 19. Jahrhunderts befunden habe. Der Ansatz der Deutschen Historischen Schule wurde in den späteren Stadientheorien fortgesetzt.

Die im Verlauf der Industrialisierung immer krasser zutagetretende soziale Frage wurde in Abgrenzung zum Marxismus und der sich formierenden Arbeiterbewegung auf der akademischen Ebene unter dem Stichwort „Kathedersozialismus" aufgegriffen. Dieser lief auf staatliche Fürsorgepolitik statt auf soziale Revolution hinaus, die in Deutschland in der Bismarck-Ära ihren konservativ begründeten Anfang nahm. Insofern steht am Beginn der Herausbildung des Sozialstaats eine eigene akademische Tradition, die sich früh um die soziale Entwicklung bemühte und hierbei auf die regulierende Rolle des Staates setzte, während in der liberalen angelsächsischen Tradition Daseinsfürsorge eher Privatsache ist. Deshalb ist der Kommunitarismus heute in den USA besonders verankert. Die Historische Schule hat sich in der entwicklungstheoretischen Diskussion gerade in Deutschland als Unterströmung erhalten und lebt in der historisch-komparativen Makrosoziologie als Variante der Modernisierungstheorie und seit den 1980er-Jahren bei Ulrich Menzel und Dieter Senghaas fort.

Mit der in Europa immer weiter fortschreitenden Industrialisierung wuchs nicht nur die Kluft zu den Kolonien und den übrigen Ländern der „heißen Zone", es stellte sich auch heraus, dass der Kapitalismus nicht nur Wohlstand, sondern auch Ausbeutung und Elend produziert. Hier setzte die sozialistische Kritik an, als deren hervorragendster Vertreter sich Karl Marx (1818–1883) herausstellte. Künftig ging es bei der Entwicklungsproblematik, provoziert durch die marxistische Kritik, nicht nur darum, wie der Wohlstandsgewinn im Zuge der Industrialisierung zu mehren, sondern auch darum, wie dieser Wohlstand zu verteilen ist. Marx mit seinem Hauptwerk „Das Kapital. Kritik der Politischen Ökonomie" (1867) war damit der letzte Vertreter der Klassik und wollte zugleich ihr Überwinder sein. In der hegelschen Tradition der Dialektik als Movens der Geschichte insistierte er darauf, dass Kapitalismus nur ein historisch begrenztes System ist, das aufgrund immanenter Widersprüche die subjektiven und objektiven Voraussetzungen zu seiner eigenen Überwindung hervorbringe.

Marx hat zwar viel geschrieben, vieles und gerade sein Hauptwerk sind aber nur Fragment geblieben. Von den 1858 geplanten sechs Büchern des Hauptwerks ist nur der erste Band des ersten Buches über „Das Kapital", also ein Achtzehntel des Sechs-Bücher-Plans (MEW Bd. 29, S. 311–318), zu seinen Lebzeiten erschienen. Die Fragmente des zweiten und dritten Bandes des ersten Buches wurden erst posthum von Engels stark redigiert herausgegeben. Für die weiteren fünf Bücher über das Grundeigentum, die Lohnarbeit, den Staat, den Internationalen Handel und den Weltmarkt finden sich nur verstreute Bemerkungen in diversen Schriften und Briefen. Wären die sechs Bücher geschrieben worden, hätte sich darin vermutlich auch eine ausgearbeitete marxsche Entwicklungstheorie befunden. So gilt es, eine Paradoxie zu konstatieren. Obwohl Marx nie ein durchgearbeitetes, konsistentes und explizit entwicklungstheoretisches Werk verfasst hat, ist er zu einem der einflussreichsten Entwicklungstheoretiker überhaupt geworden, auf den sich die eine Hälfte der Zunft im Osten wie im Westen, im Norden wie im Süden lange Zeit berufen hat und dessen Einfluss auch heute noch in manchen Traditionen zu spüren ist. Viele Bücher, zuletzt noch in den 1970er-Jahren, wurden verfasst, um die marxsche Theorie über den Staat oder den Weltmarkt aus verstreuten Zitaten zu „rekonstruieren", also die geplanten fünf Bücher doch noch zu verfassen. Seine Lehre wurde trotz der Leerstellen von 15 Achtzehntel des Hauptwerks in vielen Teilen der Welt zur offiziellen Staatsdoktrin, mit der nicht nur der Aufbau des Sozialismus legitimiert, sondern gleich auch noch ein weiteres Paradoxon mitgeliefert wurde. Sollte doch im marxschen Verständnis vor dem Hintergrund seiner Erfahrung mit der Industriellen Revolution in Großbritannien dieses nicht nur Vorbild für andere Länder wie Deutschland, sondern Sozialismus eine gesellschaftliche Epoche jenseits des Kapitalismus sein, nachdem die Produktivkräfte, womöglich weltweit, bereits zur vollen Entfaltung gebracht waren und nur noch die gerechte Verteilung des gesellschaftlichen Reichtums zu regeln war. In Wirklichkeit mutierte Sozialismus zu einer Doktrin der Inszenierung nachholender Entwicklung, waren die Produktivkräfte erst noch zu entfalten. Damit machten die marxistischen Entwicklungstheoretiker, ob bewusst oder unbewusst, eine Anleihe bei List und dessen Theorie der produktiven Kräfte, die sich zumindest an dieser Stelle mit der marxschen Theorie trifft.

Vermutlich hat sich kaum einer der marxistischen Politiker die Mühe gemacht, sich an der Rekonstruktion der marxschen Entwicklungstheorie zu beteiligen. Es wäre schnell deutlich geworden, dass die einschlägigen Passagen in seinem Werk in ihrer Ambivalenz und Widersprüchlichkeit kaum eine konsistente theoretische Grundlage für das Projekt nachholende Entwicklung hätten abgeben können. Zu deren Verständnis sind auf jeden Fall die Wurzeln seines Denkens zu berücksichtigen. Dies ist beim jungen Marx die hegelsche Geschichtsphilosophie kombiniert mit dem Materialismus Feuerbachs, der auf den Einfluss der Junghegelianer zurückgeht. Hinzu kommen die französischen Frühsozialisten (Proudhon, St. Simon) während des Pariser Exils und zuletzt das Studium der klassischen Nationalökonomie während des Londoner Exils im Lesesaal des Britischen Museums. Diese drei Einflüsse kulminierten in einer anfänglich durchaus konsistenten, da deduktiv gewonnenen, Theorie über die Abfolge von Gesellschaftsformationen, deren Triebkräfte, Widersprüche und revolutionären Umbrüche auf ein Endziel hinführen sollten. Diese Utopie war, wissenschaftlich legitimiert, als politische Handlungsanweisung gedacht und ganz im Sinne der Klassik mit einem universalistischen Anspruch versehen.

Das entwicklungspolitische Konzept von Marx, wie es sich aus der „Deutschen Ideologie", dem „Manifest", dem „Kapital" und kleineren Arbeiten zu Indien und China herausdestillieren lässt, lautet folgendermaßen: Am Anfang jedes Entwicklungsprozesses, immer verstanden als Durchsetzung des Kapitalismus, steht die ursprüngliche Akkumulation. Diese vollzieht sich im Prozess der Auflösung des Feudalismus durch die Herausbildung von Kapitalbesitzern und freien Lohnarbeitern.

Anhand des englischen Beispiels illustriert Marx, wie im Zuge der Einhegungsgesetze durch die Vertreibung der Bauern Ackerland in Schafweide zum Zweck der profitableren Wollproduktion verwandelt wird. So kommt es zur Kapitalisierung des Bodens und zur Verwandlung von Bauern in Lohnarbeiter, die gezwungenermaßen in die Städte wandern und ihre Existenz in der frühen Textilmanufaktur fristen. So lautet die bei Marx auf Zwang beruhende Variante der ricardoschen Faktormobilität, die bei Ricardo aus Eigennutz und angeregt durch das Wirken der Marktkräfte geschieht. Die Pull-Faktoren Ricardos (höhere Löhne in der städtischen Textilindustrie) entpuppen sich bei Marx als Push-Faktoren, nämlich der erzwungene Einkommensverlust durch die Einhegung des Gemeindelandes, das der unterbäuerlichen Schicht nicht mehr zur Verfügung steht. Die Auflösung der bäuerlichen Subsistenzwirtschaft und die beginnende Arbeitsteilung zwischen Stadt und Land führen zur Herausbildung des inneren Marktes. Zusätzlich verweist Marx allerdings auf die Entstehung des Wucher- und Kaufmannskapitals als Folge von Fernhandel und kolonialer Expansion, die die ursprüngliche Akkumulation auslösen. Bereits hier lassen sich beide Positionen einer Debatte finden, die später mit großer Intensität, etwa bei Maurice Dobb (1900–1976) versus Paul M. Sweezy (1910–2004) oder Immanuel Wallerstein versus Robert Brenner, geführt wird. Bei der Debatte zwischen Internalisten und Externalisten ging es darum, ob primär interne Kapitalakkumulation oder externer Kapitalzufluss, insbesondere aus den Kolonien, die Industrialisierung vorbereitet haben. Anders formuliert: Stand am Anfang von Entwicklung die interne Ausbeutung der Arbeiterklasse oder die externe Ausbeutung der Kolonien. Waren die Kolonien für die Entwicklung der Mutterländer existenziell oder nur randständig notwendig?

Was nach der ursprünglichen Akkumulation folgt, lässt sich ableiten aus der marxschen Werttheorie, die er weitgehend von Ricardo übernommen hat. Diese besagt kurz gefasst Folgendes: Der Wert einer Ware entspricht der zu ihrer Herstellung verausgabten Arbeitskraft. Das eingesetzte Sachkapital (Abnutzung von Maschinen, Rohstoffe, Hilfsstoffe) wird als bei dessen Herstellung aufgespeicherte Arbeit verstanden, die im Produktionsprozess in die Produkte eingeht. Auch die Arbeitskraft selbst ist eine Ware, deren Wert ihren Reproduktionskosten, also den dafür notwendigen Lebensmitteln bzw. dem zu ihrer Herstellung notwendigen Arbeitsaufwand, entspricht. Dieser spiegelt sich in der Höhe des Lohns wider. Die Besonderheit der Ware Arbeitskraft im Unterschied zu allen anderen Waren besteht in dem Umstand, dass ihre Verausgabung einen höheren Wert schafft, als zu ihrer Reproduktion notwendig ist. Diese Differenz ist der Mehrwert. Da der Kapitalist aber mit der Lohnzahlung die Leistung des gesamten Arbeitstags gekauft hat, kann er auch über das gesamte Produkt verfügen. Sein Ziel muss sein, will er im Konkurrenzkampf nicht unterliegen, durch Steigerung der Arbeitsproduktivität den Mehrwert und damit seinen Profit zu steigern. Dies ist vor allem durch den Ersatz von menschlicher Arbeit durch Maschinen möglich.

Die marxsche Kritik an der Politischen Ökonomie setzt demzufolge an bei der Verteilung des Mehrprodukts und ist insofern moralisch begründet. Während bei seinen klassischen Vorläufern die Entlohnung der drei Produktionsfaktoren Boden,

Kapital und Arbeit durch Rente, Profit und Lohn als gerechtfertigt angesehen wurde, sogar begründet wurde, warum die bevorzugte Vergütung des Kapitals bei Ricardo bzw. die bevorzugte Vergütung des Bodens bei Malthus entwicklungsstrategisch sogar geboten ist, begründet für Marx diese (womöglich ungleiche) Verteilung ein Ausbeutungsverhältnis in Landwirtschaft und Industrie und damit ein Unrechtsverhältnis. Dieses kann im Zuge der Umverteilung des Bodens und der Verstaatlichung der Industrie sowie der daraus resultierenden Abschaffung der Grundbesitzer und Kapitalisten bzw. der Grundrente und des Profits zugunsten der Erhöhung der Arbeitseinkommen aufgehoben werden. Marx will also die Vergütung des Produktionsfaktors Arbeit bevorzugen. Er liefert demnach eine doppelte Begründung, warum es zur Überwindung des Kapitalismus kommen muss, nämlich eine objektive bzw. moralische zur Lösung der ungerechten Verteilung der Einkommen und eine subjektive, um die Entfremdung aufzuheben, die aus der Freisetzung der Arbeitskräfte und der Trennung von ihren Produktionsmitteln im Zuge der ursprünglichen Akkumulation resultiert. Bevor es dazu aber kommt, hat der Kapitalismus eine doppelte historische Mission zu erfüllen. Erstens müssen die Produktivkräfte zur vollen Entfaltung gebracht werden und den höchstmöglichen gesellschaftlichen Reichtum produzieren. Der Kapitalismus muss sein Entwicklungspotenzial voll ausgereizt haben. Zweitens muss er sich von seinem Ursprungsland England erst auf Europa und dann über die ganze Welt ausgebreitet haben, muss die gesamte Welt durchkapitalisiert worden sein. Insofern spielen Kolonialismus und Freihandel eine historisch notwendige Rolle, da sie dem Kapitalismus in nichtkapitalistischen, also rentenbasierten, Gesellschaften zum Durchbruch verhelfen. Insofern ist Marx Ricardianer.

An dieser Stelle ist es notwendig, zu klären, ob Marx Stadientheoretiker mit einem unilinearen Geschichtsverständnis war. Dies suggerierte jedenfalls die orthodoxe stalinistische Marx-Interpretation, derzufolge das Abfolgeschema von Urgesellschaft, antiker Sklavenhaltergesellschaft, Feudalismus, Kapitalismus, Sozialismus und Kommunismus weltweit und für alle Zeiten Gültigkeit besitze. Folglich mussten auch für Länder wie Russland oder China alle diese Phasen identifiziert bzw. konstruiert werden. Belege für diese Sicht finden sich im „Manifest", im Vorwort zur „Kritik der Politischen Ökonomie" und insbesondere in dem berühmten Satz aus dem Vorwort zum ersten Band des „Kapital": „Das industriell entwickelte Land zeigt dem minderentwickelten nur das Bild der eigenen Zukunft." Dieser Satz bezog sich zwar eher auf Deutschland im Verhältnis zu England, wo der Satz weitgehend stimmt, wurde aber als allgemeine Aussage umgedeutet.

Eine andere Interpretation, die sich aus dem „Formen-Kapitel" in den „Grundrissen", aber auch aus diversen Aufsätzen über Indien und China herauslesen lässt, lautet: Neben dem westeuropäischen Weg zum Kapitalismus gibt es noch einen zweiten Weg, über den sich traditionelle Gemeinschaften nicht in feudale, sondern in tributgebundene, bürokratische, also rentenbasierte Gesellschaften transformieren ohne weiterführende gesellschaftliche Dynamik. Marx unterscheidet hier die Asiatische und Slawische Produktionsweise, die sich zu Asiatischen oder Halbasiatischen (Russland) Despotien weiterentwickeln, wobei das Vorhandensein von künstlicher

Bewässerung der Landwirtschaft oder auf Regenfall basierende Landwirtschaft das Unterscheidungsmerkmal bildet. Er unterscheidet ferner die Antike und die Germanische Produktionsweise, aus denen der Feudalismus und daraus wieder der Kapitalismus entstanden sein sollen.

Die Asiatische Produktionsweise hat drei wesentliche Elemente: Sie kennt kein Privateigentum an Grund und Boden. Einziger Grundeigentümer ist der Despot, der sich das agrarische Mehrprodukt in Form von Tribut (Rente oder Steuer) aneignet, um damit seinen bürokratischen und militärischen Apparat und seinen Repräsentationsaufwand zur Machdemonstration zu unterhalten. Die Basis der Gesellschaft ist die selbstgenügsame Dorfgemeinde mit ihrer Einheit von Agrikultur und Manufaktur. Die Bürokratie nimmt übergeordnete Aufgaben wahr, vor allem die Organisation der großen Wasserbauten (Deiche, Kanäle), des Transportwesens, der Getreidespeicher und sonstiger öffentlicher Aufgaben und unterhält staatliche Monopole für Salz, Eisen und insbesondere Außenhandel, wie das im chinesischen Tributsystem zum Ausdruck kommt. Despotische Gesellschaften haben sich deshalb immer in Flusstälern (Nil, Gelber Fluss, Indus, Mesopotamien) herausgebildet.

Das Zusammenwirken dieser drei Faktoren verhindert die ursprüngliche Akkumulation. Die Bauern werden nicht freigesetzt, die Produzenten nicht von den Produktionsmitteln getrennt. Es bildet sich keine Arbeitsteilung zwischen Stadt und Land und damit auch kein innerer Markt heraus. Staatliche Monopole ebenso wie die bäuerliche Subsistenzwirtschaft behindern die Entfaltung eines kapitalistischen Unternehmertums. Also gibt es auch keine bürgerlich-städtische Entwicklung. Die Städte bleiben reine Residenz- und Verwaltungssitze. Der Fernhandel wird bürokratisch kontrolliert oder ganz untersagt. Händler und insbesondere Fernhändler werden unterdrückt oder als Schmuggler diskriminiert. Die Folge ist eine unproduktive Verwendung des Mehrprodukts für den Machterhalt (Militär), den Luxuskonsum der Herrschenden und öffentliche Prestigebauten (Paläste, Grabmäler). Weitere Folge ist die Stagnation bzw. ein zyklisches Auf und Ab ohne wirklichen technisch-industriellen Fortschritt trotz kultureller und wissenschaftlicher Höchstleistungen. Der Asiatischen Produktionsweise zugerechnet werden im Grunde alle Hochkulturen außerhalb Europas. Selbst die altamerikanischen Reiche (Inkas, Azteken) sollen diesem Typus entsprechen.

Damit entpuppt sich, das ist die erste Lesart seiner Entwicklungstheorie, Marx als eurozentrischer Modernisierungstheoretiker, der dem herablassenden Orientbild der europäischen Aufklärung im Anschluss an Montesquieu und dessen „Persischen Briefen" (1721) verhaftet ist und der die hegelsche Geschichtsphilosophie mit dem Universalismus der klassischen Ökonomen verbindet. Wenn ein Land aufgrund interner Blockaden nicht von sich aus zum Kapitalismus gelangen kann, dann muss es folglich von außen geschehen, dann hat der Kolonialismus, namentlich die britische Herrschaft in Indien, eine doppelte Mission zu erfüllen, nämlich „die Zerstörung der alten asiatischen Gesellschaftsordnung und die Schaffung der materiellen Grundlagen einer westlichen Gesellschaftsordnung". Die Nähe zu Rudyard Kiplings These vom

„White Man's Burden" ist augenscheinlich, der Weg zum neuen humanitär begründeten Interventionismus heute nicht mehr weit.

In der Doppelfunktion des Kolonialismus erweist sich die hegelsche List der Vernunft.

> Die bürgerliche Periode der Geschichte hat die materielle Grundlage einer neuen Welt zu schaffen: einerseits den auf der gegenseitigen Abhängigkeit der Völker beruhenden Weltverkehr und die hierfür erforderlichen Verkehrsmittel, andererseits die Entwicklung der menschlichen Produktivkräfte und die Umwandlung der materiellen Produktion in wissenschaftliche Beherrschung der Naturkräfte [...] Erst wenn eine große soziale Revolution die Ergebnisse der bürgerlichen Epoche, den Weltmarkt und die modernen Produktivkräfte, gemeistert und sie der gemeinsamen Kontrolle der am weitesten fortgeschrittenen Völker unterworfen hat [sic!], erst dann wird der menschliche Fortschritt nicht mehr jenem scheußlichen heidnischen Götzen gleichen, der den Nektar nur aus den Schädeln Erschlagener trinken wollte. (MEW Bd. 9, S. 226)

Aufgrund solcher Äußerungen lässt sich Marx als früher und gar nicht kritischer Globalisierungstheoretiker lesen, stand er doch in der zeitgenössischen Debatte zwischen Freihandel und Schutzzoll im Lager der Freihändler – allerdings in strategischer Absicht. Durchsetzung des Freihandels hieß für ihn freie Bahn für den Kapitalismus und damit ein erster Schritt in Richtung Sozialismus. In allen militärischen Konflikten des 19. Jahrhunderts, im Ersten und Zweiten Opiumkrieg, im Krimkrieg, im Mexikanischen Krieg oder in der Frage der französischen Kolonialherrschaft über Algerien stand Marx immer aufseiten des Fortschritts, also der westlichen Mächte.

Aus manchen Indien-Schriften, besser noch aus den Schriften zur Irischen Frage, lässt sich aber auch der frühe Dependenztheoretiker Marx herauslesen, wenn er beklagt, dass die englischen Baumwolltextilien die indische Hausindustrie niederkonkurriert haben, wenn er darauf verweist, dass die ursprüngliche Akkumulation in Europa auch durch den Ressourcenabfluss aus den frühen Kolonien gespeist wurde:

> Während des gesamten 18. Jahrhunderts wurden die aus Indien nach England gebrachten Schätze weit weniger durch den verhältnismäßig geringfügigen Handel als durch direkte Ausbeutung dieses Landes und aus den aus ihm herausgepressten, nach England überführten enormen Vermögen gewonnen. Bis 1813 war Indien in der Hauptsache ein exportierendes Land, während es nun zu einem importierenden wurde [...] Indien, seit undenklichen Zeiten die gewaltigste Werkstatt für Baumwollwaren, wurde nun mit englischem Garn und englischen Baumwollstoffen überschwemmt. Hatte man die einheimische indische Produktion von England ferngehalten oder nur unter den härtesten Bedingungen zugelassen, so wurde Indien nun selbst mit englischen Waren bei niedrigem, lediglich nominellem Zoll überschwemmt. Das bedeutete den Ruin der einst so berühmten einheimischen Baumwollindustrie. (MEW Bd. 9, S. 154)

Friedrich List hätte es nicht besser formulieren können. Besonders deutlich wird diese Position, wenn Marx argumentiert, dass die Rückständigkeit Irlands das Resultat der englischen Herrschaft sei. Hier erscheint auf einmal nicht mehr der universalistische Freihändler, sondern der nationalistische Schutzzöllner, der zumindest für Irland die gleichen Konsequenzen wie List für Deutschland zieht. Ob er dies auch für die „Länder

der heißen Zone" (List) oder die „geschichtslosen Völker" (Engels) getan hätte, mag bezweifelt werden.

Es gibt noch eine dritte Lesart, die sich andeutet in den späten Schriften zu China und ausgeführt wird in den Russland-Schriften. Ganz entgegen seiner oder der britischen Freihändler-Erwartung zeigte sich nämlich, dass die bloße Öffnung Chinas nicht ausreichte, um den chinesischen Markt zu erobern. Im Gegenteil, die chinesische Dorfgemeinde erwies sich als resistent, eine Erkenntnis, die Marx auch im Hinblick auf Russland gewann. Dort hatten die Reformen Stolypins seit 1861 zwar zur Bauernbefreiung geführt, aber die Dorfgemeinde mit ihrem System privater Nutzung von kollektivem Boden, der periodisch umverteilt wurde, und ihrer kollektiven Besteuerung vermochte sich zu erhalten. Vor diesem Hintergrund war in Russland eine heftige Debatte zwischen den Volkstümlern (Narodniki) und den Anhängern der marxschen Lehre entbrannt, ob Russland vor der Revolution erst zum voll entwickelten Kapitalismus gelangen müsse oder ob der Übergang zum Sozialismus direkt möglich sei und sich auf den Kollektivismus der Dorfgemeinde gründen könne. Marx erscheint hier als Vorläufer des Maoismus der Volkskommune, gar des Postdevelopment-Ansatzes. Marx formulierte zweimal, 1877 und 1881, Stellungnahmen zu dieser Frage, insbesondere in den Entwürfen zu einem Brief an Vera Sassulitsch, der nicht abgeschickt wurde. Er erscheint unentschlossen, relativiert seine Analyse im „Kapital", die nur für Westeuropa gelte. Russland habe die Wahl zwischen einer nachholenden ursprünglichen Akkumulation oder die historische Chance des direkten Übergangs zum Sozialismus, wenn der moderne Industriesektor der Dorfgemeinde bei der Mechanisierung helfe. Damit sind wir mitten im Dilemma aller Länder, die seit 1917 die Entwicklungsproblematik unter sozialistischen Vorzeichen lösen wollten. Stalin und Mao wählten den Weg der nachholenden ursprünglichen Akkumulation und damit die gewaltsame Enteignung der Bauern im Zuge der Zwangskollektivierung und die Ausbeutung der städtischen Industriearbeiter unter bürokratischem Kommando wie zu Zeiten der Asiatischen Produktionsweise. Pol Pot in Kambodscha ging den Weg der Volkstümler, der mit letzter Konsequenz zum „Steinzeitkommunismus" führte. Diese bittere Erfahrung scheint die Postdevelopmentalisten nicht zu schrecken.

Die spätere Wirkung des marxschen Denkens war enorm. Sein vielschichtiges Œvre ließ es zu, dass sich gleichermaßen extreme Dependenztheoretiker wie der frühe Frank oder Wallerstein und marxistische Modernisierungstheoretiker wie Bill Warren auf Marx berufen konnten (Warren 1980). Das Elend in Afrika lässt sich marxistisch erklären als Folge kolonialer Ausbeutung, als Folge der Einbindung in den Weltmarkt. Die Industrialisierungserfolge in Ost- und Südostasien lassen sich marxistisch erklären als Folge der Modernisierungsimpulse des Kolonialismus, der Einbindung in internationale Arbeitsteilung, des Beitrags der Direktinvestitionen zur ursprünglichen Akkumulation, der erfolgreichen Ausbreitung des Kapitalismus. Die parasitäre Despotie rentenorientierter Staatsklassen afrikanischer und asiatischer Länder als Ursache von Unterentwicklung lässt sich umgekehrt genauso marxistisch erklären wie die Demokratisierungswelle der 1990er-Jahre als zwangsläufige Folge von Industrialisierung und gesellschaftlicher Modernisierung. Im Kampf gegen Rentseeking treffen sich überzeugte Neoliberale und orthodoxe Marxisten, weil beider Denken in Ricardo wurzelt. Der Sieg sozialistischer Revolutionen und antikolonialer Befreiungsbewegungen lässt sich marxistisch erklären genauso wie der Zusammenbruch des Sozialismus und das Scheitern postkolonialer Entwicklungsprojekte, weil dort der Sozialismus zu früh versucht wurde, weil der Kapitalismus seine historische Funktion noch nicht erfüllt habe. Es kommt immer nur darauf an, ob man den universalistischen Modernisierungstheoretiker, den nationalistischen Dependenztheoretiker, den leninistisch gewendeten oder den romantischen Volkstümler Marx zur Folie nimmt.

An die letztgenannte Alternative knüpfte die innerrussische Debatte zwischen den Sozialdemokraten, Wladimir Iljitsch Lenin (1870–1924) und Georgi Plekhanov (1856–1918) und den Volkstümlern an. Während Letztere darauf insistierten, dass in Russland der Kapitalismus aufgrund der Enge des Binnenmarkts und der überlegenen englischen Konkurrenz keine Chance zur Entfaltung habe, deshalb die russische Dorfgemeinde zum Fokus einer sozialistischen Gesellschaft werden müsse, der Kapitalismus mithin „übersprungen" werden könne, suchte Lenin in seinem Buch über „Die Entwicklung des Kapitalismus in Russland" (1899) gerade das Gegenteil nachzuweisen. Bemerkenswert ist, dass bei Plekhanov und ursprünglich auch bei Lenin selbst die Gefahr eingeräumt wurde, dass in Russland als einem „halbasiatischen" Land die sozialistische Revolution und die dann notwendige planmäßige Organisation der Produktion auch zu einer „asiatischen Restauration" führen könne. Insofern trete an die Stelle der alten Despotie des Zarenreichs die neue Despotie der (stalinistischen) Bürokratie. Die Diskussion um das Agrarprogramm der russischen Sozialdemokratie auf dem Stockholmer Parteitag 1906 war Anlass dieser Bedenken. Plekhanov warnte deshalb (das berühmte Plekhanov-Fragezeichen), die sozialistische Revolution in Russland anzustreben, bevor der Kapitalismus und die bürgerliche Gesellschaft sich bereits etabliert hätten. Die Pointe bei dieser Auseinandersetzung innerhalb der russischen Linken ist, dass gleichzeitig unter der programmatischen Anleitung des Finanzministers Sergei Julius Witte (1849–1915) eine staatlich forcierte Industrialisierungs- und Modernisierungspolitik (insbesondere Eisenbahnbau und Schwerindustrie) verfolgt wurde, deren Grundgedanken auf List und seinen Vorläufern beruhten (Witte 1913).

Das Ende des 19. Jahrhunderts erlebte mit der „Zweiten Industriellen Revolution" im Bereich von Chemie und Elektrotechnik nicht nur eine neue Industrialisierungswelle in Europa und Nordamerika mit der Folge, dass der britische Industrialisierungsvorsprung schwand. Um die Jahrhundertwende wurden dort erstmals der „British Decline" und eine Zollreform zur Abwehr des auf das erste Industrieland zurückschlagenden Peripherisierungsdrucks thematisiert. Fairer Handel sollte an die Stelle von Freihandel treten. Am Ende konnten sich die Freihändler behaupten. Die verstärkte Konkurrenz ebenbürtiger Industrieländer, die auch eine militärische Dimension (Aufrüstung und Schlachtflottenbau) hatte, war einer der Gründe für das letzte Ausgreifen der europäischen Mächte auf den noch nicht kolonialisierten Rest der Welt in Afrika, China und im Pazifik. Die Phase von 1880 bis 1914 wird deshalb von den Historikern als Zeitalter des Imperialismus bezeichnet. Die darauf bezogene Imperialismustheorie stellte die Frage nach den Ursachen imperialistischer Politik. Im Buch des britischen Linksliberalen John Atkinson Hobson (1858–1940) „Der Imperialismus" (1902) aus Anlass des Burenkriegs verfasst, wurde die letzte Phase der europäischen Welteroberung einer grundsätzlichen Kritik unterzogen. Gleichzeitig analysierte er die wirtschaftlichen und ideologischen Triebkräfte, die zur imperialistischen Politik geführt hatten und forderte Umverteilung und soziale Reformen im Innern statt imperialistisches Ausgreifen.

In der hobsonschen Tradition stehende Autoren wie Rudolf Hilferding (1877–1949), Lenin, Rosa Luxemburg (1871–1919), Nikolai Bucharin (1888–1938) und Fritz Sternberg (1895–1963) wollten, ausgehend von der marxschen Kapitalismusanalyse, einen aus binnenwirtschaftlichen Verwertungs- oder Absatzschwierigkeiten resultierenden Zwang zum Kapital- und Warenexport ableiten, der die Eroberung von Kolonien und damit die Erschließung neuer Felder wirtschaftlicher Betätigung erfordere. Insofern standen sie immer noch in der deduktiven Tradition der Klassiker. Lenin bezeichnete in seiner berühmten, theoretisch allerdings nicht besonders tiefgründigen, Analyse von 1916 den Imperialismus als das höchste, bereits auf den Niedergang hindeutende Stadium des Kapitalismus. Demgegenüber betonten nichtmarxistische Autoren wie Joseph Schumpeter (1883–1950) die soziologische Dimension des Imperialismus, das in ihm zum Ausdruck kommende Streben nach schierer Machtausweitung (Schumpeter 1918/19). Gemeinsam war allen diesen Theorien die eurozentrische Sichtweise, der, wenn auch kritische, Blick aus der Sicht der imperialistischen Mächte auf die Motive ihres Handelns. Die Resultate imperialer Expansion für die betroffenen Kolonien wurden allenfalls am Rande thematisiert. Selbst die sozialdemokratische Zweite Internationale konnte sich zu keiner grundsätzlichen Kritik an der Kolonialpolitik verstehen. Erst die strukturalistische Dependenztheorie der 1960er-Jahre, die sich auch in der Tradition der klassischen Imperialismustheorie verstand, sollte für eine grundsätzliche Umkehrung der Blickrichtung sorgen. Welche Konsequenzen haben Kolonialismus und Imperialismus für die betroffenen Länder?

2.3 Max Weber und der Beginn der Entwicklungssoziologie

Der mit dem Industrialisierungsprozess in Europa einhergehende soziale Wandel wurde etwa 100 Jahre nach der Herausbildung der modernen Volkswirtschaftslehre zum Gegenstand einer neuen akademischen Disziplin, der Soziologie. Deren Stammväter, Ferdinand Tönnies (1855–1936) in „Gemeinschaft und Gesellschaft" (1887), Émile Durkheim (1858–1917) in „Über soziale Arbeitsteilung" (1893) und Max Weber (1864–1920) mit seinen religionssoziologischen Schriften und dem Hauptwerk „Wirtschaft und Gesellschaft" (1911–1920) thematisierten, wie sich in Europa im Prozess der Industrialisierung moderne Gesellschaften herausgebildet hatten. Insbesondere bei Weber stand dabei neben den historisch-strukturellen Gründen die Frage nach den *inneren geistigen Antrieben* zur Herausbildung des Kapitalismus im Vordergrund. Damit begab er sich in expliziten Gegensatz zu Marx, der im 24. Kapitel des „Kapital" über die ursprüngliche Akkumulation die *äußeren Zwänge*, denen sich der einzelne ausgesetzt sah, in den Vordergrund gestellt hatte. Damit war eine weitere entwicklungstheoretische Hauptkontroverse eröffnet, hatte sich Weber als der „bürgerliche Marx" profiliert. Obwohl auch Weber in der Tradition der Historischen Schule steht, betont er im Unterschied zu List nicht nur die Notwendigkeit zur Entfaltung der Produktiven Kräfte eines Gemeinwesens, sondern auch die Herausbildung einer bürgerlich-rationalen Weltauffassung seiner einzelnen Mitglieder. Die zentralen Fragestellungen lauten: Worin bestehen die geistigen Antriebe und die historisch strukturellen Gründe der Entstehung des modernen Kapitalismus und was sind seine Auswirkungen? Dass diese Fragen in Deutschland erst so spät gestellt wurden, ist Ausdruck der verspäteten Entwicklung Deutschlands im Vergleich zu seinen Nachbarn Großbritannien oder Frankreich. In der Rationalisierung aller Verhaltensweisen, der „Entzauberung der Welt", sieht Weber den Kern des bürgerlich-kapitalistischen Modernisierungsprozesses. Das, was Marx im Sinne der Widerspiegelungstheorie zum Überbau rechnete, ist bei Weber ein autonomer Faktor. Dabei geht es ihm um die Klärung der universalhistorischen Frage nach den Gründen der europäischen Sonderentwicklung zum okzidentalen Rationalismus, der hier anzutreffenden Herausbildung einer kapitalistischen Geisteshaltung im Unterschied zu orientalischen Gesellschaften. Ferner geht es ihm um die Unterschiede im okzidentalen Kulturkreis selbst, die er für die Ungleichzeitigkeit der Entwicklung zwischen den europäischen Ländern verantwortlich macht.

Die europäische Sonderentwicklung wird in seiner berühmten Schrift „Die protestantische Ethik und der Geist des Kapitalismus" (1904/05) religionssoziologisch begründet. Weber geht von der empirischen Beobachtung aus, dass es eine signifikante Korrelation zwischen Bekenntnis und Bildungsstand bzw. Bekenntnis und beruflichem Erfolg gibt. Protestanten haben in der Tendenz höhere Bildungsabschlüsse, sind wohlhabender und eher in unternehmerischen Tätigkeiten zu finden als Katholiken. Weber argumentiert, dass die puritanischen Richtungen des Protestantismus, insbesondere der Calvinismus, eine religiös motivierte Berufsethik gefördert haben, die dem rationalen Ethos des modernen Kapitalismus im Sinne des Homo oeconomicus entspreche und deshalb als mächtige Triebkraft kapitalistischer Entwicklung fungiere. Entscheidend für die Entwicklungswirksamkeit der Religion ist die Frage, ob es sich dabei um eine Erlösungsreligion handelt oder nicht. Der Wunsch nach Erlösung prägt das menschliche Handeln. Die jeder Religion spezifischen Heilsziele und Heilswege haben demzufolge maßgeblichen Einfluss auf das innerweltliche Handeln.

Die calvinistische Prädestinationslehre geht von der unbedingten Allmacht Gottes aus, dessen Ratschluss durch das menschliche Verhalten, anders als im Katholizismus, nicht beeinflussbar ist, weder durch gute Werke noch durch Beichte und Bußfertigkeit. Schon bei Geburt ist jedem vorbestimmt, ob er zu den Auserwählten oder den Verdammten gehört. Also lebt der strenge Calvinist in ständiger Unsicherheit über sein Schicksal. Ob er zu den Auserwählten gehört, kann er lediglich an den Erfolgen seiner beruflichen Tätigkeit ablesen. Wohlstand wird so zum Gradmesser der Heilsgewissheit. Aus der Mönchsaskese wird die innerweltliche Askese, das Handeln in der

Welt, die strikte rationale, auf Erwerbsstreben ausgerichtete Lebensführung, deren Erfolg sich am beruflichen Erfolg zeigt. Dabei geht es Weber wohlgemerkt nur um die Formationsphase des Kapitalismus. Mit dessen erfolgreicher Etablierung als hegemoniale institutionelle Ordnung verlieren die religiösen Wurzeln ihre Bedeutung. So erklärt er, dass der Kapitalismus in Europa eher in den protestantischen Teilen wie z. B. den Nördlichen Niederlanden entstanden ist. Folglich begannen dort die Kommerzialisierung und Industrialisierung, befanden sich dort die anfänglich wohlhabenderen (entwickelteren) Teile des Kontinents, während in Süd- und Osteuropa der Katholizismus bzw. die Orthodoxe Kirche diese Impulse nicht auslösen konnten. Über die angelsächsisch-protestantische Siedlungsauswanderung nach Nordamerika, Australien, Südafrika etc. bzw. die lateinisch-katholische Siedlungsauswanderung nach Südamerika haben sich diese Unterschiede über die Welt ausgebreitet. Die Neuengland-Kolonien wurden kapitalistisch, Lateinamerika blieb feudal.

Im zweiten Schritt untersucht Weber die übrigen (orientalischen) Hochreligionen aus der Erlösungsperspektive unter der Fragestellung, welche Haltung sie zur Welt einnehmen. Dabei unterscheidet er typologisch weltbejahende und weltverneinende Religionen (siehe Abbildung I/2). Weltverneinende Religionen sind Erlösungsreligionen, weltbejahende wie der Konfuzianismus und Daoismus nennt er politische Religionen. Unter den Erlösungsreligionen lassen sich die weltabgewandten und die weltzugewandten unterscheiden, wobei beide Richtungen sich wiederum in die Varianten asketisch und kontemplativ bzw. ekstatisch aufteilen lassen. Auf diese Weise erhält er eine ganze Skala von Idealtypen bezüglich der Frage, welche Haltung das Individuum zur Welt einnehmen kann. Da der ursprüngliche Arbeitsplan Webers (wie bei dem Sechs-Bücher-Plan von Marx) aufgrund seines frühen Todes nicht vollendet wurde – es fehlen ausgearbeitete Schriften zum Islam, zum Urchristentum, zum talmudischen Judentum und zum orientalischen Christentum – kann auch sein Gesamtergebnis nur aufgrund verstreuter Hinweise „rekonstruiert" werden. Diese Rekonstruktion ist wie bei der von Marx auch ein großes Thema der Weber-Literatur.

Im Anschluss an Wolfgang Schluchter (1983, 1984, 1987) hätte Weber demnach fünf Idealtypen unterschieden, denen jeweils eine oder mehrere Hochreligionen zugeordnet werden. Konfuzianismus und Daoismus führen zu Weltanpassung, Okzidentales Christentum und Mönchs-Christentum zu Weltüberwindung, Hinduismus und Buddhismus zu Weltflucht, Protestantismus, insbesondere in der calvinistischen Richtung, zu Weltbeherrschung und Antikes Judentum, Urchristentum, Orientalisches Christentum und Islam zur Schickung in die Welt.

Auf diese Weise will Weber (bzw. Schluchter) erklären, warum Entwicklung in Teilen der christlichen Welt begann und von hier aus die Eroberung der Welt ihren Ausgang nahm. In Indien und China wären im Sinne Webers durchaus die materiellen Voraussetzungen gegeben gewesen, doch bergen Hinduismus, Buddhismus und Konfuzianismus geistige Entwicklungsblockaden, sodass diese Länder gegenüber dem Westen ins Hintertreffen gerieten. Ähnlich wie Marx ist also auch Weber ein Anhänger der Theorie von der Stagnation des Orients, nur dass er diese nicht materialistisch mit der Theorie der asiatischen Produktionsweise, sondern idealistisch, d.h. religionssoziologisch, erklärt. Nicht koloniale Ausbeutung und Imperialismus, sondern interne Entwicklungshemmnisse, womöglich Stagnation oder gar einsetzender Niedergang in alten Hochkulturen *vor* der Ankunft der ersten Europäer, seien entscheidend für deren spätere oder gegenwärtige relative Rückständigkeit. Auch dieses Argument passt nicht zur Ideologie des Postdevelopmentalismus.

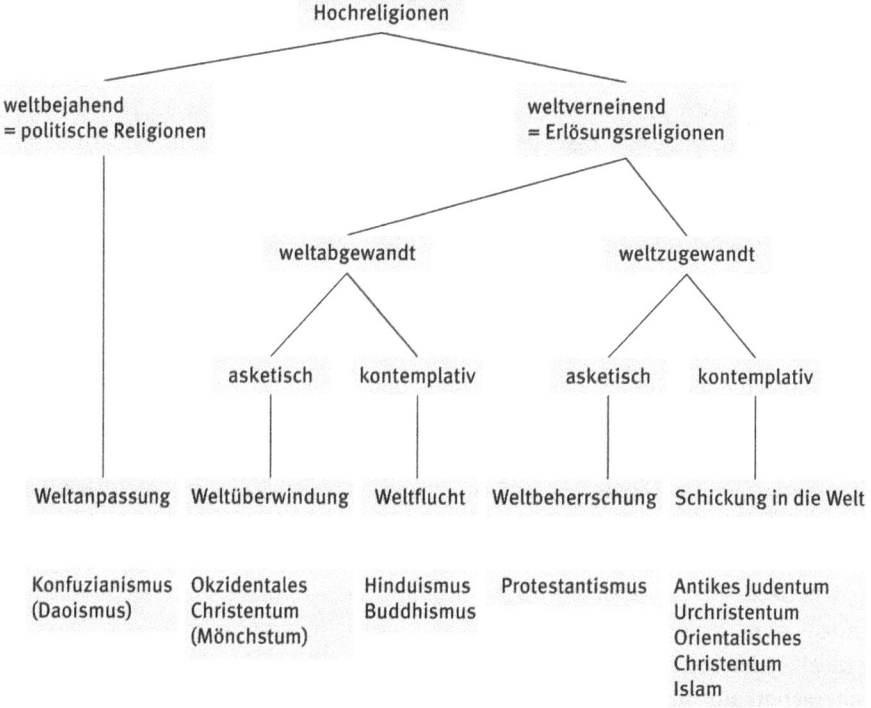

Abbildung I/2: Webers Typologie der Hochreligionen (nach Schluchter 1984, S. 40)

Damit steht Weber in der Tradition der europäischen Aufklärung. Autoren wie Montesquieu, Hegel, die amerikanische Modernisierungstheorie oder zuletzt Samuel Huntington (1996) und Benjamin Barber (1995) kontrastieren immer den Okzident mit dem Orient, wobei sie jeweils unterschiedliche Geisteshaltungen für die Dynamik im Okzident und die Stagnation im Orient verantwortlich machen. Während dies im 18. und 19. Jahrhundert, selbst noch in der ersten Hälfte des 20. Jahrhunderts nachvollziehbar erschien, geriet dieser Typ von Stagnationstheorien im Hinblick auf Asien seitdem in wachsende Legitimationsschwierigkeiten. Erst erfuhr der Konfuzianismus einen paradigmatischen Interpretationswechsel, sollte er doch im Hinblick auf Japan und jetzt auch auf China als Erklärung für Modernisierung und nicht mehr als Blockade von Entwicklung herhalten. Seit auch Thailand, Indien, Malaysia und Indonesien, damit buddhistisch, hinduistisch und muslimisch geprägte Gesellschaften in die Gruppe der asiatischen Schwellenländer aufgerückt sind, gerät die religionssoziologische Erklärung für Entwicklung und Rückständigkeit insgesamt ins Wanken. Im Gegenteil – sie werden heute umgekehrt als „kulturalistische" Erklärung bemüht, warum „Asien" der aufstrebende Teil im Weltsystem ist. Damit ist Weber, gleichviel ob pro oder kontra, implizit aus der entwicklungstheoretischen Diskussion in der Debatte über die „große Divergenz" (Menzel 2014) verabschiedet worden.

Hinsichtlich der innerwestlichen Differenzierung argumentiert Weber, dass sich in den angelsächsischen Ländern frühzeitig eine von aristokratischen Hemmnissen befreite kapitalistische Wirtschaftsgesinnung durchsetzen konnte, während in Deutschland (als Grenzfall) sowie in Ost- und Südeuropa aufgrund feudaler Relikte eine unterentwickelte Geschäftsmoral vorherrschend blieb. Anders als in England vermochte die ökonomisch absteigende Klasse der Großgrundbesitzer ihre politische Macht und ihr Leitbild des preußisch-bürokratischen Kapitalismus als ideologische Kraft zu behaupten. In der „Großen Depression" der 1880er-Jahre konnten die ostelbischen Junker durch das „Bündnis von Roggen und Stahl" zur Abwehr von amerikanischem Weizen und britischem Bessemerstahl im Gegensatz zu ihren britischen Standesgenossen 40 Jahre zuvor sogar neue Kornzölle durchsetzen, weil das Bürgertum im ganzen 19. Jahrhundert aufgrund der verspäteten Industrialisierung zu schwach blieb. Insofern ist Weber auch der letzte große Theoretiker der bürgerlichen Gesellschaft, die in seinem Heimatland nie so richtig zum Durchbruch gekommen ist.

Die eigentliche Rezeption Webers erfolgte allerdings erst nach dem Zweiten Weltkrieg. In den USA begann sie immerhin Anfang der 1930er-Jahre, als Talcott Parsons (1902–1979) dessen Protestantismusschrift ins Englische übersetzte. Die sogenannte Weber-These war in jeder Soziologen-Generation umstritten, vor allem aufgrund empirischer Falsifizierung durch den Frühkapitalismus in den katholischen oberitalienischen Stadtrepubliken oder den katholischen Südlichen Niederlanden (Flandern und Brabant), wurde aber im Zuge der entwicklungstheoretischen Diskussionen der 1950er-Jahre wieder aktuell. Weber ist damit nicht nur der Mitbegründer der Soziologie insgesamt, sondern auch einer der Stammväter der Entwicklungssoziologie und Modernisierungstheorie, deren wichtige Fragen er bereits gestellt hat.

2.4 Das entwicklungstheoretische Sozialismus-Paradoxon

Der Erfolg der Oktoberrevolution im gegenüber Westeuropa rückständigen Russland hatte aus entwicklungspolitischer Sicht mehrere Konsequenzen. Die Revolution ließ sich im Sinne der leninschen Imperialismustheorie nur dadurch rechtfertigen, dass mit dem Bruch des „schwächsten Gliedes der Kette" das kapitalistische Weltsystem insgesamt zusammenbrechen würde, dadurch die Revolution auf die hoch industrialisierten Länder ausgedehnt und dessen Proletariat anschließend eine Art Entwicklungshilfe beim Aufbau des Sozialismus leisten werde. Um die erwartete Weltrevolution zu organisieren, wurde 1919 die Kommunistische Internationale (KI) als Exekutive aller Kommunistischen Parteien in Moskau gegründet. Die Gründung des Völkerbunds und der International Labour Organisation (ILO) als Interessenvertretung der sozialdemokratischen Arbeiterbewegung war die liberale Reaktion, der amerikanische Präsident Woodrow Wilson mit seinen 14 Punkten der liberale Gegenspieler Lenins. Insofern beginnt die ordnungspolitische und entwicklungstheoretische Dimension des Ost-West-Konflikts bereits 1918/19. Seit Anfang der 1920er-Jahre erwies sich die Vorstellung vom Weitertragen der Revolution als reine Utopie, da die politische Krise nach dem Ersten Weltkrieg in den europäischen Industrieländern, insbesondere Deutschland, überwunden wurde. Die revolutionären Aktivitäten verlagerten sich deshalb auf nichteuropäische Länder, wobei bis Ende der 1920er-Jahre China und dessen nationalistische Revolution im Zentrum des Interesses der KI stand.

Damit geriet die Kolonialfrage aus einer emanzipatorischen Perspektive erstmals so richtig ins Blickfeld, wobei aber weniger entwicklungspolitische Erwägungen als vielmehr Fragen der revolutionären Strategie in den Kolonien im Vordergrund standen. Der Aufbau des Sozialismus dort werde, so die implizite Annahme, auch die Entwicklungsprobleme lösen. Wachstum und Umverteilung sollten Hand in Hand gehen. Da in Ländern wie China aber von einem entwickelten Kapitalismus mit entsprechendem Proletariat noch weniger die Rede sein konnte als in Russland am Vorabend der Oktoberrevolution, wurde die alte innerrussische Kontroverse aus den 1880er-Jahren wieder aktuell, ob denn der Sozialismus auch in einer Agrargesellschaft über die Mobilisierung der Bauern zu verwirklichen sei. Diese Frage war ein immer wiederkehrendes Thema auf den Weltkongressen der KI, wobei die Debatte zwischen dem indischen Kommunisten Manabenda Nath Roy (1887–1954) und Lenin über Strategie und Taktik der kolonialen Revolution auf dem Zweiten Weltkongress 1920 für Furore sorgte. Sollte man in den Kolonien die nationale Unabhängigkeit anstreben oder erst die Kolonialherren die historische Mission der Industrialisierung und Modernisierung erfüllen lassen? Sollte man dort erst die bürgerlich-demokratischen Kräfte gegen die traditionelle (feudale) Oberschicht unterstützen oder direkt die sozialistische Revolution anstreben? Eng damit verbunden war die Frage der Unabhängigkeit der nichtrussischen Teile des zaristischen Imperiums. Dies geschah nur im Falle Finnlands, während in Zentralasien und im Kaukasus nach der Gründung der Sowjetunion 1922 nur noch „Autonomie", aber keine Unabhängigkeit konzediert wurde. Die bislang letzte Welle der Entkolonisierung erfolgte deshalb erst 1990 mit der Auflösung der Sowjetunion im Kaukasus und in Zentralasien, weil diese im Grunde die imperiale Politik der Zaren fortgesetzt hatte. Die Spätfolgen wirken bis heute fort, zumal immer noch große Teile des Landes nicht von Russen besiedelt sind. Auch dies ist eine Ursache, warum die „fragile Staatlichkeit" sich ausbreitet.

Der Widerspruch zu der Argumentation, dass der Kolonialismus eine wesentliche Ursache für Entwicklungsprobleme sei, wurde von marxistischen Autoren tabuisiert, obwohl man sich auf den „Dependenztheoretiker" Marx hätte berufen können. In China zumindest setzte sich schließlich gegen den Widerstand der orthodox argumentierenden Mehrheit der KI (Einheitsfront mit der Guomindang) Anfang der 1930er-Jahre die maoistische Vorstellung von der Bauernrevolution und einem Sozialismus durch, der sich auf die Armut des ländlichen Raums statt auf die „entwickelten Produktivkräfte" in den modernen Städten wie Shanghai und dessen klassenbewusstes Proletariat gründet. Insofern steht Mao in der Tradition der Volkstümler. Hier liegt die Wurzel, warum der Maoismus als eine späte Variante der asiatischen Despotie bezeichnet wurde (Wittfogel 1977). Die mit der Frage der revolutionären Strategie und dem Charakter der orientalischen Gesellschaften verknüpfte Diskussion um die Asiatische Produktionsweise wurde 1931 auf der Leningrader Orientalistenkonferenz politisch zugunsten des orthodoxen universellen Schemas über den Ablauf von Gesellschaftsformationen verworfen, um der Kritik an Stalins Apparateherrschaft und dem Argument der „asiatischen Restauration" in Russland die Spitze zu nehmen. Diese Episode ist ein schönes Beispiel, dass die Entwicklungstheorie nicht nur zur Erklärung von gesellschaftlichen Wandlungsprozessen herangezogen wurde, sondern gesellschaftlichen Wandel legitimieren sollte, dieser gar im Sinne einer apodiktisch gesetzten Entwicklungstheorie in eine bestimmte Richtung gedrängt wurde, selbst wenn sich die Wirklichkeit immer weiter von besagter Theorie zu ihrer Erklärung entfernte. Hier wird, wie in den 1950er-Jahren im Falle der Modernisierungstheorie, die legitimatorische Funktion von Theorie besonders deutlich.

Für Russland selbst lautete die Konsequenz aus dem Scheitern der weltrevolutionären Hoffnungen, dass der Sozialismus in einem Land und aus eigener Kraft aufzubauen sei. Damit wurde das Sozialismus-Paradoxon praktisch. Sozialismus als real existierendes Gesellschaftssystem war seitdem nicht mehr eine Gesellschaft jenseits des entwickelten Kapitalismus, wo es nur noch im Sinne der marxschen Kritik der Politischen Ökonomie um die Umverteilung des Wohlstands geht, Sozialismus war seitdem eine Gesellschaftsformation, die nachholende Entwicklung und damit Wohlstand erst zu schaffen hatte. Wachstum zuerst, Umverteilung später lautete deswegen implizit die stalinistische Parole wie explizit in der Frühphase der späteren Entwicklungsökonomie unter marktwirtschaftlichen Vorzeichen. Über die richtige Strategie wurde in den 1920er-Jahren innerhalb der bolschewistischen Partei eine entwicklungstheoretische Kontroverse geführt, die unter dem Namen „Industrialisierungsdebatte" in die Literatur einging. Gegenüber standen sich Nikolai Bucharin (1888–1938) als Vertreter des rechten und Eugen Preobraschensky (1886–1937) als Vertreter des linken Flügels der Partei, die am Ende (siehe die Todesdaten) beide dem Stalinismus zum Opfer gefallen sind. Dabei ging es angesichts knapper Ressourcen und großer Rückständigkeit der Sowjetunion um die Optionen vorrangiger Agrarentwicklung mit allmählicher Industrialisierung, die durch landwirtschaftliche Nachfrage angeregt wird, versus beschleunigter Industrialisierung auf Kosten der Landwirtschaft mit den gesellschaftlichen Konsequenzen von bürokratischen Nutznießern und bäuerlichen Leidtragenden.

Die grundsätzlichen Aspekte der Kontroverse sollten in der entwicklungsökonomischen Diskussion der 1950er-Jahre wiederkehren. Wer finanziert die Investitionen, die am Anfang der Industrialisierung stehen? Wer muss seinen Konsum einschränken, um das notwendige Sparvolumen zu erzielen? Und nicht zuletzt: Woher stammen die anfänglichen Investitionsgüter, wenn noch keine entsprechende Industrie vorhanden ist, die sie erzeugen könnte? Die entwicklungsstrategischen Alternativen lauteten: vorrangige Agrarentwicklung durch die Förderung eines mittelbäuerlichen Sektors

(Kulaken), Export der Agrarüberschüsse, um Ausrüstungsgüter aus dem kapitalistischen Ausland zu importieren – also im Grunde eine ricardianische Strategie. Oder autarke Industrialisierung ohne Rücksicht auf Qualität und Kosten bei lang anhaltendem Konsumverzicht der gesamten Gesellschaft und bäuerliches Zwangssparen durch gewaltsame Wegnahme der agrarischen Überschüsse. Resultat der Debatte war die Entscheidung für Option zwei, die mit dem Ersten Fünfjahresplan (1928–1932) in die Tat umgesetzt wurde. Dies hieß forcierte Schwerindustrialisierung und Vernachlässigung der Konsumgüterindustrie, staatliches Eigentum an den Produktionsmitteln und Zwangskollektivierung der Landwirtschaft, um die agrarischen Überschüsse besser requirieren zu können. Statt Steigerung der Agrarproduktion Steigerung der Abschöpfungsquote. Konsequenterweise wurde dieser Vorgang in Anlehnung an Marx „ursprüngliche sozialistische Akkumulation" genannt, wobei die sozialen Konsequenzen nicht weniger hart als bei den von Marx beschriebenen Einhegungsgesetzen in England waren. Verzichtet wurde auch auf den kostensparenden Effekt, die modernste, auf dem Weltmarkt verfügbare, Technik einzukaufen, und zahlte stattdessen „Lernkosten", die weit über das hinausgingen, was sich List vorstellen konnte. Der damit einhergehende Aufbau einer Planungs- und Verwaltungsbürokratie und eines Machtapparats zur Durchsetzung der Strategie, der jeden Widerstand zu brechen hatte, bestätigte Plekhanovs Warnung vor einer möglichen asiatischen Restauration. Im Stalinismus fand sie ihren despotischen Ausdruck.

Die Strategie der 1930er-Jahre wurde zum sowjetischen Entwicklungsmodell, das nach dem Zweiten Weltkrieg auf Osteuropa, China und ehemalige Kolonien, die in den politischen Einflussbereich der Sowjetunion fielen, übertragen wurde. Dies geschah selbst in Ländern, die bereits über ein Industrialisierungsniveau jenseits des sowjetischen verfügten, wie in der ehemaligen DDR, der Tschechoslowakei oder Ungarn, es dort also gar nicht um nachholende Entwicklung gehen konnte. Auch hier hatte sich die Wirklichkeit wieder der Theorie anzupassen und nicht umgekehrt, eines der vielen Beispiele für den normativen Charakter von Entwicklungstheorie. Aus dieser Perspektive bedeutete die Übernahme des sowjetischen Modells in manchen osteuropäischen Ländern eher Rückschritt als Fortschritt, war nach dem Umbruch des Jahres 1989 Anlass für die deutschen Modernisierungstheoretiker, ihre Thesen auf Osteuropa zu projizieren (z. B. Zapf 1994). Die Erklärung für die dort stattfindenden Transformationsprozesse und deren ausbleibende Erfolge wurden in der fehlgeleiteten Modernisierung während der sozialistischen Phase gesehen. Im Sinne Webers lag das Problem darin, dass der Kollektivismus die Motivation des einzelnen nachhaltig unterdrückt hatte – ein später Sieg der bürgerlichen Modernisierungstheorie über die marxistische Entwicklungstheorie.

2.5 Neoklassik und deren Kritik: Keynesianismus und Korporatismus

Bevor die Skizzierung der Theoriebildung für die 1950er-Jahre fortgesetzt wird, ist ein Rückblick auf die dogmengeschichtliche Weiterentwicklung im „bürgerlichen" Lager notwendig. Obwohl die Wirtschaftspolitik der europäischen Nachzügler sich faktisch eher an den listschen Vorstellungen orientierte und die liberale Phase in Europa abgesehen von Großbritannien wie in den USA nur wenige Jahrzehnte dauerte, beherrschte das klassische Denken die akademische Diskussion, wobei sich das Schwergewicht von makro- auf mikroökonomische Fragestellungen verlagerte. Seit Alfred Marshalls (1842–1924) „The Pure Theory of Foreign Trade" (1879) wurde der Ausdruck „Neoklassik" gebräuchlich, wobei in unserem Zusammenhang vor allem die Weiterentwicklung der ricardianischen Außenhandelstheorie von Interesse ist. Aufbauend auf Ricardo, der von internationalen komparativen Vorteilen aufgrund unterschiedlicher natürlicher Bedingungen (Klima, Bodenfruchtbarkeit, Bodenschätze) ausgeht, wurde von den liberalen schwedischen Nationalökonomen Eli Heckscher (1879–1952) („The Effect of Foreign Trade and the Distribution of Income", 1919), heftiger Kritiker des Merkantilismus, und Bertil Ohlin (1899–1979) („Die Beziehungen zwischen internationalem Handel und internationalen Bewegungen von Kapital und Arbeit", 1930) das Faktorproportionen- oder Heckscher-Ohlin-Theorem entwickelt. Dieses zielte darauf ab, die von Land zu Land unterschiedliche Ausstattung mit Produktionsfaktoren, also neben Boden auch Arbeit und Kapital, in die Analyse komparativer Vor- oder Nachteile einzubeziehen. Komparative Vorteile zwischen Ländern resultieren nicht nur aus der natürlichen Faktorausstattung, sondern auch aus deren unterschiedlicher Knappheit. Daraus wird gefolgert, dass internationale Arbeitsteilung nicht nur zwischen Rohstoff- und Fertigwarenproduzenten (sogenannte Ricardo-Güter wie Wein und Tuch), sondern auch zwischen Produzenten von Fertigwaren unterschiedlicher Faktorintensität (sogenannte Heckscher-Ohlin-Güter) für alle Beteiligten von Vorteil sei. Faktorintensität meint das Verhältnis der eingesetzten Produktionsfaktoren bei der Erzeugung einzelner Güter, die sich demzufolge in bodenintensive, arbeitsintensive und kapitalintensive unterscheiden lassen. Unterschiedliche Lohnhöhe als Folge der Verknappung bzw. des Überschusses an Arbeitskräften oder unterschiedliche Höhe des Zinses als Folge reichlich vorhandenen oder mangelnden Kapitals machen eine Spezialisierung auch auf arbeits- oder kapitalintensive Produkte sinnvoll. Diese Überlegung sollte aber erst nach dem Zweiten Weltkrieg praktische Konsequenzen zeigen.

Das neoklassische Denken blieb nur bis in die frühen 1930er-Jahre herrschende Lehrmeinung, bis, ähnlich wie später im Anschluss an die Finanzkrise der Jahre 2008 ff., die Weltwirtschaftskrise und die anschließende lang anhaltende Depression der 1930er-Jahre deutlich machten, dass die Kräfte des Marktes allein kein Heilmittel gegen die Krise waren. Die Krise zeigte keine „reinigende Wirkung", die hohe Arbeitslosigkeit war ein deutlicher Hinweis auf die anhaltende Unterauslastung der Produktionsfaktoren, die im neoklassischen Denkgebäude eigentlich nicht vorgesehen war. Die wirtschaftspolitische Praxis dieser Jahre entsprach schon gar nicht der reinen Lehre. Massiver Protektionismus, wie der „Smoot-Hawley-Tariff" des Jahres 1930 in den USA, gegenseitige Abwertungen und die Schaffung exklusiver Wirtschaftszonen wie die Gründung des Sterling-Blocks im Jahre 1932 oder des Yen-Blocks machten deutlich, dass die Regierungen die Rettung in Wirtschaftsnationalismus und Staatsintervention suchten. Die Republikaner im US-Kongress, angeführt von Senator Reed Smoot und Representative Willis C. Hawley, waren die Anführer der weltweiten protektionistischen Wende, die auch die Nationalsozialisten („Lebensraum im Osten") und die Stalinisten („Aufbau des Sozialismus in einem Land") erfasste. Die Folge war, dass, gemessen am binnenwirtschaftlichen Einbruch, der Welthandel in den 1930er-Jahren noch stärker einbrach. Von internationaler Arbeitsteilung nach Maßgabe komparativer Kosten konnte keine Rede mehr sein. Damit war auch die seit den 1880er-Jahren währende Wachstumsphase der Primärgüterproduzenten in den angelsächsischen Siedlerkolonien, in Lateinamerika und am Schwarzen Meer, realer Hintergrund der damaligen Attraktivität des Theorems, an ihr Ende gelangt. An den Spätfolgen des frühen Primärgüterbooms und des Einbruchs der 1930er-Jahre kranken manche Länder in Lateinamerika noch heute. Hier liegt ein Grund, warum die Dependenztheorie gerade in Lateinamerika so viele Anhänger gefunden hat.

In dieser auch dogmengeschichtlichen Krise war es der Engländer John Maynard Keynes (1883–1946), der mit seiner „Allgemeinen Theorie der Beschäftigung, des Zinses und des Geldes" (1936) eine paradigmatische Revolution des ökonomischen Denkens einleitete, die der Bedeutung von Adam Smith' „Wealth of Nations" nahe kommt. Er zeigte, dass wirtschaftliches Gleichgewicht im Sinne der Neoklassik auch bei Unterbeschäftigung, also Unterauslastung der Produktionsfaktoren, möglich ist. Nicht die Knappheit der Produktionsfaktoren, nicht der Mangel, nicht das zu geringe Angebot, sondern der Überfluss an Produktionsfaktoren und der Absatz der Waren sind das Problem. Damit tauchte die alte Unterkonsumtionsthese von Malthus wieder auf. Die Selbstregulierungskraft des Marktes reiche nicht aus, um die Krise zu überwinden. Stattdessen bedürfe es der distributiven Besteuerung zur Stimulierung der Konsumneigung der unteren Einkommensbezieher, der staatlichen Intervention, um mit den Instrumenten der Konjunkturpolitik und über staatliche Aufträge, die durch öffentliche Verschuldung finanziert werden, den Wachstumsprozess wieder in Gang zu bringen.

Damit beförderte Keynes die bis in die 1970er-Jahre wirksame Vorstellung, dass der Wirtschaftsprozess durch staatliche Eingriffe steuerbar ist. Statt der Preis- und Einkommenslehre der Neoklassik trat die lange vernachlässigte Wachstumstheorie bzw. die Theorie wirtschaftlicher Entwicklung wieder ins Zentrum der Überlegungen. Die theoretische Schlussfolgerung aus seiner Arbeit lautete, dass ein ausgeklügeltes Instrumentarium zur Konjunktursteuerung den Weg aus der Krise weisen könne. Der Keynesianismus als dogmengeschichtliche Gegentradition war geboren, der zunächst in den USA im New Deal der Roosevelt-Ära, seit den 1950er-Jahren auch in Europa zur herrschenden Lehrmeinung wurde. So war es nach dem Zweiten Weltkrieg nur noch ein kleiner Schritt, Keynes Ideen von den Industrieländern auf die Entwicklungsländer zu übertragen und aus einer Politik zur Konjunktursteuerung in den Industrieländern eine Strategie des nachholenden wirtschaftlichen Wachstums in Entwicklungsländern zu machen. Deren Kernelemente waren kreditfinanzierte öffentliche Investitionen in Schlüsselsektoren, um möglichst große Multiplikator- und Linkage-Effekte zu erzielen, staatliche Einkommenspolitik durch restributive Besteuerung, Bodenreformen und Mindestlöhne, um die Nachfrage nach Massenkonsumgütern anzuregen, staatliche Geldpolitik, um über die Senkung der Kapitalkosten Investitionsanreize zu geben, sowie eine protektionistische Außenwirtschaftspolitik, um die neu zu gründenden Industrien vor dem Konkurrenzdruck aus den Industrieländern zu schützen. Keynesianisch inspiriert waren demzufolge fast alle Entwicklungsökonomen der Nachkriegszeit, die die Neoklassiker auch auf diesem Feld für lange Zeit in die Defensive drängen konnten. Insofern hatte Keynes eine ähnliche paradigmatische Bedeutung für die frühe Entwicklungsökonomie wie sein Zeitgenosse Parsons für die frühe Entwicklungssoziologie, auch wenn er so kaum rezipiert wird.

Dogmengeschichtlich erwähnenswert ist der gleichzeitig in den 1930er-Jahren entstehende Korporatismus in den faschistischen Ländern. Hier ist vor allem der Rumäne Mihail Manoilesco (1891–1950) zu nennen, der von der Warte der in die Krise geratenen Getreideexportökonomien am Schwarzen Meer einen noch radikaleren Protektionismus als Friedrich List empfahl und als Finanzminister in Rumänien später auch durchsetzte. Südosteuropa (Bulgarien, Rumänien, Ukraine) war neben Russland die rückständigste Region in Europa, die sich auf den Export von Getreide und Rohstoffen spezialisiert hatte und im Gegenzug Fertigwaren importierte, also ein Anwendungsfall für Ricardos Theorem, nur dass sich der erwartete Wohlstandsgewinn dort nicht eingestellt hatte. In seinem Hauptwerk „Die nationalen Produktivkräfte und der Außenhandel" (1937) argumentierte er, dass Protektionismus immer und prinzipiell von Vorteil sei, wenn er in rückständigen Agrarstaaten zum Aufbau einer Industrie führe und damit das durchschnittliche Produktivitätsniveau der Volkswirtschaft anhebe, Lists Lernkosten also gar nicht gezahlt werden müssten.

Zur Begründung konstruierte Manoilesco ein wirtschaftliches Dreieck aus Stadt, Land und Ausland, bei dem die Stadt das Land via Außenhandel ausbeutet. Dieses erinnert stark an das später von Samir Amin entwickelte Schema der peripheren Akkumulation. Auch bei Manoilesco werden die agrarischen Überschüsse ins Ausland exportiert und im Gegenzug Waren für den städtischen Bedarf (bei Amin Luxusgüter) importiert. Rückständigkeit, so Manoilesco, resultiere nicht aus internen Faktoren, sondern sei Resultat der weltwirtschaftlichen Integration. Damit traf er sich mit späteren marxistischen Positionen! Dieser Mechanismus kann nur durch die später sogenannte Importsubstitutionsindustrialisierung durchbrochen werden, die wiederum protektionistisch abzusichern ist. Die politische Durchsetzung des Konzepts, um sich gegenüber den Partikularinteressen einzelner gesellschaftlicher Gruppen durchzusetzen, leiste der korporatistische Staat, der Industrie, Banken und die Landwirtschaft (durch ein Genossenschaftswesen) kontrolliert. Als Problem kommt hinzu, dass sich in reinen Agrarstaaten keine nationale Bourgeoisie bilden konnte. Diese muss durch die staatliche Bürokratie als wesentlichen Träger der Industrialisierung ersetzt werden. Dazu sei ein Einparteiensystem wie in Italien, Spanien, Deutschland am besten geeignet. Ähnlich begründeten auch die Modernisierungstheoretiker der 1950er-/60er-Jahre die in manchen Fällen alternativlose Notwendigkeit, auf das Militär als Akteur im Industrialisierungsprozess zu setzen.

Die argumentative Nähe zu den autoritären politischen Systemen in Lateinamerika der 1950er-/60er-Jahre aber auch in Asien ist augenscheinlich. Bemerkenswert ist, dass Manoilesco in den 1930er- und 1940er-Jahren im „Weltwirtschaftlichen Archiv" des Kieler Instituts für Weltwirtschaft, später das Zentralorgan der deutschen Neoklassiker, reichlich zu Wort kam und durchaus wohlwollend rezipiert wurde, entsprach er doch den ordnungspolitischen Vorstellungen der Nationalsozialisten, die sich auf ihre Art auch als Modernisierer verstanden und den „Lebensraum" im Osten entwickeln wollten. Wenn auch nicht offen eingestanden, so wurden seine Grundgedanken nach 1945 in Rumänien im Zuge von dessen Autarkiepolitik fortgesetzt, ähnlich wie das Stalinsche Industrialisierungsmodell der Logik der Witteschen Industrialisierungspolitik am Ende des zaristischen Russland gefolgt war. Auch der damals noch junge Japaner Hiroshi Kitamura ist mit seiner 1941 auf Deutsch verfassten Dissertation „Zur Theorie internationalen Handels" durch dieses Denken beeinflusst worden.

2.6 Boeke und die Dualismustheorie

Zwar auch noch unter dem Eindruck der Weltwirtschaftskrise, aber zum ersten Mal im engeren Sinne aus der Perspektive der Kolonien, begann in den 1930er-Jahren die theoretische Beschäftigung mit den Besonderheiten einer kolonialen Ökonomie und Gesellschaft, die in die Dogmengeschichte unter dem Begriff „Dualismustheorie" Eingang fand. Einen prominenten Platz nahmen dabei Ida Cecil Greaves (1907–1990) „Modern Production among Backward Peoples" (1935) und Julius Herman Boeke (1884–1956) mit „Dualistische economie" (1930) ein. Letzterer war als Kolonialbeamter in Niederländisch-Indien tätig und wechselte 1942 nach der japanischen Besetzung ans New Yorker Institute of Pacific Relations. Dort verfasste er in der ersten Hälfte der 1940er-Jahre sein erst 1953 vollständig erschienenes Hauptwerk „Economics and Economic Policies of Dual Societies". Darin wird der Umstand thematisiert, dass in Niederländisch Indien (Indonesien) der einheimischen Gesellschaft ein moderner Plantagensektor aufgepfropft wurde, ohne, wie in den angelsächsischen Siedlerkolonien der Fall, den traditionellen Sektor zu absorbieren. Wenn *ein* soziales System eine Gesellschaft prägt, so seine Definition, dann ist sie „homogen", wenn *zwei* oder *mehrere* soziale Systeme vorhanden sind, die jeweils einen Teil prägen, dann ist sie „dualistisch". Die in Indonesien beobachtete Besonderheit war eine späte Folge der unterschiedlichen Kolonisierung der gemäßigten und der tropischen Zonen. Im ersten Fall (USA, Kanada, Australien, Neuseeland, Südafrika z. T.) setzte sich der Typus der reinen Siedlerkolonie durch mit eher homogener Einkommensverteilung und der Zerstörung oder Abdrängung der einheimischen Gesellschaften in Reservate, im zweiten Fall blieben diese erhalten und es wurde ihnen nur ein moderner Plantagensektor mit einer dünnen europäischen Management- und Verwaltungsbürokratie auf Zeit aufgepfropft, deren Mitglieder ihren Lebensabend im Mutterland verbringen wollten. Der Unterschied zu Westeuropa liegt darin, dass der moderne Sektor sich nicht aufgrund eines allmählichen internen Wandels ausbildet und ausbreitet, sondern importiert wird und sektoral, regional und sozial begrenzt bleibt. Die Dualismustheorie wurde später von anderen Autoren auch auf andere Regionen der Welt, so etwa Süd- und Osteuropa oder auf die Karibik, angewendet. Auch das Entwicklungsgefälle zwischen Nord- und Süditalien wurde dualismustheoretisch von Vera Lutz (1912–1976) erklärt (Lutz 1962). Die Nähe zu den späteren Strukturalisten und ihrem Begriff der „strukturellen Heterogenität" ist augenscheinlich.

Betrachtet man die Welt als ganze, lassen sich nach Boeke sechs verschiedene Typen von Dualismus unterscheiden:

1. In Westeuropa bildete sich innerhalb des traditionellen Sektors ein moderner Sektor, der den traditionellen Sektor überlagerte und schließlich aufsaugte.
2. In Süd- und Osteuropa kam es zwar auch zu einem internen Wandlungsprozess. Dieser war aber nicht stark genug, um den traditionellen Sektor völlig zu absorbieren, sodass die dualistische Struktur erhalten blieb (siehe Nord- versus Süditalien).
3. In die angelsächsischen Siedlerkolonien wurde der moderne Sektor über die Siedlungsauswanderung exportiert und vermochte den traditionellen einheimischen Sektor nahezu völlig zu verdrängen.
4. In den lateinischen Siedlerkolonien wurde die traditionelle Gesellschaft zwar weitgehend zerstört, da aber die Dynamik der Siedlergesellschaft zu schwach blieb, konnte sich der traditionelle Sektor teilweise erhalten. Durch die Sklaverei wurde sogar ein drittes soziales System aus Afrika „importiert".
5. Die tropischen Zonen Amerikas, Asiens und Afrikas sind im Sinne Boekes der klassische Fall einer Implantation eines modernen Sektors, ohne den traditionellen zu absorbieren.
6. In Ostasien (Japan, China, Korea, Taiwan) ist zwar auch ein moderner Sektor von außen implantiert worden, doch war dieser gegenüber der traditionellen Gesellschaft so schwach, dass eine „Gegenmodernisierung" aus der traditionellen Gesellschaft heraus den ausländischen Sektor wieder absorbieren konnte.

Boeke argumentiert deshalb, dass man bei der theoretischen Beschäftigung mit solchen Gesellschaften auch dualistisch vorgehen müsse. Es bedürfe einer Theorie der traditionellen Gesellschaft, einer Theorie der modernen Gesellschaft und einer Theorie der Interaktion beider Systeme innerhalb einer Gesellschaft. Er will zeigen, dass die für westliche Gesellschaften aufgestellten ökonomischen Gesetze in östlichen nicht gelten. Insofern steht Boeke am Anfang einer Tradition, die die Besonderheit der Entwicklungstheorie gegenüber den Mutterdisziplinen begründete, ist er, vor dem Hintergrund seiner Erfahrungen in Niederländisch Indien, der eigentliche Stammvater der Entwicklungstheorie im engeren Verständnis. Seine These illustriert er am Beispiel unterschiedlicher Reaktionen auf Marktsignale. Wenn der Reispreis fällt, so steigen nach seiner Beobachtung die Löhne und nicht umgekehrt, wie Ricardo und die Klassiker argumentieren. Das liege daran, dass bei fallendem Reispreis das Arbeitskräfteangebot zurückginge, weil man mit weniger Arbeit genug Reis zum Lebensunterhalt bekommen kann. Dahinter stehe ein anderes Menschenbild. Im Gegensatz zum materialistischen Utilitarismus der Klassik habe Muße einen höheren Wert als Einkommen. Der Gebrauchswert und nicht der Tauschwert einer Ware stehe im Vordergrund.

Boeke zeichnet auch eine Skizze der traditionellen östlichen Gesellschaft, bei der die Städte keine produzierenden Einheiten sind, die den Kapitalismus hervorgebracht und das Land durchdrungen haben. Die Städte sind vielmehr Sitz des Herrschers, um die Überschüsse des Landes zu konsumieren. Basis der Gesellschaft ist das Dorf als religiöse Gemeinschaft von Nahrungsmittelproduzenten, die demselben Clan angehören und durch gemeinsame Traditionen regiert werden. Typische Merkmale der östlichen Industrie seien die Aversion gegen Investitionen und die Bevorzugung von Wucherern, ein geringes Interesse an der Qualität der Produkte, da sie nicht für den westlichen Markt bestimmt seien, keine rationale Organisation der Geschäfte, keine Elastizität der Produktion, da nicht auf Marktanreize reagiert werde, keine Organisation und Disziplin der Produzenten sowie eine regionale oder dörfliche, aber keine individuelle Spezialisierung. Kommt es zur Kolonisierung, sind verschiedene Stadien zu unterscheiden. Anfänglich bleibt es bei Aufkauf der Produkte durch ausländische Händler. Erst später folgen Investitionen in Plantagen, Infrastruktur und einfache Verarbeitungsstufen mithilfe moderner Technologie, modernem Management und Lohnarbeit. Ein Teil der einheimischen Bevölkerung wird Teil des modernen Sektors bzw. als „Kompradoren" zu Mittelmännern zwischen einheimischem und ausländischem Sektor. Der moderne Sektor selbst ist aber auch nicht homogen, sondern erstreckt sich vom hochmodernen technologieintensiven Bergbau (Ölförderung) bis zu reinen Handelsgesellschaften, die traditionelle Produkte aufkaufen. Diese Kompradoren, in Südostasien vielfach Auslandschinesen, sollten später zur Keimzelle eines einheimischen Unternehmertums werden.

Boeke unterscheidet acht Unternehmenstypen von der Hausindustrie für den Eigenbedarf bis zur Niederlassung eines Multinationalen Konzerns mit Sitz im Mutterland. Trotz aller Unterschiede gibt es auch in dualistischen Ökonomien sektorübergreifende Kontakte. Aus Ware-Geld-Ware- werden tendenziell Geld-Ware-Geld-Beziehungen. Es kommt zu Demonstrationseffekten, der Abdrängung der traditionellen Bauern ins Hinterland, der Einfuhr neuer Pflanzen, die auch im traditionellen Sektor angebaut werden. Ein Teil der Arbeitskräfte wird durch den modernen Sektor absorbiert, allerdings nicht in Form von dauerhafter Beschäftigung, sondern saisonal durch Wanderarbeiter. Die Erfahrung der Weltwirtschaftskrise der 1930er-Jahre verhalf Boeke zu der Einsicht, dass nur der moderne Sektor starke Absatz- und Preisrückgänge zu verkraften hatte, während der traditionelle Sektor kaum betroffen war, sogar als Rückzugsmöglichkeit wieder expandierte. Zur Überwindung der Krise der exportorientierten Kolonialökonomien empfiehlt Boeke eine verantwortliche Steuerung durch die Kolonialbürokratie mittels Regulierung, um Überproduktion zu vermeiden, Organisation des Handels, Lohn- und Preiskontrolle, Bevölkerungspolitik, Beschäftigungspolitik, Exportförderung, Importkontrolle und Binnenmarktförderung, im Grunde eine Vorwegnahme der Politik der Importsubstitution der 1950er-Jahre. Der Staat sollte in Form der Kolonialbürokratie die Homogenisierung bewirken, die spontan durch die Marktkräfte nicht zustande kommt.

Er wurde von der Dependenztheorie später zu Unrecht mit dem Argument kritisiert, dass er einen schieren Dualismus propagiere und nicht die funktionale Rolle des traditionellen für den modernen Sektor herausgearbeitet habe. Im Grunde war er ein Vorläufer der späteren Diskussion um die koloniale Produktionsweise. Autoren wie W. Arthur Lewis (1915–1991), Benjamin Higgins (1912–2001) und Gunnar Myrdal (1898–1987), die bei den Erkenntnissen der Dualismustheorie ansetzen, sahen demgegenüber in den 1950er-Jahren gerade im „unbegrenzten" Angebot billiger Arbeitskraft (Lewis 1954, 1956) vonseiten des traditionellen Sektors den entscheidenden Grund, warum der moderne Sektor in den rückständigen Ländern über niedrige Arbeitskosten international konkurrenzfähig sei, bis dieser durch die Verknappung von Arbeitskraft schrittweise aufgesogen würde. Hier lag eine enge Verbindung zum Faktorproportionentheorem von Heckscher und Ohlin.

2.7 Parsons und der Strukturfunktionalismus

Die Bedeutung von Boeke oder Greaves liegt darin, dass sie als erste bereits in den 1930er-Jahren auf die Besonderheit einer kolonialen Ökonomie in den Tropen hingewiesen haben. Damit waren sie keine echten Vorläufer der Modernisierungstheorie, die in den 1950er-Jahren in den USA zum eigentlichen entwicklungstheoretischen Paradigma aufstieg. Viel wichtiger dafür waren die Arbeiten von Talcott Parsons (1902–1979), der das Bindeglied zwischen der klassischen europäischen und der amerikanischen Soziologie darstellt. Parsons hatte in London und Heidelberg studiert und dort 1927 über „Capitalism in Recent German Literature: Sombart and Weber" bei Edgar Salin promoviert (Parsons 1928/1929). Er war der Hauptvertreter des Strukturfunktionalismus, der in den 1920er-/30er-Jahren den Evolutionismus ablöste und damit ein Denken in Funktionen statt in Substanzen begründete. Dieses Denken äußert sich z. B. in der Geldtheorie (Simmel 1920). Geld hat keinen Wert an sich, sondern fungiert nur als Medium des Tausches. Seit dem Zweiten Weltkrieg wurde der Funktionalismus, wiederum maßgeblich durch Parsons beeinflusst, zur Systemtheorie weiterentwickelt, die wiederum Einfluss auf den Strukturalismus in der Entwicklungstheorie genommen hat.

Parsons Grundthese lautet, dass gesellschaftliche Realität in erster Linie aus Handlungen besteht (Parsons 1972, 1976, 1977). Das Profitmotiv z. B. ist, anders als im Verständnis der Klassik, keine psychologische oder anthropologische Kategorie, sondern die spezifische Form institutionalisierten Verhaltens, das von gesellschaftlichen Akteuren in bestimmten Situationen erwartet wird. Diese Handlungen sind in modernen im Unterschied zu traditionalen Gesellschaften normengeleitet und zweckrational, aber nicht gefühlsbestimmt. Damit unterscheidet Parsons sich vom Positivismus, der die Legitimität normativer Kategorien bestreitet. Jedes soziale System besteht aus einem Satz stabiler Interaktionsmuster. Ein Satz von Normen steuert das Verhalten der Individuen und stabilisiert das Muster ihrer Interaktionen. So entsteht ein System gemeinsamer Werte, gemeinsamer Rollenerwartungen und einer feststehenden Mitgliedschaft. Je größer das System, desto größer die Rollendifferenzierung der Mitglieder. Indem die Individuen die Normen und Werte ihrer Gesellschaft internalisieren, wird Kultur über den Konformitätsdruck konstitutiv für die Persönlichkeit.

Parsons unterscheidet drei Ebenen von Gesellschaft: das soziale System, das Persönlichkeitssystem und das System der allgemeinen kulturellen Werte. Mit seinen berühmten „pattern-variables" formuliert er fünf darauf bezogene Begriffspaare grundlegender Orientierung an kulturellen Wertmustern, sozialen Normen und persönlichen Motivationen, die auf dichotomische Art und Weise den Unterschied von traditionalem und modernem Handeln beschreiben. Diese lauten Affektivität versus affektive Neutralität (emotionale versus rationale Beziehung), Diffusität versus Spezifität (allgemeine versus spezielle Interaktion wie z. B. Mutter versus Verkäuferin), Partikularismus versus Universalismus (dem Verwandten zu helfen, ist geboten, auf dem Markt tauscht jeder mit jedem), Zuschreibung versus Leistung (Beurteilung nach Abstammung oder Leistung) und Gemeinschaftsorientierung versus Selbstorientierung (Solidarität oder Egoismus).

An diese Merkmale, mit denen sich traditionelle und moderne Gesellschaften typologisch bestimmen lassen, sollten die Modernisierungstheoretiker wie Bert Hoselitz (1913–1995) und die Parsons-Schülerin Marion Levy (1918–2002) anknüpfen. Mit den vom ihm später relativierten Verhaltensvariablen entwickelte Parsons sein AGIL-Schema, demzufolge Handlungssysteme mit vier fundamentalen Problemen der **A**daption (Anpassung), des **G**oal Attainment (Zielerreichung), der **I**ntegration und der **L**atenz bzw. Pattern Maintenance (Werteerhaltung) umzugehen haben. Die vier Funktionen werden mit seinen vier Systemen in Verbindung gebracht, wobei diese nicht gleichwertig, sondern hierarchisch angelegt sind.

L Werteerhaltung – Kulturelles System
I Integration – Soziales System
G Zielerreichung – Persönlichkeitssystem
A Anpassung – Organisches System (Umwelt)

Das Kulturelle System bestimmt das Soziale System, das Soziale System das Persönlichkeitssystem und dieses das Organische System, also den Umgang mit der Welt. Damit argumentiert er umgekehrt wie Marx, der mit seiner Basis-Überbau-Beziehung einen materialistischen Ansatz vertritt. Später untersuchte er die Bedingungen, unter denen die Beziehungen zwischen den Systemen in geordneter Weise funktionieren können. Dabei identifizierte er als wichtigsten Faktor die Existenz von „generalisierten symbolischen Austauschwerten", nämlich Geld für das Organisches System (Markt),

Macht für das Persönlichkeitssystem (Zielerreichung), Normen für das Kulturelle System und Einfluss für das Soziale System.

Parsons Evolutionstheorie der 1960er-Jahre stellt im Unterschied zu Weber nicht den Begriff der Rationalisierung, sondern wie Durkheim und entsprechend dem funktionalistischen Ansatz den der sozialen Differenzierung in den Vordergrund. Differenzierung ist der Mechanismus, der das AGIL-Schema dynamisiert. Entwicklung ist demzufolge das wachsende Anpassungsvermögen eines sozialen Systems an die Welt, bedeutet deren aktive Umgestaltung und nicht deren passive Erduldung. Der Unterschied zwischen traditionalen und modernen Gesellschaften liege im unterschiedlichen Grad der Ausdifferenzierung gesellschaftlicher Rollen und dem unterschiedlichen Maß der Anpassungskapazität zur Beherrschung der Welt. Dabei unterscheidet er drei Stadien der Evolution – die primitive Gesellschaft ohne Differenzierung, die intermediäre Gesellschaft mit Verschriftlichung und die moderne Gesellschaft mit einem formalen Rechtssystem. Der Übergang zwischen den Stadien soll durch „evolutionäre Universalien" erfolgen. Das sind Errungenschaften, die die Anpassungskapazität einer Gesellschaft so sehr vergrößern, dass, wenn sie einmal erreicht ist, keine Gesellschaft sich weiterentwickeln kann, ohne von ihnen Gebrauch zu machen. Solche Universalien sind zuerst die Herausbildung der sozialen Schichtung und eines Systems der kulturellen Legitimierung der verschiedenen gesellschaftlichen Funktionen. So wurde die primitive Gesellschaft überwunden. Dann kam es zur bürokratischen Organisation der Gesellschaft und der Herausbildung von Markt- und Geldbeziehungen. Dafür war die Verschriftlichung notwendig. Der Durchbruch zur Moderne erfolgte schließlich durch die Durchsetzung generalisierter universalistischer Normen in einem verallgemeinerten Rechtssystem. Hinzu kam die Herausbildung demokratischer Assoziationen, weil Macht sich am besten auf Konsens gründet und am effektivsten durch demokratische Prozeduren zu organisieren ist. Am „modernsten" ist deshalb der Rechtsstaat angelsächsischer Prägung, in dem Regierung und Rechtssystem durch das Common Law am stärksten getrennt sind. Markt und Demokratie als Regulierungsinstanzen sind flexibler und deshalb langfristig effektiver als bürokratische Steuerung bzw. Anpassungsverfahren. Sie haben aufgrund ihrer Kommunikationsprozesse die Kapazität zur Selbststeuerungsfähigkeit im Sinne von Norbert Wiener (1894–1964) und Karl Deutsch (1912–1992), den Begründern der Kybernetik und ihrer Anwendung auf die Sozialwissenschaften.

Auf den nichtmaterialistischen Charakter seiner Theorie ist es zurückzuführen, dass Parsons nach der Krise der 1930er-Jahre, die auch eine weltanschauliche war, weil der Kapitalismus in Legitimationsschwierigkeiten geriet, ein Paradigma begründen konnte, das in der Ära des Antikommunismus der 1950er-Jahre Grundlage für eine neue Theorie gesellschaftlichen Wandels, die Modernisierungstheorie, legen konnte. Am Ausgangspunkt gesellschaftlicher Entwicklung standen jetzt nicht mehr die Politische Ökonomie (wie bei der Klassik) oder deren Kritik (wie bei List oder Marx), sondern individualpsychologische (mentale) und kulturelle Theorien. In den 1950er-/60er-Jahren schien die Überlegenheit des von Parsons soziologisch begründeten angelsächsischen Modells augenscheinlich. Angesichts der Erfolge des bürokratischen

Entwicklungsstaats zuerst in Japan und später in Korea und China ist dies heute nicht mehr so eindeutig. Bezeichnend ist, dass prominente Parsons-Schüler wie Robert Bellah (1927–2013) oder Ezra F. Vogel (*1930) sich aus einer entwicklungstheoretischen Perspektive mit Japan und China befasst haben (Bellah 1985, Vogel 1980).

3 Die Etablierung der Disziplin durch die Pioniere

3.1 Keynesianische Entwicklungsökonomie

Die institutionelle Etablierung der Entwicklungstheorie als eigenständige akademische Disziplin ist auf den Beginn der 1950er-Jahre zu datieren[3]. Die nach dem Zweiten Weltkrieg auf amerikanischen Druck wieder aufgenommene Entkolonialisierung, zunächst in Asien und seit Ende der 1950er-Jahre auch in Afrika, machte es aus amerikanischer Sicht notwendig, der wachsenden Attraktivität des sowjetischen Modells ein westliches Gesellschaftsmodell entgegenzusetzen. Eher deduktiv abgeleitete als empirisch-induktiv gewonnene idealtypische Annahmen über den angelsächsischen Weg in die Moderne wurden zum Muster, nach dem sich die westliche Welt entwickelt habe. Modernisierungsanstrengungen, die sich nicht an Demokratie und Marktwirtschaft orientierten, wie Kommunismus und Faschismus, wurden als pathologische Fälle angesehen, die in eine Sackgasse führen. Die Totalitarismustheorie der 1940er-/50er-Jahre (Hannah Arendt, Hans Joachim Friedrich, Karl August Wittfogel, Franz Borkenau u. a.) war so gesehen das politikwissenschaftliche Pendant zur soziologischen Modernisierungstheorie. Da die nichtwestlichen Gesellschaften den angelsächsischen Weg nachvollziehen sollten, war Unterstützung von außen durch Entwicklungshilfe geboten. Das neue Politikfeld war geboren. Darin lassen sich bislang acht Phasen unterscheiden, die sich an Dekaden orientieren und zwischenzeitlich auch so genannt wurden (siehe Tabelle I/5): Die Formationsphase der 1940er-Jahre, die eigentlich schon mit Boeke in den 1930er-Jahren beginnt, die Pionierphase der 1950er-Jahre, die Erste, Zweite und Dritte Entwicklungsdekade der 1960er- bis 1980er-Jahre – zugleich die „goldene Zeit" der Entwicklungspolitik, das „Verlorene Jahrzehnt" der 1990er-Jahre, die Krisendekade der 2000er-Jahre und die hier als „Fragmentierungsdekade" bezeichnete bislang letzte Phase, die, begleitet von der neuen Finanz- und Wirtschaftskrise, sich im Wiederaufstieg Asiens einerseits (Menzel 2014) und in der sich ausbreitenden Zone fragiler Staatlichkeit im Nahen Osten und in Subsahara Afrika andererseits manifestiert. Dass auf die optimistischen Begriffe zur Bezeichnung der Dekaden bis etwa 1990 skeptische bis pessimistische folgen, macht den Zyklus von Aufstieg und Niedergang des entwicklungspolitischen Denkens

---

[3] Als neuere Gesamtdarstellungen vgl. Hauck 2004a, Többe Goncalves 2005, Pieterse 2010. Zur älteren und aktuellen Bestandsaufnahme: Die Entwicklungstheorie 1997, Büschel/Speich 2009, Ziai 2014, Müller u. a. 2014.

deutlich, das konsequenterweise im „Post-Development-Ansatz" kulminiert, der „Entwicklung" jedweder Provenienz eine Absage erteilt und zurückwill in die vormoderne Zeit, wann auch immer diese in den einzelnen Teilen der Welt zu Ende gegangen sein soll. Jede dieser Dekaden, das macht ihre eigentliche Struktur aus, ist durch ein dominantes entwicklungstheoretisches Paradigma bzw. durch den Streit mit einem konkurrierenden Paradigma gekennzeichnet.

Tabelle I/5: Dekaden und Paradigmen der Entwicklungspolitik

	Dekaden	Paradigmen
1940er-Jahre	Formationsphase	Keynesianismus, Dualismustheorie, Wachstumstheorie, Strukturfunktionalismus
1950er-Jahre	Pionierphase	Entwicklungsökonomie, Modernisierungstheorie, Wachstum durch Kapitalbildung und Steigerung der Arbeitsproduktivität, Terms-of-Trade-Debatte
1960er-Jahre	Erste Entwicklungsdekade	Staatliche Rahmenplanung, Importsubstitutionsindustrialisierung, Grüne Revolution, „Wachstum zuerst, Umverteilung später", „Industrialisierung zuerst, Demokratisierung später", Entwicklungspolitik als Eindämmung im Ost-West-Konflikt
1970er-Jahre	Zweite Entwicklungsdekade	Dependenztheorie, Neue Weltwirtschaftsordnung, Externe Umverteilung Armutsorientierung, Grundbedürfnisse, angepasste Technologie, „Umverteilung mit/durch Wachstum", „Grenzen des Wachstums"
1980er-Jahre	Dritte Entwicklungsdekade	Neoliberalismus, Strukturanpassung, Exportindustrialisierung, nachhaltige Entwicklung, Weltordnungsdebatte (global governance)
1990er-Jahre	Verlorenes Jahrzehnt	Washington-Konsens, Armutsorientierung, Soziale Entwicklung, Humanitäre Intervention, Gute Regierung, politische Konditionierung, „Kampf der Kulturen"
2000er-Jahre	Krisendekade	Pragmatismus zwischen Staat und Markt, Beijing Konsens, Neue Institutionenökonomik
2010er-Jahre	Fragmentierungsdekade	Verschmelzung von Friedens- und Entwicklungspolitik, Entwicklungspolitik zur Eindämmung gegen neue Bedrohungen, Postdevelopment

Die in den 1950er- bis 1960er-Jahren zum dominanten Paradigma aufsteigende Modernisierungstheorie stellte die grundlegende Frage, warum Europa bzw. der Westen gegenüber allen anderen Gesellschaften der Welt einen Entwicklungsvorsprung erringen konnten. Die Antwort lautet: Weil es hier zuerst zur Durchsetzung des Rationalismus in allen Lebensbereichen, zur „Entzauberung der Welt" (Weber) gekommen ist. Der europäische Vorsprung ist auf den rationalen Einsatz von Mitteln für bestimmte Zwecke zurückzuführen. Dieser zwang und zwingt alle anderen Gesellschaften, sich diesem Prinzip zu unterwerfen, will man nicht selbst unterworfen werden. Um dessen Durchsetzung in allen Lebensbereichen auf die Spur zu kommen, gliedert die Modernisierungstheorie sich in Teildisziplinen, die Entwicklungsökonomie, Theorien zur Nationalstaatsbildung und Demokratisierung sowie Theorien, die sich mit Fragen des kulturellen, sozialen und mentalen Wandels von traditionellen zu modernen Gesellschaften befassen. Damit war der pure Ökonomismus der frühen Jahre à la Truman und Rostow überwunden, der mit seinem „point four" glaubte, das Problem auf rein wirtschaftliche Fragen reduzieren und mit bloßer Finanz- und Ausbildungshilfe lösen zu können. Auch wenn es letztlich lange Zeit doch nur um die Inszenierung von Wirtschaftswachstum ging, so begann man doch zu verstehen, dass dazu mehr gehört als die bloße Ausweitung des Kapitalstocks durch ausländische Investitionen und die Steigerung des Humankapitals durch Beratungstätigkeit. Ein Klassiker dieses reflektierten Ansatzes war Everett E. Hagen (1906–1993) „On the Theory of Social Change: How Economic Growth Begins" (1962).

Ausgangspunkt der breiten Diskussion, die vor allem in der Zeitschrift „Economic Development and Cultural Change" geführt wurde, ist die These, dass in erster Linie kulturelle und mentale Faktoren für die Rückständigkeit der nichtindustrialisierten Gesellschaften verantwortlich seien. Unter Rückgriff auf Parsons sollen diese für eine zu geringe gesellschaftliche Anpassungs- und Selbststeuerungsfähigkeit verantwortlich sein. In Anlehnung an Wolfgang Zapf (*1937), zusammen mit Peter Flora (*1944) und Peter Heintz (1920–1983), einer der prominenten deutschen Vertreter der Modernisierungstheorie, der mit seinem Band „Theorien des sozialen Wandels" deren wichtigste Vertreter dem deutschen Publikum bekannt gemacht hat (Zapf 1971), lassen sich die diesbezüglichen analytischen Bereiche, Wandlungsprozesse und Phasen in einem Schema zusammenfassen (siehe Abbildung I/3):

Im kulturellen Bereich wurden Säkularisierung, Rationalisierung und Verwissenschaftlichung (Parsons, Eisenstadt, 1923–2010) und im individualpsychologischen Bereich Empathiesteigerung und Leistungsmotivation (Hagen, Daniel Lerner 1917–1980) als zentrale Dimensionen identifiziert. Daraus leiten die Modernisierungstheoretiker für die übrigen gesellschaftlichen Dimensionen Transformationsphasen ab. Sie lauten für den Bereich der Politik: Staatenbildung, Nationenbildung, Demokratisierung, Partizipation und Umverteilung (Gabriel Almond 1911–2002, Stein Rokkan 1921–1979, Karl W. Deutsch 1912–1992, Seymour Martin Lipset 1922–2006); im Bereich der Wirtschaft: Kapitalakkumulation, Aufstieg und Reife, technischer Fortschritt und Massenkonsum (Rostow); im Bereich der Gesellschaft: Bevölkerungswachstum, Urbanisierung, Alphabetisierung und Kommunikationssteigerung (Lerner, Deutsch). Für die Entwicklungspolitik, so die strategische Folgerung, komme es darauf an, durch gezielte Hilfe von außen den internen Wandel zu fördern und so den innovationsbereiten, modernen gesellschaftlichen Kräften in den traditionellen Gesellschaften freie Bahn zu verschaffen. Nur wenige Vertreter der Modernisierungstheorie wie z. B. David Apter in

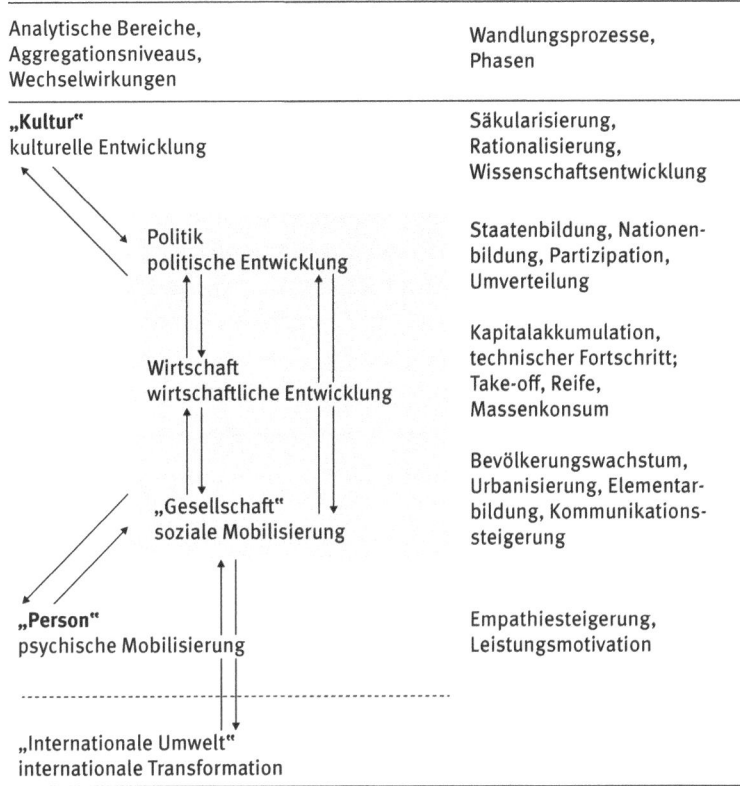

Abbildung I/3: Dimensionen und Prozesse gesellschaftlicher Modernisierung (Zapf 1971, S. 24)

„Rethinking Development" (1987) haben ihre frühen Aussagen im Lichte der späteren Kritik reflektiert. Andere haben sich durch die Transformationsprozesse in Osteuropa nach 1990 bestätigt gefühlt (Berger 1996, Zapf 1996, Hondrich 1996, Giesen 1996).

Beginnen wir mit der Entwicklungsökonomie. Dort wurde das Denken für die nächsten 30–40 Jahre vom Keynesianismus bestimmt. Empfohlen wird von den „Pioneers in Development" wie Colin Clark (1905–1989), Gunnar Myrdal, Paul Rosenstein-Rodan (1902–1985), Albert O. Hirschman (1915–2012), Ragnar Nurkse (1907–1959), Arthur W. Lewis und Jan Tinbergen (1903–1994) eine binnenmarktorientierte Wachstumsstrategie, die unter dem Begriff „Importsubstitutionsindustrialisierung" (ISI) Eingang in die Literatur fand. Lewis hatte mit seinem Aufsatz „Economic Development with Unlimited Supplies of Labour" (1954), in dem er in der unbegrenzten Arbeitskraft der Entwicklungsländer deren eigentliche Entwicklungsressource sah (der komparative Vorteil der Neoklassiker), den größten Einfluss der frühen Jahre überhaupt (Tignor 2006). 100 Jahre nach John St. Mills „Principles of Political Economy" (1848), dem letzten großen Werk der Klassik, wurde die Entwicklungsökonomie von den Keynesianern neu erfunden. Anlass war gleichermaßen die Notwendigkeit, nach den Einbrüchen des Zweiten Weltkriegs in den alten Industrieländern das Wirtschaftswachstum wieder in Gang zu bringen wie in den ehemaligen Kolonien bzw. den neuen Entwicklungsländern überhaupt Wachstum zu inszenieren. Das Verständnis von Entwicklung wurde von den frühen Entwicklungsökonomen auf Wirtschaftswachstum reduziert (Meier 1970, Rostow 1990, Part III).

Der dazu notwendigen Strategie liegt ein Wachstumsmodell zugrunde, das auf Roy Forbes Harrod (1900–1978) („Ein Essay zur dynamischen Theorie", 1939) und Evsey Domar (1914–1997) („Kapitalexpansion, Wachstumsrate und Beschäftigung", (in Domar 1957) zurückgeht. Wenn Wachstum mit Entwicklung gleichgesetzt wird, ist der zentrale Indikator für Entwicklung das BSP pro Kopf, weil sich darin der Wohlstand eines Landes ausdrückt. Dass Wohlstand auch das Resultat steigender Renteneinkommen sein kann, wurde (noch) nicht erkannt. Um die Wachstumsrate pro Kopf einer Volkswirtschaft zu berechnen, benötigt man nur wenige Variablen:

BSP	= Q
Kapitalstock	= K
Arbeitskräftepotenzial	= L
Arbeitsproduktivität	= Q/L
Kapitalkoeffizient	= K/Q
Nettoinvestitionen	= I
Nettoinvestitionsrate	= I/Q

Im Unterschied zur Klassik waren die Neoklassiker nicht von der Arbeitswerttheorie, sondern von der Grenznutzungstheorie ausgegangen. Die Produktion ist demnach nicht das Ergebnis der verausgabten Arbeit, sondern der optimalen Kombination der Produktionsfaktoren. Immer wenn von einem Produktionsfaktor zuviel eingesetzt wird, wird das Gesetz des abnehmenden Grenzertrags wirksam. Die optimale Kombination der Produktionsfaktoren soll sich über Märkte und Preise herstellen. Die Keynesianer argumentieren dagegen, dass die optimale Faktorkombination auch durch staatliche Intervention erreicht werden kann. Marx und Malthus mit ihren Unterkonsumtionstheorien seien im Unrecht, weil der technische Fortschritt immer wieder in der Lage ist, die Grenze des abnehmenden Ertragszuwachses hinauszuschieben. Damit lautet die keynesianische Entwicklungsformel à la Harrod/Domar:

$$\text{Wachstum des BSP/Kopf} = \frac{I}{Q} / \frac{K}{Q} - \text{Bevölkerungswachstum}$$

Wachstum ist demnach das Verhältnis von relativem Investitionsaufwand (Investitionsrate) zum Effektivitätsgrad der Nutzung des Kapitalstocks. Die Wachstumsrate lässt sich durch die Manipulation von drei Kennziffern steigern: durch die Erhöhung der Investitionsquote (höheres Sparen bzw. Konsumverzicht), durch die Senkung des Kapitalkoeffizienten (effektivere Nutzung des Kapitalstocks über die Steigerung der Arbeitsproduktivität) und durch die Verringerung des Bevölkerungswachstums. Am besten ist, wenn alle drei Kennziffern verändert werden, wobei jeweils diverse Instrumente zur Verfügung stehen. Die Sparrate kann durch die Einschränkung des Luxuskonsums, eine zeitweise Umverteilung zugunsten der Wohlhabenden und durch Kapitalimport erhöht werden. Der Kapitalkoeffizient lässt sich durch höhere Arbeitsproduktivität oder durch Arbeitsakkumulation, gemeint ist die Ersetzung von Kapital durch Arbeit, senken. Da das Wachstum der Bevölkerung aus der Differenz von Geburten- und Sterberate resultiert und die Sterberate im Zuge des Entwicklungsprozesses durch bessere Ernährung, bessere medizinische Versorgung u. a. sinkt (= 2. Phase des demografischen Übergangs), muss die Geburtenrate durch Aufklärung, Verhütung, Anreize oder Druck ebenfalls reduziert werden (= 3. Phase des demografischen Übergangs), soll das Wirtschaftswachstum nicht immer wieder durch das Bevölkerungswachstum kompensiert werden. Dass der Eintritt in die zweite Phase des demografischen Übergangs, ausgelöst durch die sinkende Sterberate, bereits ein Ausdruck von Entwicklung ist, wurde nicht weiter reflektiert.

Das Problem, über das die Entwicklungsökonomen der Pionierphase stritten, lautet: *Wie* lassen sich die genannten Ziele am besten erreichen? Über den Markt? Durch Staatsintervention? Über Entwicklungspläne? Welche Anreize sollen gesetzt werden? Welche Wachstumsstrategien sind die richtigen? Die Hauptkontroverse wurde zwischen den Vertretern eines ausgewogenen Wachstums (balanced growth) und eines unausgewogenen Wachstums (unbalanced growth) ausgetragen, eine Kontroverse, die uns in anderer Terminologie schon bei der sowjetischen Industrialisierungsdebatte begegnet ist. Hauptvertreter der Theorie des ausgewogenen Wachstums waren Nurkse, Lewis und Rosenstein-Rodan. Ausgewogenes Wachstum liegt, so Nurkse (1953), dann vor, wenn die Konsumgüterproduktion derart wächst, dass die Güterproportionen der Struktur der Konsumentenpräferenzen entsprechen. Die Wachstumsraten der Konsumgüterproduktion sollen gleich den durch die Einkommenselastizitäten gegebenen Wachstumsraten der Nachfrage sein. Da die Einkommenselastizitäten aber für einzelne Güter unterschiedlich sind – bei niedrigen Einkommen wächst eher die Nachfrage nach Nahrungsmitteln, bei höheren Einkommen eher die Nachfrage nach dauerhaften Konsumgütern – müssen auch die Wachstumsraten der einzelnen Industrien unterschiedlich sein.

Wie können in den Entwicklungsländern die Parameter des Harrod-Domar-Modells beeinflusst werden? Ursache für die Stagnation bzw. das zu geringe Wachstum ist die Unterausstattung mit Realkapital (zu geringer Kapitalstock) im Verhältnis zur Bevölkerung und den vorhanden natürlichen Ressourcen Boden, Wasser, Energie und Bodenschätze. Das liegt daran, dass zwei Teufelskreise wirksam werden, die das Angebot wie die Nachfrage nach Kapital niedrig halten. Auf der Angebotsseite lautet der Teufelskreis: Die Spartätigkeit ist gering, weil die Einkommen niedrig sind. Die Einkommen sind niedrig, weil die Produktivität niedrig ist. Die Produktivität ist niedrig, weil der Kapitalstock gering ist. Der Kapitalstock ist gering, weil zuwenig investiert wird. Es wird zuwenig investiert, weil zuwenig gespart wird usw. Auf der Nachfrageseite lautet der Teufelskreis: Es fehlt an Investitionsanreizen, weil die Kaufkraft zu gering ist. Die geringe Kaufkraft ist Folge der niedrigen Einkommen aufgrund der geringen Produktivität, der geringen Kapitalausstattung, der schwachen Investitionsneigung. Kurz: Die Leute sind arm, weil sie arm sind, und werden es auch bleiben, wenn nicht interveniert wird.

Die aus der Diagnose folgende Therapie lautet: Der Teufelskreis muss auf der Angebotsseite durchbrochen werden. Durch die oben genannten Maßnahmen (Einschränkung des Luxuskonsums, Umverteilung der Einkommen durch Bodenreformen, Kapitalimport) lassen sich die Sparquote, damit die Investitionsquote und am Ende die Produktion steigern. An dieser Stelle wandten die Neoklassiker ein, dass das geringe Pro-Kopf-Einkommen einen zu geringen Binnenmarkt ergebe, für den eine moderne arbeitsteilige Produktion aufgrund der fehlenden Skaleneffekte nicht profitabel sei. Das traditionelle Gewerbe bleibe immer konkurrenzfähig. Deshalb solle die Produktion anfänglich exportorientiert sein, da auf den größeren Exportmärkten auch Großserienfertigung möglich ist. Demgegenüber argumentieren die Keynesianer, dass der Export kaum gesteigert werden könne, da es sich um Primärgüter handele, bei denen nur eine geringe Nachfrageelastizität vorliege. Diese Strategie war nur für die Siedlerkolonien im 19. Jahrhundert möglich angesichts der Sondersituation des wachsenden Bedarfs im Zuge der Industrialisierung in Europa. Die Zunahme des Welthandels in den 1950er-Jahren betreffe nur den Handel der Industrieländer untereinander mit der Folge sinkender Weltmarktanteile der Entwicklungsländer.

Deshalb müsse man die Märkte für Investitionsgüter ausweiten, die Importsubstitutionsindustrialisierung von der leichten Phase (ISI I) um die schwere Phase (ISI II) ergänzen. Ein anfänglicher Bedarf sei durchaus vorhanden, nur werde dieser durch Importe bedient. Also müsse man durch breite Streuung der Investitionen in allen Branchen ein ausgewogeneres Wachstum in Gang setzen. Im Sinne des sayschen Gesetzes über die Absatzwege sei dies möglich. Wenn man viele Produkte herstellt, schafft man gleichzeitig große Nachfrage nach Investitionsgütern, Vorleistungen und Endprodukten wegen der überall entstehenden Einkommen. Die Ausweitung des Marktes schafft neue Investitionsanreize. Die Grundidee lautet, den Teufelskreis der Armut, der zur Verfestigung der Stagnation führt, in eine zirkuläre Verursachung nach oben (Engelskreis) zu transformieren. Dabei kann der Staat mitwirken, entscheidend ist aber die private Initiative. Eine protektionistische Absicherung der Binnenmarktstrategie ist sinnvoll.

Rosenstein-Rodan, der eine ähnliche Begründung wie Nurkse liefert, unterscheidet sich durch das Argument, dass der Staat anfänglich zum wichtigsten Investor werden muss, da die privaten Unternehmer zu risikoscheu seien und die Investitionen in Infrastruktur und industrielle Kerne ein beträchtliches Volumen verlangen, das nur der Staat bewältigen könne. Deshalb sei zunächst ein Investitionsstoß vonseiten des Staates (big push) notwendig (Rosenstein-Rodan 1961). Erst wenn die Industrialisierung in Gang gekommen sei, würden die privaten Investitionen wichtiger – eine Erfahrung, die sich aus dem japanischen Fall ableiten ließ.

Demgegenüber vertraten Hirschman (1967) und Streeten (1959) die Theorie des unausgewogenen Wachstums, weil gerade Disproportionen, die durch ungleich verteilte Investitionen zustande kommen, weitere Investitionen anregen. Erreicht werden solle ein sukzessives Wachstum von Industrien auf verschiedenen Produktionsstufen. Dahinter steht eine andere Begründung für die Ursache des Problems. Nicht Kapital sei knapp, sondern die Fähigkeit, genügend entwicklungsrelevante Entscheidungen zu treffen. Es bedürfe einer umfassenden Wachstumskonzeption, die nur der Staat, nicht aber private Unternehmer, die nur ihr Eigeninteresse verfolgen, entwickeln könne. Während Nurkse et al. den mangelnden Anreiz zu investieren als zentrales Problem identifizieren und das zu geringe Sparvolumen durch Kapitalimporte als auslösenden Faktor kompensieren wollen, argumentiert Hirschman, dass genug Kapital vorhanden sei, aber nicht produktiv genutzt werde, sondern in den Luxuskonsum fließe, gehortet oder ins Ausland transferiert werde. Außerdem laufe die Strategie des ausgewogenen Wachstums auf einen reinen Dualismus hinaus, da neben dem vorhandenen Primärgüterexportsektor ein neuer Industriesektor inszeniert werden solle. Damit zeige das Konzept nur das Anfangs- und das Endstadium des Prozesses, nicht aber den Prozess selbst auf.

Die Strategie, die Hirschman vorschlägt, geht von der Überlegung aus, dass es Investitionssequenzen gibt. Über vor- und nachgelagerte Koppelungseffekte zieht die eine Investition die andere nach. Aufgabe der Entwicklungspolitik ist es deshalb für das jeweilige Land und seine besonderen Bedingungen, optimale Investitionssequenzen aufzuspüren und wirksam werden zu lassen. Das Instrument, um diese Sequenzen abzubilden, ist die Input-Output-Tabelle (I/O-Tabelle), ein von Wassily Leontief (1905 – 1999) in „The Structure of the American Economy" (1951) theoretisch und empirisch erarbeitetes Instrument zur Analyse volkswirtschaftlicher Zusammenhänge. Die I/O-Tabelle bildet in der Verflechtungsmatrix die Lieferbeziehungen zwischen den einzelnen Branchen entsprechend der jeweiligen Verarbeitungsstufe ab. Dabei wird jede Branche als Zeile und als Spalte geführt. Während Leontief die I/O-Tabelle der US-Ökonomie für bestimmte Stichjahre ex post erstellt hatte, lässt sich die I/O-Tabelle auch ex ante zur Wirtschaftsplanung in Ländern mit zentraler Planwirtschaft verwenden. Wegen dieser möglichen Anwendung ist Leontief für Neoklassiker trotz seines Nobel-Preises anrüchig, für Entwicklungsplaner in Entwicklungsländern jedoch hoch attraktiv. Bis heute wird das Instrument der I/O-Tabelle in asiatischen Ländern, nicht nur in China, sondern auch in Japan, Taiwan und Korea, die langfristige Perspektivpläne aufstellen, genutzt.

Hirschman unterscheidet vier Typen von Koppelungseffekten: Backward Linkages, Forward Linkages, Final Demand Linkages und Fiscal Linkages. Mit Backward Linkages ist die abgeleitete Nachfrage nach Vorprodukten gemeint, die überall außer in der Urproduktion auftritt. Forward Linkages schaffen Anreize für neue Produkte oder Dienstleistungen. Final Demand Linkages betreffen die Einkommenseffekte, die die Nachfrage nach Konsumgütern anregen. Die fiskalischen Linkages betreffen Effekte für die Staatseinnahmen, die zu öffentlichen Investitionen verwendet werden können. Die beste Entwicklungsstrategie besteht laut Hirschman darin, bei Investitionen im Konsumgütersektor zu beginnen, da hier bereits eine Nachfrage vorhanden ist, die durch den Import bedient wird, also zu substituieren ist. Das meint Importsubstitutionsindustrialisierung (ISI) im eigentlichen Sinne. Dazu bedarf es der Verarbeitung heimischer Rohstoffe, die bislang exportiert werden, ggf. auch des Imports von Halbfabrikaten. Hierbei sind solche Branchen zu identifizieren, in denen die diversen Koppelungseffekte am größten sind, da so auf optimale Weise weitere Investitionen angeregt werden. In Schlüsselsektoren soll der Staat anfänglich selbst investieren, subventionieren oder das Sozialkapital fördern, um Anreize für private Investitionen zu schaffen. Ein solches, sektoral unausgewogenes, Investitionsverhalten kann auch regionaler Art sein, wenn dadurch regionale Koppelungseffekte etwa in die Urproduktion ausgelöst werden. Durch „trickle down" oder „Spread-Effekte" würden sich die anfänglich auf Modernisierungsinseln konzentrierten Investitionen regional ausbreiten.

Während Nurkse auf den Automatismus des sayschen Gesetzes vertraut, will Hirschman sich des Potenzials der I/O-Tabelle bedienen und macht damit Anleihen bei der zentralen Planwirtschaft. Beide setzen auf anfänglich massive staatliche Investitionen, wobei Hirschman eher an eine Umverteilung des inländischen Sparaufkommens in den Staatshaushalt und Nurkse oder Rosenstein-Rodan eher an Kapitalimporte durch private Investoren oder öffentliche Anleihen denken. Gemeinsam war beiden Argumentationen die Annahme, dass das Harrod-Domar-Modell grundsätzlich ex post wie ex ante für Industrie- wie für Entwicklungsländer gelte. Zwar wurde mit der Teufelskreisargumentation auf die besonderen Bedingungen in Entwicklungsländern hingewiesen, doch sollte sich eine Wachstumsstrategie dort nicht grundsätzlich von der Strategie zum wirtschaftlichen Wiederaufbau in den europäischen Nachkriegsökonomien unterscheiden. Diese undifferenzierte Betrachtung der 1950er-Jahre sollten erst die Modernisierungstheoretiker modifizieren, die erkannten, dass zu Wachstum mehr gehört als eine rein wirtschaftliche Wachstumsstrategie, aber auch die Strukturalisten, die wie Boeke auf die grundsätzlichen Unterschiede der Ökonomien von Entwicklungs- und Industrieländern hinwiesen. Die anderen Dimensionen von Entwicklung wurden anfänglich gar nicht thematisiert. Demokratisierung würde sich, so Seymour Martin Lipset (1922–2006) in seinem 1960 erschienenen Buch „Political Man", zwangläufig als Folge der Industrialisierung ergeben. Für eine Übergangszeit, solange sich noch keine modernisierungswilligen bürgerlichen Eliten gebildet hätten, seien autoritäre Regime, gar Militärdiktaturen, nicht nur zu tolerieren, sondern sogar notwendig. An dieser Stelle offenbart sich der legitimatorische Charakter der frühen Wachstumstheorien zur Akzeptanz von nicht demokratischen politischen Systemen als Partnern im Ost-West-Konflikt.

Den populärsten Beitrag zur Wachstumstheorie lieferte Walt Whitman Rostow mit seinen „Stages of Economic Growth" (1960), weil er nicht nur Theoretiker war, sondern in seiner Eigenschaft als hochrangiges Mitglied der Regierungen der Präsidenten Kennedy und Johnson auch maßgeblichen Einfluss auf die US-amerikanische Entwicklungspolitik der 1960er-Jahre nehmen konnte (Rostow 2003). Seine Stadientheorie war wegen ihrer Schlichtheit und einprägsamen Begrifflichkeit so einflussreich. In bewusster Antithese zu Marx lautet der Untertitel des Buches „Ein nichtkommunistisches Manifest". Darin unterscheidet er fünf Stadien, die alle Länder zu durchlaufen haben. Diese sind (1) die traditionelle Gesellschaft, (2) die Voraussetzungen für den wirtschaftlichen Aufstieg (preconditions of growth), (3) der wirtschaftliche Aufstieg (take off), (4) die Entwicklung zur Reife (self sustained growth) und (5) das Zeitalter des Massenkonsums. Am wichtigsten sind die Stadien 2 bis 4, weil sie den eigentlichen Übergang von der traditionellen zur modernen Gesellschaft markieren. Rostow erhebt den Anspruch, keine bloße Wachstumstheorie zu formulieren, sondern eine Theorie gesellschaftlicher Entwicklung insgesamt, wenn er betont, wirtschaftliche Veränderungen seien die Folge menschlichen Willens.

Im ersten Stadium, der traditionellen Gesellschaft, sei nur ein begrenztes Wachstum möglich, bedingt durch eine „vornewtonsche" Technik und ein „vornewtonsches" Verhalten gegenüber der Natur. Newton steht hier für die Erkenntnis, dass die Natur Gesetzmäßigkeiten unterliegt, deren Verständnis es erlaubt, diese zu manipulieren, für Produktivitätssteigerungen zu nutzen und umfassend für den Menschen in Dienst zu stellen. Erst seitdem ist ein kontinuierliches Wirtschaftswachstum möglich, während die Wirtschaft vorher durch natürliche Restriktionen und Bevölkerungswachstum beschränkt war. Im zweiten Stadium beginnt die Moderne, werden die Voraussetzungen für den wirtschaftlichen Aufstieg gelegt. Die Möglichkeiten der modernen Wissenschaft werden erstmals genutzt, wie das in Europa im späten 17. und frühen 18. Jahrhundert der Fall war. Wissenschaft und Technik sind damit unabhängige Variablen, die die Grenzen des Wachstums immer weiter hinausschieben, weil auch das wissenschaftlich gewonnene Wissen immer weiter wächst. Dieser Prozess verläuft endogen in England, dem ersten Land, das sich industrialisierte, in späteren Fällen wird er exogen über das Beispiel oder die Konkurrenz überlegener Gesellschaften ausgelöst. Hier klingt das Motiv des Peripherisierungsdrucks als Herausforderung an. Bildung wird wichtig, neue Unternehmer formieren sich, Investitionen werden getätigt. Es kommt zu den ersten Nationalstaatsbildungen. Im dritten Stadium, dem Take-off, beginnt ein stetiges Wachstum. Dieser Begriff hat die größte Popularität errungen. Die Metapher wird vom Flugzeug übernommen, das auf der Startbahn die nötige Geschwindigkeit erreicht, um abzuheben. Die Ersparnisse und Investitionen einer Volkswirtschaft steigen von etwa 5 auf 10 % des Sozialprodukts, womit eine kritische Schwelle überschritten wird. Das dafür notwendige zusätzliche Kapital kann durchaus importiert werden, wie anfänglich in den USA und anderen Siedlerkolonien der Fall. Genau diese Feststellung lieferte den Ansatz für Entwicklungspolitik als Finanzhilfe. Die neuen Industrien breiten sich aus, auch die Landwirtschaft wird modernisiert. Die gesamte Phase soll etwa 40 Jahre dauern und von allen Ländern, wenn auch zeitlich versetzt, durchlaufen werden. Das vierte Stadium kennzeichnet ein lang anhaltendes, selbsttragendes Wachstum, die Entwicklung zur Reife. Die Investitionsquote beträgt 10 – 20 %. Das Pro-Kopf-Produkt steigt, weil das Wirtschaftswachstum das Bevölkerungswachstum übertrifft. Die Reife soll etwa 60 Jahre nach dem Take-off erreicht sein. Neue Branchen entstehen, alte Branchen verschwinden, es erfolgt eine sektorale Schwerpunktverlagerung. Reife ist definiert als ein Stadium, in der die Wirtschaft zeigt, dass sie kraft der modernen Technik alles produzieren kann, was sie will. Im fünften Stadium, dem Zeitalter des Massenkonsums, werden dauerhafte Konsumgüter und Dienstleistungen zu den Leitsektoren. Aufgrund des hohen Pro-

Kopf-Einkommens und staatlicher Verteilungspolitik erhöht sich der soziale Konsum. Der Wohlfahrtsstaat bildet sich heraus. Die Verbreitung des Automobils ist ein Indikator zur Messung dieses Stadiums, das die USA bereits in den 1920er-Jahren erreicht hatten. Damit wurde das „Fordistische Zeitalter", gekennzeichnet durch die fließbandmäßige Erzeugung dauerhafter Massenkonsumgüter bei steigenden Masseneinkommen, zum Leitbild von Entwicklung weltweit und zur eigentlichen Alternative des Kommunismus als Endstadium der marxschen Studientheorie. Die USA, wo sich jeder Fordarbeiter auch einen Ford leisten kann, und nicht die Sowjetunion sollen das Modell sein, an dem sich die ganze Welt orientiert.

Die Bausteine in Rostows Theorie sind der modernisierungsfördernde Einsatz von Wissenschaft und Technik, die abrupte Anhebung der Spar- und Investitionsquote, um über einen Wachstumsschub zu einem stetigen Wachstum zu kommen, die Rolle des innovativen Unternehmers sowie das Konzept von Leitsektoren. Damit handelt es sich um eine krude Synopse von Elementen, die sich bei prominenten Zeitgenossen finden lassen: big push (Rosenstein-Rodan), spurt (Gerschenkron), Linkage-Konzept und Leitsektoren (Hirschman), Rolle des Unternehmers (Schumpeter), Stadientheorie (Fourastié). Er versucht sich auch an einer Kategorisierung der Welt. Demzufolge hätten 1959 acht Länder (historisch in der Reihenfolge England, Frankreich, USA, Deutschland, Schweden, Japan, Kanada, Australien) das Zeitalter des Massenkonsums erreicht, die UdSSR befinde sich im Stadium der Reife, für die er im fünften Stadium den Systemwechsel [sic] prognostiziert. Die Türkei, Argentinien, Mexiko, China und Indien seien im Take-off-Stadium, ein Begriff, der in etwa das meint, was später mit dem Begriff „Schwellenländer" oder heute mit dem Akronym BRICS (Brazil, Russia, India, China, South Africa) bezeichnet wird. China würde demnach heute kurz davor stehen, in das Stadium der Reife einzutreten.

Ob es sich überhaupt um eine Theorie handelt und nicht lediglich um eine Taxonomie von Wirtschaftsstadien, war eine der Fundamentalkritiken, die etwa von Kuznets gegen Rostow vorgebracht wurde. Auch werde entgegen der eigenen Ankündigung den gesellschaftlichen und politischen Faktoren zu wenig Rechnung getragen. Dieser Einwand stimmt aber nicht, wenn man andere Schriften von Rostow hinzuzieht, in denen er die entscheidende Rolle neuer gesellschaftlicher Kräfte betont, wobei der Nationalismus gegenüber fortgeschritteneren Ländern als motivierende Kraft zur Modernisierung erkannt wird. Kritisiert wurde ferner die Fixierung auf den angelsächsischen Weg, der die Modernisierung von oben wie in Deutschland, Japan oder der Sowjetunion ausblende. Empirisch stimme vieles nicht, so sei etwa für Frankreich oder Österreich-Ungarn gar kein Take-off nachweisbar. Selbst die Beschreibung des Modellfalls USA treffe nur bedingt zu, handle es sich doch trotz Massenkonsums nicht um einen Wohlfahrtsstaat. Der relative Niedergang von Ländern wie Großbritannien könne schon gar nicht erklärt werden und Länder wie die Türkei oder Argentinien hätten das behauptete Take-off-Stadium nie verlassen. Rostow erlitt das Schicksal vieler Großtheoretiker, da es im Detail immer eine Vielzahl von Einwänden gibt. Wie anderen Vertretern der Historischen Schule wurde ihm von den Neoklassikern der Theoriecharakter schlechthin abgesprochen, da auf induktive Weise die theoretische Stringenz deduktiv gewonnener Modelle niemals erreicht werden kann. Die Ausbreitung des Schwellenländerproblems heute und gerade China, das zwar nicht 1960 wie bei Rostow aber seit der Öffnung und Modernisierung des Landes 1978 zweifellos einen „take off" erfahren hat, scheinen Rostow in mancher Hinsicht zu bestätigen. Erst 1978 lieferte er in „The World Economy" die empirischen Belege für seine Stadientheorie. „How It All Began" (1975) war dazu ursprünglich als Einleitung gedacht. In diesem Werk stellt er selbst den Bezug zur Historischen Schule her.

Damit sind wir bei den weniger beachteten, aber wichtigeren politischen Konsequenzen der rostowschen Stadientheorie, die er in zwei Texten mit Max Millikan veröffentlichte. Zuerst das Buch „A Proposal: Key to Effective Foreign Policy" (1957) und kurz darauf der in Foreign Affairs prominent platzierte Essay „Foreign Aid: Next Phase" (1957/58). In beiden Texten wird der Anspruch erhoben, eine Neuformulierung der amerikanischen Außenpolitik zu leisten, die vor dem Hintergrund des Korea-Kriegs zu sehr auf die militärische Dimension des Ost-West-Konflikts fixiert war. Die USA sollten die Führung übernehmen „in a new international partnership program for world economic growth". Damit war „Foreign Aid" in gewisser Weise die Fortsetzung des berühmten, mit „X" gezeichneten Artikels von George F. Kennan (1904–2005) „The Sources of Soviet Conduct" aus dem Jahre 1947, in dem dieser, ebenfalls in Foreign Affairs, die Containment-Politik gegenüber der Sowjetunion begründet hatte.

Millikan und Rostow wollten das Verständnis von Containment (Eindämmung) erweitern und deutlich machen, dass der Ost-West-Konflikt auch in den Ländern Asiens, des Mittleren Ostens, Afrikas und Lateinamerikas ausgetragen werden muss. Diese befinden sich im zweiten Stadium des rostowschen Modells, wo die Voraussetzungen für den Take-off gelegt werden. Wird diese Phase erfolgreich durchlaufen, kommt es zum Abheben und zum selbsttragenden Wachstum. Werden sie nicht gelegt, kommt es zur Krise. Dann haben die Kommunisten die Chance, die Macht zu übernehmen, wie 1949 in China geschehen, wie es sich damals in Vietnam und anderswo anbahnte. Der Prozess muss von außen unterstützt werden – durch Entwicklungshilfe. Das meint „Next Phase", nachdem in der ersten Phase die amerikanische Politik zu sehr auf die Schaffung von Militärbündnissen und die Gewährung von Militärhilfe an der Peripherie des kommunistischen Blocks konzentriert war. Rostow stellte damals Berechnungen an, wie viel Kapital nötig sei, um in den in Rede stehenden Ländern die Investitionsquote auf die kritische Marke zu heben. Bei einem angepeilten Pro-Kopf-Wachstum von jährlich 2 % seien für die folgende Dekade ca. 2,5–3,5 Mrd. US-Dollar jährlich notwendig, die durch staatliche Entwicklungshilfe und private Direktinvestitionen aufzubringen seien. Drei Kriterien müssten dazu erfüllt sein: die Existenz eines nationalen Entwicklungsplans, das nötige Potenzial, diesen umzusetzen, und die Möglichkeit, zusätzlich eigene Ressourcen zu mobilisieren. Neben der US-Regierung sollten die westlichen Alliierten, internationale Organisationen und private Investoren als Geber bewogen werden. Partner der Hilfe seien die neuen Eliten in den genannten Ländern, deren nationalistische Bestrebungen sich im Wunsch nach wirtschaftlicher und sozialer Modernisierung äußern. Zumindest in der Anfangsphase sei eine starke staatliche Komponente unverzichtbar, wobei das Militär, aufgrund seiner Organisation eine Art Ersatzbürokratie, durchaus der geeignete Partner sei. Insofern hat Rostow die erste Entwicklungsdekade der 1960er-Jahre programmatisch vorbereitet.

3.2 Comparative Politics und die Theorie Politischer Entwicklung

Die Theorie der Politischen Entwicklung (political development) ist hingegen eine Theorie des politischen Wandels im Sinne einer Theorie des demokratischen Fortschritts. Im Kern geht es um die Identifikation von Prozessen und Variablen, die dafür verantwortlich und nach Möglichkeit quantifizierbar sind, um einer empirisch-statistischen Analyse unterzogen zu werden. Die Grundannahme lautet, dass das politische System des Westens, die repräsentative parlamentarische Demokratie, die beste Regierungsform sei. Dies wird in der britischen, französischen und amerikanischen politischen Theorie naturrechtlich bzw. durch den Sozialkontakt begründet. Seit den bürgerlichen Revolutionen in England, Frankreich und den USA sei das Modell und die Richtung politischer Entwicklung weltweit vorgegeben. Damit wurde eine Analogie zur Wirtschaft hergestellt, wo sich seit der Industriellen Revolution des späten 18. Jahrhunderts das Modell der Marktwirtschaft durchgesetzt habe. Unterschieden wird zwischen dem eher linearen angelsächsischen Weg politischer Entwicklung und dem eher instabilen kontinentaleuropäischen. Kontinentaleuropäische Theoretiker wie Wilfredo Pareto (1848–1923), Robert Michels (1876–1936) und Gaetano Mosca (1858–1941) gingen eher von einem Eliteverständnis politischer Herrschaft unabhängig von der Staatsform aus, während angelsächsische Theoretiker ein konstitutionelles und demokratisches Verständnis haben.

Entstanden ist die Theorie politischer Modernisierung parallel zur Vergleichenden Regierungslehre (comparative politics) (Cantori/Ziegler 1988) nach dem Zweiten Weltkrieg aus der Erkenntnis, dass es selbst im Westen mit Faschismus und Kommunismus noch andere, als pathologisch bezeichnete, Wege politischer Entwicklung gibt, die möglicherweise für die im Zuge der Entkolonisierung entstehenden neuen Staaten attraktive Alternativen darstellen. Selbst der heute in Asien so populäre und durchaus erfolgreiche bürokratische Entwicklungsstaat ist aus dieser Sicht eine pathologische Abweichung von der Norm der Modernisierungstheorie. Die Frage lautete also: Was muss in den neuen (postkolonialen) Staaten geschehen, damit sie auf den richtigen, das heißt angelsächsischen, Weg gebracht werden? Politische Entwicklung soll um ihrer selbst betrieben und nicht nur gefördert werden, um Rahmenbedingungen für wirtschaftliche Entwicklung zu schaffen. Der letztere Zusammenhang wurde erst viel später thematisiert. Möglich wurde die neue Disziplin, weil durch die Untersuchungen vom Margaret Mead (1901–1978) und Ruth Benedict (1887–1949) erstmals Daten über nichtwestliche Gesellschaften zur Verfügung standen. Beide hatten anthropologische, psychologische und sogar psychoanalytische Studien über Kultur und Persönlichkeit in Samoa und Papua Neu Guinea (Mead 2002) und Japan (Benedict 1974) betrieben. Damit begründeten sie die kulturrelativistische im Unterschied zur universalistischen Tradition der Modernisierungstheorie. Möglich wurde die neue Disziplin auch, weil Konzepte und Erkenntnisse der historischen Soziologie berücksichtigt wurden und weil man, wie im Falle der Entwicklungsökonomie, Erkenntnisse und Konzepte über den politischen Prozess in den USA auf andere Länder übertrug.

Hier liegt der normative Kern der Theorie politischer Entwicklung, waren ihre frühen Theoretiker doch fast alle US-Amerikaner, während die älteren Pioniere der Entwicklungsökonomie als Emigranten häufig europäische Wurzeln hatten. Viele Vertreter der neuen Disziplin wirkten im von ihrem Mentor Gabriel A. Almond (1911–2002) 1960 gegründeten „Commitee on Comparative Politics" mit (Almond/Powell 1966). Dazu gehörten Lucian W. Pye (1921–2008), Dankwart Rustow (1924–1996), James S. Coleman (1926–1995), Sidney Verba (*1932), Myron Winer (1931–1999) u. a. sowie außerhalb des Committees Karl W. Deutsch, Stein Rokkan (1921–1979), David Apter (1924–2010) und vor allem Daniel Lerner (1917–1980). Almond und Verba (1963) formulieren ein Kategoriensystem politischer Entwicklung, dem grundlegende Funktionen des politischen Systems, zentrale Dimensionen des Entwicklungsprozesses und typische Entwicklungsprobleme, „Krisen" genannt, zugrunde liegen. Dabei wird der Prozess politischer Entwicklung als Herausforderung, als historische Möglichkeit, und nicht als zwangsläufiger Vorgang verstanden.

Laut Almond meint politischer Wandel in Anlehnung an Parsons, dass ein politisches System Kapazitäten entwickelt, die es vorher nicht besessen hat. Darunter fallen die Integrations-, die Modernisierungs-, die Beteiligungs-, die Wohlfahrts- und Umverteilungskapazität sowie, im Sinne von Deutsch, die internationale Anpassungs- und Selbststeuerungskapazität (Deutsch 1969). Die Unterschiede zwischen den politischen Systemen können als Unterschiede in ihren Kapazitäten aufgefasst werden. Dabei werden wiederum drei universelle Funktionen jedes politischen Systems identifiziert: die Legitimierungsfunktion durch politische Sozialisation; die Prozessfunktion durch Rekrutierung von Eliten, Artikulation und Bündelung von Interessen sowie durch politische Kommunikation; die Leistungsfunktion durch Mobilisierung und Verteilung von Ressourcen wie z. B. Steuern, die Aufrechterhaltung der inneren Ordnung und die Garantie stabiler Außenbeziehungen. Bei der Ausübung dieser Funktionen gilt es, drei Dimensionen des Modernisierungsprozesses, nämlich der strukturellen Differenzierung im Sinne politischer Institutionenbildung, der Durchsetzung der Gleichheitsimperative und der Steigerung der Steuerungs- und Leistungskapazität gerecht zu werden.

Im Zuge der Interaktion dieser Prozesse und ihres Einwirkens auf das Erbe der traditionellen Gesellschaft kommt es laut Rokkan (1971) zu Spannungen und immanenten Widersprüchen, sogenannten Entwicklungskrisen (siehe Tabelle I/6): der Penetrationskrise, der Integrationskrise, der Identitätskrise, der Legitimitätskrise, der Partizipationskrise und der Distributionskrise. Die Penetrationskrise entsteht, wenn die Gesellschaft gegenüber dem Widerstand bisher autonomer oder begünstigter Gruppen bis in ihre geografische Peripherie hinein von modernen Verwaltungsstrukturen im Finanz- und Steuerwesen, in der Bildung und Infrastruktur, der Ver-

Tabelle I/6: Stadien, Krisen und Institutionenbildung im Prozess politischer Entwicklung (Rokkan 1971, S. 233–234)

Stadien	Krisen	Institutionelle Lösungen (Beispiele)
Staatenbildung	Penetration (1)	Bürokratie, die Ressourcen (Steuern) mobilisiert, eine öffentliche Ordnung errichtet und kollektive Aufgaben wie Infrastruktur oder Verteidigung organisiert
	Integration (2)	Etablierung von Regeln, die allen gleiche Zugangs- und Verteilungsbedingungen von Ämtern, Werten und Ressourcen ermöglicht
Nationenbildung	Identität (3)	Medien und Institutionen zur Sozialisierung des Einzelnen in die Gemeinschaft: Schulen, Kommunikation, Riten und Symbole (Flaggen, Hymnen, Gedenktage)
	Legitimität (4)	Schaffung von Loyalität gegenüber politischen Institutionen, Sicherung der Einhaltung von Regeln und Gesetzen, die von dazu autorisierten Organen erlassen werden
Konsolidierung	Beteiligung (5)	Ausdehnung des Wahlrechts, Rechtsschutz für Opposition und Minderheiten
	Umverteilung (6)	Soziale Sicherheit, progressive Besteuerung, regionaler Finanzausgleich

teidigung und der Konjunktursteuerung durchdrungen wird. Damit ist alles das gemeint, was unter der Durchsetzung des staatlichen Gewaltmonopols verstanden wird. Die Integrationskrise entsteht als Reaktion auf anhaltende strukturelle Differenzierung, aber auch aus dem Kampf zur Überwindung regionaler, konfessioneller, stammesgebundener Unterschiede, um Gleichberechtigung bzw. Sonderstellung und um die Anerkennung neuer Loyalitäten. Alles das meint Staatenbildung. Die Identifikationskrise entsteht bei der Konstruktion eines nationalen Gemeinschaftsgefühls, wenn als Folge einer politischen Neudefinition und eines institutionellen Umbaus regionale und religiöse Eigenarten, Stammes- und Einzelstaatstraditionen auf neue Bezugswerte umgeformt werden. Die Legitimationskrise entsteht aus dem Wandel der Legitimitätsbasis von einer traditional-charismatischen zu einer rational-legal-säkularisierten, durch den Wandel fundamentaler Wertvorstellungen oder durch die Notwendigkeit, für die Struktur der Herrschaft Loyalität auch unter Belastung zu erhalten oder neu zu schaffen. Das alles meint Nationenbildung. Die Partizipationskrise ist Folge der Politisierung zentraler Staatsfunktionen und wachsender politischer Beteiligung. Als Konflikt zwischen alten Eliten und bislang Unterprivilegierten führt sie zu Kämpfen um das Wahlrecht, zur Institutionalisierung politischen Einflusses und zur Veränderung von Rechtsnormen. Die Distributionskrise schließlich ist Resultat von Umverteilungspolitik, die neue Gerechtigkeitsideale, Wunsch nach Sicherheit, Daseinsvorsorge und Ausgleich von Loyalitätsdefiziten erforderlich machen kann. Das ist die Konsolidierung des politischen Systems.

Ein modernes politisches System ist demnach zu charakterisieren durch eine Politisierung seiner Identität, eine auf Leistung bezogene Legitimität, eine hohe Fähigkeit, nationale Ressourcen zu mobilisieren und zu verteilen, durch politische Beteiligung und Integration der Segmente einer Gesellschaft, um deren Differenzierung wieder aufzufangen. Dabei gibt es unterschiedliche Entwicklungspfade, die durch alle oder zumindest einige dieser Entwicklungskrisen führen. Die Staatenbildung steht am Anfang und führt über die Penetrations- und Integrationskrise (1 + 2). Auf sie folgt die Nationenbildung mit der Identitäts- und Legitimitätskrise (3 + 4). Am Ende steht die Konsolidierung, die die Beteiligungs- und Umverteilungskrise (5 + 6) meistern muss. Betrachtet man Entwicklung aus einer funktionalen Perspektive, dann beginnt sie mit der Legitimierungsfunktion und den Krisen 3 + 4, gefolgt von der Prozessfunktion und den Krisen 2 + 5 und wird abgeschlossen durch die Leistungsfunktion und die Krisen 1 + 6. Oder es lässt sich feststellen, dass die Krisen 1 + 2 + 6 aus den Konflikten um die Ausbreitung und Differenzierung des Verwaltungsapparates und die Krisen 3 + 4 + 5 aus Konflikten zwischen Eliten und Oppositionsgruppen resultieren.

3.3 Theorien mentalen und sozialen Wandels

Kommen wir schließlich zu den Theorien mentaler und sozialer Mobilisierung. Ihr Erkenntnisinteresse gilt der Frage: Was charakterisiert den Wandel von traditionellen zu modernen Lebensformen auf der persönlichen Ebene? Damit gemeint sind diverse Teilprozesse wie der Wohnsitzwechsel (vom Land in die Stadt), der Berufswechsel (von agrarischen zu gewerblichen Tätigkeiten), die Änderung der sozialen Umgebung (Nachbarschaft), die Änderung von Rollen und Verhalten, der Wandel von Erfahrungen und Erwartungen und damit der Erinnerungen, Gewohnheiten und Bedürfnisse einschließlich des Verlangens nach neuen Vorbildern, neuer Gruppenbildung und neuem Selbstverständnis des Einzelnen. Es besteht die Tendenz, dass diese Teilprozesse in bestimmten historischen Situationen gemeinsam auftreten und in ihren wesentlichen Erscheinungen von Land zu Land, wenn auch phasenverschoben, so doch ähnlich sind. Karl W. Deutsch formuliert das so: „Soziale Mobilisierung kann als ein Prozess definiert werden, bei dem größere Ballungen alter sozialer, wirtschaftlicher und psychologischer Bindungen ausgerissen und zerbrochen werden und wo die Menschen für neue Formen der Vergesellschaftung und des Verhaltens aufgeschlossen werden" (Deutsch 1971, S. 330). Es geht also um einen doppelten Vorgang: Entwurzelung und Neuanpflanzung. Wichtige Vertreter dieser Facette der Modernisierungstheorie nach Deutsch „Nationalism and Social Communication" (1953) waren Daniel Lerner mit „On the Passing of Traditional Society" (1958), Everett Hagen (1907–1993) mit „On the Theory of Social Change" (1962), Bert F. Hoselitz mit „Sociological Aspects of Economic Growth" (1960) und Alex Inkeles und David H. Smith mit „Becoming Modern" (1974), die ihren Band Lerner und Deutsch, „who first rode upon the tiger", gewidmet haben.

Hagen formuliert eine Theorie, wie sich eine traditionelle Gesellschaft in eine des kontinuierlichen Fortschritts verwandelt. Dazu stellt er die These auf, dass es keinen einzelnen Schlüsselfaktor gibt, der unbeeinflusst von anderen Kräften den sozialen Wandel verursacht, sondern dass es in Anlehnung an Parsons Wechselwirkungen zwischen der Umwelt, der Sozialstruktur, der Persönlichkeitsstruktur und der Kultur gibt. Rein ökonomische Theorien wie die Teufelskreisargumentation von Nurkse oder Myrdal sind deshalb unzulänglich. Auch externe Herausforderungen wie der Kontakt mit dem Westen sind allein nicht ausschlaggebend. Entscheidend ist, was man daraus macht. Die bloße Nachahmung westlicher Technik oder Wirtschaft ist nicht möglich. Zuerst muss die Fähigkeit entwickelt werden, Probleme zu lösen, und die Absicht, diese Fähigkeit auch einzusetzen. Das Lernen vom Ausland muss gelernt werden, wie dies Japan im Anschluss an die Meiji-Restauration Ende des 19. Jahrhunderts sehr systematisch durchexerziert hat. Ferner muss eine positive Einstellung zu manuell-technischer Arbeit und zur physischen Umwelt entstehen, damit die schöpferischen Energien einer Gesellschaft eher auf Innovationen in der Produktion als auf die Kunst, Philosophie, Krieg und Politik gerichtet werden. Das zentrale entwicklungshemmende Problem besteht darin, dass die Elite in traditionellen Gesellschaften sich nicht mit materiellen Dingen und schon gar nicht mit körperlicher Arbeit beschäftigt.

Wie kommt es zum Übergang von der traditionellen zur modernen Gesellschaft? Eine traditionelle Gesellschaft ist deshalb so stabil, weil sie durch eine hierarchische und autoritäre Sozialstruktur geprägt ist. Jeder gesellschaftliche Status ist erblich und zugeschrieben. Dies galt bis zum Beginn der Frühen Neuzeit (etwa 1600) für jede Gesellschaft. Die autoritäre Sozialstruktur hat deshalb Bestand, weil der Doppelcharakter von Autorität, die Unterwerfung unter Autorität und die Ausübung von Autorität, Befriedigung hervorruft und weil die herrschenden Verhältnisse immer wieder Persönlichkeiten hervorbringen, die mit diesem Zustand zufrieden sind. Das allein begründet aber noch nicht den Mangel an Innovation und Kreativität. Die schöpferische Persönlichkeit ist ausgezeichnet durch ein hohes Bedürfnis nach Leistung, Autonomie und Ordnung, ein Gefühl dafür, dass die Erscheinungen, die sie umgeben, nicht nur ein Zufallsprodukt äußerer Eindrücke sind, sondern ein begreifbares und verständliches System bilden. Wer ein hohes Leistungsbedürfnis besitzt, wird stimuliert, wenn sich ihm ein Problem stellt. Der Lustgewinn aus der Antizipation seiner Fähigkeiten setzt die zum Verständnis und zur Bewältigung der Situation notwendigen Energien frei. Eine „unschöpferische" Persönlichkeit hingegen hat ein geringes Bedürfnis nach Leistung und Autonomie, ein ausgeprägtes Bedürfnis nach Abhängigkeit, zu gehorchen oder zu befehlen und die Vorstellung, dass die Welt ein Kräftespiel ist. Auftretende Probleme erzeugen Angst und Passivität. Horkheimer und Adorno nannten das den autoritären Charakter. Zwar gibt es überall beide Persönlichkeiten, doch sei Letztere typisch für traditionelle Gesellschaften. Die dort vorherrschenden autoritären Erziehungsmethoden begünstigen diesen Typ, weil die Eltern ein fatalistisches Verständnis der Umwelt haben. Da die Entfaltung der Persönlichkeit nicht gefördert wird, wird auch keine Initiative geweckt, sondern in Kategorien von Befehl und Gehorsam gedacht und gehandelt.

Der Wandel zu modernen Gesellschaften wird ausgelöst durch den Statusverlust eines Teils der Elite (Beispiel Samurai in Japan). Nachfolgende Generationen verdrängen allmählich das Wertesystem der Eltern. Die Legitimation des neuen Wertesystems kann nur über Leistung erfolgen. Das führt zum Wandel der Erziehungsmethoden („Mein Kind soll es einmal besser haben."). Die neue Erziehung fördert Kreativität. Es bildet sich eine Gruppe schöpferischer, von den traditionellen Werten entfremdeter Personen heraus, die vom Ehrgeiz getrieben werden, sich und ihrer Umgebung ihre Fähigkeiten zu beweisen. Die Kompradoren in den asiatischen Treaty Ports würden diesem Typ entsprechen. Wirtschaftlicher Erfolg durch unternehmerische Aktivitäten ist der beste Weg. Hagen geht damit von der parsonsschen Dichotomie der Pattern Variables aus (unschöpferische versus schöpferische Persönlichkeit) und begründet den Übergang von der traditionellen zur modernen Persönlichkeit mit einer Variante der Weber-These. Nicht religiöse Ethik, sondern Befriedigung bestimmter Persönlichkeitsmerkmale sei der Antrieb zu unternehmerischem Handeln.

Daniel Lerner (1958) entwickelt ein Stadienmodell sozialen Wandels in Korrespondenz zum wirtschaftlichen Stadienmodell von Rostow und dem politischen Stadienmodell von Almond und Pye (1963). Auch hier lautet die Grundannahme, dass das westliche Modell gesellschaftlicher Modernisierung Komponenten und Sequenzen aufweist, die universell gültig sind. Auf der Basis von Fallstudien zu Ländern des Nahen und Mittleren Ostens (Türkei, Libanon, Ägypten, Syrien, Jordanien und Irak) formuliert er vier Stadien von Urbanisierung, Alphabetisierung, Teilnahme am durch Massenmedien vermittelten Kommunikationsprozess und wachsende wirtschaftliche und politische Partizipation, ablesbar an steigendem Pro-Kopf-Einkommen und steigender Wahlbeteiligung. Resultat ist eine mobile Persönlichkeit. Die Vorstellung vom Wandel sei für den westlichen Menschen eine unmittelbare Erfahrung, da er ein System bürgerlicher Werte internalisiert hat, das den sozialen Wandel als etwas Normales einschließt. Der westliche Modernisierungsprozess schützt die Gewinnchancen des Einzelnen. Jeder hat das Recht auf Bildung, das in der allgemeinen Schulpflicht zum Ausdruck kommt, und zumindest in der Theorie das Recht, seine Zukunft zu bestimmen. Bildung fördert rationales Verhalten. Auf rationalem Verhalten beruhende Entscheidungen werden belohnt. Damit lebt er mit der Erfahrung, dass seine Zukunft beeinflussbar und nicht prädestiniert (vorherbestimmt) ist, von der eigenen Leistung und nicht von der Herkunft abhängt. Der traditionelle Mensch ist hingegen allem Neuen gegenüber abweisend, weil er davon ausgeht, dass alles vorherbestimmt sei. Dass die Wahlbeteiligung in westlichen Demokratien rückläufig ist, wäre demnach ein Indikator für „Entmodernisierung".

Die mobile Persönlichkeit besitzt die Fähigkeit, sich mit neuen Aspekten ihrer Umgebung zu identifizieren. Sie ist mit Mechanismen ausgerüstet, die es erlauben, sich neuen Anforderungen auszusetzen, die außerhalb der gewohnten Erfahrungen liegen. Dies geschieht durch zwei Mechanismen, die Projektion und die Introjektion. Projektion erleichtert die Identifizierung, indem sie dem Objekt bestimmte, vom Selbst hoch bewertete Attribute zuschreibt. Andere Dinge und Personen werden internalisiert, weil sie so sind, wie man selbst ist. Introjektion erweitert die Identität, indem sie dem Selbst wünschbare Attribute des Objekts zuschreibt. Andere Dinge und Personen werden internalisiert, weil sie so sind, wie man selbst sein möchte. Für beide Mechanismen wird der für Lerner zentrale Begriff „Empathie" verwendet. Damit ist ein Vorgang gemeint, der es gerade mobil gewordenen Personen erlaubt, sich in einer sich dauernd verändernden Welt zurechtzufinden, und die Fähigkeit, sich selbst in die Situation eines anderen zu versetzen. Dies sei für Menschen, die ihre traditionelle Umgebung verlassen (der Bauerntölpel in der Stadt) eine unerlässliche Fähigkeit. Im Westen haben, so Lerner, diese Prozesse im 19. Jahrhundert stattgefunden, im von ihm untersuchten Orient würden sie derzeit (1950er-/60er-Jahre) stattfinden.

In bereits modernisierten, das heißt durch Urbanisierung und Alphabetisierung geprägten Gesellschaften, sind die Massenmedien die wichtigsten Multiplikatoren, ohne die eine moderne Gesellschaft nicht funktionieren kann. Den Unterschied zur traditionellen Gesellschaft erkennt man daran, ob es sich um mündliche (direkte) oder vermittelte (indirekte) Kommunikation handelt. Die Dimensionen lassen sich anhand der Frage „Wer sagt was zu wem wie?" unterscheiden (siehe Tabelle I/7).

Tabelle I/7: Kommunikation in traditionellen und modernen Gesellschaften

	Mündliche Kommunikation	Vermittelte Kommunikation
Wer?	Autoritäten	Professionelle (Journalisten)
Was?	Anordnungen	Nachrichten
Wie?	Briefe, Aussprachen, Predigten	Druck, Radio, Fernsehen etc.
Wem?	Primärgruppen	Massenpublikum

Statistische Erhebungen belegen, dass Modernisierung mit Urbanisierung, Urbanisierung mit Elementarbildung, Elementarbildung mit der Nutzung von Massenmedien und die Nutzung von Massenmedien mit politischer Beteiligung korreliert. Diesen weltweit, wenn auch phasenverschoben, zu beobachtenden Phasen unterliegt ein gemeinsamer psychischer Mechanismus. Es sind Menschen mit hoher Empathie, die als erste auf die Attraktivität der Städte, Schulen und Massenmedien reagieren und so in ihrer bereits vorhandenen Veranlagung verstärkt werden. Bildung ersetzt die Trial-and-Error-Methode des Lernens und verhindert die Verschwendung menschlicher Energie. Empathie wird damit zur entscheidenden unabhängigen Variable, die die individuelle Modernisierung bewirkt. Zitat Lerner:

> Die wirkliche Übergangspersönlichkeit ist psychologisch durch das definiert, was sie sein *will*. Was sie von den Traditionen unterscheidet, ist eine unterschiedliche latente Struktur von Bestrebungen und Einstellungen. Die Bestrebungen lassen sich als Empathie bezeichnen. Dieser Mensch „sieht" Dinge, die andere nicht sehen, er „lebt" in einer von Bildern erfüllten Welt, die von der beschränkten Welt seiner Stammesgenossen abweicht. (Lerner 1971, S. 379)

3.4 Historisch-komparative Ansätze

Gegen den Entwicklungsoptimismus der 1950er- und 1960er-Jahre wandten sich damals nur wenige Autoren außerhalb des marxistischen Lagers. Eine Ausnahme bildet der damals wenig beachtete und vom Kommunisten zum Antikommunisten konvertierte Totalitarismustheoretiker Karl August Wittfogel (1896–1988). Unter Rückgriff auf die marxschen Schriften zu nichtwestlichen Gesellschaften und die Diskussion über die Asiatische Produktionsweise der 1920er/30er-Jahre stellt er in seinem Hauptwerk „Die orientalische Despotie" (1957) die These auf, dass der bürgerlich-kapitalistische Entwicklungsweg Europas nicht der einzige in der Weltgeschichte sei. In orientalischen Gesellschaften, in Asien ebenso wie im präkolumbianischen Amerika, seien aus traditionellen Gemeinschaften keine feudalen, sondern bürokratische Systeme entstanden, die sich durch die absolute staatliche Kontrolle aller Lebensbereiche auszeichnen. Anders als in feudalen oder kapitalistischen Gesellschaften ist der Staat im marxschen Sinne nicht Teil des Überbaus, sondern über die organisatorischen Aufgaben, die die Bürokratie wahrnimmt (Wasserregulierung, Infrastruktur, Organisation von massenhaften Arbeitseinsätzen) Teil der Produktionsverhältnisse. Klassenherrschaft gründet sich demzufolge nicht auf Besitz, sondern resultiert aus der Management-Funktion der Bürokratie. Dezentrale Machtverteilung, soziale Durchlässigkeit, Garantie des Privateigentums, Individualismus und andere den bürgerlichen Gesellschaften wesentliche Elemente, wie sie in Europa schrittweise seit der „Magna Charta" von 1215 durchgesetzt wurden, sind orientalischen Gesellschaften wesensfremd. Ihr Fehlen wird als ursächlich für die diesen Gesellschaften eigentümliche hohe Stabilität bzw., wenn man es negativ bewerten will, die ihnen innewohnenden stagnativen Tendenzen angesehen. Grundlegende Umbrüche, etwa als Folge bürgerlicher Revolutionen, kommen nicht zustande. Politische Umbrüche führen immer nur zur Restauration der in Unordnung geratenen bürokratisch-despotischen Herrschaft.

Wittfogel bietet, hier liegt die eigentliche Pointe, unter Rückgriff auf Marx eine Theorie an, wieso die sozialistischen Revolutionen in Russland (als einem „halbasiatischen" Land) oder später China keine emanzipatorische Perspektive zu eröffnen vermochten. Deshalb seien Stalinismus oder Maoismus keine Pathologie, wie die Modernisierungstheorie behauptet, sondern aus der Logik der alten Gesellschaften notwendig wiederkehrende Ausdrucksformen des Despotismus. Auch wenn man seiner Großtheorie nicht in jeder Hinsicht folgen möchte, so stellt sich doch die Frage, ob die spätere Theorie des bürokratischen Entwicklungsstaats hier einen Ansatzpunkt findet und sich erklären lässt, warum in Ostasien das liberale Paradigma in Theorie und Praxis so wenig Anhänger findet. Der derzeitige rasante wirtschaftliche Modernisierungsprozess in China, der nicht von einer politischen Transformation zu mehr Demokratie im Sinne der Modernisierungstheoretiker begleitet wird, findet bei Wittfogel zumindest eine partielle Erklärung. Demokratie wäre demzufolge in Asien nur das Resultat britischer Kolonialherrschaft wie in Indien oder Hongkong bzw. das Resultat amerikanischer Besatzung nach 1945 wie in Japan oder Südkorea.

Zwischen dem Optimismus der Modernisierungstheorie und dem Pessimismus der wittfogelschen Argumentation sind eine Reihe von Autoren anzusiedeln, die ideengeschichtlich nicht so eindeutig einzuordnen sind. Gemeint sind die Vertreter einer historisch-komparativ arbeitenden Makrosoziologie, die, wie Reinhard Bendix (1916–1991) mit „Könige oder Volk" (Bendix 1980), maßgeblich durch Weber beeinflusst wurden, aber den Ahistorismus parsonsscher Prägung vermieden haben. Mit den Modernisierungstheoretikern gemein haben sie die interne Fragestellung. Sie unterscheiden sich aber von ihnen durch die Herausarbeitung unterschiedlicher Wege in die Moderne, die von den jeweiligen innergesellschaftlichen Kräftekonstellationen und dem Zeitpunkt abhängig gemacht werden, an dem der Modernisierungsprozess beginnt. In den 1980er-Jahren sollten Ulrich Menzel und Dieter Senghaas mit ihrer historisch-komparativen Entwicklungsforschung an diese Tradition anknüpfen.

Barrington Moore (1913–2005) etwa, der mit seinem Hauptwerk „Die sozialen Ursprünge von Diktatur und Demokratie" (1966) in den USA eine eigene Schule begründete (Charles Tilly 1929–2008, Theda Skocpol *1947), thematisiert den Zusammenhang von politischen Systemen und der Art und Weise, wie zuvor die Agrarstrukturen dieser Gesellschaften transformiert wurden. Im Sinne der rostowschen „preconditions of growth" treten hier die Vorbedingungen politischer Entwicklung ins Zentrum. Kommt es zur frühzeitigen Emanzipation der Bauern, sind die Bedingungen für eine demokratische Entwicklung gegeben, bleibt sie aus, hält sich der Großgrundbesitz an der Macht, kommt es gar zu einer zweiten Leibeigenschaft wie in Osteuropa, sind autoritäre Systeme die Folge. An diese Botschaft sollte auch die spätere Debatte zwischen Immanuel Wallerstein und Robert Brenner über die externen oder internen Ursachen des Entwicklungsgefälles zwischen West- und Osteuropa anknüpfen (Aston/Philpin 1985).

Alexander Gerschenkron (1904–1978) diagnostiziert mit seiner „Rückständigkeitstheorie" einen Zusammenhang zwischen dem Zeitpunkt, zu dem der Industrialisierungsprozess beginnt, und den jeweils ihn tragenden Akteuren. Seine These lautet: Je später die Industrialisierung einsetzt, desto weniger ist sie eine Angelegenheit des klassischen, innovationsfreudigen und risikobereiten Unternehmers im Sinne Joseph Schumpeters und desto mehr übernehmen Großbanken und Kartelle diese Rolle, bis schließlich der Staat selbst zur entscheidenden Modernisierungsagentur wird, weil nur so die notwendigen Investitionen aufgebracht und dem überlegenen Kompetenzdruck der Vorreiter standgehalten werden kann. Die gleiche Argumentation findet sich, wenn auch anders begründet, auch bei Rosenstein-Rodan. Hier wir die Entstehung des bürokratischen Entwicklungsstaats nicht geopolitisch und gesellschaftstheoretisch, sondern aus dem Zeitpunkt erklärt, zu dem der Modernisierungsprozess beginnt. Je später, desto größer die Notwendigkeit der Modernisierung von oben (Gerschenkron 1962, 1968).

4 Die kritischen Gegenpositionen

4.1 Die Singer-Prebisch-These

Parallel zur Etablierung der Modernisierungstheorie wurde seit den frühen 1950er-Jahren der Boden für ein Paradigma bereitet, das erst seit Ende der 1960er-Jahre als Gegenentwurf für weltweite Aufmerksamkeit sorgte. Gemeint sind die außenhandelstheoretischen Überlegungen des Argentiniers Raúl Prebisch (1901–1986) und des deutschen Emigranten Hans W. Singer (1910–2006). Beide arbeiteten damals in einschlägigen Organisationen der Vereinten Nationen (Prebisch in der Economic Commission for Latin America und später der UNCTAD, Singer im Department of Economic Affairs) und beschäftigten sich mit der Frage, ob die Eingliederung in die internationale Arbeitsteilung für die Primärgüterproduzenten tatsächlich, wie von der neoklassischen Theorie behauptet, mit einem Wohlfahrtsgewinn verbunden ist (Tandon 1985). Damit wurde erstmals in der neueren Diskussion die externe Dimension der Entwicklungsproblematik unter der Perspektive behandelt, ob diese vielleicht auch abträgliche Aspekte hat, womöglich, anders als behauptet, gar nicht zu Entwicklung, sondern zu Wohlfahrtsverlusten und damit Unterentwicklung führt. Es wurde erstmals der Gedanke formuliert, dass Unterentwicklung gar kein Zustand von Rückständigkeit ist, sondern auch ein Prozess; dass Entwicklung in dem einen und Unterentwicklung in dem anderen Teil nur die zwei Seiten einer Medaille seien. Auch die Terminologie von Zentrum und Peripherie bzw. das Denken, dass Entwicklungsländer trotz ihrer politischen, historischen, kulturellen und geografischen Besonderheiten strukturelle Gemeinsamkeiten aufweisen, geht auf Singer und Prebisch zurück. Aufgrund statistischer Zeitreihenuntersuchungen über die wertmäßige Zusammensetzung des Export- und Importwarenkorbs (Indexwerte) von Industrie- und Entwicklungsländern über den Zeitraum von 1876–1961 und 1957–1982 waren sie zu dem Ergebnis gekommen, dass eine Tendenz zur säkularen Verschlechterung der Austauschrelationen (Terms of Trade – ToT) für die Primärgüterproduzenten zu konstatieren sei. Anders als die Klassiker und Neoklassiker argumentieren, könne internationale Arbeitsteilung nach Maßgabe komparativer Vorteile demnach mit einem Wohlfahrtsverlust verbunden sein. Deren theoretische (deduktive) Argumentation schien empirisch (induktiv) zumindest in Zweifel gezogen, wenn nicht sogar widerlegt (Prebisch 1950, 1968, Singer 1949).

Im Unterschied zu Ricardos Zwei-Länder-/Zwei-Güter-Modell gehen Singer und Prebisch von der Gesamtheit aller Ex- und Importgüter und der Gesamtheit aller Ex- und Importländer aus. Die Modellannahme lautet, dass Industrieländer typischerweise Fertigwaren exportieren und Primärgüter importieren, während Entwicklungsländer typischerweise Primärgüter exportieren und Fertigwaren importieren. Auf diese Weise lässt sich wie bei Ricardos Modell eine Vierfeldertafel konstruieren, wobei in die vier Felder der Matrix jeweils die Preisentwicklung der Exporte und Importe von Fertigwaren und Industriegütern eingetragen werden (siehe Tabelle I/8).

Tabelle I/8: Schematische Darstellung der Singer-Prebisch-These

	Industrieländer	Entwicklungsländer	Summe
Fertigwaren	Preisentwicklung Exporte	Preisentwicklung Importe	ToT +
Primärgüter	Preisentwicklung Importe	Preisentwicklung Exporte	ToT −
Summe	ToT +	ToT −	ToT +/− 0

Im Sinne der Singer-Prebisch-These müssen in der Summenzeile für die Industrieländer positive und für die Entwicklungsländer negative ToT auftauchen. Analog weisen die Fertigwaren in der Spaltensumme positive und die Primärgüter negative ToT auf. In der Gesamtbilanz wird alles ausgeglichen. Das von den Merkantilisten bereits bekannte Nullsummendenken kehrt zurück. Der überzeugende empirische Beleg sinkender ToT für Entwicklungsländer gestaltete sich aber schwierig, da Anfang der 1950er-Jahre entsprechende Daten für den Außenhandel von Entwicklungsländern (damals vielfach noch Kolonien) gar nicht verfügbar waren. Prebisch verfiel deshalb auf den Ausweg, *nur* die britische Außenhandelsstatistik zu verwenden mit dem Argument, dass der britische Importwarenkorb mit Rohstoffen gefüllt sei und damit dem Exportwarenkorb der Entwicklungsländer entspreche, und dass der britische Exportwarenkorb mit Industriegütern, was dem Importwarenkorb der Entwicklungsländer entspreche. Damit provozierte er allerdings methodische und empirische Einwände, da die Modellannahme für die britische Importseite fragwürdig ist und die Preise von Export- und Importgütern unterschiedlich berechnet werden. Exporte werden „free on board" (fob), d. h. ohne die Transaktionskosten, und Importe „cost, insurance, freight" (cif) inklusive Transaktionskosten berechnet. Da Letztere, je nach Produkt und Transportweg, den eigentlichen Preis der Güter durchaus übertreffen können, weichen die korrespondierenden Werte in den Außenhandelsstatistiken von zwei Partnerländern erheblich voneinander ab.

Dennoch – wenn die Singer-Prebisch-These stimmt, dann sind die Konsequenzen eine sinkende Importkapazität, wachsende Zahlungsbilanzprobleme und zu geringe Einkommen in den Exportsektoren. Erklärt wird dies mit der unterschiedlichen Produktivitätsentwicklung bei der Erzeugung von Primärgütern und Fertigwaren. Diese müsste eigentlich zu verbesserten ToT für die Entwicklungsländer führen. Da in den Industrieländern aber Arbeitskräfte knapp sind und die Gewerkschaften über starke Verhandlungsmacht verfügen, können dort Lohnerhöhungen durchgesetzt werden. Produktivitätsfortschritte werden nicht in Preissenkungen weitergegeben. Eher ist das Gegenteil der Fall. In den Entwicklungsländern hingegen gibt es ein unbegrenztes Angebot an Arbeitskräften, wie schon Lewis (1954) argumentierte, und schwache Gewerkschaften, sodass Produktivitätssteigerungen kaum zu steigenden Löhnen führen. Wenn, dann finden diese nur im Exportsektor aber nicht in der übrigen

Wirtschaft statt. Deshalb kommt es in Entwicklungsländern tatsächlich zu Preissenkungen. Eine weitere Begründung liefert das engelsche Gesetz, demzufolge die Nachfrageelastizität bei Rohstoffen und Nahrungsmitteln geringer ist als bei Fertigwaren mit unterschiedlichen Konsequenzen für die Preisentwicklung. Bei einer guten Ernte fallen die Nahrungsmittelpreise. Alle diese Faktoren führen dazu, dass das „Zentrum" (Industrieländer) die Früchte des eigenen technischen Fortschritts behält, während die „Peripherie" (Entwicklungsländer) einen Teil davon über den Außenhandel abgibt. Letztlich entscheidend sind damit strukturelle Faktoren wie die Preisentwicklung auf den internationalen Märkten, das Angebot von Arbeitskräften, die Stärke von Gewerkschaften, das Ausmaß der Produktivitätsentwicklung – Faktoren, die allerdings nicht nur externer, sondern auch interner Natur sind. Während Klassik und Neoklassik nur die weltweit optimale Faktorallokation im Blick haben, fragen Singer und Prebisch, insofern stehen sie sogar in einer marxschen Tradition, nach der internationalen Verteilungsgerechtigkeit. Diese soll durch eine Regulierung der Primärgütermärkte erreicht werden, die Singer bereits 1947 anlässlich der damals fehlgeschlagenen Gründung der WTO vorgeschlagen hatte. Die Regulierung der europäischen Agrarmärkte heute folgt im Grunde der gleichen Logik, weil, so ließe sich argumentieren, die bäuerlichen Interessenverbände einen großen Einfluss haben.

Die auf den ersten Blick so plausible und in den 1970er-/80er-Jahren bei entwicklungspolitischen Aktivisten so populäre These ist allerdings empirisch wie theoretisch hoch umstritten. Insbesondere Gottfried Haberler (1900–1995), Robert E. Baldwin (1924–2011) und Jacob Viner (1892–1970) haben die Datengrundlage infrage gestellt und alternative ToT-Konzepte zu den von Singer/Prebisch verwendeten Net Barter ToT entwickelt. Die tatsächliche Entwicklung der Austauschrelationen hängt nämlich ab vom Untersuchungszeitraum, von der jeweiligen Zusammensetzung des Ex- und Importwarenkorbs, der Berechnung der Außenhandelspreise (fob oder cif), der Berechnung der Indexwerte, von den beteiligten Ländern und vor allem vom verwendeten ToT-Konzept. Nur wenn man, wie von Viner vorgeschlagen, die Factoral ToT berechnet, werden die unterschiedlichen Produktivitätsentwicklungen der Güter im Ex- und Importwarenkorb tatsächlich berücksichtigt. Während Singer und Prebisch die Commodity ToT = Exportpreisindex/Importpreisindex benutzen, lautet die Formel für die Single Factoral ToT: Exportpreisindex/Importpreisindex × Produktivitätsindex Exportgüter und für die Double Factoral ToT: Exportpreisindex/Importpreisindex × Produktivitätsindex Importgüter/Produktivitätsindex Exportgüter. Da dieses, dem eigentlichen Sachverhalt viel besser gerecht werdende ToT-Konzept aber empirisch an die Grenze der Datenverfügbarkeit stößt, haben fast alle Autoren mit den einfacher zu berechnenden, aber viel weniger aussagekräftigen, Commodity ToT gearbeitet. Außerdem ist zu berücksichtigen, dass es sich bei Rohstoffen um homogene Güter handelt, während Fertigwaren im Zeitverlauf ihre Qualität verändern. Ein exportierter Sack Kaffee ist immer ein Sack Kaffee, eine Tonne Kupfererz immer eine Tonne Kupfererz, während ein importierter Traktor, das beliebte Vergleichsprodukt, nach 20 oder gar 50 Jahren eine ganz andere Leistungsfähigkeit hat.

Die steigenden Rohstoffpreise im Gefolge der zweiten Ölkrise Ende der 1970er-Jahre haben die ToT-Debatte zum Erliegen gebracht, obwohl das Argument bis heute ein zähes Leben behauptet, weil es auch dem wirtschaftlichen Laien sofort einleuchtet. Der eigentliche entwicklungstheoretische Stellenwert der ToT-Argumentation war im Nachhinein, dass so erstmals, ohne das neoklassische Paradigma zu verlassen, ein Argument aufgebaut wurde, dass eine Eingliederung in die internationale Arbeitsteilung nicht per se für alle von Vorteil ist, und sich so der Fokus der Entwicklungstheorie von den internen auf die externen Faktoren verschob. Die durch die Spekulation angeheizte Steigerung der Rohstoffpreise seit Mitte der 1990er-Jahre, also die positiven ToT, werden umgekehrt dafür verantwortlich gemacht, wieso sich Russland wirtschaftlich wieder stabilisieren konnte und wieso etliche afrikanische Länder ein beachtliches Wachstum erzielt haben, bis die neue Weltwirtschaftskrise seit 2008 wie in den 1930er-Jahren zu einem neuerlichen Preisverfall geführt hat.

Berührungspunkte bestehen zwischen Singer/Prebisch und den binnenmarktorientierten und protektionistisch abgesicherten Strategien der Entwicklungsökonomen à la Hirschman, die hier ein weiteres Argument für ihre ISI-Strategie fanden. Wichtiger noch war der Einfluss auf die spätere Diskussion um Weltmarkt und Ungleichen Tausch, eine Theorie, die in der Singer-Prebisch-These ihren nicht weiter hinterfragten empirischen Beleg sah. Auch die strukturalistische Variante der Dependenztheorie wurde terminologisch vorbereitet. Ferner lassen sich die späteren handelspolitischen Forderungen der UNCTAD, der „Gruppe der 77" oder der Nord-Süd-Kommission nach einer Neuen Weltwirtschaftsordnung auf diese Argumentation zurückführen.

4.2 Baran und die Neoimperialismustheorie

Während Singer und Prebisch sich im Rahmen der neoklassischen Theorie bewegen, wurde seit Ende der 1950er-Jahre der radikale Angriff auf die „internalistische" Argumentation der Modernisierungstheorie von neomarxistischen Autoren wie Paul A. Baran (1910 – 1964) und Paul M. Sweezy (1910 – 2004) vorgetragen. Die Eskalation des Vietnamkriegs, dessen Schrecklichkeiten sich nur schwer mit den dort zu verteidigenden amerikanischen Werten vereinbaren ließen und insofern auch die Legitimität des von den Modernisierungstheoretikern implizit propagierten amerikanischen Gesellschaftsmodells als Endpunkt von Entwicklung infrage stellten, die weltweite Protestbewegung der 1960er-Jahre und die Renaissance des Marxismus zeigten ihre Wirkung in der entwicklungstheoretischen Diskussion. Unter Rückgriff auf die klassischen Imperialismustheorien, insbesondere in ihrer leninschen Version, formulieren Autoren aus dem Umkreis der amerikanischen Zeitschrift „Monthly Review" wie Harry Magdoff (1913 – 2006), Leo Hubermann (1903 – 1968) und André Gunder Frank (1929 – 2005), aber auch Franzosen wie Pierre Jalée, Samir Amin (*1931) und Christian Palloix, Italiener wie Giovanni Arrighi (1937 – 2009) oder Briten aus dem Umkreis des Institute for Development Studies die Gegenposition. Nicht innergesellschaftliche, kulturelle oder gar mentale, sondern außergesellschaftliche, vor allem außenwirtschaftliche Faktoren seien für die Entwicklungsprobleme verantwortlich. Folglich wird auch nicht mehr von Rückständigkeit, sondern von Entwicklung der Unterentwicklung gesprochen, um den prozessualen Charakter zu unterstreichen. Wenn Autoren aus dem Umkreis der Modernisierungstheorie den Begriff „Unterentwicklung" verwendet haben, dann meinten sie damit einen Zustand im Sinne von Rückständigkeit, während hier mit dem Begriff das Resultat externer Einwirkungen, nämlich der Kolonialismus, gemeint ist. Auch nach der Unabhängigkeit der ehemaligen Kolonien bestehe die Ausbeutung der Dritten Welt aufgrund diverser Mechanismen indirekter Beherrschung fort. Dabei sei der „Neoimperialismus" der USA, als der nach dem Zweiten Weltkrieg eindeutigen Hegemonialmacht, zur neuen Form internationaler Herrschaft geworden.

Barans Hauptwerk von 1957 über die „Politische Ökonomie des Wirtschaftswachstums" begründete das zentrale Argument: Die mangelnde Dynamik der unterentwickelten Länder resultiert aus dem ständigen Transfer von Surplus aus der Dritten in die Erste Welt sowie der unproduktiven Verwendung der verbleibenden Überschüsse in den betreffenden Ländern. Dabei unterscheidet Baran drei Formen des Surplus, der nicht identisch ist mit dem marxschen Begriff des Mehrwerts: der *tatsächliche* Surplus, als alles das, was nicht konsumiert wird, sondern als Ersparnis der Kapitalbildung dient. Der *potenzielle* Surplus, als Differenz zwischen dem, was produziert werden könnte, mit den aktuell zur Verfügung stehenden Ressourcen und dem lebensnotwendigen Verbrauch. Die tatsächliche und die potenzielle Produktion in Entwicklungsländern klaffen wie der notwendige und der tatsächliche Konsum weit auseinander. Das Gegenstück zu den brachliegenden Kapazitäten ist die systembedingte Verschwendung als Folge von Luxuskonsum, unproduktiver Arbeit, schlechter Organisation der Arbeit und hoher Arbeitslosigkeit. Dies führte zu seiner dritten Form, dem *geplanten* Surplus als Differenz zwischen optimaler Produktion und optimalem, d. h. tatsächlich notwendigem, Verbrauch. Dieser sei nur in einer sozialistischen Gesellschaft realisierbar. Eigentliche Ursache der Rückständigkeit sei demzufolge nicht die zu geringe Kapitalbildung, sondern deren falsche Verwendung bzw. die ungenügende Realisierung der möglichen Kapitalbildung.

Das Kernargument Barans, mit dem er die Entwicklung Europas und der übrigen Welt verknüpft, lautet: In Europa war die Vorbedingung zur Durchsetzung des Kapitalismus der Zerfall des Feudalismus. Im Zuge der europäischen Expansion nach Übersee kam es zum Transfer von Surplus aus den Kolonien, der zur Kapitalbildung in Europa beitrug, während der Surplusabfluss dort in all seinen Formen umgekehrt die Kapitalbildung beeinträchtigte, sodass sich in Übersee die vorkapitalistischen Strukturen erhalten konnten. Diese Argumentation war das eigentliche Leitmotiv im linken Spektrum der entwicklungstheoretischen Diskussion der 1970er-Jahre mit weitreichender Ausstrahlung in das bürgerliche und vor allem kirchliche Lager. Der Kapitalismus, der Kolonialismus, der Neoimperialismus, die USA, der Westen, *wir* sind Schuld am Elend der Dritten Welt. Entwicklungshilfe ist demzufolge eine moralische Verpflichtung, um Schuld abzutragen. Damit wird gegenüber der klassischen Imperialismustheorie ein radikaler Perspektivwechsel vorgenommen. Nicht mehr die Motive imperialistischer Politik der Großmächte, sondern die Konsequenzen für die Opfer des Imperialismus werden thematisiert. Für die Analyse der kolonialen und postkolonialen Gesellschaften gerade in Lateinamerika resultierte daraus die hoch kontroverse Frage, ob die europäische Expansion seit Ende des 15. Jahrhunderts eher den europäischen Feudalismus exportiert habe, oder wie z. B. der frühe Frank in „Kapitalismus und Unterentwicklung in Lateinamerika" (1969) argumentierte, ob kapitalistische Motive von Anfang an im Vordergrund standen.

Es geht nicht mehr nur wie bei Singer/Prebisch um die ToT, sondern um vielfältige Formen des Ressourcenabflusses über Gewinntransfers oder konzerninterne Verrechnungspreise bei multinationalen Konzernen und um politisch ausgehandelte Rentenzahlungen an die Eliten postkolonialer Gesellschaften, die diese dann auf privaten Konten im westlichen Ausland deponieren. Damit wurde die externe Begründung von Singer/Prebisch radikaler formuliert und um herrschaftssoziologische Argumente bereichert. Trotz Entkolonialisierung würden die alten Machtstrukturen im internationalen System und damit auch auf den Weltmärkten bestehen bleiben. Die Rentenzahlungen der Öl- und Rohstoffkonzerne sorgten dafür, dass auch die Eliten der Entwicklungsländer ein Interesse an den neuen Formen der internationalen Ausbeutung hätten und somit auch von deren Seite strukturelle Veränderungen blockiert blieben. Die von Baran, wenn auch in dessen Rezeption weniger berücksichtigten, internen Faktoren seien soziostrukturell durch den blockierten Kapitalismus bedingt: Luxuskonsum der Eliten, staatliche Verschwendung für Militär und Prestigebauten, Abzug von Surplus aus der Landwirtschaft durch negative interne ToT gegenüber dem städtischen Sektor oder durch Zinszahlungen an örtliche Wucherer, zu geringe Investitionen in den industriellen Sektor, Verdrängungswettbewerb gegenüber der nationalen Industrie durch Auslandsinvestitionen vonseiten multinationaler Konzerne, selektive Erschließung der Entwicklungsländer nach lediglich externen Gesichtspunkten (z. B. Stichbahnen, die Minen mit Exporthäfen verbinden) und niedrige Löhne, die keine Binnenmarktausweitung zulassen.

Harry Magdoff (1969) oder Pierre Jalée (1969) als Vertreter der jüngeren Generation setzen bei dem Problem an, dass sich Lenins Vorhersage vom Imperialismus als höchstem, bereits auf den Niedergang hinweisenden, Stadium des Kapitalismus nicht erfüllt hat. Auch das Argument der klassischen Imperialismustheorie, dass die Kapitalanlagen in den Kolonien für den Akkumulationsprozess notwendig seien, ließ sich empirisch nicht halten. Im Gegenteil – die Masse des internationalen Handels und der Direktinvestitionen findet, bei sogar steigender Tendenz, zwischen den Industrieländern statt. Die USA als damalige wirtschaftliche Führungsmacht sind zudem aufgrund ihrer Größe binnenorientiert und hatten im Vergleich zu Großbritannien oder Frankreich nur geringen Kolonialbesitz. Wieso verfolgen sie in den 1960er-/1970er-Jahren dennoch ein so starkes weltpolitisches Engagement, das im Zeichen des Vietnamkriegs als „Neoimperialismus" bezeichnet wurde? Die Antwort lautet: Der Neoimperialismus braucht keine Kolonien. Neu gegenüber dem Zeitalter des klassischen Imperialismus ist, dass es nicht mehr um die Aufteilung der Welt unter die Großmächte, sondern um den gemeinsamen Kampf gegen den seit der Oktoberrevolution schwindenden Einflussbereich des Kapitalismus geht. Damit formulieren Magdoff und Co. eine ähnliche Argumentation wie Harry S. Truman – nur dass sie die daraus folgende Strategie anders bewerten. Nicht Eindämmung, sondern Ausweitung des sozialistischen Einflussbereichs bzw. deren Unterstützung durch publizistische bzw. politische Agitation ist ihr Ziel. Die Entscheidung für die Containment-Strategie der US-Regierung war eine politische und keine wirtschaftliche und insofern auch nicht von einem Kosten-Nutzen-Kalkül bestimmt. Der militärische Aufwand in Vietnam und anderswo muss deshalb in keinem Verhältnis zu den amerikanischen Wirtschaftsinteressen in Indochina stehen. Wirtschaftliche Motive spielen nur dann eine Rolle, wenn es um die strategische Bedeutung einzelner Rohstoffe (Öl, Uran, Bauxit etc.) geht. Außerdem sind die USA nicht nur politischer Garant des Westens, sondern auch Garant einer kapitalistischen Weltwirtschaft. An dieser Stelle wird deutlich, dass abermals der „Heiße Krieg" in Asien zur Austragung des Ost-West-Konflikts die entwicklungspolitische Diskussion befeuert hat. Ende der 1940er-Jahre (Chinesischer Bürgerkrieg, Koreakrieg) inspirierte er die Wachstums- und Modernisierungstheorien, Ende der 1960er-Jahre (Vietnamkrieg) inspirierte er deren Kritik.

4.3 Strukturalismus und Dependenztheorie

Dass der Strukturalismus via Parsons nicht nur in die Modernisierungstheorie, sondern auch Eingang in die Neoimperialismustheorie gefunden hat, belegen die Schriften des Norwegers Johan Galtung (*1930) und des Chilenen Osvaldo Sunkel (*1929). Bei ihnen steht nicht das Argument der internationalen Ausbeutung, sondern die Analyse der Struktur des internationalen Systems mit seinen Konsequenzen für die abhängigen Länder im Vordergrund. Der Strukturalismus ist eine in den 1960er-Jahren in Frankreich entstandene Denkrichtung in der Philosophie, Linguistik und Ethnologie (Lévi-Strauss, Foucault, Derida, Lacan, Althusser, Balibar), der auf andere Disziplinen, so auch die Entwicklungstheorie, übertragen wurde. Trotz der linken bzw. marxistischen Orientierung ihrer Vertreter sind die Einflüsse der Systemtheorie (Parsons) und des Positivismus (Comte, Spencer) unverkennbar.

Ausgangspunkt strukturalistischen Denkens ist, dass nicht das Subjekt, nicht die Akteursebene, sondern das System, in dem die Akteure handeln, die „Verhältnisse", wie Marx sie nannte, analysiert werden. Welche Funktionen haben die Teile für das Ganze (System), wie werden seine Teile durch das System geprägt? Dies führt vielfach zu einer ahistorischen Betrachtungsweise. Unterschiede zwischen der Ära der feudalen Expansion der Spanier, des Merkantilismus und der Kolonialgesellschaften, des Freihandels, des Imperialismus, der Entkolonialisierung verschwinden ebenso wie die historischen und kulturellen Besonderheiten einzelner Weltregionen oder deren unterschiedliche Gesellschaften und innergesellschaftliche Konflikte. Die Probleme einer kleinen Karibikinsel mit einer 500-jährigen Geschichte von Kolonialismus, Plantagenwirtschaft und Sklaverei wurden auf diese Weise als nahezu identisch definiert wie die einer asiatischen Hochkultur, die, wie im Falle Chinas, nie ihre staatliche Souveränität verloren hat, oder einer zentralasiatischen Nomadenkultur als späte Erbin des Mongolischen Reiches. Alles war und ist durch *das „System", die „Verhältnisse", die* internationale Arbeitsteilung, *den* „Weltmarkt", *das* Kapital, *die* Multis, *den* „Imperialismus", *den* „Westen", *die* Amerikaner determiniert. Die neue Begrifflichkeit lautet deshalb „strukturelle Gewalt", „strukturelle Heterogenität" (Córdova 1973), „strukturelle Abhängigkeit" oder „struktureller Imperialismus" (Galtung 1972). Der Handlungsspielraum der Akteure verschwindet, die Lösung der Entwicklungsproblematik ist folglich nur auf der Systemebene, d. h. im Weltmaßstab, möglich. In der radikalen Variante hieß das: Nur die Weltrevolution kann die Entwicklungsproblematik lösen, während die reformerische Variante bei den Strukturen des Weltmarkts ansetzen wollte und Vorschläge unterbreitete, die später in der Forderung nach einer „Neuen Weltwirtschaftsordnung" umgesetzt wurden. Auch die spätere Weltsystemtheorie von Wallerstein und Frank setzte hier an. Neoimperialismustheorie und Strukturalismus waren seitdem auch von linker Seite dafür verantwortlich, dass Entwicklungstheorie für die nächsten 20 bis 30 Jahre nur noch in den Kategorien „großer Theorie" gedacht wurde. Zu den strukturalistisch argumentierenden Autoren gehörten auch die Vertreter der Dependenztheorie (von spanisch „dependencia" = Abhängigkeit), die vor allem in Lateinamerika ihre Anhänger hatte und in Europa auch deshalb so bereitwillig rezipiert wurde, weil hier ein originärer Beitrag aus der „Dritten Welt" vorlag. Die diversen Richtungen strukturalistischen Denkens in der Entwicklungstheorie lassen sich idealtypisch entsprechend ihres theoretischen und politischen Selbstverständnisses klassifizieren (siehe Tabelle I/9):

Tabelle I/9: Typologie der strukturalistischen Entwicklungstheorie

	Reformer	**Radikale**
Ahistorischer Strukturalismus (Standardversion)	CEPAL-Schule Prebisch/Singer Furtado Sunkel Galtung Córdova/Michelena	Dos Santos Marini
Historisch-komparativer Strukturalismus	Cardoso/Faletto Quijano Galeano	Frank (Frühschriften) Wallerstein Amin Arrighi

Theoretisch besteht der wesentliche Unterschied darin, ob man in der Prebisch-/Singer-Tradition die ahistorische Standardversion des Strukturalismus vertritt oder ob man in den einzelnen Phasen der Beziehungen zwischen Erster und Dritter Welt strukturelle Unterschiede erkennt. Politisch liegt der Unterschied darin, ob man die Strukturen glaubt durch schrittweise Reformen in einzelnen Ländern überwinden zu können, so etwa Cardoso/Faletto (1976), oder ob man wie der frühe Frank, Wallerstein,

Amin und Arrighi, die sogenannte Viererbande (Amin u. a. 1982), argumentiert, dass nur die radikale Veränderung des Weltsystems die Probleme der Entwicklungsländer lösen kann. An diesem Unterschied entzündete sich später die Diskussion innerhalb des linken Lagers.

Der Norweger Johan Galtung hatte aufgrund seiner so eingängigen Argumentation mit dem bloßen Aufsatz „Eine strukturelle Theorie des Imperialismus" vermutlich den größten Einfluss in Europa. Im ersten Band der berühmten von Dieter Senghaas herausgegebenen Trilogie „Imperialismus und Strukturelle Gewalt" (1972), die mit „Peripherer Kapitalismus" (1974) und „Kapitalistische Weltökonomie" (1979) fortgesetzt wurden, lieferte er den ersten und in Deutschland sicherlich am meisten rezipierten Beitrag. Galtung argumentierte, ähnlich wie der in demselben Band vertretene Sunkel (1972), dass es im Unterschied zur klassischen Imperialismustheorie nicht um internationale Ausbeutung oder die Motive für den Kapitalexport geht, sondern um ein strukturelles Herrschaftsverhältnis zwischen Ländern unabhängig von seiner jeweiligen konkreten Ausprägung. Dabei geht Galtung von einer Dominanz der Industrieländer auf politischer, wirtschaftlicher, militärischer, kultureller und kommunikativer Ebene gegenüber den Entwicklungsländern aus, wobei diese in gleichrangiger Wechselwirkung stehen und nicht, wie bei den marxistischen Strukturalisten, durch die Wirtschaft determiniert werden. Diese Dominanz etabliere eine Hierarchisierung des Internationalen Systems in Zentrum und Peripherie in allen gesellschaftlichen Dimensionen (siehe Abbildung I/4). Beide Segmente lassen sich wiederum in das Zentrum des Zentrums und die Peripherie des Zentrums bzw. das Zentrum der Peripherie und die Peripherie der Peripherie untergliedern. Diese Doppelstruktur führe zu strukturellen Deformationen in den Ländern der Peripherie, die trotz aller historischen und kulturellen Unterschiede „identische Tiefenstrukturen" aufweisen. Mit diesem Begriff war der eigentliche Kern dessen geprägt, was aus strukturalistischer Sicht mit Unterentwicklung gemeint ist.

Galtung definiert Imperialismus nicht ökonomisch, sondern systemtheoretisch als eine Zentrum-Peripherie-Beziehung, bei der Interessenharmonie zwischen dem Zentrum des Zentrums und dem Zentrum der Peripherie und Interessendisharmonie zwischen der Peripherie des Zentrums und der Peripherie der Peripherie besteht. In anderer Sprache: Die Eliten aus Industrie- und Entwicklungsländern haben eine gemeinsame Interessenlage, da sie beide durch die Struktur des internationalen Systems profitieren. Die Werktätigen, gleichviel ob Arbeiter, Angestellte, Bauern, Handwerker etc. haben diese nicht, da deren vergleichsweise hohen Einkommen in den Industrieländern (auch) auf Kosten von deren niedrigen Einkommen in den Entwicklungsländern zustande kommen. Im Zentrum steht demzufolge nicht der Konflikt zwischen zwei Ländergruppen (Erste verus Dritte Welt), die Welt ist vielmehr durch eine komplexe Konfliktstruktur geprägt, die aus der Kombination von *internationalen* und *intranationalen* Beziehungen resultiert. Das Zentrum unterhält Brückenköpfe in der Peripherie, die als Stabilisatoren des Systems fungieren.

Ferner unterscheidet Galtung zwei Mechanismen des Imperialismus, eine „vertikale Interaktionsbeziehung" und eine „feudale Interaktionsstruktur" (siehe Tabelle I/10). Mit

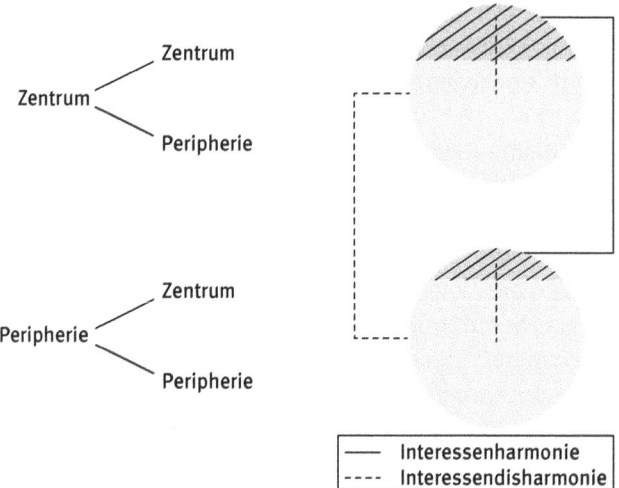

Abbildung I/4: Die Struktur des Imperialismus nach Galtung (Galtung 1972, S. 36)

ersterer sind die Austausch-, mit letzterer die Herrschaftsbeziehungen gemeint. Bei den Austauschbeziehungen geht er im Grunde von dem durch Singer/Prebisch modifizierten Ricardo-Modell aus, nur dass ihn wie bei List mit seiner Theorie der produktiven Kräfte die langfristigen Effekte für die Strukturen und nicht dessen Kosten (wie bei Ricardos Theorie der Werte) interessieren.

Tabelle I/10: Schema der vertikalen Interaktionsbeziehungen

	Zentrum exportiert Fertigwaren		Peripherie exportiert Rohstoffe	
Effekte	inter	intra	inter	intra
positiv	Rohstoffe	Verarbeitung	Fertigwaren	Konsum
negativ	Fertigwaren	Umweltverschmutzung	Rohstoffe	erschöpfte Vorkommen

Die theoretische Annahme lautet, dass die Länder des Zentrums typischerweise Fertigwaren und die Länder der Peripherie Rohstoffe exportieren. Aus dieser Austauschstruktur resultieren Effekte internationaler und intranationaler Art. Positiv für die Länder des Zentrums ist international der Zufluss von Rohstoffen und intranational deren Weiterverarbeitung mit allen daraus entstehenden Weiterungen (Spin-off-Effekte). Negativ ist international die Abgabe von Fertigwaren und intranational die aus der Verarbeitung von Rohstoffen resultierende Umweltverschmutzung. Aufseiten der Peripherie ist auf der internationalen Ebene positiv der Zustrom von Fertigwaren, die auf der intranationalen Seite in den Konsum eingehen, dort aber im Unterschied zum Zentrum keine Verarbeitungsprozesse anregen und damit auch keine Spin-off-Effekte erzeugen. Negativ ist für sie international die Abgabe von Rohstoffen und intranational, dass am Ende erschöpfte Minen übrig bleiben. Das entscheidende Argument lautet: Die Struktur der internationalen Handelsbeziehungen (Rohstoffe versus Fertigwaren) hat unterschiedliche innergesellschaftliche Effekte. Auf der einen Seite dynamisiert sie eine Ökonomie in immer tiefere Verarbeitungsstufen mit allen Konsequenzen für die wissenschaftlich-technische Entwicklung, die Qualifikation und Bildung der Bevölkerung. Auf der anderen Seite finden diese Prozesse nicht statt. Es bleibt am Ende nur das sprichwörtliche Loch im Boden, mit dessen ausgebeutetem Inhalt der Luxuskonsum und der Machterhalt der Eliten in der Peripherie finanziert werden. Klassisches historisches Vorbild für diese Argumentation ist die erschöpfte Mine in Potosi, mit dessen Silber die Macht und der Glanz der Spanischen Habsburger in Europa finanziert wurde. Galtung verschweigt allerdings, dass das amerikanische Silber zwar keine dynamischen Spin-off-Effekte in Spanien, sehr wohl aber in den Niederlanden erzeugt hat. Diese haben das Edelmetall nicht in den Kolonien erbeutet, sondern durch eine positive Handelsbilanz erwirtschaftet, indem sie u. a. Waffen und andere Fabrikate an Spanien geliefert haben. Galtungs Verständnis von Entwicklung und Unterentwicklung kommt dem listschen über die Entfaltung oder Blockierung der produktiven Kräfte eines Landes als Folge internationaler Arbeitsteilung recht nahe. Hinzu kommen diverse Spill-over-Effekte. Damit ist gemeint, dass der Aufbau von Kompetenz in einem gesellschaftlichen Bereich Effekte in einem anderen zeigt. Technisches Wissen z. B. kann militärisch genutzt werden (sogenannte Dual-Use-Technologie) und hat damit internationale politische Konsequenzen. Diese können wiederum dafür sorgen, dass die wirtschaftlichen Beziehungen erhalten bleiben. Vom Traktorbau zum Panzerbau ist es ein kleiner Schritt, während kein Weg von der Zuckerplantage zur Panzerschmiede führt.

Beim zweiten Mechanismus des Neoimperialismus, den feudalen Interaktionsmustern, unterscheidet Galtung vier Dimensionen. Die Interaktion zwischen Ländern des Zentrums und Ländern der Peripherie ist nicht symmetrisch sondern vertikal, weil eine Interaktion zwischen den Ländern der Peripherie nicht stattfindet. Eine multilaterale Interaktion gibt es nur zwischen den Ländern des Zentrums. Die Interaktion der Länder der Peripherie mit der Außenwelt wird vom jeweiligen Zentrum monopolisiert. Als beispielhafte Indikatoren für diese Struktur nennt Galtung die Partnerkonzentrationen im Außenhandel oder die Netze der Fluglinien, in deren Zentrum immer Großflughäfen (Hubs) stehen, die durch Zubringerlinien bedient werden. Nur die Großflughäfen in den Metropolen unterhalten direkte Verbindungen untereinander. Elfenbeinküste und Nigeria haben keine oder kaum direkte Handelsbeziehungen, sondern nur mit Frankreich bzw. Großbritannien. Will man von Lagos nach Yaunde fliegen, gibt es nur den Weg über London und Paris. Ablesbar ist diese Struktur auch an der Zugehörigkeit zu Währungsräumen, Militärblöcken oder Räumen von Amtssprachen. So konstituiert sich jenseits von konkreten Ereignissen ein System abstrakter „struktureller Abhängigkeit", gar von „struktureller Gewalt", auch wenn es gar nicht zu konkreten politischen oder militärischen Interventionen kommt. Dessen Mechanismen sind die Entwicklungsländer hilflos ausgesetzt. Strukturen können folglich nur auf der System- und nicht auf der Akteursebene verändert werden. Die alte Terminologie der Modernisierungstheorie von traditionalen und modernen Gesellschaften wird durch die strukturalistischen Begriffspaare wie metropolitane oder periphere Tiefenstrukturen ersetzt. Die Auflösung der Entwicklungsblockaden kann nur in einer neuen Weltordnung liegen, bei der die Strukturen der von Galtung unterschiedenen fünf Ebenen einer radikalen Transformation zu unterziehen sind, die dann Auswirkungen auf die jeweiligen Tiefenstrukturen haben. Wie diese Transformationen auszusehen haben und wie sie geleistet werden sollen, darüber lassen sich bei strukturalistisch argumentierenden Autoren kaum Aussagen finden.

Jedenfalls waren so die wesentlichen Bausteine zusammen – Singer-Prebisch-These, Neoimperialismustheorie und linker Strukturalismus – aus denen in der zweiten Hälfte der 1960er-Jahre die lateinamerikanische Dependenztheorie gefügt wurde. Diese lieferte für die nächsten zehn bis 15 Jahre, weltweit konsumiert, das Alternativparadigma zur Modernisierungstheorie. Dass diese Theorie in Lateinamerika entstanden ist, ist keineswegs so zufällig, lagen hier die Kolonialisierung mit fast 500 Jahren und die Unabhängigkeit mit 150 Jahren doch am weitesten zurück. Letzteres kann als Beleg gelten, dass Unabhängigkeit allein noch keine hinreichende Bedingung für Entwicklung ist. Auch waren hier seit den 1880er-Jahren die längsten Erfahrungen mit der Exportorientierung im Sinne der Neoklassik und seit der Weltwirtschaftskrise der 1930er-Jahre mit einer erzwungenen Binnenmarktstrategie gemacht worden, die in den 1950er-Jahren mit der ISI-Strategie strategisch ins Positive gewendet worden war. Diese war Mitte der 1960er-Jahre in die Krise geraten, weil es nicht gelang, deren leichte Phase (Konsumgüter oder ISI I) in die schwere Phase (Investitionsgüter oder ISI II) umzusetzen. Die Frage lautet: Warum ist in Lateinamerika nach der Entkolonialisierung im Unterschied zu Nordamerika keine breitenwirksame Entwicklung erfolgt, obwohl doch alle Voraussetzungen, lange Unabhängigkeit, gute Ressourcenausstattung, relativer Wohlstand, komparative Vorteile und Hilfe von außen gegeben waren? Ideologiekritisch lässt sich argumentieren: Die Dependenztheorie war auf der Suche nach einer Begründung, warum in Lateinamerika durchschlagende Entwicklungserfolge ausgeblieben sind. Insofern bestand ihre legitimatorische Funktion darin, von eigenen Versäumnissen abzulenken und die Misserfolge externen Faktoren anzulasten.

Deren neues entwicklungstheoretisches Paradigma gründet sich auf vier zentrale Aussagen: (1) Unterentwicklung (in dem neuen Verständnis) kann nur erklärt werden, wenn man die entscheidende Rolle externer Faktoren berücksichtigt. (2) Unterentwicklung ist kein der Entwicklung zeitlich vorausgehendes Stadium. Entwicklung und Unterentwicklung sind historisch gleichzeitige, funktional aufeinander bezogene, Seiten *eines* Prozesses der Entwicklung des kapitalistischen Weltsystems insgesamt. (3) Unterentwicklung ist zwar extern begründet, ihre Auswirkungen sind aber interner Art. Die von außen aufgezwungenen Deformationen sind Wesensbestandteil ihrer Sozialstruktur. (4) Eine Überwindung der Unterentwicklung setzt voraus, dass die externe Beeinflussung aufgehoben wird. Dieses, aus der Analyse Lateinamerikas gewonnene Paradigma sei auch für andere Teile der Welt gültig, auch wenn dort die Dependenztheoriker, abgesehen von Samir Amin im Hinblick auf den Maghreb und das frankophone Afrika, keine empirischen Untersuchungen vorgenommen haben.

Die in Lateinamerika über Jahrhunderte während und auf den Beginn der spanischen und portugiesischen Kolonisierung zurückgehende Einbindung in das sich ausbreitende Weltsystem und der damit verbundene permanente Ressourcenabfluss habe sich nach der Unabhängigkeit nahtlos fortgesetzt, auch wenn die metropolitanen Akteure sich von Spanien und Portugal über Großbritannien auf die USA verlagert haben. Dass heute China zu einem wichtigen Akteur in Lateinamerika geworden ist und womöglich die USA an Bedeutung übertreffen wird, ändert nichts am Grundsatz der Argumentation.

Damit hatte die Dependenztheorie eine doppelte Stoßrichtung: Gegen die USamerikanische Modernisierungstheorie, die in Lateinamerika unter dem Begriff „dessarolismo" in den 1950er-/60er-Jahren mit Unterstützung der USA das entwicklungspolitische Leitmotiv bildete, und gegen die orthodox marxistische Theorie, von den kommunistischen Parteien Lateinamerikas vertreten, die von der Annahme ausging, dass dort noch feudale Verhältnisse herrschen würden, die zunächst durch eine bürgerliche Revolution zu überwinden seien. Letzteres erinnert an die Debatte der Komintern der 1930er-Jahre über die Kolonialfrage. Dagegen argumentieren die Dependenztheoretiker, dass das marxsche Stadienschema in Lateinamerika keinen Sinn ergebe, da dort die jeweils zum Einsatz gekommenen Produktionsweisen (Zwangsarbeit der Indios in den Minen, Sklavenarbeit auf den Plantagen, Teilpachtsysteme der Campesinos) immer im Dienst des Kapitalismus gestanden haben. Das Gegenargument, dass die Spanier den europäischen Feudalismus exportiert haben, dass die Suche nach neuen Renten (Edelmetall!) vorrangiges Motiv gewesen sei und dass der Feudalismus in der Struktur der bis heute extrem ungleichen Bodenverteilung immer noch fortlebe, wird kaum rezipiert und kaum akzeptiert.

Aus der Vielzahl der an der Diskussion beteiligten Autoren sollen nur zwei herausgegriffen werden, die für die beiden Hauptrichtungen der Dependenztheorie stehen. Der Deutsch-Amerikaner André Gunder Frank (1929–2005), eigentlich ein Schüler von Milton Friedman und später von Baran/Sweezy beeinflusst, war in seiner Frühzeit ein besonders radikaler Vertreter. Er bezieht sich vor allem auf die Ausbeutungsthese und prägte die griffige Formel von der „Entwicklung der Unterentwicklung". Damit insistiert er auf der Beobachtung, dass die Gesellschaften der Peripherie durchaus eine Dynamik besitzen, die allerdings in die entgegengesetzte Richtung verläuft, wie von der Modernisierungstheorie behauptet. Die Entwicklung in den Zentren sei nur auf Kosten der Peripherie erklärbar. Entwicklung hier und Unterentwicklung dort seien nur die „zwei Seiten einer Medaille". Mit seinem „Kettenmodell" weist er darauf hin, dass sich die externe Ausbeutung im Innern fortsetzt, da nur so der Surplus, der nach außen abfließt, im Innern über mehrere Zwischenstufen aufgebracht werden kann. Frank ist auch der radikale Vertreter der These, dass in Lateinamerika von Anfang an Kapitalismus geherrscht habe trotz unterschiedlicher Produktionsweisen, weil immer für den Weltmarkt produziert worden sei (Frank 1978). Das hat ihm den Vorwurf einer „zirkulationistischen" Argumentation eingebracht. Dies ist auf Seiten orthodoxer Autoren eine Metapher für „unmarxistisch", da sie nicht von der Produktionsweise ausgeht.

Die besondere Dynamik Lateinamerikas belegt er mit vier Thesen. (1) Im Gegensatz zu den Metropolen des Zentrums ist die Entwicklung der Metropolen der Peripherie begrenzt. (2) Die Peripherie entwickelt sich immer dann, wenn das Zentrum geschwächt ist wie z. B. während der Napoleonischen Kriege, die die Unabhängigkeit Lateinamerikas ermöglichten, oder während der Weltwirtschaftskrise und des Zweiten Weltkriegs, der die ISI erlaubte. Ist die Krise im Zentrum vorüber, nimmt die Abhängigkeit wieder zu. (3) Die heute als „feudal" und als besonders unterentwickelt geltenden Regionen hatten früher die engsten Beziehungen zum Zentrum. Nicht Isolation, sondern Integration ist die eigentliche Ursache von Unterentwicklung wie die Karibik-Inseln, die Minengebiete in Peru und Mexiko oder der Nordosten Brasiliens mit seinem Zucker- und Kautschuksektor belegen. (4) Das Latifundium als quasi feudale Einrichtung ist als kapitalistischer Betrieb entstanden und war von Anfang an weltmarktorientiert. Die Latifundien waren ursprünglich Versorgungsbetriebe für die Minen und gingen mit deren Verfall unter, waren also nie Resultat der Expansion des europäischen Feudalismus (Frank 1969).

Der theoretische Stellenwert dieser Thesen besteht darin, dass Frank die zentralen Argumente der Modernisierungstheorie durch die Leugnung der Existenz eines traditionellen Sektors in Lateinamerika aus den Angeln heben will. Nur so lassen sich deren entwicklungsstrategische Folgerungen infrage stellen. Indem Frank in extremer Weise mit seiner Metapher von den zwei Seiten einer Medaille die These von der internationalen Ausbeutung betont, nebenbei auch zum Nullsummen-Denken der Merkantilisten zurückkehrt, liefert er eine Begründung, warum nur die revolutionäre Umwälzung im Weltmaßstab die Überwindung der Unterentwicklung möglich macht. Damit wurde er zur Persona non grata in vielen Ländern, der, nach dem Militärputsch in Chile ausgewiesen, sein ganzes Leben in prekären Verhältnissen in den USA oder Europa verbringen musste ohne Chance auf eine dauerhafte akademische Anstellung, die seinem Rang entsprochen hätte.

Der späte Frank ist mit „ReOrient" (1998) zum Revisionisten in eigener Sache geworden. Zwar blieb er seinem zirkulationstheoretischen Ansatz treu, doch rückte er von der These „einmal Dritte Welt, immer Dritte Welt" ab. In „ReOrient" kehrt der Orient, gemeint ist der Ferne Osten, wieder in die Position zurück, die er bis etwa 1800 als altes Zentrum der Welt eingenommen hat. Anhand der globalen Ströme von Edelmetall (heute Devisen) zum Ausgleich der Handelsbilanzen will er zeigen, wie sich das Zentrum der Welt im Laufe der Jahrhunderte einmal um die Welt herum bewegt hat. Das moderne Weltsystem ist demzufolge nicht erst 500 Jahre (seit 1492, dem Jahr der ersten Kolumbusreise, wie er zuerst selbst behauptet hat), sondern 5000 Jahre alt. Es ist geprägt von einem wiederkehrenden Auf- und Abstieg seiner Teile von der Peripherie ins Zentrum und wieder zurück. Entwicklung und Unterentwicklung sind demzufolge nicht mehr ein permanenter, sondern ein zeitlich befristeter Zustand von Aufstieg und Niedergang. Heute steigt der Westen ab und der Osten, allen voran China und Indien, wieder auf. Damit hat sich Frank in eine Kontraposition zu fast allen theoretischen Lagern, insbesondere zur Dependenz- und Weltsystemtheorie, begeben, die er selbst mitbegründet hat. Damals konnte er den reformerischen Positionen im dependenztheoretischen Lager nichts abgewinnen, später einer Position, die auf reformerische Weise durch eine neue Weltwirtschaftsordnung die globalen Strukturen ändern wollte. Franks entwicklungsstrategische Empfehlung ist immer ein Achselzucken gewesen, Ausdruck einer radikalen systemtheoretischen Position, bei der die Akteure völlig aus dem Blickfeld verschwunden sind und die sich immerfort wandelnden „Verhältnisse" alles determinieren.

Das gilt nicht für den Brasilianer Fernando H. Cardoso (*1931) und den Chilenen Enzo Faletto (1935–2003), die in ihrem Hauptwerk „Abhängigkeit und Unterentwicklung in Lateinamerika" (1976) sehr viel differenzierter an das Thema herangehen, indem sie sich stärker mit den unterschiedlichen Ausprägungen der Unterentwicklung in den einzelnen lateinamerikanischen Großregionen befassen und damit die jeweiligen internen historischen und soziopolitischen Faktoren berücksichtigten. Ausgangspunkt ist die Feststellung, dass es nach dem Zweiten Weltkrieg anfänglich so aussah, als würde die Industrialisierung in Lateinamerika ein Erfolg. Es stellte sich aber bald heraus, dass die Sequenz „Primärgüterexporte – Industrialisierung – Binnenmarktausweitung", die die angelsächsischen Siedlerkolonien in Nordamerika durchlaufen haben, im Süden nicht zustande kam. Der von Rostow für Argentinien prognostizierte Take-off blieb aus. Ihre Frage lautet: Warum? Die Antwort lautet: Trotz der langen Unabhängigkeit bestehen Abhängigkeiten weiter, die nur eine deformierte Entwicklung zulassen. Anders als Frank, der dafür nur die externen, ökonomischen Faktoren heranzieht, werden bei Cardoso/Faletto auch die internen soziopolitischen und ökonomischen Besonderheiten berücksichtigt. In einzelnen Länderkapiteln, nach historischen Phasen gegliedert, arbeiten sie eine Typologie der Unterentwicklung in Lateinamerika heraus und gehen folglich nicht von identischen Tiefenstrukturen aus. Dies führt im Unterschied zur radikalen Variante der Dependenztheorie zu der Weigerung, globale, auch für andere Weltregionen geltende, Aussagen zu machen. Streng genommen handelt es bei ihnen nicht um eine Abhängigkeitstheorie, sondern um die Analyse konkreter Abhängigkeitssituationen. Damit geraten sie in die Nähe der induktiv arbeitenden historisch komparativen Makrosoziologie.

Die Unterschiede zwischen beiden Richtungen lassen sich folgendermaßen charakterisieren: Die marxistische Richtung knüpft an die Imperialismustheorie an, stellt damit externe wirtschaftliche Faktoren ins Zentrum, dreht aber die Perspektive um. Nicht die Triebkräfte des Imperialismus, sondern die Auswirkungen in den betroffenen Ländern werden untersucht. Analyseeinheit sind nicht die Nationalstaaten, sondern die unterprivilegierten Klassen, eben die Peripherie der Peripherie, die den Surplus produzieren, der intern und extern verteilt wird. Insofern setzen sie, wie alle marxistischen Theoretiker, bei der Verteilungsfrage an. Die nationalistische Richtung argumentiert demgegenüber, Unterentwicklung ist das Ergebnis eines kumulativen Wirkens von externen und internen Faktoren ohne eindeutige Hierarchie. Gegenstand der Abhängigkeit sind nicht Klassen sondern Nationalstaaten bzw. deren Regionen. Damit kommt es auch zu Unterschieden bezüglich des Verhältnisses von externen und internen Variablen. Die marxistische Richtung nimmt hier keine klare Trennung vor, sondern geht von der Dominanz des Externen aus, konzediert aber eine dialektische

Beziehung nach innen. Das Kettenmodell besteht typologisch aus drei Gliedern, dem externen, dem Brückenkopf und dem internen. Diese sind in etwa mit dem ausländischen, dem national-kapitalistischen und dem Sektor der einfachen Warenproduktion des Hinterlands identisch. Die Abhängigkeit hat sich in die Peripherie verlagert, ist endogen geworden und hat dort einen strukturell anderen Kapitalismus als im Zentrum hervorgebracht. Für die nationalistische Richtung handelt es sich nicht um ein theoretisches, sondern um ein empirisch zu beantwortendes Problem. Die Begriffe „extern" und „intern" werden eher im Sinne von „ausländisch" und „inländisch" verwendet. Unterschiede gibt es auch im Verständnis des Begriffs „Abhängigkeit". Für die marxistische Richtung handelt es sich um ein systembedingtes Merkmal der eigenen Gesellschaft, um eine besondere Form des Kapitalismus. Abhängigkeit ist Ausbeutung und Herrschaft im Weltmaßstab, Abhängigkeit ist Produkt der historischen Entwicklung des Kapitalismus in den Metropolen, Abhängigkeit ist konstituierendes Merkmal der Unterentwicklung der Dritten Welt, Abhängigkeit beginnt mit der Unabhängigkeit, Abhängigkeit ist Unterentwicklung. In der nationalistischen Richtung ist Abhängigkeit die Summe aller Faktoren, die den Entscheidungsspielraum des eigenen Nationalstaats einschränken und seine Entwicklungsmöglichkeiten zwar behindern, aber nicht völlig ausschließen.

Gemeinsamkeiten beider Richtungen bestehen in den Untersuchungsfeldern. Warum ist die ISI gescheitert? Welche Konsequenzen haben die Direktinvestitionen von Auslandskonzernen? Folge ist aus Sicht beider Lager die strukturelle Heterogenität der Gesellschaft in einen transnationalen Komplex von hoher Produktivität ohne Trickle-down-Effekte für den nationalen Sektor. Die Bedeutung des Primärsektors sinkt, der Tertiärsektor wächst, aber nicht als Resultat einer Deindustrialisierung wie in den Industrieländern, sondern hypertroph, weil es nicht zu einer normalen Industrialisierung gekommen ist. Die aus dem Agrarsektor Abwandernden finden keine industriellen Arbeitsplätze, sondern suchen in informellen städtischen Dienstleistungstätigkeiten (Schuhputzer, Losverkäufer, Müllsammler etc.) unterzukommen. Auch in der Periodisierung ist man sich einig. Die erste Phase der Unterentwicklung/ Abhängigkeit war die Kolonialzeit von 1500 bis 1810, gekennzeichnet durch die Plünderung vonseiten der Kolonialmächte Spanien und Portugal. Die zweite Phase reichte von der Unabhängigkeit bis zur Weltwirtschaftskrise der 1930er-Jahre. Sie war gekennzeichnet durch Eingliederung in die internationale Arbeitsteilung, Aufbau eines Primärgütersektors, Freihandel und Orientierung auf Großbritannien ganz so, wie von Ricardo empfohlen. Die dritte Phase reichte von den 1930er-Jahren bis zum Ende des Koreakriegs und war durch eine nationalkapitalistische Industrialisierung, durch Importsubstitution und Protektionismus gekennzeichnet. Die vierte Phase begann Ende der 1950er-Jahre und ist gekennzeichnet durch das Eindringen US-amerikanischer Konzerne und die Internationalisierung des Binnenmarkts. Eine fünfte Phase könnte demnach mit dem Auftreten Chinas als neuem großen weltwirtschaftlichen Akteur beginnen, dessen Rohstoff- und Nahrungsmittelhunger eine neue Phase der Primärgüterorientierung in Lateinamerika auslöst. Empirische Belege dazu gibt es bereits.

Grundsätzliche Unterschiede gibt es hingegen bei der Frage, wie man sich aus der Abhängigkeit löst und so die Unterentwicklung überwindet. Die Konsequenz der radikalen Position lautet, dass eine nationale Strategie nicht möglich ist, sondern die revolutionäre Umgestaltung des kapitalistischen Systems im Weltmaßstab voraussetzt. Deren Träger soll eine Koalition von Arbeitern, Bauern und Marginalisierten sein oder bloß eine Guerilla wie in Kuba. Die Kette des kapitalistischen Weltsystems soll wie bei Lenins Imperialismustheorie an ihrem schwächsten Glied gesprengt werden, nur dass dieses nicht mehr Russland, sondern aus Kuba und in der Folge aus anderen lateinamerikanischen Ländern gebildet wird. Che Guevara hat versucht, die kubanische Revolution nach Bolivien zu übertragen, indem er die dortige indianische Bevölkerung zu mobilisieren suchte. Erst als der Versuch gescheitert ist, die kubanische Revolution auf das lateinamerikanische Festland zu exportieren, musste Kuba sich in eine erneute Abhängigkeit von der Sowjetunion begeben, zumal der amerikanische Handelsboykott kaum eine andere Wahl ließ. Für Cardoso/Faletto hingegen ist eigenständige Entwicklung im nationalen Rahmen möglich, wobei die grundsätzliche Umstrukturierung der Außenbeziehungen durch eine neue Weltwirtschaftsordnung und regionale Integration (Mercosur!) die Voraussetzungen seien. Träger der Entwicklung sollen reformorientierte Staatsklassen sein, wie etwa die frühere peruanische Militärregierung. Cardoso hat demzufolge eine andere Karriere als Guevara durchlaufen. Statt gescheiterter Revolutionär, Märtyrer und Ikone der Dritte-Welt-Bewegung wurde er von 1995 bis 2002 Präsident Brasiliens, ohne dass in seiner Amtszeit die entwicklungspolitischen Konsequenzen aus seinen früheren Schriften erkennbar geworden wären. Faletto hat sich zuletzt von seinem Koautor distanziert. Derzeit findet die Dependenztheorie als Neostrukturalismus und politisch bei den linken lateinamerikanischen Regierungen (Venezuela, Bolivien) wieder Zulauf. Venezuela ist es auch, das Kuba (noch) mit billigem Öl subventioniert.

Neben dem lateinamerikanischen Fokus mit seinen akademischen Schwerpunkten in Chile während der Allende-Ära, in Mexiko und Brasilien gab es zwei Nebenschauplätze. Als Vertreter der karibischen Diskussion in Guayana und Jamaika reflektierten Autoren wie George L. Beckford (1934–1990) und Clive Thomas die reine und vollständige Form externer Durchdringung und Weltmarktorientierung, wie sie die Plantagenökonomien der Antillen seit 500 Jahren auszeichnet (Beckford 1972, Thomas 1974). Diese ließ keinen Raum für einen traditionellen Sektor, weil hier die indianische Bevölkerung vollständig ausgerottet wurde. Die Westindischen Inseln waren über Jahrhunderte die „Perlen" der europäischen Kolonialmächte. Die britischen Pflanzer auf Jamaika und anderen Karibikinseln schlossen sich nicht der Amerikanischen Revolution an, sondern verblieben im Empire. Daneben gab es in Ostafrika (Tansania, Uganda und Kenia) eine eigenständige Diskussion afrikanischer Autoren, Dani Wadada Nabudere (1932–2011), Justinian F. Rweyemamu (1942–1987), Issa G. Shivji (*1946), die sich in Dar es Salaam (Tansania) in der Blütezeit des Ujamaa-Sozialismus in der Regierungszeit Julius K. Nyereres (1922–1999) entfalten konnte. Hier lag der Schwerpunkt auf der Analyse der Klassenstrukturen in afrikanischen Bauerngesellschaften als Resultat externer Beherrschung (Alavi 1979).

Die Dependenztheorie wurde bei der europäischen und nordamerikanischen Linken begierig aufgenommen, weil sie sich so vorzüglich als Pendant zur Kritik der eigenen Gesellschaft eignete und dem entwicklungspolitischen Internationalismus eine theoretische Begründung lieferte. Sie war bei den politischen Eliten in den Entwicklungsländern sehr populär, weil sie unabhängig von deren jeweiliger politischer Provenienz eine bequeme externe Erklärung für interne Probleme lieferte, die Problemlösung nach außen verlagerte und so die Eliten der Notwendigkeit enthob, grundsätzliche gesellschaftliche Veränderungen wie Bodenreformen, Demokratisierung und Korrektur der ungleichen Einkommensverteilung in Angriff zu nehmen oder gar die vorrangige Rentenorientierung infrage zu stellen.

5 Die große Zeit der Entwicklungstheorie

5.1 Weltmarkt und ungleicher Tausch

Mit Beginn der 1970er-Jahre ist eine chronologische Darstellung kaum noch möglich. Einerseits bestand das modernisierungstheoretische Paradigma fort, auch wenn sich angesichts der nur partiellen Erfolge die Stimmen mehrten, die den Optimismus der 1950er- und 1960er-Jahre nicht mehr teilen wollten. Zu diesen Skeptikern gehörten prominente Entwicklungsökonomen wie Gunnar Myrdal, Albert O. Hirschman oder Paul Streeten (*1917). Auch die Weltbank zog 1984 erstmals eine kritische Bilanz. Andererseits spaltete sich das Lager der dependenz- und neoimperialismustheoretisch beeinflussten Autoren in viele separate Diskussionsstränge, in denen nur noch einzelne Aspekte weiter verfolgt wurden, die entwicklungsstrategischen Konsequenzen in den Vordergrund traten oder die Dependenztheorie selbst zum Gegenstand einer kritischen Beschäftigung wurde und Anlass zu Gegenentwürfen lieferte (Packenham 1992).

In der europäischen Diskussion, insbesondere in Frankreich, der Bundesrepublik und Großbritannien, nahm das Thema „Weltmarktanalyse" für einige Jahre den alles beherrschenden Raum ein. Das von Marx angekündigte, aber nie geschriebene sechste Buch seines Sechs-Bücher-Plans über den Weltmarkt sollte aus seinen wenigen verstreuten Hinweisen doch noch „rekonstruiert" werden. Da diese Hinweise, wie so vieles andere bei Marx, nicht konsistent waren, ließen sich daraus ganz unterschiedliche Bücher über den Weltmarkt fabrizieren. Während der Angriff von Singer/Prebisch auf die Außenhandelstheorie sich noch im Rahmen der neoklassischen Argumentation bewegte, nahmen neomarxistische Autoren die Terms-of-Trade-Debatte zum Anlass, den internationalen Handel grundsätzlich als entwicklungsblockierend zu betrachten, da er immer mit einem Einkommenstransfer verbunden sei. Das Ende des Kolonialismus und damit das Ende des offenen Transfers durch Raub oder Zwangsarbeit verlangte eine Theorie, die begründete, warum nach der Entkolonialisierung dieser Transfer in verdeckter Form fortbestehe. Internationale Ausbeutung durch Eingliederung in die internationale Arbeitsteilung wurde zum Kern der Begründung, warum in den ehemaligen Kolonialmächten und heutigen Industrieländern Entwicklung, in den ehemaligen Kolonien hingegen Unterentwicklung stattgefunden habe. Das Nullsummen-Denken der Merkantilisten erfuhr eine radikale Renaissance im Denken der Neomarxisten. Dass alte Kolonialmächte wie Portugal und vor allem Spanien, das sich bei der Plünderung seiner Kolonien ganz besonders hervorgetan hatte, nicht zu den industriellen Vorreitern gehörten und umgekehrt etliche Industrieländer wie die USA oder Deutschland kaum oder nur für kurze Zeit nennenswerten Kolonialbesitz hatten, dass viele der erst Ende des 19. Jahrhunderts erworbene Kolonien mehr gekostet als eingebracht haben dürften, wurde wenig reflektiert. Die Generalthese lautete: Die ursprüngliche Akkumulation in den Zentren ist durch die Ausbeutung der Peripherie zustande gekommen und hält immer noch an. Dass man damit zumindest partiell in Widerspruch zum Modernisierungstheoretiker Marx geriet, wurde völlig ausgeblendet.

Der eigentliche Mechanismus der internationalen Ausbeutung wurde im „Ungleichen Tausch", so die französische Schule, bestehend aus Samir Amin, Christian Palloix und Arghiri Emmanuel (1911–2001), der 1969 mit „L'échange inégal" den Begriff prägte, bzw. in der „Modifikation des Wertgesetzes auf dem Weltmarkt", so Gunther Kohlmey (1913–1999), Ernest Mandel (1923–1995), Klaus Busch (*1945) und die Berliner Diskussion (Busch/Schöller/Seelow 1971 u. a.), gesehen. Worum ging es in dieser sehr abstrakten und besonders abgehobenen Theoriedebatte? Das marxsche Wertgesetz besagt, dass das Austauschverhältnis zweier Waren durch das Verhältnis der in Arbeitseinheiten gemessenen Stückkosten bestimmt wird. Dahinter steht das naturrechtliche Prinzip von Leistung und Gegenleistung. Wenn ein Äquivalententausch (gleicher Tausch) vorliegt, herrscht Verteilungsgerechtigkeit, bei der Leistung zum Maßstab genommen wird, auch wenn nicht Arbeit schlechthin, sondern nur gesellschaftlich notwendige Arbeit, d. h. Arbeit durchschnittlicher Intensität und Produktivität, zum Maßstab genommen wird. Ob das im jeweiligen Tauschakt der Fall ist, stellt sich erst ex post über die Konkurrenz heraus, die wiederum über die Mobilität von Arbeitskraft und Kapital zwischen den einzelnen Branchen und Unternehmen vermittelt wird. Ganz im Sinne der klassischen Theorie führt die Mobilität der Arbeitskräfte zur Angleichung der Löhne, die Kapitalmobilität zum Ausgleich der Profitraten. Dieser klassische Umverteilungsmechanismus, der innerhalb einer Volkswirtschaft gilt, wird international durch die eingeschränkte Faktormobilität beeinträchtigt. Damit kommt es zur Verletzung des Wertgesetzes. Wenn die Preise der auf dem Weltmarkt ausgetauschten Waren nicht mit ihren Werten (im Sinne der Arbeitswerttheorie) übereinstimmen, wird die weltweite Produktion nicht entsprechend der von den einzelnen Ländern aufgewendeten Arbeitsleistungen verteilt. Diejenigen werden bevorteilt, deren Waren über Wert verkauft werden auf Kosten derjenigen, die ihre Waren unter Wert verkaufen müssen, wollen sie am internationalen Handel teilhaben. Damit ist wieder die zentrale marxistische Frage der Verteilungsgerechtigkeit angesprochen, wobei diesmal nicht die Verteilung des Arbeitsertrags zwischen Klassen (Kapitalisten und Arbeitern), sondern zwischen Ländern, nämlich denen, die ausbeuten, und denen, die ausgebeutet werden, angesprochen ist.

Welcher Mechanismus die Verletzung des Wertgesetzes bewirkt, darüber wurde intensiv unter Aufbietung unterschiedlicher Marx-Zitate gestritten. Emmanuels Argumentation lautet, dass analog dem Profitratenausgleich zwischen Kapitalen unterschiedlicher organischer Zusammensetzung (Verhältnis von Lohnsumme zu Anlagekapital), der im nationalen Rahmen zu einer Wertübertragung zwischen Unternehmen bei der Bildung der Durchschnittsprofitrate führe, eine solche Wertübertragung auch in internationalem Maßstab zwischen Ländern mit unterschiedlicher Durchschnittsprofitrate stattfinde (Emmanuel 1972, Amin 1973, Palloix 1971). Diese Argumentation unterstellt die gleiche Kapitalmobilität im internationalen wie im nationalen Rahmen. Die Gegenthese lautet, dass international, wie auch Ricardo seinerzeit angenommen hatte, (noch) keine vergleichbare Faktormobilität gegeben ist, insofern das Wertgesetz modifiziert werde. Gleichviel wie argumentiert wird, gemeinsam ist allen Beteiligten das Bemühen um die Widerlegung der neoklassischen Außenhandelstheorie. Internationaler Tausch zwischen Ländern unterschiedlichen Entwicklungsniveaus (ausgedrückt im unterschiedlichen Produktivitätsniveau der Volkswirtschaften) führt zu Wertübertragung und ist damit in einem naturrechtlichen Sinne unmoralisch, da der Gedanke von Leistung und Gegenleistung verletzt wird. Diesem Argument hatte sich die Grenznutzentheorie der Neoklassik durch die Aufgabe der objektiven Wertebene entzogen.

Ein befriedigendes Ergebnis wurde, selbst theorieimmanent, nicht erreicht, da die zentrale Streitfrage über das Ausmaß der internationalen Faktormobilität letztlich nur empirisch zu beantworten ist. Bemerkenswert ist jedenfalls, dass mit der ersten Ölpreiserhöhung 1973 die Weltmarktdiskussion nahezu schlagartig beendet wurde, weil deutlich wurde, dass auch andere Variablen als das Wertgesetz, nicht nur wirtschaftliche, sondern auch politische, das internationale Preisgefüge nachhaltig beeinflussen. Einerseits konnte in den 1970er-Jahren nicht mehr davon die Rede sein, dass eine generelle Tendenz zur Verschlechterung der ToT für Primärgüterproduzenten besteht, da zusammen mit den steigenden Ölpreisen auch ein Preisauftrieb bei anderen Rohstoffen zu verzeichnen war. Zum anderen wuchs die Erkenntnis, dass mit der Zunahme des Kapitalexports in die Entwicklungsländer in Form von Direktinvestitionen ein erheblicher Teil des internationalen Warenverkehrs konzerninterner Handel von Gütern unterschiedlicher Verarbeitungsstufe wurde, deren preismäßige Bewertung nur noch durch betriebswirtschaftliche Erwägungen bestimmt ist. Manche Autoren, so Raymond Vernon (1913–1999) und der Neorealist Robert Gilpin (*1930) drehten sogar das Argument mit der These um, dass die Auslandsinvestitionen multinationaler Konzerne nicht zur Ausbeutung der Entwicklungsländer, sondern über die damit verbundenen Produktionsverlagerungen und den Technologietransfer zur Schwächung der Mutterländer beigetragen haben (Vernon 1971, Gilpin 1987). Dies war am Ende die glatte Häresie gegenüber der anfänglichen Stoßrichtung der Multi-Diskussion.

Mittlerweile hat sich gezeigt, dass die internationale Mobilität der Produktionsfaktoren differenziert zu betrachten ist. Die Kapitalmobilität ist grenzenlos geworden, die Mobilität von Arbeitskräften könnte grenzenlos sein, wird aus politischen Gründen aber reglementiert. Auch die Mobilität des Bodens ist diversen Beschränkungen unterworfen, wenn auch das „Landgrabbing" in Subsahara Afrika und Lateinamerika Dimensionen erreicht hat, die der europäischen Siedlungsauswanderung zu Zeiten des klassischen Kolonialismus nicht nachstehen. Die Preise auf den Weltmärkten für Rohstoffe und Agrarprodukte sind mehr das Ergebnis von Spekulation als des Wirkens von Angebot und Nachfrage oder gar des „Wertgesetzes". Die Argumente der Neoklassiker wie der marxistischen Kritiker sind damit gleichermaßen obsolet geworden. Was bleibt, ist die schwer kalkulierbare Wirkung schwankender Weltmarktpreise für Entwicklungsländer.

In den 1970er-Jahren ging die Weltmarktdiskussion über in die Diskussion um die multinationalen Konzerne (Busch 1974, Senghaas/Menzel 1976), die in der Folge zu den neoimperialistischen Akteuren schlechthin stilisiert wurden. Damit wurde die anfänglich sehr ökonomistische Diskussion wieder politisiert. Die Modifikation der These von der internationalen Ausbeutung lautete nun, dass als Folge der weltweiten Zerlegung des Arbeitsprozesses in Teilfertigung die konzerninternen Verrechnungspreise den wesentlichen Mechanismus zur Wertübertragung darstellen. Außerdem ging es um die herrschaftssoziologische Dimension der Problematik und ihre Verknüpfung mit der Weltsystemtheorie (Bornschier 1980). International operierende Konzerne sind in der Lage, die nationale Gesetzgebung zu unterlaufen und so die wirtschaftspolitische Handlungsautonomie von Regierungen einzuschränken. Oder sie vermögen aufgrund ihres wirtschaftlichen Gewichts ihren Interessen entsprechende Sonderkonditionen durchzusetzen oder die politischen Eliten zu bestechen, die nur an Renteneinkommen interessiert sind. Insbesondere in den kleinen mittelamerikanischen (sogenannten Bananenrepubliken) oder afrikanischen Staaten, wo einzelne Konzerne im Agrar- oder Minensektor Monopolstellungen einnehmen, ließen sich dafür etliche Beispiele finden. Auch die direkte Intervention, um politisch genehme Regime an der Macht zu halten oder ungenehme von der Macht zu entfernen, gehört zu diesem Themenkomplex. Damit gerieten rententheoretische Überlegungen wieder stärker in den Fokus. Was geschieht mit den Renten, die internationale Rohstoffkonzerne an die politischen Eliten der Förderländer zahlen? Wie bestimmt deren Renteninteresse ihr politisches Handeln? Kann Rentenorientierung überhaupt zu Entwicklung führen?

5.2 Peripherer Kapitalismus

Während die Weltmarkt- und Multidiskussion eine Ausdifferenzierung der These von der internationalen Ausbeutung darstellte, verfolgte die Diskussion im Anschluss an die Arbeiten von Samir Amin (*1931) oder Aníbal Quijano (*1928) die Argumentation von der strukturellen Entwicklungsblockade im Innern als Folge der Eingliederung in die internationale Arbeitsteilung. Amins Ausgangsthese lautet, dass Kapitalismus keine weltweit homogene Angelegenheit ist. Der Kolonialismus habe zwar den Kapitalismus in alle Welt exportiert, aber nur in einem Teil der überseeischen Gebiete, da wo die einheimische Bevölkerung ausgerottet oder völlig in periphere Gebiete abgedrängt wurde, zur Durchsetzung des Kapitalismus, wie Marx im Hinblick auf Indien argumentierte, geführt. Ansonsten seien die örtlichen vorkapitalistischen Produktionsweisen nur überlagert und nicht aufgelöst oder vorkapitalistische Produktionsweisen, wie die Sklavenarbeit auf den Plantagen in der Karibik, gar erst begründet worden. Bei dieser Überlagerung sei der Kapitalismus aber immer dominant geblieben. Aus dieser Beobachtung diagnostiziert er einen fundamentalen Unterschied zwischen dem von ihm so genannten metropolitanen und dem peripheren Kapitalismus (Amin 1975). Ersterer ist strukturell homogen, letzterer strukturell heterogen, da es sich um eine Verschränkung diverser Produktionsweisen handelt. Während ersterer seine Dynamik aus einer tendenziell im Gleichgewicht befindlichen binnenwirtschaftlichen Beziehung zwischen Kapital- und Massenkonsumgütern gewinne, beruhe die Dynamik in der Peripherie auf der Verbindung von Primärgüter- und Luxusgütersektor, die nur über den Außenhandel miteinander verbunden sind.

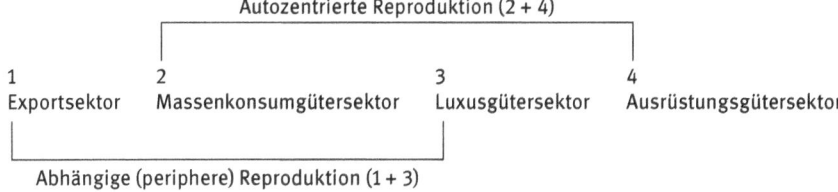

Abbildung I/5: Autozentrierte versus abhängige Reproduktion (Amin 1974, S. 72)

In den Ländern des Zentrums (Industrieländer) ist der Kapitalismus entstanden. Hier gibt es eine in der Tendenz ausgewogene Beziehung zwischen einem sich erweiternden Massenkonsumgütersektor (2) auf der Basis steigender Masseneinkommen (in anderer Terminologie das Fordistische Modell) und einem darauf bezogenen Ausrüstungsgütersektor (4) (siehe Abbildung I/5). Der Kapitalismus entfaltet eine eigenständige (autozentrierte) Binnendynamik, die auch nicht dadurch gestört wird, dass Primärgüter importiert und Fertigwaren exportiert werden. In den Ländern der Peripherie ist der Kapitalismus nur importiert worden und hat einen auf die Produktion von Primärgütern ausgerichteten Exportsektor (1) geschaffen. Für dessen Wachstum ist kein expandierender Binnenmarkt auf der Basis steigender Masseneinkommen notwendig, sondern die steigende Nachfrage im Ausland. Produktivitätssteigerungen im Exportsektor setzen sich nicht, wie bereits Singer/Prebisch argumentierten, in Lohnsteigerungen um, da der Binnenmarkt nicht relevant ist, die ausländischen Abnehmer nur an möglichst billigen Primärgüterimporten interessiert sind. Damit verschwindet der für den metropolitanen Kapitalismus konstitutive Zusammenhang von Produktivitätssteigerung und Lohnzuwachs. Der Lohn ist nur Kostenfaktor und kein Nachfragefaktor. Der innere Markt bleibt trotz Produktivitätsentwicklung im Exportsektor begrenzt und wird aufgrund der ungleichen Einkommensverteilung durch importierte Luxusgüter (3) bzw. Subsistenzprodukte des traditionellen Sektors bedient. Die Grundverbindung der Peripherie lautet deshalb Primärgüterexporte versus Luxusgüterimporte. Wenn es in manchen Ländern zur Industrialisierung durch Importsubstitution kommt, betrifft das nur die dauerhaften Konsumgüter (Luxusgüter), nicht aber die Massenkonsumgüter. Die Marginalisierung von Bauern und Kleingewerbe in Stadt und Land bleibt bestehen, Unterbeschäftigung und Arbeitslosigkeit werden strukturell. Diese Marginalisierung, so Amin, ist geradezu die Bedingung der Integration des Exportsektors in den Weltmarkt. Soweit überhaupt ein Ausrüstungsgütersektor (4) aufgebaut wird, steht er nur im Dienst der Sektoren (1) oder (3), nicht aber (2). Statt der an der Peripherie üblichen Sequenz (1) – (3) – (4), die ihre Grenze im Übergang von der leichten zur schweren Phase der ISI findet, wäre eine Sequenz (1) – (2) – (4) notwendig.

Amin entwickelt, u. a. gestützt auf etliche Fallstudien zu westafrikanischen Ländern, eine Typologie peripherer Gesellschaften, bei der er eine amerikanische (bezogen auf Lateinamerika), eine orientalische und eine afrikanische Produktionsweise unterscheidet. In Amerika wurden durch das Eindringen der Europäer die altamerikanischen Tributgesellschaften zerstört. Der Prozess der Unterentwicklung begann hier sehr früh schon zu Beginn des 16. Jahrhunderts. Mit dem Encomienda-System wurde eine pseudofeudale, mit den Minen und den indianischen Zwangsarbeitern eine pseudosklavenhalterische und mit den Plantagen und den verschleppten Afrikanern eine reine sklavenhalterische Produktionsweise etabliert. Alle drei Systeme wurden im Zeitalter des Merkantilismus von den Handelskompanien initiiert, waren folglich nur auf den Export nach Europa ausgerichtet. Daneben existierte die einfache Warenproduktion der europäischen Einwanderer. Im Laufe der Zeit bildete sich eine Kompradorenschicht als Vermittlungsinstanz, zuständig für den Außenhandel. Daraus entstand ein politisches Bündnis aus Großgrundbesitzern und Fernhändlern, sodass eine in beider Interessen liegende Freihandelspolitik verfolgt wurde. Die oppositionelle nationale Partei, die an einer eigenständigen Industrialisierung interessiert war, konnte sich erst im Verlauf der Weltwirtschaftskrise in den 1930er-Jahren durchsetzen, weil die Fortsetzung der Exportorientierung nicht mehr möglich war. Mit Vargas in Brasilien, Peron in Argentinien und Cardenas in Mexiko kamen populistische Regierungen an die Macht, die eine durch Schutzzölle abgesicherte und auf den Binnenmarkt orientierte ISI verfolgten.

Während in Amerika die vorkolonialen Tributgesellschaften zerstört wurden, vermochten sich diese im Orient (Naher, Mittlerer Osten und Ferner Osten) zu erhalten und wurden erst im 19. Jahrhundert kapitalistisch überlagert. Diese hybride Konstellation hatte von Land zu Land ganz unterschiedliche Ausprägungen. In Indien wurde die traditionelle Textilindustrie durch die britische Konkurrenz ruiniert, während die Landwirtschaft (Baumwolle, Tee, Mohn, Jute) sich auf britischen Druck zu spezialisieren hatte. In Indonesien wurde von den Niederlanden ein typischer Plantagensektor aufgebaut. China, Persien, Thailand und das Osmanische Reich wurden nicht förmlich kolonisiert. Deren Integration in den Weltmarkt erfolgte spät, zum Teil erst im 20. Jahrhundert, sodass der Prozess der Unterentwicklung auch spät einsetzte. Im arabischen Raum kam es zum Niedergang des traditionellen Fernhandels als Folge der Verlagerung der Handelsrouten durch die europäische Konkurrenz auf die Seeroute um Afrika herum. Die Kolonisierung erfolgte erst gegen Ende des 19. Jahrhunderts. Die Konstellation in Afrika war besonders heterogen, da hier ursprünglich etwa 200 separate Regionen bestanden haben. Westafrika wurde im Zuge des Sklavenhandels sehr früh in den Weltmarkt integriert, wurde zum Afrika der kolonialen Tauschwirtschaft als einer der Ecken des atlantischen Dreiecks und zur Peripherie der amerikanischen Peripherie (wie die Philippinen auf der pazifischen Seite). Das Kongobecken wurde zum Afrika der Konzessionsgesellschaften, das spät durch den Bergbau in den Weltmarkt integriert wurde. Der Osten und Süden wurden zum Afrika der Reservate, weil hier europäische Siedlerkolonien gegründet wurden. Dies ist der Grund, warum das südliche Afrika als letzte Region den Entkolonialisierungsprozess durchlaufen hat.

Diese Typologie ist bei Amin nur rudimentär ausgearbeitet, macht aber deutlich, dass er zur differenzierten Richtung der Dependenz- bzw. Weltsystemtheorie gehört. Er bietet auf jeden Fall Ansatzpunkte zur Erklärung, warum die verschiedenen Teile der Welt nach der Entkolonialisierung ganz unterschiedliche Entwicklungsverläufe eingenommen haben. Relevant sind für ihn die Dauer der Kolonialzeit (ca. 500 Jahre in der Karibik – nur wenige Jahrzehnte in Ostafrika oder gar kein Kolonialismus wie in Persien, Thailand, Äthiopien oder China), ob die vorkolonialen Gesellschaften zerstört wurden (Lateinamerika) oder sich erhalten konnten (Asien) und welche wirtschaftlichen Konsequenzen der Kolonialismus hatte (Plantagen, Minen, Sklaven, Handel, europäische Siedler). Dennoch identifiziert Amin typische Elemente, die allen peripheren Gesellschaften gemeinsam sind und sie von metropolitanen unterscheiden. Die Ausprägungen dieser Elemente sind zwar anfänglich sehr unterschiedlich, bewegen sich aber auf ein gemeinsames Profil hin. Im nationalen Sektor kommt es zur Vorherrschaft des Agrarkapitalismus, entweder in der Variante „Latifundienwirtschaft mit Sklavenarbeit" oder „Bewirtschaftung mit Landarbeitern", also zu einer Integration in den Weltmarkt unter Beibehaltung feudaler Strukturen. Die kleinbäuerliche Wirtschaft kann sogar erhalten bleiben wie in Afrika. Daneben entsteht eine lokale Bourgeoisie in Abhängigkeit des dominanten ausländischen Sektors zur Vermarktung der Agrarexportgüter. Deshalb formiert sich kein autonomes Bürgertum, sondern nur eine Kompradorenschicht zwischen traditionellen inländischen Produzenten und ausländischen Abnehmern. China ist hierfür der typische Fall. Weil die nationale Bourgeoisie fehlt oder zu schwach ist, um die politische Führung zu übernehmen, formiert sich ein bürokratischer Apparat, die sogenannte Staatsklasse. Ob diese Bürokratie in Traditionen wurzelt, die schon entstanden sind, bevor die Länder in den Weltmarkt integriert wurden, wird von Amin nicht thematisiert.

Jedenfalls wurden diese Bürokratien bzw. „Staatsklassen", ggf. in Verbindung mit dem Militär, in vielen Ländern seit der Unabhängigkeit zum einzigen Träger der Herrschaft. Das ist der Hintergrund, warum es in den Entwicklungsländern zur Etablierung so vieler afrikanischer, arabischer und asiatischer „Sozialismen" gekommen ist, die aus den nationalen Befreiungsbewegungen hervorgegangen sind und die die alten Kompradoren und Großgrundbesitzer entmachtet haben. Wenn der Kapitalismus bzw. die Logik des Profits aufgrund eines schwachen oder fehlenden Bürgertums sich nicht durchsetzen konnte, blieb die Rentenorientierung dominant. Folglich konnte es auch nicht zu einer Proletarisierung im Sinne einer dominanten Lohnarbeiterschaft, sondern nur zur Marginalisierung großer Teile der Bevölkerung aufgrund der krassen Ungleichheit in der Einkommensverteilung kommen, konnten sich keine starken Gewerkschaften bilden, die Lohnsteigerungen durchsetzen, konnte sich kein Massenkonsumgütersektor etablieren, sondern nur der rentenbasierte Luxuskonsum der Staatsklassen, Großgrundbesitzer und Kompradoren.

Diese Typologie hätte es verdient, sehr viel differenzierter ausgearbeitet zu werden. Sie hätte die entwicklungstheoretische Diskussion in ihrem linken Spektrum in ganz andere Bahnen gelenkt. Amin liefert immerhin ansatzweise ein Gegenmodell zur Modernisierungstheorie. Die peripheren Gesellschaften sind nicht zurückgeblieben, sondern Hybridgesellschaften unterschiedlichen Typs, in denen mit dem ausländischen Sektor nur Elemente (in manchen Ländern allerdings seit Jahrhunderten) moderner Gesellschaften vorhanden sind. Der nationale Sektor hat ganz unterschiedliche Ausprägungen, der traditionelle Sektor bleibt vielfach trotz Integration erhalten. Gemeinsames Merkmal unterentwickelter Länder ist die „strukturelle Heterogenität", weil die Kräfte zu einer durchgreifenden Modernisierung und Aufsaugung der traditionellen Elemente zu schwach sind und damit keine strukturelle Homogenität erreicht werden kann. Diese strukturelle Heterogenität als Resultat peripherer Entwicklung erinnert an Galtungs „identische Tiefenstrukturen".

Um die periphere durch eine autozentrierte Entwicklung zu ersetzen, so die strategische Schlussfolgerung, muss eine Abkoppelung (Dissoziation) vom Weltmarkt vollzogen werden (Amin 1990). Nach erfolgter interner Restrukturierung der Ökonomie sei ein Prozess „autozentrierter Entwicklung" (Simonis 1986) in Gang zu setzen, der dem metropolitanen Schema von gleichgewichtigem Wachstum des Kapital- und Massenkonsumgütersektors entspricht. Dabei könne ggf. eine regionale Kooperation peripherer Ökonomien hilfreich sein. Dieter Senghaas (*1940) hat diese Strategie in „Weltwirtschaftsordnung und Entwicklungspolitik" (1977) auf die griffige Formel der drei entwicklungspolitischen Imperative (Dissoziation, interne Restrukturierung und regionale Kooperation) gebracht. Wie diese Imperative in die politische Praxis umzusetzen seien, darüber werden von Amin nur vage Angaben gemacht. Letztlich läuft Amins Konzept auf eine sozialistische Revolution hinaus, um die Abkoppelung nach außen und die Umstrukturierung nach innen politisch durchzusetzen. Dass bei einer solchen Strategie die Größe eines Landes eine wichtige Variable ist, eine tendenziell auf Abkoppelung ausgerichtete Strategie eher in großen, bevölkerungsreichen und mit Ressourcen komplett ausgestatteten Ländern als in kleinen möglich ist, wurde nicht weiter reflektiert. Länder wie Albanien, Nordkorea und vor allem Kambodscha haben in den 1970er-Jahren vermutlich am ehesten seinen Vorstellungen entsprochen. Zumindest Pol Pot dürfte während seiner Pariser Zeit von Amin theoretisch beeinflusst worden sein. Die totalitären Konsequenzen der radikalen Version der Abkoppelungstheorie hat er nicht thematisiert.

Stattdessen wurden die praktischen Erfahrungen der Volksrepublik China, die sich in den 1960er- und 1970er-Jahren weitgehend aus dem Weltmarkt zurückgezogen hatte, als empirischer Beleg einer erfolgreichen Abkoppelungsstrategie interpretiert (Menzel 1978). Die Parole „unabhängig und im Vertrauen auf die eigene Kraft" war ein wesentliches Element des maoistischen Entwicklungsmodells. Im Unterschied zur radikalen Version der Dependenztheorie, die die Aufhebung der Unterentwicklung nur im Weltmaßstab für möglich hielt, verfolgten Amin und Senghaas also eine radikalisierte Version der listschen Argumentation, deren Gültigkeit auch für dessen „Länder der heißen Zone" angenommen wurde. Missverstanden wurde das „Plädoyer für Dissoziation" (Senghaas 1977) von vielen Rezipienten, Anhängern wie Kritikern, insofern, als die Abkoppelung bereits als Ziel und nicht als Instrument für nachholende Entwicklung angesehen wurde. Nur in Verbindung mit den Imperativen 2 und 3 (interne Restrukturierung und regionale Kooperation) ergibt der Imperativ überhaupt

Sinn. Dass eine dissoziative Politik nicht notwendig an sozialistische Regime gebunden war, zeigte die spätere asienbezogene Schwellenländerdiskussion. Trotz deren unbestreitbarer Weltmarktintegration verfolgten Länder wie Südkorea eine massive, neomerkantilistisch motivierte, Staatsintervention, die bewusst auf der Importseite (nicht der Exportseite!), das neoklassische Dogma der komparativen Vorteile verletzte (Menzel 1985).

5.3 Neue Weltwirtschaftsordnung versus Grundbedürfnisse

Parallel zu der abstrakten strukturalistischen Theoriebildung im Anschluss an die Dependenztheorie entwickelte sich eine eher pragmatisch orientierte Debatte, die in den Forderungen nach einer Neuen Weltwirtschaftsordnung (NWO) gipfelte (Sauvant/Hasenpflug 1977). Die Entkolonialisierung hatte in den 1960er- und 1970er-Jahren durch die Aufnahme vieler neuer Staaten die politischen Gewichte in den Vereinten Nationen verschoben. Die Blockfreienbewegung und später die „Gruppe der 77" innerhalb der UNCTAD hatten Foren geschaffen, um gemeinsame Interessen zu identifizieren, zu artikulieren und auch in gemeinsame politische Forderungen umzusetzen. Der kleinste gemeinsame Nenner war dabei, unter Ausklammerung der divergierenden Interessenlagen aufgrund unterschiedlicher politischer Systeme, die Konzentration auf die Veränderung der weltwirtschaftlichen Rahmenbedingungen. Die UNCTAD wurde zur Speerspitze dieser Forderungen, die sich theoretisch auf die Singer-Prebisch-These und im weiteren Sinne auf die Argumente der Dependenztheorie berief. Unterstützt wurden diese Forderungen von den auf keynesianischem Gedankengut basierenden Empfehlungen der diversen Nord-Süd-Kommissionen wie dem „Brandt-Bericht" „Das Überleben sichern" (1981) oder dem Bericht der South Commission (The Challenge to the South 1990).

Analog zum erfolgreichen Vorbild der OPEC sollte über eine globale Interventionspolitik zumindest eine Stabilisierung, wenn nicht eine Erhöhung der Rohstoffpreise durchgesetzt werden, sollte ein stärkerer Ressourcentransfer in die Entwicklungsländer stattfinden und sollte der Protektionismus der Industrieländer abgebaut werden, um den Marktzugang der Agrar- und Rohstoffproduzenten und der jungen Industrieländer in den alten Industrieländern zu verbessern. An dieser Stelle wurde das Freihandelsargument erstmals mit verkehrter Stoßrichtung eingesetzt. Aus heutiger Sicht ist allerdings zu konstatieren, dass von diesen Forderungen kaum etwas verwirklicht wurde, weil die alten Industrieländer Widerstand leisteten, der Agrarprotektionismus in der EU beibehalten wurde und weil die Interessenlage der Entwicklungsländer selbst auf außenwirtschaftlichem Gebiet noch zu heterogen war. Die OPEC wurde nicht zum Modell für andere Rohstoffproduzenten, sondern blieb ein Sonderfall. Allerdings orientierten sich die Preise für andere Energieträger am Öl bzw. wurden regelrecht daran gekoppelt. Im Sog der steigenden Energiepreise kam es zu Beginn des 21. Jahrhunderts zum starken Anstieg der Rohstoffpreise, wobei weniger die Kartellpolitik der OPEC als die Spekulation an den Rohstoffmärkten die Ursache war.

Jedenfalls partizipierten daran auch Öl- und Gasexporteure wie Russland, Norwegen oder Großbritannien und die Anrainer des Kaspischen Meeres, die Energieregion der Zukunft, die alle keine OPEC-Mitglieder sind. Aber auch das Wachstum vieler afrikanischer Länder in dieser Phase ist auf steigende Rohstoffpreise zurückzuführen – wenn man so will die empirische Falsifizierung der Singer-Prebisch-These von der säkularen Verschlechterung der ToT zuungunsten der Entwicklungsländer.

Gleichzeitig wurden aus dem Umkreis der Weltbank, in der der Einfluss der Entwicklungsländer im Unterschied zur UNCTAD aufgrund anderer Stimmenverteilung (Quotensystem entsprechend den Kapitalanteilen) sehr viel geringer ist, kritische Stimmen laut, die, nicht zuletzt vor dem Hintergrund der damals einsetzenden Diskussion um die „Grenzen des Wachstums" (Pearson-Bericht 1969), die überkommenen Wachstumsstrategien infrage stellten, zumal sich ganz offensichtlich die soziale Frage in vielen Ländern immer weiter dramatisierte. Die berühmte Nairobi-Rede des damaligen Weltbankpräsidenten Robert McNamara (1916–2009) aus dem Jahre 1973 hatte katalytisch gewirkt. McNamara forderte eine gezielte Hilfe für die absolut Armen in der Dritten Welt. Daraus resultierten die Programme zur Förderung der Kleinbauern und die Grundbedürfnisstrategie (Basic Needs) von Paul Streeten, die sich nicht mehr nur am volkswirtschaftlichen Wachstum, sondern an dessen Verteilung, insbesondere der Verbesserung der elementaren Lebensbedingungen der einfachen Bevölkerung orientierten (Streeten u. a. 1981).

Auf theoretischer Ebene stand dafür das Argument, dass Wirtschaftswachstum auch auf der Basis vorangegangener oder zumindest gleichzeitiger Umverteilungsmaßnahmen möglich sei. „Redistribution with Growth" (1974), lautete der Titel eines einschlägigen Buches von Hollis Chenery (1918–1994) u. a. Damit war die Gegenposition zu den frühen Entwicklungsökonomen und Modernisierungstheoretikern formuliert, die im Sinne der kuznetsschen U-Hypothese von der Notwendigkeit ausgegangen waren, dass Wachstum, sogar auf Kosten zunehmender Ungleichheit, der Umverteilung voranzugehen habe (growth first, redistribution later). Dieses Argument hatte Simon Kuznets (1901–1985) empirisch aus der Messung der Einkommensverteilung über die Frühphase von Industrieländern gewonnen (siehe Abbildung I/6). Theoretisch begründet wurde die U-Hypothese mit dem Argument, dass eine anfängliche Einkommenskonzentration notwendig sei, um sparen und investieren zu können. Nur so könne Wirtschaftswachstum in Gang gesetzt werden und zu weiterem Einkommen führen, das als Folge der Verknappung von Arbeitskraft und dem Aufbau gewerkschaftlicher Gegenmacht umverteilt werden könne. Im Verlauf des Industrialisierungsprozesses werde so die Ungleichheit in der Einkommensverteilung wieder abnehmen.

Der empirische und theoretische Gegenbeleg („Growth with Equity") wurde von Autoren wie John C. H. Fei (1923–1996) und Gustav Ranis (1929–2013) aus den Erfahrungen von Taiwan und Südkorea gewonnen, Länder, in denen zu Beginn der Industrialisierung durch Bodenreformen eine Homogenisierung der Einkommen erzielt worden war (Fei/Ranis/Kuo 1979). Dieser Alternative liegt heute die Kontroverse zugrunde, ob eine angebotsorientierte (neoliberale) oder eine nachfrageorientierte

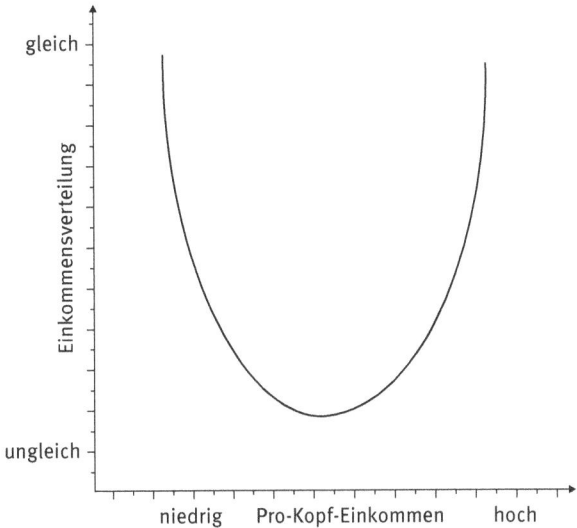

Abbildung I/6: Kuznets-Kurve (Kuznets 1955)

(keynesianische) Wirtschaftspolitik (niedrige Löhne, um die Kosten zu senken oder hohe Löhne, um die Nachfrage zu steigern), die bessere Wachstumsstrategie ist. Auch hier ist wieder relevant, ob das Wachstum vorrangig binnenmarkt- oder exportgetrieben ist, ob es sich um kleine oder große Länder handelt. Anlass zu diesem theoretischen Umdenken hatte sicherlich auch die Radikalisierung der sozialen Bewegungen in den Entwicklungsländern in den 1970er-Jahren gegeben. Unter dem Einfluss der Volkrepublik China, die ihre Strategie ländlicher Entwicklung im Rahmen von Volkskommunen als Modell propagierte und in afrikanische Länder zu exportieren suchte, gewannen agrarsozialistische Vorstellungen wie die Ujamaa-Bewegung in Tansania an Popularität. Dieser sollte durch die von der Weltbank unter dem Einfluss McNamaras (Worldbank 1981) propagierter Grundbedürfnis- und Kleinbauernstrategie entgegengewirkt werden. Nicht mehr das sowjetische Industrialisierungsmodell, sondern das maoistische Entwicklungsmodell wurde zum Antipoden der westlichen Entwicklungspolitik in den ganz armen Ländern.

5.4 Weltsystemtheorie Wallerstein versus Elsenhans

Neben der Umsetzung der aus der Dependenztheorie gewonnenen Einsichten für die entwicklungspolitische Praxis wurde auch die kategoriale Globalanalyse weitergetrieben. Autoren wie Amin, Arrighi, Frank und vor allem der Soziologe und Afrikanist Immanuel Wallerstein (*1930) entwickelten ein neues Paradigma, die Weltsystemtheorie, die beansprucht, eine Theorie der Akkumulation im Weltmaßstab und, darauf aufbauend, eine Theorie über Struktur und Entwicklungsdynamik des internationalen

Systems insgesamt zu liefern (Senghaas 1979). Heute würde man von einer Theorie der Globalisierung bzw. einer Theorie der Gewinner und Verlierer im Globalisierungsprozess sprechen. Auf diese Weise sollte die Perspektive der klassischen Imperialismustheorie mit der der Dependenztheorie vereinbart werden. Organ der Weltsystemtheoretiker ist die vom Fernand Braudel-Center in Binghampton, N. Y. herausgegebene Zeitschrift „Review". Der Name des Centers erinnert an den französischen Historiker Fernand Braudel (1902–1985), der mit seinem dreibändigen Werk „La Méditerranée et le Monde Méditerraneén à L'Epoque de Philippe II" (1998) die strukturalistische Geschichtsschreibung begründet hat und dessen Tradition sich Wallerstein als Direktor des Zentrums verpflichtet fühlt. Analyseeinheit der Weltsystemtheorie sind konsequenterweise weder der Nationalstaat oder gar Regionen unterhalb oder oberhalb des Nationalstaats, sondern das Weltsystem insgesamt. Seine Teile geraten nur ins Visier unter der Perspektive, welche Funktionen sie für das Gesamtsystem haben.

Dabei unterscheidet Wallerstein zwei Typen, Weltreiche mit einer zentralistischen politischen Struktur und Weltwirtschaften ohne gemeinsame politische Struktur (Wallerstein 1979). Weltreiche sind restributiv und werden durch einen bürokratischen und militärischen Apparat zusammengehalten. Die Eroberung und Aufbringung der Überschüsse an der Peripherie zur Finanzierung dieses Apparats ist das Äquivalent für Sicherheit und Ordnung, die der Peripherie gewährt werden. Fernhandel ist bürokratisch gelenkter Handel mit Luxusgütern. Weltreiche haben keine inhärente Tendenz zur Dynamik, da mögliche Überschüsse immer als Tribut absorbiert werden, sodass für die Produzenten kein Anreiz für Produktivitätssteigerungen existiert. Wenn das Weltreich zu groß wird, der bürokratisch-militärische Aufwand, es zusammenzuhalten, den Nutzen übersteigt, kommt es zur imperialen Überdehnung, zur Desintegration der Teile und schließlich zum Zerfall. Beispiele für die Weltreichstheorie sind Rom, das Mongolische Reich, das Osmanische Reich, das Inka-Reich und als letzter historischer Fall das Reich der Spanischen Habsburger. Von Wallerstein nicht als solches klassifiziert könnte man aber auch das zaristische Russland bzw. die Sowjetunion als dessen Nachfolger hinzuzählen.

Weltwirtschaften benötigen demgegenüber kein politisches Zentrum, sondern werden durch den Markt, also die internationale Arbeitsteilung und den internationalen Handel zusammengehalten. Sie entstehen in dem Moment, in dem Staaten durch Fernhandel verbunden werden. Gemeint ist aber nicht der spärliche Handel mit Luxusgütern, sondern ein regelmäßiger und quantitativ substanzieller Handel mit Stapelgütern. Das war welthistorisch erstmals im 16. Jahrhundert in Europa mit dem Handel zwischen dem Ostseeraum und Westeuropa, von den Niederländern organisiert, der Fall. Damit wendet sich Wallerstein gegen den frühen Frank, der den Beginn des Weltsystems etwa 100 Jahre früher mit Beginn der portugiesisch/spanischen Expansion im Anschluss an die erste Kolumbusreise ansetzt. Diesem innereuropäischen Fernhandel lag eine Arbeitsteilung zwischen Rohstoffproduzenten im Osten (Ostsee und später Schwarzes Meer) und Fertigwarenproduzenten in Nordwesteuropa zugrunde. Im Westen kam es zur Bauernbefreiung, im Osten zur zweiten Leibeigenschaft.

Die Grundthese Wallersteins, die in seinem auf sechs Bände angelegten Hauptwerk „The Modern World-System" (1974–2011) mit großem historiografischen Aufwand entfaltet wird, lautet, dass die alten Weltreiche schrittweise durch ein Weltsystem abgelöst werden. Der Aufstieg und Niedergang einzelner Mächte und der Wechsel der Führungsposition hat keine Konsequenzen für die Funktionsmechanismen des Systems, sehr wohl aber für den Rang, den seine Teile innerhalb des Systems einnehmen. Von der Positionierung hängt die Disposition in Richtung Entwicklung bzw. Unterentwicklung ab. Auf Phasen der Expansion, in der immer neue Teile der Welt in das System integriert werden, folgen, zeitlich sich überlappend, Phasen der Konsolidierung, die seine Struktur vertiefen. In einem sich über Jahrhunderte hinziehenden Prozess wird so am Ende die gesamte Welt Teil des modernen Weltsystems. Da Wallerstein und der ähnlich argumentierende Frank einen Kapitalismusbegriff verwenden, der allein von dem Kriterium ausgeht, ob Marktproduktion vorliegt, ist es ihnen möglich, auch Produktionsweisen, die nicht auf freier Lohnarbeit beruhen, als kapitalistisch zu bezeichnen.

Er formuliert auch eine Soziologie des modernen Weltsystems, deren wichtigstes Merkmal eine Dreiteilung in Zentrum, Peripherie und Semiperipherie ist, die sich bis etwa 1640 etabliert hat. Das Zentrum wurde damals aus Westeuropa gebildet, die Semiperipherie aus dem mediterranen Europa einschließlich Spaniens und die Peripherie aus Osteuropa und der Westlichen Hemisphäre, die aber nur randständig dazugehörte. Die „äußere Arena" bildeten andere vormoderne Weltsysteme vom Typ Weltreich in Asien. Im Zuge der europäischen Expansion wurden weitere Teile der Welt integriert. Asien und Afrika wurden Peripherie, Russland und Japan Semiperipherie. Die Fälle USA und später Japan zeigen, dass sogar eine Aufwärtsmobilität von der Peripherie über die Semiperipherie ins Zentrum möglich ist. Heute würde er vermutlich die ostasiatischen Schwellenländer dazuzählen.

Die Semiperipherie spielt herrschaftssoziologisch eine besondere Rolle, da sie ein stabilisierendes Zwischenglied darstellt. Sie wird durch den ungleichen Tausch zwar ausgebeutet, beutet selbst aber auch die Peripherie aus und verhindert so eine internationale Polarisierung. Die Position jeden Landes wird letztlich durch die Position in der internationalen Arbeitsteilung bestimmt. Primärgüterproduzenten sind immer ganz unten. Aufwärtsmobilität ist nur durch technologische Entwicklung und Produktivitätsfortschritte möglich. Auch die sozialen Merkmale der Teilsysteme sind durch das System determiniert. Das Zentrum zeichnet sich aus durch einen starken, d.h. leistungsfähigen Staat, durch freie Lohnarbeit, starke Städte, eine starke einheimische Bourgeoisie, durch kulturelle Homogenität und Politik. An der Peripherie gibt es schwache Staaten, außerökonomischen Zwang bei den Arbeitsbeziehungen, schwache Städte, schwache und von ausländischen Einflüssen durchsetzte Bourgeoisien und eine pluralistische Kultur und Politik. In der Semiperipherie gibt es die entsprechenden Zwischenformen. Wie Frank ist auch Wallerstein Anhänger des Nullsummendenkens. Aufstieg eines Teils des Weltsystems ist immer mit dem Abstieg eines anderen Teils verbunden. Derzeit geht der Aufstieg der asiatischen Schwellenländer und vor allem Chinas zulasten der alten Industrieländer.

Bei seiner Periodisierung unterscheidet Wallerstein sechs Phasen, die in etwa den sechs Bänden des Hauptwerks entsprechen (Wallerstein 2011, S. XI–XVII). Die erste Phase reicht von 1450 bis 1640 und umfasst die Entstehung der europäischen Weltwirtschaft im langen 16. Jahrhundert, das die sogenannte Krise des Feudalismus abgelöst hat. Warum der Kapitalismus gerade in Westeuropa entstanden ist, wird nicht weiter erläutert, hängt ebenso wie die Industrielle Revolution von historischen Zufälligkeiten ab. Diese Phase führt zur Teilung in West- und Osteuropa. Konsequenz der innereuropäischen Arbeitsteilung ist im Westen die endgültige Bauernbefreiung und im Osten die zweite Leibeigenschaft. Gleichzeitig steigt der Mittelmeerraum einschließlich der Iberischen Halbinsel zur Semiperipherie ab, Amerika wird als Peripherie integriert.

Die zweite Phase dauert von 1600 bis 1750 und fällt zusammen mit der sogenannten Krise des 17. Jahrhunderts. Sie ist geprägt durch den Merkantilismus, die Konsolidierung der europäischen Weltwirtschaft und die Positionskämpfe der Niederlande, Englands und Frankreichs um die Führungsrolle. Die dritte Phase reicht bis zu den 1840er-Jahren. Sie ist die Phase der Durchsetzung des Industriekapitalismus und die zweite Phase der europäischen Expansion. Asien und Afrika werden als Peripherie integriert, Russland und die USA steigen zur Semiperipherie auf. Die vierte Phase beginnt 1789 und reicht bis 1873/1914, entspricht also in etwa dem „langen 19. Jahrhundert" und widmet sich der Schaffung einer „Geokultur" des modernen Weltsystems. Darunter versteht Wallerstein den Triumph des Liberalismus des Zentrums. Entsprechend seiner Theorie handelt es sich um eine neue Phase der Konsolidierung des Systems, in der Großbritannien ins Zentrum rückt. In der fünften, wieder expansiven Phase (1873–1968/89) wird Großbritannien von den USA abgelöst und in der sechsten (1945/68–ca. 2050) vermutlich die USA von China. Da Wallerstein seinen Arbeitsplan aber bereits mehrfach von einem ursprünglichen Vier-Bücher- zu einem Sechs-Bücher-Plan modifiziert und ausgeweitet hat, wird man sehen, wie er sich die Zukunft mit Erscheinen des sechsten Bandes vorstellt.

Ähnlich wie George Modelski (1926–2014) versucht Wallerstein, die Auf- und Abstiegsphasen einzelner Führungsmächte mit den langen Wellen der Konjunktur, den sogenannten Kondratieff-Zyklen, in Verbindung zu bringen mit dem Argument, dass die Innovationsschübe, die eine lange Welle auslösen, auch immer eine wirtschaftliche Führungsmacht produzieren, da die Innovationen nicht nur zeitlich gebündelt, sondern auch konzentriert auf einzelne Länder erfolgen (Modelski 1987, Modelski/Thompson 1996). Eine Lösung der Entwicklungsproblematik für die Peripherie ist deshalb nur möglich, wenn sie eine Aufwärtsmobilität in der internationalen Arbeitsteilung vollzieht. Diese wird allerdings durch den Abstieg anderer Teile erkauft. Der Aufstieg Ost- und Südostasiens muss demzufolge zwangsläufig zum Abstieg der alten westlichen Industrieländer führen. An die Stelle der liberalen Utopie „Alle können gewinnen" bzw. „Alle können sich entwickeln", tritt erneut das Nullsummen-Denken, das uns bereits im Merkantilismus begegnet ist. Als Alternative bleibt nur, dass die Strukturen des Systems insgesamt verändert werden müssen. Wie das geschehen soll, darüber macht Wallerstein keine Aussagen.

Wallerstein und Frank haben, gerade wegen ihres globalen Ansatzes, zahlreiche Kritik (Imbusch 1990) und Gegenentwürfe provoziert (Blaut 1992). Einer der prominentesten Kritiker ist der US-Amerikaner Robert Brenner (*1943), der unter Rückgriff auf die Debatte der 1950er-Jahre zwischen Maurice Dobb (1900–1976) und Paul M. Sweezy über die Ursachen des Übergangs vom Feudalismus zum Kapitalismus (Sweezy u. a. 1978) die These aufstellt, dass nicht die internationale Arbeitsteilung, sondern der von Region zu Region unterschiedliche Ausgang sozialer Kämpfe auf dem Land verantwortlich ist, ob ein Land Zentrum oder Peripherie wird. Diese These wird von Brenner unter Bezug auf den ersten 1974 erschienenen Band von Wallersteins „Modern World-System" anhand der unterschiedlichen Entwicklung von West- und Osteuropa diskutiert. Nicht die innereuropäische Arbeitsteilung ist für die Herausbildung des Ost-West-Gefälles verantwortlich, sondern die erfolgreiche Bauernbefreiung in Westeuropa im Anschluss an die Krise des Feudalismus. Diese habe dort eine kapitalistische Dynamik in Gang gesetzt, während in Osteuropa die Grundherren ihre Position wieder zu stärken und die Bauern in die zweite Leibeigenschaft zu zwingen vermochten (Brenner 1985).

Eine Verwandtschaft zu Barrington Moores Theorie über die Ursachen der unterschiedlichen politischen Entwicklung zwischen West- und Osteuropa ist augenscheinlich (Moore 1974). Wittfogel hätte an dieser Stelle argumentiert, dass die Mongolenherrschaft über Russland und Teile Südosteuropas zwischen 1250 und 1350 dafür verantwortlich war, dass Osteuropa von der europäischen Entwicklung, insbesondere der späteren Aufklärung, abgekoppelt wurde und sich deshalb eine Variante der asiatischen Despotie erhalten konnte. Gegen die strukturalistische Argumentation der Weltsystemtheoretiker wird hier die Seite von Marx stark gemacht, die darauf insistiert, dass die Geschichte eine Geschichte von Klassenkämpfen ist. Damit hatte Brenner eine in den folgenden Jahren an Intensität zunehmende Debatte zwischen Externalisten und Internalisten wieder eröffnet. Jene verwiesen auf die identischen Tiefenstrukturen von Peripheriegesellschaften aufgrund der Wirkung von Weltmarkt und internationaler Arbeitsteilung, während diese die jeweiligen soziopolitischen Unterschiede im Innern der Länder und daraus resultierenden Differenzierungen im Weltsystem in den Vordergrund stellten.

Ein ambitionierter Gegenentwurf zu Wallerstein aus keynesianischer Sicht stammt von Hartmut Elsenhans (*1941). Elsenhans ist zwar mit seiner „Geschichte und Ökonomie der europäischen Welteroberung" (2007) auch Weltsystemtheoretiker aber zugleich Keynesianer und Internalist und hat ebenfalls, wie es sich offenbar für einen Großtheoretiker gehört, einen weiteren Sechs-Bücher-Plan zur Analyse von „Aufstieg und Niedergang des Weltsystems" vorgelegt, der allerdings noch der Ausarbeitung bedarf (Elsenhans 2001, 2006, 2009, 2011, 2012). Er stellt die These von Baran, Frank u. a. radikal infrage, dass die Industrialisierung in den Zentren auf die Ausbeutung der Kolonien zurückzuführen ist und versucht demgegenüber zu belegen, dass die Kapitalakkumulation im Zentrum anfänglich das Ergebnis interner Ausbeutung auf der Basis steigender Arbeitsproduktivität war (Böhmert 2004).

Seine provokante Kernthese lautet: Kapitalismus ist historisch wie aktuell die Ausnahme in der Welt und rentenbasierte politische Systeme sind die Regel (Menzel 2013). Es ist zwar richtig, hier folgt Elsenhans Wallerstein, dass das gegenwärtige Weltsystem durch Kapitalismus dominiert wird, dieser sei aber, anders als Wallerstein argumentiert, nicht in der Lage, die ganze Welt zu durchdringen und schon gar nicht zu transformieren. Da rentenbasierte Systeme wieder auf dem Vormarsch sind, seien die Tage des kapitalistischen Weltsystems gezählt. Der Nord-Süd-Konflikt wird so auf einen Verteilungskonflikt um das weltweite Einkommen zwischen Profit und Rente reduziert. Zur Begründung argumentiert Elsenhans wie folgt: Im Kapitalismus herrscht die Logik des Profits, in der übrigen Welt herrscht die Logik der Rente. Profit resultiert aus zuvor getätigten Investitionen und dem Verkauf von Waren, die wettbewerbsfähig sein müssen und der Absatzmärkte bedürfen. Wirtschaftswachstum kann folglich nur auf sich ausweitenden Märkten für Massenkonsumgüter basieren, die wiederum wachsende Realeinkommen bei der Masse der Bevölkerung voraussetzen. Dies geschieht aber nur, wenn Arbeitskraft knapp wird und deshalb der Lohn steigt bzw. wenn Arbeitskräfte in der Lage sind, organisierte Gegenmacht zu bilden, etwa durch Bodenreformen oder freie Gewerkschaften, und so Einkommenssteigerungen politisch durchzusetzen. Dies wiederum setzt Assoziationsfreiheit, also ein demokratisches politisches System, voraus. Die „Unteren", wie sich Elsenhans häufig ausdrückt, müssen gegen die „Oberen" politisch obsiegen. Steigende Arbeitskosten zwingen Unternehmer immer wieder, einen Teil des Profits zu investieren, um die Arbeitsproduktivität zu steigern. Nur so sind sie in der Lage, am Markt wettbewerbsfähig zu bleiben und über den erzielten Produktivitätszuwachs steigende Masseneinkommen zu ermöglichen. Damit lässt Elsenhans sich auf die griffige Formel reduzieren: Kapitalismus verlangt Fordismus. Bleibt der Fordismus aus, kommt es zur Unterkonsumtionskrise und am Ende zum Niedergang des Kapitalismus.

Er muss deshalb zeigen, dass diese Bedingungen nur in Westeuropa und zu allererst in England Ende des 18. Jahrhunderts aufgrund von Besonderheiten und historischen Zufälligkeiten gegeben waren und damit der in Europa herrschende rentenbasierte Feudalismus (Grundrente) zum Kapitalismus transformiert wurde. Hierzu gehört, dass jener im Unterschied zum zentralistischen asiatischen Despotismus ein loses politisches System mit vielen Machtgruppen (Fürsten, Kirche, Orden, freie Städte, Zünfte, Gilden, etc.) war. Gerade die Bedeutung der Existenz freier Städte als Zentren gewerblicher Produktion oder einer institutionalisierten Kirche neben dem Staat kann nicht hoch genug gewertet werden. Ein Investiturstreit, ein Bund der Hanse oder eine Ostindische Kompanie ist außerhalb Europas schwer vorstellbar. Insofern manifestiert die Magna Charta den Einstieg in eine politische Entwicklung, die am Ende und nicht zufällig zuerst in England zu Kapitalismus und freiem Unternehmertum geführt hat. Weitere Faktoren waren, dass wichtige Rohstoffe (Wolle, Kohle, Eisenerz) in England ausreichend verfügbar waren, dass die Landwirtschaft auf Regenfall und nicht auf künstlicher Bewässerung beruht, das milde Klima, die Abwanderungsmöglichkeit von Bauern und Rittern in den Ostseeraum oder die Unvereinbarkeit von Christ und Sklave. Im Zuge der europäischen Siedlungsauswanderung hat sich Kapitalismus unter Zurücklassung des Feudalismus auf einen Teil der „Neuen Welt" ausgedehnt, nicht aber auf Lateinamerika, in das gerade der europäische Feudalismus und die Sklaverei exportiert wurden. Für die Entstehung des Kapitalismus waren weder eine ursprüngliche Akkumulation im Sinne von Marx, noch eine protestantische Ethik im Sinne von Weber, sondern im Sinne von Elsenhans nur Bedingungen notwendig, die steigende Masseneinkommen zur Folge hatten. Insofern ist Elsenhans Keynesianer, Ökonomist und Internalist.

In rentenbasierten Systemen hingegen entstehen Einkommen aus politischer Kontrolle über rententrächtige Ressourcen. Dazu gehört der Boden, die im Boden vorhandenen Rohstoffe wie z. B. Öl oder Gas, der Handel mit lebensnotwendigen Gütern (z. B. Salz) oder der Außenhandel. Wer die Macht hat, ist in der Lage, sich die aus deren Erzeugung oder Handel resultierenden Einkommen als Renten anzueignen und den Produzenten nur so viel zu belassen, wie zum Lebensunterhalt ausreicht. Um die Rente zu maximieren und ihr künftiges Aufkommen zu sichern, muss folglich ein Teil, anders als im Kapitalismus, nicht zur Steigerung der Arbeitsproduktivität, sondern zur Steigerung der politischen Kontrolle in Machtmittel (Leibgarde, Armee, Polizei und rivalisierende Geheimdienste) „investiert" werden. Das Übrige fließt in den Luxuskonsum der Herrschenden, wird gehortet oder für die Bauten der staatlichen Repräsentation aufgewendet, die dazu beitragen sollen, die rentenbasierte Ordnung zu legitimieren. Elsenhans nennt das die Selbstprivilegierung von Staatsklassen. Die Subventionierung des Brotpreises oder anderer Grundnahrungsmittel, heute die Subventionierung von Wasser oder Benzin, dient nur der Schaffung von Massenloyalität. Ansonsten bleiben die Einkommen der Masse der Bevölkerung niedrig, da kein expandierender Markt für Massenkonsumgüter für die Stabilität des Systems notwendig ist. Luxusgüter werden importiert, Massenkonsumgüter, soweit gefertigt, werden exportiert zur Belieferung von kapitalistischen Märkten in solchen Ländern, die steigende Masseneinkommen zu bedienen haben. Deshalb setzt sich in den öl-exportierenden Ländern, selbst in den asiatischen oder lateinamerikanischen Schwellenländern, auch kein Kapitalismus durch.

Die Folge einer rentenbasierten Gesellschaft ist eine hohe Konzentration der Einkommen bei denen, die die politische Macht haben, während die breite Masse der Bevölkerung nur über ein Einkommen verfügt, das kaum mehr als die Lebenshaltungskosten deckt. In den Exportsektoren müssen dauerhaft niedrige Löhne gezahlt werden, um in den arbeitsintensiven Branchen konkurrenzfähig zu bleiben. Sie können gezahlt werden, weil die Lebenshaltungskosten vergleichsweise niedrig sind. Soweit sich kapitalistische Ansätze in Form eines privaten Unternehmertums herausbilden, werden sie von der Bürokratie (Staatsklasse) bekämpft, kontrolliert und reglementiert, um eine Transformation der Gesellschaft in Richtung Kapitalismus zu verhindern. So entsteht zwar ein wachsender Markt für Luxusgüter, der früher (etwa im kaiserlichen China) durch besondere handwerkliche Fähigkeiten, heute durch Importe, bedient wird, aber kein Markt für Massenkonsumgüter. Letzterer würde Fordismus, also deren industrielle Fertigung bei steigender Arbeitsproduktivität und steigenden Reallöhnen voraussetzen. Rentenbasierte Systeme sind also durchaus in der Lage, eine technische und künstlerische Entwicklung in Gang zu setzen, Hochkulturen auszubilden und in der Luxusgüterproduktion Spitzenleistungen zu vollbringen, nur führen diese nicht zu Freiheit und Kapitalismus, sondern zu immer elaborierteren Formen von gewaltbasierten Rentenökonomien. Kapitalismus ist deshalb nicht zufällig im gegenüber Indien und China rückständigen und bevölkerungsarmen Europa entstanden.

Was heißt das für die Weltsystemtheorie? Weltsysteme hat es auch schon vor der Herausbildung des Kapitalismus in Europa und vor der europäischen Welteroberung gegeben, nur waren diese nicht kapitalistisch dominiert, sondern rentenbasiert. Man denke nur an das chinesische Tributsystem, das zu Beginn des 15. Jahrhunderts seinen Höhepunkt erreichte und sich bis in das Becken des Indiks erstreckte, etwa 80 Jahre bevor die Portugiesen in der Region aufkreuzten. Wenn aber Kapitalismus sich nicht im Weltmaßstab durchsetzt, sondern auf Westeuropa und die Gebiete europäischer Siedlungsauswanderung (also den „Westen") beschränkt bleibt, kommt es nicht zur Globalisierung des Profits, sondern zur Globalisierung der Rente. Ersteres würde im Lichte des Paradigmas nämlich voraussetzen, dass Arbeitskraft im Weltmaßstab knapp zu werden hat und dass sich Gegenmacht weltweit etabliert, dass weltweit Assoziationsfreiheit herrscht. Damit wäre die Herausbildung eines kapitalistischen Weltsystems nicht das Resultat von Welthandel und internationaler Arbeitsteilung, sondern der globalen Etablierung von Gegenmacht der „Unteren", wie laut Elsenhans in den demokratisch verfassten Gesellschaften des Westens der Fall. Insofern setzt Elsenhans die Position von Brenner als Gegenparadigma zu Wallerstein fort.

Er muss also in den noch zu publizierenden sechs Büchern zeigen, dass sich weder in den Öl oder andere Rohstoffe exportierenden Ländern, zu denen heute auch wieder Russland gehört, noch in den lateinamerikanischen oder asiatischen Schwellenländern trotz deren Industrialisierung Kapitalismus durchsetzt. Im Hinblick auf China liefert er so zumindest eine Erklärung, warum die Kommunistische Partei die Macht behauptet und immer wieder die Familien hoher Parteifunktionäre in Verruf geraten, weil sie große Vermögen anhäufen und sogar im Ausland deponieren. Obwohl Elsenhans Weltsystemtheoretiker sein will, ist er paradoxerweise radikaler Internalist. Wenn Kapitalismus aber nicht in der Lage ist, die gesamte Welt in einen sich erweiternden Massenmarkt zu transformieren, dann ist sein zukünftiger Niedergang vorgezeichnet. Die aus der Logik des Kapitalismus zwingende erweiterte Reproduktion stößt irgendwann an eine Grenze. Je mehr Einkommen weltweit die Gestalt von Renten annehmen, desto weniger bleibt für steigende Masseneinkommen. Der Kapitalismus scheitert an einer Unterkonsumtion im Weltmaßstab. In einer rentenbasierten Weltwirtschaft ist nicht die überlegene Wettbewerbsfähigkeit, sondern überlegene politische Macht die entscheidende Variable, wächst nicht der Markt für Massenkonsum, sondern für Luxusgüter.

Was hat dies mit Ricardo zu tun? Elsenhans folgt Ricardo insofern, als er die nicht zu leugnenden Industrialisierungsprozesse in nichtwestlichen Gesellschaften ricardianisch erklärt. Branchen werden ausgelagert, wenn anderswo komparative Vorteile, etwa bei arbeitsintensiven Produkten, vorliegen. Bei Ricardo können alle aus der internationalen Arbeitsteilung einen Vorteil ziehen, bei Elsenhans nicht. Für den komparativen Vorteil zählen nur die niedrigen Arbeitskosten, die im kapitalistischen Westen nicht für den Lebensunterhalt ausreichen. Im rentenbasierten Süden reichen sie aber aus, da dort die Lebenshaltungskosten viel viel niedriger sind als im Absatzland der Waren. Internationale Arbeitskosten messen den Preis von Arbeit in konvertierbaren Währungen. Insofern sind die Wechselkurse entscheidend, die nicht notwendig die Kaufkraftparitäten widerspiegeln. Auf diesem Unterschied zwischen niedrigen Arbeitskosten und niedrigen Reallöhnen hingewiesen zu haben, ist sicher ein Verdienst von Elsenhans. China würde im Sinne seiner Theorie erst kapitalistisch, wenn dort Arbeitskraft knapp wird und sich freie Gewerkschaften bilden. Beides ist angesichts von 1,4 Mrd. Menschen, einer unerschöpflichen Reservearmee von Wanderarbeitern und einer Kommunistischen Partei an der Macht nur schwer vorstellbar.

5.5 Koloniale Produktionsweise und Bielefelder Verflechtungsansatz

Eine Mittelposition zu den genannten Großtheorien bezog die Diskussion um die koloniale Produktionsweise. Sie wurde Anfang der 1970er-Jahre geführt und hatte ihre Schauplätze in Lateinamerika, Indien und Frankreich (mit Bezug auf Afrika südlich der Sahara). Ausgelöst wurde sie 1971 durch den Aufsatz des Argentiniers Ernesto Laclau (1935–2014) „Feudalismus und Kapitalismus in Lateinamerika", der sich kritisch mit Frank auseinandersetzt und ihm vorwirft, dass dessen Kapitalismusbegriff zu vage sei und sich nicht um die spezifischen Produktionsverhältnisse an der Peripherie kümmere. Im Unterschied zu den Industrieländern gäbe es dort als Folge der Durchdringung von außen kein Stadienmodell von Produktionsweisen, weder eine Auflösung der feudalen Produktionsweise noch einen Übergang zum Kapitalismus, sondern eine Kombination bzw. „Artikulation", so der französische Ausdruck, von Elementen, die verschiedenen Produktionsweisen zuzuordnen sind. Der eindringende Kapitalismus eliminiere nicht den Feudalismus, stelle ihn vielmehr in seine Dienste bzw. kreiere, wie im Falle der Sklaverei, sogar vorkapitalistische Produktionsweisen, die zuvor in diesen Ländern gar nicht bestanden haben. In der modernisierungstheoretischen Terminologie lautet das Argument: Die ehemaligen Kolonien sind nicht rückständig, weil der traditionelle Sektor sich noch erhalten hat, sie sind nicht modern, obwohl sie durch den Kolonialismus Teil der internationalen Arbeitsteilung geworden sind, sondern sie sind beides. Das eigentliche Spezifikum und Problem kolonialer wie postkolonialer Gesellschaften liegt in der Verschränkung traditioneller und moderner Segmente, ohne dass das moderne das traditionelle absorbieren kann, wie das in Europa der Fall war. Der Bezug zu Boeke ist augenscheinlich.

Eine ähnliche Stoßrichtung hatte die indische Diskussion, die von Ashok Rudra (1930–1992), Utsa Patnaik, Hamza Alavi (1921–2003), Jairus Banaji u.a. in den 1970er-Jahren in der Bombayer Zeitschrift „Economic and Political Weekly" geführt wurde und auf empirischen Untersuchungen zum Agrarsektor basierte. Dort geht es um die Frage, ob die Grüne Revolution (Griffin 1974), d.h. die Einführung neuer Hochleistungsreissorten vor allem im Punjab, zu einem Agrarkapitalismus in Indien führe und damit den Übergang vom Feudalismus einleite, ob dieser Übergang bereits in der Kolonialzeit als Folge britischer Modernisierungspolitik erfolgt sei oder ob sich daraus eine spezifische koloniale Kombination verschiedener Produktionsweisen ergebe. Aus dieser Debatte gingen tendenziell die Vertreter der Durchkapitalisierungsthese als „Sieger" hervor.

Alle diese Diskussionen liefen sich Ende der 1970er-Jahre ohne eindeutige Ergebnisse tot. Lediglich ihre deutsche Variante, der Bielefelder Verflechtungsansatz (Bierschenk 2002), erwies sich als fruchtbar für das Verständnis der Besonderheiten von Ökonomie und Gesellschaft der Entwicklungsländer, zumal die Bielefelder Entwicklungssoziologen, eine Forschergruppe um Hans-Dieter Evers (*1935), Georg Elwert (1947–2005), Claudia von Werlhof (*1943) und Veronika Bennholdt-Thomsen (*1944) zahlreiche Langzeitfeldstudien unternahmen. Hier liegt ihre methodische Innovation gegenüber der reinen Theorie. Sie bearbeiten die Themen Subsistenzproduktion und informeller Sektor in städtischen und ländlichen Gebieten sowie die Beziehungen zwischen Subsistenz- und Marktproduktion. Damit schlagen sie den Bogen von der globalen Weltsystemtheorie zur empirischen Untersuchung auf Mikroebene, betrachten das Weltsystem nicht aus der Vogelperspektive wie Wallerstein oder Frank, sondern aus Sicht der Graswurzeln und fragen nach dem Zusammenhang von Weltmarkt und Subsistenzproduktion. Später kamen Fragen der Formierung von Gesellschaften, insbesondere die Herausbildung von Bürokratien und strategischen Gruppen, hinzu. Letzteres stellt, ähnlich wie Elsenhans' Staatsklassenargument, die Verbindung zu der in der in Deutschland besonders intensiv geführten Staatsdiskussion her. Die Grundthese der Bielefelder lautet, dass es sich bei der Subsistenzproduktion nicht um ein absterbendes Überbleibsel einer traditionellen Gesellschaft handelt, wie die Modernisierungstheorie annimmt, sondern diese trotz partieller Modernisierung erhalten bleibt bzw. im Verlauf des Modernisierungsprozesses gar erst erzeugt wird. Als notwendige Ergänzung zur Teilnahme an der Warenwirtschaft bietet sie für viele Menschen den einzigen Ausweg, um überhaupt überleben zu können (Arbeitsgruppe 1979).

Subsistenzproduktion ist definiert als eine gebrauchswertorientierte Produktion für den Eigenbedarf durch unbezahlte Arbeit. Es gibt sie auf dem Land wie in der Stadt. Typische Bereiche sind Nahrungsmittelanbau, Hausbau, Hausarbeit und Frauenarbeit schlechthin. An dieser Stelle wurde die von Ester Boserup (1910–1999) begründete feministische Theorie mit der Entwicklungstheorie verknüpft (Boserup 1970). Neben dem Subsistenzsektor werden zwei weitere Sektoren, der formelle und der informelle, als typisch für Entwicklungsländer unterschieden. Der formelle Sektor meint die städtische oder ländliche Lohnarbeit dauerhafter oder saisonaler Art, soweit sie von Migranten geleistet wird, zum Zweck der Warenproduktion (cash crops). Hier werden Nahrungsmittel oder industrielle Rohstoffe (z.B. Textilpflanzen) hergestellt. Der informelle Sektor meint Beschäftigte in ungesicherten Einkommens- und Lebensverhältnissen, die als quasi „Selbstständige" Gelegenheitsarbeiten vor allem im Dienstleistungssektor verrichten. Insofern handelt es sich um ein überwiegend städtisches Phänomen.

Subsistenzproduktion ist also keine Produktionsweise neben anderen, sondern in sehr verschiedenen Produktionsverhältnissen organisiert. Sie kann sowohl selbstständig (früher) wie als Teil eines größeren ökonomischen Zusammenhangs existieren. Nachteile der Subsistenzproduktion sind die suboptimale Ressourcenallokation und die aufgrund ausbleibender Spezialisierung ausbleibenden Skaleneffekte. Vorteil ist der überschaubare Wirtschaftskreislauf. Der Bauer produziert nur so viel, wie unter Worst-Case-Bedingungen notwendig ist. Die zusätzliche Produktion für den Markt richtet sich nicht nach dem Bedarf, sondern nach dem Preisniveau, sodass der Bauer Einbrüche verkraften kann. Die Subsistenzwirtschaft wird zerstört durch die Expansion der Warenproduktion, wobei diverse Mechanismen wirksam werden: Die Intervention der Kolonialbehörden, die Zwangsarbeit durchsetzen; die interne Monetarisierung der Wirtschaft, weil das Geld für Steuern, Opfer (in hinduistischen Gesellschaften besonders wichtig), Brautpreis u. Ä. aufgebracht werden muss; die Substitution der Eigenproduktion durch Importe; die Entwicklung neuer Bedürfnisse durch Demonstrationseffekte; die Zerstörung des ökologischen Gleichgewichts durch die Expansion des Cash-Crop-Sektors; die Desintegration der Familienwirtschaft und der gegenseitigen Nachbarschaftshilfe durch wachsenden Zwang zur individuellen Geldbeschaffung; durch die Aneignung von Boden durch das nationale oder internationale Agribusiness; und durch die Migration, die dem Subsistenzsektor Arbeitskräfte entzieht.

Umgekehrt wächst die Subsistenzproduktion oder wird restrukturiert in Krisensituationen, wenn es zu einem Preisverfall für Cash Crops kommt oder wenn das Einkommen im informellen oder im formellen Sektor zu gering ist. In diesem Mechanismus erweist sich die Subventionsfunktion des Susistenzsektors. Er kann relativ und absolut wachsen, wenn das Einkommen individuell oder im Familienverband nicht ausreicht. Dies kann permanent, saisonal oder nur in Krisensituationen der Fall sein. In der Regel kommt es deshalb zu Mischformen der drei Sektoren. Ein klassisches Beispiel ist der saisonale Wanderarbeiter, dessen Frau im dörflichen Subsistenzsektor zurückbleibt und sich um die Kinder kümmert. Dies hat die Konsequenz, dass Tätigkeiten im formellen Sektor aufrechterhalten werden, selbst wenn die Löhne oder die für den Verkauf bestimmten Nahrungsmittel ins Bodenlose fallen, weil der Einnahmerückgang durch die Subsistenzproduktion alimentiert wird. Dies führt zu dem aus neoklassischer Logik paradoxen Effekt, dass trotz sinkender Löhne und Preise keine „Faktormobilität" im Sinne der Neoklassik stattfindet, das Angebot an Arbeitskräften und Gütern sogar steigen kann. Wegen dieser Elastizität zeigt sich die Subsistenzproduktion stabil, wird nicht vom modernen Sektor absorbiert und fällt nicht der völligen Proletarisierung anheim. Die Subsistenzproduktion wird aufgrund des Versicherungseffekts selbst dann nicht aufgegeben, wenn sie weniger rentabel als die Warenproduktion ist. Der von der Dependenztheorie verwendete Begriff der Marginalisierung ist demzufolge nicht angebracht. Subsistenzproduktion ist keine Vorstufe zur Warenwirtschaft und steht auch nicht „dualistisch" neben ihr, sondern ist mit der

Warenwirtschaft verflochten. Die beiden grundlegenden Mechanismen der Verflechtung sind die Mischung von Subsistenz- und Warenproduktion sowie die Migration vom Subsistenz- in den Warensektor, wobei im Warensektor formelle oder informelle Tätigkeiten bzw. ein beiderseitiges Mischungsverhältnis vorherrschen können. Die Nähe zu Boeke ist augenscheinlich, auch wenn dieser nicht bei den Bielefeldern Pate gestanden hat, obwohl gerade Evers sich intensiv mit Südostasien beschäftigt hat.

Diese Zusammenhänge haben die Bielefelder in vielen Fallstudien in städtischen wie ländlichen Kontexten, in asiatischen, afrikanischen und lateinamerikanischen Gesellschaften untersucht und die strukturellen Gemeinsamkeiten herausgearbeitet. Dies führt sie zu der Generalthese, dass die Proletarisierung der Arbeitskraft im Weltmaßstab nicht fortschreitet, sondern stagniert oder sogar rückläufig ist. Frauenarbeit wird nicht zu Lohnarbeit, sondern ist konstitutives Element der Verflechtung. Kommt es an einer Stelle zur Integration in den Markt, dann übernimmt die Subsistenzwirtschaft eine Alimentierungsfunktion. Dieser Vorgang wird im Unterschied zur Weltsystemtheorie aber nicht funktionalistisch interpretiert. Die Bielefelder betonen vielmehr die Handlungsoptionen der Mitglieder einer Subsistenzeinheit. Hieraus ergeben sich Entwicklungspotenziale bis hin zum gänzlichen Ausstieg aus dem Weltmarktzusammenhang. An dieser Stelle sollte der Postdevelopment-Ansatz anknüpfen. Die Weltbankstudie „Voices of the Poor" setzte in gewisser Weise den „Bielefelder Ansatz" fort (Narayan u. a. 2000, 2000, 2002).

Die Gesellschaftstheorie des Bielfelder Ansatzes geht von folgenden Beobachtungen aus: Die Gesellschaften der Dritten Welt sind durch eine hohe Heterogenität ihrer Mitglieder im Hinblick auf objektive soziale Lage wie kollektive Identität gekennzeichnet. Weder zeigt die Vielfalt der Erwerbstätigkeit und Einkommenslagen eine Tendenz zur Homogenisierung oder zur Dichotomisierung der Gesellschaft in zwei antagonistische Lager im Sinne des Konzepts „strukturelle Heterogenität", noch verstehen sich ihre Mitglieder als Angehörige von Klassen. Gesellschaftliche Konflikte spielen sich weniger zwischen Besitzenden und Nichtbesitzenden, Herrschenden und Beherrschten, den Oberen und den Unteren (Elsenhans) ab, sondern eher zwischen bereits privilegierten Gruppen. Diese heben sich von der übrigen Gesellschaft ab, insofern ihre Mitglieder nach Ausbildung, Beruf und Lebensstil der modernen Elite angehören und durch einen gehobenen Lebensstandard und die Nähe zum Staatsapparat charakterisiert sind. Der Staat in Entwicklungsländern ist weit davon entfernt, eine Nachtwächterrolle zu spielen. Er besitzt vielmehr eine überragende Gestaltungsfunktion in jeder Hinsicht. Von der Einflussnahme auf dessen Steuerungskapazität wie vom Zugang zu den Ressourcen des Staates hängen die Mobilitäts- und Wohlfahrtschancen von Individuen wie ganzen Gruppen ab. Soweit diese Positionen im Staatsapparat innehaben, sind sie weniger an einer am Gemeinwohl ausgerichteten Politik als an individueller Bereicherung bzw. der Förderung ihrer Partikularinteressen orientiert. Die politischen Verhältnisse sind durch Instabilität und Repressivität gekennzeichnet. Indikatoren dafür sind die häufigen Wechsel im Herrschaftspersonal oder die Mechanismen zur Besetzung von Machtpositionen.

Zwischen diesen Merkmalen besteht ein systematischer Zusammenhang als Ausdruck der Besonderheit von Entwicklungsländer-Gesellschaften. Die Bielefelder insistieren deshalb ganz besonders darauf, dass die Entwicklungssoziologie eine eigenständige Disziplin gegenüber der Mutterdisziplin ist (Schrader 2008). Das liegt daran, dass es sich in Entwicklungsländern um eine von außen induzierte Teilmodernisierung, den Aufbau einer Kolonialherrschaft mit entsprechender Bürokratie und deren abruptes Ende im Zuge der Entkolonialisierung handelt. Deshalb passen weder orthodoxe Klassentheorien noch aus der Analyse von westlichen Gesellschaften gewonnene Schichtenmodelle. Vorgeschlagen wird stattdessen das Konzept der „Strategischen Gruppen" als analytisches Instrument.

> Strategische Gruppen bestehen aus Personen, die durch ein gemeinsames Interesse an der Erhaltung oder Erweiterung ihrer gemeinsamen Aneignungschancen verbunden sind. Diese Appropriationschancen beziehen sich nicht ausschließlich auf materielle Güter, sondern können auch Macht, Prestige, Wissen oder religiöse Ziele beinhalten: Das gemeinsame Interesse ermöglicht strategisches Handeln, d. h. langfristig ein „Programm" zur Erhaltung oder Verbesserung der Appropriationschancen zu verwirklichen. (Evers/Schiel 1988)

Sie bilden sich immer dann, wenn sich neue Chancen eröffnen, die aus der Einführung neuer Technologien, aus weltwirtschaftlichen Veränderungen oder aus neuen religiösen Legitimationsmustern erwachsen. Dabei lassen sich der individuelle, der korporative und der kollektive Typ unterscheiden, die auf die drei Einkommensarten Honorare, Mieten und Pachteinkünfte, auf Profit oder auf Steuern bzw. Renten orientiert sind. Entsprechend organisieren sich Strategische Gruppen in Berufsverbänden, in Unternehmensverbänden, in Bürokratien und im Militärapparat. Erstere führen eher zu parlamentarischen Systemen, letztere eher zu bürokratischen Systemen bzw. zu Militärdiktaturen, die damit eine ganz andere Funktion bekommen, als ihre Bezeichnung andeutet. Angehöriger des Militärs zu sein, heißt Zugang zu den Steuern und Renteneinkünften des Staates zu haben. Das Militär dient nicht in erster Linie der Landesverteidigung, sondern der politischen Kontrolle nach innen. Der jeweilige Typ des politischen Systems hängt vom Sequenzmuster des Entstehens Strategischer Gruppen ab, die auf ihre jeweilige Aneignungsart um die Vergrößerung ihrer Einkünfte kämpfen.

Strategische Gruppen verfolgen zwei Strategien: Hybridisierung, d. h. Ausweitung der Aneignungschancen auf neue Felder, oder Koalition mit anderen Strategischen Gruppen. Im ersten Fall übernimmt das Militär den Staatsapparat und ggf. einzelne große Betriebe, im zweiten Fall schließen Militärs und Bürokraten ein Bündnis. Daraus resultiert am Ende doch eine Art Klassenbildung zwischen den Strategischen Gruppen (in anderer Terminologie der Staatsklasse) auf der einen und der übrigen Gesellschaft auf der anderen Seite. Materielle Basis sind die Renteneinkommen, die die Strategischen Gruppen aus Militär und Bürokratie aus der politischen Kontrolle ressourcenträchtiger Sektoren und Institutionen der Wirtschaft erzielen. Ausgelöst durch den Verteilungskonflikt um die Rente können innerhalb Strategischer Gruppen immer wieder politische oder gar militärische Konflikte auftreten, die den Charakter der

Herrschaft aber nicht verändern und nicht zu sozialen Kämpfen führen. Auch die europäische Feudalgesellschaft war eher durch Konflikte Strategischer Gruppen von Adel, Fernhandelskaufleuten, Kirche und Klöstern und nicht durch Kämpfe zwischen Leibeigenen und Grundbesitzern geprägt. Das Paradigma der Strategischen Gruppen ist somit Teil einer dynamischen Theorie gesellschaftlicher Entwicklung. Deren Entstehung, Wachstum und Zerfall als langfristiger Prozess sowie die sich verändernden Konstellationen von Kooperation und Konflikt bis hin zur (Staats-)Klassenbildung bilden den Kern der Analyse.

5.6 Schwacher Staat oder starker Staat?

Daran schloss sich ein separater und sehr breit geführter Strang der Diskussion um die Rolle des Staates in der „Dritten Welt" an. Dabei ging es implizit um die Frage, ob neben der Entwicklungssoziologie auch die Entwicklungspolitologie als eigenständige Disziplin zu verstehen ist (Nuscheler 1986). Eine Kontroverse bezog sich auf die Frage, ob der Staat ein wesentliches Hemmnis für Entwicklung darstellt oder ob er unter den besonderen Bedingungen der Entwicklungsländer zur entscheidenden Entwicklungsagentur wird. Ist er das eine oder das andere wegen seiner spezifischen Schwäche oder Stärke? Diese Kontroverse geht im Grunde bis zum Ende des 18. Jahrhunderts zurück, als die Klassiker in ihrem Angriff auf den Merkantilismus die Aktivitäten des Staates reduzieren wollten und in der Durchsetzung des Marktes als Regulierungsinstanz die entscheidende Voraussetzung zur Mehrung des weltweiten Wohlstands sahen. Bei List, der von der Warte der ersten Nachzügler argumentierte, schlug das Pendel wieder in Richtung Staatsintervention um. Die Neoklassiker wandten sich folglich gegen den intervenierenden Staat, während die Keynesianer von links und die Korporatisten von rechts ihn erneut ins Spiel brachten. Derzeit erleben wir einen neuerlichen Paradigmenwechsel vom Neoliberalismus zum Neokeynesianismus bzw. zur Institutionenökonomie, der auch Auswirkungen auf die Entwicklungstheorie hat (Taylor 2008). Eine zweite Kontroverse erwuchs aus der Dependenztheorie und verfolgte die Frage, welchen Charakter der Staat in den Entwicklungsländern besitzt. Kann er autonom handeln oder ist er gleichermaßen abhängig wie die Ökonomie? Die dritte Kontroverse entzündete sich an der Frage, ob Industrialisierung, wie die Modernisierungstheorie annahm, zwangsläufig auch zu Demokratisierung führe oder ob sie nicht umgekehrt geradezu notwendig autoritäre Systeme verlange. Aktuell und vor dem Hintergrund der Entwicklungserfolge in Ost- und Südostasien wird im Kontext der Theorie des bürokratischen Entwicklungsstaats der Frage nachgegangen, ob sich Industrialisierung und gesellschaftliche Modernisierung dauerhaft mit autoritären politischen Systemen vereinbaren lassen. Begonnen hatte die staatstheoretische Diskussion allerdings bereits bei den ersten Entwicklungsökonomen, als Paul Rosenstein-Rodan im Hinblick auf Südosteuropa mit seiner Theorie des Big Push die These aufstellte, dass der Staat in strategischen Bereichen die anfänglichen Investitionen selbst tätigen muss, um so eine breite Industrialisierung in Gang zu setzen (Rosenstein-Rodan 1943, 1944).

In der deutschen Variante der politischen Modernisierungstheorie wurde der autoritäre Entwicklungsstaat, so etwa bei Richard Löwenthal (1909–1991) und Heinrich Herrfardt (1890–1969) zumindest für eine Übergangsphase als durchaus notwendig erachtet (Löwenthal 1986, Herrfahrt 1966). Da modernisierungswillige bürgerliche Eliten nicht oder nur kaum vorhanden seien, müsse eine andere Elite aktiv werden, nämlich die neue Staatsklasse der aus den Unabhängigkeitsbewegungen hervorgegangen Parteikader, Offiziere und Bürokraten. Da die Signale des Marktes als Elemente indirekter Steuerung kaum vorhanden sind, müssen sie durch eine Kommandowirtschaft ersetzt werden, um Entwicklung zu diktieren. Das Militär sei aufgrund seiner Sozialisation am ehesten in der Lage, solche Funktionen auszuüben. Kritische Stimmen, so etwa Frantz Fanon in „Die Verdammten dieser Erde" (1966), eigentlich ein Theoretiker der antikolonialen Befreiungsrevolution, warnten allerdings sehr früh davor, dass die „Befreier" im Sinne des Bielefelder Konzepts der „Strategischen Gruppen", anders als Elsenhans zeitweilig hoffte, durchaus einen Hang zur Selbstprivilegierung haben und sich als neue Herrschende Klasse zu etablieren vermögen. Diese sei eher an der Erzielung von Renten als an Industrialisierung interessiert. Ähnliches zeigte die Erfahrung aus den sozialistischen Ländern zur Genüge und wurde in Milovan Djilas' (1911–1995) „Die neue Klasse" bereits 1957 auf den Begriff gebracht.

Bei Gunnar Myrdal (1898–1987) wurde die Argumentation in „Asian Drama" (1968) erstmals umgedreht. Vor dem Hintergrund seiner südasiatischen Erfahrungen verweist er darauf, dass der Staat aufgrund seiner notorischen Schwäche die notwendigen Leitfunktionen nicht wahrnehmen könne und deshalb als wesentliches Entwicklungshemmnis wirke. Diese „Schwäche" des Staates wird aber nicht wie bei den Dependenztheoretikern extern durch die Abhängigkeit, sondern soziokulturell und damit intern begründet. Zitat Myrdal:

> Der Terminus schwacher Staat ist so zu verstehen, dass er alle die mannigfaltigen Formen sozialer Disziplinlosigkeit umfasst, die sich manifestieren durch: Unzulänglichkeiten in der Gesetzgebung und besonders in der Befolgung und im Durchsetzen der Gesetze, weitverbreitetes Nichtbeachten von Anordnungen und Anweisungen seitens des Behördenpersonals (auf allen Administrationsebenen) sowie häufig geheimen Abkommen der Beamten mit mächtigen Personen und Personengruppen, deren Verhalten sie eigentlich lenken sollten. Zum Begriff des schwachen Staates gehört auch die Korruption [...] Die verschiedenen Verhaltensmodelle stehen in gegenseitiger Beziehung in dem Sinne, dass sie sich in einer Art zirkulärer Kausalität gegenseitig dulden oder sogar einander provozieren mit kumulativen Effekten.

Hier taucht das bei Nurkse u. a. in wirtschaftlicher Hinsicht vorgetragene Teufelskreisargument in politischer Hinsicht wieder auf: Der Staat in Entwicklungsländern ist schwach, weil er schwach ist.

Die Konsequenzen lauten, dass in schwachen Staaten die Gesellschaft von den Mächtigen ausgebeutet wird. Grundlage dafür ist die Besetzung eines Amtes, egal auf welcher Ebene es ausgeübt wird. Korruption vom Staatspräsidenten bis zum Dorfpolizisten wird zu einem systemimmanenten Mechanismus, durch den die Gesellschaft funktioniert. Wer etwas erreichen will, z. B. eine Genehmigung für ein Unternehmen oder einen Neubau, muss ein „Schmiergeld" zahlen. Staatliche Ämter eröffnen den Zugang zu Renten. Umgekehrt gibt es die verbreitete Haltung in der Bevölkerung, sich staatlichen Vorgaben zu widersetzen. Diese werden grundsätzlich nicht akzeptiert und zwar unabhängig davon, um welche Regierungsform es sich handelt. Diese soziale Disziplinlosigkeit wird aber nicht als moralische Kategorie verstanden, sondern als Resultat eines historischen Prozesses im Verlauf der Kolonialzeit. Im Unterschied zum Westen vollzog sich in Südasien keine Entwicklung von der Gemeinschaft zur Gesellschaft (Tönnies 1988), vom Status zum Vertrag, der das gesellschaftliche Leben regelt. Die statische Dorforganisation entwickelte sich nicht weiter, sondern verfiel während der Kolonialzeit. Darüber wölbte sich der koloniale Staat, der die Traditionen konservierte. Resultat waren Paternalismus von oben, Ungehorsam und Verweigerung von unten. Nach der Entkolonialisierung blieb diese Anarchie als Vermächtnis erhalten, die sich heute gegen die einheimischen Regierungen wendet. Persönliche Ziele werden durch Bestechung und nicht durch Berufung auf Rechte verfolgt. Will der Staat umgekehrt entwicklungspolitische Ziele durchsetzen, operiert er weder mit Verordnungen oder Gesetzen noch mit Marktmechanismen, sondern von Fall zu Fall durch die Vergabe von Privilegien. Diese werden nach individuellem Ermessen eines Bürokraten gewährt oder entzogen, wobei immer Korruption im Spiel ist. So bedarf es eines großen bürokratischen Apparats, dessen Posten sehr begehrt sind, weil die Korruption hohe Einkommenschancen eröffnet. Insofern ersetzt systematische Korruption gleichermaßen die wenig effektiv funktionierenden Gesetze ebenso wie die Marktbeziehungen. Auch ausländische Investoren, so könnte man hinzufügen, haben sich diesem Prinzip zu beugen, wollen sie erfolgreich sein.

Deshalb fordert Myrdal unabhängig vom politischen System Verwaltungsreformen, eine Reduzierung des Staatsapparats und mehr bürokratische Effektivität. Dass er später zu den Vorreitern der politischen Konditionierung von Entwicklungshilfe im Sinne des „Good Governance" gehörte (Myrdal 1981), vermag vor dem Hintergrund seiner Ausführungen in „Asian Drama" nicht zu verwundern. Kritisch wurde eingewendet, dass er diese zu sehr verallgemeinere. Sie mochten für den buddhistisch-hinduistischen Kulturkreis in Südasien, nicht aber für den konfuzianischen Kulturkreis in Ostasien zutreffen. Dort sei eher das Gegenteil der Fall, dort sei der Staat stark im Sinne von effizient und durchsetzungsstark, selbst wenn er wie in Japan auf „informelles Verwaltungshandeln" setzt. Seine Vorgaben würden von der Bevölkerung auch akzeptiert.

Für die 1970er- und 1980er-Jahre sind in der Staatsdiskussion vier Theoriestränge zu unterscheiden, die sich nur wenig gegenseitig beeinflusst haben. Die lateinamerikanische Diskussion im Anschluss an Guillermo O'Donnel (1936–2011), Bindeglied zwischen der modernisierungs- und dependenztheoretischen Staatstheorie, begründete den Übergang von populistischen zu autoritären Regimen in Lateinamerika mit dem Wandel der Industrialisierungsstrategie in den 1960er-Jahren. Die von O'Donnel,

Philippe C. Schmitter (*1936), und Juan Linz (1926–2013) geführte Debatte über die Umstände des Übergangs von autoritären zu demokratischen Systemen in Spanien und Lateinamerika (O'Donnel/Schmitter/Whitehead 1986, Linz 1978) setzte dies mit umgekehrter Stoßrichtung als Folge eines neuerlichen strategischen Wandels fort, ohne noch einen expliziten entwicklungstheoretischen Bezug zu haben. Hierbei handelte es sich um einen der vielen, fast schon paradoxen Paradigmenwechsel in der Entwicklungstheorie. Ihre Fortsetzung fand sie im Hinblick auf Osteuropa nach der Wende von 1989/90.

O'Donnel (1973) argumentiert vor dem lateinamerikanischen Hintergrund mit der Kategorie des „starken" Staates. Die Importsubstitution der leichten Phase (ISI I) als Reaktion auf die durch die Weltwirtschaftskrise der 1930er-Jahre beendete reine Exportorientierung sei in den 1960er-Jahren in die Krise geraten, weil der Übergang zur schweren Phase (ISI II) nicht gelang, die einen größeren Kapitaleinsatz und anspruchsvollere Technologie verlangte. Also kam es zur neuen Öffnung der Märkte und ausländischen Direktinvestitionen. Politische Konsequenz war das Ende des Populismus (Peron in Argentinien, Vargas in Brasilien, Cardenas in Mexiko) und der Übergang zu autoritären Systemen oder gar Militärdiktaturen wie in Chile oder Argentinien, obwohl doch in Lateinamerika, anders als in Asien oder Afrika, der europäische Einfluss und seit der Französischen Revolution auch die demokratische Tradition stärker verankert ist.

Dennoch könne eine Fortsetzung des früheren Wirtschaftswachstums im lateinamerikanischen Kontext nur durch eine Allianz aus qualifizierten Technokraten und bewaffneter Ordnungsmacht erzielt werden. Deshalb bezeichnet O'Donnel die dortigen Militärherrschaften als „bürokratisch-autoritäre Regime". Damit nimmt er sowohl zu Myrdal wie zur Theorie politischer Modernisierung eine Gegenposition ein. Der Staat ist nicht schwach, er ist auch kein Industrialisierungshemmnis, sondern er ist stark, und ist sogar die entscheidende Modernisierungsagentur. Allerdings gebe es keinen Automatismus in Richtung Demokratisierung, auch nicht in der Variante, dass autoritäre Systeme nur ein Zwischenstadium zur Demokratisierung bilden. Sein Argument lautet, dass eine rasche soziale und ökonomische Modernisierung im Kontext nachholender Entwicklung eher zu Autoritarismus führe. Durch die gewachsene Partizipation breiter Bevölkerungsschichten unter den populistischen Regierungen der 1940er- und 1950er-Jahre haben sich neue Konfliktkonstellationen herausgebildet. Die anschließenden Militärdiktaturen sind die Reaktion auf die starke Polarisierung der Gesellschaft. Ziel der Militärregime sei es gewesen, die politisch aktiven Teile der Bevölkerung von der Willensbildung auszuschließen, um frei von internen Widerständen einen Kurswechsel zu einem weltmarktorientierten Industrialisierungskonzept nach neoliberalem Muster durchzusetzen. Chile nach dem Sturz der Allende-Regierung durch einen Militärputsch liefert dafür das Paradebeispiel. Autoritäre politische Systeme sind demnach nicht die Voraussetzung, sondern das Ergebnis nachholender Industrialisierung auch oder gerade unter Weltmarktbedingungen.

Die ursprünglich auf Lateinamerika bezogene Diskussion im Anschluss an O'Donnel wurde von Alice Amsden (1943–2012), Chalmers Johnson (1931–2010),

Robert Wade (*1944), Bruce Cummings (*1943) u. a. auf die ostasiatischen Schwellenländer inklusive Japan (Johnson 1982, Wade 1990) übertragen. Trotz aller Parallelen zwischen beiden Großregionen sei festzuhalten, dass es in Ostasien keine Abfolge von politischer Partizipation und Exklusion wie in Lateinamerika entsprechend der ISI I- und ISI II-Phasen gab, sondern eine durchgehende Ausgrenzung. Die Erklärung sieht er darin, dass in Ostasien durchgängig eine Exportstrategie verfolgt wurde – selbst in einem so großen Land wie China. Cummings prägte dafür den Begriff des „bürokratisch-autoritären Industrialisierungsregimes". Der Staat ist umfassend zuständig und operiert autonom gegenüber diversen Partikularinteressen. Einig ist er sich mit O'Donnel in der Falsifizierung der politischen Modernisierungstheorie, dass Industrialisierung automatisch zu Demokratisierung führe. Allerdings – die Redemokratisierung in Lateinamerika und die Demokratisierung in Teilen Ostasiens (Japan, Südkorea, Taiwan) scheint auch das zu widerlegen, sodass die Modernisierungstheorie doch nicht so ganz Unrecht haben könnte. Der Gegeneinwand lautet, dass Demokratie in Ostasien überall nur dort herrscht, wo diese nach 1945 als Ergebnis der amerikanischen Besatzung eingeführt worden ist.

Die kontroverse Diskussion im kritischen Lager über die Rolle des Staates im Entwicklungsprozess lässt sich schematisch darstellen (siehe Tabelle I/11):

Tabelle I/11: Die Staatsdiskussion im Überblick

Der Staat ist tendenziell	Optimisten	Pessimisten	Der Staat ist tendenziell
autonom funktional für Entwicklung	Elsenhans T. Evers Sonntag	Hein Simonis	abhängig
stark kompetent motiviert durch Nationalismus	O'Donnel Cummings Wade Johnson Amsden	Myrdal	schwach inkompetent Brückenkopf
entwicklungsfördernd	Elsenhans T. Evers	H.D. Evers/Schiel Fanon Myrdal	selbstbereichernd rentenorientiert
legitimationsbedürftig wegen interner Krise	Elsenhans	O'Donnel Cummings Hein	repressiv wegen interner Krise und Weltmarktzwängen
eine Staatsklasse mit eigenständiger Produktionsweise	Elsenhans	Hanisch/Tetzlaff T. Evers Hein	rein peripherer Staat

Die Optimisten gehen davon aus, dass der Staat in Entwicklungsländern eine entwicklungsfördernde Rolle spielen kann, weil er in der Tendenz autonom ist, dabei stark im Sinne von kompetent agiert, entweder eine nationalistische Motivation besitzt oder sich aus legitimatorischem Druck gegenüber der Bevölkerung so verhält. Die Pessimisten (Hanisch/Tetzlaff 1986) gehen im Sinne der Dependenztheorie vom abhängigen Staat aus, der schwach und inkompetent ist und als Brückenkopf des Auslands fungiert, der sich nur an Renten orientiert, zur Selbstprivilegierung neigt und repressiv statt legitimationssuchend auf interne Krisen und äußere weltmarktinduzierte Zwänge reagiert. Am Ende der Diskussion stellten die Pessimisten ganz infrage, dass es den Staat in der Dritten Welt als besondere Kategorie überhaupt gibt.

Das Gesamtbild wird noch kontroverser, wenn man die Argumente von Entwicklungsökonomen/Modernisierungstheoretikern und Neoklassikern einbezieht. Erstere vertrauen auf den starken Staat als notwendiges Übel, da modernisierungswillige Unternehmer nicht oder nur unzureichend vorhanden sind. Die Neoklassiker vertrauen auf die Selbststeuerungsfähigkeit des Marktes und wollen den staatlichen Einfluss zurückdrängen. Dies war der Kern des sogenannten „Washington-Konsens". Die Anreize, die der Markt setzt, werden die unternehmerischen Kräfte schon nutzen. Also auch hier starker Staat versus schwacher Staat, wobei je nach staatsfreundlichem oder marktfreundlichem Paradigma der starke oder schwache Staat als Entwicklungsagentur oder als Entwicklungshemmnis angesehen wird. Paradox ist nur, dass das neoliberale Modell vielfach wie im Paradefall Chile unter Pinochet durch Militärdiktaturen erst durchgesetzt wurde. Diese Paradoxie wurde von den Neoklassikern aber nicht weiter thematisiert oder gar theoretisch reflektiert.

Ferner gab es die sehr kategoriale deutsche Staatsableitungsdiskussion, die die marxistische Staatstheorie mit der Dependenztheorie verknüpfen wollte. Auch das vierte Buch seines Sechs-Bücher-Plans über den Staat hatte Marx nicht geschrieben, sodass sich auch hier erbittert streiten ließ, welches Marx-Zitat das richtige ist. Hat der Staat in der Dritten Welt einen besonderen Charakter im Unterschied zu den Industrieländern? Wenn ja, welche besonderen Funktionen kommen ihm dann zu und wie kann er vor diesem Hintergrund zum Entwicklungsagenten werden? Diese Diskussion kam 1979 zu einem abrupten Ende, als auf der Hamburger Konferenz der Deutschen Vereinigung für Politische Wissenschaft konstatiert wurde, dass es den peripheren Staat als spezifica differentia nicht gibt (Kasch 1979). Hier zeigte die immer stärker werdende Kritik an der Dependenztheorie ihre Wirkung, wenn auch Elsenhans' Begriff der Staatsklasse und die Analyse der Strategischen Gruppen von Evers/Schiel diese Diskussion fortgesetzt haben. Neuerdings ist eine gewisse Renaissance der Dependenztheorie zu erkennen (Gerlach u. a. 2004, Hauck 2014).

5.7 Die Theorie nachholender Entwicklung

Der Versuch einer Synthese der historisch-komparativen Richtung der Modernisierungstheorie und der Weltsystemtheorie stellt die in der Tradition der Deutschen Historischen Schule (List u. a.) induktiv gewonnene Theorie der nachholenden Entwicklung von Ulrich Menzel (*1947) und Dieter Senghaas dar (Menzel 1988, Senghaas

1982, Menzel/Senghaas 1986, Senghaas 1977). Folgt man dem modernisierungstheoretischen Paradigma, stellt sich die grundsätzliche Frage: Warum ist nicht die ganze Welt entwickelt oder befindet sich nicht zumindest auf dem Weg dahin? Aus dependenztheoretischer Perspektive stellt sich umgekehrt die Frage, warum ist nicht (fast) die ganze Welt unterentwickelt, obwohl doch viele der heute als entwickelt geltenden Länder sich einer Situation ausgesetzt sahen, in der Unterentwicklung zumindest eine drohende Möglichkeit war. In strukturalistischer Terminologie könnte man auch fragen: Warum wurden die heutigen Metropolen Metropolen und nicht Peripherien bzw. warum wurden frühere Peripherien Metropolen und blieben nicht Peripherien (Senghaas/Menzel 1979)? Diese Fragen wurden immer wieder gestellt, wenn auch unterschiedlich beantwortet (Landes 1999, Reinert 2007).

Auf diese Fragen gibt es zwei grundsätzliche Antworten. Die Stadientheorien à la Rostow gehen von einem Entwicklungsdeterminismus in Richtung Modernisierung aus, dem jedes Land früher oder später unterworfen ist. Alle Länder befinden sich auf der gleichen Bahn, sind nur unterschiedlich weit vorangekommen. Die orthodoxe Richtung der Weltsystemtheorie geht umgekehrt davon aus, dass Entwicklung in dem einen und Unterentwicklung in dem anderen Teil der Welt determiniert sind, weil beide Prozesse ein Nullsummenspiel bilden. Die Theorie nachholender Entwicklung geht von einem anderen Erkenntnisinteresse aus. Gefragt wird nicht, wie kommt es zu Entwicklung und auch nicht, warum dieser Prozess in Westeuropa, gar in den Niederlanden oder in Großbritannien zuerst einsetzte, sondern wie sich die Nachzügler zu verhalten haben, die trotz unterschiedlicher Ausgangsbedingungen vor dem Problem stehen, nachholende Entwicklung angesichts eines Entwicklungsvorsprungs der Vorreiter in Gang zu setzen. Das theoretische Modell lautet: Es kommt irgendwo auf der Welt, aus welchen Gründen auch immer, zu einem Durchbruch in Richtung Entwicklung. Diese führt zu einem Vorsprung gegenüber der übrigen Welt und übt auf diese einen Druck überlegener Kompetenz aus, der von den Zurückgebliebenen als Peripherisierungsdruck empfunden wird. Diese Situation ist gleichermaßen Herausforderung wie Chance, ist eine kritische Entwicklungsphase, in der eine Weichenstellung vorgenommen wird. Entweder eine Gesellschaft reagiert auf den Peripherisierungsdruck durch Unterordnung, wird tatsächlich zur Peripherie oder sie nimmt die Herausforderung an, steuert dem Peripherisierungsdruck entgegen und beginnt einen Prozess nachholender Entwicklung.

Betrachtet man die Weltgeschichte, stellt sich heraus, dass viele Gesellschaften zwar tatsächlich Peripherien wurden, aber keineswegs alle. Auch wächst die Zahl erfolgreicher Fälle nachholender Entwicklung immer noch weiter. Insofern ist ein grundsätzlicher Entwicklungspessimismus gar nicht angebracht. Entwicklung ist *kein* Nullsummenspiel. Welchen Handlungsspielraum jeder einzelne Fall hat, hängt von vielen Variablen ab: der Größe eines Landes, seinem Machtpotenzial, seiner Ressourcenausstattung, dem Zeitpunkt des Peripherisierungsdrucks, dem Ausmaß des Gefälles gegenüber dem Vorreiter, seiner Gesellschaftsstruktur, seiner kulturellen Prägung, von vielfältigen historischen, weltpolitischen und weltwirtschaftlichen Konstellationen. Trotz dieser Besonderheiten gibt es Gemeinsamkeiten. Peripherisierungsdruck ist nicht nur länderspezifisch, sondern wird auf viele Länder gleichzeitig ausgeübt. Es gibt welthistorische Phasen, in denen er stärker oder schwächer ist.

Wenn man etwa 400 Jahre in die Weltgeschichte zurückgeht, lassen sich mindestens fünf solcher welthistorischen Krisenpunkte identifizieren. Der erste lässt sich auf die Zeit nach 1580 ansetzen, als die Niederländer als erste moderne Ökonomie in ihr „Goldenes Zeitalter" eintraten. Aufgrund ihrer nautischen, kommerziellen und finanziellen Innovationen vermochten sie, obwohl noch gar nicht von Spanien unabhängig sondern politisch dessen „Peripherie", zur weltweit führenden Handels-, Finanz- und Seemacht aufzusteigen. Erst in Europa und danach auch in Übersee vermochten sie die internationale Arbeitsteilung zu strukturieren, Amsterdam zu einem Zentrum der Welt zu machen, frühere Handelsmächte in Europa (z. B. die Hanse) wie in Übersee (z. B. die Araber auf den alten Handelsrouten zwischen Asien und Europa) zu verdrängen und den parallelen Aufstieg anderer Handelsmächte zu blockieren (Israel 2002). Die politische Unabhängigkeit nach einem langen Krieg erfolgte erst, nachdem die Niederlande wirtschaftlich schon lange an der Spitze standen.

Die zweite vergleichbare Konstellation folgte auf die Industrielle Revolution, die im Zeitraum von 1760 bis 1790 in Großbritannien ihren Ausgang nahm (Deane 1981). Hier waren es die technischen Innovationen, die das Land zur führenden Industrie- und Handelsmacht aufsteigen ließen. Diese führten zu erheblichen Produktionssteigerungen, zum Preisverfall für industrielle Güter, der Verdrängung des traditionellen Gewerbes zuerst in Großbritannien, über den britischen Export auch in Europa und zuletzt in Übersee bis nach Indien. Er setzte sich um in eine britische Überlegenheit im Handel, im Verkehr, in der Marine und im Finanzwesen. Er wurde verstärkt durch den Druck der Ideen der klassischen Politischen Ökonomie, eine institutionelle Innovation, ein liberales Welthandelssystem durch Verträge oder durch gewaltsame Öffnung der Märkte zu errichten. Entwicklungstheorie bei den Vorreitern hat Entwicklungsprobleme bei den Nachzüglern ausgelöst! Der britische Vorsprung und damit der Peripherisierungsdruck nahm bis Mitte des 19. Jahrhunderts gegenüber der übrigen Welt sogar noch zu.

Der dritte welthistorische Krisenpunkt folgte auf die Transportrevolution seit den 1870er-Jahren, ausgelöst durch den Eisenbahnbau, die Dampfschifffahrt, den Bau des Suez- und Panamakanals sowie die Erfindung der Gefrierverfahren. Konsequenz war der drastische Rückgang der Frachtkosten, der es welthistorisch erstmals möglich machte, Massenfrachtgüter über weite Entfernungen zu vertretbaren Kosten zu transportieren. Konsequenz war die Erschließung der Böden und Minen im Landesinneren der überseeischen Territorien. Erstmals konstituierte sich ein wirklicher Weltmarkt. Der Konkurrenzdruck der in Übersee produzierten Nahrungsmittel führte zur Krise vieler Landwirtschaften, gerade in Europa, führte zur Verelendung der ländlichen Bevölkerung, der Massenauswanderung nach Übersee. Die Historiker nennen diese Phase „Große Depression", andere den Beginn der Globalisierung (Hirst/Thompson 2000).

Die vierte Phase folgte auf die Weltwirtschaftskrise der 1930er-Jahre mit ihrem überproportionalen Zusammenbruch des Welthandels, der Abwertungskonkurrenz der führenden Industrieländer, dem Ende des Goldstandards und der Krise des internationalen Zahlungsverkehrs, der protektionistischen Politik und den Bestrebungen, möglichst autarke Großraumwirtschaften zu errichten (Kindleberger 1986). Viele Exportökonomien, gerade in Lateinamerika, die zuvor Nutznießer der Transportrevolution gewesen waren, gerieten unter massiven Druck. Darauf sollte die Dependenztheorie mit dem Argument reagieren, dass die alten Abhängigkeiten auch nach der Entkolonialisierung fortbestanden haben.

Die bislang fünfte Phase, als Zeitalter der Globalisierung bezeichnet, begann in den 1960er-/1970er-Jahren mit der Verlagerung der Industrie aus Westeuropa und Nordamerika nach Ost- und Südostasien und firmierte zunächst unter dem Begriff „Neue Internationale Arbeitsteilung" (Fröbel/Heinrichs/Kreye 1977). Auch wenn der Prozess weiter zurückreicht und mit der Industrialisierung Japans Ende des 19. Jahrhunderts beginnt, so war der entscheidende Faktor doch die Wende in China im Herbst 1978 in Richtung Öffnung und Modernisierung, die später in Indien nachvollzogen wurde. Die dortige Exportindustrialisierung hat aufgrund der schieren quantitativen Dimension von China und Indien zu einem beschleunigten Deindustrialisierungsprozess in den alten Industrieländern geführt, der durch die Preissteigerungen für Öl und andere Rohstoffe und die Spekulation auf den Finanzmärkten zusätzlich forciert wurde. Letzteres kulminierte 2008 in der neuen Weltwirtschaftskrise, die den Deindustrialisierungsprozess in den alten Industrieländern und ihre Transformation in Richtung Dienstleistungs- bzw. Informationsgesellschaft, ein Prozess, der bei den ersten Vorreitern Niederlande und später Großbritannien auch zuerst einsetzte, weiter beschleunigt. Die Zeit nach 2008 wird womöglich künftig als sechste Phase bezeichnet werden.

Welche Reaktionen sind auf diese großen Herausforderungen zu beobachten? Grundsätzlich muss zwischen großen und kleinen Ländern unterschieden werden. Länder mit einer großen Bevölkerung und einem großen Territorium haben eine natürliche Binnenorientierung aufgrund des inneren Marktes und der eher kompletten Ausstattung mit Ressourcen. Kleine Länder mit geringem Binnenmarkt und inkompletter Ressourcenausstattung kommen um eine Weltmarktorientierung nicht herum. Dies lässt sich an ihrer Außenhandelsquote ablesen, die unabhängig vom Entwicklungsstand und der ordnungspolitischen Orientierung immer viel höher ist als bei großen Ländern (siehe Abbildung I/7). Kleine Länder werden also eher eine assoziative, auf die großen und wirtschaftlich führenden Länder orientierte Strategie verfolgen bzw. sogar müssen, große können dissoziativ verfahren, zumal sie über die Machtmittel verfügen, dies auch durchzusetzen.

Auch wenn die Reaktionsmuster auf die skizzierten welthistorischen Krisen sich von Land zu Land unterschieden haben, so lassen sich doch Konstellationen erkennen, die immer wiederkehren. Die Vorreiter verfolgen eher eine liberale Strategie, verlassen sich auf die Kräfte des Marktes, während die Nachzügler auf die flankierende Rolle des Staates setzen. Das galt zu Beginn, als Großbritannien und Frankreich den Merkantilismus erfanden, um die kommerzielle Vormacht des Vorreiters Niederlande zu brechen, der auf das Prinzip der Freiheit der Meere (mare liberum) setzte, das galt

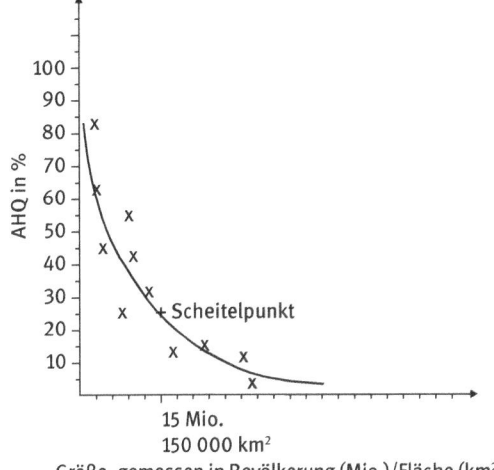

Abbildung I/7: Der Zusammenhang von Außenhandelsquote und Größe eines Landes (Menzel/Senghaas 1986, S. 121 ff.)

später für Deutschland oder die USA, die sich der industriellen Vormachtstellung Großbritanniens zu erwehren hatten, noch später für Japan oder Russland in der Endphase des Zarenreichs und erst recht für die sozialistischen Staaten in Osteuropa und Ostasien, die nur noch auf die staatliche Karte setzten. Kleine Länder wie die angelsächsischen Siedlerkolonien, Skandinavien oder seit den 1960er-Jahren die ostasiatischen Schwellenländer verfolgten zwar eine weltmarktorientierte Strategie, das hinderte sie aber nicht, diese durch staatliche Eingriffe nach innen und außen abzusichern. Exportorientierung war in diesen Fällen nie gleichbedeutend mit Freihandel.

Ein schrittweiser Übergang zum Liberalismus wurde immer erst dann vollzogen, wenn der Entwicklungsdurchbruch erfolgt war. Liberalismus und Freihandel waren welthistorisch immer Folge und nie Voraussetzung von Entwicklung. Selbst im Mutterland des Liberalismus, Großbritannien, konnte sich die Lehre Adam Smiths und David Ricardos erst in den 1840er-Jahren durchsetzen, als das Land an der Spitze stand. Das gleiche wiederholte sich im Falle der USA, die erst nach 1945 zum Vorreiter des Liberalismus wurden, erfolgte im Falle Japans seit den 1980er-Jahren nur zögerlich und auf massiven amerikanischen Druck (Hummel 2000) und ist im Falle Chinas derzeit noch zögerlicher und wieder nur auf amerikanischen Druck zu beobachten. Erkennbar ist auch, dass sich die strukturellen Aspekte nachholender Entwicklung vor und nach 1945 nicht grundsätzlich unterscheiden, ganz so wie der Prozess der Entkolonialisierung nicht erst durch den Zweiten Weltkrieg ausgelöst worden ist. Neu war eigentlich nur der Ost-West-Konflikt, der der Entwicklungsproblematik eine politische Aufladung gegeben hat.

Im Hinblick auf entwicklungspolitische Strategien, soweit sie von der Weltbank und dem Weltwährungsfonds propagiert wurden, war seit Ende der 1970er-Jahre ein Paradigmenwechsel zu verzeichnen. Die goldene Zeit der Projekthilfe ging zu Ende und wurde durch eine neoliberale Politik ersetzt, die eher auf die Anpassung der volkswirtschaftlichen Rahmenbedingungen setzte und in den 1980er- und 1990er-Jahren zur herrschenden Lehre wurde. Dahinter stand die Renaissance der Neoklassik in den Wirtschaftswissenschaften wie auch in der Entwicklungsökonomie (Johnson, Bauer, Lal, Little, Balassa). Deepak Lal (*1940) eröffnete mit seinem Buch „The Poverty of ‚Development Economics'" (1983) den Generalangriff auf den Entwicklungskeynesianismus der frühen Jahre und die Empfehlungen der Nord-Süd-Kommission. Damals hatte sich die Neoklassik, etwa bei Peter Támas Bauer (1915–2002), nur als einflusslose Nebenströmung behauptet. Die Krise der ISI in Lateinamerika, das Scheitern der ambitionierten und auf globalen Dirigismus hinauslaufenden Entwicklungsziele der UNCTAD und der offensichtliche Erfolg der Exportstrategien einiger ostasiatischer Länder ließen den Zweifel am Entwicklungskeynesianismus wachsen. Die Alternative lautete seitdem in der Tradition von Smith und Ricardo mehr Markt und weniger Staat bzw. Wachstum via Export statt Wachstum über die Ausweitung des Binnenmarkts. Damit wurde die Entwicklungstheorie erneut auf ihre wirtschaftliche Dimension reduziert, die sozialen, politischen und kulturellen Voraussetzungen ausgeblendet.

Theoretisch vorbereitet wurde die Wiederentdeckung der Neoklassik durch die Weiterentwicklung des Faktorproportionentheorems von Heckscher/Ohlin durch den Ungarn Béla Balassa (1928–1991). Sein in den 1970er-Jahren entwickeltes Neofaktorproportionentheorem („A Stages Approach to Comparative Advantage") gab die Annahme homogener Produktionsfaktoren auf und führte das Konzept des Humankapitals in die Theorie ein. In dem Maße, wie die Qualifikation der Arbeitskräfte zunimmt, ist auch eine Veränderung der komparativen Vorteile eines Landes, eine Aufwärtsmobilität in der internationalen Arbeitsteilung möglich. Andere Theoreme wie das der technologischen Lücke oder des Produktzyklus von Raymond Vernon (1913–1999) führen komparative Vorteile auf zeitlich begrenzte Verfügbarkeitsmonopole von Produkt- oder Verfahrensinnovationen zurück. Die Weiterentwicklung der Außenhandelstheorie durch Paul Krugman (*1953) und Jagdish Bhagwati (*1934) ist demgegenüber für die Entwicklungstheorie von geringerer Relevanz, da es hier nur noch um die Erklärung von intra- und nicht mehr von intersektoraler Arbeitsteilung geht. Warum exportiert Deutschland PKWs nach Frankreich und umgekehrt?

Vor diesem theoretischen Hintergrund und dem Strukturwandel in den Industrieländern seit den 1970er-Jahren, der auf die wachsende Konkurrenz der neuen Fertigwarenexporteure in den Schwellenländern zurückgeführt wurde, unternahmen die OECD (Little/Scitovsky/Scott), die Weltbank (Balassa), das US-amerikanische Bureau auf Economic Research (Bhagwati/Krueger) und das Kieler Institut für Weltwirtschaft (Jürgen B. Donges, *1940), in der Bundesrepublik die Hochburg der Neoklassik, in den 1970er-Jahren ausgedehnte empirische Untersuchungen, um den Nachweis zu erbringen, dass eine Exportstrategie, die sich an komparativen Vorteilen und Freihandel orientiert, langfristig größere Wachstumschancen bietet als die auf

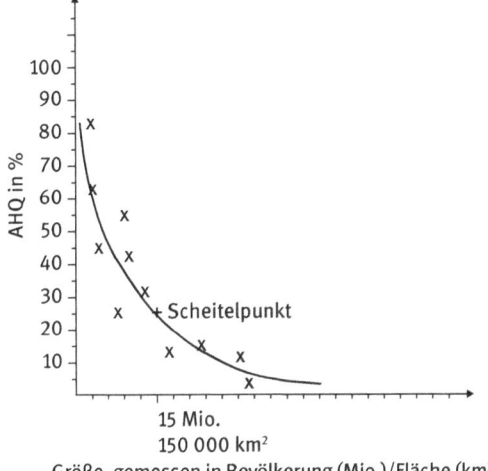

Abbildung I/7: Der Zusammenhang von Außenhandelsquote und Größe eines Landes (Menzel/Senghaas 1986, S. 121 ff.)

später für Deutschland oder die USA, die sich der industriellen Vormachtstellung Großbritanniens zu erwehren hatten, noch später für Japan oder Russland in der Endphase des Zarenreichs und erst recht für die sozialistischen Staaten in Osteuropa und Ostasien, die nur noch auf die staatliche Karte setzten. Kleine Länder wie die angelsächsischen Siedlerkolonien, Skandinavien oder seit den 1960er-Jahren die ostasiatischen Schwellenländer verfolgten zwar eine weltmarktorientierte Strategie, das hinderte sie aber nicht, diese durch staatliche Eingriffe nach innen und außen abzusichern. Exportorientierung war in diesen Fällen nie gleichbedeutend mit Freihandel.

Ein schrittweiser Übergang zum Liberalismus wurde immer erst dann vollzogen, wenn der Entwicklungsdurchbruch erfolgt war. Liberalismus und Freihandel waren welthistorisch immer Folge und nie Voraussetzung von Entwicklung. Selbst im Mutterland des Liberalismus, Großbritannien, konnte sich die Lehre Adam Smiths und David Ricardos erst in den 1840er-Jahren durchsetzen, als das Land an der Spitze stand. Das gleiche wiederholte sich im Falle der USA, die erst nach 1945 zum Vorreiter des Liberalismus wurden, erfolgte im Falle Japans seit den 1980er-Jahren nur zögerlich und auf massiven amerikanischen Druck (Hummel 2000) und ist im Falle Chinas derzeit noch zögerlicher und wieder nur auf amerikanischen Druck zu beobachten. Erkennbar ist auch, dass sich die strukturellen Aspekte nachholender Entwicklung vor und nach 1945 nicht grundsätzlich unterscheiden, ganz so wie der Prozess der Entkolonialisierung nicht erst durch den Zweiten Weltkrieg ausgelöst worden ist. Neu war eigentlich nur der Ost-West-Konflikt, der der Entwicklungsproblematik eine politische Aufladung gegeben hat.

Entwicklungstheoretisch besonders interessant sind die kleinen Länder, nicht nur weil es sich um die Mehrzahl der erfolgreichen Fälle handelt, sondern auch, weil für sie nachholende Entwicklung schwieriger zu bewerkstelligen ist angesichts des geringen Machtpotenzials und der Unvermeidlichkeit der Außenorientierung. Ausgangspunkt war in allen Fällen die Suche nach komparativen Vorteilen. Diese gibt es immer, sei es durch die natürliche Faktorausstattung, die geopolitische Lage oder das Arbeitskräftepotenzial und dessen Qualifikation. Darauf aufbauend lässt sich ein Exportsektor für die Erzeugung von Nahrungsmitteln, Rohstoffen oder einfachen Fabrikaten etablieren, ggf. auch eine internationale Dienstleistungsökonomie, die die Märkte der Vorreiter beliefert. Wichtig ist, dass die komparativen Vorteile nicht statisch bleiben, sondern dynamisiert werden, indem kontinuierlich in höherwertige Verarbeitungsstufen vorgedrungen wird. Dies geschieht unter Nutzung aller möglichen vor- und nachgelagerten Koppelungseffekte durch fortschreitende Spezialisierung, die besondere Weltmarktnischen bedient.

Zur anfänglichen Finanzierung ist eine je spezifische Mischung von angebots- und nachfrageorientierter Politik geboten, wobei unerheblich ist, ob die anfängliche Kapitalbildung durch Zwangssparen im Innern oder durch Kapitalimporte zustande kommt. Wichtig ist nur, dass frühzeitig der Binnenmarkt durch eine breite Streuung der Exporteinkommen erschlossen wird. Dies kann im Falle der Agrarexportökonomien das Resultat einer möglichst homogenen Bodenverteilung (Bodenreformen oder Heimstädtengesetzgebung) sein oder des Aufbaus von gewerkschaftlicher Gegenmacht im Falle von anfänglichen Fertigwarenexportökonomien. Abgesichert werden muss eine Exportstrategie anfänglich durch selektive Dissoziation, die das gesamte Spektrum interventionistischer Maßnahmen (Zölle, Währungspolitik, Subventionen, nichttarifäre Handelshemmnisse) umfassen kann. Umgekehrt ist nach innen eine Politik zu verfolgen, die dort jegliche Art von Hemmnissen beiseite räumt. Integration nach innen und Separation nach außen sind nur die zwei Seiten einer Medaille.

Damit beides stattfinden kann, müssen politische und soziale Voraussetzungen vorliegen, die nicht erst das Ergebnis von Entwicklung sein können. Dazu gehören (idealtypisch) eine anfängliche Transformation des Agrarsektors, dessen frühzeitige Entfeudalisierung oder Entoligarchisierung, die Gründung von ländlichen Genossenschaften und im industriellen Bereich die Entfaltung von unternehmerischen Kräften bei gleichzeitigem Aufbau von gewerkschaftlicher Gegenmacht. Steigende Reallöhne erzeugen Druck zu Produktivitätssteigerungen. Der Binnenmarkt wächst, das Land ist in der Lage, in der internationalen Arbeitsteilung eine Aufwärtsmobilität zu durchlaufen. Dies alles ist nur möglich, wenn parallel dazu das Kompetenzniveau einer Gesellschaft durch Bildung und Ausbildung, Wissenschaft und Technik gesteigert wird. Entscheidend ist, dass eine Gesellschaft sozial durchlässig wird und innovationsbereite Kräfte sich durchsetzen können, vom Staat gefördert und nicht behindert werden. Dazu bedarf es einer schrittweisen Demokratisierung der Gesellschaften, die zu einer institutionalisierten Konfliktregelung führt und insbesondere das fatale politische Bündnis von Agraroligarchie, Kompradoren und rentenorientierter Staatsklasse auflöst. Die Logik des Profits hat an die Stelle der Logik der Rente, unternehmerische Initiative im großen wie im kleinen an die Stelle von Rent-seeking im großen wie im kleinen zu treten. Der Wettbewerb bietet auch für kleine Länder durchaus Chancen. Sie müssen nur genutzt werden.

Die welthistorischen Krisenpunkte waren immer die Phasen, in denen Gegensteuerung und interne Restrukturierung eher möglich war, um in der anschließenden Konjunktur ein Exportwachstum zu erzielen. Wurde diese Chance nicht genutzt, wurde eine rein assoziative Strategie im Verbund mit bloßer Rentenorientierung beibehalten, war Peripherisierung die Folge. Politischer und sozialer Wandel kann nie das bloße Resultat wirtschaftlicher Entwicklung sein, sondern muss diese immer begleiten. Werden nur Teile des skizzierten idealtypischen Szenarios bedient, wird es zwar Erfolge geben, die Entwicklung aber fragmentiert bleiben. Es stellt sich allerdings heraus, dass ein einmal erreichtes Entwicklungsniveau nicht für alle Zeiten vor einem relativen oder gar absoluten Abstieg feit. Das zeigte sich in Asien spätestens ab 1800, als Indien und China von Europa überholt wurden, das zeigt sich seit Ende des 19. Jahrhunderts, als das erste Industrieland Großbritannien von den USA und Deutschland überholt wurde und das zeigt sich heute durch den relativen Abstieg der alten Industrieländer insgesamt im Vergleich zu Ostasien. Damit kehrt sich die Entwicklungsproblematik um. In der Phase des relativen Niedergangs ist eine neue Form der Intervention geboten, um die damit verbundenen Transformationsprozesse in Richtung Dienstleistungs- bzw. Informationsgesellschaft abzufedern. Die Fortsetzung einer liberalen Politik wird, wie im Falle Großbritanniens seit etwa 1900 geschehen, obwohl dort erstmals das Problem des British Decline erfahren und diskutiert wurde, den Prozess des Niedergangs beschleunigen. Ohne Gegensteuerung kann am Ende Peripherisierung das Ergebnis sein.

5.8 Die Renaissance der Neoklassik und deren Kritik

Auf die Differenzierung der großen Lehrmeinungen folgte anlässlich des Schwellenländerphänomens eine Debatte, an der nahezu alle bedeutsamen Schulen beteiligt waren, die bis heute nicht beendet ist. Es geht um die Frage, wie der Aufstieg der Schwellenländer bzw. der Newly Industrializing Countries (NICs) theoretisch zu verorten ist. Gemeint sind eine Reihe von Ländern in Lateinamerika, Ostasien und an der europäischen Peripherie, die seit Ende der 1960er-Jahre bemerkenswerte Industrialisierungsprozesse zu verzeichnen hatten. Handelte es sich hier um eindeutige Fälle nachholender Entwicklung oder um ganz neue Ausprägungen von Unterentwicklung? Diese Frage war auch insofern von akademischem Interesse, da sich so diverse Großtheorien verifizieren oder falsifizieren ließen. Deshalb waren die Schwellenländer für die Theoriekrise der 1990er-Jahre der eigentliche Auslöser (Harris 1978), zumal in Asien die Zahl der Schwellenländer immer weiter zunahm und sich regional nach Südost- und Südasien ausdehnte, sodass man in der Folge die erste (Südkorea, Taiwan, Hongkong, Singapur), die zweite (Malaysia, Thailand, Indonesien) und zuletzt die dritte Generation (China, Vietnam) der Schwellenländer unterschied.

Im Hinblick auf entwicklungspolitische Strategien, soweit sie von der Weltbank und dem Weltwährungsfonds propagiert wurden, war seit Ende der 1970er-Jahre ein Paradigmenwechsel zu verzeichnen. Die goldene Zeit der Projekthilfe ging zu Ende und wurde durch eine neoliberale Politik ersetzt, die eher auf die Anpassung der volkswirtschaftlichen Rahmenbedingungen setzte und in den 1980er- und 1990er-Jahren zur herrschenden Lehre wurde. Dahinter stand die Renaissance der Neoklassik in den Wirtschaftswissenschaften wie auch in der Entwicklungsökonomie (Johnson, Bauer, Lal, Little, Balassa). Deepak Lal (*1940) eröffnete mit seinem Buch „The Poverty of ‚Development Economics'" (1983) den Generalangriff auf den Entwicklungskeynesianismus der frühen Jahre und die Empfehlungen der Nord-Süd-Kommission. Damals hatte sich die Neoklassik, etwa bei Peter Támas Bauer (1915–2002), nur als einflusslose Nebenströmung behauptet. Die Krise der ISI in Lateinamerika, das Scheitern der ambitionierten und auf globalen Dirigismus hinauslaufenden Entwicklungsziele der UNCTAD und der offensichtliche Erfolg der Exportstrategien einiger ostasiatischer Länder ließen den Zweifel am Entwicklungskeynesianismus wachsen. Die Alternative lautete seitdem in der Tradition von Smith und Ricardo mehr Markt und weniger Staat bzw. Wachstum via Export statt Wachstum über die Ausweitung des Binnenmarkts. Damit wurde die Entwicklungstheorie erneut auf ihre wirtschaftliche Dimension reduziert, die sozialen, politischen und kulturellen Voraussetzungen ausgeblendet.

Theoretisch vorbereitet wurde die Wiederentdeckung der Neoklassik durch die Weiterentwicklung des Faktorproportionentheorems von Heckscher/Ohlin durch den Ungarn Béla Balassa (1928–1991). Sein in den 1970er-Jahren entwickeltes Neofaktorproportionentheorem („A Stages Approach to Comparative Advantage") gab die Annahme homogener Produktionsfaktoren auf und führte das Konzept des Humankapitals in die Theorie ein. In dem Maße, wie die Qualifikation der Arbeitskräfte zunimmt, ist auch eine Veränderung der komparativen Vorteile eines Landes, eine Aufwärtsmobilität in der internationalen Arbeitsteilung möglich. Andere Theoreme wie das der technologischen Lücke oder des Produktzyklus von Raymond Vernon (1913–1999) führen komparative Vorteile auf zeitlich begrenzte Verfügbarkeitsmonopole von Produkt- oder Verfahrensinnovationen zurück. Die Weiterentwicklung der Außenhandelstheorie durch Paul Krugman (*1953) und Jagdish Bhagwati (*1934) ist demgegenüber für die Entwicklungstheorie von geringerer Relevanz, da es hier nur noch um die Erklärung von intra- und nicht mehr von intersektoraler Arbeitsteilung geht. Warum exportiert Deutschland PKWs nach Frankreich und umgekehrt?

Vor diesem theoretischen Hintergrund und dem Strukturwandel in den Industrieländern seit den 1970er-Jahren, der auf die wachsende Konkurrenz der neuen Fertigwarenexporteure in den Schwellenländern zurückgeführt wurde, unternahmen die OECD (Little/Scitovsky/Scott), die Weltbank (Balassa), das US-amerikanische Bureau auf Economic Research (Bhagwati/Krueger) und das Kieler Institut für Weltwirtschaft (Jürgen B. Donges, *1940), in der Bundesrepublik die Hochburg der Neoklassik, in den 1970er-Jahren ausgedehnte empirische Untersuchungen, um den Nachweis zu erbringen, dass eine Exportstrategie, die sich an komparativen Vorteilen und Freihandel orientiert, langfristig größere Wachstumschancen bietet als die auf

Protektionismus beruhenden Binnenmarktstrategien der Entwicklungskeynesianer (Donges/Müller-Ohlsen 1978). Wie nicht anders zu erwarten, wurde ein entsprechender empirischer Befund vorgelegt, der in handelspolitische Empfehlungen umgemünzt wurde. Der Markt und nicht der Staat lieferte das beste entwicklungspolitische Steuerungsinstrument (Balassa 1981). Konsequenterweise wird auch gegen den defensiven Protektionismus in den Industrieländern zu Felde gezogen, die ihre Märkte für die Produkte der Entwicklungsländer zu öffnen und ihre Ökonomien den neuen weltwirtschaftlichen Gegebenheiten „anzupassen", sprich arbeitsintensive Branchen und technologisch ausgereifte Fertigung aufzugeben, hätten. Da die alten Industrieländer in immer neuen GATT-Runden eine liberale Außenhandelspolitik verfolgen, bis im Bereich der Industrie ein nahezu völliger Freihandel erreicht ist, führt dies ganz im Sinne der neoklassischen Theorie zu einem als „Strukturwandel" deklarierten Deindustrialisierungsprozess, der längst nicht mehr bei arbeitsintensiver Fertigung stehen bleibt, sondern zum Verschwinden ganzer Branchen führt und mittlerweile bei ehemaligen Leitsektoren wie Stahl, Schiffbau und sogar der Automobilindustrie angekommen ist. Großbritannien oder die USA sind mittlerweile weitgehend Dienstleistungsökonomien, in denen der industrielle Sektor kaum mehr als 15 % des Sozialprodukts erwirtschaftet. Dieser Prozess macht deutlich, wie schwer sich Gewerkschaften in den alten Industrieländern mit einem entwicklungspolitischen Engagement tun müssen und wie sehr ihnen eine neoklassische Argumentation widerstrebt.

In den 1980er-Jahren erwuchs aus der Neoklassik der sogenannte „Washington-Konsens" der in Washington ansässigen entwicklungspolitischen Institutionen (Weltbank, Weltwährungsfonds) und der US-Regierung, der eine Strukturanpassung der Volkswirtschaften der Entwicklungsländer empfahl, um das dort unterstellte Staatsversagen durch den Markt zu korrigieren (Williamson 1990, 1993, 2000). In der ursprünglichen Version besteht der Washington-Konsens aus zehn Komponenten: Haushaltsdisziplin der Regierungen, Neuausrichtung der öffentlichen Ausgaben, Steuerreform, Liberalisierung der Finanzmärkte, Vereinheitlichung und Anpassung der Wechselkurse auf ein realistisches Niveau, Liberalisierung des Handels, Öffnung der Wirtschaft für Direktinvestitionen, Privatisierung von Staatsunternehmen, Deregulierung der Wirtschaft und Garantie von Eigentumsrechten. Ziel ist die Durchsetzung marktwirtschaftlicher Bedingungen in den Entwicklungsländern durch Aufhebung aller fiskalisch, entwicklungspolitisch oder durch Renteninteressen motivierten staatlichen Eingriffe in die Wirtschaft. Dahinter steht die Idee, dass der Markt und nur der Markt die beste Regulierungsinstanz ist, um Wirtschaftswachstum anzuregen, weil er dem zweckrational handelnden Wirtschaftssubjekt, das dem Leitbild des Homo oeconomicus folgt, die entsprechenden Signale sendet. Politisch motivierte Fehlallokationen durch staatliche Intervention im Innern wie nach außen werden als Entwicklungshemmnis angesehen. Durchgesetzt werden soll die Strukturanpassung über Auflagen des IWF, die dieser an die Vergabe von Krediten knüpft. Jedes Land soll seine komparativen Vorteile identifizieren und eine exportgetriebene Wachstumsstrategie verfolgen. Damit wird die Besonderheit entwicklungsökonomischer Theorie geleugnet und die doppelte Gleichung Entwicklungstheorie = Wirtschaftswissenschaft = Neoliberalismus propagiert. Akteure des Konsenses waren die vielen an US-amerikanischen Universitäten im neoliberalen Geiste ausgebildeten Ökonomen, die sich aus der ganzen Welt rekrutierten und die Schlüsselstellen in nationalen und internationalen Entwicklungsagenturen besetzten. Da an der Universität von Chicago mit Milton Friedman (1912–2006) ein prominenter Vertreter des neuen Denkens lehrte, wurden die neoklassischen Berater auch als „Chicago Boys" bezeichnet, die etwa in Chile während der Pinochet-Ära oder nach 1990 in Osteuropa zum Einsatz kamen. Das neoliberale Denken war hegemonial und dadurch weltweit handlungsmächtig geworden (Williamson 2009).

Zum genau gegenteiligen Befund kamen die Vertreter der Weltsystemtheorie, in der Bundesrepublik durch Folker Fröbel, Jürgen Heinrichs und Otto Kreye (1936–1999) repräsentiert. Auch bei ihnen ist der Ausgangspunkt die Deindustrialisierung in den alten Industrieländern und die nachholende Industrialisierung in einigen Entwicklungsländern. Neu an deren Industrialisierung war, dass sie sich weder an der Primärgütererzeugung noch am Binnenmarkt orientierte, sondern von Anfang an exportorientiert war. Sie war auf arbeitsintensive Branchen konzentriert, um den komparativen Vorteil niedriger Löhne zu nutzen. In speziell eingerichteten „Freien Produktionszonen" wurden Weltmarktfabriken in „Montagebranchen" wie Bekleidung, Sportartikel, Spielzeug und Unterhaltungselektronik errichtet und vor allem junge weibliche Arbeitskräfte beschäftigt. Die Kernthese von Fröbel/Heinrichs/Kreye lautet, hier unterscheiden sie sich von der Neoklassik, dass diese Art von Industrialisierung nicht entwicklungsfördernd sei, da sie aufgrund ihres enklavenhaften Charakters keine breitenwirksamen Wachstumseffekte für die übrige Ökonomie zeige. Resultat sei eine „Neue internationale Arbeitsteilung", so der Titel ihres einschlägigen Buches, bei der nicht mehr Primärgüter gegen Fertigwaren, sondern Fertigwaren unterschiedlicher Arbeits- bzw. Kapitalintensität getauscht werden. Voraussetzung ist die Verfügbarmachung des unerschöpflichen Potenzials billiger Arbeitskräfte in den Entwicklungsländern, die Zerlegung des Arbeitsprozesses in qualifizierte und unqualifizierte Komponenten und die Fortsetzung der Transportrevolution durch Containerschiffe und Containerhäfen. Neben die bisherigen Märkte für Waren und Kapital ist ein Weltmarkt für Arbeitskräfte und Produktionsstandorte getreten mit der Konsequenz, dass Rationalisierungsinvestitionen in den Industrieländern durch Investitionen zur Produktionsverlagerung in Entwicklungsländer ersetzt werden (Fröbel/Heinrichs/Kreye 1977, 1986).

Eine neue Entwicklung, von Fröbel/Heinrichs/Kreye nicht mehr thematisiert, resultiert aus der Revolution der Kommunikationstechnik. Sie ermöglicht es, auch die Standortgebundenheit von Dienstleistungen aufzuheben und Dienstleistungskomponenten, etwa die manuelle Dateneingabe bei Fluglinien, Versicherungen oder Banken, in „Billiglohnländer" auszulagern, indem die Belege für die Dateneingabe per Flugzeug nach Indien oder China transportiert und nach der Eingabe elektronisch zurückgespielt werden. Die Verlagerung von Callcentern nach Indien ist ein anderes Beispiel. Damit findet nach dem Strukturwandel des Industriesektors auch ein

Strukturwandel des Dienstleistungssektors statt. Entwicklungsländer spezialisieren sich auf einfache, arbeitsintensive, Dienstleistungsgesellschaften auf komplexe wissensintensive Dienstleistungen und transformieren sich in Richtung Informationsgesellschaft. Die Konsequenzen dort sind informelle (prekäre) Beschäftigung und strukturelle Arbeitslosigkeit, die von den neuen wissensintensiven Berufen nur aufgesaugt werden kann, wenn eine große Anstrengung zur Ausbildung und Weiterbildung in Richtung der neuen wissenschaftsintensiven Dienstleistungen gelingt.

5.9 Der bürokratische Entwicklungsstaat

Während so der Versuch gemacht wurde, die Grundannahmen der Weltsystemtheorie trotz des Schwellenländerphänomens zu retten, war dieser Sachverhalt für andere Autoren, die auch dem kritischen Lager zuzurechnen sind, Anlass für eine linke Revision dependenztheoretischer Positionen. Für einige Fälle, insbesondere in Ostasien, wurde ein vollgültiger Prozess nachholender Industrialisierung konstatiert, der aber im Gegensatz zur neoklassischen Theorie nicht ökonomisch mit dem Rückgriff auf die Steuerungsfunktionen des Marktes, sondern für die konfuzianisch geprägten Länder Ostasiens, soziopolitisch mit der ausgeprägten staatlichen Lenkungstätigkeit, dem bürokratischen Entwicklungsstaat, erklärt wird. Der Begriff „revisionistisch" bekommt so eine doppelte Konnotation. Ursprünglich ging es um die Revision dependenztheoretischer Dogmen, später um die Revision neoklassischer Grundannahmen, weil nicht nur die Erklärung der asiatischen Entwicklungserfolge, sondern auch die Forderung nach Industriepolitik in den USA in den Fokus geriet, um dem asiatischen Verdrängungswettbewerb standzuhalten. Bahnbrechend wirkte hier Chalmers Johnsons Buch „MITI and the Japanese Miracle" (1982), in dem er zeigt, welche Rolle das Außenhandels- und Industrieministerium für das japanische Nachkriegswirtschaftswunder gespielt hat. Robert Wade und Alice H. Amsden argumentieren, dass das japanische Modell von den anderen Ländern der Region kopiert wurde, die sich also dem neoliberalen Denken entzogen haben (Wade 1990, Amsden 1989, 2007). Japan ist kein singulärer Fall, sondern das erste asiatische Schwellenland. Damit wird auch die religionssoziologische Erklärung Webers, der in den asiatischen Hochreligionen entwicklungshemmende Elemente am Werk sah, infrage gestellt. Wenn die These vom Entwicklungsstaat als unabhängiger Variable zum Verständnis nachholender Entwicklung zumindest in Ost- und Südostasien richtig und diese Erfahrung für andere Regionen nützlich ist, heißt das, dass ein leistungsfähiger Staat bereits existieren muss, *bevor* die wirtschaftliche Entwicklung einsetzen kann. Dies gilt umso mehr für die „schwachen" postkolonialen Staaten in Afrika südlich der Sahara, die aus der Perspektive des bürokratischen Entwicklungsstaats kaum zum Nachvollzug des asiatischen Modells geeignet sind, selbst wenn das damit verbundene autoritäre politische System gerade bei afrikanischen Eliten auf Sympathie stößt.

Zu einem leistungsfähigen Staat im Sinne des bürokratischen Entwicklungsmodells bedarf idealtypisch es erstens einer starken Entwicklungsorientierung der Politik, also des politischen Willens zur Entwicklung, der alle anderen Ziele untergeordnet werden. Eigentliche Triebkraft ist der Nationalismus. Zweitens muss es eine kompetente und professionell denkende und handelnde Bürokratie geben, die ohne zu großes Eigeninteresse diesem nationalen Ziel verpflichtet ist. Drittens muss diese Bürokratie über genügend Entscheidungsautonomie gegenüber den Interessengruppen verfügen, um ihr Handeln an den sachlich gebotenen Notwendigkeiten auszurichten und nicht nur aus Rücksicht auf diese oder jene Partikularinteressen zu agieren. Und viertens muss es strukturelle Mechanismen geben, die eine Rentenorientierung der Bürokratie ausschließen oder zumindest in Grenzen halten (Menzel 2004).

Voraussetzung ist eine lange bürokratische Tradition des Staates und dessen moralische Legitimität schlechthin, wie sie in den meisten Ländern Ost- und Südostasiens unterstellt wird. Daraus leiten sich das dortige hohe Prestige und der hohe soziale Rang der Bürokratie ab, zumal seit alters her nur die Besten für den Staatsdienst infrage kommen. Die Selektion der Besten wird gewährleistet durch das unbedingte Leistungsprinzip bei der Rekrutierung der Staatsbediensteten, sei es durch ein System von staatlichen Auswahlprüfungen oder durch das Prinzip, dass nur die Absolvierung der renommiertesten Universitäten den Zugang zum Staatsdienst ermöglicht. Voraussetzung für eine professionelle und kompetente Bürokratie ist aber auch, dass ihre Mitglieder entsprechend motiviert sind. Dazu bedarf es nicht nur des sozialen Prestiges, das aus der Staatstätigkeit resultiert, sondern auch einer angemessenen Bezahlung. So wird die Anfälligkeit der Beamten gegen Korruption (Rentseeking) gemildert und der Notwendigkeit vorgebaut, dass Beamte aus materieller Not privaten Nebentätigkeiten nachgehen und ihre Amtspflichten vernachlässigen.

Notwendig ist aber auch, dass bürokratische Vorgaben von der Gesellschaft akzeptiert werden. In der mangelnden Akzeptanz staatlicher Vorgaben vonseiten der Bevölkerung liegt in vielen Ländern bekanntermaßen ein großes Problem. Akzeptanz wird aber nicht nur durch Gesetze und die Androhung von Strafen, durch die Exekution von bloßer Macht, sondern durch den Nachweis geschaffen, dass das bürokratische Handeln langfristig am Wohl des Staates orientiert ist und Erfolge zeigt, die für den Einzelnen spürbar sind. Die Herrschaft der Bürokratie gründet sich neben ihrem Ansehen auf ihre *Funktion* für das Allgemeinwohl und nicht auf Besitz, auf die Kontrolle über politische Zwangsmittel oder auf blanke Macht wie die Herrschaft der Staatsklassen in afrikanischen und arabischen Rentenstaaten. Dennoch muss die Bürokratie kontrolliert werden. Mögliche Instanzen sind die Selbstkontrolle durch eine bürokratische Ethik, wie sie etwa in den konfuzianischen Tugenden zum Ausdruck kommt und durch das Erziehungssystem gefördert wird. Bildung qualifiziert nicht nur für den Eintritt in die Bürokratie, sondern sorgt auch für Selbstkontrolle. Hinzu kommt die gegenseitige Kontrolle durch die einzelnen Abteilungen der Bürokratie. Und schließlich bedarf es der Kontrolle durch Dritte, also durch Parlamente, unabhängige Gerichte oder die Presse. Nur wenn diese Kontrollinstanzen funktionieren, dann kann die auch in bürokratischen Entwicklungsstaaten allgegenwärtige Gefahr der Korruption, des Nepotismus und des Partikularismus eingedämmt werden.

Die Steuerungselemente des bürokratischen Entwicklungsstaats sind vielfältig und gehen weit über das im Westen bekannte wirtschaftspolitische Instrumentarium hinaus. Dazu gehören die Zielvorgabe durch langfristige Perspektivpläne, die nicht nur für China oder Vietnam, sondern auch für Japan, Südkorea oder Taiwan selbstverständlich sind. Im Rahmen von Fünf- oder Zehnjahresplänen, die Wachstumsziele vorgeben, vorrangig zu fördernde Schlüsselsektoren („sunshine industries") definieren, aber auch den Kapazitätsabbau unrentabler Sektoren („moonlight industries") vorsehen, steuert und reguliert die Bürokratie direkt, aber informell, durch administrative Lenkung im Einzelfall (sogenanntes informelles Verwaltungshandeln) und indirekt durch ein System von Anreizen und Bestrafungen mittels Steuern, Zöllen, Subventionen, Preisen, Devisenbewirtschaftung, Kapitalmarktkontrollen, Kreditvergabe, Abschreibungsmöglichkeiten, Exportprämien. In besondere Fällen, etwa bei der Initiierung von strategischen Schlüsselbetrieben oder Infrastrukturprojekten wie der Energieversorgung, wo eine private Rentabilität nur schwer erzielbar ist, wo die Transaktionskosten zu hoch sind, wird die Bürokratie auch selbst zum Unternehmer, um so geschaffene Staatsbetriebe ggf. nach erfolgreicher Anlaufzeit zu privatisieren. Umgekehrt können auch unrentable, aber wichtige Privatunternehmen in staatliche Regie übernommen werden. Insbesondere der Finanzsektor ist der direkten oder indirekten bürokratischen Kontrolle unterworfen, wobei die Investitionslenkung durch eine staatlich beeinflusste Kreditvergabe als das zentrale Steuerungsinstrument überhaupt angesehen wird. Dies ist umso notwendiger, so lange private Unternehmen nur über eine geringe Eigenkapitalbildung verfügen. Die Bürokratie betreibt aber auch Allokationspolitik durch Bodenreformen, sektoral unterschiedliche Besteuerung, Umverteilung via Staatshaushalt, Manipulation der internen ToT zulasten oder zugunsten der Landwirtschaft, zulasten oder zugunsten der Leichtindustrie oder der Schwerindustrie. In der Regel lässt sich eine Sequenz von anfänglicher Importsubstitution und anschließender Exportorientierung feststellen, die eine Stufenleiter in immer höhere technologische Kompetenzen von ISI I zu ISI II zu ISI III beschreitet. Und schließlich sind dichte persönliche Netzwerke zwischen Spitzenbürokraten und Managern der großen Betriebe festzustellen, die sich ergeben aus dem gemeinsamen Studium an den wenigen Spitzenuniversitäten wie durch frühzeitigen Wechsel aus hohen Positionen in den Ministerien in hohe Positionen der Wirtschaft. In Japan wird dieser Vorgang „amakudari" (vom Himmel herabsteigen) genannt.

Ob das Modell des bürokratischen Entwicklungsstaats auf andere Regionen der Welt übertragen werden kann, muss bezweifelt werden. Selbst im Hinblick auf Südostasien ist dieses, auch wenn von der japanischen Regierung behauptet, unter Hinweis auf die strategische Rolle der Auslandschinesen zumindest infrage zu stellen. Immerhin ist durch die chinesische Migration wie durch die Ausstrahlungskraft der chinesischen Zivilisation eine kulturelle Nähe gegeben (Gambe 1999). An dieser Stelle treffen sich die „revisionistische" und die „kulturalistische" Argumentation. Seit China in den Kreis der Schwellenländer eingetreten ist, ist die Theorie noch attraktiver geworden, wurde der Begriff „Beijing-Konsens" (Ramo 2004, Kennedy 2010) dem Begriff „Washington-Konsens" als alternatives Paradigma gegenübergestellt (Rodrik

2006). Seit Indien hinzugekommen ist, wird die Grenze ihrer Erklärungsreichweite sichtbar, zumal gerade Indien von Myrdal in „Asien-Drama" mit dem Attribut des „schwachen Staates" belegt worden war. Die Erklärung, warum große Teile Asiens zur neuen Entwicklungsregion der Welt aufgestiegen sind und die alten Industrieländer einen Verdrängungswettbewerb aussetzen, sind komplexer und weder bloß neoliberal noch bloß mit der Theorie des bürokratischen Entwicklungsstaats noch bloß kulturalistisch mit oder gegen Max Weber zu erklären. Allerdings – in Lateinamerika und Afrika stößt das Modell als Alternative zum Neoliberalismus auf wachsende Resonanz, weil es eine attraktive Alternative zum westlichen Modell ist, bei dem sich Wirtschaftswachstum mit autoritären politischen Systemen vereinbaren lässt.

6 Die Theorie in der Krise

6.1 Die Differenzierung der Entwicklungsländer

In den 1990er-Jahren ist kaum noch eine Weiterentwicklung der Entwicklungstheorie mit globaler Reichweite zu vermelden. Kennzeichen der Diskussion ist die mehr und mehr kritische Beschäftigung der Theoretiker mit dem Zustand der eigenen Disziplin und die Aufsplitterung in verschiedene Schauplätze, die nicht mehr beanspruchen können, eine große Theorie zu liefern. Die Übertragung der Fordismusdiskussion, maßgeblich beeinflusst durch die französische Regulationsschule, auf die Entwicklungstheorie war der letzte orthodoxe Versuch des theoretischen Nachweises, dass „reformistische" Strategien in der Tradition von Amin, Elsenhans oder Menzel/Senghaas, die auf dem Massenkonsum/Reallohnsteigerungs-Paradigma beruhen, nicht praktikabel sind, weil das fordistische Akkumulationsmodell der Nachkriegszeit in den Industrieländern selbst in die Krise geraten sei und weil, anders als die Theoretiker der nachholenden Entwicklung argumentieren, die Frühphase der Industrialisierung in den Industrieländern gar nicht auf der Ausweitung des Massenkonsums beruht habe. Diese Behauptung, die letztlich nur empirisch zu klären ist, wurde allerdings von dem Kronzeugen der Fordismuskritiker, Burkart Lutz (1925–2013), nur sehr dürftig belegt (Lutz 1989).

Ansonsten ist eher zu konstatieren, dass Themen, die die Diskussion in Westeuropa und Nordamerika beherrschen, so die Wiederentdeckung der Kultur anstelle der harten politökonomischen oder staatstheoretischen Analyse, die Feminismusdiskussion (Frauen – die letzte Kolonie) oder die unter dem Stichwort „nachhaltige Entwicklung" alles in den Schatten stellende Umweltproblematik (von Hauff 2014), die auf der Diskussion um die Grenzen den Wachstums (Meadows u. a.) aufbaut, sich auch der entwicklungspolitischen Diskussion bemächtigt haben. Nachhaltige Entwicklung wird das eigentliche Leitbild für das 21. Jahrhundert werden. Streng genommen lässt sich auch der Versuch, die unter Ethnologen, Anthropologen und Entwicklungssoziologen geführte Diskussion über Ethnizität und Ethnisierung auf die entwicklungspolitische Diskussion zu übertragen, unter die Rubrik „Modethemen" einordnen. Nicht nur personelle Kontinuitäten bestehen hier zur älteren Produktionsweisen-Diskussion. Gleichzeitig gibt es allerdings mit der Entdeckung der neuen sozialen Bewegungen in den Ländern des Südens einen überraschenden Bezug zur hiesigen Theorie. Während die Herausbildung des Sozialstaats auf die alten sozialen Bewegungen zurückgeführt wird, wird der Einfluss der neuen sozialen Bewegungen demnächst den „Green State" hervorbringen (Dryzek u. a. 2003, Eckersley 2004). Auch wenn es sich bei den genannten Themen fraglos um wichtige Aspekte einer Theorie der Entwicklung handelt, so führt dies alles doch zu einer maßlosen thematischen Überfrachtung und damit Überforderung der Entwicklungstheorie. Sollen doch, würde man alle genannten Aspekte berücksichtigen, gleich alle Probleme dieser Welt

„in einem Aufwasch" gelöst werden, gerade auch solche, die in den Industrieländern noch gar nicht gelöst sind (Öhlschläger/Sangmeister 2014).

Wieder werden die Entwicklungsländer instrumentalisiert, diesmal zur Bearbeitung der Probleme in postindustriellen Gesellschaften, die aus der Sicht der Entwicklungsländer angesichts ganz elementarer Probleme von nachrangiger Bedeutung sind. Der Konflikt um den Umgang mit dem Thema „Klimawandel" zwischen postindustriellen und Schwellenländern macht dies deutlich. Auch wenn ein grundsätzliches Verständnis über den Zusammenhang von Industrialisierung und sich ausbreitendem Massenkonsum und dem durch den Treibhauseffekt ausgelösten Klimawandel besteht, so wird dennoch, gerade in den Schwellenländern oder BRIC-Staaten, unvermindert auf Wachstum gesetzt mit dem Argument, dass die alten Industrieländer den neuen Industrie- und Entwicklungsländern mit dem Umweltargument nur Eintritt in die Industriegesellschaft verweigern wollen, aber selbst nicht bereit sind, ihren eigenen hohen Lebensstandard zu reduzieren. Über die Umweltthematik kehrt so die Dependenztheorie in die entwicklungspolitische Diskussion zurück. Allerdings – an dieser Stelle offenbart sich ein fundamentaler entwicklungstheoretischer Widerspruch. Die Theorie nachholender Entwicklung basiert letztlich darauf, dass das fordistische Modell sich über die Welt ausbreitet mit allen seinen Konsequenzen für Ressourcenverbrauch und Umweltbelastung. Was das heißt, wird in China gerade demonstriert. Um diesen Widerspruch aufzulösen, bedarf es wieder der Staatsintervention – diesmal in Gestalt des „grünen Staates", sonst wird sich das Massenkonsum-/Reallohnsteigerungs-Paradigma selbst ad absurdum führen.

Parallel zur Umweltdebatte erleben diverse Neo-Schulen eine Renaissance. Dazu gehören die Neue Politische Ökonomie bzw. der Neoinstitutionalismus als dessen prominente Vertreter Douglass North (*1920) und unter den Jüngeren Dani Rodrik (*1957) angesehen werden können. Hierbei geht es um die den orthodoxen Neoliberalismus transzendierende Einsicht, dass auch außerökonomische Variablen für die Entwicklungsproblematik von Relevanz sind. Gemeint sind institutionelle Faktoren wie Verfügungsrechte, Normen, Konventionen und Verträge sowie staatliche und private Organisationen (North 1988, 1990, Rodrik 2007). Insbesondere die Weltbank hat nach dem schrittweisen Abrücken von der Neoklassik in den 1990er-Jahren, als die Strukturanpassungsprogramme nicht die erhoffte Wirkung zeigten und weil die Rolle des Staates in den asiatischen Schwellenländern nicht mehr zu leugnen war, angeführt von Joseph Stiglitz (*1943), die Institutionenökonomik zu ihrem neuen Paradigma erkoren. Statt des marktfreundlichen propagiert sie seitdem einen staatsfreundlichen Ansatz (Weltbank 2002, Serra/Stiglitz 2008).

Die Wachstums- und Schuldenkrise in Lateinamerika der 1980er-Jahre und die daraus resultierenden Readjustierungsprogramme des IWF haben dort, unter Federführung der CEPAL und maßgeblich auf die Arbeiten des Chilenen Fernando Fajnzylber (1940–1991) zurückzuführen, mit dem Begriff „Neostrukturalismus" zu einer Wiederbelebung der strukturalistischen Argumentation der frühen Jahre geführt. Nicht zuletzt unter dem Eindruck des Erfolgs der asiatischen Schwellenländer im Vergleich zu den weniger erfolgreichen Schwellenländern in Lateinamerika zollt man deren Weltmarktstrategie (aktive Weltmarktorientierung) zwar einen gewissen Tribut, verweist aber angesichts der nur partiellen Erfolge der IWF-Politik erneut auf die restriktiven Weltmarktbedingungen und setzt weiterhin auf die keynesianische, d. h. staatsinterventionistische und importsubstituierende, Strategie.

Auch die Diskussion um „Rent-seeking" gehört in diese Kategorie, ursprünglich Teil der neoliberalen Kritik am Entwicklungskeynesianismus. Der Begriff wurde 1974 von Anne Krueger (*1934) in „The Political Economy of the Rent-seeking Society" geprägt und in den 1980er-Jahren auch in Deutschland, so etwa bei Erich Weede (*1942), verwendet (Weede 1985). Dabei geht es um die Wohlfahrtsverluste, die daraus entstehen, dass Ressourcen verausgabt werden, um Renten zu erzielen, die aus Wettbewerbsbeschränkungen resultieren. Gemeint ist das Spektrum von lobbyistischer Tätigkeit bis hin zur Bestechung und Korruption staatlicher Instanzen, um Monopolrechte, Subventionen, Export- und Importlizenzen, Quoten etc. zu erlangen, aus denen sich besondere Vorteile (Renten) ziehen lassen. Im Unterschied zum „Profit-seeking" des Unternehmers, also der Suche nach Extraprofiten aufgrund von Marktunvollkommenheiten, führen rentenorientierte Aktivitäten nicht zu einer Dynamisierung der Ökonomie, sondern zu Marktverzerrungen und Entwicklungsblockaden. Ricardos alter Kampf gegen Renten und Kornzölle lebt wieder auf. Die damit verbundene Fehlallokation von Ressourcen wird als wesentliche Ursache für wirtschaftliche Stagnation verantwortlich gemacht. Die neoliberale Forderung nach Rückzug des Staates aus der Wirtschaft soll also auch bewirken, dass die Möglichkeiten, Renten zu erzielen, austrocknen.

Auch das linke Spektrum der Diskussion hat sich im Anschluss an Elsenhans dieses Themas angenommen, soweit es dem internalistischen Paradigma, der Frage nach den internen Ursachen von Entwicklungsblockaden, anhängt. Demzufolge werden viele Länder des Südens als bloße Rentenökonomien interpretiert, gleichgültig, ob sie sich eine marktwirtschaftliche oder (ehemals) planwirtschaftliche Fassade geben. Oberstes Ziel ist nicht die Erzielung von Einkommen aus unternehmerischer Tätigkeit und damit die Verfolgung einer Profitlogik, sondern die Maximierung von Renten, die aus der politischen Kontrolle über wirtschaftliche Ressourcen erzielt werden. Gemeint sind insbesondere der Rohstoffsektor oder der Außenwirtschaftsbereich, wenn Export wie Import ohne besondere strategische Absicht besteuert werden. In den ganz armen Ländern ist auch die Entwicklungshilfe, ja sogar die Katastrophenhilfe eine wichtige Quelle für Renten. In den zerfallenden Staaten erscheint die Rente in Form von Schutzgeld oder Lösegeld wie im Falle der Piraterie. Selbst aus einer geostrategischen Lage oder (bis 1989/90) aus dem Ost-West-Konflikt lassen sich politisch motivierte Renten ziehen. Damit stellt sich die häretische Frage, ob die finanziellen Transfers von den Industrie- in die Entwicklungsländer im Rahmen der Entwicklungszusammenarbeit eher der Kapitalakkumulation im Sinne Rostows oder eher der Rentenmaximierung zum Unterhalt von Staatsklassen gedient haben. Entwicklungshilfe hätte demnach Entwicklungsblockaden zementiert, die sie eigentlich beseitigen wollte.

Die häufigen Putsche und Gegenputsche in vielen Ländern des Südens wären demzufolge Kämpfe rivalisierender Teile der Elite um die Kontrolle über den Staatsapparat und den Zugang zu Renteneinkommen. Nicht die Förderung unternehmerischer Tätigkeit, die Innovations- und Risikobereitschaft im Sinne des Entwicklungsstaats, sondern die Maximierung politischer Macht ist oberstes Ziel der Staatsklasse. Dafür muss ein Teil der Rente zur Herrschaftssicherung (Militär, Polizei, Leibgarde, Geheimdienst), ein anderer Teil zur Loyalitätssicherung der eigenen Klientel verausgabt werden. Aufgebrochen werden kann der skizzierte Zusammenhang von autoritären politischen Systemen und wirtschaftlicher Stagnation nur, wenn es gelingt, den neuen Mittelschichten zum Durchbruch zu verhelfen, die entgegen der Rentenorientierung der etablierten Staatsklassen ein unternehmerisches Element in die Ökonomie einbringen. Der Erfolg der südostasiatischen Schwellenländer wird demzufolge nicht nur auf die intervenierende Rolle des Staates, sondern auch auf die neuen Unternehmerschichten, repräsentiert durch die dort überall anzutreffenden chinesischen Minderheiten (Gambe 1999) zurückgeführt, die als Strategische Gruppen ganz anderer Art die eigentlichen Akteure des Schwellenländerphänomens sind.

Ein Sonderfall sind die ölexportierenden Länder am Persischen Golf, soweit es sich, anders als im Irak und Iran, um Länder mit geringer Bevölkerung handelt. Hier sind die Ölrenten so hoch, dass sie zumindest den Einheimischen einen hohen Wohlstand garantieren. „Entwicklung" wird schlichtweg aus dem Ausland importiert in Form von Know-how und den dazu notwendigen Experten. Körperlich schwere Arbeit leisten „Gastarbeiter" aus der muslimischen Welt wie Pakistan, Bangladesh, Palästina oder Ägypten. Auch ein künftiges Versiegen der Ölrenten ist kein gravierendes Problem, da ein erheblicher Teil bereits in den westlichen Ländern „investiert" ist, nicht, um dort unternehmerisch tätig zu sein, sondern um auch in Zukunft hohe Renten aus Kapitalanlagen zu garantieren. Die dortigen Eliten müssen nur darauf bedacht sein, die politische Macht zu behalten, die Loyalität der Bevölkerung durch Teilhabe am Wohlstand zu sichern und sich im Zweifelsfall unter den Schutz der USA zu stellen. Die Region um das Kaspische Meer wird in Zukunft die Zahl der Rentenökonomien erweitern. Auch die Konsolidierung Russlands in der Putin-Ära ist auf Rohstoffrenten vor dem Hintergrund steigender Rohstoffpreise zu erklären.

Die Systemmerkmale eines so erweiterten Spektrums von „Entwicklungsländern" lassen sich idealtypisch beschreiben (siehe Abbildung I/8): Ordnungspolitisch unterschieden werden die Marktwirtschaften (Schwellenländer) mit Schwerpunkt in Ost- und Südostasien bzw. Lateinamerika, die Rentenökonomien (OPEC und andere rohstoffreiche Länder) und die Gewaltökonomien vom Typ Kongo. Diese drei Typen lassen sich kombinieren mit politischen Systemmerkmalen: (1) Dem Rechtsstaat mit durchsetzungsfähigem staatlichen Gewaltmonopol; (2) der Autokratie mit nur schwach ausgebildetem staatlichen Gewaltmonopol. Trotz autoritärer Strukturen muss hier vom „fragilen" oder „schwachen Staat" gesprochen werden, da die Bereitstellung öffentlicher Güter wie Rechtssicherheit, funktionierende Märkte, Garantie des Privateigentums nur unvollkommen geschieht. (3) „Gescheiterte Staaten", „zerfallene Staaten" oder „Quasi-Staaten" (Jackson 1999) der neuen Kriegszone ohne staatliches Gewaltmonopol. Die Sequenz vom fragilen bis zum zerfallenen Staat spiegelt sich auch im interventionistischen Vokabular. Von der „politischen Konditionierung" über die „humanitäre Intervention" bis zur Einsicht, überhaupt erst einmal Hilfe zum „Statebuilding" zu leisten (Fukuyama 2004), war es vielfach nur ein kurzer Weg.

Der weltwirtschaftliche Bezug der ökonomischen Typen ist eindeutig. Marktwirtschaften sind über den Außenhandel in die internationale Arbeitsteilung eingebunden, wobei auf der Ex- wie auf der Importseite Kapital- und Massenkonsumgüter vertreten sind. Industrialisierungserfolge manifestieren sich als Aufwärtsmobilität in der internationalen Arbeitsteilung. Rentenökonomien sind ebenfalls über den Außenhandel in die internationale Arbeitsteilung eingebunden, wobei hier auf der Exportseite ausschließlich Rohstoffe und auf der Importseite vorrangig Luxusgüter zu finden sind. Eine Aufwärtsmobilität findet nicht statt. Gewaltökonomien sind eher in die internationale Schattenwirtschaft eingebunden. Auf der Exportseite finden sich vorrangig Drogen, auf der Importseite vorrangig Waffen. Ein Aspekt der internationalen Schattenökonomie sind auch die irregulären Kapitaltransfers ins Ausland. Das Tax Justice Network schätzt, dass etwa eine Billion US-Dollar jährlich aus den Entwicklungsländern auf diese Weise transferiert wird, die entweder aus Steuerflucht oder aus illegalen Aktivitäten wie Schutzgeld, Lösegeld, Geldwäsche u. a. resultieren.

Die weltpolitischen Konsequenzen lauten: Rechtsstaatliche politische Systeme finden Anschluss an die OECD-Welt und sind aktive Partner in internationalen Organisationen wie der WTO. Autokratien in den klassischen Rentenökonomien bleiben die klassischen Akteure im „Nord-Süd-Konflikt", indem sie ihre internationalen Renteneinkommen durch Rohstoffkartelle wie die OPEC zu maximieren suchen. Der Kern des derzeitigen Nord-Süd-Konflikts reduziert sich damit auf einen Verteilungskonflikt zwischen Profit und Rente. Die gescheiterten Staaten bzw. die Warlords der Gewaltökonomie sind international isoliert, allerdings in der Lage, untereinander und mit „Schurkenstaaten" zu kooperieren, die Interesse haben, auf diese Weise ihre Deviseneinnahmen zu erhöhen.

Politisches System

Ökonomisches System	Rechtsstaat staatliches Gewaltmonopol	Autokratie schwacher Staat	„Failed State" Kriegszone	Weltwirtschaftlicher Bezug
Marktwirtschaft	(1) Profit	(2)	(3)	
Rentenökonomie	(4)	(5) Rente aus Bergbau, Öl, Landwirtschaft, Außenhandel, EZ	(6)	Export Primärgüter Import Luxusgüter
Gewaltökonomie	(7)	(8)	(9) Rente aus Katastrophenhilfe, Drogenanbau, Diamanten, Schutzgeld etc.	Export Drogen etc. Import Waffen etc.
Weltpolitische Konsequenzen	Anschluss an OECD-Welt	Organisationen im Rohstoffsektor durch OPEC etc., klassischer Nord-Süd-Konflikt	Kooperation mit „Schurkenstaaten"	

Abbildung I/8: Typologie von „Entwicklungsländern"

Kombiniert man die Merkmale, erhält man eine Neun-Felder-Tafel, bei der die Felder (1), (5) und (9) die typologischen Normalfälle darstellen. In Feld (1) finden sich die marktwirtschaftlichen ehemaligen oder aktuellen Schwellenländer mit gefestigtem staatlichem Gewaltmonopol, die von der Profitlogik bestimmt werden. Beispiel dafür sind Südkorea und neuerdings China. In Feld (5) finden sich die autoritären Gesellschaften, die auf legalen Renteneinkommen basieren. Prominentestes Beispiel ist Saudi-Arabien. In Feld (9) finden sich die gescheiterten Staaten, die der Logik der Gewaltökonomie folgen und auf die Erzielung der neuen, illegalen Renten ausgerichtet sind. Prominente Beispiele sind Afghanistan (Drogen), Somalia (Lösegeld durch Piraterie) und neuerdings der „Islamische Staat" in Irak/Syrien (illegaler Ölverkauf).

Wenn man davon ausgeht, dass die Länder in der Kategorie (5) den postkolonialen Ausgangszustand darstellen, dann gibt es im positiven Fall eine Aufwärtsmobilität in Richtung Marktwirtschaften der Kategorie (1), wobei der Weg dorthin direkt oder über die Kategorien (4) (Rentenökonomien/Rechtsstaat) bzw. (2) (Marktwirtschaft/Autokratie) verlaufen kann. Diese beiden Wege sind die Schwellenländer gegangen. Im negativen Fall gibt es eine Abwärtsmobilität in Richtung Kategorie (9), wobei hier der Weg entweder direkt oder über die Kategorie (8) (Gewaltökonomie/Autokratie) verläuft. Diese Wege beschreiten die fragilen oder gescheiterten Staaten.

In der postmodernen Diskussion, die durch Edward Saids (1935–2003) „Orientalism" (1978), dem „Gründungsdokument" des Postdevelopmentalismus (Sprinker 1992) sowie „Culture *and* Imperialism" (1993), auch einen Bezug zur Entwicklungstheorie hat, geht es um die Krise der Moderne schlechthin (Do Mar Castro Varela/ Dhawan 2005). Seit der Aufklärung basiert sozialwissenschaftliche Theorie auf der axiomatischen Annahme, dass Gesellschaften im Sinne von Entwicklung „machbar" sind, wenn sie nach rationalen Kriterien organisiert sind und wenn die Natur der Kontrolle durch den Menschen unterworfen ist. Die Befreiung von Armut, Unterdrückung und Unwissenheit ist im Sinne der Moderne prinzipiell für die ganze Menschheit möglich. Faschismus und Stalinismus haben aber, so die Argumentation von Jean-François Lyotard (1924–1998), die Ambivalenz der Moderne unter Beweis gestellt, eine Einsicht, die schon 1944 von Adorno und Horkheimer in der „Dialektik der Aufklärung" formuliert wurde. Die Wissenschaft stehe keineswegs nur im Dienst der Emanzipation, sondern eher im Dienste einer kapitalistischen und vermeintlich auch sozialistischen Effektivität. Die oben genannten Tendenzen in den kapitalistischen Gesellschaften wie das Scheitern des realen Sozialismus, der in Wirklichkeit immer nur Stalinismus war, haben dieses Denken und damit auch die Legitimität der großen Theorien (der „großen Erzählungen", so der postmoderne Jargon) infrage gestellt. Was bleibt, wenn die universalistischen Werte sich nicht erfüllen, ist der Rückzug auf das Individuum. Metatheorien wie Marxismus oder Modernisierungstheorie in der Nachfolge von Weber und Parsons sind allesamt suspekt. Gesellschaft im Sinne eines „Social Engineering" ist grundsätzlich nicht machbar. Folglich sind die postmodernen gesellschaftlichen Trends nur konsequent, sei es in der konservativen Variante des Kommunitarismus, der Rückbesinnung auf Tradition und Geschichte, sei es in der progressiven Variante des Kommunitarismus, die in den neuen sozialen Bewegungen (Feminismus, Friedensbewegung, Bürgerbewegung, Ökologiebewegung) das neue Heil sucht, nachdem die alten sozialen Bewegungen der Arbeiterklasse als historisches Subjekt zur Vollendung der Moderne ausgedient hat, oder sei es gar in der radikalen Variante des Nihilismus eines Gianni Vattimo (*1936) oder Jean Baudrillard (1929–2007), wie er in „Symbolic Exchange and Death" (1993) gepredigt wird.

Die darauf reagierenden Vertreter des Postdevelopment-Ansatzes wie Wolfgang Sachs (*1946), Gustavo Esteva (*1936), Gayatri Spivak (*1942) und Aram Ziai (*1972) folgern daraus für die Entwicklungstheorie: Nur der Norden ist wirklich postmodern und hier gilt auch das Gesagte. Für den Süden ist nicht einmal die Krise der Moderne zu konstatieren, da sie dort nie Einzug gehalten hat, sondern lediglich als deren Karikatur erfahren wird. Dort sei das 1949 von Truman mit seinem „Point four" gestartete Projekt Entwicklung, implizierend die Erfindung der „Rückständigkeit", gescheitert (Ziai 2014b). Weil es ökologisch nicht nachahmenswert ist (Sachs 1995), weil es mit dem

Ende des Ost-West-Konflikts sein zentrales Motiv verloren hat, weil es die wachsende Ungleichheit auf der Welt nicht reduzieren kann und weil es als westliches Projekt grundsätzlich nicht wünschenswert ist, sei doch damit der Verlust der kulturellen Vielfalt verbunden. Noch radikaler: Entwicklung ist ein Konstrukt, das die Vorherrschaft des Westens festigen, zur Verwestlichung der Welt beitragen soll und den westlichen Entwicklungsexperten lukrative Jobs und damit auch eine Art Rente verschafft. Jede Art von Stadientheorie, ob rostowscher oder marxscher Provenienz, wird abgelehnt. Diskurse wie den über Orientalismus bestimmen, heißt, in Anlehnung an Michel Foucault oder Antonio Gramsci, Macht ausüben. Deshalb muss der Entwicklungsdiskurs schlechthin als Ausdruck des Eurozentrismus dekonstruiert werden. Escobar bringt das Anliegen mit einem Satz auf den Punkt: Postdevelopmentalisten „are interested not in development alternatives but in alternatives to development, that is, the rejection of the entire paradigm" (Escobar 1995, S. 215).

Stattdessen sollen Strategien „alternativer Entwicklung" verfolgt werden, die sich auf die sozialen Bewegungen des Südens stützen. Im Kern geht es um die Rückkehr zur traditionellen, vormodernen Gesellschaft, zur solidarischen oder Moralökonomie mit ihrem traditionellen medizinischen und agrikulturellem Wissen, zur Idylle der Subsistenzproduktion betreibenden Dorfgemeinschaft mit ihren lokalen Wirtschaftskreisläufen. Zur Durchsetzung alternativer Entwicklung werden totalitäre Maßnahmen nicht ausgeschlossen. Das Aufspüren der neuen sozialen Bewegungen, der eigentliche Untersuchungsgegenstand, ist deshalb auch wieder Projektion. Hier ist sie entstanden als Reaktion auf die Krise der Moderne, dort als reaktive Überlebensstrategie auf ihren nur bruchstückhaften Nachvollzug. Diese Einsicht war bereits bei den Bielefelder Entwicklungssoziologen formuliert worden. Folge ist ferner, dass neben der Neoklassik und der liberalen Modernisierungstheorie auch die linken Großtheorien von den Anhängern des Post Development-Ansatzes abgelehnt werden. Statt der Analyse von Strukturen wie in der Weltsystemtheorie geraten die Akteure wieder ins Blickfeld. Aus der Sackgasse heraus („Beyond the Impasse"), so Frans Schuurman, würden nur noch Ansätze führen, die die Differenzierung der Welt erklären durch empirische Forschung und nicht durch normative Setzung, die in ihren Strategien akteurs- mit regulationstheoretischen Elementen verbinden (Schuurman 1993, 2000).

Die Kritik am Post-Development-Denken lässt sich in vier Punkten zusammenfassen: Romantisierung lokaler Gemeinschaften und kultureller Traditionen, selbst wenn diese wenig wünschenswerte Aspekte aufweisen; Ablehnung der mit der Moderne verbundenen Errungenschaften wie Demokratie und Individualrechte; radikaler normativer Kulturrelativismus, der auch krasse Menschenrechtsverletzungen akzeptiert; Perspektivlosigkeit im Sinne nicht vorhandener Lösungsvorschläge angesichts vieler drängender Probleme weltweit (Gephart 2014, S. 239). Daran ändert die von Ziai eingeführte Unterscheidung zwischen einer skeptischen und einer neopopulistischen Variante des Postdevelopmentalismus nur wenig. Die fundamentale Entwicklungsblockade der Rentenorientierung, ausgedrückt in Korruptionsneigung, wird zwar bei den „Skeptikern" thematisiert, aber keine grundsätzliche Lösung des Problems anvisiert, da diese zwangsläufig zu dem so gescholtenen modernen Denken, der Ersetzung der Logik der Rente durch die Logik des Profits führen würde.

Damit sind zumindest die Argumente zusammen, mit denen sich die anhaltende Krise der Großen Theorie erklären lässt. Neben der Krise des modernisierungstheoretischen und des dependenztheoretischen Diskurses selbst (Minhorst 1996) sind vor allem drei reale Tendenzen von Bedeutung. Erstens sind wir Zeuge eines doppelten Differenzierungsprozesses der ehemals „Dritten Welt" (Menzel 1983). Die aus dem strukturalistischen Denken modernisierungs- wie dependenztheoretischer Provenienz entsprungene Vorstellung identischer Tiefenstrukturen von Gesellschaft, Staat und Ökonomie in den Entwicklungsländern lässt sich nicht aufrechterhalten. In *wirtschaftlicher* Hinsicht ist, grob vereinfacht, mindestens eine Vierteilung in Schwellenländer bzw. solche, die bereits das Stadium des Industrielands erreicht haben, in Ost- und Südostasien, rentenbasierte Länder am Persischen Golf, stagnierende „klassische Entwicklungsländer" wie z.B. Argentinien und absolut arme Länder in den Zonen fragiler Staatlichkeit in Afrika südlich der Sahara, in Zentralasien und im Andenbereich Lateinamerikas zu konstatieren.

Gleichzeitig ist es zu einem bemerkenswerten Prozess *politischer* Differenzierung aus Demokratisierung versus anhaltendem Autoritarismus versus Refundamentalisierung versus Staatszerfall gekommen, der sich mit den Theorien über politische Modernisierung oder mit den Staatsableitungsübungen nicht erklären lässt. Auf der einen Seite kann nicht der Nachweis erbracht werden, dass, wie von der Modernisierungstheorie angenommen, Wirtschaftswachstum durchgängig und quasi automatisch zu Demokratisierung im westlichen Sinne geführt hat. Dies wurde von Hirschman durchaus selbstkritisch eingeräumt. Für Südkorea oder Taiwan mag das gelten, nicht aber für Singapur, Malaysia, Thailand, Indonesien oder China, alles Fälle eines anhaltenden Hochwachstums, das sich nach der neuen Weltwirtschaftskrise 2008/2009 fortgesetzt hat. Das Gleiche gilt umso mehr für die Rentenstaaten am Persischen Golf. Umgekehrt lässt sich die dritte Welle der Demokratisierung (Huntington 1991), etwa in Ländern wie Südafrika, Argentinien oder den Philippinen (alles keine eindeutigen Wachstumsfälle), nicht mit der dependenztheoretischen Staatsdiskussion vereinbaren, die genau das meinte ausschließen zu können. Der Paradigmenwechsel der in der O'Donnell-Tradition stehenden Transitions-Theoretiker macht das sehr deutlich.

Ein weiterer Faktor war sicherlich die seit dem Beginn der 1980er-Jahre sich offenbarende Krise des realen Sozialismus in Osteuropa wie in außereuropäischen Ländern. Insbesondere die Öffnungs- und Modernisierungspolitik der VR China, in den 1960er-/70er-Jahren das Paradigma für ein alternatives (maoistisches) Entwicklungsmodell schlechthin (Menzel 1978), zeigte Wirkung für die Theoriediskussion, seit dort de facto frühkapitalistische Bedingungen unter dem autoritären Dach der Kommunistischen Partei herrschen. In dem Maße, wie das Scheitern aller Spielarten sozialistisch inspirierter Entwicklungsstrategien zu vermelden ist, ist die Option eines dritten Weges zwischen Kapitalismus und Sozialismus hinfällig geworden. Konsequenterweise befasste sich die vorletzte Runde der Diskussion mit der Frage, ob wir nicht nur das Ende des „realexistierenden" Sozialismus, sondern im Sinne ihres großtheoretischen Konstrukts auch das „Ende der Dritten Welt" (Menzel 1992a) erlebt haben. Auch deshalb ist die Entwicklungstheorie in die Krise geraten. Nicht nur die sozialistische Utopie, auch die Emanzipation der Entwicklungsländer unter sozialistischen Vorzeichen war in diesem Sinne nur eine große Erzählung. Die Transformationsprozesse in Osteuropa nach 1990 haben zwar zu einer Wortmeldung der Modernisierungstheorie (Leviathan Jg. 1996, Nr. 1) geführt, doch haben sich die neoklassischen Experimente, die die Transformation dort im Hauruck-Verfahren erzwingen wollten, rasch als Irrweg erwiesen. Truman's Point-Four-Denken erfuhr nur eine kurzlebige Renaissance. Mittlerweile ist es so, dass die ehemalige Peripherie des sowjetischen Imperiums in Zentralasien, im Kaukasus und mittlerweile auch in der östlichen Ukraine zu einer weiteren Zone der fragilen Staatlichkeit, des Staatszerfalls und des Krieges geworden ist.

Angesichts der ungelösten Probleme in vielen Regionen des Südens geht es derzeit, auch wenn man Jean Christophe Rufins (*1952) düsterer aber in manchen Teilen der Welt durchaus zutreffender These vom „Reich und den neuen Barbaren" (1993) nicht zu folgen vermag, nicht mehr um ein emanzipatorisches, ein aufklärerisches, ein entwicklungsstrategisches Projekt, um die Durchsetzung der Moderne im Süden, sondern nur noch um die Linderung der krassesten Fälle von Armut, Hunger, Bürgerkrieg, Flüchtlingselend, Menschenrechtsverletzungen, Zerfall von Staaten und Auflösung staatlicher Ordnung schlechthin. Inwiefern dafür vorrangig innergesellschaftliche Faktoren mit langer, womöglich sogar in die vorkoloniale Zeit zurückreichender, Dauer verantwortlich zu machen sind, ob die Krise in vielen Ländern, das Resultat der Strukturanpassung im Sinne der neoliberalen Politik ist oder schlicht die Folge des Endes vom Ost-West-Konflikt, der auch eine stabilisierende Wirkung hatte, darüber lässt sich streiten. Jedenfalls verlagerte sich die Diskussion von den rein wirtschaftlichen wieder auf politische und soziale Fragen. Die Ära des Neoliberalismus näherte sich dem Ende, der Washington-Konsens wurde selbst von der Weltbank aufgekündigt. „Statebuilding" (Fukuyama 2004) in den Zonen fragiler Staatlichkeit lautet die neue primäre entwicklungspolitische Aufgabe.

Der Vorwurf ist nicht von der Hand zu weisen, dass damit einer De-facto-Rekolonialisierung in manchen Teilen der Welt Vorschub geleistet wurde, sei es zuvor durch die Auflagen des IMF, die Blauhelme der Vereinten Nationen, die diversen Konditionen der Entwicklungszusammenarbeit (Menschenrechtsauflagen, Umweltverträglichkeit, Frauenkomponente etc.). Damit reduziert sich die Diskussion im Grunde auf ein Dilemma, das in dem Widerspruch zwischen der Wahrung des Souveränitätsgebots und der Rücksicht auf das Gebot zur Wahrung der Menschenrechte besteht, beides grundlegende Prinzipien, die in der Charta der Vereinten Nationen oder in der Allgemeinen Deklaration der Menschenrechte niedergelegt sind. Ist das Souveränitätsgebot das höhere Rechtsgut, vor dem Hintergrund des Kolonialismus ein ganz besonders sensibles Thema, dann wird jede Form von Menschenrechtsverletzungen womöglich billigend in Kauf genommen. Gilt das Gebot der (humanitären) Intervention in allen seinen abgestuften Spielarten von der Entwicklungshilfe, Katastrophenhilfe und Peace Keeping bis hin zu „robustem" Peace-Making, wird mal mehr, mal weniger, das Souveränitätsgebot verletzt, kehrt der Paternalismus der Kolonialzeit zurück.

Die diversen Berichte der UNO zu diesem Thema haben versucht, das Dilemma aufzulösen. In der „Responsibility to Protect" (R2P) wird argumentiert: Oberstes Ziel der Tätigkeit eines Staates ist der Schutz und die Garantie der Sicherheit seiner Bürger. Wenn er dazu nicht mehr in der Lage ist, wenn er das staatliche Gewaltmonopol gegen die neuen Gewaltakteure nicht mehr durchsetzen kann, dann hat er auch seine Souveränität verloren. Bei fragilen oder gänzlich zerfallenen Staaten kommt der internationalen Gemeinschaft deshalb nicht nur das Recht, sondern sogar die Pflicht zu, aus humanitären Gründen zu intervenieren und das verlorene staatliche Gewaltmonopol wiederherzustellen (Loges 2013). Damit erleben wir die radikale Wiederkehr der Politischen Ökonomie in der Entwicklungstheorie. Jegliche Form von Entwicklung, jegliche Strategie zur Verfolgung von Entwicklungszielen setzt stabile staatliche Strukturen, Schutz des Individuums und seines Eigentums, Rechtssicherheit, funktionierende Märkte, Kontrolle der Grenzen, eben die Durchsetzung des staatlichen Gewaltmonopols nach innen und außen voraus. Alles das hatten bereits die Merkantilisten unter Integration nach innen und Separation nach außen verstanden. Selbst noch die Pioniere der 1950er-Jahre hatten Zweifel, ob der Entwicklungsstaat als Partner und Umsetzer ihrer Strategien tatsächlich überall gegeben ist. In den Zonen der fragilen Staatlichkeit zeigt sich, dass ohne Staaten- und Nationenbildung keine Entwicklung möglich ist.

6.2 Die Umkehrung des Peripherisierungsdrucks

Eine ganz andere Konsequenz resultiert aus dem Umstand, dass sich in Ost- und Südostasien die zweite große Entwicklungsregion auf der Welt etabliert hat und sich mittlerweile auf Indien ausdehnt. Gleichviel ob man das neoklassische Modell der Weltbank („The East Asian Miracle", 1993), die Theorie des bürokratischen Entwicklungsstaats oder kulturalistische und historische Argumente bemüht, die Rückkehr Asiens in eine Position, die es etwa um 1800, spätestens seit 1850, verloren hat, verändert die Welt aufs Neue. Die Debatte um die „große Divergenz" zeigt das an (Menzel 2014). Für die Veränderung spricht schon allein das Argument der großen Zahl. Die schiere Größe Chinas und Indiens, selbst wenn nur 20 % von deren Bevölkerung an der Dynamik des Hochwachstums teilhaben, reicht bereits, dass der Westen einem massiven Verdrängungswettbewerb unterzogen wird (Nölke/May/Claar 2014). Das Gänseflugmodell des japanischen Entwicklungstheoretikers Kaname Akamatsu (1896–1974) aus den 1930er-Jahren, demzufolge die asiatischen Länder der Leitgans Japan folgen, wird Wirklichkeit. Ganz im Sinne der Produktzyklustheorie Raymond Vernons werden die ausgereiften Branchen innerhalb Asiens an die asiatischen Nachzügler abgegeben. Damit trifft die alten Industrieländer der Verdrängungswettbewerb auf breiter Front vom Hochtechnologiebereich über den Fahrzeugbau, die klassische Schwerindustrie

(Stahl, Schiffbau) bis zu den arbeitsintensiven Montageindustrien. Neue Nachzügler wie Vietnam oder Bangladesh stehen bereit, in die Branchen aufzurücken, die selbst China schon wieder verlässt. Die asiatische Aufwärtsmobilität insgesamt führt zur innerasiatischen Arbeitsteilung und wachsenden innerasiatischen Integration, weil sich auch dort eine Mittelschicht herausbildet. Die Region wird so zum neuen Handelspartner afrikanischer, lateinamerikanischer und zentralasiatischer Länder, weil sie dort ihren Rohstoffbedarf decken kann. Und schließlich ist Asien mitverantwortlich für die strukturelle Krise und den Strukturwandel in den alten Industrieländern des Westens.

Damit eröffnen sich ganz neue entwicklungstheoretische Perspektiven. Nicht mehr der Westen, sondern Asien (insbesondere China) ist der neue Akteur, der über seine Direktinvestitionen in den Agrar- und Rohstoffsektor, Stichwort „Landgrabbing" (Kaphengst/Bahn 2012), seinen Warenexport, seine Auswanderung, seine Militär- und Finanzhilfe Einfluss nimmt auf das, was in der früheren „Dritten Welt" passiert. Damit bekommt die alte chinesische Theorie der drei Welten, die schon in den 1970er-Jahren eine Führungsrolle für China reklamierte, eine nicht mehr nur propagandistische, sondern sehr materielle Bedeutung, bringt aber mittlerweile auch China den Vorwurf des Neokolonialismus ein. Umgekehrt stellt sich die Frage, ob der asiatische Druck auf den Westen nicht dazu führt, dass manches, was nach 1945 für den Süden gedacht war, jetzt auf den Westen anzuwenden ist. Die Versüdlichung des Nordens in den neuen sozialen Brennpunkten vieler Großstädte, die Ausbreitung der Industriebrache in Detroit, Sheffield oder im Ruhrgebiet ist nicht nur Folge eines internen Strukturwandels, sondern auch Folge des neuen Peripherisierungsdrucks, bei dem die Gewinner in Asien und die Verlierer in Nordamerika und Europa sitzen. Damit geraten die alten Industrieländer in ein Dilemma. Sollen sie die liberale Weltwirtschaftsordnung aufrechterhalten und damit dem asiatischen Verdrängungswettbewerb Tür und Tor öffnen? Dies liefe auf weitere „Strukturanpassung" hinaus. Oder sollen sie Industriepolitik betreiben und damit zum Revisionisten in Sachen Freihandel, internationale Arbeitsteilung und Strukturanpassung werden? Ein klassisches Dilemma, das in der Literatur unter dem Begriff „Hegemons Dilemma" (Stein 1984) diskutiert wird.

Der Ausbruch der neuen Weltwirtschaftskrise des Jahres 2008 hat wie ein Katalysator gewirkt, hat einen neuerlichen entwicklungstheoretischen Paradigmenwechsel eingeleitet. Die Ära des Neoliberalismus und damit die Behauptung, es gibt nur eine Wirtschaftstheorie und keine besondere Disziplin Entwicklungsökonomie ist wieder vorbei. Wie die neue heißen wird, wird die Zukunft zeigen. „The Return of the Master" (Skidelsky 2009), die Rückkehr des um die Institutionenökonomik angereicherten Keynesianismus steht auf der Tagesordnung. Auf jeden Fall kehrt der Staat zurück, um krasses „Marktversagen" zu korrigieren. Dieser Paradigmenwechsel führt dazu, dass auch in der Entwicklungstheorie die Rückkehr des Staates angesagt ist und damit auch der „Pioneers in Development" der 1950er-Jahre. Für die Gruppe der fragilen oder zerfallenen Staaten war schon lange klar, dass hier der Markt nur noch als „Gewaltmarkt" eine fatale Regulierungsinstanz ist, deren Schattenökonomie nur Krieg und Elend produziert. „Bringing the State back in", die alte Losung von Peter Evans,

Dietrich Rüschemeyer und Theda Skocpol aus dem Jahr 1985 ist aktueller denn je. Nur, dass diese für alle, den Norden wie den Süden, den Osten wie den Westen, gilt. Insofern wird sie, wie nach der Weltwirtschaftskrise der 1930er-Jahre, vielleicht doch zurückkehren, die große Entwicklungstheorie (Menzel 2009).

6.3 Das Stadienmodell der Entwicklung: von der Agrargesellschaft zur Postindustriellen Gesellschaft

Der Wiederaufstieg Asiens, der weit mehr ist als ein bloßes „Schwellenländerphänomen", da er nicht nur die Zahl der Industrieländer ausweitet, sondern über den damit verbundenen Verdrängungswettbewerb wesentliche Ursache für den Deindustrialisierungsprozess in den alten Industrieländern ist, der durch die neoliberalen „Strukturanpassungsprogramme" noch beschleunigt wurde, gibt Anlass, das auf Fourastié (1954, 1964) zurückgehende Stadienmodell fortzuschreiben und um die internationale Dimension zu erweitern. Nur so lässt sich erklären, dass der innergesellschaftliche Wandel der betroffenen Länder (auch) eine externe Dimension hat. Idealtypisch die gesamte Welt abbildend lässt sich im Zeitraum von etwa 1750, bevor die Industrielle Revolution in Großbritannien ihren Ausgang nahm, bis heute ein dreifacher Transformationsprozess bezüglich der relativen Bedeutung der volkswirtschaftlichen Sektoren unterscheiden. Dieser Prozess betrifft gleichermaßen den Beitrag zum Sozialprodukt wie die Verteilung der Beschäftigung, ein Indikator, dass die durchschnittliche Arbeitsproduktivität in allen Sektoren in der Tendenz immer gleich ist. Die relative Bedeutung der volkswirtschaftlichen Sektoren prägt die Struktur der Gesellschaften in der jeweiligen Phase des Transformationsprozesses. Idealtypisch hat diese Verteilung folgendes Aussehen (siehe Abbildung I/9):

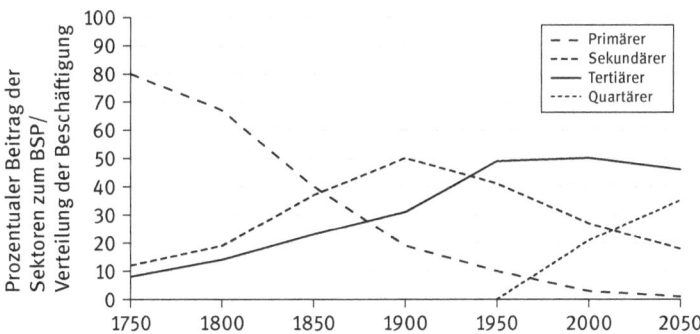

Abbildung I/9: Vierphasenschema des Übergangs von der Agrar- zur Informationsgesellschaft (eigene Modelldarstellung auf der Basis von Albert u. a. 1999, S. 205 ff.)

Bis etwa 1750 waren etwa 80 % der Beschäftigten im primären Sektor, d. h. der Urproduktion aus Landwirtschaft, Fischerei, Forstwirtschaft und Bergbau beschäftigt.

Dessen Beitrag zum Sozialprodukt dürfte in etwa die gleiche Größenordnung betragen haben. Der Anteil des sekundären Sektors in dem die Urprodukte weiter verarbeitet werden (Handwerk, Hausindustrie), dürfte etwa 10 % betragen haben. Das Gleiche gilt für den tertiären Sektor aus produktionsnahen (Handel, Transport, Finanzwesen) und persönlichen Dienstleistungen. Eine Gesellschaft, in der die Relation dieser drei Sektoren etwa 80:10:10 beträgt, kann als typische *Agrargesellschaft* bezeichnet werden.

Im Zuge der im letzten Viertel des 18. Jahrhunderts, zuerst in Großbritannien und mit Zeitverzögerung auf dem europäischen Kontinent, einsetzenden industriellen Revolution kommt es zum ersten Transformationsprozess. Der Beitrag des sekundären Sektors (moderne Fabrikindustrie) nimmt kontinuierlich zu und erreicht seinen Zenit etwa um die Wende vom 19. zum 20. Jahrhundert mit etwa 50 %. Parallel dazu nimmt der Beitrag des primären Sektors im gleichen Ausmaß ab. Etwa um 1850 dürften sich die Kurven von primärem und sekundärem Sektor gekreuzt haben. Der Schnittpunkt markiert den Übergang von der Agar- zur Industriegesellschaft. In den folgenden 50 Jahren öffnet sich die Kluft zwischen beiden Sektoren weiter, sodass der primäre Sektor schließlich bei etwa 20 % angelangt ist. Parallel zum relativen Wachstum des sekundären Sektors wächst auch der tertiäre Sektor, ein deutliches Indiz, dass die Zunahme der Dienstleistungen in erheblichem Maße von der Zunahme der Industrie abhängt. Die neue Verteilung im Zenit der *Industriegesellschaft* lautet demnach in etwa 20:50:30.

Nach 1900 beginnt die Kurve des sekundären Sektors wieder zu sinken, obwohl noch lange der Begriff „Industriegesellschaft" gebräuchlich ist und die soziale Frage überhaupt zum ersten Mal thematisiert wird. Dennoch beginnt dessen relativer Bedeutungsverlust. Da auch der Beitrag des primären Sektors immer noch weiter sinkt, muss die relative Bedeutung des tertiären Sektors zugenommen haben bis zu dem Punkt, wo dessen immer noch steigende Kurve die absteigende Kurve des sekundären Sektors kreuzt. Im Modell ist dieser Punkt in den 1930er-Jahren erreicht. Die lange Weltwirtschaftskrise dürfte den Deindustrialisierungsprozess sogar beschleunigt haben. In diesem Zeitraum vollzieht sich der zweite große Transformationsprozess, der Übergang von der Industrie- zur postindustriellen (Bell 1976) oder Dienstleistungsgesellschaft. Diese wird allerdings erst mit Zeitverzögerung nach dem Zweiten Weltkrieg als solche thematisiert (Fourastié 1949). Etwa um 1950 ist eine Relation von 10:40:50 erreicht. Die klassische *Dienstleistungsgesellschaft* steht in ihrem Zenit. Seitdem scheint der Trend zur „Tertiarisierung" sich immer weiter fortzusetzen. Dies täuscht allerdings und verlangt die genauere Beschäftigung mit dem, was sich unter dem Oberbegriff „Dienstleistungen" alles verbirgt. In Wirklichkeit beginnt nämlich der klassische tertiäre Sektor in seiner relativen Bedeutung zu stagnieren, etwa seit Beginn des 21. Jahrhunderts sogar zu sinken. Gleichzeitig haben sich der Beitrag des sekundären Sektors auf etwa 20 % und der Beitrag des primären Sektors auf unter 5 % reduziert.

Hintergrund ist die Herausbildung eines quartären Sektors, dessen Wachstum sich im Unterschied zum Wachstum des klassischen tertiären Sektors im 19. Jahrhundert von der Entwicklung des sekundären Sektors abgekoppelt hat. Unter quartärem Sektor wird hier der sogenannte „FIRE-Sektor" (= Finance, Insurance and Real Estate) aus Finanzwesen, Versicherungen und Immobilien sowie die sogenannten „professionellen Dienstleistungen" (Unternehmensberatung, Rechtsberatung, Steuerberatung, Marketing etc.) verstanden. Hinzu kommt die IT-Branche aus Telekommunikation, Medienunternehmen, Internetdiensten, Softwarefirmen u. a. Dahinter steht die Beobachtung, dass ein wachsender Teil der Ökonomie sich von der stofflichen Seite auf die virtuelle Welt der Bildschirme verlagert hat. Insbesondere der Finanzsektor hat sich verselbstständigt und führt ein spekulatives Eigendasein. Susan Strange (1923–1998) hat dies „Kasino-Kapitalismus" genannt (Strange 1986, 1998). Der gesellschaftstheoretische Begriff für diese vierte Phase lautet Informations-, Medien- oder Wissensgesellschaft (Castells 1998, Castells/Hall 1994). Hier wird der Begriff *„Informationsgesellschaft"* verwendet, weil Wissen zur wichtigsten Ressource geworden ist. Im Modell ist der Punkt gemeint, wenn die Kurve des quartären Sektors nicht nur die Kurve des sekundären, sondern auch des tertiären Sektors gekreuzt hat. Dies dürfte spätestens um 2050 der Fall sein. Der dritte Übergang, in dessen Verlauf die „Bildschirmökonomie" sich ausbreitet, wird mit dem Begriff „Virtualisierung" bezeichnet. Die Arbeit im klassischen Verständnis und damit immerhin auch deren Ressourcenverbrauch verschwindet (Rifkin 1995). Der quartäre Sektor erreicht in manchen Ländern bereits eine Größenordnung von 30 % oder mehr und übertrifft damit den sekundären Sektor bei Weitem. Seit der Jahrtausendwende lautet die neue Verteilung in etwa 5:25:50:20 und wird im Jahre 2050 etwa die Verteilung 1:19:45:35 erreichen. Im gesamten Zeitverlauf ergeben sich damit (wieder idealtypisch) folgende Relationen (siehe Tabelle I/12).

Tabelle I/12: Idealtypische Verteilung der volkswirtschaftlichen Sektoren in %

Sektor	1750	1800	1850	1900	1950	2000	2050
primärer	80	70	40	15	10	5	1
sekundärer	10	15	35	50	40	25	19
tertiärer	10	15	25	35	50	50	45
quartärer	–	–	–	–	–	20	35

Die Zahlen beziehen sich auf die Anteile am Sozialprodukt bzw. auf die Verteilung der Beschäftigung.

Soweit für einzelne Länder empirische Daten vorliegen (Albert u. a. 1999, S. 205 ff.) und man die idealtypische Modelldarstellung durch die tatsächliche Verteilung in einzelnen Ländern ersetzt, stellt sich heraus, dass diese sich zwar in unterschiedlichen Phasen dieses mehrfachen Transformationsprozesses befinden, aber alle die Sequenz von der Agrar- über die Industrie- und Dienstleistungsgesellschaft zur Informationsgesellschaft durchlaufen. Nur wenige Länder wie Großbritannien, die USA aber auch Brasilien haben das vierte Stadium nahezu erreicht. Deutschland und Japan sind noch vergleichsweise stark industriell geprägt. Manche ehemalige Schwellenländer wie

Südkorea sind schon dabei, das Stadium der Industriegesellschaft zu verlassen und etliche, vor allem afrikanische Länder, befinden sich noch im Stadium der Agrargesellschaft, weisen aber bereits Tendenzen zur ersten Transformation auf. Der Eintritt in den demografischen Übergang, der mittlerweile *überall* eingesetzt hat und sich im hohen Bevölkerungswachstum ausdrückt, ist ein deutlicher Indikator. Die Bevölkerung kann nur wachsen, wenn die Sterberate dauerhaft niedriger ist als die Geburtenrate. Das kann aber nur sein, wenn die Nahrungsmittelversorgung und die medizinische Versorgung sich dauerhaft verbessert haben, also Entwicklung stattgefunden hat. Eine wachsende Bevölkerung ist paradoxerweise kein Problem, sondern ein Indikator, dass ein Problem gelöst wurde. Manche, wie die ölexportierenden Länder am Persischen Golf, haben gar das Stadium der Industriegesellschaft übersprungen. Der direkte Übergang in den tertiären oder ansatzweise sogar in den quartären Sektor war möglich, weil dort die hohen Renteneinnahmen aus dem primären Sektor (Bergbau) die überragende Bedeutung haben. Ein Teil der Renteneinkommen fließt direkt in den Finanzsektor und befeuert den Kasinokapitalismus. Es versteht sich, dass im Modell nur Relationen abgebildet werden und dass die absoluten Werte des Jahres 2010 in allen Sektoren, auch in der Landwirtschaft, ein Vielfaches der Werte des Jahres 1900 oder gar 1750 betragen. Bezogen auf ein durchschnittliches Weltaufkommen dürfte das Modell in etwa die Realität abbilden.

Das, was von den Neoklassikern „Strukturanpassung" genannt wird, was bei Fröbel/Heinrich/Kreye „Neue Internationale Arbeitsteilung" heißt, was in der Schwellenländerdiskussion hoch kontrovers diskutiert wird und was in der aktuellen Debatte mit „großer Divergenz" (Menzel 2014) bezeichnet wird, ist in Wirklichkeit Ausdruck des beschriebenen dreifachen Transformationsprozesses im Weltmaßstab von den Vorreitern zu den Nachzüglern. Der relative Bedeutungsverlust der europäischen Landwirtschaft, auch eine Art von Strukturanpassung, und das Verschwinden der kleinen Höfe war das Resultat der Einbeziehung der Böden in Übersee in die europäische Nahrungsmittelversorgung. Die Deindustrialisierung in den alten Industrieländern war die Folge der Industrialisierung in den neuen Industrieländern Asiens. Selbst im Dienstleistungssektor sind solche Verlagerungsprozesse bereits erkennbar, wenn die Callcenter nach Indien oder die arbeitsintensive Dateneingabe nach China verlagert werden. Die wachsende innerasiatische Arbeitsteilung zwischen Vorreiter (Japan) und Nachzügler (Indien) wiederholt nur das, was zuvor in Europa zwischen den Niederlanden und Großbritannien, zwischen Großbritannien und dem Kontinent, zwischen Europa und Nordamerika zu beobachten war. Entwicklungsgeschichtlich handelt es sich um eine einzige große Transformation, weil immer mehr Länder das Stadium der Agrargesellschaft verlassen. Demzufolge müssen immer mehr Länder das Stadium der Industriegesellschaft verlassen und in das Stadium der Dienstleistungsgesellschaft eintreten. In dem Maße, wie immer neue Länder in das Stadium der Dienstleistungsgesellschaft eintreten, bleibt als Ausweg für die alten Dienstleistungsgesellschaften nur der Eintritt in das Zeitalter der Informationsgesellschaft, in der perspektivisch die stoffliche Ökonomie ganz verschwindet. Der Verlagerungsprozess in der internationalen Arbeitsteilung von der Urproduktion über die verarbeitende Industrie, die produktionsnahen Dienstleistungen aus Handel, Transport, Finanzierung und Versicherung zu den wissensintensiven Tätigkeiten der Informationsgesellschaft in Forschung und Entwicklung geht immer weiter. Jedes Land muss, wenn es auf einer Sprosse der Leiter seine Wettbewerbsfähigkeit verloren hat, bemüht sein, eine neue Stufe zu erklimmen. Michael Porter hat dies in Abwandlung der Formulierung von Ricardo „The Competitive Advantage of Nations" (1990) genannt. Schafft es dies nicht, droht der Absturz von der Leiter, in entwicklungstheoretischer Terminologie die Peripherisierung bzw. Unterentwicklung.

6.4 Postskriptum: 30 Jahre später „nichts Neues im Westen"

1985 erschien das Sonderheft 16 der Politischen Vierteljahresschrift (PVS) unter dem Titel „Dritte Welt-Forschung. Entwicklungstheorie und Entwicklungspolitik" (Nuscheler 1985). Die PVS ist unter den deutschen politikwissenschaftlichen Zeitschriften die renommierteste. Mit den jährlichen Sonderheften, die jeweils einem Thema gewidmet sind, reklamiert sie Thematisierungsmacht im Hinblick auf das, was gerade im Fach besonders relevant ist und einer kontroversen oder bilanzierenden Bestandsaufnahme unterzogen werden soll. Herausgeber eines PVS-Sonderhefts zu sein, ist deshalb eine besondere Ehre, die nicht jedem zuteil wird. Damals wurde Franz Nuscheler (*1938) als Herausgeber ausgewählt, der zusammen mit Dieter Nohlen (*1939) mit dem vier- bzw. achtbändigen „Handbuch der Dritten Welt" (Nohlen/Nuscheler 1974 ff.), das 1982 und nochmals 1992 völlig neu bearbeitet erschienen ist, schon damals als einer der Zentralfiguren in der deutschen Entwicklungsländerforschung galt. Durch die Herausgabe der drei Auflagen des Handbuchs muss er einen exzellenten Überblick über die Vertreter des Fachs besessen haben. In klassischer Herausgebermanier hat Nuscheler die Themengebiete des Sonderhefts abgesteckt und für jeden Beitrag den passenden Autor ausgewählt und zu einem Beitrag motiviert. Aus heutiger Sicht liest sich die Liste der Beitragenden als ein „Who is Who" im Fach. Kaum einer, der damals etwas galt oder später gelten sollte, hat gefehlt. Im Vorwort beklagte Nuscheler lediglich, dass die damalige Spaltung in zwei Standesvereinigungen des Fachs Politikwissenschaft im Sonderheft nicht überwunden werden konnte, die eher konservativen Autoren nicht zur Mitarbeit zu gewinnen waren. Dementsprechend geriet der Band etwas linkslastig, waren die deutschen Modernisierungstheoretiker kaum vertreten.

Erklärte Absicht des Herausgebers war, eine Bilanz der politikwissenschaftlichen Dritte Welt-Forschung in der Bundesrepublik zu ziehen. Dabei ging es nicht mehr um die „große Debatte" zwischen Modernisierungstheoretikern und Dependenztheoretikern, sondern um die bereits Anfang der 1980er-Jahre erkennbare Differenzierung des Gegenstandsbereichs, die Erklärungsnot der großen Theorien und der darauf bezogenen kritischen Auseinandersetzung. Entwicklungspolitik und Entwicklungstheorie sollten gleichermaßen berücksichtigt werden. Der Band gliederte sich in sieben Hauptkapitel: Entwicklungstheoretische Kontroversen und Konversionen; Schwellenländer: Ein neues entwicklungstheoretisches Erklärungsproblem; „Entwicklungsstaat" und „Entwicklungsverwaltung"; „Entwicklungsdiktatur" und Bedingungen von Demokratie; Entwicklungspolitik: Programmentwicklung und Entscheidungsstrukturen; Nord-Süd-Konflikt: Dritte Welt in der Internationalen Politik; Bilanz der politikwissenschaftlichen Regionalforschung. Ganz symmetrisch hatten zehn der 20 Beiträge einen eher entwicklungstheoretischen und weitere zehn einen eher entwicklungspolitischen Charakter. Trotz aller damaligen Kontroversen, die sich vor allem an der Schwellenländerdiskussion entzündeten, die sich nicht nur um die Frage drehte, wie das Phänomen zu erklären sei, sondern im Hintergrund auch um die Frage, ob sich hier ein Modell zur Lösung der Entwicklungsproblematik offenbarte, macht der Band aus heutiger Sicht einen sehr homogenen und gelungenen Eindruck. Das rührt nicht zuletzt daraus, dass alle Beitragenden ein Grundkonsens kritischer Geisteshaltung gegenüber dem Thema verband und alle von dem idealistischen Bewusstsein geprägt waren, dass „Entwicklung" gut ist, dass sie für alle erreichbar ist und nur um den richtigen Weg gestritten wurde. Was auffällt: Der Begriff „Dritte Welt" wurde noch ganz selbstverständlich gebraucht, obwohl die Erklärungskraft der Großtheorien, etwa im Beitrag von Boeckh (1985) bereits infrage gestellt wurde. Das Thema Schwellenländer, u. a. mit einem Beitrag zur Indikatorenbildung (Menzel/Senghaas 1985), wurde mit drei Beiträgen sehr prominent behandelt. Die Staatsdiskussion nahm mit fünf Beiträgen einen noch prominenteren Raum ein, wobei die mit der entwicklungsfördernden Rolle des Staates verbundenden Hoffnungen in Zweifel gezogen wurden (Simonis 1985), Autorinnen (noch ohne großes I) und folglich feministische Positionen in dem Band gar nicht vertreten waren, Neoklassiker offenbar erst gar nicht angesprochen worden.

30 Jahre später hat die PVS mit ihrem Sonderheft 48 das Thema zum zweiten Mal aufgegriffen, wobei in der Einleitung ein expliziter Bezug zum Sonderheft 16 genommen wird. Offenbar waren Vorstand der DVPW und Redaktion der Meinung, dass es wieder an der Zeit sei, eine Bilanz zu einem Thema bzw. zu einem Politikfeld zu ziehen, das, verglichen mit der Zeit 30 Jahre zuvor in der Zunft viel weniger Aufmerksamkeit findet als in der internationalen Politik. Allein dieser Befund ist bereits paradox. In den 1970er- /80er-Jahren hat sich die eine Hälfte der kritischen IB-Zunft mit Friedens- und Konfliktforschung, die andere Hälfte mit Entwicklungsforschung beschäftigt, obwohl die Problematik in mehrfacher Hinsicht viel weniger virulent war als heute. Dieser Befund hat vermutlich sehr viel mit der Befindlichkeit bundesdeutscher Linken zu tun, die eigene unerfüllte Sehnsüchte auf die „Dritte Welt" übertrug. Heute ist die Entwicklungsforschung vor lauter Konstruktivismus in den IB zu einem eher randständigen Thema geworden.

Es liegt also nahe, einen Vergleich der beiden Sonderhefte zu ziehen, um der Frage nachzugehen, was sich denn in den 30 Jahren entwicklungstheoretisch getan hat, sofern das Sonderheft 2.0 seinem Anspruch tatsächlich gerecht wird. Einbezogen werden in den Vergleich muss auch der von Aram Ziai herausgegebene Band „Im Westen nichts Neues? Stand und Perspektiven der Entwicklungstheorie" (Ziai 2014a), der die Beiträge einer Tagung der DVPW-Sektion „Entwicklungstheorie und Entwicklungspolitik" aus dem Jahr 2010 versammelt. Auf der Sektionstagung ist offenbar die Idee für das Sonderheft entstanden, hat sich auf nicht näher erläuterte Weise aus dem Kreis der Sprecher und Nachwuchssprecher/-innen dessen selbsternannter Herausgeberkreis gebildet.

Was fällt auf? Auf fällt zunächst, dass das klassische Verfahren des Nuscheler-Bandes nicht mehr üblich ist. Der Vorstand der DVPW hat keinen prominenten und sachkundigen Herausgeber ausgewählt, der die Themen bzw. deren Autoren bestimmt hat. Stattdessen hat auch hier der Neoliberalismus Einzug gehalten. Zuerst gab es eine Ausschreibung zu Themen für ein Schwerpunktheft, bei der sich die späteren Herausgeber gegen eine ungenannte Zahl von Sprechern anderer Sektionen (?) durchgesetzt haben. Danach folgte ein „Call for Papers" der Redaktion. Unter den mehr als 60 eingereichten „Papers", darunter lediglich zwei oder drei von „Autoren mit Migrationshintergrund", wie demütig und zähneknirschend betont wird, hat die Redaktion ausgewählt, die ausgewählten „Papers" in einem „AutorInnenworkshop" im Zentrum für Entwicklungsforschung (Bonn) „ausführlich" und „kontrovers" diskutiert und anschließend noch einem „rigorosen" Begutachtungsverfahren unterzogen. Da nicht alle „Papers" positiv begutachtet wurden (wie auch? sonst hätte man sich die Evaluation sparen können), wurden weitere aussortiert, sodass der Band thematisch unvollständig blieb und vor allem der Autoren-Migrationshintergrund auf der Strecke blieb. Ferner werden diverse Personen, u. a. kein geringerer als Dirk Messner vom DIE, und Institutionen genannt, die auch noch irgendwie im Hintergrund mitgewirkt haben. Welche Funktion die fünf Herausgeber Franziska Müller, Elena Sondermann, Ingrid Wehr, Cord Jakobeit und Aram Ziai außer dem thematischen Vorschlag für das Sonderheft noch gespielt haben und warum es ausgerechnet fünf sein mussten, bleibt nebulös. Ebenso nebulös bleibt, warum Cord Jakobeit in der Einleitung als erster, auf dem Titelblatt aber nur an vierter Stelle genannt wird. Ist das ein Ausdruck ganz besonderer politischer Korrektheit oder ein versteckter Hinweis, dass Jakobeit als der mit Abstand Prominenteste doch den Nuscheler gemacht hat, es aber nicht so aussehen durfte?

Wer nun glaubt, dass dieses aufwendige und mehrstufige Verfahren, das an eine Castingshow erinnert, zu einem besonders herausragenden Ergebnis geführt hat, der sieht sich enttäuscht – vor allem im Vergleich zum Sonderheft von 1985. Das beginnt schon beim Titel. Obwohl es im Obertitel nur noch „Entwicklungstheorie" heißt und im Untertitel noch anspruchsvoller „Weltgesellschaftliche Transformationen, entwicklungspolitische Herausforderungen und theoretische Innovationen", hält der Inhalt nicht, was der Titel verspricht. Insbesondere vermisst man die entwicklungstheoretischen Innovationen. Auch hier gibt es wie beim Vorläuferband Unterkapitel: Weltgesellschaftliche Transformationen; entwicklungspolitische Herausforderungen und Debatten; Entwicklungstheorien: Dekonstruktion und Rekonstruktion; Ausblick. Nur vier der 18 Aufsätze können überhaupt den Anspruch einlösen, Beiträge zur Theorie zu liefern. Der erste Beitrag von Claudia Derichs „Asiatische Zeitenwende. Von der bipolaren zur polyzentrischen Weltordnung" (Derichs 2014) ist ein klassischer IB-Beitrag, der gar nichts mit Entwicklungspolitik zu tun hat. Man gewinnt eher den Eindruck, dass der gesamte Band ein Zufallsprodukt ist, bei dem vorrangig eine Rolle gespielt hat, wer sich durch den Call for Papers angesprochen fühlte, womöglich in der Hoffnung, einen Beitrag prominent platzieren zu können, wer die Vorauswahl überstanden hat, welche Gutachter welchen Beitrag begutachten sollten, wer dazu bereit war und wer nicht und wie er dann votiert hat. Allein die Auswahl der anonymen Gutachter entscheidet oft darüber, ob ein Beitrag aussortiert wird oder nicht. Heraus kommt dann eine Gemengelage, die sich schon durch das Herausgebergremium andeutet, das eher auf einen Kompromiss – gestandener Fachvertreter und Nachwuchskräfte, Männer und Frauen, theoretisch und empirisch (weniger), konstruktivistisch und nichtkonstruktivistisch Arbeitende etc. – hindeutet. Richtig prominent sind wenige, lange im Fach, d. h. mindestens seit 30 Jahren, dabei im engeren Sinne mit Gerhard Hauck und Reinhard Kößler nur zwei. Insofern ist es kein Zufall, dass deren Beiträge em ehesten dem Bilanzanspruch gegenüber dem Sonderheft 1.0 gerecht werden. Es wird sich zeigen, welche Spuren der Band in 30 Jahren hinterlassen haben wird im Vergleich zu den Beiträgen des Nuscheler-Bandes. Erstes Zwischenfazit: Die klassische Herausgeberschaft à la Nuscheler hat einen sehr viel kohärenteren Band hervorgebracht, der dem Anspruch einer Bilanz gerecht wird. Nach dessen Lektüre hatte man einen guten Überblick über Stand und Perspektiven der Entwicklungstheorie im Jahre 1985. Der Band von 2014 hinterlässt eher die „neue Unübersichtlichkeit" (Habermas) auch hier und vor allem Ratlosigkeit. Aber vielleicht ist dieses ungewollte Ergebnis gerade ein Abbild des Zustands der Disziplin.

Welchen Eindruck verschafft die Lektüre des neuen PVS-Sonderhefts? Der alte Kernbestand entwicklungstheoretischer Analyse, also die Beschäftigung mit der Politischen Ökonomie der Entwicklung, gleichviel ob man einen staats- oder einen marktfreundlichen Ansatz verfolgt, ob man eher freihändlerisch oder eher protektionistisch argumentiert, ob man angebots- oder nachfrageorientiert ist, ob man den Wachstums- oder den Umverteilungsaspekt in den Vordergrund stellt, wie das im Theorieband der dritten Auflage des Handbuchs „Dritte Welt" von Nohlen und Nuscheler (1992) oder im Schwerpunktheft der Peripherie „Die Entwicklungstheorie ist tot – es lebe die Theorie globaler Entwicklung!" (1997), noch ganz selbstverständlich war, hat sich verflüchtigt. Politische Ökonomen bilden eine kleine radikale Minderheit. An deren Stelle sind verschwurbelte Beiträge im Jargon des Konstruktivismus, des Postmodernismus oder des Feminismus getreten, die zu einer Entwicklungstheorie im engeren Sinne wenig bis gar nichts beitragen. Folglich geht es in einer Bestandsaufnahme des Jahres 2014 um „Verwobene Moderne und die Einhegung von Gewalt", „Eine gabentheoretische Reflektion zu den aktuellen Dynamiken in der internationalen Entwicklungszusammenarbeit", „Geschlechterspezifische Subjektivitäten im Migration-Development-Nexus", „Feministisch-postkoloniale Perspektiven auf Entwicklung", „Kunstgriffe gegen die entwicklungspolitische Rechthaberei" und „Entwicklungstheorie (und -praxis) in der Nudelbar" mit Dank „für die ZKs und den Schlussabsatz" an Aram Ziai, so der erhellende „Ausblick" der Mitherausgeberin Franziska Müller. Die „Dekonstruktion und Rekonstruktion" von Entwicklungstheorie wird resümiert mit der folgenden Feststellung: „Intersektionalität und Entwicklung, so wie wir sie hier als Perspektive skizziert haben, eröffnet die Möglichkeit, machtdurchsetzte (An-)Ordnungen und Normierungen, Instabilitäten, aber auch (Un-)Sichtbares sowie Marginalisierungen und Privilegierungen in ihrer Verstrickung mit ökonomischen Strukturen und politischen Praxen zu thematisieren und zu politisieren. Intersektionalität und Entwicklung bleibt dabei einer feministischen Theorietradition verbunden, verkompliziert diese aber auch, da nun nicht mehr selbstverständlich von dem Gemeinsamen des Frau-Seins ausgegangen werden kann, sondern stattdessen kontextspezifische gesellschaftspolitische Konstituierung von vielfältigen Differenzverhältnissen und Ungleichheiten mitgedacht wird. Dies dient als wichtige Anregung, sich dem komplexen Feld der intersektionellen Debatte von Entwicklung und Geschlecht weiter zu widmen, sich an (hetero-)normativitätskritische Entwürfe von Entwicklung und von Geschlecht zu wagen und damit dem Rat von Cathy Davis (2010) zu folgen: „To ask the other question". (Burchardt/Tuider 2014, S. 396) Aha! Was ist denn die „andere Frage"? Welcher „anonyme Gutachter" hat das durchgehen lassen? Spätestens an dieser Stelle hätte man Mäuschen sein mögen, um die Reaktion der alten Kämpen in der entwicklungstheoretischen Debatte wie Hauck oder Kößler während des „AutorInnenworkshops" auf solches Wortgedrechsel zu erleben. Zugegeben waren manche strukturalistischen Texte der frühen 1970er-Jahre ebenso schwer lesbar.

Soweit die Einleitung den Stand der aktuellen Theorie-Diskussion resümiert, bewegt sich Entwicklungstheorie heute auf drei Ebenen: „als Aussagen über weltgesellschaftliche Transformationsprozesse", „als Betrachtungen von veränderten Kooperationsformen und -grundlagen im (enger gefassten) Bereich der Entwicklungspolitik sowie als kritische Reflexion über Entwicklungsforschung insgesamt, deren Annahme, Inhalte und Methodologie" (Jakobeit u. a. 2014, S. 5). Anders formuliert soll es im Sonderheft um die Rückkehr der großen analytischen Theorie auf den klassischen, d.h. harten, Feldern der Politischen Ökonomie gehen in Kapitel 2, um die Theorie der Entwicklungspolitik auf einer überwiegend normativen, da dekonstruktivistischen, Ebene in Kapitel 3 und um die Metatheorie der Entwicklung im Sinne von Dekonstruktion und Konstruktion, um am Ende im Ausblick des Kapitels 4 am 4. Mai 2058 in der Nudelbar anzulangen.

Die alte Schlachtordnung existiert nicht mehr. Folgt man Hauck (2014), hat sich die Modernisierungstheorie nach der Zeitenwende der Jahre 1989/90 durchgesetzt, die in der Nr. 1 des „Leviathan" aus dem Jahr 1996 mit der Wortmeldung der deutschen Modernisierungstheoretiker ihren Triumph gefeiert hat. Die gute alte Dependenztheorie erscheint nur noch versteckt im Gewand des Postdevelopmentalismus, der Entwicklung nach westlichem Vorbild schlechthin ablehnt, obwohl der vielfach im Band verwendete Begriff „Globaler Süden" doch wieder als Neuauflage der Vorstellung der „identischen Tiefenstrukturen der Länder der Dritten Welt" erscheint, was auf Abhängigkeit und die Unmöglichkeit der Rückkehr ins Paradies der „traditionellen Gemeinschaften" hindeutet. Da die bereits in dem Nuscheler-Band nicht mehr zu leugnende Differenzierung der ehemals „Dritten Welt" weiter fortgeschritten ist, haben neue Begriffe wie „Emerging Powers", „BRICS" und „Fragile Five" die alten Begriffe

NICs oder Schwellenländer abgelöst. Dies ist insofern konsequent, als deren Industrialisierung nicht mehr neu ist, die Schwelle längst überschritten wurde und sich damit die Frage nach den weltpolitischen und weltwirtschaftlichen Konsequenzen, der Umkehr des Peripherisierungsdrucks stellt. Gehören die NICs, BRICS, Emerging Powers etc. nun zum „globalen Süden" oder nicht? Wenn nicht, was ist mit dem „Globalen Süden" gemeint? Wenn er global sein soll, ist er dann auch im Norden?

Dass die Themen Umwelt, Klimawandel, Nachhaltigkeit, Wasser, Biodiversität etc., die nun wirklich einen hohen Stellenwert haben sollten, seit Länder wie China und Indien die Phase des take offs durchlaufen haben, nur in einem Beitrag (Brand/ Dietz 2014) kritisch reflektiert werden, kann doch nicht das Ergebnis eines Bandes sein, der sich zur Aufgabe gemacht hat, Bilanz zu ziehen und „innovative" Theoriebeiträge zu liefern. Dass in den metatheoretischen Beiträgen unter Berufung auf den alten Modernisierungstheoretiker Eisenstadt Begriffe wie „multiple Moderne", „verwobene Moderne" und „Primordialisierung Europas" auftauchen, lässt sich als implizite Rückkehr der Modernisierungstheorie deuten, auch wenn den Jüngeren der alte Zusammenhang vielleicht nicht geläufig sein mag. Auch deshalb ist Hauck sich treu geblieben und immer noch Dependenztheoretiker. Erfrischend ist der Satz von Kößler:

> Große Veränderungen nehmen zwar ihren Ausgang in relativ kleinen Regionen, diffundieren dann aber weit über diese hinaus. Dementsprechend bewirkt die Industrielle Revolution, die zunächst in einer kleinen Ecke Nordwest-Englands einsetzte, sehr bald die Umwälzung der Lebensbedingungen auf dem Großteil der bewohnten Erde, freilich mit sehr unterschiedlichen Konsequenzen. (Kößler 2014, S. 441)

Mit diesem einen Satz sind die „weltgesellschaftlichen Transformationen, entwicklungspolitischen Herausforderungen, theoretischen Innovationen" aus dem Untertitel des Sonderhefts 48 auf den Punkt gebracht, auch wenn diese bereits 1985 klar waren. Die Industrialisierung begann in den westlichen Pennies, weil hier die Wasserläufe zum Antrieb der mechanischen Spinnmaschinen vorhanden waren und aus der Kombination von Mechanik und Wasserkraft die hohe Arbeitsproduktivität und Qualität der indischen Baumwollmanufaktur dank der überlegenen Feinmotorik der bengalischen ProduzentInnen übertroffen werden konnte. Auch wenn es die Postdevelopmentalisten nicht wahrhaben wollen: Hier nahm die weltgesellschaftliche Transformation ihren Ausgang, die bis heute die Welt bewegt und der sich damals wie heute niemand entziehen kann. Nun ist die Baumwollindustrie wieder nach Asien zurückgekehrt, wird in Asien die Bekleidung für die gesamte Welt von H&M und Kik bis Hilfiger und Prada gefertigt, aber nicht, weil die Weber und Spinnerinnen in Bengalen wieder den Webstuhl und die Handspindel hervorgeholt haben.

Ansonsten bleibt der Eindruck, dass es neben Gender nur noch um die Dekonstruktion des entwicklungstheoretischen Diskurses im Allgemeinen auf einer sehr abstrakten oder einer ganz speziellen Ebene geht. Den Unterschied zwischen traditioneller und kritischer Theorie hat Max Horkheimer bereits 1937 in der Zeitschrift für Sozialforschung mit seinem klassischen Aufsatz auf den Begriff gebracht (Horkheimer 1968). Das neue Sonderheft ist keine Bilanz der entwicklungstheoretischen Diskussion der letzten 30 Jahre und gibt auch keinen Aufschluss über ihren aktuellen Stand, sondern ist ein Spiegelbild der deutschen politischen Korrektheit, auch wenn die Beiträge von AutorInnen mit Migrationshintergrund die Castingshow nicht überstanden haben. Er ist aber auch ein Spiegelbild der aktuellen Modeströmungen in den Sozialwissenschaften, die nun auch in die Entwicklungstheorie Einzug gehalten haben. Ob die fundamentalen Transformationsprozesse, im Obertitel angesprochen, in der wirklichen Welt, die Gleichzeitigkeit von Globalisierung und Fragmentierung (Menzel 1998), die akuten Probleme von Staatszerfall, Rückkehr des Krieges, von Migration, Schattenwirtschaft, Klimawandel und dessen Konsequenzen für die Ressourcenverteilung auf der Welt noch theoretisch im Sinne von Handlungsanleitung bearbeitet werden, ist nach der Lektüre zu bezweifeln. Entwicklungstheorie ist keine dekonstruktivistische l'art pour l'art, sondern legitimiert sich dadurch, dass sie dienlich ist zur Bearbeitung von Entwicklungsproblemen. Ist sie das nicht, stellt sie bloß das Projekt der aufklärerischen Moderne infrage, ist sie schlicht reaktionär. Insofern ist der Band bestenfalls eine Mogelpackung. Entweder gibt es tatsächlich „nichts Neues im Westen" (Ziai 2014a) oder die „BeiträgerInnen" wollten es nicht sehen.

Literatur

Abu-Lughod, Janet L., Before European Hegemony: The World System A.D. 1250–1350. New York: Oxford University Press 1989.
Agarwala, A.N./Singh, S.P. (Hrsg.), The Economics of Underdevelopment. Delhi: Oxford University Press 1958.
Alavi, Hamza, Indien und die koloniale Produktionsweise. In: Senghaas 1979. S. 235–279. (engl. 1975)
Albert, Mathias/Brock, Lothar/Hessler, Stephan/Menzel, Ulrich/Neyer, Jürgen, Die Neue Weltwirtschaft. Entstofflichung und Entgrenzung der Ökonomie. Frankfurt: Suhrkamp 1999.
Almond, Gabriel/Verba, Sidney, The Civic Culture: Political Attitudes in Five Nations. Princeton: Princeton University Press 1963.
Amin, Samir, L'echange inégal et la loi de la valoir. La fin d'un débat. Paris: Éditions anthropos-idep 1973.
Amin, Samir, Zur Theorie von Akkumulation und Entwicklung in der gegenwärtigen Weltgesellschaft. In: Senghaas 1974. S. 71–97. (franz. 1972)
Amin, Samir, Die ungleiche Entwicklung. Essay über die Gesellschaftsformationen des peripheren Kapitalismus. Hamburg: Hoffmann und Campe 1975. (franz. 1973)
Amin, Samir, Delinking: Towards a Polycentric World. London: Zed Books 1990. (franz. 1985)
Amin, Samir/Arrighi, Giovanni/Frank, Andre Gunder/Wallerstein, Immanuel, Dynamics of Global Crisis. New York: Monthly Review 1982. Almond, Gabriel/Powell, G. Bingham Jr., Comparative Politics: A Developmental Approach. Boston: Little, Brown 1966. Amsden, Alice H., Asia's Next Giant: South Korea and Late Industrialization. New York: Oxford University Press 1989. Amsden, Alice, Escape from Empire. Cambridge, Mass.: MIT Press 2007.
Apter, David E., Rethinking Development: Modernization, Dependency, and Postmodern Politics. Newbury Park, Cal.: Sage 1987.
Arbeitsgruppe Bielefelder Entwicklungssoziologen (Hrsg.), Subsistenzproduktion und Akkumulation: Saarbrücken: Breitenbach 1979.
Aston, T.H./Philpin, C.H.E. (Hrsg.), The Brenner debate: Agrarian Class Structure and Economic Development in Pre-industrial Europe. Cambridge: Cambridge University Press 1985.
Balassa, Bela, The Newly Industrializing Countries in the World Economy. New York: Pergamon 1981.
Baran, Paul A., Politische Ökonomie des wirtschaftlichen Wachstums. Neuwied: Luchterhand 1971. (engl. 1957)
Barber, Benjamin, Jihad vs. McWorld. New York: Random House 1995.
Baudrillard, Jean, Symbolic Exchange and Death. London: Sage 1993. (franz. 1976)
Beckford, George L., Persistent Poverty: Underdevelopment in Plantation Economies of the Third World. New York: Oxford University Press 1972.
Bell, Daniel, The Coming of the Post-industrial Society: A Venture in Social Forecasting. Harmondsworth: Penguin 1976.
Bellah, Robert, Tokugawa Religion: The Cultural Roots of Modern Japan. New York: The Free Press 1985.
Bendix, Reinhard, Könige oder Volk. Machtausübung und Herrschaftsmandat. 2 Bde. Frankfurt: Suhrkamp 1980. (engl. 1978)
Benedict, Ruth. The Chrysanthemum and the Sword: Patterns of Japanese Culture. Tokyo: Charles E. Tuttle 1974. 1. Aufl. 1946.
Berger, Johannes, Was behauptet die Modernisierungstheorie wirklich? In: Leviathan 24.1996,1. S. 45–72.

Besters, Hans/Boesch, Ernst E. (Hrsg.), Entwicklungspolitik. Handbuch und Lexikon. Stuttgart: Kreuz 1966.

Bierschenk, Thomas, Hans-Dieter Evers (geb. 1935). Die Bielefelder Schule der Entwicklungssoziologie: Informeller Sektor und strategische Gruppen. In: Entwicklung und Zusammenarbeit Nr. 10, 2002. S. 273–276.

Blaut, James M., 1492: The Debate on Colonialism, Eurocentrism, and History. Trenton, N.J.: Africa World Press 1992.

Boeckh, Andreas, Dependencia und kapitalistisches Weltsystem, oder: Die Grenzen globaler Entwicklungstheorien. In: Nuscheler 1985. S. 56–74.

Böhmert, Fedor, Eine entwicklungspolitische Diskussion des Ansatzes von Hartmut Elsenhans. Baden-Baden: Nomos 2004.

Boeke, Julius Herman, Dualistische Economie. Leiden 1930.

Boeke, Julius Herman, Economics and Economic Policy of Dual Societies as Exemplified by Indonesia. New York: Institute of Pacific Relations 1953. (zuerst 1942, 1946)

Bornschier, Volker, Multinationale Konzerne, Wirtschaftspolitik und nationale Entwicklung im Weltsystem. Frankfurt: Campus 1980.

Boserup, Ester, Die ökonomische Rolle der Frau in Afrika, Asien und Lateinamerika. Stuttgart: edition Cordeliers 1982. (engl. 1970)

Brand, Ulrich/Dietz, Kristina, (Neo)Extraktivismus als Entwicklungsoption? Zu den aktuellen Dynamiken und Widersprüchen rohstoffbasierter Entwicklung in Lateinamerika. In: Müller u. a. 2014. S. 128–165.

Brandt, Willy, Das Überleben sichern. Der Brandt-Report. Bericht der Nord-Süd-Kommission. Frankfurt: Ullstein 1982.

Braudel, Fernand, Das Mittelmeer und die mediterrane Welt in der Epoche Philipps II. 3 Bde. Frankfurt: Suhrkamp 1998. (franz. 1949, engl. 1972)

Brenner, Robert, Agrarian Class Structure and Economic Development in Pre-industrial Europe. In: Aston/Philpin 1985. S. 10–63.

Büschel, Hubertus/Speich, Daniel (Hrsg.), Entwicklungswelten. Globalgeschichte der Entwicklungszusammenarbeit. Frankfurt: Campus 2009.

Burchardt, Hans-Jürgen/Tuider, Elisabeth, Das vermachtete Subjekt: Feministisch-postkoloniale Perspektiven auf Entwicklung. In: Müller u. a. 2014. S. 381–404.

Busch, Klaus, Die multinationalen Konzerne. Zur Analyse der Weltmarktbewegung des Kapitals. Frankfurt: Suhrkamp 1974.

Busch, Klaus/Schöller, Wolfgang/Seelow, Frank, Weltmarkt und Weltwährungskrise. Bremen: Gruppe Arbeiterpolitik 1971.

Cantori, Louis J./Ziegler Jr., Andrew H. (Hrsg.), Comparative Politics in the Post-behavioral Era. Boulder, Col.: Lynne Rienner 1988.

Cardoso, Fernado H./Faletto, Enzo, Abhängigkeit und Unterentwicklung in Lateinamerika. Frankfurt: Suhrkamp 1976. (span. 1969)

Castells, Manuel, The Informational City: Information Technology, Economic Restructuring, and the Urban-Regional Process. Oxford: Blackwell 1989.

Castells, Manuel/Hall, Peter, Technopoles of the World: The Making of the 21st Century Industrial Complexes. London: Routledge 1994.

Chenery, Hollis u.a., Redistribution with Growth: Policies to Improve Income Distribution in Developing Countries. New York: Oxford University Press 1974.

Córdova, Armando, Strukturelle Heterogenität und wirtschaftliches Wachstum. Frankfurt: Suhrkamp 1973. (span. 1971)

Córdova, Armando/Silva Michelena, Héctor, Die wirtschaftliche Struktur Lateinamerikas. Drei Studien zur politischen Ökonomie der Unterentwicklung. Frankfurt: Suhrkamp 1969. (span. 1967)

Cummings, Bruce, Ursprünge und Entwicklung der politischen Ökonomie in Nordostasien: Industriesektoren, Produktzyklen und politische Konsequenzen. In: Ulrich Menzel (Hrsg.), Im Schatten des Siegers: Japan. Bd. 4: Weltwirtschaft und Weltpolitik. Frankfurt: Suhrkamp 1989. S. 87–145. (engl. 1984)

Deane, Phyllis, The First Industrial Revolution. Second Edition. Cambridge: Cambridge University Press 1981.

Derichs, Claudia, Asiatische Zeitenwende? Von der bipolaren zur polyzentrischen Weltordnung. In: Müller u. a. 2014. S. 41–66.

Deutsch, Karl W., Nationalism and Social Communication: An Inquiry into the Foundations of Nationality. Cambridge, Mass.: Harvard University Press 1953.

Deutsch, Karl W., Politische Kybernetik. Modelle und Perspektiven. Freiburg: Rombach 1969.

Deutsch, Karl W. Soziale Mobilisierung und politische Entwicklung. In: Zapf 1971. S. 329–350.

Djilas, Milovan, Die neue Klasse. Eine Analyse des kommunistischen Systems. München: Kindler 1957.

Do Mar Castro Varela, María/Dhawan, Nikita, Postkoloniale Theorie. Eine kritische Einführung. Bielefeld: Transcript 2005.

Domar, Evsey, Essays in the Theory of Economic Growth. New York: Oxford University Press 1957.

Donges, Juergen B./Müller-Ohlsen, Lotte, Außenwirtschaftsstrategien und Industrialisierung in Entwicklungsländern. Tübingen: Mohr 1978.

Dryzek, John/Downs, David/Hermes, Hans-Kristian/Schlosberg, David, Green States and Social Movements: Environmentalism in the United States, United Kingdom, Germany, and Norway. Oxford: Oxford University Press 2003.

Durkheim, Emile, Über soziale Arbeitsteilung. Studie über die Organisation höherer Gesellschaften. Frankfurt: Suhrkamp 1992. (franz. 1893)

Eckersley, Robin, The Green State: Rethinking Democracy and Sovereignty. Cambridge, Mass.: MIT Press 2004.

Elsenhans, Hartmut, Das internationale System zwischen Zivilgesellschaft und Rente. Münster: Lit 2001.

Elsenhans, Hartmut, Globalization Between a Convoy Model and an Underconsumptionist Threat. Münster: Lit 2006.

Elsenhans, Hartmut, Geschichte und Ökonomie der europäischen Welteroberung. Vom Zeitalter der Entdeckungen zum Ersten Weltkrieg. Hrsg. von Matthias Midell. Leipzig: Leipziger Universitätsverlag 2007. (von 1976)

Elsenhans, Hartmut, Zerklüftung im nicht so sehr kapitalistischen Weltsystem. Potsdam: Potsdamer Universitätsverlag 2009.

Elsenhans, Hartmut, The Rise and Demise of the Capitalist World System. Leipzig: Leipziger Universitätsverlag 2011.

Elsenhans, Hartmut, Kapitalismus global. Aufstieg, Grenzen, Risiken. Stuttgart 2012.

Elvin, Mark, The Pattern of the Chinese Past. A Social and Economic Interpretation. Stanford, Cal.: Stanford University Press 1973.

Emmanuel, Arghiri, Unequal Exchange: A Study of the Imperialism of Trade. New York: Monthly Review 1972. (franz. 1969)

Escobar, Arturo, Encountering Development: The Making and Unmaking of the Third World. Princeton: Princeton University Press 1995. 2. Aufl. 2012.

Evans, Peter B./Rueschemeyer, Dietrich/Skocpol, Theda (Hrsg.), Bringing the State Back In. Cambridge: Cambridge University Press 1985.

Evers, Hans-Dieter/Schiel, Tilman, Strategische Gruppen. Vergleichende Studien zu Staat, Bürokratie und Klassenbildung in der Dritten Welt. Berlin: Reimer 1988.

Fanon, Frantz, Die Verdammten dieser Erde. Frankfurt: Suhrkamp 1966. (franz. 1961)

Fei, John C.H./Ranis, Gustav/Kuo, Shirley W.Y., Growth with Equity: The Taiwan Case. New York: Oxford University Press 1979.

Ferrier, Fr. L. Auguste, Du gouvernement considéré dans ses rapport avec le commerce: ou de l' administration commercial oppose aux economistes du 19e siècle. Paris 1805.

Fichte, Johann Gottlieb, Der geschlossenen Handelsstaat. Ein philosophischer Entwurf als Anhang zur Rechtslehre und Probe einer künftig zu liefernden Politik. Tübingen: Cotta 1800.

Fourastié, Jean, Die grosse Hoffnung des Zwanzigsten Jahrhunderts. Köln: Bund-Verlag 1954 (franz. 1949).

Fourastié, Jean, Die grosse Metamorphose des 20. Jahrhunderts. Düsseldorf: Econ 1964. (franz. 1961)

Frank, Andre Gunder, Kapitalismus und Unterentwicklung in Lateinamerika. Frankfurt: EVA 1969. (engl. 1968)

Frank, Andre Gunder, Dependent Accumulation and Underdevelopment. London: MacMillan 1978.

Frank, Andre Gunder, ReOrient: Global Economy in the Asian Age. Berkeley: University of California Press 1998.

Frank, Andre Gunder/Gills, Barry K. (Hrsg.), The World System: Five Hundred Years or Five Thousand? London: Routledge 1993.

Fröbel, Volker/Heinrichs, Jürgen/Kreye, Otto, Die neue internationale Arbeitsteilung. Strukturelle Arbeitslosigkeit in den Industrieländern und die Industrialisierung der Entwicklungsländer. Reinbek: Rowohlt 1977.

Fröbel, Volker/Heinrichs, Jürgen/Kreye, Otto, Umbruch in der Weltwirtschaft. Die globale Strategie: Verbilligung der Arbeitskraft. Flexibilisierung der Arbeit. Neue Technologien. Reinbek: Rowohlt 1986.

Fukuyama, Francis, State-building: Governance and World Order in the 21st Century: Ithaca, NY: Cornell University Press 2004.

Galtung, Johan, Eine strukturelle Theorie des Imperialismus. In: Senghaas 1972. S. 29–104. (engl. 1971)

Gambe, Annabelle R., Overseas Chinese Entrepreneurship and Capitalist Development in Southeast Asia. Münster: Lit 1999.

Ganilh, Charles, Untersuchungen über die Systeme der politischen Ökonomie. 2 Bde. Wien: Bauer 1814. (franz. 1809)

Gephart, Malte, Korruption und der soziale Nahraum aus einer Post-Development-Perspektive: „Illusions of Purity" im Anti-Korruptionsdiskurs. In: Ziai 2014. S. 235–259.

Gerlach, Olaf/Kalmring, Stefan/Kumitz, Daniel/Nowak, Andreas (Hrsg.), Peripherie und globalisierter Kapitalismus. Zur Kritik der Entwicklungstheorie. Frankfurt: Brandes & Apsel 2004.

Gerschenkron, Alexander, Economic Backwardness in Historical Perspective: A Book of Essays. Cambridge, Mass.: Harvard University Press 1962.

Gerschenkron, Alexander, Continuity in History and Other Essays. Cambridge, Mass.: Harvard University Press 1968.

Gide, Charles/Rist, Charles, Geschichte der volkswirtschaftlichen Lehrmeinungen. Jena: Gustav Fischer 1923.

Giesen, Bernd, Kulturelle Vielfalt und die Einheit der Moderne. In: Leviathan 24.1996,1. S. 93–108.

Gilpin, Robert, The Political Economy of International Relations. Princeton: Princeton University Press 1987.

Greaves, Ida Cecil, Modern Production Among Backward Peoples. London: George Allen & Unwin 1935.

Griffin, Keith, The Political Economy of Agrarian Change: An Essay on the Green Revolution. London: MacMillan 1974.

Grotius, Hugo, Über die Freiheit des Meeres. Leipzig: Felix Meiner 1919. (lat. 1609)

Gunn, Geoffrey C., First Globalization: The Eurasian Exchange 1500–1800. Lanham: Rowman & Littlefield 2003.

Hagen, Everett E., On the Theory of Social Change: How Economic Growth Begins. Homewood, Ill.: Dorsey Press 1962.

Hahnisch, Rolf/Tetzlaff, Rainer, Der Staat in Entwicklungsländern als Gegenstand sozialwissenschaftlicher Forschung. In: Nuscheler 1986. S. 276–316. (von 1981)

Hamilton, Alexander, Industrial and Commercial Correspondence of Alexander Hamilton Anticipating His Report on Manufactures. Hrsg. Von Arthur Harrison Cole. New York: Augustus M. Kelley 1968. (von 1791)

Harris, Nigel, The End of the Third World: Newly Industrializing Countries and the Decline of an Ideology. London: Penguin 1986.

Harrod, Roy Forbes, Ein Essay zur dynamischen Theorie. In: Heinz König (Hrsg.), Wachstum und Entwicklung in der Volkswirtschaft. Köln: Kiepenheuer & Witsch 1970. S. 35–54 (engl. 1939)

Hauck, Gerhard, Die Geschichte der Entwicklungstheorie. In: Gerlach u. a. 2004. S. 12–50.

Hauck, Gerhard, Die Aktualität der „großen" entwicklungstheoretischen Debatten der 1970er/80er Jahre. In: Müller u. a. 2014. S. 352–380.

Hauff, Michael von (Hrsg.), Nachhaltige Entwicklung. Aus der Perspektive verschiedener Disziplinen. Baden-Baden: Nomos 2014.

Heckscher, Eli F., Der Merkantilismus. 2 Bde. Jena: Gustav Fischer 1932.

Heckscher, Eli F. , The Effect of Foreign Trade on the Distribution of Income. In: Howard Sylvester Ellis/L.A. Metzler (Hrsg.), Readings in the Theory of International Trade. Philadelphia: The Blakiston Company 1949. S. 272–300. (von 1919)

Hein, Wolfgang, Unterentwicklung – Krise der Peripherie. Phänomene – Theorien – Strategien. Opladen: Leske + Budrich 1998.

Heintz, Peter (Hrsg.) Soziologie der Entwicklungsländer. Eine systematische Anthologie. Köln: Kiepenheuer & Witsch 1962.

Herrfahrt, Heinrich, Entwicklung und Staatsordnung. In: Besters/Boesch 1966. S. 535–581.

Hirschman, Albert O., Die Strategie der wirtschaftlichen Entwicklung. Stuttgart: Gustav Fischer 1967. (engl. 1958)

Hirst, Paul/Thompson, Grahame, Globalization in Question: The International Economy and the Possibilities of Governance. Cambridge: Polity 2000.

Hobson, John Atkinson, Der Imperialismus. Köln: Kiepenheuer & Witsch 1968. (engl. 1902)

Hondrich, Karl-Otto, Lassen sich soziale Beziehungen modernisieren? In: Leviathan 24.1996,1. S. 28–44.

Horkheimer, Max, Traditionelle und kritische Theorie. In: Ders., Kritische Theorie. Eine Dokumentation Bd. II. Hrsg. von Alfred Schmidt. Frankfurt: S. Fischer 1968. S. 137–191. (von 1937)

Horkheimer, Max/Adorno, Theodor W., Dialektik der Aufklärung. Philosophische Fragmente. Frankfurt: Fischer 1988. (engl. 1944)

Hoselitz, Bert F., Sociological Aspects of Economic Growth. Glencoe, Ill.: The Free Press 1960 (deutsch: Wirtschaftliches Wachstum und sozialer Wandel. Berlin: Duncker & Humblot 1969).

Hummel, Hartwig, Der neue Westen. Der Handelskonflikt zwischen den USA und Japan und die Integration der westlichen Gemeinschaft. Münster: agenda 2000.

Huntington, Samuel P., The Third Wave: Democratization in the Late Twentieth Century. Norman, Ok.: University of Oklahoma Press 1991.

Huntington, Samuel P., Der Kampf der Kulturen. The Clash of Civilisations. Die Neugestaltung der Weltpolitik im, 21. Jahrhundert. München: Europaverlag 1996.

Imbusch, Peter, „Das moderne Weltsystem". Eine Kritik der Weltsystemtheorie Immanuel Wallersteins. Marburg: Arbeit & Gesellschaft 1990.

Inkeles, Alex/Smith, David H., Becoming Modern: Individual Change in Six Countries. London: Heinemann 1974.

Israel, Jonathan I., Dutch Primacy in World Trade 1585–1740. Oxford: Clarendon Press 2002.

Jackson, Robert, Quasi-states: Sovereignty, International Relations and the Third World. Cambridge: Cambridge University Press 1999.

Jakobeit, Cord/Müller, Franziska/Sondermann, Elena/Wehr, Ingrid/Ziai, Aram, Entwicklungstheorien: weltgesellschaftliche Transformationen, entwicklungspolitische Herausforderungen, theoretische Innovationen. In: Müller u. a. 2014. S. 5–40.

Jalée, Pierre, Die Dritte Welt in der Weltwirtschaft. Frankfurt: EVA 1969. (franz. 1968)

Johnson, Chalmers, MITI and the Japanese Miracle: The Growth of Industrial Policy, 1925–1975. Stanford: Stanford University Press 1982.

Kaphengst, Timo/Bahn, Evelyn, Landgrabbing. Hamburg: VSA 2012.

Kasch, Volker, Der Staat im Entwicklungsprozeß. In: Verfassung und Recht in Übersee 12.1979,3. S. 319–320.

Kennan, George F. („X"), The Sources of Soviet Conduct. In: Foreign Affairs 25.1946/47,4. S. 566–582.

Kennedy, Scott, The Myth of the Beijing Consensus. In: Journal of Contemporary China 19.2010, Nr. 65. S. 461–477.

Keynes, John Maynard, Allgemeine Theorie der Beschäftigung, des Zinses und des Geldes. Berlin: Duncker & Humblot 1936.

Kindleberger, Charles P., The World in Depression, 1929–1939. Berkeley, Cal.: University of California Press 1986. 1. Aufl. 1973.

Kitamura, Hiroshi, Zur Theorie des internationalen Handels. Weinfelden: Neuenschwander 1941.

Kößler, Reinhart. Die Entwicklungstheorie ist tot – Es lebe die Theorie globaler Entwicklung! Peripherie 17.1997, Nr. 65/66.

Kößler, Reinhart, Entwicklung. Münster: Westfälisches Dampfboot 1998.

Kößler, Reinhart, Entwicklung: Zur Genealogie einer toten Metapher und deren Folgen. In: Müller u. a. 2014. S. 435–463.

Kohler, Ulrich/Kreuter, Frauke, Datenanalyse mit Stata. Allgemeine Konzepte der Datenanalyse und ihre praktische Anwendung. München: Oldenbourg 2008.

Krueger, Anne, The Political Economy of the Rent-seeking Society. In: American Economic Review 64.1974,3. S. 291–303.

Kuznets, Simon S., Economic Growth and Income Inequality. In: American Economic Review 45.1955,1. S. 1–28.

Laclau, Ernesto, Feudalismus und Kapitalismus in Lateinamerika. In: Kritik der politischen Ökonomie Nr. 2, 1974. S. 37–61. (engl. 1971)

Lal, Deepak, The Poverty of Development Economics, London: Institute of Economic Affairs. 1983.

Landes, David, Wohlstand und Armut der Nationen. Warum die einen reich und die anderen arm sind. Berlin: Siedler 1999. (engl. 1998)

Las Casas, Bartolomé de, Kurzgefaßter Bericht von der Verwüstung der Westindischen Länder. Hrsg. von Hans Magnus Enzensberger. Frankfurt: Insel 1981. (von 1552)

Lenin, Wladimir Iljitsch, Der Imperialismus als höchstes Stadium des Kapitalismus. In: Lenin Werke Bd. 22. S. 189–309. Berlin: Dietz 1971. (russ. 1917)

Lenin, Wladimir Iljitsch, Die Entwicklung des Kapitalismus in Russland. Berlin: Dietz 1972. = Lenin Werke Bd. 3. (russ. 1899)

Leontief, Wassily, The Structure of the American Economy, 1919–1939: An Empirical Application of Equilibrium Analysis. New York: Oxford University Press 1951.

Lerner, Daniel, The Passing of Traditional Society: Modernising the Middle East. New York: The Free Press 1958.

Lerner, Daniel, Die Modernisierung des Lebensstils: eine Theorie. In: Zapf 1971. S. 362–381. (engl. 1958)

Lewis, W. Arthur, Economic Development with Unlimited Supply of Labour. In: The Manchester School of Economic and Social Studies. 22.1954,2. S. 139–191.

Lewis, W. Arthur. Die Theorie des wirtschaftlichen Wachstums. Tübingen: Mohr 1956. (engl. 1955)

Linz, Juan J./Stepan, Alfred (Hrsg.), The Breakdown of Democratic Regimes: Crisis, Breakdown & Reequiliberation. Baltimore: Johns Hopkins University Press 1978.

Lipset, Seymour M., Political Man: The Social Bases of Politics. Garden City: Doubleday & Co. 1960.

List, Friedrich, Das nationale System der Politischen Oekonomie. Jena: Gustav Fischer 1920. (von 1841)

Löwenthal, Richard, Staatsfunktionen und Staatsform in Entwicklungsländern. In: Nuscheler 1986. S. 241–275. (von 1962/1963)

Loges, Bastian, Schutz als neue Norm in den internationalen Beziehungen. Der UN-Sicherheitsrat und die Etablierung der Responsibility to Protect. Wiesbaden: Springer VS 2013.

Lutz, Burkhart, Der kurze Traum der immerwährenden Prosperität. Eine Neuinterpretation der industriell-kapitalistischen Entwicklung im Europa des 20. Jahrhunderts. Frankfurt: Campus 1989.

Lutz, Vera, Italy: A Study in Economic Development. Oxford: Oxford University Press 1962.

Maddison, Angus, The World Economy: A Millennial Perspective. Paris: OECD 2001.

Magdoff, Harry, Das Zeitalter des Imperialismus. Die ökonomischen Hintergründe der US-Aussenpolitik. Frankfurt: Neue Kritik 1970. (engl. 1966/1968)

Mahalanobis, Prasanta Chandra, The Approach of Operations Research to Planning in India. Bombay: Asia Publishing House 1963.

Malthus, Thomas Robert, Eine Abhandlung über das Bevölkerungsgesetz, oder eine Untersuchung seiner Bedeutung für die menschliche Wohlfahrt in Vergangenheit und Zukunft, nebst einer Prüfung unserer Ansichten auf eine künftige Beseitigung oder Linderung der Übel, die es verursacht. 2 Bde. Jena: Gustav Fischer 1905. (engl. 1798)

Mandeville, Bernard de, Die Bienenfabel oder Private Laster, öffentliche Vorteile. Mit einer Einleitung von Walter Euchner. Frankfurt: Suhrkamp 1980.

Manoilesco, Mihail, Die nationalen Produktivkräfte und der Außenhandel. Theorie des internationalen Warenaustausches. Berlin: Juncker und Dünnhaupt 1937. (franz. 1929)

Marx, Karl, Das Kapital. Kritik der politischen Ökonomie. Erster Band. Buch I: der Produktionsprozess des Kapitals. Berlin: Dietz 1959. (von 1867)

Marx, Karl, Die britische Herrschaft in Indien. In: Marx-Engels-Werke Bd. 9. S. 127–133. Berlin: Dietz 1960. (von 1853)

Marx, Karl, Die künftigen Ergebnisse der britischen Herrschaft in Indien. In: Marx-Engels-Werke Bd.9. S. 220–226. Berlin: Dietz 1960. (von 1853)

Marx, Karl, Grundrisse der Kritik der politischen Ökonomie (Rohentwurf). Franfurt: EVA o.J. (von 1857/1858)

Marshall, Alfred, The Pure Theory of Foreign Trade. The Pure Theory of Domestic Values. 3. Aufl. London: London School of Economics and Political Science 1949. (von 1879)

Mayring, Philipp, Qualitative Inhaltsanalyse. Grundlagen und Techniken. Weinheim: Beltz 2010.

Mead, Margaret, Jugend und Sexualität in primitive Gesellschaften. Teil 1: Kindheit und Jugend in Samoa. Teil 2; Kindheit und Jugend in Papua Neuguinea. Teil 3: Geschlecht und Temperament in primitiven Gesellschaften. Eschborn: Klotz 2002. (engl. 1935)

Meier, Gerald M., Leading Issues in Economic Development: Studies in International Poverty. Oxford: Oxford University Press 1970.

Meier, Gerald M. (Hrsg.), Pioneers in Development. Second Series. New York: Oxford University Press 1987.

Meier, Gerald M./Seers, Dudley (Hrsg.), Pioneers in Development. New York: Oxford University Press 1984.
Menzel, Ulrich, Theorie und Praxis des chinesischen Entwicklungsmodells. Ein Beitrag zum Konzept autozentrierter Entwicklung. Opladen: Westdeutscher Verlag 1978.
Menzel, Ulrich, Der Differenzierungsprozeß in der Dritten Welt und seine Konsequenzen für den Nord-Süd-Konflikt und die Entwicklungstheorie. In: Politische Vierteljahresschrift 24.1983,1. S. 31–59.Menzel, Ulrich, In der Nachfolge Europas. Autozentrierte Entwicklung in den ostasiatischen Schwellenländern Südkorea und Taiwan. München: Simon & Magiera 1985.
Menzel, Ulrich, Auswege aus der Abhängigkeit. Die entwicklungspolitische Aktualität Europas. Frankfurt: Suhrkamp 1988.
Menzel, Ulrich, Das Ende der „Dritten Welt" und das Scheitern der großen Theorie. Zur Soziologie einer Disziplin in auch selbstkritischer Absicht. In: Politische Vierteljahresschrift 32.1991,1. S. 4–33.
Menzel, Ulrich, Das Ende der Dritten Welt und das Scheitern der großen Theorie. Frankfurt: Suhrkamp 1992a.
Menzel, Ulrich, 40 Jahre Entwicklungsstrategie = 40 Jahre Wachstumsstrategie. In: Nohlen/Nuscheler 1992b. Bd. 1. S. 131–155.
Menzel, Ulrich, Geschichte der Entwicklungstheorie. Einführung und systematische Bibliographie. Hamburg: Deutsches Übersee-Institut 1995.
Menzel, Ulrich, Globalisierung versus Fragmentierung. Frankfurt: Suhrkamp 1998.
Menzel, Ulrich, Asien: Die Renaissance des Staates und die Diskussion um das asiatische Wirtschaftswunder. In: Ders., Paradoxien der neuen Weltordnung. Frankfurt: Suhrkamp 2004. S. 188–214.
Menzel, Ulrich, Das Ende der „Dritten Welt" und die Rückkehr der großen Theorie: eine autobiographische Retrospektive. In: Journal für Entwicklungspolitik 25.2009,4. S.80–84.
Menzel, Ulrich, Aufstieg und Niedergang des kapitalistischen Weltsystems. Der Sechs-Bücher-Plan von Hartmut Elsenhans als Gegenentwurf zu Marx und Wallerstein. In: Comparativ 23.2013,4/5. S. 168–178.
Menzel, Ulrich, Die große Divergenz und der Wiederaufstieg Asiens. In: Thomas Ertl/Andrea Komlosy/Hans-Jürgen Puhle (Hrsg.), Europa und die Welt. Wien: New Academic Press 2014. S. 215–239.
Menzel, Ulrich, Die Ordnung der Welt. Imperium und Hegemonie in der Weltgeschichte. Berlin: Suhrkamp 2015.
Menzel, Ulrich/Senghaas, Dieter, Indikatoren zur Bestimmung von Schwellenländern. Ein Vorschlag zur Operationalisierung. In: Nuscheler 1985. S. 75–96.
Menzel, Ulrich/Senghaas, Dieter, Europas Entwicklung und die Dritte Welt. Eine Bestandsaufnahme. Frankfurt: Suhrkamp 1986.
Mill, John Stewart, Principles of Political Economy with Some of Their Applications to Social Philosophy. Fairfield: Augustus M. Kelley 1976. (von 1848)
Millikan, Max/Rostow Walt W., A Proposal: Key to an Effective Foreign Policy. New York: Harper & Brothers 1957.
Millikan, Max/Rostow, Walt W., Foreign Aid: Next Phase. In: Foreign Affairs 36.1957/58,3. S. 418–436.
Minhorst, Norbert, Das „Dritte-Welt"-Bild in den bundesdeutschen Fachperiodika im Zeitraum von 1960–1992. Eine inhaltsanalytische Untersuchung. Hamburg: Deutsches Übersee-Institut 1996.
Modelski, George, Long Cycles in World Politics. Houndmills: McMillan 1987.
Modelski, George/Thompson, William R., Leading Sectors and World Powers: The Coevolution of Global Economics and Politics. Columbia, S.C.: University of South Carolina Press 1996.
Montchréstien, de Vatteville, Antoine de, Traicté de l'économie politique. Rouen 1615.

Montesquieu, Charles de Secondat, Baron de, Persische Briefe. Stuttgart: Reclam 1991. (franz. 1721)
Moore, Barrington, Soziale Ursprünge von Diktatur und Demokratie. Die Rolle der Grundbesitzer und Bauern bei der Entstehung der modernen Welt. Frankfurt: Suhrkamp 1974. (engl. 1966)
Müller, Adam, Die Elemente der Staatskunst. 3 Bde. Berlin: Sander 1809, 1810.
Müller, Franziska, „Einmal Ramen in ohne alles bitte": Entwicklungstheorie und -praxis) in der Nudelbar. In: Müller u. a. 2014. S. 502–506.
Müller, Franziska/Sondermann, Elena/Wehr, Ingrid/Jakobeit, Cord/Ziai, Aram (Hrsg.), Entwicklungstheorien. Weltgesellschaftliche Transformationen, entwicklungspolitische Herausforderungen, theoretische Innovationen. Baden-Baden: Nomos 2014. = Politische Vierteljahresschrift Sonderheft 48.
Myrdal, Gunnar, Relief instead of Development Aid. In: Intereconomics 16.1981,2. S. 86–89.
Myrdal, Gunnar, Asian Drama: An Inquiry into the Poverty of Nations. 3 Bde. New York: Pantheon 1968.
Narayan, Deepa, Can Anyone Hear Us? Voices of the Poor. New York: Oxford University Press 2000.
Narayan, Deepa/Chambers, Robert/Shah, Meera Kaul/Petesch, Patti, Crying Out for Change: Voices of the Poor. New York: Oxford University Press 2000.
Narayan, Deepa/Petesch, Patti (Hrsg.), From Many Lands: Voices of the Poor. New York: Oxford University Press 2002.
Nölke, Andreas/May, Christian/Claar, Simon (Hrsg.), Die großen Schwellenländer. Ursachen und Folgen ihres Aufstiegs in die Weltwirtschaft. Wiesbaden: Springer 2014.
Nohlen, Dieter/Nuscheler, Franz (Hrsg.), Handbuch der Dritten Welt. 1. Aufl. 4 Bde. Hamburg: Hoffmann und Campe 1974 ff; 2. Aufl. 8 Bde. 1982 ff; 3. Aufl. 8 Bde. Bonn: Dietz 1992 ff.
North, Douglass C., Theorie des institutionellen Wandels. Eine neue Sicht der Wirtschaftsgeschichte. Tübingen: Mohr 1988.
North, Douglass C., Institutions, International Change and Economic Performance. Cambridge: Cambridge University Press 1990.
Nurkse, Ragnar, Problems of Capital Formation in Underdeveloped Countries. Oxford: Basil Blackwell 1953.
Nuscheler, Franz (Hrsg.), Dritte Welt-Forschung. Entwicklungstheorie und Entwicklungspolitik. Opladen: Westdeutscher Verlag 1985. = Politische Vierteljahresschrift Sonderheft 16.
Nuscheler, Franz (Hrsg.), Politikwissenschaftliche Entwicklungsländerforschung. Darmstadt: Wissenschaftliche Buchgesellschaft 1986.
Nuscheler, Franz, Lern- und Arbeitsbuch Entwicklungspolitik. 5. Aufl. Bonn: Dietz 2004.
O'Donnel, Guillermo, Modernization and Bureaucratic-Authoritarianism: Studies in Southern American Politics. With a Postscript of the Author. Berkeley: Institute of International Studies, University of California 1973. (span. 1972)
O'Donnel, Guillermo/Schmitter, Philippe/Whitehead, Laurence (Hrsg.), Transitions from Authoritarian Rule: Prospects for Democracy. 4 Bde. Baltimore: Johns Hopkins University Press 1986
Öhlschläger, Rainer/Sangmeister, Hartmut (Hrsg.), Aktuelle Fragen der Entwicklungspolitik. Antworten und Perspektiven. Baden-Baden: Nomos 2014.
Ohlin, Bertil, Die Beziehungen zwischen internationalem Handel und internationalen Bewegungen von Kapital und Arbeit. In: Zeitschrift für Nationalökonomie 2.1930/31. S. 161–199.
Packenham, Robert A., The Dependency Movement: Scholarship and Politics in Development Studies. Cambridge, Mass.: Harvard University Press 1992.
Palloix, Christian, L'économie mondiale capitaliste. Tome I: Le stade concurrentiel. Tome II: Le stade monopoliste et l' imperialiste. Paris: Francois Maspero 1971.
Parsons, Talcott, „Capitalism" in Recent German Literature: Sombart and Weber. In: Journal of Political Economy 36.1928. S. 641–661; 37.1929. S. 31–51.
Parsons, Talcott, Das System moderner Gesellschaften. München: Juventa 1972.

Parsons, Talcott, zur Theorie sozialer Systeme. Hrsg. von Stefan Jensen. Opladen: Westdeutscher Verlag 1976.
Parsons, Talcott, Social Systems and the Evolution of Action Theory. New York: The Free Press 1977.
Pearson, Lester B., Der Pearson-Bericht. Bestandsaufnahme und Vorschläge zur Entwicklungspolitik. Bericht der Kommission für Internationale Entwicklung. Wien: Fritz Molden 1969.
Pieterse, Jan Nederveen, Development Theory. Newbury Park, Cal.: Sage 2010.
Porter, Michael, The Competitive Advantage of Nations. New York: The Free Press 1990.
Prebisch, Raúl, The Economic Development of Latin America and Its Principal Problems. New York: UN, Department of Economic Affairs 1950.
Prebisch, Raúl, Für eine bessere Zukunft der Entwicklungsländer. Ausgewählte ökonomische Studien. Hrsg. von J.L. Schmidt/K.H. Domdey. Berlin (Ost) 1968.
Pye, Lucian W., Communications and Political Development. Princeton: Princeton University Press 1963.Quijano, Aníbal, Marginaler Pol der Wirtschaft und marginalisierte Arbeitskraft. In: Senghaas 1974. S. 298–341. (franz. 1971)
Ramo, Joshua Cooper, The Beijing Consensus. London: Foreign Policy Center 2004.
Reinert, Erik S., How Rich Countries Got Rich... and Why Poor Countries Stay Poor. New York: Carroll and Graf 2007.
Ricardo, David, Grundsätze der politischen Ökonomie und der Besteuerung. Hrsg. von Fritz Neumark. Frankfurt: Athenäum Fischer 1972. (engl. 1817)
Rifkin, Jeremy, The End of Work: The Decline of the Global Labor Force and the Dawn of the Post-market Era. New York: Putnam 1995.
Rist, Gilbert, The History of Development from Western Origins to Global Faith. London: Zed Books 1997.
Rodrik, Dani, Goodbye Washington Consensus, Hello Washington Confusion? In: Journal of Economic Literature 44.2006,4. S. 973–987.
Rodrik, Dani, One Economics, Many Recipes: Globalization, Institutions and Economic Growth. Princeton: Princeton University Press 2007.
Rokkan, Stein, Die vergleichende Analyse der Staaten- und Nationenbildung: Modelle und Methoden. In: Zapf 1971. S. 228–252.
Rosenstein-Rodan, Paul N., Problems of Industrialization of Eastern and South-Eastern Europe. In: The Economic Journal 53.1943, Nr. 210. S. 202–211.
Rosenstein-Rodan, Paul N., The International Development of Economically Backward Areas. In: International Affairs 20.1944,2. S. 157–165.
Rosenstein-Rodan, Paul N., Notes on the Theory of „Big Push". In: Howard S. Ellis/H.C. Wallich (Hrsg.), Economic Development for Latin America: Proceedings of a Conference Held by the International Economic Association. London: St. Martin's Press 1961. S. 57–73.
Rostow, Walt W., Stadien des wirtschaftlichen Wachstums. Eine Alternative zur marxistischen Entwicklungstheorie. Göttingen: Vandenhoeck & Ruprecht 1967. 2. Aufl. (engl.1960)
Rostow, Walt W., How It All Began: Origins of the Modern Economy. London: Methuen 1975.
Rostow, Walt W., The World Economy: History and Prospect. London: MacMillan 1978.
Rostow, Walt W., Theorists of Economic Growth from David Hume to the Present. With a Perspective to the Next Century. New York: Oxford University Press 1990.
Rostow, Walt W., Concept and Controversy: Sixty Years of Taking Ideas to the Market. Austin: University of Texas Press 2003.
Rufin, Jean-Christophe, Das Reich und die neuen Barbaren. Berlin: Volk und Welt 1993. (franz. 1991)
Sachs, Wolfgang, Zur Archäologie der Entwicklungsidee. Hrsg. von K. Friedrich Schade. Frankfurt: IKO 1995.
Said, Edward W., Orientalismus. Frankfurt: Ullstein 1981. (engl. 1978)
Said, Edward W., Culture and Imperialism. New York: Alfred A. Knopf 1993.

Sauvant, Karl P./Hasenpflug, Hajo (Hrsg.), The New International Economic Order: Confrontation or Cooperation between North and South? Frankfurt: Campus 1977.
Sauvy, Alfred, Trois mondes, une planète. In: L'Observateur Nr. 118, 1952. S. 14 (14. 8. 1952).
Sauvy, Alfred, Évolution récente du tiers monde. In: Le „Tiers-monde" 1961. S. I–XXX.
Sauvy, Alfred, Le „Tiers-monde". Sous-développement et développement. Édition augmentée d'une mise à jour par Alfred Sauvy. Paris 1961.
Say, Jean Batiste, Abhandlung über die National-Oekonomie. 2 Bde. Halle: Ruffische Verlagshandlung 1807.
Schluchter, Wolfgang (Hrsg.), Max Webers Studie über Konfuzianismus und Taoismus. Interpretation und Kritik. Frankfurt: Suhrkamp 1983.
Schluchter, Wolfgang (Hrsg.), Max Webers Studie über Hinduismus und Buddhismus. Interpretation und Kritik. Frankfurt: Suhrkamp 1984.
Schluchter, Wolfgang (Hrsg.), Max Webers Sicht des Islam. Interpretation und Kritik. Frankfurt: Suhrkamp 1987.
Schottenhammer, Angela, Das songzeitliche Quanzhou im Spannungsfeld zwischen Zentralregierung und maritimem Handel. Stuttgart: Franz Steiner 2002.
Schrader, Heiko, Entwicklungssoziologie. Eine Begriffsbestimmung. Magdeburg: Otto-von-Guericke-Universität, Institut für Soziologie 2008. = Arbeitsbericht Nr. 48.
Schumpeter, Joseph A., Zur Soziologie der Imperialismen. In: Archiv für Sozialwissenschaft und Sozialpolitik 46.1918/19, 1 u. 2. S. 1–39 u. 275–310.
Schuurman, Frans J. (Hrsg.), Beyond the Impasse: New Directions in Development Theory. London: Zed Books 1993.
Schuurman, Frans J., Paradigms Lost, Paradigms Regained? Development Studies in the Twenty-first Century. In: Third World Quarterly 21.2000,1. S. 7–20.
Senghaas, Dieter (Hrsg.), Imperialismus und strukturelle Gewalt. Analysen über abhängige Reproduktion. Frankfurt: Suhrkamp 1972.
Senghaas, Dieter (Hrsg.), Peripherer Kapitalismus. Analysen über Abhängigkeit und Unterentwicklung. Frankfurt: Suhrkamp 1974.
Senghaas, Dieter, Weltwirtschaftsordnung und Entwicklungspolitik. Plädoyer für Dissoziation. Frankfurt: Suhrkamp 1977.
Senghaas, Dieter (Hrsg.), Kapitalistische Weltökonomie. Kontroversen über ihren Ursprung und ihre Entwicklungsdynamik. Frankfurt: Suhrkamp 1979.
Senghaas, Dieter, Von Europa lernen. Entwicklungsgeschichtliche Betrachtungen. Frankfurt: Suhrkamp 1982.
Senghaas, Dieter, Zum irdischen Frieden. Frankfurt: Suhrkamp 2004.
Senghaas, Dieter/Menzel, Ulrich, Autozentrierte Entwicklung trotz internationalem Kompetenzgefälle. Warum wurden die heutigen Metropolen Metropolen und nicht Peripherien? In: Senghaas 1979. S. 280–313.
Senghaas, Dieter/Menzel, Ulrich (Hrsg.), Multinationale Konzerne und Dritte Welt. Opladen: Westdeutscher Verlag 1976.
Serra, Nancis/Stiglitz, Joseph (Hrsg.), The Washington Consensus Reconsidered: Towards a New Global Governance. New York: Oxford University Press 2008.
Simmel, Georg, Philosophie des Geldes. München: Duncker & Humblot 1920.
Simonis, Georg, Der Entwicklungsstaat in der Krise. In: Nuscheler 1985. S. 157–183.
Simonis, Georg, Autozentrierte Entwicklung und kapitalistisches Weltsystem. Zur Kritik der Theorie der abhängigen Reproduktion. In: Nuscheler 1986. S. 430–454. (von 1981)
Singer, Hans W., Relative Prices of Exports and Imports of Underdeveloped Countries. New York: UN, Department of Economic Affairs 1949.
Skidelsky, Robert, Keynes: The Return of the Master. London: Public Affairs 2009.

Smith, Adam, Eine Untersuchung über Wesen und Ursachen des Volkswohlstandes. 4. Aufl. London 1786. (engl. 1775)
The South Commission. The Challenge to the South: The Report of the South Commission. Oxford: Oxford University Press 1990.Sprinker, Michael (Hrsg.), Edward Said: A Critical Reader. Oxford: Blackwell 1992.
Stein, Arthur, The Hegemon's Dilemma: Great Britain, the United States, and the International Economic Order. In: International Organization 38.1984,2. S. 355–386.
Strange, Susan, Casino Capitalism. Oxford: Basil Blackwell 1986.
Strange, Susan, Mad Money. Manchester: Manchester University Press 1998.
Streeten, Paul P., Unbalanced Growth. In: Oxford Economic Papers 11.1959,2. S. 167–190.
Streeten, Paul P./Burki, Shahid Javed/Haq, Mahbub ul/Hicks, Norman/Steward, Frances, First Things First: Meeting Basic Human Needs in Developing Countries. New York: Oxford University Press 1981.
Sunkel, Osvaldo, Transnationale kapitalistische Integration und nationale Desintegration: Der Fall Lateinamerika. In: Senghaas 1972. S. 258–315. (franz. 1970)
Sweezy, Pau/Dobb, Maurice u. a., Der Übergang vom Feudalismus zum Kapitalismus. Frankfurt: Syndikat 1978.
Tandon, Rameshwar, Prebisch-Singer Hypothesis and Terms of Trade: Peripheral Capitalism in the 1980 s. Foreword by H.W. Singer. New Delhi: Ashish 1985.
Taylor, Francis, Development Economics in the Wake of the Washington Consensus: From Smith to Smithereens? In: International Political Science Review 29.2008,5. S. 543–556.
Thomas, Clive Y., Dependence and Transformation: The Economics of the Transition to Socialism. New York: Monthly Review 1974.
Tignor, Robert L., W. Arthur Lewis and the Birth of Development Economics. Princeton: Princeton University Press 2006.
Többe Goncalves, Bianca, Entwicklungstheorie. Von der Modernisierung zum Antimodernismus. Münster: Lit 2005.
Tönnies, Ferdinand, Gemeinschaft und Gesellschaft. Grundbegriffe der reinen Soziologie. Darmstadt: Wissenschaftliche Buchgesellschaft 1987. (von 1935)
Toye, John, Dilemmas of Development: Reflections on the Counter-revolution in Development Theory and Policy. Oxford: Basil Blackwell 1989.
Truman, Harry S., Inaugural Adress, January 20, 1949. Online verfügbar unter: http://www.trumanlibrary.org/whistlestop/50yr_archive/inagural20jan1949.htm, zuletzt abgerufen am 18.06.2015.
Vernon, Raymond, Sovereignty at Bay: the Multinational Spread of U.S. Enterprises. New York: Basic Books 1971.
Vogel, Ezra F., Japan as Numbner One: Lessons for America. Tokyo: Charles E. Tuttle 1980.
Vries, Jan de/Woude, Ad van der, The First Modern Economy: Success, Failure, and Perseverance of the Dutch Economy, 1500–1815. Cambridge: Cambridge University Press 1997.
Wade, Robert, Governing the Market: Economic Theory and the Role of Government in East Asian Industrialization. Princeton: Princeton University Press 1990.
Wakefield, Edward Gibbon (Hrsg.), A View of the Art of Colonization with Present Reference to the British Empire; in Letters between a Statesman and a Colonist. London: John W. Parker 1849.
Wallerstein, Immanuel, The Modern World System. Bd 1: Capitalist Agriculture and the Origins of the European World-economy in the Sixteenth Century. New York: Academic Press 1974. Bd. 2: Mercantilism and the Consolidation of the European World-economy, 1600–1750. New York: Academic Press 1980. Bd. 3: The Second Era of the Great Expansion of the Capitalist World-economy, 1730–1840 s. New York: Academic Press 1989. Bd. 4: Centrist Liberalism Triumphant, 1789–1914. Berkeley: University of California Press 2011.

Wallerstein, Immanuel, Aufstieg und Niedergang des kapitalistischen Weltsystems. Zur Grundlegung vergleichender Analyse. In: Senghaas 1979. S. 31–67. (engl. 1974)
Warren, Bill, Imperialism: Pioneer of Capitalism. Ed. by John Sender. London: Verso 1980.
Weber, Max, Wirtschaft und Gesellschaft. Grundriss der verstehenden Soziologie. Tübingen: Mohr 1976. (von 1915)
Weber, Max, Gesammelte Aufsätze zur Religionssoziologie. 3 Bde. Tübingen: Mohr 1988.
Weede, Erich, Warum bleiben arme Leute arm? Rent-seeking und Dependenz als Erklärungsansatz für die Armut in der Dritten Welt. In: Politische Vierteljahresschrift 26.1985,3. S. 270–286.
Weltbank, Weltentwicklungsbericht 2002: Institutionen für Märkte schaffen. Bonn: UNO-Verlag 2002.
Williamson, John, What Washington Consensus Means by Policy Reform. In: Latin American Adjustment: How Much Has Happened? 7.1990,4. S. 7–20.
Williamson, John, Democracy and the „Washington Consensus". In: World Development 21.1993,8. S. 1329–1336.
Williamson, John, What Should the World Bank Think about the Washington Consensus? In: World Bank Research Observer 15.2000,2. S. 251–264.
Williamson, John, A Short History of the Washington Consensus. In: American Law and Business Review 15.2009. S. 7–14.
Winch, Donald, Classical Political Economy and Colonies. London: G. Bell and Sons 1965.
Witte, Sergei Ju., Vorlesungen über Volks- und Staatswirtschaft. 2 Bde. Stuttgart: DVA 1913.
Wittfogel, Karl August, Die Orientalische Despotie. Eine vergleichende Untersuchung totaler Macht. Frankfurt: Ullstein 1977. (engl. 1957)
Worldbank: The McNamara Years at the World Bank: Major Policy Adresses of Robert S. McNamara, 1968–1981. Baltimore: Johns Hopkins University Press 1981.
Worldbank, The East Asian Miracle: Economic Growth and Public Policy. Washington D.C.: World Bank 1993.
Zapf, Wolfgang (Hrsg.), Theorien des sozialen Wandels. Köln: Kiepenheuer & Witsch 1971.
Zapf, Wolfgang, Die Transformation in der ehemaligen DDR und die soziologische Theorie der Modernisierung. In: Berliner Journal für Soziologie Nr. 4, 1994. S. 295–305.
Zapf, Wolfgang, Die Modernisierungstheorie und unterschiedliche Pfade der gesellschaftlichen Entwicklung. In: Leviathan 24.1996,1. S. 63–77.
Ziai, Aram (Hrsg.), Im Westen nichts Neues? Stand und Perspektiven der Entwicklungstheorie. Baden-Baden: Nomos 2014a.
Ziai, Aram, Post-Development-Ansätze: Konsequenzen für die Entwicklungstheorie. In: Müller u. a. 2014b. S. 405–434.

Teil II: **Weltprobleme**

Franz Nuscheler

1 Weltprobleme – globale Herausforderungen

Die Menschheit steht in den nächsten Jahrzehnten vor den größten Herausforderungen seit Generationen. Was der Soziologe Ulrich Beck (2007) in einer Theorie der *„Weltrisikogesellschaft"* und der globalisierten Unsicherheit verarbeitete, haben andere Krisen- und Katastrophentheoretiker an einzelnen Gefährdungen, die auch der OECD-Welt erwachsen, zu verdeutlichen versucht. So prognostizierte der Soziologe Harald Welzer (2008) „Klimakriege" und dramatisierte damit nur, was die im *St. James's Palace Symposium* versammelten Nobelpreisträger aus verschiedenen Wissenschaftsdisziplinen als größte Herausforderung der globalen *„Großen Transformation"* einschätzten: den Klimawandel.

Andere Konstrukteure von Zukunftsszenarien leiten aus der weltweiten Verknappung von strategischen Gütern (Energie, anderen mineralischen Rohstoffen, Land und Wasser) Ressourcenkonflikte ab. In Effekt haschenden Buchtiteln aus den Marketing-Abteilungen der Verlage ist dann von „Klimakriegen", „Ölkriegen", „Wasserkriegen", „Handelskriegen" um Rohstoffe oder sogar von einem „Weltkrieg um Wohlstand" (Steingart 2006) die Rede. Der Afrika-Experte Rainer Barthelt (2005) bediente mit dem Buchtitel „Die Welt vor dem Abgrund" diese Zukunftsängste. Henrik Müller (2008), der Redakteur des *Manager Magazin*, zählte sieben Knappheiten (u. a. Boden, Energie und Wasser) und drei epochale Megatrends auf, die nach seiner Ansicht in den nächsten Jahrzehnten die „Ära des großen Wandels" prägen werden:

- die fortschreitende Globalisierung, in deren Gefolge sich rasch entwickelnde Schwellenländer die weltwirtschaftliche und weltpolitische Hegemonie des Westens herausfordern und die Spielregeln der Weltwirtschaft und Weltpolitik verändern werden;
- der demografische Wandel mit sinkenden Geburtenraten in den Wohlstandsregionen der Welt, in denen schwere Probleme der Überalterung und Überlastung der Sozialsysteme entstehen werden, und einem weiterhin hohen Bevölkerungswachstum in den Armutsregionen, das dort die Entwicklungsfähigkeit zu überfordern droht; der rasche Anstieg des Ressourcenverbrauchs und der das Klima schädigenden Emissionen, die alle bisherigen Prognosen über den Klimawandel zu übertreffen drohen.

Die Entwicklungspolitik ist gefordert, weil die Entwicklungsländer besonders anfällig und verwundbar für die Wirkungen globaler Systemrisiken (Finanzkrisen, Klimawandel, Pandemien, Staatszerfall) sind. Die von der Finanzkrise der Jahre 2008/09 ausgelöste Weltwirtschaftskrise traf die ärmsten Entwicklungsländer, die zu ihrem Entstehen nicht beigetragen haben, am härtesten, wie viele Berichte der Weltbank und von UN-Organisationen (UNDP, UNCTAD) belegten. Die „Weltrisikogesellschaft" ist mit einer Vielzahl von Systemrisiken konfrontiert, die nicht nur arme und schwache Staatsgebilde in der weltpolitischen Peripherie, sondern auch die Problemlösungsfähigkeit der Staatengemeinschaft und ihr Instrument der Entwicklungspolitik zu überfordern drohen. Andererseits können Krisen die Lern- und Reaktionsfähigkeit von Systemen testen und verbessern. Krisen sind noch keine Katastrophen, sondern bezeichnen eine bedrohliche Situation, nach dem *Duden* den „Höhe- und Wendepunkt einer gefährlichen Entwicklung", die durch geeignete oder ungeeignete Kriseninterventionen entweder in eine Katastrophe führen oder sie verhindern kann. Krisen kennzeichnen also im ursprünglichen (griechischen) Wortsinn eine Entscheidungssituation, die der Politik verschiedene Optionen eröffnet, die zu positiven oder negativen Resultaten führen können: Zu Problemlösungen oder zu Wegen in die Katastrophe, die sich auch aus dem Nichthandeln entwickeln kann.

Dieser Teil II behandelt Weltprobleme, zu deren Management die Entwicklungspolitik als Teil einer Gesamtpolitik mit ihren spezifischen Instrumenten und Potenzialen beitragen soll. In der politischen und journalistischen Alltagssprache wird ziemlich inflationär damit umgegangen, was unter Weltproblemen und den aus ihnen erwachsenden globalen Herausforderungen oder Katastrophen zu verstehen ist. Zur begrifflichen Präzisierung eignet sich eine Definition aus einem bekannten Lehrbuch zur Weltpolitik: Das Team von Volker Rittberger (2010: 19, Anm. 1) definierte Weltprobleme im Lehrbuch „Grundzüge der Weltpolitik" zutreffend folgendermaßen:

> Weltprobleme zeichnen sich dadurch aus, dass – erstens – alle politischen Gemeinschaften zumindest potenziell von ihnen betroffen sind (weltumspannender Charakter) und dass – zweitens – keine politische Gemeinschaft, die sich damit konfrontiert sieht, sie ohne Mitarbeit anderer, nicht selten sogar aller oder nahezu aller anderen politischer Gemeinschaften (sowie nichtstaatlicher Akteure) aussichtsreich oder zu für sie annehmbaren Kosten bearbeiten kann.

Die folgende Abbildung II/1 illustriert zusätzlich die vielseitigen Wechselwirkungen zwischen einzelnen Weltproblemen oder die sogenannte „Interdependenz der Interdependenzen". Eine Theorie und Empirie der „Weltrisikogesellschaft" lieferte der Soziologe Ulrich Beck (2007), der aus seinen Erkenntnissen ein Plädoyer für den Kosmopolitismus ableitete, den er folgendermaßen begründete und damit auch das kosmopolitische Credo von Teil II skizzierte:

> Weltprobleme schaffen transnationale Gemeinsamkeiten. Wer die nationale Karte zieht, verliert. Nur wer die nationale Politik kosmopolitisch begreift, betreibt, kann überleben. Nationale Staaten – seien sie schwach oder stark – sind nicht mehr die primären Einheiten, um nationale Probleme zu lösen. Interdependenz ist keine Geißel der Menschheit, vielmehr, ganz im Gegenteil, die Voraussetzung ihres Überlebens. Kooperation ist nicht länger ein Mittel, sondern das Ziel. (2007: 368 f.)

Es ist aufschlussreich, die in Abbildung II/1 noch nicht nach Dringlichkeit geordnete Zusammenstellung der globalen Risiken mit der vom Weltwirtschaftsforum in den *Global Risks Reports* erstellten Rangliste der globalen Risiken zu vergleichen. Diese beruht auf der Befragung von rund 1000 Experten aus Politik, Wirtschaft, Wissenschaft und Zivilgesellschaft. In den Berichten der Jahre 2012/13 standen an der Spitze von 50 in den Befragungen nachgefragten Risiken die wachsenden Einkommensunterschiede in und zwischen den Gesellschaften sowie die Ungleichgewichte in den Staatshaus-

1 Weltprobleme – globale Herausforderungen

Abbildung II/1: Dimensionen der „Weltrisikogesellschaft" (Weiterentwicklung von Messner/Scholz 2005: 20)

halten, also die damals und auch noch heute virulente Verschuldung. Diesen beiden ökonomischen Prioritäten folgten die Risiken, die aus den steigenden CO_2-Emissionen erwachsen, sowie mit bemerkenswerter Dringlichkeit das Risiko der Wasserknappheit. Der Bericht des Jahres 2014 veränderte diese Reihenfolge der Risiken nur wenig. Ein überwölbendes Risiko entdeckte er aber in den Instabilitäten einer zunehmend multipolaren Welt und in dem Scheitern von Ansätzen zu Global Governance (und damit auch zu dem von Ulrich Beck postulierten Kosmopolitismus): „The failure of global governance emerges as a central risk that is connected to many different issues." Dies sind die Interdependenzen der „Weltrisikogesellschaft".

1.1 Der Katalog von globalen Herausforderungen

Das von der *World Federation of UN Associations* konzipierte *Millennium Project* verdichtete die 15 „globalen Herausforderungen für die Menschheit" in den folgenden Fragen:

1. Wie kann eine nachhaltige Entwicklung für alle erreicht werden?
2. Wie kann für alle der Zugang zu sauberem Wasser ohne Konflikte gesichert werden?
3. Wie können das Bevölkerungswachstum und der Ressourcenverbrauch in eine Balance gebracht werden?
4. Wie können echte Demokratien aus autoritären Regimen erwachsen?
5. Wie kann die politische Entscheidungsfindung mehr für globale Langzeitperspektiven sensibilisiert werden?

6. Wie können die Informations- und Kommunikationstechnologien auf globaler Ebene für alle nutzbar gemacht werden?
7. Wie können ethisch fundierte Marktwirtschaften dazu gebracht werden, zur Verringerung der inner- und zwischenstaatlichen Kluft zwischen Arm und Reich beizutragen?
8. Wie können die Gefährdungen durch neue und wieder auftauchende Krankheiten und immune Mikroorganismen verringert werden? Ebola aktualisierte diese Frage.
9. Wie kann die Entscheidungs- und Problemlösungsfähigkeit durch einen Wandel der Institutionen verbessert werden?
10. Wie können gemeinsame Werte und neue Sicherheitsstrategien die Gefahren von ethnischen Konflikten, Terrorismus und des Einsatzes von Massenvernichtungswaffen verringern?
11. Wie kann eine veränderte Stellung der Frauen dazu beitragen, die Lebensbedingungen zu verbessern?
12. Wie können transnationale Netzwerke des organisierten Verbrechens daran gehindert werden, mächtigere und raffiniertere globale Unternehmen zu werden?
13. Wie kann der wachsende Energiebedarf sicher und effizient gedeckt werden?
14. Wie können wissenschaftliche und technologische Durchbrüche beschleunigt werden, um die menschlichen Lebensbedingungen zu verbessern?
15. Wie können ethische Gesichtspunkte systematischer in globale Entscheidungen eingebracht werden?

Aus der Erkenntnis, dass Risiken global geworden sind und in der Weltrisikogesellschaft kein Land verschonen, lieferte der frühere Bundespräsident Roman Herzog bei der Verleihung des Deutschen Journalistenpreises eine überzeugende Begründung für eine Entwicklungspolitik aus „wohlverstandenem Eigeninteresse", das sie aus der Ecke eines nicht mehr überzeugungsfähigen Altruismus herausholen könnte. Denn dies ist gewiss: „Kein Land ist nur noch Nebenschauplatz". Er begründete das „wohlverstandene Eigeninteresse" im Kontext globaler Entwicklungen folgendermaßen:

> Wir brauchen [...] eine Einstellung, die drei Erkenntnissen Rechnung trägt: Erstens: Die Risiken sind global. Sie liegen in einer sozialen, ökologischen, wirtschaftlichen und kulturellen Instabilität. Ich nenne nur Armutswanderungen und Flüchtlingsströme, Klimaveränderungen und Zerstörung der natürlichen Lebensgrundlagen, Fundamentalismen jeder Art und grenzüberschreitende Kriminalität. Kein Land ist nur noch Nebenschauplatz. Zweitens: Wenn wir diese Risiken nicht vor Ort bekämpfen, kommen sie zu uns. Drittens: Deswegen entspricht es einem wohlverstandenen Eigeninteresse – nämlich einem Leben in Gesundheit, Wohlstand, Sicherheit und Frieden, wenn wir nicht nur bei uns, sondern auch in anderen Regionen die Umwelt erhalten, der Armut entgegenwirken, die Marktwirtschaft fördern und daran mitarbeiten, daß Krisen erst gar nicht entstehen oder daß sie beigelegt werden, bevor sie zu Konflikten kriegerischer Art eskalieren. (online verfügbar unter http://www.bundespraesident.de/SharedDocs/Reden/DE/Roman-Herzog/Reden/1995/09/19950928_Rede.html, zuletzt abgerufen am 18.06.2015)

Hier ist eine vorbeugende Klarstellung angebracht: Es geht hier um die Analyse von Risiken und Problemen, die als Weltprobleme gelten können, und es geht um die Suche nach Problemlösungen. Aber es geht nicht um ein Schwelgen in Apokalypsen, obwohl der Wiener Philosoph Franz M. Wuketits (2012) daran erinnerte, dass die apokalyptische Rhetorik sehr wirksam als politisches Druckmittel eingesetzt werden könne. Den Grund fand er in der Annahme, dass der Mensch „sehr empfänglich für Katastrophen – und Endzeitszenarien" sei. Seine „Lust an Untergängen" gehöre zu seiner „psychischen Grundausstattung" und spiegele „nicht nur seine zerstörerischen Potenziale wider, sondern auch seine Sehnsucht nach einer neuen, besseren Welt". Obwohl manche Weltprobleme wie der Klimawandel oder die von vielen dramatisierte „Bevölkerungsexplosion" häufig als apokalyptische Rhetorik eingesetzt werden, ist höchst zweifelhaft, dass sie einer „Lust an Untergängen" entspringt und zu einer immer und überall wirksamen „psychischen Grundausstattung" gehört. Die „Sehnsucht nach einer neuen, besseren Welt" braucht keine Apokalypsen, die auch zum untätigen Defätismus verleiten können, sondern Einsichten und überzeugende Lösungsperspektiven, die zum Handeln animieren.

1.2 Herausforderungen und Überforderungen der Entwicklungspolitik

Was kann die Entwicklungspolitik zur Bewältigung dieser globalen Herausforderungen leisten, auch dann, wenn sie nicht auf die „Entwicklungshilfe" (ODA = *Official Development Assistance*) verengt, sondern als globale Strukturpolitik konzipiert wird? Die sich in jüngster Zeit in Nord und Süd häufenden Bankrotterklärungen, die mit mehr oder weniger stichhaltigen Begründungen ihr Scheitern feststellen, beruhen auf manchen negativen Erfahrungen, aber zunächst einmal darauf, dass sie ihre Potenziale in geradezu grotesker Weise überschätzen. Sie soll mit einer Mittelausstattung, die nicht einmal die innerdeutschen Transferleistungen von West nach Ost erreichte, die oben skizzierten und in den folgenden Kapiteln näher untersuchten Weltprobleme zumindest entschärfen. Sie soll
- das Armutsproblem als entwicklungspolitisches Schlüsselproblem entschärfen; sie sollte nach den Zielvorgaben der zur Jahrhundertwende von den Vereinten Nationen verkündeten *Millennium-Entwicklungsziele* (MDGs) bis zum Jahr 2015 die Zahl der „absolut Armen", der Hungernden und der nicht mit sauberem Trinkwasser versorgten Menschen halbieren;
- durch die Armutsbekämpfung auch das Problem des häufig als „Zeitbombe" horrifizierten Bevölkerungswachstums entschärfen, weil es einen kausalen Zusammenhang zwischen Armut und hohen Geburtenraten gibt;
- den Planeten vor dem ökologischen Kollaps bewahren, den globalen Klimaschutz organisieren und finanzieren und durch einen *Global Green Deal* einer globalen nachhaltigen Entwicklung zum Durchbruch verhelfen, bei der es um das Zusammendenken von Ökonomie, Ökologie und sozialer Entwicklung geht;

- die Wohlstandsinseln vor dem drohenden „globalen Marsch" von Kriegs-, Elends- und Umweltflüchtlingen aus den Armuts- und Krisenregionen schützen;
- weltweit als präventive Sicherheitspolitik den Frieden sichern, den Zerfall von Staaten verhindern und der Brutalisierung von Verteilungskonflikten um Macht und verknappende Ressourcen vorbeugen;
- schließlich auch noch weltweit der Marktwirtschaft, der Demokratie und den Menschenrechten Schützenhilfe leisten und sozialpolitisch auffangen, was die Globalisierung an Humankosten verursacht.

Alle diese säkularen Herkulesaufgaben könnte die Entwicklungspolitik auch dann nicht bewältigen, wenn die ihr zur Verfügung gestellten finanziellen Mittel tatsächlich das magische „UN-Ziel" von 0,7 % des Bruttonationaleinkommens erreichen würden, was in absehbarer Zeit sehr unwahrscheinlich ist. Die Entwicklungspolitik allein kann keine heile Welt schaffen und Afrika mit auch noch so viel Geld und mit dem Einsatz von abertausenden hoch bezahlten Entwicklungsexperten nicht von außen „entwickeln". Wir wissen längst, dass ohne wirtschaftliche, gesellschaftliche und politische Strukturreformen und ohne Verhaltensänderungen der häufig korrupten Führungsgruppen externe Subsidien eher kontraproduktive Wirkungen haben können. Es muss nachdenklich machen, dass die Schwellenländer ihren Aufstieg vor allem eigenen Anstrengungen verdankten.

Der Katalog von globalen Herausforderungen erzwingt auch die Einsicht, dass der im Konzert der Staatsaufgaben randständige Bereich der Entwicklungszusammenarbeit mit einem Anteil von knapp 2 % am Bundeshaushalt in das alle Politikbereiche und Ressorts übergreifende, multisektorale und multifunktionale Konzept einer globalen Strukturpolitik eingebunden werden muss. Das achte von der Staatengemeinschaft verabschiedete MDG deutete an, dass ohne Reformen der internationalen Handels- und Finanzbeziehungen das Gesamtpaket der MDGs nicht verwirklicht werden kann. Es geht also nicht nur um punktuelle Teilreformen, wie beispielsweise die Abschaffung des entwicklungspolitisch kontraproduktiven Agrarprotektionismus oder um Teilreformen des Schuldenmanagements, sondern um den Aufbau neuer Ordnungsstrukturen und neuer Formen der internationalen Zusammenarbeit in einem System von *Global Governance* und sektoralen Weltordnungspolitiken (vgl. Breitmeier u. a. 2008). Ein plakativer Spruch von Willy Brandt brachte in geradezu römischer Einfachheit auf den Punkt, was sich bereits am Ende des 20. Jahrhunderts als notwendig abzeichnete: Wenn sich die Probleme globalisieren, muss sich auch die Politik globalisieren. Die Erweiterung der G8 zur G20 zwang auch den ehemaligen Führungsmächten der Weltwirtschaft und Weltpolitik die Einsicht auf, dass sie sich im neuen Millennium auf neue Machtverhältnisse und Spielregeln einlassen müssen. Dieser Lernprozess hat erst begonnen und wird wie alle Machtverschiebungen in der Weltgeschichte von derzeit kaum kalkulierbaren Turbulenzen und Konflikten begleitet sein.

Das Arrangement der G20 zeigt zwar, dass der Aufstieg eines Dutzends von Schwellenländern, darunter der neuen Schwergewichte China und Indien, die in der entwicklungspolitischen Alltagssprache noch gebräuchliche Redewendung vom Nord-Süd-Konflikt zu einem Ladenhüter machte. Gleichzeitig drohen aber die unaufhaltbaren Prozesse der Globalisierung die „Fußkranken der Weltwirtschaft" noch weiter zurückzuwerfen, sodass sich eine neue globale Konfliktformation ihrer Gewinner und Verlierer abzeichnet, die auch innerhalb der „*Gruppe der 77*" eine Spaltung zwischen Auf- und Absteigern hervorbringen wird. Die Entwicklungspolitik hätte nur dann keine Zukunft, wenn sie sich als herkömmliche Entwicklungszusammenarbeit nicht auf diese Herausforderungen einstellen würde. Sie ist unweigerlich in die Zwänge des globalisierten Kapitalismus eingebunden, aber mit der Herkulesaufgabe konfrontiert, ihn durch soziale und ökologische Regelwerke zu bändigen.

Die entwicklungspolitische Debatte leidet unter einem Mangel an Realismus, der die eingesetzten Mittel nicht hinreichend zur Dimension und Komplexität der zu lösenden Probleme in Bezug setzt. Entwicklungspolitische Investitionen sind häufig Risikoinvestitionen. Zu viel Geld kann die Eigeninitiative der Partner (Staaten oder Gruppen) lähmen, aber viel Geld ist nötig, um Probleme zu bewältigen, die nicht nur die von Paul Collier (2008) analysierten Überlebensprobleme der „*untersten Milliarde*", sondern auch die Existenzgrundlagen der Menschheit gefährden. Es geht auch um den Verzicht auf Pauschalurteile, wie sie z. B. Dambisa Moyo (2008) aus Zambia wieder im Buchtitel „Dead Aid" verbreitete – und damit in der skeptischen Öffentlichkeit weit mehr Resonanz fand als die vielen empirisch fundierten Bilanzen der Entwicklungspolitik, wie sie auch Teil III dieses Lehrbuchs anbietet.

1.3 Themenschwerpunkte von Teil II

In den folgenden Kapiteln dieses Teils werden aus dem Komplex globaler Herausforderungen, mit denen die keine Weltregion und kein Land ausgrenzende „Weltrisikogesellschaft" in den nächsten Jahrzehnten konfrontiert sein wird und die Entwicklungspolitik vor Bewährungsproben stellen wird, diejenigen ausgewählt, die ihr im Besonderen Problemlösungen abverlangen werden. Hier könnte natürlich eine ausführliche Behandlung der kriegerischen Konflikte in der weltpolitischen Peripherie vermisst werden, denn – so lautete ein anderer erinnerungswürdiger Denksatz von Willy Brandt: „Frieden ist nicht alles, aber ohne Frieden ist alles nichts." Die Friedenssicherung ist die von der UN-Satzung definierte Kernaufgabe der Staatengemeinschaft und der internationalen Diplomatie. Die Entwicklungspolitik kann einen Beitrag zur Entschärfung der Konfliktpotenziale leisten, die hier in den verschiedenen Kapiteln behandelt werden, mit ihren begrenzten Mitteln, die nur rund ein Zehntel der vom SIPRI (Stockholm International Peace Research Institute) im Jahr 2012 errechneten weltweiten Rüstungsausgaben von über 1,75 Billionen US-Dollar erreichen, aber nur eine begrenzte Funktion als präventive Sicherheitspolitik leisten.

Hier kann und soll keine Analyse der Weltpolitik im begonnenen 21. Jahrhundert geleistet werden, wie sie Volker Rittberger u. a. (2010) in einer umfangreichen „Theorie und Empirie des Weltregierens" vorlegten. Deshalb wird auch die Auseinandersetzung mit dem vom Harvard-Politologen Samuel P. Huntington (1996) dramatisierten „Kampf der Kulturen" auf einige kritische Anmerkungen beschränkt. Dieses Konfliktszenario kann nicht so leicht als „fixe Idee" abgetan werden, wie es Dieter Senghaas (1998: 135 ff.) tat, zumal es durch seine vordergründige Plausibilität große Wirkung erzielte. Huntington beanspruchte, in Konflikten zwischen Kulturen (bzw. zwischen Zivilisationen) die eigentliche Bewegungskraft für die „Neugestaltung der Weltpolitik im 21. Jahrhundert" entdeckt zu haben:

> Nationalstaaten werden zwar die mächtigsten Akteure auf dem Globus bleiben, die grundsätzlichen Auseinandersetzungen der Weltpolitik aber werden zwischen Nationen und Gruppierungen aus unterschiedlichen Kulturen auftreten.

Huntington löste neben Disputen über seinen Begriff der Zivilisation und der Ausgrenzung von Afrika aus den Kulturkreisen, die an koloniale Fehldeutungen erinnert, vor allem durch seine These, dass der Islam innere und äußere „blutige Grenzen" habe, weltweite Kontroversen aus. Sein Konfliktszenario war ein Himmelsgeschenk für Konstrukteure neuer Feindbilder, die teure Militärapparate nach dem Wegbrechen des Feindbildes Kommunismus nun einmal brauchten. Die Terroranschläge vom 11. September 2001 und die Gewaltorgien im Nahen und Mittleren Osten schienen das von ihm konstruierte Bedrohungsszenario exemplarisch zu bestätigen, bedienten aber ein undifferenziertes „Feindbild Islam". Natürlich stellt der internationale Terrorismus eine globale Herausforderung dar, weil er bereits an vielen Orten zugeschlagen hat und überall zuschlagen kann. Er wurde deshalb geradezu zu einem Synonym für die „globalisierte Unsicherheit" (vgl. Hippler 2007). Aber seine vorschnelle Assoziation mit dem Islam beförderte fatale Fehldeutungen der Vorgänge in der islamischen Welt, die selbst zur Zielscheibe des Terrorismus wurde. Die Terroristen vom Schlage der Al-Qaida und später des „Islamischen Staates" (IS) und ihrer vielfältigen Ableger wie Boko Haram in Nigeria oder Al-Shabaab in Somalia versuchen ihre Aktionen auch religiös zu rechtfertigen, aber die Religion liefert ihnen nach dem Verdikt von islamischen Theologen keine Rechtfertigung. Im Hintergrund fungiert das wahhabitische Königreich von Saudi-Arabien als Drahtzieher und Financier salafistischer Gruppierungen in aller Welt und stürzt die westlichen Bündnispartner und Waffenlieferanten in eine schwere Glaubwürdigkeitskrise.

Es ist zutreffend, dass die Analyse der internationalen Beziehungen die zu „soft areas" abgewerteten kulturellen Faktoren und die „Weltmacht Religion" nicht hinreichend berücksichtigte (vgl. Leggewie 2010). Es gibt eine kulturelle Kontextualisierung von Machtkonflikten, wie es im Kalten Krieg ihre ideologische Begründung gab. Aber es gibt keinen „Kampf der Kulturen", vielmehr einen von einem wechselseitigen Austausch geprägten „Tanz der Kulturen" (nach Breidenbach/Zukrigl 2000). Es gibt diese von der zunehmenden Internationalisierung von Wissenschaft, Kommunikation, Lebensweisen und Konsummustern beförderte Interkulturalität. Aber die sich verschärfenden Konflikte im Nahen und Mittleren Osten sowie im Sahel-Raum von Mali bis Somalia verschafften dem Konstrukt von Huntington wieder Aktualität und

Plausibilität. Der brutale Terror eines selbsternannten, Grenzen überschreitenden und multinational rekrutierten sunnitischen Kalifats, „Islamischer Staat" (IS) genannt, beförderte die Bildung einer Allianz, in der sich zuvor rivalisierende Spieler der Weltpolitik zu einem von gemeinsamen Bedrohungsängsten motivierten Zweckbündnis zusammenfanden. Was sich hier auf den Ruinen der kollabierenden Staatsgebilde von Syrien und des Irak abspielt, ist ein Spielfeld der „globalisierten Unsicherheit". Gleichzeitig wuchs in Europa, Australien und anderswo die Furcht vor radikalisierten und kampferprobten Rückkehrern aus den Kriegsgebieten („foreign fighters"), die mit Anschlägen und mit der Globalisierung des Terrors drohten.

Es gibt also gute Gründe, warum Ulrich Beck den internationalen Terrorismus neben Finanzkrisen und dem Klimawandel zu den größten Gefährdungspotenzialen der „Weltrisikogesellschaft" zählte. Er gewann inzwischen durch das Auftauchen des IS zusätzliche Brisanz. Zu ihren weiteren Manifestationen werden hier die folgenden gezählt:

1. Der welthistorische Megatrend der Globalisierung prägt die Entwicklungstendenzen von Weltwirtschaft und Weltpolitik. Sie eröffnet einzelnen Regionen, Ländern und sozialen Gruppen neue Aufstiegschancen und koppelt die „Fußkranken der Weltwirtschaft" weiter von ihrer Entwicklungsdynamik ab und produziert auf allen Ebenen Gewinner/-innen und Verlierer/-innen. Es zeichnet sich bereits ein „pazifisches Jahrhundert" ab, in dem sich das Gravitationszentrum der Weltwirtschaft von Westen nach Osten verlagert. Der globalisierte Kapitalismus zwingt die Staatenwelt dazu, sich in einem System von Global Governance neu zu organisieren, um die vom israelischen Politologen Yehezkel Dror (1995) sorgenvoll gestellte Frage positiv beantworten zu können: „Ist die Erde noch regierbar?" Die Globalisierung erweist sich bei nüchterner Betrachtung weder als eine Wohlstandsmaschine oder gar als eine säkulare Heilsgeschichte noch als eine schicksalhafte Bedrohung der Menschheit nach dem Horrorszenario der „*Globalisierungsfalle*". Aber sie muss politisch gestaltet und durch „Globalisierungswächter" in Gestalt der Weltbürgergesellschaft daran gehindert werden, ihre unbändige Dynamik auf dem Rücken von Mensch und Natur zu entfalten.

2. Seit einem halben Jahrhundert streiten sich die Wirtschafts- und Entwicklungstheoretiker über die Frage, ob der Außenhandel von kolonialwirtschaftlich strukturierten Rohstoffökonomien eine Chance oder Sackgasse bildet. Die Repräsentanten von Entwicklungsländern, die sich in der „Gruppe der 77" organisierten, machen den „unfairen Handel", den sie auch mit dem vom eigenen Versagen ablenkenden Schimpfwort des Neokolonialismus belegen, für geringe Entwicklungsfortschritte verantwortlich. Dagegen nutzten die erfolgreichen Schwellenländer die Chancen des Weltmarkts, um der ihnen von den Dependenztheoretikern angedrohten Sackgasse zu entgehen. Inzwischen haben steigende Rohstoffpreise und aufgrund der internationalen Konkurrenz sinkende Preise für industrielle Fertigprodukte auch das umstrittene Theorem der „säkularen Verschlechterung" der Terms of Trade ausgehebelt.

3. Viele Entwicklungsländer, im Besonderen die subsaharischen *Least Developed Countries* (LLDC), leiden neben dem Mangel an Sach- und Humankapital unter einem mehrfachen Ressourcenmangel: an agrikulturell nutzbarem Boden, an Wasser und Energie. Etwa zwei Milliarden Menschen leiden weltweit unter einer Energiearmut, die wieder die Brennholzkrise verschärfte. Der fehlende Zugang zu Elektrizität erschwert nicht nur das alltägliche Leben, sondern diese „Energiefalle" behindert auch Entwicklung, z. B. den Zugang zu modernen Kommunikationstechnologien. Noch schwerer wiegt die durch den Klimawandel verschärfte Verknappung von Wasser als Lebensmittel für Mensch und Tier und als Grundlage der Bewässerungslandwirtschaft, die für die Ernährungssicherung immer wichtiger wurde. Allerdings ignoriert die Drohung von „Wasserkriegen" an grenzüberschreitenden Flüssen die bisher erfolgreiche internationale Kooperation bei der Verteilung des Wassers.

Einige Rentenökonomien, vor allem Exporteure von Erdöl und nachgefragten mineralischen Rohstoffen, scheinen aufgrund hoher Deviseneinnahmen der sprichwörtlichen „Rohstofffalle" entgangen zu sein. Hier aber erwies sich der Ressourcenreichtum in einem *„Paradoxon des Überflusses"* vielfach als „Ressourcenfluch", der zwar kleine Kleptokratien reich, aber die Bevölkerungsmehrheiten – wie beispielhaft in Nigeria und Angola, den beiden größten afrikanischen Erdölexporteuren – noch ärmer machte, die Landwirtschaft vernachlässigte und zugleich Verteilungskonflikte um Anteile an der Beute schürte. Konfliktforscher sprechen deshalb von „Konfliktrohstoffen" (wie den „blutigen Diamanten") und befürchten sogar Handelskriege um verknappende Rohstoffe.

4. Wie ein Damoklesschwert hängen über den ökologisch besonders verwundbaren Regionen die vom IPCC (*Intergovernmental Panel on Climate Change*), dem UNEP (*UN-Umweltprogramm*) oder WBGU (*Wissenschaftlicher Beirat Globale Umweltveränderungen*) auf der Grundlage gesicherter naturwissenschaftlicher Szenarien vorhergesagten Auswirkungen des Klimawandels. Sie werden schon schwelende Umweltkrisen wie die großflächige Desertifikation verschärfen, die Nahrungsmittelproduktion erheblich beeinträchtigen und die umweltbedingte Migration zu regionalen und globalen Herausforderungen machen. Schon wird die Apokalypse von inner- und zwischenstaatlichen „Klimakriegen" beschworen. Der Klimawandel erhielt deshalb auf vielen internationalen Konferenzen eine auch weltpolitische Priorität, weil er auch zu einem Sicherheitsrisiko zu werden droht (vgl. WBGU 2008).

5. Der Völkermord in Ruanda und dann die Ernährungskrise von 2007/08 brachten das von Robert Malthus vor über zwei Jahrhunderten konstruierte „Verelendungsgesetz" wieder in die medialen Schlagzeilen, weil es höchst plausibel erscheint. Dieses durch die Wirtschafts- und Sozialgeschichte widerlegte „Gesetz" ermöglichte es, gleichzeitig mehrere Entwicklungen zu dramatisieren, die in drei Kapiteln behandelt werden: erstens die Annahme, dass die in den ärmsten Ländern am schnellsten wachsende Bevölkerung im eingängigen Bild des Wettlaufs von Storch und Pflug die Potenziale der Ernährungssicherung überfordere und

deshalb Hungerkrisen auslöse; zweitens die Annahme, dass das als „Bevölkerungsexplosion" horrifizierte hohe Bevölkerungswachstum im Gefolge des „demografischen Übergangs" bestenfalls langfristig verlangsamt werden könne; drittens die Annahme, dass der die Armut verschärfende Bevölkerungsdruck ein Ventil in der internationalen Migration suche.

Diese Argumentationsketten ignorieren mehrere Tatbestände: Erstens bräuchte es zur weltweiten Ernährungssicherung drei Planeten, wenn alle Welt so leben und konsumieren würde wie die Europäer und Amerikaner. Es geht also um eine gerechtere Verteilung der verfügbaren Ressourcen und Potenziale. Zweitens hat die OECD erkannt, dass die internationale Migration für Herkunfts- und Zielländer eine doppelte „*Win-win*"-Prämie schaffen kann. Die Geldüberweisungen (*remittances*) der Migrant(inn)en belaufen sich inzwischen auf mindestens den dreifachen Umfang der ODA, der den befürchteten Verlust von Humankapital („*Braindrain*") in einen Gewinn („*Braingain*") umkehren kann.

6. Das entwicklungspolitische Schlüsselproblem ist und bleibt die Armut, die sich in mehrfacher Ausprägung manifestiert. Es hungert, wer extrem arm ist und sich deshalb die verfügbaren Nahrungsmittel nicht leisten kann; es ist krank, wer keinen Zugang zu sauberem Trinkwasser und zu den Gesundheitsdiensten hat; es übernutzt die natürlichen Ressourcen (Boden, Wälder), wer keine Alternativen hat; und die Erkenntnis der Weltbank, dass die Bildung von Mädchen die höchste volkswirtschaftliche Rendite abwirft, nutzt wenig, wenn die Kinder nicht zur Schule gehen können und zum Überleben der Familien häufig ausgebeutete Kinderarbeit verrichten müssen. Die „Feminisierung der Armut" will sagen, dass mehr Frauen als Männer von verschiedenen Formen der Armut und Diskriminierung betroffen sind. Die Armut ist nicht geschlechtsneutral und verwehrt Millionen von Kindern die in der UN-Kinderrechtskonvention kodifizierten Rechte. Die Friedensnobelpreise 2014 brachten diesen skandalösen Tatbestand zumindest kurzfristig in die Schlagzeilen der Medien.

7. Allerdings könnte auch die vom umtriebigen US-Ökonomen Jeffrey Sachs (2006), dem UN-Sonderbeauftragten für die MDGs, und einigen „Promis" des Showgeschäftes (Bono, Bob Geldorf, Herbert Grönemeyer) medienwirksam geforderte Verdoppelung der ODA das Armutsproblem nicht lösen, wenn die Länder nicht mehr Eigenverantwortung (*ownership*) übernehmen und sich selbst mehr um ihre eigenen Armutsgruppen kümmern sollten. Dies belegte die ökonometrische Wirkungsforschung: die Entwicklungszusammenarbeit erzielte nur dort Erfolge, wo sie funktionierende Rechts- und Verwaltungsstrukturen (*Good Governance*) vorfand. Korruption ist das lähmende Systemelement von *Bad Governance* (vgl. Johnston 2005). Der *Bertelsmann Transformation Index 2014* wies mit einem großen empirischen Aufwand erneut nach, dass die Korruptionsbekämpfung in vielen der 129 untersuchten Länder mangelhaft ist. Diese Erfahrung macht es den Kleptokratien schwer, die Verantwortung für Misserfolge dem Sündenbock Neokolonialismus aufzuladen. Rechtssicherheit für Individuen und Unternehmen ist die Voraussetzung für Entwicklung.

8. Der Alarmismus von „Ölkriegen", „Wasserkriegen" oder „Klimakriegen" führte dazu, dass der Entwicklungspolitik – noch stärker als schon immer – auch eine sicherheitspolitische Funktion aufgebürdet oder sie sogar zu einem Hilfsinstrument der Außen- und Sicherheitspolitik abgewertet wurde. Das im Kalten Krieg geborene erste Entwicklungsgesetz der USA hatte den verräterischen Titel „Mutual Security Act". Die Terroranschläge von „9/11" und die später an verschiedenen Konfliktlinien aufbrechenden Gewalteskalationen und geopolitischen Spannungen warfen die nach der weltpolitischen Zeitenwende von 1989/90 aufkeimenden Hoffnungen auf ein Umschmieden von Schwertern zu Pflugscharen wieder auf sicherheitspolitische Begründungsmuster zurück. Statt von Kants *„Ewigem Frieden"* war wieder vom „ewigen Unfrieden" die Rede und stand in vielen Staaten nicht mehr die Abrüstung, sondern die Aufrüstung auf der sicherheitspolitischen Agenda. Gleichzeitig verlor der von wiederkehrenden Ost-West-Rivalitäten gelähmte UN-Sicherheitsrat seine originäre und primäre Funktion der Friedenssicherung.

Nach der Epochenwende der Jahre 1989/90, die den Kalten Krieg beendete, zeichnete sich in den Jahren 2013/14 wieder eine weltpolitische Zeitenwende ab, deren Verlauf und Richtung noch unkalkulierbar waren. Viele Kommentare leiteten aus dem von Wladimir Putin personifizierten Verhalten der geschwächten Weltmacht Russland eine Rückkehr zur Rhetorik und Logik des Kalten Krieges ab. Diese Verunsicherung gilt auch für die Auswirkungen der neuen spannungsgeladenen Ost-West-Großwetterlage auf die Nord-Süd-Beziehungen, auf das Rechtfertigungsmuster und auf die Funktionalisierung der Entwicklungspolitik. Sie war zuvor in große Rechtfertigungsnöte geraten. Viele Publikationen konnten ihr wenig Gutes abgewinnen oder warfen ihr sogar vor, mehr Schaden als Nutzen angerichtet zu haben (vgl. Nuscheler 2008). Es könnte sein, dass ihr die in der Nachbarschaft von Europa aufgebrochenen Konflikte und Bedrohungen neue Rechtfertigungen und Schubkräfte verschaffen. Es könnte aber auch sein, dass sie mehr als bisher zum Hilfsinstrument der Außen- und Sicherheitspolitik umfunktioniert oder auf die humanitäre Hilfe ohne eigenständige Ziel- und Profilansprüche zurückgeführt wird. Sie muss auch unter den veränderten weltpolitischen Bedingungen ihr Zielsystem nicht neu definieren, sondern sich darauf besinnen, was sie schon als globale Strukturpolitik erreichen wollte bzw. sollte.

Die Entwicklungspolitik, die sich auch als „weltweite Friedenspolitik" zu legitimieren versucht, könnte durch die bisher nur bedingt erfolgreiche Entschärfung von sozialen und politischen Konfliktpotenzialen einen wichtigen Beitrag zur Friedenssicherung leisten, wenn sie in das umfassende Konzept der „erweiterten Sicherheitspolitik" eingebunden würde, das auf Prävention durch Entwicklung setzt (vgl. BAKS 2001). Sie könnte sich als eigenständiger Politikbereich aber auch nur dann legitimieren, wenn sie ihre ethischen Rechtfertigungen der internationalen Solidarität und Gerechtigkeit nicht gänzlich sicherheitspolitischen und außenpolitischen Interessen nachordnen würde. Denn dieser Leitsatz stammt nicht nur aus päpstlichen Enzykliken oder kirchlichen Denkschriften, sondern auch aus vielen Erklärungen der

Vereinten Nationen, wie beispielsweise ihrer *Millennium-Erklärung* zur Jahrhundertwende: Es gibt keinen Frieden ohne internationale Gerechtigkeit, d.h. ohne Entschärfung oder gar Überwindung von innergesellschaftlichen und internationalen Verhältnissen, die elementare und völkerrechtlich kodifizierte Menschenrechte verletzen und der Verheißung der UN-Charta auf „Freiheit von Furcht und Not" zuwiderlaufen.

Die *Allgemeine Erklärung der Menschenrechte* von 1948 enthält mit einem universellen Geltungsanspruch schon alles, was die umstrittene Norm der Gerechtigkeit erfordert. Hätten die Post-Development-Theorien den Entwicklungsbegriff nicht in ideologiekritischen Misskredit gebracht (vgl. Teil I von Ulrich Menzel), bliebe erinnerungswürdig, was die Enzyklika „*Populorum Progressio*" schon im Jahre 1967 auf den plakativen Begriff gebracht hatte, der den augustinischen Lehrsatz, dass der Frieden die Frucht der Gerechtigkeit sei, auf die neue internationale soziale Frage anwandte: „Der neue Namen für Frieden heißt Entwicklung". Oder wie Willy Brandt im Bericht der Nord-Süd-Kommission, dem sogenannten „*Brandt-Bericht*", feststellte: „Wo Hunger herrscht, kann Friede nicht Bestand haben. Wer den Krieg ächten will, muss auch die Massenarmut bannen."

Hinweis auf die Daten- und Quellenbasis
Die empirische Grundlage für die Problemanalysen liefern vor allem Berichte der internationalen Organisationen. Sie sind inzwischen größtenteils im Internet abrufbar und sind unverzichtbar für eine fundierte Beschäftigung mit den globalen Herausforderungen. Es mangelt nicht am handlungsorientierenden Wissen, sondern am politischen Willen, aus ihm Konsequenzen zu ziehen. Der Kommentar der *Süddeutschen Zeitung* (vom 29./30. November 2003) blieb zutreffend: „Die Katastrophe wird dokumentiert, nicht bekämpft." Dennoch braucht ihre Diagnose als Voraussetzung für eine Erfolg versprechende Therapie solide Daten. Das Problem liegt nicht mehr in der Verfügbarkeit von Daten, sondern in der Kunst, die Zahlenwerke zu lesen und zu interpretieren. Hier werden die wichtigsten Datenkompendien zu den einzelnen Themenbereichen im Anhang zum Literaturverzeichnis aufgeführt.

2 Die Janusköpfigkeit der Globalisierung

Die Globalisierung, die weltweit Ängste erzeugt und Proteste provoziert, bildet einen welthistorischen Megatrend, der nicht aufgehalten werden kann. Die globale Finanz- und Weltwirtschaftskrise drängte auch jenen, die noch Sicherheit in nationalstaatlichen Grenzen und Schutzräumen gesucht hatten, die Einsicht auf, dass die „globalisierte Welt" alle Staaten, Ökonomien und Gesellschaften in ein Geflecht von Interdependenzen und Verwundbarkeiten eingebunden hat. Die Krise des globalisierten Kapitalismus, die – wie schon die Weltwirtschaftskrise von 1929 – von der US-Leitbörse in der Wall Street losgetreten wurde, stürzte in einer Kettenreaktion von Krisenfolgen die ärmsten Länder, die nicht mit großen Konjunkturprogrammen gegensteuern konnten, in große Schwierigkeiten, die mehr Armut bedeuteten. Hier gab es tiefe Bremsspuren, dort große Schlaglöcher.

Zwar forderte die von der Boston Consulting Group vorgelegte Studie „Global Wealth 2009" zutage, dass im Gefolge der Finanzkrise auch die Zahl der Millionäre in der Welt um ein Fünftel geschrumpft ist, aber Berichte der Weltbank und von den UNDP zeigten, dass ihre Zahl in den folgenden Jahren wieder kräftig anstieg und die soziale Ungleichheit zwischen den Weltregionen und innerhalb vieler Gesellschaften Dimensionen erreichte, die den ethischen Diskursen über Gerechtigkeit viel Stoff lieferten. Die Wirtschafts- und Sozialkrisen, die viele Entwicklungsländer nach einigen Jahren des Rohstoffbooms ziemlich schlagartig heimsuchten, tragen auch dazu bei, dass hier die Globalisierung als eine vom Norden betriebene Bedrohung und als eine Bestätigung der Definition gedeutet wurde, die Martin Khor (2000), der langjährige Leiter des Genfer South Center, kurz und bündig so formulierte: „Globalisierung ist, was wir in der Dritten Welt einige Jahrhunderte Kolonialismus genannt haben." Die aus Indien stammende, in Deutschland und der Schweiz lehrende Soziologin Shalini Randeria (2006) neigte einer ähnlichen Deutung der vom Westen ausgehenden und noch dominierten Globalisierung zu.

Die Enquete-Kommission des Deutschen Bundestages zur *„Globalisierung der Weltwirtschaft"* interpretierte die Globalisierung auch als einen Megatrend, der nicht aufgehalten werden könne, aber politisch gesteuert werden müsse, damit er seine unbändige Dynamik nicht auf dem Rücken von Mensch und Natur und der schwächsten Glieder der Weltgesellschaft und Weltwirtschaft entfalten könne. Ein Blick in den Kommissionsbericht (2002) vermittelt erstens einen Eindruck, wie vielschichtig das erklärungsbedürftige „Phänomen" ist, das häufig herhalten muss, alle möglichen Übel der Zeit und sozialen Probleme der Welt auf den Begriff zu bringen. Dies geschah z. B. im Bestseller von Hans-Peter Martin und Harald Schumann (1996) über die „Globalisierungsfalle" mit dem dramatisierenden Untertitel „Der Angriff auf Demokratie und Wohlstand" oder im „Schwarzbuch Globalisierung", das in der Globalisierung nur eine „fatale Entwicklung mit vielen Verlierern und wenigen Gewinnern" erkennen konnte (Mander/Goldsmith 2004).

Zweitens zeigt das parteipolitische Bombardement von Sondervoten gegen den von der Kommissionsmehrheit verabschiedeten Endbericht, wie umstritten die Einschätzungen von Licht und Schatten, Chancen und Risiken der Globalisierung waren. Auch Berichte von internationalen Organisationen sind sich nicht einig: Während Weltbank, IWF, OECD und WTO die positiven Wirkungen betonen, überwiegen in Berichten von UN-Organisationen wie des UNDP (*UN-Entwicklungsprogramm*) oder der UNCTAD (*UN-Handels- und Entwicklungskonferenz*) eher die Schattenseiten. In Weltbank, IWF, WTO und OECD haben die OECD-Länder, die als Gewinner der Globalisierung gelten, das Sagen, während sich in den UN-Organisationen stärker die Mehrheit von Schwellen- und Entwicklungsländern zu Wort melden kann. Auch deshalb gründeten die fünf BRICS-Staaten im Sommer 2014 Konkurrenzorganisationen zu den beiden vom Westen dominierten Bretton Woods-Institutionen (siehe Kapitel 3.2).

2.1 Dimensionen und Wirkungsketten der Globalisierung

Welche Tatbestände und Entwicklungstrends in Weltwirtschaft, Weltgesellschaft und Weltpolitik werden auf den Begriff der Globalisierung gebracht? Ist sie überhaupt etwas Neues und was ist neu? Welche Ländergruppen und sozialen Gruppen sind Gewinner und Verlierer? Wie deuten die verschiedenen wissenschaftlichen Disziplinen das „Phänomen"? Wirtschaftswissenschaftler betonen die Internationalisierung der Produktion und die Entgrenzung des Welthandels, Sozialwissenschaftler die Vermehrung und Verdichtung transnationaler sozialer Beziehungen und das Entstehen einer Weltgesellschaft, Politikwissenschaftler die tendenzielle Entgrenzung der Staatenwelt und den Bedeutungsverlust der Nationalstaaten, Staats- und Völkerrechtler die Erosion von Souveränität und die Herausbildung eines Weltinnenrechts, Kulturwissenschaftler das Entstehen einer hybridisierten „Allerweltskultur".

Die folgenden Strukturmerkmale und Entwicklungen in Weltgesellschaft, Weltwirtschaft und Weltpolitik sind für das Verstehen der Globalisierung wichtig und können erklären, warum Joseph Stiglitz (2002), der Nobelpreisträger für Wirtschaftswissenschaften, ein Buch über die „*Schattenseiten der Globalisierung*" schrieb. Ihm hielt Jagdish Bhagwati (2008) eine „*Verteidigung der Globalisierung*" entgegen. Es ist lehrreich, die beiden Positionen zu vergleichen; und es ist auch wichtig, die vielen Schlagworte zu hinterfragen.

1. Es ist zunächst umstritten und hängt von der Definition ab, wann der Prozess einsetzte, der heute Globalisierung genannt wird. Die einen lassen ihn schon mit der „Europäisierung der Welt", also vor fünf Jahrhunderten, und mit der allmählichen Herausbildung eines Weltmarkts beginnen. Man kann schon bei Karl Marx brillante Analysen entdecken, die – ihrer klassenkämpferischen Rhetorik entkleidet – aus modernen Lehrbüchern stammen könnten. Berühmt ist die folgende Passage aus dem Kommunistischen Manifest von 1848 (S. 6):

Die Bourgeoisie hat durch die Exploitation des Weltmarkts die Produktion und Konsumtion aller Länder kosmopolitisch gestaltet. [...] Die uralten nationalen Industrien sind vernichtet worden und werden noch täglich vernichtet. Sie werden verdrängt durch neue Industrien, deren Einführung eine Lebensfrage für alle zivilisierten Nationen wird, durch Industrien, die nicht mehr einheimische Rohstoffe, sondern den entlegensten Zonen angehörige Rohstoffe verarbeiten und deren Fabrikate nicht nur im Lande selbst, sondern in allen Weltteilen zugleich verbraucht werden. An die Stelle der alten lokalen und nationalen Selbstgenügsamkeit und Abgeschlossenheit tritt ein allseitiger Verkehr, eine allseitige Abhängigkeit der Nationen voneinander. Und wie in der materiellen, so auch in der geistigen Produktion. Die geistigen Erzeugnisse der einzelnen Nationen werden Gemeingut.

Autoren der *Global History* verfolgen die Wurzeln der Globalisierung teilweise noch weiter zurück, aber es besteht doch große Übereinstimmung, dass ihre Geschichte nicht erst begann, als der Begriff zum Schlagwort wurde, nämlich erst in den 1990er-Jahren (vgl. Osterhammel/Petersson 2003). Einige machen die Entwicklung eines globalen Kommunikationssystems vor etwa drei Jahrzehnten zum Ausgangspunkt der Globalisierung. Wiederum andere lassen sie schon mit dem Ende des Kalten Krieges und der politischen Zweiteilung der Welt beginnen. Der Zusammenbruch der sozialistischen „Zweiten Welt" und der Abschluss der handelspolitischen *Uruguay-Runde*, die dem Freihandel weitere Grenzpfähle aus dem Weg räumte, schufen an Reichweite und Tempo etwas Neues: Raum und Zeit verdichteten sich, räumliche Distanzen verloren durch ein *„shrinking of the world"* an Bedeutung, Interaktionen und Interdependenzen zwischen Regionen und Gesellschaften vertieften sich, sodass Soziolog(inn)en bereits von der Existenz einer Weltgesellschaft ausgehen (vgl. Wittmann 2014). Die Beschleunigung ist ein Kennzeichen der technologischen Veränderungen. Die telekommunikative Vernetzung spielt sich in Echtzeit ab. Folgende Eigenschaften spielen zusammen: weitreichender, schneller, tiefer und billiger.

2. Die Tendenzen zur wirtschaftlichen Globalisierung sind gekennzeichnet durch eine zunehmend internationalisierte Warenproduktion (d. h. durch ihre Zerlegung auf viele Standorte), vor allem durch konzerninterne Verflechtungen der multinationalen Unternehmen, die zu Triebkräften und Kraftbolzen der Globalisierung wurden. Sie schließen sich unter dem sich verschärfenden internationalen Konkurrenzdruck zu immer größeren multinationalen Konglomeraten zusammen. Gleichzeitig mit der Internationalisierung der Warenproduktion beschleunigte sich die Internationalisierung der Dienstleistungen (Finanzen, Versicherungen, Medien, Tourismus etc.). Dieser durch das GATS-Abkommen (*General Agreement on Trade in Services*) beförderte und durch die Digitalisierung beschleunigte Handel mit den sogenannten „unsichtbaren Gütern" (*invisibels*) wächst sogar schneller als der Handel mit sichtbaren Gütern (Rohstoffen und Industriegütern).
3. Die Vermehrung grenzüberschreitender Wirtschaftsaktivitaten haben fast alle Ökonomien in globale Interdependenzen eingebunden und die Spielräume nationalstaatlicher Wirtschaftspolitik verengt. Der vertraute Begriff der „Volkswirtschaft" wurde deshalb zu einem Ladenhüter. Interdependenz bedeutet Ver-

flechtung, aber auch Verwundbarkeit durch externe Vorgänge und Entscheidungen. Die Kursbewegungen an der New Yorker Leitbörse oder Konjunktureinbrüche in einem der wichtigen Wirtschaftsräume, wie in den Jahren 2013/14 in der EU, oder Wachstumsschwächen in China, haben weltweite Auswirkungen auf die Finanzmärkte.

4. In den Vordergrund der Globalisierungsdebatte rückte häufig die Frage: Wer regiert die Welt? Noch die Politik oder schon das multinationale Finanzkapital, das sich durch seine Mobilität der politischen Kontrolle von Nationalstaaten zu entziehen vermag? Die These von der „Ohnmacht des Staates im Kampf der Weltwirtschaft" (so Koch 1995) fand nicht nur bei den Restbeständen von Marxisten Zustimmung, sondern bildet so etwas wie eine Volksweisheit. Die Attacke von Michael Hardt und Antonio Negri (2000) gegen das „Empire", in dem die politische und ökonomische Macht keinen nationalstaatlichen Ort mehr hat, wurde zur provozierenden, freilich nicht sonderlich seriösen Bibel der marxistischen Globalisierungskritik und gelegentlich sogar – allerdings in Konkurrenz zu Naomi Kleins „No Logo" (1999) – als das „Kommunistische Manifest des 21. Jahrhunderts" gefeiert. Ihre zentrale These lautete:

> Mit dem globalen Markt und mit globalen Produktionsabläufen entstand eine neue globale Ordnung, eine neue Logik und Struktur der Herrschaft – kurz, eine neue Form der Souveränität. Das Empire ist das politische Subjekt, das diesen globalen Austausch tatsächlich reguliert, die souveräne Macht, welche die Welt regiert.

Die nationalstaatlich organisierte Politik verlor gegenüber dem global organisierten und operierenden Finanzkapital an Gestaltungsmacht. Das Management der globalen Finanzkrise lehrte aber: Die Nationalstaaten, allen voran die G7-Wirtschaftsmächte, sind auch in den zunehmend entgrenzten Wirtschaftsräumen keine ohnmächtigen Büttel finsterer Mächte. Sie agierten im Verbund der G20 in der Finanzkrise als handlungsfähige Krisenmanager, die auch das Finanzkapital Regelwerken zu unterwerfen vermochten. Während die ordnungspolitische Maxime des Neoliberalismus lautete, den Staat aus dem Wirtschaftsleben hinauszudrängen, wurde nun wieder der Ruf nach dem „starken Staat" laut und verdrängte die Institutionenökonomik den Neoliberalismus aus den Lehrbüchern. Der Nationalstaat hat als Interdependenzmanager von weltgeschichtlichen Prozessen, die „innerhalb" oder „außerhalb" der Staatsgrenzen stattfinden, noch nicht abgedankt (vgl. Sassen 2006).

5. Die „Eine Finanzwelt" existiert bereits. Während nach Daten der Bundesbank das reale Weltsozialprodukt im Vierteljahrhundert 1975–2000 nur um 140 % und der Welthandel immerhin um 320 % angewachsen sind, haben sich die Kapitalströme in diesem Zeitraum nahezu verdreißigfacht. Der wöchentliche Umsatz an den Devisen- und Derivatenmärkten übertraf den weltweiten Güterhandel eines ganzen Jahres. Die Finanzmärkte haben sich weitgehend von der Realwirtschaft abgekoppelt und dienten nicht mehr vorrangig der Finanzierung von Handel und

Dienstleistungen, sondern der buchstäblich grenzenlosen Jagd nach Spekulationsgewinnen. Selbst der Großspekulant George Soros (1998) warnte vor der „kapitalistischen Bedrohung" eines ungezügelten *„Casino-Kapitalismus"*. Die globale Finanzkrise hatte einen erleuchtenden Damaskuseffekt, weil sie die Krisenanfälligkeit dieses spekulativen „Casino-Kapitalismus" vor Augen führte und zu ersten Bauarbeiten an einer „neuen internationalen Finanzarchitektur" führte.

6. Der zunehmend deregulierte Weltmarkt bildet eine Art von Weltgericht über das Wohl und Wehe und über die Wettbewerbsfähigkeit von Nationen. Auch die alten Industrieländer gerieten unter Konkurrenz- und Anpassungsdruck. Die Formel lautet: Passe Dich an oder Du gehst unter! Dieser Konkurrenzdruck hat zwar auch positive Lerneffekte, weil er zur Veränderung nicht mehr wettbewerbsfähiger Strukturen zwingt, erzeugt aber hohe soziale Kosten und viele Existenzängste. Während die Industrieländer über finanzielle Ressourcen zur Abfederung sozialer Härten verfügen, sind die meisten Entwicklungsländer dem Globalisierungsdruck ziemlich wehrlos ausgeliefert.

7. Mit der Globalisierung verbunden ist eine Reihe von Fehlentwicklungen und neuen Risiken: so der internationale Terrorismus, der die Verwundbarkeit der globalisierten Infrastrukturen zu nutzen versteht, die grenzüberschreitende organisierte Kriminalität, der Drogen- und Waffenhandel und die sie begleitende Geldwäscherei auf schwer kontrollierbaren Bankplätzen auf irgendwelchen Inseln. Global agierende kriminelle Netzwerke nutzen offenere Grenzen und die globalen Kommunikationsnetze, sodass sich in einem grenzenlosen illegalen Raum eine „Schattenglobalisierung" entwickeln konnte. Die legale und illegale Migration über Kontinente hinweg dauert nicht mehr viele Wochen, sondern nur noch Stunden oder Tage. Im „globalen Dorf" rückt also nicht nur eine schöne Idee, sondern auch eine Fülle von neuen Risiken näher. Die Globalisierung erzeugt eine „globalisierte Unsicherheit", wie es Altvater/Mahnkopf (2002) auf den Begriff brachten.

8. Bei der Globalisierung handelt es sich keineswegs nur um wirtschaftliche, sondern auch um kulturelle, soziale und politische Prozesse. Sozial- und Kulturwissenschaftler sehen in der Verdichtung der Kommunikation über alle Grenzen, Kontinente und Kulturen hinweg sogar ihre eigentlich neue Qualität. Neue Informations- und Kommunikationstechnologien bilden die technologische Grundlage der Globalisierung. Die globale Telekommunikation, die fast jeden Winkel der Erde erreichen kann, bewirkt mit den von ihr transportierten Inhalten eine breitere und tiefere „Kulturmission" als es Hunderttausende von Kolonialbeamten und Missionaren geschafft haben. Das Internet hat die weltweite Kommunikation revolutioniert und bildet die Infrastruktur der sich herausbildenden globalen Wissensgesellschaft, die in Switched-off-Regionen allerdings noch große blinde Flecken hat.

Es gibt eine digitale Spaltung (*digital divide*) der Welt (vgl. Wittmann 2007). Auch im Kommunikationsbereich gibt es ein großes Gefälle von Nord zu Süd und von Reich zu Arm. Weite Teile der Welt, die man gemeinhin zur Dritten Welt zählt, verfügen noch nicht über die technischen Voraussetzungen für Telefon- und Internetanschlüsse, nicht einmal über eine flächendeckende Stromversorgung. Etwa zwei Milliarden Menschen, d. h. fast ein Drittel der Menschheit, haben noch keinen Zugang zu Elektrizität. Je ärmer die Gesellschaften und je größer in ihnen die Armutsgruppen sind, die in oder am Rande absoluter Armut leben, desto weiter sind sie von den Segnungen der technischen Zivilisation entfernt, zu denen sicherlich ein Stromanschluss gehört. Zwar sprossen Internet-Stationen wie Pilze aus dem Boden, aber dann schrecken hohe Zugangskosten ab.

Die digitale Spaltung innerhalb armer Gesellschaften manifestiert sich in vielfachen Ausgrenzungen:

- erstens zwischen Stadt und Land, weil sich die Potenziale der „Internet-Welt" auf die mit Strom- und Telefonnetzen ausgerüsteten städtischen Verdichtungsräume beschränken;
- zweitens zwischen privilegierten Minderheiten und der großen Mehrheit der Bevölkerung, die sich die hohen Preise des Internetzugangs nicht leisten kann, selbst wenn ein Stromanschluss vorhanden ist;
- drittens auch in einer Verschärfung der Ungleichheit zwischen den Geschlechtern. Der Hauptgrund liegt in den hohen Analphabetenquoten unter Frauen, die weit höher liegen als die Analphabetenquoten unter Männern.

Die digitale Spaltung der Welt wird schrittweise überwunden werden. Gleichzeitig entwickelt sich mit der digitalen Vernetzung der Welt ein globales Überwachungssystem, das individuelle Freiheitsrechte bedroht. Hegemonie bedeutet nicht mehr allein ein Übergewicht an ökonomischer, politischer und militärischer Macht, sondern zunehmend die Kontrolle über Daten und Informationen jedweder Art durch monströse Sicherheitsapparate, die einen Cyberkrieg gegeneinander führen. Die Big-Data-Überwachungssysteme durchdringen alle Grenzen, die eherne völkerrechtliche Prinzipien errichtet haben, durchlöchern die Privatsphären und unterminieren Freiheitsrechte. Ulrich Beck entdeckte in der unkontrollierten Macht der Internetgiganten, die mit den Geheimdiensten kollaborieren, ein neues globales Risiko in seiner Konstruktion der „Weltrisikogesellschaft", das er *„Freiheitsrisiko"* nannte und als größtes nach dem *„Terrorrisiko"* einschätzte (FAZ vom 21.07.2013). Nun forderte er zur Kontrolle dieser globalen Netzwerk-Monster die Weiterentwicklung einer „transnationalen Demokratie" über die bisher ziemlich wirkungs-losen Bändigungsversuche hinaus. Die „digitale Revolution" revolutioniert viele Lebensbereiche, fasziniert und erinnert zugleich an Orwells Horrorszenario.

8. Mit der Globalisierung eng verbunden ist die weltweite Verbreitung westlicher Wertvorstellungen, Lebens- und Konsumstile, die *„McDonaldisierung"* und die Attraktivität des *American Way of Life*. Das in großen Teilen des Südens von Programmen der westlichen Medienkonzerne gefütterte Fernsehen erweitert einerseits Horizonte, überschwemmt andererseits fast die ganze Welt mit einer trivialisierten „Allerweltskultur". Das Fernsehen, das auch in Slumhütten rund um

die Uhr läuft, transportiert Werte, schafft gewollte Konsumanreize, aber durch das Vorgaukeln ferner Paradiese auch ungewollte Migrationsanreize; es beflügelt die „Revolution der steigenden Erwartungen" und nährt durch den Vergleich mit fernen Wohlstandszonen die Unzufriedenheit mit den eigenen Lebensbedingungen, befördert allerdings auch das Bewusstwerden globaler Zusammenhänge. Die medial vermittelte westliche Zivilisation macht vor keinen kulturellen Schutzzäunen halt, unterhöhlt andere Kultur- und Lebensformen, macht aber nicht nur kulturelle Unterschiede, sondern auch soziale Ungleichheiten sichtbar und bewusst. Hier und dort provoziert der Globalisierungsdruck die Rückbesinnung auf eigene Kulturbestände und das Bemühen, die kulturelle Identität zu verteidigen. Was Religionssoziologen als „Reislamisierung" deuten, ist auch eine Reaktion auf diesen kulturellen Globalisierungsdruck.

9. Diese Dialektik zwischen Globalisierung und Lokalisierung wurde schon auf den Kunstbegriff der „*Glokalisierung*" gebracht (vgl. Robertson 1998). Sie bedeutet erstens, dass globale Entwicklungen auf die lokale Ebene durchschlagen und das tägliche Leben in vielfältiger Weise verändern, zweitens als Reaktion auf diese Verunsicherung den Rückzug in vertraute soziokulturelle Umfelder fördert. „Glokalisierung" meint also zugleich Zentralisierung und Dezentralisierung, Universalismus und Parochialismus, Homogenisierung und Fragmentierung, Öffnung und Abschließung, auf jeden Fall etwas Neues, das die sozial- und kulturwissenschaftliche Fachsprache Hybridisierung nennt. Oder: „Auch wenn nur lokal gehandelt oder erlebt wird, kommt die Differenz von Globalität und Lokalität ins Spiel und stellt den konkreten Akt in den weltgesellschaftlichen Kontext" (Seitz 2002: 84).

2.2 Wer wird an- oder abgekoppelt?

Kapitalströme sind ein guter Indikator für die Strukturveränderungen in der Weltwirtschaft. Sie belegen einerseits die Einbeziehung von ökonomisch attraktiven und politisch stabilen Teilen des Südens in den Globalisierungsprozess, andererseits die Ausgrenzung von Verlierern im globalen Wettbewerb um Standortvorteile: Sie finden sich in Afrika, in Südasien und in Teilen von Lateinamerika und der Karibik, aber auch in der Region der Gemeinschaft Unabhängiger Staaten (GUS). Von den großen Geldströmen, die in Form von Direktinvestitionen oder Anleihen in den „Süden" fließen, kamen nur Krümel in den ärmsten Ländern an. Der größte Teil der Direktinvestitionen floss in ein Dutzend Schwellenländer in Fernost und Lateinamerika, der größte Anteil nach China, in dessen Küstenregionen sich ein „Superschwellenland" herausbildete. Gleichzeitig belegt dieses Beispiel die Verschärfung ungleicher Entwicklung zwischen Küste und Hinterland, die ein Millionenheer von Migranten in Bewegung setzte und ausprägte, was schon die Dependenztheoretiker „*strukturelle Heterogenität*" nannten.

Nach Prognosen der OECD und WTO werden fast alle Ländergruppen irgendwie von der Liberalisierung des Welthandels profitieren – mit Ausnahme der Rohstoffländer des subsaharischen Afrika, die in der Regel nur Rohstoffe auf niedriger Verarbeitungsstufe mit entsprechend geringer Wertschöpfung exportieren können. Während die fernöstliche Wachstumsregion ihre Export- und Entwicklungserfolge vor allem der Ausfuhr wettbewerbsfähiger Industriegüter verdankte, wurden die Rohstoffländer noch weiter von der weltwirtschaftlichen Dynamik abgekoppelt. Die große Nachfrage aus China verschaffte ihnen zwar einen Rohstoffboom, verstrickte sie aber weiter in der kolonialen Arbeitsteilung, die den Export von Rohstoffen und Import von Fertigwaren bedeutete und die Industrialisierung blockierte. China trug damit sogar zu einer Deindustrialisierung Afrikas bei, weil sie viele der mit Entwicklungshilfe aufgebauten „Babyindustrien" durch Billigimporte in den Ruin trieb. Im internationalen Wettbewerb zählen auch nicht mehr Tonnen, sondern Kilobytes. Unverarbeitete Rohstoffe, deren Preise starken Schwankungen unterliegen, haben als Entwicklungsressource keine Zukunft, sondern perpetuieren das kolonialwirtschaftliche Syndrom der Unterentwicklung.

Afrika befand sich schon im weltwirtschaftlichen Abseits und hing am Tropf der Auslandshilfe, bevor von Globalisierung die Rede war. Die allermeisten afrikanischen Staaten konnten auch die handelspolitischen Präferenzen, die ihnen die EU im Rahmen der *Lomé-Verträge* und später durch die *Everything-but-Arms*-Initiative der Zollfreiheit einräumte, nicht nutzen. Die Folge war, dass Afrika weiter von der weltwirtschaftlichen Dynamik abgekoppelt wurde und auf Überlebenshilfe von außen angewiesen blieb (vgl. Tetzlaff 2008). Nicht die Globalisierung verursachte seine Misere, sondern seine Unfähigkeit, nachgefragte und wettbewerbsfähige Produkte anzubieten, Investoren Anreize zu bieten und Rechtssicherheit (Good Governance) zu schaffen. Zwar beschwören manche Optimisten eine vom Rohstoffboom genährte „afrikanische Renaissance" und erklären Afrika zum „Kontinent der Zukunft", der gute Geschäfte verspricht, aber es wird den meisten afrikanischen Staaten schwerfallen, die hinteren Plätze auf den internationalen Ranking-Tabellen zu verlassen, wie es bisher nur einigen wenigen von ihnen gelungen ist. Allerdings ist schon jetzt das Klischee des Krisen- und Hungerkontinents korrekturbedürftig. Es gibt auch in Afrika Auf- und Absteiger, wie z. B. der *Bertelsmann Transformation Index* (BTI) mit einem großen Datenaufwand belegt. Von einem Abstieg ist inzwischen auch die Regionalmacht Südafrika bedroht, die von internen Strukturproblemen der romantisierten „Regenbogen-Nation" geschwächt wird und ihre Rolle als regionaler Stabilitätsanker kaum noch erfüllen kann. Weil auch Russland politisch und ökonomisch schwächelt, wurden in den Medien die fünf BRICS-Staaten schon auf die drei BIC-Staaten (Brasilien, Indien und China) ausgedünnt, obwohl auch Brasilien mit schweren Struktur- und Sozialkrisen zu kämpfen hat. Die Einteilung der Welten widersetzt sich längerfristigen statischen Festschreibungen.

Nicht abgehängt, sondern an die weltwirtschaftlichen Zentren angehängt werden die erdölexportierenden Länder, deren Rohstoff die Industrieländer dringend brauchen und sie aufgrund der hohen Deviseneinnahmen zu attraktiven Exportmärkten machte. Nicht abgehängt wurden auch die Schwellenländer in Ost- und Südostasien sowie in Lateinamerika, die wichtige Exportmärkte und Investitionsstandorte, Produzenten hochwertiger Konsumgüter und Nahrungsmittel, teilweise auch Anbieter von Online-Dienstleistungen sind. Das DIE (*Deutsches Institut für Entwicklungspolitik*) nennt sie *Ankerländer*, weil sie nicht nur in ihren Regionen geostrategische Bedeutung als Anker von Stabilität erlangt haben, sondern auch Entwicklungspole mit regionaler Ausstrahlungskraft bilden. Indien ist zugleich eine Elendsregion und große Softwarefabrik, in der weltweit nachgefragte IT-Spezialisten heranwachsen. Die *World Investment Reports* der UNCTAD belegen, dass der Großteil der in die Großgruppe der Schwellen- und Entwicklungsländer fließenden ausländischen Direktinvestitionen (FDI) in das Dutzend von Schwellenländern floss, aber die 50 LLDCs nur einen um 25 % schwankenden Anteil erhielten. Und dieser Großteil floss größtenteils in Länder, die Erdöl fördern und exportieren, aber nicht in deren gewerbliche Sektoren, die Arbeitsplätze schaffen und die Mehrwert erzeugende Verarbeitung von Rohstoffen vorantreiben könnten.

Die Schwellenländer, oder *Emerging Markets* im Börsenjargon, nutzten die Chancen, die ihnen ein zunehmend liberalisierter Weltmarkt bot. Zuvor mussten sie sich aber durch eine kluge Entwicklungspolitik selbst dazu befähigen, konkurrenzfähig zu werden. Sie waren Gewinner der Globalisierung, Verlierer auch die nicht mehr wettbewerbsfähigen Branchen hierzulande. Die Globalisierung fordert nicht nur im Süden, sondern auch im Norden Strukturanpassungen, die mit hohen sozialen Kosten verbunden sind. Aber, so lautet die Bilanz von Nobelpreisträger *Joseph Stiglitz* (2002): Die Industrieländer bleiben noch die Gewinner, weil sie an den Schalthebeln der Weltwirtschaft sitzen und für sich Vorteile sichern können. Aber sie verlieren diese Positionsvorteile zunehmend an die weltwirtschaftlichen Aufsteiger. Die G8 ist ein weltpolitisches Auslaufmodell, zumal nach der Ausgrenzung des nie ganz integrierten Russland, und musste sich zusammen mit einem Dutzend Schwellenländern in der G20 arrangieren. Die von Goldman Sachs entdeckten *Next Eleven* (N11), zu den u. a. die Türkei, Vietnam und Indonesien gezählt werden, befinden sich ebenfalls auf einem raschen Weg des Nachholens und Aufholens – mit der Folge, dass sich der globale Süden weiter ausdifferenziert und aus dem 20. Jahrhundert erbte Weltbilder ihre Konturen verlieren.

Auch die in Abbildung II/2 dokumentierten Begriffe verwischen die fließenden Übergänge zwischen den „Welten". In der OECD versammelten sich auch einige Aufsteiger (Mexiko, Chile, Türkei, Südkorea) aus der alten „Dritten Welt", in den „Transformationsländern" sowohl alte Mitglieder des Rats für gegenseitige Wirtschaftshilfe (RgW, „Ostblock") und neue EU-Mitglieder als auch alte Sowjetrepubliken und neue GUS-Mitglieder sowie die „sozialistischen Marktwirtschaften" wie China und Vietnam. Die Golf-Staaten haben das höchste Pro-Kopf-Einkommen, werden dennoch nicht zur Ersten Welt gezählt. Hier ermöglichen Heerscharen von rechtlosen Arbeitsmigrant(inn)en einer kleinen Gruppe von Profiteuren des Ölsegens ein parasitäres Schlaraffenleben, das eine eigene auf der Ölrente basierende Welt darstellt. Aber auch die reich gewordenen „Wüstensöhne" planen mit dem Aufbau von Petrochemien, konkurrenzfähigen Fluglinien, Infrastrukturen für den Tourismus, Universitäten und Kapitalanlagen in aller Welt, u. a. in Agrarfonds zur eigenen Ernährungssicherung, für eine Zukunft mit versiegenden Öl- und Gasquellen. Gleichzeitig schufen sich die Erdölproduzenten am Golf, die auch die Kerngruppe der OPEC bilden, mit dem Golf-

Kooperationsrat (GCC) ein regionales Machtzentrum, aus dem für die ärmeren arabischen Nachbarn erhebliche Subsidien fließen.

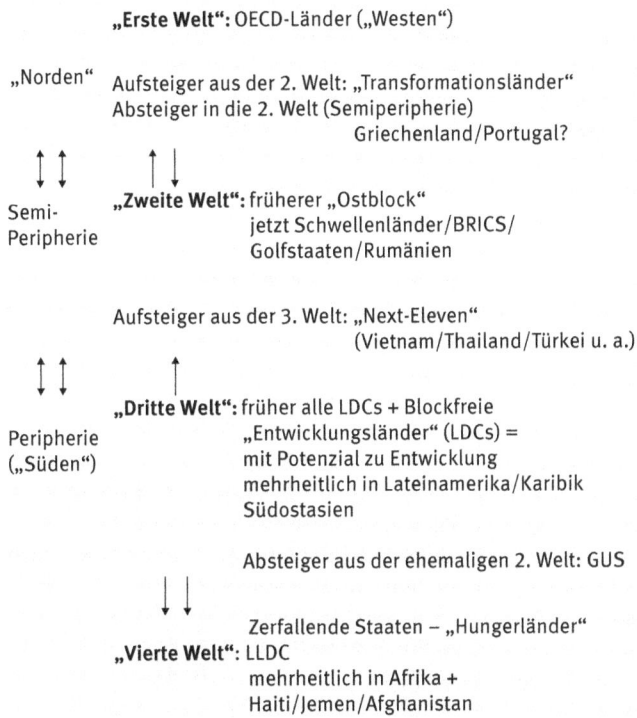

Abbildung II/2: Alte Begriffe – neue Welten; Auf- und Absteiger in der Weltwirtschaft

Die in den internationalen Statistiken fortgeschleppten Kategorien der Industrie- und Entwicklungsländer sind ebenso wie der Norden und Süden undifferenzierte Sammelkategorien, die den internen und internationalen Strukturwandel nicht erkennen lassen. Der globale Süden ist auch nicht mehr die ohnmächtige Peripherie, zu der sie zu Beginn der 1970er-Jahre Johan Galtungs klassische *„strukturelle Theorie des Imperialismus"* (1972) und Immanuel Wallersteins Weltsystemtheorie verdammt hatten. Die Dritte Welt war ein im Kalten Krieg geborenes Sammelsurium von Staaten, die sich nicht in die antagonistischen Ost-West-Militärblöcke einbinden lassen wollten, obwohl viele enge Bindungen zu einem der beiden pflegten, bald aber unterschiedslos mit der „armen Welt" gleichgesetzt wurden. Im journalistischen Alltagsdiskurs werden diese begrifflichen Ladenhüter immer noch fortgeschleppt – auch in dem vom Autor mitherausgegebenen „Handbuch der Dritten Welt" (Nohlen/Nuscheler 1993). Es gibt auch noch immer den renommierten *Third World Quarterly* und im Süden allenthalben Lästereien über „*White Man's Linguistic Burden*". Hier meint der *„Third Worldism"* noch die emotionale Solidarisierung der weltpolitischen Underdogs und ehemaligen Kolonien.

Die Globalisierung beschleunigte also einen Prozess, den Ulrich Menzel (1992) schon früh erkannte: die Differenzierung des Südens. Sie hat die Unterschiede zwischen einem Dutzend aufstrebender Schwellenländer und der großen Mehrheit der Entwicklungsländer verstärkt, unter denen sich wiederum die Schere zwischen den Ländern mit niedrigem Pro-Kopf-Einkommen, der sogenannten „Vierten Welt", und den Ländern mit mittlerem Pro-Kopf-Einkommen weiter öffnete. Zur abgekoppelten Problemgruppe wurden vor allem die fragilen „Low Income Countries Under Stress" (LICUS), die sich in verschiedenen Stadien des Staatszerfalls befinden. Abbildung II/2 illustriert, wie alte und vertraute Begriffe das Entstehen neuer Welten und das Zerbröckeln alter Welten kaschieren.

Die Morgendämmerung eines „pazifischen Jahrhunderts" mit der tendenziellen Verlagerung des weltwirtschaftlichen Gravitationszentrums vom atlantischen in den pazifischen Raum hatte sich schon seit dem *„East Asian Miracle"* der letzten Jahrzehnte abgezeichnet. Diese von einem wachsenden Anteil der Weltbevölkerung begleitete Verschiebung der weltwirtschaftlichen Gewichte mit ihren weltpolitischen Machtverschiebungen nährten im Westen schon Ängste vor einem „Weltkrieg um Wohlstand" (Steingart 2006). Historisch betrachtet kehren China und Indien auf Führungspositionen zurück, die beide vom westlichen Imperialismus geschwächten Länder in der vorkolonialen Epoche bis etwa 1800 bereits innehatten. Beide kehrten bereits als Großinvestoren nach Europa zurück, China mit seinen kapitalkräftigen Staatsunternehmen und Indien z. B. in Gestalt des Stahlmagnaten Mittal, der sich mit Methoden der berüchtigten „Heuschrecken" große Teile der europäischen Stahlindustrie aneignete.

Die VR China behauptete trotz Wachstumseinbrüchen im Gefolge der Weltwirtschaftskrise die Position der zweitgrößten Wirtschaftsmacht hinter den USA und vor Japan, die inzwischen auch den „Exportweltmeister" Deutschland überholen konnte (siehe Tabelle II/1). Sie konnte ihre Anteile an den Weltexporten seit der Öffnung zum Weltmarkt ungefähr verzehnfachen. Die Attraktivität von Chinas großem Binnenmarkt, billigen und willigen Arbeitskräften und günstigen Verwertungsbedingungen schlug sich auch im großen Anteil von ausländischen Direktinvestitionen nieder, die in dieses „Superschwellenland" flossen. Indien hinkt nach Einschätzung von Experten dieser Erfolgsgeschichte ein gutes Jahrzehnt hinterher, muss aber noch ein wesentlich größeres Armutsproblem bewältigen. Auch Indien drang in den Weltraum vor, aber diese Investitionen in die Hochtechnologie fehlen der irdischen Armutsbekämpfung. Die neue wirtschaftliche Großmacht, die zugleich Nuklearmacht und ständiges Mitglied im UN-Sicherheitsrat ist und sich inzwischen nach den USA die zweithöchsten Rüstungsausgaben leistet, spielt mit großen Handelsbilanzüberschüssen und Devisenreserven, als größter Gläubiger der USA sowie als gewichtiger Handelspartner und Kreditgeber vieler Entwicklungsländer, aber auch als inzwischen weltgrößter CO_2-Emittend eine strategische Rolle bei allen internationalen Verhandlungen. Zugleich wurde China durch seine merkantilistische und von irgendwelchen menschenrechtlichen oder ökologischen Skrupeln losgelöste Handels- und Investitionsoffensive in Afrika zu einer Herausforderung für die westliche Entwicklungspolitik, aber für die

Tabelle II/1: Der Aufstieg Chinas zur Exportnation. Exportanteile ausgewählter Länder und Regionen (in %) (World Trade Report 2013)

	1973	1983	1993	2003	2007	2011
EU	50,9	43,5	45,4	45,9	42,4	33,1
– Deutschland	11,6	9,2	10,3	10,2	9,7	8,1
USA	12,3	11,2	12,6	9,8	8,5	8,1
Japan	6,4	8,0	9,9	6,4	5,2	4,5
VR China	1,0	1,2	2,5	5,9	8,9	10,4
Indien	0,5	0,5	0,6	0,8	1,1	1,7

afrikanischen Eliten zu einer willkommenen Alternative (vgl. Alden et al. 2008). Neben China multiplizierten auch andere neue „Geberländer" (wie Indien und Malaysia, Südkorea und Taiwan, Brasilien und Venezuela) die *„donor community"*, sodass die „Nehmerländer" Wahloptionen erhielten. Auch hier zeichneten sich neue Konstellationen ab, welche die alte Nord-Süd-Dichotomie zu durchbrechen begannen (vgl. Mawdsley 2012).

2.3 Soziale Gewinner/-innen und Verlierer/-innen der Globalisierung

Die Apologeten der Globalisierung verkünden frohe Botschaften: Die Liberalisierung der Märkte habe eine wachstumsfördernde Wirkung und mehr Wachstum bedeute mehr Wohlstand. Aber wo und für wen? Die Kritiker der Globalisierung halten dagegen, dass ihr Segen nur den Starken in der Weltwirtschaft, außerdem nur wenigen Entwicklungsländern und dort vielfach nur Minderheiten zugute komme. Die ATTAC-Aktivistin Susan George brachte ihr Credo auf den plakativen Punkt: „Die Profite explodieren, die Armen verlieren" (*Süddeutsche Zeitung* vom 29./30.09.2001). Nicht nur *Attac* als transnational organisierte Avantgarde der „Globalisierungskritiker" vertritt eine solche Position. Auch der Soziologe Ulrich Beck, der eine Serie von Publikationen zur Globalisierung vorlegte, bewertete sie als „globalen Sozialdarwinismus". Im Unterschied zum Proletariat in der westlichen Wirtschafts- und Sozialgeschichte hätten die Globalisierungsverlierer von heute auch ihr Verweigerungs- und Widerstandspotenzial verloren, weil sie nicht mehr gebraucht würden. Der Sozialgeograf Fred Scholz (2000) zählte sogar die „Masse der Weltbevölkerung", die er dem über alle Weltregionen verstreuten „neuen Süden" zurechnete, zu der von der Globalisierung ausgegrenzten „Restwelt". Aber in dieser „Restwelt" gibt es auch Aufholer, wie die BRICS-Staaten, in denen rund 40 % der Weltbevölkerung leben.

Schon der *Human Development Report* 1999 belegte mit einer Fülle von Daten eine „Globalisierung ohne menschliches Gesicht". Das plakative Bild einer *„globalen Apartheid"* der Lebenschancen bezieht sich vor allem auf die großen sozialen Disparitäten zwischen dem reichsten und ärmsten Fünftel der Weltbevölkerung. Nach

Analysen gewichtiger Ökonomen wie des Nobelpreisträgers Joseph Stiglitz (2014) und auch nach Einschätzung der vom Weltwirtschaftsforum besorgten *Global Risks Reports 2013/14* hat sich das Einkommensgefälle zwischen diesen beiden Gruppen in einem den sozialen Frieden gefährdenden Tempo vergrößert: Ungleichheit ist also kein nur von der Linken skandalisiertes Strukturproblem der Weltgesellschaft. Aber diese wachsende Ungleichheit hat viele Ursachen und kann nicht allein der Globalisierung angelastet werden. Im Bericht der *World Commission on the Social Dimension of Globalization* (2004) überwogen in der Gesamtbilanz zwar die Negativeffekte, aber auch er stellte positive Wirkungen keineswegs in Abrede.

Das Vertrackte ist, dass Apologeten und Kritiker ihre Argumente mit einer Fülle von Daten belegen können. Die Globalisierung hat Gewinner/-innen und Verlierer/-innen, sowohl auf der Ebene der Staatenwelt als auch innerhalb der Gesellschaften, sowohl in der „OECD-Welt" (Norden) als auch in der Dritten Welt (Süden). Sie hat viele Janusköpfe und ist ein höchst ambivalentes Phänomen, das eben kontroverse Deutungen zulässt. Sie bietet einerseits wettbewerbsfähigen Schwellenländern neue Chancen auf dem zunehmend deregulierten Weltmarkt und droht andererseits, ganze Regionen wirtschaftlich, sozial und politisch noch weiter ins Abseits zu drängen.

Einmal abgesehen von allen Faktoren, die Entwicklung erschweren oder gar verhindern – seien es Kriege, das Staatsversagen in *failed states*, Korruption, fallende Rohstoffpreise, das hohe Bevölkerungswachstum, AIDS oder Dürrekatastrophen: Allein der statistische Mechanismus öffnet die Schere zwischen Arm und Reich immer weiter. Ein Rechenbeispiel zur Illustration: Würde in den reichsten Ländern das Pro-Kopf-Einkommen von rund 37.500 US-Dollar im Jahr 2013 nur um 1 % wachsen, wären dies immerhin 375 Dollar; würde es in den ärmsten Ländern mit einem Pro-Kopf-Einkommen von 584 US-Dollar sogar um unerreichbare 10 % wachsen, wären es dennoch nur 58 US-Dollar. Es ist also geboten, aus solchen Zahlenwerken keine voreiligen Schuldzuweisungen abzuleiten. Nichtsdestoweniger belegen diese Zahlen die Tendenz, dass die ärmsten Länder immer weiter von der Entwicklung in anderen Weltregionen abgehängt werden.

Die Globalisierung kann also nicht pauschal für die Verelendung und Ausbeutung von Menschen verantwortlich gemacht werden, wie es im Bestseller der „Globalisierungsfalle" geschieht. Hier wird ein neuer Sündenbock für keineswegs neue Probleme aufgebaut. Sie liefert den Entwicklungsländern nur dann Chancen, wenn sie diese auch zu nutzen verstehen. Viele Argumente, die heute gegen die Globalisierung ins Feld geführt werden, hatten früher andere Adressaten: den Weltmarkt, den IWF und die Weltbank, die „Multis" oder den politischen und wirtschaftlichen Imperialismus (so Hardt/Negri 2000). Längst bevor von der Globalisierung die Rede war, erreichte der Kolonialismus fast jeden Winkel der Welt und holte sich mit Gewalt, was er brauchte. Diese Warnung vor einer pauschalen Verteufelung hebelt jedoch nicht die Kritik aus, die UNDP an sozialen Grausamkeiten der Globalisierung übte oder die mit hochkarätigen Experten aus allen Weltregionen besetzte *World Commission on the Social Dimension of Globalization* in ihrem Anfang 2004 vorgelegten Bericht zum Urteil brachte, dass die von der Globalisierung verschärften globalen Ungleichheiten „moralisch unannehmbar und politisch unhaltbar" seien.

2.4 Dekolonisierung der „letzten Kolonie"

Hier stellt sich auch die Frage, wie sich die Globalisierung auf die Lebens- und Arbeitsbedingungen von Frauen auswirkt. Für Feministinnen wie Christa Wichterich (1998) ist die „globalisierte Frau" nur Opfer, vor allem auf dem globalisierten Arbeitsmarkt. Für die Weltbank zählen dagegen die Frauen sogar zu den Gewinnerinnen der Globalisierung, weil in den letzten beiden Jahrzehnten ihre Erwerbsquote deutlich angestiegen ist. Aber diese steigende Erwerbsquote sagt nichts über die menschenunwürdigen Arbeitsbedingungen aus, z. B. der Textilarbeiterinnen in Bangladesh oder in Indien.

Neue Frauenarbeitsplätze entstanden erstens in den rund 600 Exportzonen oder „freien Produktionszonen" vieler Entwicklungsländer mit niedrigen Löhnen und miserablen Arbeitsbedingungen. Nach Erkenntnissen der ILO *(International Labour Organization)* liegt der Anteil der meist jungen Frauen in den arbeitsintensiven Textilfabriken, die billige Textilien aller Art herstellen, bei fast 90 %. Einheimische Gewerkschaftlerinnen beklagen zwar ihre Ausbeutung, nehmen sie aber mangels Alternativen zähneknirschend hin und kämpfen für kleine Verbesserungen (z. B. für kürzere Arbeitszeiten, Wiedereinstellung nach Krankheiten oder Schwangerschaften und gewerkschaftliche Organisationsfreiheit).

Frauenarbeitsplätze auf dem globalisierten Weltmarkt für Arbeit entstanden millionenfach vor allem in Haushalten und Pflegeberufen sowie in verschiedenen Sparten des Unterhaltungsgewerbes. Die feministische Ökonomie hat herausgearbeitet, was die harmlos klingende „Hausarbeit" bedeutet, vor allem für Millionen von legalen und illegalen Migrantinnen (vgl. Young 2000). Die Befreiung westlicher Frauen von der Hausarbeit fand auf Kosten einer marginalisierten Gruppe von Frauen statt, die häufig ohne gesicherte Aufenthaltsgenehmigung in ständiger Angst vor Abschiebung, in Rechtlosigkeit und Abhängigkeit leben. Somit hat die zunehmende Emanzipation und Berufstätigkeit von Frauen auf den Arbeitsmärkten eine Schicht marginalisierter Hausangestellter produziert und gleichzeitig zu mehr Ungleichheit zwischen Frauen unterschiedlicher sozialer Schichten und Ethnien geführt. Ohne unterbezahlte Migrantinnen in den Pflegeberufen wäre auch das Gesundheitswesen in den USA längst zusammengebrochen und in einigen europäischen Ländern dem Kollaps nahe. Frauen wurden zu einer Reservearmee der Globalisierung, die eine mobile globale Klassengesellschaft hervorbringt. Es gibt also gute Gründe, warum Frauen auch als „letzte Kolonie" bezeichnet wurden (vgl. Werlhoff u. a. 1992).

Die Globalisierung beförderte auch den internationalen Frauenhandel, der Millionen von Frauen aus Armutsregionen in die Prostitution trieb. Nach Schätzungen des *Human Trafficking Report* werden weltweit jährlich rund 800.000 Frauen und Mädchen als Ehefrauen, billige Arbeitskräfte und Prostituierte in andere Länder verkauft.

Nach Schätzungen von *Terre des Femmes* liegt diese Zahl sogar bei einer Million. Nach Berechnungen des US-Außenministeriums liegen die Einnahmen aus dem internationalen Frauenhandel an dritter Stelle nach dem Drogen- und Waffenhandel. Die Enquete-Kommission zur „Globalisierung der Weltwirtschaft" zog auf der Grundlage mehrerer Gutachten zur Situation der Frauen im Globalisierungsprozess, die einvernehmlich die „Gender-Blindheit" von ökonomischen Theorien und Statistiken beklagten, eine negative Bilanz und wagte eine nur skeptische Prognose (S. 312), die von neueren Studien bekräftigt wurden:

> Frauen werden von den positiven Wirkungen der Globalisierung nur dann nachhaltig profitieren können, wenn ihre Ausgangsbedingungen im Zugang zu Kompetenzen und Qualifikation, zu Erwerbstätigkeit, zu einer gleichberechtigten Teilhabe an der jeweiligen Rechtsordnung und ökonomischen Ressourcen, wie Grund- und Kapitalbesitz und zu Entscheidungspositionen verbessert werden. Trotz einiger Fortschritte zeigen sich jedoch weiterhin geschlechtsspezifische, regional variierende Disparitäten bei den Ausgangsbedingungen.

Aber Feministinnen erkennen in der zunehmend international vernetzten Frauenbewegung auch eine wirkungsmächtige Stoßtruppe einer „Globalisierung von unten". Die „globalisierte Frau" ist nicht nur Objekt, sondern auch Subjekt im Mahlwerk der Globalisierung. So betonte die Soziologin *Shalini Randeria* (1998: 32): „Die internationale Frauenbewegung gehört zu denjenigen politischen Kräften, die das Projekt einer kontrahegemonialen Globalisierung mitgestalten." Um nicht im feministischen Selbstmitleid über das Elend der Frauen zu verharren, ist es wichtig, diese Ambivalenz und Dialektik eines historischen Prozesses zu begreifen.

2.5 Risiken für eine globale nachhaltige Entwicklung

Seit dem klassischen Werk von Adam Smith (1723–90) über den *„Wohlstand der Nationen"* gehört es zum Credo von liberalen Wirtschaftstheoretikern, dass ein von staatlichen Eingriffen und protektionistischen Maßnahmen weitgehend befreiter Außenhandel allen Handelstreibenden zum Vorteil gereiche. Dieses Credo liegt auch dem Regelwerk der WTO zugrunde, das die handelspolitische Säule der Globalisierung bildet. Wenn der Freihandel allen Wohlstand verspricht, warum gibt es dann so militante Proteste gegen eine weitere Liberalisierung des Welthandels, die dem entfesselten Freihandel unterstellen, die globalen und lokalen Umweltprobleme zu verschärfen? Der notorische Zeitkritiker Jean Ziegler (2003: 113) schlug heftig zu: „Die unsichtbare Hand des globalisierten Marktes zerstört nicht nur die menschlichen Gesellschaften. Sie mordet auch die Natur." Die ökologische Kritik an der durch den Freihandel vorangetriebenen Globalisierung konzentriert sich auf die folgenden Entwicklungstrends:

1. Die Ausdehnung des Welthandels durch den Abbau von Handelsbarrieren hat eine Vermehrung von Transportleistungen zu Land, zu Wasser und in der Luft zur Folge. Die Revolutionierung des Transportwesens verringerte zwar die Trans-

portkosten und -zeiten, erhöhte aber die Umweltbelastung durch höhere CO_2-Emissionen, die eine Hauptursache für den Treibhauseffekt bilden. Die Internationalisierung der Produktion durch Zerlegung der Verarbeitungsstufen auf weltweit verstreute Standorte vergrößert die Transportleistungen. Viele Produkte haben schon weite und verzweigte Wege sowie ökologische Schleifspuren hinter sich, bevor sie hierzulande auf den Ladentischen landen.

2. Die Verschärfung der internationalen Konkurrenz könnte zum „Öko-Dumping" verleiten, wenn geringere Aufwendungen für den Umweltschutz zum Kosten- und Standortvorteil werden. Viele Entwicklungsländer sind im Wettbewerb um Auslandsinvestitionen bereit, sich als Standorte für „schmutzige Industrien" anzubieten. In- und ausländische Unternehmen sind dann in der Lage, mit geringen Umweltkosten zu produzieren und zu entsprechend günstigen Preisen zu exportieren. Hier entsteht eine Verzerrung des Wettbewerbs, die Öko-Dumping zu einem Wettbewerbsvorteil macht und bestraft, wer in den Umweltschutz investiert. Freihandel und Umweltschutz wären nur dann keine Gegensätze, wenn weltweit die externen Kosten der Umweltverschmutzung in die Preise einkalkuliert, also „internalisiert" würden. Dazu wäre eine internationale Wettbewerbsordnung vonnöten, die wir noch nicht haben.

3. Die Liberalisierung des internationalen Agrarhandels verspricht zwar den Exportländern höhere Handelsgewinne, verführt sie aber zum Ausbau ökologisch fataler Monokulturen, zum Raubbau an den natürlichen Lebensgrundlagen und zur Vernachlässigung der Ernährungssicherung aus eigener Kraft. Beispiel: Die verheerenden Waldbrände in Borneo, die 1998 für ein ganzes Drittel des weltweiten CO_2-Ausstoßes verantwortlich waren, konnten auch Plänen des Nestlé-Konzerns, auf den abgebrannten Flächen Ölpalmplantagen aufzuziehen, angelastet werden. Das „Landgrabbing" durch internationale Agrarkonzerne beschleunigte diese Neuauflage der kolonialen Inwertsetzung von Land.

4. Die Internationalisierung der Wirtschafts- und Sozialbeziehungen vergrößert den Luftverkehr. Das Wachstum des Ferntourismus verschafft zwar den tropischen Zielländern Deviseneinkünfte, die häufig höher sind und mehr Arbeitsplätze schaffen als ihre Güterexporte, aber er vermehrt ebenfalls den Luftverkehr und vergrößert den Naturverbrauch. Die wachsende Mobilität von Menschen und Waren über viele Grenzen hinweg ist ein Merkmal der Globalisierung, aber zusammen mit ihrer Beschleunigung ein ökologisches Kernproblem. Die CSD (Commission on Sustainable Development) verabschiedete angesichts der wachsenden Bedeutung des Fern- und Massentourismus für viele Entwicklungsländer ein Aktionsprogramm zur nachhaltigen Gestaltung dieses globalisierten Wirtschaftszweigs (vgl. CSD 1999). Inzwischen verlor neben dem wachsenden Flugverkehr auch das boomende Geschäft mit Kreuzfahrtschiffen aufgrund der hohen CO_2-Emissionen seiner Antriebe, die Schweröl verbrennen, seine ökologische Unschuld.

Diese Risiken des entfesselten Freihandels erfassen nur Teilaspekte einer nach Konkurrenzprinzipien und nicht nach den Prinzipien nachhaltiger Entwicklung funktionierenden Weltwirtschaft. Die Dreifaltigkeit von Nachhaltigkeit, die – nach einem Buchtitel der OECD (2009) – „Wirtschaft, Gesellschaft und Umwelt im Zusammenhang betrachtet", mit anderen Worten, Ökonomie, Ökologie und Soziales miteinander verkoppelt, wird immer dann und dort malträtiert, wo Wirtschaftssysteme, ob sie sich kapitalistisch oder sozialistisch nennen oder sich irgendwo dazwischen verorten, ohne Rücksicht auf ökologische Verluste auf Wachstum setzen und mit dem Ökodumping auch Wettbewerbsvorteile erzielen. Die „asiatischen Elefanten" liefern Musterbeispiele für diese nicht nachhaltige Entwicklung im Eiltempo (vgl. Scholz 2007).

Wenn die Kernarbeitsnormen der ILO und die völkerrechtlich kodifizierten sozialen Menschenrechte verletzt werden und auch damit auf dem Weltmarkt Wettbewerbsvorteile erzielt werden, kann sich keine globale nachhaltige Entwicklung entfalten, die leistungsfähige Wirtschaften mit sozialer Gerechtigkeit und der Umweltverträglichkeit des Wachstums verbindet. Es hat sich herausgestellt, dass nur dort die normative Trias der Nachhaltigkeit das Wirtschaftsleben verändern kann, wo stärkere Zivilgesellschaften die politischen und wirtschaftlichen Führungsgruppen unter Veränderungsdruck setzen können, der aber immer an die Grenzen der internationalen Wettbewerbsfähigkeit stößt. Deshalb setzt eine globale nachhaltige Entwicklung die Durchsetzung globaler Regelwerke voraus.

Die WTO hat in ihrem Gründungsstatut den Schutz der Umwelt als Ziel anerkannt und einen Ausschuss für „Handel und Umwelt" eingerichtet. Dieser Ausschuss hat aber noch nicht den Beweis geliefert, dass er sich nicht nur als „Hüter des Freihandels" betätigt, der bei Zielkonflikten dem Freihandel Vorrang vor der Ökologie einräumt. Umweltorganisationen fordern deshalb die Aufwertung des zahnlosen UNEP (UN-Umweltprogramm) zu einer wirkungsmächtigen Weltumweltorganisation (GEO). Die Enquete-Kommission zur „Globalisierung der Weltwirtschaft" empfahl die institutionelle Beteiligung von UNEP und der ILO an Streitschlichtungsverfahren, damit die Vereinbarkeit von Handelspraktiken mit international vereinbarten sozialen und ökologischen Standards wirksamer überprüft werden kann. Die WTO, die völkerrechtlich nicht in das UN-System eingebunden wurde, wehrt sich jedoch gegen eine Einmischung von UN-Organisationen.

2.6 Globalisierung, Demokratie und Menschenrechte

Die beiden Autoren des Bestsellers über die „Globalisierungsfalle" dämonisierten die Globalisierung als „Angriff auf Wohlstand und Demokratie". In der Quadratur des Kreises zwischen Wettbewerbsfähigkeit, sozialer Gerechtigkeit und Demokratie droht erstere zu obsiegen, die soziale Marktwirtschaft die Konkurrenz mit dem „Turbo-Kapitalismus" zu verlieren. Ralf Dahrendorf erkannte in einer „ungezügelten Globalisierung" die Gefahr wachsender gesellschaftlicher Desintegration und politischer

Instabilität, die wiederum die Versuchung zu autoritären Problemlösungen verstärken könnten. Deshalb sagte er ein „autoritäres Jahrhundert" voraus.

Die Globalisierung des Wettbewerbs hat in vielen Gesellschaften und Bevölkerungsgruppen die Ängste vor Unsicherheit und Schutzlosigkeit vergrößert. Solche Ängste entstehen, wenn im Namen von Deregulierung und Flexibilisierung der Arbeitsmärkte und sozialen Sicherungssysteme öffentliche Güter wie Gesundheit, Bildung und Wohlfahrt zunehmend dem freien Spiel der Marktkräfte überlassen werden. Wenn der Staat seine soziale Schutzfunktion nicht mehr erfüllt, die ihm aus dem Gesellschaftsvertrag erwächst, verliert er an Legitimität und ermöglicht Populisten, diffuse Verunsicherungen in der „globalisierten Unsicherheit" auszubeuten. Elmar Altvater und Birgit Mahnkopf (2002) machten die *„Globalisierung der Unsicherheit"* im Arbeitsleben, in globalen Machenschaften des „schmutzigen Geldes" und an dem durch Korruption „gekaperten Staat" fest.

Die fortschreitende Globalisierung könnte von einer schleichenden Erosion der Demokratie begleitet sein, weil die Verflechtung moderner Gesellschaften die demokratischen Kontrollmechanismen des überkommenen Territorialstaats untergräbt. Demokratische Verantwortung der Gewählten kann nicht mehr greifen, wenn sich diese auf Sachzwänge der Globalisierung und multilaterale Entscheidungsmechanismen berufen. Dieses Demokratieproblem könnte nur entschärft werden, wenn die Herausbildung einer Weltöffentlichkeit und Weltbürgergesellschaft neuartige Kontrollmechanismen hervorbringen sollte. Die zivilgesellschaftlichen „Globalisierungswächter" sind gefordert, die Weltbürgergesellschaft zu aktivieren und mit ihrer Hilfe das Demokratiedilemma zu entschärfen (vgl. Leggewie 2003: 147 ff.).

Menschenrechtsgruppen befürchten, dass die Globalisierung alle Fortschritte in der normativen Ausgestaltung der Menschenrechtskataloge unterlaufen könnte: die sozialen Menschenrechte durch eine Verschlechterung der Lebens- und Arbeitsbedingungen, die Frauenrechte durch eine noch größere Ausbeutung, z. B. in den „Weltmarktfabriken" und durch eine Interkontinentalisierung des Frauenhandels, die Kinderrechte durch die Ausweitung von Kinderarbeit und von Kinderprostitution. Frauenforscherinnen lasten der Globalisierung zusätzliche Belastungen für die „globalisierte Frau" an. Die Öffnung der Märkte für Kapital, Güter und Dienstleistungen und die Konkurrenz um Standortvorteile haben die Fähigkeiten von Staaten, soziale Mindeststandards durchzusetzen, geschwächt und die Verhandlungsmacht von multinationalen Unternehmen gestärkt. Ihre transnationale Organisation schwächt auch die Organisationsmacht national organisierter Gewerkschaften. Die Globalisierung zielt darauf ab, Hindernisse zu beseitigen, die sich weltweiter Investitionstätigkeit und dem weltweiten Absatz von Produkten in den Weg stellen. In dieser Rationalität sah auch die *UN-Kommission für wirtschaftliche, soziale und kulturelle Rechte* (CESCR) das „Risiko, daß sie den zentralen Stellenwert mindert, der den Menschenrechten in der UN-Charta im allgemeinen und in der Allgemeinen Erklärung der Menschenrechte im besonderen eingeräumt wird."

Die sozialen Menschenrechte sollen die Globalisierung humanisieren, aber ihre regulative Kraft ist schwach, während die Macht des Kapitals, das die Globalisierung vorantreibt, groß ist. Sicherlich wird eine pauschale „Multi-Schelte", wie sie Jean Ziegler (2003) in seiner scharfzüngigen Polemik vortrug und große Teile der „Dritte Welt-Szene" immer noch pflegen, dem Verhalten vieler durchaus verantwortungsbewusster „Multis" nicht gerecht: Sie sind nicht allesamt rücksichtslose Ausbeuter, die notfalls auch über Leichen gehen. Viele haben sich, freilich unter dem Druck drohender Kampagnen der transnational organisierten „Globalisierungswächter", freiwilligen sozialen und ökologischen Verhaltenskodizes unterworfen. Aber es gab gute Gründe, warum der frühere UN-Generalsekretär Kofi Annan mit seinem Projekt eines *Global Compact* versuchte, den multinationalen *Global Players* Selbstverpflichtungen zur Respektierung von Menschenrechten, Arbeits- und Umweltstandards abzuringen (vgl. Hoessle 2013). Bis zum Jahr 2010 traten diesem globalen Netzwerk rund 7000 Teilnehmer, neben Verbänden, NGOs (Non-Governmental-Organizations) und Wissenschaftsorganisationen auch rund 5000 der rund 65.000 multinationalen Unternehmen bei, die sich zu den im Kasten dokumentierten zehn Prinzipien des *Global Compact* bekannten und bereit waren, über deren Beachtung in der Unternehmenspraxis zu berichten. Der Pakt beruht auf dem Prinzip der Freiwilligkeit, verzichtet deshalb auf Kontrollen und verschont auch Trittbrettfahrer, die das UN-Logo zur Werbung und zum „*blue-washing*" im UN-Blau missbrauchen, von Sanktionen. Für international tätige Unternehmen gilt dennoch die mit dem UN-Logo belohnte Mitgliedschaft als Gütesiegel. Nationale Kontaktstellen verknüpfen das Netzwerk.

Die zehn Prinzipien des Global Compact
Diese zehn Prinzipien, die ihre normative Begründung aus einschlägigen internationalen Deklarationen und Konventionen bezogen, sind die folgenden:
Menschenrechte
- Unternehmen sollen den Schutz der internationalen Menschenrechte unterstützen und achten,
- sicherstellen, dass sie sich nicht an Menschenrechtsverletzungen mitschuldig machen.

Arbeitsnormen
- Unternehmen sollen die Vereinigungsfreiheit und das Recht auf Kollektivverhandlungen wahren,
- sich für die Beseitigung aller Formen der Zwangsarbeit,
- für die Abschaffung der ausgebeuteten Kinderarbeit
- sowie für die Beseitigung von Diskriminierung bei der Anstellung und Erwerbstätigkeit einsetzen.

Umweltschutz
- Unternehmen sollen im Umgang mit Umweltproblemen dem Vorsorgeprinzip folgen,
- Initiativen ergreifen, um größeres Umweltbewusstsein zu fördern,
- die Entwicklung und Verbreitung umweltfreundlicher Technologien beschleunigen.

Korruptionsbekämpfung
- Unternehmen sollen gegen alle Arten der Korruption eintreten.

Dennoch gelang es dem deutschen BMZ nicht, die meisten der Handelsketten, die in den asiatischen Weltmarktfabriken zu Bedingungen, die allen Kernarbeitsnormen der ILO widersprechen, Textilien produzieren lassen, in ein Bündnis gegen diese Ausbeutung und für eine nachhaltige Textilproduktion einzubinden. Hier könnte nur ein breiter Boykott der Konsument(inn)en wirksamen Druck erzeugen, der sich von einem anderen Werbeslogan leiten läßt: „Geiz ist dumm!" Der *Global Compact* war gut gemeint und hat auch manche Unternehmen zur *Corporate Social Responsibility* (CSR) bekehrt, aber die schlimmsten Formen der Ausbeutung in den Handelsbeziehungen nicht zu verändern vermocht. Auch Handelsketten mit guten Namen lassen in asiatischen Ländern zu Bedingungen, die weit entfernt von den Prinzipien des *Global Compact* sind, in Fabriken, die viele Sicherheiten vermissen lassen, und ohne Rücksicht auf die Umwelt ihre Textilien produzieren, die dann zu Ramschpreisen in den westlichen Supermärkten verkauft werden. Gleichzeitig nutzen diese „Multis" zwar die Infrastruktur der Gastländer, zahlen aber nur selten Körperschaftssteuer oder Exportzölle, sodass bei ihnen die Profite verbleiben, bei den Gastländern aber nur eine Verringerung der hohen Arbeitslosigkeit. Dies sind die Schattenseiten der Globalisierung.

Es zeichnet sich ab, dass die Globalisierung auch Chancen für eine Demokratisierung des internationalen Systems eröffnen könnte. Der politische Philosoph Ottfried Höffe (1999) hat in einem großen Wurf die Überlebenschancen der „*Demokratie im Zeitalter der Globalisierung*" auszuloten versucht. Es gibt nicht nur Risiken, sondern auch Chancen, wie die folgenden:
- Die aus aller Welt berichtenden Medien schaffen eine Weltöffentlichkeit, die auch Diktaturen und mächtige „Multis" fürchten. Der „CNN-Faktor" wurde zu einem Machtfaktor in den internationalen Beziehungen. Nationalstaaten und global operierende Unternehmen wurden zunehmend international rechenschaftspflichtig.
- Der fast „offene Himmel" der globalen Telekommunikation ermöglicht es, dass die Botschaft der Menschenrechte, wenn auch mit einigen Hindernissen, in der ganzen Welt gehört werden kann; dass schwere Rechtsverletzungen irgendwo in der Welt mit Bild und Ton belegt und nicht nur gefühlt werden können, wie schon Kant gehofft hatte.
- Transnational vernetzte NGOs nutzen für ihre Aktionsformen und Kampagnen die Potenziale der „Internetwelt", um die Staaten- und Wirtschaftswelt unter den Legitimationsdruck von internationalen Abkommen zu setzen. Die Globalisierung macht das „globale Dorf" zu einer konkreten Utopie, deren Realisierung allerdings noch viele Veränderungen im politischen und wirtschaftlichen Weltgeschehen voraussetzt.

Die Globalisierung unterhöhlt Altes und Vertrautes und erzeugt deshalb Verunsicherungen; sie bringt gleichzeitig neue Strukturen und Denkweisen hervor; sie durchdringt alle Wirtschaftsstrukturen, Lebensweisen und Kulturwelten, die im industriellen Zeitalter entstanden: Sie entfesselt die Welt, wie es der britische Soziologe Anthony Giddens (2002) in einem illustrativen Buchtitel verdichtete. Sie zwang auch die Geistes- und Kulturwissenschaften dazu, ihren vom Soziologen Ulrich Beck attackierten „methodologischen Nationalismus" sowie ihre ethnozentrisch geprägten Weltbilder und Wertsysteme zu überdenken und den von der europäischen Aufklärung vererbten Humanismus, der in den als universell deklarierten Menschenrechten verankert wurde, transkulturell zu interpretieren. Der von der Globalisierung und digitalen Revolution beförderte interkulturelle Dialog eröffnet in allen Kulturen neue Horizonte und Denkweisen. Dies ist ein positiver Effekt der Globalisierung, die dann missverstanden würde, wenn sie auf ihre ökonomischen Dimensionen verkürzt würde und ihr nur die Schrecken der „Globalisierungsfalle" angelastet würden. In der Tat müssen, wie Claus Leggewie (2003) in seiner Auseinandersetzung mit der Globalisierungskritik betonte, die kulturellen Dimensionen der Weltgesellschaft gegenüber der Fixierung auf die finanzwirtschaftlichen Aspekte stärker berücksichtigt werden.

2.7 Fazit: Wenn sich die Probleme globalisieren, muss sich auch die Politik globalisieren

Die Frage der Beherrschbarkeit von Weltproblemen, denen sich in der „globalen Risikogesellschaft" kein Staat entziehen kann, ist zum zentralen Problem der Weltpolitik geworden. Mit der Globalisierung von Ökonomie und Technologie, von Kommunikation und Transportsystemen internationalisieren sich auch Fehlentwicklungen. Auch Probleme in scheinbar weit entfernten Regionen – wie Verelendung, Umweltzerstörungen, Kriege oder armutsbedingte Migration – haben teils regionale, teils auch globale Bumerangeffekte. Der israelische Politologe *Yehezkel Dror* (1995) beantwortete seine skeptische Frage: „Ist die Erde noch regierbar?" so: Auf herkömmliche Weise nicht mehr. Wenn sich die Probleme globalisieren, dann genügt auch nicht mehr ein punktuelles und reaktives Krisen-management, sondern es müssen neue internationale Ordnungsstrukturen geschaffen werden. Der Versuch, Antworten auf die Herausforderungen der Globalisierung zu finden, nennen die einen Globalpolitik oder Weltinnenpolitik, andere Weltordnungspolitik oder globale Strukturpolitik, viele inzwischen „Global Governance" (vgl. Messner u. Nuscheler 2006). Wie Tabelle II/2 zeigt, gibt es bereits viele Ansätze zu einem solchen noch fragmentierten System des globalen Regierens.

Die Staatengemeinschaft gründete, häufig auf Initiative der mehrheitlich nach den 1960er-Jahren unabhängig gewordenen Entwicklungsländer, eine Vielzahl von internationalen Organisationen und Programmen zur multilateralen und kooperativen Bearbeitung von Weltproblemen. Gleichzeitig organisierten die Vereinten Nationen eine Serie von Weltkonferenzen, die mit einem Großeinsatz von *Public-Private-Partnership* (PPP), also durch die Beteiligung von Staaten, Privatunternehmen und zivilgesellschaftlichen Organisationen (NGOs), Lösungen für diese Weltprobleme finden sollten und eine Fülle von richtungsweisenden Aktionsprogrammen erarbeiteten. Was die spektakuläre Rio-Konferenz von 1992 über „*Umwelt und Entwicklung*" (UNCED) nach langen Verhandlungen in Konventionen und Deklarationen goss, lieferte als „*Geist von Rio*" der internationalen Umweltpolitik für die nächsten Jahrzehnte Orientierungen.

Diese Weltkonferenzen bildeten „Baustellen für Global Governance" (so Fues/Hamm 2001), warfen aber bald die kritischen Fragen auf, ob ihre Ergebnisse die hohen

Tabelle II/2: Global Governance; Institutionen und Regelwerke

UN-Organisationen – mit Regelungskraft – mit Koordinationsfunktionen/sektoralen Operationsfunktionen	– UN-Sicherheitsrat – ILO (Kernarbeitsnormen) – UN-Sonderorganisationen – UN-Programme
Handels- und Finanzorganisationen außerhalb des UN-Systems	– IMF (Finanzen) – Weltbank (Entwicklung) – WTO (Welthandel)
Globale Regelwerke mit schwacher Regelungskraft	– RtP (Responsibility to Protect) – ICC (International Criminal Court) – Kyoto Protokoll – Menschenrechtspakte – OPCW (chemische Waffen) – Klimarahmenkonvention – ILO-Kernarbeitsnormen
Diverse Regime mit globaler Reichweite **(Konventionen)**	– Verbot der Landminen gegen Personen (Ottawa-Protokoll) – FCKW-Verbot (Montreal-Protokoll) – Nutzung der Meere (UNCLOS/Seerecht) – GFK (Genfer Flüchtlingskonvention)
Good-Will-Vereinbarungen (soft law)	– MDGs – Global Compact – 0,7 % des BSP für ODA – Verhaltenskodices

Flug- und Aufenthaltskosten von vielen Tausenden von Teilnehmer(inne)n rechtfertigen. Die Medien mokierten sich über den teuren „Konferenztourismus", übersahen dabei aber, dass sich diese „Baustellen für Global Governance" um die kooperative Lösung von Weltproblemen bemühten, bei denen es um Existenzfragen der Menschheit ging, wie der Klimawandel, das Hunger- und Armutsproblem, das Bevölkerungsproblem oder die weltweite Situation von Frauen und Kindern. Tabelle II/3 zeigt einen Überblick wichtiger Weltkonferenzen von 1990 bis 2014.

Die Globalisierung ist ein politisch gewolltes Großprojekt. Was politisch gewollt ist, kann auch politisch gestaltet werden. Die Globalisierung kann als welthistorischer Megatrend nicht aufgehalten, aber ihr Entwicklungspfad kann verändert werden. Dies war auch die Quintessenz des Berichts der Enquete-Kommission zur „Globalisierung der Weltwirtschaft". Damit möglich werden könnte, was sich Wolfgang Sachs u. a. (2005) als „Fair Future" ausdachten, oder UNDP „Globalisierung mit menschlichem Gesicht" nannte, ist es notwendig, ihre unbändige Eigendynamik sozialen, ökologischen und menschenrechtlichen Regelwerken zu unterwerfen. Solche Regelwerke liegen bereits in den ILO-Kernarbeitsnormen, im Kodex der sozialen Menschenrechte und in Umweltkonventionen vor.

Tabelle II/3: Wichtige Weltkonferenzen 1990–2014

Wichtige Weltkonferenzen 1990–2014		
Jahr	Titel/Gegenstand	Ort
1990	Weltkindergipfel (WCS)	New York
1992	UN-Konferenz für Umwelt und Entwicklung (UNCED) – „Erdgipfel"	Rio de Janerio
1993	Zweite Weltmenschenrechtekonferenz	Wien
1994	Dritte Konferenz zu Bevölkerung und Entwicklung (ICPD)	Kairo
1994	Weltkonferenz zu kleinen Inselstaaten	Barbados
1995	Weltgipfel für soziale Entwicklung (WSSD) – „Sozialgipfel"	Kopenhagen
1995	Vierte Weltfrauenkonferenz	Peking
1996	Welternährungsgipfel	Rom
1997	Weltklimagipfel („Kyoto-Protokoll")	Kyoto
2000	Millenniumgipfel („Millenniumerklärung")	New York
2002	Weltgipfel für Nachhaltige Entwicklung (WSSD)	Johannesburg
2009	UN-Klimakonferenz	Kopenhagen
2009	Weltgipfel zur Ernährungssicherheit	Rom
2013	UN-Klimakonferenz	Warschau
2014	Dritte Internationale Konferenz zu kleinen Inselstaaten	Apia/Samoa
2014	UN-Klimagipfel	New York

Das Ziel einer „fairen Globalisierung" fordert der Staaten- und Wirtschaftswelt ein neues Denken und Handeln ab: die Verdichtung der internationalen Kooperation, die Verrechtlichung und Demokratisierung der internationalen Beziehungen, die universelle Geltung der Menschenrechte und Befolgung („*compliance*") völkerrechtlicher Normen oder des „*soft law*" von Verhaltenskodizes sowie den sozialen Ausgleich zwischen den Weltregionen durch eine gerechtere Weltwirtschaftsordnung. Die zivilgesellschaftlichen „Globalisierungswächter" müssen durch eine „Globalisierung von unten" ein Gegengewicht zu den Kraftbolzen der Globalisierung aufbauen und die „neuen Herrscher der Welt" (Jean Ziegler) daran hindern, dass sie zu diesen „neuen Herrschern" werden können. Sie begründen die Hoffnung, dass eine „faire Globalisierung" möglich wird, weil sie die Politik und Wirtschaft unter verändernden Legitimations- und Handlungsdruck zu setzen vermögen.

In der neuen polyzentrischen Weltordnung mit mehreren regionalen und miteinander konkurrierenden Machtzentren ist eine handlungsfähige Institution unverzichtbar, die den Kosmopolitismus organisieren und Global Governance institutionalisieren kann: Dies sind seit dem Ende des Zweiten Weltkriegs die Vereinten Nationen, für die nach dem gescheiterten Völkerbund wieder Immanuel Kant mit seiner Vision einer „Föderation freier Republiken" die Gründungsidee geliefert hatte. Wir sind zwar noch nicht „auf dem Weg zu einer Weltregierung" mithilfe eines „Parlaments der Menschheit", wie ein Buchtitel des Yale-Historikers Paul Kennedy (2007) suggerierte, weil die Staaten diesen Weg blockieren. Zwar können Diplomaten in multilateralen Verhandlungsprozessen Lösungen für viele globale Herausforderungen finden und in völkerrechtliche Regime gießen, aber ihre Bearbeitung braucht internationale Organisationen, denen das UN-System universell akzeptierte Regeln und Verfahren sowie ein gemeinsames Dach gibt. Die Staaten gründeten unter diesem Dach eine Vielzahl von Sonderorganisationen und Programmen für jedes der auftauchenden Weltprobleme, weil sie einen Bedarf an solchen global organisierten und operierenden Organisationen erkannten.

Es wurde oft gesagt und geschrieben, dass das zunehmend aufgeblähte UN-System von den Staaten gegründet und finanziert wurde und nur so gut funktionieren kann, wie es ihm die Geburtshelfer erlauben. Selbst seine heftigsten Kritiker, die vor allem aus den USA kommen, wollen dieses System zwar reformieren, aber aus einem einfachen Grund nicht abschaffen: Auch Hegemone brauchen und gebrauchen es, um die Weltöffentlichkeit beeinflussen und eigene Interessen durchsetzen können. Eine Maxime der US-amerikanischen Weltpolitik lautet: Soviel Unilateralismus wie möglich, soviel Multilateralismus wie nötig. Das UN-System und vor allem sein wichtigstes Konstruktionselement, der Sicherheitsrat, ist reformbedürftig, weil die Oligarchie der Siegermächte des Zweiten Weltkriegs und der Nuklearmächte in keiner Weise die veränderten Machtverhältnisse in der multipolaren Welt repräsentiert und die großen Weltregionen Afrika, Lateinamerika, Nahost, Südasien (mit dem weltpolitischen BIC-Schwergewicht Indien) und Südostasien (mit dynamischen Aufsteigern in der Weltwirtschaft) ausschließt. Der von Rivalitäten zwischen den alten und neuen Großmächten gelähmte UN-Sicherheitsrat verliert nicht nur an Handlungsfähigkeit und Potenz, seine Kernaufgabe der Friedenssicherung zu bewältigen, sondern auch an Legitimität, weil er ein Relikt der nach dem Zweiten Weltkrieg geschaffenen und längst überholten Weltordnung ist.

Auch die notorischen Kritiker des UN-Systems wissen, dass die von Krisen und Konflikten erschütterte Welt eine Institution wie die UNO und ein System des globalen Regierens, Global Governance genannt, braucht, um diese Krisen und Konflikte bearbeiten zu können, was ihre operativen Sonderorganisationen und Programme bereits täglich recht und schlecht zu tun versuchen (vgl. Brühl/Rosert 2014). Global Governance, deren Begründung, Funktionen und Operationsprobleme die auf Vorschlag von Willy Brandt von den Vereinten Nationen berufene *Commission on Global Governance* in einem umfassenden Bericht (1995) behandelte und Messner/Nuscheler (2006) auf Stärken uns Schwachstellen abklopften, kann dauerhaft nur dann die ihm zugedachten Aufgaben bewältigen, wenn sich die Vereinten Nationen auf den Weg zu einer „*subsidiären und föderalen Weltrepublik*" begeben, den der politische Philosoph Ottfried Höffe (1999) in Anlehnung an Kants Vision einer „*Föderation der freien Republiken*" vorzeichnete. Diese Vision ist etwas anderes als der King Kong in Gestalt eines Weltstaats, der als bürokratische Superbehörde weit entfernt von den zu lösenden Problemen wäre und noch weniger Legitimität gewinnen könnte als das schon real existierende UN-System und ohnehin keine Realisierungschance hat. Dezentralisierung steht überall auf der Reformagenda und auf globaler Ebene eben die Vision einer „subsidiären und föderalen Weltrepublik", die nicht auf *Top-down*, sondern auf *Bottom-up*, setzt.

3 Weltwirtschaftskrise: Globale Verwundbarkeiten

Bereits in den späten 1960er-Jahren, also längst bevor das Schlagwort der Globalisierung in aller Munde war, leiteten Theoretiker der Internationalen Beziehungen aus der Vermehrung und Verdichtung transnationaler Verflechtungen das Theorem der „komplexen Interdependenzen" ab. Sie ersetzten das vom politischen Realismus gezeichnete Billard-Kugel-Modell internationaler Beziehungen, in dem allein souveräne Nationalstaaten diplomatisch interagieren und Entscheidungen treffen, durch das Spinngewebe-Modell, in dem staatliche Akteure in einem Mehrebenen-Entscheidungssystem in eine Vielzahl von Beziehungsgeflechten von staatlichen und nichtstaatlichen, nationalen und internationalen Akteuren eingebunden sind. Diese Einbindung in vielschichtige Interdependenzstrukturen hat zur Folge, dass Entscheidungen über das, was sich im Gefolge der Globalisierung der Waren- und Kapitalströme, weltweiter ökologischer Gefährdungen oder der interkontinentalen Migrationsbewegungen vollzieht, tendenziell aus dem exklusiv nationalstaatlichen Regelungszugriff auswandert und auf globale Wirkungs- und Handlungszusammenhänge abwandert.

Eine Reihe von Weltproblemen, die in Kapitel 1 dargestellt wurden, hat potenziell weltweite Ausstrahlungseffekte und kann globale Systemkrisen auslösen. Die Interdependenztheoretiker unterschieden zwischen Empfindlichkeit (*sensitivity*) und Verwundbarkeit (*vulnerability*) je nach Chancen und Optionen der einzelnen Akteure, auf internationale Krisen zu reagieren, ihre Kosten zu minimieren und Alternativen zu finden. Der Schock des 11. September 2001 („9/11") zwang auch dem mit Waffen strotzenden „Mars Amerika" (Robert Kagan 2003) die Erfahrung der eigenen Verwundbarkeit auf. Die „globalisierte Unsicherheit" verschonte auch den weltpolitischen Hegemon nicht mehr und beförderte seine Hegemoniekrise.

Diese interdependenztheoretische Unterscheidung kann auch an den Auswirkungen der sieben regionalen Finanzkrisen der 1990er-Jahre verdeutlicht werden. Sie erzeugten zwar lokale und regionale Verwundbarkeiten, aber das Krisenmanagement des IWF federte sie auf globaler Ebene als Empfindlichkeit ab. Die Asienkrise von 1997/98 bremste den Höhenflug der fernöstlichen „Tigerstaaten" abrupt ab und zwang in Indonesien die korrupte Suharto-Diktatur in die Knie. Die Argentinien-Krise von 2001/2 stürzte dieses „ewige Schwellenland" in eine tiefe Wirtschafts- und Sozialkrise und löste damals in ganz Lateinamerika Schockwellen aus. Aber diese regionalen Finanzkrisen erschütterten noch nicht die Grundfesten des globalen Finanzsystems, das noch über genügend Rettungsringe verfügte. Die sich im Sommer 2014 erneut abzeichnende Zahlungsunfähigkeit Argentiniens hatte nur noch geringe Auswirkungen auf die inzwischen stabilisierte Region, in der neben Brasilien auch Mexiko und Chile zu Schwellenländern avancierten und auch Argentinien das sprichwörtliche „ewige Schwellenland" blieb.

3.1 Auswirkungen der globalen Finanz- und Wirtschaftskrise

Diese tektonischen Erschütterungen löste dann die globale Finanzkrise der Jahre 2008/09 aus, deren Epizentrum wie in der Weltwirtschaftskrise von 1929 in der New Yorker Wall Street lag. Sie stürzte ohne Vorwarnung durch die Zunft der Ökonomen mit unterschiedlicher Wucht, Empfindlichkeiten hier und Verwundbarkeiten dort, alle Weltregionen in krisenhafte Entwicklungen und Verunsicherungen. Hier handelte es sich um eine Systemkrise des globalisierten Finanzkapitalismus und um eine Moralkrise seiner Manager, die das deregulierte Marktgeschehen für ihre Spekulationsgeschäfte missbrauchten. Tief schürfende Analysen der Krise lieferten u. a. Paul Krugman (2009), der Nobelpreisträger für Wirtschaftswissenschaften von 2008, und verschiedene Berichte von *Social Watch* (2009). Die langfristigen Auswirkungen der globalen Krise blieben zwar zu Beginn des zweiten Jahrzehnts des 21. Jahrhunderts noch unscharf, aber sie lassen bereits den Schluss zu, dass es sowohl in der Weltwirtschaft als auch in der Weltpolitik ein Weiter wie bisher nicht geben wird. Allerdings stießen verschiedene Regulierungsversuche wie die Einführung einer Transaktionssteuer auf internationale Finanztransaktionen, die gigantische Größenordnungen erreicht haben, sowohl auf der regionalen EU-Ebene als auch auf der globalen Ebene auf hartnäckige Widerstände in den Finanzzentren. Die Einführung einer Devisentransaktionssteuer, mit deren Erträgen internationale Entwicklungs- und Umweltfonds finanziert werden könnten, gehörte zum Gründungszweck von Attac.

Die realwirtschaftlichen Auswirkungen auf den Welthandel, die weltweite Industrieproduktion und Rohstoffwirtschaft waren in der Anfangsphase der Krise sogar noch tief greifender als in der Weltwirtschaftkrise von 1929, die zur Vorgeschichte des aus der Krise politisches Kapital schlagenden Faschismus gehörte. Sie verschonte auch die OECD-Länder nicht, von denen einige an den Rand des Staatsbankrotts gerieten, UNICEF berichtete über eine Vergrößerung der Kinderarmut auch in den OECD-Staaten; sie traf aber vor allem viele Entwicklungsländer und einige osteuropäische Länder, die nicht mit massiven Konjunktur- und Stabilisierungsprogrammen gegensteuern konnten, noch härter. Ihre missliche Lage verdeutlichte, was Verwundbarkeit bedeutet: nämlich das ziemlich hilflose Reagieren auf externe Schocks, zu deren Entstehen sie nicht beigetragen haben. Die Vorstände von IWF und Weltbank dramatisierten mit kräftigen Worten und Bildern die Auswirkungen der Weltwirtschaftskrise auf die schwächsten Glieder der Weltwirtschaft, weil sie eine Verschärfung der Armutsprobleme und ein mögliches Kollabieren von ohnehin labilen Staatsgebilden befürchteten, aber auch eine massive Aufstockung ihrer Hilfsfonds erhofften. Die aufgeschreckten Vereinten Nationen, in deren Gremien die „Gruppe der 77" Aktionen gegen die Krise forderte, legten der Ende Juni 2009 in New York versammelten *Conference on the World Financial and Economic Crisis and its Impact on Development* einen umfassenden Expertenbericht vor.

Die voluminösen Berichte von internationalen Organisationen, die von einer Fülle von mehr oder weniger gehaltvollen Krisenanalysen in Medien und wissenschaftlichen

Journalen begleitet waren, kamen zu sehr ähnlichen und mit Daten abgestützten Erkenntnissen über die Ursachen und Auswirkungen der Finanzkrise:

1. Dem Boom der Rohstoffpreise, der auch dem subsaharischen Afrika in den Vorjahren zu einem beachtlichen Wirtschaftswachstum verholfen hatte, folgte nach dem Einbruch der Nachfrage ihr teilweise starker Zerfall, der besonders wenig diversifizierte Rohstoffökonomien unvorbereitet traf. Andererseits profitierten viele Importländer von Erdöl und Nahrungsmitteln von einem Rückfall der Preise auf das vor der Krise erreichte Niveau.
2. Die privaten Kapitalzuflüsse in Entwicklungs- und Schwellenländer fielen von den Höchstständen im Jahr 2007, die bei 1,2 Billionen US-Dollar lagen, auf 707 Mrd. US-Dollar im Krisenjahr 2008, davon die Portfolio-Investitionen sogar um 90 %. Wenn die Entwicklungsländer von den Banken überhaupt noch Kredite erhielten, dann zu wesentlich schlechteren Bedingungen. Dagegen stiegen die ausländischen Direktinvestitionen (FDI) zunächst sogar leicht an, vor allem in Rohstoffländern (Angola, Brasilien, Chile, Russland), fielen aber dann im Jahr 2009 um geschätzte 30 % zurück. Die Konkurrenz um Rohstoffe, vor allem um Erdöl, beförderte auch in der Krise hohe Investitionen in ihre Prospektion und Ausbeutung. Großinvestoren waren chinesische Staatsunternehmen.
3. Die Remittances (Überweisungen von MigrantInnen) fielen Ende 2008 nach Schätzungen des Remittances Team der Weltbank um 8 bis 10 %. Dieser Rückgang brachte vor allem die Emigrationsländer in Zentralamerika und in der Karibik in schwere Bedrängnis, bei denen die Remittances mehr Devisen ins Land bringen als die Güterexporte.
4. Das erhebliche Schrumpfen von Geldzuflüssen und der Zerfall der Rohstoffpreise führten zu einer teilweise starken Abwertung der lokalen Währungen, die nach dem September 2008 im Durchschnitt aller Entwicklungsländer einen Wertverlust von rund 15 %, im lateinamerikanischen Durchschnitt von über 20 % und im subsaharischen Afrika von über 16 % erlitten.
5. Die hohen Haushaltsdefizite der OECD-Länder ließen keine Steigerung der ODA über das erreichte Niveau, teilweise auch Kürzungen der in Krisenzeiten schwerer zu rechtfertigenden ODA-Leistungen erwarten. Die Koalitionsregierung von CDU/CSU und FDP rückte vom EU-Ziel, bis 2010 die ODA-Leistungen auf 0,51 % des BNE anzuheben, mit Hinweis auf die angespannte Haushaltslage ab. Andere EU-Länder kündigten ebenfalls ihre früheren Versprechen auf. Der Rückgang von privaten Kapitalzuflüssen und von Remittances vergrößerte den ausgleichenden Kapitalbedarf der LLDCs. Hier öffnete sich auch für die Verwirklichung der MDGs eine Finanzierungslücke.
6. Im Gefolge dieser finanziellen Auswirkungen der Weltwirtschaftskrise fiel das Wirtschaftswachstum in der Gesamtheit der Entwicklungsländer von 5,9 % im Jahr 2008 auf geschätzte 1,2 % im Jahr 2009, in Sub-Sahara-Afrika von 5,5 % auf 1,7 %. Hier waren es wiederum die Ölförderländer, die den Durchschnitt relativ hoch hielten, der jedoch wenig über die soziale Situation der Bevölkerungsmehrheiten aussagte. Der Wachstumseinbruch bedeutete, dass die meisten LLDCs weiter

hinter die Zielvorgaben der MDGs zurückfielen und ihre Fähigkeit, mehr aus eigener Kraft für die Armutsbekämpfung zu tun, geschwächt wurde. Der IWF (2009) errechnete auf der Grundlage dieser Entwicklungen im Export, bei den FDI und Remittances sowie bei der Auslandsverschuldung und ODA-Zuflüssen Grade der Vulnerabilität von Regionen. Es war vor allem der Einbruch bei den FDI, Bankkrediten und Portfolio-Investitionen, der Lateinamerika als besonders verwundbar auswies, während Entschuldungsprogramme und immer noch hohe ODA-Zuflüsse das subsaharische Afrika entlasteten. Die IWF-Studie bescheinigte 21 von 28 Ländern in der Region Lateinamerika/Karibik, aber nur 19 von 45 Ländern im subsaharischen Afrika eine hohe Verwundbarkeit. Dabei ist zu berücksichtigen, dass der IWF den Begriff der Verwundbarkeit auf außenwirtschaftliche Faktoren verengte und die Verwundbarkeit von sozialen Gruppen völlig ausblendete.

7. Hinter diesen kurzfristigen Auswirkungen der globalen Finanzkrise verbargen sich längerfristige Wirkungen einer tiefen Legitimationskrise des Kapitalismus. Der Kollaps des spekulativen „Casino-Kapitalismus" erschütterte das Vertrauen in die Selbstheilungskräfte des Marktes und die ethische Legitimation des „Kapitalismus, so wie die Welt ihn bisher kannte" (so Ulrich Schäfer 2009). Die in der Wirtschaftstheorie dominierende Neoklassik und die Ideologie des Neoliberalismus, die auf das Allheilmittel des Marktes setzten, gerieten in Begründungsnöte. Die Kombination von Finanz- und Wirtschaftskrise, die mancherorts auch eine Währungskrise auslöste, war ein epochales und globales Geschehen, das durchaus mit der Weltwirtschaftskrise von 1929/30 vergleichbar war. Zwar geriet nicht die Marktwirtschaft als Organisationsmodell der Wirtschaft in Existenznöte, sondern eine deregulierte „freie Marktwirtschaft" und die von ordnungspolitischen Regeln entfesselte globalisierte Finanzwirtschaft, aber in der weltwirtschaftlichen Peripherie verlor das westliche Wirtschafts- und Gesellschaftsmodell neben der ökonomischen auch seine moralische Überzeugungskraft.

8. Man muss kein Fundamentalkritiker des Kapitalismus sein, um erkennen zu können, dass Wohlstand hier und Armut dort viel miteinander zu tun haben. Es ist aber eine umstrittene und zugleich herausfordernde These des Soziologen Stephan Lessenich, dass der Wohlstand in den nordatlantischen Prosperitätsinseln vor allem der systematischen Externalisierung der Kosten des westlichen Wohlstandsmodells geschuldet sei. Es lohnt sich, seinen Beitrag in der SZ vom 30.10. 2014 mit dem richtungsweisenden Titel „Neben uns die Sintflut" ausführlicher zu zitieren, weil er gespickt ist mit scharfsinnigen Schuldzuweisungen, die aber die Ursachen für die Armut in der Welt allzu ausschließlich in den Voraussetzungen und Folgen des westlichen Wohlstandsmodells und in der „kapitalistischen Kolonialisierung unserer Lebenswelten" suchen und finden:

Es ist eine Tatsache, dass die Lebensweise breiter Bevölkerungsmehrheiten auf den nordatlantischen Inseln der Sicherheit, der Stabilität und des Wohlstands einer systematischen Externalisierung der Voraussetzungen und der Folgen das mit diesem Lebensmodell einhergehenden Ressourcenverbrauchs geschuldet ist. Die damit verbundenen Kosten und Lasten fallen nämlich durchweg nicht bei „uns", sondern bei den anderen, in den Weltregionen außerhalb der „westlichen" Prosperitätsinseln an. Ungeahnter Wohlstand, das Ende von Hungersnöten, die offenbar unaufhaltsame Verlängerung der Lebenserwartung, eine Dynamik permanenter technologischer Innovationen, gut ausgebaute Straßen, öffentliche Ordnung und allgemeine Krankenkassen – das und vieles mehr hat der sogenannte Wohlfahrtskapitalismus für viele von „uns", in den Gesellschaften des globalen Nordens, getan. Doch die Tatsache all dieser positiven Nebeneffekte der kapitalistischen Kolonialisierung unserer Lebenswelten hängt unmittelbar mit der weiteren Tatsache zusammen, dass all diese positiven Nebeneffekte anderen Menschen, hier und insbesondere anderswo, strukturell und systematisch vorenthalten geblieben sind und bleiben – und dass diese anderen stattdessen mit den externalisierten Negativeffekten kapitalistischer Kolonialisierung leben müssen. Beziehungsweise sterben.

Über diese hier journalistisch zugespitzten und provozierenden Thesen gab es einen heftigen Streit, seit sich die Wissenschaften mit der Verteilung von Reichtum und Armut in der Welt beschäftigen. Dies ist aber gewiss: Wie ein deutscher Soziologe die Welt sieht, so erleben und deuten sie viele Menschen im globalen Süden. Auch deshalb machen sich viele von ihnen auf den gefährlichen Weg gen Norden oder Westen zu den parasitären Prosperitätsinseln, auf dem viele sterben.

9. Die Wirtschafts- und Finanzkrise erschütterte den Überlegenheitsanspruch der ordnungspolitischen Synthese von Demokratie und Marktwirtschaft und wiederbelebte die Attraktivität von autokratischen Herrschaftsformen und planwirtschaftlichen Rettungsversuchen. China erzielte in Südostasien und in Afrika nicht nur mit seiner milliardenschweren Investitions- und Handelsoffensive, sondern auch mit seinem Modell der autokratisch gelenkten „sozialistischen Marktwirtschaft" Geländegewinne, das zugleich dem Herrschaftsanspruch von politischen Autokratien zugute kam. Die Weltwirtschaft erholte sich wieder von seinen Einbrüchen, aber geblieben sind die Desillusionierung der in die Segnungen der Globalisierung gesetzten Hoffnungen und die Zweifel, ob der Kapitalismus seine Erfolgsgeschichte im 21. Jahrhundert fortsetzen kann. Der französische Ökonom Thomas Piketty (2014) unterfütterte diese Zweifel mit historischen und weltwirtschaftlichen Fakten. Der von der UNCTAD erarbeitete *Trade and Development Report 2014* verstärkte, vor allem aus der Sicht der Entwicklungsländer, die Zweifel, dass die Weltwirtschaftskrise schon dauerhaft überwunden sei, zumal sich auch in den Schwellenländern, die Wachstumsmotoren der Weltwirtschaft waren, deutliche Bremsspuren abzeichneten.

10. Eine andere schwerwiegende Folge der hektischen Versuche, Wege aus der Wirtschaftskrise zu finden, war neben der Bereitschaft, eine hohe und die kommenden Generationen belastende Staatsverschuldung zu akzeptieren, die Ankurbelung eines Wachstums, das alle wohlfeilen Bekenntnisse zur Nachhaltigkeit hintanstellte. Ermahnungen nationaler Nachhaltigkeitsräte wurden unter dem akuten Krisendruck überhört. Auch die Verhandlungen über ein Kyoto-Nachfolgeabkommen gerieten unter diesen Krisendruck. Was die Industrie- und Schwellenländer vormachten, ahmte der Rest der Welt nach. Die Weltwirtschaftskrise warf die globale Umweltpolitik zum Schaden der langfristigen Nachhaltigkeit zurück.

Der Fetisch „Wachstum" verzögerte die Abkehr von einem zerstörerischen Pfad wirtschaftlicher Entwicklung. Erst die internationalen Diskussionen über eine *Post-2015-Agenda*, welche die MDGs (*Millennium Development Goals*) durch SDGs (*Sustainable Development Goals*) ersetzen soll, rückte das Gebot der Nachhaltigkeit wieder in den Mittelpunkt einer nicht mehr auf die Bekämpfung der Armut konzentrierten Entwicklungsstrategie (vgl. VENRO 2014a).

3.2 Von der hegemonialen zur fragmentierten Weltordnung

Die von der globalen Finanzkrise ausgelöste Weltwirtschaftkrise erwies sich nicht nur als eine der im Kapitalismus wiederkehrenden Konjunkturkrisen und auch nicht nur als eine an Wachstumseinbrüchen ablesbare Wirtschaftskrise, sondern als eine Systemkrise des Finanzkapitalismus, die Wirtschaftshistoriker als schwerste seit der Großen Depression bewerteten. Sie entpuppte sich auch als eine Weltordnungskrise und als ein Beschleunigungsfaktor sich verändernder weltpolitischer Machtkonstellationen, der den hegemonialen Unilateralismus der Bush-Administration zu einem weltgeschichtlichen Interludium machte und die nach dem Zweiten Weltkrieg aufgebaute weltwirtschaftliche Dominanz der OECD-Welt weiter erodierte.

Die Erweiterung der zum weltgeschichtlichen Auslaufmodell gewordenen G8 zur G20 beruhte auf der durch die Finanzkrise erzwungenen Einsicht, dass globale Probleme nicht mehr durch den alten OECD-Club der Reichen und Mächtigen, der nur eine Minderheit der Weltbevölkerung repräsentierte, gelöst werden können. Nun fanden sich neue ökonomisch und politisch potente Akteure, allen voran die BRICS-Gruppe (bestehend aus Brasilien, Russland, Indien, China und Südafrika), nicht mehr mit einer Statistenrolle in der Kulisse der weltpolitischen Bühne ab. Der von den fünf BRICS-Staaten für das Jahr 2016 vorgesehene Start einer mit einem Gründungskapital von 50 Mrd. US-Dollar ausgestatteten BRICS-Entwicklungsbank und eines Währungsreserve-Fonds sollte ein Gegengewicht zu den von den OECD-Staaten immer noch dominierten Bretton-Woods-Institutionen (IWF und Weltbank) aufbauen. Diese Initiative kann als eine Kampfansage an den Westen gedeutet werden, der über Jahrzehnte eine Umverteilung der Stimmrechte zugunsten der Aufsteiger in der Weltwirtschaft verschleppt hatte und den Schuldnerländern seine in westlichen Denkfabriken ausgedachten Sanierungskonzepte aufzwang. Zur Erinnerung: Im IWF hatten die kleine, aber reiche Schweiz und das noch arme, aber große und weltpolitisch mächtiger werdende Indien fast die gleichen Stimmenanteile. Die aus dem 20. Jahrhundert ererbten Machtkonstellationen gerieten auf verschiedenen Ebenen der Weltpolitik ins Wanken (vgl. Derichs 2014) Die von Rainer Tetzlaff (1996) sogenannte „*Bretton-Woods-Ära*", die ein halbes Jahrhundert die internationale Entwicklungspolitik geprägt hatte, blieb von der Krise der westlichen Hegemonie nicht verschont.

Der *National Intelligence Council* (NIC), in dem die 24 US-amerikanischen Geheimdienste ihre Trendanalysen und Deutungen der weltpolitischen Entwicklungen im ersten Viertel des 21. Jahrhunderts bündelten, setzte sogar das „internationale

System" in Anführungszeichen, weil er davon ausging, dass dieses labile „System" immer weniger durch berechenbare Strukturen und Regeln geprägt sei (NIC 2008). Die Vielzahl von staatlichen und nichtstaatlichen Akteuren, die auf verschiedenen Politikebenen interagieren, bringt ausdifferenzierte Governance-Muster hervor, die auch die alten und neuen Großmächte, die um Machtanteile konkurrieren, in labile Interdependenzstrukturen einbinden (siehe Abbildung II/3). Der Bericht des NIC hielt es für unwahrscheinlich, dass es in dieser fragmentierten Weltordnung ein Mehr an Multilateralismus oder gar so etwas wie ein System von Global Governance geben wird. Stattdessen werde sich ein „Patchwork von sich überlappenden, häufig ad hoc unternommenen und fragmentierten Bemühungen, von wechselnden Koalitionen der Staaten, internationalen Organisationen, sozialen Bewegungen, NGOs, philanthropischen Stiftungen und Unternehmen" herausbilden. Deshalb setzte er das „internationale System" in Anführungszeichen. Der in den US-Medien prominente Politologe Ian Bremmer (2012) verdichtete diese Tendenzen im plakativen Bild der „G-Zero-World" mit einem Abbau der institutionalisierten Kooperation unter dem Dach einer neuen bipolaren Konstellation, „Chimerica" genannt.

Verlierer dieser fragmentierten Weltordnung könnten auch die Vereinten Nationen sein, denen der NIC immer weniger Gestaltungskraft in der Weltpolitik zutraute. Der Verdacht drängt sich auf, dass in dieser Skepsis gegenüber dem UN-System auch die in den USA immer vorhandenen Aversionen gegen den Multilateralismus zum Ausdruck kamen, der nicht erst unter der Bush-Administration mit der unilateralistischen Hybris des Hegemon konfligierte, die Robert Kagan (2003) mit dem Bild des „Mars Amerika" hypostasierte. Fachzeitschriften zu den Internationalen Beziehungen füllten sich mit Reflexionen zur Krise des Multilateralismus und mit Abgesängen auf das normative Konzept von Global Governance. In den Theorien der Internationalen Beziehungen erlebte der auf Macht und Interessen von Nationalstaaten fokussierte Realismus eine Renaissance und der Kosmopolitismus geriet in Begründungs- und Rechtfertigungsnöte. Die realpolitischen Ideen von Hobbes verdrängten die idealistischen Visionen von Kant.

Die sich abzeichnende multipolare Weltordnung, in der Macht und Wohlstand neu verteilt werden, mag konfliktreicher sein als die erodierte hegemoniale Weltordnung, aber sie ist das Ergebnis langfristiger weltgeschichtlicher Entwicklungen, vor allem der „Rückkehr Asiens" in eine weltwirtschaftliche und weltpolitische Führungsrolle (vgl. Mahbubani 2008). Der *Global Risks Report 2014* des Weltwirtschaftsforums erkannte in dieser konfliktreichen Instabilität einer multipolaren Weltordnung sogar das größte globale Risiko. Das theoretische Konstrukt der „Weltrisikogesellschaft" hat also einen sehr realistischen weltpolitischen Hintergrund. Die Konkurrenz auf den Weltmärkten und um die verknappenden Rohstoffreserven wird sich verschärfen, aber die Drohung eines „Weltkriegs um Wohlstand" (so Steingart 2006) ist ebenso mehr ein Werbegag als das Ergebnis nüchterner Trendanalysen wie der von Samuel P. Huntington angedrohte „Kampf der Kulturen". Was sich als eine Krise der nach dem Zweiten Weltkrieg entstandenen und vom Westen dominierten Weltordnung darstellte, muss nun in eine neue Weltordnung transformiert werden, die den veränderten Kräftekonstellationen in einer multipolaren Weltordnung gerecht wird. Nur dann können die weltpolitischen Turbulenzen, die aus der strukturellen Veränderung von Machtpositionen resultieren, durch Verhandlungsprozesse geregelt und die verschiedenen Drohkulissen auf friedliche Weise entschärft werden. Diese Herausforderung erkannte auch Henry Kissinger (2014), ein bekennender „Realpolitiker" und Exponent der zerbrechenden alten Weltordnung, in seinen späten Lebensjahren.

Abbildung II/3 illustriert, wie stark das Handeln der Nationalstaaten bereits in Strukturen und Prozesse einer Mehrebenenpolitik eingebunden ist und wie sich eine Akteursvielfalt herausgebildet hat. Die Nationalstaaten sind noch nicht am Ende, wie z. B. Michael Hardt/Antonio Negri (2000) in ihrer Konstruktion des „Empire" behaupteten, aber sie bewegen sich nicht mehr wie monadische Kugeln in einem von Diplomaten bedienten Billardspiel, sondern sie sind in ein eng verflochtenes Spinngewebe von Interaktionen eingebunden. Es gibt zwar noch einen soziologischen Streit darüber, ob es erst eine emergente oder schon existierende Weltgesellschaft gibt (vgl. Wittmann 2014), aber doch große Übereinstimmung, dass sich auf der Grundlage von zunehmend transnational verflochtenen Gesellschaften ein politischer Überbau namens Global Governance herausgebildet hat. Das sogenannte Westfälische System souveräner Staaten wird zwar noch im Völkerrecht fortgeschleppt, aber die Souveränität, dieses eherne Existenzprinzip der Staatenwelt, ist längst zu einem anachronistischen Überbleibsel der Welt von gestern geworden. Die Globalisierung, diese Entfesselung der Welt (so Giddens 2002), bereitete dem Kosmopolitismus den Weg.

3.3 Die Verschuldungskrise entschärfte sich im Süden und verschärfte sich im Norden

Bei Verschuldungskrisen denkt man zunächst an die großen Überschuldungskrisen von 1982 und 1998, die auch die Schwellenländer zum Canossagang zum IWF zwangen. Aber es waren gerade die damaligen Großschuldner, die Lehren aus den Krisen zogen und die Boomjahre zu Beginn des neuen Millenniums dazu nutzten, große Währungsreserven als Versicherungsschutz anzulegen. Brasilien zahlte seine Schulden beim IWF vorzeitig zurück. Das Epizentrum der globalen Verschuldungskrise lag nun nicht im Süden, sondern in der OECD-Welt, die – allen voran die USA – ihre ohnehin schon hohen Staatsschulden durch gigantische Konjunkturprogramme zum Management der Weltwirtschaftskrise weiter in die Höhe trieben. Die Hypotheken werden im eklatanten Widerspruch zum Nachhaltigkeitsprinzip den kommenden Generationen aufgebürdet.

Im Unterschied zu den früheren Überschuldungskrisen, die dem IWF eine zentrale Rolle im internationalen Krisenmanagement und bei seinen Kritikern das wenig schmeichelhafte Image eines finanziellen „Weltdiktators" verschafft hatten, standen nun nicht die 135 Entwicklungs- und Schwellenländer im Mittelpunkt der Debatte über die globale Verschuldungskrise. Ihr gesamter Schuldenstand lag Ende 2012 nach Daten der Weltbank bei 4,8 Billionen US-Dollar (siehe Abbildung II/4), der Schul-

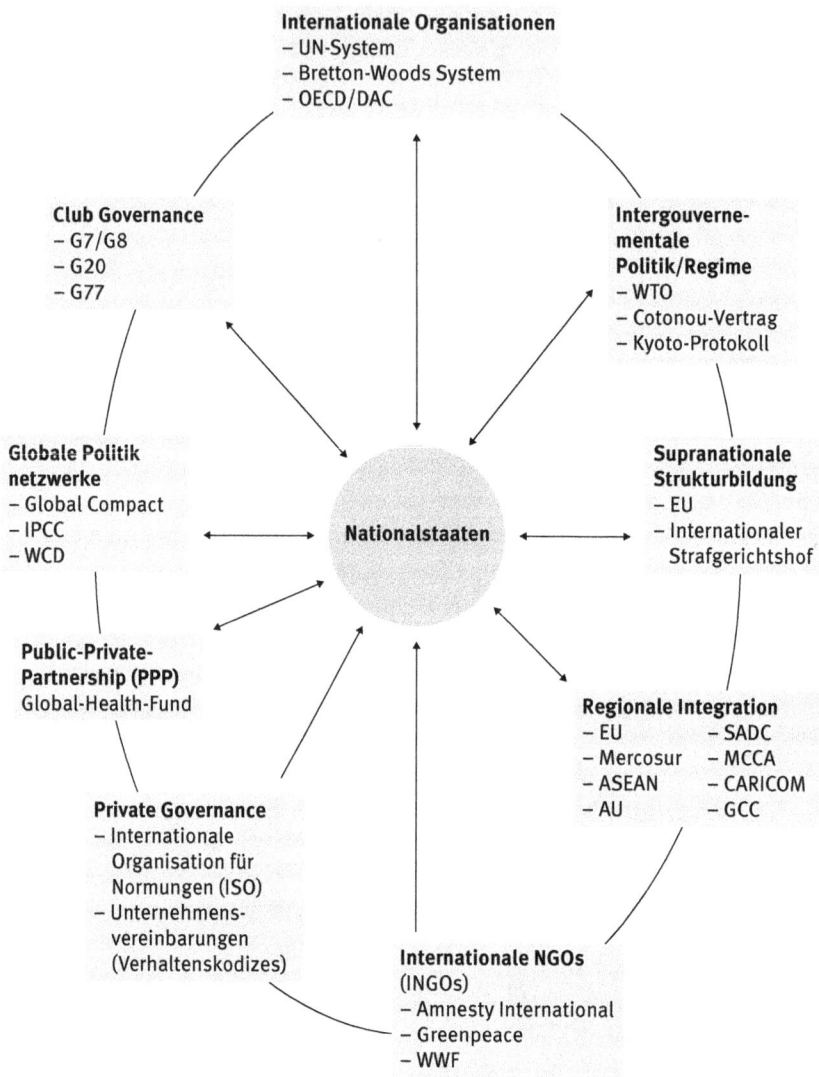

Abbildung II/3: Mehrebenenpolitik und Akteursvielfalt im fragmentierten internationalen System

denstand allein der USA war bis Mitte 2014 auf rund 18,5 Billionen angewachsen. Die USA konnten ihre Haushaltsdefizite, Konjunktur- und Rettungsprogramme für „systemrelevante Banken" nur finanzieren, weil viel Geld auf den internationalen Kapitalmärkten sichere Anlagen suchte und inzwischen auch Öl- und Schwellenländer mit hohen Devisenreserven, allen voran China und die Golf-Staaten, ihre Staatsanleihen aufkauften und damit zugleich die Leitwährung des schwächelnden US-Dollar stützten. Die Wirtschaftskrise mutierte in eine Hegemoniekrise.

Wenn man die von der Weltbank publizierten Daten zu den globalen Auslandsschulden genauer analysiert, zeigen sich bemerkenswerte Unterschiede zu früheren Verschuldungskrisen:
- Ungefähr zwei Drittel der Auslandsschulden sind auf zehn Länder mit mittlerem Pro-Kopf-Einkommen konzentriert. Darunter befinden sich auch die BRICS-Staaten (also Brasilien, Russland, Indien und China). Auf die anderen Entwicklungs- und Schwellenländer entfallen nur die restlichen 35 % von insgesamt rund 4,8 Billionen US-Dollar.
- Das deutlich bessere Verhältnis zwischen Schuldendienst und jährlichen Exporterlösen ist neben internationalen Entschuldungsoperationen vor allem dem Anstieg der Exporterlöse aufgrund größerer Exporte und höherer Preise für Rohstoffe zu verdanken. Zwischen den Jahren 2000 und 2012 hat sich der Schuldendienstquotient von rund 128 % auf rund 72 % verbessert.
- Mit durchschnittlich 22,1 % war die Verschuldung der Entwicklungs- und Schwellenländer im Verhältnis zum Bruttonationaleinkommen (BNE) deutlich niedriger als in den Industrieländern (den *developed countries* in den internationalen Statistiken), wo dieses Verhältnis im Jahr 2012 im Durchschnitt bei 143 % lag (nach dem *Schuldenreport* 2014: 8).

Schuldenstände sagen allerdings noch wenig über die Schuldentragfähigkeit einzelner Länder aus. Liest man ihre Verwundbarkeit am Verhältnis der Staatsschulden zum BIP ab, dann standen die USA noch besser da als die meisten EU-Länder, liest man sie dagegen an der Schuldendienstquote, also dem Verhältnis von Schuldendienst zu Exporten, oder an dem Bündel der Faktoren ab, die der IWF seiner Berechnung des Grades der Verwundbarkeit zugrunde legte, dann zeichnete sich in der weltwirtschaftlichen Peripherie eine durch die Krise verschärfte Verwundbarkeit ab, obwohl international konzertierte Entschuldungsprogramme besonders die ärmsten afrikanischen Länder entlastet hatten. Die von IWF und Weltbank 1996 auf den Weg gebrachte, vom Kölner G8-Gipfel (1999) angeschobene und nachgebesserte und vom G8-Gipfel im schottischen Gleneagles (2005) noch einmal erweiterte „*HIPC-Initiative*" hat den Schuldenstand der damals 41 *Heavily Indebted Poor Countries* um rund 90 % verringert. Allerdings haben die in Kapitel 3.1 analysierten Auswirkungen der Weltwirtschaftskrise vor allem viele der afrikanischen LLDCs wieder an den Rand der Zahlungsunfähigkeit gebracht. Die finanzpolitischen Problemländer liegen mit den Ausnahmen von Haiti, Guyana, Nicaragua und Afghanistan allesamt im subsaharischen Afrika. Weil die Schuldenkrise auch im Süden ein Menetekel bleibt, forderte die G77 im Sommer 2014 in der UN-Generalversammlung in einem Resolutionsentwurf die Einrichtung der schon seit vielen Jahren diskutierten Insolvenzregelung für Staaten, für die es im Insolvenzrecht der USA und Deutschlands schon Vorbilder gibt.

Es ist offensichtlich, dass die Schuldenprobleme der ärmsten Entwicklungsländer viel leichter beherrschbar sind als die von den OECD-Ländern aufgehäuften gigantischen Schuldenberge. Die LLDCs bleiben aber auch nach ihrer weitgehenden Entschuldung und dem Rückgang der Importpreise für Erdöl oder Nahrungsmittel durch

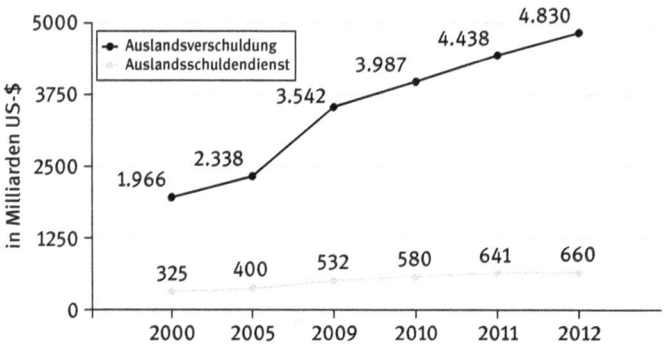

Abbildung II/4: Auslandsverschuldung der Schwellen- und Entwicklungsländer (Weltbank/International Debt Statistics 2013; Schuldenreport 2014)

externe Schocks verwundbar, sodass ihre Neuverschuldung wieder schnell anwachsen könnte. Übrigens rechneten die DAC-Länder ihre Schuldenerlasse auf ihre ODA-Quoten an, sodass ihre ODA-Leistungen nominell erheblich anstiegen, ohne dass sie frisches Geld zur Verfügung gestellt haben. Nach dem Abschluss der Entschuldungsoperationen fielen die ODA-Quoten wieder auf Werte zurück, die das Erreichen der von der EU versprochenen Ziele von 0,51 % des BNE bis zum Jahr 2010 und von 0,7 % bis zum Jahr 2015 sehr unwahrscheinlich machten. Auch das von der *Food and Agriculture Organization* (FAO) angedrohte „Jahrhundert des Hungers" wird nicht die versprochene Steigerung der ODA-Quote bewirken, weil sich die ODA-Geberländer in einer Schuldenfalle gefangen haben.

Die Schuldenkrise – und es handelt sich wirklich um eine strukturelle Dauerkrise des globalisierten Kapitalismus – ist noch nicht dauerhaft gelöst, weder im Süden noch im Norden, wo sie weit bedrohlichere Dimensionen annahm. Es gab gleichzeitig gegenüber den letzten Jahrzehnten einen bemerkenswerten Rollentausch: Früher waren die Schwellenländer die größten Schuldner und Krisenproduzenten, während sie sich heute eher als Ankerländer der Stabilität erweisen; damals war China noch nicht der größte Gläubiger der USA und Garant dafür, dass der US-Dollar – und mit ihm die chinesischen Staatsanleihen in den USA – nicht weiter an Wert verlieren. Diese Veränderung der weltwirtschaftlichen Schwergewichte vollzog sich in einem weltgeschichtlichen Zeitraffertempo.

3.4 Unvollendete Bauarbeiten an einer neuen globalen Finanzarchitektur

Über eine „*Neue globale Finanzarchitektur*" wird nicht erst seit der aktuellen globalen Finanzkrise, sondern schon seit der Asienkrise von 1998 diskutiert (vgl. Soederberg 2004). Aber die neue Krise beschleunigte das Nachdenken über Auswege aus der Krise, das nun im Rahmen der beiden G20-Konferenzen in London (April 2009) und Pitts-

burgh (September 2009) stattfand. Die wichtigsten Punkte der Londoner Schlussdeklaration („*The Global Plan for Recovery and Reform*"), die in Pittsburgh bestätigt und ergänzt wurden, waren:
- Um die Kreditvergabe zu fördern, sollten dem IWF 750 Mrd. US-Dollar, den multilateralen Entwicklungsbanken 100 Mrd. zur Verfügung gestellt werden. Der IWF, dem in den Vorjahren gelegentlich schon das Totenglöckchen geläutet worden war, wurde also zum wichtigsten Krisenmanager gekürt. In ihm und in der Weltbank haben die OECD-Länder aufgrund ihrer Stimmenmehrheit noch das Sagen.
- Für den Finanzsektor soll sowohl auf nationaler als auch auf internationaler Ebene ein neuer regulativer Rahmen geschaffen werden, der für mehr Transparenz und Risikobegrenzung sorgen soll. Dazu sollten alle spekulativen Finanzinstrumente und vor allem die Hedge Fonds stärkeren Kontrollen unterzogen, Steueroasen ausgetrocknet, die Rating-Agenturen besser beaufsichtigt und Boni-Zahlungen an Bankmanager vom längerfristigen Erfolg abhängig gemacht werden.
- Wichtig war auch die Absichtserklärung, das Mandat und die Organisation der Bretton-Woods-Institutionen zu reformieren und den Schwellen- und Entwicklungsländern mehr Stimmrechte einzuräumen. Deshalb war auch von „*Bretton Woods II*" die Rede, begleitet von der Forderung, mit „*San Francisco II*" auch die Reform des reformbedürftigen UN-Systems voranzutreiben (vgl. Maxwell u. Messner 2008).

Die Gewinner der beiden G20-Konferenzen waren der IWF, dessen Rolle deutlich aufgewertet wurde, sowie die Schwellenländer, die sich bei den Debatten über eine Neue Globale Finanzarchitektur und Neue Weltwirtschaftsordnung mehr Gehör verschafften und die internationalen Machtverhältnisse veränderten. Aber die Grundzüge der Neuregulierung der Weltfinanzen sollten unter dem Druck der USA und Großbritanniens, d. h. auch der mächtigen Lobbys in der Wallstreet und der Londoner City, die liberalisierten Finanzmärkte nicht einem allzu dichten Regelwerk unterwerfen. Nach der Deregulierung der Finanzmärkte, die dem spekulativen „Casino-Kapitalismus" den Weg bereitete, soll nun ein Stück Reregulierung ihn auf den Weg finanzpolitischer Tugenden zurückholen und der im „Casino-Kapitalismus" florierenden Untugend der Gier Zügel anlegen. Die Machtverhältnisse in der Weltwirtschaft verhinderten noch den Entwurf einer wirklich neuen globalen Finanzarchitektur.

Die Bauarbeiten an einer neuen Finanzarchitektur sind noch nicht abgeschlossen, zumal die zögerlichen Beschlüsse der G20-Konferenzen von London und Pittsburgh erst teilweise umgesetzt und nach der Stabilisierung des Bankensystems wieder schrittweise verwässert wurden. Bald genehmigten sich Bankmanager wieder opulente Boni-Zahlungen, als habe es keine Bankenkrise gegeben. Auch deshalb sagen Skeptiker schon die nächste Finanzkrise voraus, deren Epizentrum wieder beim internationalen Großschuldner USA liegen könnte, dessen überdimensionierte Rüstungsausgaben nur auf Pump finanziert werden können. So kann keine nachhaltige

Stabilisierung der globalen Finanzmärkte entstehen, die aufgrund ihrer Auswirkungen auf die Weltwirtschaft als schützenswertes globales öffentliches Gut gelten kann.

Die Devisentransaktionssteuer, für deren Propagierung *Attac* gegründet wurde, stand weiterhin nicht auf der Reformagenda, obwohl sie spekulative Transaktionen zumindest begrenzen und reichlich Mittel für globale Umwelt- und Entwicklungsfonds mobilisieren könnte. Dies gilt auch für die von vielen Experten vorgeschlagene globale CO_2-Steuer, die auch den Luft- und Seeverkehr (einschließlich das boomende Geschäft mit Kreuzfahrtschiffen) in die Finanzierung der von ihm angerichteten Umweltschäden einbeziehen sollte. Noch geringere Realisierungschancen hat die vom französischen Bestseller-Autor Thomas Piketty (2014) zur Verringerung der globalen Ungleichheiten vorgeschlagene globale Steuer für Reiche. Sie soll diese mit hohen Steuersätzen schröpfen, um drohenden sozialen Konflikten vorzubeugen und dem Kapitalismus eine Zukunft zu ermöglichen. Erst Ende Oktober 2014 kam ein internationales Abkommen zustande, das die Steuerflucht von Unternehmen und Privatpersonen in Steueroasen unterbinden und für die notwendigen Kontrollen auch das lange gehütete Bankgeheimnis aushebeln soll. Dies war ein wichtiger Schritt zu einer Neuordnung der internationalen Finanzbeziehungen und zum Aufbau einer fast neuen globalen Finanzarchitektur, fast neu und global deshalb, weil sich wichtige Finanzzentren wie die Schweiz, Singapur und Hongkong und berüchtigte Steueroasen auf den britischen Karibikinseln noch nicht in das neue Abkommen einbinden ließen, zumindest noch nicht. Noch ist die lamentable Geschichte der Steueroasen und ihres destruktiven Einflusses auf die Weltwirtschaft nicht endgültig beendet, weil das in aller Welt vagabundierende Kapital wie ein scheues Reh nach neuen Fluchtwegen suchen wird (vgl. Zucman 2014).

Dies ist gewiss: Es müssen neue Wege zur Finanzierung globaler Aufgaben und zur Kontrolle des „Casino-Kapitalismus" erschlossen werden, um dem nächsten Crash der Finanzmärkte vorzubeugen, den nicht nur notorische Kassandra-Propheten vorhersagen. Man darf nicht nur die optimistischen Lageberichte des IWF, sondern muss auch die pessimistischen Einschätzungen der UNCTAD zur Kenntnis nehmen. Noch lohnender ist freilich die Lektüre des voluminösen Opus Magnum von Thomas Piketty, das nicht nur im Titel verspricht, „Das Kapital" von Karl Marx für das 21. Jahrhundert neu zu denken. Bei ihm steht freilich nicht die revolutionäre Überwindung, sondern die Überlebensfähigkeit eines reformfähigen globalisierten Kapitalismus im Mittelpunkt des Erkenntnisinteresses. Er hat als Ökonom eine aufklärende Weltgeschichte vorgelegt, die auch Hintergründe aktueller Weltprobleme, vor allem weltwirtschaftlicher Entwicklungen und Krisen, erschließt. Es gibt also keinen Mangel an Daten und kontroversen Erklärungsversuchen für das Weltgeschehen zu Beginn des 21. Jahrhunderts. Der Blick in den historischen Rückspiegel ist dabei wichtig, um die Tiefendimensionen von weltpolitischen Umbrüchen erkennen zu können.

4 Umstrittene Welthandelsordnung

Die Dramaturgie auf den vielen Weltkonferenzen, im Besonderen der Handels- und Entwicklungskonferenzen, wiederholte sich seit Jahrzehnten: Repräsentanten des Südens machen die internationalen Handels- und Finanzbeziehungen für ausbleibende Entwicklungserfolge verantwortlich. Sie verstecken damit auch das von ihnen zu verantwortende Syndrom von Bad Governance hinter dem wohlfeilen Vorwurf des Neokolonialismus, der auch in der westlichen Solidaritätsbewegung immer noch einen Resonanzboden findet. Im Vorfeld der vier seit 2001 von der WTO (*World Trade Organization*) veranstalteten Verhandlungsrunden über die *Doha Development Agenda* (DDA) stellte die zunehmend transnational vernetzte und agierende Entwicklungslobby den „unfairen Handel" an den Pranger und forderte eine „gerechte Welthandelsordnung". Was als gerecht gilt, hängt freilich wesentlich davon ab, ob der Außenhandel als Hindernis oder Chance für Entwicklung bewertet wird. Auch die Entwicklungs- und Schwellenländer stellen aufgrund ihrer verschiedenen Interessenlagen unterschiedliche Gerechtigkeitsforderungen.

Es gab auf den Doha-Verhandlungsrunden keine geschlossenen Fronten zwischen Norden und Süden, sondern unterschiedliche Verhandlungspositionen auch innerhalb der Ländergruppen. Ein handelspolitischer Nord-Süd-Konflikt zeichnete sich allenfalls im Streit über den Handelsprotektionismus, im Besonderen über den Agrarprotektionismus der Industrieländer sowie über die Auslegung des in das Regelwerk der WTO inkorporierten TRIPS-Abkommens (*Trade Related Aspects of Intellectual Property Rights*) ab. Die Forderungen nach einem Abbau von Zöllen, Agrarsubventionen und anderen Handelshemmnissen standen auch im Mittelpunkt des achten MDG, das sich den Aufbau einer globalen Entwicklungspartnerschaft zum Ziel setzte und die Initialzündung für die „*Doha-Entwicklungsrunde*" lieferte.

Seit den 1960er-Jahren bildeten Handelsfragen eine zentrale Streitfrage in den Nord-Süd-Beziehungen und auf allen Nord-Süd-Konferenzen. 1964 gründete die im Gefolge der Dekolonisierung schnell angewachsene Zahl von unabhängigen Entwicklungsländern zur Verbesserung ihrer Verhandlungsposition die „Gruppe der 77". Deren Drängen in der UN-Vollversammlung führte 1964 auch zur Gründung der UNCTAD (*UN Conference on Trade and Development*). Damals forderten sie auf stürmischen UNCTAD-Konferenzen noch „Handel statt Hilfe" (*trade not aid*) in einer gerechteren Neuen Weltwirtschaftsordnung in Gestalt eines „fairen Handels" (*fair trade*), der ihnen größere Handels- und Wohlfahrtsgewinne verspricht. In der Zwischenzeit fordern nur noch die erfolgreichen Schwellenländer „*trade not aid*", die weniger erfolgreichen Entwicklungsländer „*trade and aid*" und zusätzlich das von der WTO initiierte Projekt „*aid for trade*" zur Verbesserung ihrer Marktchancen.

4.1 Handel: Chance oder Sackgasse für Entwicklung?

Am Anfang der handelspolitischen Kontroversen lieferten so renommierte Ökonomen wie *Raúl Prebisch* und *Gunnar Myrdal*, der spätere Nobelpreisträger für Wirtschaftswissenschaften, der „Gruppe der 77" mit ihrer These von der säkularen Verschlechterung der *Terms of Trade* (ToT) zwischen Industrie- und Entwicklungsländern argumentative Schützenhilfe. Die von *Dieter Senghaas* (1977) verkündete These, dass die Integration der Entwicklungsländer in den Weltmarkt eine entwicklungspolitische Sackgasse bilde und ihr Heil deshalb in der Abkopplung (Dissoziation) vom Weltmarkt liege, gehörte zum Credo der Dependenztheoretiker. Marxistische Politökonomen schlugen sich zwar im Streit über Theorien des ungleichen Tausches die Köpfe heiß, waren sich aber darin einig, dass dieser „ungleiche Tausch" hier Wohlstand vermehre und dort Entwicklung blockiere. Seine werttheoretische Begründung blieb jedoch eine akademische Übung, die in der Entwicklungstheorie kaum Spuren hinterließ. Ulrich Menzel geht in Teil I näher auf diesen Theorienstreit ein.

Nachdem die ostasiatischen „Kleinen Tiger" gerade mithilfe ihrer Integration in den Weltmarkt ihre Entwicklungssprünge schafften, gab es zu diesen ideologischen Streitfragen bald nur noch laue Nachhutgefechte. Bald beherrschten wieder die neoklassischen Außenhandelstheorien, die sich auf die Weisheiten von *Adam Smith* und *David Ricardo* berufen konnten, die entwicklungstheoretische Debatte. Ihr Credo lautete, dass der ungehinderte internationale Warenaustausch durch die Nutzung der *komparativen Kostenvorteile* (siehe Kasten unten) den Wohlstand aller am Handel beteiligten Nationen mehre: also Chance statt Falle oder Sackgasse. IWF und Weltbank nutzten die Überschuldung vieler Entwicklungsländer, um ihnen Auflagen zur Handelsliberalisierung aufzuzwingen. Sie mussten mit einigen Schmerzen tun, was die Industrieländer nur zögerlich taten: ihren Handelsprotektionismus abzubauen, obwohl er ihnen Einbrüche bei den Zöllen, der wichtigsten Einnahmequelle, bescherte und die Abhängigkeit von externen Subsidien vergrößerte.

Komparative Kostenvorteile
Das Theorem geht auf den britischen Nationalökonomen *David Ricardo* (1772–1823) zurück und gilt in der neoklassischen Außenhandelstheorie noch heute als grundlegender Lehrsatz. Es erklärt (in vereinfachter Version), welche Handelsnationen mit welchen Exportgütern aufgrund kostengünstiger Produktionsbedingungen Handelsvorteile gegenüber Konkurrenten erzielen können (wohlgemerkt: unter Bedingungen des freien Welthandels). Um komparative Kostenvorteile zu erzielen, muss sich ein Land auf den Export solcher Güter spezialisieren, die es mit den relativ geringsten Kosten produzieren kann.

Im Kontext der Strategiedebatte über die besten Wege zur Armutsbekämpfung tauchten zu Beginn des 21. Jahrhunderts wieder die Streitfragen der 1970er-Jahre auf. Der Streit entzündete sich nun an der Frage, ob die von der WTO vorangetriebene Handelsliberalisierung das Armutsproblem entschärft oder verschärft. Die Weltbank-Studie über „Globalization, Growth and Poverty" (2002) belegte eine Korrelation zwischen der Integration eines Landes in die Weltwirtschaft und seinem Wirtschaftswachstum. Sie stellte in den meisten der „globalisierenden" Länder auch eine Verminderung der Armutsrate fest. Die UNCTAD hielt in ihrem „Least Developed Countries Report" dagegen: Zwar sei die Armutsbekämpfung ohne Wachstum nicht möglich, aber dieses könne gerade in den auf Rohstoffexporte, die sogenannten „Ricardo-Güter" spezialisierten LLDC nicht durch die weitere Handelsliberalisierung erreicht werden. Die UNCTAD hatte gute Gründe für ihre Kritik an einer überhasteten Handelsliberalisierung:

Der Druck, möglichst schnell mehr zu produzieren und zu exportieren, perpetuiere nicht nur die Spezialisierung auf Rohstoffe und damit auf eine wenig entwicklungsfähige Wirtschaftsstruktur, sondern konterkariere auch Prinzipien des nachhaltigen Wirtschaftens. Dies gelte sowohl für die mit hohem Einsatz von Wasser und Pflanzenschutzmittel betriebene monokulturelle Plantagenlandwirtschaft als auch für Minenprojekte, die häufig ganze Landschaften ökologisch ruinieren.

- Die Spezialisierung auf die „Ricardo-Güter" bedeute im Regelfall und besonders bei mineralischen Rohstoffen eine geringe Verflechtung mit dem Binnenmarkt und eine kapitalintensive Produktion mit geringen Beschäftigungseffekten. Gleichzeitig führe die Handelsliberalisierung zu einem verstärkten Import- und Konkurrenzdruck, gegen den die schwachen einheimischen Unternehmen nur schwer bestehen könnten. Folgen seien Wachstumsverluste, steigende Leistungsbilanzdefizite und vor allem noch höhere Arbeitslosigkeit, d. h. weniger Entwicklungschancen und mehr Armut.
- Einnahmen aus Import- und Exportsteuern erbrachten im Durchschnitt der LLDC ein Drittel, teilweise sogar die Hälfte der Staatseinnahmen. Da sie über kein funktionierendes Steuersystem oder andere Einnahmequellen verfügen, vermindere der Abbau von Zöllen den Handlungsspielraum der Staaten, ihre Fähigkeit zur Schuldentilgung und zur Armutsbekämpfung. Der sprichwörtliche „schwache Staat" werde noch mehr geschwächt und abhängiger von Auslandshilfe.
- Selbst wenn steigende Rohstoffpreise das Wirtschaftswachstum anschieben sollten, sei nicht gewährleistet, dass es zu den Armutsgruppen durchsickere. Dies war die Erfahrung des Rohstoffbooms im subsaharischen Afrika in der ersten Hälfte der MDG-Planperiode.

Zu Beginn des 21. Jahrhunderts blieb das Credo „Entwicklung durch Handel" auf der Agenda der handels- und entwicklungspolitischen Diskussionen und Kontroversen. Die WTO erwies sich als das bevorzugte Forum dieser Kontroversen, weil sie nach einem langwierigen Verhandlungsprozess zum Motor der Handelsliberalisierung wurde. Der Tatbestand, dass von den inzwischen 159 WTO-Mitgliedern 80 % Entwicklungsländer sind, zeigt erstens, dass sich diese dem Welthandel öffnen wollen und sich zweitens von ihm Entwicklungsimpulse erhoffen. Die WTO prägt mit ihrem umfassenden Regelwerk das Gesicht der Weltwirtschaft. Hier werden Machtfragen über die Verteilung von Vor- und Nachteilen des Handels mit Waren und Dienstleistungen ausgetragen, während die von den Entwicklungsländern dominierte UNCTAD zu einem bedeutungslosen Diskussionsforum wurde.

Ein Teil der zu Schwellenländern avancierten Entwicklungsländer nutzte die Chancen des zunehmend liberalisierten Welthandels, stieß aber an den Grenzen der Industrieländer auf eine Reihe von tarifären und nicht tarifären Handelsbarrieren. Sie fordern deshalb *fair trade*. Die LLDC, die „Fußkranken der Weltwirtschaft", brauchen dagegen zunächst Hilfe („aid for trade"), um durch eine Diversifizierung ihrer Produktions- und Exportstrukturen von der Handelsliberalisierung profitieren und sich gegen ihre negativen Auswirkungen schützen zu können. Sie fordern deshalb die Anwendung des bereits im WTO-Regelwerk verankerten Prinzips des SDT (*Special and Differential Treatment*), d. h. verschiedener Verpflichtungen von unterschiedlich starken WTO-Mitgliedern, um die für „*pro poor-trade*" erforderlichen internen Voraussetzungen überhaupt erst schaffen zu können. Zusammen erzwangen Entwicklungs- und Schwellenländer im Herbst 2001 auf der WTO-Ministerkonferenz in Doha (Katar) die sogenannte „Entwicklungsrunde", die zunächst auch nach mehreren Verhandlungsrunden scheiterte, aber das gewachsene Gewicht der Schwellenländer im Verhandlungsprozess erkennen ließ.

Anfang Dezember 2013 einigten sich die 159 Mitgliedsstaaten der WTO nach schwierigen Verhandlungen, auch bedingt durch das Prinzip der Einstimmigkeit, auf das sogenannte „*Bali-Paket*". Dieses aus mehreren Vereinbarungen geschnürte Paket versprach u. a. die weltweite Vereinfachung von Zollregularien und den ärmsten Entwicklungsländern besseren Zugang zu den Märkten der Industrie- und Schwellenländer, vor allem durch den Abbau von Agrarsubventionen, welche die Absatzchancen von Importen verschlechtern. Die lange drohende Blockade durch Indien schien überwunden worden zu sein, indem diesem Land befristete Ausnahmeregeln für die Versorgung der Armutsgruppen mit subventionierten Nahrungsmitteln zugestanden wurden. Der Kompromiss hielt jedoch zunächst nicht, weil eine neu gewählte Regierung das Einlenken der abgewählten Regierung wieder aufkündigte – mit dem guten Argument, Millionen von Kleinbauern und Abermillionen von Armen mit subventionierten Grundnahrungsmitteln zu helfen, aber auch mit der politischen Absicht, die Muskeln einer neuen Großmacht spielen zu lassen und gleichzeitig unter rund 700 Mio. Armen Wähler(inne)n gewinnen zu können. Ende 2014 zog Indien nach Verhandlungen mit den USA sein Veto zurück, sodass das „Bali-Paket" verabschiedet werden konnte. Die WTO überlebte zwar eine Existenzkrise, krankt aber weiter an ihrer Lähmung durch das Gebot der Einstimmigkeit, das sie zu faulen Kompromissen zwingt.

4.2 Das zählebige Streitthema der Terms of Trade

Es gab in der Außenhandelstheorie verschiedene und kontroverse Versuche, die Benachteiligung der Entwicklungsländer in der Weltwirtschaft zu erklären. Manche Klassiker, die vor Jahrzehnten zur Pflichtlektüre gehörten, sind inzwischen fast vergessen. *François Perroux* entdeckte sie in machtgestützten Positionsvorteilen von dominierenden Wirtschaften, *Gunnar Myrdal* in ähnlicher Weise in einer ungleichen

Machtverteilung und asymmetrischen Weltarbeitsteilung. Die Entdecker dieser theoretisch begründeten und empirisch fundierten Erkenntnisse holt Ulrich Menzel in Teil I aus der Vergessenheit. Dies gilt auch für *Raúl Prebisch* (den ehemaligen Generalsekretär der UN-Wirtschaftskommission für Lateinamerika), der schon 1950 den Verfechtern der These, dass die Entwicklungsländer im Handelsaustausch mit den Industrieländern systematisch benachteiligt werden, ein Kernargument lieferte: die säkulare Verschlechterung der *Terms of Trade*, die er aus Langzeitanalysen von Export- und Importpreisen ableitete und als langfristigen (eben säkularen) Trend deutete. In Versuchen, den „unfairen Handel" zu quantifizieren, bildeten Berechnungen von ToT-Verlusten immer einen der größten Verlustposten. Dabei muss zwischen verschiedenen ToT-Arten unterschieden werden (siehe Kasten unten).

Terms of Trade (ToT)
Man muss zwischen verschiedenen ToT unterscheiden:
a) Die am häufigsten ausgewiesene, aber nicht aussagefähigste Berechnungsgröße sind die *Commodity ToT*: Sie bezeichnen das Verhältnis zwischen Export- und Importpreisen, im Falle der Entwicklungsländer also das Verhältnis zwischen den Preisen für exportierte Rohstoffe und importierte Fertigprodukte.
b) Diese *Commodity ToT* geben keine Auskunft darüber, ob sich die Importkapazität eines Landes verändert hat, ob also die Gütermenge, die ein Land mit seinen Exporterlösen kaufen kann, zu- oder abgenommen hat. Diese Veränderung der Importkapazität zeigen die Income ToT, die durch die Multiplizierung der *Commodity ToT* mit dem Exportmengenindex errechnet werden.
c) Die *Commodity ToT* beziehen sich ausschließlich auf den Warenaustausch und berücksichtigen nicht Produktivitätsveränderungen im Exportsektor (die Faktorproduktivität). Diese Veränderungen zeigen die Single Factor ToT an, die sich aber nur auf Produktivitätsveränderungen im inländischen Exportsektor beziehen.
d) Die *Double Factoral ToT* berücksichtigen auch die Produktivitätsveränderungen im ausländischen Exportsektor, aus dem Importgüter stammen; sie bilden einen Indikator für die Veränderung der relativen Einkommenspositionen eines Landes im Ländervergleich (Ochel 1982: 175 ff.).

Kurzfristige Verschlechterungen der ToT im Gefolge von Preiseinbrüchen bei Rohstoffen wurden auch durch die Handelsstatistiken von IWF und UNCTAD belegt. Deshalb gab es vor allem gegen die Annahme ihrer säkularen Verschlechterung zahlreiche Einwände:
– Mit der passenden Wahl des Stichjahrs könne je nach argumentativem Bedarf sowohl eine Verschlechterung als auch eine Verbesserung der ToT belegt werden.
– Globale und durchschnittliche ToT-Indexwerte sagen wenig über die unterschiedliche Betroffenheit einzelner Regionen und Länder aufgrund unterschiedlicher Exportstrukturen und Preisentwicklungen für einzelne Rohstoffe aus.
– Die drei ToT-Konzepte zeigen, dass es wesentlich darauf ankommt, was gemessen und verglichen wird, weil einer Verschlechterung der *Commodity ToT* durchaus eine Verbesserung der *Income ToT* gegenüberstehen kann.
– Die ToT berücksichtigen nicht Qualitätsverbesserungen bei Fertigprodukten. Deshalb ist der beliebte Vergleich 1 Traktor : x Sack Kaffee zu bestimmten

Stichjahren zwar illustrativ, aber fragwürdig, weil der im Jahr 2009 gebaute Traktor ein anderer ist als der 1960 gebaute. Legt man den in der „Kaffeekrise" von 2001 auf den tiefsten Stand seit einem halben Jahrhundert gefallenen Preis zugrunde, lässt sich eine kurzfristig sogar dramatische, aber eben keine säkulare Verschlechterung der ToT in Bilder umsetzen.

- Die Annahme einer „säkularen Verschlechterung" ging von gleichbleibenden Güterstrukturen und Qualitätsstandards aus. Wie aber die Schwellenländer zeigen, fand auch in den Entwicklungsländern eine ständige Veränderung der Export- und Güterstrukturen statt. Seit Beginn des Millenniums zeichnete sich im Gefolge steigender Rohstoffpreise sogar eine Umkehr der ToT ab, weil gleichzeitig der Konkurrenzdruck und Produktivitätsfortschritte zu deutlich fallenden Preisen bei industriellen Fertigprodukten von Textilien und Schuhen bis zu Computern und der ganzen in Fernost produzierten Unterhaltungselektronik führten. Die Daten der Handels- und Entwicklungsberichte der UNCTAD belegten einen Verfall der ToT auch bei den Exporteuren von Fertigprodukten und ihre Verbesserung bei den Exporteuren von Primärgütern. Innerhalb der Gruppe der Rohstoffexporteure profitierten vor allem die Exporteure von Erdöl und einigen Mineralien (Uran, Kupfer, Gold), aber nur bei einem keineswegs dauerhaft hohen Preisniveau.

Die durch die Handelsliberalisierung beförderte Verlagerung von arbeitsintensiven Industrien aus den ehemaligen industriellen Zentren dorthin, wo billiger produziert werden kann, überholte die früher konstruierte Dichotomie zwischen Industrie- und Entwicklungsländern und verwies die These von der säkularen Verschlechterung der ToT in das Museum der Entwicklungstheorien. Damit verlor auch die aus dieser These abgeleitete Annahme, dass der Handel generell eine entwicklungspolitische Sackgasse bilde, die von notorischen „Handelspessimisten" behauptete Schlüssigkeit, wenn man einmal von einzelnen agrarischen „Ricardo-Gütern" (wie Kaffee oder Baumwolle) absieht. Hier irrten die Dependenztheoretiker und irren noch immer manche Kritiker/-innen des „unfairen Handels".

4.3 Funktionsweisen des „unfairen Handels"

Die Entwicklungsländer, organisiert in der „Gruppe der 77", forderten auf früheren Nord-Süd-Konferenzen und wieder auf den Doha-Verhandlungsrunden vor allem bessere Vermarktungschancen für ihre Agrar- und Industrieprodukte durch den Abbau von Importquoten und Zöllen sowie durch den Abbau der Agrarsubventionen, die sich nach Berechnungen der OECD und Weltbank auf jährlich rund 320 Mrd. US-Dollar belaufen und die Verbrauchermärkte protektionistisch abschirmen. NGO-Kampagnen unterstützen vor allem die Kritik an den Agrarexportsubventionen der EU.

Die Industrieländer, allen voran der „Exportweltmeister" Deutschland, zählen zusammen mit den Schwellenländern zu den Gewinnern des boomenden Welthandels. Warum viele Entwicklungsländer und im Besonderen die LLDC nicht gleichermaßen von seinem Wachstum profitierten, hat einerseits mit ihrer Wettbewerbsschwäche, andererseits mit der Behinderung ihrer komparativen Vorteile durch eine Vielzahl von Handelsbarrieren zu tun. Zwar haben die Industrieländer im Gefolge der verschiedenen Verhandlungsrunden des GATT (*General Agreement on Tariffs and Trade*) ihren durchschnittlichen Zollsatz von 40 % (1995) auf unter 4 % gesenkt und den meisten Entwicklungsländern für verschiedene Produkte Zollvorteile (Präferenzen) und den LLDC sogar den zollfreien Import von „Everything but Arms" (EBA) eingeräumt, dennoch bauten sie gerade bei einzelnen Produktgruppen, bei denen Entwicklungsländer Wettbewerbsvorteile hätten, verschiedene Hürden nur schrittweise ab:

1. Durch die sogenannte Zolleskalation belasten die Industrieländer viele Exporte der Entwicklungsländer mit umso höheren Zollsätzen, je höher ihr Verarbeitungsgrad ist. Dies gilt für industrielle Halbfertigprodukte ebenso wie für Nahrungsmittel (z. B. Schokolade statt Kakao). Sie erschweren damit in einem eklatanten Widerspruch zu allen entwicklungspolitischen Zielkatalogen die ersten Stufen der Industrialisierung und die Produktion von Gütern mit höherer Wertschöpfung.

2. Die Industrieländer richteten im trickreichen Feld des sogenannten „*Grauzonenprotektionismus*" eine Vielzahl von nicht tarifären Handelsbarrieren in Gestalt von Produktstandards gegen Importe aus Entwicklungsländern auf. Zu ihnen zählen vor allem veterinärmedizinische und toxikologische Standards, die zwar zum Schutz der Verbraucher sinnvoll sein können, aber vielen Entwicklungsländern Unbedenklichkeitsprüfungen abverlangen, zu denen ihnen die erforderlichen Informationen und technischen Ausrüstungen fehlen. Wenn die USA den Import von Grapefruits aus Zentralamerika mit Hinweis auf ihre Behandlung mit (aus den USA importierten) Agrargiften verbieten, drängt sich der Verdacht auf, dass eine Konkurrenz zu den heimischen Produzenten ausgeschaltet werden sollte. So geschah es auch in dem von der EU geführten „Handelskrieg" gegen die sogenannten „Dollar-Bananen" zugunsten der „AKP-Bananen" aus den mit ihr assoziierten AKP-Staaten in Afrika und in der Karibik. Dieser im Rahmen des GATT bzw. der WTO ausgetragene Bananenstreit, in den die mächtigen US-Bananen-Multis involviert waren, dauerte von 1991 bis 2012.

3. Zu den nicht tarifären Handelshemmnissen zählen auch Mengenbeschränkungen (Quoten), z. B. bei Zucker. Allein schon die Androhung einer Mengenbeschränkung kann erfolgreiche Exporteure daran hindern, noch erfolgreicher zu werden. Sie wurde z. B. von der EU gegen Mauritius eingesetzt, als diese sprichwörtliche „Zucker-Insel" die Nischen des AKP-Abkommens zur Umwandlung in eine exportorientierte „Pyjama-Insel" zu nutzen verstand. Die Industrieländer hatten Jahrzehnte lang mithilfe des *Multifaserabkommens* (MFA) den Import von Textilien und Bekleidung aus asiatischen Ländern beschränkt. Beim Abschluss der *Uruguay-Runde* des GATT verpflichteten sie sich dazu, stufenweise die Quoten des MFA abzubauen, und ermöglichten damit die Überschwemmung von Discount-Läden mit Billigimporten, die auch deshalb so billig sein können, weil bei ihrer

Herstellung selten die ILO-Kernarbeitsnormen beachtet werden.

Hier entzündete sich eine von den Befürchtungen, dass die Entfesselung des Freihandels und die Verschärfung des internationalen Konkurrenzdrucks den Ausbeutungsdruck auf Mensch und Natur verstärken und bei den Arbeitsbedingungen ein internationales „*race to the bottom*" beschleunigen könnten, ausgelöste kontroverse Debatte. Ist es legitim, Handelssanktionen gegen Exportländer zu verhängen, welche die Kernarbeitsnormen der ILO (u. a. das Verbot von Kinder- und Zwangsarbeit und das Gebot der Koalitionsfreiheit) gröblich verletzen? Die handelspolitische Begründung einer solchen Sozialklausel geht davon aus, dass die Verletzung der völkerrechtlich geltenden ILO-Standards zu Wettbewerbsverzerrungen führen könne. Die Entwicklungsländer, besonders die konkurrenzfähigen Schwellenländer, lehnen diese Begründung entschieden ab, weil sie den nicht ganz unbegründeten Verdacht haben, dass ihnen unter dem Vorwand des Menschenrechtsschutzes komparative Handelsvorteile genommen werden sollen. Auch wissenschaftliche Untersuchungen wollten, um den Missbrauch von Handelssanktionen zur Abwehr von lästiger Konkurrenz zu vermeiden, allenfalls produktbezogene Schutzklauseln, z. B. gegenüber Teppichen aus Kinderarbeit, gelten lassen. Die WTO konnte sich unter dem Druck der Mehrheit ihrer Mitglieder nicht zu Handelssanktionen durchringen. Bisher haben aber bereits zivilgesellschaftliche Kampagnen mehr bewirkt als ein langwieriges WTO-Verfahren erreichen könnte. Die Verbrauchermacht zeigte Wirkung.

Ebenso umstritten sind Umweltklauseln: Sind Handelssanktionen ein geeignetes und außerdem WTO-konformes Instrument, um Wettbewerbsverzerrungen durch „*Öko-Dumping*" zu verhindern? Es ist schwierig, diesen Tatbestand nachzuweisen und der Gefahr des „Ökoprotektionismus" vorzubeugen. Die Forschung hat nachgewiesen, dass die Umweltkosten zwar die Wettbewerbsfähigkeit einzelner Branchen (Metallverhüttung, Papier, Zement) beträchtlich, aber die gesamtwirtschaftliche Wettbewerbsfähigkeit nur wenig beeinflussen würden. Wenn das internationale Umweltrecht mit WTO-Prinzipien kollidiert, sollte jedoch der Umweltschutz Vorrang vor dem Prinzip des Freihandels erhalten. Dies gilt auch dort, wo das Recht auf geistiges Eigentum mit dem im TRIPS-Abkommen geschützten Patentrecht oder das Menschenrecht auf Nahrung und Wasser mit der vom GATS-Abkommen eröffneten Privatisierung der Wasserversorgung kollidiert.

4. Die Industrieländer setzten nach dem Abschluss der Uruguay-Runde des GATT (1993) zahlreiche Anti-Dumping-Verfahren in Gang oder drohten sie an, um irgendwelche Regelverstöße von unliebsamen Konkurrenten zu ahnden oder zu korrigieren. Schon die Androhung von möglichen Strafzöllen haben eine abschreckende Wirkung, weil viele Länder nicht über die Mittel und Expertise verfügen, um ein Verfahren durchstehen oder gar mit Gegenmaßnahmen drohen zu können. In den vergangenen Jahren richteten sich etwa zwei Drittel der Verfahren gegen Entwicklungsländer. Auch die WTO beklagte, dass die gewachsene Zahl von Anti-Dumping-Verfahren und die anderen nicht tarifären Handelsschranken für

Entwicklungsländer weit nachteiliger sein können als Zölle, zumal diese eine immer geringere Bedeutung haben.
5. Die USA haben den berüchtigten Art. 301 ihres Handelsgesetzes nicht aufgegeben, den sie immer wieder gegen lästige Konkurrenz einsetzten. Der Abschluss der Uruguay-Runde bildete also nur eine Etappe auf dem Weg zum weltweiten Abbau von tarifären und nicht tarifären Handelshemmnissen, allerdings eine größere Etappe als frühere Verhandlungsrunden des GATT.

4.4 Kaffee: das Paradebeispiel für „unfairen Handel"

Das Problem der Nachfrage- und Preisschwankungen soll hier am Beispiel des Kaffees, des nach Erdöl zweitwichtigsten *Ricardo-Gutes*, verdeutlicht werden. Das Wohl und Wehe von mindestens 100 Mio. Menschen hängt vom Preis ab, den die 25 Mio. Kaffeebauern für ihr Produkt erhalten – und dieser Preis unterliegt heftigen Schwankungen. Wenn der Preis verfällt, wie zu Beginn des Millenniums, leiden nicht nur die Pflanzer, sondern auch Millionen von Kaffeepflücker(inne)n, Tagelöhner(inne)n und Wanderarbeiter(inne)n, die ein unstetes Leben am Rande oder unterhalb der Armutsgrenze fristen. Länder wie Ruanda, Burundi, Äthiopien und die zentralamerikanischen Republiken, deren Hauptexportgut Kaffee ist, verloren ihren handels- und entwicklungspolitischen Handlungsspielraum.

Nach einer Studie der Weltbank (2004) verdienten Kaffeepflanzer zu Beginn des Millenniums inflationsbereinigt nur noch ein Viertel dessen, was sie in den 1960er-Jahren verdient hatten. Kaffee war so billig wie seit einem Jahrhundert nicht mehr – zum Vorteil der Verbraucher/-innen in den Industrieländern und zum großen Schaden aller, die in den 70 Erzeugerländern mit seinem Anbau zu tun haben. In Mittel- und Südamerika verloren Millionen Arbeit und Einkommen in den Kaffeepflanzungen. In Brasilien verringerten große und kleine Pflanzer ihre Belegschaften bis zu 90 %. Kolumbien, lange das zweitgrößte Erzeugerland von hochwertigem Kaffee, verlor seit Mitte der 1990er-Jahre etwa die Hälfte seines Exportgeschäfts. Nach der schlimmsten „Kaffeekrise" von 2001 erholten sich die Preise dank steigender Nachfrage aus China und sinkender Produktion nur langsam, erreichten in den Jahren 2007/08 und 2011 aufgrund widriger Witterungsbedingungen in Brasilien wieder Höchststände, denen zunächst drei magere Jahre folgten und im ersten Halbjahr 2014 aufgrund einer Dürreperiode in Brasilien wieder Preissprünge nach oben.

Vier Faktoren bestimmen den Weltmarktpreis von Kaffee: Angebot und Nachfrage (und zwar bei den verschiedenen Kaffeesorten), Witterungsbedingungen in wichtigen Produktionsgebieten, Spekulationen an den Rohstoffbörsen und Versuche zur Marktregulierung. Immer wieder führten Frosteinbrüche in Brasilien und Kolumbien zu einer kurzfristigen Angebotsverknappung und zu steigenden Preisen. Hauptverantwortlich für Preisstürze ist jedoch die periodische Überproduktion, die auch durch Versuche der ACPC (*Association of Coffee Producing Countries*), überschüssige Produktionsmengen vom Markt fernzuhalten und sich auf Exportmengen zu verständigen, nicht neutralisiert werden konnte. Als Spielverderber erwies sich vor allem Vietnam, das mithilfe der Weltbank zum zweitgrößten Kaffeeproduzenten aufstieg und sich nicht in ACPC-Vereinbarungen einbinden ließ. Versuche zur Preisstabilisierung könnten auf Dauer nur erfolgreich sein, wenn das Überschussproblem gelöst wird. Während der Kaffeeverbrauch nur noch wenig stieg, wuchsen die Produktionsmengen wesentlich stärker. Gleichzeitig war die Produktionssteigerung von einer Verschlechterung der Qualität begleitet, die zusätzlich auf den Preis drückte. Viele Kleinbauern stiegen nach dem Zerfall kostendeckender Preise aus dem Kaffeeanbau aus, wanderten in die Städte ab oder stiegen in den profitableren Drogenanbau um. Sie sind die Verlierer eines gnadenlosen Preiskampfs.

Welche Rolle spielen Spekulationsgeschäfte an den Warenterminbörsen, die großen Röstereien und Verkaufsketten in den Verbraucherländern? Neben Direktgeschäften zwischen Vermarktungsorganisationen der großen Erzeugerländer und den Großröstern in den Verbraucherländern wird der Handel auf Spotmärkten in Hafenstädten und über Warentermingeschäfte an den Rohstoffbörsen abgewickelt. Während auf den Spotmärkten das Spiel von Angebot und Nachfrage gilt, wird an den Rohstoffbörsen mit „Papierkaffee" spekuliert. Auf ähnliche Weise wird an den Warenterminbörsen mit anderen „weichen" Rohstoffen oder an der Londoner Metallbörse (LME) mit mineralischen Rohstoffen spekuliert. Was so anrüchig klingt, hat auch Vorzüge, weil die Produzenten auf der Basis der vereinbarten Lieferpreise planen können. Allerdings sind nur wenige Rohstoffländer so kapitalkräftig, um sich an den Spekulationsgeschäften beteiligen zu können.

Warentermingeschäfte (Beispiel: Kaffee)
Bei ihnen wird Kaffee noch vor der Ernte verkauft und ein Liefertermin (3 – 6 Monate vorher) vereinbart; er wird also nicht als Ware, sondern in Form von Verträgen (Papieren) gehandelt. Am Warenterminhandel kann sich aber nur beteiligen, wer eine hohe Kaution auf dem „Einschusskonto" hinterlegt, die Preisschwankungen angepasst wird. Kommt es zwischen Vertragsabschluss und Lieferung zu einem Preisanstieg, kann der Käufer den Vertrag mit Gewinn weiterverkaufen; kommt es zu einem Preiseinbruch, riskiert er Verluste, die er durch Gegen- und Sicherheitsgeschäfte aufzufangen versucht. Anders als auf den Spotmärkten ist bei den Termingeschäften die Ware nur auf Papier präsent.

Der eigentliche Grund für den Preissturz bei Kaffee und auch Kakao lag nicht in irgendwelchen Machenschaften von „Multis" oder Spekulanten, sondern in der Überproduktion. Nicht so sehr das seit vielen Jahrzehnten geübte Geschehen auf Spotmärkten und an Warenterminbörsen ist kritikwürdig, sondern die willentliche Demontage des marktregulierenden Kaffeeabkommens. Der Verzicht auf eine Rohstoffpolitik leitete einen als „Marktbereinigung" beschönigten Überlebenskampf der Erzeugerländer ein, der vor allem auf dem Rücken der Kleinproduzenten ausgetragen wurde.

Unter dem Druck der Kaffeekrise bastelte in den Jahren 2003/04 ein sogenannter *Multistakeholder*-Prozess von Importeuren, Produzentengruppen und NGOs, der vom BMZ und Deutschen Kaffeeverband finanziert und von der GTZ gesteuert wurde, an einem *Common Code for the Coffee Community* (CCCC). Aus diesem CCCC ging im

Jahr 2006 die *4CAssociation* mit Sitz in Genf hervor. Der Verhaltenskodex sollte die Produzenten zu sozialen und ökologischen Standards verpflichten und zu Qualitätssteigerungen anhalten, klammerte aber die Gretchenfrage des Preises aus. Die CCCC-Initiative konnte die Kaffeekrise abmildern, aber nicht nachhaltig lösen, zumal sie nur rund 10 % des Kaffeehandels beeinflusst. Dies gilt auch für das wichtigste Produkt im *Fair-Trade*-Handel, der zwar in den letzten Jahrzehnten auf fast allen Verbrauchermärkten Marktanteile zugewann und auch von Supermärkten angeboten wird, einigen Millionen Kleinbauern stabilere Preise garantierte, wenn sie sich zu sozialen und ökologischen Produktionsbedingungen verpflichteten, und zugleich vielen Verbraucher(inne)n ein gutes Gewissen verschaffte, dennoch die Marktmechanismen nicht auszuhebeln vermochte. Fair Trade konnte den Welthandel nicht reformieren, aber ein wenig Solidarität mit seinen Opfern organisieren.

4.5 Teilreparaturen von agrar- und entwicklungspolitischen Fehlentwicklungen

Die EG/EU saß bei allen Verhandlungen des GATT und der WTO wegen ihres Agrarprotektionismus auf der Anklagebank. Die Agrarpolitik ist der einzig vollständig vergemeinschaftete Politikbereich, der lange bis zur Hälfte des EU-Haushalts absorbierte und nach den im Jahr 2003 eingeleiteten Reformen der Gemeinsamen Agrarpolitik (GAP) immer noch ein Drittel beansprucht. Auch die USA als wichtiger Agrarexporteur stimmten in den Chor der Kritiker an der EU ein, obwohl sie einerseits selbst auf der Importseite durch Subventionen viel tun, um die mächtige Agrarlobby nicht auf die Barrikaden zu treiben, andererseits ihre politische Macht einsetzen, um Märkte für ihre Agrarkonzerne zu öffnen. Der vielgestaltete und selbst für Experten nur schwer durchschaubare Dschungel des Agrarprotektionismus bedeutet, dass viele OECD-Länder ihre Landwirtschaft hoch subventionieren, um sie vor billigen Importen zu schützen. Weltbank und IWF schätzten den Umfang dieser Agrarsubventionen auf jährlich 320 bis 350 Mrd. US-Dollar, d. h. fast den dreifachen Umfang der ODA. Diese Subventionen nehmen vor allem den Entwicklungs- und Schwellenländern komparative Kostenvorteile, die ihnen die von Adam Smith gelehrte und wieder von der WTO propagierte Doktrin des Freihandels verschaffen sollte.

Die GAP hatte zwei Säulen: Die erste und wichtige Säule bildeten die Gemeinsamen Marktordnungen, die Agrarmärkte stabilisieren, den Landwirten ein verlässliches Einkommen garantieren und die Versorgung der EU mit Nahrungsmitteln sicherstellen sollte. Zum Erreichen dieser Ziele setzte die EU verschiedene Instrumente ein, die den Tatbestand des Protektionismus erfüllten: die Marktinterventionen durch den Aufkauf und die Einlagerung der Überschussproduktion, Produktionsquoten bei einzelnen Produkten sowie Zölle auf Agrarimporte und Exportsubventionen, um den Absatz von überschüssigen Produkten in anderen Regionen zu fördern. Vor allem diese Exportsubventionen wurden zu einem entwicklungspolitischen Ärgernis und zur Sünde gegen die WTO-Prinzipien des Freihandels. Die zweite Säule sollte die nachhaltige

Entwicklung der ländlichen Räume fördern und mehr Ökologie in die Landwirtschaft implantieren.

Nach langen Verhandlungen einigte sich die EU im Jahr 2003 auf tief greifende Reformen der GAP, die nicht nur die Entkoppelung der Subventionen von der Produktion und deren Bindung an Umwelt-, Tierschutz- und Qualitätsvorschriften, sondern auch eine Durchforstung des Dschungels von protektionistischen Instrumenten beschloss. Die EU setzte ihre Zusage auf der Doha-Verhandlungsrunde, bis 2012 ihre Agrarexportsubventionen schrittweise zurückzufahren, im Jahr 2007 mit einer Verordnung um. Den Erfolg dokumentiert Tabelle II/4. Sie reformierte auch die meisten Gemeinsamen Marktordnungen, zuletzt für die sogenannten „Mittelmeerprodukte" (Baumwolle, Tabak, Olivenöl, Hopfen). Sie hat damit einen wichtigen Schritt zum Abbau des Agrarprotektionismus getan, aber nur einen Schritt, dem noch weitere folgen müssen.

Im Folgenden werden die wichtigsten Instrumente der ersten Säule zusammengefasst, welche die EU auf den verschiedenen Welthandelsrunden auf die Anklagebank brachten:
- *Variable Einfuhrabschöpfungen*, mit deren Hilfe die Einfuhrpreise für jene Agrargüter, bei denen die EG Überschüsse produzierte, auf das EG-Preisniveau angehoben wurden – zum Schaden der Exportländer, die ihre komparativen Kostenvorteile verloren, und zum Nachteil der eigenen Verbraucher.
- Mithilfe der entwicklungspolitisch besonders umstrittenen *Ausfuhrerstattungen* wurden die hohen EG-Preise auf oder sogar unter das Niveau der niedrigeren Weltmarktpreise heruntersubventioniert. Mit diesen Exportsubventionen machte die EG nicht nur anderen Agrarexporteuren, sondern auch den Bauern in den Entwicklungsländern die heimischen Märkte streitig. Sie konnten mit den Billigimporten von Rindfleisch, Geflügel oder Milchprodukten nicht konkurrieren und wurden aus dem lokalen Markt gedrängt. Das Dumping von tief gefrorenem Fleisch aus EG-Beständen, das in den küstennahen Verbraucherzentren um 30 bis 50 % billiger als das Fleisch aus den Sahelländern verkauft wurde, führte beispielsweise dazu, dass Zehntausende von Nomadenfamilien in Burkina Faso, Mali und Niger ihre Existenzgrundlage verloren und notgedrungen ihre Lebensweise aufgeben und sich auf Wanderschaft begeben mussten. Die Verursacher der sogenannten „Wirtschaftsflucht" leben häufig dort, wo dann Barrieren gegen die „Wirtschaftsflüchtlinge" aufgebaut werden.

Es gibt keine vernünftigen Argumente für Exportsubventionen, die hier die Überschussproduktion förderten und dort kleinbäuerliche Existenzen ruinierten. Hier wurde ein elementarer Grundsatz verletzt: *„Do not harm!"* Die *Süddeutsche Zeitung* (vom 29./30.11.2009) bewertete diesen Beitrag zur Vergrößerung der Armut und zur Demoralisierung von lokalen Produzenten als die „schärfste Form politischer Schizophrenie, die sich die reiche Welt leistet."
- *Importquoten*, mit denen die EG und andere Industriestaaten die Einfuhr von Rindfleisch (z. B. aus Argentinien), Zucker, Gemüse und Südfrüchten beschränk-

ten, um die heimischen Produzenten zu schützen. Berüchtigt wurde der Streit über Importquoten für Bananen, auf deren Beibehaltung die Südländer der EG/EU drängten.
- *Importzölle*, die mit dem Verarbeitungsgrad von Produkten (z. B. Schuhen) stiegen, hatten zwar im Agrarhandel eine geringere Bedeutung als nicht tarifäre Handelshemmnisse, dennoch eine bedenkliche Wirkung, weil sie den Aufbau von verarbeitenden Industrien erschwerten. Die Everything-but-Arms-Regel ersparte nur den wenig wettbewerbsfähigen LLDCs diese Wirkung. Schutzklauseln ließen außerdem die Erhebung von Zusatzzöllen zu, wenn das Importvolumen bestimmte Schwellenwerte überschritt oder die Importpreise Schmerzgrenzen unterschritten.

Diese Ausführungen wurden in Vergangenheitsform gemacht, weil die Reformen der GAP zwar nicht alle Formen des tarifären und nicht tarifären Protektionismus beseitigten, aber sie doch deutlich korrigierten:
- Die EU verpflichtete sich, die Importquoten durch Zölle zu ersetzen und diese schrittweise abzusenken. Weil sie aber Quoten in höhere Zollsätze umrechnete, war von einer „schmutzigen Tarifizierung" die Rede, die weiterhin das einzige Ziel verfolge, Agrarexporte aus den Entwicklungsländern zu blockieren.
- Die EU verpflichtete sich – zusammen mit den anderen Industrieländern – zur Verringerung produktionsstützender Binnensubventionen. Die Bush-Administration brachte aber den *Farm Security and Rural Investment Act 2002* durch den Kongress, der z. B. Baumwollexporte aus dem Sahel-Raum erheblich erschwerte. Auch die Produzenten von Zuckerrüben und Tabak in der EU wehrten sich erfolgreich gegen den schnellen Abbau von Subventionen, der ihnen schlagartig die Konkurrenzfähigkeit genommen hätte.
- Wie Tabelle II/4 belegt, reagierte die EU auf die internationale Kritik an ihren Exportsubventionen durch eine schrittweise Rückführung ihrer Ausfuhrerstattungen im Rahmen der Reformen der GAP nach der Verordnung Nr. 1234/2007. Eine Aufschlüsselung der geografischen Verteilung der Exportsubventionen zeigt auch, dass Afrika als Zielregion nicht, wie die öffentliche Debatte suggeriert, den Schwerpunkt bildete. Aber nach wie vor ruinierte besonders in Westafrika die Entsorgung von Geflügelresten, die auf dem EU-Markt keine Abnehmer finden, die lokale Produktion von Geflügel. Außerdem hat die Unterbrechung von Kühlketten auf dem langen Weg von Europa zu den lokalen Märkten erhebliche Gesundheitsrisiken zur Folge. Ebenso fatal ist die Symbolik: Hier – wie auch bei der von allen Vorsichtmaßnahmen entledigten Entsorgung von Elektroschrott – wird Afrika zum Resteverwerter der Wohlstandsgesellschaften degradiert.

Die Überproduktion, die dem Preisverfall zugrunde lag, liegt auch daran, dass die EU große Mengen von Futtermitteln, vor allem von Soja, importiert und in deren Erzeugerländern große ökologische Schäden anrichtet. Eine stärker flächengebundene Agrarproduktion könnte den heimischen Produzenten bessere Absatzchancen verschaffen, die Überschussproduktion sowie die beim Transport großer Mengen von

Futtermitteln entstehenden CO2-Emissionen reduzieren. Wenn die EU durch die zweite Säule der GAP die nachhaltige Entwicklung ländlicher Räume fördern will, sollte sie auch hier ansetzen.

Tabelle II/4: EU-Haushaltsausgaben für Exporterstattungen (in Mio. Euro)
(EU-Kommission [Pressestelle@bmelv.bund.de])

Produkt	1995	2001	2005	2008	2012
Rindfleisch	1761	363	212	33	37
Geflügelfleisch	172	52	80	97	79
Milcherzeugnisse	2267	1106	1141	29	0
Zucker/Glukose	1312	1009	1080	501	0
Getreide	1093	260	131	10	0
Gesamt	7802	3409	3049	924	79

Das WTO-Agrarabkommen wurde den besonderen Problemen vieler Entwicklungsländer, die nicht zu den potenten Agrarexporteuren zählen, im Besonderen den Existenzbedingungen und Entwicklungsperspektiven der Kleinbauern, nicht gerecht. Sie brauchen eine *„development box"*, die ihnen dabei helfen kann, ihre Ernährungsbasis zu stärken und ihre ländlichen Räume zu fördern, deren Vernachlässigung die Ursache für viele soziale und ökologische Probleme bildet. Das WTO-Agrarabkommen diente deshalb nicht einer nachhaltigen Entwicklung, sondern vor allem den Interessen mächtiger Agrarexporteure. Hier versprach das Anfang Dezember 2013 vereinbarte „Bali-Paket" einige Verbesserungen zugunsten der Entwicklungsländer, wurde aber zunächst durch das von Indien eingelegte Veto ausgebremst.

4.6 Die WTO: umstrittene Gralshüterin des Freihandels

Nach siebenjährigen Verhandlungen wandelte die Schlussakte der *Uruguay-Runde* das GATT in die mit größeren Kompetenzen ausgestattete World Trade Organization (WTO) mit Sitz in Genf um. Die 1995 gegründete WTO bildet das institutionelle Dach für drei Vertragswerke: das *GATT 1994* für den Warenhandel, das auch das umstrittene Agrarabkommen einschließt, das GATS für den Handel mit Dienstleistungen aller Art (z. B. auch für das Bildungs- und Gesundheitswesen, die Wasserversorgung etc.) und TRIPS für Patente, Urheberrechte und geistiges Eigentum aller Art (z. B. der indigenen Völker am Wissen über Heilsubstanzen).

Der entscheidende Unterschied zum GATT bestand darin, dass die Freihandelsregeln der WTO größere rechtliche Verbindlichkeit erhielten und wirksame Verfahren zur Überwachung, Streitschlichtung und Durchsetzung von Sanktionen eingeführt wurden. *GATT 1994* erfasste erstmals auch den Agrarhandel und bezog etwa 90 % des Welthandels in sein Regelwerk ein und verdichtete die Maschen des geregelten Handelsverkehrs. Die WTO hat sich neben dem IWF und der Weltbank zu einem handlungsmächtigen Akteur in der Weltwirtschaft entwickelt, vor allem aufgrund ihrer Sanktionsfähigkeit im Falle von Regelverstößen gegen ihr kompliziertes Regelwerk, das nur wenige Spezialisten durchschauen (vgl. Helmedach 2009). Gerade aufgrund dieser Machtfülle gerät sie unter Legitimationsdruck und gab es von Anfang an Forderungen nach Reformen:

- Die „Gruppe der 77" attackiert – hier im Zusammenspiel mit den USA und anderen großen Agrarexporteuren – den Agrarprotektionismus der EU. NGOs, allen voran FIAN und Oxfam, werfen dem WTO-Agrarabkommen vor, das Menschenrecht auf Nahrung zu verletzen und das Ziel der Ernährungssicherung zu vernachlässigen. Jean Ziegler, der UN-Sonderbeauftragte für die Ernährungssicherung, attackierte immer wieder mit deftigen Worten und Bildern das „Imperium der Schande", das Hunger produziere.
- NGOs, Gewerkschaften aus dem Norden und neuerdings auch einige Industrieländer fordern die Integration von Sozial- und Umweltstandards in das WTO-Regelwerk, die jedoch die „Gruppe der 77" als neue Form des Protektionismus ablehnt und damit eine sozialökologische Reform des Welthandels torpediert.
- Das Europäische Parlament, UNDP und die UNCTAD setzten die Forderung nach mehr Transparenz der Entscheidungsverfahren, Rechenschaftspflichtigkeit und Demokratisierung auf die Reformagenda, weil sie der WTO den Vorwurf machten, die am wenigsten transparente internationale Organisation zu sein. Sie bemüht sich inzwischen um mehr Transparenz, indem sie viele Vorgänge ins Internet stellt.
- Globalisierungskritiker aus dem Norden und Süden forderten eine neue Welthandelsrunde in Gestalt einer „Entwicklungsrunde", die den Interessen der Entwicklungsländer und damit 80 % der WTO-Mitglieder stärkeres Gewicht einräumen sollte. Diese Forderung wurde 2001 mit der Eröffnung der „Doha-Entwicklungsrunde" erfüllt, die allerdings auch nach mehreren Verhandlungsrunden die verschiedenen Interessenkonflikte nicht überwinden konnte. Radikalere Gruppen agitierten für die Zerschlagung der WTO, ohne Alternativen aufzuzeigen, wie dann eine gerechtere Welthandelsordnung organisiert werden könnte.

Die größere Gefahr geht von einem neuen Bilateralismus in den Handelsbeziehungen aus, den sowohl die USA als auch die EU zu organisieren begannen. Das geplante Freihandelsabkommen zwischen den USA und der EU (TTIP = *Transatlantic Trade and Investment Partnership*), das von dieser in größter Geheimhaltung und ohne Beteiligung der nationalen Parlamente ausgehandelt wurde, wird – falls es vielen Widerständen trotzen sollte – Standards für die weltweiten Handelsbeziehungen setzen. Nach einer Studie des IFO-Instituts (2013) werden zwar die beiden großen Wirtschaftsräume der USA und EU gewinnen, aber viele Entwicklungs- und Schwellenländer verlieren, weil das Absenken der Zölle innerhalb des TTIP-Raumes ihre Konkurrenzfähigkeit verringern würde. In den Medien lief eine ungewöhnlich heftige Debatte Pro und Kontra, die sich beide auf irgendwelche von Interessen geleitete Gutachten bezogen. Im Mittelpunkt der Kontroversen standen Umwelt- und Verbraucherstandards, die vordergründig auf den befürchteten Import von Chlorhühnchen reduziert wurden, und vor allem die Auslagerung von Streitverfahren an private Schiedsgerichte an der hoheitlichen Gerichtsbarkeit vorbei. Wirtschaftsinteressen auf beiden Seiten des Atlantiks übten massiven Druck auf die Politik aus, um das unter Ausschluss der Öffentlichkeit ausgehandelte Vertragswerk über die Runde parlamentarischer und zivilgesellschaftlicher Widerstände zu bringen. Verteidiger des handelspolitischen Megaprojekts sehen seine eigentliche Bedeutung in der geopolitischen Behauptung des NATO-Raumes und besonders des EU-Raumes gegenüber den erstarkenden Konkurrenten in Asien. In diesem Konkurrenzkampf könnte die WTO als Hüterin des handelspolitischen Multilateralismus an Regelungskraft verlieren.

Die Kritiker aus aller Welt unterstellen der WTO, die Interessen der großen Wirtschaftsmächte und der global operierenden „Multis" zu bedienen, also als eine Bastion des „Empire" zu fungieren (vgl. Khor u. a. 1999). Die einen erklären vor allem das GATS-Abkommen als „nicht sozial-, umwelt- und entwicklungsverträglich", weil es weltweit auch Bereiche der öffentlichen Daseinsvorsorge (wie das Bildungs- und Gesundheitswesen, die Strom- und Wasserversorgung) unter Liberalisierungs- und Privatisierungsdruck setze, die anderen attackierten das TRIPS-Abkommen als Freibrief für die „Biopiraterie" und Ausbeutung der „natürlichen Reichtümer" der Tropenwaldländer. Die Kritik kam also von vielen Seiten, besonders harsch von „Süd-NGOs". Die WTO drängt auf die Öffnung aller Märkte und respektiert dabei zu wenig die Schutzbedürftigkeit von öffentlichen Gütern und schwachen Ökonomien nach dem SDT-Prinzip des *Special and Differential Treatment*.

Die Kritik bezog sich auch auf die *Economic Partnership Agreements* (EPAs), welche die EU auf Drängen der WTO nach dem Auslaufen des Lomé-Vertrages mit den AKP-Staaten in das im Jahr 2000 unterzeichnete Cotonou-Abkommen einbezog, weil die handelspolitische Bevorzugung der 79 AKP-Länder im Widerspruch zu den Freihandelsprinzipien der WTO stand. Die EU drängte diese in den Verhandlungen über die EPAs dazu, einen Fahrplan zur gegenseitigen Marktöffnung und Handelsliberalisierung zu akzeptieren. Die Förderung von Freihandel und ausländischen Direktinvestitionen sollte an die Stelle der in dem Lomé-Verträgen garantierten, aber von den AKP-Staaten nur wenig genutzten Handelspräferenzen treten. Diesen ging es um die Fortschreibung dieser in der Tat mit dem Regelwerk der WTO nicht konformen Präferenzen und um die weitere Aussetzung des Reziprozitätsprinzips, das sie von der im WTO-Regelwerk zentralen Meistbegünstigungsklausel befreien sollte. Sie befürchteten nicht ohne Grund, dass sie ihre Märkte für EU-Unternehmen öffnen müssen, ohne von der versprochenen Abschaffung fast aller Zölle profitieren zu können, die ihnen schon die EBA-Initiative („Everything but Arms") versprach. Die EPAs waren umstritten, weil sie die wettbewerbsschwachen AKP-Ökonomien einem Konkurrenzdruck aussetzen wollen, den sie nicht bestehen können.

Die Verhandlungen über die Gründungsakte der WTO wurden von den OECD-Ländern (vor allem den USA und der EU) dominiert. Die Entwicklungsländer blieben mit wenigen Ausnahmen eher passive Statisten, während die BRICS-Gruppe (aus Brasilien, Russland, Indien, China und Südafrika) und andere potente Schwellenländer (wie Malaysia, Indonesien und Mexiko) zunehmend ihre Muskeln ließen. Dieses Machtgefälle zwischen nominell gleichen, aber faktisch sehr ungleichen Mitgliedern hat verschiedene Ursachen: Erstens findet die Vorbereitung wichtiger Entscheidungen in informellen Runden (sogenannten *Green Room Discussions*) statt, in denen neben Vertretern der G7 nur zuweilen auch „strategisch wichtige" Schwellenländer teilnehmen, die sich in der „*Gruppe der 21*" organisierten. Zweitens haben viele Entwicklungsländer keine oder nur eine kleine ständige Vertretung vor Ort. Drittens verfügen viele von ihnen nicht über die notwendige Expertise, um aktiv an Verhandlungen über komplizierte Sachverhalte teilnehmen zu können.

Die Transparenz der WTO kann nur erhöht werden, wenn die exklusiven „*Green Room Discussions*" sowie die Streitschlichtungsverfahren geöffnet werden. Ihr Legitimationsdefizit kann nur verringert werden, wenn auch die internationalen Winzlinge mit technischer Hilfe der WTO in die Lage versetzt werden, aktiver an den Verhandlungs- und Entscheidungsprozessen teilzunehmen. Allerdings könnten sie sich auch selbst durch eine regionale Bündelung schwacher Kräfte besser dazu befähigen. Neben der Verbesserung der internen Transparenz und Partizipation könnte auch mehr externe Transparenz, besonders durch den Zugang von Parlamentariern, NGOs, Gewerkschaften und Wirtschaftsverbänden zu den „Panels" der Streitschlichtungsverfahren, den Vorwurf entkräften, dass die WTO hinter verschlossenen Türen existenziell wichtige Entscheidungen trifft.

Das Scheitern der WTO-Konferenzen im mexikanischen Cancún (2003) und auf Bali (2013) hatte einen Damaskuseffekt. Hier konnten die USA und EU nicht mehr wie in der Vergangenheit die Agenda der Verhandlungen bestimmen, sondern waren mit der in der „Gruppe der 21" gut organisierten Verhandlungsmacht der Schwellenländer konfrontiert. Auch kleinere Länder haben es geschafft, ihre Probleme auf die Tagesordnung zu setzen. Es ist zwar noch fraglich, ob sich die „Gruppe der 21" längerfristig als wirksame Stimme der Entwicklungsländer profilieren kann, aber sie baute eine selbstbewusste Gegenmacht auf, die bei der Debatte über die WTO-Reform eine wichtige Rolle spielen kann. Dem Missbrauch von Macht kann nur durch den Aufbau von Gegenmacht begegnet werden.

4.7 Fazit: Perspektiven für eine ökosoziale Weltwirtschaft

Das Fazit einer Studie von VENRO (2003) lautete kurz und bündig, dass „Handel nicht zwingend zu anhaltendem Wachstum und erst recht nicht zur Armutsreduzierung" beitrage. Viele Studien anderer Organisationen, u. a. von WEED (*Weltwirtschaft, Ökologie und Entwicklung*), *Germanwatch* oder *Oxfam* (2002), kamen zu ähnlichen Ergebnissen. Die UNCTAD setzte immer wieder kritische Kontrapunkte zur WTO-Ideologie des Freihandels und wurde deshalb von den OECD-Ländern in das Abseits der Bedeutungslosigkeit gedrängt. Inzwischen rechnen auch die Promotoren der Handelsliberalisierung den OECD-Ländern vor, mit ihren unfairen Handelspraktiken den Entwicklungsländern mehr Einkommen zu entziehen, als sie ihnen mit aller ODA zurückgeben, also mit der einen Hand zu geben, was die andere Hand genommen hat. Deshalb erwies sich die Formel „Handel statt Hilfe" nur für die kleine Gruppe der Schwellenländer als Königsweg. Nur wenige „Ferienparadiese" konnten auch den Tourismus zur Wohlstandsmehrung nutzen, allerdings nicht zu nachhaltiger Entwicklung. Der Ferntourismus belastet durch seine hohen Schadstoffemissionen die Atmosphäre und ist damit ein Beschleunigungsfaktor des Klimawandels (vgl. Vorlaufer 1996).

Der Realismus verbietet es, auf einen qualitativen Quantensprung zu einer gerechteren, sozialen und ökologischen neuen Weltwirtschaftsordnung zu hoffen. Die Machtverteilung in der Weltwirtschaft verhindert die Verwirklichung von Wunschvorstellungen. Aber es besteht ein dringender Reformbedarf, um zumindest die höchsten Hürden für eine gerechtere Beteiligung der Entwicklungsländer an den Wohlfahrtspotenzialen des Welthandels abzutragen. Es geht um dringliche Sofortmaßnahmen und um Strukturreformen, die tiefer in das Räderwerk des Welthandels eingreifen:

1. Die Exportsubventionen für Agrarüberschüsse der Industrieländer (besonders der EU) müssen möglichst zügig auf Null heruntergefahren, andere Agrarsubventionen stufenweise abgebaut werden, wie es das zunächst durch Indien blockierte „Bali-Paket" vorsah. Es geht hier in erster Linie um den Schutz kleinbäuerlicher Existenzen, aber auch um die Verbesserung von Exportchancen der Entwicklungsländer, die größtenteils noch auf den Export von Agrargütern angewiesen sind.

2. Um erste Stufen der Industrialisierung und den Export von Gütern mit höherer Wertschöpfung nicht zu behindern, muss die Zolleskalation für verarbeitete Produkte auf einen niedrigen Durchschnittszoll, der für alle Verarbeitungsstufen gilt, abgesenkt werden. Außerdem muss die WTO darauf drängen, dass die Industrieländer alle Mengenbeschränkungen abschaffen und andere nicht tarifären Handelsbarrieren auf Restbestände abbauen, die zum Schutz der Gesundheit unerlässlich sind.

3. Produkten aus dem Bereich des Fairen Handels, die erst einen minimalen Anteil am Welthandel erreicht haben, sollte generell der zoll- und quotenfreie Zugang zu allen Verbrauchermärkten gewährt werden. Die Industrieländer könnten auch in ihrem öffentlichen Beschaffungswesen gezielt Produkte bevorzugen, die sozialen und ökologischen Mindeststandards entsprechen. Hier sind besonders die Kommunen gefordert, wenn sie beispielsweise Tropenhölzer oder Pflastersteine zur Verschönerung von öffentlichen Gebäuden oder Straßen bestellen. Qualitätssiegel auf Importprodukten können auch dafür sorgen, dass die Kernarbeitsnormen der ILO beachtet werden. Einigermaßen faire Löhne können zwar auf den Verbrauchermärkten zu höheren Preisen führen, aber sie verbessern dort die Lebensbedingungen, wo erfahrungsgemäß alle Entwicklungshilfe nur selten ankommt, nämlich bei den working poors. Globale Strukturpolitik darf sich nicht nur um handelspolitische Makrostrukturen kümmern, sondern muss auch umzusetzen

versuchen, was ihr die ILO-Standards auf der Mikro-Ebene von Löhnen und Arbeitsbedingungen abverlangen (vgl. Scheper/Menge 2013).

4. Die Androhung von Antidumping-Verfahren gegenüber schwachen Handelspartnern, die häufig nicht über ausreichende Informationen und Testverfahren verfügen, kommt nicht nur einem wirksamen nicht tarifären Handelshemmnis, sondern auch einer Erpressung gleich.

5. Weil ILO und UNEP über keine Sanktionsmacht verfügen, die WTO zwar über diese, aber über keine fachliche Kompetenz verfügt, wettbewerbsverzerrende Verletzungen von Sozial- und Umweltstandards festzustellen und ggf. zu ahnden, müssen die beiden UN-Organisationen zumindest mit Antragsrecht und konsultativ in Streitschlichtungsverfahren einbezogen werden. Diese Lösung könnte erstens dem Einwand begegnen, dass die WTO mit handelsfremden Aufgaben überfordert werde, zweitens den Vorwurf entkräften, dass sie sich weder um das wettbewerbsverzerrende Sozial- und Ökodumping noch um den Sozial- oder Ökoprotektionismus kümmere. Eine neue Welthandelsordnung setzt eine neue internationale Wettbewerbsordnung voraus, die Vorkehrungen trifft, dass das Sozial- und Ökodumping nicht zu einem Wettbewerbsvorteil werden kann. Die Legitimation der WTO hängt wesentlich von der sozial- und umweltpolitischen Gestaltung des Freihandels ab.

6. WTO, IWF und Weltbank fordern nicht nur von den Industrieländern geradezu litaneienhaft die Öffnung der Märkte, sondern zwingen auch den Entwicklungsländern eine rasche Handelsliberalisierung auf. Diese haben ihre Import- und Exportzölle gesenkt, obwohl sie damit auch ihre wichtigste Einnahmequelle verringert und ihren entwicklungspolitischen Handlungsspielraum weiter verengt haben. Das im WTO-Vertrag verankerte Prinzip des *„Special and Differential Treatment"* muss ihnen mehr Zeit für notwendige Anpassungsmaßnahmen einräumen.

7. Um die gesamtwirtschaftliche Verwundbarkeit der Rohstoffländer durch Preisstürze bei ihren „Ricardo-Gütern" oder durch Produktionsausfälle im Gefolge sich häufender Naturkatastrophen abzufedern, sollten neben der unzureichenden *Compensatory Financing Facility* des IWF internationale Kompensationsfonds oder Versicherungen gegen Einkommensausfälle eingerichtet werden, nachdem die in den Lomé-Verträgen der EG mit den AKP-Staaten praktizierte Erlösstabilisierung für agrarische und mineralische Exportprodukte im Cotonou-Vertrag nicht verlängert wurde. Sie könnten gleichzeitig Maßnahmen zur Diversifizierung der Exportstrukturen fördern.

8. Damit auch die „Fußkranken der Weltwirtschaft" aktiver am Welthandel teilnehmen und höhere Handelsgewinne erzielen können, brauchen sie externe Start- und Aufbauhilfe und höhere Mittel für „aid for trade". Bei kleinen Binnenmärkten wie im balkanisierten Afrika, in Mittelamerika und in der Karibik ist die regionale Kooperation die bare Voraussetzung für den Aufbau von einigermaßen konkurrenzfähigen Konsumgüter- und Verarbeitungsindustrien. Hier könnte und sollte

die EU ihre guten Ansätze zur Förderung regionaler Kooperationsprojekte verstärken, wie sie der Cotonou-Vertrag vorsah.

9. Die vielstimmigen Klagen über unfaire Handelsbedingungen und der wohlfeile Vorwurf des Neokolonialismus, den die Repräsentanten des Südens bei allen Verhandlungsrunden erheben, können ihnen selbst nicht den Vorwurf ersparen, die ihnen eingeräumten Handelspräferenzen – wie sie die Lomé-Verträge enthielten und wieder die Everything-but-Arms-Initiative anbot – kaum genutzt zu haben. Der Anteil der AKP-Staaten am Außenhandel der EG/EU ist trotz aller Präferenzen sogar gesunken. Nicht die Globalisierung, sondern die auch im Vergleich der drei Entwicklungskontinente geringe Wettbewerbsfähigkeit warf das subsaharische Afrika trotz des Rohstoffbooms bei den Anteilen am Welthandel zurück (vgl. Tetzlaff 2008). Dass auch ein armes Land die internationale Arbeitsteilung und Handelspräferenzen nutzen kann, bewies Äthiopien. Der Beschluss des Landes mit einem großen Rinder- und Ziegenbestand, keine Felle zu exportieren, zwang Leder- und Schuhfabrikanten aus Europa und China, die arbeitsintensive Fabrikation nach Äthiopien zu verlagern. Allerdings ist das Land für ausländische Investoren auch aus einem anderen Grund attraktiv: Das repressive politische Regime setzte extrem niedrige Mindestlöhne durch, die noch niedriger sind als in den konkurrierenden asiatischen Niedriglohnländern wie Bangladesh oder Indien. Die Auslandsunternehmen wie H&M kümmern sich nicht um die ILO-Kernarbeitsnormen oder den *Global Compact* und zahlen keine Steuern. Sie tragen zwar zum Wirtschaftswachstum und zur Verringerung der Arbeitslosigkeit bei, aber zu ausbeuterischen Bedingungen, welche die Armut der Bevölkerung ausnützen und die politische Repression zur Unterdrückung von Widerständen nutzen.

10. Die WTO, der allerdings schwächelnde Zampano des Welthandels, muss dazu verpflichtet werden, seine Entscheidungsmechanismen transparenter zu machen. Ohne größere Transparenz, Rechenschaftspflichtigkeit und Partizipation kann sie nicht dem delegitimierenden Verdacht entgehen, der verlängerte Arm der großen Handelsmächte zu sein. Die Gruppenbildung auf den WTO-Ministerkonferenzen hat gezeigt, dass nur die Mobilisierung von Gegenmacht den Entwicklungsländern effektive Verhandlungsmacht verschaffen kann. Ohne eine solche wird es allenfalls Trippelschritte in Richtung einer neuen Weltwirtschaftsordnung geben. Der Schweizer Soziologe Jean Ziegler u. a. (2009) neigt zwar immer wieder zu deftigen Worten und Bildern, aber was er als „*Hass auf den Westen*" deutete, findet im zweiten Teil eines Buchtitels eine zwar dramatisierende, dennoch alarmierende Erklärung: „Wie sich die armen Völker gegen den wirtschaftlichen Weltkrieg wehren". Es sind freilich nicht diese „armen Völker", sondern es sind neben terroristischen „Gotteskriegern" die Aufsteiger in der Weltwirtschaft, die dem Westen das Fürchten lehren.

Die OECD-Länder haben noch, allerdings nicht mehr lange, das Sagen in der Weltwirtschaft, weil die Schwellenländer, wichtige Rohstoffländer und die „Gruppe der 77" auf den Handelskonferenzen zunehmend selbstbewusster und auch wirkungsvoller ihre Interessen durchzusetzen versuchen. Indien demonstrierte auf der Bali-Konferenz der WTO, dass auch die geballte Verhandlungsmacht des Westens nicht mehr Beschlüsse diktieren kann. Die OECD-Länder haben aber noch erhebliche Verhandlungs- und Regelungsmacht, auch dank ihrer Dominanz in den internationalen Finanzorganisationen. Sie könnten sich den Verzicht auf eigene Vorteile ohne wesentliche Wohlstandsverluste leisten, den ihnen das Gebot der Gerechtigkeit abverlangt. Das Ziel einer sozialen und ökologischen Weltwirtschaft kann ohne fairen Interessenausgleich nicht erreicht werden. Der Wahlspruch von *Attac* ist nicht illusionär: Eine andere Welt ist möglich. Aber sie wird nicht durch die Abkoppelung vom Weltmarkt, sondern durch eine gerechtere Verteilung seiner Wohlstandsgewinne möglich. Hier irrten die Dependenztheoretiker und irren nun wieder die Propheten der Post-Development-Verheißungen.

5 Ressourcenarmut – „Ressourcenfluch" – Ressourcenkonflikte

Im völkerrechtlichen Diskurs über soziale Menschenrechte sowie in der umwelt- und entwicklungspolitischen Diskussion hat eine neue Formel Konjunktur: Zugang zu Ressourcen. Im lockeren Sprachgebrauch bedeutet der Begriff der Ressourcen Hilfsmittel für irgendwelche Aktivitäten, in der Ökonomie alle Mittel, die für die Produktion von Gütern und Dienstleistungen wichtig sind, häufig auch nur Geld. In der Rohstoffwirtschaft bezeichnen Ressourcen das Ausgangsmaterial für die industrielle Produktion oder Produkte, die – wie Roheisen oder Palmöl – bereits erste Bearbeitungsstufen durchlaufen haben. Häufig wird der Begriff jedoch auf die „natürliche Ressourcenausstattung" eines Landes mit Rohstoffen, Energieträgern, landwirtschaftlich nutzbarer Fläche, Wäldern mit verschiedenen Funktionen, Fischgründen in Binnengewässern oder maritimen Wirtschaftszonen, Trinkwasser oder Wasser für die Bewässerungslandwirtschaft sowie verkehrstechnisch und hydroelektrisch verwertbaren Wasserläufen verengt.

In dieser Engführung hätte der Begriff kaum eine Konjunktur erlebt. Es muss also mehr in ihm stecken. Der entwicklungspolitische Sprachgebrauch sattelt ihm auch die normativen Imperative der sozialen Menschenrechte auf, die Rechtsansprüche auf lebenswichtige Ressourcen wie Land, Wasser, Energie sowie Verfügungsrechte über die „natürlichen Reichtümer" wie die biologischen Ressourcen begründen. Art. 1, Abs. 2 des völkerrechtlich verbindlichen *Paktes über wirtschaftliche, soziale und kulturelle Rechte*, des sogenannten *„Sozialpakts"*, setzte der Privatisierungswut des WTO-Regelwerks, das vor kollektiven Eigentumsrechten und Existenzmitteln nicht Halt macht, die folgende Grenze entgegen:

> Alle Völker können für ihre eigenen Zwecke frei über ihre natürlichen Reichtümer und Mittel verfügen [...] In keinem Fall darf ein Volk seiner eigenen Existenzmittel beraubt werden.

In der Entwicklungstheorie und bei den entwicklungspolitischen Akteuren besteht weitgehende Übereinstimmung, dass Humankapital die wichtigste Entwicklungsressource ist und vielfach knapper als Sachkapital ist. Viele teure Entwicklungsprojekte endeten als die berüchtigten Entwicklungsruinen, weil nach dem Abzug der externen Fachleute das ausgebildete Personal für den Betrieb und für die Instandhaltung der Betriebe fehlte (oder ins Ausland abgewandert war). Bildung ist der Schlüssel für den gesamtgesellschaftlichen Wandel, für die Verbesserung der Wettbewerbsfähigkeit, für die Emanzipation der Frauen, für das Absinken der Fertilitätsraten und für den Kampf gegen AIDS. Nach der Einschätzung der Weltbank lässt die Bildung und Ausbildung von Mädchen die höchste volkswirtschaftliche Rendite erwarten. Es gibt deshalb gute Gründe, warum das zweite MDG der allgemeinen Grundschulbildung für alle Kinder höchste Priorität einräumte.

Schließlich bilden auch globale Gemeinschaftsgüter (*global public goods*) wie die Atmosphäre, die biologische Vielfalt, der Luftraum und die Weltmeere Ressourcen für das kollektive Überleben. Der Ressourcenbegriff ist also ein vieldeutiger Omnibus-Begriff. Er wird hier auf Ressourcen fokussiert, die für Entwicklung wichtig sind oder deren Mangel Entwicklung behindert: also auf Wasser und Energie, nachdem die für die Nahrungsmittelproduktion elementare Ressource Boden ausführlicher in Kapitel 7 behandelt wird, sowie die für die Proteinversorgung und die Existenz vieler Fischer wichtige Ressource von Fischgründen. Für viele Entwicklungsländer bildet die „natürliche Ressourcenausstattung" mit mineralischen und agrarischen Rohstoffen das Rückgrat der Ökonomie und determiniert ihre Rolle in der Weltwirtschaft, warf aber auch die Streitfrage auf, ob Rohstoffe einen Segen oder Fluch darstellen. Es stellte sich heraus, dass sie in manchen Rentenökonomien zwar für regierende Cliquen viel Segen in Gestalt opulenter Provisionen und Schmiergelder bringen, aber für die Bevölkerungsmehrheit eher einen „Ressourcenfluch" darstellen.

5.1 Rohstoffe: Reichtum und Elend vieler Entwicklungsländer

Der von der Weltwirtschaftskrise abgebrochene Rohstoffboom, der von der steigenden Nachfrage aus China und anderen Schwellenländern mit einer rasch wachsenden verarbeitenden Industrie angeschoben wurde und auch den notorischen „Fußkranken der Weltwirtschaft" zu beachtlichen Wachstumsraten verhalf, schien einen alten Glaubenssatz der Entwicklungsökonomie zu widerlegen: dass Rohstoffe, die einmal koloniale Begehrlichkeiten geweckt hatten, die große Gruppe von Ländern, die im Unterschied zu den Schwellenländern (*Newly Industrializing Countries*) keine oder nur wenige Fertigprodukte mit höherer Wertschöpfung exportieren kann, in eine Sackgasse geführt hätten. Die umstrittenen Theoreme der säkularen Verschlechterung der *Terms of Trade* und des ungleichen Tausches gehörten lange zum Kanon der entwicklungstheoretischen Kontroversen (siehe Kapitel 4).

Nun erlebten nicht nur Exporteure von Erdöl, sondern auch von mineralischen und agrarischen Rohstoffen, von Nahrungs- und Futtermitteln einen Exportboom mit steigenden Deviseneinnahmen, der alte handels- und entwicklungstheoretische Kontroversen zu überholen schien. Nun war auch von einem „neuen Kalten Krieg" um Rohstoffe die Rede (so der *Spiegel* Nr. 13/06), weil vor allem China in traditionelle Rohstoffreservoire des Westens eindrang. Brasilien konnte auch mithilfe seines Sojabooms seine Schulden beim IWF vorzeitig zurückzahlen und erhebliche Devisenreserven anhäufen. Die Weltwirtschaftskrise, die nach Erkenntnissen der Weltbank und der UNCTAD (*UN Conference for Trade and Development*) gerade die ärmsten Entwicklungsländer am härtesten traf, brachten jedoch die alten Kontroversen wieder in Erinnerung.

Es war der Reichtum an agrarischen, mineralischen oder fossilen Rohstoffen, deren Ausbeutung einen „Platz an der Sonne" versprach; es war Silber, das Bolivien über Jahrhunderte zum „Bettler auf dem Thron" machte; es war die kolonialwirtschaftliche „Inwertsetzung", die den ehemaligen Kolonien neben Eisenbahnen zu Seehäfen häufig monokulturelle Produktions- und Exportstrukturen hinterließ. 60 % der Exporte aus den 49 LLDC, die größtenteils im subsaharischen Afrika liegen, bestehen noch immer aus unverarbeiteten Rohstoffen. Aber nicht ihre Produktion, sondern ihre Verarbeitung schafft Reichtum. Die mit der EU assoziierten 79 AKP-Länder in Afrika (A), in der Karibik (K) und im Südpazifik (P), allesamt ehemalige Kolonien Europas, konnten auch die handelspolitischen Präferenzangebote der EU, die ihren und den übrigen LLDCs zuletzt den zollfreien Zugang von „Everything but Arms" einräumte, nicht zu Veränderungen ihrer Exportstrukturen nutzen. Die UNCTAD, die im Jahr 1964 auf Druck der Entwicklungsländer gegründet worden war, liefert regelmäßig Berichte zur handelspolitischen Situation der LLDCs, die wesentlich kritischer sind als die Berichte der WTO oder der Weltbank.

Die Rohstoffländer sind Nachfrage- und Preisschwankungen auf den Rohstoffmärkten ziemlich wehrlos ausgeliefert. Sie fallen oder steigen aus unterschiedlichen Gründen. So sorgte die starke Nachfrage nach Kupfer aus dem boomenden China für einen Anstieg des Kupferpreises um 85 % innerhalb eines Jahres oder eine Dürre in Brasilien für Höchstpreise bei Sojabohnen. Engpässe bei der Produktion und die Spekulation auf den Warenterminbörsen trieben die Preise für Silber und Platin in die Höhe. Dagegen führte die weltweite Überproduktion bei Kaffee zum Preisverfall, während eine Angebotsverknappung im Gefolge der wachsenden Nachfrage nach Ethanol dem Zucker zum höchsten Preis seit einem Vierteljahrhundert verhalf. Welche Ursachen die Preisausschläge auch immer haben mögen, seien es Überproduktion, Naturkatastrophen, Kriege, Konsumveränderungen in den Verbraucherländern oder Spekulationen an den Rohstoffbörsen,
- sie machen auch eine mittelfristige Haushalts- und Entwicklungsplanung zum Lotteriespiel, verengen oder erweitern die Importfähigkeit, das Steueraufkommen, die entwicklungspolitische Handlungs- und Schuldendienstfähigkeit;
- sie schlagen auf die Einkommen der Produzenten, die Investitionsfähigkeit der Betriebe, die Beschäftigungslage und nicht selten – als Summe der Negativeffekte – auch auf die politische Stabilität eines Landes durch;
- sie haben, wenn sie nicht im Land weiterverarbeitet werden, nur geringe Beschäftigungseffekte und hinterlassen häufig schwere ökologische Schäden.

Rohstoffländer, die sich nicht um eine Diversifizierung ihrer Produktions- und Exportstrukturen bemühten, verfingen sich in der folgenden Falle: Niedriger Entwicklungsstand → hoher Anteil von Rohstoffen an den Exporten → geringe Investitionsfähigkeit und Beschäftigungseffekte → geringe Produktivitätsfortschritte → schwache Wachstumsimpulse → Verfestigung der Strukturgebrechen von Unterentwicklung → Armut. Hinter diesen Strukturen verbergen sich Menschen, die auf vielfache Weise von den internationalen Marktmechanismen betroffen sind. Die Letzten beißen die Hunde – und dies sind vor allem die kleinen Pflanzer von Kaffee, Kakao, Erdnüssen oder Baumwolle und schließlich die Tagelöhner auf den Feldern, unter denen sich auch viele Kinder befinden.

Die Preise, zu denen kleine und große Produzenten ihre „Kolonialwaren" verkaufen müssen, machen häufig nur einen kleinen Teil des Preises aus, den die Konsumenten bezahlen müssen: z. B. bei Bananen ein Zehntel, bei Tee ein Sechstel und bei Kaffee nur ein Fünftel. Dazwischen liegen nicht nur Transport- und Vermarktungskosten sowie die Gewinnspannen von Zwischen- und Großhändlern, sondern lagen bis zu der vom IWF erzwungenen Deregulierung und Liberalisierung des Außenhandels auch in kräftigen Abschöpfungen der staatlichen oder parastaatlichen *Marketing Boards*, die nur Teile des Verkaufserlöses oder der von der EG im Rahmen der Lomé-Verträge geleisteten Ausgleichszahlungen bei stark gesunkenen Rohstoffpreisen an die Produzenten auszahlten.

Viele Berichte belegen das niedrige Einkommen von Kleinbauern, die für den Export produzieren, oder die Hungerlöhne und miserablen Arbeitsbedingungen von Tee- oder Kaffeepflückern. An dieser Beutelschneiderei sind viele beteiligt: die Plantagenbesitzer, die Tagelöhner anheuern, Zwischenhändler und Kredithaie, Transportunternehmen, Verarbeitungs- und Vermarktungsketten in den Verbraucherländern. Die großen US-Fruchtkonzerne (*United Fruit*, *Del Monte*) haben sich teilweise aus der risikoreichen Produktion zurückgezogen und sich auf die profitablere Vermarktung konzentriert. Am Ende profitieren auch die Verbraucher im Norden von billigen Preisen, während die Produzenten im Süden verlieren, wenn sie sich nicht am *Fair Trade* beteiligen, der größere Preisausschläge abzufangen und unfaire Handelspraktiken auszuschalten versucht. Die Probleme des „unfairen Handels" und des Musterbeispiels Kaffee sowie des Agrarprotektionismus wurden in Kapitel 4 behandelt.

5.2 Von gescheiterten Rohstoffabkommen zur Rohstoffdiplomatie

Die Rohstoffländer kämpften jahrzehntelang ziemlich erfolglos um eine Veränderung der sie benachteiligenden internationalen Handelsbedingungen. Mit einer *Neuen Weltwirtschaftsordnung* wollten sie eine Steuerung von Angebot und Nachfrage und vor allem eine Stabilisierung der Rohstoffpreise auf höherem Niveau erreichen. Sie konnten aber nicht einmal den Zusammenbruch von mehreren Rohstoffabkommen verhindern, die diesen Zweck erfüllen sollten. Übrig geblieben ist der 1989 unter der Schirmherrschaft von UNCTAD eingerichtete Gemeinsame Rohstoff-Fonds (CFC = *Common Fund for Commodities*), der mit ziemlich geringen Mitteln Projekte zur Förderung der sozioökonomischen Entwicklung von Rohstoffländern finanziert. Dieses UN-Instrument und die *Compensatory Financing Facility* des IWF können allenfalls einen marginalen Beitrag zum Ausgleich des Preisverfalls bei vielen Rohstoffen leisten.

Es gab seit Jahrzehnten *Rohstoffabkommen* (für Olivenöl, Rindfleisch, Weizen, Zucker, Kaffee, Kakao, Tropenholz und Naturkautschuk), aber nur noch das Kautschuk-Abkommen enthält die Zielsetzung der Preisstabilisierung durch Marktregulierung. Die gescheiterten Abkommen versuchten dies in der Regel durch die Anlage von Ausgleichslagern (*bufferstocks*), die bei Marktsättigung aufgefüllt und bei steigender Nachfrage wieder geräumt wurden. Dieser Mechanismus konnte allerdings nur funktionieren, solange sich die Produzenten an die vereinbarten Produktionsquoten hielten und die Finanzierung der Lagerhaltung sicherstellten. Beides geschah nicht. Außerdem brachten Produzenten, die den marktregulierenden Abkommen nicht beitraten, das Marktgeschehen durcheinander.

Es waren also nicht nur Machenschaften von Spekulanten, sondern auch mangelnde Vertragstreue und die unzureichende Anpassung der Erzeugerländer an Mengen und Qualität der Nachfrage, die marktregulierende Abkommen zum Scheitern brachten. Außerdem passten sie nicht in das Konzept der neoliberalen Deregulierungswut. Nach dem Zusammenbruch der Abkommen für Kaffee und Kakao wurden zwar zwischen Produzenten- und Verbraucherländer neue Abkommen ausgehandelt, aber sie verzichteten auf den Versuch der Markt- und Preisregulierung. Das Problem liegt darin: Rohstofffonds können zwar kurzfristig die Preise stabilisieren, aber auch den Anreiz lähmen, die Produktion der Nachfrage anzupassen und die Exportstruktur zu diversifizieren. Die EU-Agrarmarktordnung liefert ein abschreckendes Beispiel für Preisgarantien.

Weil Rohstoffe gerade für die ärmsten Entwicklungsländer noch für einige Zeit die wichtigste Devisenquelle und für viele Millionen Menschen die einzige Einnahmequelle bleiben werden, muss nach Lösungen gesucht werden, die ihre Verwundbarkeit durch Nachfrage- und Preisschwankungen abfedern können. Es könnte eine sinnvolle Aufgabe der UNCTAD sein, Initiativen zur freiwilligen Selbstbeschränkung der Produktion zu ergreifen. Dann wären allerdings Kompensationsfonds notwendig, die solche Produktionseinschränkungen ausgleichen und zugleich die Diversifizierung fördern könnten.

Seit den 1980er-Jahren gab es keine international geregelte Rohstoffpolitik mehr, sondern nur noch eine Strukturanpassungspolitik. Und sie bedeutete: Einpassung in den Markt- und Preismechanismus durch Anpassung an die Veränderungen der Nachfrage in Mengen und Art der Güter; nicht Erhaltung von Produktionsstrukturen, die überproduzieren und die Preise drücken, sondern Erschließung neuer Marktchancen und Verringerung der außenwirtschaftlichen Verwundbarkeit – also Diversifikation. Was wirtschaftspolitisch vernünftig erscheint, hat dennoch umwelt- und entwicklungspolitische Haken. Wenn aus Afrika und Lateinamerika per Flugzeug Schnittblumen, Südfrüchte und Gemüse nach Europa und Nordamerika geflogen werden, werden zwar neue Marktchancen genutzt, aber umweltpolitische Einsichten in den ökologischen Unsinn dieses Gütertransports per Flugzeug ignoriert. Wenn in Bangladesh Mangrovenwälder abgeholzt, Reisfelder mit Salzwasser überflutet und durch Garnelenfarmen ersetzt werden, wird zwar die Abhängigkeit von Jute verringert, aber die Gefährdung der Küstenzonen durch Sturmfluten vergrößert. Weil mehrere Länder von der Weltbank zur Garnelenzucht gedrängt wurden, verfielen die Preise. Der Zwang, auf Gedeih und Verderb zu exportieren, hatte also kontraproduktive Effekte. Die Suche nach den Ursachen des Klimawandels stellte auch diese Folgen der Globalisierung auf den Prüfstand.

Unter dem Zwang der Rohstoffsicherung für die verarbeitenden Industrien und für die Verbrauchermärkte von agrarischen „Kolonialwaren" wurde die Entwicklungspolitik von Anfang an auch für diesen Zweck eingesetzt. Die EG/EU nutzte auch ihre Assoziierungspolitik mit den AKP-Staaten in Afrika, der Karibik und im Südpazifik, allesamt ehemaligen europäischen Kolonien, um die Rohstoffversorgung auf vertragliche Basis zu stellen. Deutschland finanziert die BGR (*Bundesanstalt für Geowissenschaften und Rohstoffe*), die weltweit, zu Land und zu Wasser, bei der Suche nach und Prospektion von Rohstoffen aktiv ist. Je mehr die Konkurrenz um verknappende Rohstoffe wächst und sogar „Handelskriege" um Rohstoffe drohen, desto mehr werden sich auch die Staaten an dem Wettlauf um die Lagerstätten beteiligen. Diesen Wettlauf hat China längst eröffnet. Aber auch die anderen fernöstlichen „Tigerstaaten" (Südkorea, Taiwan, Malaysia) und Schwellenländer wie Indien oder Brasilien konkurrieren inzwischen weltweit um die Rohstoffreserven. Es gab zwar keine durch internationale Abkommen geregelte Rohstoffpolitik, aber es gibt natürlich eine globale Rohstoffpolitik und Rohstoffdiplomatie; und es gibt angesichts des sich abzeichnenden Konfliktpotenzials einen dringenden Bedarf an einem nachhaltigen Ressourcenmanagement (vgl. Bleischwitz u. Pfeil 2009).

5.3 Wie aus dem Ressourcenreichtum ein „Ressourcenfluch" wurde

Rund 50 Entwicklungs- und Schwellenländer sind reich an Erdöl, Erdgas oder mineralischen Rohstoffen. Sie erlebten in den ersten Jahren des Millenniums aufgrund der Hochkonjunktur in den OECD-Ländern und der steigenden Nachfrage aus China einen regelrechten Rohstoffboom, der auch Afrika ein beachtliches Wirtschaftswachstum bescherte. Seine Exporteure von Erdöl und mineralischen Rohstoffen spielen im „neuen Kalten Krieg" um Rohstoffe eine strategische Rolle. Es ist wieder von drohenden „Erdölkriegen" die Rede, für die es aber keine überzeugenden Argumente gibt (vgl. Basedau 2007). Besonders *Der Spiegel* versuchte immer wieder, durch dramatisierende Schlagzeilen und eine apokalyptische Rhetorik seine Auflagen zu steigern. In einer meinungsbildenden Artikelserie kündigte er ein „neues Zeitalter der Energiekonflikte" an (Nr. 13/2006).

In den Erdölförderländern waren die Daten zum Wirtschaftswachstum und zu den Zahlungs- und Handelsbilanzen eindrucksvoll, aber die Sozialstatistiken belegten ein „Paradoxon des Überflusses" (Karl 1997), das den Widerspruch zwischen Ressourcenreichtum und gesamtgesellschaftlicher Rückentwicklung auf den Begriff brachte. Das Länderranking des *Human Development Report* lässt erkennen, dass wichtige afrikanische Rohstoffexporteure bei der sozialen Entwicklung weiter zurückfielen; gleichzeitig rangieren sie im Spitzenviertel des von *Transparency International* erhobenen *Corruption Perception Index*. Tabelle II/5 belegt das besonders krasse Beispiel des mit hohen Öleinnahmen gesegneten Kleinstaats Äquatorialguinea, dessen verarmte Bevölkerung das besonders repressive und korrupte Regime des Präsidenten

Obiang ertragen muss. Hinter dem relativ hohen Pro-Kopf-Einkommen verbirgt sich eine parasitäre Kleptokratie. Das mit harscher Kritik gespickte „Schwarzbuch Öl" lieferte viele Belege, warum mit Erdöl eine „Geschichte von Gier, Krieg, Macht und Geld" verbunden ist (Seifert u. Werner 2006).

Tabelle II/5: Rohstoffexporteure auf Ranglisten von HDI, CPI und BTI sowie Pro-Kopf-Einkommen (2013 in US-Dollar) (Human Development Index 2014; Corruption Perception Index 2014; BTI 2014 (Status-Index); IMF 2014)

Länder	HDI 2012 187 Länder	CPI 2013 177 Länder	BTI 2014 129 Länder	PKE 2013 in US-Dollar
Angola	149	153	84	5846
Äquatorialguinea	144	163	–	20572
Gabun	112	106	–	12302
DR Kongo	186	154	117	396
Nigeria	152	144	71	1692
Sudan	166	174	126	2040
Südafrika	118	72	28	6621
Botswana	109	30	18	7136
Mexiko	71	106	33	10630
Venezuela	67	160	93	12472
Russland	57	127	77	14819

Besonders aussagekräftig für den „Ressourcenfluch" ist das Beispiel von Nigeria, des größten afrikanischen Erdölexporteurs. Obwohl das Land in den letzten 35 Jahren aus dem Verkauf von Erdöl Einnahmen in Höhe von geschätzten 400 Mrd. US-Dollar erzielte, fielen zwei Drittel der Bevölkerung unter die Armutsgrenze, verrottete die Infrastruktur und konnte das auch agrikulturell potenziell reiche Land seine wachsende Bevölkerung immer weniger selbst ernähren. Es gibt schwer zu belegende Vermutungen über eine gigantische Kapitalflucht. Das Land ist reich an einem auf dem Weltmarkt begehrten Rohstoff, dessen Preissprünge die Deviseneinnahmen entsprechend steigerten, aber seine Bevölkerungsmehrheit wurde ärmer. Diese Polarisierung verschärfte auch die ethnischen Spannungen in einem Vielvölkerstaat, der sich am Rande des Staatszerfalls bewegt, den im Norden die islamistische Boko Haram vorantreibt. Erst in den jüngsten Jahren gab es unter dem Druck von Produktionseinbrüchen, die Rebellengruppen verursachten, Bemühungen um eine gerechtere Verteilung des „Ölsegens" und um eine bessere Förderung der Ernährungssicherung.

Nicht besser ist die soziale Lage der Bevölkerungsmehrheit in Angola, dem zweitgrößten afrikanischen Ölproduzenten mit seinem großen Off-Shore-Potenzial. Ihm bescheinigten die Statistiken in den letzten Jahren das höchste Wirtschaftswachstum in ganz Afrika, gleichzeitig miserable Lebensbedingungen von drei Dritteln der Bevölkerung. Die regierende Clique um Präsident Dos Santos aus den Reihen der ehemals „kommunistischen" MPLA konnte sich nach Erkenntnissen von internationalen Watchdogs bereichern, indem sie Lizenzverträge und das Management der

Einnahmen öffentlicher Kontrolle entzog. Sie konnte sogar einen mit Auflagen zur Korruptionskontrolle verbundenen Milliardenkredit der Weltbank ablehnen, weil China ohne solche Auflagen einsprang.

China und Angola beteiligten sich zusammen an einem milliardenschweren Investitionsprogramm in dem von einer repressiven Militärdiktatur regierten Guinea, das reich an Bauxit, dem Grundstoff von Aluminium, und anderen mineralischen Rohstoffen ist. Der Wettlauf um Ressourcen ignoriert die Lage der Menschenrechte. Dies gilt aber nicht nur für Chinas Investitionsoffensive, sondern generell für den Wettlauf um Rohstoffreserven. Für die Rohstoffländer hat Chinas Rohstoffhunger den großen Vorteil, dass er ihnen Optionschancen eröffnet und die Abhängigkeit von Kapital- und Technologieimporten aus dem Westen verringert. Überall dort, wo es begehrte Rohstoffe gibt, sind multinationale Konzerne und in Konkurrenz mit ihnen chinesische Staatsunternehmen im Spiel. Sie können sich im globalen Wettkampf um Rohstoffe, der schon Erinnerungen an Kolonialzeiten weckte, auch auf den diplomatischen Schutz ihrer Regierungen verlassen. Es gibt viele Geschichten und Spekulationen über üppige Schmiergelder, aber was auf ausländischen Konten auftaucht, genießt in sicheren Häfen für Kapitalflüchtlinge wie der Schweiz und einigen Karibikinseln den Schutz des Bankgeheimnisses. Solange solche Fluchtwege für die illegale Kapitalflucht bestehen und nicht durch internationale Vereinbarungen geschlossen werden, können die Machenschaften von Kleptokratien nur schwer unterbunden werden. Es helfen keine Appelle an die Moral, sondern nur wirksame Kontrollmechanismen.

Die an „strategischen", d.h. für die industrielle Produktion besonders wichtigen Rohstoffen reiche DR Kongo galt schon als Musterbeispiel für einen „Beutestaat", als sie unter ihrem früheren Namen Zaire vom Diktator Mobutu beherrscht und ausgeplündert wurde. Auch die neuen Machthaber finanzieren sich und den Haushalt eines sprichwörtlichen „*failed state*", indem sie die Ausbeutung der mineralischen Rohstoffe an internationale Konzerne verkauften. Im Osten des riesigen und nur noch auf dem Papier bestehenden Staatsgebildes beteiligen sich Nachbarstaaten (Uganda, Ruanda, Zimbabwe) und marodierende Milizen unter dem Kommando miteinander konkurrierender Warlords an diesem Beutesystem. Sie finanzieren ihre Rebellion gegen die ferne Zentralregierung, ihre Kämpfe untereinander und ihre lokalen Terrorregime mit der Ausplünderung der begehrten Rohstoffe (Coltan, Wolfram, Gold, Diamanten). Sie leben vom Krieg und brauchen den Krieg, den hilflose UN-Blauhelme nur beobachten und protokollieren können. Hier entstanden auf dem Boden von zusammengebrochenen Rechts- und Verwaltungsstrukturen Gewaltregime, die Millionen von Binnenflüchtlingen vor sich hertreiben und terrorisieren. Hier zerstört der „Ressourcenfluch" alle Hoffnungen auf Entwicklung.

Das „Paradoxon des Überflusses" ist in West- und Zentralafrika, in Peru oder auf den Philippinen unterschiedlich ausgeprägt. Die DR Kongo, Nigeria oder Angola liefern plausibles Anschauungsmaterial für den „Ressourcenfluch", dessen Plausibilität jedoch vor Verallgemeinerungen warnen sollte. Es gibt dennoch ein Muster für wirtschaftliche, gesellschaftliche und politische Fehlentwicklungen in den auf dem

Rohstoffexport beruhenden Rentenökonomien, deren Rückgrat der extraktive Sektor bildet:
- Die Kluft zwischen Arm und Reich, einer sich häufig auf illegale Weise selbst bereichernden Kleptokratie (d. h. Herrschaft von Dieben) und der Bevölkerungsmehrheit ist gewachsen. Sie ist weder an Investitionsentscheidungen noch an der Verteilung des „Ölsegens" beteiligt, muss aber viele Risiken von extraktiven Industrien ertragen.
- Korruption wurde zu einem Systemelement von Rentenökonomien. Mangelnde Transparenz beim Aushandeln von Lizenzverträgen und bei der Verteilung von Gewinnen und Provisionen ermöglicht dubiose Geschäftspraktiken. Das System kann nur funktionieren, wenn sich internationale Konzerne mit ihrem Vermarktungsmonopol, die sich auch auf die Protektion ihrer Regierungen verlassen können, als Komplizen beteiligen. Es gibt inzwischen viele Berichte von international organisierten Watchdogs wie „*Publish What You Pay*" (PWYP) oder die „*Extractive Industries Transparency Initiative*" (EITI), die ein wenig Licht in die dubiosen Geschäftspraktiken von Öl- und Bergbaukonzernen gebracht haben.
- Wie die Berichte von Menschenrechtsorganisationen belegen, setzen die Regime häufig Repression ein, um Proteste gegen die Kleptokratien und gegen das soziale oder ökologische Fehlverhalten von Konzernen zu unterdrücken. Diese setzen häufig ausländische Söldner ein, um ihre Anlagen vor Sabotage zu schützen, aber auch das nicht funktionierende Gewaltmonopol schwacher Staaten aufzufangen. Diese Privatisierung einer staatlichen Kernfunktion macht die Souveränität zur Schimäre.
- Die Förderung und der Transport von Erdöl und die Erschließung und der Betrieb von Bergbauprojekten nimmt selten Rücksicht auf ökologische Belange und auf die Interessen und Lebensbedingungen der von großflächigen Eingriffen in die Natur betroffenen Bevölkerungsgruppen. Berüchtigt wurden die Operationen von Shell im Nigerdelta, die immer wieder lokale Rebellionen auslösten, oder Erschließungsprojekte in Amazonien, die Lebensräume von indigenen Gemeinschaften bedrohen. Große Minenprojekte hinterlassen oft tiefe Narben in der Landschaft, vergiften Flüsse und das Grundwasser und bedrohen damit die Versorgung mit Trinkwasser.
- Weil die Ausbeutung von Rohstoffen häufig innerstaatliche Konflikte über die Verteilung der Beute schürt und wiederholt – wie in der DR Kongo und Nigeria – auch Sezessionsbewegungen auslöste, sprechen Experten schon von „Konfliktrohstoffen". Erdöl und „blutige Diamanten" finanzierten die verlustreichen Bürgerkriege in Angola, in Sierra Leone und Liberia. Hier wurden Diamanten zur Währung für Waffenkäufe und für die hemmungslose Bereicherung von Warlords, von denen einige wegen Kriegsverbrechen vom Internationalen Strafgerichtshof (ICC) in Den Haag angeklagt und verurteilt wurden.
- Die Wirtschafts- und Entwicklungspolitik der Rentenökonomien konzentriert sich auf den Ausbau der Devisen bringenden extraktiven Industrien und vernachlässigt die anderen Sektoren, vor allem die Landwirtschaft. Weil die Rohstoffe nicht

weiterverarbeitet werden, entstehen keine Impulse für die Industrialisierung und für die Schaffung von Arbeitsplätzen. Entwicklungspolitisch spricht nichts gegen eine Nutzung der natürlichen Reichtümer, wenn sie auf umwelt- und sozialgerechte Weise stattfindet und die Einnahmen in die gesamtwirtschaftliche Entwicklung investiert werden.

Diese Fehlentwicklungen, die in potenziell reichen Ländern die Armut verschärften und Kleptokratien reich machten, haben sowohl lokale als auch internationale NGOs und Hilfswerke auf den Plan gerufen. Sie fordern vor allem eine stärkere Kontrolle der Verträge mit den internationalen Konzernen und eine größere Transparenz aller Einnahmen aus dem Rohstoffexport. Transparenz könnte zwar nicht alle, aber die schlimmsten Formen der Korruption verhindern. Als wirksame transnational organisierte *Multistakeholder*-Initiative, an der sich Regierungen, Unternehmen und NGOs beteiligten, erwies sich die von der britischen Labour-Regierung 2002 gestartete *„Extractive Industries Transparency Initiative"* (EITI), die schon im Namen die Patenschaft von *Transparency International* erkennen lässt. Staaten, die der Initiative beitreten, verpflichten sich unter anderem, alle Einnahmen aus der extraktiven Industrie sowie die Zahlungen der Unternehmen an die Regierung zu veröffentlichen. Aber auch die Manager der EITI wissen, dass sie viele versteckte Korruptionspraktiken nicht kontrollieren können.

Die ausschließlich von weltweit agierenden NGOs getragene Kampagne *„Publish What You Pay"* (PWYP) fordern ebenfalls von den Regierungen Rechenschaft darüber, was Unternehmen und Regierungen verdienen (*„Publish What you Earn"*) und wie sie die Einnahmen verwenden (*„Publish How You Spend It"*): In Deutschland beteiligten sich kirchliche Hilfswerke (*Misereor* und *Brot für die Welt*) und das *Global Policy Forum Europe* an einer gemeinsamen Initiative, die sich für mehr Transparenz im Erdöl- und Bergbausektor engagiert – im Wissen, dass das „Paradoxon des Überflusses" auch in reichen Rohstoffländern die Verwirklichung der MDGs erschwerte.

5.4 Energiearmut – mehr als ein Erschwernis des Alltags

Es gibt mehr Entwicklungsländer, die über keine oder nur geringe eigene fossile Energieträger verfügen und mehr oder weniger große Teile ihrer Deviseneinnahmen für teure Energieimporte aufbringen müssen und deshalb auch Opfer der Preisschübe auf den Energiemärkten waren. Aber auch dort, wo die Ölquellen sprudeln, wird der Stoff über Pipelines auf schnellstem Weg zu den Hafenanlagen gebracht – vorbei an Städten und Dörfern, die weiterhin für das Kochen Holz sammeln müssen. Die Stromversorgung ist in den Slums von Lagos oder Luanda oder im Hinterland von Nigeria und Angola nicht viel besser als in den Städten und Dörfern der Nachbarländer, die Erdöl importieren müssen.

Ein großes Problem vieler Entwicklungsländer ist deshalb die Energiearmut, im Besonderen der begrenzte Zugang von ländlichen und städtischen Armutsgruppen zur

Stromversorgung. Trotz erheblicher Investitionen in die Infrastruktur, vor allem in Städten, leben noch 1,3 Mrd. Menschen ohne Strom und die alltäglichen Möglichkeiten, die eine Steckdose zur Verfügung stellt. Der *World Energy Council* hat errechnet, dass der Pro-Kopf-Verbrauch an Energie in den Entwicklungsländern nur ein Fünftel dessen in den OECD-Ländern beträgt. Zwischen Nordamerika und dem subsaharischen Afrika liegt das Verhältnis sogar bei 1:30. Energiearmut ist auch eine Schubkraft für die Land-Stadt-Flucht. Wenn der Strom nicht auf die Dörfer kommt, gehen die Menschen dorthin, wo es Strom und Wasser gibt.

Entwicklung braucht Energie in allen Produktions- und Lebensbereichen. Sie ist eine unverzichtbare Ressource für das Wirtschaften, zum Antrieb von Pumpen und Kraftmaschinen, für Licht, Transport und Kommunikation. Die Nutzung der fossilen Energie leitete das industrielle Zeitalter ein, dessen Transformation in der *Zweiten Moderne* (nach Ulrich Becks Theorie der Risikogesellschaft) die Folgen des Klimawandels erzwingen. Die ländliche Entwicklung wird in vielfacher Weise durch die unzureichende Elektrizitätsversorgung des Hinterlandes behindert. Manches „Buschkrankenhaus" ist mangels Stromversorgung nur begrenzt und mithilfe teurer mit Diesel betriebener Generatoren einsatzbereit, sodass auch die grundlegende Gesundheitsversorgung erschwert und das Menschenrecht auf Gesundheit verletzt wird. Aber auch in den Städten ist der häufige Stromausfall nicht nur lästig, weil er Verkehrsampeln, Computer oder Kühlschränke außer Funktion setzt, sondern er verursacht auch tagelange Produktionsausfälle.

Gleichzeitig bildet die traditionelle Energieversorgung sowohl ein ökologisches Schlüsselproblem als auch ein schwerwiegendes Gesundheitsproblem. Weil sich Armutsgruppen keine anderen Energieträger leisten können und ihren Energiebedarf noch größtenteils aus Biomasse (Holz und Tierdung) decken, verschärfte sich in großen Teilen Afrikas und Südasiens die Brennholzkrise. Im Sahel-Raum ist die Umgebung von größeren Städten bis zu einer Entfernung von zwei Tagesmärschen völlig kahl geschlagen. Energiearmut und ökologische Gefährdungen bedingen sich wechselseitig, weil die Waldbestände in den Trockengebieten der Erde bald völlig verschwunden sein werden und im Gefolge der Entwaldung der Verlust biologischer Vielfalt voranschreitet.

Das Sammeln von Brennstoffen und das Kochen stellen in ländlichen Gebieten die zeitintensivsten Beschäftigungen von Frauen dar. In Indien, wo etwa ein Drittel der Energie noch aus Kuhmist gewonnen wird, nimmt allein die Herstellung von Dungkuchen zum Kochen täglich bis zu zwei Stunden in Anspruch. Der Verbrauch von Biomasse zum Kochen in schlecht gelüfteten Innenräumen setzt gleichzeitig Frauen und Kinder erheblichen Gesundheitsgefährdungen aus, weil die hohe Konzentration von Schadstoffen das Risiko von Atemwegserkrankungen vergrößert. Sie gehören nach Erkenntnissen der Weltgesundheitsorganisation (WHO) zu den häufigsten Todesursachen von Kleinkindern. Außerdem illustriert der Umgang mit Tierdung den niedrigen sozialen Status der Frauen: Sie müssen die schmutzigen und zeitraubenden Arbeiten ableisten, die ihnen Zeit für produktive Tätigkeiten, Bildung und soziale Aktivitäten rauben. Auch deshalb wurden bei Frauen nicht nur eine „Zeitarmut", sondern häufiger als bei Männern auch Krankheiten nachgewiesen, die aus einer Kombination von Unterernährung, physischer Erschöpfung, gesundheitsgefährdenden Tätigkeiten und alltäglicher Unterdrückung resultieren.

Der Zugang zu modernen Energiedienstleistungen, möglichst durch die dezentralisierte Nutzung der unerschöpflichen Energiequelle Sonne durch die Solartechnik, hat also nicht nur mit dem Schutz der natürlichen Ressourcen, dem Schutz des Klimas und der biologischen Vielfalt, sondern auch mit sozialer Entwicklung zu tun. Energiearmut ist in mehrfacher Hinsicht ein Entwicklungsproblem, dessen Bedeutung häufig übersehen wird. Berichte von UN-Organisationen erzwingen die Einsicht, dass die Versorgung mit Energie und Wasser zu den größten globalen Herausforderungen und zur Nagelprobe für die Nachhaltigkeit gehört. Sie bildet deshalb einen Schwerpunkt auf der Post-2015-Agenda.

5.5 Wasser: verknappendes Lebensmittel und Reservoir der Ernährungssicherung

Wasser ist eine unersetzliche Ressource für den Menschen, die auf dem Land lebende Tierwelt und für Pflanzen. Der Wasserkreislauf ist wesentlich für die Energiebilanz der Erde und somit für das Klima und das Leben auf der Erde. Süßwasser macht nur 2,5 % der weltweiten Wasservorräte aus. Der überwiegende Teil liegt dabei in Form von Gletschern, permanenten Schneeschichten und tief liegenden Grundwasserspeichern vor, sodass der Mensch nur weniger als 1 % des Süßwassers nutzen kann. Und dieses Reservoir ist durch die Verschmutzung von Oberflächengewässern, Verschwendung und durch globale Klimaänderungen bedroht. Die UNESCO, die im UN-System für das Wasserproblem zuständig ist, legt *Weltwasserberichte* vor. Sie belegen, dass derzeit trotz erheblicher nationaler und internationaler Investitionen in die Wasserversorgung noch etwa 800 Mio. Menschen keinen Zugang zu sauberem Trinkwasser haben und 2,5 Mrd. über keine geregelte Abwasserentsorgung verfügen. Rund 90 % der Abwässer aus Haushalten und Betrieben werden deshalb ungeklärt, häufig über offene Bäche und mangels Kläranlagen in irgendwelche Oberflächengewässer eingeleitet und diese mit toxischen Stoffen belastet. In China sind 75 % der Flüsse und 80 % der Binnenseen so stark von Giftstoffen verseucht, dass auch ihre Nutzung für die Bewässerung von Feldern mit großen Gesundheitsrisiken verbunden ist. Die unzureichende Versorgung mit sauberem Trinkwasser und mit elementaren sanitären Einrichtungen stehen am Anfang einer Armutsspirale und wurden zu einer schwerwiegenden Gesundheitsgefährdung: Wasser ist deshalb zugleich ein unverzichtbares Lebensmittel und ein Keim des Todes. Erdöl kann ersetzt werden, Wasser nicht.

Ein Drittel der Weltbevölkerung lebt in Ländern, die unter Wassermangel leiden. Diesen Anteil konnten auch erhebliche Investitionen in die Wasserversorgung, die in der deutschen Entwicklungszusammenarbeit einen sektoralen Schwerpunkt bilden, nicht verringern. Arme Menschen leiden besonders unter dem mangelnden Zugang zu sauberem Trinkwasser. Sie leiden außerdem unter schlechter Wasserqualität und fehlenden Sanitäreinrichtungen. In vielen Städten, deren Slums nicht an das kommunale Leitungsnetz angeschlossen sind, müssen sie viel Geld für den Kauf von Wasser aufwenden. In den ländlichen Gebieten ist die Wasserversorgung für Haushalte und Haustiere in der Regel die Aufgabe von Frauen und Mädchen, die häufig lange Wege zu und von den Wasserquellen gehen müssen, bei denen sie nicht immer sauberes Wasser finden.

Wasser ist in den tropischen und subtropischen Trockengebieten auch für die Bewässerungslandwirtschaft und damit zur Ernährungssicherung notwendig. Wolfram Mauser (2007) schätze den täglichen Bedarf von „grünem Wasser", das für die Produktion von Nahrungsmitteln verbraucht wird, auf 3500 Liter pro Tag, gegenüber 50 Liter „blauem Wasser" für den täglichen Bedarf von Menschen. Die künstlich bewässerten Anbauflächen haben sich seit 1990 mehr als verfünffacht. Rund 70 % – regional sogar bis zu 90 % – des gesamten Wasserdargebots fließen in die Landwirtschaft. Dort liegt auch das größte Sparpotenzial und angesichts verknappender Wasserressourcen auch der größte Sparzwang. Ursachen für den hohen Wasserverbrauch sind die Verwendung von Trinkwasser für Bewässerungsanlagen, die auch Brachwasser nutzen könnten, der Einsatz veralteter Techniken, marode Wasserleitungen und der Anbau von Produkten, wie Baumwolle oder Kaffee, die viel Wasser benötigen. Etwa drei Viertel der bewässerten Flächen liegen in den Entwicklungsländern. Durch den Einsatz veralteter Technologien gelangt aber nur etwa die Hälfte des zur Bewässerung genutzten Wassers tatsächlich bis zur Pflanze. Die unangepasste Bewässerung führt auch zur Versalzung großer Flächen, senkt den Grundwasserspiegel und verringert die Speicherfähigkeit der Böden, die dann Überschwemmungen nicht auffangen können.

Nach UN-Prognosen wird sich der Wasserbedarf bis zum Jahr 2025 verdoppeln, sodass etwa 40 % der Weltbevölkerung von verschieden schweren Wasserknappheiten betroffen sein könnten, wenn sich die Gesellschaften nicht zu einem effizienteren Wassermanagement und sparsameren Verbrauch dort, wo es noch in großen Mengen verschwendet wird, durchringen sollten. Neuere Forschungen wiesen nach, dass hydrologische Berechnungen der Wasserkrise nicht hinreichend zwischen der natürlichen Verfügbarkeit von Wasser und der Versorgung der Menschen mit Wasser unterscheiden, die auch Zugangsrechte, Verteilungsmechanismen und organisatorische Probleme berücksichtigen muss: „Verantwortlich für die Wasserkrise sind – von wenigen Ausnahmen abgesehen – nicht ein absoluter Wassermangel, sondern institutionelle und ökonomische Defizite, die verhindern, dass eine Effizienzsteigerung und damit letztlich eine Entkoppelung von Bevölkerungswachstum und Wassernutzung gelingt" (Klaphake u. a. 2003: 152). Diese Ausnahmen liegen aber gerade dort, wo der Wassermangel am größten und das Bevölkerungswachstum am höchsten ist.

5.6 Von Wasserkrisen zu „Wasserkriegen"?

Die vom Davoser Weltwirtschaftsforum veröffentlichten „Global Risks 2014" zählten die Wasserkrise noch vor der Ernährungskrise zum Risikoszenario „of highest concern". Es geht dabei sowohl um das Vorhandensein als auch und besonders um die Nutzung und Verteilung eines in einigen Weltregionen knapper werdenden öffentlichen Gutes. Aus der regional schon bestehenden und künftig befürchteten globalen Wasserkrise wurden in den letzten Jahren immer wieder Szenarien von kommenden „Wasserkriegen" abgeleitet. Schlagzeilen lauteten: „Wasser wird zukünftig knapper und wertvoller sein als Öl." Oder – so ein Vizepräsident der Weltbank (Ismael Serageldin): „Die Kriege des 21. Jahrhunderts werden vor allem um Wasser, die Grundlage allen Lebens und Wirtschaftens, geführt werden." Die Tatsachen, dass 214 Flüsse internationale Gewässer mit bis zu 12 Anliegerstaaten sind, und die Wasserversorgung von etwa 40 % der Weltbevölkerung von Gewässern abhängt, die Staatsgrenzen überschreiten, nährten solche Alarmmeldungen. Internationale Konflikte um Wasserreserven werden vor allem dort erwartet, wo Wasser lebenswichtig für die Ernährungssicherung ist. Als Regionen mit dem größten Konfliktpotenzial gelten:

- Das Jordanbecken, weil die Quellen auf den Golanhöhen und das Grundwasserreservoir der Westbank eine zentrale Rolle im Nahost-Konflikt spielen. Israel lebt von Wasser, das seinen Nachbarn gehört.
- Das Nilbecken, weil die Wasserversorgung und die Bewässerungslandwirtschaft Ägyptens zu 97 % vom Nilwasser und damit von der „guten Nachbarschaft" der stromaufwärts gelegenen Staaten Sudan und Äthiopien abhängen.
- Die Aralsee-Region in Zentralasien, wo Wassermangel und die schwere Schädigung des Aralsees und seiner Zuflüsse bereits zu Auseinandersetzungen zwischen den ehemaligen Sowjetrepubliken Turkmenistan, Uzbekistan und Kasachstan führten.
- Die Grenzregionen zwischen der Türkei, Syrien und dem Irak, weil die in der Osttürkei schon gebauten oder geplanten Stauseen am Euphrat und Tigris die Wasserversorgung und Bewässerungslandwirtschaft in großen Teilen der Nachbarstaaten beeinträchtigen. Die großen Stauseen sind auch in der Türkei umstritten, weil sie alte Kulturstätten überfluten und den regionalen Wasserhaushalt stören.
- Die Himalaja-Region, wo indische Eingriffe in den Wasserhaushalt des Ganges und Brahmaputra erhebliche Spannungen mit Bangladesh auslösten, aber – wie im Falle Israels, Ägyptens und der Türkei – schon die militärische Überlegenheit einer Konfliktpartei einem militärischen Schlagabtausch vorbeugt.

Zwar trugen gelegentliche Drohgebärden, z. B. von ägyptischen Militärs gegenüber dem Sudan, zum Gerede über drohende Wasserkriege bei, aber dieser Alarmismus ignoriert, dass es in kaum einem anderen potenziellen internationalen Konfliktfeld bereits so viele Regeln und Praktiken der grenzüberschreitenden Kooperation gibt wie bei der Nutzung grenzüberschreitender Gewässer. Das völkerrechtliche Verbot der

„erheblichen grenzüberschreitenden Umweltbelastungen", das die Grundlage des Nachbarschaftsrechts bildet, führt zwar gelegentlich zum Streit, was „erheblich" bedeutet, aber es entwickelte durchaus eine regulative Kraft, z. B. auch zwischen den beiden „Feindstaaten" Indien und Pakistan über die Verteilung des Indus-Wassers. Es gibt bereits Hunderte von bi- und multilateralen Verträgen zur Regelung der grenzüberschreitenden Wassernutzung. Obwohl die 1997 verabschiedete *„Konvention zur nichtschifffahrtlichen Nutzung grenzüberschreitender Binnengewässer"* aufgrund des schleppenden Ratifizierungsprozesses noch nicht rechtskräftig ist, gibt es gute Gründe, die Gefahr von „Wasserkriegen" nicht zu übertreiben; aber es wäre auch fahrlässig, sie zu unterschätzen, weil Knappheit Konflikte verschärft. Deshalb fordern Konfliktforscher eine vorbeugende „Wasser-Diplomatie" (vgl. Pohl u. a. 2014).

Diese Entwarnung sollte auch nicht den Tatbestand verdecken, dass es innerhalb von Staaten zahlreiche Wasserkonflikte gibt: zwischen Großgrundbesitzern, die als *Waterlords* zugleich über monopolartige Wasserrechte verfügen, und Kleinbauern; zwischen industriellen und agro-industriellen Komplexen, die giftige Abwässer ungeklärt in Flüsse ableiten, und ganzen Dörfern und Städten, die diese Gewässer als Trinkwasserreservoire nutzen; zwischen Versorgungsunternehmen und Bevölkerungsgruppen, die nicht an Leitungssysteme angeschlossen sind und deshalb die Leitungen häufig auf illegale Weise anzapfen; zwischen Produzenten und Konsumenten über Preise und Qualität des Wassers. Das knappe Gut „Süßwasser" ist ein Zankapfel, je knapper es schon ist oder noch wird. Um Wege aus der globalen Wasserkrise zu finden und drohenden „Wasserkriegen" vorzubeugen, muss ein Bündel von völkerrechtlichen, politisch-organisatorischen, technischen und finanziellen Maßnahmen geschnürt werden, um die folgenden Ziele erreichen zu können:
– die Sicherstellung des Wasserdargebots für die Ernährungssicherung mit nutzungsspezifischen Qualitätsstandards, also abgestuften Qualitätserfordernissen für Trinkwasser und Wasser für die Landwirtschaft und Industrie;
– die Sicherung der Lebensraumfunktionen von Gewässerökosystemen, die einen vorsorgenden Gewässerschutz, Maßnahmen zur Sanierung der von durch Einleitungen ungeklärter Abwässer verseuchten Gewässer und den Aufbau einer Abwasserentsorgung durch Kläranlagen und Kanalisation erfordert;
– den Ausbau einer funktionstüchtigen Wasser-Infrastruktur, die Verluste eines knappen öffentlichen Gutes durch technische Mängel verringert und auch die Armutsgruppen versorgt.

Um diese Ziele erreichen zu können, sind nicht nur aufwendige technische Maßnahmen und viel Geld erforderlich. Ebenso wichtig sind die Effizienzsteigerung bei der Nutzung von Süßwasser, vor allem durch wassersparende Bewässerungstechniken, sowie eine kostendeckende Preisgestaltung (*water prizing*) als Erziehungsmaßnahme zum sparsamen Umgang mit einem knappen Gut. Wenn Leitungswasser – wie noch in China – als öffentliches Gut nichts kostet, wird es verschwendet. Es gibt bereits vernünftige Ansätze zur Einschränkung der Wasserverschwendung. Beispielsweise verabschiedete das südafrikanische Parlament ein Wassergesetz, das einerseits jedem

Haushalt eine kostengünstige Mindestmenge garantiert und andererseits hohen Wasserverbrauch durch höhere Preise bestraft. Dies könnte auch anderswo eine Lösung sein.

Der WBGU (1997) plädierte aufgrund des hohen Finanzbedarfs für eine flächendeckende Wasserversorgung für öffentlich-private Partnerschaften (PPP) und für die Bildung von Wassermärkten – freilich unter der Voraussetzung, dass die Privatisierung das Menschenrecht auf Wasser nicht aushebelt. Er schlug deshalb ergänzend die Zuweisung eines staatlichen „Wassergelds" an Armutsgruppen vor, die heute teilweise erhebliche Mittel für den Kauf von Trinkwasser aufwenden müssen. Trotz aller Bedenken gegen eine Privatisierung des Wassers, das als elementares Lebensmittel mehr ist als ein handelbares Wirtschaftsgut, führt aufgrund der Finanzierungsprobleme für eine wachsende Nachfrage kein Weg an einer Beteiligung der Privatwirtschaft vorbei. Die Pflicht zur staatlichen Daseinsfürsorge muss aber dafür sorgen, dass Profitinteressen nicht Vorrang vor einem Menschenrecht erhalten.

5.7 Fazit: „Do not harm!"

Rohstoffe bilden für viele Entwicklungsländer die wichtigste Entwicklungsressource, aber zugleich eine entwicklungspolitische Sackgasse und nicht selten auch einen Fluch für die Bevölkerungsmehrheiten. Die Wirtschaftsgeschichte lehrt, dass nicht ihre Förderung, sondern ihre Verarbeitung Wohlstand schafft. Eine Entwicklungspolitik, die mehr sein will als eine Förderung der eigenen Rohstoffinteressen, muss den Rohstoffländern dabei helfen, ihre Produktions- und Exportstrukturen zu diversifizieren und verarbeitende Industrien aufzubauen. Aber auch sie sind gefordert, Anreize für in- und ausländische Investoren zu bieten, die ohne Rechts- und Investitionssicherheit ausbleiben, und durch regionale Kooperation bessere Voraussetzungen für ihre Industrialisierung zu schaffen.

Die Rohstoffpolitik der Verbraucherländer war und ist ein Musterbeispiel für den Mangel an Kohärenz, weil sie die entwicklungspolitisch kontraproduktiven Schattenseiten der extraktiven Industrien nicht hinreichend zu korrigieren und dem „Ressourcenfluch" zu begegnen versucht. Dieser „Fluch" kann nur florieren, wenn internationale Konzerne mitspielen. Auch sie sind völkerrechtlichen Verboten und Pflichten unterworfen (vgl. Geldermann 2009). Die Regierungen der OECD-Länder hätten das Instrument der *OECD-Guidelines for Multinational Enterprises*, auch ihre eigenen Unternehmen zur Einhaltung sozialer, ökologischer und menschenrechtlicher Standards anzuhalten, die sich an dem von den Vereinten Nationen protegierten *Global Compact* orientieren. Es mangelt nicht an völkerrechtlichen Normen, die aber zahnlos bleiben, solange sie nicht mit Sanktionen verstärkt werden. Erst im Jahre 2002 beteiligten sich auch westliche Regierungen und Unternehmen an der EITI. Größere Wirksamkeit und öffentliche Resonanz entfalteten jedoch Kampagnen von zivilgesellschaftlichen Watchdogs wie „Publish What You Pay", die den Zusammenhang von Ressourcenreichtum und Armut offenlegten.

Die Entwicklungspolitik könnte diese Bemühungen um mehr Transparenz in der Rohstoffpolitik unterstützen, wenn sie Hilfszusagen von der Offenlegung der Einnahmen aus dem Verkauf von Rohstoffen abhängig machen würde und sich dabei auch nicht von den bedingungslosen Geschäftspraktiken Chinas beeinflussen ließe. Sie muss sich im Kohärenzstreit entscheiden, ob sie mehr kommerziellen Interessen dienen oder ihrem proklamierten Ziel, die Lebensbedingungen in den häufig sehr armen Rohstoffländern verbessern zu wollen, folgen will. Der an Entwicklungsprojekte angelegte Grundsatz „Do not harm" gilt im Besonderen für die Erschließung und den Betrieb von Ölfeldern und Bergbauprojekten.

Zusammen mit der verknappenden Agrarfläche für die Ernährung einer wachsenden Weltbevölkerung und den dezimierten Fischbeständen in den Weltmeeren zählt die Knappheit an Energie und Wasser, sowohl für den Verbrauch von Menschen als auch für den Gebrauch in der Landwirtschaft, zu den großen Herausforderungen der Zukunft. Knappheit erzeugt Verteilungskonflikte, die aber durch Kooperation und Interessenausgleich entschärft werden können. Das *Jahrbuch Ökologie 2010* machte die Konflikte um Ressourcen zum Schwerpunktthema und verdeutlichte in mehreren Beiträgen, wie Ressourcenkonflikte entstehen und entschärft werden könnten. Der von Ugo Bardi (2013) besorgte Bericht an den *Club of Rome* über den „*geplünderten Planeten*" malte ein pessimistisches Bild über die „Zukunft des Menschen im Zeitalter schwindender Ressourcen", zeigte aber auch Auswege aus dieser „mineralischen Eschatologie" auf. Konflikt heißt nicht Krieg, kann aber gewaltsam eskalieren, wenn Verhandlungen keinen Interessenausgleich herzustellen vermögen. In der politischen Publizistik ist zu viel von irgendwelchen Kriegen um Ressourcen und zu wenig von Chancen die Rede, sie durch Kooperation zu verhindern. Es gibt diese Chancen, wie die kooperative Regelung von potenziellen Wasserkonflikten belegt, es gäbe auch Chancen, durch tief greifende Veränderungen von Produktion und Konsum die „mineralische Eschatologie" aufzuschieben und den kommenden Generationen in der Erdkruste des „geplünderten Planeten" noch lebenswichtige Ressourcen zu hinterlassen. Der Imperativ der Nachhaltigkeit, den der Brundtland-Bericht schon 1987 formulierte, bleibt gebieterisch, um auch der vom *Living Planet Report 2014* ausgemalten Apokalypse eines nicht mehr lebensfähigen Planeten entgehen zu können.

6 Das Armutsproblem als entwicklungspolitisches Schlüsselproblem

Armut gab es immer und gibt es überall auf der Welt, mal in temporären Notsituationen, mal als chronische Armut lebenslang. Während sie in den reichen Ländern ein Minderheitenproblem ist, obwohl auch hier, wie nationale Armutsberichte belegen, diese Minderheiten größer werden, ist sie in der Dritten Welt – und ganz besonders in der „Vierten Welt" – ein Mehrheits- und Massenproblem. Sie hat zwar auch in den Slums der reichen Welt ähnlich hässliche Gesichter wie in vielen Städten der Dritten Welt, aber was hier (noch) als ein skandalöser Ausnahmezustand gilt, ist dort ein Normal- und Dauerzustand. „Zweidrittel-Gesellschaft" heißt hier, dass zwei Drittel der Bevölkerung mehr oder weniger am Wohlstand oder an den sozialen Wohltaten, die er finanzieren kann, teilhaben, während dort zwei Drittel in oder am Rande der Armut leben. Hier ist von „relativer Armut", dort von „absoluter Armut" die Rede. Armut ist weder ein „Zustand, in dem Menschen unzureichende Einkommen beziehen", wie das bekannte Lehrbuch der Volkswirtschaftslehre von Samuelson und Nordhaus (1998: 427) definierte, noch eine Eigenschaft, sondern eine von gesellschaftlichen und politischen Bedingungen abhängige Lebenssituation. Sie ist also ein kontextabhängiges Phänomen, das überall verschiedene Gesichter hat.

Inzwischen gibt es eine Vielzahl von Datenwerken, die Armut zu definieren und zu quantifizieren versuchen. Die Weltbank aktualisiert laufend ihre *World Development Indicators* mit einem Supplement zu Armutsdaten und publiziert jährlich zusammen mit dem Internationalen Währungsfonds (IWF) die *Global Monitoring Reports*, welche die Umsetzung der MDGs messen und bewerten. UNDP erarbeitete neben dem *Human Development Report*, der eine Fülle von Armutsdaten enthält, einen *Human Poverty Index* (HPI). Das *Chronic Poverty Research Centre*, ein von der britischen Regierung finanziertes Joint Venture von Universitäten und NGOs, legte *Chronic Poverty Reports* vor. Die Sonderorganisationen und Spezialprogramme der Vereinten Nationen berichten laufend über Armutsphänomene in ihren Tätigkeitsfeldern. Sie verwenden dabei teilweise gemeinsame, teilweise unterschiedliche Definitionen von Armut. Für die FAO bedeutet Armut schlicht Hunger, für die WHO eine niedrige Lebenserwartung, für die UNESCO Analphabetismus, für UNICEF ausgebeutete Kinderarbeit.

Für die Gretchenfrage, wie hier Reichtum und dort Armut entsteht, liefert noch immer das Meisterwerk von David Landes (1999) tiefschürfende, obgleich nicht unumstrittene Antworten. Statistische Momentaufnahmen und noch so umfangreiche Zahlenwerke können diese Antworten nicht liefern. Deshalb ist der Rückblick in die Geschichte unverzichtbar. Welche Dimension die wachsende soziale Ungleichheit zwischen den Weltregionen und ihren Gesellschaften erreicht hat und welche Risiken sie ausbrüten könnte, untermauern das wirtschaftshistorische Monumentalwerk des französischen Ökonomen Thomas Piketty (2014) und ein nachdrücklicher Warnruf des Nobelpreisträgers Joseph Stiglitz (2014). Für linke Autor(inn)en zeigen die Einkommensstatistiken ohnehin die hässliche Logik und das Elend des Kapitalismus.

6.1 Definitionen von Armut

Es gibt viele Versuche, Armut zu definieren und zu messen. Viele Länder berechnen statistische Armutsgrenzen (*poverty lines*), die ein in der jeweiligen Gesellschaft vermutetes Existenzminimum festlegen. Zur Festlegung einer Armutsgrenze und zur Messung der Zahl der armen Haushalte werden auch repräsentative Haushaltsbefragungen durchgeführt, mit deren Hilfe der Lebensstandard ermittelt wird. So erstellt die Weltbank ihren *Living Standard Measurement Survey* (LSMS). Quantitativer Maßstab ist in der Regel ein Pro-Kopf-Einkommen, das 50 % unter dem nationalen Durchschnitt liegt und den existenziellen Mindestbedarf decken soll. Oder es wird ein Warenbündel zusammengestellt und ein Konsumniveau definiert, das für die Befriedigung grundlegender menschlicher Bedürfnisse als notwendig erachtet wird.

„*Relative Armut*" bezeichnet die Lebenslage von Bevölkerungsgruppen, die im Verhältnis zum allgemeinen Wohlstandsniveau am unteren Ende der Einkommens- und Wohlstandspyramide leben. Hier wird Armut daran festgemacht, was die anderen haben oder können. Die internationalen Statistiken belegen, dass diese „relative Armut" auch in der OECD „Wohlstandszone" wächst, obwohl spezifische nationale Armutsgrenzen den internationalen Vergleich erschweren. UNDP ist ständig auf der Suche nach international vergleichbaren Armutsdaten, musste aber im *Human Development Report 2003* feststellen: „Aufgrund der enormen methodischen und konzeptionellen Unstimmigkeiten sind die Armutsdaten, die auf der Basis internationaler Armutsgrenzen berechnet werden, extrem problematisch und können zu irreführenden Armutsquoten führen." Es ist also Skepsis gegenüber der angeblichen Objektivität von Statistiken angebracht.

Die „*absolute Armut*" oder extreme Armut in der Alltagssprache liegt vor, wenn Menschen nicht über die zur Existenzsicherung notwendigen Güter (Nahrung, Kleidung, Wohnung) verfügen und ein Überleben in Menschenwürde gefährdet ist. Es gab mehrere Versuche, diese einfache Definition zu differenzieren und Indikatoren für ihre Operationalisierung zu entwickeln:

- Das *Chronic Poverty Research Centre* schälte in seinem *Chronic Poverty Report 2008–09* aus dem groben Begriff der „absoluten Armut" die von chronischer Armut betroffene Gruppe heraus, der es 320 bis 445 Mio. zurechnete. Diese „chronisch Armen" leiden unter mehrfachen und lebenslang bestehenden Deprivationen: Hunger, Analphabetismus, fehlendem Zugang zu Trinkwasser und Basisgesundheitsdiensten, sozialer Diskriminierung, physischer Unsicherheit und politischer Exklusion. Man könnte diese Gruppe in der Alltagssprache auch als „Ärmste der Armen" bezeichnen.
- UNDP entwickelte einen *Human Poverty Index* (HPI), der folgende Faktoren erfasst: Sterbewahrscheinlichkeit unter 40 Jahren, die Analphabetenrate, den Zugang zu Trinkwasser und Gesundheitsdiensten sowie die Untergewichtigkeit bei Kindern unter fünf Jahren. Je niedriger der aus diesen Faktoren errechnete Wert ist, desto größer ist die Armut. Aber auch dieser HPI leidet unter dem Mangel an verlässlichen und international vergleichbaren Daten. Im *Human Development*

Report (HDR) von 2010 präsentierte das HDR-Team einen *Multidimensional Poverty Index* (MPI), der von der eigentlich banalen Erkenntnis ausging, dass Armut viele Ursachen und viele Dimensionen hat. Die mittels des MPI ermittelte Zahl der Armen lag mit 1,5 Mrd. Menschen, die in den 91 untersuchten Ländern lebten, deutlich höher als die von der Weltbank mittels des eindimensionalen Pro-Kopf-Einkommens gezählten Armen. Auch die Daten zum MPI sind im Netz verfügbar. Der Vergleich der verschiedenen Poverty-Indices ist höchst aufschlussreich.

- *Social Watch* entwickelte den *Basic Capabilities Index* (BCI), der aus dem Prozentsatz der Kinder, die mindestens fünf Jahre alt werden und das fünfte Schuljahr abschließen, sowie dem Prozentsatz der medizinisch betreuten Geburten den Grad der Lebenschancen ableitet.
- Die Weltbank gebraucht einen sehr einfachen, allerdings auch groben Maßstab: Als „absolut arm" galt lange, wer über weniger als einen Dollar Kaufkraft (PPP) pro Tag verfügte. Diese *Purchasing Power Parity* (PPP) unterscheidet sich nicht unerheblich von dem in US-Dollar berechneten Pro-Kopf-Einkommen, weil sie u. a. die Kaufkraft lokaler Währungen höher bewertet als ihren internationalen Wechselkurs. Inzwischen erhöhte sie diesen Messwert auf 1,25 Dollar pro Tag. Allerdings weisen die Statistiken auch bei dieser Messgröße bei vielen Ländern Leerstellen auf, sodass die Angaben über die Zahl der „absolut Armen" nur auf Schätzungen beruhen.
- Das Armutsprofil von Ländern verändert sich stark, wenn zwei Dollar pro Tag zugrunde gelegt werden. Heute verfügen rund eine Mrd. Menschen über weniger als 1,25 Dollar pro Tag, rund drei Mrd. über nur zwei Dollar pro Tag. Der *Weltentwicklungsbericht 2003* erklärte kurz und bündig die Hälfte der Menschheit für arm. Je nach Definition ist diese Aussage auch im Jahre 2015 noch zutreffend, obwohl sich der statistische Anteil der in extremer Armut lebenden Bevölkerung an der Weltbevölkerung seit Anfang des 20. Jahrhunderts deutlich verringert hat, wie Tabelle II/6 belegt. Der von Hilfsorganisationen zur Eigenwerbung von Spenden bemühte Werbeslogan, dass in den Armutsregionen alles schlimmer geworden sei, ist also irreführend, sofern die Armut in allzu vereinfachter Manier am Pro-Kopf-Einkommen abgelesen wird. Auch die Bilanz der MDGs orientiert sich allzu einseitig an dieser Messgröße, die in vielen Fällen nur geschätzt werden kann.

Tabelle II/6: Anzahl und Anteil der Armen in den Weltregionen und ausgewählten Ländern (mit weniger als 1,25 Dollar PPP) (Weltbank: World Development Indicators 2008 – 2014 = Poverty Data)

Regionen/Länder	Anteil (in Mio.)				Anteil (in %)				
	1981	1990	1999	2005	1981	1990	1999	2005	2010
Ostasien	1071	873	635	316	77,7	54,7	35,5	16,8	12,5
– China	835	683	447	208	84,0	60,2	35,6	15,9	11,8
Südasien	548	579	589	596	59,4	51,7	44,1	40,3	31,0
– Indien	420	435	447	456	59,8	51,3	44,8	41,6	32,9

Tabelle II/6: Anzahl und Anteil der Armen in den Weltregionen und ausgewählten Ländern (mit weniger als 1,25 Dollar PPP) (Weltbank: World Development Indicators 2008–2014 = Poverty Data) *(Fortsetzung)*

Regionen/Länder	Anteil (in Mio.)				Anteil (in %)				
	1981	1990	1999	2005	1981	1990	1999	2005	2010
Lateinamerika	47	50	55	45	12,9	11,3	10,9	8,2	5,5
Sub-Sahara-Afrika	212	298	383	388	53,4	57,6	58,4	50,9	48,5
Gesamt	1900	1818	1698	1374	51,9	41,7	33,7	25,2	20,6

Tabelle II/6 zeigt die unterschiedliche Entwicklung der Armut (hier definiert durch ein Pro-Kopf-Einkommen von weniger als 1,25 Dollar pro Tag) in den verschiedenen Weltregionen: Während sie in Ost- und Südasien sowohl prozentual als auch absolut erheblich zurückgedrängt wurde, verharrte sie im subsaharischen Afrika auf hohem Niveau. In China wurden dagegen seit 1990 rund 450 Mio. Menschen über die Armutsgrenze gehoben. Kontinentale oder regionale Armutskarten lassen jedoch nicht erkennen, wie Armut innerhalb von Staaten verteilt ist. Studien des *World Ressources Institute* (WRI) haben für einzelne Staaten Armutskarten angelegt, die anhand von verschiedenen Armutsindikatoren nationale Durchschnittsdaten auf Provinzen und städtische Räume herunterbrechen. Besonders aufschlussreich ist der vom IFPRI (*International Food Policy Research Institute*) in Zusammenarbeit mit der deutschen Welthungerhilfe und der NGO *Concern Worldwide* vorgelegte *India State Hunger Index*, der den *Global Hunger Index* auf die indischen Bundesstaaten herunterbricht und zeigt, dass einige Bundesstaaten dem nationalen Durchschnitt weit hinterherhinken.

Jenseits dieser Definitionsprobleme und statistischen Erhebungsprobleme kann man *absolute Armut* als ungenügende Versorgung mit lebenswichtigen Gütern und Dienstleistungen verstehen. Die relative Armut ist auch durch die mangelnde Teilhabe an Gütern, die das Leben lebenswert machen, gekennzeichnet. Der Maßstab ist die Menschenwürde, die zwar in den verschiedenen Kulturen unterschiedlich gedeutet werden mag, aber überall verletzt wird, wo die existenziellen Grundbedürfnisse nicht befriedigt werden. Armut bildet den verbindenden Grund, warum Menschen unterernährt, krank, obdachlos, ungebildet und kaum zur Selbsthilfe fähig sind. Sie bildet dann ein Synonym von Unterentwicklung, wenn sie Gesellschaften und Individuen daran hindert, ihre Fähigkeiten zu entwickeln. Statistiken verkleistern ihre real existierende Brutalität, die den Kodex der sozialen Menschenrechte verletzt.

6.2 Lernprozesse in der Armutsforschung

Die bi- und multilateralen Entwicklungsagenturen neigten lange dazu, Armut am (relativ) leicht messbaren Pro-Kopf-Einkommen zu messen. So definierte das BMZ: „Menschen sind arm, wenn sie nicht über das Minimum an monetärem und nichtmonetärem Einkommen verfügen, welches zur Deckung des Nahrungsmittelbedarfs und zur Befriedigung der übrigen Grundbedürfnisse erforderlich ist." Die Weltbank benutzte das monetäre Einkommen und die Konsumfähigkeit als wichtigste Kriterien für Armut, wobei sie davon ausging, dass Einkommen und Lebensstandard stark korrelieren. Dieser materiellen Verengung des Armutsbegriffs setzte die neuere Armutsforschung ein Verständnis entgegen, das Armut nicht als Zustand, sondern als Prozess begreift. Sie kritisierte vor allem eine aus der liberalen Denkschule stammende ökonomische Theorie der Armut, die diese erstens auf das Einkommen, also eine durch Märkte vermittelte Größe, reduzierte und zweitens Armut als einen „natürlichen Zustand", Reichtum aber als Frucht individueller Leistung bewertete und daraus den Schluss zog, dass Armut wesentlich selbstverschuldet sei (vgl. Brodbeck 2005: 66).

Vor allem die Arbeiten des späteren Nobelpreisträgers *Amartya Sen* (u. a. 1981, 1999) entwickelten schon in den 1980er-Jahren ein Konzept, das Verfügungsrechte (*entitlements*), Chancen (*opportunities*) und Fähigkeiten (*capabilities*) in den Mittelpunkt der Auseinandersetzung mit dem weltweiten Armutsphänomen rückte: Was arme Menschen aufgrund mangelnder Rechte, Chancen und Fähigkeiten nicht tun können. Nach *Sen* meint Entwicklung folgerichtig den Abbau von Unfreiheiten, welche die individuellen Wahl- und Handlungsmöglichkeiten („*freedom of choice*") einschränken, und die Beteiligung an Entscheidungen auf verschiedenen gesellschaftlichen und politischen Ebenen, vor allem das *Empowerment* der Frauen, deren Anteil an den Armen der Welt auf 70 % geschätzt wird.

Armut ist also zwar vorrangig, aber nicht ausschließlich ein materielles Problem. Der Mensch lebt nicht von Brot allein. Es geht nicht nur um das Haben, sondern auch bzw. zuallererst um das Sein. Es gibt eine „Welt jenseits des BIP" (vgl. Hoegen 2009). Es gibt auch eine *politische und kulturelle Armut*, also den Ausschluss aus dem politischen und kulturellen Leben, den Soziologen Marginalisierung oder Exklusion nennen. Diese politische Armut erschwert auch die Selbstorganisation der Armen, die die Herrschenden dazu zwingen könnte, sich mehr um ihre Belange zu kümmern. Schon Adam Smith, auf den sich alle Ökonomen beziehen, wenn sie über Armut und Reichtum reden oder schreiben, erkannte, dass Armut mehr bedeutet als das Leben auf dem nackten Existenzminimum: „Unter lebenswichtigen Gütern verstehe ich nicht nur solche, die unerlässlich zum Erhalt des Lebens sind, sondern auch Dinge, ohne die achtbaren Leuten, selbst der untersten Schicht, ein Auskommen nach den Gewohnheiten des Landes nicht zugemutet werden sollte" (zitiert nach der deutschen Ausgabe von 1974: 747).

Auch die Weltbank lernte dazu. Sie experimentierte mit Befragungen, in denen die Armutsgruppen selbst zu Wort kamen. Dieses *Participatory Poverty Assessment* (PPA) konnte zwar neben messbaren quantitativen Indikatoren der Armut auch subjektive Betroffenheiten – wie soziale Ausgrenzung, Ohnmachtsgefühle, mangelnde Selbstachtung – erfassen, aber aufgrund des Zeitaufwands allenfalls punktuell durchgeführt werden. Im Jahr 2000 ließ sie im Projekt „Die Stimmen der Armen" etwa 60.000 Männer und Frauen in allen Teilen der Welt nach ihren Wünschen und Hoffnungen befragen. Die Ergebnisse zeigten, dass Armut nicht einmal vorrangig an der Höhe des

Einkommens festgemacht wird und sich die Selbsteinschätzungen erheblich von den „objektiven" Daten unterscheiden. Die Menschen wollen Sicherheit vor allerlei Risiken haben und die Chance erhalten, ihr Leben selbst zu bestimmen. Dies meint auch der von der Vereinten Nationen propagierte Begriff der *„human security"* (vgl. Ulbert u. Werthes 2008), der ein Menschenrecht auf soziale Sicherheit begründete.

Die Einblicke in die Tiefenschichten der Armut förderten zutage, dass sie das Familienleben belastet und den sozialen Zusammenhalt gefährdet, der in Ermangelung materieller Güter Solidarität schafft. Männer fühlen sich als Versager, wenn sie ihre Familien nicht angemessen versorgen können, und flüchten sich häufig in den Alkoholismus, der die Neigung zu Gewalttätigkeit verstärkt. Bei Frauen und Müttern, die Arbeiten aller Art annehmen müssen, verbleibt dann die Last der notdürftigen Familienversorgung. Die verschiedenen Wissenschaftsdisziplinen bis hin zur Psychologie und Kunsttheorie entdeckten unterschiedliche Dimensionen und Tiefenschichten der Armut (vgl. Sedmak 2005).

Einen gelegentlich noch belächelten, dennoch interessanten Versuch, das Bruttonationaleinkommen (BNE) durch ein *Bruttosozialglück* (GNH = *Gross National Happiness*) als Maßstab und Ziel von Entwicklung zu ersetzen, unternahm das kleine Himalaya-Königreich Bhutan. Dieses GNH setzt erstens auf Verteilungsgerechtigkeit, weil sich Unzufriedenheit vor allem aus dem Gefühl der relativen Benachteiligung speise, zweitens auf den Schutz der verletzlichen Umwelt, drittens auf die Bewahrung der vom Buddhismus geprägten Kultur, viertens auf gute Regierungsführung. Was sich wie ein Programm zur Bewahrung einer von der Welt isolierten Idylle anhört, wird inzwischen auch im Westen nicht nur belächelt, wo in den Nischen verschiedener Wissenschaftsdisziplinen eine Glücksforschung entstand. Auf Empfehlung der von den beiden Nobelpreisträgern Joseph Stiglitz und Amartya Sen geleiteten *„Kommission zur Bemessung von wirtschaftlicher Leistungskraft und sozialem Fortschritt"* forderte der französische Präsident Nicolas Sarkozy eine Abkehr von der „Religion der Zahl" und eine „statistische Revolution", die ein neues Bemessungssystem für das Wohlbefinden der Menschheit entwickeln soll. Anstatt auf das BIP und auf das quantitative Wachstum zu starren, sollten sich die internationalen Organisationen künftig an einem *„Nationalen Netto-Produkt"* orientieren, das eine Chiffre für das Wohlbefinden (sprich: Glück) der Bevölkerung darstellt. Die Statistiker von Bhutan haben bereits ein sehr ausgeklügeltes Messverfahren für das GNH entwickelt. Die aufgeblähten nationalen und internationalen *Statistical Divisions* müssten also Nachhilfe in Thimphu, der kleinen Hauptstadt von Bhutan, nehmen (vgl. Illy 2009).

Hier setzen auch Konzepte an, welche die prekäre Lebenslage (*livelihood*) der Armutsgruppen zu erfassen versuchen. Die Erkenntnisse über die Wechselwirkungen zwischen Umwelt und Armut förderten ihre besondere Verwundbarkeit (Vulnerabilität) gegenüber Schocks und Lebenskrisen zutage, die von akuten oder schleichenden Umweltkrisen (Klimawandel, Überschwemmungen, Hitzewellen, Bodendegradation etc.) ausgelöst werden. Die am Potsdamer *Institut für Klimafolgenforschung* (PIK) und am *Tyndall Centre for Climate Change Research* in Norwich vorangetriebene Vulnerabilitätsforschung hat dabei eine „differenzielle Vulnerabilität", also eine unter-

schiedliche Betroffenheit von Regionen und sozialen Gruppen, herausgefunden. Sie entdeckten außerdem eine doppelte Verwundbarkeit der armen Länder und dort im Besonderen der Armutsgruppen:
- erstens eine biophysikalische Verwundbarkeit durch Naturkatastrophen, Umweltkrisen und regionale Klimaveränderungen;
- zweitens eine soziale Verwundbarkeit der Armutsgruppen durch ihre mangelnde Fähigkeit (*coping capacity*), mit sozialen oder ökologischen Stress- und Krisensituationen umzugehen. Bei schweren Erdbeben, die häufig arme Regionen treffen, verschärft die soziale die geophysikalische Verwundbarkeit, weil Arme z. B. beim Hausbau keine Vorsorge treffen und arme Staaten keinen hinreichenden Katastrophenschutz aufbauen können. Dann werden *earth quakes* zu „*class quakes*".

Als besonders verwundbare Gruppen gelten die sogenannten *indigenen Völker*, die nach einem Bericht des *UN-Hochkommissars für Menschenrechte* (UNHCHR) zu den Ärmsten der Armen und den durch die Zerstörung ihrer natürlichen Lebensgrundlagen besonders verwundbaren Gruppen gehören. Untersuchungen haben jedoch gezeigt, dass sie nicht nur über ein reiches traditionelles Wissen über die verborgenen Schätze der Natur verfügen, sondern sich auch selbst nicht als arm betrachten. Für sie bedeutet Armut vielmehr die Missachtung ihrer Rechte und Identitäten durch die herrschenden Machtgruppen (vgl. *Feiring* 2003). Die Interdependenztheorien entdeckten neben diesen ökologischen Empfindlichkeiten und Gefährdungen der „menschlichen Sicherheit" auch Verwundbarkeiten, die aus Instabilitäten der Finanzmärkte, Ressourcenkonflikten und Turbulenzen im Gefolge der Machtverschiebungen im internationalen System resultieren können. Internationale Organisationen und Forschergruppen entwickelten Vulnerabilitätsindices, UNDP arbeitet an einem *World Vulnerability Report* und der WBGU machte das Vulnerabilitätskonzept zur Grundlage seines Jahresgutachtens 2004 zu „Umwelt und Armut". Es hat Konjunktur, weil es die Situation der Armutsgruppen auf einen einprägsamen Begriff brachte.

6.3 Armut jenseits des niedrigen BIP pro Kopf

Die Armutsforschung suchte nach immer neuen Methoden und Messverfahren, um die Vieldimensionalität von Armut erfassen zu können. So entwickelte der *Human Development Report 1996* auf der Grundlage der theoretischen Vorarbeiten von *Amartya Sen* (1999) ein *Capability Poverty Measure* (CPM). Dieser Index kombiniert Mangelerscheinungen in drei Lebensbereichen, die auf unzureichende Fähigkeiten zu Entwicklung und zu einem menschenwürdigen Leben hinweisen: bei der Ernährung, Gesundheit und Bildung. Der CPM unterscheidet sich vom HDI (*Human Development Index*), indem er auf den Indikator des Pro-Kopf-Einkommens verzichtet. Weil er zur Messung des Ernährungsdefizits den Anteil der untergewichtigen Kinder unter fünf Jahren und zur Messung des Bildungsdefizits die Analphabetenrate unter Frauen benutzt, könnte er die Benachteiligung von Frauen und Kindern besser erfassen als andere Indizes, die auf alters- und geschlechtsunabhängigen Durchschnittswerten beruhen. Dennoch konnte sich der CPM in der Armutsforschung nicht durchsetzen, weil in vielen Entwicklungsländern die Daten fehlen. So blieb nur die Kritik an einem Armutsbegriff übrig, der sich eindimensional am niedrigen Einkommen orientiert. Es gibt eben eine Welt jenseits des BIP pro Kopf (vgl. Hoegen 2009).

Die Armutsforschung hat sich also zunehmend von dieser eindimensionalen Definition der Armut entfernt und sich ihrem Verständnis als einem mehrdimensionalen, komplexen, gruppen-, geschlechts- und ortspezifischen Phänomen angenähert. Nachdem sich nicht nur UNDP, sondern auch die Weltbank den von *Amartya Sen* begründeten „Rechteansatz" zueigen machte, konnte man einen breiten internationalen Konsens feststellen, was Armut bedeutet – jedenfalls mehr als nur ein niedriges Pro-Kopf-Einkommen.

Die *DAC-Guidelines* zur Armutsbekämpfung vom April 2001 haben den Erkenntnisstand der internationalen Armutsforschung gut zusammengefasst. Ausgehend von der multidimensionalen Definition von Armut als „Unfähigkeit, ein Leben zu führen, das den wirtschaftlichen, sozialen und sonstigen Maßstäben für menschliches Wohlergehen entspricht", rückten sie die folgenden Dimensionen von Armut in den Mittelpunkt von Strategien zur Armutsbekämpfung:

- *Wirtschaftliche Fähigkeiten* ermöglichen, ein Einkommen zu beziehen, zu konsumieren und Besitz zu erwerben – und damit Voraussetzungen für Ernährungssicherheit, materielles Wohlergehen und soziales Ansehen zu schaffen.
- Voraussetzungen für die Entfaltung der *menschlichen Fähigkeiten* sind Gesundheit, Bildung, sauberes Wasser und eine sichere Unterkunft.
- *Politische Fähigkeiten* gründen sich auf Menschenrechte, Mitspracherechte und einen gewissen Einfluss auf die staatliche Politikgestaltung. Politischer Grundfreiheiten und Menschenrechte beraubt zu sein, ist ein wichtiger Aspekt von Armut.
- *Soziokulturelle Fähigkeiten* ermöglichen es, als angesehenes Mitglied am Leben einer Gemeinschaft teilzuhaben. Die soziale Exklusion wird in vielen lokalen Gesellschaften als die wichtigste Konsequenz der Armut empfunden. Ihr liegt im Unterschied zum ökonomisch verkürzten Begriff der Armut als Mangel an Reichtum die Einsicht zugrunde, dass die „Armut ein reproduziertes Element des sozialen, ökonomischen und politischen Systems darstellt. Menschen werden nicht als Objekte analysiert, denen etwas mangelt, sondern als Subjekte mit verhinderten Handlungsmöglichkeiten" (Brodbeck 2005: 75).
- *Fähigkeiten des Selbstschutzes* ermöglichen es den Menschen, wirtschaftlichen und externen Schocks standzuhalten. Unsicherheit und Schutzlosigkeit sind entscheidende Dimensionen von Armut.
- Die *Chancengleichheit zwischen den Geschlechtern* steht mit allen Dimensionen der Armut in Zusammenhang, denn Armut ist nicht geschlechtsneutral.

Esther Duflo (2013), der aus Frankreich stammende neue Star der Entwicklungsökonomie am MIT, suchte und fand in ihrem „Kampf gegen die Armut" kein Patentrezept, sondern setzte auf kleine Fortschritte in vier zentralen Problembereichen: Bildung, Gesundheit, Korruptionsbekämpfung und Förderung von Mikrokrediten. Kreativ waren vor allem ihre randomisierten Tests, mit denen sie die Wirksamkeit entwicklungspolitischer Maßnahmen überprüfte. Die Armutsbekämpfung muss sich um die weltwirtschaftlichen Makro-Strukturen, aber auch um die Mikro-Strukturen kümmern. Hier braucht die Entwicklungsökonomie die Zusammenarbeit mit der Soziologe, Ethnologie und Sozialanthropologie.

6.4 Feminisierung der Armut

Seit 1979 gibt es das internationale Übereinkommen zur Beseitigung aller Formen von Frauendiskriminierung (CEDAW = *Convention on the Elimination of All Forms of Discrimination against Women*), das alle Vertragsstaaten dazu verpflichtete, das Prinzip der Gleichstellung von Frauen und Männern in allen Bereichen des politischen, wirtschaftlichen und gesellschaftlichen Lebens zu verwirklichen. Im Juni 2000 zog die UN-Sondergeneralversammlung über „Frauen 2000 – Geschlechtergleichheit, Entwicklung und Frieden für das 21. Jahrhundert" eine ziemlich nüchterne Bilanz über die Umsetzung des Aktionsplans, den fünf Jahre zuvor die vierte Weltfrauenkonferenz in Beijing verabschiedet hatte. Auf dem Papier von völkerrechtlichen Verträgen und von Aktionsprogrammen der Weltkonferenzen ist das Gender-Problem gelöst, in der weltgesellschaftlichen Wirklichkeit aber noch lange nicht (vgl. Rodenberg 2007).

Inzwischen verfügen wir über zwei von UNDP entwickelte Indizes, die diese verschiedenen Formen der Benachteiligung von Frauen zu messen versuchen: den *Gender-related Development Index*, der mittels drei Indikatoren (Lebenserwartung, Bildungsstand und Einkommen) geschlechtsspezifische Ungleichheiten zu messen versucht; und das GEM (*Gender Empowerment Measure*), das die Ungleichheit der Geschlechter bei der Partizipation in Schlüsselbereichen von Wirtschaft und Politik zu berechnen versucht. Aber es bleiben viele Leerstellen. Der Mangel an geschlechtsspezifisch aufgeschlüsselten Daten behindert noch immer die Entwicklung langfristiger Strategien zur Verminderung von weiblicher Armut. Armutsprofile und soziale Indikatoren beschränken sich meistens auf den Zugang von Mädchen und Frauen zur Grundbildung. Dennoch liefern die von den UN besorgten *World Surveys on the Role of Women in Development* und die Berichte von UNIFEM (*UN Development Fund for Women*) jede Menge von statistischen Belegen für die fortbestehende Benachteiligung von Frauen in vielen Lebensbereichen.

An vielen Stellen wurde bereits deutlich: Hauptleidtragende von Verelendung, Kriegen und Fluchttragödien sind Frauen und Kinder. Die Rede von der „*Feminisierung der Armut*" meint zunächst, dass mehr Frauen als Männer von Armut betroffen und besonders verwundbar gegenüber Krisen jedweder Art sind. Ihr Anteil an den absolut Armen und an den rund 50 Mio. Flüchtlingen wird auf etwa 70 % geschätzt. Von Armut betroffene Frauen und Kinder sind überall dort in der Mehrheit, wo die Armut am größten ist. Gleichzeitig bilden Frauen eine strategische Trägergruppe von Entwicklung und Kinder die Zukunft von Gesellschaften. Mit anderen Worten: An der Entwicklung ihrer Fähigkeiten lässt sich die Entwicklungsfähigkeit einer Gesellschaft ablesen.

Frauen sind in vielfacher Weise benachteiligt: bei der Lastenverteilung in der Familie, im Erb- und Familienrecht, bei der Einkommensverteilung, bei Zugängen zum Bildungssystem, bei der Verteilung von Führungspositionen in Wirtschaft und Politik. Ihr tägliches Leben und ihr soziales Handeln werden von patriarchalischen Gesellschaftsstrukturen und Machtverhältnissen bestimmt. Der Begriff „*Gender*", der das soziale vom biologischen Geschlecht unterscheidet und die kulturell erlernten Geschlechterrollen meint, hebt auf diese von Ungleichheit geprägten Beziehungen zwischen Geschlechtern ab. Wir haben zwar inzwischen auf das Gender-Problem spezialisierte Indizes und viele Berichte von UNIFEM und NGOs, aber sie lassen nur erahnen, welches Ausmaß Vergewaltigungen in Kriegssituationen, Witwenverbrennungen oder genitale Verstümmelungen haben. Die Formen und Mechanismen der Diskriminierung sind vielfältig:

1. Für Mädchen kann es schon vor oder unmittelbar nach der Geburt um Leben und Tod gehen. Die Früherkennung des Geschlechts durch Ultraschall kann zu einem Todesurteil führen, weil Mädchen den Wunsch nach einem Stammhalter nicht erfüllen oder Angst vor hohen Mitgiftverpflichtungen erzeugen. Demografische Vergleichstudien lassen darauf schließen, dass nicht nur Millionen von weiblichen Föten abgetrieben oder nach der Geburt bei der Ernährung oder medizinischen Versorgung vernachlässigt werden. In China und Indien zeichnet sich bereits ein gravierender Frauenmangel mit tief greifenden Auswirkungen auf die Demografie und Gesellschaft ab (siehe 8.5).
2. Nach Daten der WHO sterben jährlich rund 500.000 Frauen als Folge von Komplikationen, die während der Schwangerschaft oder bei der Geburt auftreten, davon 99 % in den Entwicklungsländern. Sie sterben, weil sie keinen Zugang zur medizinisch betreuten Geburtshilfe haben. Die Verringerung der Müttersterblichkeit wurde zwar in den Zielkatalog der MDGs aufgenommen, aber die Zwischenberichte belegen, dass sie im subsaharischen Afrika wieder angestiegen ist. Nicht in diesen Zielkatalog aufgenommen wurde der Kampf gegen die genitale Verstümmelung von Mädchen, die auch in Deutschland keine Verpflichtung zur Asylgewährung bildet.
3. Zwei Drittel aller Analphabeten in der Welt sind Frauen. Obwohl sich in allen Weltregionen die Chancen von Mädchen im Bildungsbereich verbessert haben, blieb ihr Anteil an den erwachsenen Analphabeten, vor allem in Südasien und Sub-Sahara-Afrika, hoch und weit höher als der Anteil der männlichen Analphabeten. Hier sind auch die Einschulungsraten von Mädchen wieder gesunken, obwohl die Weltbank ihre Ausbildung als „Investition mit den höchsten Ertragsaussichten" bewertete und die MDGs hier einen Förderungsschwerpunkt setzten.

4. Weibliche Armut taucht vor allem in „weiblichen Haushalten" auf, die aufgrund von Scheidung, Witwenschaft oder Migration entstehen. In den städtischen Slums von Afrika und Lateinamerika gehören diese „weiblichen Haushalte" eher zur Regel denn zur Ausnahme. Diese Regel bedeutet für Mütter und Kinder ein hartes Leben.
5. Bei Frauen werden häufiger als bei Männern Krankheiten nachgewiesen, die aus einer Kombination von Unterernährung, physischer Erschöpfung durch Feldarbeit, Sammeln von Brennstoffen, Gebären und Ernähren vieler Kinder und gesundheitsgefährdenden Tätigkeiten (wie dem Verbrennen von Biomasse in schlecht gelüfteten Innenräumen) resultieren. Frauen müssen häufig körperliche Gewalt über sich ergehen lassen und können sich kaum vor Gericht dagegen wehren, weil sie das Familien- und Strafrecht nicht vor „Züchtigung" schützt.
6. Weltweit hat die Erwerbstätigkeit von Frauen zugenommen. In den „Weltmarktfabriken" fand eine „Feminisierung der Arbeit" statt, weil hier billige und willige, unqualifizierte, gewerkschaftlich nicht organisierte Frauen nachgefragt werden, die sich unter Existenznöten mit miserablen Arbeitsbedingungen abfinden müssen, die sich weit von den ILO-Kernarbeitsnormen entfernen. Die „globalisierte Frau" ist mehr Opfer denn Nutznießerin der Globalisierung, auch auf dem globalisierten Prostitutionsmarkt, wo nach Schätzungen von UNIFEM jährlich rund 1,2 Mio. Mädchen und Frauen von international organisierten Banden wie Handelsware und unter sklavenähnlichen Bedingungen über Kontinente hinweg gehandelt werden. In Indien machte die gesetzlich verbotene, aber landesweit praktizierte Mitgiftjägerei die Frauen als Heiratsgut zur Ware: Wer eine Tochter loswerden will, muss viel bezahlen, sei es in Geld oder teuren Waren.
7. Die Frauenforschung wies nach, dass es nicht nur eine „Feminisierung der Armut", sondern auch eine „Feminisierung der Katastrophe" gibt. Der von Lorenzen und Turpin (1998) herausgegebene *Women and War Reader* dokumentierte, wie Frauen und Kinder zu Opfern von Kriegen werden und die Vergewaltigung als Instrument der psychologischen Kriegsführung eingesetzt wird. So geschah es auf dem Balkan und geschieht es in den afrikanischen Kriegsgebieten, häufig auf besonders brutale Weise. Der im Jahr 2008 an die Ärztin und Geschäftsführerin der NGO *medica mondiale* Monika Hauser vergebene Alternative Nobelpreis honorierte den weltweiten Einsatz für Vergewaltigungsopfer.
8. Frauen sind aber nicht nur Opfer, sondern auch ungemein kreative Überlebenskünstlerinnen, geschäftstüchtige Marktfrauen und Kleinstunternehmerinnen im informellen Sektor. In Afrika repräsentiert die Friedensnobelpreisträgerin Wangan Muta Maathai aus Kenia, in Lateinamerika die Preisträgerin Rigoberta Menchú aus Guatemala den Typus einer mutigen Agentin des Wandels, den es vielfach auch und gerade in armen Gesellschaften gibt. „Feminisierung der Armut" meint also, dass mehr Frauen als Männer unter besonderen Formen der Armut zu leiden haben. Aber die Kultur der Armut bringt, wie die Post-Development-Theorien erkannt und sogar romantisiert haben, auch kreative Bewältigungsstrategien hervor. Aber von der Romantik des einfachen Lebens ist der alltägliche Überlebenskampf

vieler Frauen und ihrer Kinder weit entfernt. Die existenzielle Lebenssituation vieler und häufig alleingelassener und auf sich gestellter Frauen besteht aus den täglichen Lasten der Überlebenssicherung ihrer Familien. Sie sind weltweit die Hauptemährerinnen der Familien. Sie erarbeiten einen Großteil der Nahrungsmittel und tragen durch Tätigkeiten in der Subsistenzlandwirtschaft oder im städtischen informellen Sektor erheblich zur Familiensicherung bei. Sie tragen gleichzeitig die Hauptlasten von wirtschaftlichen und sozialen Krisen und waren die Hauptleidtragenden der von IWF-Sanierungsauflagen erzwungenen Einsparungen im Bildungs- und Gesundheitswesen oder der Kürzung von Subventionen für Grundnahrungsmittel. Sie bilden eine Art von sozialem Sicherungsnetz, wenn die Männer arbeitslos, krank oder im In- und Ausland auf Arbeitssuche sind. Kurzum: Auf ihnen lastet die Überlebenssicherung.

Wie zuverlässig die Schätzzahlen über Anteil der Frauen an der Feldarbeit, an der Nahrungsmittelproduktion oder am Familieneinkommen auch sein mögen: Ohne die Überlebenskunst der Frauen sähe es vor allem in Afrika noch viel schlimmer aus (vgl. Neudeck 2010). Hier trifft zu: Nicht nur Hunger und Armut, sondern auch die Entwicklung ist weiblich. Studien haben nachgewiesen, dass dort weniger gehungert wird, wo Frauen Rechte haben oder sich erkämpft haben. Sie wurden dennoch erst spät von der Entwicklungspolitik als Entwicklungspotenzial und strategische Zielgruppe entdeckt. Inzwischen ist aber bei nationalen und internationalen Entwicklungsorganisationen die Einsicht gewachsen, dass die Erde nicht nur bei bevölkerungspolitischen Aktionsprogrammen in den Händen der Frauen liegt. Es gibt gute Gründe, warum das dritte MDG der Gleichstellung der Geschlechter auch eine hohe Bedeutung bei der Armutsbekämpfung einräumt.

Kein Bericht der Weltbank, des BMZ oder von UN-Organisationen verzichtet mehr oder weniger pflichtschuldig auf das Bekenntnis zur Frauenförderung. Unter dem Druck von transnational organisierten Frauennetzwerken entwickelten sie den Gender-Ansatz (GAD = *Gender and Development*) und richteten spezielle Organisationseinheiten und Sektorprogramme zur Frauenförderung ein. Frauenorganisationen haben sich in vielen Gesellschaften schrittweise Rechte und politischen Einfluss erkämpft. Auch die „letzte Kolonie" befindet sich in einem nachholenden Dekolonisierungsprozess. Allerdings wehrt sich die feministische Entwicklungstheorie gegen den GAD-Ansatz, der Frauen wieder als Potenzial instrumentalisiert, aber nicht an ihrer autonomen Fähigkeit zu *Empowerment* ansetzt. Gender thematisiert die Ungleichheiten und Machtbeziehungen zwischen den Geschlechtern.

6.5 Formen und Dimensionen der Kinderarmut

UNICEF und private Kinderhilfswerke (wie u. a. *terre des hommes*) legten immer wieder Berichte über den alltäglichen Überlebenskampf von vielen Millionen von Kindern vor, falls ihnen die hohe Säuglings- und Kindersterblichkeit in den ersten Lebensjahren überhaupt eine Überlebenschance gegeben haben. Anfang September 2014 veröffentlichte UNICEF einen umfassenden Bericht („Hidden in Plain Sight") zur millionenfachen Verletzung der in der Kinderrechtskonvention völkerrechtlich verankerten Kinderrechte, zu häufig brutaler Gewalt gegen Kinder und Jugendliche und zu ihrer sexuellen Ausbeutung. Der Bericht belegte mit vielen Daten aus aller Welt, was *terre des hommes* so zusammengefasst hatte: „Viele Kinder wachsen hinein in eine Welt voller Unrecht und Gewalt, Willkür, Einschüchterung und Unterdrückung." Es gibt in allen Weltregionen eine von UNICEF beklagte „stille Katastrophe" mit besonders schlimmen Formen im subsaharischen Afrika.

- Hier ist die Kindersterblichkeit im weltweiten Vergleich am höchsten und auch nach den Verheißungen des vierten MDG am wenigsten gesunken. Zwar hat sich die Kindersterblichkeit im globalen Maßstab seit 1990 ungefähr halbiert, aber nicht im subsaharischen Afrika, hier besonders in den Bürgerkriegsgesellschaften. Hier hinkt auch die Verwirklichung des zweiten MDG, also die Sicherung der allgemeinen Grundschulbildung, der Zielvorgabe weit hinterher. Diese Negativtrends belegen die *Global Monitoring Reports*. In dem von UNICEF entwickelten, aber aufgrund der unzureichenden Datenlage nicht fortentwickelten *Child Risk Measure* (CRM), drückten der Indikator USMR für die Rate der Kindersterblichkeit, der Indikator NAPACH für den Anteil der Kinder, der die Grundschule nicht besucht hat, und der Indikator UNDWT für den Anteil untergewichtiger Kinder den Subkontinent an das Ende des Regionenvergleichs.
- Hier leben 90 % der weltweiten Aids-Waisen und ist die Wahrscheinlichkeit, im Alter zwischen 15 und 49 Jahren an HIV/Aids zu erkranken, am höchsten. Hier ist auch die Wahrscheinlichkeit, Opfer von bewaffneten Konflikten zu werden und als Kindersoldaten rekrutiert zu werden, am höchsten. Es gibt in Afrika den höchsten Anteil von Kindern an den Bevölkerungen, aber dieser potenzielle Reichtum kann sich nicht als Zukunftschance entfalten, sondern bildet eher ein Gegenwarts- und Zukunftsproblem.

Mehrere UNICEF-Berichte leiten aus den folgenden Daten die Anklage ab, dass „Kinderrechte millionenfach" verletzt werden:

1. Nach Daten der ILO müssen rund 168 Mio. Kinder unter 15 Jahren durch häufig schwere und überlange Arbeit zum Überleben ihrer Familien beitragen und können deshalb nicht zur Schule gehen. Also weit mehr Kinder, als in der gesamten EU leben, wachsen unter Bedingungen auf, die ihre physische und geistige Entwicklung schwer behindern. Unter ihnen verrichten 85 Mio. Kinder besonders gefährliche Arbeiten in Bergwerken, Steinbrüchen oder auf Plantagen. Hier unterscheidet die Fachliteratur die ausgebeutete *„Child Labour"* von der *„Child Work"*, die zur Entwicklung des Kindes und zum guten Leben der Familie beitragen kann. Die ILO entdeckte die folgenden Formen der ausgebeuteten Kinderarbeit, die allesamt den Normen der seit 1989 geltenden Kinderrechtskonvention widersprechen:

- Häufig arbeiten schon Kinder unter zehn Jahren in Fabriken oder auf Feldern, nicht selten bis zu 12 Stunden am Tag. Zwar haben sich multinationale Unternehmen unter dem Druck von transnational organisierten Kampagnen dazu verpflichtet, die Kernarbeitsnormen der ILO, die Kinderarbeit verbieten, zu respektieren, aber sie wälzen häufig die Verantwortung auf unkontrollierte Zulieferbetriebe ab.
- Kinderarbeit wird nur gering entlohnt und ist deshalb für Unternehmen attraktiver als die Beschäftigung von Erwachsenen. Kinder können sich auch weniger gegen Ausbeutung wehren und bei Bedarf leicht ersetzt werden, weil es reichlich Nachschub gibt.
- In Indien gibt es nicht nur die meisten Kinderarbeiter/-innen, vor allem in der Herstellung von Teppichen, Textilien aller Art oder Knallkörpern, sondern auch die schlimmsten Formen der Ausbeutung, die bis zur lebenslangen Schuldknechtschaft (*bonded labour*) reichen, wenn verschuldete Eltern ihre Kinder verkaufen, um ihre Schuldenlast abzutragen. Bonded Labour unterscheidet sich kaum von Sklaverei.
- Das Parlament von Bolivien legalisierte im Herbst 2014 unter dem Druck von Kinderschutzorganisationen und Kinderdemonstrationen die Kinderarbeit ab dem zehnten Lebensjahr mit der Begründung, die Kinder vor Ausbeutung zu schützen. Diese Begründung lässt sich nicht mit den in ILO-Konventionen völkerrechtlich kodifizierten Kinderrechten vereinbaren, aber sie sollte auf Wunsch der Betroffenen eine unvermeidliche Praxis humanisieren und legalisieren.
- Das Fehlen einer gesetzlichen Schulpflicht begünstigt die Kinderarbeit. Selbst wenn sie besteht (wie in Indien), können sich arme Eltern häufig den Ausfall der Kinder als Arbeitskräfte nicht leisten. Hilfsorganisationen haben deshalb begonnen, diesen Ausfall zu finanzieren.
- Das Verbot der Kinderarbeit durch die Kinderrechtskonvention, das von der ILO 1992 aufgelegte Programm IPEC (*International Programme on the Elimination of Child Labour*) sowie das ILO-Übereinkommen Nr. 182 von 1999 zur Beseitigung der schlimmsten Formen von Kinderarbeit schienen zunächst wenig zu bewirken, zumal der von der Globalisierung entfesselte Konkurrenzdruck die Nachfrage noch billiger und williger Kinderarbeit noch zu vergrößern drohte. Aber internationale Kampagnen, wie der vom Friedensnobelpreisträger Kailash Satyarti organisierte und international vernetzte *Global March Against Child Labour*, bewogen international agierende Handelsketten (wie u. a. den *Otto-Versand*), sich werbewirksamen Selbstverpflichtungen zu unterwerfen und die Herstellung der von ihnen importierten Waren zu kontrollieren. Die Macht der Konsumenten hat die Veränderungen von Geschäftspraktiken bewirkt.

2. Einen groben Verstoß gegen Kinderrechte stellt der Missbrauch von Kindern beiderlei Geschlechts als Soldat(inn)en dar. Sie werden überall dort, wo es bewaffnete Konflikte und „Gewaltmärkte" gibt, vor allem von Rebellengruppen (wie

der *Lord's Resistance Army* in Norduganda oder der FARC (*Revolutionary Armed Force of Colombia*), aber auch von nationalen Armeen eingesetzt (vgl. Pittwald 2008). UNICEF stützt sich bei seiner Definition auf das inzwischen von 120 Staaten ratifizierte *UN-Fakultativprotokoll über Kinder in bewaffneten Konflikten* vom 25. Mai 2000 und bezeichnet „alle Kämpfer und deren Helfer, die unter 18 Jahre alt sind", als Kindersoldaten, unter denen sich etwa ein Drittel Mädchen befinden. Das *Statut des Internationalen Strafgerichtshofs* (ICC) setzte die Rekrutierung von unter 15-Jährigen unter den Tatbestand des Kriegsverbrechens, darunter auch die Zwangsprostitution von Mädchen zur sexuellen Bedienung der Soldateska (vgl. Drumbl 2012).

Der von der *Coalition to Stop the Use of Child Soldiers* besorgte Child Soldiers Global Report 2012 konnte zwar nach der Beendigung mehrerer Bürgerkriege in Afrika den Rückgang der Zahlen vermelden, zählte aber noch viele Konfliktregionen, in denen Kindersoldaten eingesetzt wurden, und viele Staaten, die unterschiedliche und mehr oder weniger verdeckte Formen praktizierten. Die meisten Kindersoldaten gab es weiterhin im subsaharischen Afrika. Ihre geschätzte Zahl reichte insgesamt bis 250.000, aber diese Zahl befindet sich in einer ungesicherten Grauzone. Kindersoldaten sind zugleich Täter und Opfer, die – anderer Lebenschancen beraubt – nichts anderes gelernt haben als zu rauben, zu schießen und zu töten. Das Gewehr verleiht ihnen neben dem Auskommen durch Raub und Plündern ein häufig durch Drogen aufgeputschtes Selbstwertgefühl, das ihnen die Gemeinschaft nicht gab. Für viele ist es eine schiere Überlebensfrage, sich Kampfverbänden anzuschließen, von denen sie sich Schutz, Gemeinschaft und das tägliche Brot erhoffen. Armut und die Allgegenwart von Gewalt in „Gewaltmärkten" sind die Hauptursachen für ihre moralische Verrohung. Der *Child Soldiers Global Report* (2008: 19) stellte sogar verständnisvoll fest:

> Viele Kinder haben wenig Alternativen zum Eintritt in bewaffnete Gruppen oder können sich nur unzureichend dagegen wehren. Dort, wo Feindseligkeiten andauern, schaffen Armut, ein soziales Ungleichgewicht und andere Umweltfaktoren die Bedingungen für das Risiko einer Rekrutierung. Kinder in Flüchtlingslagern, intern vertriebene Kinder sowie Kinder, die von ihren Familien getrennt wurden, und Kinder, die in ländlicher Armut oder in städtischen Slums aufwachsen, sind einem höheren Risiko ausgesetzt.

Der *Child Soldiers Global Report 2004* schätzte, dass in den 1990er-Jahren rund zwei Mio. Kindersoldaten (wiederum beiderlei Geschlechts) getötet und 6 Mio. zu Invaliden wurden, um die sich allenfalls Hilfsorganisationen kümmern. Bei vielen bleiben nicht nur körperliche Verkrüppelungen und Geschlechtskrankheiten, vor allem HIV-Infektionen, sondern auch schwere traumatische Nachwehen, Angstzustände und Depressionen zurück. Inzwischen gibt es mehrere Erfahrungsberichte von ehemaligen Kindersoldat(inn)en, die mehr erzählen als alle Statistiken (vgl. u. a. Keitetsi 2003; Beah 2007).

3. Die UNICEF-Berichte dokumentierten weitere Verletzungen der Kinderrechte, die in vielen Staaten alltägliche Praxis blieben:

- Jedes dritte Mädchen in den Entwicklungsländern wird ohne eigenes Zutun schon als Kind verheiratet. Im Tschad und in Mali liegt ihr Anteil sogar bei über 70 %.
- In den vergangenen Jahren sind noch viele Millionen Kinder ohne Geburtsurkunde zur Welt gekommen. Ohne eine solche Urkunde haben sie kaum Chancen auf eine Schul- und Berufsausbildung, sind also von Anfang an ausgegrenzt.
- Zwar sank dank internationaler Kampagnen der Anteil von Mädchen, die Opfer der Genitalverstümmelung wurden. Dennoch sind Mädchen noch immer in mindestens 29 Ländern von dieser Tortur bedroht, selbst wenn es gesetzliche Verbote gibt. Was in der Regel Frauen mit primitivsten Mitteln durchführen, ist nicht nur grausam und verstümmelt die Sexualität, sondern greift auch tief in das elementare Menschenrecht auf körperliche Unversehrtheit ein, das Staaten zu schützen haben.
- Die Bürgerkriege in Syrien und im Irak machten wieder sichtbar, was bei ähnlichen Katastrophen immer wieder geschieht: Viele Kinder werden Waisen, um die sich nur vereinzelt Hilfsorganisationen kümmern; viele geraten schutzlos in die Fänge des Kinderhandels. Jede Katastrophe macht Kinder zu besonders wehrlosen und deshalb schutzbedürftigen Opfern. Wenn sie als unbegleitete Flüchtlinge in anderen Ländern ankommen, was immer häufiger geschieht, werden sie, von Heimweh und vom Verlassensein geplagt, durch bürokratische Mühlen gedreht. Hier geht fast alles verloren, was Kindheit ausmacht. UNICEF Deutschland hat die Probleme der in Deutschland ankommenden, teils begleiteten, teils unbegleiteten Flüchtlingskinder untersucht und kam in einem im Sommer 2014 veröffentlichten Bericht zu ziemlich deprimierenden Erkenntnissen.

Dimensionen der Kinderarmut bestimmen häufig ein Leben in Armut vorher. Kinder, die nicht zur Schule gehen und einen Beruf erlernen können oder gar als Kindersoldaten verkrüppelt wurden, haben geringe Chancen, der Armut zu entfliehen. Deshalb war die Vergabe der Friedensnobelpreise 2014 an die junge Pakistanerin Malala Yousafzai, die sich nach einem überlebten Mordanschlag der Taliban auf internationalen Bühnen für die Bildung von Mädchen einsetzte, und an den indischen Kinderrechtsaktivisten Kailash Satyarti, der sich in seinem Land und international vor allem gegen die ausgebeutete Kinderarbeit und für das Recht auf Bildung engagierte, eine gute und richtungsweisende Entscheidung des norwegischen Nobel-Komitees. Bildung ist der Schlüssel für das Entrinnen aus der Armut und für das Empowerment der Frauen, außerdem für den entwicklungspolitisch bedeutsamen Nebeneffekt der selbstbestimmten Geburtenkontrolle.

6.6 AIDS: ein sich verlangsamender Akzelerationsfaktor von Armut

Das sechste MDG setzte der Staatengemeinschaft das Ziel, bis 2015 die Ausbreitung von HIV/Aids zum Stillstand zu bringen und eine Trendumkehr zu bewirken. Der von UNAIDS besorgte *Report on the Global Aids Epidemic* von 2013 dokumentierte zwar eine Verlangsamung der Neuinfektionen aufgrund verstärkter Aufklärungskampagnen und einen Rückgang der Aids-Toten aufgrund verbesserter Behandlungsmethoden und leichter verfügbarer und das Leben verlängernder Medikamente, vermeldete aber noch keine Entwarnung. Es wurde zu einer elementaren Frage von Leben und Tod, Zugang zu den neuen und wirksamen Medikamenten zu bekommen. Nach Schätzungen von UNAIDS verhinderten die neuen Therapien im Zeitraum von 1996 bis 2012 den Tod von 6,6 Mio. Menschen. Dies war ein Erfolg der internationalen Forschung, internationaler Hilfsprogramme und nationaler Kampagnen, der bei UNAIDS die Hoffnung nährte, doch noch die von den MDGs angestrebte Trendumkehr erreichen zu können.

Nach UNAIDS-Daten, die auf Schätzungen beruhen, waren 2013 weltweit rund 35 Mio. Menschen mit dem Virus infiziert und starben rund 1,6 Mio. an den Folgen der Infektion. Im Jahr 2005 hatte die Zahl der AIDS-Toten noch bei 2,3 Mio. gelegen. Am schwersten von der Pandemie betroffen war und ist das subsaharische Afrika, wo die Krankheit das Erreichen der MDGs zusätzlich erschwerte. Auch hier gingen die Neuinfektionen seit 2001 zwar um etwa 33 % zurück, erreichten aber mit 2,1 Mio. (2013) immer noch rund 70 % der weltweit registrierten Neuinfektionen. Von den 34 am schwersten betroffenen Ländern lagen 29 in dieser Weltregion. Die *UN Population Division* konstatierte in den Ländern des südlichen Afrika, in denen die Infektionsrate teilweise bei einem Viertel der Erwachsenen (im Alter zwischen 15 und 49 Jahren) lag, im Unterschied zum übrigen Afrika bereits einen deutlichen Rückgang der durchschnittlichen Lebenserwartung. Die prozentual höchsten Infektionsraten weisen Swaziland (mit 26 %), Botswana (mit 25 %), Lesotho (mit 23 %), Mocambique (mit 16 %) und Malawi (mit 16 %) auf. Eine gezielte Aufklärungskampagne und die aus dem Verkauf von Diamanten finanzierte Bereitstellung von Medikamenten ermöglichte es dem klug regierten Botswana, die Infektions- und Todesraten deutlich zu senken und den Rückfall in eine dahinsiechende Gesellschaft aufzuhalten. In Südafrika verhinderten dagegen seltsame Verdrängungsmechanismen und obskure Beschwörungsrituale (bis hin zu öffentlichen Virginitätstests) ein entschlossenes Gegensteuern.

Die Daten von UNAIDS und der WHO (Weltgesundheitsorganisation) belegen, dass sich die Pandemie auch in Asien und Osteuropa schnell ausbreitete, aber ihr Epizentrum weiterhin im subsaharischen Afrika liegt. Manche Zyniker entdeckten darin schon eine Chance zur Begrenzung des hohen Bevölkerungswachstums, manche religiöse Fundamentalisten wollten in den Folgen der sexuellen Promiskuität auch eine Strafe Gottes erkennen. Die Tabelle II/8 in Kapitel 8.3 belegt, dass Aids zwar den Bevölkerungszuwachs im Südlichen Afrika – im deutlichen Unterschied zu den anderen afrikanischen Regionen – verlangsamen wird. Aber die Pandemie löst nicht, sondern verschärft sogar das „Bevölkerungsproblem", weil sie durch den Verlust aktiver Altersgruppen die „Qualität" der Bevölkerung beschädigt; sie schafft noch andere entwicklungspolitische Folgeprobleme:

- In den am schwersten betroffenen Ländern werden gerade die produktiven Altersgruppen ausgedünnt, verlieren Betriebe ausgebildete Fachkräfte und müssen Schulen schließen, weil die Lehrkräfte verstarben. Hier findet ein schwerwiegender Verlust an Humankapital statt, der sich negativ auf die Wirtschaftsleistung und die Versorgung der Bevölkerung mit elementaren Dienstleistungen auswirkt. Tests in südafrikanischen Bergwerken förderten zutage, dass ein Drittel der Minenarbeiter infiziert war.
- Weil in vielen Dörfern nur noch Alte und Waisenkinder leben, leidet bereits die Produktion von Nahrungsmitteln. Der *Welthunger-Index 2014* wies nach, dass die Länder mit den höchsten HIV-Infektionsraten wie Swaziland besonders vom Hunger betroffen waren. Die Zahl der Waisenkinder, deren Eltern an den Folgen von Aids starben, stieg in Afrika auf 13 Mio., allein im kleinen Malawi auf 550.000. Berichte von UNICEF zeigten, dass die Waisenkinder häufig als potenzielle Virusträger stigmatisiert und vernachlässigt werden, unterernährt sind, nicht zur Schule gehen, als Straßenkinder zu überleben versuchen und ein Reservoir für Banden und den Prostitutionsmarkt bilden, also wehrlose Opfer verschiedener Formen der Ausbeutung sind. UNICEF beklagte „Afrikas verwaiste Generation". Kinder bilden die Zukunft eines Landes, aber hier ist die Zukunft mit einer schweren Hypothek belastet.
- Nicht minder belastend sind die psychologischen Wirkungen der Pandemie, die ein kollektives Klima des Fatalismus erzeugen. Der allgegenwärtige Tod von jungen Leuten, von Eltern, Verwandten und Freunden, lähmt den Glauben an die Zukunft. Scham und Angst vor sozialer Ausgrenzung zerbrechen soziale Beziehungen (vgl. Gronemeyer 2002).
- Die hohe Zahl von Infizierten und Dahinsiechenden überlastet die Gesundheitssysteme, bindet Personal und Haushaltsmittel, die für andere Leistungen fehlen. In vielen Krankenhäusern sind bis zu zwei Dritteln der Betten mit Aids-Patienten belegt. Gerade die armen Länder (zu denen Südafrika und Botswana nicht zählen) tun sich schwer, die notwendigen und sehr teuren Medikamente bereitzustellen. Sie hatten lange nicht einmal Labors und geschultes Personal für Tests. Hier hat internationale Hilfe, vor allem vonseiten des aus der Schatulle von Bill Gates und anderen Milliardären mitfinanzierten *Global Fund to Fight AIDS, Tubercolosis and Malaria* (GFATM), Aufbauleistungen vollbracht.

Es hat sich in den letzten Jahren im Kampf gegen Aids viel getan. Mehr oder weniger einfallsreiche Aufklärungskampagnen konnten die Unwissenheit über die Risiken des ungeschützten Geschlechtsverkehrs zurückdrängen und der päpstlichen Verdammnis des Kondoms wenig Gehör und Gefolgschaft verschaffen. Es gab durchaus erfolgreiche internationale Bemühungen, die Ausbreitung der Pandemie aufzuhalten. Die *Clinton Foundation* erreichte zusammen mit der Weltbank und einigen UN-Organisationen in Verhandlungen mit den multinationalen Pharmaunternehmen eine Lockerung der

Patentrechte und eine wesentliche Verbilligung der in Entwicklungsländern hergestellten oder vertriebenen Medikamente. Hier bewährte sich die *Public-Private Partnership*, wie sie auch in der *Global Alliance for Caccines and Immunzation* (GAVI) praktiziert wird, an der sich die *Bill and Melinda Gates Foundation* mit viel Geld beteiligte. Unternehmen beteiligen sich an Kampagnen und Hilfsprogrammen auch deshalb, weil sie ihrem ansonsten nicht guten Image dienen. Aids beschleunigte die Herausbildung einer *Global Health Governance* (vgl. Heßelmann u. Ulbert 2010). Entscheidend bleibt jedoch der dreifache Imperativ: Bildung, Aufklärung und Vorbeugung. Unwissenheit ist das eigentliche Problem, dessen Nährboden die Armut ist. Hier schließt sich der Kreis zum Leitthema der Armut.

6.7 Erfolge und Misserfolge des MDG-Großprojekts

Angesichts der sich verschärfenden Armutsprobleme, die auch die reiche Welt mit überlappenden Risiken (wie dem wachsenden Migrationsdruck) konfrontierten, beschloss bereits der Kopenhagener Weltsozialgipfel von 1995, martialisch Entschlossenheit vortäuschend, einen „Krieg gegen die Armut". Diese Kriegserklärung erneuerte zur Jahrhundertwende der spektakuläre New Yorker Millennium-Gipfel, dessen Absichtserklärungen dann die Vereinten Nationen auf die acht Millennium-Entwicklungsziele (MDGs) verdichteten und mit konkreten Zielvorgaben der üblichen Beliebigkeit von UN-Deklarationen entzogen. Die MDGs waren keineswegs unumstritten (vgl. Nuscheler/Roth 2006). Es gab nicht nur Kritik an der MDG-Statistik und an den von internationalen Organisationen angewandten Messmethoden (vgl. Lepenies 2014), sondern auch die grundsätzlichere Kritik, dass die unzusammenhängende Ansammlung von Zielen und deren Indikatoren wichtige Dimensionen von Entwicklung ausgeblendet und deshalb zu einer Vergewaltigung universeller Werte und am Ende zu einer „Verdummung des Entwicklungskurses" geführt habe (so Saith 2006).

Dieses harte Urteil gilt für die wenig nachdrückliche Forderung nach Beachtung der Prinzipien von nachhaltiger Entwicklung in dem mit sozialpolitischen Forderungen überladenen siebten Ziel und besonders, offensichtlich unter dem Meinungs- und Abstimmungsdruck der Staatenmehrheit aus dem globalen Süden, für den Verzicht auf Forderungen nach demokratischen Reformen und Bekämpfung der ubiquitär wuchernden Korruption. Hier, und nicht so sehr in der Ansammlung der übrigen Ziele, fand in der Tat eine Verarmung des Entwicklungskurses statt, weil sich hier nicht wiederfand, was die *Millennium-Erklärung* erklärt hatte, z. B. ein Bekenntnis zu Menschenrechten, Demokratie und Good Governance. Statt der Ursachenbekämpfung stand eine Schmerztherapie auf dem Programm (vgl. Küblböck 2006). Aber den MDGs muss zugute gehalten werden, dass sie die Staatengemeinschaft, sowohl die sogenannten Geber- als auch Empfängerländer von ODA, unter Handlungsdruck setzten. Die in der Öffentlichkeit häufig als Richtwerte an die Praxis der Entwicklungszusammenarbeit angelegten Zielvorgaben waren die folgenden:

- **Zielvorgabe 1:** Zwischen 1990 und 2015 den Anteil der Menschen halbieren, deren Einkommen weniger als einen Dollar pro Tag beträgt, also eine Halbierung der sogenannten Armutsquote. Diese Messgröße wurde später auf 1,25 Dollar pro Tag angehoben.
- **Zielvorgabe 2:** Bis 2015 den Anteil der Menschen halbieren, die Hunger leiden.
- **Zielvorgabe 3:** Bis 2015 sicherstellen, dass Kinder in aller Welt eine Grundschulbildung vollständig abschließen können, also auch Maßnahmen gegen die hohe und häufig armutsbedingte Abbrecherquote ergriffen werden.
- **Zielvorgabe 4:** Sie forderte zusätzlich die Beseitigung des Geschlechtergefälles auf allen Bildungsebenen, die zum *Empowerment* der Frauen beitragen sollte.
- **Zielvorgabe 5:** Bis 2015 die Sterblichkeitsrate von Kindern unter fünf Jahren um zwei Drittel (!) senken.
- **Zielvorgabe 6:** Bis 2015 die Rate der Müttersterblichkeit um drei Viertel (!) senken.
- **Zielvorgabe 7:** Bis 2015 die Ausbreitung von HIV/Aids zum Stillstand bringen und eine Trendumkehr bewirken.
- **Zielvorgabe 10:** Bis 2015 den Anteil der Menschen halbieren, die keinen dauerhaften Zugang zu einwandfreiem Trinkwasser und zu elementaren sanitären Einrichtungen haben.
- **Zielvorgabe 12:** Ein regelgestütztes, berechenbares und nicht diskriminierendes Handels- und Finanzsystem weiterentwickeln. Hier wurde ein wenig versteckt und beiläufig hinzugefügt: „Dies umfasst die Verpflichtung zu guter Regierungs- und Verwaltungsführung" (Good Governance) – wobei auch logisch und unklar blieb, was und wer mit „dies" gemeint war. Die reichen Länder wurden zwar aufgefordert, das Handels- und Finanzsystem zu reformieren und mehr Geld (ODA) in Richtung des alten „UN-Ziel" von 0,7 % des BSP zu investieren, aber die Kernforderungen richteten sich vor allem an die Adresse der armen Länder.

Wohlmeinende Verteidiger des MDG-Projekts, wie der weltweit umtriebige UN-Sonderberater für die MDGs Jeffrey Sachs, der von dem ebenfalls umtriebigen Franz Josef Radermacher initiierte und propagierte *Global Marshall Plan*, der in Deutschland eine rege PR-Werbung für die MDGs organisierte, oder „Promis" des Showgeschäfts (wie Bono, Bob Geldorf oder Herbert Grönemeyer) forderten jährliche Zusatzleistungen in Höhe von 100 Mrd. US-Dollar, um das Projekt zum Erfolg zu führen. Weder flossen diese zusätzlichen Mittel noch zeigten die Ergebnisse der für Afrika aufgestockten Mittel, dass sie zu den Ursachen der Armut vordrangen. Der von Jeffrey Sachs geforderte *big push*, um mit viel Geld das Wachstum zu fördern und Wege aus der Armutsfalle zu öffnen, erwies sich als Trugschluss, weil die Armutsgruppen auch in den Ländern mit dem höchsten Wirtschaftswachstum arm blieben. Die Ursachen der Armut liegen eben nicht nur und nicht einmal vorrangig im Kapitalmangel. Zu ihnen drang die „Schmerztherapie" der MDGs nicht durch. Er war aber ein Erfolg, dass weniger Kinder schon früh starben und mehr Kinder in die Schule gehen konnten; dass weniger Menschen hungerten und die Chance bekamen, länger zu leben.

Das Großprojekt der MDGs startete mit großen Hoffnungen, viel Publizität und zivilgesellschaftlichem Engagement, geriet aber schon zur Halbzeit in eine Krise. Berichte von UNDP, die *Global Monitoring Reports* von Weltbank und IWF, die *World Development Indicators* der Weltbank oder die *Chronic Poverty Reports* belegten mit vielen Daten, dass zwar Lateinamerika und vor allem China und Indien Fortschritte bei der Annäherung an die Zielvorgaben erzielten, aber gerade der Problemkontinent Afrika weit hinter sie zurückfiel. Zur Halbzeit waren 43 der 48 Länder im subsaharischen Afrika nicht auf dem Weg zum Erreichen der MDGs. Die *Global Monitoring Reports* erhoben für jede Zielvorgabe und für jede Region die verfügbaren Daten, die nur bei wenigen Ländern Erfolge anzeigten. Die Weltwirtschaftskrise, die gebrochenen Versprechen vieler OECD-Länder, ihre Leistungen zu steigern, vor allem aber kriegerische Konflikte und das Versagen korrupter Eliten verhinderten einen umfassenden Erfolg der MDGs dort, wo die Armut am größten war und immer noch ist. Zum Ende der MDG-Planperiode bestätigten sich die schon zur Halbzeit erkennbaren Trends: Beachtliche Erfolge in China und Indien sowie in den meisten lateinamerikanischen Ländern, welche die globale Armutsquote deutlich absenkten, aber nur in einigen wenigen Ländern des subsaharischen Afrikas Verbesserungen. Sie werden am besten von den *Human Development Reports* von UNDP erfasst, die sich nicht von den beachtlichen Wachstumsraten der Rohstoffökonomien täuschen lassen.

Die gelegentlich zu hörende oder zu lesende Katastrophenmeldung, dass im letzten halben Jahrhundert trotz (oder gar wegen) aller Entwicklungshilfe im „globalen Süden" alles schlimmer geworden sei, wird stellvertretend auch durch einen Indikator widerlegt, der für die allgemeinen Lebensbedingungen (Ernährung, Gesundheitsversorgung, Sicherheit) spricht: die Lebenserwartung bei Geburt. Sie hat sich in allen Weltregionen, am stärksten in den Entwicklungs- und Schwellenländern, seit 1970 deutlich erhöht (siehe Abbildung II/5), allerdings auch, was wiederum Demografen mit Sorgen beobachten oder Kritiker der Entwicklungspolitik dieser anlasten, zum Wachstum der lebenden Bevölkerung beiträgt. Beispielsweise bemühte der Politologe Claus D. Kernig (2006) eine in Kapitel 8 zitierte Kritik, die an den Irrtum des bevölkerungstheoretischen Klassikers Malthus erinnert, der aus der Verbesserung der Lebensbedingungen eine Vermehrung der Bevölkerung und aus dieser Tendenz wieder das naturgesetzliche Inkrafttreten seines „Verelendungsgesetzes" folgerte. Dessen Kritik an der britischen Armengesetzgebung zugunsten der pauperisierten Arbeiterklasse findet sich wieder in der Kritik einer Entwicklungspolitik, die sich die Bekämpfung der Armut zum Ziel setzt – auch aus der empirisch gewonnenen Erkenntnis, dass die Verbesserung der Lebensbedingungen die Voraussetzung für die Verringerung der Fertilitätsraten bildet und nicht die „Malthusianische Katastrophe" in Gang setzt (siehe Kapitel 8).

Die statistischen Durchschnittsdaten lassen auch nicht erkennen, dass in Bürgerkriegsgesellschaften und in den zerfallenden Staaten mit zusammengebrochenen Gesundheits- und Versorgungssystemen die Mütter- und Kindersterblichkeit deutlich höher und die Lebenserwartung deutlich niedriger sind. Studien des britischen DIFD (2005) belegten diese soziale Katastrophe in fragilen Staatengebilden, die nicht mehr

1970		2013
70	Europa	78
60	Lateinamerika	75
59	Brasilien	75
64	Ostasien	76
63	China	75
49	Südasien	67
49	Indien	66
44	Subsahara-Afrika	57
44	LLDC	61

Abbildung II/5: Lebenserwartung bei Geburt in den Jahren 1970 und 2013
(Daten Report Stiftung Weltbevölkerung 2014)

leisten können, was ihnen der Gesellschaftsvertrag abverlangt, nämlich „menschliche Sicherheit" zu gewährleisten, auch durch die Verwirklichung der MDGs. Internationale Indizes zählen mindestens ein Viertel der afrikanischen Staaten zur Gruppe der gescheiterten Staaten, in denen Hilfe von außen allenfalls humanitäre Hilfe leisten kann. Der Ausbruch und die schnelle Verbreitung von Ebola in zwei der drei westafrikanischen Staaten, die von verlustreichen Bürgerkriegen geschwächt waren, belegt dieses Elend von staatlicher Fragilität.

6.8 Fazit: Armut nur im visionären „Museum der Weltgeschichte"

Es gibt einen durch den Friedensnobelpreis von 2006 geadelten Mutmacher, der sich nicht in seinem Glauben erschüttern lässt, dass die Armut in das Museum der Weltgeschichte verbannt werden könne: den Wirtschaftsprofessor und Banker Muhammad Yunus aus Bangladesh, den Gründer und Organisator der Grameen-Bank, die Kleinstkredite an Arme, vor allem Frauen, vergibt. Inzwischen versuchen viele Länder, ähnliche Projekte zu organisieren. Sein Geheimnis und Erfolgsrezept liegt in der Mobilisierung der Eigeninitiative der Armutsgruppen und in der praktischen Umsetzung des Credos, dass sich auch sehr Arme, im Besonderen auch arme Frauen, selbst helfen können, wenn sie sich als Subjekte der Entwicklung entfalten und nach eigenen Problemlösungen suchen können. Das Buch „Die Armut besiegen" (2008) kann auch den verbreiteten entwicklungspolitischen Pessimismus besiegen. Sein Kernsatz, der ganze Bibliotheken von Armutsstudien auf einen einfachen Nenner bringt, lautet: „Armut bedeutet das Fehlen jeglicher Menschenrechte." Wenn er glaubt, die Armut in das Museum der Weltgeschichte verbannen zu können, meint er nicht die am niedrigen

Pro-Kopf-Einkommen gemessene Armut, sondern die menschenunwürdige Armut und die Verweigerung von Menschenrechten.

Die Grenzen dieses Konzepts der Selbsthilfe durch die Aktivierung der eigenen Kräfte und Talente liegen allerdings in den Auswirkungen des Klimawandels, die das arme und übervölkerte Land schon jetzt immer wieder mit zerstörerischen Sturmfluten und Überschwemmungen heimsuchen. Hier wird wieder deutlich, dass globale Entwicklungen erhebliche Auswirkungen auf einzelne Gesellschaften haben können, denen diese ziemlich schutzlos ausgeliefert sind. Deshalb ist eine globale Strukturpolitik gefordert, die erstens versucht, durch die entschlossene globale Klimapolitik die Ursachen und Beschleunigungskräfte des Klimawandels einzudämmen, zweitens den durch seine Folgen besonders verwundbaren Regionen und Ländern dabei hilft, die Fähigkeiten zur Bewältigung des kommenden Unheils (*coping capacities*) zu stärken.

Dies gilt auch für ein Problem, das im Sommer 2014 in Westafrika auftauchte und schnell Grenzen übersprang, sowohl nationale Gesundheitssysteme als auch die Problemlösungsfähigkeit der in der WHO organisierten Staatengemeinschaft zu überfordern drohte: die hoch ansteckende Ebola-Krankheit. Die ihr zugrunde liegenden Kernprobleme sind die Armut und die Unfähigkeit armer Staaten wie Liberia, Sierra Leone und Guinea, einigermaßen funktionierende Gesundheitssysteme aufzubauen und Aufklärungskampagnen zu organisieren, aber auch die begrenzten Handlungsmöglichkeiten internationaler Hilfsorganisationen, denen es an Geld und Personal mangelt. Ebola illustrierte die Vieldimensionalität von Armut und die Hilflosigkeit armer Staaten, auch der afrikanischen Regional- und Fachorganisationen. Die Vereinten Nationen schlugen Alarm, weil sie tödliche Kettenreaktionen befürchteten, nicht nur bei der weiteren Ausbreitung des Killervirus, sondern auch bei der Lähmung des öffentlichen Lebens bis hin zum Kollabieren der betroffenen Staaten, die schon von Bürgerkriegen geschwächt waren. Die Schulen wurden geschlossen, die Produktion und Verteilung von Nahrungsmitteln stockten, sodass eine Hungersnot drohte, und alltägliche Gewohnheiten und Rituale im Leben und Sterben wurden tabuisiert. Es gab im Fernsehen Bilder, die an die im mittelalterlichen Europa wütende Pest erinnerten.

Der UN-Sicherheitsrat erklärte Ebola zu einer Bedrohung des Weltfriedens. IWF und Weltbank verabschiedeten Hilfsprogramme, weil sie in einer möglichen Ebola-Pandemie ein Risiko für die Weltwirtschaft erkannten. Die USA schickten neben Ärzten und Material auch Soldaten nach Westafrika und setzten damit andere Staaten unter Handlungsdruck, nachdem Kuba schon vorausgeeilt war. Deutschland beteiligte sich mit der Bundeswehr und privaten Hilfsorganisationen am Versuch, die sich ausbreitende Krankheit einzudämmen. Die *Ärzte ohne Grenzen* waren schon mit Personal aus aller Welt vor Ort, bevor die Staaten aufgeschreckt wurden. Ebola zeigte wieder: Wenn sich Staaten von einem Unheil bedroht fühlen, das irgendwo in der Welt passiert, und wenn die Medien Angst verbreiten, wie in den USA nach wenigen Todesfällen, handeln sie sogar ziemlich schnell und energisch – aber nur dann, wenn sie selbst betroffen sein könnten. Sie handelten auch jetzt nicht präventiv, um in anderen armen Ländern zu verhindern, was Ebola in Westafrika anrichtete, sondern organisierten den Selbstschutz.

In Westafrika entwickelte sich ein lokales Problem aufgrund der befürchteten Risikostreuung zu einem globalen Problem, das die Hilfsbereitschaft und Handlungsfähigkeit der Staatengemeinschaft testete, aber die Hilflosigkeit armer Gesellschaften belegte. Die Armut ist noch nicht im „Museum der Weltgeschichte" zu besichtigen, wie Muhammad Yunus in seinem prophetischen Optimismus prophezeite. Sie bleibt ein Weltproblem, das an der Wurzel vieler Risiken in der „Weltrisikogesellschaft" liegt. Sie ist real und noch nicht museal.

7 Droht ein „Jahrhundert des Hungers"?

Nach der Zielvorgabe 2 der MDGs sollte bis 2015 die Zahl der Menschen, die chronisch Hunger leiden, halbiert werden. Zum Ende der MDG-Planperiode (2014) lag ihre Zahl, die nach FAO-Daten zu Beginn des neuen Jahrhunderts bei 840 Mio. gelegen hatte, zwar noch bei 805 Mio. Menschen, aber angesichts des gerade in den ärmsten Ländern hohen Bevölkerungswachstums konnte die FAO sogar einen Erfolg bei der Bekämpfung des Hungers melden. Allerdings ermittelte der *Welthunger-Index 2014* noch in 16 Ländern „gravierende" oder „sehr ernste" Hungerwerte. Ihre große Mehrheit liegt im subsaharischen Afrika, angeführt von Swaziland, den Komoren und Burundi, gefolgt von Südsudan, dem Tschad und Äthiopien. Mit dem Bürgerkriegsland Irak, wo sich die Lage dramatisch verschlechterte, dem Jemen, Haiti und Laos liegen nur wenige „Hungerländer" in anderen Weltregionen. Die kollabierten Staaten DR Kongo, Somalia und Afghanistan entgingen dieser Klassifikation nur, weil sie keine Daten liefern konnten. Ursachen für die Verschlechterung der Ernährungssituation waren neben wiederkehrenden Wetterextremen Bürgerkriege (wie im Irak und Südsudan), politische Instabilitäten (wie in Burundi, auf den Komoren und im Tschad) oder – wie im Spezialfall von Swaziland – die politische und ökonomische Lähmung durch die weltweit höchste HIV-Infektionsrate und eine extrem repressive und verschwendungssüchtige Monarchie vorkolonialen Musters. Trotz der guten Nachrichten von der globalen „Hunger-Front" belastete die Warnung der FAO vor einem „Jahrhundert des Hungers" erneute Erfolgsmeldungen, die sich schon öfters als Fehlmeldungen erwiesen.

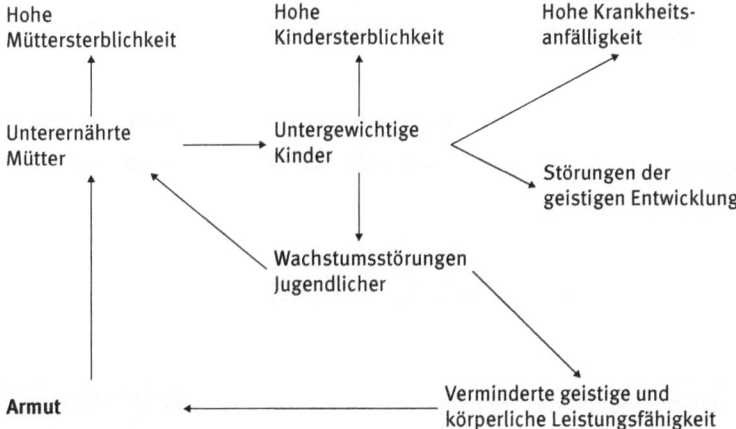

Abbildung II/6: Auswirkungen von Unterernährung

Der *Welthunger-Index 2014* konnte zwar eine Entschärfung des Hungerproblems seit dem Jahr 1990 melden und mit FAO-Daten belegen, aber diese Erfolgsmeldung konnte nicht darüber hinwegtäuschen, dass die oben genannte Zielvorgabe der MDGs deutlich verfehlt wurde. Zugleich wies der Index auf das Problem des *„verborgenen Hungers"* infolge der unzureichenden Versorgung mit Mineralstoffen und Vitaminen hin. Diese Mangelernährung von rund 2 Mrd. Menschen ist mit erheblichen Gesundheitsrisiken und Entwicklungsstörungen bei Kindern verbunden. An Hunger sterben mehr Menschen als zusammen an AIDS, Malaria und Tbc, aber dieser „verborgene Hunger" begünstigt ein schleichendes Dahinsiechen und Sterben, das Statistiken nicht erfassen. Ohnehin beruhen Statistiken zum Hungern und Sterben in Ländern mit unterentwickelten Verwaltungen häufig auf Schätzungen von externen Experten, die mangels valider Daten nur Schätzwerte mit einem begrenzten Erkenntniswert liefern können. Deshalb sind Zahlenwerke mit Bruchteilen hinter dem Komma eher mathematische Artefakte denn besonders genaue Erhebungen der Realität.

Hunger bedeutet chronische Unterernährung, die durch lang andauernde Unterversorgung mit Grundnahrungsmitteln entsteht. Hunger bildet die elementarste Manifestation von Armut, die nicht nur das Recht auf Nahrung, sondern angesichts der Tatsache, dass jedes Jahr um 30 Mio. Menschen an den Folgen von chronischer Unterernährung sterben, auch das Recht auf Leben und Menschenwürde verletzt. Unterernährung behindert die körperliche und geistige Entwicklung, mindert die Leistungsfähigkeit und erhöht die Anfälligkeit der geschwächten Körper für Krankheiten. Mehr als die Hälfte der Säuglingssterblichkeit ist der Untergewichtigkeit der Neugeborenen aufgrund der Unter- und Mangelernährung der Mütter geschuldet. Nach Daten der FAO sind weltweit um 30 % der Kinder unter fünf Jahren unterernährt.

Mediziner konstruierten eine Armutsspirale, die den Merksatz belegt: Wer arm und unterernährt ist, wird eher krank und hat weniger Chancen, wieder gesund zu werden. Diese Auswirkungen der Unterernährung veranschaulicht Abbildung II/6. Hier könnten viele „Teufelskreise der Armut" konstruiert werden, die allerdings den schwerwiegenden Konstruktionsfehler haben, dass sie mit plausibel erscheinenden Zirkelschlüssen eine Unausweichlichkeit suggerieren und dann auch der Entwicklungspolitik keine Chance des Eingreifens belassen.

7.1 Das Elend von Prognosen: Fortschritte und Rückschritte

Es war großen Produktivitätssteigerungen in der Weltlandwirtschaft und dem Ausgleich zwischen Überschuss- und Defizitländern zu verdanken, dass viele Ernährungskrisen irgendwo in der Welt ihren Schrecken verloren und trotz der Verdoppelung der Weltbevölkerung in der zweiten Hälfte des 20. Jahrhunderts die Zahl der Hungernden in den Statistiken der FAO von etwa 1 Mrd. im Jahr 1970 auf 840 Mio. zum Ende des Jahrhunderts abnahm. Die zweite Welternährungskonferenz von 1974 hatte damals optimistisch verkündet: „Nach Ablauf eines Jahrzehnts soll kein Kind mehr hungrig zu Bett gehen und keine Familie sich um das tägliche Brot sorgen." Nach Ablauf des Jahrzehnts häuften sich aber die Berichte über Hungersnöte in Afrika. Auf der Welternährungskonferenz von 1996 prognostizierte die FAO für das Jahr 2010 eine Verringerung der Hungernden auf 680 Mio. Es kam wieder anders.

Agrarwissenschaftliche Prognosen haben auch deshalb ein schnelles Verfallsdatum, weil viele Hungersnöte nicht nur von der Natur, sondern auch von den vielen Kriegen in Afrika verursacht wurden. In der Zwischenzeit verlagerte sich der Hungergürtel von Südasien nach Afrika und hier vom Sahel-Raum in das östliche und südliche Afrika. Im Durchschnitt aller Entwicklungsländer verbesserte sich zwar der Index der Nahrungsmittelproduktion pro Kopf, besonders dank der hohen Steigerungsraten in Ostasien und Indien, aber er verschlechterte sich im subsaharischen Afrika.

Indizes der durchschnittlichen Nahrungsmittelproduktion pro Kopf oder des Grades der Ernährungssicherung lassen jedoch nicht erkennen, wer sich das größere Angebot an Nahrungsmitteln leisten kann. Mangels Kaufkraft verhungerten und verhungern in Indien jedes Jahr viele Menschen neben vollen Getreidespeichern, die von der „grünen Revolution" im Punjab gefüllt wurden und sogar den Export von Getreide ermöglichten. Mangelnde Kaufkraft, also Armut, und nicht der Mangel an Nahrungsmitteln löste im Jahr 2008 in mehreren Ländern Hungerrevolten aus, die IWF und Weltbank dazu bewogen, mit dramatischen Worten und Bildern vor Hungerkatastrophen und in deren Gefolge vor dem Kollabieren von Staatswesen zu warnen. Auch der statistische Nachweis der in vielen Entwicklungsländern aufgrund wachsender Bevölkerung und sinkender Produktion gesunkenen Selbstversorgungsfähigkeit ist fragwürdig, weil er das Wunschbild einer autarken Selbstversorgung suggeriert und dabei ignoriert, dass die Einbindung in internationale Agrarmärkte durchaus vorteilhaft sein kann. Die Vereinten Nationen verkündeten für die *„Post-2015-Agenda"* die ehrgeizige *„Zero-Hunger-Challenge"*, also doch kein „Jahrhundert des Hungers", das die FAO angedroht hatte. Von einer „Zero-Hunger-Challenge" war allerdings schon vor einem halben Jahrhundert die Rede.

7.2 Wie viele Menschen könnte die Erde ernähren?

Die Frage der Ernährungssicherung überschneidet sich mit den in den anderen Kapiteln behandelten Bevölkerungs-, Armuts- und Umweltproblemen – und bringt immer wieder das von Robert Malthus konstruierte „Verelendungsgesetz" ins Spiel. Antworten auf die Frage, wie viele Menschen die Erde bei verknappenden Ressourcen ernähren kann, müssen viele Variablen berücksichtigen: Annahmen zur Produktion und Verteilung von Nahrungsmitteln, zur Quantität und Qualität der für die Agrikultur nutzbaren Böden, zur Verfügbarkeit von Wasser, zur Entwicklung von produktivitätssteigernden Agrartechnologien und schließlich zu den Auswirkungen des Klimawandels und Fehlentwicklungen im Gefolge von Kriegen oder fehlgeleiteter Agrarpolitik.

Schon 1791, also ein gutes halbes Jahrhundert vor dem Erscheinen des *„Essay"* von Malthus, errechnete der brandenburgische Pastor Johann Peter Süßmilch bei begrenzten Kenntnissen über weit entfernte Kontinente und das Potenzial von Technologien die Tragfähigkeit der Erde mit mindestens 10 Mrd. Menschen. Grundlagen seiner Berechnungen bildeten die ihm bekannten Entwicklungspotenziale der heimischen Landwirtschaft (noch ohne Kunstdünger, Pestizide oder gar Gentechnologie) und die relativ guten Verpflegungssätze der brandenburgischen Soldaten. Aber nicht sein ignoranter Optimismus, sondern der Defätismus von Malthus blieben in der bevölkerungs- und entwicklungspolitischen Diskussion virulent. Zu Beginn der 1980er-Jahre hatte die FAO Modellrechnungen vorgelegt, die das Ertragspotenzial der Weltregionen mit ihren unterschiedlichen klimatischen Bedingungen und Bodenbeschaffenheiten hochzurechnen versuchten: Legt man die Spitzenerträge moderner Landwirtschaft mit hohem und teurem Einsatz aller verfügbaren Inputs (Energie, Kunstdünger, Pflanzenschutzmittel, künstliche Bewässerung und Gentechnik) zugrunde und lässt man dabei die Grenzen der Boden- und Wasserressourcen sowie die ökologischen Risiken des Klimawandels unberücksichtigt, könnte die Erde sogar 33 Mrd. Menschen ernähren. Aber solche Modellberechnungen sind nicht mehr als statistische Spielereien, die allenfalls Möglichkeiten andeuten.

Neuere Prognosen der FAO waren zwar wesentlich skeptischer, gingen aber weiterhin davon aus, dass die Zahl der Hungernden trotz des hohen Bevölkerungswachstums in den Armutsregionen gesenkt werden kann. Auf der Weltbevölkerungskonferenz von 1996 legte sie Projektionen vor, die für das Jahr 2010 einen Rückgang der Zahl der chronisch Unterernährten auf 680 Mio. prognostizierte. Tatsächlich lag die Zahl rund ein Drittel höher. Verschiedene wissenschaftliche Analysen erwarteten aus mehreren Gründen eine zunehmende Verknappung des Nahrungsangebots. Dieser Skepsis verlieh Lester Brown (2000), der Direktor des *Worldwatch Institute*, einige internationale Resonanz, weil die Berichte seines Instituts mehr Beachtung finden als die spröden FAO-Berichte.

- Fast alle fruchtbaren oder zumindest durch extensive Weidewirtschaft nutzbaren Areale der Erde werden bereits bewirtschaftet. Deshalb könne die Kulturfläche kaum noch ausgeweitet werden. Standen 1950 weltweit je ErdenbürgerIn noch 0,23 Hektar (ha) Getreidefläche zur Verfügung, so sind es gegenwärtig aufgrund des Bevölkerungswachstums noch 0,13 ha und werden es im Jahr 2030 nach der Schätzung von Lester Brown nur noch 0,08 ha sein. Auch Studien der FAO leiten aus der fortschreitenden Desertifikation und Bodenerosion einen Rückgang der Reserven an ackerfähigen Flächen ab.
- Eine Ausweitung der Anbaufläche in bisher bewaldete Regionen oder Savannen ist erstens ökologisch bedenklich und zweitens ist nur knapp die Hälfte der Fläche potenziell als Ackerland nutzbar. Es gibt allerdings auch Ausnahmen. In der DR Kongo wird auch als Folge ständiger Kriege, Plünderungen und Landvertreibungen durch vagabundierende Soldatesken nur ein kleiner Teil des nutzbaren Ackerlands bewirtschaftet. Es ist der Mensch, nicht die Natur, die hier davor sorgt, dass die DR Kongo im Welthunger-Index am Ende der Negativliste rangiert. Auch große Teile des Sudan wurden durch Vertreibungen entvölkert und der land-

wirtschaftlichen Nutzung entzogen. Hier sind Anarchie und Gewalt die Ursachen für Hunger und Tod.
- Im globalen Maßstab muss zu diesen Ausnahmen auch die Bepflanzung wachsender Agrarflächen mit Futterpflanzen (wie Soja) zur Deckung des wachsenden Bedarfs an tierischem Eiweiß (sprich Fleisch) und mit Industriepflanzen zur Produktion von biogenen Treibstoffen („Biodiesel") gezählt werden. In der EU werden bereits etwa 10 % der Agrarflächen für diesen Zweck genutzt, der zwar den Verbrauch von Erdöl reduzieren kann, aber die Streitfrage aufwarf, ob Tank oder Teller Vorrang bekommen soll; er ist auch ökologisch bedenklich ist, weil er auf riesigen Monokulturen die Biodiversität verringert. Aus Sicht der Potenziale für die Welternährung noch bedenklicher ist freilich das Ärgernis, dass viele Millionen Tonnen von Lebensmitteln aller Art im Müll entsorgt werden. Vorschriften der EU sorgen dafür, dass große Mengen von Gemüse untergepflügt oder von Obst entsorgt werden, wenn sie nur ein wenig von Normen abweichen oder kleine Schönheitsfehler aufweisen. Zugleich wächst der Flächenverbrauch für die Produktion von Hunde- und Katzenfutter.
- Inzwischen tauchte eine neue Gefährdung für die Ernährungssicherung im subsaharischen Afrika auf. China, Südkorea, arabische Ölstaaten und mit Land bzw. Agrarprodukten spekulierende multinationale Agrarkonzerne oder Fonds kaufen oder pachten riesige Flächen, um entweder langfristig die eigene Versorgung mit Nahrungsmitteln zu sichern oder mit dem Anbau von Energiepflanzen Geld zu verdienen. Südafrikanische Investoren pachteten im Kongo für 99 Jahre zehn Mio. Hektar (in der Größe von Bayern und Baden-Württemberg zusammen) zum Anbau von Mais, Soja, Zuckerrohr und Palmöl. Teilweise lagen diese Flächen brach, aber sie werden der potenziellen Nutzung für den Anbau von Nahrungsmitteln entzogen. Was die einen *„offshore farming"* nennen, kritisieren andere als neokolonialistischen Landraub (*„landgrabbing"*), der vor allem in Afrika stattfindet. Unter den zehn größten Zielländern von transnationalen Agrardeals befinden sich zwar neben den beiden Kongo-Republiken, Südsudan (wo wiederholt Hungersnöte drohten), Mocambique, Liberia und Sierra Leone auch Indonesien und Papua Neuguinea, Brasilien und die Ukraine. Aber die von *Land Matrix* erstellte Weltkarte von Investitionen in Land lässt doch erkennen, dass das subsaharische Afrika das bevorzugte Zielgebiet bildet (siehe *Land Matrix/Global Map of Investments: Target Countries*). Wenn hier das Landgrabbing die Ernährung einer wachsenden Bevölkerung gefährdet, stellt sich auch nach Auffassung der FAO die Frage, ob elementare Menschenrechte verletzt werden (vgl. von Bernstorff 2012). Wenn weiße Farmer aus Zimbabwe oder Südafrika in die Nachbarländer ausweichen, weil sie Enteignungen befürchten oder schon erlebten, können sie zur Modernisierung der Landwirtschaft in den neuen Gastländern beitragen, wenn sie das Land auf legale Weise erwarben oder pachteten. Aber sie sind dann mit dem Verdacht einer an alte Zeiten erinnernden kolonialistischen Landnahme konfrontiert.
- Europa kann sich seinen verschwenderischen Verbrauch von Nahrungsmitteln nur deshalb erlauben, weil es rund 120 Mio. Hektar Land oder das 1,5-Fache der ei-

genen Fläche außerhalb Europas nutzt, um Lebensmittel und Konsumgüter für seinen Verbrauch zu erzeugen. Europa leistet sich also seinen Wohlstand auch auf Kosten anderer und ärmerer Weltregionen. Der Tatbestand, dass diese zur Erwirtschaftung von Devisen größtenteils Rohstoffe exportieren und/oder ihre touristischen Potenziale nutzen müssen, ändert wenig an dieser Parasitenrolle Europas und der übrigen „entwickelten Welt". Der bereits ausführlich zitierte Soziologe Stephan Lessenich brachte es in der SZ vom 30.11.2014 auf den Punkt: „Westlicher Wohlfühlkapitalismus lebt nicht über seine Verhältnisse. Er lebt über die Verhältnisse anderer."

- Im letzten halben Jahrhundert wurden weltweit bereits etwa 2 Mrd. Hektar der Landoberfläche durch Eingriffe des Menschen (Rodung von Wäldern, Überweidung von Grasland, unsachgemäßen Ackerbau, Ausbeutung der Vegetation für den häuslichen Bedarf) mehr oder weniger schwer degradiert. Bodendegradation bedeutet abnehmende Bodenfruchtbarkeit. Experten des UNEP (UN-Umweltprogramms) befürchten, dass durch die voranschreitende Desertifikation fast ein Fünftel des weltweiten Ackerlands gefährdet sein könnte.
- Diese Desertifikation der Böden wird durch eine vom Klimawandel bewirkte Veränderung der Niederschlagsmengen verschärft. Der wachsende Wassermangel verringert das für die Nahrungsmittelproduktion verfügbare Potenzial. Einige Vorkommen an Grundwasser nähern sich bereits der Erschöpfung, sodass die pro Kopf verfügbare Bewässerungsfläche bereits zurückging. In Äthiopien führte die großflächige Entwaldung bereits zu langfristig zurückgehenden Niederschlagsmengen, die neben der niedrigen landwirtschaftlichen Produktivität wiederholt Hungeralarm und den Ruf nach internationaler Nahrungsmittelhilfe auslösten. In Australien verringerten ausbleibende Niederschläge die Produktion von Getreide und dezimierten die Bestände an Tieren.
- Bei abnehmender Kulturfläche läge der Schlüssel zur Erhöhung der Nahrungsmittelproduktion in der Steigerung der Produktivität, besonders in den kleinbäuerlichen Betrieben. Die Technologiereserven (künstliche Bewässerung, Einsatz von neuem Saatgut und Kunstdünger) beginnen sich aber zu erschöpfen – falls die höchst umstrittene Biotechnologie nicht neue Möglichkeiten eröffnen sollte (vgl. Kempken 2009). Bisher war es laut FAOSTAT gelungen, durch technologische Innovationen die Produktion von Getreide so zu steigern, dass sie mit dem Wachstum der Weltbevölkerung mithalten konnte. Doch seit ungefähr einem Jahrzehnt öffnete sich eine Lücke.

Zwar streiten die Klimaforscher noch darüber, welche Auswirkungen der Klimawandel auf die Weltlandwirtschaft haben wird. Aber das im IPCC (*Intergovernmental Panel on Climate Change*) und in großen Forschungsinstituten wie dem *Potsdam Institut für Klimafolgenforschung* (PIC) oder dem IFPRI (*International Food Policy Research Institute*) versammelte Expertenwissen lässt kaum einen Zweifel aufkommen, dass der Klimawandel gerade in den besonders verwundbaren Weltregionen Afrika und Südasien die Nahrungsmittelproduktion erheblich beeinträchtigen und eine millionenfache Umweltflucht auslösen wird. Der Klimawandel wirbelt Vegetationsperioden durcheinander und verschiebt Wetterphänomene (vgl. IFPRI 2009).

Wenn die Weltbevölkerung bis zur Jahrhundertmitte auf über 9 Mrd. anwachsen sollte, müssten rund 50 % mehr Nahrungsmittel als heute produziert werden. Dies kann schwerlich dort gelingen, wo die Bevölkerung am schnellsten wächst und die Bedingungen für mehr Produktion schon heute schlecht sind. Es kann deshalb nicht verwundern, dass Malthus immer wieder in neuen Versionen auftauchte und Hoffnungen in die Grüne Gentechnik gesetzt werden, deren Risiken von ihren Befürwortern heruntergespielt und von ihren Kritikern geradezu diabolisiert werden. Bei dieser Wahlentscheidung zwischen der Hölle des Hungers und dem Fegefeuer rabiater Geburtenkontrolle (à la China) scheiden sich allerdings nicht nur die Geister von Demografen und Moraltheologen, sondern auch von Agrar- und Regionalexperten. FAO-Statistiken belegen, dass zwar in Ost- und Südasien die Nutzungsgrenzen schon erreicht, aber im subsaharischen Afrika die landwirtschaftlichen Entwicklungspotenziale noch nicht ausgeschöpft sind. Hier liegt der Einsatz von Kunstdünger pro Hektar erst bei einem knappen Fünftel des Durchschnitts der übrigen Entwicklungsländer. Nach Vermutungen des früheren UN-Generalsekretärs Kofi Annan ist Afrika mit 60 % der weltweit unbebauten Ackerfläche gesegnet und könnte deshalb nicht nur seine eigenen Ernährungsprobleme lösen, sondern durch Agrarexporte auch zur gefährdeten Ernährung der übrigen Welt beitragen (vgl. Interview in der SZ vom 9./10.11.2013). Es fragt sich nur, wie diese angeblich noch ungenutzten Ackerflächen genutzt werden: durch Kleinbauern, die Nahrungsmittel anbauen, oder durch internationale Agrarmultis, die sich große Flächen aneignen und mit Energiepflanzen bebauen.

Es bleiben also erhebliche Zweifel am Optimismus der FAO, deren Zahlenwerke gelegentlich mehr verwirren als aufklären, mal warnen, mal entwarnen. Sub-Sahara-Afrika hatte schon in den letzten Jahrzehnten erhebliche Nahrungsdefizite und müsste eine weiter schnell wachsende Bevölkerung auf Böden ernähren, die großflächig an Fruchtbarkeit verlieren und außerdem unter widrigen klimatischen Bedingungen leiden. Unter diesen Bedingungen könnte die Zahl der Hungernden nur durch die entschlossene Umsetzung einer agrar- und entwicklungspolitischen Kehrtwende, die der „*Weltagrarbericht*" von 2008 (s. u.) forderte, verringert werden. Die Ernährungssicherheit für eine wachsende Weltbevölkerung ist 200 Jahre nach Malthus immer noch ein ungelöstes, aber vielleicht doch ein lösbares Problem.

7.3 Lehren des „Weltagrarberichts" von 2008

Das IFPRI (*International Food Policy Research Institute*), das zusammen mit der deutschen *Welthungerhilfe* den *Welthunger-Index* erarbeitet, gehört nicht zu Forschungsinstituten, die zu einem Kassandra-Alarmismus neigen. Das IFPRI hält es für möglich, dass bis zur Jahrhundertmitte die Zahl der unterernährten Kinder von derzeit 31 % auf 11 % verringert werden könnte, wenn die von allen Agrar- und Entwicklungsexperten geforderten Reformmaßnahmen umgesetzt würden: höhere Investitionen in die ländliche Entwicklung, in das Bildungs- und Gesundheitswesen sowie technologische Innovationen, besonders Verbesserungen der Bewässerungssysteme. Jeffrey Sachs, der UN-Sonderbeauftragte für das MDG-Projekt, schlug die Einrichtung eines aus nationalen und internationalen Quellen gespeisten Fonds vor, der mit jährlich acht bis 10 Mrd. US-Dollar die Bereitstellung von besserem Saatgut und Dünger sowie die Verbesserung der maroden afrikanischen Bewässerungssysteme finanzieren soll. Das IFPRI schätzte allerdings den Finanzierungsbedarf wesentlich höher ein, aber nicht so hoch, dass er nicht durch ein Umsteuern der entwicklungspolitischen Prioritäten gedeckt werden könnte.

Der unter der Federführung von Weltbank und FAO unter Mitwirkung von 400 Wissenschaftler/-innen erarbeitete und im April 2008 vorgelegte „Weltagrarbericht", genauer das *International Assessment of Agricultural Science and Technology for Development* (IAASTD), setzte überraschende Akzente. Weltbank und FAO stellten nun selbst infrage, was sie jahrzehntelang gefördert hatten und forderten nun eine radikale Wende in der globalen Landwirtschaftspolitik: die Abkehr von verbreiteten Formen der modernen Massenproduktion, die auf dem massiven Einsatz von Düngemitteln, Pestiziden und genmanipuliertem Saatgut beruhte und mit hohem Kapitaleinsatz den profitablen Anbau von Futtermitteln und nun auch von Rohstoffen für Biokraftstoffe bevorzugte. Stattdessen forderten sie nun die gezielte Förderung der rund 400 Mio. Kleinbauern, die Nahrungsmittel für ihr lokales Umfeld produzieren, sowie eine stärkere Ausrichtung der internationalen Agrarforschung an ihren Bedürfnissen und Produktionsbedingungen. Sie waren und blieben nach einem von Frantz Fanon schon in den 1960er-Jahren geprägten Bild die „Verdammten dieser Erde", die sowohl von den eigenen Regierungen als auch von der internationalen Agrarforschung und Entwicklungspolitik sträflich vernachlässigt wurden.

Es überrascht nicht, dass die mächtige Lobby von multinationalen Agrarkonzernen gegen die Vorschläge des „Weltagrarberichts" Sturm lief. Auch die Führungsgruppen der Entwicklungsländer setzten, um Devisen für ihre ehrgeizigen Entwicklungspläne zu erwirtschaften, auf die Förderung der devisenbringenden Exportproduktion von *cash crops* – und verließen sich bei Ernährungskrisen notfalls auf internationale Nahrungsmittelhilfe. Der „Weltagrarbericht" lieferte allerdings keine überzeugenden Antworten, ob die Kleinbauern die wachsende Weltbevölkerung ernähren und das „Recht auf Nahrung" sichern können. Die FAO fordert in ihrer Öffentlichkeitsarbeit eine zweite Grüne Revolution, die – wie die erste – kaum von Kleinbauern vorangetrieben werden könnte. Und dem im Juni 2008 auf dem Höhepunkt der Ernährungskrise in Rom veranstalteten FAO-Gipfel, der das Handeln der Staatengemeinschaft demonstrieren sollte, fiel auch nur dieses Plädoyer für eine neue grüne Revolution und mehr internationale Nothilfe bei akuten Ernährungskrisen ein.

Die große Mehrheit der Kleinbesitzer und Pächter kann sich nur notdürftig selbst ernähren: Sie sind kaum in der Lage, Überschüsse zu erwirtschaften und für produktivitätssteigernde Investitionen (Geräte, Kunstdünger, Pflanzenschutzmittel) zu sparen. Da sie keinen Zugang zu billigen Krediten haben, die zumindest Landbesitz als Garantie voraussetzen, sind sie den Wuchergeschäften von Geldverleihern ausgeliefert. Weil sie kaum investieren können, sind sie auch nicht in der Lage, mehr zu produzieren und die wachsende Stadtbevölkerung zu ernähren; weil sie schlecht organisiert sind, können sie ihre Interessen national und international nur ungenügend zur Geltung bringen. Studien des *Internationalen Fonds für Agrarentwicklung* (IFAD) haben nachgewiesen, dass etwa drei Viertel der Armen und Hungernden auf dem Land leben und vor allem deshalb arm sind, weil sie über kein Land oder nur über winzige Parzellen verfügen. In Lateinamerika liegt der Anteil der landlosen Armen bei einem Drittel der Landbevölkerung. Gleichzeitig haben diese Studien nachgewiesen, dass Länder mit einer weniger ungleichen Landverteilung die größten Fortschritte bei der Überwindung des Hungers machten – allen voran China, zu dessen Geschichte wiederkehrende Hungerkrisen gehörten.

Nicht nur die soziale Ungerechtigkeit, sondern auch die ökonomische Unvernunft des Großgrundbesitzes werden noch dadurch verschärft, dass Großgrundbesitzer – vor allem in Lateinamerika – große Flächen entweder extensiv als Weideland nutzen oder als ungenutzte Spekulationsreserve brachliegen lassen. Die entwicklungspolitische Schlussfolgerung liegt auf der Hand: Ohne Agrarreformen kann weder die ländliche Armut noch die Stagnation in der Agrarproduktion überwunden werden. Es gibt ein lehrreiches Vorbild: Der industriellen Entwicklungsdynamik von Japan und der „kleinen Tiger" Taiwan und Südkorea gingen tief greifende Agrarreformen voraus. Die von der Weltbank in den 1970er-Jahren propagierte Kleinbauernstrategie scheiterte vor allem an ihrem politischen Unvermögen, die ländlichen Besitz- und Machtverhältnisse zu verändern und den Konflikt mit den Besitz- und Machtgruppen zu wagen (vgl. Tetzlaff 1980). Ihr Statut fordert die politische Abstinenz und bevorzugt deshalb technokratische Problemlösungen, die allerdings Strukturprobleme nicht lösen können. Sie sollte Lehren aus den auch unter ihrer Federführung erarbeiteten „Weltagrarbericht" von 2008 ziehen.

Die Regierungen vieler Entwicklungsländer wenden auch heute nur 5–10 % der Haushaltsmittel für landwirtschaftliche Entwicklungsprogramme auf. Sie lassen sich also die Aufrüstung und Unterhaltung von militärischen Sicherheitskräften mehr kosten als die Ernährungssicherung – auch deshalb, weil putschende Garnisonen ihre Herrschaft mehr gefährden können als unzufriedene Bauern. Fatal war auch ihre Preispolitik: Sie verschafften durch niedrige Erzeugerpreise zwar den politisch organisationsfähigen Stadtbewohnern, Staatsangestellten und Industriearbeitern billige Lebensmittel, nahmen aber den Bauern mit diesen Niedrigpreisen, die kaum die Gestehungskosten deckten, jeden Anreiz zur Mehrproduktion. Auch die für den Export produzierenden Bauern wurden durch Exportsteuern und Abschöpfungen der parastaatlichen *Marketing Boards* geschröpft. Dieser *„urban bias"* ist wesentlich für die nachkolonialen Fehlentwicklungen in Afrika, für die entwicklungspolitische Vernachlässigung des Hinterlands und in deren Gefolge für die Landflucht und Verödung von Dörfern verantwortlich.

Obwohl die Ernährungssicherung immer an der Spitze des entwicklungspolitischen Zielkatalogs stand, kam bei den Kleinbauern und im ländlichen Raum internationale Hilfe allenfalls tröpfchenweise an. Dies belegte für die früheren Jahrzehnte die große Evaluierung von Robert Cassen (1990) und belegen neuere Studien des UN-Welternährungsprogramms (WFP). Kenner der internationalen Agrarhilfe sprechen auch vom „Asphaltvorteil", der meint, dass sie nur Dörfer erreicht, die an befahrbaren Straßen liegen. Der von der FAO im November 2009 in Rom veranstaltete *World Summit on Food Security* hat zumindest bewirkt, dass sich Regierungen und internationale Organisationen angesichts der Drohung, dass ein „Jahrhundert des Hungers" angebrochen sei, wieder stärker den Herausforderungen der Ernährungssicherheit zuwandten.

7.4 Ursachen und Lehren der „Ernährungskrise" von 2007/08

Anfang 2008 verdrängte die im medialen Jargon sogenannte „Ernährungskrise" sogar die Turbulenzen auf den Finanzmärkten aus den Schlagzeilen – allerdings nur kurzfristig. Der Grund lag in den in mehreren Ländern ausgebrochenen Hungerrevolten im Gefolge explosionsartig gestiegener Preise für importierte Grundnahrungsmittel. Innerhalb weniger Monate hatten sich die Preise für Reis, Weizen- und Maismehl sowie für Palmöl und Zucker teilweise mehr als verdoppelt. Die Teuerungsraten trafen vor allem die armen Bevölkerungsgruppen, die bis zu 80 % ihres geringen Einkommens für Lebensmittel zum Überleben aufbringen müssen, während dieser Anteil in den reichen Ländern nur bei 15–20 % liegt. Hier wurde wieder ein struktureller Zusammenhang zwischen Armut und Hunger deutlich, den die Weltbank schon 1986 in ihrem Bericht „Poverty and Hunger" aufgezeigt hatte. Schon vor der Preisexplosion hungerten nach FAO-Daten rund 800 Mio. Menschen aufgrund ihrer geringen Kaufkraft und nicht aufgrund des Mangels an Nahrungsmitteln.

Plötzlich tauchte in den Medien wieder ein Gespenst auf, das durch die großen Produktivitätsfortschritte in der globalen Landwirtschaft vertrieben zu sein schien: die Warnung von Malthus vor Hungerkrisen im Gefolge des nicht von der Nahrungsmittelproduktion aufgefangenen Bevölkerungswachstums. Die Verwirklichung eines der Hauptziele der MDGs, nämlich die Halbierung der Zahl der Hungernden bis 2015, schien in weite Ferne gerückt zu sein. In der aufgeregten Diskussion über die Ursachen des „stillen Tsunami" in Gestalt von Preisexplosionen wurden häufig kurzfristige Gründe mit langfristig wirksamen Strukturveränderungen in Produktion (Angebot) und Konsum (Nachfrage) von Agrargütern vermischt. Kurzfristig hatten folgende Faktoren das Angebot wichtiger Grundnahrungsmittel verknappt:
- Ernteausfälle im Gefolge von Wetterextremen, im Besonderen einer Dürreperiode in Australien, sowie großflächiger Überschwemmungen in Afrika, die Ernten vernichteten.
- Ausfuhrbeschränkungen von großen Reisproduzenten wie China, Indien, Thailand und Vietnam, welche die Knappheit bei Reis – des Hauptnahrungsmittels für fast die Hälfte der Weltbevölkerung – verschärften. Außerdem führte die Nachfrage der US-amerikanischen Bioethanol-Industrie und Tiermast nach dem Roh-

stoff Mais bereits zu einem erheblichen Rückgang der Maisexporte. Der „Mais-Wahn" veränderte die Landwirtschaft und die Landschaften.
- Sinkende Lagerbestände bei Reis, Mais und Weizen heizen auf den Warenterminbörsen die Spekulation an, sodass häufig Spekulanten für die Krise mitverantwortlich gemacht wurden. Spekulanten müssen bei Erklärungsnotständen häufig als *bad guys* herhalten, die von anderen Krisenfaktoren ablenken sollen. Sie nutzen die Profitchancen, die ihnen der Dschungel des Weltmarkts bot.

Wetterbedingte Ernteausfälle, Exportbeschränkungen oder das finstere Treiben von Spekulanten können allerdings nur kurzfristige Preisentwicklungen auf den Weltagrarmärkten erklären. Der Hauptgrund für die wahrscheinlich längerfristige Verteuerung vieler Nahrungsmittel ist die global steigende Nachfrage, zu der verschiedene Entwicklungen in Produktion und Konsum von Agrargütern beitragen.

7.5 Von „Mensch oder Schwein" zu „Tank oder Teller"

In der Diskussion über die Ursachen der „Ernährungskrise" wurde häufig der staatlich geförderte Anbau von sogenannten Energiepflanzen (Soja, Mais, Zuckerrohr, Weizen, Palmöl, Raps) zur Erzeugung von Biokraftstoffen für die Verknappung und Verteuerung von Nahrungsmitteln verantwortlich gemacht. Kritiker überzogen diese Umfunktionierung von Agrarflächen mit moralisierenden Argumenten: Weil immer mehr wertvolle und für die Ernährungssicherung notwendige Agrarprodukte in Tanks der Autos von Reichen statt auf den Tellern oder in den Schüsseln der Armen landen, werde wissentlich der Hunger produziert. Die Konkurrenz zwischen Mensch und Maschine um Ackerflächen und Wasser droht die Maschine zu gewinnen, wenn die Politik nicht ordnungspolitisch gegensteuert. Wenn vier von fünf Teilen der expandierenden Maisproduktion zur Produktion von Ethanol und Biogas oder als Tierfutter verwendet und nicht als Nahrungsmittel für den Menschen eingesetzt werden, wenn also der auf dem Markt zu erzielende Profit der Überwindung des Hungers vorgezogen wird, dann werden die Anklagen von Jean Ziegler gegen den vom Profitstreben erzeugten Hunger in der Welt plausibel.

Was spricht dennoch gegen eine pauschale Verteufelung von Biosprit und Biogas, die sich mit durchaus plausiblen energie- und klimapolitischen Zielprojektionen auseinandersetzen muss. Nach Einschätzung der FAO wurde der Preisanstieg bei Reis, Mais und Weizen nicht wesentlich vom Biosprit-Boom beeinflusst. Derzeit wird erst auf 5 % der weltweit verfügbaren Agrarflächen dieses neue „grüne Gold" angepflanzt, allerdings mit rasch steigender Tendenz. Es gibt einen wichtigen Grund für ein nüchternes Abwägen des Pro und Kontra. Der Journalist Fritz Vorholz prognostizierte ein vom pflanzlichen Erdölersatz angetriebenes „Eldorado im Armenhaus" (*Die Zeit* vom 28.12.2006), das nicht nur die Handels- und Zahlungsbilanz vieler armer Erdölimporteure entlasten, sondern auch den Kleinbauern neue Einkommensquellen erschließen könnte. Aber dieses Eldorado könnte teuer erkauft werden, vor allem durch die weitere Gefährdung der Ernährungssicherheit und durch den Zwang, noch mehr und möglicherweise noch teurere Nahrungsmittel importieren zu müssen. Knappheit treibt nach dem Marktprinzip von Angebot und Nachfrage die Preise in die Höhe.

Eine wichtige und längerfristig wirkende Ursache für die Verknappung und Verteuerung von Nahrungsmitteln liegt in veränderten Konsumgewohnheiten, vor allem im höheren Fleischkonsum. Die Globalisierung beförderte eben auch die Diffusion westlicher Konsummuster. Höherer Fleischkonsum bedeutet aber einen höheren Bedarf an Futtermitteln, außerdem an Energie und Wasser. Was schon der ehemalige EG-Präsident Sicco Mansholt auf die polemische Formel „*Mensch oder Schwein*" gebracht und damals heftige Kontroversen über die „Veredelung" von pflanzlichen Nährwerten in Tiermägen ausgelöst hatte, umschrieb nun Joachim von Braun, der damalige Leiter des IFPRI, so: „Nicht die Nachfrage nach Brot oder nach Reis in der Schüssel ist explodiert, sondern die nach Getreide für Huhn, Schwein und Kuh" (*Die Zeit* vom 17.04.2008). Außerdem trägt die Ausweitung der Tierhaltung erheblich zur Freisetzung von Methan- und Lachgasen bei, die nach Daten der FAO etwa 18 % der weltweit ausgestoßenen Treibhausgase ausmachen.

Politologen und Soziologen erkennen in der Ausweitung von Monokulturen im Besitz von Großgrundbesitzern oder multinationalen Unternehmen eine ordnungspolitisch bedenkliche Konzentration von ökonomischer und politischer Macht. Die Renaissance des Zuckerrohrs zur Herstellung von Ethanol stärkte die politische Macht der alten Landoligarchie, die in Lateinamerika eine Blockademacht gegen notwendige Agrarreformen bildet; sie förderte auch die Fortsetzung ausbeuterischer und durchaus sklavenähnlicher Arbeitsbedingungen auf den Plantagen. Ökologen sorgen sich um den Verlust von Biodiversität auf den Monokulturen. Der Soja-Boom in Lateinamerika, der die Viehställe Nordamerikas und Europas mit einem nährstoffreichen Futtermittel versorgt, hinterlässt große ökologische Schäden, von Pestiziden verseuchte Flüsse und der Artenvielfalt beraubte Landschaften, schafft aber durch seine industrielle Produktionsweise nur wenige Arbeitsplätze.

Das Verbrennen von Palmöl in Kraftwerken und als Biodiesel in Dieselmotoren sowie seine Verarbeitung in Kosmetika und Lebensmitteln beschleunigten das Vordringen von Ölpalmplantagen in abgebrannte Tropenwälder, aus denen auch die reiche Tierwelt und eine opulente Natur verschwinden (siehe Kapitel 10.2) So geschieht es, wie die NGO „*Rettet den Regenwald*" berichtet, vor allem in Indonesien, aber auch in anderen Regenwaldregionen. Nutznießer sind das nationale und internationale Agrobusiness, internationale Handelsketten, die Produzenten von Dünge- und Pflanzenschutzmitteln, die Staaten aufgrund vorteilhafter Handels- und Zahlungsbilanzen sowie die Konsumenten auf den Verbrauchermärkten. Gleichzeitig füllen sich die städtischen Slums mit Landlosen und arbeitslos gewordenen Landarbeitern sowie Kleinbauern, die ihre Familien auf ihren Parzellen nicht mehr selbst ernähren können.

7.6 Gefährdung der marinen Nahrungsquelle und des „Menschheitserbes Meer"

Brot und Fisch sind in vielen Kulturen Symbole für Nahrung. Während die Agrarrevolution in der Lage war, trotz lokaler Versorgungskrisen Brot für eine wachsende Weltbevölkerung zur Verfügung zu stellen, gefährdet die Überfischung der Meere und die Verschmutzung der Binnen- und Küstengewässer eine wichtige Nahrungsquelle der Menschheit, die Existenz von Millionen von Fischern und die Proteinversorgung armer Bevölkerungsgruppen in den Küstenregionen (vgl. Jarchau u. a. 2009). Die FAO (2009) legte alarmierende Fakten vor:

- Weltweit sind bereits zwei Drittel der Fischbestände überfischt. Die ruinösen Fangtechniken sorgen dafür, dass jährlich ein Beifang von 20 Mio. Tonnen anfällt, der meistens ungenutzt wieder über Bord geht. Die Fischbestände könnten sich erst dann wieder erholen, wenn die Fangflotten um mindestens ein Drittel verringert würden.
- Die meisten Küstenzonen, die lokale Fischer mit ihren kleinen Booten erreichen können, sind so überfischt, dass der Fischfang ihre Existenz kaum noch sichern kann. In Tourismusregionen können sie deshalb auch die gesteigerte Nachfrage nach Meeresfrüchten immer weniger befriedigen, sodass z. B. Karibikinseln tiefgefrorene Waren importieren müssen.
- Der durch Überdüngung und das starke Algenwachstum entstandene Sauerstoffmangel hat in küstennahen Gewässern (Adria, Ostsee, Golf von Mexiko, Schwarzes Meer) die Fischbestände dezimiert und behindert ihre Regeneration. Gleichzeitig hat die Verschmutzung vieler Binnengewässer auch dort die Fischbestände dezimiert.
- Satellitenaufnahmen ließen darauf schließen, dass 100 Mio. Tonnen Plastikmüll in den Ozeanen treiben. Bei ihrer Zersetzung setzen sie toxische Stoffe frei, die marines Leben gefährden. Die Forschergruppe um Benjamin Halpern (2008) hat festgestellt, dass menschliche Aktivitäten rund 40 % aller Gewässer teilweise erheblich geschädigt haben und nur noch 4 % der Weltmeere unberührt geblieben sind. Es gibt inzwischen eine Reihe von Fischereiabkommen, von internationalen Vereinbarungen über die Hochseefischerei und einen Verhaltenskodex über verantwortliches Fischen, die Fischbestände erhalten bzw. regenerieren sollen:
- Die Seerechtskonvention (UNCLOS), die als „Verfassung der Ozeane" gilt, reservierte den Küstenländern exklusive Nutzungsrechte in der 200-Meilen-Wirtschaftszone. Vielfach verkauften diese Länder Fanglizenzen an die internationalen Fangflotten – und gefährdeten damit die Existenzgrundlage der eigenen Fischer. Teilweise waren sie auch nicht in der Lage, ihre Wirtschaftszonen vor den Beutezügen der ausländischen Fischfabriken zu schützen, die eine illegale Piraterie betreiben und sich nicht um internationale Abkommen scheren. Australien setzt bereits seine Kriegsmarine zum Schutz seiner Wirtschaftszone ein, aber arme Küstenstaaten können ihre Rechte kaum durchsetzen.

– Der vom Johannesburger *Weltgipfel für Nachhaltige Entwicklung* (2002) verabschiedete Aktionsplan forderte einen ökosystemaren Ansatz für die nachhaltige Nutzung der Ozeane bis 2010 und die Sicherung des natürlichen Gleichgewichts für sämtliche Fischbestände bis 2015. Wenn die Fangflotten nicht verringert und die Fangtechniken nicht verändert werden, bleibt diese Forderung kaum mehr als ein frommer Wunsch. Diese Zielvorgaben verstrichen ohne nachhaltige Wirkungen, weil wirksame Kontrollen unterblieben.

Besonders die Staaten mit den größten Fangflotten – China, Russland, Japan, Südkorea, Taiwan, Indien und die USA – wehren sich gegen verbindliche Verpflichtungen zum Abbau der Kapazitäten. Die Folge wird sein, dass die Meere weiter überfischt und Meeresfrüchte nicht mehr eine erschwingliche Nahrungs- und Proteinquelle für viele, sondern teure Leckerbissen für kaufkräftige Schichten bilden werden. Die von den Staaten protegierten Interessen der Fischwirtschaft gefährden nicht nur die maritime Biodiversität, sondern auch eine längst nicht mehr unerschöpfliche Nahrungsquelle der Menschheit. Als wirksamer erwies sich die Regelung von Fangquoten innerhalb der EU, die auch zu einer deutlichen Verringerung der Fangflotten führte. Aber ihre Fischereiabkommen mit den westafrikanischen Küstenstaaten erwiesen sich unter sozialen und meeresökologischen Gesichtspunkten nicht gerade als vorbildlich, weil die Fischtrawler aus der EU den einheimischen Fischern innerhalb der maritimen Wirtschaftszonen mit überlegener Technologie die Fischbestände wegfischen. Zwar bekommen die Staaten Ausgleichszahlungen, von denen jedoch die in ihrer Existenz bedrohten Fischer nichts abbekommen. Sie müssen migrieren oder notgedrungen, wie in Somalia, zu Piraten mutieren.

Durch die Entwicklung der *Aquakultur* in Küstenregionen können zwar einzelne Fischarten (Lachs) und Meeresfrüchte (Shrimps und Garnelen) in großen Mengen gezüchtet und in die Supermärkte in aller Welt geliefert werden, aber sie ist mit großen ökologischen Folgekosten verbunden. Beispielhaft ist die rasche Ausweitung von Shrimpsfarmen, die an der Pazifikküste Lateinamerikas und an der Küste des Golfes von Bengalen (Bangladesh) zur großflächigen Zerstörung von Mangrovenwäldern führte und die Küstengewässer mit Kot und Rückständen von allerlei Chemikalien verseuchte. Nach Schätzungen von UNEP wurde bereits die Hälfte der Mangrovenwälder ein Opfer von Shrimpsfarmen, die zwar Devisen einbringen, aber fatale ökologische Fußabdrücke hinterlassen.

In der Konkurrenz um eine verknappende Ernährungsressource liegt auch ein Konfliktpotenzial, das selbst innerhalb der OECD-Welt wiederholt zu zwischenstaatlichen Spannungen führte. Auch das internationale Seerecht hat Streitigkeiten über den Verlauf und die Nutzung von exklusiven Wirtschaftszonen nicht endgültig gelöst. Fische können weder in beliebiger Menge in Fischfarmen gezüchtet noch auf wundersame Weise – wie zu biblischen Zeiten am See Genezareth – vermehrt werden. Nur ein wirksam kontrolliertes Ozeanregime (*Ocean Governance*) könnte ihre Bestände regenerieren und ein globales öffentliches Gut vor der Überausbeutung schützen. Aber einige Staaten wehren sich mit allerlei Vorwänden und Tricks gegen eine nachhaltige

Bewirtschaftung der marinen Nahrungsquelle und Artenvielfalt. Beispielhaft ist Japans Walfang zu „wissenschaftlichen Zwecken", der jedoch Gourmet-Restaurants beliefert.

Die Ozeane sind aber weit mehr als eine Nahrungsquelle. Sie sind auch Transportmedien für den Seehandel, Potenziale für fossile Energieträger durch die Offshore-Förderung von Erdöl und Erdgas und für den Meeresbergbau sowie Abfalldeponien, aber auch Sehnsuchts- und Gefahrenquellen für die Menschheit. Die Auswirkungen der Überfischung, der Meeresverschmutzung durch Plastik und Einträge von Chemikalien, der Versauerung durch den CO_2-Eintrag und des Meeresspiegelanstiegs bedrohen das *„Menschheitserbe Meer"*, welches das Hauptgutachten 2013 des WBGU zum Thema machte. Hier werden sehr ausführlich die völkerrechtlichen Regelungen des Seerechts (UNCLOS) zum Schutz und zur nachhaltigen Nutzung der Meere, für ein nachhaltiges Fischereimanagement und für eine die empfindliche marine Ökologie schonende Energieförderung abgehandelt. Um das „Menschheitserbe Meer" zu bewahren und damit Lösungen für ein ziemlich unterschätztes Weltproblem zu finden, schlägt der WBGU einen globalen Sachverwalter für die Meere in der institutionellen Gestalt einer neuen *„World Oceans Organisation"* (WOO) vor. Das Gutachten liefert auch überzeugende Empfehlungen, wie eine nachhaltige Fischerei und Aquakultur durch eine neue Meerespolitik gestaltet werden könnte und sollte, um der Menschheit eine wichtige aber bedrohte Nahrungsquelle zu erhalten.

7.7 Fazit: die „Zero-Hunger-Challenge" – eine unlösbare Herausforderung

Weltbank, IWF, FAO und das Welternährungsprogramm (WFP) forderten eine schnelle Aufstockung der Mittel für die internationale Nahrungsmittelhilfe, um die akute Ernährungskrise zu entschärfen. Solche Operationen können akute Notlagen abmildern, aber die Strukturprobleme nicht nachhaltig lösen, die Ernährungskrisen zugrunde liegen; und sie können fatale Neben- und Folgewirkungen haben. Es gab immer Kritik an der Nahrungsmittelhilfe, weil sie viele Defizitländer dazu verführte, die Eigenverantwortung zu veräußern, sich auf Nothilfe von außen zu verlassen und nur wenig in die Entwicklung ihrer Landwirtschaften und in die Förderung der Kleinbauern zu investieren. Diese Kritik wurde durch viele Fallstudien und Medienberichte aus einzelnen „Defizitländern" belegt. Aber auch nüchterne Agrarökonomen, die auf marktwirtschaftliche Heilungskräfte setzen, lehnen die humanitäre Hilfe in Notsituationen nicht grundsätzlich ab, wenn sie notwendige Strukturreformen nicht behindern und z. B. mit beschäftigungswirksamen *Food-for-Work*-Programmen gekoppelt werden, wie sie Indien mit Unterstützung der Weltbank durchführte.

Agrarexperten oder Entwicklungsökonomen erkennen alle ökologischen und demografischen Schwierigkeiten der Ernährungssicherung, dennoch im Einklang mit Modellberechnungen der FAO Chancen, auch eine wachsende Weltbevölkerung ausreichend zu ernähren. Dieser Optimismus, der durch die neueste Ankündigungen

eines „Jahrhunderts des Hungers" und Vorzeichen des Klimawandels erheblich gedämpft wird, setzt allerdings eine Vielzahl von agrarpolitischen Richtungsentscheidungen und entwicklungspolitischen Maßnahmen voraus:
- Die verknappenden und häufig degradierenden Agrarflächen dürfen nicht noch mehr für den Anbau von Futtermitteln und Energiepflanzen zweckentfremdet werden. Mehr Fläche für ihren Anbau bedeutet weniger Fläche für den Anbau von Nahrungsmitteln. Der zwar profitable, aber ökologisch nachteilige und für die Welternährung kontraproduktive „Mais-Wahn" kann und muss agrarpolitisch korrigiert werden. Der Markt braucht am Gemeinwohl orientierte Regeln.
- Die natürlichen Ressourcen (Boden, Wasser, Energie, Nährstoffe) müssen unter Einsatz der internationalen Agrarforschung effizienter genutzt werden. Bewässerungssysteme müssen das knappe Wasser besser nutzen, weil nur bewässerte Flächen für den Reisanbau geeignet sind und Dürreperioden überstehen können.
- Eine bessere Vorratshaltung würde den hohen Ernteverlusten vorbeugen, weil mit der Getreidemenge, die durch undichte Speicher verloren geht, ein Großteil der Hungernden ernährt werden könnte. Außerdem behält das biblische Gebot Gültigkeit, dass in sieben fetten Jahren für sieben magere Jahre vorgesorgt werden sollte. Einen solchen Wechsel von guten und schlechten Jahren gab es in biblischen Zeiten und gibt es heute, wobei sich allerdings die schlechten Jahre häufen, auch verursacht durch den Klimawandel.
- Auch Kleinbauern müssen Zugang zu Krediten, zu besserem Saatgut und zu Düngemitteln erhalten, um ihnen Anreize zur Mehrproduktion zu verschaffen, ohne sich bei Zwischenhändlern oder Kredithaien verschulden zu müssen. Die kleinbäuerlichen Betriebe verfügen über erhebliche Produktivitätsreserven.
- Es geht nicht nur um bessere Produktionsbedingungen, sondern auch um Zugänge zu den landwirtschaftlichen Kernressourcen Land und Wasser, also um Landreformen dort, wo der Landbesitz ungleich verteilt ist. Der Erfolg der chinesischen Reformpolitik ist lehrreich: Das riesige Land war nach epidemischen Hungerkrisen in der Lage, seine wachsende Bevölkerung zu ernähren und Agrarprodukte zu exportieren, weil es durch die Zuteilung von Land in private Nutzung – nicht in Eigentum – Eigennutz zuließ und die Energien der Millionen von Kleinbauern freisetzte. Auch die Weltbank (2003) konnte sich nicht um das heiße Thema von Agrarreformen drücken, das sozioökonomische und politische Machtpositionen berührt.
- Es führt kein Weg an der Einsicht vorbei, dass die reiche Weltminderheit ihre Konsum- und Ernährungsgewohnheiten verändern und vor allem ihren Fleischkonsum verringern muss. Die Mahnung von Misereor ist gebieterisch: „So leben, damit andere überleben können!" Hier Überfluss und dort Mangel sind nicht nur ein moralisches Ärgernis, sondern ein Existenzproblem für viele Millionen Menschen.

Alle Diskussionen über die Möglichkeiten, den Hunger in der Welt zu besiegen, können auch der Debatte über die Chancen und Risiken der Grünen Gentechnik nicht ausweichen. Während viele Kritiker diese Agrartechnologie für ein Teufelswerk halten und von ihr auch keine Lösung des Hungerproblems erwarten, spricht vieles für eine pragmatische Risikoabschätzung und für den Verzicht auf eine gesinnungsethische Fundamentalkritik. Wenn es ihr gelingen sollte, Pflanzen gegen Dürren und Schädlinge resistenter zu machen und versalzte Böden, die im Punjab oder im Niltal die Bodenfruchtbarkeit erheblich verringerten, als Nutzflächen zu reaktivieren, dann könnte sie einen wesentlichen Beitrag zur Ernährungssicherung leisten. Die Agrarforschung ist mit sich verschlechternden Bedingungen für das Wachstum vieler Pflanzen konfrontiert: mit sich häufenden Dürren oder Überflutungen und der Versalzung von Böden. Die Grüne Gentechnik ist gefordert.

Der größte Teil der Mais- und Sojaproduktion in den USA und in Lateinamerika beruht bereits auf genmanipulierten Pflanzen. Es ist schwer zu rechtfertigen, dass in Afrika oder Asien nicht möglich sein sollte, was hier bereits im großen Stil praktiziert wird, obwohl auch eine Studie des UN-Landwirtschaftsministeriums feststellte, dass die auf kleinen Flächen wirtschaftenden Kleinbauern wenig von einer Technik profitieren können, die sich nur für den Einsatz in Großbetrieben eignet. Allerdings erschwert auch das „Recht auf Nahrung" die prinzipielle Ablehnung einer Technologie, die – verantwortungsvoll und unter internationaler Kontrolle angewandt – einen Beitrag zur Sicherung dieses Rechts leisten könnte. Die Grüne Gentechnik bleibt auch angesichts des Hungers in der Welt eine umstrittene Technologie (vgl. Kempken 2009). Ihre Befürwortung durch die US-Regierung erhöht nicht gerade ihre Akzeptanz, weil sie als Sachwalterin ihrer Agrarkonzerne auftritt, die die Gentechnik überall dort einsetzen, wo sie die nationale Gesetzgebung nicht daran hindert, und nun mithilfe des TTIP auch den EU-Markt erobern wollen. Der US-Konzern *Monsanto*, der das im Vietnamkrieg eingesetzte und weite Flächen vergiftende Herbizid „*Agent Orange*" herstellte, besitzt bereits 90 % der Patente für gentechnisch veränderte Organismen. Diese vom TRIPS-Abkommen beförderte Wissens- und Marktmacht in der Weltlandwirtschaft muss internationaler Kontrolle unterworfen werden.

Zwar wird die zweite Zielvorgabe der MDGs, die der Staatengemeinschaft das Ziel setzte, bis 2015 die Zahl der Hungernden zu halbieren, in der Zielperiode verfehlt werden. Aber dieses Verfehlen eines mittelfristigen Zieles lässt noch nicht die zwingende Schlussfolgerung zu, dass Hunger ein unüberwindbares Schicksal ist und das 21. Jahrhundert zu einem „Jahrhundert des Hungers" werden muss. Die Agrarwissenschaft hat das Wissen und die Staatengemeinschaft hätte die Mittel, Malthus und seine Jünger auch im subsaharischen Afrika oder Indien zu widerlegen (vgl. Steiner 2014). Staatengemeinschaft bedeutet allerdings, dass sich auch die notorischen „Defizitländer" mehr um die Ernährungssicherung und um ihre Kleinbauern kümmern. „Hungerhilfe" ist dann kontraproduktiv, wenn sie in Gestalt der „*bulk supplies*" zu einer Dauereinrichtung wird, welche die Eigenverantwortung (*ownership*) für die Ernährungssicherung veräußert. Der Buchtitel von William Easterly (2006) gilt auch hier als Mahnung: „*Wir retten die Welt zu Tode.*"

Allerdings gilt auch die harsche Kritik des luxemburgischen UN-Diplomaten Jean Feyder (2010) als Mahnung, der die Handels- und Entwicklungspolitik der westlichen

Staaten für den „Mordshunger" mitverantwortlich machte. Seine Kritik überbot mehrmals der Schweizer Soziologe und UN-Sonderberichterstatter für das Recht auf Nahrung Jean Ziegler mit einer scharfzüngigen Polemik. Zuletzt (2012) machte er in einem zornigen Rundumschlag staatliche und private Akteure für den Hunger in der Welt und für die „Massenvernichtung in der Dritten Welt" verantwortlich: multinationale Agrarkonzerne und Hedgefonds („schäbiges Raubgesindel"), die drei „apokalyptischen Reiter des Hungers", nämlich die beiden Bretton-Woods-Institutionen und die WTO sowie die bestehende Weltwirtschaftsordnung. So lautet schon im Buchtitel sein ziemlich undifferenzierter Schuldspruch: „Wir lassen sie verhungern". Ein solcher Rundumschlag deckt wunde Punkte in den Nord-Süd-Beziehungen und in der Weltlandwirtschaft auf, zeigt aber keine Problemlösungen auf, die im „Weltagrarbericht" zu finden waren. Außerdem sorgte die Nothilfe von UN-Programmen doch dafür, dass viele Millionen Menschen nicht verhungerten.

Die Veränderung der Konsum- und Ernährungsgewohnheiten der reichen Weltminderheiten und ihres achtlosen Umgangs mit der Überschussproduktion von Nahrungsmitteln könnte zwar einen Beitrag zur Ernährung der wachsenden Weltbevölkerung leisten, aber weder solche Verhaltensänderungen noch das zornige Donnerwetter eines Jean Ziegler helfen dort, wo gehungert wird. Es geht zunächst darum, die Potenziale zur Ernährungssicherung aus eigener Kraft zu stärken. Das „Jahrhundert des Hungers" könnte kommen, wenn das international und vor Ort reichlich vorhandene Wissen und Können nicht genutzt werden, aber es muss nicht kommen. Die Vereinten Nationen haben für die internationale Post-2015-Agenda die „Zero-Hunger-Challenge" ausgerufen, wohl in der Überzeugung und Hoffnung ihrer Agrarexperten, dass sich diese „Herausforderung" nicht, wie schon mehrmals seit einem halben Jahrhundert, als Versuch der FAO erweist, die eigene Existenz zu rechtfertigen. „Zero Hunger" kann und wird realistischerweise nicht erreicht werden, weder in Afrika oder in Indien, wo heute noch mehr absolut Arme leben als im sprichwörtlichen „Hungerkontinent" Afrika, noch in manchen vermeintlichen Wohlstandsländern wie den USA, wo der Welthunger-Index nur Leerstellen ausweist, aber eine deutliche Verringerung der Zahl der Hungernden ist auch bei einer wachsenden Weltbevölkerung möglich.

8 Der unsterbliche Malthus: das Horrorszenario der „Bevölkerungsexplosion"

Die Frage wird immer wieder gestellt: Was nützt alle Entwicklungspolitik, wenn ihre Bemühungen durch das Bevölkerungswachstum, das in den ärmsten Ländern am höchsten ist, konterkariert werden? Die „Bevölkerungsexplosion" muss häufig als Erklärung für allerlei Unheil herhalten: für die Perpetuierung von Armut, für Umwelt- und Hungerkrisen, Ressourcenkonflikte um Land und Wasser sowie Migrationsbewegungen aus den Krisen- und Armutsregionen, obgleich diese Krisen komplexe Ursachen haben. Das hohe Bevölkerungswachstum ist besonders im subsaharischen Afrika ein schwerwiegendes Entwicklungsproblem, weil hier die Armut den Rückgang der Fertilitätsraten im Besonderen behindert. Aber der Rückgriff auf das zur „Bevölkerungsexplosion" aufgebauschte Bevölkerungsproblem dient häufig auch als eine plausibel erscheinende, mit alarmierenden Daten belegbare, dennoch simplifizierende Reduktion von Komplexität.

Malthusianismus
Thomas R. Malthus versuchte in einer 1798 veröffentlichten Studie (die unter dem Kurztitel „Essay" bekannt wurde) zu belegen, dass die Bevölkerung in einer geometrischen Reihe (1, 2, 4, 8, 16 ...) wachse, während die Nahrungsmittelproduktion nur in einer arithmetischen Reihe (1, 2, 3, 4, 5) zunehme. Er folgerte aus dieser gesetzmäßig gedachten Verknappung von Nahrungsmitteln, dass Hungersnöte, Epidemien und Kriege als „nachwirkende Hemmnisse" unvermeidlich seien, falls die Menschen nicht durch Geburtenbeschränkung und sexuelle Enthaltsamkeit („vorbeugendes Hemmnis") wieder ein Gleichgewicht zwischen Bevölkerung und Nahrungsmittelproduktion herstellen sollten. Er hielt dieses Entkommen aus der Bevölkerungsfalle (der später sogenannten „Malthusianischen Katastrophe") aber für unwahrscheinlich, weil nach seinem „Gesetz" jede Verbesserung der Versorgung mit Nahrungsmitteln wieder das Bevölkerungswachstum anrege und der naturgesetzliche Zyklus von neuem beginne.

Die um die Horrorszenarien der „Bevölkerungsexplosion" oder der „demografischen Monsterwelle" rankenden Apokalypsen erinnern stark an das vor gut zwei Jahrhunderten (1798) vom englischen Theologen und Ökonomen Thomas Robert Malthus ausgedachte Verelendungsgesetz (siehe Kasten oben), das einen gesetzmäßigen Zusammenhang zwischen Bevölkerungswachstum, abnehmender Nahrungsmittelproduktion, Hungersnöten und Kriegen herstellte. Malthus erklärte die Armut der englischen Arbeiterklasse aus deren „ungezügelter" Vermehrung und machte sie damit selbst für ihre Verelendung verantwortlich. Sein Zeitgenosse und einflussreicher Ökonom David Ricardo warf ihm deshalb vor, „den Reichen eine sehr erfreuliche Formel" gegeben zu haben, um „die Missgeschicke der Armen zu ertragen". Liegt aber nicht gerade in dieser Schuldzuweisung der eigentliche Grund für seine Renaissance, obwohl sein „Bevölkerungsgesetz" durch die Wirtschafts- und Sozialgeschichte der alten und neuen Industrieländer gründlich widerlegt wurde? Diese Schuldzuweisung erspart das Nachdenken über tieferliegende Problemursachen.

Das Gegenteil des angeblich unabänderlichen „Naturgesetzes" trat ein: Die Nahrungsmittelproduktion pro Kopf wuchs schneller als die Bevölkerung und die Arbeiterklasse zeugte bei wachsendem Wohlstand nicht mehr, sondern weniger Nachkommen. Diesen Zusammenhang zwischen Wohlstand, Bildung, Gesundheitsversorgung, der Stellung der Frau und dem generativen Verhalten belegt heute wieder die unterschiedliche Bevölkerungsentwicklung in Regionen und Ländern, die sich auf einem unterschiedlichen Niveau der „menschlichen Entwicklung" befinden. Der *Human Development Report* versucht, diese Unterschiede mithilfe von drei Indikatoren (Kaufkraft pro Kopf, Lebenserwartung als Indikator für die allgemeinen Lebensbedingungen, Alphabetisierungs- und Einschulungsraten) zu messen. Die entwicklungspolitische Botschaft ist eindeutig: Entwicklung kann das generative Verhalten beeinflussen und das von Malthus formulierte Verelendungsgesetz auch in den heutigen Entwicklungsländern außer Kraft setzen, wie es wirtschaftliche Erfolgsländer bereits vorexerzierten. Es gibt aber noch immer Versuche, Malthus zu rehabilitieren und die Entwicklungspolitik sogar für die „Explosion der Weltbevölkerung" verantwortlich zu machen. So stellte der Politologe Claus D. Kernig (2006: 27) fest: „Am meisten schicksalsbestimmend für die Dritte Welt aber war der Transfer von Gesundheits- und Bildungssystemen [...] Dieser Transfer aber bewirkte die Verlängerung der durchschnittlichen Lebenserwartung. Durch ihn wächst die Bevölkerung über die regionale Verfügbarkeit von Nahrung, Wasser und Energie hinaus."

Diese Position, die den Sinn und das Ziel der Armutsbekämpfung grundsätzlich infrage stellt, erinnert auch an die vom Biologen Paul Ehrlich (1968) begründete *„Sterblichkeitsziffern-Lösung"* zur Entschärfung der „B-Bombe", die – ganz nach der Vorstellung von Malthus – auf Kriege, Hungersnöte und Seuchen zur Begrenzung des Bevölkerungswachstums setzt, falls die *„Geburtenziffern-Lösung"* durch eine mehr oder weniger zwanghafte Geburtenkontrolle nach chinesischem Vorbild nicht funktionieren sollte. Diese bevölkerungspolitische Maxime des *„Laissez mourir"* umgibt sich mit dem Deckmantel des ökonomischen Realismus und des Imperativs der Überlebenssicherung der Gattung Mensch, ist aber moralisch inakzeptabel, zumal andere Möglichkeiten der Problementschärfung noch längst nicht ausgeschöpft sind.

Ähnlich wie Malthus vor mehr als zwei Jahrhunderten führte nun der in Oxford lehrende Computerexperte Stephen Emmott (2013) alles Unheil in der Welt mit unerbittlicher Unausweichlichkeit auf das Wachstum der Weltbevölkerung in Richtung der 10-Mrd.-Schallmauer zurück:

> Selbst wenn wir die Welt mit Atomkraftwerken überzögen, selbst wenn wir das Klimaproblem mithilfe von Geoengineering unter Kontrolle brächten, ja, selbst wenn es gelänge, unseren Konsum zu reduzieren – früher oder später werden wir doch gegen eine Wand laufen, wenn die Weltbevölkerung weiterhin im jetzigen Tempo ansteigt.

Und er fügte im Stile eines Apokalyptikers hinzu (S. 2002): „Wenn wir eine globale Katastrophe verhindern wollen, müssen wir irgendetwas Radikales tun – und ich meine wirklich tun. Aber ich glaube nicht, dass wir das machen. Ich glaube, wir sind nicht mehr zu retten" – im englischen Original „We are fucked". Das ist Malthus im 21. Jahrhundert.

Ökonomen und Demografen setzten sich immer wieder mit der Frage auseinander, wie das Wirtschaftswachstum und die Produktivität gesteigert werden können, um die wachsende Weltbevölkerung bei verknappenden Ressourcen mit lebenswichtigen Gütern und Dienstleistungen, mit Arbeit und Einkommen versorgen zu können. Wenn die Produktion das Rennen gegen die Reproduktion verlieren und die Ökonomie hinter die Demografie zurückfallen sollte, könnte Malthus immer wieder als Kronzeuge für die „ökonomische Bevölkerungsfalle" bemüht werden, die im Bevölkerungswachstum das Haupthindernis für Entwicklung erkennt. Die Entwicklungsforschung förderte zwar zutage, dass Entwicklungsländer, in denen sich das Bevölkerungswachstum verlangsamte, höheres Wirtschaftswachstum erreichten, die Sparquote steigern und durch produktive Investitionen Produktivitätszuwächse erzielen und so aus dem „demografischen Bonus" erhebliche Vorteile ziehen konnten. Es gibt aber nicht nur diese positive Korrelation zwischen sinkendem Bevölkerungswachstum und höherem Wirtschaftswachstum, die sich schon statistisch darin abzeichnet, dass hohes Bevölkerungswachstum das Pro-Kopf-Einkommen, die Spar- und Investitionsraten senkt. Gleichzeitig zeigte die Erfahrung, dass wirtschaftliche Erfolge – im Widerspruch zur Argumentationskette von Malthus – das Bevölkerungswachstum abzubremsen vermögen, wenn sie in eine gesamtgesellschaftliche Entwicklung investiert werden. Mit anderen Worten: Die Hauptursachen für hohes und nur langsam sinkendes Bevölkerungswachstum liegen in den Bedingungen der Massenarmut.

8.1 Das Problem des „demografischen Übergangs"

Manche Demografen warnen inzwischen schon vor einer Implosion statt Explosion der Weltbevölkerung in nicht allzu ferner Zukunft: vor einer „viel älteren Welt, die weniger innovativ und konservativer ist. Es wird eine Welt sein, in der es ein zunehmend verknappendes Angebot an Arbeitskräften gibt und in der die reichsten Länder um Immigranten konkurrieren werden und sie nicht abweisen" (*Pearce* 2002: 1). Die Ungewissheit ist allerdings groß, wann diese Zukunft einer geschrumpften Weltbevölkerung beginnen und dann auch ihr Jungbrunnen in den Entwicklungsländern versiegen wird. In den nächsten Jahrzehnten steht solchen Entwarnungen noch das naturgesetzliche Phänomen des *„demografischen Übergangs"* (siehe Kasten unten) entgegen. Obwohl die Geburtenraten überall sanken, sorgt diese Wirkungskette für ein weiteres und in einzelnen Regionen durchaus dramatisches Bevölkerungswachstum, weil die Lebenserwartung zunimmt, die Mortalitätsraten sinken und etwa die Hälfte der Bevölkerung jünger als 25 Jahre ist. 87 % der jungen Menschen leben in Entwicklungsländern.

Demografischer Übergang
Nach der aus der Bevölkerungsentwicklung in Europa abgeleiteten Theorie des „demografischen Übergangs" folgt einer ersten Phase mit hohen Geburten- und Sterberaten eine Phase sinkender Sterblichkeit bei weiterhin hoher Geburtenrate. In dieser Phase gibt es ein hohes Bevölkerungswachstum und entsteht gleichzeitig infolge des Geburtenüberschusses eine pyramidenförmige Altersstruktur. In der dritten Phase sinkt zwar die Geburtenrate, aber die junge Altersstruktur und das Hineinwachsen größerer Jahrgänge in das Elternalter bewirkt eine Eigendynamik, die dazu führt, dass das Sinken der Fertilität teilweise wieder durch das Wachstum der Elternzahl ausgeglichen wird (vgl. Fleisch 2001: 97).

Diese junge Altersstruktur, die Tabelle II/7 mit Daten belegt, ist wichtig für die Erklärung der Eigendynamik der Bevölkerungsentwicklung. Die Zunahme der Menschen im reproduktionsfähigen Alter wird dazu führen, dass die Weltbevölkerung auch dann in den nächsten Jahrzehnten weiter wachsen wird, wenn die Frauen der Dritten Welt ab sofort nur noch zwei Kinder zur Welt brächten, was vielfach schon der Fall ist. Weil dieser Fertilitätsrückgang durch die stark wachsende Zahl der potenziellen Mütter mehr als ausgeglichen wird, nimmt die Zahl der Geburten zu. Im subsaharischen Afrika wurde allerdings schon eine gegenläufige Tendenz entdeckt, die auf den Begriff der *„demografischen Ermüdung"* gebracht wurde. Sie entsteht, wenn in der zweiten Phase weder die Fertilität noch die Mortalität sinkt. Dann verlangsamt sich zwar das Bevölkerungswachstum, aber vor allem aufgrund steigender Mortalität, die auf eine wachsende Verelendung und auf die Auswirkungen von AIDS schließen lässt. Verschiedene afrikanische Länder, in denen die Lebenserwartung wieder sank und die Kindersterblichkeit wieder anstieg, liefern Belege für eine solche „demografische Ermüdung", die allerdings noch keinen kontinentalen Trend darstellt. Das subsaharische Afrika blieb das Illustrationsobjekt für die „Bevölkerungsexplosion". Europa und Ostasien lieferten den Beweis für das Gegenteil.

8.2 Globale und regionale Fakten und Trends

Die Menschheit brauchte 121 Jahre (1805 – 1926), um sich von einer auf zwei Milliarden zu verdoppeln, schaffte aber im 20. Jahrhundert fast eine Vervierfachung. Sie wuchs von 2,5 Mrd. im Jahr 1950 auf rund 7,3 Mrd. im Jahr 2014 (siehe Abbildung II/7). Diese in der Menschheitsgeschichte beispiellose Geschwindigkeit bezeichnen Bevölkerungswissenschaftler als *hypergeometrisches Bevölkerungswachstum*, die Alltagssprache als „Bevölkerungsexplosion". Daten zur Entwicklung der Weltbevölkerung liefern die jährlich erscheinenden Weltbevölkerungsberichte des UNFPA (*UN Fund for Population Activities*) und die noch leichter zugänglichen DSW-Datenreports der *Deutschen Stiftung Weltbevölkerung*. Dort können auch illustrative Grafiken zur Weltbevölkerung abgerufen werden.

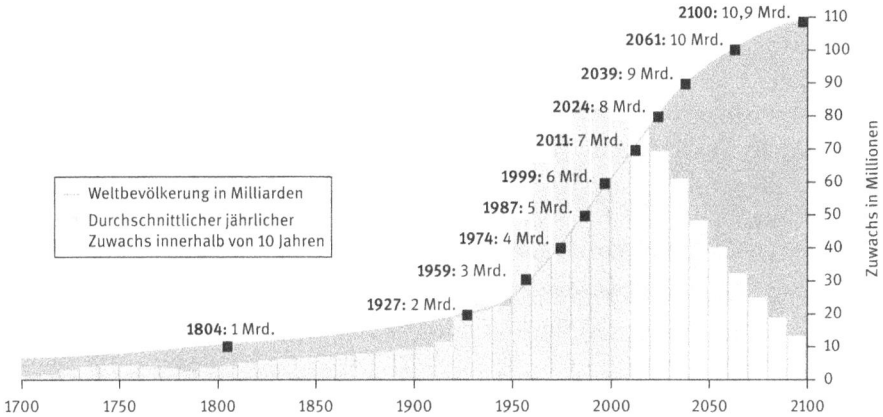

Abbildung II/7: Historische Entwicklung der Weltbevölkerung (Grafik: Stiftung Weltbevölkerung; Quelle: Vereinte Nationen, World Population Prospects: The 2012 Revision, 2013)

Demografische Grundbegriffe
Bevölkerungswachstum: Errechnet sich aus der Fertilität, Mortalität und dem Migrationssaldo.
Geburtenrate: Zahl der Lebendgeborenen pro 1000 Einwohner in einem bestimmten Jahr.
Mortalität/Sterberate: Zahl der Gestorbenen pro 1000 Einwohner in einem bestimmten Jahr.
Fertilitätsrate: Kinderzahl pro Frau. Sie ist die wichtigste Größe für Prognosen zur weiteren Bevölkerungsentwicklung, weil darauf die Größe der Bevölkerung in der nächsten Generation aufbaut.
Total Fertility Rate (TFR): Annahme, dass exakt zwei Kinder pro Frau (TFR = 2,0) geboren werden.
Trägheitsfaktor: Differenz zwischen der TFR (zwei Kinder pro Frau) und der tatsächlichen Fertilitätsrate, die erkennen lässt, um wie viel Prozent die Weltbevölkerung aufgrund des Schwungs der Bevölkerungsdynamik weiter wachsen wird.

Zu Beginn des 21. Jahrhunderts sanken die jährlichen Wachstumsraten der Weltbevölkerung auf 1,2 % und die durchschnittlichen Fertilitätsraten (Kinderzahl je Frau), die Anfang der 1970er-Jahre noch bei 4,5 gelegen hatten, derzeit auf 2,5, in mehr als 60 Ländern sogar unter die Marke von 2,1, die als notwendig für die „Bestandserhaltung" gilt. Weltweit ist die Fertilität im vergangenen halben Jahrhundert schneller als je zuvor in der Menschheitsgeschichte gefallen: Sie hat sich in den Entwicklungsländern ungefähr halbiert, liegt allerdings noch bei 3,1, wenn man China herausrechnet, und in Afrika sogar bei 4,7 Geburten. In China hat die Ein-Kind-Politik das jährliche Bevölkerungswachstum auf inzwischen 0,5 % gesenkt, aber ein schwerwiegendes Zukunftsproblem geschaffen: Bald wird es mehr versorgungsbedürftige Rentner und Rentnerinnen, die nicht mehr von den Kleinfamilien oder Dorfgemeinschaften versorgt werden, als Kinder geben (vgl. Riley 2004). Zu Beginn des 21. Jahrhunderts pendelte sich der jährliche Zuwachs der Weltbevölkerung, der in den 1990er-Jahren noch bei 100 Mio. gelegen hatte, bei 85 Mio. (oder rund 240.000 pro Tag) ein. Er entspricht damit in einem einzigen Jahr immer noch der Bevölkerung von Deutschland. Nichtsdestoweniger verrät das Gerede über die „Bevölkerungsexplosion" ein gehöriges Maß an Unkenntnis über die bereits erkennbaren Entwicklungstrends. Die Demografen stellen allerdings mit einiger Besorgnis fest, dass die Fertilitätsraten nicht so stark gesunken sind, wie sie noch vor einigen Jahren errechnet und erhofft hatten.

Die Prognosen der *UN-Population Division* (u. a. 2002) und verschiedener Bevölkerungswissenschaftler schwanken zwischen Extremen nach oben und unten (*Worst-Case-* und *Best-Case-*Szenarien aufgrund verschiedener Annahmen), pendelten sich aber auf einer mittleren Variante der höchsten Wahrscheinlichkeit ein: Sie sagen bis Mitte des Jahrhunderts (2050) nach neuesten Prognosen ein Anwachsen auf rund 9,5 Mrd. Menschen und dann – im Unterschied zu früheren Hochrechnungen, die von einem exponentiellen Wachstum bis 12 Mrd. ausgingen – ein allmähliches Absinken bis Ende des Jahrhunderts voraus. Während die *UN-Population Division* in ihren mittelfristigen Prognosen neben sinkenden Fertilitätsraten auch die Auswirkungen von AIDS einkalkulierte, liegen die Prognosen des in Washington ansässigen *Population Reference Bureau* höher, weil es die Fähigkeit vieler Entwicklungsländer und Bereitschaft der Staatengemeinschaft infrage stellte, genügend Programme zur Familienplanung zu finanzieren. Die von der *UN-Population Division* wiederholt durchgeführten Revisionen ihrer Zahlenwerke sind aufschlussreich, weil teilweise kurzfristige demografische Entwicklungen zur Korrektur von Langzeitprognosen zwangen. Das generative Verhalten, das von vielen Faktoren beeinflusst wird, folgt nicht immer der mathematischen Logik von Hochrechnungen.

Bei allen Prognosen spielt die Berechnung der Fertilitätsraten eine zentrale Rolle. Wenn die heutigen Fertilitätsraten in den Entwicklungsländern konstant blieben, würde die Weltbevölkerung bis 2050 auf 12,7 Mrd. und bis zum Ende des Jahrhunderts sogar auf 16,6 Mrd. anwachsen. Aber sie bleiben nicht konstant, sondern sinken stetig. Die von der *Stiftung Weltbevölkerung* auf der Basis von Daten der *UN-World Population Prospects* (2010) dargestellte Entwicklung der Fertilitätsraten bis zum Ende des 21. Jahrhunderts ging davon aus, dass sich die Fertilitätsraten auch in den LLDCs allmählich dem globalen Durchschnitt annähern. Diese in Abbildung II/8 dargestellte Prognose widerspricht demografischen Horrorszenarien, kommt aber an den Stammtischen, die nicht gegen rassistische Volksweisheiten gefeit sind, nicht an.

8.3 Armut als Akzelerationsfaktor

Wie so oft in der Analyse von Entwicklungsprozessen täuschen auch demografische Durchschnittswerte über global und regional sehr unterschiedliche Entwicklungen hinweg. Der jährlich von der UNFPA vorgelegte *Weltbevölkerungsbericht* belegt ein regional höchst ungleich verteiltes Wachstum der Weltbevölkerung, aber nicht nur zwischen Norden und Süden, sondern auch innerhalb des Südens und hier wiederum zwischen Ländergruppen auf unterschiedlichem Entwicklungsniveau, sowie zwischen ländlichen Gebieten und explodierenden Städten. Inzwischen lebt bereits die Hälfte der Weltbevölkerung in Städten unterschiedlicher Größe.

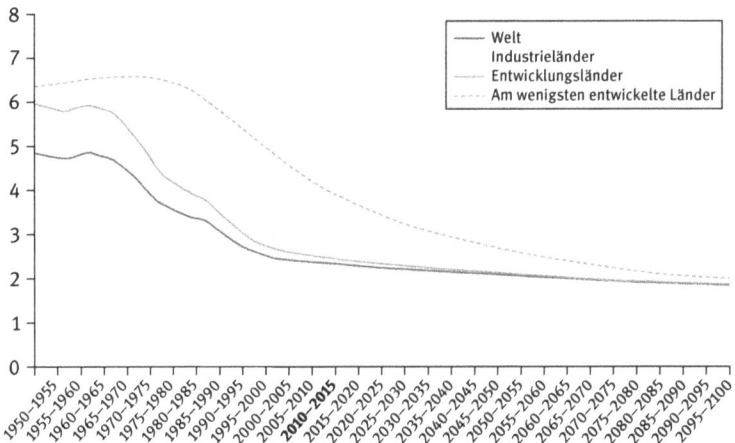

Abbildung II/8: Bevölkerung und Fertilität (Anzahl der Kinder pro Frau) (Grafik: Stiftung Weltbevölkerung; Quelle: Vereinte Nationen, World Population Prospects: The 2012 Revision, 2013)

Das für die Entwicklungspolitik entscheidende Faktum ist, dass das „demografische Gewicht" der Entwicklungs- und Schwellenländer stetig zunimmt: Hier wird im 21. Jahrhundert zu 99 % das Wachstum der Weltbevölkerung stattfinden, während die Bevölkerung der OECD- und GUS-Länder schrumpft und zunehmend altert – und der existentielle Bedarf an Zuwanderung aus anderen Weltregionen wächst (siehe Kapitel 9). Die Tabelle II/8 über das Bevölkerungswachstum in ausgewählten Regionen und Ländern belegt mit Zahlen, wo die Entwicklungspolitik besonders gefordert ist: Mehr als zwei Drittel des bis zur Jahrhundertmitte vorausgesagten Wachstums der Weltbevölkerung werden allein in den beiden sprichwörtlichen Armutsregionen des subsaharischen Afrika und Südasien stattfinden. Im subsaharischen Afrika, wo der Anteil der Bevölkerung unter 15 Jahren am höchsten ist, wächst die Bevölkerung sogar doppelt so schnell wie in Asien und Lateinamerika. Der Anteil der Bewohner Afrikas an der Weltbevölkerung wird bis 2050 von derzeit rund 14 % auf 21 % anwachsen, der Anteil der Europäer dagegen von 11 % auf 7 % sinken. Hier entsteht schon aus demografischen Gründen eine andere Welt und deren demografische Dreiteilung mit wachsenden, schrumpfenden und einigermaßen ausbalancierten Teilwelten.

Die in den ärmsten Entwicklungsländern (LLDC) lebende Bevölkerung wird sich nahezu verdreifachen. Indien wird in der Bevölkerungsgröße China, Äthiopien die Russische Föderation, Nigeria den ganzen GUS-Raum und das bettelarme Afghanistan das reiche Deutschland überholen – falls sich das unberechenbare generative Verhalten nicht überall so schnell verändern sollte wie beispielsweise in den „katholischen Ländern" Italien und Spanien oder in den fernöstlichen Schwellenländern, die gleichermaßen die Kausalität zwischen Entwicklung und Bevölkerungswachstum belegen.

Was in Prognosen, wie sie Tabelle II/7 enthält, so gesichert erscheint, ist keineswegs gesichert. Dies gilt auch für die Prognosen der UN-Population Division zum

Tabelle II/7: Regionale Verteilung der Weltbevölkerung in 2008 und 2050 (DSW-Datenreport 2008)

	2008 in Mio.	in %	2050 in Mio.	in %
Asien	4052	60,43	5427	8,03
Afrika	967	14,42	1932	20,66
Lateinamerika	577	8,61	778	8,32
Nordamerika	338	5,0	480	5,13
Europa	736	10,98	685	7,33
Ozeanien	35	0,52	49	0,53

globalen Bevölkerungswachstum bis zur Jahrhundertmitte. Hier erzeugte ein im Jahr 2012 veröffentlichter Bericht des norwegischen Zukunftsforschers Jorgen Randers an den *Club of Rome* erhebliche Verunsicherung und bei Demographen viel Kritik. Der Wirtschaftsjournalist Philip Plickert attackierte in der FAZ (vom 08.05.2012) die „unsinnige Prognose des Club of Rome". In manchen Talkshows ereiferten sich Statistiker und Demografen in ähnlicher Weise, weil nicht sein kann, was nach dem Glauben der Epigonen von Malthus nicht sein darf – und hier handelt es sich mehr um einen Glaubensstreit denn um überprüfbare Folgerungen aus einigermaßen gesicherten Erkenntnissen. Randers prognostizierte, dass das Wachstum der Weltbevölkerung schon im Jahr 2042 mit 8,1 Mrd. seinen Höhepunkt erreichen, also wesentlich geringer ausfallen wird als von den Statistikern der Vereinten Nationen hochgerechnet wird. Randers führte diese Entwarnung auf den tiefgreifenden sozioökonomischen und soziokulturellen Wandel in den rasch wachsenden Städten zurück: auf die hier zu erwartenden Verbesserungen des Bildungs- und Gesundheitswesens, leichtere Zugänge zu Aufklärung und Verhütung sowie den Aufbau von Systemen der Altersfürsorge, die den Zwang vermindern, zur Existenzsicherung viele Kinder in die Welt zu setzen.

Die Visionen des Zukunftsforschers Randers zum Zustand der Welt im Jahr 2052 waren zwar heftig umstritten, weil ihm Statistiker grobe Rechenfehler und vage Mutmaßungen über menschliches Verhalten unterstellten, aber sie lieferten doch einen Beleg, dass die Horrorszenarien zur drohenden „Bevölkerungsexplosion" nicht auf gesicherten Erkenntnissen beruhen. Rainer Münz/Albert F. Reiterer (2009) leiteten zwar aus den erkennbaren Trends der Geburten- und Fertilitätsraten nicht die von Randers gefolgerte Entwarnung ab, aber auch sie kamen zu der mit Trenddaten untermauerten Vermutung, dass das Wachstum der Weltbevölkerung in der zweiten Hälfte der 21. Jahrhunderts zum Stillstand kommen und nicht das gelegentlich auch an die Wand gemalte *Worst-Case*-Szenario von rund 21. Mrd. Menschen erreichen wird. Diese Vermutung ist vorsichtiger, dennoch überzeugender als ein aus der suggestiven „*Malthasianischen Katastrophe*" abgeleitetes Katastrophenszenario. Zwar könnte die von Stephen Emmott gezogene Schallmauer von 10 Mrd. Menschen vor dem dann aus Gründen, die Jorgen Randers benannte, zu erwartenden Stillstand oder gar Rückgang der Weltbevölkerung erreicht werden. Dies bedeutet aber nicht, dass die Menschheit nicht mehr zu retten sei, weil sie sich – so Emmott – inzwischen durch ihre Fruchtbarkeit selbst zerstört habe. Sie hätte genügend Potenziale zum Überleben, zunächst aber auch zur Vermeidung des demografischen Überlebensrisikos, das in der Konstruktion der „Weltrisikogesellschaft" noch gar nicht als solches auftauchte.

Tabelle II/8: Bevölkerungswachstum bis 2050 in Weltregionen und ausgewählten Ländern (Weltbevölkerungsbericht 2009)

Regionen/Länder	Bevölkerung in Mio.			Wachstumsrate in %	Fertilitätsrate	Bevölkerung unter 15 J. (in %)
	2009	2025	2050			
Afrika	999	1385	1994	2,4	4,8	41
Sub-Sahara-Afrika	836	1184	1754	2,5	5,3	43
Nordafrika	205	257	316	1,9	3,0	33
– Ägypten	79	99	122	1,9	3,0	33
Westafrika	297	420	623	2,7	5,5	44
– Nigeria	152	207	285	2,6	5,7	45
– Ghana	24	32	45	2,1	4,0	40
– Niger	15	27	58	3,9	7,4	49
Ostafrika	313	455	682	2,6	5,4	44
– Äthiopien	83	113	150	2,7	5,3	43
– Kenia	39	56	84	2,7	4,9	42
– Tansania	44	67	109	2,3	5,3	45
– Mauritius	1,3	1,4	1,5	0,7	1,7	23
Südliches Afrika	58	63	68	0,9	2,8	33
– Südafrika	51	54	57	0,8	2,7	32
Zentralafrika	125	189	306	2,8	6,1	45
– DR Kongo	69	110	189	3,1	6,5	47
– Angola	17	26	43	2,7	6,6	46
– Kamerun	19	25	35	2,3	4,7	42
Lateinamerika	580	668	724	1,4	2,3	30
– Brasilien	191	212	215	1,0	2,0	28
– Argentinien	40	46	51	1,0	2,4	26
– Mexiko	110	123	129	1,6	2,3	32
– Chile	17	19	21	1,0	1,9	25
– Kuba	11	11	10	0,3	1,6	18
Südasien	1726	2148	2624	1,7	2,8	32
– Indien	1171	1444	1748	1,6	2,7	32
– Pakistan	181	246	335	2,3	4,0	38
Südostasien	597	712	827	1,4	2,5	29
– Indonesien	243	292	343	1,5	2,5	29
– Thailand	68	73	73	0,6	1,8	22
Ostasien	1564	1704	1633	0,5	1,6	19
– China	1331	1476	1437	0,5	1,6	19
– Südkorea	49	49	42	0,4	1,2	17
Osteuropa	295	278	243	-0,2	1,5	15
– Russland	142	133	117	-0,3	1,5	15
– Ukraine	46	42	35	-0,5	1,4	14

Tabelle II/8: Bevölkerungswachstum bis 2050 in Weltregionen und ausgewählten Ländern (Weltbevölkerungsbericht 2009) *(Fortsetzung)*

Regionen/Länder	Bevölkerung in Mio.			Wachstumsrate in %	Fertilitätsrate	Bevölkerung unter 15 J. (in %)
	2009	2025	2050			
– Polen	38	37	32	0,1	1,4	15
Westeuropa	189	192	189	0,1	1,6	16
– Deutschland	82	80	71	-0,2	1,3	14
– Frankreich	63	66	70	0,4	2,0	18
Nordamerika	341	395	481	0,6	2,0	20
– USA	307	357	439	0,6	2,1	20
Industrieländer	1232	1282	1318	0,2	1,7	17
Entwicklungsländer	5578	6805	8103	1,4	2,7	30
– ohne China	4246	5329	6666	1,7	3,1	33
Welt	6810	8087	9421	1,2	2,6	27

Nicht weniger dramatisch als in den genannten Ländern ist das Bevölkerungswachstum in vielen kleineren Ländern (wie Palästina, Burkina Faso, Niger, Ruanda), wo schon heute die Ressourcenknappheit ein Existenzproblem darstellt, das nur durch Migration entschärft werden kann. Dagegen wird sich im Südlichen Afrika AIDS in fataler Weise auf die Bevölkerungsentwicklung auswirken. Aber die Demografen haben erkannt, dass AIDS durch den Verlust produktiver Altersgruppen zwar Entwicklung behindert, aber keinen wesentlichen Rückgang des Bevölkerungswachstums bewirkt. Anders als in Indien und China, wo eine gezielte Armutsbekämpfung die Quote der „extrem Armen" deutlich verringerten, belegen die Zwischenbilanzen des MDG-Projekts, dass im subsaharischen Afrika die Zahl der Hungernden wieder angestiegen ist und die Kinder- und Müttersterblichkeit die Zielvorgaben weit verfehlten.

Zwar gibt es auch eine wachsende Zahl von großen und kleinen Entwicklungsländern neben dem bevölkerungspolitischen Sonderfall China, die aufgrund eines deutlichen Rückgangs der Geburten- und Fertilitätsraten den Optimismus der *UN-Population Division* nähren, dass sich die Fertilitätsrate einem weltweiten Durchschnitt von 1,85 Kindern pro Frau annähern und damit sogar unter die weltweite Reproduktionsrate fallen könnte. Manche Demografen erwarten sogar, dass Italien mit seiner auf 1,28 gesunkenen Fertilitätsrate der übrigen Welt irgendwann in ferner Zukunft den Weg in die demografische Zukunft weisen könnte. Sie leiten diese Möglichkeit aus dem weltweit wirksamen sozialen und kulturellen Wandel ab, in dem sich vor allem die Emanzipation der Frauen auf das generative Verhalten aller Gesellschaften auswirken könnte (vgl. Pearce 2002).

Solchen langfristigen Erwartungen stehen jedoch bis zur Mitte des Jahrhunderts noch das Phänomen des „demografischen Übergangs" und die Herkulesaufgabe gegenüber, bis dahin mindestens rund zwei Mrd. mehr Menschen mit dem Lebensnotwendigen zu versorgen. Und dann wird nicht so sehr das Wachstum, sondern die Überalterung der Weltbevölkerung das „Bevölkerungsproblem" ausmachen. China wird mit diesem Überalterungsproblem schon vorher konfrontiert sein (vgl. Riley 2004). Die sicherheitspolitische Denkfabrik des CSIS (*Center for Strategic and International Studies*) entwickelte einen *Aging Vulnerability Index*, der in der Überalterung der OECD-Länder bereits ein sicherheitspolitisches Problem entdeckte. Auch Armeen könnten dann Rekrutierungsprobleme bekommen. Die auf die „Bevölkerungsexplosion" fokussierte Debatte blendet in ihrer Fixierung auf kurz- und mittelfristige Trends solche langfristigen Trends aus. Allerdings sind die potenziellen Rekrutierungsprobleme von Armen weniger besorgniserregend als das Rekrutierungs- und Finanzierungsproblem von Pflegekräften.

8.4 Mehr Menschen verbrauchen mehr Ressourcen

Mehr Menschen erhöhen den Druck auf die natürlichen Ressourcen. Seit dem Bericht des *Club of Rome* von 1972 über die „Grenzen des Wachstums" gilt deshalb nicht so sehr das Ernährungsproblem, sondern das Umwelt- und Ressourcenproblem als schwerwiegendstes Folgeproblem des hohen Bevölkerungswachstums. Es gibt also neben der ökonomischen auch eine ökologische Bevölkerungsfalle. Klaus Leisinger (1999), der langjährige Leiter der *Novartis Foundation for Sustainable Development* (und Verteidiger der Gentechnik), hat aufgezeigt, wie nachhaltige Entwicklung unter Bedingungen des *„Sahel-Syndroms"* mit hohem Bevölkerungswachstum und Überlastung der natürlichen Ressourcen erschwert wird. Armutsgruppen sind nicht nur besonders verwundbare Opfer des globalen und regionalen Klimawandels, sondern notgedrungen auch Täter der Umweltzerstörung. Er machte zwei Bevölkerungsgruppen für den Großteil der ökologischen Belastungen des Planeten verantwortlich: die reichste Milliarde Menschen wegen ihrer Fähigkeit, Ressourcen zu verbrauchen und Abfall zu erzeugen, und die ärmste Milliarde von absolut Armen, weil sie einen Teil ihrer ohnehin knappen Ressourcen aus schierer Not und aus Mangel an Alternativen übernutzen müssen. Es entbehrt nicht der Heuchelei, wenn die größten Umweltsünder vor dem ökologischen Kollaps durch die Vermehrung der Armen warnen, aber selbst nicht bereit sind, ihr ökologisches Katastrophenmodell infrage zu stellen. Bis heute waren und sind es immer die anderen, die Probleme schaffen.

Gemessen am Verbrauch an Energie und nicht erneuerbaren Ressourcen sowie an Schadstoffemissionen, die zum globalen Klimawandel beitragen, ist die Frage, wer zuviel auf Erden ist, nicht an die rund sechs Mrd. Menschen in den Entwicklungsländern, sondern zunächst an die 1,2 Mrd. Menschen in den Industrieländern zu richten. Aus der Warte der globalen Nachhaltigkeit wiegt hier ein Geburtenzuwachs von 0,5 % zwei- bis dreimal schwerer als der Zuwachs von 2,5 % in den LLDC. Dem Konsum der 500 Mio. reichsten Menschen ist etwa die Hälfte der Treibhausgase anzulasten. Deshalb muss eine planetarische Ethik die Frage stellen: Wer entwickelt den Norden? *Klaus Leisinger* (1993: 22) gab die folgende überzeugende Antwort auf die Frage „Wie viele Menschen sind zuviel?":

Ohne die Veränderung unserer Denk- und Verhaltensweisen, ohne „biophile" handlungsleitende Werte in bezug auf unsere Energieverbrauchs-, Resourcennutzungs- und Abfallstile klingt eine von uns geführte bevölkerungspolitische Debatte hohl und heuchlerisch. Für eine tragfähige Entwicklung auf dem gesamten Planten bringt ein Kurswechsel im Umweltverhalten der reichen Minderheit mindestens eben soviel wie Bevölkerungspolitik mit dem Ziel sinkender Geburtenraten in den armen Ländern – kurzfristig sicher sogar mehr. Nachhaltige Entwicklung wird deshalb nicht nur eine Senkung des Bevölkerungswachstums in der Dritten Welt erforderlich machen, sondern globale Veränderungen in den wirtschaftlichen, sozialen und politischen Strukturen sowie veränderte Denk- und Verhaltensweisen bei den Menschen in den Industrieländern.

Die „Tragfähigkeit der Erde" hängt also von vielen Faktoren ab: natürlich auch von der Größe der Weltbevölkerung, aber auch von Lebensstilen und Konsummustern, von technologischen Innovationen und Produktivitätsfortschritten, von der Art und Weise des Ge- und Verbrauchs von Ressourcen. Nicht so sehr die Natur, sondern menschliches Verhalten begrenzt die Tragfähigkeit der Erde. Die *Süddeutsche Zeitung* (vom 26.09.2009) brachte das Problem auf den Punkt: „Würden alle wie die Europäer essen, bräuchte man drei Planeten, um die Menschheit zu ernähren." Der *Living Planet Report 2014* bestätigte und bekräftigte diese journalistische Nachricht.

Der Bevölkerungsdruck erhöht auch die Gefahr inner- und zwischenstaatlicher Ressourcenkonflikte. Die Massaker in Ruanda und Burundi konnten wie eine Bestätigung des Verelendungsgesetzes von Malthus erscheinen, weil sich hinter den vordergründigen „Stammeskonflikten" Verteilungskonflikte in überbevölkerten Kleinstaaten austobten. Der Bestseller-Autor Paul Kennedy (1993) entdeckte in der Konflikthaftigkeit der „Bevölkerungsexplosion" sogar eines der größten Sicherheitsprobleme des 21. Jahrhunderts. Viele Studien über den Zusammenhang zwischen Bevölkerungswachstum, Klimawandel und Armut ließen aufgrund der zu erwartenden Ressourcenverknappung auf das Anwachsen eines Konfliktpotenzials schließen. Allerdings haben diese Studien auch zutage gefördert, dass nicht allein das Bevölkerungswachstum für die befürchteten Konflikte verantwortlich gemacht werden kann, sondern weitere Krisenfaktoren (mangelnde Vorsorge, latente ethnische Spannungen, vor allem die „strukturelle Gewalt" von Ungleichheit und Marginalität) in Erklärungen von Konfliktpotenzialen einbezogen werden müssen. Das hohe Bevölkerungswachstum ist nur Teil einer strukturellen Entwicklungskrise.

8.5 Lehren aus bevölkerungspolitischen Erfahrungen

Die Industrieländer leiden zunehmend an einer Alterssklerose ihrer Gesellschaften, weil ihr wachsender Wohlstand mit sinkenden Geburtenraten einherging. Aber auch in den fernöstlichen Erfolgsländern bewirkte die Wohlstandsmehrung schnelle Veränderungen des generativen Verhaltens. Welche entwicklungs- und bevölkerungspolitischen Lehren sind aus dieser Geschichte zu ziehen?
1. Weder allein das steigende Pro-Kopf-Einkommen noch allein Programme zur Geburtenkontrolle führen zu Veränderungen des generativen Verhaltens. Der

Teufelskreis von Armut und hohem Bevölkerungswachstum kann nur durchbrochen werden, wenn die Rezepte an mehreren Punkten ansetzen: vor allem bei der Verbesserung des Gesundheitswesens zur Absenkung der Kindersterblichkeit, bei der Anhebung des Bildungsniveaus, besonders bei Frauen, und beim Zugang zu Verhütungsmitteln, der die hohe Zahl von ungewollten Schwangerschaften verringern könnte. Die Statistiken zeigen einen eindeutigen Zusammenhang zwischen der Verbesserung der Sozialindikatoren (Lebenserwartung bei Geburt, Kindersterblichkeit und Alphabetisierungsrate) und dem Absinken des Bevölkerungswachstums. Weil sie in den Städten relativ besser sind als auf dem Land, sind die Fertilitätsraten in den Städten deutlich niedriger. In Kenia lag das Verhältnis im Jahr 2008 bei 5,2 zu 2,9 Kindern pro Frau.

2. Gleichzeitig belegen die Daten eine Korrelation zwischen guten Sozialindikatoren und dem Gebrauch von Verhütungsmitteln. Warum in den Entwicklungsländern in den letzten drei Jahrzehnten die Kinderzahl je Paar von 5,4 auf 2,9, in den LLDC aber nur von 6,6 auf 5,1 zurückgegangen ist, ist auch (aber keineswegs allein) der Familienplanung zu verdanken. Warum im subsaharischen Afrika nur jede zehnte Frau eine Form der Verhütung praktiziert, hat mit ihrer niedrigen Alphabetisierungsrate und Aufklärung, aber auch mit ihrem begrenzten Zugang zu Gesundheitseinrichtungen und Verhütungsmitteln zu tun. Viele Untersuchungen haben gezeigt, dass mit steigendem Bildungsstand die Kinderzahl sinkt und die Akzeptanz der Familienplanung zu einer gesellschaftlichen Norm wird. Hier liegt auch der Grund, warum der Zukunftsforscher Jorgen Randers (s. u.) in der raschen Urbanisierung die Chance erkannte, dass das Wachstum der Weltbevölkerung schon vor der Jahrhundertmitte seinen Höhe- und Wendepunkt erreichen kann.

3. Die Geschichte der Industrie- und Schwellenländer belegt einen Zusammenhang zwischen steigendem Wohlstand und sinkenden Geburtenraten. In der fernöstlichen Wachstumsregion ist das Bevölkerungswachstum schon in den 1980er-Jahren auf 1,6 % pro Jahr und bis Anfang des 21. Jahrhunderts sogar auf 0,5 % gesunken – allerdings auch mithilfe der rigorosen chinesischen Bevölkerungspolitik. Lehrreich sind auch einige Einzelbeispiele: Das jährliche Bevölkerungswachstum im Schwellenland Südkorea ist seit den 1970er-Jahren von 1,8 % auf inzwischen 0,4 % gesunken, in Thailand in demselben Zeitraum von 2,7 % auf 0,6 %. In diesen beiden spektakulären Fällen war der wirtschaftliche Fortschritt von einfallsreichen Programmen zur Geburtenkontrolle begleitet. Im afrikanischen Schwellenland Mauritius lag das Bevölkerungswachstum in den 1950er-Jahren noch bei 4 % und verringerte sich nach dem Wirtschaftswunder in den 1980er-Jahren und dank eines entwickelten Bildungs- und Gesundheitswesens inzwischen auf 0,7 %. Mauritius ist allerdings nur geografisch und regionalpolitisch ein afrikanisches und kulturell ein von den ehemaligen indischen Kontraktarbeitern auf den kolonialen Zuckerplantagen geprägtes Land.

4. Aus demografischer Sicht ist Indien das Problemland Nr. 1, obwohl auch hier der Wirtschaftsboom und das Wachstum gebildeter Mittelschichten, die sich an westlichen Standards orientieren, das Bevölkerungswachstum abzubremsen be-

gannen. Der Staat organisiert landesweite Sterilisierungsprogramme, an denen im Jahr 2015 rund 1 Mio. Personen, vorwiegend Frauen, teilnahmen, wobei der Freiwilligkeit durch minimale Belohnungen (in Höhe von rund 15 Euro) nachgeholfen wurde. Dennoch wird seine Bevölkerung bis zur Jahrhundertmitte auf rund 1,7 Mrd. anwachsen. Es gibt innerhalb Indiens ein Beispiel, das belegt, dass das Bevölkerungswachstum auch unter Bedingungen der Armut, aber bei Resten von matriarchalischen Familienstrukturen und mithilfe einer frauenfreundlichen Sozialpolitik, weit unter den nationalen Durchschnitt gedrückt werden kann. Der Bundesstaat Kerala, dessen Pro-Kopf-Einkommen deutlich unter dem nationalen Durchschnitt liegt, hat dennoch die höchste Alphabetisierungsrate unter Frauen und die niedrigste Säuglingssterblichkeit. Dazu beigetragen hat auch eine sozialistische Landesregierung, die 60 % des Haushalts für das Bildungs- und Gesundheitswesen aufwendet. Manche Landeskenner erkennen allerdings einen weiteren Grund auch in der armutsbedingten Migrationshäufigkeit von Frauen und Männern, die Familiengründungen nicht fördert. Dieses Beispiel weist dennoch den Weg, wie das Bevölkerungswachstum auch unter den Bedingungen von Massenarmut verringert werden kann – und verleiht den Handlungsempfehlungen der Kairoer *Weltbevölkerungskonferenz* von 1994, den sogenannten „*ICPD-Zielen*" (ICPD = *International Conference on Population and Development*), Nachdruck.

5. In den beiden bevölkerungsreichsten Staaten der Welt zeichnet sich bereits das Problem des Frauenmangels ab, das tief greifende Auswirkungen auf die Demografie, die Beziehungen zwischen den Geschlechtern und auf die staatliche Bevölkerungspolitik haben wird. In Indien führte das boomende Geschäft mit der Früherkennung des Geschlechts mittels Ultraschall dazu, dass dieser Methode der Stammhalterpflege und/oder der Mitgiftprophylaxe viele weibliche Föten zum Opfer fielen. Auch in China ist mit den unerwünschten Folgen seiner teilweise rabiaten und inzwischen gelockerten Ein-Kind-Politik konfrontiert, weil der erwünschte Stammhalter immer häufiger auf die schwierige Suche nach einer der überlebenden unerwünschten Gefährtinnen gehen muss. Junge Frauen werden inzwischen nicht selten aus den Nachbarländern angeworben, gelegentlich auch entführt.

Im Jahr 2008 lag in China bei Neugeborenen das Verhältnis von Jungen zu Mädchen bereits bei 119 zu 100, in der südlichen Provinz Hainan bei 130 zu 100. In Indien lag das Verhältnis im nationalen Durchschnitt bei 113 zu 100, in der Hauptstadt Neu Delhi und in Punjab aber bei 125 zu 100, also dort, wo die inzwischen illegalisierten Ultraschall- und Abtreibungsbetriebe florieren. Der renommierte *Canadian Medical Association Journal* prognostizierte, dass es schon in zwei Jahrzehnten in großen Teilen Chinas und Indiens 10 bis 20 % mehr Männer als Frauen geben wird. Über die gesellschaftlichen Folgen eines solchen Szenarios gibt es bereits furchterregende Vorahnungen und Vorboten, wie die Häufung von Vergewaltigungen, die das positive Image des friedfertigen Gandhi-Landes Indien erheblich beschädigten. Die vom Biologen Paul Ehrlich

(1968) favorisierte „Geburtenziffern-Lösung" zur Begrenzung des Bevölkerungswachstums kann diese unerwünschten Folgen haben.

8.6 Die ICPD-Ziele und MDGs bedingen sich wechselseitig

Das Aktionsprogramm der ICPD gab zwingende Hinweise, was nationale Regierungen und internationale Entwicklungsagenturen zur wirksamen Eindämmung des Bevölkerungswachstums tun müssten:
- die Bekämpfung der Massenarmut und höhere Investitionen in die soziale Entwicklung, was für die Entwicklungspolitik eine gezielte Armutsorientierung bedeuten würde, wie sie die MDGs forderten;
- die Verbesserung der Bildungschancen und der Gesundheitsfürsorge, vor allem gezielte gesundheitspolitische Maßnahmen zur Verringerung der Kindersterblichkeit; also den flächendeckenden Ausbau von Basisgesundheitsdiensten und Beratungszentren für die Familienplanung zur Sicherung der *reproduktiven Gesundheit*;
- eine bessere Sexualaufklärung in den Schulen, verbunden mit dem Zugang zu Verhütungsmitteln, um eine hohe Zahl von „Baby-Schwangerschaften" von sehr jungen Mädchen zu verringern;
- den Ausbau sozialer Sicherungssysteme, die den Zwang vermindern, möglichst viele Kinder zur Alterssicherung in die Welt zu setzen;
- vor allem verstärkte Programme zur Frauenförderung, um die soziale Lage und Selbstbestimmung der Frauen zu verbessern. Alle bevölkerungspolitischen Strategien setzen auf die verändernde Rolle und Kraft der Frauen, auf ihr *Empowerment*. Der *Weltbevölkerungsbericht 2008* forderte nachdrücklich eine Stärkung der Frauenrechte, um die Verwirklichung der MDGs voranzubringen. Die Berichte über die Ursachen des Hungers brachten in Erinnerung, dass vor allem Frauen für die Ernährungssicherung und das Überleben ihrer Familien sorgen.
- Notwendig sind schließlich größere finanzielle Aufwendungen für bevölkerungspolitische Maßnahmen. Gefordert sind zunächst die Entwicklungsländer selbst, aber auch die Industrieländer. Ihr Geld brauchen der *UN-Bevölkerungsfonds* (UNFPA) und private Organisationen wie die *International Planned Parenthood Foundation* oder die *Deutsche Stiftung Weltbevölkerung* (DSW). Aber alle Warnungen vor den Gefahren der „Bevölkerungsexplosion" konnten z.B. die Bush-Administration nicht davon abhalten, unter dem Druck konservativer Gegner der Geburtenkontrolle die Mittel für den UNFPA zu kürzen. Dann allerdings bekommt die Prognose, dass die Weltbevölkerung bis zur Jahrhundertmitte auf 9,5 Mrd. Menschen ansteigen könnte, weil die erforderlichen Mittel für die Familienplanung fehlen, höhere Wahrscheinlichkeit.

Die Schlussfolgerung lautet: Wer Angst vor der Fruchtbarkeit der Armen hat, muss mehr gegen die Armut tun. „Kairo + 10" konnte zehn Jahre nach der spektakulären

Weltbevölkerungskonferenz (ICPD) in Kairo einige Erfolge, musste aber auch erhebliche Misserfolge bei der Annäherung an die ICPD-Ziele registrieren. Diese Misserfolge waren vor allem den mangelnden Fortschritten bei der Armutsbekämpfung anzulasten. Malthus hatte noch zu seinen Lebzeiten seinen Irrtum korrigiert, dass Armenhilfe die Vermehrung der Armen fördere. „Laissez mourir" hält bevölkerungspolitisch nicht, was es verspricht. Dies gilt auch für die trügerische Hoffnung, dass AIDS wie die Myxomatose bei Kaninchen zum Problemlöser werden könnte. Nur im südlichen Afrika wird diese menschliche Katastrophe das Bevölkerungswachstum abbremsen, allerdings mit fatalen Folgen für die Entwicklungsfähigkeit der betroffenen Gesellschaften. Bevölkerungs- und umweltpolitisch hält auch nicht, was die Initiative „*No Kids*" verspricht, nämlich durch den Verzicht auf Kinder den Druck auf die weltweit verfügbaren Ressourcen zu verringern.

8.7 Das „Jahrhundert der Städte"

Nach UN-Daten hat sich im letzten halben Jahrhundert die Zahl der Stadtbewohner/-innen weltweit mehr als verdreifacht. Ihr Anteil an der wachsenden Weltbevölkerung ist auf über 50 % angewachsen. Zwei Drittel dieser sowohl vom eigenen Bevölkerungswachstum als auch von der Landflucht genährten Verstädterung fanden in den Entwicklungsländern statt. Es gibt gute Gründe, warum sowohl der *Weltbevölkerungsbericht 2007* als auch der *Weltentwicklungsbericht 2009* die Verstädterung der Welt zum Thema machten. Urban Governance wurde als eine neue entwicklungspolitische Aufgabe entdeckt, weil Städte soziale Brennpunkte bilden und die Regierbarkeit von Staaten auf die Probe stellen. Nach UN-Prognosen werden in der Mitte des Jahrhunderts zwei von drei ErdenbürgerInnen in Städten leben. Von den 23 Megastädten mit über 10 Mio. Einwohnern werden schon bald 19 im Süden liegen, die meisten in Asien, davon vier in Indien. In Bombay, Lagos, Dhaka, São Paulo, Karachi und Mexico City werden mehr Menschen leben als in New York oder London, allerdings mehrheitlich unter ganz anderen Lebensbedingungen, weil hier die Slumviertel schon heute unregierbare und von alltäglicher Gewalt beherrschte Monster bilden. Einige dieser von ausufernden Randbezirken eingerahmten Megastädte haben sich zu *Global Cities* entwickelt, die als Bank-, Industrie- und Dienstleistungszentren mit der Außenwelt stärker vernetzt sind als mit dem eigenen Hinterland. Sie sind Knotenpunkte der Globalisierung sowie der internen und internationalen Migration (vgl. Sassen 1996).

Wie in anderen Lebensbereichen sind auch bei der Urbanisierung die regionalen Unterschiede groß (siehe Abbildung II/9). Während in den Industrieländern, wo bereits drei Viertel der Bevölkerungen in Städten leben, der Urbanisierungsgrad nur noch langsam ansteigt, wird er vor allem in Regionen am schnellsten wachsen, wo er bisher noch relativ niedrig war: also in Asien und Afrika. Die Stadtbevölkerung Asiens wird sich voraussichtlich schon in den beiden nächsten Jahrzehnten verdoppeln. Auch die chinesischen Behörden konnten mit restriktiven Zuwanderungskontrollen die Landflucht nicht aufhalten und lockerten schrittweise die Einschränkungen der Freizügigkeit. Die Zahlen der Wanderarbeiter/-innen, die in den explodierenden Städten ein besseres Leben suchen und dabei Alte und Kinder in den aussterbenden Dörfern zurücklassen, schwanken zwischen 200 und sogar 250 Mio.

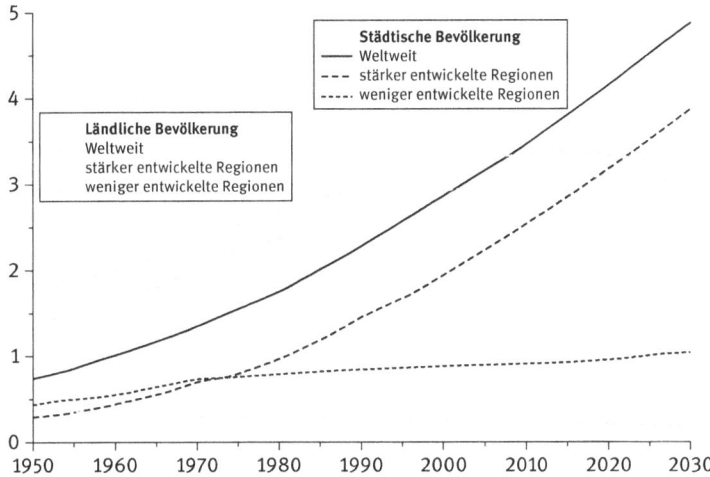

Abbildung II/9: Entwicklung der städtischen und ländlichen Bevölkerung (in Mrd.)
(UN Population Division 2000)

Karl Marx, auf den sich die Chefideologen der KP häufiger berufen als auf Mao, hätte diese industrielle Reservearmee im Wirtschaftswunderland zum Lumpenproletariat gezählt. Die Binnenmigration veränderte nicht nur im Eiltempo das quantitative Verhältnis zwischen Land- und Stadtbevölkerung, sondern bewirkte auch einen tief greifenden sozioökonomischen und soziokulturellen Wandel. Dessen Gewinner sind die neuen städtischen Mittelschichten, seine Verlierer Millionen von Bauern, die einmal in der maoistischen Revolutionsstrategie das „revolutionäre Subjekt" waren und sich nun häufig gegen die Willkür korrupter Bürokraten und Parteifunktionäre wehren, aber ihr Heil eher in der Wanderschaft denn in von Repression bedrohten revolutionären Aktionen suchen. Weltweit bildet die rasant nachholende Urbanisierung den Treibsatz für einen tiefgreifenden sozialen Wandel.

Am höchsten ist die Zuwachsrate in Afrika, wo vor allem mittlere und kleinere Städte schnell wachsen. Hier bildet Lagos, das vor einem halben Jahrhundert nur rund 300.000 Einwohner hatte und nach UN-Prognosen bis 2015 mit 23 Mio. zur drittgrößten Megastadt der Welt heranwachsen wird, den Prototyp einer von Elend, Anarchie und Gewalt geprägten Monsterstadt. Andererseits zeigt das subsaharische Afrika eine Besonderheit im Verstädterungsprozess: Obwohl sich hier die Stadtbevölkerung schon innerhalb von 15 Jahren verdoppeln wird, geht ihr Wachstum auch mit einem hohen Wachstum der Landbevölkerung einher (siehe Abbildung II/9). Auch in Lateinamerika haben die Megastädte aufgrund hoher Kriminalitätsraten und wachsender Luftver-

schmutzung an Attraktivität verloren. Stattdessen wachsen die mittelgroßen Städte. Die Hauptursachen für die ungeordnete Verstädterung sind die folgenden:
- Zuvörderst das Eigenwachstum der Stadtbevölkerungen aufgrund des von ihnen selbst erzeugten Geburtenüberschusses. Zwar ist in den Städten die durchschnittliche Kinderzahl je Frau geringer als auf dem Land, weil aber vor allem jüngere Menschen vom Land in die Städte ziehen, sorgt die jüngere Altersstruktur für ein höheres Eigenwachstum.
- Die Städte erzeugen Pull-Effekte, weil sie in der Regel trotz der mangelnden materiellen und sozialen Infrastruktur in ihren ausufernden Randbezirken bessere Zugänge zu Bildungs- und Gesundheitseinrichtungen und mehr Teilhabe am kulturellen, politischen und sportlichen Leben versprechen. Die „Stadtluft" befreit auch von der sozialen Kontrolle ländlicher Gemeinschaften, allerdings auch von deren Schutzfunktion.
- Die Pull-Effekte der Städte entstehen auch durch Push-Effekte des entwicklungspolitisch vernachlässigten Hinterlands, durch Defizite in der Versorgung mit sozialen Grunddiensten (Bildung, Gesundheit, Trinkwasser, Energie etc.), durch Verknappung des zur Ernährungssicherung verfügbaren Landes oder durch die miserable Entlohnung der landlosen Landarbeiter. Die Verlockungen der Städte sind jedoch größer als ihre Möglichkeiten, die Hoffnungen der Landflüchtlinge zu erfüllen. Zwar bieten sie eine bessere Versorgung mit Bildungs- und Gesundheitseinrichtungen und den Frauen mehr Chancen; sie sind Zentren des sozialen und kulturellen Wandels und der wirtschaftlichen Dynamik, die auch allerlei Beschäftigungsmöglichkeiten im formellen und informellen Sektor schafft. Aber diese Vorteile des Stadtlebens werden mit einer Reihe von negativen Begleiterscheinungen der Verslumung der Städte bezahlt, die in ihren häufig pompösen Geschäfts- und Verwaltungszentren verbergen, was dort geschieht, wo die Teerstraßen und häufig auch die Strom- und Wasserleitungen enden:
- Nach Erkenntnissen des *UN Centre for Human Settlements* (UNCHS) leben bereits 1 Mrd. Menschen, d. h. rund ein Drittel der Stadtbevölkerung in den Entwicklungsländern, in Slums mit sehr unterschiedlicher Lebensqualität. Und es sagt ein weiteres Wachstum der Verslumung mit allen negativen Begleiterscheinungen voraus.
- Häufig bestehen die Behausungen, in denen sich Großfamilien auf engstem Raum drängeln, nur aus Holzbrettern, Blechen oder Zeltplanen, die schweren Regenfällen und Stürmen nur schwer standhalten. Diese „Spontansiedlungen" werden meistens illegal auf privaten Grundstücken errichtet und sind deshalb nicht gegen gewaltsame Räumungsaktionen gefeit. Sie haben nur selten Anschlüsse an Wasserleitungen und müssen deshalb viel Geld für den Kauf von Wasserflaschen aufwenden. Weil sie auch nicht an die Kanalisation angeschlossen sind, wird Hygiene zu einem großen Gesundheitsproblem und zu einer massiven Beeinträchtigung der Lebensqualität. Deshalb forderte der seit Mai 2014 amtierende indische Ministerpräsident Narendra Modi von der hinduistischen BJP (*Bharatiya Janata Party*) ohne Rücksicht auf die religiösen Gefühle seiner Anhängerschaft,

den Bau von Toiletten dem Bau von Tempeln vorzuziehen, weil das Leben in vielen Städten von Fäkalien und unangenehmen Gerüchen gestört wird. In den Slums von Manila liegt die Kindersterblichkeit dreimal, die Erkrankung an Tuberkulose neunmal höher als in den besseren Wohnvierteln. Das Leben in den Slums verletzt elementare soziale Menschenrechte.
- In den Squatter-Siedlungen brechen traditionelle Solidarsysteme zusammen und es herrscht eine gnadenlose Konkurrenz um Gelegenheitsjobs. Die auf dem Land bestehenden Möglichkeiten der Subsistenzsicherung durch den Anbau von Nahrungsmitteln und durch Tierhaltung bestehen hier nicht mehr. Weil sich in den Slums auch die irreguläre Migration aus den Nachbarstaaten konzentriert, kam es wiederholt – wie in südafrikanischen Städten – zu ausländerfeindlichen Gewaltausbrüchen. Hier massakrierten Arme noch Ärmere.
- Die Armut und die Schwierigkeiten, existenzsichernde Arbeit zu finden, befördert die Prostitution und die Bildung von Banden, die unter der Regie von *Slumlords* ganze Viertel terrorisieren. Gewalt gehört dort zum Alltag, wo öffentliche Ordnung und Sicherheit weit entfernt sind. Die „besseren Viertel" verschanzen sich hinter hohen Mauern und unterhalten kleine Privatarmeen. „Das Wachstum der informellen Armutsviertel der Städte vollzieht sich oft außerhalb der administrativen Grenzen, fernab von administrativer Steuerung, Kontrolle und Legalität und stellt im Ergebnis die Regierbarkeit der Städte in Frage" (Fleisch 2001: 105 f.).
- Die Megastädte leiden unter schweren Umweltproblemen, einer gesundheitsgefährdenden Wasser- und Luftverschmutzung und unter stinkenden Müllhalden in Stadtnähe, auf denen Hunderttausende von Erwachsenen und Kindern zur notdürftigen Überlebenssicherung nach verwertbaren Resten suchen. Mit guten Gründen ist auch von einem „Mangel an Luft", d.h. einer Luft, die keine Gesundheitsrisiken erzeugt, die Rede. Was in vielen Großstädten des Südens, sei es in Mexiko-City, Lagos, Bangkok oder Beijing, in der Luft liegt, macht krank.

Dennoch schrecken diese Schattenseiten des Stadtlebens weitere Zuwanderung nicht ab, zumal die Medien rund um die Uhr nur seine Schokoladenseiten über das Land verbreiten. Der Verstädterungsprozess könnte zwar auch durch größere Investitionen in die ländliche Entwicklung nicht aufgehalten werden, zumal er größtenteils durch das Eigenwachstum der Stadtbevölkerung entsteht, aber zumindest könnten sie die Anreize für die Landflucht verringern, z.B. durch eine bessere Versorgung mit materieller und sozialer Infrastruktur und Förderung von ländlicher Kleinindustrie. Die internationale Entwicklungspolitik krankte immer unter einem „urban bias", der die Städte bevorzugte. Und die Regierungen wollten dort die Lebensbedingungen verbessern, wo sich am ehesten ein Protest- und Oppositionspotenzial organisieren kann, nämlich in den Hauptstädten.

Es gibt viele Folgewirkungen der schnellen Urbanisierung, sowohl positive als auch negative. Zu den ungeplanten Nebenwirkungen zählte der norwegische Zukunftsforscher Jorgen Randers (2012) in seinem bereits erwähnten Bericht an den *Club of Rome* die überraschende und von Demographen heftig kritisierte Prognose, dass das

Wachstum der Weltbevölkerung schon vor der Jahrhundertmitte mit 8,1 Mrd. seinen Höhe- und Wendepunkt erreichen wird – und zwar dank den Segnungen der Urbanisierung: nämlich durch Verbesserungen des Bildungs- und Gesundheitswesens, leichteren Zugang zu den Diensten der „reproduktiven Gesundheit" (Aufklärung, Verhütung und Abtreibung), den Aufbau einer Altersfürsorge, um den Zwang zu verringern, viele Kinder zum Überleben im Alter in die Welt zu setzen, schließlich durch einen tief greifenden soziokulturellen Wandel, der die Selbstbestimmung der Frauen fördert, sowie kollektive Einstellungen und soziale Verhaltensweisen verändert.

Karl Marx hatte sich in seinem scharfsinnigen Artikel über die „britische Herrschaft in Indien" (MEW, Bd. 9) über die modernisierungsfeindliche „Dorfidiotie" von indischen Dörfern ausgelassen, die er freilich nur vom Hörensagen kannte. Der soziokulturelle Wandel hat mit einigen Verzögerungen auch die Dörfer erreicht, aber die demografische Zukunft Indiens entscheidet sich vor allem in den aufgrund der Landflucht schnell wachsenden Städten. Und besonders hier entfaltet das Problem des Frauenmangels seine demografischen und gesellschaftlichen Wirkungen. Es wurde bereits erwähnt, dass in der Hauptstadt Neu Delhi bei Neugeborenen das Verhältnis von Jungen zu Mädchen im Jahr 2008 bei extrem unausgeglichenen 125 zu 100 lag. Hier und nicht so sehr beim Bevölkerungswachstum tickt eine Zeitbombe, die bisher in der aufgeregten Debatte über die „Bevölkerungsexplosion" kaum beachtet wurde.

8.8 Fazit: Es gibt Alternativen zu „Laissez mourir"

Wer Angst vor den Auswirkungen der „Bevölkerungsexplosion" und vor dem „globalen Marsch" hat, muss nach Möglichkeiten suchen, auf die Ursachen dieser Angst erzeugenden Szenarien steuernd einzuwirken. Über die Chancen einer solchen Krisenprävention bestehen jedoch erhebliche Kontroversen. Die Botschaft der in den 1990er-Jahren veranstalteten Weltkonferenzen war, dass sie Chancen hat, durch die Umsetzung ihrer im Konsens beschlossenen Aktionsprogramme das befürchtete Unheil abzuwenden. Auf dem Papier hat das auf ihnen versammelte Expertenwissen aus aller Welt Lösungen gefunden – aber eben nur auf dem Papier von voluminösen Aktionsprogrammen.

Wenn die Staatengemeinschaft und die einzelnen Staaten, im besonderen die Entwicklungsländer selbst, nur einen Teil der ICPD-Ziele und des Nachfolgeprogramms der MDGs verwirklichen würden, könnten sie mit der gezielten Bekämpfung der Armut nicht nur auf Hauptursachen des hohen Bevölkerungswachstums einwirken, sondern auch den existenziellen Zwang zur Migration über Kontinente hinweg verringern. Der strategische Ansatzpunkt für eine erfolgversprechende Bevölkerungspolitik heißt *Empowerment* der Frauen. Die Weltbank betont immer wieder, dass Investitionen in die Ausbildung von Mädchen die höchste volkswirtschaftliche Rendite abwerfen, weil sie auch das generative Verhalten beeinflussen und ungewollten Schwangerschaften vorbeugen können. Schuldzuweisungen an die Entwicklungspolitik, durch Bildungs- und Gesundheitsprogramme zur demografischen Überlastung des Planeten beigetragen zu haben, verwechseln Ursache und Wirkung.

Erfahrungsgemäß bewegt Angst vor Unheil mehr als alle Moral und Vernunft. Zu dieser Einsicht kamen schon viele politische Philosophen. Bedrohliche Fehlentwicklungen in der Weltgesellschaft sind trotz der naturgesetzlichen Eigendynamik des „demografischen Übergangs" kein unabwendbares Schicksal, sondern Herausforderungen für die internationale Politik, auch in den heutigen Armutsregionen das „Verelendungsgesetz" eines Thomas Robert Malthus auszuhebeln. Weder die Verharmlosung noch die Horrifizierung des „Bevölkerungsproblems" dienen dem Bemühen, durch den „Kairo-Prozess" ein Zukunftsproblem der Menschheit zu entschärfen. Wie Entwicklung und der soziokulturelle Wandel in relativ kurzer Zeit die Fertilitätsraten deutlich senken können, belegt die Bevölkerungsentwicklung in den fernöstlichen Erfolgsländern oder im indischen Bundesstaat Kerala. Sie bekräftigt das Erfolgsrezept: Weniger Menschen durch weniger Armut, mehr Bildung und leichteren Zugang zu Angeboten der „reproduktiven Gesundheit" nach den ICPD-Empfehlungen. Es gibt bevölkerungspolitische Erfahrungen, die lehrreicher sind als alle statistischen Hochrechnungen, die ohnehin ständig revidiert werden müssen, und viel lehrreicher als das Schwelgen in Katastrophenszenarien nach dem Muster der „Malthusianischen Katastrophe" oder anderer Szenarien des Weltuntergangs.

9 Der „globale Marsch": die Welt in Bewegung

Die sich wiederholenden Bilder von Flüchtlingen, die mit schrottreifen Frachtern und Kuttern an den Küsten Italiens stranden, von Fischer- und Schlauchbooten, die die Straße von Gibraltar zwischen Afrika und Europa zu überqueren versuchen, sowie von den allnächtlichen Versuchen von Hunderten oder gar Tausenden von Latinos, die Grenzwachen am Rio Grande zwischen Mexiko und den USA zu überlisten, fügen sich zum Gesamtbild von „neuen Völkerwanderungen" oder eines „globalen Marsches" zusammen. Die Kommentare zu diesen Bildern vermengen häufig, was bereits Realität ist und was für die Zukunft als bedrohliches Szenario befürchtet wird.

Dies ist gewiss: Die internationale Migration über alle Kontinente hinweg, die eine Begleiterscheinung der Globalisierung ist, gehört zu den großen Herausforderungen des 21. Jahrhunderts (vgl. Husa u. a. 2000). Sie war eine Bewegungs- und Veränderungskraft der Weltgeschichte, die ganze Kontinente prägte und heute vor allem dort Ängste vor einer „Invasion der Armen" erzeugt, von wo die Europäisierung der Welt ausging und viele Millionen von Auswanderern kamen, als es in Europa Armut und/ oder Repression gab. Internationale Migration war und ist eine Realität und Normalität der Weltgeschichte, der Gegenwart und Zukunft. Die Spezies des *homo migrans* symbolisiert Wagemut und Mobilität, also Tugenden, die früher den Auswanderern aus Europa zuerkannt wurden. Europa schob globale Wanderungen und Eroberungen an und wurde nun, angeschoben durch Krisen und Konflikte in den ehemaligen Kolonien, zu einem Magneten der Einwanderung (vgl. Bade 2000).

Viele Migrationsforscher stellen einen anscheinend plausiblen Zusammenhang her: Das hohe Bevölkerungswachstum, das in den ärmsten Ländern am höchsten ist, bilde zusammen mit anderen armutsbedingten Faktoren (Arbeitslosigkeit, Land- und Wasserknappheit, politischer Unsicherheit etc.) sowie dem Wohlstandsgefälle zwischen Ländern und Regionen Schubkräfte (Push-Faktoren) für internationale Migration. Der Politologe Peter J. Opitz (1997: 36) leitete vor allem aus der Annahme eines „anhaltenden Bevölkerungswachstums" eine Kausalkette von Schubfaktoren für Migration ab und folgerte daraus: „Nichts deutet darauf hin, dass sich auch nur eine der Ursachen, die den Flucht- und Migrationsbewegungen zugrunde liegen, in absehbarer Zeit wesentlich entschärfen oder gar beseitigen lässt." Am Ende dieser defätistischen Prognose steht das hobbesianische Horrorszenario eines „globalen Kampfes aller gegen alle", das Opitz aus den Entwicklungstendenzen des Nord-Süd-Konflikts und vor allem aus der ungleichen Bevölkerungsentwicklung in Nord und Süd ableitete, stehen aber auch Fehlwahrnehmungen des internationalen Migrationsgeschehens, die Bedrohungsszenarien konstruieren.

Wenn von einem „globalen Marsch" die Rede ist, dann wird dieses Bild in erster Linie mit der Süd-Nord-Migration und seit dem Fall des Eisernen Vorhangs auch mit der Ost-West-Migration assoziiert, die vielfach eine Etappe in der Süd-Nord-Migration bildet, weil der GUS-Raum einen Transit- und Stauraum für die irreguläre Migration aus ganz Asien bildet. Die USA errichteten an der Grenze zu Mexiko eine lange und hohe Mauer, um das Eindringen von unerwünschten Zuwanderern aus ganz Lateinamerika, zunehmend auch von unbegleiteten Kindern und Jugendlichen, zu verhindern – freilich mit begrenztem Erfolg. Die EU rüstete an ihren langen Außengrenzen zu Land und zur See die Grenzschutzagentur Frontex auf, um die in den letzten Jahren angewachsenen Migrationswellen aus Afrika, dem Nahen Osten und Zentralasien an ihren Außengrenzen abzufangen. Die „Festung Europa" fühlt sich „umzingelt von Instabilität, Unruhen und Hoffnungslosigkeit. Ein gelobtes Land für jene, die rein wollen. Und rein wollen immer mehr" (*SZ Magazin* Nr. 27 vom 04.07.2014). Ähnliche Stimmen sind aus Australien zu hören, das sich mit rabiaten Methoden gegen Bootsflüchtlinge aus nahen und fernen Regionen abzuschirmen versucht. Massenausweisungen von Ausländer(inne)n in verschiedenen Ländern und Regionen – wie beispielsweise in Südafrika, Saudi-Arabien oder Thailand – sowie fremdenfeindliche Aktionen auch in westlichen Demokratien illustrierten den politischen, sozialen und kulturellen Sprengstoff von legalisierter und ungesteuerter Migration. Die einen attrahiert, die anderen stört das Fremde im nationalstaatlichen Biotop.

Was ist bereits Realität, was einigermaßen seriös begründete Prognose oder nur von allerlei Ängsten gespeiste Halluzination? Die Diskussion über das internationale Migrationsgeschehen leidet unter der Verwirrung von Begriffen und Zahlen und noch mehr unter verzerrten Wahrnehmungen der Realität. Beispielsweise ignoriert das Horrorszenario einer „Invasion der Armen" den Tatbestand, dass die Mehrzahl der Migrant(inn)en nicht aus den ärmsten Ländern, sondern aus den sogenannten *Middle-Income-Countries* kommt, unter denen sich u. a. auch das Schwellenland Mexiko befindet; es ignoriert auch das Faktum, dass die intraregionale Migration im Süden größer ist als die interkontinentale Süd-Nord-Migration. Die Bürgerkriege im Nahen und Mittleren Osten (Syrien und Irak) vertrieben zwar viele Kriegsflüchtlinge auch nach Europa, aber die Mehrzahl suchte Zuflucht in den schon stark belasteten Nachbarstaaten. Aber diese Kriege in einer benachbarten Region konfrontierten auch Europa mit Krisen und Konflikten in der Weltrisikogesellschaft.

9.1 Verwirrende Begriffe, Daten und Trends

Der Begriff der internationalen Migration umfasst alle grenzüberschreitenden Wanderungen: die freiwillige Auswanderung, die durch Aufenthalts- und Arbeitserlaubnisse legalisiert ist; die „illegale" oder nach der Sprachregelung der Vereinten Nationen „irreguläre Migration", die häufig auch auf die missverständlichen Begriffe der Wirtschafts- oder Elendsflucht gebracht wird; schließlich die durch Kriege, politische Verfolgung oder Umweltkatastrophen erzwungene Flucht. Allerdings schließt der durch die *Genfer Flüchtlingskonvention* von 1951 völkerrechtlich sehr restriktiv definierte Begriff des Flüchtlings, der einen individuell nachweisbaren Verfolgungstatbestand voraussetzt, Elends- oder Umweltflüchtlinge aus der rechtlichen Pflicht der Unterzeichnerstaaten zur Asyl- und Schutzgewährung aus. Existenziell kann sein, was juristisch nicht gilt, denn wer vor Krieg oder menschenunwürdigem Elend flieht, ist de facto ein Flüchtling.

Nach Daten des *World Migration Report 2013* der IOM (*International Organization for Migration*) lebten Ende 2012 rund 232 Mio. Menschen nicht mehr in dem Land, in dem sie geboren wurden. Die Zahl der internationalen Migrant(inn)en, die Staatsgrenzen überschritten haben, hat sich also seit 1960 (75 Mio.) mehr als verdreifacht (siehe Tabelle II/9). Der größte Zuwachs von 4,6 Mio. im jährlichen Durchschnitt erfolgte im Jahrzehnt 2000 bis 2010, startend mit rund 177 Mio. zur Jahrtausendwende. Ihr Anteil an der wachsenden Weltbevölkerung ist allerdings in diesem Zeitraum nur leicht auf 3,0 % angestiegen, also auf eine Proportion, die schon zu Beginn des 20. Jahrhunderts errechnet worden war. Aber das Wachstum der Weltbevölkerung vergrößerte die absoluten Zahlen.

Tabelle II/9: Trends der internationalen Migration von 1960 bis 2013 (geschätzt, auf- und abgerundet) (UN/Trends in Total Migration Stock: The 2005 Revision; für 2013 World Migration Report 2013; UNHRC: Global Trends 2013)

	1960	1970	1980	1990	2000	2005	2013
Zahl der internationalen Migrant(inn)en in Mio.	75,5	81,3	99,3	155,0	176,8	190,7	232
– davon Flüchtlinge[a]	2,1	3,9	9,0	18,5	15,7	13,5	16,7
Irreguläre Migration	11,5	12,2	14,9	23,2	26,4	28,5	30–50[b]
Korridor in Mio.							
Weltbevölkerung (in Mrd.)	3,0	3,7	4,4	5,3	6,1	6,5	7,2
Anteil der Migrant(inn)en an der Weltbevölkerung (in %)	2,5	2,2	2,3	2,9	2,9	3,0	3,0
Anteil der Frauen an Migrant(inn)en	46,8	47,2	47,2	49,0	49,7	49,6	48,0

[a] unter UNHCR-Mandat; [b] Schätzungen

Im Verlauf dieser durch die Globalisierung dynamisierten Migrationsprozesse wuchs vor allem in der „OECD-Welt" der Anteil der „Bevölkerung mit Migrationshintergrund". Hier konzentrierten sich rund 60 % der registrierten Wanderer zwischen den Welten, in der Grauzone der „undokumentierten" irregulären Migration viele Millionen mehr. Die OECD-Länder haben – so der *World Migration Report* (2008: 91) – *„front doors"* für erwünschte Einwanderer, *„side doors"* für die temporäre und *„back doors"* für die irreguläre Zuwanderung. Bezieht man die Grauzone der irregulären Migration in Annahmen über das Ausmaß der internationalen Migration ein, kann man davon ausgehen, dass fast die Hälfte der Migrant(inn)en im „Süden" unterwegs ist. Besonders in Süd- und Zentralasien sowie im subsaharischen Afrika ist die intraregionale Migration weit größer als die interkontinentale Wanderung gen Westen oder Norden. Dabei wuchs der Anteil der Frauen auf etwa die Hälfte an. Diese Zahlen widersprechen der landläufigen Annahme, dass der „globale Marsch" vorwiegend in Süd-Nord-Richtung verläuft. Auch arme Entwicklungsländer sind nicht nur Herkunftsländer, sondern auch Transit- und Zielländer, wie z. B. die westafrikanischen Küstenstaaten für Migrant(inn)en aus dem ganzen Sahelraum, die Maghreb-Länder für Migrationswellen aus dem subsaharischen Afrika oder neuerdings Jordanien, der Libanon und die Türkei für Flüchtlinge aus Syrien und dem Irak.

9.2 Das „Weltflüchtlingsproblem" wurde wieder brisant

Die Daten der OECD und des UNHCR (*UN High Commissioner for Refugees*) belegen, dass seit der Jahrhundertwende die Zahl der Asylsuchenden in den OECD-Ländern gegenüber den 1990er-Jahren zunächst deutlich gesunken ist. Diese Entschärfung des Asylproblems schien dem „Weltflüchtlingsproblem" die Dramatik genommen zu haben, die dem 20. Jahrhundert den Beinamen „Jahrhundert der Flüchtlinge" verschafft hatte. Aber die Entwarnung war aus verschiedenen Gründen verfrüht, allein schon deshalb, weil die Zahl der registrierten Asylsuchenden wenig über das Fluchtgeschehen in der weltpolitischen Peripherie aussagt.

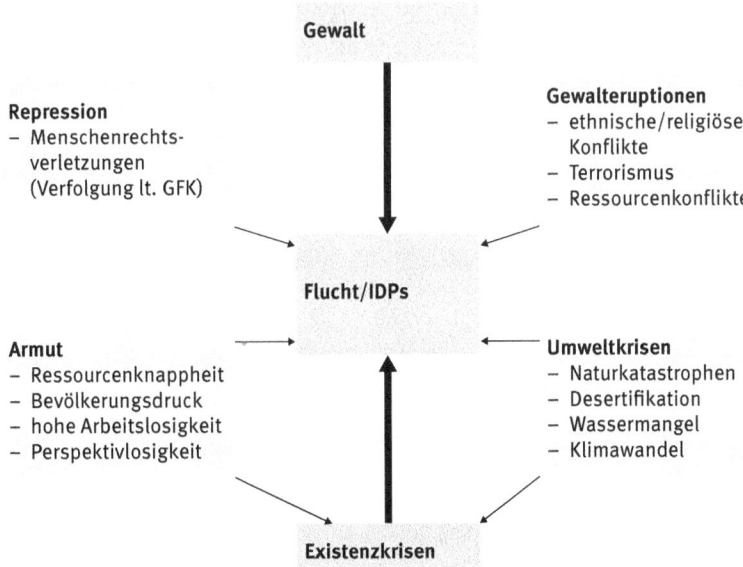

IDPs = Internally Displaced Persons (Binnenflüchtlinge)
GFK = Genfer Flüchtlingskonvention von 1951

Abbildung II/10: Akute und strukturelle Fluchtursachen

Ende 2006 meldete der UNHCR, dass die Zahl der ihm nach dem Mandat der *Genfer Flüchtlingskonvention* von 1951 anvertrauten Flüchtlinge auf 9,9 Mio. gesunken sei.

Aber schon ein Jahr später musste er diese Zahl auf 11,4 Mio. anheben. Aber auch diese Zahl erfasste nur einen kleinen Teil der „gewaltsam entwurzelten Personen", den IDPs („*internally displaced persons*"). Zu diesen IDPs zählte der UNHCR Ende 2013 weltweit 33,3 Mio., davon die Hälfte im Gefolge gewaltsamer Konflikte und die andere Hälfte im Gefolge von Umweltkrisen und Naturkatastrophen. Sie befinden sich nach der Terminologie des UNHCR in einer „flüchtlingsähnlichen" Situation.

Ende 2013 registrierte der UNHCR in den folgenden Ländern die meisten IDPs: Syrien (6,5 Mio.), Kolumbien (5,3 Mio.), DR Kongo (2,3 Mio.), Sudan (1,8 Mio.) und Somalia (1,1 Mio.). Ihre Zahl vergrößerte sich immer beim Ausbruch neuer Konflikte, sei es im Irak, im Südsudan oder Tschad, in der Zentralafrikanischen Republik, in Mali oder in der Ukraine. Viele blieben als IDPs irgendwo in ihren Herkunftsländern, viele überquerten die ihnen häufig unbekannten Staatsgrenzen – und wurden erst dann zu Flüchtlingen nach dem UNHCR-Mandat. Die größten Aufnahmeländer blieben die überlasteten Nachbarstaaten, allen voran Pakistan und der Iran für Flüchtlinge aus Afghanistan, sowie der Libanon, Jordanien und die Türkei für Flüchtlinge aus Syrien. Die hohe Zahl von Flüchtlingen, unter denen sich auch terroristische Gruppierungen verstecken, gefährdet im Besonderen trotz der internationalen Entlastungshilfe, die ohnehin labile Lage im kleinen Libanon und in Jordanien. Dies ist für die Problemperzeption wichtig: Ungefähr 80 % der Flüchtlinge verbleiben in ihren Herkunftsregionen, ungefähr 2,4 Mio. in einem der 49 ärmsten Länder (LLDC) mit sehr begrenzten Aufnahmefähigkeiten. Auch sie entlasten mithilfe des UNHCR die reiche Welt.

Der größtenteils vom Westen finanzierte UNHCR gründet, unterhält und verwaltet in Kooperation mit Hilfsorganisationen aus aller Welt die Flüchtlingslager in Grenznähe und organisiert, wenn es die politischen Bedingungen in den Herkunftsländern der Flüchtlinge zulassen, ihre Repatriierung. Er wird aus humanitären Gründen finanziert, aber auch aus dem praktischen Grund, die Flüchtlinge in der Region zu halten und von der Weiterwanderung gen Norden oder Westen abzuhalten. Dieser beabsichtigten Regionalisierung eines globalen Problems geschuldet sind überall in Konfliktregionen teilweise dauerhafte Zeltstädte entstanden, die zwar Schutz vor Verfolgung, aber nur bzw. immerhin eine notdürftige Befriedigung der Grundbedürfnisse bieten. Der UNHCR, dessen Operationen häufig von Finanzierungsproblemen behindert werden, vollbrachte hier wie dort und wie schon bei früheren Dramen im Gefolge der Bürgerkriege in Indochina, Afghanistan, Zentralamerika, auf dem Balkan und in mehreren Regionen des subsaharischen Afrika humanitäre Großtaten. Seine weltweiten Aktivitäten, die nicht von Kritik verschont blieben, weil allen UN-Organisationen bürokratische Effizienzprobleme angelastet werden, trugen dennoch erheblich zur Verteidigung des häufig kritisierten UN-Systems bei. Er entstand und arbeitet seit 1950 unter Leitung eines Hohen Flüchtlingskommissars unter dem Druck eines globalen Problems und wurde in den Jahren 1954 und 1981 mit dem Friedensnobelpreis ausgezeichnet.

Tabelle II/10: Flüchtlinge und IDPs im Jahr 2013 nach Daten des UNHCR (UNHCR: Global Trends 2013)

Kategorie	in Mio.
Flüchtlinge nach dem UNHCR-Mandat	16,7
Flüchtlinge nach dem UNRWA-Mandat	4,6
IDPs gesamt	33,3
Flüchtlinge und IDPs gesamt	51,2

Im Gefolge des Bürgerkrieges in Syrien registrierte der UNHCR die größte Zahl von Flüchtlingen seit dem Zweiten Weltkrieg (siehe Tabelle II/10). Millionen von Männern, Frauen und Kindern strandeten in den hastig aus dem Wüstenboden gestampften und von Hilfsorganisationen notdürftig versorgten Flüchtlingslagern in Jordanien und in der Türkei, rund 1 Mio. in dem überstrapazierten und fragilen Libanon. Weitere Millionen, vor allem Frauen und Kinder, suchten als IDPs irgendwo im Hinterland der zerstörten Großstädte nach dem Überleben unter schwierigsten Bedingungen. Nach Quellen des UNHCR befand sich fast die Hälfte der syrischen Bevölkerung im In- und Ausland auf der Flucht. Der Vormarsch islamistischer Terrorgruppen im zusammenbrechenden Irak vertrieb Hunderttausende von Angehörigen ethnischer und religiöser Minderheiten, vor allem Christen und Jesiden, aus ihren angestammten Siedlungsgebieten. Amnesty International beklagte eine „ethnische Säuberung von historischem Ausmaß" und einen systematischen Völkermord. Eine ganze Region geriet in Bewegung, eine vom Kolonialismus gestaltete Staatenwelt geriet ins Wanken. Alle Zahlen waren sich schnell verändernde Momentaufnahmen.

Die EU-Staaten entschärften die Tragödie mit nur sehr begrenzten Hilfs- und Aufnahmeangeboten. Der gleichzeitig nach dem Abbau der Küstenkontrollen im Gefolge der revolutionären Turbulenzen in Libyen wieder anwachsende Strom von Flüchtlingen aus Afrika, die über das Mittelmeer nach Europa zu gelangen versuchten und diesen Versuch tausendfach mit dem Leben bezahlten, stellte die Asylpolitik der EU und ihrer Mitgliedsstaaten vor den menschenrechtlichen Glaubwürdigkeitstest. Das Mittelmeer wurde zu einem Massengrab, in dem nach Schätzungen von Menschenrechtsorganisationen zwischen 2004 und 2013 mindestens 6200 Bootsflüchtlinge ertranken. Andere Schätzungen lagen weit höher. Vorher kam schon eine unbekannte Zahl von Flüchtlingen auf den gefährlichen Routen durch die Sahara oder in den Auffanglagern der Küstenstaaten ums Leben. Im Verlauf des Jahres 2014 häuften sich die erkannten Katastrophen auf See und die Vermutungen über unentdeckte Tragödien. Deshalb gerieten die *Push-Back*-Operationen der Grenzschutz-Agentur Frontex, die darauf abzielten, die häufig überladenen und seeuntüchtigen Fluchtboote schon auf See abzufangen und an die nordafrikanische Küste zurück zu drängen, wo sie keinen Schutz erwarten konnten, zunehmend unter massive Kritik von Menschenrechtsorganisationen und des Europäischen Parlaments (vgl. Bierdel/Lakitsch 2014).

Erst im Sommer 2014 verpflichtete eine Verordnung der EU die Frontex und die nationalen Küstenwachen, in Seenot geratene Bootsflüchtlinge zu retten. Die italienische Kriegsmarine startete die Operation „*Mare Nostrum*", die viele Fluchtboote zur Insel Lampedusa oder nach Sizilien geleitete, stellte aber im Herbst 2014 diese teuren Rettungsaktionen ein, die den Friedensnobelpreis verdient hätten, weil sich die EU nicht an den Kosten und Folgekosten der Erstaufnahme beteiligen wollte, und plante stattdessen „*Triton*", eine zwar billigere Ersatzlösung für „Mare Nostrum", aber mit einem anderen Auftrag: Sie sollte nicht Bootsflüchtlinge vor dem Ertrinken retten, was „Mare Nostrum" tat, sondern die Seegrenze der EU wirksamer schützen. Die EU gibt weit mehr Geld für die Abschreckung und Sicherung ihrer Außengrenzen im Osten und Süden als für eine menschenwürdige Aufnahme der Flüchtlinge aus. Sie verspielte viel politischen und moralischen Kredit, auch mit dem Vorwurf an „Mare Nostrum", Anreize für Schleuser geschaffen zu haben. Die Empörung bei Hilfsorganisationen war groß, aber ebenso die Unterstützung der EU-Mitgliedsstaaten für die Abschreckungspolitik mittels „Triton". Nun pochten die Südstaaten der EU auf eine bessere Lastenverteilung und auf eine Revision des Schengen II- Abkommens, das ihnen bisher allein die Last der Erstaufnahme aufbürdete.

Die „Festung Europa", die in den beiden spanischen Enklaven Ceuta und Melilla Vorposten auf afrikanischen Boden hat, war und ist gefordert, sich zu einer neuen und solidarischen Asylpolitik durchzuringen. Dies beginnt bei einer gerechteren Lastenverteilung unter den EU-Staaten und bei einer Stärkung der Steuerungskompetenz der EU, deren Gerichtshöfe schon richtungsweisende Urteile gefällt haben. Einige Staaten, allen voran Großbritannien, setzten dagegen unter dem Druck ausländerfeindlicher Parteien und Gruppierungen auf eine härtere Abschreckungs- und Abschiebungspolitik. Der renommierte Oxford-Ökonom Paul Collier (2014) gab diesem Populismus die akademische Weihe. Die Dämme der Humanität und Solidarität wurden brüchig. Die westlichen Wohlstandsgesellschaften wurden unvorbereitet mit einem Problem konfrontiert, das ihr Wertesystem und ihr Selbstverständnis auf die Probe stellte. Die wohlfeilen Bekenntnisse zu internationaler Solidarität erwiesen sich als wenig belastungsfähig.

Zu Beginn des 21. Jahrhunderts hatten die Berichte der IOM oder OECD das Flüchtlingsproblem nur noch am Rande erwähnt, weil die Flüchtlinge größtenteils in ihren Herkunftsregionen verblieben und dort vom UNHCR und anderen Hilfsorganisationen versorgt wurden, wie beispielsweise in Dadaab, dem weltgrößten Flüchtlingslager in Nordkenia für Flüchtlinge aus Somalia. Die Zahl der im Westen ankommenden Asylsuchenden war auch deshalb im Vergleich zu den frühen 1990er-Jahren deutlich gesunken, weil die Zielländer die legalen Zugangswege durch eine Vielzahl von juristischen und administrativen Barrieren verengten – damit allerdings das Geschäft von Schleuserorganisationen beförderten. Zu Beginn des zweiten Jahrzehnts des 21. Jahrhunderts waren nicht nur Europa, sondern auch der ganze Nahe Osten und Krisengebiete in anderen Weltregionen Schauplätze eines wieder brisanten Weltflüchtlingsproblems, des größten seit dem Ende des Zweiten Weltkriegs. Wenn es der Diplomatie und Friedenspolitik nicht gelingen sollte, Kriege zu verhindern, und wenn es der internationalen Entwicklungspolitik nicht gelingen sollte, auch in armen Ländern menschenwürdige Lebensbedingungen zu schaffen, wird der Migrationsdruck anwachsen. Die wenig hoffnungsvolle Entwicklung in den Kriegsregionen läßt keine Entwarnung zu.

9.3 Das Grauzonen-Problem: die irreguläre Migration

Die von internationalen Organisationen (IOM, OECD, UNHCR, Weltbank) veröffentlichten Daten scheinen die Realität des internationalen Migrationsgeschehens mit harten Daten zu objektivieren. Sie erfassen aber nur die von Behörden registrierten und nach unterschiedlichen Regeln legalisierten, aber nicht die ohne gültige Einreise-, Aufenthalts- und Arbeitserlaubnisse eingereisten oder eingeschleusten Zuwanderer, die in der weniger kriminalisierenden UN-Diktion als „irregulär" gelten. Sie erreichen auf Um- und Irrwegen, häufig mithilfe von teuren Schlepperorganisationen, ein Nachbarland oder über Transitländer auch ferne Zielländer und geraten dort in einen prekären Zustand der schutzlosen Illegalität, wenn sie keinen Rechtsanspruch auf Asyl geltend machen können. Das Leben in der Illegalität bedeutet Unsicherheit in allen Lebenslagen.

Die ILO (2004) schätzte das Volumen dieser „irregulären Migration" auf 10 bis 15 % des gesamten Migrationspotenzials, d. h. aktuell auf bis zu 30 Mio. Menschen, der *Human Development Report 2009* sogar auf 50 Mio. Ihr Anwachsen ist auch der Verengung legaler Migrationspfade geschuldet, die auch den Menschenschmuggel zu einer lukrativen Einnahmequelle von transnational organisierten Schlepperbanden machte, deren Organisationszentralen sich auch als „Reisebüros" tarnen. Mehrere afrikanische Staaten bekommen von der EU Geld und Expertise, um die irreguläre Emigration zu verhindern, aber sie haben kein Interesse daran, die Ventile für überlastete Arbeitsmärkte und die Kanäle für Devisen bringende Remittances zu verstopfen. Nicht nur viele Entwicklungsländer mit schwachen Verwaltungsstrukturen wissen häufig nicht, wie viele Zuwanderer ohne gültige Dokumente in ihren städtischen Slums untertauchen, sondern auch besser organisierte Staatswesen wissen nicht genau, wie viele „Illegale" sich auf ihrem Territorium aufhalten. Im Falle Deutschlands liegen die Schätzungen zwischen 600.000 und 1,5 Mio., im EU-Raum bei 8, in den USA zwischen 10 und 12 Mio.

Das *Human Trafficking*, im Besonderen der Frauen- und Mädchenhandel auf dem globalisierten Prostitutionsmarkt, ist eine besonders Menschenrechte verletzende Komponente der von mafiosen Kartellen organisierten irregulären Migration. Nach Schätzungen des vom US-State Department vorgelegten *Trafficking in Persons Report* werden jährlich rund 800.000 Personen, mehrheitlich Frauen, über internationale Grenzen hinweg geschmuggelt. Allein in Deutschland schätzen Ausländerbehörden und Hilfsorganisationen ihre Zahl auf rund 80.000. Die ILO schätzte ihren gesamten Umfang auf 12,3 Mio. Herkunftsregionen sind die Armutsregionen in aller Welt. Dies ist eine moderne Form des Sklavenhandels, dem das im Jahr 2000 von den Vereinten Nationen verabschiedete *Protocol to Prevent, Suppress, and Punish Trafficking in Per-*

sons, Especially Women and Children den bisher ziemlich erfolglosen Kampf ansagte. Armut bildet die Schubkraft des Menschenhandels.

9.4 Globalisierung und Migration: Genese einer globalen Klassengesellschaft

Migrationsforscher sagen für die Zukunft die folgenden Haupttendenzen im weltweiten Migrationsgeschehen voraus:
- eine weitere Zunahme der internationalen Migration aufgrund der Verschärfung der verursachenden Faktoren (z.B. Bevölkerungswachstum, Armut, Umweltzerstörungen);
- eine weitere Globalisierung der Migration, also die Einbeziehung von immer mehr Ländern als Herkunfts- und Zielländern in das Migrationsgeschehen;
- eine weitere Differenzierung von Pfaden und Mustern der Migration, die typologische Unterscheidungen (z.B. zwischen freiwilliger und erzwungener, temporärer und dauerhafter, regulärer und irregulärer Migration) erschwert;
- ein langsames Umdenken in den Zielländern, die aufgrund des demografischen Wandels mehr Zuwanderer brauchen. Hier zeichnete sich, besonders bei Arbeitgeberverbänden, ein Perzeptionswandel ab, der aber bei den politischen Entscheidungsträgern nur widerwillig ankam.

Der *World Migration Report 2000* (S. 6) fasste kurz und bündig zusammen: „Internationale Migranten kommen aus allen Teilen der Welt und gehen in alle Teile der Welt." Manche Migrationsforscher sprachen deshalb von einer „Entgrenzung" des Migrationsgeschehens und von der Herausbildung „transnationaler Sozialräume", die tendenziell die Kongruenz von Territorialstaat und Lebensraum aufheben (vgl. *Pries* 1997). Auch die *International Organization for Migration* (IOM) stellte einen kausalen Zusammenhang zwischen der Globalisierung und dem „globalen Marsch" her. Dieser Zusammenhang muss jedoch differenziert werden, besonders im Kontext der Süd-Nord-Migration. Zwar hat die Globalisierung die Distanzen zwischen Wirtschaftsräumen, Güter- und Arbeitsmärkten verkleinert und die Mobilität von Menschen auch über große Entfernungen erleichtert. Gleichzeitig verschärfte sie die Wettbewerbs- und Selektionsmechanismen: Sie integriert, was und wen sie braucht, und grenzt aus, was und wen sie nicht braucht. Die migrationspolitische Maxime lautet also: Einwandern darf, wen wir brauchen, aber nicht, wer uns braucht. Aber die alternden Industrie- und Dienstleistungsgesellschaften brauchen immer mehr ZuwanderInnen.

Die vier „Freiheiten", die innerhalb der EU auch die Bewegungsfreiheit von Menschen garantieren, gelten nicht im „globalen Dorf". Hier gibt es eine Klassenteilung zwischen jenen, die ohne Visum fast jeden Ort der Welt erreichen und sich an vielen Orten auch niederlassen können, und den anderen, die in irgendein „gelobtes Land" auswandern möchten, dies aber nicht können oder nicht dürfen. Globalisiert wurde allenfalls die „Elitenmigration", also die Migration von Managern, Wissenschaftlern und Spezialisten, um die inzwischen Industrie- und Schwellenländer konkurrieren. Manager von multinationalen Firmen und von NGOs rotieren rund um den Globus.

Trotz aller Restriktionen leben im Norden bereits viele Millionen von Frauen, Männern und Kinder aus anderen Kulturen. Die legale und irreguläre Migration im Gefolge der Globalisierung bringt eine mobile globale Klassengesellschaft hervor. An deren unterem Spektrum befinden sich die „neue Heloten" der internationalen Arbeitsteilung: die Scharen von Dienstmädchen und Putzfrauen in den Häusern der Reichen in Hongkong, in den Golfstaaten oder in Nordamerika, die unterbezahlten Krankenschwestern und Pflegekräfte im Gesundheitswesen der Metropolen, die Hilfsarbeiter in Tätigkeiten, die einheimische Arbeitslose nicht mehr ausüben wollen, die wie Arbeitssklaven gehaltenen Arbeiter aus Südasien auf den Baustellen der Golfstaaten, schließlich rechtlose und ausgebeutete irreguläre Migranten, die sich zur Überlebenssicherung für Hungerlöhne verdingen müssen, sowie die vielen Opfer des international organisierten Frauenhandels und Prostitutionsmarkts. Die Schätzungen von Frauenorganisationen gehen sogar in die Millionen wie Ware um den ganzen Globus gehandelter Mädchen und Frauen. Seit dem Fall des Eisernen Vorhangs wurden Osteuropa, der Balkan und der GUS-Raum zu neuen Rekrutierungsräumen der westeuropäischen Rotlichtbezirke. Die bereits erwähnten gewichtigen Studien von Thomas Piketty (2014) und Joseph Stiglitz (2014) sowie die *Global Risks Reports* des Weltwirtschaftsforums zu den wachsenden sozialen Ungleichheiten in und zwischen den Gesellschaften untermauern diese Skizze einer Klassenanalyse mit harten Fakten.

9.5 Migration und Entwicklung

Die Globalisierung verstärkte nicht nur den Austausch von Kapital, Gütern und Dienstleistungen, sondern auch die Mobilität von Arbeitskräften in einem zunehmend globalisierten Arbeitsmarkt, obwohl dem grenzenlosen Austausch von Waren und Kapital noch immer die Begrenzung der Bewegungsfreiheit von Menschen entgegensteht. Art. 13 der *Allgemeinen Erklärung der Menschenrechte* von 1948 forderte zwar ein Menschenrecht auf Emigration, das jedoch kein Recht auf Immigration begründet. Vor allem der demografische Wandel in den westlichen Industrie- und Dienstleistungsgesellschaften beförderte zu Beginn des neuen Millenniums ein neues Denken über die Risiken und Chancen der internationalen Migration. Was Migrations- und Arbeitsmarktforscher schon lange aus dem demografischen Wandel und aus den zu erwartenden Engpässen auf den Arbeitsmärkten gefolgert hatten, erreichte die politischen Führungsgruppen, die in Wahlen mit diffusen Ängsten vor Migration konfrontiert wurden, allerdings nur langsam und auch dann nur widerwillig.

Einen Wendepunkt im internationalen Migrationsdiskurs bewirkte der im Jahr 2005 vorgelegte Bericht der *Global Commission on International Migration* (GCIM) mit dem richtungsweisenden Titel „Migration in einer interdependenten Welt". Dieser Bericht eröffnete eine Serie von internationalen Dialogrunden und beförderte die

Diskussion über den Zusammenhang von Migration und Entwicklung und das optimistische Credo, dass die Migration so gestaltet werden könne, dass alle Beteiligten von ihr profitieren können. Die Annahme eines wechselseitigen Nutzens der Migration für Herkunfts- und Zielländer und ihres positiven Beitrags zu Entwicklung beruht auf der Annahme, dass auf Seite der Entwicklungsländer ihre Vorteile bei Weitem ihre Nachteile überwiegen, die besonders durch die Abwanderung der für Entwicklung dringend benötigten Fachkräfte entstehen können. Als Vorteil gilt vor allem, dass ihnen die Rücküberweisungen von Arbeitsmigrant(inn)en häufig ein Mehrfaches der internationalen ODA einbringen. Aber sowohl die Wirkungen der Abwanderung von Fachkräften, „Braindrain" genannt, als auch die entwicklungspolitischen Wirkungen der Geldüberweisungen, die noch keinen *Braingain* erzeugen, sind umstritten. Der Begriff meint in der Regel die Abwanderung von ausgebildeten Fachkräften, die über einen tertiären Bildungsabschluss verfügen und deshalb in verschiedenen Tätigkeitsbereichen als hochqualifiziert gelten.

Die Migrationsforschung belegte, dass der Anteil von gut ausgebildeten Migrant(inn)en, gemessen am Anteil der gut ausgebildeten Gesamtbevölkerung, in den ärmsten Ländern höher ist als in Ländern mit mittlerem Einkommen. Hier wird der „Braindrain" zum entwicklungspolitischen Problem, weil gerade sie das gut ausgebildete Humankapital ebenso dringend brauchen wie das Sachkapital. Viele Entwicklungsprojekte enden als Ruinen, weil die Fachkräfte für ihren Betrieb fehlen. Es ist deshalb entwicklungspolitisch kontraproduktiv, wenn das auch mit Entwicklungshilfe aufgebaute Potenzial an Fachkräften vom Einkaufsmarkt der Industrie- und Schwellenländer ausgedünnt wird. Hier wird auch ein Zusammenhang deutlich, der in der Migrationsdebatte nicht immer erkannt wird: Entwicklung führt zunächst nicht zu weniger, sondern zu mehr Migration, die wiederum die Entwicklung in den Herkunftsländern fördern kann. Hier finden also verschiedene Wirkungen und Rückwirkungen statt.

Die Suche nach den Ursachen der Süd-Nord-Migration hat auch zutage gefördert, dass der Norden in vielfacher Weise für den wachsenden Migrationsdruck mitverantwortlich ist: Sei es durch seine Agrarexportsubventionen, die Millionen von afrikanischen Kleinbauern ruinierten, sei es durch das Leerfischen der westafrikanischen Küstenzonen, das lokalen Fischern die Existenzbasis raubte, oder sei es durch die Auswirkungen des Klimawandels, den größtenteils die reichen Länder zu verantworten haben. Es sind also auch Opfer der globalisierten Ressourcenräuberei, die sich dem „globalen Marsch" anschließen, weil ihnen die Existenzgrundlagen entzogen wurden. Geradezu dramatische Ausmaße nahm die Abwanderung von Fachkräften (Ärzten, Krankenschwestern, Hebammen) im Gesundheitswesen vieler afrikanischer Länder an, die das Erreichen der gesundheitspolitischen Millennium-Entwicklungsziele erheblich erschwerte. Berüchtigt wurde das Beispiel von Manchester, wo mehr Ärzte und Krankenschwestern aus Malawi tätig sind als in ihrem Herkunftsland. Für den Sudan hat London eine ähnliche Anziehungskraft mit ähnlich negativen Folgen für das Herkunftsland. Dem jeweiligen Land entstehen hohe Ausbildungskosten, die auch durch die monetären Rücküberweisungen der Ausgewanderten nicht ausgeglichen werden. Noch schwerer wiegen die sozialen Kosten, die durch die Verschlechterung der Gesundheitsversorgung entstehen und auch durch den Einsatz von ausländischem Hilfspersonal nur teilweise behoben werden können.

9.6 Braingain versus Braindrain

Die Kritiker des „Braindrain" heben auf die folgenden negativen Auswirkungen ab:
- Verlust an Humankapital, das für Entwicklung nicht weniger notwendig ist als Sachkapital, und Verknappung von Fachkräften in den für Entwicklung strategischen Sektoren;
- Verlust von Investitionskapital, das der Staat in die Ausbildung der *skilled labour force* investiert hat;
- Schwächung der Innovationskraft eines Landes durch die Abwanderung von Teilen seiner innovativen Potenziale und Verlust von Bildungsschichten, die den gesellschaftlichen und politischen Wandel vorantreiben könnten.

Entwicklungs- und Migrationsexperten betonen immer wieder die Bedeutung von Humankapital für Entwicklung und von höherer Bildung und Ausbildung für das Entstehen dieses Humankapitals. Die Berechnungen von Kosten und Nutzen der Migration, wie sie der *World Migration Report 2005* anstellte, weisen deshalb auf die länderspezifischen Bedingungen hin, die bei dieser Kosten- und Nutzenkalkulation berücksichtigt werden müssen. Ob die Abwanderung von Fachkräften dem Herkunftsland einen Schaden oder Nutzen bringt, hängt wesentlich davon ab, wie hoch das Reservoir an Fachkräften ist. Indien kann schadlos die Abwanderung von Zehntausenden von Ingenieuren oder IT-Spezialisten verkraften, weil seine guten Hochschulen ein Überangebot produzieren. Dies gilt jedoch nicht für die meisten afrikanischen Länder mit ihrer Knappheit an Humankapital.

Die Hauptargumente für einen „Braingain", d. h. für die Annahme, dass Migration auch den Entwicklungsländern Chancen eröffnet und Impulse für Entwicklung verschaffen kann, außerdem den Migrant(inn)en und ihren Familien dabei hilft, ihre soziale Situation zu verbessern, sind die folgenden:
- Migration entlastet einerseits die heimischen Arbeitsmärkte, weil auch gut ausgebildete Hochschulabsolventen nur selten eine angemessene Beschäftigung finden können, und deckt andererseits den Arbeitskräftebedarf in den Zielländern. Nach Annahmen der Migrationsökonomie brauchen die globalisierten Arbeitsmärkte die grenzüberschreitende Mobilität von Arbeitskräften.
- Die Rücküberweisungen (*remittances*) von Migrant(inn)en übersteigen häufig den Wert der Güterexporte und der externen Finanzhilfen, entlasten die Zahlungsbilanz und erhöhen die Schuldendienstfähigkeit. Wie weit sie nicht nur die Konsumfähigkeit der zurückgebliebenen Familien verbessern und damit zur Armutsbekämpfung beitragen, sondern auch die gesamtwirtschaftliche Entwicklungsfähigkeit stimulieren, soll der nächste Abschnitt näher beleuchten.

– Häufig wird der Transfer des in den Gastländern angeeigneten Wissens als eigentlicher „Braingain" hervorgehoben. Hier gilt wiederum Indien als Vorbild, weil die massive Abwanderung von IT-Spezialisten in den 1980er-Jahren und ihre spätere Rückkehr wesentlich zum heutigen Boom der Software-Produktion beigetragen haben. Die erhofften positiven Effekte von „Braingain" greifen jedoch nur in Ländern mit einem höheren Entwicklungsniveau, aber gerade nicht in Ländern mit einer geringen Fähigkeit, internationale technologische Entwicklungen aufzugreifen und zu verarbeiten.
– Selbst wenn der erhoffte Transfer von Technologie und unternehmerischen Fähigkeiten ausbleiben sollte, schafft Migration doch Erfahrungen, transportiert Ideen und Werte und trägt durch diese *social remittances* zum soziokulturellen Wandel bei. Die Bildung von transnationalen Netzwerken und kulturellen Brückenköpfen durch das Entstehen von Diasporas kann den „Braingain" fördern. Allerdings hat die Entwicklungszusammenarbeit das Potenzial dieser Diaspora, die mit den gesellschaftlichen und kulturellen Bedingungen der jeweiligen Herkunftsländer besser vertraut ist als in Schnellkursen ausgebildete Experten der „Hilfsindustrie", bisher kaum zu nutzen versucht. Erst langsam fand in den Entwicklungsorganisationen (wie der GIZ) und in den Kommunen, die Städtepartnerschaften aufgebaut haben, ein Umdenken statt. Der Bedarf an qualifizierten Arbeitskräften beförderte auch das Nachdenken über das *„Brain Waste"*, d.h. die Verschwendung von Potenzialen durch die Nichtanerkennung von im Ausland erworbenen Qualifikationen. Deshalb mussten sich Ärzte oder andere Akademiker beiderlei Geschlechts als Putzkräfte, Taxifahrer oder Aushilfskräfte in anderen Branchen verdingen.

9.7 Umfang und umstrittene Wirkungen der Remittances

Remittances sind eine in harten Währungen dokumentierbare Auswirkung der internationalen Migration. Sie erhielten bei der Suche nach neuen Finanzierungsquellen von Entwicklung eine wachsende Relevanz in entwicklungs- und migrationspolitischen Diskursen, weil sie häufig nicht nur die ODA, sondern auch die gesamten öffentlichen und privaten Kapitalzuflüsse übersteigen. Dies gilt vor allem für das gesamte zentralamerikanische und karibische Vorfeld Nordamerikas. Dagegen waren in Afrika die Zuflüsse von ODA deutlich höher als die Remittances.

Das von Konjunkturschwankungen in den Zielländern abhängige Wachstum der Remittances bildet das Hauptargument für die Nutzung von Migration als Entwicklungsressource. Sie werden auch von Kritikern des „Braindrain" als das wichtigste entwicklungsfördernde Element von Migration anerkannt, finde sie auf legale oder irreguläre Weise statt. Die Forschung hat herausgefunden, dass Migration häufig auf eine Entscheidung und Investition von Familien zurückzuführen ist, die eine Rendite in Gestalt von monetären Transaktionen erwarten. Waren es früher möglichst viele Kinder, die das Überleben sichern sollten, bekam zunehmend die Migration diese

Funktion der Überlebenssicherung. Nicht anders war es im Europa des 19. Jahrhunderts, als der Pauperismus die millionenfache Auswanderung nach Übersee in Gang setzte (vgl. Bade 2000).

Tabelle II/11: Volumen und regionale Verteilung der Remittances (in Mrd. US-Dollar) (Weltbank/Migration and Remittances Team: Outlook for Migration and Remittances 2012–14. Migration Fact Book 2008)

Regionen	2002	2004	2006	2008	2010	2013 [a]
Ostasien/Pazifik	29	39	53	62	94	117
Europa/Zentralasien	14	23	39	54	36	48
Lateinamerika/Karibik	28	42	57	61	57	71
Nahost/Nordafrika (MENA)	15	23	27	35	35	39
Südasien	24	29	40	51	82	105
Sub-Sahara-Afrika	5	8	11	20	21	26
Entwicklungsländer gesamt	116	163	226	283	325	406
Low-Income-Countries	15	20	29	–	–	–

[a] vorläufige Schätzung

Es gibt über das Volumen der Remittances erheblich abweichende Berechnungen und Schätzungen. Die Daten der Weltbank erfassen nur die an die internationalen Finanzorganisationen berichteten monetären Transaktionen, nicht die vielfältigen informellen Geldtransfers, sodass auch die Weltbank die doppelte Höhe der tatsächlichen Transfers nicht ausschließen wollte. Fallstudien belegten, dass informelle Geldtransfers per Post oder im Reisegepäck, die auch die hohen Überweisungsgebühren der im Transfergeschäft tätigen Unternehmen (Western Union, Vigo, Dolex) umgehen sollten, bis zum fünffachen Umfang der von Zentralbanken an den IWF berichteten Werte erreichen können. Es gibt Bemühungen der internationalen Finanzorganisationen, den Transfer der Remittances zu erleichtern.

Das von der Weltbank eingerichtete *Migration and Remittances Team* musste mehrmals die eigenen Daten revidieren, teilweise aufgrund veränderter Währungsparitäten zwischen dem US-Dollar und lokalen Währungen. Aufgrund der sich in der zweiten Hälfte von 2008 anbahnenden Weltwirtschaftskrise prognostizierte es aufgrund von Jobverlusten bereits um mehrere Mrd. US-Dollar verringerte Geldtransfers in einer negativen Kumulation von sinkenden Deviseneinlösen aus Rohstoffexporten, stagnierenden ODA-Leistungen, sinkenden Privatinvestitionen und Bankkrediten. Die erzwungene Rückkehr vieler Arbeitsmigrant(inn)en bedeutete eine Rückkehr in die Armut.

Die entwicklungspolitischen Wirkungen der Remittances sind keineswegs unumstritten. Die IMO, Weltbank und OECD heben ihre positiven makro-ökonomischen Effekte hervor, vor allem ihre Entlastung der Zahlungsbilanzen, Verbesserung der Schuldendienst- und Importfähigkeit sowie für die Investitionsspielräume der Entsendeländer. Die entwicklungspolitischen Imperative der MDGs rückten jedoch die

Frage in den Mittelpunkt, welchen Beitrag sie zur Armutsbekämpfung leisten können. Hier überwiegt die positive Bewertung, indem ihnen eine mehrfache soziale Hebelwirkung zugebilligt wird, weil sie ohne Vermittlung irgendeiner nationaler oder internationaler Bürokratie direkt bei den Haushalten der Familien ankommen, deren Lebensbedingungen verbessern und Zugänge zum Bildungs- und Gesundheitswesen, aber auch Investitionen in den Hausbau oder den Erwerb von Land und Produktionsmitteln ermöglichen. Allerdings belegt Tabelle II/11, dass die subsaharischen LLDCs – wieder einmal – am wenigsten vom Geldsegen profitieren.

Zunehmend wurden aber auch negative Nebeneffekte entdeckt, welche die Frage in den Mittelpunkt rückten, wie der Geldsegen verwendet wird und welche Auswirkungen er auf Familien und lokale Gemeinschaften hat. Fallstudien zeigten, dass sie einen Assistenzialismus, d.h. die Abhängigkeit von Subsidien der migrierten Familienangehörigen, fördern und die Eigeninitiative der Zurückgebliebenen schwächen, zugleich die Ungleichheit zwischen Haushalten mit und ohne solche Subsidien verstärken können. Die in der Nachbarschaft sichtbare Erfolgsprämie der Migration schafft auch Anreize für weitere Migration, während misslungene Migrationsversuche kaum abschrecken, weil diese häufig auf Pump unternommen wurden und dann die Verschuldung zu neuen Versuchen drängt.

Es gibt auch Zweifel am nachhaltigen entwicklungspolitischen Nutzen der Remittances, vor allem dann, wenn mit ihnen nur importierte Waren zum Konsum beschafft und damit keine Produktionsanreize im Inland geschaffen werden, also das sogenannte *Dutch-Disease*-Phänomen entstehen könnte. Hohe Remittances können auch die Aufwertung der lokalen Währungen und damit eine Verschlechterung der Exportfähigkeit bewirken, gelegentlich auch zur Geldwäsche und Finanzierung von Waffengeschäften missbraucht werden. Es mehrten sich deshalb die Warnungen vor einer „*remittance euphoria*" (vgl. de Haas 2005). Remittances stellen dennoch eine Art von globaler Umverteilung der Arbeitseinkommen auf dem globalisierten Arbeitsmarkt dar. Die westlichen Industrie- und Dienstleistungsgesellschaften, die Golf-Staaten und zunehmend auch die Schwellenländer brauchen billige Arbeitskräfte, die dann einen Teil der Arbeitseinkommen transferieren. Allerdings entsteht dann eine neue Abhängigkeit der weltwirtschaftlichen Peripherie von externen Mitteln, deren Höhe von Konjunkturschwankungen in den Zentren und Semiperipherien abhängt. Dafür lieferten die Asienkrise, die Golfkriege und nun wieder die Konflikte im Nahen Osten Belege.

9.8 Fazit: Nagelproben für die Menschenrechte in der „Festung Europa"

Die häufig aufgeregte und nicht immer sachkundige Debatte über das internationale Migrationsgeschehen muss sich zunächst darauf besinnen, dass Migration eine Bewegungs- und Veränderungskraft der Weltgeschichte war und eine solche auch in Zukunft bleiben wird. Die historische Erfahrung ist, dass sie zu einer ökonomischen und kulturellen Bereicherung der mehr oder weniger gastfreundlichen Aufnahmegesellschaften wurde. Heute stellt sich das Problem, dass die an Alterssklerose leidenden OECD-Länder zur „Bestandserhaltung" Zuwanderung brauchen, sie aber nach kurzfristigen und kurzsichtigen Nützlichkeitserwägungen nur höchst selektiv zulassen wollen. Sie wollen mit Entwicklungshilfe dem Migrationsdruck aus den Armuts- und Krisenregionen vorbeugen, aber Entwicklung fördert zunächst mehr Migration und erst durch Rückkoppelungseffekte die Entwicklung in den Herkunftsländern. Es scheint, dass die politischen Akteure noch keine Lehren aus dem Bericht der *Global Commission on International Migration* gezogen haben.

Die Staatengemeinschaft finanziert die vom UNHCR aufgebauten und unterhaltenen Flüchtlingslager in den Konfliktregionen und förderte damit die Regionalisierung des Flüchtlingsproblems. Sie war bisher aber wenig erfolgreich mit ihrem Bemühen, durch die Krisen- und Konfliktprävention sowie durch die Stabilisierung von Nachkriegsgesellschaften den Schubkräften des „globalen Marsches" vorzubeugen. Sie ist dennoch gefordert, mehr in diese entwicklungspolitische Vorwärtsstrategie zu investieren, weil die militärische Absicherung der „Festung Europa" die Fluchttragödien vor und auf dem Mittelmeer nicht verhindern kann, außerdem das im Völkerrecht verankerte Schutzversprechen der Genfer Flüchtlingskonvention von 1951 aushöhlt. Das von der EU-Kommission geplante Instrument der „zirkulären Migration" mit zeitlich begrenzten Arbeitserlaubnissen und vertraglichen Rückkehrverpflichtungen bietet allenfalls einer kleinen Zahl von nachgefragten Arbeitskräften die Chance der legalisierten Migration und erinnerte Kritiker an das misslungene Experiment mit den sogenannten Gastarbeitern.

Bei ihrem Bemühen, die irreguläre Migration einzudämmen und Fluchtbewegungen möglichst von den eigenen Grenzen fernzuhalten, müssen die Staaten die grundlegenden Menschenrechte sowie die in völkerrechtlichen Verträgen verankerten Prinzipien des Flüchtlingsschutzes beachten. Das in der *Genfer Flüchtlingskonvention* (GFK) von 1951 garantierte Asylrecht darf nicht weiter ausgehöhlt werden, wie es in den Südländern der EU bereits geschieht. Auch irreguläre Migrant(inn)en haben nach einer völkerrechtlich gültigen Konvention Anspruch darauf, vor Ausbeutung geschützt zu werden, menschenwürdig zu leben und Zugänge zu existenzsichernden Dienstleistungen zu erhalten. Es war deshalb konsequent, dass der Europäische Gerichtshof für Menschenrechte (ECHR) die vom Dublin-II-Abkommen gebotene Abschiebung von Flüchtlingen in das Ankunftsland Griechenland aufgrund menschenunwürdiger Behandlung aussetzte. Außerdem verpflichtete der EuGH im Juli 2014 Deutschland, Abschiebehäftlinge in gesonderten Einrichtungen von kriminellen Häftlingen zu trennen, um ihre demütigende Kriminalisierung zu verhindern. Der Umgang mit Migrant(inn)en mit oder ohne gültigen Papieren bildet eine Nagelprobe für die praktizierte Geltung der Menschenrechte. Dies gilt auch für ihre Behandlung in Aufnahmelagern und Notunterkünften. Hier lieferte nicht nur Griechenland, sondern auch Deutschland abschreckende Beispiele.

Angesichts der bereits absehbaren Folgen des globalen Klimawandels, die vor allem ökologisch besonders verwundbare Regionen und Bevölkerungsgruppen treffen werden, sollte die Staatengemeinschaft vorsorgend ein Schutzregime für „Umweltflüchtlinge", die nicht den Verfolgungsschutz der GFK beanspruchen können, erarbeiten. Nach Erkenntnissen von internationalen Organisationen übersteigt ihre Zahl bereits die Zahl der „Kriegsflüchtlinge" und wird dramatische Dimensionen annehmen, auch wenn ihre Mehrzahl in den betroffenen Ländern oder Regionen verbleiben sollte, weil die Migrationspfade verschlossen sind. Es genügt nicht, ihnen den Schutz der GFK aus juristischen Gründen zu verweigern und die „Klimaflucht" zu einer „zweifelhaften Kategorie" zu erklären (so Aufenvenne u. Felgentreff 2013). Die „Klimaflüchtlinge" entfliehen einer existenziellen Bedrohung, auch wenn sie keine Folterspuren vorweisen können, und brauchen Schutz, auch jenseits ihrer Herkunftsländer, wenn deren Problemlösungsfähigkeiten überfordert sind. Eine Chance zur Problembewältigung könnte darin liegen, dass die Hauptverursacher des Klimawandels ihre auf Klimakonferenzen gegebenen Zusagen einhalten, die den Entwicklungsländern dabei helfen sollen, die Folgen des Klimawandels aufzufangen, z.B. durch Deichbauten oder großflächige Wiederaufforstungen. Die Kosten dieser Vorbeugung sind hoch, aber ohne sie wären die Kosten weit höher.

Schließlich: Um den Schaden zu verringern, der besonders den ärmsten Ländern mit dem Verlust an Humankapital in den für Entwicklung strategischen Sektoren entsteht, sollten erstens die freiwillige Rückkehr von Hochqualifizierten durch geeignete Anreize gefördert und zweitens auch Kompensationsleistungen ihrer nutznießenden Aufnahmeländer erwogen werden. Es geht darum, einen Interessenausgleich zwischen Herkunfts- und Zielländern anzustreben, um die von der OECD für beide Seiten erwarteten Gewinne realisieren zu können. Wichtig ist, dass der Norden seine Ängste vor einer „Invasion der Armen" und der Überforderung seiner Sozialsysteme abbaut und auch auf seiner Seite das „*Gaining from Migration*" erkennt. Noch versperren diffuse Ängste vor allerlei Gefahren der internationalen Migration und Wahlerfolge von ausländerfeindlichen Parteien diese Erkenntnis und beschädigen die Geltung von Menschenrechten und internationalen Vertragswerken, aber vor allem die menschenwürdige Behandlung von Flüchtlingen, woher und aus welchen Gründen sie auch kommen mögen.

10 Umweltkrisen – Klimawandel – „Klimakriege"

Es gab neben den von den Vereinten Nationen organisierten Klimakonferenzen keinen G8-Gipfel und kaum noch einen EU-Gipfel, auf denen der Klimawandel nicht ganz oben auf der Verhandlungsagenda stand. Die Erkenntnis hat sich durchgesetzt, dass die Stabilisierung des Weltklimas und – wie es Theologen formulieren – die Bewahrung der Schöpfung zu den höchstrangigen globalen öffentlichen Gütern (*global public goods*) und zentralen globalen Herausforderungen gehören. Diese größte Herausforderung für die Menschheit, aber besonders für die Weltregionen, die wenig zu ihrem Entstehen beigetragen haben, verdrängte die alten Themen der Umweltpolitik – wie die Verschmutzung der Luft, der Meere und Flüsse, den Verlust der Artenvielfalt (Biodiversität), das Waldsterben oder das Ausplündern der Tropenwälder –, die seit der spektakulären Rio-Konferenz von 1992 zu „Umwelt und Entwicklung" (UNCED) das Themenfeld der nachhaltigen Entwicklung (*sustainable development*) bildeten, aus dem umweltpolitischen Prioritätenkatalog. Die Entwicklungs- und Schwellenländer beteiligten sich an den Klimakonferenzen, aber sie sehen sich mit einer Vielzahl von internen Umweltkrisen konfrontiert, die sie teilweise in existenzielle Bedrängnis bringen. Dies gilt vor allem für die VR China.

Die Berichte des Intergovernmental Panel on Climate Change (IPCC), des UN-Umweltprogramms (UNEP), des *Worldwatch Institute* und des WBGU (Wissenschaftlicher Beirat der Bundesregierung Globale Umweltveränderungen) zeichnen besonders in den Entwicklungsländern ziemlich dramatische Krankheitsbilder der Umwelt. Berichte verschiedener Umwelt- und Wissenschaftsorganisationen wie die *Living Planet Reports* malten ökologische Apokalypsen aus. Rund 90 % des Artensterbens, der Bodenerosion und der Waldvernichtung finden hier statt, wo auch die Luftverschmutzung der Metropolen zu einem gravierenden Gesundheitsrisiko wurde. Der WBGU analysierte in mehreren seiner Jahresgutachten unter Einsatz des interdisziplinären Expertenwissens die Auswirkungen globaler Umweltveränderungen auf die Gefährdung der Böden (1994), die Verknappung von Süßwasser (1997), den Verlust von biologischer Vielfalt (1999) und das „Sicherheitsrisiko Klimawandel" (2008), das auch den Norden mit verschiedenartigen Sicherheitsrisiken konfrontiert. Die Erfolgsaussichten einer nachhaltigen Armutsbekämpfung, die das Gutachten 2005 zu „Armutsbekämpfung durch Umweltpolitik" untersuchte, hängen wesentlich von der Fähigkeit armer Gesellschaften ab, mit den Folgen von Umweltveränderungen umzugehen.

Die Entwicklungsländer verfügen über 90 % der biologischen Ressourcen, die zu ihren wichtigsten „natürlichen Reichtümern" und „eigenen Existenzmitteln" gehören, deren durch die Piraterie fortgeschrittene Enteignung Art. 1 des *„Sozialpakts"* ausdrücklich verbietet. Die *„biologischen 17"*, also die 17 Staaten, die zwei Drittel der weltweit vorhandenen biologischen Ressourcen beherbergen, sind gleichzeitig Territorien, auf denen ein Großteil der indigenen Völker um sein Überleben und seine bedrohte kulturelle Identität kämpft.

10.1 Krise der Biosphäre – Verarmung der Artenvielfalt

Die Vereinten Nationen riefen das Jahr 2010 aus Dringlichkeitsgründen zum Jahr der Biologischen Vielfalt (Biodiversität) aus. Ihre Bewahrung bildet in der Tat eine ökologische Dringlichkeit. Die Biosphäre, die alle Lebewesen und Pflanzenarten zu Land und zu Wasser sowie ihre genetischen Baupläne umfasst, ist in der Krise. Die Arten- und Genverluste gefährden die Zukunft der Welternährung und wiegen vor allem deshalb schwer, weil Verlorenes verloren bleibt. Der Verlust an biologischer Vielfalt schmälert das Naturerbe der Menschheit und beschädigt die ökologische Leistungsfähigkeit des Planeten. Täglich gehen genetische und physiologische Baupläne der Natur verloren (vgl. Henne 1998). Naturgesetze können aber nicht ohne schädliche Folgewirkungen ausgehebelt werden.

Der Mensch ist für das Artensterben verantwortlich, weil er die Ökosysteme und Landschaften der Welt in großem Stil verändert, die Landwirtschaft unter Einsatz moderner Agrartechnologien den Geboten schneller und hoher Ertragssteigerungen unterwirft, Raubbau an den Wäldern betreibt, natürliche Wasserläufe in Kanäle umwandelt oder durch Staudämme verändert sowie Flüsse, Seen und Küstengewässer durch Einleitung von Abwässern und Agrargiften verschmutzt. Durch Eingriffe des Menschen in die Pflanzenwelt und deren Photosyntheseleistung erhöhte sich die CO_2-Konzentration der Atmosphäre bereits fast um ein Drittel. Monokulturen – sei es der Baumwolle, der Sojabohne oder des Zuckers – haben auf riesigen Flächen die biologische Vielfalt dezimiert, die Tierwelt verarmt und Flüsse mit Chemikalien verseucht. Nach Schätzungen der FAO sind seit Beginn des 20. Jahrhunderts bei Feldfrüchten bereits drei Viertel der genetischen Vielfalt verloren gegangen. Die Erfolgsgeschichte der modernen Landwirtschaft beruhte auf dem Einsatz weniger Arten, sie läuft aber nun Gefahr, mit der Vielfalt existierender Kulturpflanzen eine ihrer Erfolgsgrundlagen zu zerstören. Die Staatengemeinschaft versuchte mit der Biodiversitätskonvention gegenzusteuern. Aber solange die Menschen die Böden, Wälder und Meere so übernutzen, wie sie es tun, verschlimmert sich die Krise der Biosphäre.

10.2 Das Schwinden der Tropenwälder

Der Verlust an Artenvielfalt geht vor allem mit der Zerstörung der tropischen Regenwälder einher. Mit ihm sterben medizinische Wirkstoffe aus, die nur in den Biotopen der Regenwälder zu finden sind, und mit den Genverlusten ein großes Stück der Evolutionsgeschichte von Millionen von Jahren. Vor einem Jahrhundert waren noch 12 % der Erdoberfläche von verschiedenen Formen des tropischen Waldes bedeckt: immer- und wechselgrünen Feuchtwäldern, Trockenwäldern, die in Feuchtsavannen übergehen, und Bergwäldern. Inzwischen ist nur noch ein Fünftel der ursprünglichen Urwälder unverändert geblieben und selbst dieser Rest ist gefährdet. Im indonesischen Kalimantan wird es schon bald nur noch Restbestände eines ehemals riesigen Regenwalds geben. Hier trugen auch großflächige Waldbrände, die nachweislich von

Bodenspekulanten gelegt wurden, zum Zerstörungswerk bei. Dagegen bremste Brasilien inzwischen die Entwaldung von Amazonien wirksam ab, auch in Erwartung des sogenannten REDD-Mechanismus, der die Tropenländer für den Schutz der Regenwälder entschädigen soll.

Die Ursachen für die Waldzerstörung sind vielschichtig und in den verschiedenen Waldregionen unterschiedlich gewichtig. Während in Amazonien der Regenwald vor allem vom Vordringen der großflächigen Weidewirtschaft, vom Eindringen landhungriger Siedler und von industriellen Erschließungsprojekten bedroht ist, bildet in den afrikanischen Trockenwaldregionen der Einschlag für Brennholz das Hauptproblem. Die berüchtigten „Holz-Multis" schlagen dagegen vor allem in Südostasien, West- und Zentralafrika zu. Weitere Präzisierungen sind notwendig:

- In allen Waldzonen vergrößern das Bevölkerungswachstum und die Verknappung von Kulturland den Druck auf die Waldbestände. Noch größer ist allerdings das hemmungslose Betreiben des nationalen und internationalen Agrobusiness, Flächen für die Rinderzucht, Ölpalmplantagen und Soja-Monokulturen zu gewinnen. Die Nutznießer reiben sich auf den weit entfernten Verbrauchermärkten die Hände in Unschuld.
- Zwar wird nur etwa ein Viertel des Holzeinschlags exportiert, weil die Importeure nur an Hart- und Edelholz interessiert sind. Der kommerziell verwertbare Baumbestand macht in Afrika und Lateinamerika kaum 10 %, in Asien etwa ein Viertel des Waldbestands aus. Allein Japan importiert mehr Tropenholz als die gesamte EU. Japanische Holzfirmen sind nach der Dezimierung der Waldbestände auf den Philippinen und in Thailand und der Überbeanspruchung der Regenwälder in Indonesien und Malaysia in den Südpazifik, nach Afrika und Amazonien ausgeschwärmt. Die staatliche „Erschließungshilfe" ebnete ihnen die Wege in die Wälder.
- Die agro-industrielle Weidewirtschaft trägt am stärksten zur Waldzerstörung bei. Jedes Jahr werden schätzungsweise 8 Mio. ha Tropenwald in landwirtschaftliche Nutzfläche umgewandelt. *Transmigrasi*, das weltgrößte Umsiedlungsprogramm aus dem überbevölkerten Java in den Regenwald von Kalimantan (Borneo), führte die Schattenseiten der Brandrodung des Tropenwalds vor Augen. Die schnelle Degradierung der so gewonnenen Anbauflächen, die sich nicht für landwirtschaftliche Dauerkulturen eigneten, führte zu einer hohen Rückwanderungsquote, hinterließ aber zerstörte Landschaften und entwurzelte Regenwaldbewohner und vom aussterben bedrohte Tierarten.
- In den beiden wichtigsten Förderländern von Palmöl, Indonesien und Malaysia, haben sich multinationale Konzerne der Lebensmittel- und Kosmetikindustrie (Nestlé, Unilever, Henkel, Monsanto u.a.) in Kooperation bzw. Komplizenschaft mit einheimischen Unternehmen und korrupten Bürokraten die schrumpfenden Waldbestände durch das großflächige Vordringen von Palmölplantagen in rasantem Tempo weiter dezimiert. Hier wurde auch Biodiesel, der durch den Ersatz von Erdöl dem Klimaschutz dienen sollte, zum Feind des Wald- und Umweltschutzes und zum Hohn auf die Nachhaltigkeit.

– Die Ausweitung von Shrimpsfarmen an der Pazifikküste Lateinamerikas und an den Küsten von Bangladesh und Thailand führte zur großflächigen Zerstörung von Mangrovenwäldern und damit nicht nur eines natürlichen Schutzes gegen Sturmfluten, sondern auch eines reichhaltigen Biotops von Tieren und Pflanzen. Nach UNEP-Schätzungen fiel bereits die Hälfte der Mangrovenwälder dieser Massenproduktion von Shrimps und Garnelen zur Versorgung der Küchen und Restaurants in den Verbraucherländern zum Opfer. Weil zur Fütterung dieser „Meeresfrüchte" große Mengen Fischmehl notwendig sind, trägt diese Aquakultur auch zur Überfischung der küstennahen Meere bei.

An dem Zerstörungswerk sind viele beteiligt: Politiker und Bürokraten, die Lizenzen erteilen und dabei häufig reich werden; „Multis" der Holzindustrie und die multinationalen „Rindfleisch-Imperien"; Viehbarone, die ihre großflächige Weidewirtschaft in die Waldzonen vorschieben; Millionen von landlosen Bauern, sei es auf eigene Initiative oder im Gefolge von staatlichen Erschließungs- und Siedlungsprojekten. Solange die Regierungen der Regenwaldländer ihre Urwälder als ungenutzte Ressource begreifen und sich mit dem Hinweis auf ihre Souveränität gegen internationale Bemühungen wehren, die Wälder als Erbe der Menschheit einem Schutzregime zu unterwerfen, wird das legalisierte und illegale Zerstörungswerk nicht aufgehalten werden können. Die ökologischen, aber auch die ökonomischen und sozialen Folgen der Entwaldung der Tropen sind fatal:

– Opfer der Waldzerstörung sind zunächst die indigenen Restgesellschaften von Ureinwohnern (wie die Indianer in Amazonien oder Dajak auf Borneo), aber auch Neusiedler, die nach wenigen Jahren von den Folgen der Umweltzerstörung heimgesucht und zur Weiter- oder Rückwanderung gezwungen werden.
– Die in die Regenwälder vorrückenden Holzfällerkolonnen verengen nicht nur die Lebensräume von Wildtieren, sondern räumen unter ihnen zur Selbstversorgung auch kräftig auf. Sie haben in Afrika und Indonesien wesentlich zur Dezimierung von Primaten beigetragen. Was sie nicht selbst erledigen, tun die nachrückenden Siedler. NGOs wie der WWF oder „Rettet den Regenwald" können nur Restbestände retten.
– Opfer sind unzählige Pflanzenarten und Lebewesen, die nur im Biotop des Regenwalds überleben können. Die tropischen Regenwälder beheimaten etwa 40 % aller Pflanzenarten und Lebewesen sowie viele medizinische Wirkstoffe, nach denen Pharmaunternehmen suchen. Ihr Versuch, sie mithilfe des TRIPS-Abkommens unter Patentschutz zu stellen, kollidiert jedoch mit dem in der Biodiversitätskonvention garantierten „Recht auf geistiges Eigentum", das bei den indigenen Völkern liegt, die über ein in Jahrhunderten erworbenes Wissen über das in der Natur gespeicherte Potenzial an Heilsubstanzen verfügen. Hier kollidiert das WTO-Recht mit dem internationalen Umweltrecht.
– Die Brandrodung nach dem Abholzen des kommerziell verwertbaren Baumbestands führt aufgrund der Nährstoffarmut der tropischen Böden zu rascher Unfruchtbarkeit, zu Erosion und zu schweren Störungen des Wasserhaushalts, weil

die Verdunstung der Vegetation entfällt und der Wald als saugfähiger Schwamm ausfällt. Diese Störung des Wasserhaushalts wirkt über die Rodungszonen hinaus, führt zu Trockenheit und Überschwemmungen. Die großen Überschwemmungen in den Ebenen von Pakistan, Indien und Bangladesh sind auf die Abholzung der Feuchtwälder am südlichen Fuß des Himalaya zurückzuführen.

Die Menschheit hat nichts aus früheren Ökokatastrophen gelernt. Wir wissen, dass die Abholzung Nordafrikas und Siziliens durch die Römer ehemalige Kornkammern in Wüsten verwandelt hat; dass die Verkarstung der jugoslawischen Küste auf den Raubbau der venezianischen Schiffbauer an den Küstenwäldern zurückzuführen ist. Heute schreitet die Zerstörung der Umwelt, vor allem der Tropenwälder, nur noch schneller voran. Satellitenaufnahmen dokumentieren das Zerstörungswerk, halten aber Regierungen und multinationale Holzkonzerne nicht davon ab, es fortzusetzen – auch unter dem Vorwand, eine Entwicklungsressource zu nutzen. Inzwischen ist schon von „*Eco-Crimes*", also Verbrechen gegen die Umwelt, die Rede. Solche Verbrechen finden tagtäglich statt.

10.3 Gefährdung der Böden und der Ernährungsbasis

Böden bilden eine der Grundlagen menschlichen Lebens und sozioökonomischer Entwicklung, zusammen mit Gewässern die zentralen Lebensräume der Organismen. Als Nutzer, Kostgänger und Ausbeuter natürlicher Ressourcen haben Menschen, diese „Parvenüs der Schöpfung", immer in terrestrische Ökosysteme eingegriffen, dabei häufig das Prinzip der Nachhaltigkeit verletzt und die agrarischen Ökosysteme kurzsichtig mit dem Ziel möglichst hoher Erträge in möglichst kurzen Zeiträumen übernutzt. Im letzten halben Jahrhundert erlebte zwar die Weltlandwirtschaft große Produktivitätsfortschritte, gleichzeitig wurden aber riesige Landflächen durch Eingriffe des Menschen mehr oder weniger schwer degradiert. Experten des UNEP befürchten, dass durch die voranschreitende Desertifikation (Verödung, Versteppung und Verwüstung) fast ein Fünftel des weltweiten Ackerlands und mehr als ein Viertel der gesamten Landoberfläche gefährdet sein könnten. Hauptursachen der *Bodendegradation* sind:

1. die Überweidung durch zu dichten Viehbesatz, besonders in den Trockengebieten Afrikas. Die voranschreitende Desertifikation im Sahel-Raum hat eine lange Vor- und Wirkungsgeschichte. Schon die koloniale Besteuerung und Sesshaftmachung der Nomaden hatten zu einer Vergrößerung der Viehherden geführt, die ein Statussymbol darstellen. Die Bohrung von Tiefbrunnen und Impfaktionen gegen Tierseuchen störten das Gleichgewicht zwischen Tierbeständen, Weideflächen und Wasserreserven. Die großen Viehherden zertrampelten den Boden und grasten im großen Umkreis um die Wasserstellen die Grasnarben ab. Wenn die nährstoffhaltige Oberschicht des Bodens der Sonne, dem Regen und dem Wind ausgesetzt sind, wird sie ausgewaschen, pulverisiert und vom Wind abgetragen. So

entstehen auch die vom Vormarsch der Wüste in der Inneren Mongolei ausgelösten Sandstürme, die gelegentlich auch Beijing verdunkeln und bereits viele Städte und Dörfer zu Friedhöfen der Zivilisation gemacht haben, auf denen kein Leben mehr möglich ist. Nun bauen die Chinesen mit großem Personaleinsatz „grüne Mauern", um die Wüste aufzuhalten und die Schäden zu reparieren, welche die hemmungslose Ausbeutung der Natur angerichtet hat.

2. zwingt der wachsende Bevölkerungsdruck dazu, das Land immer intensiver zu nutzen oder neue Anbauflächen auf nährstoffarmen Böden und in klimatisch labilen Zonen zu gewinnen. Wenn beim traditionellen Wanderhackbau (*shifting cultivation*), der den ökologischen Bedingungen der tropischen Böden gut angepasst ist, die zur Regeneration notwendigen Brachezeiten verkürzt werden, nimmt die Bodenfruchtbarkeit schnell ab. Noch schneller schädigen Monokulturen aufgrund der ununterbrochenen Fruchtfolge die Böden: Sie verlieren durch Erosion, die Sonne, Wind und Regen anrichten, bis viermal mehr Oberflächenboden als Mischkulturen. Ihre ökologische Zerstörungswut zeigen bereits die Sojakulturen in Brasilien.

3. lauern ökologische Gefahren dort, wo in Trockengebieten zu Ertragssteigerungen künstliche Bewässerung eingesetzt wird. Es kommt zur *Versalzung* (Salinisierung), wenn das künstlich zugeleitete Wasser auf wenig durchlässigen Böden schnell verdunstet und die im Wasser gelösten Salze im Oberboden angereichert werden. Bei durchlässigen Böden steigt dagegen der Grundwasserspiegel, bis es zur *Vernässung* der oberen Bodenschichten und durch Verdunstung wieder zu Salzablagerungen kommt. Wenn dieser Gefahr nicht mit geeigneten Drainagemethoden begegnet wird, drohen anfangs Ernteeinbußen und dann Unfruchtbarkeit und Versumpfung. Wie bedrohlich die Versalzung werden kann, zeichnet sich bereits im Niltal nach der Bändigung der Nilüberflutungen durch den Assuan-Staudamm, im indischen Punjab als Spätfolgen der „grünen Revolution" mit ihrem Großeinsatz von künstlicher Bewässerung, Kunstdünger und Pflanzenschutzmitteln und auf chinesischen Reisfeldern ab.

Von *Desertifikation* bedroht sind vor allem trockene und halbtrockene Zonen. Der Mensch beschleunigt durch Überweidung, Übernutzung und Entwaldung die Degradation von Steppen und Savannen hin zu wüstenähnlichen Landschaften: Weltweit sind hier nach UNEP-Daten ein Drittel des bewässerten Landes, fast die Hälfte des unbewässerten Ackerlands und drei Viertel des Graslands innerhalb der Trockengebiete zumindest mäßig von Desertifikation betroffen. Die *„Konvention zur Bekämpfung der Desertifikation"* (UNCCD), deren Sekretariat in der „UN-Stadt" Bonn liegt, etwas irreführend auch *„Wüstenkonvention"* genannt, weil sie die Verwüstung verhindern soll, organisiert Vertragsstaatenkonferenzen und produziert Aktionsprogramme, die aber den Zerstörungsprozess nur punktuell aufhalten können.

Die mit dem Nobelpreis für Wirtschaftswissenschaften ausgezeichnete Umweltökonomin und Politologin Elinor Ostrom kam in ihren Forschungen zur Erkenntnis, dass nicht staatliche Technokratien mit all ihrem Herrschafts- und Expertenwissen, sondern lokale Gruppen am besten, nämlich aus existenziellem Eigeninteresse, für den schonenden Umgang mit Gemeinschaftsgütern wie Weideflächen, Wasserreserven oder Fischgründen sorgen. Aus dieser nicht ganz neuen, nun aber mit dem höchsten Wissenschaftspreis ausgezeichneten Erkenntnis kann eine entwicklungspolitische Lehre gezogen werden, die schon an eine Binsenweisheit grenzt: Die Menschen vor Ort wissen selbst am besten, was für sie, ihre Gemeinschaften und ihre Umwelt am besten ist. Aber dieses Wissen wurde häufig durch Einflüsse und Eingriffe von außen verschüttet. Deshalb warf William Easterly (2006) vor allem seinem langjährigen Arbeitgeber Weltbank vor, durch seine Expertise und Konditionalitäten Unheil anzurichten. Er verdichtete seine Erfahrungen im vorwurfsvollen Buchtitel: „Wir retten die Welt zu Tode".

10.4 Gefährdungspotenziale und Sicherheitsrisiken des Klimawandels

Im Zentrum der umwelt- und entwicklungspolitischen Debatten steht inzwischen auf nationaler und internationaler Ebene das Damoklesschwert des Klimawandels. Berichte von internationalen Organisationen und Kommissionen, nationalen und internationalen Denkfabriken, transnational organisierten Vereinigungen von Wissenschaftler(inne)n und einzelne prominente Experten bis hin zum ehemaligen US-Vizepräsidenten und Friedensnobelpreisträger Al Gore – wobei dieser Preis schon auf den Zusammenhang von Klimawandel und Frieden hinweist – haben unser natur- und sozialwissenschaftliches Wissen über die Ursachen, Dimensionen und Folgen des Klimawandels vertieft, aber auch immer wieder scheinbare Gewissheiten erschüttert. Die Debatte ist eingekeilt zwischen Kassandra-Apokalypsen, wie sie der Soziologe Harald Welzer (2008) in der Prognose von „Klimakriegen" entfaltete, und Versuchen der Entwarnung, wie sie der dänische Politologe Björn Lomborg (2002) mit seinem trotzigen „Apokalypse No!" unternahm und damit beim klimapolitischen Dinosaurier George W. Bush offene Ohren fand, aber bei den Klimaforschern in den Geruch der Scharlatanerie geriet. Der mit den Republikanern verbündete TV-Sender *Fox* trommelt noch immer gegen die Klimaforscher.

Der im Februar 2007 veröffentlichte Vierte Sachstandsbericht des IPCC stellte fest, dass der derzeit messbare Klimawandel mit einer Wahrscheinlichkeit von 90 % das Ergebnis menschlicher Aktivitäten ist. Der im April 2014 in Berlin verabschiedete Fünfte Sachstandsbericht bekräftigte diese Schuldzuweisung. Der Friedensnobelpreisträger Al Gore bemerkte einmal zornig, dass die 2 % aller Wissenschaftler, die Außenseiterpositionen oder die partikulären Interessen der Lobby der fossilen Energieträger vertreten, genau so viel Medienresonanz bekommen wie die übrigen 98 %. Der Friedensnobelpreis für einen prominenten Klimapolitiker sollte auch anerkennen, dass es einen Zusammenhang zwischen Klimaveränderungen und dem Entstehen von Konfliktpotenzialen gibt.

Der Mainstream der Klimaforschung hat auch deutlich gemacht, dass es sich beim Klimawandel nicht nur um ein Umweltproblem handelt, weil er weit und tief greifende Auswirkungen auf Ökonomie, Gesellschaften und im Gefolge der von ihm verursachten Sicherheitsrisiken auch auf das internationale System hat. Der „Stern-Report" (2007) des ehemaligen Chefökonomen der Weltbank prognostizierte, dass ein ungebremster Klimawandel zu schweren Einbrüchen in der Weltwirtschaft führen würde, die weit dramatischer wären als die Auswirkungen der aktuellen Weltwirtschaftskrise. Gesundheitspolitiker befürchten im Gefolge des Klimawandels eine Nordwanderung von tropischen Krankheiten wie Malaria und eine Globalisierung von Gesundheitsrisiken (vgl. Sauerborn 2007). In der vom Soziologen Ulrich Beck (2007) entworfenen Theorie der „Weltrisikogesellschaft" ist eine von globalen Risiken und Verunsicherungen hervorgebrachte neue Formation der Weltgesellschaft, die alle vertrauten Gesellschaftstheorien infrage stellt, im Entstehen.

Der Klimawandel erzeugt bereits vorhersehbare Risiken wie zunehmende Dürren, Überschwemmungen und Wirbelstürme, den Anstieg des Meeresspiegels im Gefolge der messbaren Erderwärmung mit fatalen Auswirkungen auf tief liegende Küstenzonen und das Abschmelzen von Gebirgsgletschern, was die verknappenden Süßwasserreserven noch mehr verknappt; er bewirkt aber auch noch unkalkulierbare Veränderungen im Erdsystem, wenn bis zum Jahrhundertende eine Begrenzung der globalen Erwärmung um etwa 2 °C misslingen sollte. Sollte keine klimapolitische Kehrtwende und ein schneller Ausstieg aus dem fossilen Zeitalter gelingen, ist bis zum Jahrhundertende sogar eine Erderwärmung bis zu 5 °C mit apokalyptischen Folgen für alles Leben auf der Erde zu befürchten. Die Skeptiker wie Björn Lomborg und Lobbyisten der fossilen Industrien stellen diese Apokalypse immer noch infrage.

Die Berichte des IPCC und des WBGU (2008) verdeutlichen, dass die ökonomischen, sozialen und politischen Folgen des Klimawandels regional sehr unterschiedlich ausfallen, aber Entwicklungsländer mit schwachen Infrastrukturen und geringen Anpassungs- und Krisenbewältigungsfähigkeiten (*coping capacities*) besonders in Mitleidenschaft ziehen werden. Diese unterschiedliche Verwundbarkeit belegen auch der von der ETH Zürich entwickelte Klimawandelindex (CCI) und der von UNDP (2004) unter dem Titel „*Disaster Risk*" vorgelegte Vulnerabilitätsbericht. Das vom früheren UN-Generalsekretär Kofi Annan geleitete *Global Humanitarian Forum* legte Mitte 2009 einen umfassenden Bericht über „*Climate Change: The Anatomy of a Silent Crisis*" vor, der die humanitären Folgelasten, die besonders die ärmsten Gesellschaften zu tragen haben werden, dramatisierte. Der *Weltentwicklungsbericht 2010* der Weltbank arbeitete die Erkenntnisse der Klimafolgenforschung auf und belegte den Zusammenhang von Klima und Entwicklung mit vielen Daten und illustrativen Schaubildern. Es zeichnen sich bereits die folgenden regionalen Verwundbarkeiten ab:
- Das subsaharische Afrika gilt aufgrund seiner Anfälligkeit für Wetterextreme, der großen Bedeutung der klimasensitiven Landwirtschaft für große Teile der Bevölkerungen und seinen geringen Anpassungsfähigkeiten als besonders verwundbar. Der IPCC erwartet in einzelnen Ländern schon bis 2020 einen Einbruch

der Erträge im Regenfeldbau um bis zu 50 %. Der von Trockenheiten heimgesuchte Sahelraum wird noch mehr leiden und an landwirtschaftlichen Potenzialen verlieren. Das Austrocknen der Subtropen ist von einer Verschärfung der Trinkwasserknappheit begleitet.
- In Asien verursacht die Gletscherschmelze im Himalaya sowohl Überflutungen als auch die Verknappung von Süßwasserressourcen. Der Anstieg des Meeresspiegels im Gefolge der Erderwärmung wird besonders im Golf von Bengalen Wirbelstürme mit großer Zerstörungskraft und Überflutungen auslösen. Während sich reiche Länder mit Deichbau und anderen technischen Maßnahmen schützen können, sind Millionen von Menschen in den armen Ländern solchen Bedrohungen hilflos ausgeliefert. Veränderte Monsunverläufe bedrohen in Indien die Lebensgrundlagen von Hunderten Millionen Menschen. Auch das chinesische Regime muss neben den schweren Umweltkrisen, die schon seine ökologische Rücksichtslosigkeit verursachte, Folgen des Klimawandels bewältigen.
- Kleine Inseln im Indischen und Pazifischen Ozean, die aus Existenzangst auf den UN-Klimakonferenzen als Kassandra-Propheten auftraten, sind dem steigenden Meeresspiegel und sich häufenden Sturmfluten hilflos ausgesetzt. Es wird dann die Malediven oder einige südpazifische Inselstaaten nicht mehr geben und tiefliegende Flussdelten werden vom Meer überspült werden. Wohin sollen dann die vom Wasser vertriebenen Menschen gehen? Wo gibt es für sie eine Arche Noah? Solche Fragen werden noch verdrängt, würden sich aber in nicht allzu ferner Zukunft stellen, wenn es nicht gelingen sollte, die Erderwärmung unter zwei Grad gegenüber der vorindustriellen Zeit zu halten. Deshalb stehen teure Programme zur *„Mitigation"* und zur *„Adaptation"* an die Folgen des Klimawandels auf der vorsorgenden klima- und entwicklungspolitischen Agenda.
- In Südamerika wird das beschleunigte Abschmelzen der Anden-Gletscher, die in einem Vierteljahrhundert bereits ein Drittel ihres Volumens verloren, die Wasserversorgung ganzer Regionen und Großstädte (z. B. von Lima) gefährden.
- Die Meeresbiologie erkannte die folgende Gefahr: Neben der Erwärmung bedroht die Versauerung der Ozeane im Gefolge der Aufnahme großer Mengen von Kohlendioxid das Leben im Meer und damit eine wichtige Ernährungsquelle vieler Küstenländer und Inselgesellschaften. Das Jahresgutachten 2013 des WBGU zum „Menschheitserbe Meer" lieferte dazu tiefschürfende Analysen und die Erkenntnis, dass dieses Menschheitserbe durch die Menschen bedroht wird.

Es sind vor allem Armutsgruppen, die existenziellen Risiken ausgesetzt sein werden. Dirk Messner und Stefan Rahmstorf (2010), ausgestattet mit dem interdisziplinären Expertenwissen des WBGU, folgerten aus diesen Wahrscheinlichkeiten, dass der Klimawandel in vielen Regionen und Ländern bereits existierende Entwicklungsprobleme verschärfen wird. Er wird zu Einbrüchen in der Nahrungsmittelproduktion und zusammen mit der Luftverschmutzung zu Veränderungen der Monsunströme führen, die Süßwasserressourcen begrenzen und politische Spannungen hervorrufen. Was den Norden reich gemacht hat, nämlich die Verfügung über fossile Energieträger als Grundlage der Industrialisierung, Motorisierung und des Wohlstands, bedroht nun die Entwicklungschancen der Milliarden von Menschen, die wenig zu den Folgeproblemen dieses Wohlstandsmodells beigetragen haben. Hier setzte eine Gerechtigkeitsdebatte an, die sich auf drei Fragen konzentrierte:

- Die Frage der intergenerationellen Gerechtigkeit betrifft die Pflichten der gegenwärtig Lebenden gegenüber künftigen Generationen angesichts der Tatsache, dass die klimaschädigenden Emissionen die Umweltbedingungen der Zukunft beeinflussen und globale Auswirkungen haben. Philosophisch formuliert: Der Klimaschutz soll der „Sicherung der Suffizienzwohlfahrtsrechte zukünftig Lebender" dienen (Meyer 2009: 74 ff.). Hier gilt der vom Brundtland-Bericht formulierte einfache Leitsatz für Nachhaltigkeit: „Nachhaltige Entwicklung ist eine Entwicklung, die den Bedürfnissen der heutigen Generationen entspricht, ohne die Möglichkeiten künftiger Generationen zu gefährden, ihre eigenen Bedürfnisse zu befriedigen."
- Die Frage der globalen Gerechtigkeit betrifft die Aufteilung von Emissionsrechten, besonders zwischen Industrie- und Entwicklungsländern. Radikal formuliert: Einem Afrikaner stehen prinzipiell dieselben Verschmutzungsrechte zu wie einem US-Amerikaner, der heute ungefähr die zwanzigfache Menge an CO_2-Emissionen verursacht. Hier setzt die umweltrechtliche Diskussion über Schwellenwerte an, die nach einer komplizierten Argumentation zum Schluss kommt, dass der Schwellenwert das Schutzniveau markiere, das „zukünftigen Menschen geschuldet ist, weil sie Träger genereller Rechte (Menschenrechte) sind" (Meyer 2009: 77). Man kann die ungerechte Verteilung der Folgen des Klimawandels auch weniger akademisch verklausuliert beschreiben, wie es Harald Welzer (2008: 116 f.) tat:

Die Folgen des Klimawandels sind ungerecht verteilt, weil die größten Verursacher ... den geringsten Schaden davontragen werden und die größten Chancen haben, Gewinn aus der Situation zu ziehen. Umgekehrt sind diejenigen Weltregionen, die bisher kaum zum Gesamtaufkommen der Emissionen beitragen, die die globale Erwärmung verursachen, am stärksten betroffen. Diese relative Ungerechtigkeit übersetzt sich dann in eine absolute, in dem ganze Bevölkerungen ihre Lebensgrundlage verlieren, weil aufgrund des Klimawandels Inselgruppen wie Tuvalu überflutet werden oder das Land verschwindet, auf dem die Inuit leben.

Dies gilt auch für andere südpazifische Inseln und die Malediven, die sich in der Organisation kleiner Inselstaaten (OSIS) organisierten und auf den Klimakonferenzen die Verursacher des Klimawandels auf die Anklagebank setzten.
- Die dritte Gerechtigkeitsfrage fordert die Unterstützung der Armutsgruppen, die von dem anthropogen und extern verursachten Klimawandel besonders betroffen sind, also ausgleichende Gerechtigkeit durch Transferleistungen von den Verursachern zu den Opfern. Man sollte aber diese Antwort auf die dritte Gerechtigkeitsfrage präventiv umkehren und der Schadensbegrenzung die Schadensvermeidung vorziehen – nach dem Kampagnenmotto von MISEREOR: „Gerechte Klimapolitik ist wirksame Entwicklungshilfe". Mit andere Worten: Die Entwick-

lungspolitik muss mit der Klimapolitik verkoppelt werden (vgl. WBGU 2005). Auch im BMZ schien sich diese Erkenntnis durchzusetzen. Sein Minister aus den Reihen der CSU, den die große Koalition im Dezember 2013 ins Amt beförderte, wollte mit der Drohung von 200 Mio. „Klimaflüchtlingen" seinem Amt auch eine klimapolitische Kompetenz und Existenzrechtfertigung verschaffen.

10.5 Harald Welzers Apokalypse von „Klimakriegen"

Die Erkenntnis, dass aus Umweltkrisen Konflikte entstehen können, ist nicht neu. Darauf hat schon früh das Pionierwerk von Alexander Carius und Kurt M. Lietzman (1998) über „Umwelt und Sicherheit" hingewiesen. Das Jahresgutachten 2008 des WBGU behandelte mit geballter wissenschaftlicher Expertise das „Sicherheitsrisiko Klimawandel". Aber größere mediale Aufmerksamkeit gewann der Soziologe Harald Welzer mit dem Buchtitel „Klimakriege" mit dem alarmierenden Untertitel „Wofür im 21. Jahrhundert getötet wird". Seine ökologische Apokalypse greift beim historischen Rückblick auf das Aussterben der blühenden Mikro-Gesellschaft auf der südpazifischen Osterinsel und auf Jared Diamonds Bestseller „Kollaps" (2005) zurück. In diesem historisch weit ausholenden „Kollaps" behauptete Diamond, dass schon viele Gesellschaften nicht durch Kriege, sondern durch Umweltkatastrophen zugrunde gerichtet worden seien. Welzer entwirft nun das Horrorszenario von sozialen Katastrophen, die durch Veränderungen der natürlichen Lebensräume ausgelöst würden.

Welzers Beschreibung der Folgen des Klimawandels hat fast literarische Qualität: Das Klima rächt sich an seinen Verbrauchern, aber zu spät und am falschen Ort. Wo seine Rache hinfällt, wo die Wüste wächst, der Urwald stirbt, das Meer aufgrund des ansteigenden Meeresspiegels die Reisfelder mit Salzwasser überschwemmt und tiefer liegende Küstenzonen entvölkert, da flammen neue Formen von Gewalt und Kriegen auf, vor allem Verteilungskonflikte um die verknappenden Ressourcen von Land und Wasser. Welzer stellt einen geradezu unausweichlichen Zusammenhang von Klimawandel, Gewalt und Krieg her. Auch Klaus Töpfer, der langjährige Exekutivdirektor des UNEP, sprach häufig vom ökologischen Krieg des Nordens gegen den Süden, weil nicht die Verursacher des Klimawandels seine zerstörerischen Folgen zu tragen hätten – wobei der Wirbelsturm „Katrina", der im August 2005 New Orleans zerstörte, schon andeutete, dass die Rache der Natur auch auf die Verursacher des Klimawandels zurückschlagen kann. Dennoch geht Welzer allzu inflationär mit dem Begriff des Krieges um, wenn er örtliche Verteilungskonflikte zu „Klimakriegen" aufbauscht. Die Konfliktforschung kam sogar zum Schluss, dass die Umweltdegradation und die aus ihr folgende ökologische Knappheit in den seltensten Fällen, wenn überhaupt jemals, eine hinreichende und unmittelbare Ursache kollektiver Gewaltanwendung bilden. In den jüngsten Jahren leiteten allerdings auch seriöse sicherheitspolitische Denkfabriken und selbst das Pentagon aus den deutlicher werdenden Auswirkungen des Klimawandels auf die Existenzbedingungen ganzer Regionen Konfliktszenarien ab (vgl. Brzoska u. a. 2011/2012).

Unbestritten ist, dass es in den vom IPCC ausgewiesenen vulnerablen Regionen eine klimabedingte Verknappung von agrikulturell nutzbarem Land und in deren Gefolge Verteilungskonflikte geben kann. Es ist auch einsichtig, dass dort, wo nichts mehr wächst und Menschen keine alternative Existenzgrundlage finden können, Umweltkrisen neue Migrationsschübe auslösen werden, die nur teilweise auf den nationalstaatlichen Territorien aufgefangen werden können. Hier holt Harald Welzer den Knüppel aus dem Sack, weil er weiß, dass die OECD-Staaten, allen voran Europa, keine Angst vor „Klimakriegen" irgendwo in der weltpolitischen Peripherie, aber Angst davor haben, dass sie den Migrationsdruck nach Norden verstärken könnten.

Hier ist ein Apokalyptiker am Werk, der es geschafft hat, dass Klimakriege schon in die Sammlung von „Kriegen der Zukunft" aufgenommen wurden (vgl. Korf 2012). Er unterstellt der Staatengemeinschaft, keine Antworten auf die Herausforderungen des Klimawandels zu finden und der Gefahr von „Klimakriegen" vorzubeugen. Er konnte sich durch das lamentable Ergebnis der Kopenhagener UN-Klimakonferenz vom Dezember 2009 bestätigt fühlen, die nach Ansicht von Kritikern aus aller Welt eine Sterbehilfe für das Weltklima leistete. Dann berichtete die WMO (*Weltorganisation für Meteorologie*), dass im Jahre 2013 der weltweite CO_2-Ausstoß trotz aller Klimakonferenzen alle bisher erreichten Größenordnungen überstiegen habe, auch trotz der hier und dort eingeleiteten Energiewende; dass die CO_2-Konzentration in der Atmosphäre einen Höchststand erreicht habe, ebenso die Versauerung der Ozeane mit noch unbekannten Auswirkungen auf alles Leben in den Meeren. Dennoch ließen sich in Deutschland die Förderländer der besonders klimaschädigenden Braunkohle unter dem Vorwand der Energiesicherheit und Arbeitsplätzesicherung nicht von den Plänen zu ihrem weiteren Einsatz bei der Stromerzeugung abbringen. Nach dem Auslaufen der hoch subventionierten Förderung von Steinkohle erzielte die Förderung der noch schmutzigeren Braunkohle sogar neue Rekorde. In Kanada verwandelte der großflächige Abbau von Ölsand große Flächen in triste Mondlandschaften.

Alle Förderländer von Kohle – allen voran das benachbarte Polen, die USA und Kanada, Südafrika, Australien, Indien, China – setzen bei der Stromerzeugung weiterhin auf diesen fossilen Brennstoff und wehren sich gegen verpflichtende CO_2-Reduktionsziele. Unter dem Druck von Polen reduzierte auch die EU ihre Reduktionsziele und opferte damit ihre klimapolitische Vorreiterrolle. China hat bei den CO_2-Emissionen die USA überholt und bei den Pro-Kopf-Emissionen die EU28 eingeholt (siehe Abbildung II/11), obwohl dieser von schweren Umweltkrisen, von Smog, Sandstürmen, vergifteten Gewässern und brennenden Kohleflözen heimgesuchte Wachstumsmotor der Weltwirtschaft auch kräftig in den Ausbau der erneuerbaren Energien investiert und viele mit schmutziger Kohle befeuerte Kraftwerke abgeschaltet hat. Wenn westliche Umweltsünder den ökologischen Zeigefinger auf China richten, um von den eigenen Sünden abzulenken, blenden sie die Gerechtigkeitsfrage aus, die sich bei den CO_2-Emissionen pro Kopf stellt: Sie holten in China im Jahr 2012 zwar schon den EU-Durchschnitt ein, erreichten aber nicht einmal die Hälfte des US-Rekords. Es konnte Hoffnung aufkommen, als die USA und der Gastgeber China auf dem APEC-Gipfel vom November 2014 eine gemeinsame Initiative zu CO_2-Reduktionen ankündigten – aber freilich ohne Absicherung in dem von den Republikanern dominierten US-Kongress. Und sie sind mehrheitlich klimapolitische Dinosaurier.

Länder	Tonnen
USA	16,0
Russland	13,0
Deutschland	8,9
China	7,0
EU 28	7,0
Indien	1,9

Abbildung II/11: CO2-Emissionen pro Kopf (2012 in Tonnen) (IPCC 2014)

Tabelle II/12 zeigt, dass die weltwirtschaftlichen Aufsteiger, nämlich die drei BIC-Staaten China, Indien und Brasilien, das Weltklima mit hohen CO_2-Anteilen belasten. Hier sprechen die hohen CO_2-Emissionen pro Dollar Wirtschaftsleistung für eine geringe Energieeffizienz: Sie lagen im Jahr 2012 in China bei 2,14 kg, in Indien bei 1,57 kg, im EU28-Durchschnitt und in Deutschland bei nur 0,24 kg pro Dollar Wirtschaftsleistung. Die weltwirtschaftlichen *Emerging Powers* wollen sich aber auf den Klimakonferenzen nicht in die Ecke von Klimasündern drängen lassen und verweisen reflexartig auf die in den OECD-Staaten und reichen Golfstaaten entstehenden Belastungen des Klimas. Diese wechselseitigen Schuldzuweisungen, die schon zum ärgerlichen Ritual von Klimakonferenzen gehören, blockieren die internationale Klimadiplomatie. Wir sind also noch weit entfernt von einer dekarbonisierten Weltwirtschaft, die bis zum Ende des Jahrhunderts die tolerable Zwei-Grad Celsius-Leitplanke nicht überschreiten soll, um einer Klimakatastrophe vorbeugen zu können.

Tabelle II/12: Die zehn größten CO_2-Emittenden (im Jahr 2013 in % von Gesamt) (IPCC 2014)

Länder	in %	Länder	in %
China	22,95	Japan	3,54
USA	15,5	Deutschland	2,23
Indien	5,14	Indonesien	2,3
Russland	4,9	Südkorea	1,76
Brasilien	4,12	Kanada	1,58

10.6 Die Weltbürgerbewegung: mehr als ein philosophisches Konstrukt?

Die radikale Kapitalismus- und Globalisierungskritikerin Naomi Klein (2014) attackierte in einem weiteren Bestseller nach „No Logo" (1999) den „Kohlekapitalismus" der großindustriellen Kohle- und Ölverbrenner und – anstößig verallgemeinernd – die von Schmiergeldern des „*Big Oil*" und „*Big Coal*" eingelullten Umweltorganisationen („*Big Green*"). Sie kommt ihrem kapitalismuskritischem Credo getreu zum Schluss, dass die Klimakatastrophe ohne grundlegende Reform dieses „Kohle-Kapitalismus" nicht verhindert werden könne. Sie setzt aber darauf, dass dieses Ultimatum der Natur der internationalen Bürger- und Widerstandsbewegung neuen Auftrieb geben könne. Hier – allerdings nicht mit der Radikalität ihrer Kapitalismuskritik – stimmte sie mit dem Sondergutachten „Klimaschutz als Weltbürgerbewegung" überein, das der WBGU vor den UN-Klimakonferenzen von 2014/15 der deutschen Bundesregierung übergab. Neben der Aufforderung an die Regierung, sich für einen vertraglich abgesicherten weltweiten Ausstieg aus den fossilen CO_2-Emissionen einzusetzen, wird die Weltbürgerbewegung in die Pflicht genommen, das ökologische Denken und Handeln in den Gesellschaften zu fördern und die internationale Klimadiplomatie unter zivilgesellschaftlichen Druck zu setzen. Es ist jedoch wahrscheinlich, dass sowohl Naomi Klein als auch der WBGU die Handlungsmöglichkeiten der Weltbürgerbewegung überschätzen und der Pessimismus von Harald Welzer realistischer ist.

Dieser hält es mit guten Gründen für illusionär, dass bis zum Jahr 2020 das für eine Abbremsung der Erderwärmung nötige Niveau an Emissionsreduktionen erreicht werden kann. Einen Grund entdeckt er in der in den westlichen Gesellschaften vorherrschenden Strategie des „Weitermachens – wie üblich", einen tieferen Grund in ihren ethisch-kulturellen Wertsystemen, die „jemanden, der sich verantwortlich für das Elend eines Menschen am anderen Ende jener Handlungskette fühlt, deren Anfang er selber bildet, in der westlichen Welt als irrational oder gerade nicht als vernünftig" erscheinen lassen (S. 257). Hier wird die von den Modernisierungstheorien gerühmte instrumentelle Vernunft, die auch die Natur zur Nutzenakkumulation instrumentalisiert, zur selbstzerstörerischen Unvernunft. Wenn Vernunft und Ethik die notwendigen Kurskorrekturen nicht zu bewirken vermögen, könnten nur noch die vom Welt-Klimarat (IPCC) wiederholt und immer nachdrücklicher beschworenen destruktiven Folgen des Klimawandels, die als „Klimakriege" dramatisierten internen und internationalen Konflikte, vor allem Ängste, dass umweltbedingte Konflikte den „globalen Marsch" anschieben könnten, dafür sorgen, dass sich die Staaten doch noch auf ein neues globales Klimaregime verständigen können. Die Natur stellt mit der Drohung einer Klimakatastrophe der vernunftbegabten Spezies Mensch ein Ultimatum.

Auf der Suche nach veränderungsfähigen Kräften in der Weltgesellschaft und Weltpolitik waren Theorie und Empirie der internationalen Beziehungen schon früh fündig geworden: Sie entdeckten die in vielen Politikfeldern zunehmend erstarkende und sich Gehör verschaffende Zivilgesellschaft oder nach der Begriffslehre des Politologen Ernst-Otto Czempiel die „*Gesellschaftswelt*" als Antipode zur Staaten- und

Wirtschaftswelt oder als „dritten Sektor" zwischen Staat und Markt. Wenn im Schoße dieser „Gesellschaftswelt" auch schon eine Weltbürgerbewegung entdeckt wurde, dann wurde diese auf dem zunehmend internationalisierten organisatorischen Unterbau von zivilgesellschaftlichen Organisationen verortet. Die Idee einer Weltbürgerbewegung von *„global citizens"* bedeutet aber prinzipiell mehr: nämlich die über Nationalstaaten und Staatsangehörigkeiten hinausreichende Identifikation mit einer die Welt umfassenden Gemeinschaft. Hier taucht das logische Dilemma auf, dass es keine Weltbürgerschaft (*„global citizenship"*) geben kann, solange es keinen Weltstaat gibt. Philosophen, Historiker und Sozialwissenschaftler denken aber anders als Staatstheoretiker: Sie denken nicht (nur) an einen juristisch definierbaren Endzustand, sondern an weltgeschichtliche Entwicklungsprozesse. Dies tat vor über zwei Jahrhunderten schon der Aufklärungsphilosoph Immanuel Kant, der als bekennender Weltbürger im Traktat über den „Ewigen Frieden" in Zeiten des europäischen Absolutismus der Idee eines Weltbürgertums die rechtsphilosophische Grundlage lieferte, ein Weltbürgerrecht begründete und das erst imaginierte Weltbürgertum zum politischen Subjekt seiner Vision einer „Föderation freier Republiken" erhob, außerdem die Hospitalität für Fremde zur Pflicht von Staaten erklärte.

Es war dann auch die zivilisatorische Katastrophe des Zweiten Weltkriegs, die zusammen mit der Gründung der Vereinten Nationen („We are the people ...") neue Initiativen von „Weltföderalisten" in Bewegung setzte, die – wie z. B. die *Association of World Citizens* – schon eine Weltverfassung und einen Weltstaat propagierten. Ihnen schlossen sich u. a. Albert Einstein und Albert Camus an. Es gab in den Medien und politikwissenschaftlichen Journalen aber einen heftigen Schlagabtausch zwischen „Idealisten" und „Globalisten", die sich auf Kant beriefen, und „Realisten", die den von Hobbes angedrohten „Kampf aller gegen alle" dagegenhielten. Erst das weltweite Aufblühen sozialer Bewegungen und NGOs, die sich auf den Weltkonferenzen in internationale Verhandlungsprozesse einmischten, machte die Zivilgesellschaft zu einem wichtigen Akteur in der internationalen Umwelt- und Klimapolitik (vgl. Brühl 2003). Als ihre Avantgarde profilierten sich die transnational organisierten und agierenden INGOs wie Greenpeace, also „Big Green" in der Polemik von Naomi Klein. Aber bilden sie schon eine „Weltbürgerbewegung" von „global citizens", dieser neuen Spezies in der Menschheitsgeschichte?

Für den WBGU (2014: 46), der sich auf die Suche nach einer „neuen Verantwortungsarchitektur für den Klimaschutz" begab, manifestierte sich die Weltbürgerbewegung schon im klimapolitischen Engagement der „globalen Zivilgesellschaft (Kinder, Verbände, Bürgerinitiativen)", der er eine „hohe Bereitschaft zur Übernahme individueller und kollektiver Verantwortung für die Verursachung und die Vermeidung des Klimawandels" bescheinigte. Hier wird allerdings die Weltbürgerbewegung allzu sehr auf das Sein und Handeln von zivilgesellschaftlichen Organisationen reduziert, deren demokratische Bodenhaftung und Legitimation nicht unumstritten sind. Eine Bürgerbewegung zeichnet sich durch das Bewegungsprinzip von *Bottom-up* aus. Dies gilt z. B. für die lokalen Klimabündnisse, die von der *lokalen Agenda 21* des „Erdgipfels" von Rio (1992) angestoßen wurden und nach der Maxime *„Global denken – lokal* *handeln"* in Bürgerinitiativen für den Klimaschutz aktiv wurden und versuchten, Bürger/-innen zu aktivieren.

Der in Begriffsbildungen erfindungsreiche Soziologe Ulrich Beck entdeckte die Emergenz eines aus den Weltrisiken lernenden *„Risikoweltbürgertums"* und die aus Not geborene Bildung von *„Risikogemeinschaften"*. Gelegentlich war auch schon von einer *„NGOisierung der Weltpolitik"* und von einem *„power shift"* von der Staaten- zur Gesellschaftswelt die Rede – zum Schrecken der „Realisten" in Politik und Wissenschaft. Es war auch Peter Wahl (1997), ein Vordenker von Attac, der im Chor mit genervten Diplomaten und Bürokraten die NGOs zu den am meisten überschätzen Akteuren im nationalen und internationalen Politikbetrieb abwertete. Sie überschätzen sich häufig selbst, bilden aber den organisatorischen Treibsatz der entstehenden Weltbürgerbewegung. Es gibt in der real existierenden „Weltkultur der Nationalstaaten" einen notgedrungenen und im Multilateralismus organisierten „Zwangskosmopolitismus" zur Bearbeitung von Weltrisiken, der auf allen politischen Ebenen auf *Public-Private-Partnership* und auf die Einbindung der „Gesellschaftswelt" in politische Entscheidungsprozesse setzen muss, weil *Top-down* nicht mehr funktioniert und Umweltschutz nicht nur im öffentlichen, sondern auch im privaten Raum praktiziert werden muss.

Dennoch bleiben am Ende erhebliche Zweifel, ob die nicht überall in der Welt artikulations- und handlungsfähige Weltbürgerbewegung, die sich nur auf eine philosophisch konstruierte „global citizenship" berufen kann, in der Umwelt- und Klimapolitik zu einem wirkungsmächtigen *„agent of change"* werden kann. Die Wirkungsgeschichte der spektakulären Umweltkonferenzen von Rio (1992) und Johannesburg (2002) sowie der vielen UN-Klimakonferenzen lieferte den Beleg, dass die globale Zivilgesellschaft zwar nicht mehr an die Katzentische abgedrängt werden konnte, dennoch unter dem Druck von nationalstaatlichen Egoismen und der geballten Macht von „Big Money" der „power shift" von der Staaten- zur Gesellschaftswelt allenfalls ansatzweise stattfand. Auch die „apokalyptische Rhetorik" konnte nur in den eingeweihten Kreisen eine *„Risikoweltbürgerbewegung"* mobilisieren. Es fehlt ihr in vielen Gesellschaften und besonders in den vom Klimawandel am meisten betroffenen noch die kritische Masse von global denkenden und lokal handelnden *„global citizens"*, die eine Weltbürgerbewegung, die ihren Namen verdient, bräuchte, um die Staaten- und Wirtschaftswelt auf dem Weg zur Umsetzung der in Rio und Johannesburg ausgehandelten Beschlüsse voranbringen zu können. Es gibt die vom WBGU geforderte „neue Verantwortungsarchitektur für den Klimaschutz", die aber noch einen schwachen weltbürgerlichen Unterbau hat. Die *Global Citizens Initiative* (TGCI), die mit dem Programm „Building a Sustainable World Community for All" wirbt, hat noch Start- und Diffusionsprobleme.

Am Ende bleibt eine zugleich skeptische und hoffnungsvolle Bilanz. Die Beharrungskräfte der Staaten- und Wirtschaftswelten waren unter dem Druck mächtiger und kapitalkräftiger Lobbygruppen der fossilen Energiewirtschaft, also vom „Big Oil" und „Big Coal" nach der Bildersprache von Naomi Klein, und des globalisierten „Big Money" stärker als die Bewegungskräfte der Weltbürgerbewegung – zumindest noch.

Es könnte sich ändern, wie in Deutschland der von den Nuklearkatastrophen von Tschernobyl und Fukushima unterstützte Erfolg der Anti-AKW-Bewegung hoffen lässt. Aber auch hier waren Katastrophen und nicht zivilgesellschaftliche Machtdemonstrationen die Katalysatoren des Politikwechsels, der sich allerdings auf eine breite gesellschaftliche Akzeptanz stützen konnte.

10.7 Der ökologische Nord-Süd-Konflikt

Der Norden wird die Geister nicht los, die er im Süden durch sein wachstumsorientiertes Entwicklungsmodell gerufen hat. Eine Verallgemeinerung des westlichen Zivilisationsmodells erscheint heute unter ökologischen Gesichtspunkten als ein schierer Alptraum. Aber die Eliten der Dritten Welt nehmen mit dem „Recht auf Entwicklung" auch das Recht auf Umweltzerstörung in Anspruch. Der Rat, sich doch der globalen Ökobilanz zuliebe mit einem einfachen Leben zufriedenzugeben, erscheint angesichts der geringen Bereitschaft im Norden, das eigene Wohlstandsmodell infrage zu stellen, wie die Aufforderung „Bleibt zurück, wo ihr seid, damit ihr nicht gefährdet, was wir haben!" Die Adressaten solcher Zumutungen kontern trotzig: Was kümmert uns das Ozonloch oder der Verlust an biologischer Vielfalt, solange bei uns Menschen an Hunger sterben? Solange eine Weltminderheit von rund einem Fünftel drei Viertel der Weltressourcen verbraucht, bleiben ihre Ermahnungen zu einer nachhaltigen Wirtschafts- und Lebensweise völlig unglaubwürdig und wirkungslos. Der ehemalige UNEP-Exekutivdirektor *Klaus Töpfer* setzte in unzähligen Interviews den Norden auf die Anklagebank. Sein Vorwurf lautete, dass die reichen Länder im völligen Widerspruch zum Gebot der Nachhaltigkeit die ökologischen Kosten ihrer verschwenderischen Produktions- und Konsumweise auf andere Regionen und auf die künftigen Generationen abwälzen. Ein Bericht von UNEP errechnete, dass die CO_2-Emissionen von ganz Afrika unter der Menge von Deutschland liegen.

Es zeichnet sich ein Verteilungskonflikt über Wachstums- und Entwicklungschancen, über die Nutzung der tropischen Regenwälder, der maritimen Ressourcen (Fischfang, Tiefseebergbau) und biologischen Ressourcen ab. Da die biologische Vielfalt, vor allem von tropischen Regenwäldern, in denen die Hälfte aller Arten konzentriert ist, und das in Jahrhunderten erworbene Wissen von indigenen Völkern über das in der Natur gespeicherte Potenzial an Heilsubstanzen für die Entwicklung neuer Medikamente von großer Bedeutung sind, weckten sie die Begehrlichkeiten der internationalen Pharmakonzerne. Zwar betonten der „Sozialpakt" und die *Konvention über biologische Vielfalt* (*Biodiversitätskonvention*) die Eigentums- und Verfügungsrechte der Entwicklungsländer über ihre „natürlichen Reichtümer" und ihr „Recht auf geistiges Eigentum", aber das von den Industrieländern im Rahmen der WTO durchgesetzte TRIPS-Abkommen (*Trade-Related Aspects of Intellectual Property Rights*) bedroht durch seine Patentregelungen für das gesamte lebende Material – also für alle Lebewesen einschließlich Mikroorganismen, Gene und Pflanzen – diese Rechte.

Weil viele Entwicklungsländer die Erfahrung machten, dass sie als Eigentümer der biologischen Ressourcen nicht nach den Vorgaben der Biodiversitätskonvention angemessen an ihrer wirtschaftlichen Verwertung beteiligt werden, gründeten im Februar 2002 zwölf Schwellen- und Entwicklungsländer (unter ihnen so Schwergewichte wie China, Indien, Indonesien und Brasilien) eine „Allianz gegen Biopiraterie". Ihre Initiatoren wollten das umstrittene Problem der Patentierung auf Tiere und Pflanzen aus dem Vertragswerk der WTO herauslösen, weil es gegen völkerrechtlich verbindliche Menschenrechts-, Sozial- und Umweltabkommen verstößt. Hier spielt sich also nicht nur ein Nord-Süd-Konflikt, sondern auch ein Grundsatzkonflikt zwischen Recht und Wirtschaftsinteressen ab.

Die Führungsgruppen des Südens misstrauen einer internationalen Umweltpolitik, wie sie der Westen anmahnt, ohne die Strukturanpassung des eigenen Produktions- und Lebensstils anzugehen, aus mehreren Gründen: Sie befürchten eine Behinderung ihrer nachholenden Industrialisierung und eine Einschränkung ihres „Rechts auf Entwicklung", außerdem einen neuen „Öko-Imperialismus", der ihnen unter dem Vorwand des globalen Umweltschutzes die Verfügungsgewalt über ihre natürlichen Reichtümer zu nehmen versucht. Wenn aber die „asiatischen Elefanten" und die anderen Schwellenländer, die bei den CO_2-Emissionen im Eiltempo aufholen, nicht in ein neues Klimaregime eingebaut werden können, droht die Klimakatastrophe (Messner u. Rahmstorf 2010).

Dieser ökologische Nord-Süd-Konflikt zeichnete sich deutlich auf der Rio-Konferenz und auf den folgenden Klimakonferenzen sowie auf dem Johannesburger *Weltgipfel über nachhaltige Entwicklung* (WSSD) vom Spätsommer 2002 ab. Norden und Süden versuchten, die eigenen Anpassungsleistungen möglichst gering zu halten und jeweils die anderen unter Anpassungsdruck zu setzen – mit der Folge, dass sie wechselseitig verbindliche Verpflichtungen blockierten. Einige vom Ansteigen des Meeresspiegels existenziell bedrohte Inselstaaten kündigten bereits eine Klage vor dem Internationalen Gerichtshof an, um die für den Klimawandel Hauptverantwortlichen zur Rechenschaft zu ziehen. „Kopenhagen 2009", vor Beginn als „Hopenhagen" verklärt, am Ende als „Brokenhagen" verballhornt, lieferte das Forum für einen ungelösten ökologischen Nord-Süd-Konflikt, auf dem die „Gruppe der 77", sekondiert von China, altbekannte antiwestliche (teilweise auch antikapitalistische) Töne anschlug.

Für eine kooperative Bearbeitung globaler Umweltrisiken wäre die Einrichtung neuer Strukturen, Institutionen und Finanzierungsmechanismen, wie sie der WBGU in seinem Jahresgutachten 2000 und die Enquete-Kommission „Globalisierung der Weltwirtschaft" forderten, dringend geboten. Weil das UNEP mit Mandat, Geld und Personal völlig unterausgestattet ist, wäre seine Aufwertung zu einer dem Problemdruck angemessenen *Weltumweltorganisation* (GEO) notwendig, die wirksamer über die Durchsetzung von Umweltstandards, auch gegenüber so mächtigen Organisationen wie der WTO und Weltbank, wachen könnte (vgl. Rechkemmer 2005). Die Mehrheit der Entwicklungsländer misstraut jedoch einem solchen Plan, weil sie Souveränitätsverluste befürchtet. In der globalen Umweltpolitik haben sie Verhandlungs- und

Verweigerungsmacht, aber die reichen Länder hätten die Mittel, um die langfristig auf jährlich 100 Mrd. US-Dollar geschätzten Kosten für die Anpassung an die Folgen des Klimawandels zu finanzieren. Über die Finanzierung dieser Anpassungskosten gab es auf den Klimakonferenzen heftige Kontroversen, die noch lange auf der globalen Verhandlungsagenda stehen werden, weil sich die Entwicklungs- und Schwellenländer ohne solche Kompensationsleistungen nicht auf auch sie verpflichtende CO_2-Reduktionsziele einlassen werden.

10.8 Fazit: vom „ökologischen Imperativ" zu den SDGs

In der wachsenden Literatur über den Klimawandel taucht häufig das Wort „challenge" auf, das Forderungen an viele Akteure stellt. *„Climate change"* umfasst eine säkulare Herkulesaufgabe, die auch an die Wissenschaft und an die politische Bildung große Herausforderungen stellt. Sie sollen ein komplexes Problem, dessen Komplexität mit jedem IPCC-Bericht noch wächst, nicht nur beschreiben und erklären, sondern auch Problemlösungen aufzeigen. Dann sind sie mitten drin im wissenschaftlichen und politischen Streit, der auf vielen Ebenen ausgetragen wird und verwirren kann: Ist Björn Lomborg vielleicht doch kein Scharlatan und Harald Welzer kein Apokalyptiker, der den Zusammenhang von Klimawandel, Gewalt und Krieg überzeichnet? Und stellen die Kirchen im Gerechtigkeitsdiskurs nicht zu hohe moralische Imperative, wenn sie mit Argumenten aus der biblischen Schöpfungsgeschichte und aus den Menschenrechtskatalogen gleiche Verschmutzungsrechte für alle fordern? Und was bedeutet der vom Philosophen Hans Jonas bereits 1979 formulierte „ökologische Imperativ" für das 21. Jahrhundert?

Zunächst mussten die Entwicklungstheoretiker und Entwicklungsorganisationen dazulernen und die Ziele von Entwicklung neu definieren: Was bedeutet globale nachhaltige Entwicklung, die das zur Bekämpfung der Armut notwendige Wirtschaftswachstum mit dem Schutz der natürlichen Lebensgrundlagen versöhnt? Wie kann der „ökologische Imperativ" in das Zielsystem der Entwicklungszusammenarbeit integriert werden? Die Weltbank, deren Projektförderung häufig der Vorwurf der ökologischen Rücksichtslosigkeit gemacht wurde, schien in ihren Weltentwicklungsberichten die Bekehrung zu globaler nachhaltiger Entwicklung vollzogen zu haben – was sie aber nicht davon abhielt, weiterhin ökologisch fragwürdige Infrastruktur- oder Staudammprojekte zu fördern. Sie definiert Entwicklung immer noch eindimensional durch das Wirtschaftswachstum, ohne auf die Entkoppelung von Wachstum und Ressourcenverbrauch zu drängen.

Der Autor hat das in den 1970er-Jahren von Nohlen/Nuscheler im „Handbuch Dritte Welt" im Kontext der damaligen entwicklungstheoretischen Diskussionen entwickelte *„magische Fünfeck der Entwicklung"* nach der Rio-Konferenz von 1992 zu einem *„entwicklungspolitischen Hexagon"* weiterentwickelt. Dieses nahm die zunächst noch vom Vorrang des Wirtschaftswachstums verdrängte Nachhaltigkeit in den Zielkatalog auf. Mit dem Ablauf des MDG-Projekts steht im Jahr 2015 mit den SDGs wieder ein entwicklungspolitischer Paradigmenwechsel auf der auf vielen internationalen Diskussionen und Konferenzen ausgehandelten Agenda an. Neu und wichtig an den SDGs ist, dass sie nun auch die sogenannten „entwickelten Länder" mit ihrem hohen Energie- und Ressourcenverbrauch in die Pflicht nehmen und die überfällige Frage stellen: Wie sollen sich diese aus umwelt- und klimapolitischer Sicht fehlentwickelten Länder, die sich seit dem Zweiten Weltkrieg und unterstützt von den Modernisierungstheorien selbst als Leit- und Vorbilder gerieten, angesichts der globalen Herausforderungen entwickeln? Längst gibt es auch hier eine Debatte über die Grenzen des Wachstums, über die Strukturen und Verhaltensweisen verändernde Nachhaltigkeit und über die Suche nach dem Glück, das der Wohlstand nicht garantiert.

Noch ist der ökologische *Point of no Return* nicht erreicht, aber wir würden uns diesem fatalen Punkt sehr schnell annähern, wenn sich die Staatengemeinschaft nicht doch auf ein neues Klimaregime mit radikalen Reduktionszielen verständigen sollte. Der Zustand des Weltklimas verträgt keine halbherzigen Trippelschritte mehr, weil sich der Planet bereits vor der Überhitzung befindet (vgl. *Worldwatch Institute* u. a. 2009). Die Politik kann sich aber zu einer ökosozialen Kehrtwende, die in den westlichen Gesellschaften tiefe Veränderungen der Produktions- und Lebensweise verlangt, nur durchringen, wenn sie die Wähler/-innen davon überzeugen kann, dass ein klima- und umweltpolitischer *Global Deal* auch im aufgeklärten Eigeninteresse liegt, das gegen die partikularen Interessen der fossilen Lobby durchgesetzt werden muss. Diese wehrt sich überall, wo Stein- oder Braunkohle, Erdöl und Erdgas gefördert werden, noch mit einem großen propagandistischen Aufwand gegen eine „Dekarbonisierung" der Weltwirtschaft, die notwendig ist, um den Klimawandel abzubremsen.

Was die notwendige ökologische Bekehrung auch jedem Einzelnen abfordert, zeigte die Studie des *Wuppertal Instituts für Klima, Umwelt, Energie* über das „Zukunftsfähige Deutschland in einer globalisierten Welt" (2008). Die Bekehrung beginnt bei der Mobilität, beim häuslichen Energieverbrauch und beim Konsum. Mit der wachsenden Weltbevölkerung, von 4 Mrd. im Jahre 1960 auf inzwischen rund 7,3 Mrd., und dem wachsenden Wohlstand in vielen Ländern, auch in den Entwicklungs- und Schwellenländern, stiegen die weltweiten Konsumausgaben um das Sechsfache. Mehr Konsum bedeutet eben mehr Ressourcenverbrauch, wenn es nicht gelingt, ein qualitatives, d. h. nachhaltiges Wachstum vom Ressourcenverbrauch zu entkoppeln. Mehr Konsum bedeutet auch höheren Fleischkonsum, der nicht nur zu einem ethisch und ökologisch höchst fragwürdigen industriellen Umgang mit der Natur und Tierwelt, sondern auch erheblich zur Steigerung der CO_2-Emissionen und damit zum Klimawandel beiträgt. Der gemeinsam vom WWF und *Global Footprint Network* verantwortete *Living Planet Report 2014* drohte mit harten Daten und in apokalyptischer Manier, dass der geplünderte Planet kein *Living Planet* bleiben könne, wenn es seinen Bewohnern nicht gelingen sollte, den verschwenderischen Ressourcenverbrauch drastisch zu reduzieren. Die Menschheit bräuchte schon im Jahr 2030 eine zweite Erde, um ihrem dann noch gewachsenen Ressourcenverbrauch decken zu können. Der eingangs zitierte Philosoph der Apokalypse Franz M. Wuketits (2012) könnte hier die psychisch vererbte „Lust am Untergang" entdecken. Hier geht es aber um harte Fakten und Trends, um den vorhersehbaren Verbrauch von Wasser, Böden, Wäldern und Energie sowie um den Ausstoß von Kohlendioxid und anderen Treibhausgasen, und nicht um „psychische Grundausstattungen" der Spezies Mensch.

Auf dem Johannesburger Weltgipfel über Nachhaltige Entwicklung (2002) standen fünf Themen, die viel miteinander zu tun haben, im Mittelpunkt der Beratungen: erstens die Armutsbekämpfung (also der Zugang der Armutsgruppen zu lebenswichtigen Ressourcen); zweitens die Energiewende zum Schutz des Klimas, vor allem durch den Ersatz fossiler Energieträger durch erneuerbare Energiequellen und zur Überwindung der Energiearmut; drittens die flächendeckende Versorgung mit Trinkwasser; viertens das Gesundheitsproblem, das viel mit der Wasser- und Energiearmut zu tun hat; fünftens der Schutz globaler Gemeinschaftsgüter (Klima, biologische Vielfalt). Es ging im Kern um die Wechselwirkung zwischen Armut und Umweltzerstörung und um die berechtigte Forderung der Entwicklungsländer, dass die reichen Industrieländer mit der Energiewende und Suffizienzrevolution vorangehen müssen, um anderen Weltregionen und den künftigen Generationen Entwicklungschancen zu belassen.

Dies ist der schon vom Philosophen Hans Jonas eingeforderte „ökologische Imperativ", den die Rio-Konferenz von 1992 in einen mit konkreten Aktionsprogrammen operationalisierten *Global Green Deal* übersetzte. Es ist aber die Drohung ökologischer Apokalypsen, die mehr als alle naturwissenschaftlichen Erkenntnisse über den Klimawandel nach dem Scheitern vieler Klimakonferenzen vielleicht doch ein Kyoto-Nachfolgeabkommen zustande bringen könnte. Ernst-Ulrich von Weizsäcker (1997) hielt schon vor der aktuellen Aufgeregtheit den Ängsten, dass die von ihm geforderte Effizienz- und Suffizienzrevolution Wohlstandsverluste bewirken könne, seinen *„Faktor 4"* entgegen, der mit naturwissenschaftlichem Sachverstand zu beweisen versuchte, dass ein Zugewinn an Wohlstand und Lebensqualität auch mit einem geringeren Ressourcenverbrauch erreicht werden könne. Nachhaltige Entwicklung ist also auch in Krisenzeiten kein Widerspruch, sondern eine Chance.

Neuere wissenschaftliche Studien bekräftigten erneut, dass durch einen konsequenten Ausbau erneuerbarer Energien und durch die Ausschöpfung von Effizienzpotenzialen die national und global anzustrebenden Reduktionszeile bei den Kohlendioxid-Emissionen erreicht werden könnten. Die Klimaökonomie errechnete, dass Europa von einer klimapolitischen Vorreiterrolle durch geringe Klimaschutzkosten und Deutschland als Innovations- und Technologiestandort von einer Effizienzrevolution erheblich profitieren könnte. Nicholas Stern (2009) machte sogar Hoffnung, dass durch ein konsequentes und auch ökonomisch sinnvolles klimapolitisches Gegensteuern ein „neues Zeitalter von Wachstum und Wohlstand" geschaffen werden könne. Allerdings beschäftigen die Drohungen vor Klimakriegen und Ressourcenkonflikten Politik und politische Publizistik weit mehr als solche Wegweiser aus der Klimakrise und Ressourcenfalle. Vielleicht gelingt es mithilfe der SGDs, zumindest einen Teil der weltweit und jährlich auf rund 600 Mrd. US-Dollar geschätzten Subventionen für die Prospektion und Förderung der fossilen Energieträger in den Ausbau der erneuerbaren Energien umzulenken, also die Marktmacht und den politischen

Einfluss von „Big Oil" und „Big Coal" samt ihrer wissenschaftlichen und medialen Hilfstruppen zu brechen. Hier ist das Mobilisierungspotenzial der Weltbürgerbewegung gefordert.

11 Politische Strukturgebrechen:
Bad Governance – Korruption – Staatszerfall

Warum könnte weder die vom US-Ökonomen Jeffrey Sachs geforderte und von „Promis" des Showgeschäfts (Bono, Bob Geldorf, Herbert Grönemeyer, Campino) medienwirksam eingeforderte Verdoppelung der internationalen Entwicklungsleistungen noch eine gerechtere Weltwirtschaftsordnung das Armutsproblem lösen? Warum konnte auch die auf G8-Gipfeln beschlossene (obgleich nur teilweise umgesetzte) Aufstockung der Afrikahilfe nicht verhindern, dass das subsaharische Afrika der Verwirklichung der Millennium-Entwicklungsziele weit hinterherhinkte? Warum rangiert dieser Kontinent mit wenigen lehrreichen Ausnahmen noch immer im letzten Drittel von internationalen Vergleichsindices, vor allem im Human Development Index?

Die seit einigen Jahren in der Entwicklungsökonomie boomende ökonometrische Wirkungsforschung, die auf die Forderung nach einer erheblichen Aufstockung der ODA reagierte, hat zwar einen schwerwiegenden Webfehler, weil sie Entwicklung auf das statistisch messbare Wirtschaftswachstum verengt und andere essenzielle Dimensionen von Entwicklung ausblendet, aber sie lieferte eine wichtige Erkenntnis, die William Easterly in seinem Bestseller „Wir retten die Welt zu Tode" (2006) mit einer Fülle von empirischen Daten und in der akademischen Auseinandersetzung mit seinem Kollegen Jeffrey Sachs begründete: Die Entwicklungszusammenarbeit liefert allenfalls dort gute Ergebnisse, wo sie funktionierende Rechts- und Verwaltungsstrukturen, also ein System von Good Governance vorfindet. Wenn keine Rechts- und Investitionssicherheit existiert, bleiben die ausländischen Privatinvestoren aus und versuchen auch die einheimischen Kapitalbesitzer ihr Geld durch Kapitalflucht außer Landes zu schaffen. Diese Kapitalflucht übersteigt in vielen Fällen, besonders bei den ressourcenreichen Rohstoffexporteuren, die Investitionen in die soziale Infrastruktur.

Afrikanische Regenten verweisen, um Kritik an diesen Zuständen abzuwehren, litaneienhaft auf die schwer lastenden Hypotheken des Kolonialismus, den Neokolonialismus der sie benachteiligenden Handelsbeziehungen oder auf die nicht im erhofften Umfang sprudelnden Hilfsquellen. Aber es waren auch politische Repräsentanten mit der unbestrittenen Autorität eines Nelson Mandela oder Kofi Annan, die ihnen diese Schuldzuweisungen an das internationale Umfeld und Rechtfertigungen des eigenen Versagens nicht mehr durchgehen ließen. US-Präsident Barak Obama, der afrikanische Wurzeln hat, las ihnen bei seinem Kurzbesuch in Ghana in ähnlicher Weise die Leviten, als er seine Botschaft an Afrika auf den Punkt brachte: Afrika brauche keine starken Männer, sondern starke Institutionen.

11.1 Strukturgebrechen von Bad Governance

Seit Beginn der 1990er-Jahre fand die von den geostrategischen Zwängen und Absurditäten des Kalten Krieges befreite westliche „Gebergemeinschaft" unter der Vordenkerrolle der Weltbank eine Antwort auf die Ursachen der afrikanischen Misere, die sie in den Kurzformeln „Bad Governance" oder „Poor Governance" verdichtete. Die Rezeptur lautete dann kurz und bündig „Good Governance". Dieses in der Folgezeit zum universellen Leitbild von Entwicklung fördernder Staatlichkeit avancierte Konzept war eine Reaktion auf das im subsaharischen Afrika besonders ausgeprägte Markt- und Staatsversagen, das für die Weltbank zwei Seiten derselben Medaille bildete.

Als Geburtsurkunde von Good Governance gilt die von der Weltbank im weltpolitischen Wendejahr 1989 veröffentlichte Studie „Sub-Sahara Africa. From Crisis to Sustainable Growth", die sie im Jahr 1992 mit dem Grundsatzpapier zu „Governance and Development" vertiefte. Diese beiden noch immer lesenswerten Studien sorgten auch dafür, dass das subsaharische Afrika in den Mittelpunkt der Krisendiagnose rückte, obwohl es auch in den anderen Weltregionen – in Zentralamerika, auf Haiti und mitten im florierenden ASEAN-Raum – viele Beispiele von Bad Governance gibt. Die Weltbank lastete in ihrer Diagnose der afrikanischen Misere Fehlentwicklungen, die Afrika im internationalen Vergleich zurückwarfen, aber auch das Scheitern vieler ihrer eigenen kostenintensiven Großprojekte, vor allem einer *„crisis of governance"* an. Sie erschwerte damit nicht nur den afrikanischen Regierungen den schon notorischen Versuch, die Ursachen der Misere den Hypotheken des Kolonialismus anzulasten, sondern entlastete auch sich und die westliche Gebergemeinschaft vom Vorwurf, für die geringen Erfolge der bisher geleisteten Transfers aus bi- und multilateralen Quellen mitverantwortlich zu sein. Die Weltbank betonte die folgenden Erscheinungsweisen von Bad Governance:

- ein unzuverlässiges Rechtssystem, das sowohl Individuen als auch in- und ausländischen Unternehmen keine Rechts- und Investitionssicherheit gewährte;
- ein schwaches öffentliches Management, das die Umsetzung von Entwicklungsstrategien und die zielgerichtete Verwendung externer Subsidien erschwerte oder gar verhinderte;
- die ungenügende Bindung des Regierungs- und Verwaltungshandelns an Gesetze und die nur selten durch gewählte Parlamente und unabhängige Gerichte erzwungene Verantwortlichkeit der Regierenden für ihr Tun oder Lassen;
- die mangelnde Transparenz bei der Verwaltung und Verwendung öffentlicher Mittel und externer Subsidien, die in Einzelfällen bis zu zwei Drittel der öffentlichen Investitionen finanzierten;
- das Rentendenken (*Rent Seeking*) von Eliten und vor allem die aller Orten wie ein Krebsgeschwür wuchernde und lähmende Korruption. Hier wird der Einfluss der Neuen Institutionenökonomik auf das ordnungspolitische Denken der Weltbank besonders deutlich, weil Rent Seeking und Korruption die Leistungsfähigkeit öffentlicher Institutionen schwächen.

Die Weltbank versteckte sich zwar weiterhin hinter ihrem Statut, das sie zur politischen Neutralität verpflichtet, aber ihre aus dem Syndrom von Bad Governance abgeleiteten Reformforderungen umrissen doch den normativen Kernbestand von Good Governance, der auch in den Indikatoren ihres *Governance Matters Index* auftaucht. „Governance Matters" und „Policy Matters" waren Kernaussagen des Neuen Institutionalismus, dem ihr langjähriger Chefökonom und spätere Nobelpreisträger Joseph Stiglitz zum Durchbruch gegen die hartgesottenen Monetaristen aus der „*Chicago-Schule*" von Milton Friedman verhalf (vgl. König u. a. 2002). Der Governance Matters Index bewertet die folgenden Tugenden der politisch-administrativen Systeme:

- den Aufbau von Rechtsstaatlichkeit (*rule of law*), dem die Weltbank höchstes Gewicht einräumt, weil für sie – ganz im Einklang mit der Institutionenökonomik – die Rechtssicherheit für Investoren und gesicherte Eigentumsrechte für die wirtschaftliche Entwicklung eine vorrangige Bedeutung haben;
- den Aufbau von funktionierenden Verwaltungsstrukturen zum verbesserten Management des öffentlichen Sektors;
- die Transparenz des Regierungs- und Verwaltungshandelns, besonders bei der Verwendung von eigenen und externen Finanzressourcen, die auch eine unabhängige Rechnungsprüfung erfordern;
- die Verantwortlichkeit („*accountability*") der Regierenden gegenüber den Regierten und ihren gewählten Repräsentanten, die häufig in klientelistische Patronagestrukturen eingebunden sind;
- die Bekämpfung der Korruption als besonders schwergewichtiges Systemelement von Bad Governance, dem der Weltbank-Präsident Jim Wolfensohn später eine besondere Prominenz verlieh, sodass die Korruptionsbekämpfung neben und zusammen mit der *rule of law* zur Metapher für Good Governance wurde (die dann auch dem wegen der satzungswidrigen Begünstigung einer Vertrauten aus dem Amt gedrängten Präsidenten zum Verhängnis wurde);
- die Respektierung der im Völkerrecht verankerten politischen und sozialen Menschenrechte.

Diese Verknüpfung von Good Governance mit menschenrechtlichen Postulaten und die mögliche Konditionierung von Krediten beschäftigten häufig die Rechtsabteilung der Weltbank. Es ist fast amüsant, ihre argumentativen Verrenkungen zu verfolgen. Der interne Konflikt spitzte sich bei der Frage zu, ob die Weltbank Forderungen nach demokratischen Reformen erheben darf oder Good Governance auf Verbesserungen des ökonomischen und finanziellen Managements beschränken soll. Es ist jedoch höchst widersprüchlich, die Verantwortlichkeit der Regierenden, *rule of law* und die Respektierung der Menschenrechte zu fordern, ohne die politische Systemfrage zu stellen. Das Statut diente der Führungsetage der Weltbank auch als Ausrede, Good Governance mit politischen Normen aufzufüllen und sich auf ideologische Konflikte mit politischen Regimen einzulassen, in denen ein autokratischer „starker Staat" für Wirtschaftswachstum und politische Stabilität sorgte. Das „East Asian Miracle" belegte ein gutes Public Management, aber nur eine begrenzte Rechtsstaatlichkeit und noch weniger Demokratie. Hier bildet Singapur das auch von westlichen Politikern (wie Helmut Schmidt oder dem ungarischen Ministerpräsidenten Viktor Orbán) gelobte und gegen Kritik von Menschenrechtsorganisationen verteidigte Vorbild. Der Widerspruch wird noch offensichtlicher, wenn man die von der Weltbank verfolgte makro-ökonomische Strukturanpassungspolitik ideologiekritisch analysiert. Die mit Sanktionsandrohungen munitionierten Forderungen nach marktwirtschaftlichen Strukturreformen, nach der Deregulierung des Wirtschaftslebens und Privatisierung von Unternehmen waren höchst politisch und griffen tief in das politische Innenleben von politischen Regimen ein.

11.2 Konjunktur des Konzepts von Good Governance

Es bedurfte also noch einiger qualitativer Nachbesserungen, damit ein „neues Leitbild der Staatlichkeit" entstehen konnte, das aufbaut auf „funktionsfähigen staatlichen Institutionen, auf dem Respekt vor den Menschenrechten, auf der Betonung der Rechtsstaatlichkeit, auf wirtschaftlicher Vernunft in der Politik und auf der Notwendigkeit der Partizipation aller Schichten und des sozialen Ausgleichs und des Friedens" (Dolzer 2007: 13). Die Weltbank errichtete allenfalls den Rohbau dieses neuen Leitbilds. Die Innenausstattung lieferten andere internationale Organisationen nach. Eine programmatische Vorreiterrolle spielte dabei der DAC, der Ende 1993 die „*Orientations on Participatory Development and Good Governance*" verabschiedete. Diese Orientierungen griffen zunächst auf die bereits von der Weltbank definierten Kernelemente zurück (siehe Abbildung II/12), fügte aber vier hochpolitische Forderungen hinzu:
- partizipative Entwicklung,
- Respektierung der Menschenrechte,
- Demokratisierung,
- Verringerung übermäßiger Militärausgaben.

Die nationalen Entwicklungsbehörden rückten dieses vom DAC mit politischen Zielsetzungen angereicherte Leitbild von Good Governance in den Mittelpunkt ihrer Programmatik. Das BMZ goss die Vorgaben des DAC in einen nur wenig veränderten Prinzipienkatalog, der bis heute in allen amtlichen Erklärungen zu finden ist (siehe Abbildung II/12). Die EU verankerte das Prinzip – gegen heftige Widerstände aus dem Kreis der AKP-Staaten – im Cotonou-Vertragswerk und verlieh ihm damit eine völkerrechtliche Geltung. Die UNESCAP (*UN Economic and Social Commission for Asia and the Pacific*) gab auf die Frage, was unter Good Governance zu verstehen sei, die folgende umfassende Antwort, die allerdings den ausdrücklichen Bezug auf die universellen Menschenrechte vermied. Diese Position belegt aber, dass Good Governance einen universellen Geltungsanspruch hat und nicht nur an die Adresse von Afrika gerichtet war (2009: 1):

> Good Governance has 8 major characteristics. It is participatory, consensus oriented, accountable, transparent, responsive, effective and efficient, equitable and inclusive and follows the rule of law. It assures that corruption is minimized, the views of minorities are taken into account and that the voices of the most vulnerable in society are heard in decision-making. It is also responsive to the present and future needs of society.

Zur Jahrhundertwende bekräftigten mehrere internationale Vereinbarungen die Bedeutung von Good Governance für die gesamtgesellschaftliche und nachhaltige Entwicklung. Unter ihnen gewann die vor großer Besetzung aus allen Weltregionen im Jahr 2000 in New York unterzeichnete *Millennium-Erklärung* eine besondere Bedeutung. Ihr Kapitel über „Menschenrechte, Demokratie und Good Governance" betonte die zentrale Bedeutung dieser Werte auch für die Verwirklichung der MDGs. Besonders überzeugend konnte der ehemalige UN-Generalsekretär Kofi Annan über die Bedingung von Good Governance für Entwicklung reden und schreiben. Er schrieb im *African Governance Report* von 2005 (S. ii) unter dem Titel „Striving for Good Governance in Africa":

> Gute Regierungsführung und nachhaltige Entwicklung lassen sich nicht trennen. Das ist die Lehre aus all unseren Bemühungen und Erfahrungen von Afrika über Asien und Lateinamerika. Ohne gute Regierungsführung – ohne Rechtsstaatlichkeit, verlässliches Regierungshandeln, legitimierte Machtausübung und bürgernahe Regelsetzung – werden uns alle Gelder und alle Wohltätigkeit dieser Welt nicht auf den Weg zum Wohlstand bringen.

Das ist eine gehaltvolle Übersetzung von Good Governance, zumal aus der Feder des ehemaligen höchsten Repräsentanten der Staatengemeinschaft, der aus Afrika (Ghana) stammte und deshalb von afrikanischen Regenten nicht so leicht beschuldigt werden konnte, die Rolle eines Büttels des Westens zu spielen. Das zum universellen Leitbild von Staatlichkeit avancierte Konzept von Good Governance blieb allerdings nicht von Kritik verschont. Schon früh unterstellte z. B. die Attac-Aktivistin Susan George (1994) der Weltbank die finstere Absicht, mit Schuldzuweisungen an Bad Governance vom eigenen Versagen ablenken und ihre hohen Konditionalitäten rechtfertigen zu wollen. In der Zwischenzeit mischte sich in das Credo zu den Glaubenssätzen von Good Governance immer häufiger der Verdacht ein, dass der Begriff eine „*Catch-All-Phrase*" bilde, unter der sich jede(r) etwas anderes und möglichst viel Gutes vorstellen könne. Seine Inflationierung suggerierte auch die Annahme, dass Good Governance ein Passepartout für eine bessere Welt liefern könne. Aber die Nagelprobe bildete der sich häufende Zerfall von Staaten („*failing states*"), dem nicht mit dem Good-Governance-Tugendkatalog begegnet werden konnte, und der ziemlich erfolglose Kampf gegen die Korruption.

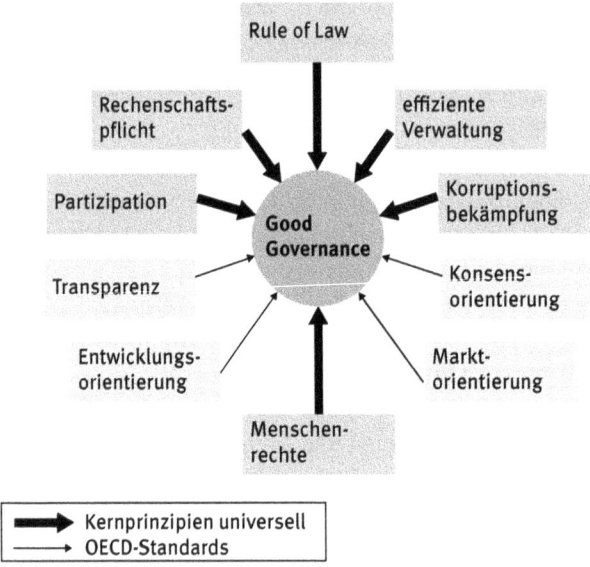

Abbildung II/12: Prinzipien von Good Governance

11.3 Korruption als Metapher für Bad Governance

Die umfangreiche Literatur über das ubiquitäre Phänomen der Korruption belegt hinreichend, dass Korruption, definiert als Missbrauch der Macht zur illegalen Vermehrung persönlicher Vorteile, mal auch als Klientelismus oder Neopatrimonialismus umschrieben, nicht nur interne und externe Ressourcen für die persönliche Bereicherung von Machthabern zweckentfremdet, sondern auch eine wesentliche Ursache für die geringe Leistungs- und Entwicklungsfähigkeit von Staaten bildet (vgl. Debiel/Pech 2010). Sie wurde geradezu zu einer Metapher für Bad Governance, weil sie wie ein Krebsgeschwür, dessen Metastasen den ganzen politischen Körper befallen, das öffentliche Leben lähmt und auch potenziell reiche Länder – wie die Rohstoffökonomien Nigeria, Angola oder den Kongo – ruiniert. Sie machte einzelne Kleptokratien steinreich, aber ihre Völker bettelarm.

Warum ein deutscher Botschafter, der viele Jahre in Afrika hautnahe Erfahrungen sammeln konnte, ein Buch mit dem vieldeutigen Titel „Afrika wird armregiert" schreiben konnte, hat vor allem mit der durch Korruption bewirkten Bad Governance zu tun (Seitz 2009). Bartholomäus Grill, der sachkundige Afrika-Experte der „Zeit", attackierte immer wieder „Afrikas gierige Herrscher" und Unternehmen aus aller Welt, die mit ihnen zu Lasten der Bevölkerung Geschäfte machen. Die beiden Entwicklungsökonomen Raymond Fisman/Edward Miguel (2009) belegten ihre These, dass Korruption das Haupthindernis für die Überwindung von Armut und Unterentwicklung bilde, mit einer Fülle von empirischen Nachweisen. Die Tabelle II/5 lieferte den

Nachweis, dass die relativ reichen westafrikanischen Erdölexporteure im Ranking des CPI, HDI und BTI besonders schlecht abschneiden.

Der aus Nigeria stammende Schriftsteller Wole Soyinka, der 1986 den Nobelpreis für Literatur erhielt, brandmarkte in seinen Romanen und Geschichten immer wieder die im großen und kleinen Stil praktizierte Korruption, die so sehr zum Alltag von „Beutestaaten" gehört, dass Staat und Politik weitgehend ihren Kredit verspielt haben, sodass Putschisten immer wieder populäre Rechtfertigungen fanden. Afrikanische Kritiker/-innen attackieren die westliche Entwicklungspolitik mit dem Vorwurf, mit ihren Subsidien kleptokratische Regime im Sattel gehalten zu haben und auf diese Weise auch der Rhetorik von Good Governance einen Bärendienst zu erweisen. Hierzulande nährt der ergebnislose Kampf gegen die Korruption, den die Korruptionsindizes von Transparency International belegen, eine wachsende Skepsis an den Erfolgsaussichten des milliardenschweren Projekts ODA. Die Korruptionsbekämpfung ist in der Tat eine globale Herausforderung (vgl. Achathaler u. a. 2011).

11.4 Die „apokalyptische Trias" in fragilen Staaten

Etwa die Hälfte der internationalen Afrikahilfe ging in Staaten, in denen Kriege und Zerfallserscheinungen der öffentlichen Ordnung die Effekte vieler Projekte wieder zunichte machten. Eine wirksame Entwicklungszusammenarbeit wird in rund zwei Dutzend Staaten, in denen staatliche Institutionen paralysiert oder sogar zusammengebrochen sind, erheblich erschwert oder sogar blockiert. Afrika-Experten beobachteten eine „apokalyptische Trias" von Staatsversagen, Staatsverfall und Staatszerfall (vgl. Erdmann 2003). Gleichzeitig waren diese virtuellen Staatsgebilde, deren Staatlichkeit die Statistiken vortäuschen, eine besondere Herausforderung für das Millennium-Projekt, weil in ihnen nach einer Analyse der britischen Entwicklungsbehörde (DFID 2005) das Pro-Kopf-Einkommen nur knapp die Hälfte im Vergleich zu anderen armen Ländern erreichte, die Kindersterblichkeit doppelt und die Müttersterblichkeit dreimal so hoch und ein Drittel der Bevölkerung unterernährt waren. Der *Fund for Peace* legt einen jährlich aktualisierten *Failed States Index* vor, der die Dimensionen des Problems dokumentiert.

Die westliche Gebergemeinschaft ging seit Beginn der 1990er-Jahre davon aus, dass Good Governance eine notwendige Voraussetzung für wirtschaftliche und soziale Entwicklung sei. Deshalb wurden *„good performers"* bei der Mittelvergabe bevorzugt und die fragilen Staaten mit schwachen Verwaltungs- und Rechtsstrukturen zu „vergessenen Staaten" (so Levin u. Dollar 2005). Das von der Bush-Administration gestartete Programm des *„Millennium Challenge Account"* leistete nur noch Hilfe an Länder, die drei Minimalstandards erfüllten: Herrschaft des Rechts, Marktorientierung und Engagement für das Bildungs- und Gesundheitswesen. Mit dem Start des Millennium-Projekts realisierte aber auch die Weltbank, dass sie die von ihr sogenannten *„Low Income Countries Under Stress"* (LICUS) nicht länger sich selbst überlassen kann, obwohl sie in ihnen weiterhin Voraussetzungen für eine wirksame Zusammenarbeit vermisste. Die Terroranschläge vom 9. September 2001 veränderten dann schlagartig das Verhalten gegenüber diesen LICUS, weil sie in Verdacht gerieten, Brutstätten des internationalen Terrorismus zu sein. Es flossen wieder erhebliche Mittel. Dies war auch möglich, weil nun nicht mehr Good Governance zur Bedingung gemacht wurde, sondern die Wiederherstellung oder Stabilisierung von Staatlichkeit, also *„state building"*, zum entwicklungspolitischen Ziel erklärt wurde. Hier bekam auch die früher von NGOs heftig gescholtene Rüstungshilfe eine neue Rechtfertigung, weil Sicherheitskräfte zur Sicherung oder Wiederherstellung des staatlichen Gewaltmonopols Waffen und andere Geräte brauchen. Unter der Herausforderung erodierender oder gar kollabierender Staatlichkeit wurde notgedrungen und schleichend Abschied vom Good-Governance-Paradigma genommen (vgl. Debiel u. a. 2007). Das Problem der strukturellen Stabilisierung fragiler Staatsgebilde, denen es fast an allen Qualitäten moderner Staatlichkeit mangelt, kann exemplarisch am Fall von Afghanistan aufgezeigt werden.

Inzwischen gibt es notgedrungen viele Bemühungen, auch das operative Problem zu lösen, wie die Entwicklungszusammenarbeit unter den Bedingungen fragiler Staatlichkeit gestaltet werden sollte. Das BMZ erarbeitete mit dem Konzept „Entwicklungsorientierte Transformation bei fragiler Staatlichkeit und schlechter Regierungsführung" Eckpunkte für den Umgang mit fragilen Staaten (BMZ 2007). Die GTZ legte Ende 2008 die Studie „Staatsentwicklung im Kontext fragiler Staatlichkeit und schlechter Regierungsführung" vor. Denn dies ist gewiss: Die fragilen Staaten sich selbst zu überlassen, verbietet nicht nur die sicherheitspolitische Vernunft, sondern auch das humanitäre Gebot der Nothilfe. Also: *„Stay Engaged"* statt *„Let Them Fail"* (so Debiel u. a. 2007).

Angesichts der Verwerfungen in fragilen Staaten müssen entwicklungspolitische Therapieversuche der folgenden Sequenz folgen: Wiederherstellung und Stabilisierung der Staatlichkeit – rechtsstaatliche Bändigung des staatlichen Gewaltmonopols – Demokratisierung. Denn dies lehrt die Erfahrung: Ohne Sicherheit und inneren Frieden in einem einigermaßen stabilen Staatswesen kann es keine Entwicklung geben und ist es sehr schwierig, funktionierende Verwaltungs- und Rechtsstrukturen aufzubauen. Auch deshalb integrierte das BMZ in seine „Zusammenarbeit im Bereich Good Governance" mit sehr guten Gründen auch Bemühungen um die Friedenssicherung (vgl. BMZ Materialien 161).

Die Ausbreitung von Anarchie in der weltpolitischen Peripherie und die Bedrohungen der regionalen Stabilität und internationalen Sicherheit, die von solchen anarchistischen Kernen ausgehen können und durch die von Somalia aus operierende Piraterie illustriert wird, rückten die Krisenprävention, friedliche Konfliktbearbeitung und Stabilisierung in den Mittelpunkt entwicklungs- und friedenspolitischer Strategiediskussionen. Wie sollen von Kriegen zerrüttete und traumatisierte Gesellschaften eine funktionierende Staatlichkeit zurückgewinnen, den zerbrechlichen Frieden konsolidieren und wieder Entwicklungsperspektiven aufbauen? Hier geht es um globale Herausforderungen der Friedenssicherung und des Abbaus von Entwicklungsblockaden.

Es mangelt nicht an Konzepten zur Bewältigung dieser Herausforderungen, die Sicherheitsinteressen berühren und deshalb neben den Vereinten Nationen auch die NATO und regionale Sicherheitsorganisationen auf den Plan riefen. Aber auch der Aufbau von „Krisenreaktionskräften" stößt sehr schnell an Operationsgrenzen, wenn sich die Staatengemeinschaft aus unterschiedlichen Gründen nicht auf im UN-Sicherheitsrat legalisierte Interventionen verständigen kann. Sie bekennt sich zwar prinzipiell zu einer *Responsibility to Protect People*, aber dieses Schutzregime konnte auch Rückfälle in die Barbarei nicht verhindern, weil Interessenkonflikte dieses für die Bewahrung des Friedens zuständige UN-Gremium blockierten. Syrien lieferte den Beleg. Die UN-Friedensmissionen in Afrika kosteten viel Geld, erwiesen sich aber nur als begrenzte Erfolge einer neuen Weltinnenpolitik (vgl. Debiel 2003). Eine Reform des UN-Systems ist deshalb überfällig.

11.5 Demokratie – eine Bedingung von Entwicklung?

Uwe Holtz, der langjährige Vorsitzende des Bundestagsausschusses für wirtschaftliche Zusammenarbeit und Entwicklung (AwZ), übte scharfe Kritik, dass die acht MDGs auf demokratiepolitische Forderungen verzichteten – wohl auf Druck der Staatenmehrheit in den Vereinten Nationen, die aus dem Good-Governance-Postulat ableitbare politische Konditionalitäten befürchtete, wie sie der zwischen der EU und den AKP-Staaten ausgehandelte Cotonou-Vertrag nicht ausschloss. Er setzte diesen politisch gewollten blinden Flecken in den MDGs sein Credo entgegen: „Demokratie, Menschenrechte und Good Governance sind für die Realisierung der MDGs von großer Bedeutung" (Holtz 2006: 125). Um diesem Credo Nachdruck zu verleihen, plädierte er für eine Ergänzung des MDG-Katalogs mit einem neunten Gebot: „Diktaturen überwinden und Demokratie stärken."

Einmal abgesehen von der Unwahrscheinlichkeit, dass sich die Staatenmehrheit in UN-Gremien auf diese Forderung einlassen wird, stehen diesem Plädoyer nicht nur solche diplomatischen Widerstände, sondern auch entwicklungsstrategische Prioritätenverschiebungen angesichts der wachsenden Zahl von kollabierenden Staatsgebilden entgegen. Nach der weltpolitischen Zeitenwende von 1989/90 hatten manche Optimisten einen weltweiten Wandel zum politischen Pluralismus, zur Demokratie und zur Anerkennung der universellen Menschenrechte erkannt und nirgendwo auf der Welt lebensfähige Alternativen zur liberalen Demokratie und Marktwirtschaft nach westlichem Vorbild zu entdecken vermocht. Der US-amerikanische Politologe Francis Fukuyama (1992) erzielte mit seiner These weltweite Aufmerksamkeit, dass sich nach dem Zusammenbruch des Kommunismus überall in der Welt die Prinzipien des Liberalismus in Gestalt von Demokratie und Marktwirtschaft durchsetzen würden, also das „*Ende der Geschichte*" ideologischer Konflikte herangereift sei. Er musste aber bald (2004) erkennen, dass der Zusammenbruch von Staaten die internationale Politik vor neue Herausforderungen stellte und ein neues Kapitel in der Geschichte eröffnete.

Der Bertelsmann Transformation Index 2014 zählte von den 129 untersuchten Ländern 54 zu Autokratien und 41 zu „defekten Demokratien". Das New Yorker Freedom House leitete aus seinen empirischen Datenkompendien einen *„retreat of democracy"* ab. Die *Economist Intelligence Unit* konnte in ihrem *Democracy Index 2013* in ganz Afrika eine einzige wirklich funktionierende Demokratie ausfindig machen: nämlich in dem Inselstaat Mauritius, der sich von einer maroden Zucker-Monokultur, einem kolonialem Erbe, zu einem florierenden Schwellenland hochgearbeitet hat. Ein rascher Strukturwandel ist also möglich, wenn ihn eine kluge und nicht korrupte Elite steuert. Mauritius hat Good Governance in seiner demokratischen Version und Ruanda in seiner autokratischen Version praktiziert und damit Erfolge gehabt. Im Übrigen Afrika schien dagegen die vom Politologen Richard Löwenthal (1986: 266) schon zu Beginn der 1960er-Jahre angesichts der schwierigen Startprobleme vieler Entwicklungsländer behauptete Antinomie zwischen Freiheit und Entwicklung zu wirken:

> Man kann geradezu sagen, dass in diesen Ländern innerhalb gewisser Grenzen zwischen dem Ausmaß pluralistischer Freiheit und dem Tempo der Entwicklung eine Antinomie besteht – keine absolute Antinomie in dem Sinne, dass diese Länder etwa nur zwischen den Extremen totaler Diktatur oder totaler Stagnation zu wählen hätten, wohl aber eine relative oder graduelle Antinomie: Jeder Grad an Freiheit wird mit etwas Verlangsamung der Entwicklung, jeder Grad an Beschleunigung mit etwas Verlust an Freiheit bezahlt.

Löwenthal konnte nicht nur auf die wirtschaftlich erfolgreichen fernöstlichen Autokratien, sondern auch auf die Erosionsprozesse der von den Kolonialmächten in ihren Imperien hinterlassenen Verfassungsmodelle verweisen. Als sich die Hoffnungen auf eine Konsolidierung der demokratischen Experimente als trügerisch erwiesen und vielerorts Rechts- und Verwaltungsstrukturen zerfielen, wurden die alten Streitfragen wieder aufgefrischt, ob Entwicklung Demokratie voraussetzt, wie Uwe Holtz meint, oder vielmehr Demokratie Entwicklung voraussetzt, wie Löwenthal meinte und wie jüngst die Afrikanerin Dambisa Moyo (2008: 98 ff.) wieder konstatierte. Sie plädierte aufgrund des geringen Zutrauens in die Problemlösungsfähigkeit von Demokratien für eine „gutartige" Entwicklungsdiktatur nach chinesischem Vorbild, die auch dem Markt Entfaltungschancen gibt, dem sie – bei Goldman Sachs sozialisiert – mehr zutraut als dem Staat, zumal den häufig fragilen und korrupten afrikanischen Staaten. Diese Henne-Ei-Frage beschäftigte seit einem halben Jahrhundert die Entwicklungsforscher, die trotz großer empirischer Korrelationsanalysen keine widerspruchsfreien Antworten fanden. Und nun entdeckte der Oxford-Ökonom Paul Collier (2009) auch in den vom Westen als Voraussetzung für Hilfsleistungen erzwungenen Wahlen ein Instrument von Autokratien, durch Manipulation ihre Herrschaft zu sichern. Was tun, wenn auch mehr oder weniger demokratische Wahlen unter einen solchen keineswegs unbegründeten Verdacht geraten?

Wenn die Menschen unter Demokratie vor allem eine Verbesserung ihrer Lebensbedingungen verstehen und auch gut regierte arme Staaten diese Erwartungen kaum erfüllen können, dann können sich Demokratien nur schwer behaupten. Allerdings können auch die afrikanischen Autokratien keine Erfolgsbilanzen vorweisen, weil auch sie überfordert waren, die Zielsetzungen der MDGs zu erfüllen. Eine bemerkenswerte, weil sehr seltene Ausnahme bildet Ruanda, dessen autoritär regierender Präsident Paul Kagame aus einem von einem Bürgerkrieg traumatisierten Land so etwas wie ein afrikanisches „Musterländle" zu machen vermochte, zwar mit erheblicher internationaler Wiederaufbauhilfe, die er aber klug auch zur Versöhnung und Zusammenarbeit ehemals verfeindeter ethnischer Großgruppen einzusetzen verstand. Allerdings endet dieses „Musterländle" außerhalb des Schaufensters der Hauptstadt Kigali, wo die Narben des Völkermords noch nicht verheilt sind. Das von Dambisa Moyo (2008) für Afrika vorgeschlagene Modell einer *„benign dictatorship"* bestand hier einen Praxistest, der allerdings in Demokratie-Indizes nicht honoriert wird. Hier eröffnen sich in den Entwicklungs- und Demokratietheorien schwierige Bewertungsprobleme, die sich auch beim Vergleich der „größten Demokratie" Indien mit der „größten Diktatur" China stellen. In Lateinamerika gewannen linke Bewegungen mit populistischen Programmen Wahlen, weil die Redemokratisierung des Subkontinents und die neoliberalen Restrukturierungsprogramme, die den Beifall von IWF und Weltbank fanden, das Versprechen auf soziale Reformen nicht einlösten.

Viele Entwicklungsländer hatten im Gefolge der Finanz- und Weltwirtschaftskrise unter einer negativen Kumulation von sinkenden Devisenerlösen, verringerten Geldtransfers (*Remittances*) ihrer Arbeitsmigrant(inn)en, stagnierenden ODA-Leistungen, stark reduzierten bis völlig ausbleibenden Privatinvestitionen und Bankkrediten sowie wachsenden Schuldenbergen zu leiden (siehe Kapitel 3). Die Weltwirtschaftskrise warf besonders die ärmsten Länder beim Versuch zurück, die MDGs zu verwirklichen. Sie hatte aber nicht nur diese ökonomischen und sozialen Kriseneffekte, sondern auch tief greifende politische Folgen. Die Weltbank warnte wiederholt und mit einer dramatisierenden Wortwahl vor überforderten Regierungen, kollabierenden Staatswesen und drohenden Unruhen.

Es stand also zu befürchten, dass auch der seit Beginn des neuen Millenniums stockende Demokratisierungsprozess ein Krisenopfer sein wird. Der wachsende Einfluss von China erhöhte außerdem die Attraktivität autokratischer Herrschaftsformen und verringerte den Einfluss des Westens. Good Governance mag eine Voraussetzung für Entwicklung sein, aber ohne Entwicklung sinken auch die Chancen für Good Governance. Dann stoßen auch die Bemühungen, von außen den Aufbau und die Stabilisierung von Demokratien zu fördern, auf viele Hürden und Widerstände. Demokratieförderung ist ein „mühsames Geschäft" (vgl. Adam 2013). Die in EU-Zirkeln verbreitete Auffassung, dass Europa seine ehemaligen Kolonien in Afrika nicht China überlassen dürfe, beruht vor allem auf geostrategischen und rohstoffpolitischen Interessenkalkülen und weniger auf demokratiepolitischen Motiven. Es ist zu befürchten, dass die Konkurrenz um Rohstoffe der Entwicklung von Demokratie nicht förderlich ist.

Die von Wolfgang Merkel gestellte Frage, ob die Diktaturen zurückkehren, war keine rhetorische Frage. Er lieferte in Vergleichen der Leistungsfähigkeit von Demokratien und Autokratien auch Antworten, warum Demokratien Überlebensprobleme haben und Autokratien trotz ihrer Legitimationsprobleme an Attraktivität gewannen

(Merkel 2010/2013). Die vergleichende Systemforschung differenzierte grobschlächtige Gut-Böse-Dichotomien, ohne sich von einem hohen Wirtschaftswachstum betören zu lassen, das manche – aber keineswegs alle – Autokratien vorweisen können (vgl. Kailitz/Köllner 2013). Der Bertelsmann Transformation Index (BTI) beteiligt sich mit einem ausgeklügelten Set von 52 Indikatoren an einer feingliedrigen Differenzierung von politischen Systemen, wobei für seine Konstrukteure die marktwirtschaftlich organisierte Demokratie das normative Leitbild der Transformation bildet.

11.6 Fazit: Ohne Rechtssicherheit gibt es keine Entwicklung

Es hat sich herausgestellt, dass Bad Governance nicht nur zum Markt- und Staatsversagen führen kann, sondern dieses auch zur Ursache gewaltsamer Konflikte werden kann. Der Westen hat diesen Zusammenhang unter dem geostrategischen Diktat des Kalten Krieges zu lange ignoriert und alimentierte auch ihm hörige Kleptokratien. Die Einsicht, dass Rechtssicherheit für Bürger/-innen und Investoren eine Voraussetzung für Entwicklung ist, kam zu spät. Nun muss er sich mit den Spätfolgen dieser Erkenntnisverweigerung herumschlagen, zu denen auch der Zerfall von Staaten gehört, der die Entwicklungszusammenarbeit mit Staaten erheblich erschwert, die nach Auskunft vieler Studien und Statistiken am weitesten von den Zielvorgaben der MDGs entfernt sind. Indem er nur mit Regierungen verhandelte und seine Subsidien weder parlamentarischer noch zivilgesellschaftlicher Kontrolle unterwarf, trug er selbst zur weiteren Schwächung ohnehin schwacher Parlamente und der Zivilgesellschaft bei, deren große Bedeutung seine Bekenntnisse zu Partizipation er zu betonen pflegt (vgl. Nuscheler 2007).

Die Gebergemeinschaft und das UN-System müssen trotz bzw. gerade wegen der Vermehrung von Autokratien und „defekten Demokratien" beharrlich den schwierigen Versuch fortsetzen, weltweit der Herrschaft des Rechts und der Menschenrechte zum Durchbruch zu verhelfen, das Krebsübel der Korruption zu bekämpfen und Voraussetzungen für „menschliche Sicherheit" (*human security*) zu schaffen. Dies war und bleibt der Auftrag der UN-Satzung und vieler völkerrechtlich geltender Vertragswerke wie den beiden Pakten zu den Menschenrechen. Auch ökonometrische Langzeitstudien haben mit großem statistischen Aufwand belegt, dass Rechtssicherheit und eine gute Regierungsführung die Voraussetzungen dafür bilden, dass externe Hilfe nicht in Fässern ohne Boden verschwindet und eher kontraproduktive Wirkungen erzielt. Deshalb bleibt Good Governance nicht nur ein demokratiepolitischer, sondern auch ein entwicklungspolitischer Imperativ und das Leitbild für eine Entwicklung fördernde Staatlichkeit. Wenn eine Autokratie nach dem Muster von Singapur oder Ruanda ihr Steuerungspotenzial tatsächlich zum Wohl des Gesamtgesellschaft einsetzt, gewinnt sie eine Output-Legitimität, die sogar breite Akzeptanz beanspruchen kann, aber – wie die Demokratiebewegung in Hongkong oder vorher in der arabischen Welt demonstrierte – das Gesamtbedürfnis nach Freiheit nicht auf Dauer unterdrücken kann. Es war ein hoffnungsvolles Signal für ganz Afrika, dass sich die Bürger/-innen von

Burkina Faso die Manipulation der Verfassung, die sein Präsident nach einer Dauerherrschaft von 27 Jahren versuchte, nicht gefallen ließen und rebellierten. Dies ist die Lehre der widersprüchlichen Entwicklungen im Trikont: Entwicklung setzt die Rechtssicherheit für Individuen und Unternehmen voraus.

12 Planetarische Verantwortungsethik im „globalen Verantwortungsraum"

Der Philosoph Hans Jonas unternahm schon in seinem Hauptwerk „Das Prinzip Verantwortung" (1979) den *„Versuch einer Ethik für die technologische Zivilisation"*. Er forderte schon damals eine *„planetarische Verantwortungsethik"*, eine *„Fernstenliebe"* und, an Kants kategorischen Imperativ anknüpfend, einen neuen *„ökologischen Imperativ"*, dessen Gebot schon das Prinzip Nachhaltigkeit vorwegnahm: „Handle so, dass die Wirkungen deiner Handlung verträglich sind mit der Permanenz echten menschlichen Lebens auf Erden!"

Als der Philosoph Hans Jonas diesen „ökologischen Imperativ" formulierte und eine „planetarische Verantwortungsethik" forderte, war der Klimawandel noch nicht zur Drohkulisse und die Globalisierung noch nicht zum alltäglichen Schlagwort geworden. Der Theologe Hans Küng (1997) begründete ein *„Weltethos für Weltpolitik und Weltwirtschaft"*, als sich die Herausforderungen der Globalisierung schon deutlicher abzeichneten und die Apokalypsen der „Globalisierungsfalle" und von „Klimakriegen" auch eine ethische Orientierungshilfe einforderten. Einem solchen theologisch begründeten Weltethos setzte der Soziologe Ulrich Beck (2007: 20) seine Theorie der „Weltrisikogesellschaft" entgegen, die „mit der Offenheit, den Unsicherheiten und Blockaden einer selbsterzeugten Zukunft konfrontiert und nicht mehr durch Religion, Tradition oder die Übermacht der Natur festgelegt ist, aber auch den Glauben an die Heilswirkungen der Utopien verloren hat". Er leitete aus der Globalisierung von Systemrisiken jedoch das Entstehen eines „globalen Verantwortungsraumes" ab, in dem sich die planetarische Verantwortungsethik von Hans Jonas wiederfinden lässt. Das Neue bei Ulrich Beck liegt jedoch darin, dass bei ihm die globalen Risiken nicht nur ethische Imperative, sondern auch neue gesellschaftliche und politische Antworten verlangen und das *„Prinzip Verantwortung"* unter den Druck einer „Art von Zwangskosmopolitismus" setzen (2007: 336):

> Globale Risiken enthalten eine embryone Antwort darauf, wie in der Kakophonie der globalisierten Welt neue Arten von „Risikogemeinschaften", die weder auf Herkunft noch auf räumlicher Anwesenheit basieren, entstehen und sich verfestigen können. Es gehört zu den bemerkenswertesten und bislang am wenigsten erkannten Schlüsselmerkmalen globaler Risiken, eine Art „Zwangskosmopolitismus", einen Kitt für Diversität und Pluralität zu erzeugen, deren Grenzen ähnlich wie der Schweizer Käse weitgehend aus Löchern bestehen, wenigstens kommunikativ und ökonomisch betrachtet.

Dieser normative Horizont der Weltrisikogesellschaft liefert auch dem Konzept einer globalen Strukturpolitik eine wichtige Rechtfertigungs- und Orientierungshilfe. Der aus den drohenden globalen Krisen erwachsende „Zwangskosmopolitismus" zwingt die Gesellschafts- und Politikwissenschaften dazu, sich von ihrem „methodologischen Nationalismus" zu verabschieden, setzt die Politik unter Druck, sich als Globalpolitik neu zu organisieren, und fordert den Menschen die Einsicht ab, zu einem „Risikoweltbürgertum" zu gehören. Es war in der Weltgeschichte immer so, dass der Existenzdruck und Bedrohungsszenarien neues Denken und Handeln auf den Weg brachten. Es kommt darauf an, dass aus diesem Existenzdruck rechtzeitig die notwendigen Konsequenzen gezogen werden und der von Ulrich Beck erwartete „Zwangskosmopolitismus" seine globalpolitischen Wirkungen nicht erst entfaltet, wenn der *Point of no Return* schon überschritten ist und nur noch eine Schadensbegrenzung möglich ist. Die Kipp-Punkte im Erdsystem mit ihren tief greifenden Auswirkungen auf das menschliche Leben sind nicht mehr weit entfernt. Ihr Kippen zu verhindern, ist die größte Herausforderung für einen Kosmopolitismus, den andere Global Governance nennen.

Es ist eine säkulare Herkulesaufgabe der Staaten-, Wirtschafts- und Gesellschaftswelt, den drohenden *Global Countdown* anzuhalten und die Wucht des globalisierten Kapitalismus durch soziale und ökologische Regelwerke, die sich am Leitbild einer ökosozialen Weltwirtschaft orientieren, zu bändigen. Nur dann ist eine andere Welt oder eine „fair future" möglich. Eine als globale Strukturpolitik konzipierte Entwicklungspolitik ist nur eine, aber keineswegs unwichtige Komponente dieses Großprojekts. Sie muss deshalb entgegen wohlfeilen Bankrotterklärungen nicht abgewertet, sondern vielmehr als Instrument der Friedenssicherung und des Aufbaus menschenwürdiger Lebensbedingungen in einem ökologisch zukunftsfähigen Umfeld aufgewertet werden. Sie ist in einer Welt voller Krisen und Konflikten, also in der „Weltrisikogesellschaft", eingekeilt zwischen „Sicherheitskalkül, Interesse und Moral" (nach Hirsch/Seitz 2005), wobei das von Interessen geleitete Sicherheitskalkül der Moral nur eine schwache Legitimationskraft hinterlässt.

Die sich an den zentralen Werten von Solidarität und Gerechtigkeit orientierende Moral hat zwar in vielen konsensual verabschiedeten UN-Deklarationen, in kirchlichen Glaubensbekenntnissen und Forderungskatalogen der zivilgesellschaftlichen Entwicklungslobby und sogar in den Programmen der deutschen Parteien einen wesentlich höheren Stellenwert, aber in der politischen Realität keine handlungsleitende Wirkungskraft. Es sind allenfalls die einleitend erläuterten Risiken der „Weltrisikogesellschaft" und die aus ihnen ableitbaren wohlverstandenen Eigeninteressen, aus denen sie ihre Rechtfertigung bezieht und ihr dabei hilft, auch die vielstimmige Fundamentalkritik zu überstehen. Die internationale Entwicklungspolitik, die viel umfassender als die ODA oder „Entwicklungshilfe" ist, bleibt ein unverzichtbares Projekt der Zukunftssicherung dieser höchst verwundbaren „Weltrisikogesellschaft", deshalb ein Gebot der politischen Vernunft und eben auch einer planetarischen Verantwortungsethik. Ob und wie ihre Praxis diesem Gebot gerecht wird, behandelt der folgende Teil III dieses Lehrbuchs.

Literatur

Achathaler, Lukas; Hofmann, Domenica; Pázmàndy, Matthias (Hg.) (2011): Korruptionsbekämpfung als globale Herausforderung. Wiesbaden.
Adam, Erfried (2013): Vom mühsamen Geschäft der Demokratieförderung. Bonn.
Alden, Chris; Large, Daniel; de Oliveira, Soares (2008): China Returns to Africa. London.
Altvater, Elmar; Mahnkopf, Birgit (2002a): Grenzen der Globalisierung: Ökonomie, Ökologie und Politik in der Weltgesellschaft. Münster.
Altvater, Elmar; Mahnkopf, Birgit (2002b): Globalisierung der Unsicherheit. Münster.
Annan, Kofi (2005): Striving for Good Governance in Africa. African Governance Report 2005.
Aufenvenne, Philipp; Felgentreff, Carsten (2013): Umweltmigranten und Klimaflüchtlinge – zweifelhafte Kategorien in der aktuellen Debatte. IMIS-Beiträge 44/2013, S. 19–44.
Bade, Klaus J. (2000): Europa in Bewegung. Migration vom späten 18. Jahrhundert bis zur Gegenwart. München.
Bardi, Ugo (2013): Der geplünderte Planet. Ein Bericht an den Club of Rome. München.
Barthelt, Rainer (2005): Die Welt vor dem Abgrund. Düsseldorf.
Basedau, Matthias (2007): Erdölkriege – Kriege der Zukunft? GIGA Focus Global 06/2007.
Beah, Ishmael (2007): Rückkehr ins Leben. Ich war Kindersoldat. Frankfurt/M.
Beck, Ulrich (2007): Weltrisikogesellschaft. Auf der Suche nach der verlorenen Sicherheit. Frankfurt/M.
Bernstorff, Jochen von (2012): „Land Grabbing" und Menschenrechte. INEF-Forschungsreihe 11/2012. Duisburg.
Bhagwati, Jagdish (2008): Verteidigung der Globalisierung. Bonn.
Bierdel, Elias; Lakitsch, Maximilian (Hg.) (2014): Flucht und Migration. Wien/Berlin.
Bleischwitz, Raimund; Pfeil, Florian (Hg.) (2009): Globale Rohstoffpolitik. Baden-Baden.
BMZ (Hg.) (2007): Transforming Fragile States – Examples of Practical Experience. Baden-Baden.
Breidenbach, Joana; Zukrigl, Ina (2000): Tanz der Kulturen. Kulturelle Identität in einer globalisierten Welt. Berlin.
Breitmeier, Helmut; Roth, Michèle; Senghaas, Dieter (Hg.) (2008): Sektorale Weltordnungspolitik. Baden-Baden.
Bremmer, Ian (2012): Every Nation for Itself. Winners and Loosers in a G-Zero World. New York.
Brodbeck, Karl-Heinz (2005): Ökonomie der Armut, in: Clemens Sedmak (Hg.): Option für die Armen. Freiburg/Basel/Wien, S. 59–80.
Brown, Lester R (2000): Wieviel ist zu viel? 19 Dimensionen der Bevölkerungsentwicklung. Stuttgart.
Brühl, Tanja (2003): Nichtregierungsorganisationen als Akteure internationaler Umweltverhandlungen. Frankfurt/M.
Brühl, Tanja; Rosert, Elvira (2014): Die UNO und Global Governance. Wiesbaden.
Brzoska, Michael u. a. (Hg.) (2011/2012): Klimawandel und Konflikte. Baden-Baden.
BTI (Bertelsmann Transformation Index) 2014: Politische Gestaltung im internationalen Vergleich. Gütersloh.
Bundesakademie für Sicherheitspolitik (2001): Sicherheitspolitik in neuen Dimensionen. Kompendium zum erweiterten Sicherheitsbegriff. Hamburg/Berlin/Bonn.
Carius, Alexander; Lietzmann, Kurt M. (Hg.) (1998): Umwelt und Sicherheit. Berlin/Heidelberg.
Cassen, Robert (1990): Entwicklungszusammenarbeit. Stuttgart.
Collier, Paul (2008): Die unterste Milliarde. Warum die ärmsten Länder scheitern und was man dagegen tun kann. München (Bonn: Bundeszentrale für politische Bildung).
Collier, Paul (2009): Gefährliche Wahl. Berlin.
Collier, Paul (2014): Exodus: How Migration is Changing Our World. London.

CSD (1999): Tourism and Sustainable Development. The Global Importance of Tourism. New York.
Dayton-Johnson, Jeff et al. (2007): Gaining from Migration. Toward a New Mobility System. OECD Development Centre, Paris.
Debiel, Tobias (2003): UN-Friedensoperationen in Afrika. Weltinnenpolitik und die Realität von Bürgerkriegen. Bonn.
Debiel, Tobias u. a. (2007): „Stay Engaged" statt „Let Them Fail". INEF-Report 89, Duisburg.
Debiel, Tobias; Pech, Birgit (2010): Mit Korruptionsbekämpfung zum „take off" bei den MDGs? In: Eckhard Deutscher; Hartmut Ihne (Hg.): Simplizistische Lösungen verbieten sich, Baden-Baden, S. 53–67.
Derichs, Claudia (2014): Asiatische Zeitwende? Von der bipolaren zur polyzentrischen Weltordnung. In: PVS Sonderheft 48: Entwicklungstheorien, S. 41–66.
DFID (2005): Why We Need to Work More Effectively in Fragile States. London.
Diamond, Jared (2005): Kollaps. Warum Gesellschaften überleben oder untergehen. Frankfurt/M.
Dolzer, Rudolf; Herdegen, Matthias; Vogel, Bernhard (Hg.) (2007): Good Governance. Gute Regierungsführung im 21. Jahrhundert. Freiburg/Basel/Wien.
Dror, Yehezkel (1995): Ist die Erde noch regierbar? München.
Drumbl, Mark A. (2012): Reimaging Child Soldiers in International Law and Policy. Oxford/New York.
Duflo, Esther (2013): Kampf gegen die Armut. Berlin.
Easterly, William (2006): Wir retten die Welt zu Tode. Frankfurt/New York.
ECA (2005): African Governance Report, Striving for good Governance in Africa.
Ehrlich, Paul R. (1968): The Population Bomb. New York.
Emmott, Stephen (2013): Zehn Milliarden. Berlin.
Erdmann, Gero (2003): Apokalyptische Trias: Staatsversagen, Staatsverfall und Staatszerfall – strukturelle Probleme der Demokratie in Afrika. In: Petra Bendel u. a. (Hg.) : Demokratie und Staatlichkeit. Opladen, S. 267–292.
Feiring, Brigitte (2003): Indigenous People and Poverty. London.
Feyder, Jean (2010): Mordshunger: Wer profitiert vom Elend der armen Länder? Frankfurt/M.
Fleisch, Hans (2001): Weltbevölkerung und Verstädterung. In: Globale Trends 2002, S. 92–111.
Fisman, Raymond; Miguel, Edward (2009): Economic Gangsters. Korruption und Kriminalität in der Weltwirtschaft. Frankfurt/M.
Fues, Thomas; Hamm, BrigitteI. (Hg.) (2001): Die Weltkonferenz der 90er Jahre: Baustellen für Global Governance. Bonn.
Fukuyama, Francis (1992): Das Ende der Geschichte. Berlin.
Fukuyama, Francis (2004): Staaten bauen: Die neue Herausforderung internationaler Politik. Berlin.
Galtung, J. (1972). Eine strukturelle Theorie des Imperialismus.
Geldermann, Heiner (2009): Völkerrechtliche Pflichten multinationaler Unternehmen. Baden-Baden.
George, Susan (1994): Die Weltbank und ihr Konzept von Good Governance. In: Jochen Hippler (Hg.): Demokratisierung der Machtlosigkeit. Hamburg, S. 206–211.
Giddens, Anthony (2002): Die entfesselte Welt. Frankfurt/M.
Giddens, Anthony (2009): The Politics of Climate Change. Cambridge.
Global Commission on International Migration (2005): Migration in an Interconnected World: New Directions for Action. Genf.
Gronemeyer, Reimer (2002): So stirbt man in Afrika an Aids. Frankfurt/M.
Haas, Hein de (2005): International Migration, Remittances and Development: Myths and Facts. In: Third World Quarterly, vol. 26(8), S. 1269–1284.
Halpern, Benjamin S. (2008): A Global Map of Human Impact on Marine Ecosystem. In: Science, vol. 319.
Han, Petrus (2006): Theorien zur internationalen Migration. Stuttgart.
Hardt, Michael; Negri, Antonio (2000): Empire. Cambridge/Mass.

Hartmann, Eva; Kunze, Karen; Brand, Ulrich (Hg.) (2009): Globalisierung, Macht und Hegemonie. Münster.

Hauff, Michael von; Kleine, Alexandro (2009): Nachhaltige Entwicklung. München.

Helmedach, Achim (2009): Regieren im Welthandel. Die Welthandelsorganisation als globaler Akteur. In: Helmut Breitmeier u. a. (Hg.): Sektorale Weltordnungspolitik. Baden-Baden, S. 92–112.

Helwes, Frauke (1998): Migration, Prostitution, Frauenhandel. In: PROKLA, Jg. 28, Heft 111, S. 249–269.

Henne, Gudrun (1998): Genetische Vielfalt als Ressource. Die Regelung ihrer Nutzung. Baden-Baden.

Heßelmann, Elena; Ulbert, Cornelia (2010): Globale Gesundheitspolitik im Wandel. In: Globale Trends 2010, S. 223–245.

Hippler, Jochen (2007): Internationaler Terrorismus und seine Folgen für die internationalen Beziehungen. In: Globale Trends 2007, S. 105–122.

Hirsch, Klaus; Seitz, Klaus (Hg.) (2005): Zwischen Sicherheitskalkül, Interesse und Moral. Frankfurt/London.

Höffe, Ottfried (1999): Demokratie im Zeitalter der Globalisierung. München.

Hoegen, Monika (2009): Statistics and the Quality of Life. Measuring Progress – a World Beyond GDP. Bonn (InWent).

Hoessle, Ulrike (2013): Der Beitrag de UN Global Compact zur Compliance internationaler Regime. Baden-Baden.

Holtz, Uwe (2006): Die Zahl undemokratischer Länder halbieren! Armutsbekämpfung durch Demokratie, Menschenrechte und Good Governance. In: Franz Nuscheler; Michèle Roth (Hg.): Die Millennium-Entwicklungsziele, Bonn, S. 118–137.

Huntington, Samuel P. (1996): Kampf der Kulturen. The Clash of Civilization. Die Neugestaltung der Weltpolitik im 21. Jahrhundert. München/Wien.

Husa, Karl; Parnreiter, Christof; Stacher, Irene (Hg.) (2000): International Migration. Die globale Herausforderung des 21. Jahrhunderts? Frankfurt/M.

IFO-Institut (2013): Dimensionen und Auswirkungen eines Freihandelsabkommens zwischen der EU und den USA. München.

IFPRI (2009): Climate Change: Impact on Agriculture and Costs of Adaptation. Washington, D.C.

Illy, Hans F. (2009): Bhutan auf der Suche nach dem „Bruttosozialglück". In: Theodor Hanf u. a. (Hg.): Entwicklung als Beruf. Baden-Baden, S. 282–292.

ILO (2004): Organizing for Social Justice. Genf.

Jahrbuch Ökologie (2010): Umwälzung der Erde. Konflikte um Ressourcen. Stuttgart.

Jarchau, Peter; Nolting, Marc; Wiegler, Kai (2009): Nutzungsquelle Meer. In: APuZ, B67/2009.

Johnston, Michael (2005): Sydromes of Corruption. New York.

Jonas, Hans (1979): Das Prinzip Verantwortung. Versuch einer Ethik für die technologische Zivilisation. Frankfurt/M. (1984 als Suhrkamp Taschenbuch).

Kagan, Robert (2003): Macht und Ohnmacht. Berlin.

Kailitz, Steffen; Köllner, Patrick (Hg.) (2013): Autokratien im Vergleich. PVS-Sonderheft 47. Baden Baden.

Karl, Terry Lynn (1997): The Paradox of Plenty. Berkeley.

Keitetsi, China (2003): Sie nahmen mir die Mutter und gaben mir ein Gewehr: mein Leben als Kindersoldatin. Berlin.

Kempken, Frank (2009): Mit Grüner Gentechnik gegen den Hunger? In: APuZ, 6–7/2009.

Kennedy, Paul (1993): In Vorbereitung auf das 21. Jahrhundert. 2. Aufl. Frankfurt/M.

Kennedy, Paul (2007): Parlament der Menschheit: Die Vereinten Nationen auf dem Weg zur Weltregierung. München.

Kernig, Claus D. (2006): Und mehret euch? Deutschland und die Weltbevölkerung im 21. Jahrhundert. Bonn.

Khor, Martin u. a. (1999): Views from the South. The Effects of Globalisation and the WTO on Third World Countries. Oakland.

Khor, Martin (2000): Globalization and the South. Penang.

Kissinger, Henry (2014): Weltordnung. München.

Klaphake, Axel; Scheumann, Waltina (2001): Politische Antworten auf die globale Wasserkrise. In: APuZ, B48–49/2001, S. 3–12.

Klein, Naomi (1999): No Logo. München.

Klein, Naomi (2014): This Changes Everything: Capitalism vs. The Climate. New York.

Koch, C. (1995). Die Gier des Marktes. Die Ohnmacht des Staates im Kampf der Weltwirtschaft, München.

König, Klaus u. a. (2002): Governance als entwicklungs- und transformationspolitisches Konzept. Berlin.

Korf, Benedikt (2012): Klimakriege: Zur Politischen Ökologie der „Kriege der Zukunft". In: Jöger, Thomas; Beckmann, Rasmus (Hg.): Handbuch Kriegstheorien. Heidelberg, S. 577–585.

Krugman, Paul (2009): Die Neue Weltwirtschaftskrise. Frankfurt/New York.

Küblböck, Karin (2006): Schmerztherapie statt Ursachenbekämpfung? Eine strukturelle Kritik an den Millennium-Entwicklungszielen. In: Nuscheler, Franz; Roth, Michèle (Hg.): Die Millennium-Entwicklungsziele. Bonn, S. 138–154.

Küng, Hans (1997): Weltethos für Weltpolitik und Weltwirtschaft. München/Zürich.

Landes, David (1999): Wohlstand und Armut der Nationen. Berlin.

Leggewie, Claus (2003): Die Globalisierung und ihre Gegner. München.

Leggewie, Claus (2010): Weltmacht Religion?, in: Globale Trends 2010. S. 61–80.

Leisinger, Klaus M. (1993): Hoffnung als Prinzip. Bevölkerungswachstum: Einblicke und Ausblicke. Basel/Boston/Berlin.

Leisinger, Klaus M. (1999): Die sechste Milliarde. Weltbevölkerung und nachhaltige Entwicklung. München.

Lepenies, Philipp (2014): Die Politik der messbaren Ziele. In: Entwicklungstheorien. PVS-Sonderheft 48, S. 200–224.

Levin, V., & Dollar, D. (2005). The forgotten states: Aid volumes and volatility in difficult partnership countries (1992–2002). Summary paper for Development Assistance Committee Learning and Advisory Process on Difficult Partnerships. Paris.

Löwenthal, Richard (1986): Staatsfunktionen und Staatsform in den Entwicklungsländern, Wiederabdruck. In: Nuscheler, Franz (Hg.): Politikwissenschaftliche Entwicklungsländerforschung. Darmstadt, S. 241–275.

Lomborg, Björn (2002): Apocalypse No! Lüneburg.

Lorenzen, Lois Ann; Turpin, Jennifer (Hg.) (1998): The Women and War Reader. New York.

Mahbubani, Kishore (2008): Die Rückkehr Asiens: Das Ende der westlichen Dominanz. Berlin.

Mander, Jerry; Goldsmith, Edward (2004): Schwarzbuch Globalisierung. München.

Martin, Hans-Peter; Schumann, Harald (1996): Die Globalisierungsfalle., 5. Aufl., Reinbek.

Mauser, Wolfram (2007): Wie lange reicht die Ressource Wasser? Frankfurt/M.

Mawdsley, Emma (2012): From Recipients to Donors: Emerging Powers and the Changing Development Landscape. London.

Maxwell, Simon; Messner, Dirk (2008): A New Global Order: Bretton Woods II … and San Francisco II. Online verfügbar unter: https://www.opendemocracy.net/article/a-new-global-order-from-bretton-woods-ii-to-san-francisco-ii, zuletzt abgerufen am 18. 06. 2015.

Menzel, Ulrich (1992): Das Ende der Dritten Welt und das Scheitern der großen Theorie. Frankfurt/M.

Merkel, Wolfgang (2010): Systemtransformation. 2. Auflage. Wiesbaden.

Merkel, Wolfgang (2013): Vergleich politischer Systeme: Demokratien und Autokratien. In: Schmidt, Manfred u. a. (Hg.): Studienbuch Politikwissenschaft. Wiesbaden, S. 207–236.
Messner, Dirk; Nuscheler, Franz (2006): Das Konzept Global Governance – Stand und Perspektiven. In: Stiftung Entwicklung und Frieden (Hg.): Global Governance für Entwicklung und Frieden. Bonn, S. 18–79.
Messner, Dirk; Rahmstorf, Stefan (2010): Kipp-Punkte im Erdsystem und ihre Auswirkungen auf Weltpolitik und Weltwirtschaft. In: Globale Trends 2010, S. 261–280.
Messner, Dirk; Scholz, Imme (Hg.) (2005): Zukunftsfragen der Entwicklungspolitik. Baden-Baden.
Meyer, Lukas H. (2009): Klimawandel und Gerechtigkeit. In: Johannes Wallacher; Karoline Scharpenseel (Hg.): Klimawandel und globale Armut, Stuttgart, S. 71–97.
Moyo, Dambisa (2008): Dead Aid. Why Aid is Not Working and How There is a Better Way for Africa. London.
Müller, Henrik (2008): Die sieben Knappheiten. Frankfurt/M.
Münz, Rainer; Reiterer, Albert F. (2009): Overcrowded World?: Global Population and International Migration: Population Explosion and International Migration. London/New York.
National Intelligence Council (2008): Global Trends 2025: A Transformed World. Washington, D.C.
Neudeck, Rupert (2010): Die Kraft Afrikas. München.
Nohlen, Dieter; Nuscheler, Franz (Hg.) (1993): Handbuch der Dritten Welt, 3. Aufl., Bd. 1. Bonn.
Nuscheler, Franz (2007): Parlamente im subsaharischen Afrika. In: Zeitschrift für Parlamentsfragen, Jg. 38(4), S. 842–856.
Nuscheler, Franz (2008):Die umstrittene Wirksamkeit der Entwicklungszusammenarbeit. INEF-Report 93. Duisburg.
Nuscheler, Franz (2008): Good Governance. INEF-Report 96. Duisburg.
Nuscheler, Franz; Messner, Dirk (2010): Wandel von weltpolitischen Kräftekonstellationen und Machtordnungen. In: Globale Trends 2010, S. 35–60.
Nuscheler, Franz; Roth, Michèle (Hg.) (2006): Die Millennium-Entwicklungsziele. Bonn.
Ochel, Wolfgang (1982): Die Entwicklungsländer in der Weltwirtschaft. Köln.
OECD (2009): Globalisation and Emerging Economies. Paris.
OECD (2009): Nachhaltige Entwicklung: Wirtschaft, Gesellschaft, Umwelt im Zusammenhang betrachtet. Paris/Berlin.
Opitz, Peter J. (Hg.) (1997): Der globale Marsch. Flucht und Migration als Weltproblem. München.
Osterhammel, Jürgen; Petersen, Niels P. (2003): Geschichte der Globalisierung. München.
Pearce, Fred (2002): Mamma Mia. In: New Scientist, vol. 175, Heft 2352, S. 1–9.
Petrella, Riccardo (2000): Wasser für alle. Ein globales Manifest. Zürich.
Piketty, Thomas (2014): Das Kapital im 21. Jahrhundert. München.
Pittwald, Michael (2008): Kindersoldaten, neue Kriege und Gewaltmärkte. 2. Aufl., Belm-Vehrte.
Pohl, Benjamin u. a. (2014): The Rise of Hydro-Diplomacy. Strengthening Foreign Policy for Transboundary Waters. Berlin (adelphi).
Pries, Ludger (Hg.) (1997): Transnationale Migration. Soziale Welt/Sonderband 12. Baden-Baden.
Randeria, Shalini; Eckert, Andreas (Hg.) (2006): Vom Imperialismus zum Empire. Nicht-westliche Perspektiven auf die Globalisierung. Frankfurt/M.
Randers, Jorgen (2012): Der neue Bericht an den Club of Rome: Eine globale Prognose für die nächsten 40 Jahre. München.
Rechkemmer, Andreas (Hg.)(2005): UNEO-Towards an International Environment Organization. Baden-Baden.
Riley, Nancy E. (2004): China's Population: New Trends and Challenges. In: Population Bulletin, vol. 59(2).
Rittberger, Volker; Kruck, Andreas; Romund, Anne (2010): Grundzüge der Weltpolitik. Theorie und Empirie des Weltregierens. Wiesbaden.

Robertson, Roland (1998): Glokalisierung: Homogenität und Heterogenität in Raum und Zeit. In: Ulrich Beck (Hg.): Perspektiven der Weltgesellschaft. Frankfurt/M., S. 192–220.
Rodenberg, Birte (2007): Geschlechtergerechtigkeit und internationale Frauenbewegungen. In: Globale Trends 2007, S. 189–207.
Sachs, Jeffrey (2006): Das Ende der Armut. Ein ökonomisches Programm für eine gerechtere Welt. München.
Sachs, Wolfgang; Santarius, Tilman u. a. (2005): Fair Future. Begrenzte Ressourcen und globale Gerechtigkeit. Herausgegeben vom Wuppertal Institut für Klima, Umwelt, Energie, München.
Saith, Ashwani (2006): From Universal Values to Millennium Development Goals: Lost in Translation. In: Development Change, Bd. 37, S. 1167–1199.
Samuelson, P. A., & Nordhaus, W. D. (1998). Volkswirtschaftslehre (Übersetzung der 15. amerikanischen Auflage). Wien: Ueberreuter.
Sassen, Saskia (1996): Metropolen des Weltmarkts: Die neue Rolle der Global Cities. Frankfurt/M.
Sassen, Saskia (2006): Territory, Authority, Rights: From Medieval to Global Assemblages. Princeton
Sauerborn, Rainer (2007): Klimawandel und globale Gesundheitsrisiken. In: Globale Trends 2007, S. 345–358.
Schäfer, Ulrich (2009): Der Crash des Kapitalismus. Frankfurt/New York.
Scheper, Christian; Menge, Jonathan (2013): Menschenwürdige Löhne in der globalisierten Wirtschaft. INEF-Forschungsreihe 13/2013.
Scholz, Fred (2000): Perspektiven des „Südens" im Zeitalter der Globalisierung. In: Geographische Zeitschrift, Jg. 88(1), S. 1–20.
Scholz, Imme (2007): Ökologischer Fußabdruck und „asiatische Elefanten". In: Globale Trends 2007, S. 329–344.
Sedmak, Clemens (Hg.) (2005): Option für die Armen. Die Entmarginalisierung des Armutsbegriffs in den Wissenschaften. Freiburg/Basel/Wien.
Seifert, Thomas; Werner, Klaus (2006): Schwarzbuch Öl. Eine Geschichte von Gier, Krieg, Macht und Geld. Bonn.
Seitz, Klaus (2002): Bildung in der Weltgesellschaft. Gesellschaftstheoretische Grundlagen Globalen Lernens. Frankfurt; M.
Sen, Amartya (1981): Poverty and Femines. An Essay on Entitlement and Deprivation, Oxford.
Sen, Amartya (1999): Ökonomie für den Menschen. München.
Senghaas, Dieter (1998): Zivilisation wider Willen. Frankfurt/M.
Soederberg, Susanne (2004): The Politics of the New International Financial Architecture. Reimposing Neoliberal Domination in the Global South. London.
Soros, George (1998): Die Krise des globalen Kapitalismus: offene Gesellschaft in Gefahr. Berlin.
Steiner, Johannes (Hg.) (2014): Grenzen des Hungers. Ernährungssicherung in Zeiten des globalen Wandels. Wien.
Steingart, Gabor (2006): Weltkrieg um Wohlstand. Wie Macht und Reichtum neu verteilt werden. München.
Stern, Nicholas (2009): Der Global Deal: Wie wir dem Klimawandel begegnen und ein neues Zeitalter von Wachstum und Wohlstand schaffen. München.
Stiglitz, Joseph (2002): Die Schatten der Globalisierung, Berlin (Bonn: Bundeszentrale für Politische Bildung).
Stiglitz, Joseph (2014): Der Preis der Ungleichheit. München.
Tetzlaff, Rainer (1980): Die Weltbank: Machtinstrument der USA oder Hilfe für die Entwicklungsländer? Bonn.
Tetzlaff, Rainer (1996): Weltbank und Währungsfonds: Gestalter der Bretton-Woods-Ära. Opladen.
Tetzlaff, Rainer (2008): Afrika in der Globalisierungsfalle. Wiesbaden.
Ulbert, Cornelia/Werthes, Sascha (Hg.) (2008): Menschliche Sicherheit. Globale Herausforderungen und regionale Perspektiven. Baden-Baden.

UNAIDS (2005): AIDS in Africa. Three Scenarios to 2025. Genf.
UNDP (2003): Millenium Development Goals. A Compact Among Nations to End Human Poverty. New York
UNDP (2004): Reducing Disaster Risk. A Challenge for Development. New York.
UNESCAP (2009): What is good governance? Online verfügbar unter: http://www.unescap.org/resources/what-good-governance, zuletzt abgerufen am 18.06.2015.
UNFPA (2009): State of World Population 2009. Facing a Changing World: Women, Population and Climate. New York.
UN-Population Division (2002): World Population Aging: 1950–2050. New York.
VENRO (2003): Handel – ein Motor für die Armutsbekämpfung? Bonn/Berlin.
VENRO (2014): Acht Kernpunkte einer neuen globalen Entwicklungs- und Nachhaltigkeitsagenda für die Zeit nach 2015. Positionspapier 1/2014.
Vorlaufer, Karl (1996): Tourismus in Entwicklungsländern. Darmstadt.
Wahl, Peter (1997): Mythos und Realität internationaler Zivilgesellschaften. In: Elmar Altvater u. a. (Hg.): Vernetzt und Verstrickt. Münster, S. 293–314.
WBGU (1994): Die Gefährdung der Böden. Bonn.
WBGU (1997): Wege zu einem nachhaltigen Umgang mit Süßwasser. Berlin.
WBGU (1999): Erhaltung und nachhaltige Nutzung der Biosphäre. Berlin/Heidelberg.
WBGU (2005): Armutsbekämpfung durch Umweltpolitik. Berlin/Heidelberg.
WBGU (2008): Sicherheitsrisiko Klimawandel. Berlin.
WBGU (2013): Menschheitserbe Meer. Berlin.
WBGU (2014): Klimaschutz als Weltbürgerbewegung. Berlin.
Weizsäcker, Ernst Ulrich von (1997): Erdpolitik. 5. Aufl., Darmstadt.
Weltbank (1986): Poverty and Hunger. Washington, D.C.
Weltbank (1992): Governance and Development. Washington, D.C.
Weltbank (2001): Poverty Trends and Voices of the Poor. 4. Aufl., Washington, D.C.
Weltbank (2002): Globalization, Growth and Poverty. Washington, D.C.
Weltbank (2003): Land Policies for Growth and Poverty Reduction. Washington, D.C.
Weltbank (2004): Coffee Markets. New Paradigms in Global Supply and Demand, Washington, D.C.
Weltbank/FAO (2008): The Sunken Billions. The Economic Justification for Fisheries Reform. Washington, D.C.
Weltbank (2010): Development and Climate Change. Washington, D.C.
Welzer, Harald (2008): Klimakriege. Wie im 21. Jahrhundert getötet wird. 3. Aufl., Frankfurt/M.
Werlhoff, Claudia von; Mies, Maria; Bennholdt-Thomsen, Veronika (1992): Frauen, die letzte Kolonie. 3. Aufl., Reinbek.
Wichterich, Christa (1998): Die globalisierte Frau. Reinbek.
Wittmann, Veronika (2007): Digital Divide – auf dem Weg zu einer Weltinformationsgesellschaft? In: Globale Trends 2007, S. 209–224.
Wittmann, Veronika (2014): Weltgesellschaft. Rekonstruktion eines wissenschaftlichen Diskurses. Baden-Baden.
Worldwatch Institute; Heinrich-Böll-Stiftung; Germanwatch (2009): Zur Lage der Welt 2009. Ein Planet vor der Überhitzung. Münster.
Wuketits, Franz M. (2012): Apokalyptische Rhetorik als politisches Druckmittel. In: APuZ 51–52/2012, S. 11–16.
Wuppertal Institut für Klima, Umwelt, Energie (2008): Zukunftsfähiges Deutschland in einer globalisierten Welt. Frankfurt/M.
Young, Brigitte (2000): The „Mistress" and the „Maid" in the Globalized Economy. In: Leo Panitch; Colin Leys (Hg.): Working Classes, Global Realities (Socialist Register), S. 315–327.
Yunus, Muhammad (2008): Die Armut besiegen. München.
Ziegler, Jean (2003): Die neuen Herrscher der Welt. München.

Ziegler, Jean (2012): Wir lassen sie verhungern: Die Massenvernichtung in der Dritten Welt. München.

Ziegler, Jean ; Kober, Hainer (2009): Der Hass auf den Westen: Wie sich die armen Völker gegen den wirtschaftlichen Weltkrieg wehren. München.

Zucman, Gabriel (2014): Steueroasen. Berlin.

Weiterführende Literatur, Daten und Analysen

Zu Kapitel 2:

Drei Berichte liefern Daten und Analysen zum Globalisierungsprozess und zur Herausbildung von Global Governance:

Deutscher Bundestag (Hg.) (2002): Globalisierung der Weltwirtschaft. Opladen.

The Commission on Global Governance (1995): Nachbarn in Einer Welt, Bonn (Stiftung Entwicklung und Frieden).

World Commission on the Social Dimension of Globalization (2004): A Fair Globalization, Genf (ILO).

Zu Kapitel 3:

Die folgenden Berichte internationaler Organisationen und nationaler Denkfabriken liefern Analysen zur Finanz- und Weltwirtschaftskrise:

Financial Services Authority (2009): The Turner Review: A Regulatory Response to the Global Banking Crisis. London.

IMF (2009): Global Financial Stability Report. Washington, D.C.

IMF: World Economic Outlook. Washington, D.C.

The Commission of Experts on Reforms of the International Monetary and Financial System. Online verfügbar unter http://www.un.Org/ga/president/63/letters/recommendationExperts200309.pdf, zuletzt abgerufen am 18.06.2015.

UNCTAD 2009: The Global Economic Crisis. Systemic Failures and Multilateral Remedies, Genf.

Weltbank: Global Development Finance 2009: Charting a Global Recovery.

Zu Kapitel 4:

Die folgenden Berichte liefern Daten und Analysen zum internationalen Handel:

IWF: Kompendien zu den International Trade Statistics sowie den World Economic Outlook (WEO).

OECD: die International Trade and Balance of Payments Statistics.

UNCTAD (UN Conference on Trade and Development): Least Developed Countries Reports, das Handbook of Statistics und Development and Globalization: Facts and Figures.

WEED (World Economy, Ecology and Development): Monatsberichte und Studien zu Handel, Finanzen, Umwelt und Entwicklung.

WTO: jährliche International Trade Statistics, das Manual of Statistics of International Trade in Services, die International Trade and Tariff Data, die länderspezifischen Trade Profiles sowie – hier von besonderem Interesse – die „MDG 8: Market Access Indicators for LDCs".

Zu Kapitel 5:
EITI (Extractive Industries Transparency Initiative): regelmäßige EITI Fact Sheets;
    Global Status Reports von REN21 (Renewable Energy Policy Network for the 21st Century); an den Börsen gehandelte Rohstoff-Fonds Daten zur Entwicklung der Rohstoffpreise.
International Energy Agency: *World Energy Outlook* (zum Energieproblem).
UNESCO: Weltwasserberichte zum Wasserproblem, zuletzt den *World Water Development Report 2009: Water in a Changing World.*

Zu Kapitel 6:
Es gibt zahlreiche Berichte, welche die verschiedenen Dimensionen von Armut beschreiben, und Indizes, die sie zu quantifizieren versuchen:
Chronic Poverty Research Centre (Joint Venture von Universitäten und NGOs): *Chronic Poverty Reports.*
Coalition to Stop the Use of Child Soldiers: *Child Soldiers Global Reports* 2004/2008.
UNAIDS: *Reports on the Global Aids Epidemic* sowie die *Aids Epidemic Updates.*
UNDP: *Gender-related Development Index.*
UNDP: *Human Development Report* sowie der von ihm entwickelte und mit Daten belegte *Human Poverty Index* (HPI).
UNICEF: Jahresberichte und Fallstudien.
Weltbank: *World Development Indicators* mit speziellen Supplements zu *Poverty Data* sowie deren *Living Standard Measurement Survey* (LSMS).
Weltbank und IWF: *Global Monitoring Reports* zur Messung von Fort- oder Rückschritten bei der Verwirklichung der MDGs.
Vereinten Nationen: *World Survey on the Role of Women in Development.*

Zu Kapitel 7:
FAO zur Weltlandwirtschaft, den *World Food Survey* zur Situation und zu den Potenzialen der Ernährungssicherung sowie *The State of Food Insecurity in the World* von 2009.
IFAD (*International Fund for Agricultural Development*): die Jahresberichte und Spezialstudien.
IFPRI (*International Food Policy Research Institute*) und Deutschen Welthungerhilfe: *Global Hunger Index.*
Sachstandsberichte des IPCC (*Intergovernmental Panel on Climate Change*) sowie verschiedene Jahresgutachten des WBGU zu den Folgen des Klimawandels.
WFP (*World Food Programme*) zu aktuellen Mangelsituationen und Nothilfeoperationen.
Worldwatch Institute: Berichte zu verschiedenen Aspekten des menschlichen Überlebens.

Zu Kapitel 8:
Die folgenden Berichte liefern Daten und Analysen zum Bevölkerungsproblem:
Deutsche Stiftung Weltbevölkerung: DSW-Datenreports.
UNFPA (*UN Fund for Population Activities*): *Weltbevölkerungsberichte*, aufbereitet von der *Deutschen Stiftung Weltbevölkerung* (DSF) in den *DSW-Datenreports.*
UN Population Division: World Population Prospects *und ihre wiederkehrenden Revisions* früherer Berechnungen und Prognosen, zuletzt die 2008 Revision.
Population Reference Bureau (Washington, D.C.): Berichte und Prognosen (häufig von UN-Daten abweichend) sowie die jährlichen *World Population Data Sheets.*

Zu Kapitel 9:

IOM (*International Organization for Migration*):*World Migration Reports*; Migration and Remittances Team der Weltbank: ständig aktualisierte Erhebungen der *Remittances*.

OECD: *International Migration Outlook* (erscheint regelmäßig).

UNDP:*Human Development Report 2009:* Barrieren überwinden. Migration und menschliche Entwicklung (UNDP/DGVN).

UNHCR (*UN High Commissioner for Refugees:*) Daten zum Weltflüchtlingsproblem, u. a. das Statistical Yearbook.

US-State Department: *Trafficking in Persons Report* (erscheint jährlich).

Zu Kapitel 10:

Wichtige Fundgruben für Analysen der Umweltkrisen und der Folgen des Klimawandels bilden die folgenden Berichte, Gutachten und Beschlüsse von Weltkonferenzen:

Bericht des *Global Humanitarian Forum* über „*Climate Change: The Anatomy of a Silent Crisis*" (2009).

Beschlüsse und Aktionsprogramme der UN-Konferenz für Umwelt und Entwicklung (UNCED) von Rio (1992) und des Weltgipfels für Nachhaltige Entwicklung (WSSD) von Johannesburg (2002).

ETH Zürich: Klimawandelindex (CCI).

Human Development Report 2007/2008 mit dem Schwerpunkt Klimawandel.

IPCC (*Intergovernmental Panel on Climate Change*): Sachstandsberichte; 5. Bericht 2014.

Jahresgutachten des WBGU (des Wissenschaftlichen Beirats der Bundesregierung Globale Umweltveränderungen).

UNCTAD: *Trade and Development Report 2009* zu *Responding to the Global Crisis: Climate Change Mitigation and Development*.

UNEP (UN-Umweltprogramm): *Global Environmental Outlook* und die *Annual Reports*.

UNFPA: Weltbevölkerungsbericht 2009 zu „*Eine Welt im Wandel: Frauen, Bevölkerung und Klima*".

verschiedene Berichte des *Worldwatch Institute*, die auch in deutscher Übersetzung erscheinen.

World Development Report 2010 zu „*Development and Climate Change*".

Zu Kapitel 11:

Wichtige vergleichende Analysen zum Entwicklungsstand von Rechtsstaatlichkeit (Good Governance) oder zum Rückfall in Bad Governance enthalten der *Governance Matters Index* der Weltbank, der *Bertelsmann Transformation Index* (BTI), der *Corruption Perception Index* von Transparency International, die Berichte des New Yorker Freedom House, der vom *Fund for Peace* jährlich vorgelegte *Failed States Index* sowie der von der *Economist Intelligence Unit* publizierte *Democracy Index*.

Teil III: Entwicklungsstrategien und Entwicklungszusammenarbeit

Reinhard Stockmann

1 Einbettung der Entwicklungspolitik in die Gesamtpolitik

Nachdem im ersten Teil dieses Bandes nach einer entwicklungstheoretischen Begriffsklärung Paradigmen der entwicklungstheoretischen Ideengeschichte und die wichtigsten entwicklungstheoretischen Hauptkontroversen vorgestellt wurden, behandelte Teil II die Grundprobleme der Entwicklung. Hier soll nun auf die Entwicklungspolitik eingegangen werden. Dabei steht zunächst die Frage im Vordergrund, inwieweit diese von den vorherrschenden Theorieströmungen erfasst und welche Entwicklungsstrategien im historischen Zeitverlauf verfolgt wurden. Anschließend wird untersucht, mit welchen Konzepten, Instrumenten und organisatorischen Mitteln die Entwicklungspolitik versucht, einen Beitrag zur Lösung der in Teil II aufgeführten Entwicklungsprobleme zu leisten. Im letzten Abschnitt dieses dritten Teils wird der Frage nachgegangen, inwieweit dies gelingt, also wie wirksam Entwicklungspolitik ist.

„*Entwicklungspolitik*" ist ein ziemlich unscharfer Begriff, der einerseits dazu dienen soll, ihn von anderen Politikfeldern, wie z. B. der Außen-, Außenwirtschafts-, Wirtschafts- oder auswärtigen Kulturpolitik abzugrenzen, andererseits ist er nicht nur eng mit gerade diesen Feldern verquickt, sondern wird häufig sogar in deren Sinne instrumentalisiert.

Wenn man einen mehrdimensional strukturierten Politikbegriff verwendet, dann sind meistens drei Dimensionen zu unterscheiden (vgl. von Alemann 1991: 492):

1. Die *institutionelle Dimension (polity)*, die durch die Verfassung, Rechtsordnung und Tradition festgelegt ist:
   Entwicklungspolitik hat keinen Verfassungs- oder Gesetzesrang: Es gibt zwar ein „Entwicklungshelfer-Gesetz", doch dort ist lediglich der Begriff des Entwicklungshelfers sowie dessen soziale Sicherung definiert bzw. geregelt. Allerdings gehören Debatten über und Regierungserklärungen zur Entwicklungspolitik zum festen Bestandteil der Parlamentsarbeit. Zudem hat das Politikfeld in Deutschland seit 1961 eine ministerielle Vertretung: Das Bundesministerium für wirtschaftliche Zusammenarbeit und Entwicklung (BMZ). Darüber hinaus verfügt die Entwicklungspolitik über eine lange Tradition, auf die noch ausführlicher eingegangen wird.
2. Politik verfügt zudem über eine *normative inhaltliche Dimension*, die die Ziele, Aufgaben und Gegenstände von Politik beinhaltet *(policy)*.
   Entwicklungspolitik weist sogar in zweifacher Hinsicht einen normativen Charakter auf. Schon in dem Begriff „Entwicklung" wird eine solche Festlegung getroffen. Er impliziert, dass es eine Dynamik, positive Veränderungen, einen „Fortschritt" gibt, der von einem weniger entwickelten Niveau zu einem „höheren" Niveau führt. Mit der Entwicklungsidee ist der Glaube verbunden, dass Entwicklung machbar und in gewissem Umfang auch steuerbar sei. Entwicklungsprozesse dienen dazu, die Kluft zwischen weniger entwickelten zu höher entwickelten Niveaus zu überwinden. Übertragen auf Länder bedeutet dies, dass Prozesse

nachholender Entwicklung möglich sind, gefördert und beschleunigt werden können.

Entwicklungspolitik beschäftigt sich mit den Beziehungen zu Entwicklungsländern[1] (Gegenstand) und umfasst die Ziele, Strategien und Konzepte sowie die daraus abgeleiteten Aufgaben, um normativ bestimmte Veränderungen (Entwicklung) in diesen Ländern herbeizuführen.

Der amtierende, zuständige Minister Dr. Gerd Müller, der an der Spitze des BMZ als politiksteuerndem Ministerium steht, hat die Entwicklungspolitik der Bundesregierung als werteorientierte Zukunfts-, Friedens- und Innenpolitik beschrieben, welche sich am Prinzip der Nachhaltigkeit und am Leitbild der ökologisch sozialen Marktwirtschaft orientiere (vgl. Bundesregierung 2014). Als zentrale Anliegen der deutschen Entwicklungspolitik nennt das BMZ:
- Weltweite Armutsbekämpfung
- Friedenssicherung und Verwirklichung von Demokratie
- Gerechte Gestaltung der Globalisierung
- Umweltschutz (vgl. BMZ 2014a)

3. Politik umfasst auch eine *prozessuale Dimension*, die auf die Vermittlung von Interessen durch Konflikt und Konsens abstellt *(politics)*.

In der Entwicklungspolitik wird dieser Prozess der politischen Willensbildung und Interessenvermittlung durch eine Vielzahl staatlicher, halbstaatlicher und zivilgesellschaftlicher Organisationen geleistet. Auf die Akteure der Entwicklungspolitik wird im Einzelnen noch eingegangen. Nicht zu vergessen ist, dass Entwicklungspolitik nicht nur von zahlreichen Ressorts mitgestaltet wird, sondern umgekehrt wiederum in diese Ressorts hineinwirkt. Fast alle Ministerien verfügen über internationale Abteilungen, die ihre eigenen Policies formulieren, die durchaus im Widerstreit mit der Entwicklungspolitik stehen können. Zudem agiert die Entwicklungspolitik natürlich nicht nur in einem nationalen Referenzsystem, sondern ist in vielfältige multilaterale Koordinations- und Entscheidungsmechanismen eingebunden.

Da die Entwicklungspolitik Bestandteil und eine besondere Form der Außen- und Außenwirtschaftspolitik ist, ist sie untrennbar mit strategischen, ideologischen und außenwirtschaftlichen Motiven, Zielen und Instrumenten der Außenpolitik

---

[1] Begriffe wie Entwicklungs- und Industrieland, Geber und Nehmer, Nord und Süd und die damit verbundenen Dichotomien sind in Auseinandersetzungen mit Themen der internationalen Entwicklungspolitik weit verbreitet, stellen aber aus verschiedenen Gründen problematische Bezeichnungen dar. Zum einen suggerieren sie eine unzulässige Homogenität der mit diesen Begriffen beschriebenen Objekte. Zum anderen erscheinen sie vor dem Hintergrund neuer globaler Kräfteverhältnisse und aufstrebender neuer Mächte wie Südafrika, China, Indien oder Brasilien sowie eines immer stärker werdenden Diskurses rund um „Globale Partnerschaften" zunehmend ungeeignet, um die komplexe Realität des 21. Jahrhunderts abzubilden. Der Autor ist sich der Unzulänglichkeit dieser Begrifflichkeiten bewusst, wird in den folgenden Kapiteln mangels anderslautender und praktikabler Alternativen aber dennoch auf einige von ihnen zurückgreifen müssen.

verbunden (vgl. Bodemer u. Thibaut 1991: 122). Die Außenpolitik zielt darauf ab, die eigenen Interessen eines Landes gegenüber anderen Staaten oder in multilateralen Organisationen durchzusetzen. Hierzu werden als Instrumente z. B. die Diplomatie, Staatsbesuche, Konferenzen etc. eingesetzt. Bei der Außenwirtschaftspolitik geht es, teilweise unter Verwendung der gleichen Mittel, darum, den Außenhandel sowie seine Rahmenbedingungen zum Nutzen der eigenen wirtschaftlichen Wohlfahrt zu beeinflussen.

Im Folgenden soll das Beziehungsgeflecht, in das die Entwicklungspolitik eingebunden ist, etwas näher beleuchtet werden:

Die Entwicklungspolitik ist Teil der Außen- und Außenwirtschaftspolitik Deutschlands und damit Bestandteil der nationalen Interessenvertretung gegenüber anderen Staaten – insbesondere Entwicklungsländern – sowie in multilateralen Organisationen. Entwicklungspolitik definiert zwar eigene, an globalen Zielen ausgerichtete Policies, ist aber in die Gesamtpolitik der Bundesregierung eingebunden. Dies bedeutet, dass andere, z. B. außen- oder außenwirtschaftspolitische Interessen nicht selten Vorrang vor entwicklungspolitischen Zielen haben. So wurden z. B. in Zeiten des Kalten Krieges die Länder mit „Entwicklungshilfe" belohnt, die nicht mit der Sowjetunion kooperierten und die DDR völkerrechtlich nicht anerkannten. Heute werden Länder bevorzugt, die Öl- oder andere Rohstofflieferungen versprechen oder sich verpflichten, gegen Terrorismus oder Drogenanbau vorzugehen. Umgekehrt kann die Entwicklungspolitik jedoch auch Einfluss auf die Außen- und Außenwirtschaftspolitik nehmen, wenn es ihr gelingt, zentralen entwicklungspolitischen Agenden, wie z. B. eine gerechtere Weltwirtschaftsordnung, Armutsbekämpfung, Migrations- oder Friedenspolitik Bedeutung zu verleihen.

Wie sehr die Entwicklungspolitik unter Druck steht, nationale Interessen zu berücksichtigen, wird auch an dem Bemühen deutlich, den Nutzen der Entwicklungspolitik für das eigene Staatswesen herauszustellen und dadurch zu legitimieren, z. B. indem
- berechnet wird, wie viel von den in die Entwicklungsländer fließenden Finanzmitteln wieder ihren Weg ins Geberland zurückfinden,
- darauf hingewiesen wird, wie die Entwicklung in der Dritten Welt die Industrieländer vor Migrationsströmen bewahrt,
- wie mit ihrer Hilfe der Terrorismus oder der Drogenanbau eingedämmt werden können sowie
- welche positiven Folgen für den globalen Umweltschutz und damit auch für das Geberland entstehen.

Mit dieser Aufzählung wird deutlich, dass zudem noch weitere Politikfelder eng mit der Entwicklungspolitik verknüpft sind. Ein- und Auswanderung ist einerseits Teil des entwicklungspolitischen Diskurses, aber auch ein elementarer Bestandteil der Innenpolitik (Asylverfahren). Das Konzept der nachhaltigen Entwicklung ist kein originär entwicklungspolitisches Thema. Dennoch spielt es auch in seiner dezidiert globalen Dimension in der Entwicklungspolitik eine zentrale Rolle. Aufgrund seines Anspruchs, soziale, ökonomische und ökologische Belange auszutarieren, reicht es aber in viele andere Ressorts und Politikfelder hinein. Da sich zumindest die deutsche Entwicklungspolitik auch als Friedenspolitik versteht, sind seit den Auslandseinsätzen der Bundeswehr auch Abstimmungsprozesse mit der Verteidigungspolitik notwendig, wie das Beispiel Afghanistan deutlich zeigt (vgl. Zürcher 2009).

Eng verwandt mit der Entwicklungspolitik ist die auswärtige Kulturpolitik, bei der es darum geht, durch die Herausstellung der eigenen kulturellen Leistungen ein möglichst vorteilhaftes Bild des eigenen Landes zu vermitteln und damit sein Ansehen und seinen Einfluss zu erhöhen (vgl. Wolff 1995: 165). Für diese Aufgabe stehen Deutschland z. B. nicht nur das weltweite Netz der Goethe-Institute zur Verfügung, sondern auch der Deutsche Akademische Austauschdienst (DAAD), der mit seinem Förderprogramm u. a. die Attraktivität des deutschen Hochschulstandorts für ausländische Eliten erhöhen und das Interesse an deutscher Sprache und Kultur und damit Sympathie für Deutschland wecken möchte. Mit anderen Programmen sollen künftige Führungspersönlichkeiten in Wissenschaft, Kultur, Wirtschaft und Politik als Partner und Freunde für Deutschland gewonnen werden (vgl. DAAD 2008, Stockmann u. Krapp 2005). Als ein weiteres Ziel der Außenkulturpolitik wird über die Förderinstrumente des DAAD eine Unterstützung des wissenschaftlichen Fortschritts in Entwicklungsländern angestrebt – ein Thema, das unmittelbar in das Tätigkeitsfeld der Entwicklungspolitik hineinreicht und das in letzter Zeit verstärkt auch die Bundesministerien für Bildung und Forschung (BMBF) sowie für Wirtschaft und Energie (BMWi) für sich entdeckt haben. An diesem Beispiel lässt sich ebenfalls erkennen, wie Themen der Entwicklungspolitik, z. B. die Förderung von Bildung und Wissenschaft, zugleich mit den Interessen zumindest zweier weiterer Politikfelder der Außenkulturpolitik des Auswärtigen Amtes (AA) und der Wissenschafts- und Technologiepolitik des BMBF und des BMWi verbunden sind.

Diese Beispiele sollen ausreichen, um zu zeigen, wie Entwicklungspolitik in die Gesamtpolitik und ihre Politikfelder hineinreicht. Einerseits wird sie durch diese Teilgebiete beeinflusst, manchmal sogar in deren Sinne instrumentalisiert. Andererseits hat Entwicklungspolitik aber auch die Chance, diese anderen Politikfelder, die viel stärker auf die Erreichung nationaler Ziele und die Durchsetzung nationaler Interessen gerichtet sind, im Sinne einer stärkeren globalen Ausrichtung zu beeinflussen.

Da die einzelnen Themen in verschiedenen Ministerien verankert sind und jedes Ministerium – entsprechend seiner spezifischen Aufgabenstellung eigene Interessen vertritt, besteht ein hoher Koordinationsaufwand und Abstimmungsbedarf, um eine gewisse *Politikkohärenz* zu erzeugen. In der Realität ist es in Deutschland bisher noch nicht sehr gut gelungen, die Policies der einzelnen Ministerien miteinander zu vernetzen, sodass es nicht nur vorkommt, dass Ministerien sich nicht ausreichend austauschen und von ihren Aktivitäten gegenseitig gar nichts oder nur wenig wissen, sondern auch, dass Aktivitäten verschiedener Ministerien einander zuwiderlaufen. Inkohärenzen treten nicht nur auf, wenn entwicklungspolitische Ziele von anderen

politischen Interessen überlagert und dadurch „verwässert" werden, sondern auch wenn die Politiken anderer Ressorts die Wirkungen entwicklungspolitischer Aktivitäten unterlaufen. So z. B.
- wenn einerseits die internationale Wettbewerbsfähigkeit von Partnerländern mit Unterstützung der Geberländer gefördert wird, andererseits aber gleichzeitig die Importe zahlreicher Produkte aus Entwicklungsländern durch Handelshemmnisse erschwert werden,
- wenn einerseits Entwicklungspolitik als Friedenspolitik definiert wird und dazu beitragen soll, regionale und lokale Konflikte zu entschärfen, aber gleichzeitig Rüstungsexporte in solche Länder genehmigt werden,
- wenn Geberländer Staaten bei der Bekämpfung von Korruption im Rahmen entwicklungspolitischer Maßnahmen unterstützen, aber selbst in Korruptionsskandale verwickelt sind (vgl. Ashoff 2007: 18).

Politikkohärenz ist dann gegeben, wenn sich politische Bemühungen in verschiedenen Politikfeldern ergänzen, nicht in Widerspruch zueinander stehen und sich ihre Wirkungen gegenseitig verstärken. Insbesondere seitdem die Entwicklungspolitik als globale Struktur- und Friedenspolitik verstanden wird, die sich an übergeordneten Zielen, wie z. B. dem Bekenntnis zur nachhaltigen Entwicklung, den *Millennium Development Goals* (MDGs) oder an einer globalen partnerschaftlichen Verantwortung orientiert, legt die Bundesregierung auf das Kohärenzgebot besonderen Wert. Als wichtige Meilensteine gelten die Aufnahme des BMZ in den Bundessicherheitsrat, die entwicklungspolitische Regelprüfung bei neuen Gesetzesvorhaben, das mit allen Ressorts erarbeitete Aktionsprogramm 2015 zur weltweiten Halbierung der absoluten Armut, die Einrichtung eines Ressortkreises Technische Zusammenarbeit und ODA-Transparenz sowie regelmäßige Kohärenzgespräche mit anderen Ministerien (vgl. BMZ 2005a: XVIII, 2008a: 14, 2013a: 12). Als Hauptursachen für die auftretenden Inkohärenzen gelten
- politische Interessendivergenzen zwischen den Ressorts,
- unterschiedliche Zuständigkeiten auf nationaler und internationaler Ebene,
- Defizite in der Organisation politischer Entscheidungsprozesse,
- Informationsdefizite bei den verschiedenen Akteuren,
- Komplexität und damit mangelnde Durchschaubarkeit von Sachverhalten (vgl. Kevenhörster u. van den Boom 2009: 40).

Mittlerweile gibt es eine Reihe von Versuchen, die Kohärenz zu messen (vgl. Ashoff 2007: 19 ff., Kevenhörster u. van den Boom 2009: 38). Ein Beispiel ist der vom Center for Global Development in Washington 2003 erstmals vorgestellte und seitdem jährlich veröffentlichte *Commitment to Development Index* (CDI), der sich auf sieben Kategorien stützt:
- Entwicklungszusammenarbeit (EZ): Anteil der öffentlichen EZ-Leistungen am Bruttoinlandsprodukt
- Handel: Handelshemmnisse gegenüber Importen aus Entwicklungsländern

- Investitionen: Entwicklungs- und umweltverträgliche Investitionen in Entwicklungsländern
- Migration: Zustrom legaler Migranten aus Entwicklungsländern
- Umwelt: Beiträge zu internationalen Umweltinitiativen und Regierungsmaßnahmen zugunsten „sauberer" Umwelttechnologien
- Sicherheit: Beiträge zu UN- oder NATO-gebilligten Friedensmissionen
- Technologie: Förderung von Innovationen und deren Verbreitung in Entwicklungsländern

Tabelle III/1: Commitment to Development Index 2013; Ranking von 27 wohlhabenden Staaten hinsichtlich ihrer Leistungen gegenüber ärmeren Staaten. Zahlenwerte werden in sieben Kategorien sowie als Landesdurchschnitt aufgeführt und sind auf den Länderdurchschnitt des Vorjahres bezogen (Referenzwert 5) (Center for Global Development 2013)

Rang	Land	ODA-Qualität	Handel	Investitionen	Migration	Umwelt	Sicherheit	Technologie	Durchschnitt
1.	Dänemark	11,0	5,3	6,2	4,2	7,0	7,2	6,6	6,8
2.	Schweden	12,8	5,9	6,2	9,0	7,8	0,3	4,5	6,6
3.	Norwegen	10,6	1,2	5,9	9,6	2,8	7,4	5,7	6,2
4.	Luxemburg	11,9	5,2	3,6	6,8	5,8	4,9	4,1	6,0
5.	Finnland	6,1	5,5	6,3	3,2	7,8	6,4	5,7	5,9
5.	Niederlande	9,7	5,9	5,0	4,2	6,9	4,2	5,2	5,9
7.	Irland	8,5	5,3	5,2	4,4	6,7	6,9	3,8	5,8
7.	Großbritannien	6,5	5,5	5,9	5,8	7,3	5,4	4,2	5,8
9.	Neuseeland	3,4	8,1	4,2	6,7	6,0	7,1	4,4	5,7
10.	Österreich	2,9	5,4	4,0	7,4	6,6	6,3	5,6	5,5
10.	Belgien	6,2	5,1	5,7	6,2	7,2	3,7	4,4	5,5
12.	Australien	3,8	7,1	5,7	6,9	3,8	5,0	4,7	5,3
13.	Kanada	3,7	6,0	5,3	7,6	2,6	5,6	5,3	5,2
13.	Deutschland	3,9	5,4	4,4	7,0	7,1	3,5	5,1	5,2
13.	Portugal	3,3	5,1	5,5	2,4	7,7	6,2	6,4	5,2
16.	Spanien	2,9	5,3	6,1	5,7	6,7	3,4	5,4	5,1
17.	Frankreich	4,1	5,1	5,5	4,2	7,1	2,6	6,6	5,0
18.	Italien	1,8	5,0	5,5	4,6	6,9	5,1	3,9	4,7
19.	Schweiz	5,4	1,8	3,2	6,4	6,1	4,6	4,9	4,6
19.	USA	3,0	7,1	5,1	3,6	4,3	4,6	4,7	4,6
21.	Griechenland	1,6	4,9	4,7	4,5	5,9	5,6	2,7	4,3
22.	Ungarn	1,1	5,0	4,8	1,6	8,0	5,5	3,2	4,2
23.	Polen	0,9	5,5	6,0	1,8	7,6	3,7	2,5	4,0
24.	Tschechien	1,4	5,0	4,5	1,3	7,5	2,0	5,4	3,9
24.	Slowakei	0,9	4,9	3,6	0,9	8,6	5,5	2,6	3,9
26.	Japan	1,0	1,6	3,9	2,3	3,8	4,5	6,2	3,3
27.	Südkorea	1,1	-1,2	4,9	5,7	4,3	1,3	6,8	3,3

Die Ergebnisse des CDI 2013 sind in Tabelle III/1 zusammengefasst. Wie dieser zu entnehmen ist, rangiert Deutschland auf Platz 13, d. h. im Mittelfeld von 27 bewerteten Staaten. Unterdurchschnittlich schneidet Deutschland vor allem mit Bezug auf die

ODA²-Qualität ab, da Deutschland laut CDI u. a. besonders arme Länder zu wenig unterstützt und nur verhältnismäßig kleine Entwicklungsprojekte fördert. Besser ist die Bilanz dagegen beispielsweise im Bereich Migration, in dem sich Deutschland durch die Aufnahme einer überdurchschnittlichen Zahl an Flüchtlingen während humanitärer Krisen auszeichnet.

Die Tabelle zeigt auch, dass die ODA-Quote allein noch nichts über die „Entwicklungsfreundlichkeit" eines Landes aussagt. Während Norwegen zwar mit hohen EZ-Leistungen punktet und deshalb oft als entwicklungspolitisches Musterland dargestellt wird, gehört es neben der Schweiz zu den Ländern mit der protektionistischsten Importpolitik.

Wie alle Indizes kann man auch den CDI kritisieren. So wird u. a. bemängelt, dass die Bewertungen nicht der Komplexität der Politikfelder gerecht werden, die Methodik nicht ausreichend sei, oder dass überhaupt Ranglisten vergeben werden (vgl. Ashoff 2007: 18).

---

[2] *Official Development Assistance* (ODA, Öffentliche Entwicklungszusammenarbeit): Alle von staatlichen Stellen aufgebrachten, bilateral oder über multilaterale Organisationen vergebenen Mittel für die EZ, sofern sie ein Zuschusselement von mindestens 25 % gegenüber kommerziellen Kreditbedingungen aufweisen.

2 Entwicklungsstrategien

2.1 Entwicklungsstrategien aus historischer Perspektive

Die Entwicklungspolitik bedient sich konzeptioneller Strategien, um die von ihr gewünschten Zustände (Ziele) zu erreichen. Im historischen Rückblick kann Entwicklungspolitik als eine Abfolge verschiedener Entwicklungsstrategien beschrieben werden.

Die Entwicklungspolitik ist eine relativ moderne Erscheinung, die sich erst nach dem Zweiten Weltkrieg herausbildete. Ihre geistigen Wurzeln reichen dennoch weit in die Vergangenheit der europäischen Kulturgeschichte zurück und sind verbunden mit der christlichen Ethik, der Aufklärung und der Durchsetzung von Menschen- und Bürgerrechten. In den kolonialen Imperien des 16. bis 20. Jahrhunderts wurde es als sittlich vertretbar angesehen, andere Kulturen auszubeuten und sie mit dem „richtigen" Glauben zu missionieren. Später verhalf die Überzeugung von der allgemeinen Gültigkeit universeller Grundrechte nicht nur der individuellen, sondern auch der staatlichen Selbstbestimmung zum Durchbruch. Während die Kolonialmächte die Menschen in den von ihnen beherrschten Ländern für ökonomisch, politisch oder auch kulturell unfähig hielten, sich selbst zu entwickeln, setzte nach dem Zweiten Weltkrieg eine Welle von Staatsgründungen ein. Auch wenn dadurch die kolonialen Abhängigkeiten nicht einfach beendet waren und teilweise noch bis heute nachwirken, bot die Auflösung des Kolonialismus Chancen für nationale Selbstbestimmung und die Verfolgung eigener Entwicklungsstrategien.

Die einstigen Kolonialmächte und vor allem die USA, die nach dem Zweiten Weltkrieg zur dominierenden globalen Gestaltungsmacht aufstiegen, wollten aus einer Reihe von Motiven diese Prozesse – in ihrem Sinne – mitgestalten. Sicherlich können diesem Handeln auch ethisch-moralische Motive nicht abgesprochen werden, so insbesondere im zivilgesellschaftlichen Bereich, in dem zunehmend neben kirchlichen Hilfswerken auch säkulare Nichtregierungsorganisationen gegründet wurden. Die Unterstützung von Menschen in Not, ihre Befreiung von Unterdrückung und die Etablierung einer gerechten staatlichen Ordnung sind Motive, die sich sowohl aus der christlichen Ethik als auch dem Humanismus und der Aufklärung ableiten lassen (vgl. Kesselring 2006: 323 ff.). Zu diesem Motivbündel gehört auch die Auffassung, dass die Unterstützung ehemaliger Kolonien als eine Art Wiedergutmachung für zugefügte Schäden und Folgen durch die Eroberung und Ausbeutung vergangener Jahrhunderte zu leisten sei.

Das staatliche Handeln war sicherlich primär von anderen Zielen angetrieben. Die Ex-Kolonialmächte wollten ihren Einfluss nicht verlieren, die USA ihren Gestaltungsanspruch wahrnehmen, die Welt nach dem Zweiten Weltkrieg neu zu ordnen, und alle zusammen wollten der aufkommenden Ideologie des Kommunismus die Stirn bieten, sodass Nuscheler (2005: 78) die Entstehung der Entwicklungshilfe als eine „Missgeburt des Kalten Krieges" bezeichnet. Nicht auszuschließen ist, dass viele

Länder, die bereit waren, die ehemaligen Kolonien mit Ressourcen zu unterstützen, nach wie vor überzeugt waren, dass diese aufgrund ihrer ökonomischen, politischen und kulturellen Defizite die helfende Hand des „weißen Mannes" bräuchten.

In der Zeit nach dem Zweiten Weltkrieg wird der westlichen Ersten Welt und der kommunistischen Zweiten Welt die Dritte Welt hinzugefügt. Der Begriff der „Entwicklungsländer" wird erfunden. Die Welt wird zudem geteilt in die, die Hilfe geben (donors) und solche, die sie empfangen. Mit der Entwicklungshilfe wird ein neues Instrumentarium zur Überwindung defizitärer Entwicklungszustände und mit der Entwicklungspolitik ein neues Politikfeld geschaffen, das mit wechselnden Entwicklungsstrategien Wachstum und Fortschritt induzieren soll.

Als einschneidendes Ereignis – manche nennen es sogar die Geburtsstunde der Entwicklungspolitik (vgl. Fischer u. a. 2006: 14) – gilt die Antrittsrede des wiedergewählten US-Präsidenten Harry Truman am 20. Januar 1949. In dieser wird die Ambi- oder sogar Multivalenz der Entwicklungspolitik deutlich. Einerseits beklagt Truman (1949): „More than half the people of the world are living in conditions approaching misery". Die Armutsüberwindung wird von ihm – wie heute – zum wichtigsten Entwicklungsziel erklärt. Aber andererseits geht es nicht nur darum, den Armen zu helfen, sondern Schaden von den wohlhabenden Staaten abzuwenden: „Their poverty is a handicap and a threat both to them and to more prosperous areas". Auch dies ist ein Argument, das die Zeit überdauert hat. Viele Regierungen der reichen Welt legitimieren die Hilfe an die ärmere Welt damit, dass auf diese Weise Bedrohungen (illegale Einwanderung, globale Umweltzerstörung, Terrorismus etc.) von ihnen selbst abgewendet werden können.

Die Instrumentalisierung der Hilfe für die eigenen Interessen kommt in der Rede ebenfalls deutlich zum Ausdruck, denn diese soll nur den friedliebenden Menschen („peace-loving peoples") zuteilwerden. Damit sind zu Beginn des Kalten Krieges vor allem nicht revolutionäre, nicht kommunistische Regime gemeint, die dem sowjetischen Entwicklungsmodell entsagen wollen. Diese politische Ausrichtung der Hilfe hat sich im Grunde erst mit dem Zusammenbruch der kommunistisch-sozialistischen Welt erübrigt. Als Strategie zur Überwindung der Armut setzte Truman (1949) klar auf Wachstum: „Greater production is the key to prosperity and peace. And the key to greater production is a wider and more vigorous application of modern scientific and technical knowledge."

Diese Mitte des 20. Jahrhunderts gehaltene Rede enthält zahlreiche Aspekte, die auch heute, 65 Jahre später, noch hochaktuell sind:
- Die Überwindung der Armut ist das zentrale Ziel der Millennium Development Goals und spiegelt sich auch deutlich in den derzeit angestellten Überlegungen zur globalen Post-2015-Agenda wider (siehe Kapitel 2.2).
- Die Legitimierung der Entwicklungspolitik nach innen erfolgt vor allem über den Hinweis auf den eigenen gesellschaftlichen Nutzen.
- Die Legitimierung nach außen wird durch externe Bedrohungen begründet, wobei der Kommunismus nach Ende des Kalten Krieges durch den Terrorismus abgelöst wurde.

- Nachholende Entwicklung, das Aufschließen an die „reichen" Länder, wird für jedes Land als prinzipiell erreichbar postuliert und die kapitalistischen Wohlstandsgesellschaften werden zum Leitbild (zur Benchmark) für eine erfolgreiche Entwicklung ausgegeben.
- Als Entwicklungsweg wird die kapitalistische Weltwirtschaft beschworen, in die sich jedes Land bestmöglich zu integrieren hat, um seine komparativen Vorteile zu nutzen.
- Die Entwicklungsstrategien, um an die führenden Industriestaaten aufzuschließen, setzen nach wie vor auf wirtschaftliches Wachstum, das durch Wissenschafts- und Technologietransfer beschleunigt werden soll, angereichert durch das Konzept der Nachhaltigkeit, das zusätzlich für sozialen Ausgleich und ökologische Verträglichkeit sorgen soll.[3] Das Leitmotiv der Nachhaltigkeit steht seit der Konferenz der Vereinten Nationen über Nachhaltige Entwicklung in Rio de Janeiro 2012 wieder verstärkt im Vordergrund, da in Rio die Aushandlung der sogenannten *Nachhaltigen Entwicklungsziele* (Sustainable Development Goals, SDGs) beschlossen wurde. Letztere sollen mit der bereits erwähnten Post-2015-Entwicklungsagenda zusammengeführt werden (siehe Kapitel 2.2).

Die Entwicklungsstrategien zur Zielerreichung haben in den letzten 60 Jahren zwar variiert, doch diese Grundgedanken ziehen sich wie ein roter Faden durch alle Entwicklungsbemühungen. Um diese im Zeitverlauf zu strukturieren, hat sich das Dekadenmodell der Vereinten Nationen eingebürgert (vgl. Ihne u. Wilhelm 2013: 13ff.). Diese Einteilung hat primär heuristischen Wert und deckt sich nur ungefähr mit den in diesen Jahrzehnten vorrangig verfolgten Entwicklungskonzepten. Eine andere Möglichkeit stellt die Einteilung der Entwicklungsgeschichte in die jeweils vorherrschenden Entwicklungstheorien dar (vgl. Ulrich Menzel in diesem Band).

Zusammenfassend kann hier festgehalten werden, dass die *„Pionierphase" der Entwicklungspolitik (ca. 1950–1960)* sowie die *erste Entwicklungsdekade (ca. 1960–1970)* von einem großen Optimismus geprägt waren. Dieser begründete sich aus der Vorstellung, dass Entwicklung durch Nachahmen und Aufholen für alle machbar sei. Die Modernisierungstheorien, die die Entwicklungsstrategien in den 1950er- und 1960er-Jahren legitimierten, gingen davon aus, westliche Ideen seien im Prinzip auf

---

[3] An dieser Stelle sei erwähnt, dass sich vor dem Hintergrund anhaltender Umweltzerstörung, dem Fortbestehen sozialer Ungleichheiten innerhalb und zwischen Gesellschaften sowie Ereignissen wie der Finanz- und Wirtschaftskrise die Stimmen mehren, die das Festhalten am Paradigma eines fortwährenden wirtschaftlichen Wachstums kritisieren. Mit Begriffen wie „Degrowth", „Décroissance" und „Postwachstumsgesellschaft" wird in einer Vielzahl von Publikationen sowie bei internationalen wissenschaftlichen Konferenzen eine Transformation hin zu einer Gesellschaftsform gefordert, in der menschliches Wohlergehen nicht von anhaltendem Wirtschaftswachstum abhängig ist (vgl. Demaria u. a. 2013, Kallis, Schneider u. Martinez-Alier 2010, Seidl u. Zahrnt 2010). Die Debatte scheint auch Eingang in die internationalen Konsultationsprozesse zur Post-2015-Entwicklungsagenda gefunden zu haben, wenn beispielsweise von „inklusivem Wachstum" die Rede ist und im Bericht des High-Level-Panel der UN „Wachstum um jeden Preis" abgelehnt wird (HLP 2013: 8).

alle anderen Wirtschafts- und Gesellschaftsordnungen übertragbar. Das Konzept der Modernisierung begreift die Entwicklung der letzten Jahrhunderte als ein Bündel gleichgerichteter Wachstumsprozesse. Modernität wird mit dem jeweils aktuellen Zustand in Westeuropa und Nordamerika gleichgesetzt, der als anzustrebender Zustand für alle Gesellschaften proklamiert wird.

Der Glaube an die universelle Wiederholbarkeit des westlich-kapitalistischen Entwicklungswegs erzielte bei den Eliten der armen und reichen Länder allgemeinen Konsens. Der Anschluss an die „moderne" Welt sollte vor allem durch Wirtschaftswachstum erreicht werden, das wiederum durch eine massive Industrialisierungsstrategie bewirkt werden sollte. Als Leitbild diente nicht nur die Industrialisierungsgeschichte Europas (insbesondere Englands), sondern auch der Aufstieg der Sowjetunion zur Weltmacht. Ergänzt wurde diese Vision von der Überzeugung, dass der Staat eine tragende und steuernde Rolle in diesem Entwicklungsprozess zu spielen habe. Durch gezielte, massive, staatlich gelenkte Investitionen sollte ein „big push" ausgelöst werden.

Strittig war lediglich die Frage, ob dieser Wachstumsschub über „unbalanced growth" erfolgen sollte, bei dem industrielle Leitsektoren die restliche Ökonomie stimulieren, oder durch „balanced growth", bei dem durch gleichmäßigen und gleichzeitigen Investitionseinsatz in möglichst vielen Wirtschaftssektoren, verbunden mit protektionistischen Maßnahmen, die Wirtschaft angekurbelt wird. Doch diese Unterschiede trübten nicht den allgemeinen weltumspannenden Konsens, dass Entwicklung = Wirtschaftswachstum und dieses durch staatlich initiierte und induzierte Industrialisierungsstrategien zu bewirken sei (vgl. Menzel in diesem Band).

Dementsprechend stand die auf Initiative von John F. Kennedy von der Generalversammlung der Vereinten Nationen am 19. Dezember 1961 proklamierte erste Entwicklungsdekade ganz im Zeichen der Modernisierung überkommener Strukturen, der Induzierung von Wirtschaftswachstum und der Integration der Entwicklungsländer in den Weltmarkt. 1964 wurde die *United Nations Conference on Trade and Development* (UNCTAD) durch Beschluss der UN-Vollversammlung unter dem Dach der Vereinten Nationen mit Sitz in Genf als entwicklungspolitische Ergänzung zum *General Agreement on Tariffs and Trade* (GATT)[4] institutionalisiert. Die Ziele der UNCTAD bestanden und bestehen darin, die Welthandelsbeziehungen zugunsten der Entwicklungsländer umzustrukturieren und die handelspolitische Abstimmung mit den Industrieländern

---

4 Das General Agreement on Tariffs and Trade, das am 30. Oktober 1947 abgeschlossen wurde und am 1. Januar 1948 in Kraft trat, stellt eine internationale Vereinbarung über den Welthandel dar. Es zielt darauf ab, Zölle, Abgaben und andere Hemmnisse im internationalen Handel abzubauen. Dadurch sollten Welthandel und Weltwirtschaft gefördert werden. Folgende 23 Staaten waren an der Gründung beteiligt: Australien, Belgien, Brasilien, Burma, Kanada, Ceylon, Chile, Republik China, Kuba, Frankreich, Indien, Libanon, Luxemburg, Neuseeland, Niederlande, Norwegen, Pakistan, Südrhodesien, Südafrikanische Union, Syrien, Tschechoslowakei, Vereinigtes Königreich sowie USA. Die Bundesrepublik Deutschland trat dem GATT, das am 1. Januar 1995 durch die Welthandelsorganisation (WTO) abgelöst wurde, am 1. Oktober 1951 bei (vgl. WTO 2015).

zu intensivieren (Collective Self Reliance). Die Entwicklungsländer verfügen in den Gremien der UNCTAD über die Stimmenmehrheit. Schon bei der ersten Konferenz 1964 schlossen sich in der „Gruppe der 77"[5] die führenden Entwicklungsländer zusammen. Sie forderten eine neue Weltwirtschaftsordnung mit fairen Rahmenbedingungen für die Entwicklungsländer. Daraus leiteten sie eine Sonderstellung der Entwicklungsländer im GATT ab. In der vier Jahre später 1968 stattfindenden Folgekonferenz verlangten sie erneut Zollpräferenzen, Sonderkonditionen für strukturschwache Länder und deren Privilegierung im Internationalen Währungsfonds. Im Grunde wurde auf diesen Welthandelskonferenzen zum ersten Mal deutlich, dass Entwicklungspolitik sich keineswegs in Entwicklungszusammenarbeit erschöpft, sondern dass hierzu auch die außenwirtschaftspolitischen Rahmenbedingungen gehören, die es im Sinne entwicklungspolitischer Zielsetzungen zu beeinflussen gilt.

Der Internationale Währungsfonds (IWF)

Der *Internationale Währungsfonds* (IWF) wurde gemeinsam mit der *Weltbank* (WB) auf der Konferenz von Bretton Woods (USA) gegründet. Zu seinen Zielen gehören die Förderung der internationalen Zusammenarbeit in der Währungspolitik, die Ausweitung des Welthandels, die Stabilisierung der internationalen Finanzmärkte, die Vergabe kurzfristiger Kredite zum Ausgleich von Zahlungsdefiziten, die Überwachung der Geldpolitik, den laufenden internationalen Zahlungsverkehr von staatlichen Beschränkungen des freien Devisenverkehrs freizuhalten sowie technische Hilfe. Der IWF umfasst zurzeit 186 Mitgliedsländer, deren Stimmrecht sich an ihrem jeweiligen Kapitalanteil orientiert. Die Mitgliedsstaaten mit den größten Stimmanteilen sind USA (16,75 %), Japan (6,23 %), Deutschland (5,81 %), Frankreich (4,29 %), Vereinigtes Königreich (4,29 %) und China (3,81 %). Das heißt die Stimmmehrheit liegt eindeutig bei den Industrieländern, deren Einfluss noch zusätzlich dadurch verstärkt wird, dass für alle wichtigen Entscheidungen im IWF eine qualifizierte Mehrheit von 85 % der Stimmen notwendig ist, sodass die USA praktisch über ein Vetorecht verfügen (vgl. IMF 2015, Copur u. Schneider 2004, Kalinowski 2006, Tetzlaff 1996).

Im Zuge der Schuldenkrisen in den 1980er-Jahren und Ende der 1990er-Jahren übernahm der IWF die Aufgabe, den betroffenen Ländern durch Fondsmittel und Kredite zu helfen. Dabei hatte der IWF weniger das Wohl der Krisenstaaten im Auge als das des gesamten Finanzsystems. Die Maßnahmen des IWF verlangten von den Schuldnerländern die Implementation eines Bündels von sogenannten Strukturanpassungen, um vor allem deren Zahlungsunfähigkeit zu verhindern und um damit eine Ausweitung der Krise auf das internationale Finanzsystem zu verhindern.

Die Kritik am IWF und seinen in allen Ländern dem gleichen Schema folgenden Strukturanpassungskonzepten entzündete sich vor allem an der Dominanz der reichen Staaten sowie an den sozialen und politischen Folgen in den vom IWF therapierten Staaten. Nicht nur von Globalisierungsgegnern wird eine Demokratisierung des IWF sowie eine Re-Regulierung der Finanzmärkte gefordert. Reformvorschläge richten sich im Hinblick auf den IWF vor allem auf eine Neuverteilung der Stimmrechte und eine stärkere Beteiligung von Schuldnerländern an den Entscheidungen. Zur Entschuldung von Staaten

---

5 Die „Gruppe der 77" (G-77) umfasst mittlerweile 133 Mitglieder. Ihr Hauptziel, die Position der Entwicklungsländer auf dem Weltmarkt zu verbessern, verfolgt sie (1.) durch die Koordination der Positionen und Forderungen der Mitglieder, um auf den Welthandelskonferenzen eine stärkere Verhandlungsposition zu erreichen, und (2.) durch das Verfassen gemeinsamer Erklärungen zu entwicklungspolitischen und weltwirtschaftlichen Themen (vgl. G-77 2015).

wurde eine Übertragung des Insolvenzrechts für öffentliche Schuldner auf die internationale Ebene vorgeschlagen. Die aktuelle Finanzkrise hat eine von Tobin bereits Anfang der 1970er-Jahre vorgeschlagene Devisentransaktionssteuer wieder auf die politische Tagesordnung gebracht.

Der im Rahmen der Strukturanpassungsprogramme ausgeübte Machtanspruch des IWF ist eine weitere Zielscheibe der Kritik. Nicht nur wegen der für die einzelnen Länder teilweise katastrophalen Folgen, sondern auch wegen der demokratisch nicht legitimierten Einflussnahme auf die Regierungen dieser Krisenländer.

Ein weiterer Kritikpunkt ist die in den letzten beiden Jahrzehnten zunehmende Vermischung der Aufgabenbereiche von IWF und Weltbank. Es wird daher vorgeschlagen, dass sich der IWF in Zukunft intensiver auf die unmittelbare Krisenbekämpfung konzentrieren und sich weniger stark in die nationalstaatliche Politik von Krisenländern einmischen soll. Das Feld der Entwicklungspolitik sowie die Überwindung von längerfristigen Strukturproblemen soll wieder mehr der Weltbank überlassen werden (vgl. Kalinowski 2006: 236).

Doch die mit der Modernisierungs- und Wachstumsstrategie verbundenen Hoffnungen erfüllten sich nicht. Die Konzentration auf die Industrialisierung führte zu einer Vernachlässigung der traditionellen Landwirtschaft. Schon Ende der 1960er-Jahre wurde von einer Krise der Entwicklungspolitik gesprochen. Zum ersten Mal waren die finanziellen Aufwendungen für die Entwicklungszusammenarbeit rückläufig. In dieser kritischen Phase wurde der ehemalige kanadische Premierminister und Friedensnobelpreisträger Lester B. Pearson (1969) von der Weltbank beauftragt, einen Bericht mit dem Ziel zu verfassen, die letzten 20 Jahre der Entwicklungszusammenarbeit zu bewerten und Empfehlungen für die Zukunft auszusprechen.

Die Bestandsaufnahme führte zu einem sehr ambivalenten Ergebnis. Als Beleg dafür, dass Entwicklung möglich sei, wurde angeführt, dass in den vergangenen Jahren mehr als 30 Nationen Wachstumsraten erzielen konnten, die höher lagen als die der westlichen Länder in vergleichbaren Entwicklungsstufen. Es wurde auch kein Zweifel daran gelassen, dass die Entwicklungszusammenarbeit dazu einen Beitrag geleistet habe. Allerdings musste der Bericht auch bekennen, dass die Armut weiter zugenommen habe, dass die wachstumsfördernden Maßnahmen vor allem den Eliten der Entwicklungsländer genutzt haben und dass das Wachstum regional sehr uneinheitlich aufgetreten sei (vgl. Pearson 1969).

Zudem kam der Bericht schon Ende der 1960er-Jahre zu Einsichten, die (heute wieder) brandaktuell sind. So wurde festgehalten, dass sowohl die Industrieländer als auch die Entwicklungsländer dem Umfang der Fördermittel eine zu große Bedeutung beigemessen hätten. Stattdessen käme es viel mehr darauf an, „wie erfolgreich das Empfängerland seine eigenen nationalen Hilfsquellen einsetzt und welche Wirtschafts- und Sozialpolitik es betreibt" (Pearson 1969: I/7). Heute wird diese Erkenntnis unter dem Titel „*Good Governance*" ausführlich thematisiert. Der Pearson-Report benannte eine Vielzahl von Hindernissen und Problemen bei der Durchführung der Entwicklungszusammenarbeit, die letztlich zu dem Schluss führte, dass diese in ihrer bisherigen Form weitgehend gescheitert sei.

Dieser ernüchternde Befund führte zu einer Neuausrichtung der Entwicklungspolitik in den 1970er-Jahren, der zweiten Entwicklungsdekade. Den theoretischen

Hintergrund für diese Veränderungen bildeten zunächst die Imperialismustheorien, die Ende der 1960er- und Anfang der 1970er-Jahre eine Hochkonjunktur erfuhren (vgl. Menzel in diesem Band). Die Benachteiligung des Südens im internationalen System wurde vor allem auf die Interessen des kapitalistischen Nordens zurückgeführt, die der Süden nicht verändern könne, ohne die Stabilität des Nordens zu gefährden. Weitere kreative Impulse erhielt die neomarxistische Renaissance von den in den 1960er-Jahren in Lateinamerika entstandenen Dependenztheorien. Diese begreifen Unterentwicklung nicht als ein Stadium, das der Entwicklung vorausgeht, sondern beide seien historisch gleichzeitige, funktional aufeinander bezogene Seiten ein und desselben Prozesses der Entwicklung des kapitalistischen Weltsystems. Die Rückständigkeit der Entwicklungsländer sei von außen verursacht worden und könne daher nur durch die Abschaffung der Abhängigkeitsverhältnisse überwunden werden (vgl. Krapp u. Stockmann 1994: 338).

Die Zweifel, ob ein naives Modernisierungskonzept auf Dauer tragbar sei, mehrten sich. Stattdessen wandte man sich stärker einem an den Bedürfnissen und Bedingungen der Dritten Welt orientierten eigenständigen und selbstbestimmten Entwicklungsziel zu. Deshalb wird das *zweite Entwicklungsjahrzehnt (1970–1980)* auch als Dekade der Grundbedürfnisstrategie bezeichnet. Diese stellte nicht wie zuvor die Überwindung der Unterentwicklung, sondern der Armut in den Vordergrund. Dies sollte durch Verbesserungen der Lebensbedingungen in den Bereichen Ernährung, Gesundheit, Beschäftigung, Wohnen und Bildung erzielt werden.

Weltbankpräsident Robert McNamara formulierte 1973, im Jahr der ersten Ölkrise, diesen neuen, auf den Pearson-Bericht zurückgehenden Ansatz einer Grundbedürfnisstrategie in Nairobi. Erneut wurde festgehalten: „The basic problem of poverty and growth in the developing world can be stated very simply. The growth is not equitably reaching the poor. And the poor are not significantly contributing to growth" (McNamara 1973: 5). Daraus wurde die Schlussfolgerung gezogen, dass die Entwicklungspolitik so rejustiert werden muss, dass breitere Bevölkerungsschichten, insbesondere die Armen, einen Nutzen aus dem Wirtschaftswachstum ziehen können. Deshalb forderte McNamara eine verstärkte Fokussierung der Entwicklungspolitik auf die konkreten Lebensbedingungen in den Entwicklungsländern:

> We did not simply want to do more than had been done in the past, but to do more of what was best suited to the rapidly changing needs of the developing countries. That meant that within our overall objective we had to shift our emphasis both geographically and sectorally. (McNamara 1973: 1)

Allerdings wurde der wachstumsorientierte Ansatz der 1960er-Jahre nicht aufgegeben. Stattdessen wurde dieser um die Forderung einer gerechteren Verteilung der Wachstumschancen ergänzt[6]:

---

6 Weitere wegweisende Konferenzen in der zweiten Entwicklungsdekade:
– Erklärung über die Errichtung einer neuen Weltwirtschaftsordnung: Rohstoff- und Energiekonferenz der UN, Juni 1974

Adopting this kind of a socially oriented measure of economic performance would be an important step in the redesign of development policies. It would require governments, and their planning and finance ministries, to look at the allocation of resources in a much more comprehensive way. For they would have to consider not only the total output of an investment but also how the benefits would be distributed. [...] This proposed reorientation of development strategy would require far greater precision in identifying the main concentrations of the poorest people in a given society and examining much more intensively the policies and investments through which they can be reached. (McNamara 1973: 6)

Die Weltbank (WB)

Die Weltbank wurde wie der IWF im Jahr 1944 als *International Bank for Reconstruction and Development* (IBRD) zu dem Zweck gegründet, den Wiederaufbau der vom Zweiten Weltkrieg verwüsteten Staaten zu finanzieren. Mittlerweile umfasst die Weltbank fünf Organisationen, die jeweils eine eigene Rechtspersönlichkeit besitzen, sich aber im Eigentum der Mitgliedsstaaten befinden:
- Internationale Bank für Wiederaufbau und Entwicklung (*International Bank for Reconstruction and Development* – IBRD; auch: World Bank) mit heute 188 Mitgliedern
- Internationale Entwicklungsorganisation (*International Development Association* – IDA), 1960 gegründet, mit heute 173 Mitgliedern
- Internationale Finanz-Corporation (*International Finance Corporation* – IFC), 1956 gegründet, mit heute 184 Mitgliedern
- Multilaterale Investitions-Garantie-Agentur (*Multilateral Investment Guarantee Agency* – MIGA), 1988 gegründet, mit heute 181 Mitgliedern
- Internationales Zentrum zur Beilegung von Investitionsstreitigkeiten (*International Centre for Settlement of Investment Disputes* – ICSID), 1966 gegründet, mit heute 150 Mitgliedern (vgl. Weltbank 2015a).

Zur Weltbank im engeren Sinne gehören nur die IBRD sowie die IDA, alle zusammen firmieren als Weltbankgruppe. Mitglied der IBRD können nur solche Staaten werden, die bereits dem IWF angehören.

Die gemeinsame Kernaufgabe der Weltbankgruppe ist die Unterstützung von Entwicklungsprozessen in weniger entwickelten Ländern durch finanzielle Hilfe, technische Zusammenarbeit und Beratung. Die IBRD, die den Großteil ihrer Mittel durch die Ausgabe von Anleihen auf den internationalen Kapitalmärkten erhält, unterstützt vor allem Entwicklungs- und Transformationsländer mit mittlerem Einkommen (Ausleihvolumen 2013: 15,2 Mrd. US-Dollar; vgl. Weltbank 2013a: 53). Die IDA vergibt Kredite zu Vorzugsbedingungen (lange Laufzeiten, niedrige Zinssätze, nicht rückzahlbare Zuschüsse) an die ärmsten Entwicklungsländer, vor allem, um Entwicklungs- und Strukturanpassungsprogramme zu unterstützen (Fördervolumen 2013: 16,3 Mrd. US-Dollar; vgl. Weltbank 2013a: 53). Die IFC unterstützt den Privatsektor in Entwicklungsländern (Fördervolumen 2013: 18,3 Mrd. US-Dollar; vgl. Weltbank 2013b: 4). Die Aufgabe der MIGA ist es, die Auslandsinvestitionen in Entwicklungsländern gegen Verluste aus politischen Risiken (z.B. Bürgerkriege, Vertragsbrüche) abzusichern (Fördervolumen 2013: 2,8 Mrd. US-Dollar; vgl. Weltbank 2013b: 4). Die ICSID vermittelt bei Streitigkeiten zwischen ausländischen Investoren und Investitionsland. Insgesamt hat die WB-Gruppe 2013 52,6 Mrd. US-Dollar an Darlehen, Zuschüssen, Beteiligungen, Investitionen und Garantien an ihre Mitgliedsstaaten und Privatinvestoren vergeben (vgl. Weltbank 2013b: 4).

- UN-Charta über die wirtschaftlichen Rechte und Pflichten von Staaten, Dezember 1974
- Lomé Abkommen, Februar 1975

Oberstes Organ der Weltbank ist der Gouverneursrat. Anders als in der Generalversammlung der Vereinten Nationen, in denen jedes Land eine Stimme hat, richten sich die Stimmanteile im Gouverneursrat bzw. Exekutivdirektorium – wie beim IWF – nach den eingezahlten Kapitalanteilen. Wie im IWF halten die USA mit 15,61 % (2015) nicht nur den höchsten Kapital- und damit Stimmanteil, sondern auch, gemäß der Satzung, eine Sperrminorität (Deutschland 4,37 %; vgl. Weltbank 2015b).

Während der Präsident der Weltbank immer ein US-Amerikaner ist, der auf Vorschlag des US-Präsidenten „gewählt" wird, dürfen die Europäer zum Ausgleich den Vorsitz im IWF übernehmen.

Die Weltbank ist den Millennium Development Goals und damit der Bekämpfung der Armut verpflichtet. Die Weltbank finanziert hierfür nicht nur eine Vielzahl von Großprojekten und Programmen, sondern hat sich in den letzten Jahren auch zum Meinungsführer in der entwicklungspolitischen Diskussion entwickelt. Mit ihren über 10.000 Beschäftigten aus 170 Ländern stellt sie gewissermaßen den weltweit größten „think tank" zu diesem Themenfeld dar (vgl. Weltbank 2012). Mit wegweisenden Studien, Policy-Papieren und entwicklungsstrategischen Leitlinien setzt sie Themen, vermittelt Anstöße und versucht der internationalen entwicklungspolitischen Diskussion eine Richtung zu geben. Dabei ist sie stets stark bestrebt, die Meinungsführerschaft zu erringen. Von zentraler Bedeutung ist der jährlich von der WB veröffentlichte Weltentwicklungsbericht, der jeweils einem übergreifenden Thema gewidmet ist und aktuelle Statistiken und Daten liefert.

Da die Weltbank nach Nuscheler (2005: 518) eine Meisterin der Selbstdarstellung ist, „die den Eindruck der Unfehlbarkeit vermittelt", wird sie mitunter auch als „Vatikan" der internationalen Entwicklungspolitik verspottet (George u. Sabelli 1995: 11). Nicht ganz zu Unrecht, denn die Weltbank ist nicht nur für die neoliberalen Auswüchse und ökonomischen Schockprogramme im Zuge der Strukturanpassung verantwortlich, sondern auch für eine Vielfalt von Entwicklungsruinen, die mehr von Selbstüberschätzung und Gigantonomie zeugen als von entwicklungspolitischem Sachverstand. Dementsprechend richtet sich die Kritik an der Weltbank vor allem auf umstrittene Großprojekte, die z. T. die Verschuldung in den betroffenen Staaten auch noch zusätzlich anheizten; auf ökologisch, kulturell und sozial unsensible Eingriffe in Natur und Gesellschaft; auf die unkontrollierte Öffnung der heimischen Märkte; auf die sozialen Folgen der Strukturanpassungsprogramme etc. (vgl. Hoering 2007). An internen Prozessen wird das Top-down-Management der WB kritisiert. Institutionell wird – wie beim IWF – die Dominanz der Industrieländer bei der Stimmenverteilung als ungerecht angeprangert, die zudem die gegenwärtige Verteilung ökonomischer und politischer Gewichte in der Welt nicht mehr repräsentiert. Reformvorschläge werden seit Langem diskutiert (vgl. Deutscher 2006: 215 ff.).

Die weltwirtschaftlichen Rahmenbedingungen hatten sich Ende der 1970er-Jahre (zweite Ölkrise 1979) erheblich verschlechtert. Ein rascher Rohstoffpreisverfall gepaart mit einer überhöhten Verschuldung führte in einigen Entwicklungsländern zu katastrophalen Verhältnissen. Häufig wird die *dritte Entwicklungsdekade (1980–1990)* als das „verlorene Jahrzehnt" bezeichnet.

Angesichts der desolaten Lage konnte der 1982 von der Weltbank in Auftrag gegebene und unter der Leitung von Willy Brandt von der *Independent Commission on International Development Issues* erarbeitete Bericht keine durchschlagende Wirkung entfalten. Der „Brandt-Report" (vgl. Brandt 1982) stellte lediglich erneut fest, dass die Armut weiter wuchs, vor allem in den ärmsten Ländern. Andererseits konnten jedoch auch Entwicklungserfolge in den sogenannten Tigerstaaten (Südkorea, Taiwan, Singapur und Hongkong) und der VR China verzeichnet werden. Als Gründe für das allgemein als Desaster wahrgenommene Entwicklungsbild wurden im Bericht die exorbitante Verschuldung vieler Entwicklungsländer, die Verschlechterung der Terms of Trade besonders für die Agrarprodukte und entwicklungshemmende Strukturen in den Entwicklungsländern selbst genannt.

Kritiker warfen dem Bericht jedoch vor, dass er die Fehlentwicklungen in der Dritten Welt nicht ausreichend gewürdigt habe, wie das Versagen des Staates, die Misswirtschaft von Staatsbetrieben, die Macht und Korruption von inkompetenten Bürokratien, die Behinderung von Marktkräften und Privatinitiativen. Die Kritiker einer staatsinterventionistischen Entwicklungspolitik forderten deshalb eine radikale Umkehr: Nicht der Staat, der Markt sollte es zukünftig richten. „Entstaatlichung", Deregulierung, Liberalisierung und Privatinitiative sollten die Marktkräfte von den Fesseln des Staatsinterventionismus und Bürokratismus befreien (Nuscheler 1992: 41). Diese neoliberalen Prinzipien, die die US-amerikanische Regierung mit den von ihr weitgehend beherrschten internationalen Finanzinstitutionen entworfen und durchgesetzt hatte, gingen als „Washington Consensus" in die Entwicklungsgeschichte ein (siehe Kasten unten).

Der „Konsens von Washington"
Der Begriff wurde 1990 von John Williamson geprägt[7] und sehr bald zur zusammenfassenden Beschreibung der komplexen „strukturellen" Anpassungsprozesse verwendet, die IWF und Weltbank den verschuldeten Ländern verordnet hatten. Zu den Maßnahmen der Strukturanpassung gehören bis heute:
- Haushaltsdisziplin
- Prioritätensetzung in öffentlichen Haushalten zugunsten von Bildung, Gesundheit, Infrastruktur und zu Lasten von Subventionen
- Steuerreformen, um die Steuerbasis zu erweitern und die Steuersätze zu senken
- Zinsen, die Kapitalflucht verhindern und ausländisches Kapital anziehen
- Wechselkurse, die der Wettbewerbsfähigkeit zuträglich sind
- Handelsliberalisierung
- Förderung des Umfelds für ausländische Direktinvestitionen
- Weitgehende Privatisierung öffentlicher Unternehmen und Einrichtungen
- Deregulierung, Entbürokratisierung und Abbau staatlicher Einflussnahme
- Stärkung der Eigentumsrechte durch rechtlich eindeutige Definition zur Stimulierung von Akkumulation und Wachstum.

(Williamson 1997)

Die internationalen Weltwirtschaftskonferenzen, auf denen Jahrzehnte über eine „neue" Weltwirtschaftsordnung debattiert worden war, drehten sich jetzt um die „Magie des Marktes". Obwohl die Industrieländer ihre protektionistischen Barrieren, vor allem im Agrarsektor, nur zögerlich abbauten, verkündeten die Propheten des „freien Welthandels" das Theorem der komparativen Kostenvorteile bei ungehindertem internationalem Warenaustausch (Nuscheler 2005: 83).

---

7 John Williamson, Senior Fellow des Institute for International Economics, formulierte diesen Begriff 1989 in einem Konferenzpapier, das 1990 als Einführungskapitel des Konferenzbandes „The Progress of Policy Reform in Latin America" (vgl. Williamson 1990) veröffentlicht wurde.

Um dem Markt die Bahn zu brechen, empfahlen Weltbank und Internationaler Währungsfonds, aber auch die US-Regierung und ihre Beratungsinstitutionen sowie international operierende Finanzinstitute den leidenden Volkswirtschaften Strukturanpassungsprogramme, die sich am Washington Consensus orientierten. Diese dienten der wirtschaftlichen Stabilisierung, der marktwirtschaftlichen Deregulierung und Privatisierung sowie der Liberalisierung des Außenhandels. Ziel war die Wiederherstellung oder Verbesserung der internationalen Wettbewerbsfähigkeit und Kreditwürdigkeit auf der Grundlage eines ausgeglichenen Haushalts (zur Inflationsbekämpfung), der Erhöhung der internen Spar- und Investitionsrate und eines verbesserten Investitionsklimas für ausländische Investoren (vgl. Tetzlaff 1993: 420 ff., Bello 2002: 190 ff., Nuscheler 2005: 541, Kalinowski 2006: 234 f.).

Unter dem Druck der Strukturanpassungspolitik verabschiedeten sich die Schuldnerregierungen von einer binnenmarktorientierten Importsubstitution zugunsten einer exportorientierten Weltmarktintegration. Der „neue" neoliberale Mix bestand aus einer restriktiven Geldpolitik, Haushaltskürzungen, Lohnsenkungen, Privatisierungen und einer verstärkten Weltmarktöffnung durch die Senkung von Handelsschranken und einer Förderung des Exports.

Das Prinzip der Strukturanpassung entsprach damit der Anfang der 1980er-Jahre zu beobachtenden politischen Abkehr von einer nachfrageorientierten keynesianischen Wirtschaftspolitik hin zu einer Angebotspolitik, die sich an den Interessen der Investoren orientierte. Durch den IWF und die Weltbank wurde diese Politik zum dominierenden entwicklungspolitischen Leitbild.

Die Strukturanpassungsmaßnahmen werden formal von den Regierungen in sogenannten Absichtserklärungen (letters of intend) dem IWF vorgelegt, sodass der Schein der Freiwilligkeit und Eigenverantwortung (ownership) gewahrt bleibt. In der Realität wirkt der IWF jedoch in den vorangehenden Verhandlungen massiv auf die Regierungen ein, die sich aufgrund ihrer Finanzsituation in einer extrem schwachen Verhandlungsposition befinden. Da die in Not geratenen Länder vom privaten Kapitalmarkt aufgrund des hohen Investitionsrisikos kein Geld mehr erhalten, ist der IFW häufig die letzte „Rettung". Eine finanzielle Unterstützung gibt es jedoch nur, wenn man sich den Regeln und der „Geschäftsphilosophie" des IWF unterwirft. Die Umsetzung der verordneten Strukturanpassungsmaßnahmen wird vom IWF überwacht. Werden diese nicht wie vereinbart implementiert, kann der IWF den Mittelabfluss stoppen.

Zwar sorgte der IWF bei der internationalen Schuldenkrise in den 1980er-Jahren, von der vor allem Afrika und Lateinamerika betroffen waren, sowie bei der von Ostasien ausgehenden Finanzkrise Ende der 1990er-Jahre dafür, dass sich diese nicht zu einer globalen Finanzkatastrophe ausweiteten, doch für die einzelnen Länder erfüllten sich die mit den Strukturanpassungsprogrammen verbundenen wirtschaftlichen Hoffnungen häufig nicht.

Insbesondere die Liberalisierung des Kapitalverkehrs erwies sich als riskant, da diese zu einer deutlich veränderten Zusammensetzung der Kapitalströme führte. Dadurch erhöhte sich der Anteil der volatilen, im Krisenfall rasch umkehrbaren Finanzflüsse, was in den 1990er-Jahren dann auch in vielen Ländern, die sich dem Credo des IWF gebeugt hatten, eintrat (vgl. Fritz 2005: 28). Die durch die Schocktherapie der Strukturanpassungsprogramme ausgelösten Wirkungen verschlimmerten in vielen Fällen die Lage für die Menschen in den Entwicklungsländern (vgl. Siebold 1995, Chossudovsky 2002, Fritsche 2004, Stiglitz 2004). Teilweise kam es sogar zu Aufständen und Rebellionen (vgl. Kalinowski 2006: 235, Easterly 2006: 193 ff.).

Auf dem „Weltsozialgipfel" in Kopenhagen 1995 (siehe Tabelle III/2) wurde deshalb nicht nur eine soziale Abfederung der Strukturanpassung gefordert, sondern der „Krieg gegen die Armut" wieder einmal in den Mittelpunkt der Entwicklungspolitik gerückt. Die Grundbedürfnisstrategie der 1970er-Jahre erlebte insoweit eine Renaissance, als die sogenannte „20/20-Initiative" die Geberländer darauf zu verpflichten suchte, 20 % ihrer ODA in die sozialen Grunddienste zu investieren. Im Gegenzug sollten die Entwicklungsländer 20 % ihrer Haushaltsausgaben für die Armutsbekämpfung verwenden. Neu am Weltgipfel war, dass sich zum ersten Mal ein globales Forum mit den globalen Aspekten von Armut, Erwerbslosigkeit und sozialer Ausgrenzung befasste. Die zentrale Aussage der „Kopenhagener Erklärung" und des „Aktionsprogramms des Weltgipfels für soziale Entwicklung" ist, dass Wirtschaftsentwicklung und Sozialentwicklung in einem Land als gleichrangig behandelt werden sollen.

Tabelle III/2: Weltkonferenzen seit der Gründung der VN (Deutsche Gesellschaft für die VN 2014)

1968	Erste Weltmenschenrechtskonferenz in Teheran
1972	Weltumweltkonferenz „Mensch und Entwicklung" in Stockholm
1974	Erste Weltbevölkerungskonferenz in Bukarest
1975	Erste Weltfrauenkonferenz in Mexiko
1976	Erste Weltkonferenz für Wohn- und Siedlungswesen, HABITAT, in Vancouver
1978	Erste Weltkonferenz gegen Rassismus und Rassendiskriminierung in Genf
1979	Erste Weltklimakonferenz in Genf[8]
1980	Zweite Weltfrauenkonferenz in Kopenhagen
1981	Erste Weltkonferenz über die am wenigsten entwickelten Länder in Paris
1983	Zweite Weltkonferenz gegen Rassismus und Rassendiskriminierung in Genf
1984	Zweite Weltbevölkerungskonferenz in Mexiko City
1985	Dritte Weltfrauenkonferenz in Nairobi
1990	Weltkonferenz „Schulbildung für alle" in Jomtien
	Zweite Weltklimakonferenz in Genf
	Weltkindergipfel in New York
1992	Umweltgipfel in Rio de Janeiro
1993	Zweite Weltmenschenrechtskonferenz in Wien
1994	Erste Weltkonferenz zur nachhaltigen Entwicklung kleiner, sich entwickelnder Inselstaaten in Barbados
	Weltkonferenz zur Katastrophen-Reduzierung in Yokohama
	Dritte internationale Konferenz über Bevölkerung und Entwicklung, ICPD in Kairo
1995	Weltsozialgipfel in Kopenhagen
	Vierte Weltfrauenkonferenz in Beijing

---

[8] Hierbei handelte es sich zunächst lediglich um eine Zusammenkunft von Wissenschaftlern.

Tabelle III/2: Weltkonferenzen seit der Gründung der VN (Deutsche Gesellschaft für die VN 2014)
(Fortsetzung)

1996	Zweite Weltkonferenz für Wohn- und Siedlungswesen, HABITAT, in Istanbul
	Zweite Welternährungskonferenz in Rom
1997	VN-Sondergeneralversammlung zu Umwelt, Rio + 5, in New York
	Dritte Vertragsstaatenkonferenz der Klimarahmenkonvention in Kyoto (COP3)
1999	VN-Sondergeneralversammlung zu Bevölkerung und Entwicklung, ICPD, in Kairo
	VN-Sondergeneralversammlung zur nachhaltigen Entwicklung kleiner, sich entwickelnder Inselstaaten in New York
2000	Weltbildungsforum in Dakar
	VN-Sondergeneralversammlung zu Frauen, Beijing + 5, in New York
	VN-Sondergeneralversammlung zu sozialer Entwicklung, Kopenhagen + 5, in Genf
	Millenniumsgipfel in New York
2001	Dritte Weltkonferenz über die am wenigsten entwickelten Länder in Brüssel
	VN-Sondergeneralversammlung zu Wohn- und Siedlungswesen, Istanbul + 5, in New York
	Weltkonferenz über unerlaubten Handel mit Kleinwaffen, New York
	Weltkonferenz gegen Rassismus, Rassendiskriminierung, Fremdenfeindlichkeit und damit zusammenhängenden Intoleranzen in Durban
2002	VN-Sondergeneralversammlung zu Kindern in New York
	Dritte Welternährungskonferenz in Rom
	Weltgipfel zu Entwicklungsfinanzierung in Monterrey
	Weltgipfel für nachhaltige Entwicklung, Rio + 10, in Johannesburg
2003	Weltgipfel zur Informationsgesellschaft, erste Phase, in Genf
	Erste VN-Konferenz über Binnenentwicklungsländer in Almaty
2005	Zweite Weltkonferenz zur nachhaltigen Entwicklung kleiner, sich entwickelnder Inselstaaten in Port Louis, Mauritius
2005	Zweite Weltkonferenz zur Katastrophenreduzierung in Kobe
	Weltgipfel zur Informationsgesellschaft, zweite Phase, in Tunis
2006	Welttourismusforum für Frieden und nachhaltige Entwicklung in Porto Allegre
2008	Internationale Folgekonferenz über Entwicklungsfinanzierung zur Überprüfung der Umsetzung des Konsenses von Monterrey in Doha
2009	Dritte Weltklimakonferenz in Genf
	Weltkonferenz Bildung für nachhaltige Entwicklung in Bonn
	15. Vertragsstaatenkonferenz der Klimarahmenkonvention in Kopenhagen (COP15)
2010	Weltgipfel zu Entwicklungsfinanzierung in New York
	VN-Millenniumsgipfel in New York
	16. Vertragsstaatenkonferenz der Klimarahmenkonvention in Mexico-Stadt (COP16)
	17. Vertragsstaatenkonferenz der Klimarahmenkonvention in Durban (COP17)
2011	Weltgipfel zu Entwicklungsfinanzierung in New York
	VN-Konferenz über Nachhaltige Entwicklung in Rio de Janeiro (Rio+20)
2012	18. Vertragsstaatenkonferenz der Klimarahmenkonvention in Katar (COP18)
	Internationaler Wassergipfel in Abu Dhabi
2013	VN-Millenniumsgipfel über den Post 2015-Prozess in Bali
	19. Vertragsstaatenkonferenz der Klimarahmenkonvention in Warschau (COP19)
	Weltkonferenz über indigene Völker in New York
2014	Zweite VN-Konferenz über Binnenentwicklungsländer in Wien
	Weltkonferenz Bildung für nachhaltige Entwicklung in Aichi-Nagoya
	20. Vertragsstaatenkonferenz der Klimarahmenkonvention in Lima (COP20)

Nachdem weder auf Staatsinterventionen beruhende Wachstumspolitik noch Grundbedürfnisorientierung oder neoliberale Marktpolitik – um nur einige zentrale Entwicklungsstrategien zu nennen – zum durchschlagenden Entwicklungserfolg geführt und auch die globalen Entwicklungstheorien als strategische Handlungsanleitungen für Entwicklungspolitik versagt hatten, bot der Zusammenbruch der Sowjetunion und die damit einhergehende Zersplitterung der „Zweiten Welt" sowie die daraus resultierende Notwendigkeit einer Neuausrichtung der internationalen Ordnung die Chance auf eine Neubestimmung der Entwicklungspolitik. Vor diesem Hintergrund brach mit Beginn der 1990er-Jahre eine weitere, *vierte Entwicklungsdekade* an *(1990–2000)*.

Die Dritte Welt war längst kein einheitliches Gebilde mehr (wenn sie es denn je gewesen ist), das durch gemeinsame Merkmale der Unterentwicklung gekennzeichnet ist, sondern aufgespalten in Länder, denen eine nachholende Entwicklung weitgehend gelungen war und in solche, die weiterhin durch Armut, Schulden, defizitäre Strukturen und extrem niedrige Wirtschaftskraft charakterisiert waren und sind.

Die Neubestimmung der Entwicklungspolitik ist einerseits vor dem Hintergrund des Wegfalls des Ost-West-Konflikts und seiner Blockaufteilung der Welt zu sehen, der eine Friedensdividende erhoffen ließ, und andererseits vor der Erkenntnis, dass die verschiedenen, letztlich immer auf Wirtschaftswachstum abzielenden Entwicklungsstrategien nur einen sehr begrenzten Erfolg gezeigt hatten. Spätestens die in den 1970er-Jahren vom Club of Rome veröffentlichte Studie „Grenzen des Wachstums" (vgl. Meadows u. a. 1972, The Limits to Growth) hatte Zweifel aufkommen lassen, ob die Wachstumsstrategie – gerade dann, wenn sie in allen Ländern dieser Welt erfolgreich wäre – den Planeten ruinieren würde. In einer zunehmend vernetzten Welt wuchs das Bewusstsein des „wir sitzen alle in einem Boot". Migrationsströme, explodierende Energiepreise, Rohstoffknappheit, Umweltzerstörung etc. wurden zu Symbolen dieses „Eine-Welt-Gedankens", der nach globalen Lösungen sucht.

Nachdem die Grenzen des Wachstums den progressiven Fortschrittsglauben erschüttert hatten, gewann das *Leitbild einer nachhaltigen Entwicklung* zunehmend an Bedeutung. Erneut war es eine von den Vereinten Nationen eingesetzte unabhängige Sachverständigenkommission, die „World Commission on Environment and Development", die die internationale Debatte über die Entwicklungspolitik nachhaltig prägte. Der Auftrag der sich 1983 konstituierenden Kommission bestand darin, einen Perspektivbericht für eine langfristig tragfähige, umweltschonende Entwicklung im Weltmaßstab bis zum Jahr 2000 und darüber hinaus zu erstellen. Die Sachverständigenkommission setzte sich aus 19 Bevollmächtigten aus 18 Staaten weltweit (darunter auch Deutschland) zusammen. Zur Vorsitzenden wurde die frühere Umweltministerin und damalige Ministerpräsidentin Norwegens, Gro Harlem Brundtland gewählt. Der von der Kommission 1987 vorgelegte Bericht „Unsere Gemeinsame Zukunft" („Our Common Future", vgl. World Commission on Environment and Development 1987) erwies sich als ausgesprochen einflussreich und markiert auch heute noch Eckpunkte umwelt- und entwicklungspolitischer Debatten (vgl. Stockmann u. Meyer 2006: 11 ff.).

Erstmals wurde das Leitbild einer „nachhaltigen Entwicklung" einer breiten Öffentlichkeit bekannt gemacht und definiert als eine „Entwicklung, die die Bedürfnisse der Gegenwart befriedigt, ohne zu riskieren, dass künftige Generationen ihre eigenen Bedürfnisse nicht befriedigen können" (Hauff 1987: 46). Laut der Brundtland-Kommission stehen zwei Aspekte im Zentrum des Leitbilds: Einerseits die (Grund-)Bedürfnisse der Menschen und andererseits die Beschränkungen, die der Stand der Technologie und sozialen Organisation auf die Fähigkeit der Umwelt ausübt, gegenwärtige und zukünftige Bedürfnisse zu befriedigen. Nicht die Bewahrung der Natur, sondern die Gewährleistung einer dauerhaften Bedürfnisbefriedigung über Generationen von Menschen hinweg stellt die politische Maxime dar. Zur Zielsetzung der „*intra-generationalen*" Gerechtigkeit, die die Entwicklungspolitik (zumindest im Sinne der Armutsbekämpfung) von Beginn an geleitet hat, tritt nun noch der Anspruch einer „*inter-generationalen*" Gerechtigkeit hinzu, bei der die ökologischen Restriktionen des Einsatzes natürlicher Ressourcen genauso wie die Grenzen der ökonomischen und sozialen Rahmenbedingungen zur dauerhaften Bedürfnisbefriedigung in Betracht gezogen werden müssen.

Das von der Kommission vorgestellte Konzept der nachhaltigen Entwicklung bildete zum ersten Mal die Grundlage einer integrativen globalen Politikstrategie. So wurden bisher als getrennt betrachtete Problembereiche wie z. B. Umweltverschmutzung in den Industrieländern, Schuldenkrise, Bevölkerungsentwicklung und Desertifikation in der Dritten Welt als ein Wirkungsgeflecht begriffen, das nicht durch einzelne Maßnahmen gelöst werden könne. Nach Ansicht der Kommission ist auf der einen Seite die Armut in den Entwicklungsländern zu überwinden und andererseits eine Balance zwischen materiellem Wohlstand und Erhaltung der Natur in den Industrieländern herzustellen. Von herausragender Bedeutung ist die Auffassung, dass sich die bisherigen Konsum- und Lebensweisen der westlichen Industrieländer nicht auf die gesamte derzeitige und zukünftige Weltbevölkerung übertragen lassen. Zwar diene die Weltwirtschaft dazu, die Bedürfnisse und legitimen Wünsche der Menschen zu befriedigen, doch das Weltwirtschaftswachstum dürfe nicht die ökologischen Grenzen der Erde sprengen (vgl. Aachener Stiftung Kathy Beys 2014).

Mit der „United Nations Conference on Environment and Development" (UNCED) in Rio de Janeiro 1992 und der Verabschiedung der Agenda 21 erhielt das Leitbild der nachhaltigen Entwicklung einen konkreten Arbeitsplan, der sich nicht mehr ausschließlich an die internationale Staatengemeinschaft richtete, sondern auch explizit zivilgesellschaftliche Gruppen mit einbezog. Waren bereits von der Brundtland-Kommission eine Vielzahl unterschiedlicher Akteursgruppen gehört worden, so schrieb die Agenda 21 die Konsultation von Bürgerorganisationen und privaten Wirtschaftsunternehmen den Staaten in das Pflichtenheft. Und noch mehr: Der lokalen Ebene wurde eine zentrale Rolle in der Umsetzung des Leitbilds zugewiesen, welche getreu des Konferenzslogans „global denken – lokal handeln" erfolgen sollte.

Neben der „horizontalen Integration" der drei Zieldimensionen Ökologie, Ökonomie und Soziales, die bereits in der Stockholm Konferenz angestrebt wurde, und der „inter-generationalen Integration" zwischen den Bedürfnissen der heutigen und zukünftigen Generationen, die vor allem der Brundtland-Bericht hervorhob, stellt nun noch die „vertikale Integration" zwischen der lokalen (Handlungs-)Ebene und der globalen (Steuerungs-)Ebene das dritte Standbein des Leitbilds der nachhaltigen Entwicklung dar. Verkürzt ausgedrückt handelt es sich somit bei dem Leitbild der nachhaltigen Entwicklung um die utopische Vision einer allumfassenden Sozialintegration, die durch geeignete Managementregeln ein rationales Bewirtschaften der begrenzten Ressourcen auf Grundlage perfekter und immerwährender Verteilungsgerechtigkeit ermöglichen soll (vgl. hierzu Meyer 2007).

In der „Rio Declaration on Environment and Development" 1992 (vgl. UN 1992) werden als unerlässliche Voraussetzungen für eine nachhaltige Entwicklung u. a. genannt:
- die Bekämpfung der Armut
- eine angemessene Bevölkerungspolitik
- die Verringerung und der Abbau nicht nachhaltiger Konsum- und Produktionsweisen
- die umfassende Einbeziehung der Bevölkerung in politische Entscheidungsprozesse

Auf der Rio-Nachfolgekonferenz, dem „Weltgipfel für nachhaltige Entwicklung" in Johannesburg im September 2002 wurden die internationalen Vereinbarungen zur nachhaltigen Entwicklung mit neuen Zeitzielen und Handlungsprioritäten fortgeschrieben. Themenschwerpunkte waren dabei erneut Armutsbekämpfung, Zugang zu sauberem Trinkwasser, sanitäre Grundversorgung, biologische Vielfalt, Energiepolitik, Chemikaliensicherheit sowie nachhaltige Konsum- und Produktionsmuster (vgl. UN 2002a).

Der Brundtland-Bericht, die in Rio verabschiedete Agenda 21, die Erklärung von Johannesburg über nachhaltige Entwicklung, aber auch schon das Kopenhagener Aktionsprogramm des „Weltgipfels für soziale Entwicklung" rückten nicht nur die Defizite der globalen Strukturen in den Mittelpunkt der Analyse, sondern suchten auch nach einem Ausgleich zwischen Ökonomie (Wirtschaftsentwicklung), sozialer Disparität (durch Armutsreduktion und Umverteilung) und Ökologie (Bewahrung der Lebensgrundlagen).

Die Dominanz der wirtschaftspolitischen Glaubenssätze wurde durch eine *Rückkehr des Staates* und eine *Stärkung der politischen Dimension von Entwicklung* abgelöst. Die Entwicklungszusammenarbeit wurde zwar erneut stärker konditionalisiert, doch dieses Mal standen nicht außenpolitische Interessen – wie Blockzugehörigkeit – im Vordergrund, sondern die Entwicklungsbedingungen in den Entwicklungsländern selbst. Die Einhaltung von Menschenrechten, Good Governance, Demokratisierung, Rechtsstaatlichkeit und Marktorientierung wurden zu Entscheidungskriterien bei der Vergabe von Fördergeldern. Die in den zentralen Konferenzen der 1990er-Jahre postulierten Ziele sowie die Mittel zu ihrer Umsetzung und Finanzierung waren Themen, die (mit unterschiedlichen Schwerpunkten) in der *neuen Entwicklungsdekade (2000 –*

2010), welche bis in das aktuelle Jahrzehnt hineinreicht, aufgegriffen und vertieft wurden und auf die in Kapitel 2.2 eingegangen wird.

Die neue Dekade steht zum einen in Kontinuität mit diesen Entwicklungen, wurde aber im Gefolge der Terroranschläge vom 11. September 2001 in den USA um eine starke sicherheitspolitische Komponente ergänzt, die bis heute nicht an Bedeutung verloren hat. Diese birgt die Gefahr, dass die an nachhaltiger Entwicklung ausgerichtete „neue" Politik durch andere – außen- bzw. sicherheitspolitische Interessen – wieder überlagert wird. Allerdings bieten sich durch diese neue Koalition auch Chancen, die Bedeutung der Entwicklungspolitik zu stärken. Auch wenn es keinen direkten Zusammenhang zwischen Terrorismus und Armut gibt, so wird doch überdeutlich, dass es ohne Lösung des wachsenden Armutsproblems für die reichen Staaten des Nordens auf Dauer keinen gesicherten Wohlstand geben kann. Dies tritt in den letzten Jahren durch die immer weiter anschwellenden Migrationsströme, die durch Krieg und Terror verursacht werden, immer deutlicher ins Bewusstsein der Menschen.

Ein weiterer massiver Einschnitt in die Entwicklungsagenda des letzten Jahrzehnts ist 2008 durch die von Bankencrashs ausgelöste Finanz- und Wirtschaftskrise erfolgt, die sich auf die Erreichung der entwicklungspolitischen Zielsetzungen negativ ausgewirkt hat. So berichten die *Vereinten Nationen* (VN) im Hinblick auf die MDGs: „Die Fortschritte waren je nach Region und Land ungleich verteilt und haben sich infolge der zahlreichen Krisen im Zeitraum 2008–2009 bei einigen Millenniumszielen verlangsamt" (UN 2012a: 5). Zudem sanken die ODA-Leistungen einiger Länder oder nahmen nicht wie geplant zu (vgl. OECD 2012).

Die neue Entwicklungsdekade steht zum anderen im Zeichen erstarkter *neuer globaler Akteure*. Die boomenden Volkswirtschaften Asiens, vor allem Chinas und Indiens, verschärfen den Kampf um Rohstoffe und Exportmärkte. Auch diese Länder haben gelernt, Entwicklungshilfe gezielt und strategisch für ihre politischen Ziele einzusetzen. Dadurch verändert sich nicht nur das internationale Kräftefeld sondern auch der Kreis der Gebergemeinschaft. Der Teil der Welt, der den ärmeren Ländern Unterstützung anbietet, ist größer geworden. Das hat Auswirkungen auf den Umgang miteinander. Es gibt nicht mehr nur die reichen Länder des Nordens, die die Länder des Südens mit Entwicklungshilfe bei ihrer nachholenden Entwicklung unterstützen wollen, sondern im Süden sind mittlerweile starke Akteure entstanden, die Hilfe im Rahmen von Süd-Süd-Kooperationen anbieten und ihren Einfluss in den internationalen Organisationen geltend machen.

Die veränderten Rahmenbedingungen und internationalen Kräfteverhältnisse haben in den vergangenen Jahren den Ruf nach einer *neuen globalen Partnerschaft* zwischen den erstarkenden Schwellenländern, den etablierten Geberländern und den Entwicklungsländern lauter werden lassen. Wie in Kapitel 2.2 noch ausführlicher gezeigt wird, lässt sich dies im Rahmen der Vorbereitungen eines neuen globalen Zielsystems nach Auslaufen der Millenniumsentwicklungsziele deutlich erkennen. So formulieren sowohl das von den Vereinten Nationen einberufene Hochrangige Beraterforum (High-level Panel of Eminent Persons on the Post-2015 Development Agenda, HLP) – welches an einem Nachfolgezielsystem zu den Millenniumszielen arbeitet – als auch die Offene Arbeitsgruppe (Open Working Group, OWG) der Vereinten Nationen – die einen Katalog nachhaltiger Entwicklungsziele entwerfen soll – die Notwendigkeit einer solchen neuen Partnerschaft als Teil der globalen Post-2015-Agenda (vgl. HLP 2013, OWG 2014).

Fazit

Abschließend bleibt festzuhalten, dass die Entwicklungstheorien und die Entwicklungsstrategien in einem engen Korrelationsverhältnis stehen. Allerdings ist nicht klar, ob die Strategien den Theorien folgen oder umgekehrt. Eher hat es den Anschein, dass Theorieanpassungen oder gar die Aufgabe einst dominierender Theorien durch die harte Welt der Realität verursacht wurden. Auch wenn in den letzten 65 Jahren eine Flut von theoretischen Ansätzen entwickelt wurde (vgl. Menzel in diesem Band), gibt es einen kleinsten gemeinsamen Nenner, und der heißt nach wie vor Wirtschaftswachstum. Strittig ist letztlich nur, wie dieses ökologisch verträglich induziert und wie es sozial gerecht verteilt werden soll. Das heißt naive Modernisierungsvorstellungen wurden durch Konzepte der nachhaltigen Entwicklung abgelöst. Aber kaum jemand wird glauben, dass nachholende nachhaltige Entwicklung ohne Wirtschaftswachstum möglich ist. Nach wie vor ist zudem der Glaube ungebrochen, dass eine solche Entwicklung im Prinzip machbar und steuerbar oder zumindest beeinflussbar ist. Letztlich ist diese Überzeugung die Grundlage für jedes entwicklungspolitische Handeln.

Strittig bei der Gestaltung von Entwicklungsprozessen ist hingegen die Rolle des Staates. Während in den Anfangsjahrzehnten der Staat nicht nur die Rahmenbedingungen setzte, sondern als zentraler Akteur die Entwicklungsprozesse initiieren und steuern sollte, führte die Enttäuschung über die Resultate der Entwicklungspolitik zu einer starken Diskreditierung des Staates und Schwächung seiner Institutionen. Der Marktliberalismus setzte ausschließlich auf die Magie des Marktes. Dieser Glaube, der zu radikalen Strukturanpassungsprogrammen mit fatalen sozialen und ökologischen Folgen führte, ist zwar nach wie vor insbesondere bei Kritikern der Entwicklungszusammenarbeit vorhanden, kann aber angesichts der Krise des Bankensystems und der gravierenden Folgen für die gesamte Weltwirtschaft nicht mehr überzeugen.

Entwicklung ist in so vielfältige komplexe Prozesse eingebunden, dass – wie nicht anders zu erwarten – einfache Rezepte wie z. B. Wirtschaftswachstum, Staatsprotektion, Marktliberalismus etc. dieser Situation nicht gerecht werden. Wenn man etwas aus über 60 Jahren Entwicklungsgeschichte lernen kann, dann gerade dies. Entwicklung im heutigen Sinne muss verschiedene Komponenten gleichzeitig berücksichtigen und das macht Entwicklungspolitik so schwierig:
- Das Konzept der nachhaltigen Entwicklung, das einen Ausgleich zwischen ökonomischen, sozialen und ökologischen Erfordernissen anstrebt, scheint unverzichtbar.
- Die mit dem Konzept der Nachhaltigkeit verbundene Globalität macht deutlich, dass das Schicksal aller Menschen miteinander verknüpft ist, nicht nur über die

Weltmärkte, sondern auch in sozialer und ökologischer Hinsicht und dies nicht nur im Jetzt, sondern auch im Hinblick auf zukünftige Generationen.
- Die Zeiten des Neoliberalismus und der daraus abgeleiteten Konzepte sollten genauso vorbei sein, wie die des Staatsinterventionismus und -protektionismus. Ein starker Staat, der für Rechtssicherheit, funktionierende Institutionen, Sicherheit nach innen und außen etc. sorgt, ist notwendig, damit sich Marktkräfte entfalten können. Zeitweise protektionistische Maßnahmen, damit sich ein Marktfeld erst einmal entwickeln kann, können genauso sinnvoll sein wie eine Marktöffnung, um international wettbewerbsfähig zu werden. Staat und Markt, Protektionismus und Freihandel schließen einander nicht aus. Man könnte sagen: Auf die Mischung kommt es an!
- Wenn es um die richtige Mischung von Entwicklungsprinzipien und Instrumenten geht, dann ist eine weitere Lehre aus über sechs Jahrzehnten Entwicklungspolitik, dass es keine Patentrezepte gibt, die man allen überstülpen kann, sondern dass die Kontextbedingungen der einzelnen Länder und ihre Entwicklungsniveaus ausschlaggebend dafür sein müssen, wie Entwicklung vorangetrieben und welche Konzepte eingesetzt werden.
- Was über 60 Jahre Entwicklungspolitik zudem lehren können, ist Bescheidenheit! Entwicklung muss von innen heraus erfolgen. Auch wenn die Frage wissenschaftlich nicht bis ins Letzte geklärt ist, welchen Anteil von außen induzierte Entwicklungsmaßnahmen an der Entwicklung eines Landes haben oder auch nur haben können, so ist doch klar, dass es sich dabei allenfalls um einen (kleinen) Beitrag handelt (siehe Kapitel 2.3). Die weltweite Anwendung von Strukturanpassungsprogrammen durch Weltbank und Internationalen Währungsfonds nach weitgehend gleichen Konzepten ist Hybris.
- Entwicklungspolitik, wenn sie denn in einzelnen Ländern überhaupt erfolgreich sein will, benötigt Kohärenz. Dies bedeutet, dass multilaterale Geber und die Schar nationaler Regierungs- und Nichtregierungsorganisationen sich auf gemeinsame Strategien einigen sollten. Dies ist bisher kaum der Fall, aber als Problempunkt erkannt, den es vor dem Hintergrund einer verstärkten Präsenz zunehmend neuer globaler Akteure dringend anzugehen gilt. Entwicklungspolitik braucht Kohärenz zwischen den Gebern, aber auch zwischen den einzelnen Politikfeldern. Wenn Entwicklungspolitik nicht durch andere Politikfelder (z. B. Außen-, Außenwirtschafts-, Sicherheitspolitik) – wie eingangs dargestellt – konterkariert werden soll, muss es nicht nur eine Abstimmung zwischen diesen, die Entwicklungspolitik beeinflussenden Politikbereichen geben, sondern dann muss zudem der Entwicklungspolitik das Primat eingeräumt werden.
- Wenn Entwicklung nur von innen heraus, durch die Staaten selbst geleistet werden kann, sollten die von außen induzierten Eingriffe möglichst sensibel erfolgen und ökonomisch, sozial, ökologisch, kulturell etc. mit den Landesverhältnissen vereinbar sein. Doch hier besteht ein Dilemma: Wie sollen sich Staaten souverän entwickeln, wenn es, wie bei den sogenannten „failed states", überhaupt keine funktionierenden staatlichen und gesellschaftlichen Strukturen mehr gibt

und daher nicht einmal der Schutz der Bevölkerung vor Kriegsverbrechen, Genoziden, ethnischen Säuberungen oder Verbrechen gegen die Menschlichkeit gewährleistet ist? Hier stellt sich die Frage von Selbst- und Fremdbestimmung neu. Auf diese versucht die internationale Gemeinschaft seit Beginn des neuen Jahrtausends mit der sogenannten „Responsibility to Protect" (R2P) eine Antwort zu geben. Der Begriff tauchte erstmals in einem gleichnamigen Bericht der International Commission on Intervention and State Sovereignty (vgl. ICISS 2001) auf und wurde 2005 in das Abschlussdokument des Weltgipfels der Vereinten Nationen aufgenommen (vgl. UN 2005). Die R2P verpflichtet die internationale Staatengemeinschaft dazu, Menschen vor den oben genannten Gräueltaten zu beschützen und benennt neben friedlichen explizit auch militärische Maßnahmen als letztes Mittel. 2009 veröffentlichte der VN-Generalsekretär einen ersten Bericht zur Umsetzung dieser in der Entwicklung befindlichen Norm (vgl. UN 2009). Im nunmehr sechsten Bericht zu diesem Thema (UN 2014a) ging es zuletzt um die Frage, wie die internationale Gemeinschaft die betreffenden Staaten beispielsweise durch den Aufbau entsprechender Kapazitäten dabei unterstützen kann, ihrer grundlegenden Schutzverantwortung nachzukommen – eine Aufgabe, bei der die internationale Entwicklungszusammenarbeit einen wichtigen Beitrag leisten kann.

2.2 Internationale Entwicklungsstrategien im 21. Jahrhundert

Während im vorangegangenen Kapitel eine zusammenfassende Darstellung der wichtigsten Etappen in der Entwicklungsgeschichte der letzten 65 Jahre – in Ergänzung zu der ausführlichen entwicklungstheoretischen Debatte in Teil I des Buches – versucht wurde, geht es jetzt darum, die wichtigsten Entwicklungsstrategien seit der Jahrtausendwende vorzustellen, in denen eine Neuorientierung der Entwicklungspolitik zum Ausdruck kommt. Diese basiert vor allem auf den Leitdokumenten, die das Resultat globaler Konferenzen sind.

Die Millenniumsentwicklungsziele und die Post-2015-Agenda

In den letzten Jahrzehnten ist die Einsicht gewachsen, dass die Lösung globaler Probleme nicht von einzelnen Staaten geleistet werden kann und dass sich kein Staat den Folgen grenzüberschreitender Probleme entziehen kann. Die Vereinten Nationen[9],

---

9 Die Vereinten Nationen (United Nations, UN; häufig auch UNO für United Nations Organization) sind ein Zusammenschluss von mittlerweile 193 Staaten (die Zahl der Gründungsmitglieder umfasste 51 Staaten). Die „Verfassung" und Rechtsgrundlage dieser globalen internationalen Organisation ist in der Charta der Vereinten Nationen begründet. Diese wurde am 26. Juni 1945 in San Francisco unterzeichnet und trat am 24. Oktober desselben Jahres in Kraft. Die Friedenssicherung, v. a. im Sinne der Vermeidung und Beendigung internationaler Konflikte ist eine der Hauptaufgaben der Vereinten Nationen. Bereits im ersten Artikel der UN-Charta wird das Ziel formuliert,

nach dem Zweiten Weltkrieg als Zusammenschluss zur Friedenssicherung gegründet, beschäftigten sich zunehmend mit Themen zur sozialen und wirtschaftlichen Entwicklung der Weltgemeinschaft. Mit dem Beitritt der ehemaligen Kolonien – allesamt jetzt im Status von Entwicklungsländern – verlagerte sich nicht nur die Stimmenmehrheit in der Generalversammlung der Vereinten Nationen zugunsten der Entwicklungsländer, sondern es gewannen auch entwicklungspolitische Themen zunehmend an Bedeutung. Wie im vorangegangenen Kapitel bereits angeführt, rückten die Reform der Weltwirtschaft und der Terms of Trade in den ersten Entwicklungsdekaden in den Vordergrund. Die Gründung der Konferenz der Vereinten Nationen für Handel und Entwicklung (UNCTAD) als Gegengewicht zu den sogenannten Bretton-Woods-Organisationen, Weltbank und Internationaler Währungsfonds, war ein früher Versuch, über Weltkonferenzen Entwicklungsprobleme in einem globalen Rahmen zu thematisieren. Die Vereinten Nationen avancierten in den nächsten Jahrzehnten zu einem Initiator von Weltkonferenzen zu den unterschiedlichsten Themen (vgl. den guten Überblick von Klinnert 2013: 431 ff.), von denen einige im vorangegangenen Kapitel aufgegriffen worden sind.

Die im September 2000 in New York von 189 Mitgliedsstaaten, fast alle vertreten durch Staats- und Regierungschefs, unterzeichnete Abschlusserklärung des Millenniumsgipfels stellt das zentrale Dokument für die Ausrichtung der globalen Politik der Zukunft dar. Die sogenannte Millenniumserklärung der 55. Generalversammlung der Vereinten Nationen fasst die Herausforderungen, denen die Weltgemeinschaft zu Beginn des neuen Jahrtausends gegenübersteht, in vier programmatischen Handlungsfeldern zusammen:
1. Frieden, Sicherheit und Abrüstung
2. Entwicklung und Armutsbekämpfung
3. Schutz der gemeinsamen Umwelt
4. Menschenrechte, Demokratie und gute Regierungsführung.

Für das Entwicklungs- und Umweltkapitel erarbeitete eine Arbeitsgruppe aus Vereinten Nationen, Weltbank, OECD und anderen internationalen Organisationen einen „Kompass", die sogenannte Roadmap: Eine Liste von acht entwicklungspolitischen Zielen, die als „Millennium Development Goals" (MDGs) bezeichnet werden. Diese im Bericht des VN-Generalsekretärs Kofi Annan 2001 veröffentlichen Ziele gehen auf die Resolution „Shaping the 21st Century" zurück, in der sich die OECD-Länder größ-

---

[...] den Weltfrieden und die internationale Sicherheit zu wahren und zu diesem Zweck wirksame Kollektivmaßnahmen zu treffen, um Bedrohungen des Friedens zu verhüten und zu beseitigen, Angriffshandlungen und andere Friedensbrüche zu unterdrücken und internationale Streitigkeiten oder Situationen, die zu einem Friedensbruch führen könnten, durch friedliche Mittel nach den Grundsätzen der Gerechtigkeit und des Völkerrechts zu bereinigen oder beizulegen. (Artikel 1, Charta der Vereinten Nationen, vgl. UNRIC 2015: 3)

Weitere zentrale Aufgaben und Ziele der Vereinten Nationen umfassen die Einhaltung des Völkerrechts, den Schutz der Menschenrechte sowie die Förderung der internationalen Zusammenarbeit.

tenteils schon auf die 1996 verfassten „International Development Goals" geeinigt hatten sowie auf Beschlüsse der Weltkonferenzen der 1990er-Jahre.[10] Durch die Millenniumserklärung haben diese Ziele globale Anerkennung und Gültigkeit erhalten. Besonders beachtenswert ist, dass die acht Grobziele nicht nur auf 21 Teilziele mit Zielvorgaben heruntergebrochen, sondern auch mit 60 Indikatoren zur Überprüfung der Zielerreichung ausgestattet wurden (siehe Tabelle III/3).[11]

Eine der zentralen Zielvorgaben lautet: Zwischen 1990 und 2015 Halbierung des Anteils der Menschen, deren Einkommen weniger als einen US-Dollar pro Tag beträgt. Die Zielerreichung soll anhand von drei Indikatoren gemessen werden:
1. Dem Anteil der Bevölkerung, der mit weniger als einem US-Dollar (berechnet in lokaler Kaufkraftparität) pro Tag auskommen muss.
2. Dem Armutslückenverhältnis, definiert als Armutsinzidenz (= Zahl der extrem Armen) multipliziert mit der Armutstiefe, die angibt, um wie viel Prozent das Einkommen der Armen unter der Armutsgrenze liegt.
3. Dem Anteil des ärmsten Fünftels der Bevölkerung am nationalen Konsum.

Die Vereinten Nationen und die Weltbank veröffentlichen jährlich Berichte, in denen anhand der ausgewählten Indikatoren der Fortschritt im Hinblick auf die Zielerreichung dokumentiert wird.

Tabelle III/3: Ziele und Zielvorgaben der Millenniumserklärung[12]

Millenniums-Entwicklungsziele	
Ziele	Zielvorgaben
Ziel 1 Beseitigung der extremen Armut und des Hungers	– zwischen 1990 und 2015 den Anteil der Menschen halbieren, deren Einkommen weniger als einen Dollar pro Tag beträgt – produktive Vollbeschäftigung und menschenwürdige Arbeit für alle, einschließlich Frauen und junger Menschen verwirklichen – zwischen 1990 und 2015 den Anteil der Menschen halbieren, die Hunger leiden
Ziel 2 Verwirklichung der allgemeinen Grundschulbildung	– bis zum Jahr 2015 sicherstellen, dass Kinder in der ganzen Welt, Jungen wie Mädchen, eine Grundschulbildung völlig abschließen können

---

10 Insbesondere auf die sogenannten „big five" der Vereinten Nationen: Weltumweltgipfel in Rio de Janeiro 1992, Menschenrechtskonferenz in Wien 1993, Bevölkerungskonferenz in Kairo 1994, Weltsozialgipfel in Kopenhagen 1995, Weltkonferenz in Beijing 1995.
11 Für die vollständige Liste der Ziele, Zielvorgaben und Indikatoren vgl. UN 2015.
12 Übersetzung: Deutscher Übersetzungsdienst der Vereinten Nationen 2008. Für das englische Original der Liste vgl. UN 2015.

Tabelle III/3: Ziele und Zielvorgaben der Millenniumserklärung *(Fortsetzung)*

Millenniums-Entwicklungsziele

Ziele	Zielvorgaben
Ziel 3 Förderung der Gleichstellung der Geschlechter und Ermächtigung der Frauen	– das Geschlechtergefälle in der Grund- und Sekundarschulbildung beseitigen, vorzugsweise bis 2005 und auf allen Bildungsebenen bis spätestens 2015
Ziel 4 Senkung der Kindersterblichkeit	– zwischen 1990 und 2015 die Sterblichkeitsrate von Kindern unter fünf Jahren um zwei Drittel senken
Ziel 5 Verbesserung der Gesundheit von Müttern	– zwischen 1990 und 2015 die Müttersterblichkeitsrate um drei Viertel senken – bis 2015 den allgemeinen Zugang zu Leistungen der Reproduktionsmedizin verwirklichen
Ziel 6 Bekämpfung von HIV/Aids, Malaria und anderen Krankheiten	– bis 2015 die Ausbreitung von HIV/Aids zum Stillstand bringen und allmählich umkehren – bis 2010 allgemeinen Zugang zu HIV-/Aids-Behandlung für alle Behandlungsbedürftigen sicherstellen – bis 2015 die Ausbreitung von Malaria und anderen schweren Krankheiten zum Stillstand bringen und allmählich umkehren
Ziel 7 Sicherung der ökologischen Nachhaltigkeit	– die Grundsätze der nachhaltigen Entwicklung in einzelstaatliche Politiken und Programme einbauen und den Verlust von Umweltressourcen umkehren – den Verlust an biologischer Vielfalt reduzieren, mit einer signifikanten Reduzierung der Verlustrate bis 2010 – bis 2015 den Anteil der Menschen um die Hälfte senken, die keinen nachhaltigen Zugang zu einwandfreiem Trinkwasser und grundlegenden sanitären Einrichtungen haben – bis 2020 eine erhebliche Verbesserung der Lebensbedingungen von mindestens 100 Mio. Slumbewohnern herbeiführen
Ziel 8 Aufbau einer weltweiten Entwicklungspartnerschaft	– ein offenes, regelgestütztes, berechenbares und nichtdiskriminierendes Handels- und Finanzsystem weiterentwickeln; umfasst die Verpflichtung auf gute Regierungsführung, Entwicklung und Armutsreduzierung auf nationaler und internationaler Ebene – den besonderen Bedürfnissen der am wenigsten entwickelten Länder Rechnung tragen; umfasst den zoll- und quotenfreien Zugang für die Exporte der am wenigsten entwickelten Länder, ein verstärktes Schuldenerleichterungsprogramm für die hochverschuldeten armen Länder, die Streichung der bilateralen öffentlichen Schulden sowie die Gewährung

Tabelle III/3: Ziele und Zielvorgaben der Millenniumserklärung *(Fortsetzung)*

Millenniums-Entwicklungsziele	
Ziele	Zielvorgaben
	großzügigerer öffentlicher Entwicklungshilfe an Länder, die sich für Armutsminderung einsetzen
	– den besonderen Bedürfnissen der Binnen- und kleinen Inselentwicklungsländer Rechnung tragen (durch das Aktionsprogramm für die nachhaltige Entwicklung der kleinen Inselstaaten unter den Entwicklungsländern und die Ergebnisse der 22. Sondertagung der Generalversammlung)
	– die Schuldenprobleme der Entwicklungsländer durch Maßnahmen auf nationaler und internationaler Ebene umfassend angehen und so die Schulden langfristig tragbar werden lassen
	– in Zusammenarbeit mit den Pharmaunternehmen unentbehrliche Arzneimittel zu bezahlbaren Kosten in den Entwicklungsländern verfügbar machen
	– in Zusammenarbeit mit dem Privatsektor dafür sorgen, dass die Vorteile der neuen Technologien, insbesondere der Informations- und Kommunikationstechnologien, genutzt werden können

Wie bereits dargelegt, ist die Millenniumserklärung nicht der erste Versuch der Vereinten Nationen, Grundlagen für die Erarbeitung internationaler Entwicklungsstrategien zu legen. Noch nicht einmal die Festlegung von Indikatoren ist neu. Bereits 1970 hatte die Generalversammlung der Vereinten Nationen die Industrienationen in der Resolution 2626 aufgefordert, ihre ODA-Aufwendungen bis zum Jahr 1975 auf mindestens 0,7 % ihres Bruttosozialprodukts zu erhöhen. Bis heute haben nur wenige Industrieländer diese Zielmarke erreicht (siehe Kapitel 3.2), die völkerrechtlich ebenso unverbindlich ist, wie es die aus der Millenniumserklärung abgeleiteten MDGs sind.

Neu ist hingegen, dass nicht – wie 25 Jahre zuvor – nur eine Input-Größe (Finanzmittel) festgelegt wurde, sondern ein Katalog von 60 Indikatoren verabschiedet wurde, der sich auf die Wirkungen der mit den aufgewendeten Mitteln erbrachten Leistungen bezieht. Neu ist auch, dass die Zielerreichung in einem aufwendigen Verfahren überprüft wird, sodass jederzeit der Stand der Zielerreichung kontrolliert werden kann. Allerdings wurde versäumt, hierfür ein unabhängiges Global Monitoring zu etablieren. Des Weiteren unterscheiden sich die MDGs von früheren entwicklungspolitisch relevanten Zielvorgaben der Vereinten Nationen dadurch, dass sie wirklich global sind, weil sie für Entwicklungsländer und Industrieländer gleichermaßen gelten.

Positiv hervorzuheben ist weiterhin, dass der Zielkatalog neue Ansätze in der Armutsforschung aufgreift und Armut nicht nur als Einkommensarmut definiert, sondern als einen umfassenden Mangel an Chancen und Möglichkeiten. Kritisiert wird hingegen der Versuch der Monetarisierung der Armut (auf weniger als einen US-Dollar pro Tag) im ersten Hauptziel. Dadurch werde das Armutsproblem zwar ökonomisch fassbar, es dränge aber gleichzeitig die Subsistenzwirtschaft aus dem Blick, die in den genannten Ländern weit verbreitet ist und oft überhaupt das Überleben bzw. ein menschenwürdiges Leben erst ermögliche. Das Ziel, den Anteil der Weltbevölkerung, der unter extremer Armut und Hunger leidet, zu halbieren, gilt zwar seit 2010 als erreicht, für einige Regionen, darunter Afrika südlich der Sahara, bleibt es jedoch in weiter Ferne (vgl. UN 2014b). Nach wie vor leben weltweit 1,2 Mrd. Menschen in extremer Armut, etwa ein Achtel der Weltbevölkerung leidet unter chronischem Hunger (vgl. UN 2014b). Zur Halbierung des prozentualen Anteils Unterernährter sind weitere Anstrengungen erforderlich.

Natürlich kann man auch kritisieren,[13] dass die Ziele überambitioniert und unrealistisch seien. Gewichtiger erscheint allerdings der Einwand, dass auf deutliche Forderungen nach politischen Strukturreformen verzichtet worden ist. Die Probleme von „Bad Governance", der extremen sozialen Ungleichheit und des kleptokratischen Zugriffs auf die frisch mobilisierten Finanzmittel wurden überhaupt nicht thematisiert (Nuscheler 2008: 26). Nicht zuletzt deshalb können auch die MDGs – wie jede andere Hilfe allerdings auch – zur Stärkung der traditionellen Eliten beitragen, die gar kein Interesse an der Veränderung des Status quo haben.

Die von einigen NRO geäußerte Kritik, durch die Millenniumserklärung würden den Entwicklungsländern von den Industriestaaten die Ziele vorgeschrieben, scheint angesichts einer von 189 Staaten unterzeichneten Erklärung wohl vor allem noch dem Duktus neoimperialistischer Kritik zu entspringen. In Abbildung III/1 ist eine Übersicht über die bisherige Zielerreichung dargestellt:

---

[13] Zur Kritik an den Millenniumszielen vgl. Nuscheler 2005, Nuscheler u. Roth 2006, Kuhn u. Rieckmann 2006.

2 Entwicklungsstrategienk — 457

Ziele und Zielvorgaben	Afrika		Asien					Ozeanien	Lateinamerika, Karibik	Kaukasus, Zentralasien
	Nordafrika	südlich der Sahara	Ostasien	Südostasien	Südasien		Westasien			
					Südasien					
Ziel 1: Beseitigung der extremen Armut und des Hungers										
Extreme Armut halbieren	niedrige Armut	sehr hohe Armut	mäßige Armut	mäßige Armut	sehr hohe Armut		niedrige Armut	sehr hohe Armut	niedrige Armut	niedrige Armut
Produktive, menschenwürdige Beschäftigung	hohe Defizite	sehr hohe Defizite	mäßige Defizite	hohe Defizite	sehr hohe Defizite		hohe Defizite	sehr hohe Defizite	mäßige Defizite	mäßige Defizite
Hunger halbieren	geringer Hunger	sehr verbreiteter Hunger	mäßiger Hunger	mäßiger Hunger	verbreiteter Hunger		mäßiger Hunger	mäßiger Hunger	mäßiger Hunger	mäßiger Hunger
Ziel 2: Verwirklichung der allgemeinen Grundschulbildung										
Allgemeine Grundschulbildung	hohe Bildungsbeteiligung	mäßige Bildungsbeteiligung	hohe Bildungsbeteiligung	hohe Bildungsbeteiligung	hohe Bildungsbeteiligung		hohe Bildungsbeteiligung	mäßige Bildungsbeteiligung	hohe Bildungsbeteiligung	hohe Bildungsbeteiligung
Ziel 3: Förderung der Gleichstellung der Geschlechter und Ermächtigung der Frauen										
Gleiche Bildungsbeteiligung (Grundschule)	fast gleich	fast gleich	gleich	gleich	gleich		fast gleich	fast gleich	gleich	gleich
Frauenanteil an erwerbstätiger Bevölkerung	niedriger Anteil	mittlerer Anteil	hoher Anteil	mittlerer Anteil	niedriger Anteil		niedriger Anteil	mittlerer Anteil	hoher Anteil	hoher Anteil
Gleiche Vertretung von Frauen in nationalen Parlamenten	mäßige Vertretung	mäßige Vertretung	mäßige Vertretung	niedrige Vertretung	niedrige Vertretung		niedrige Vertretung	sehr niedrige Vertretung	mäßige Vertretung	niedrige Vertretung
Ziel 4: Senkung der Kindersterblichkeit										
Sterblichkeit von Kindern unter fünf Jahren um zwei Drittel senken	geringe Sterblichkeit	hohe Sterblichkeit	geringe Sterblichkeit	geringe Sterblichkeit	mäßige Sterblichkeit		geringe Sterblichkeit	mäßige Sterblichkeit	geringe Sterblichkeit	geringe Sterblichkeit

Abbildung III/1: Millenniums-Entwicklungsziele: Umsetzungsstand 2014 (UN 2014b)

Ziele und Zielvorgaben	Afrika		Asien					Ozeanien	Lateinamerika, Karibik	Kaukasus, Zentralasien
	Nordafrika	südlich der Sahara	Ostasien	Südostasien	Südasien	Westasien				
Ziel 5: Verbesserung der Gesundheit von Müttern										
Müttersterblichkeit um drei Viertel senken	geringe Sterblichkeit	sehr hohe Sterblichkeit	geringe Sterblichkeit	mäßige Sterblichkeit	mäßige Sterblichkeit	geringe Sterblichkeit		mäßige Sterblichkeit	geringe Sterblichkeit	geringe Sterblichkeit
Zugang zu reproduktiver Gesundheit	mäßiger Zugang	geringer Zugang	hoher Zugang	mäßiger Zugang	mäßiger Zugang	mäßiger Zugang		geringer Zugang	hoher Zugang	mäßiger Zugang
Ziel 6: Bekämpfung von HIV/Aids, Malaria und anderen Krankheiten										
Ausbreitung von HIV/Aids zum Stillstand bringen und umkehren	niedrige Inzidenz	hohe Inzidenz	niedrige Inzidenz	niedrige Inzidenz	niedrige Inzidenz	niedrige Inzidenz		niedrige Inzidenz	niedrige Inzidenz	niedrige Inzidenz
Ausbreitung von Tuberkulose zum Stillstand bringen und umkehren	geringe Sterblichkeit	mäßige Sterblichkeit	geringe Sterblichkeit	mäßige Sterblichkeit	mäßige Sterblichkeit	geringe Sterblichkeit		hohe Sterblichkeit	geringe Sterblichkeit	geringe Sterblichkeit
Ziel 7: Sicherung der ökologischen Nachhaltigkeit										
Anteil der Menschen ohne besseres Trinkwasser halbieren	hoher Versorgungsgrad	niedriger Versorgungsgrad	hoher Versorgungsgrad	mittlerer Versorgungsgrad	hoher Versorgungsgrad	hoher Versorgungsgrad		niedriger Versorgungsgrad	hoher Versorgungsgrad	mittlerer Versorgungsgrad
Anteil der Menschen ohne Sanitärversorgung halbieren	hoher Versorgungsgrad	sehr niedriger Versorgungsgrad	niedriger Versorgungsgrad	niedriger Versorgungsgrad	sehr niedriger Versorgungsgrad	mittlerer Versorgungsgrad		sehr niedriger Versorgungsgrad	mittlerer Versorgungsgrad	hoher Versorgungsgrad
Lebensbedingungen von Slumbewohnern verbessern	mäßiger Anteil an Slumbewohnern	sehr hoher Anteil an Slumbewohnern	mäßiger Anteil an Slumbewohnern	hoher Anteil an Slumbewohnern	hoher Anteil an Slumbewohnern	mäßiger Anteil an Slumbewohnern		mäßiger Anteil an Slumbewohnern	mäßiger Anteil an Slumbewohnern	...
Ziel 8: Aufbau einer weltweiten Entwicklungspartnerschaft										
Internetnutzer	hoher Nutzungsgrad	mittlerer Nutzungsgrad	hoher Nutzungsgrad	hoher Nutzungsgrad	mittlerer Nutzungsgrad	hoher Nutzungsgrad		mittlerer Nutzungsgrad	hoher Nutzungsgrad	hoher Nutzungsgrad

Zielvorgabe bereits erreicht oder voraussichtlich bis 2015 erreicht
Zielvorgabe wird bei Fortsetzung der derzeitigen Trends nicht erreicht
Stillstand oder Rückschritt
Fehlende oder unzureichende Daten

Abbildung III/1: Millenniums-Entwicklungsziele: Umsetzungsstand 2014 (UN 2014b) *(Fortsetzung)*

In Abbildung III/1 wird deutlich, dass voraussichtlich viele der Zielvorgaben verfehlt werden. Zwar appelliert beispielsweise der Generalsekretär der Vereinten Nationen noch immer an die Staatengemeinschaft, alles daranzusetzen, die MDGs zu erreichen.[14] Allerdings ist Beobachtern schon lange bewusst, dass bis 2015 lediglich Teilerfolge erzielt werden können, weswegen bereits seit dem VN-Millenniumsgipfel 2010 in New York Überlegungen zu einem neuen globalen Zielsystem angestellt werden. Auch wenn die MDGs, wie zuvor erwähnt, in mehrerlei Hinsicht kritisiert worden sind, so ist ihnen doch zugutezuhalten, dass sie globale Aufmerksamkeit auf die von den MDGs behandelten Themen lenkten und insgesamt internationale Unterstützung für Entwicklung mobilisierten (vgl. Janus u. Keijzer 2014). Insoweit ist es nur folgerichtig, dass die internationale Gemeinschaft angesichts anhaltender globaler Herausforderungen eine neue handlungsleitende Direktive entwerfen will, an der sich die globalen Anstrengungen zur Beseitigung von Hunger, Armut, Geschlechterungleichheit, Krankheit, mangelnder Bildung, Umweltzerstörung etc. orientieren sollen.

Ein vom VN-Generalsekretär im Juli 2012 eigens einberufenes Expertengremium, das sogenannte „High-level Panel of Eminent Persons on the Post-2015 Development Agenda" (HLP) wurde damit beauftragt, Vorschläge für die Gestaltung der Entwicklungsagenda für die Zeit nach 2015 zu erarbeiten.[15] Im Mai 2013 legte das Gremium seinen Bericht „A new global partnership: Eradicate poverty and transform economies through sustainable development" (HLP 2013) vor. Darin formuliert der 27-köpfige Beirat die zentrale Vision, die extreme Armut bis zum Jahr 2030 völlig zu überwinden. Dazu müsse eine universell – also für alle (internationalen) Akteure – gültige Agenda entworfen werden, welche an die MDGs anknüpfen und deren Unzulänglichkeiten, wie beispielsweise die mangelnde Berücksichtigung aller drei Dimensionen von Nachhaltigkeit (ökologisch, sozial, ökonomisch), überwinden soll. Das Gremium identifiziert fünf grundlegende Prinzipien für die erforderliche globale strukturelle Transformation.

„High-level Panel on the Post-2015 Development Agenda"
Fünf Kernelemente einer globalen Strukturtransformation („*five transformative shifts*"):
1. „Leave no one behind"
2. „Put sustainable development at the core"
3. „Transform economies for jobs and inclusive growth"
4. „Build peace and effective, open and accountable institutions"
5. „Forge a new global partnership"

(HLP 2013: 7 ff.)

---

14 Vgl. etwa den Bericht des Generalsekretärs „A life in dignity for all: accelerating progress towards the Millennium Development Goals and advancing the United Nations development agenda beyond 2015" (UN 2013a) anlässlich eines „UN Special Events" zur Erreichung der MDGs im September 2013.
15 Für nähere Informationen über das Panel und dessen Besetzung vgl. HLP 2014.

Demnach soll durch die neue Entwicklungsagenda (1) niemand zurückgelassen und ein grundlegender Lebensstandard für alle Menschen erreicht werden. (2) Weiterhin wird das Ziel einer nachhaltigen Entwicklung verfolgt, die Veränderungen hin zu ökologischem Wirtschaften anstoßen soll. (3) Durch die Entwicklungsagenda soll eine grundlegende wirtschaftliche Transformation induziert werden, welche auf langfristiges, nachhaltiges und inklusives Wachstum ausgerichtet ist, gute und auskömmliche Arbeit schafft und nachhaltige Produktions- und Konsummuster fördert; (4) die Bedeutung von Frieden, Good Governance und funktionierenden Institutionen für Entwicklung gestärkt werden; und schließlich (5) eine neue globale Partnerschaft begründet werden, welche vom Geist der Solidarität, Zusammenarbeit und gegenseitigen Verantwortung getragen wird und so erst die Grundlage einer globalen Post-2015-Agenda schafft.

Auf Basis dieser Grundsätze schlägt das HLP einen Katalog von zwölf Zielen und 54 untergeordneten Zielvorgaben vor, an dem sich die Diskussionen und Überlegungen für eine Post-2015-Agenda orientieren sollen.

Zielvorschläge des HLP zur Gestaltung der Post-2015-Entwicklungsagenda
1. End poverty
2. Empower girls and women and achieve gender equality
3. Provide quality education and lifelong learning
4. Ensure healthy lives
5. Ensure food security and good nutrition
6. Achieve universal access to water and sanitation
7. Ensure sustainable energy
8. Create jobs, sustainable livelihoods, and equitable growth
9. Manage natural resource assets sustainably
10. Ensure Good Governance and effective institutions
11. Ensure stable and peaceful societies
12. Create a global enabling environment and catalyse long-term finance

(HLP 2013: 30 ff.)

Der Report des HLP floss in einen Bericht des VN-Generalsekretärs Ban-Ki Moon ein (vgl. UN 2013a), in dem über den Stand der Zielerreichung der MDGs berichtet und die vorläufigen Ergebnisse des internationalen Konsultationsprozesses auf dem Weg zu einer Post-2015-Agenda zusammengefasst werden. Der Generalsekretär identifiziert in seinem Bericht vier grundlegende Bestandteile („building blocks"), über welche eine Einigung erzielt werden müsse: Eine Vision für die Zukunft, ein Set von Zielen und Zielvorgaben, eine globale Partnerschaft für Entwicklung und ein Monitoringmechanismus. Außerdem benennt der Bericht als Schlüsselelemente der gemeinsamen Vision das Prinzip der Universalität, Nachhaltige Entwicklung, inklusive wirtschaftliche Transformationen, Frieden und Governance, eine neue globale Partnerschaft für Entwicklung und die richtigen Institutionen zur Umsetzung der Agenda.

Das besondere gemeinsame Charakteristikum des HLP-Entwurfs und des Berichts des UN-Generalsekretärs ist das Leitbild der Nachhaltigkeit. Aus diesem Grund sprechen sich beide Dokumente dafür aus, die Post-2015-Entwicklungsagenda mit dem Prozess zusammenzuführen, der 2012 bei der VN-Konferenz über Nachhaltige Entwicklung (Rio+20) begonnen wurde und der in einer Liste von Nachhaltigen Entwicklungszielen (Sustainable Development Goals, SDGs) gipfeln soll. So heißt es im HLP-Bericht: „Developing a single, sustainable development agenda is critical" und „[e]nding poverty is not a matter for aid or international cooperation alone. It is an essential part of sustainable development, in developed and developing countries alike" (HLP 2013: 5). Auch das Abschlussdokument des Rio-Gipfels „The Future We Want" (2012) hatte bereits betont, dass die SDGs „coherent with and integrated in the United Nations Development Agenda beyond 2015" sein sollen (UN 2012b: Paragraph 246).

Trotz der von allen Seiten geäußerten Absicht, die Post-2015-Entwicklungsagenda und den Rio+20-Prozess möglichst eng zu koordinieren und in eine einzige globale Agenda für nachhaltige Entwicklung münden zu lassen, stehen diese Prozesse bisher parallel nebeneinander. Während der Post-MDG-Prozess durch die Vorarbeiten des High-level Panels vorbereitet wurde, hat sich für die Erarbeitung der SDGs eine Offene Arbeitsgruppe (Open Working Group, OWG) der VN-Generalversammlung aus 30 staatlichen Vertretern zusammengefunden, welche seit März 2013 in regelmäßigen Sitzungen über die Ausgestaltung der SDGs berät.[16] Diese sollen laut der Vereinbarungen von Rio „action-oriented, concise and easy to communicate, limited in number, aspirational, global in nature and universally applicable to all countries" sein (UN 2012b: Paragraph 246) und mit konkreten Zielvorgaben und Indikatoren ausgestattet werden (UN 2012b: Paragraph 250). Der inzwischen vorliegende Textentwurf (OWG 2014), der als Grundlage für die offiziellen Verhandlungen (im Vorfeld) der VN-Generalversammlung im September 2015 dienen soll, listet 17 Ziele und zahlreiche Unterziele auf, die bis 2030 erreicht werden sollen.

Vorschlag eines Katalogs von 17 SDGs der Open Working Group
1. End poverty in all its forms everywhere
2. End hunger, achieve food security and improved nutrition and promote sustainable agriculture
3. Ensure healthy lives and promote well-being for all at all ages
4. Ensure inclusive and equitable quality education and promote lifelong learning opportunities for all
5. Achieve gender equality and empower all women and girls
6. Ensure availability and sustainable management of water and sanitation for all
7. Ensure access to affordable, reliable, sustainable and modern energy for all
8. Promote sustained, inclusive and sustainable economic growth, full and productive employment and decent work for all
9. Build resilient infrastructure, promote inclusive and sustainable industrialization and foster innovation
10. Reduce inequality within and among countries

---

[16] Für Informationen über die (Ergebnisse der) einzelnen Sitzungen der OWG vgl. UN Department of Economic and Social Affairs 2015.

11. Make cities and human settlements inclusive, safe, resilient and sustainable
12. Ensure sustainable consumption and production patterns
13. Take urgent action to combat climate change and its impacts
14. Conserve and sustainably use the oceans, seas and marine resources for sustainable development
15. Protect, restore and promote sustainable use of terrestrial ecosystems, sustainably manage forests, combat desertication, and halt and reverse land degradation and halt biodiversity loss
16. Promote peaceful and inclusive societies for sustainable development, provide access to justice for all and build eective, accountable and inclusive institutions at all levels
17. Strengthen the means of implementation and revitalize the global partnership for sustainable development

(OWG 2014: 6)

Um beide Prozesse zusammenzuführen, haben die VN-Mitgliedstaaten bei einer Sondersitzung im September 2013 die nächsten Schritte auf dem Weg zur Verabschiedung der neuen Nachhaltigen Entwicklungsziele skizziert (vgl. UN 2013b). Demnach ist beabsichtigt, dass die Offene Arbeitsgruppe (SDGs) ihre Arbeit bis September 2014 beendet und die offiziellen zwischenstaatlichen Verhandlungen zu diesem Zeitpunkt beginnen. Bis Ende 2014 ist der Generalsekretär aufgefordert, die zahlreichen bis dahin zur Verfügung stehenden Konsultationsergebnisse und inhaltlichen Beiträge in einem synthetisierenden Bericht zusammenzuführen, der dann wiederum als Input für die Verhandlungen dienen soll. Diese sollen 2015 abgeschlossen werden, damit bei einem Gipfel der Staats- und Regierungschefs im September 2015 die neue Agenda beschlossen werden kann. Es steht zu erwarten, dass die neue Agenda, ähnlich wie die MDGs zuvor, den Politiken und entwicklungspolitischen Strategien der Nationalstaaten als Richtschnur dienen und deren Anstrengungen auf die in den Zielen festgeschriebenen Aspekte fokussieren werden.

Die Wirksamkeitsagenda: Von Paris nach Busan
Um so ambitionierte Ziele wie die MDGs oder die zukünftigen SDGs überhaupt erreichen zu können, sind erhebliche finanzielle Mittel erforderlich. Deshalb ist es folgerichtig, dass sich bereits 2002 im mexikanischen Monterrey eine Konferenz der Vereinten Nationen mit Fragen der Entwicklungsfinanzierung befasste (vgl. Heinrich Böll Stiftung 2002). Neu bei dieser Konferenz war der Multi-Stakeholder-Ansatz: Neben den Staats- und Regierungschefs nahmen die Weltbank, der IWF und die WTO sowie zahlreiche Vertreter der Wirtschaft und von NRO teil. Zudem erhielten nicht nur Wirtschaftsverbände sondern auch einzelne Unternehmen die gleichen Akkreditierungsrechte wie NRO. Die Themen der Konferenz und des Abschlussdokuments waren
- die Mobilisierung einheimischer und internationaler Ressourcen zur Erreichung der MDGs,
- der Aufbau eines auf Regeln gestützten, offenen, nichtdiskriminierenden und gerechten multilateralen Handelssystems,
- die Verstärkung der internationalen finanziellen und technischen Zusammenarbeit,

- ein nachhaltiges Schuldenmanagement sowie
- die Verbesserung der Kohärenz und Stimmigkeit des internationalen Währungs-, Finanz- und Handelssystems zugunsten der Entwicklung.

Ausgehend von der Sorge, „dass aktuellen Schätzungen zufolge gravierende Fehlbeträge bei den Mitteln entstehen werden, die zur Verwirklichung der international vereinbarten Entwicklungsziele" notwendig sind, sollte eine „neue Partnerschaft zwischen den entwickelten Ländern und den Entwicklungsländern" begründet werden, „[u]m sicherzustellen, dass das 21. Jahrhundert zum Jahrhundert der Entwicklung für alle wird" (UN 2002b: 2). Die das Dokument im März 2002, nur wenige Monate nach den Terroranschlägen vom 11. September 2001, unterzeichnenden Länder verpflichteten sich in Monterrey „zu einer soliden Politik, einer guten Verwaltungsführung auf allen Ebenen und zur Herrschaft des Rechts" (UN 2002b: 2).

„In der Erkenntnis, dass Frieden und Entwicklung sich gegenseitig stärken" und dass in einer zunehmend globalisierten interdependenten Weltwirtschaft „ein ganzheitlicher Ansatz zur Bewältigung der miteinander verbundenen nationalen, internationalen und systemischen Herausforderungen der Finanzierung der Entwicklung [...] in allen Teilen der Welt von entscheidender Bedeutung" ist (UN 2002b: 3), wurde in Monterrey ein „neuer" Konsensus beschworen. „Neu" daran war zum einen, dass das Konzept der nachhaltigen Entwicklung nachdrücklich unterstützt und das marktliberale Wachstumsmodell zurückgedrängt wurde, zum anderen, dass sich sowohl die Entwicklungsländer als auch die Industrieländer zu ihren Pflichten bekannten.

Die Entwicklungsländer erklärten sich bereit, die Voraussetzungen für nachhaltige Entwicklung zu schaffen, indem sie u. a. für gute Regierungsführung, eine solide Wirtschaftspolitik, stabile demokratische Institutionen, eine verbesserte Infrastruktur, Freiheit, Frieden, Sicherheit, Stabilität im Innern, die Achtung der Menschenrechte und des Rechts auf Entwicklung, Rechtsstaatlichkeit, Gleichberechtigung der Geschlechter und eine marktorientierte Politik sorgen. Umgekehrt erkannten die Industrieländer an, „dass eine beträchtliche Erhöhung der öffentlichen Entwicklungshilfe und anderer Mittel erforderlich sein wird, wenn die Entwicklungsländer die international vereinbarten Entwicklungsziele [...] erreichen sollen" (UN 2002b: 10). Die Monterrey-Konferenz stärkte dadurch das Prinzip der Partnerschaft. Die Entwicklungsländer pochten nicht nur auf Ownership, sondern bekannten, dass sie die Hauptverantwortung für ihre eigene Entwicklung haben. Die Industrieländer erklärten sich bereit, ihre Fördermittel deutlich zu erhöhen. Das 0,7-%-Ziel wurde ausdrücklich noch einmal bestätigt, allerdings ohne einen Zeitplan zu nennen.

Manche sehen durch die Konferenz in Mexiko den „Washington-Consensus", der über Jahrzehnte der neoliberalen Politik des IWF und der Weltbank zugrunde lag, durch den „Monterrey-Consensus" ersetzt. Eine neue Partnerschaft „that calls for developing and transition countries to strengthen their commitment to policies and actions that reduce poverty and stimulate economic growth, and for developed countries to provide increased and more effective aid coupled with more coherent trade and other relevant policies" (OECD 2004a: 1) wurde vereinbart.

Aber natürlich gab es auch Kritik: Insbesondere an der Unverbindlichkeit der Aussagen, dem Fehlen eines Umsetzungsplans oder neuer Finanzierungsinstrumente. Bei der Monterrey-Konferenz waren zwar viele Möglichkeiten diskutiert worden, welche neuen Finanzierungsinstrumente die offizielle Entwicklungsfinanzierung (ODA) unterstützen könnten, doch ohne Ergebnis. Die Einführung einer Tobin-Steuer[17] als eine Art Umsatzsteuer auf grenzüberschreitende Devisentransaktionen, die vor allem von Globalisierungsgegnern propagiert wird, hatte keine Chance. Konsens bestand hingegen darin, die Privatwirtschaft stärker in die Entwicklungsfinanzierung mit einzubeziehen. Mithilfe von Public Private Partnership (PPP) sollte neben dem staatlichen auch privates Investitionskapital mobilisiert werden. Diese Idee wird zunehmend auch auf die Finanzierung Globaler Fonds übertragen, in die neben Staaten und internationalen Organisationen auch Privatunternehmen einzahlen.

Monterrey hatte nicht nur einen rhetorischen Konsens herbeiführen können, sondern die internationale Gebergemeinschaft hat ihr Versprechen um Mittelsteigerung tatsächlich eindrucksvoll eingelöst. Seit der Monterrey-Konferenz von 2002 haben sich die ODA-Leistungen der DAC-Staaten innerhalb von nur fünf Jahren von rund 58 Mrd. US-Dollar auf knapp 104 Mrd. US-Dollar fast verdoppelt. Zudem werden die als Voraussetzungen für eine nachhaltige Entwicklung aufgeführten Kriterien zunehmend von den Gebern als Allokationsprinzipien für die Mittelvergabe verwendet. Darüber hinaus konnte die Konferenz Impulse für die Erarbeitung einer UN-Konvention zur Korruptionsbekämpfung sowie zur Förderung von Mikrokreditprogrammen setzen (vgl. Nuscheler 2005: 89).

Ende 2008 wurde eine Folgekonferenz zur Umsetzung des Monterrey-Consensus in Doha (Katar) ausgerichtet. Dass die Konferenz im Kontext der sich zur Weltwirtschaftskrise auswachsenden Finanzkrise überhaupt stattfand, war schon ihr größter Erfolg. Nennenswerte neue Beschlüsse wurden nicht gefasst: Für die öffentliche Entwicklungsfinanzierung brachte die Doha-Konferenz keinen Fortschritt. In der Deklaration von Doha wurden im Nachhinein die Ziele und Verpflichtungen des Monterrey-Consensus bestätigt und verstärkte politische Anstrengungen zur Erreichung der internationalen Entwicklungsziele angekündigt. Bei diesen vagen Formulierungen ohne jegliche Konkretisierungen oder Zeitpläne blieb es (vgl. Burke-Rude 2008). Der VN-Generalsekretär wurde beauftragt, einen Bericht über die Quantität, Qualität und Wirksamkeit der Entwicklungshilfe in enger Zusammenarbeit mit der Weltbank, den regionalen Entwicklungsbanken und dem DAC der OECD zu erstellen. Als wichtigstes Ergebnis auf dem „Gipfel der vertagten Entscheidungen" (Martens 2009: 32) wird auch gewertet, dass beschlossen wurde, eine VN-Konferenz „auf höchster Ebene" über die globale Wirtschafts- und Finanzkrise und ihre Auswirkungen auf die Entwicklungsländer durchzuführen (Obrovsky 2009: 6).

---

[17] Der Nobelpreisträger James Tobin hatte 1972 vorgeschlagen, eine Steuer auf grenzüberschreitende Devisentransaktionen einzuführen, nachdem die USA aus dem System fester Wechselkurse ausgestiegen waren (vgl. Sangmeister 2009: 167).

Angetrieben von hochgesteckten MDGs und dem „neuen" Partnerschaftsgeist von Monterrey suchten und suchen Geber- und Partnerländer nach Lösungen, wie die verabschiedeten Entwicklungsstrategien effizienter gestaltet und möglichst wirkungsvoll umgesetzt werden können. Hierzu wurden in der neuen Entwicklungsdekade eine Reihe internationaler Konferenzen durchgeführt, zu der auch die vom Entwicklungsausschuss der OECD (OECD-DAC) im Februar 2003 in Rom stattfindende Konferenz zu zählen ist, bei der es vor allem um die *Harmonisierung* der Entwicklungsbemühungen ging. Wie schon eingangs dargelegt, spielt nicht nur die Kohärenz der verschiedenen Politiken, sondern auch die der von den einzelnen multilateralen und bilateralen Gebern verfolgten Entwicklungsstrategien eine zentrale Rolle. Die Gebergemeinschaft ist hochgradig fragmentiert. Die internationale EZ-Struktur besteht gegenwärtig aus über 40 bilateralen Gebern, etwa 20 globalen und regionalen Finanzinstitutionen, 15 UN-Agenturen und einer wachsenden Zahl von globalen Fonds (vgl. Nuscheler 2008: 13).

Zwei Defizite wurden in der bisherigen Zusammenarbeit in Monterrey herausgestellt. Zum einen, „that, over time, the totality and wide variety of donor requirements and processes for preparing, delivering and monitoring development assistance are generating unproductive transaction costs for, and drawing down the limited capacity of, partner countries" (OECD 2003: 1). Zum anderen, „that donors' practices do not always fit well with national development priorities and systems, including their budget, program, and project planning cycles and public expenditure and financial management systems" (OECD 2003: 1).

Um diese Mängel zu beseitigen, verpflichteten sich die Teilnehmer in der in Rom verabschiedeten „Declaration on Harmonization" (vgl. OECD 2003) dazu, ihre Entwicklungsstrategien künftig den Zielen, Institutionen und Strukturen der Partnerländer besser anzupassen und stärker aufeinander abzustimmen.

In Marrakesch traf sich die internationale Gebergemeinschaft 2004 erneut. In einem von den multilateralen Entwicklungsbanken und dem Development Assistance Committee der OEDC organisierten „Round table" ging es darum, eine „global partnership on managing for development results" (OECD 2004a: 1) zu gründen.[18] Ausgehend von der in Monterrey vereinbarten „new partnership", wurden die einzelnen Länder dazu aufgefordert, die Entwicklungs- und Übergangsprozesse selbst zu steuern. Die Führungsrolle des Staates wird auch in dem in Marrakesch verabschiedeten Memorandum bekräftigt. Daraus resultiert die Aufgabe: „To steer the development process toward the goals they have defined, countries need stronger capacity for strategic planning, accountable management, statistics, monitoring, and evaluation" (OECD 2004a: 1).

Die Entwicklungsorganisationen – unabhängig davon, in welchen Feldern sie tätig sind, welche Förderinstrumente sie verwenden oder welches Mandat sie ausüben – sollen sich stärker auf die Ergebnisse ihrer Arbeit fokussieren: „This means that

---

18 Ein erster „Round table on Managing for Results" hatte im Juni 2002 in Washington stattgefunden.

we need to align cooperation programs with desired country results, define the expected contribution of our support to country outcomes, and rely on – and strengthen – countries' monitoring and evaluation systems to track progress and assess outcomes" (OECD 2004a: 1). Es wird daran erinnert, dass globale Anstrengungen notwendig sind, um die einzelnen Länder dabei zu unterstützen, zeitnahe und reliable Daten zu generieren, um die Fortschritte bei der Erreichung der MDGs und anderer Länderziele zu messen. Das Memorandum von Marrakesch plädiert für den Aufbau von internationalen Berichtssystemen „to reduce the burden on countries of multiple, agency-driven reporting requirements and monitoring and evaluation systems" (OECD 2004a: 1). Die Daten, die über die Zielerreichung (results) Auskunft geben, sollen dann für die Steuerung (managing for results) genutzt werden.

„Managing for development results
combines a coherent framework for development effectiveness with practical tools for strategic planning, risk management, progress monitoring, and outcome evaluation. For maximum effect, it requires objectives that are clearly stated in terms of expected outcomes and beneficiaries, as well as intermediate and higher-order outcome indicators and targets, systematic monitoring and reporting, demand for results by partner countries and development agencies alike, an effective and continuous dialogue on results, and strengthening of country capacity to manage for results."

(OECD 2004b: 1)

Um die Steuerung an Entwicklungsresultaten auszurichten, wurden fünf Kernprinzipien aufgestellt:

1. Der Politikdialog zwischen Partnerländern, Entwicklungsorganisationen und anderen Stakeholdern soll sich in allen Phasen des Entwicklungsprozesses (von der strategischen Planung über die Implementation und auch nach dem Förderende) an den Entwicklungsresultaten ausrichten.
2. Um dies zu ermöglichen, sollen Programmplanung, Monitoring und Evaluation mit Ergebnis-Indikatoren ausgestattet werden, damit das Soll mit dem Ist verglichen werden kann.
3. Das „Results-Reporting-System" soll so einfach, kostengünstig und benutzerfreundlich wie möglich gestaltet werden.
4. Die Steuerung soll nach Resultaten (for results) nicht mit Resultaten (by results) erfolgen.
5. Informationen über Resultate sollen zum Lernen, zur Entscheidungsfindung, für Berichterstattung und Rechenschaftslegung genutzt werden (vgl. OECD 2004b).

Die Konferenzserie zur Steigerung der Wirksamkeit der Entwicklungszusammenarbeit fand ihre Fortsetzung 2005 in Paris, wo sich mehr als 100 Vertreterinnen und Vertreter von Geber- und Partnerländern sowie internationalen Organisationen auf die *Paris Declaration on Aid Effectiveness* einigten. Wie schon bei den in Rom und Marrakesch verabschiedeten Dokumenten wurde von der Hypothese ausgegangen, dass bessere Koordination und Harmonisierung die Wirkungen der Entwicklungszusammenarbeit erheblich erhöhen und so die Transaktionskosten senken können.

Die Paris Declaration umfasst fünf Kernprinzipien, anhand derer die Entwicklungszusammenarbeit sowohl auf Geber- als auch auf Partnerseite reformiert werden soll:

Die **Prinzipien der Partnerschaftsverpflichtungen** in der Paris-Erklärung zur **Wirksamkeit der Entwicklungszusammenarbeit** sind:
1) **Eigenverantwortung („ownership"):**
   Die Partnerländer übernehmen eine wirksame Führungsrolle bei ihren Entwicklungspolitiken und -strategien und koordinieren die entwicklungspolitischen Maßnahmen.
2) **Partnerausrichtung („alignment"):**
   Die Geber gründen ihre gesamte Unterstützung auf die nationalen Entwicklungsstrategien, -institutionen und -verfahren der Partnerländer.
3) **Harmonisierung („harmonization"):**
   Die Aktionen der Geber sind besser harmonisiert und transparenter und führen zu einer kollektiv größeren Wirksamkeit.
4) **Ergebnisorientiertes Management („managing for results"):**
   Ergebnisorientierung beim Ressourcenmanagement und entsprechende Verbesserung der Entscheidungsprozesse.
5) **Gegenseitige Rechenschaftspflicht („mutual accountability"):**
   Geber wie Partnerländer legen Rechenschaft über die Entwicklungsergebnisse ab.
   (Deutscher Übersetzungsdienst der OECD 2005: 5 ff.)

Bemerkenswert an der Paris Declaration ist, dass sie wie die Millenniumserklärung nicht einfach unverbindliche und vage Zusagen macht, sondern die Umsetzung der einzelnen Prinzipien anhand von Indikatoren messen will und hierfür Zielvorgaben spezifiziert, was bis 2010 erreicht werden soll. So wird z. B. das Prinzip der *Eigenverantwortung* daran gemessen, ob die Partnerländer über operationelle Entwicklungsstrategien verfügen. Diese sind definiert als Strategien, in denen klare Prioritäten zu erkennen sind, die in einen mittelfristigen Ausgabenrahmen eingebunden sind und sich im Jahreshaushalt widerspiegeln. Dieses Ziel gilt als erreicht, wenn mindestens 75 % der Partnerländer über eine solche operationelle Entwicklungsstrategie verfügen.[19]

Ob die Geber ihre Hilfe an den *Partnern ausrichten*, wird anhand von neun Indikatoren erfasst, z. B. daran, ob die ODA-Leistungen der Geber an den nationalen Prioritäten der Partnerländer ausgerichtet sind, ob die Geber die öffentlichen Beschaffungssysteme der Partnerländer nutzen, ob parallele Durchführungsstrukturen vermieden werden und ob die Lieferbindung durch die Geber aufgehoben wird.

Die *Harmonisierungsforderung* wird einerseits anhand des Anteils der ODA-Leistungen überprüft, die im Rahmen programmorientierter Ansätze bereitgestellt werden und andererseits am Anteil gemeinsam durchgeführter Feldmissionen und Länderanalysen.

---

19 Für die vollständige Liste der Ziele und Indikatoren vgl. Erklärung von Paris über die Wirksamkeit der Entwicklungszusammenarbeit (Deutscher Übersetzungsdienst der OECD 2005: 12 f.).

Die Umsetzung des *ergebnisorientierten Managements* wird am Anteil der Länder gemessen, die durch Monitoring- und Evaluationssysteme eine transparente Leistungsbewertung und eine *gegenseitige Rechenschaftspflicht* ermöglichen.

Inwieweit die mit Zeitvorgaben versehenen Ziele umgesetzt wurden, soll anhand des etablierten Monitoringsystems überprüft werden. Eine erste Evaluation im Jahr 2006 bescheinigte den Unterzeichnern der Paris Declaration erst unzureichende Fortschritte. Auch 2008 sah das Ergebnis kaum besser aus (vgl. Post u. Roll 2008: 1).

Obwohl es natürlich ein massiver Fortschritt ist, wenn die in internationalen Erklärungen gemachten Versprechen auf operationalisierte Ziele heruntergebrochen werden und mit überprüfbaren Indikatoren, Zielgrößen und zeitlichen Vorgaben versehen werden, so fehlen natürlich die Sanktionsmittel, die bei Nichterfüllung eingesetzt werden könnten. So ist z. B. das 0,7-%-Ziel seit Jahrzehnten eine Forderung, zu der sich die Geber in vielen internationalen Erklärungen immer und immer wieder bekannt haben, aber nur die wenigsten Länder haben diese Quote je erreicht[20].

Die NRO haben an der Paris Declaration vor allem kritisiert, dass sie ein „regierungszentriertes Instrument" sei (Post u. Roll 2008: 2), das die Eigenverantwortlichkeit eines Landes („country ownership") und nicht die legitimierte Eigenverantwortlichkeit („democratic ownership") betone. Zudem werde die Eigenverantwortlichkeit der Partnerländer durch Konditionalitäten bei der Vergabe der Entwicklungszusammenarbeit eingeschränkt. Die Harmonisierung der Entwicklungszusammenarbeit könne darüber hinaus den Einfluss der Geber durch Kartellbildung noch mehr verstärken. Ebenfalls kritisiert wird, dass „aid effectiveness" und nicht „development effectiveness" in den Mittelpunkt gestellt wird. Weiterhin warnen die NRO davor, dass die Konzentration auf die Steigerung der Effizienz der Entwicklungszusammenarbeit Bürokratisierungstendenzen verstärken könne. Zuletzt wird darauf verwiesen, dass die Paris Declaration auf Länder mit schlechter Regierungsführung und fragile Staaten – also die Mehrheit der Entwicklungsländer – gar nicht anwendbar sei.

Eine erste Evaluation des Implementationsprozesses der Paris Declaration wurde zwischen März 2005 und Ende 2007 durchgeführt (vgl. Wood u. a. 2008). Insgesamt wurden auf freiwilliger Basis acht Geberländer und elf Partnerländer evaluiert. Im Hinblick auf die fünf Verpflichtungen wurde festgestellt:

1. Das Prinzip der Eigenverantwortung hat zwar an Bedeutung gewonnen, doch die Länder tun sich schwer zu definieren, was dies praktisch heißt und wo die Grenzen für die Verantwortlichkeiten verlaufen sollen.
2. Ähnlich schwierig ist es mit der Partnerausrichtung bestellt. Fortschritte sehen die Evaluatoren vor allem in der Ausrichtung der Strategien an den nationalen Prioritäten der Partnerländer, weniger jedoch „in aligning aid allocations, using and building country systems, reducing parallel Project Implementation Units and coordinating support to strengthen capacity" (Wood u. a. 2008: xi).

---

20 Im Jahr 2013 erfüllten nur fünf von 28 Industrieländern dieses Ziel (vgl. OECD 2015a).

3. Im Hinblick auf die Harmonisierung der Hilfe konnten die Evaluatoren noch keinen Fortschritt erkennen.
4. Die Befunde zur Einführung eines ergebnisorientierten Managements zeigten ebenfalls noch kaum positive Veränderungen auf. Die Bedeutung, die statistischen Kapazitäten in den Partnerländern zu stärken, um diese für Entscheidungen effizient nutzen zu können, wurde in der Evaluation erneut hervorgehoben.
5. Das Prinzip der „gegenseitigen Rechenschaftspflicht" konnte bis zum Evaluationszeitpunkt ebenfalls kaum umgesetzt werden. Hierfür wurde vor allem der Mangel an politischer Veränderungsbereitschaft verantwortlich gemacht. Evaluationen und speziell Joint-Evaluationen wurden angemahnt.

Bei der Bewertung dieser Ergebnisse darf nicht vergessen werden, dass die Evaluation erst kurz nach der Verabschiedung der Paris Declaration durchgeführt wurde und sich deshalb die Implementationsprozesse noch in der Anfangsphase befanden.

Ausgehend von der Prämisse, dass die Paris Declaration eine politische Agenda „for action" ist und nicht ein technisches Abkommen, unterstrich der Evaluationsbericht, dass die Umsetzung der Paris Declaration politischer Entscheidungen bedarf. Hierfür wurden eine Reihe politischer Empfehlungen gegeben, die auf dem im September 2008 in Accra (Ghana) abgehaltenen Forum zur Wirksamkeit der Entwicklungszusammenarbeit aufgegriffen wurden. Das Abschlussdokument der Konferenz *„Accra Agenda for Action"* ergänzt die Erklärung von Paris in Bereichen, in denen im bisherigen Umsetzungsprozess Hindernisse aufgetreten sind und stellt die Effektivität von Entwicklungsleistungen in einen breiteren entwicklungspolitischen Zusammenhang. Menschenrechte, Gleichstellung der Geschlechter, Umweltschutz sowie Aspekte guter Regierungsführung sind im Aktionsplan als zentrale Faktoren wirksamer Entwicklungszusammenarbeit verankert. Außerdem ist im Plan festgeschrieben, wie wirksame Entwicklungszusammenarbeit in fragilen Staaten organisiert werden kann. Transparenz und Rechenschaftspflicht sollen durch eine breitere Beteiligung von Zivilgesellschaft und Parlamenten verbessert werden. So werden die Regierungen der Entwicklungsländer z. B. aufgefordert, die nationalen Parlamente, zivilgesellschaftliche Organisationen und Bürger an der Formulierung, Umsetzung und dem Monitoring von Entwicklungsplänen zu beteiligen. Capacity Development hat einen hohen entwicklungspolitischen Stellenwert erhalten. Kernelemente des Aktionsplans sind (vgl. BMZ 2015a sowie UNDP 2008):
– Geber und Partnerländer bekennen sich mit Nachdruck zu mehr Transparenz und wechselseitiger Überprüfung.
– Die Arbeit der Geberländer wird insbesondere durch mehr Arbeitsteilung noch besser abgestimmt.
– Die Eigenverantwortung der Entwicklungsländer wird weiter gestärkt.
– Die Zusammenarbeit erfolgt noch stärker über die Strukturen der Partnerländer.
– Die Verlässlichkeit der Leistungen wird erhöht.

Im Mai 2011 wurden die Ergebnisse einer zweiten Evaluation zur Umsetzung der Pariser Erklärung veröffentlicht (vgl. Wood u. a. 2011). Während bei der ersten Evaluation vor allem die fünf Prinzipien der Paris Erklärung im Mittelpunkt der Analyse standen, ging es bei der zweiten Evaluation darum, die Fortschritte zu messen, welche hinsichtlich der erklärten Ziele der Paris Declaration gemacht worden sind. Folglich lagen der Evaluation drei analyseleitende Fragen zu Grunde (vgl. Wood u. a. 2011: xii):
1. Welche Faktoren haben die Umsetzung der Pariser Erklärung und deren Effekte beeinflusst und begrenzt? – The Paris Declaration in Context
2. Welche Verbesserungen wurden mit Blick auf die Wirksamkeit von Hilfe gemacht? – Contributions to Aid Effectiveness
3. Welchen Beitrag hat die verbesserte Wirksamkeit zu einer nachhaltigen Entwicklung geleistet? – Contribution to Development Results

Zunächst kommt der Bericht zu dem Schluss, dass die Pariser Erklärung im Allgemeinen sowohl für die Geber- als auch für die Partnerländer Relevanz entfaltet habe, wenngleich vor allem auf Geberseite eine Reihe von Faktoren ihre Umsetzung behindert hätte. Genannt werden in diesem Zusammenhang u. a. mangelnde Politikkohärenz, eine Aversion gegenüber Risiken, die übermäßige Zentralisierung der Systeme und Entwicklungsagenturen der Geber oder die Verschiebung organisationeller Reformen aufgrund der Finanzkrise (vgl. Wood u. a. 2011: xiii sowie 9–16).

Mit Blick auf die tatsächliche Verbesserung der Wirksamkeit, kommt die Evaluation zu der ernüchternden Einschätzung, dass die Umsetzung der Erklärung von Paris nur langsam und ungleichmäßig erfolge und dass die Anstrengungen in den Geberländern trotz höherer Kapazitäten und geringerer Anforderungen deutlich bescheidener ausfielen als in den Partnerländern. Während die Bilanz hinsichtlich einer erhöhten Effizienz der Entwicklungszusammenarbeit enttäuschend sei, könne beim Management der Entwicklungszusammenarbeit eine allmähliche Verbesserung festgestellt werden. Auch für den Aufbau effektiver Partnerschaften wird eine vorsichtig positive Bilanz gezogen (vgl. Wood u. a. 2011: xiv sowie 17–41).

Um einzuschätzen, welchen Beitrag die Umsetzung der Pariser Erklärung mit Blick auf die Wirkungen der Entwicklungszusammenarbeit bisher entfaltet hat, konzentriert sich die Evaluation auf einige wenige, konkrete Bereiche. Auch hierbei fällt die Bilanz eher durchwachsen aus: Während mit Bezug auf den Gesundheitssektor signifikante positive Wirkungen attestiert werden, könne beispielsweise nur ein geringer Beitrag zur Verbesserung der Berücksichtigung der Bedürfnisse der Ärmsten – vor allem Frauen und Mädchen – festgestellt werden (vgl. Wood u. a. 2011: xv sowie 43–51).

In dem Evaluationsbericht wird bereits auf die Herausforderung eingegangen, welche mit dem zunehmenden Engagement neuer Akteure im Bereich der Entwicklungszusammenarbeit wie beispielsweise aufstrebende Schwellenländer wie China, Indien und Brasilien oder auch private Akteure wie philanthropische Stiftungen einhergeht. So heißt es im Bericht:

> [...] the Evaluation finds a critical lack of transparency and of reliable data on many of the other forms and flows of cooperation beyond the current scope of the Declaration. With these actors disbursing about one-quarter as much aid as OECD/DAC donors, currently, the major advances in the Declaration and Accra Agenda which address transparency, aid effectiveness criteria and mutual accountability need to be applied and advanced to include them. (Wood u.a. 2011: xv)

Zudem hebt der Bericht hervor, dass seine Empfehlungen ausdrücklich auch für diese neuen Akteure der Entwicklungszusammenarbeit relevant sind und deren Teilnahme am nächsten Wirksamkeitsforum in Busan im Sinne einer effektiven Entwicklungszusammenarbeit wünschenswert wäre.

Entsprechend bestand eines der Hauptanliegen des „Fourth High Level Forum on Aid Effectiveness" im südkoreanischen Busan Ende 2011 neben der Weiterentwicklung der Wirksamkeitsagenda vor allem in deren Öffnung gegenüber neuen Gebern (vgl. Muhlen-Schulte u. Weinlich 2011). Vertreter traditioneller Geber- und Partnerländer, Schwellenländer, internationaler Organisationen sowie privater, zivilgesellschaftlicher, parlamentarischer und regionaler Organisationen verabschiedeten in Busan ein Abschlussdokument, in dem sich alle Unterzeichnenden zum Ziel einer effektiven Entwicklungszusammenarbeit bekennen und eine Globale Partnerschaft für effektive Entwicklungszusammenarbeit (GPEDC) ausrufen. In gewisser Weise wird die unter dem Dach des OECD-DAC entwickelte Wirksamkeitsagenda damit auch auf die neuen Formen der internationalen Zusammenarbeit wie Süd-Süd- oder Dreieckskooperationen ausgedehnt, wenngleich die bisher vereinbarten Regelungen von Rom, Paris und Accra dadurch keineswegs automatisch auf die neuen Akteure übertragen werden. Vielmehr ist in dem rechtlich nicht bindenden Dokument zwar von „common goals and shared principles" die Rede (OECD 2011a: Paragraph 2), aber eben auch von „differential commitments for effective development cooperation" (OECD 2011a: Paragraph 1) und vor allem davon, dass „[t]he principles, commitments and actions agreed in the outcome document in Busan shall be reference for South-South partners on a voluntary basis" (OECD 2011a: Paragraph 2).

In der letzten Formulierung wird deutlich, dass aufstrebende Volkswirtschaften wie Brasilien, Mexiko, China oder Indien sich nicht ohne Weiteres vom OECD-DAC, das als Sprachrohr der traditionellen Geberländer wahrgenommen wird, vereinnahmen lassen und nicht automatisch die von ihm aufgestellten „Spielregeln" anerkennen wollen. Wie Muhlen-Schulte und Weinlich (2011) treffend bemerken, leidet die von der OECD entwickelte Aid-Effectiveness-Agenda unter dem Makel der Exklusivität und damit auf globalem Maßstab unter mangelnder Legitimität. Die Folgen unzureichender Ownership auf Seiten von Nicht-OECD-Mitgliedern wie den großen Schwellenländern, ließen sich beim ersten Hochrangigen Treffen der GPEDC im April 2014 in Mexiko beobachten. China und Indien blieben der Konferenz gleich ganz fern, während Brasilien sich auf eine bloße beobachtende Teilnahme beschränkte, wodurch die Öffnung der Aid-Effectiveness-Agenda einen deutlichen Rückschlag erlitt (vgl. Fues u. Klingebiel 2014). Es bleibt abzuwarten, wie sich die internationalen Bestrebungen zu einer effektiveren Entwicklungszusammenarbeit auch vor dem Hintergrund der Verhandlungen über eine Post-2015-Agenda weiterentwickeln werden und ob das Problem der mangelnden Legitimität der derzeitigen Wirksamkeitsarchitektur durch eine stärkere An- und Einbindung in die Strukturen und Prozesse der Vereinten Nationen überwunden werden kann, wie einige Beobachter argumentieren (vgl. Janus, Klingebiel u. Mahn 2014a, Muhlen-Schulte u. Weinlich 2011).

Fazit

Die Bedeutung globaler Weltkonferenzen für die Politikformulierung und die Erarbeitung von Entwicklungsstrategien ist – trotz aller Kritik – unbestritten. Generell zeichnen sie sich durch folgende Merkmale aus:[21]
- Die Beteiligung von Vertretern aus zum Teil 150 und mehr Ländern macht solche Konferenzen zwar recht schwerfällig und unüberschaubar, doch die Vielfalt der dabei aufeinandertreffenden Werte und Kulturen, Religionen und Traditionen eröffnet Chancen für gegenseitiges Verstehen und globales Lernen. Der Austausch von Erfahrungen fördert das Verständnis füreinander, für die Handlungszwänge der jeweiligen Partner, macht die unterschiedlichen Interessen klar – und auch die real existierenden Machtverhältnisse. Vor allem die im Prozess der Vorbereitung solcher Mammutkonferenzen stattfindenden Workshops, Arbeitsgruppentagungen und Vorkonferenzen lassen intensive Arbeitsbeziehungen zu. Auch die aus solchen Konferenzen resultierenden Folgeprozesse können erhebliche positive Wirkungen entfalten. Nicht zu unterschätzen sind die auf Konferenzen jeglicher Art zustande kommenden Kontakte, die zu formellen und informellen Netzwerken führen können.
- Weltkonferenzen gehen immer mit einer hohen Medienaufmerksamkeit einher. Dadurch besteht für die Veranstalter die Chance, auf ihr Konferenzthema aufmerksam zu machen und ihre Botschaften in die Öffentlichkeit zu transportieren, auch wenn die Aufmerksamkeit oft nur von kurzer Dauer ist.
- Globale Konferenzen beeinflussen die politischen Debatten, die in anderen Institutionen, Foren oder Gipfeltreffen geführt werden. Dadurch bestehen Chancen für ein politikfeldübergreifendes Lernen. Die Weltkonferenzen in Rio und Johannesburg waren in erster Linie als Umweltkonferenzen konzipiert, doch die dort geführten Debatten haben nicht nur die Entwicklungspolitik (oder auch andere Politikfelder) berührt, sondern auch zu entwicklungspolitischen Aussagen und Forderungen in den Konferenzerklärungen – wie z. B. zur Reduzierung der Armut – geführt.
- Zwar bemängeln viele NRO häufig ihren geringen Einfluss bei solchen Konferenzen, doch sie bieten dennoch eine Chance auf aktive zivilgesellschaftliche Beteiligung, wenn nötig, dann manchmal auch in Form von Alternativkonferenzen

---

21 Vgl. Fues 2005, Fues u. Hamm 2001, Klinnert 2013 sowie Messner u. Nuscheler 1996.

2 Entwicklungsstrategienk — 473

Konferenz	Ergebnisse
UN Millennium Declaration *New York, 2000*	**Zielvorgaben** 8 Millenniums-Entwicklungsziele 21 Unterziele mit Vorgabe der Zielgröße 60 Indikatoren
UN International Conference on Financing for Development *Monterrey, 2002*	**Entwicklungsfinanzierung** Konsens von Monterrey begründet „neue Partnerschaft" Keine messbaren Ziele/Indikatoren Kein Umsetzungsplan Kein Monitoring
UN Follow-up International Conference on Financing for Development *Doha, 2008*	**Entwicklungsfinanzierung** Umsetzungsprüfung Keine messbaren Ziele/Indikatoren Kein Umsetzungsplan Kein Monitoring
First High Level Forum on Aid Effectiveness *Rome Declaration on Aid Harmonization, 2003*	**Harmonisierung der internationalen Entwicklungszusammenarbeit** Keine messbaren Ziele/Indikatoren Kein Umsetzungsplan Kein Monitoring
Second Roundtable on Managing for Development Results *Marrakesch, 2004*	**Steigerung der Wirksamkeit der EZ durch „managing for development results"** Keine messbaren Ziele/Indikatoren Kein Umsetzungsplan Kein Monitoring
Second High Level Forum on Aid Effectiveness *Paris Declaration on Aid Effectiveness, 2005*	**Steigerung der Wirksamkeit der EZ durch bessere Zusammenarbeit** 5 Kernprinzipien 12 Unterziele mit Indikatoren und Zielgrößen
Third High Level Forum on Aid Effectiveness *Accra Agenda for Action, 2008*	**Aktionsplan zur Steigerung der Wirksamkeit der EZ** Ergänzung der Pariser Erklärung Keine neuen Ziele oder Indikatoren
Fourth High Level Forum on Aid Effectiveness *Busan, 2011*	**Öffnung der Wirksamkeitsagenda gegenüber „neuen Akteuren"** Verständigung auf gemeinsame Prinzipien Gründung einer Globalen Partnerschaft für Effektive Entwicklungszusammenarbeit
First High Level Meeting of the Global Partnership for Effective Development Co-operation *Mexico, 2014*	**Effektive EZ als Bestandteil der Post-2015-Agenda** Umsetzungsüberprüfung

Abbildung III/2: Konferenzsystematik zur Entwicklungsdekade 2000 bis heute

oder organisierten Protestveranstaltungen. Gerade in der Entwicklungszusammenarbeit weisen die NRO nicht nur eine hohe Sachkompetenz, ein breites Erfahrungsspektrum und ein hohes Vernetzungspotential auf, sondern verfügen gegenüber den staatlichen Organisationen über eigene Informationsquellen und Kontakte. In einigen Bereichen wie der Aid-Effectiveness-Agenda ist es den NRO denn auch gelungen, sich einen Weg an den Verhandlungstisch zu bahnen, so etwa im Rahmen des „Fourth High Level Forum on Aid Effectiveness" 2011 in Busan. Laut Aussage der Zivilgesellschaft selbst stellte dieses Forum einen Meilenstein für die NRO dar, da sie neben den staatlichen Gebern zum ersten Mal als vollwertige und gleichrangige Stakeholder an den Verhandlungen zum Thema Wirksamkeit in der Entwicklungszusammenarbeit beteiligt waren (vgl. Open Forum for CSO Development Effectiveness 2015).

– Ein massiver Kritikpunkt an globalen Konferenzen ist die häufig blumige Sprache, die sich schlimmstenfalls in Allgemeinplätzen erschöpft. Oft fehlt es den Erklärungen an präzisen Formulierungen, operationalisierbaren Zielen, Indikatoren zu ihrer Messung, Zielvorgaben und zeitlichen Umsetzungsfristen. Lobenswerte Ausnahmen stellen in diesem Kontext die Millennium und die Paris Declaration dar. Doch selbst in diesen Fällen gibt es natürlich keine Sanktionsmittel, wenn die versprochenen Zusagen nicht eingehalten werden. Die Hebelwirkung solcher Dokumente, mit denen die Entwicklungspolitiker versuchen können, ihre Regierungen unter Druck zu setzen, ist nicht zu unterschätzen. Ein gutes Beispiel ist das 0,7-%-Ziel, das zwar von den meisten noch immer nicht erreicht wurde, sich aber bis heute als nicht zu zerstörende Benchmark erwiesen hat.

Die in den ersten beiden Dekaden des neuen Jahrhunderts durchgeführten Weltkonferenzen (siehe Abbildung III/2), von denen hier die wichtigsten für die Entwicklungszusammenarbeit herausgegriffen wurden, haben trotz aller berechtigten Kritik einiges bewegt. Auch wenn die MDGs u. a. wegen massiver Finanz- und Weltwirtschaftsprobleme nicht erreicht werden und die Ergebnisse der Paris Declaration weit hinter den Erwartungen zurückgeblieben sind, dann darf dennoch nicht unterschätzt werden, in welchem Umfang diese Konferenzen zu einer Neuausrichtung der Politik vor dem Hintergrund sich stark verändernder Rahmenbedingungen beigetragen haben. Selbstverständlich ist klar, dass die hier noch einmal zusammengefassten entwicklungspolitischen und entwicklungsstrategischen Wendemarken nicht allein auf diese Konferenzen zurückzuführen sind, sondern dass diese das Resultat langwieriger Diskussionen, Workshops, Tagungen und politischer wie diplomatischer Abstimmungsprozesse etc. sind. Natürlich haben auch andere Konferenzen, insbesondere des vorangegangenen Jahrzehnts, schon wesentliche Grundlagen gelegt, die in die hier behandelten Weltkonferenzen eingeflossen sind. Klar ist weiterhin, dass die veränderten weltweiten Rahmenbedingungen zentrale Eckpunkte für diese Konferenzen gesetzt haben, wie z. B. der Wegfall des Ost-West-Konflikts, der aufkommende Terrorismus und neue kriegerische Konflikte, die wachsenden Migrationsströme, die immer deutlicher werdenden Umweltgefahren (Desertifikation, Abschmelzen der Pole, Vernichtung der Urwälder etc.), die Veränderung des politischen Weltgefüges durch das Erstarken asiatischer (insbesondere China und Indien) sowie lateinamerikanischer (z. B. Brasilien und Mexiko) Volkswirtschaften, die nun selbst als Geber von Entwicklungshilfe auftreten. Als wichtigste Veränderungen lassen sich zusammenfassen:

- Die Rückkehr der Politik und des Staates in die Entwicklung und die Abkehr von zumindest allzu kruden neoliberalen Vorstellungen. Plakativ ausgedrückt: Der Austausch des Washington Konsens durch den von Monterrey, der sich dadurch auszeichnet, dass die Partnerländer die Verantwortung dafür übernehmen, in ihren Ländern Politiken und Strategien einzusetzen, die sowohl ökonomisches Wachstum stimulieren als auch Armut reduzieren, und dass umgekehrt die Industrieländer ihre Entwicklungshilfeleistungen deutlich steigern und ihre Entwicklungspolitik mit entwicklungsfördernden Strategien anderer Politikfelder (z. B. Handels-, Außenwirtschafts-, Außenpolitik) flankieren.
- Die Ablösung des extensiven Wachstumsmodells durch eine Neuausrichtung am Konzept der nachhaltigen Entwicklung, das einen Ausgleich von ökonomischen, sozialen und ökologischen Zielsetzungen erforderlich macht. Eine Orientierung am Konzept der nachhaltigen Entwicklung verlangt eine Abkehr von prioritär wachstumszentrierten Entwicklungsmodellen zugunsten einer Politik, bei der eine gerechtere Verteilung des Wohlstands in den Entwicklungsländern und die Bewahrung der Umwelt gleichberechtigte Ziele sind. Zudem erfordert das Konzept der nachhaltigen Entwicklung aber auch eine neue Partnerschaft zwischen reichen und armen Ländern. Die einen müssen durch Verzicht auf einen ungezügelten Konsum, die anderen durch den Verzicht, genau diesen mit allen Mitteln anzustreben, einen Beitrag zum gemeinsamen Überleben leisten.
- Die Erkenntnis hat sich durchgesetzt, dass die vorhandenen Entwicklungsprobleme globale Lösungen verlangen und sich kein Land von den globalen Konsequenzen von Armut, Umweltzerstörung und Terrorismus abkoppeln kann, sodass gemeinsame Anstrengungen nötig sind.
- Entwicklungspolitik verändert sich endgültig zur globalen Strukturpolitik und lässt sich keineswegs auf Entwicklungszusammenarbeit reduzieren. Mithilfe des „neuen" Politikansatzes sollen die Entwicklungsbedingungen zugunsten der Entwicklungsländer verbessert werden. Hierzu wird die Notwendigkeit einer stärkeren Kohärenz der verschiedenen Politiken anerkannt.
- Die neue, in Monterrey besiegelte Partnerschaft verlagert die Entwicklungsverantwortung in die Partnerländer. Diese bekennen, dass sie selbst die Hauptverantwortung für die eigene Entwicklung tragen und übernehmen die Führungsrolle bei der Umsetzung ihrer Entwicklungspolitiken und -strategien (ownership).
- Umgekehrt erkennen die Industrieländer an, dass weitaus mehr Mittel für die Entwicklungszusammenarbeit aufgewendet werden müssen als bisher. Von 2003 bis 2013 verdoppelten sie die jährliche ODA-Fördersumme von rund 70 auf rund 135 Mrd. US-Dollar (vgl. OECD 2014a).
- Es wird von den Partner- und Industrieländern gleichermaßen anerkannt, dass die Partnerländer in der Pflicht stehen, entwicklungsförderliche Strukturen zu

schaffen, da sich gezeigt hat, dass diese notwendige, wenn auch nicht ausreichende Bedingungen für erfolgreiche Entwicklung sind. Deshalb soll die Mittelvergabe – außer bei humanitärer oder unmittelbar armutsbezogener Hilfe – nach neuen Prinzipien, wie z. B. Good Governance, konditioniert werden.
- Weil die Verfasstheit und Handlungsfähigkeit von Staaten nicht nur eine wichtige Entwicklungsbedingung und damit auch ein konditionales Förderkriterium ist, haben sich die Industrieländer in einem Umfang und in einer Eindeutigkeit wie nie zuvor dazu bereit erklärt, in den Bereich des Capacity Building zu investieren, um die Fähigkeiten und Kompetenzen zu fördern, die für eine gute Staatsführung und funktionierende Institutionen notwendig sind.
- Die gemeinsamen Entwicklungsanstrengungen sollen durch eine veränderte Entwicklungszusammenarbeit unterstützt werden. Eine Reihe internationaler Konferenzen hat sich mit diesem Thema beschäftigt. Eine zentrale Neuerung auf dieser Ebene ist die Orientierung an Wirkungen. Die Erfolge der Entwicklungszusammenarbeit sollen nicht länger in Input-Größen (wer hat das 0,7-%-Ziel erreicht?) oder anhand von Output-Indikatoren (was wurde geleistet?), sondern an den tatsächlich erreichten Wirkungen gemessen werden. Der Nachweis von Resultaten soll dabei nicht nur der gegenseitigen Rechenschaftslegung dienen (mutual accountability), sondern vor allem dem Lernen und der Entscheidungsfindung. Die Entwicklungszusammenarbeit soll zukünftig über ein ergebnisorientiertes Management (managing for results) gesteuert werden. Um dies zu bewerkstelligen, wird der Aufbau von aussagefähigen Monitoring- und Evaluationssystemen gefördert, da ohne Instrumente zur Messung der Entwicklungsresultate keine validen und reliablen Daten für die Entscheidungsfindung vorliegen.
- Ein weiteres, altbekanntes Defizit der Zusammenarbeit ist die mangelnde Koordination der Geber. Ausgehend von der Vorstellung, dass gebündelte und an gemeinsamen strategischen Zielen ausgerichtete Hilfe effektiver und effizienter sei, wurde auf einer Reihe von Konferenzen eine stärkere Harmonisierung (harmonization) gefordert. Die Klage, dass die Hilfe der Geber oft nicht ausreichend an den Bedürfnissen der Partnerländer und ihren politischen Strategien orientiert sei und deshalb wenig Relevanz zeige, ist ebenfalls seit Jahrzehnten zu hören. In verschiedenen Konferenzdokumenten gibt es (wie allerdings auch schon Jahrzehnte vorher) klare Aussagen, die Hilfe zukünftig besser an den Bedarfen und Strukturen der Entwicklungsländer auszurichten (alignment).
- Neu an zumindest zwei der besonders einflussreichen Deklarationen ist, dass sie nicht nur allgemeine Ziele definieren, zu denen sich alle Teilnehmer leicht verpflichten können, sondern dass diese auf operationale Ziele heruntergebrochen werden, und die Zielerreichung an vorher festgelegten Zielgrößen anhand von Indikatoren gemessen und überprüft werden kann. Dadurch werden die Forderungen, die in den Deklarationen erhoben werden – z. B. nach ergebnisorientiertem Management und gegenseitiger Rechenschaftslegung – auch auf die Deklarationen selbst angewendet. In der Paris Declaration, in der die auf verschiedenen Konferenzen zum Teil schon formulierten und verabschiedeten

Prinzipien der Partnerschaftsverpflichtungen zur Steigerung der Wirksamkeit der Entwicklungszusammenarbeit zusammengefasst sind, werden die Zielgrößen und Indikatoren spezifiziert, anhand derer sich transparent überprüfen lässt, ob Industrieländer und Partnerländer ihre Strategien und ihre Zusammenarbeit in der gewünschten Weise verändert haben. Auch wenn keine Sanktionen vorgesehen sind, wenn einzelne Länder ihre Zusagen nicht einhalten, so wird dies durch die eingeführten Monitoringinstrumente und Evaluationsverfahren zumindest öffentlich transparent gemacht!

– Das Jahr 2015 könnte zu einem Schlüsseljahr für die Entwicklungspolitik avancieren (siehe Abbildung III/3). Während die „Post-2015-Agenda" die Leitbilder, Ziele und Strategien für die nächste Dekade prägen wird, dürfte der Weltklimagipfel in Paris im November/Dezember 2015 das ökologische Pendant dazu bilden. Mit einer im Juli 2015 vorausgehenden UN-Konferenz zur Entwicklungsfinanzierung sollen mit verbindlichen Finanzierungsverpflichtungen die Voraussetzungen für einen erfolgreichen Abschluss der „Post-2015-Agenda" geschaffen werden. Die Bundesregierung, die 2015 die G7-Präsidentschaft übernimmt, hat die Themen Klimaschutz und MDG-Nachfolgeziele bereits zu ihren Schwerpunkten erklärt.

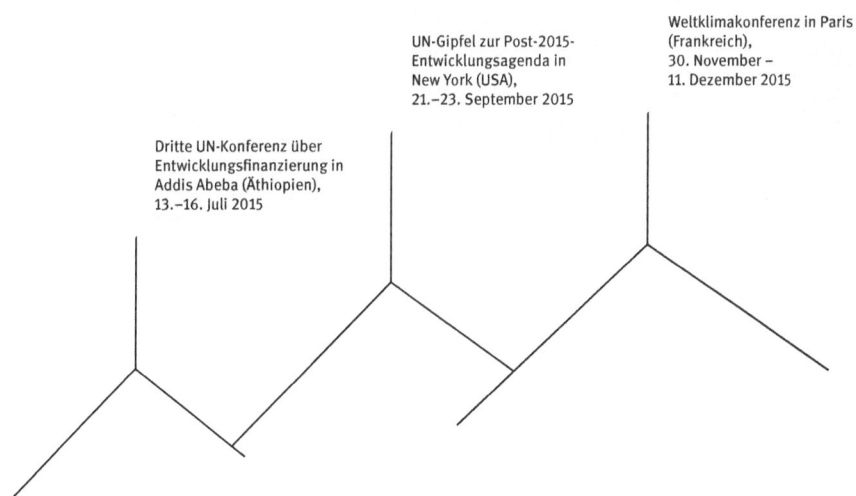

Abbildung III/3: 2015 von Gipfel zu Gipfel
(Welthungerhilfe u. terre des hommes Deutschland 2014: 13)

2.3 Entwicklungsstrategien Deutschlands seit dem Millennium

Die Bedeutung internationaler Konferenzen und der von ihnen ausgehenden entwicklungspolitischen Grundsätze wird auch daran sichtbar, wie sehr sie die Politikformulierung der Nationalstaaten beeinflussen. So beruft sich die deutsche Entwicklungspolitik beispielsweise explizit auf die Millenniumsentwicklungsziele (2000), auf den Konsens der Entwicklungsfinanzierungskonferenz in Monterrey (2002) und den Weltnachhaltigkeitsgipfel in Johannesburg (2002) als programmatischen Rahmen (vgl. Bundesregierung 2005). Zudem sieht sich die deutsche Entwicklungspolitik der Paris Declaration on Aid Effectiveness (2005) und der damit verbundenen Aid Effectiveness Agenda von Rom (2003) bis Busan (2011) sowie den internationalen Vorarbeiten zur Post-2015-Entwicklungsagenda verpflichtet, um die Qualität und die Wirksamkeit der Entwicklungszusammenarbeit zu verbessern (vgl. BMZ 2015b).

Der programmatische Rahmen deutscher Entwicklungspolitik – MDG und post-2015

Vor diesem Hintergrund verabschiedete die Regierungskoalition aus SPD und Grünen 2001 das „Aktionsprogramm 2015" (BMZ 2003). Es bildete die strategische Grundlage für den Beitrag der deutschen Entwicklungszusammenarbeit zur Erreichung der Millenniumsziele und legte dar, welche Maßnahmen getroffen werden sollten, um die in der Paris Declaration postulierten Umsetzungsprinzipien zu erreichen (vgl. BMZ 2003, 2005a).

In dem Aktionsprogramm fokussierte die rot-grüne Bundesregierung auf den Begriff der Armut und definierte die Armutsbekämpfung zum einen als wichtigen Bestandteil ihrer Gesamtpolitik hin zu einer nachhaltigen Entwicklung, und zum anderen als „überwölbende Aufgabe" der Entwicklungspolitik (BMZ 2003: 2). Letztere wurde von der Bundesregierung als „Baustein globaler Struktur- und Friedenspolitik" definiert, welche die Schaffung menschenwürdiger Lebensverhältnisse in den Partnerländern und damit auch die eigene Zukunftssicherung zum Ziel habe (BMZ 2001: 17). Dabei wurde von einem umfassenden Konzept der Armutsbekämpfung ausgegangen und ein erweiterter Armutsbegriff zugrunde gelegt, wonach Armut nicht nur geringes Einkommen bedeutet, sondern auch geringe Beteiligungsmöglichkeiten am politischen und wirtschaftlichen Leben beinhaltet sowie besondere Gefährdungen durch Risiken, Verletzung der Menschenwürde, Nichtgewährung von Menschenrechten und fehlenden Zugang zu Ressourcen (vgl. BMZ 2003: 2). Daraus wird gefolgert, dass Entwicklungspolitik zur Armutsbekämpfung und Förderung einer nachhaltigen Entwicklung einen ganzheitlichen Ansatz verlangt, der die gemeinsame und gleichzeitige Verbesserung sozialer, wirtschaftlicher, ökologischer, politischer und kultureller Verhältnisse unter Einbeziehung der Förderung von Rechtsstaatlichkeit, Demokratie und friedlicher Konfliktbeilegung beachtet (vgl. BMZ 2003, 2005a).

Vor diesem Hintergrund kristallisierte die rot-grüne Bundesregierung im „Aktionsprogramm 2015" zehn Ansatzpunkte heraus, die auch von den folgenden Regierungen aufgegriffen wurden:

Die zehn Ansatzpunkte des Aktionsprogramms 2015
1. Wirtschaftliche Dynamik und aktive Teilnahme der Armen erhöhen.
2. Das Recht auf Nahrung verwirklichen und Agrarreformen durchführen.
3. Faire Handelschancen für die Entwicklungsländer schaffen.
4. Verschuldung abbauen – Entwicklung finanzieren.
5. Soziale Grunddienste gewährleisten – Soziale Sicherung stärken.
6. Zugang zu lebensnotwendigen Ressourcen sichern – Eine intakte Umwelt fördern.
7. Menschenrechte verwirklichen – Kernarbeitsnormen respektieren.
8. Gleichberechtigung der Geschlechter fördern.
9. Beteiligung der Armen sichern – Verantwortungsvolle Regierungsführung stärken.
10. Konflikte friedlich austragen – Menschliche Sicherheit und Abrüstung fördern.

Um diese Ziele zu realisieren, setzt die deutsche Entwicklungspolitik auf drei Handlungsebenen an (vgl. BMZ 2001, 2003, 2005a, 2008a).

1. **Verbesserung internationaler Strukturen:** Auf internationaler Ebene strebt sie Änderungen von Regelwerken, Vereinbarungen und Institutionen im Sinne einer kohärenten *Global Governance* und fairer internationaler Rahmenbedingungen für eine weltweit erfolgreiche und nachhaltige Entwicklung an. Schwerpunkte bilden die Reformen der internationalen Handels-, Finanz- und Umweltordnung sowie eine verbesserte Integration der Entwicklungsländer in Entscheidungsprozesse multilateraler Institutionen.
2. **Verbesserung der Strukturen in den Partnerländern:** Ausgehend von der Prämisse, dass es in den Entwicklungs- und Transformationsländern darum geht, einen entwicklungsförderlichen Rahmen für die Entfaltung wirtschaftlicher und gesellschaftlicher Initiativen zu gewährleisten, fördert die deutsche Entwicklungspolitik den Aufbau institutioneller Kapazitäten als Voraussetzung für staatliche Handlungsfähigkeit, z. B. durch Unterstützung und Beratung bei Reformen des Rechtswesens und der Justiz, des öffentlichen Haushalts- und Finanzsystems und der öffentlichen Verwaltung. Die deutsche staatliche Entwicklungszusammenarbeit will die Entwicklungsländer im Verbund und in Arbeitsteilung mit anderen Gebern dabei begleiten, nationale Entwicklungsstrategien zu entwickeln und umzusetzen, die ein breitenwirksames, armutsminderndes Wachstum fördern.
3. **Verbesserung der Strukturen in Deutschland:** Da zur Erreichung entwicklungspolitischer Ziele ein Struktur- und Bewusstseinswandel in Richtung Nachhaltigkeit notwendig ist und dabei die Kohärenz aller Politikfelder eine zentrale Rolle spielt, soll diese auf deutscher und europäischer Ebene gefördert werden und ihr Rückhalt in der Gesellschaft durch eine verstärkte entwicklungspolitische Bildungsarbeit garantiert werden.

Die Ergebnisse und Entwicklungen der deutschen Entwicklungspolitik werden einmal pro Legislaturperiode von der jeweiligen Bundesregierung in einem entwicklungspolitischen Bericht an den Deutschen Bundestag dargelegt.

Im Bericht von 2005 skizzierte die rot-grüne Bundesregierung nicht nur ihren Beitrag zur Verfolgung der MDGs, sondern bekräftigte auch erneut ihr Bekenntnis zu diesen Zielen sowie zu den damit verbundenen Prinzipien, welche das Handeln der internationalen Gemeinschaft in diesem Zusammenhang leiten: Die Stärkung der Eigenverantwortung der Partnerländer, das Prinzip der Partnerschaft, die Gewährleistung der Wirksamkeit von Entwicklungszusammenarbeit, Harmonisierung und Politikkohärenz (vgl. BMZ 2005a).[22]

2008 veröffentlichte die Bundesregierung aus CDU/CSU und SPD ihren Bericht erstmals in Form eines „Weißbuchs zur Entwicklungspolitik". Darin erfolgt nicht nur eine Rückschau auf die Entwicklungspolitik der vergangenen Jahre, sondern es wird zudem aufgezeigt, welche künftigen entwicklungspolitischen Herausforderungen die Regierung und das zuständige BMZ sehen und welche Ziele und Strategien verfolgt werden, um ihnen zu begegnen. Die wichtigsten Herausforderungen, die der Bericht definiert, umfassen u. a. die sich mit der Globalisierung verstärkenden sozialen Unterschiede, die wachsende Nachfrage nach Rohstoffen, die Gewährleistung sozialer Sicherung, die global zunehmende Urbanisierung, zwischen- und innerstaatliche Konflikte, den Klimawandel, die Belastung der Ökosysteme sowie die Garantie der weltweiten Nahrungsmittelversorgung (vgl. BMZ 2008a: 7 f.). In Anbetracht dieser Herausforderungen benannte die Bundesregierung vier Ziele ihrer Entwicklungspolitik, wobei die drei bereits 2005 festgelegten Ziele – Bekämpfung der Armut, Sicherung des Friedens sowie die gerechte Gestaltung der Globalisierung – lediglich noch um den Punkt Umwelt- und Klimaschutz ergänzt wurden (vgl. BMZ 2008a: 6). Für alle vier Ziele wurden Maßnahmen beschrieben, mit denen sie erreicht werden sollten. All dies erfolgte vor dem Hintergrund des erneuten Bekenntnisses zu den MDGs als globalem Zielrahmen.

Nachdem die Große Koalition mit den Bundestagswahlen 2009 durch eine Regierung aus CDU/CSU und FDP abgelöst worden war und das BMZ damit nach 12-jähriger SPD-Führung erstmals von einem FDP-Minister (Dirk Niebel) geführt wurde, hielt auch eine veränderte Entwicklungspolitik Einzug. Die strategische Grundausrichtung der deutschen Entwicklungspolitik hat die schwarz-gelbe Bundesregierung im Jahr 2011 in einem entwicklungspolitischen Konzeptpapier dargelegt. Darin wird Entwicklungspolitik als Zukunftspolitik beschrieben, welche auf Menschenrechten und Demokratie fußt und sich dabei neben Werten auch zu den Interessen deutscher Politik bekennt (vgl. BMZ 2011a: 8 f.). Zugleich wird darin die eigene Politik als „unternehmerische Entwicklungspolitik" bezeichnet, die auf die Zusammenarbeit mit Unternehmen weltweit baut (vgl. BMZ 2011a: 10). Die deklarierten Ziele dieser Politik orientieren sich an den MDGs und wollen über diese hinausgehen; sie umfassen gute Regierungsführung, menschenwürdiges Leben, ökologisch verantwortliches und arbeitschaffendes Wachstum sowie faire Strukturen der internationalen wirtschaftlichen und politischen Kooperation (vgl. BMZ 2011a: 10). Die deutsche Entwicklungspolitik

---

22 Auf die Problematik der Kohärenz wird in Kapitel 3, insbesondere 3.4, noch näher eingegangen.

sollte sich demnach an sieben Kriterien orientieren: Innovationsbereitschaft und -kompetenz; Bildungsorientierung; Eigenverantwortung; Menschenrechte, Rechtstaatlichkeit und Demokratie; gute Regierungsführung; Marktorientierung und Unternehmertum; und Klimaschutz, Ressourceneffizienz und erneuerbare Energien.

Darüber hinaus postulierte das FDP-geführte Ministerium in seinem Konzeptpapier eine Neuorientierung der deutschen Entwicklungspolitik, indem diese beispielsweise mit Blick auf die unterschiedlichen Partnerländer stärker ausdifferenziert und wirksamer gestaltet werden sollte, mithilfe privater Investoren neue Finanzierungswege erschlossen, multilaterale Institutionen wie die G20 gestärkt oder internationale Wirtschaftsbeziehungen durch den freien Handel befördert werden sollten (vgl. BMZ 2011a: 12ff.). Schließlich werden fünf Schlüsselbereiche der künftigen deutschen Entwicklungspolitik benannt: Die Förderung der wirtschaftlichen Dynamik in Afrika, die Förderung nachhaltiger Energieversorgung, Klimaschutz mithilfe der Expertise deutscher Unternehmen, Engagement in fragilen Staaten und Förderung von Innovation und Leadership (vgl. BMZ 2011a: 19ff.).

Das Grundsatzpapier der Regierung wurde flankiert von einem 2012 veröffentlichten übersektoralen Konzept zur Armutsreduzierung (vgl. BMZ 2012a). Dieses Strategiepapier ergänzte und operationalisierte das Konzept von 2011 und bekräftigte Armutsreduzierung und die Abschaffung der Ursachen von Armut als Kernziele der deutschen Entwicklungspolitik. Wie schon das Aktionsprogramm 2015 geht auch dieses Konzept von einem umfassenden Armutsbegriff aus, der die wirtschaftliche, menschliche, ökologische, soziokulturelle, politische und sicherheitsbezogene Dimension einschließt (vgl. vgl. BMZ 2012a: 5). Bei der Verfolgung des Ziels der Armutsüberwindung sollen drei Prioritäten gelten: Investitionen in Menschen und nachhaltige Strukturen (Bildung, Gesundheit, Infrastruktur, soziale Sicherung); Förderung der Wirtschaft als Motor von Entwicklung; und Stärkung entwicklungsförderlicher Rahmenbedingungen (vgl. vgl. BMZ 2012a: 7ff.). Darüber hinaus sollen sechs Prinzipien das entwicklungspolitische Handeln anleiten: Menschen im Mittelpunkt; Berücksichtigung des jeweiligen Kontextes; Orientierung an nationalen Armutsreduzierungsstrategien; Nutzung aller Potenziale inklusive der von Wirtschaft, Zivilgesellschaft und neuen Gebern; Wirkungsorientierung der Entwicklungszusammenarbeit; und Eigenverantwortung und Rechenschaftspflicht (vgl. vgl. BMZ 2012a: 14f.).

Anhand dieser knappen Zusammenfassung der beiden handlungsleitenden Konzepte der letzten Bundesregierung wird deutlich, dass ihr entwicklungspolitisches Programm eine deutlich wirtschaftsliberale Handschrift trug und die Eigeninteressen Deutschlands deutlich herausgehoben wurden. Die Schwerpunkte des BMZ hatten sich damit deutlich in Richtung der wirtschaftlichen Zusammenarbeit verlagert. Dieser Wandel lässt sich auch anhand des 14. Entwicklungspolitischen Berichts der Bundesregierung nachvollziehen, welcher die Ergebnisse der Entwicklungspolitik der schwarz-gelben Bundesregierung bilanziert und zukünftige Herausforderungen ausweist. Die Akzentverschiebung der deutschen Entwicklungspolitik war dabei bereits im Koalitionsvertrag zwischen CDU/CSU und FDP angelegt und so verweist das

Weißbuch der Bundesregierung denn auch auf die entsprechenden Zielsetzungen der Koalitionäre zu Beginn der Legislaturperiode:

> Die nachhaltige Bekämpfung von Armut und Strukturdefiziten im Sinne der Millenniumserklärung erfordert „eine engere Kooperation mit der deutschen Privatwirtschaft." (Koalitionsvertrag, S. 127).
> „Wir wollen die Wirksamkeit der Entwicklungspolitik steigern und sie durch eine [...] Akzentuierung der wirtschaftlichen Zusammenarbeit [...] neu ausrichten." (Koalitionsvertrag, S. 128)
> „Entwicklungspolitische Entscheidungen müssen die Interessen der deutschen Wirtschaft, insbesondere des Mittelstandes, angemessen berücksichtigen." (Koalitionsvertrag, S. 55)
>
> (BMZ 2013a: 16)

Obgleich die schwarz-gelbe Bundesregierung eine positive Bilanz ihrer Entwicklungspolitik zieht (vgl. BMZ 2013a) wird sie von Vertretern der Zivilgesellschaft deutlich zurückhaltender beurteilt. So schätzte der Verband entwicklungspolitischer Nichtregierungsorganisationen in Deutschland (vgl. VENRO 2011) bereits das 2011 verabschiedete entwicklungspolitische Konzeptpapier kritisch ein. Nicht nur weil dieses quasi im Alleingang ohne nennenswerte Beteiligung relevanter entwicklungspolitischer Akteure entwickelt worden sei, sondern auch weil es laut VENRO thematische Lücken aufweise (vgl. VENRO 2011). Eine grundsätzlichere Kritik erfährt das zugrunde liegende Entwicklungsmodell – breitenwirksame Entwicklung und arbeitschaffendes Wirtschaftswachstum – welches nicht berücksichtige, dass nicht allein Wirtschaftswachstum, sondern vielmehr die Menschenwürde und der nachhaltige Umgang mit Ressourcen Ausgangspunkte für Entwicklung bilden müssten.

Der mit dem Titel „Verpasste Chancen!" überschriebene Standpunkt VENROs zur Bilanz der Entwicklungspolitik der Bundesregierung (vgl. VENRO 2013a) deutet bereits an, dass das Urteil der NRO über die Gesamtbilanz der Entwicklungspolitik der Bundesregierung nicht wesentlich wohlwollender ausfallen sollte. Die Neuausrichtung der Entwicklungspolitik wollen die NRO als Rhetorik entlarven und heben einzig das für alle staatlichen EZ-Maßnahmen verbindliche Menschenrechtskonzept des BMZ als positiv hervor. Kritisch hingegen sehen die NRO die Akzentverschiebung der Entwicklungspolitik in Richtung der Zusammenarbeit mit der Wirtschaft, da der Aufbau funktionierender nachhaltiger Wirtschaftskreisläufe und nicht außenwirtschaftliche Eigeninteressen im Fokus stehen sollten. Des Weiteren konstatiert VENRO, u. a. durch die Schaffung von Engagement Global, eine zunehmende staatliche Einflussnahme auf das entwicklungspolitische Engagement der Zivilgesellschaft. Auch im Bereich der Politikkohärenz sieht der Verband Unzulänglichkeiten, da trotz neuer Strukturen wie beispielsweise des Ressortkreises Technische Zusammenarbeit und ODA-Transparenz eine Abstimmung gegenläufiger Interessen verschiedener Politikfelder nicht erfolgt, wie etwa mit Blick auf die Rohstoffstrategie des Wirtschaftsministeriums und die Zunahme von Rüstungsexporten deutlich würde (vgl. VENRO 2013a).[23]

Im Herbst 2013 trat eine neue Regierung aus CDU/CSU und SPD ihren Dienst an und hat ihre entwicklungspolitischen Absichten in ihrem Koalitionsvertrag niedergelegt (vgl. Bundesregierung 2013). Darin werden als Ziele der Entwicklungspolitik die Überwindung von Hunger und Armut sowie die Stärkung von Demokratie und Rechtstaatlichkeit genannt, wobei sich die Bundesregierung neben den MDGs auch an deren Weiterentwicklung im Rahmen der sogenannten Post-2015-Agenda als Bezugsrahmen orientieren will. Hierbei nennt die Koalition auch die auf breitenwirksames, inklusives, ressourcenschonendes und kohlenstoffarmes Wachstum ausgerichteten Nachhaltigkeitsziele (SDG) und bekennt sich zu deren Zusammenführung mit den Post-MDGs zu universellen Entwicklungs- und Nachhaltigkeitszielen, bei der sie eine aktive Rolle einnehmen will. Auch wird das altbekannte Ziel bekräftigt, die ODA auf 0,7 % des BNE zu steigern, wenngleich hierfür kein Zeitplan genannt wird. Thematisch will die Koalition dabei auf folgende Schwerpunkte setzen:
- Ländliche Entwicklung und Sicherung der Welternährung
- Gesundheit
- Gleichstellung
- Bildung
- Schutz der natürlichen Lebensgrundlagen
- Zivile Krisenprävention, gewaltfreie Konfliktbearbeitung, Post-Konfliktbewältigung

Die Zusammenarbeit mit Kooperationsländern soll sich künftig auf die ärmsten Länder sowie fragile Staaten fokussieren. Die bilaterale staatliche Entwicklungszusammenarbeit soll sich auf ausgewählte Bereiche – den Schutz globaler öffentlicher Güter, die Suche nach rohstoffschonenden nachhaltigen Entwicklungspfaden, auf Dreieckskooperationen zugunsten armer Entwicklungsländer sowie die Förderung der Zivilgesellschaft – konzentrieren.

VENRO (2013b) ging die Neuorientierung nicht weit genug und kritisierte wie schon an den Bundesregierungen zuvor, dass der Entwicklungsansatz sich zu stark an der Generierung von Wirtschaftswachstum in den Partnerländern als universale Lösungsstrategie orientiere und der Klimaschutz sowie die Sicherung natürlicher Lebensgrundlagen vernachlässigt werde. Positiv hervorgehoben wurden hingegen u. a. das Bekenntnis zu einer an den Menschenrechten, Inklusion und Gleichstellung ausgerichteten Politik sowie die besondere Beachtung humanitärer Hilfe. Insgesamt kommt VENRO jedoch – wie bei den Bundesregierungen vorher schon – zu dem Ergebnis, dass die formulierte Politik nicht dazu geeignet sei, die globalen Herausforderungen tatsächlich zu bewältigen (vgl. VENRO 2013b).

---

23 Ähnlich kritisch äußert sich der 21. Bericht „Die Wirklichkeit der Entwicklungspolitik", der jährlich von der Welthungerhilfe und terre des hommes Deutschland herausgegeben wird (2013).

Auch der von terre des hommes und der Welthungerhilfe herausgegebene Bericht „Die Wirklichkeit der Entwicklungspolitik 2014" sieht bei der neuen Bundesregierung „keinen Neuanfang" (Welthungerhilfe u. terre des hommes Deutschland 2014: 6). Die Entwicklungszusammenarbeit stelle nach wie vor ein Randthema dar.

Soweit bisher beobachtbar, setzt der Entwicklungsminister der neuen Regierung (Dr. Gerd Müller, CSU) bisher vor allem auf Ernährungssicherung und ländliche Entwicklung, auf die Stabilisierung der Krisengebiete im Nahen Osten und auf die Bekämpfung von Migrationsursachen. Zudem hat das BMZ einen zivilgesellschaftlichen Dialog zur Erarbeitung einer sogenannten Zukunftscharta eröffnet, die eine Orientierung für den deutschen Beitrag zur internationalen Post-2015-Debatte bilden und das bisherige entwicklungspolitische Konzept der Vorgängerregierung ersetzen soll (vgl. BMZ 2014b). Bisher wurden acht übergeordnete Handlungsfelder formuliert, die allerdings nicht über Allgemeinplätze hinauskommen (vgl. BMZ 2014c: 7):

1. Ein Leben in Würde weltweit sichern
2. Natürliche Lebensgrundlagen bewahren und nachhaltig nutzen
3. Wirtschaftswachstum mit Nachhaltigkeit und menschenwürdiger Beschäftigung verbinden
4. Menschenrechte und gute Regierungsführung fordern und fördern
5. Frieden schaffen, menschliche Sicherheit stärken
6. Kulturelle und religiöse Vielfalt respektieren und schützen
7. Innovationen, Technologien und Digitalisierung für transformativen Wandel nutzen
8. Die neue globale Partnerschaft und Multi-Akteurs-Partnerschaften für die Umsetzung entwickeln

Der Post-2015-Prozess wird auch von der deutschen Zivilgesellschaft intensiv diskutiert. Bemerkenswert ist, dass dies bereits zu einer verstärkten interdisziplinären Zusammenarbeit von Umwelt-, Entwicklungs-, Friedens- und Menschenrechtsgruppen unter der Federführung von VENRO und dem Forum Umwelt und Entwicklung geführt hat. Acht Kernpunkte wurden für die Post-2015-Nachhaltigkeitsagenda formuliert (vgl. VENRO 2014a: 2):

1. Überwindung extremer Armut und Bekämpfung der Ungleichheit
2. Gerechtigkeit und menschenwürdiges Leben für alle
3. Funktionsfähige Ökosysteme und nachhaltige Nutzung natürlicher Ressourcen sichern
4. Bekämpfung des Hungers und Ernährungssouveränität
5. Verantwortungsvolle Regierungsführung und Global Governance verankern
6. Frieden und menschliche Sicherheit
7. Nachhaltiges Wirtschaften
8. Gerechte Umsetzung – ausreichende Entwicklungs- und Nachhaltigkeitsfinanzierung sichern und innovative Finanzierung schaffen

Auch wenn sich bei beiden Agenden unterschiedliche Akzentsetzungen ausmachen lassen, so ist doch eine hohe Übereinstimmung zu konstatieren. Inwieweit es gelingt die „Handlungsfelder" und „Kernpunkte" so zu konkretisieren, operational handhabbar und für Monitoring und Evaluation messbar zu machen, wird entscheidend dafür sein, ob und inwieweit sie die entwicklungspolitische Zukunft der nächsten Dekade bestimmen werden.

Umsetzung entwicklungspolitischer Strategien
Während die MDGs und die derzeitige Diskussion um die globalen Nachhaltigkeits- und Entwicklungsziele Post-2015 die entwicklungspolitischen Zielsetzungen Deutschlands bestimmen, orientiert sich die staatliche Entwicklungszusammenarbeit, die für die *Umsetzung* der entwicklungspolitischen Ziele und Strategien sorgt, an der Paris Declaration und der damit einhergehenden Wirksamkeitsagenda. Die Bundesregierungen der vergangenen Jahre bekannten sich regelmäßig nicht nur zu der quantitativen Steigerung der Ausgaben für die Entwicklungszusammenarbeit und dem in Monterrey noch einmal bekräftigten 0,7-%-Ziel (ohne jedoch jemals auch nur in die Nähe dieses Ziels zu gelangen), sondern auch zur Verbesserung von Qualität und Wirksamkeit der Hilfe (vgl. z.B. BMZ 2008a: 11, 2008b: 14, 2013a: 6). Deshalb wurde bereits 2005 ein Operationsplan zur Umsetzung der Paris Declaration on Aid Effectiveness vorgelegt (vgl. BMZ 2005b). Dieser sah im Einzelnen vor:

- Um die *Eigenverantwortung* der Partnerländer zu stärken, sollten diese durch die deutsche Entwicklungszusammenarbeit dabei unterstützt werden, operationelle Entwicklungsstrategien mit klaren strategischen Prioritäten zu erarbeiten, die sich an den Millenniums-Entwicklungszielen ausrichten. Die deutsche Entwicklungszusammenarbeit sollte den dafür nötigen Kapazitätsaufbau sowie die Einbeziehung der Zivilgesellschaft unterstützen.
- Entsprechend der eingeforderten *Partnerausrichtung* sah das BMZ vor, seine Länderkonzepte und Schwerpunktstrategiepapiere aus den nationalen Entwicklungsstrategien und Politiken der Partnerländer abzuleiten. Zudem plante das BMZ, den Aufbau *nationaler* öffentlicher Beschaffungs- und Finanzverwaltungssysteme zu unterstützen und diese bei der Umsetzung der Entwicklungszusammenarbeit zu nutzen.
- Um die *Harmonisierung* der Entwicklungszusammenarbeit voranzutreiben, fordert die Paris Declaration die Zusammenarbeit in Form von programmorientierten Ansätzen (program based approaches, PBA) auszubauen.[24] Diese verhindere die

---

24 In einem Konzeptpapier hat das BMZ die Merkmale programmbasierter Ansätze im Sinne der Pariser Erklärung folgendermaßen zusammengefasst: (a) die Trägerschaft (leadership) liegt beim Partnerland bzw. bei der Partnerorganisation, (b) es wird ein einheitlicher Programm- und Budgetrahmen genutzt, (c) existiert ein formalisierter Prozess der Geberkoordinierung sowie eine Harmonisierung der Verfahren für wenigstens zwei der folgenden Systeme (i) Berichterstattung, (ii) Budgetierung (iii) Finanzmanagement und (iv) Beschaffung, (d) Es werden wenigstens zwei der folgenden

ineffiziente Zersplitterung von EZ-Einzelmaßnahmen und stärke die Rolle der Partnerländer in der Zusammenarbeit. Daher sieht der Operationsplan vor, PBA in der deutschen Entwicklungszusammenarbeit zum Regelfall zu machen, indem FZ- und TZ-Maßnahmen parallel finanziert und die Budget- und budgetähnlichen Finanzierungen ausgebaut würden.

- Mit dem Credo für ein *ergebnisorientiertes Management* will die Paris Declaration vor allem eine Perspektivänderung erreichen, indem der Fokus von den erbrachten Leistungen auf die tatsächlich erzielten Wirkungen gelenkt wird. Um die wirkungsorientierten Monitoring- und Managementsysteme der Partnerländer zu stärken, sollte sich die deutsche Entwicklungszusammenarbeit am Aufbau entsprechender Kapazitäten beteiligen und gleichzeitig die Instrumente der deutschen Entwicklungszusammenarbeit selbst stärker auf die Wirkungsorientierung ausrichten.
- Mit dem Aufbau wirkungsorientierter Monitoring- und Evaluationssysteme in den Partnerländern, sollte sodann das Ziel der *gegenseitigen Rechenschaftslegung* verfolgt werden.

Im Jahr 2008 wurde eine unabhängige Evaluation des Implementationsprozesses zur Paris Declaration in Deutschland durchgeführt. Hierzu wurden 54 Interviews in Ministerien, Durchführungsorganisationen und NRO geführt (vgl. BMZ 2008c). Die Evaluation kam zu einem insgesamt sehr positiven Ergebnis. Unter anderem wurde festgestellt, dass

- die Prinzipien der Paris Declaration im deutschen System der Entwicklungszusammenarbeit hoch anerkannt sind,
- die Umsetzung der Paris Declaration in Policy-Dokumente und Planungspapiere weit fortgeschritten ist,
- die Durchführungsorganisationen sich explizit auf die Paris Declaration bei ihrer Arbeit beziehen und
- die Vorgabe des BMZ an die Durchführungsorganisationen, in Zukunft gemeinsame Programmvorschläge zu erarbeiten, dazu beiträgt, ein ergebnisorientiertes Management aufzubauen.

Kritisch äußerten sich die deutschen EZ-Organisationen im Hinblick auf die konzeptionellen Konflikte zwischen einigen der Prinzipien der Paris Declaration, insbesondere zwischen „Ownership" auf der einen und Harmonisierung, ergebnisorientiertem Management und gegenseitiger Rechenschaftslegung auf der anderen Seite. Einige Gesprächspartner teilten die Sorge, dass die Paris Declaration in der Hinsicht interpretiert werden könnte, dass sie Budgethilfe als das zentrale Instrument der Entwicklungszusammenarbeit favorisiert. Weitere Kritik an den Prinzipien der Paris

---

lokalen Systeme genutzt: (i) Programmdesign, (ii) Implementierung, (iii) Finanzmanagement, (iv) Monitoring und Evaluierung (BMZ 2008b: 5, vgl. auch OECD 2008)

Declaration wurde dahingehend geäußert, dass diese zu sehr auf die zentralen Regierungen fixiert seien. Dadurch würden andere wichtige Stakeholder des Entwicklungsprozesses, wie Parlamente, regionale Regierungs- und Verwaltungseinheiten sowie die Zivilgesellschaft vernachlässigt.

Als vorteilhafte Faktoren für die Implementation der Prinzipien der Paris Declaration in Deutschland nennt die Evaluation:
- Kabinettrang der Entwicklungszusammenarbeit
- erhebliche Implementationskapazität
- Mehrebenenansatz der deutschen EZ-Organisationen
- breite Repräsentanz in den Partnerländern

Negativ für den Implementationsprozess wurden gewertet:
- die „doppelte" Verantwortung von BMZ und Auswärtigem Amt (insbesondere auf der Länderebene)
- das multiorganisationale System der deutschen Entwicklungszusammenarbeit (das die Effizienz und Effektivität beeinträchtigt)
- die institutionelle Trennung der Finanziellen und Technischen Zusammenarbeit
- die unterschiedlichen Förderbedingungen in der bilateralen Technischen Zusammenarbeit
- die verschiedenen Probleme, die mit der unterschiedlichen Repräsentation der deutschen Entwicklungszusammenarbeit auf der Länderebene verbunden sind

Der Evaluationsbericht enthält verschiedene Empfehlungen, wie der Umsetzungsprozess unterstützt werden kann. Eine Kernforderung besteht darin, das deutsche EZ-System zu reformieren. Die schwarz-rote Bundesregierung griff die Empfehlungen in ihrem Operationsplan zur Umsetzung der Paris Erklärung und des Accra Aktionsplans zur Steigerung der Wirksamkeit der Entwicklungszusammenarbeit auf und formulierte sieben übergeordnete Handlungsfelder (vgl. BMZ 2009: 2):
1. **Eigenverantwortung und Ausrichtung an den Prioritäten der Partner (Alignment):** Die Maßnahmen der Technischen und Finanziellen Zusammenarbeit sollen sich soweit wie möglich aus den nationalen Entwicklungsstrategien der Partnerländer ableiten und die Partnerlandstrukturen auf systematische Art und Weise genutzt werden.
2. **Arbeitsteilung und Komplementarität der Partner:** Um Transaktionskosten zu senken und damit die Wirksamkeit der Entwicklungszusammenarbeit zu fördern, will sich Deutschland – unter Führung der jeweiligen Partnerländer – für eine verbesserte Arbeitsteilung einsetzen.
3. **Vorhersehbarkeit und Transparenz:** Die Planung und wirkungsvolle Umsetzung von Maßnahmen durch die Partnerländer sollen unterstützt werden, indem frühzeitig und transparent die Formen und Höhe der (geplanten) deutschen Entwicklungszusammenarbeit an die Partner kommuniziert werden.

4. **Rechenschaftslegung unter Beteiligung der Zivilgesellschaft:** Die Entwicklung der Partnerländer soll von einer verbesserten Rechenschaftslegung profitieren, weswegen Deutschland diese unterstützten will.
5. **Zusammenarbeit mit Ländern in fragilen Situationen von Staatlichkeit und Konflikt:** Um die Zusammenarbeit mit von Konflikt und Fragilität betroffenen Staaten wirksamer zu gestalten, will sich Deutschland an der Umsetzung bereits vorhandener Strategien – beispielsweise der OECD/DAC oder der EU-Kommission – im Bereich von Peace- und State-Building beteiligen.
6. **Zusammenarbeit mit allen Entwicklungsakteuren, insbesondere Anker- und Schwellenländern:** Deutschland will der Ausweitung von Dreiecks- und Süd-Süd-Kooperationen Rechnung tragen, indem es deren Ausbau unterstützt und den Dialog mit Anker- und Schwellenländern intensiviert.
7. **Etablierung von Anreizstrukturen in der deutschen Entwicklungszusammenarbeit und Monitoring des Operationsplans:** Um den im Operationsplan vorgezeichneten Reformweg zu gehen, nimmt sich Deutschland vor, dessen tatsächliche Umsetzung voranzutreiben, indem entsprechende Anreizstrukturen auf allen Ebenen der deutschen Entwicklungszusammenarbeit (u.a. BMZ, Durchführungsorganisationen) geschaffen werden und die Umsetzung des Operationsplans regelmäßig überprüft wird.

Im Jahr 2011 bilanzierte das BMZ in einem Bericht die bis dahin erfolgte Umsetzung des Operationsplans (vgl. BMZ 2011b). Dort heißt es, dass 75 % der vorgesehenen Maßnahmen voll umgesetzt und dadurch erhebliche Fortschritte erzielt worden seien, wobei vor allem Maßnahmen in den Bereichen Stärkung der Eigenverantwortung, Arbeitsteilung, Rechenschaftslegung und Süd-Süd- und Dreieckskooperationen hervorgehoben werden. Insgesamt wird dem Operationsplan durch das BMZ ein positiver Effekt auf die Einbeziehung der Wirksamkeitsagenda innerhalb des deutschen EZ-Systems zugerechnet. Nichtsdestotrotz kommt der Bericht zu der Einschätzung, dass weitere Anstrengungen nötig seien und verweist in diesem Zusammenhang auf die weitergehenden, strukturellen Reformen der deutschen Entwicklungszusammenarbeit, die seit Verabschiedung des Operationsplans vorgenommen worden seien. Besonders betont werden dabei u.a. die institutionelle Reform der deutschen Technischen Zusammenarbeit (Zusammenführung von GTZ, DED und InWent zur GIZ) sowie die Schaffung eines neuen Evaluierungsinstituts, auf welche im folgenden Kapitel näher eingegangen wird.

Gegenüber dieser überwiegend positiven Selbsteinschätzung des BMZ, kommt der Entwicklungsausschuss der OECD, der regelmäßig Peer Reviews bezüglich der Entwicklungspolitik seiner Mitgliedsstaaten durchführt (siehe Kapitel 3.4), in seinem Mid-Term Review 2012 (vgl. Lomoy 2012) zu einer zurückhaltenderen Position. Zwar bescheinigt der OECD-DAC Deutschland Fortschritte bei acht von zehn Indikatoren zur Verbesserung der Aid Effectiveness, allerdings hebt er auch hervor, dass bisher nur zwei von zehn gesetzten Zielen erreicht worden seien (Koordinierung und Vorhersehbarkeit von Entwicklungshilfe). Nachholbedarf sieht der Bericht u. a. in der Nutzung der Partnersysteme durch die deutsche Entwicklungszusammenarbeit.

Fazit

Die programmatisch-strategische Ausrichtung der deutschen Entwicklungspolitik lässt in den letzten 15 Jahren eine erstaunliche Kontinuität erkennen. Die Millennium Development Goals stellen das zentrale Koordinatensystem für die deutsche Politik dar, die Armutsbekämpfung und nachhaltige Entwicklung als ressortübergreifende Querschnittsaufgabe proklamiert. In einem „Aktionsplan 2015" werden die aus der Millennium-Erklärung abgeleiteten Schlussfolgerungen für die deutsche Entwicklungspolitik gezogen. Doch nicht nur die politischen Leitlinien orientieren sich am Koordinatensystem der MDGs, sondern auch die realen Mittelzuweisungen für die durchzuführenden Maßnahmen. Die Bundesregierung trägt zwar rhetorisch den Monterrey-Konsens mit, der eine wesentliche Steigerung der Finanzmittel vorsieht, bis diese letztlich 0,7 % des Bruttonationaleinkommens ausmachen sollen, doch faktisch hat bisher jede Bundesregierung dieses Ziel weit verfehlt. Die verschiedenen Bundesregierungen der letzten Entwicklungsdekade unterscheiden sich zudem nicht in der Überzeugung, dass für die Erreichung der ambitiösen MDGs nicht nur mehr Geld, sondern auch eine Qualitätssteigerung in der gemeinsamen Zusammenarbeit notwendig ist. Deshalb stellt die Paris Declaration das zweite Koordinatensystem für die deutsche Entwicklungspolitik dar, das auf die möglichst effektive und effiziente Umsetzung der für die Zielerreichung notwendigen Maßnahmen abhält. Die Paris Declaration ist wie die Millenniumserklärung mit konkreten Zielvorgaben und einer Batterie von Indikatoren zur Messung der Zielerreichung ausgestattet. Dieses Vorgehen ist weit entfernt von den bisher häufig verabschiedeten Bemühungszusagen ohne jede Verbindlichkeit, sondern markiert – auf internationaler wie nationaler Ebene – eine deutliche Veränderung. Offensichtlich ist man bereit, das Konzept des „Management for results" nicht nur in den Entwicklungsländern anzuwenden, sondern auch für die Steuerung und Überprüfung der eigenen Politik zu nutzen. An diesen Vorgaben orientiert sich auch das BMZ, das in detaillierter Weise einen komplementären Operationsplan entwickelt hat, der definiert, wie die Bundesregierung zur Umsetzung der Zielvorgaben beitragen will. Dieser Plan ist trotz Regierungswechsel nicht außer Kraft gesetzt worden. Auch in ihrem Engagement für eine Post-2015-Agenda unterscheiden sich die beiden letzten Bundesregierungen kaum. Lediglich die von Minister Dirk Niebel verordneten wirtschaftspolitischen Prioritäten sowie die bevorzugte Zusammenarbeit mit der Wirtschaft wurden von der schwarz-roten Bundesregierung entschärft. Ansonsten weisen die thematischen und regionalen Schwerpunktsetzungen des BMZ nach dem Regierungswechsel keine gravierenden Veränderungen auf (vgl. Welthungerhilfe u. terre des hommes 2014: 16).

Wie die Entwicklungszusammenarbeit konkret funktioniert, ob sie tatsächlich den politischen Vorgaben und verabschiedeten Erklärungen folgt, wird in Kapitel 3 untersucht.

3 Entwicklungszusammenarbeit Deutschlands

3.1 Handlungskonzepte für die Entwicklungszusammenarbeit

Wie im vorangegangenen Kapitel dargestellt, folgt die deutsche Entwicklungspolitik einerseits nationalen Interessen und ist eingebettet in eine von vielen Ressorts mitbestimmte Gesamtpolitik. Andererseits orientiert sich die deutsche Entwicklungspolitik aber auch stark an den internationalen Vereinbarungen und Agenden. Dabei ist sie in ein doppeltes Koordinatensystem eingebunden: Die entwicklungspolitischen Ziele sind an den Millennium Development Goals und dem derzeit vorbereiteten Post-2015-Prozess ausgerichtet. Die Umsetzungsprozesse zu einer möglichst effektiven und effizienten Zielerreichung folgen der Paris Declaration, die in überprüfbare Operationspläne umgesetzt wurde.

Um die entwicklungspolitischen Ziele und die daraus abgeleiteten entwicklungspolitischen Strategien handhabbar zu machen, bedient sich das BMZ strategischer Managementinstrumente. Mit diesen soll die deutsche Entwicklungspolitik an der spezifischen politischen, wirtschaftlichen, sozialen, kulturellen und ökologischen Situation einer Region oder eines Partnerlands ausgerichtet werden. Zur Konkretisierung der jeweiligen Zusammenarbeit gibt es Regionalkonzepte und Länderstrategien[25] (vgl. BMZ 2005a: 123f., 2008d: 348ff., 2012b, 2015c).

Die *Regionalkonzepte* verbinden die übergreifenden entwicklungspolitischen Vorstellungen und Zielsetzungen des BMZ mit der Situation in einer Region und leiten daraus prioritäre Handlungsfelder ab. Zudem stellen sie den regional- und länderspezifischen Zusammenhang mit anderen Politikfeldern her, um die Kohärenz zu verbessern.[26] Die wichtigste Funktion der *Länderstrategien* besteht darin, die zentralen Felder der Zusammenarbeit mit ausgewählten Ländern zu bestimmen und aufzuzeigen, wie ein Beitrag zur Erreichung der MDGs geleistet werden kann. Dazu werden gemeinsam mit dem Kooperationsland bis zu drei Schwerpunkte für die Zusammenarbeit festgelegt, die eine langfristige Orientierung bieten sollen. Die entwicklungspolitischen Ziele, die jeweils in einem Schwerpunkt (z. B. Friedenssicherung und Konfliktprävention, Grundbildung, Good Governance) erreicht werden sollen, werden auf der Impact- oder Outcome-Ebene festgelegt und lehnen sich an die Sektorziele des Partnerlands an. Das Schwerpunktziel wird als Programmziel in den Programmvorschlag übernommen, der gemeinsam von den Durchführungsorganisationen erarbeitet wird und gleichsam die „operative Antwort" auf die jeweiligen strategischen Vorgaben des BMZ-/Partnerland-Vorschlags ist. Der Programmvorschlag verlinkt strategische und operative Ebene, das BMZ und seine Durchführungsorganisationen, indem darin dargestellt wird, „wie

---

[25] Die Länderstrategie für Kooperationsländer im Rahmen der bilateralen Zusammenarbeit führt die bisherigen Instrumente der Schwerpunktstrategiepapiere und Länderkonzepte zusammen und ersetzt diese (vgl. BMZ 2012b).
[26] Für Informationen zu den derzeit bestehenden Regionalkonzepten vgl. BMZ 2015c.

die EZ-Instrumente im Schwerpunkt aufeinander abgestimmt werden und welche positiven Wirkungen aus dem Zusammenspiel der einzelnen EZ-Maßnahmen zu erwarten sind" (BMZ 2012c). Die Durchführungsorganisationen sollen dem BMZ über Entwicklungen im Schwerpunkt und die Zielerreichung auf Programm- und Modulebene, d.h. über Impact und Outcome berichten. Für das Monitoring in einem Schwerpunkt sollen vorhandene Systeme in den Partnerländern genutzt werden. Falls erforderlich, soll der Partner beim Aufbau entsprechender Kapazitäten unterstützt werden (vgl. BMZ 2012b).[27]

Die Überarbeitung der modular aufgebauten Länderstrategien erfolgt im Rahmen von Regierungsverhandlungen, die alle zwei bis vier Jahre mit einem Partnerland durchgeführt werden. Zu deren Vorbereitung finden u.a. *Ländergespräche* statt, an denen neben anderen Bundesressorts die Durchführungsorganisationen und NRO, insbesondere die kirchlichen Organisationen und die politischen Stiftungen, teilnehmen und ihre Sachkenntnis und Erfahrungen einbringen. Die Ländergespräche sollen auch dazu beitragen, staatliche und nicht staatliche Aktivitäten aufeinander abzustimmen.

Regionalkonzepte und Länderstrategien sind die Reaktion des BMZ auf eine Jahrzehnte andauernde Kritik an fehlender konzeptioneller Klarheit und Beliebigkeit der Hilfe in Regionen und einzelnen Ländern. Zudem soll dadurch die Abstimmung der deutschen EZ-Organisationen untereinander, aber auch mit anderen Bundesressorts und Gebern erleichtert und die Unterstützung stärker an den Bedürfnissen und den entwicklungspolitischen Prioritäten der Partnerländer selbst ausgerichtet werden. Auch dies sind thematische Dauerbrenner entwicklungspolitischer Kritik.

Um dem viel geschmähten „Gießkannenprinzip" deutscher Hilfe wirksam zu begegnen, wurde eine länderspezifische Fokussierung mit dem Ziel vorgenommen, die Wirksamkeit der deutschen Entwicklungspolitik zu erhöhen. Deshalb hat das BMZ damit begonnen,
- die Anzahl der Partnerländer zu verringern, um die verfügbaren Mittel auf einzelne Partnerländer zu konzentrieren, um dadurch einen gezielteren und effektiveren Beitrag zur Entwicklung eines Landes leisten zu können,
- den Dialog mit den Partnerländern und mit anderen Gebern zu intensivieren, um die Abstimmung und Verzahnung von Fördermaßnahmen zu verbessern,
- die Zusammenarbeit mit den ausgewählten Partnerländern auf wenige inhaltliche Schwerpunkte (z. B. Wasser, Berufliche Bildung, Gesundheit) zu fokussieren, um die Hilfe zu konzentrieren,
- die Arbeitsteilung innerhalb der EU und im internationalen Geberkreis zu stärken,

---

27 Ein auf der Webseite des BMZ veröffentlichtes Beispiel für eine Länderstrategie ist die „Neue entwicklungspolitische Strategie für die Zusammenarbeit mit Afghanistan im Zeitraum 2014–2017" (BMZ 2014d).

- Einzelprojekte zu reduzieren und die Beiträge stattdessen verstärkt in geberübergreifende Programmansätze zu integrieren und
- den Anteil der Hilfe in Sub-Sahara-Afrika zu steigern.

Sowohl die letzte als auch die neue Bundesregierung waren bzw. sind bestrebt, die Zahl der Kooperationsländer deutlich zu reduzieren. Derzeit arbeitet das BMZ mit rund 50 Ländern in allen Weltregionen zusammen. Folgende Kriterien werden für die Auswahl herangezogen (vgl. BMZ 2015d):
- Die entwicklungspolitische Notwendigkeit und der Bedarf an deutscher Unterstützung (unter anderem Armutssituation, Bedürftigkeit),
- die Entwicklungsorientierung und Art der Regierungsführung der Partnerregierung sowie die Orientierung an Menschenrechtsstandards,
- die Bedeutung und Signifikanz des deutschen Beitrags für den Partner, auch im Vergleich zu anderen bilateralen und multilateralen Gebern (auch unter Arbeitsteilungsgesichtspunkten),
- besondere Gefahrenquellen unter denen die Partner leiden (zum Beispiel fragile und Post-Konflikt-Staaten),
- deutsche Interessen wie strategische Partnerschaften und globale Umweltgüter sowie
- regionale Aspekte und historisch gewachsene Bindungen.

Tabelle III/4 gibt einen Überblick über die 50 Länder, mit denen das BMZ aktuell im Rahmen der bilateralen Entwicklungszusammenarbeit kooperiert.

Tabelle III/4: Partnerländer für bilaterale deutsche Entwicklungszusammenarbeit im Rahmen von Länderprogrammen 2015 (vgl. BMZ 2015d)

Förderregion	Partnerland
Naher Osten	Ägypten, Jemen, Palästinensische Gebiete
Südosteuropa/ Kaukasus	Albanien, Serbien, Kosovo, Ukraine
Afrika	Äthiopien, Benin, Burkina Faso, Burundi, Ghana, Kamerun, Kenia, Demokratische Republik Kongo, Mali, Malawi, Marokko, Mauretanien, Mosambik, Namibia, Niger, Ruanda, Sambia, Südafrika, Südsudan, Tansania, Togo, Uganda
Asien	Afghanistan, Bangladesch, Indien, Indonesien, Kambodscha, Kirgisistan, Laos, Mongolei, Nepal, Pakistan, Tadschikistan, Usbekistan, Vietnam
Lateinamerika und Karibik	Bolivien, Brasilien, Ecuador, Guatemala, Honduras, Kolumbien, Mexiko, Peru

Die Zusammenarbeit im Rahmen von Länderprogrammen ist in der Regel auf ein bis maximal drei inhaltliche Schwerpunkte begrenzt. Aktuelle thematische Schwerpunkte der deutschen Entwicklungszusammenarbeit sind (vgl. BMZ 2014e: 16):

- Ernährungssicherung, Landwirtschaft
- Gesundheit, Familienplanung, HIV/AIDS
- Demokratie, Zivilgesellschaft und öffentliche Verwaltung, Menschenrechte
- Bildung
- Nachhaltige Wirtschaftsentwicklung, Menschenrechts-, Sozial- und Umweltstandards
- Trinkwasser, Wassermanagement, Abwasser-/Abfallentsorgung
- Energie und Klimaschutz
- Umweltpolitik, Schutz und nachhaltige Nutzung natürlicher Ressourcen
- Frieden und Sicherheit.[28]

Eine wichtige Zielgruppe deutscher Entwicklungspolitik umfasst jene Länder, welchen im Hinblick auf regionale und/oder internationale Prozesse eine herausgehobene Bedeutung zugesprochen wird und die deshalb als „Globale Entwicklungspartner" hervorgehoben werden. In einem Konzeptpapier hat das BMZ 2011 einen Rahmen für die entwicklungspolitische Zusammenarbeit mit diesen Ländern geschaffen, zu denen die Partnerländer Brasilien, Indien, Indonesien, Mexiko und Südafrika zählen. Ihnen sei gemein, dass sie Merkmale von Industrie- und Entwicklungsländern aufweisen, gemäß OECD-DAC allerdings als Entwicklungsländer firmieren. Zudem verfügen alle über einen gewissen Grad an Gestaltungsfähigkeit im Rahmen der globalen Weltordnung, eine hohe Relevanz für die Erreichung der MDGs und für den Schutz globaler öffentlicher Güter, eine volkswirtschaftliche Größe von regionaler und globaler Bedeutsamkeit und eine herausragende Rolle hinsichtlich regionaler Integrations- oder Kooperationsprozesse. Mit eben diesen Ländern strebt die deutsche Entwicklungszusammenarbeit eine strategische Partnerschaft an und sieht dabei drei zentrale Handlungsfelder: (a) Klima- und Umweltschutz, (b) nachhaltige Wirtschaftsentwicklung und (c) die Gestaltung globaler Entwicklungsagenden (vgl. BMZ 2011c: 9ff.). Auf diese Weise soll ein Beitrag zum Schutz der globalen öffentlichen Güter – für deren Erhalt diese Länder von fundamentaler Bedeutung sind – sowie zur Einhaltung internationaler Verpflichtungen (u. a. den MDGs) geleistet werden (vgl. BMZ 2011c).

Was den regionalen Fokus der deutschen Entwicklungszusammenarbeit und damit auch die regionale Verteilung der Mittel betrifft, ist festzustellen, dass mit rund einem Viertel der bilateralen ODA-Nettoleistungen[29] der größte Teil für Afrika südlich der Sahara aufgewendet wird, wo sich die Mehrheit der ärmsten Länder der Welt befindet. Gemessen am BMZ-Haushalt machen die afrikanischen Staaten südlich der Sahara ebenfalls nahezu ein Viertel aus. Im Vergleich zum OECD-Durchschnitt von rund 31% liegt dieser Wert deutlich darunter (vgl. OECD 2013). Gefolgt wird Subsahara-Afrika derzeit von den Staaten Süd- und Zentralasiens sowie Ostasiens. In diesen drei

---

28 Für eine komplette Übersicht der vom BMZ bearbeiteten Themen vgl. BMZ 2015e.
29 Bei der Verteilung der ODA-Mittel nach Ländern können nur die bilateral vergebenen Mittel zugeordnet werden, da die Verteilung der deutschen ODA-Mittel an multilaterale Organisationen regional nicht differenziert werden kann.

Regionen waren 2012 auch die Hauptempfängerländer deutscher bilateral vergebener EZ-Mittel zu finden. Es handelt sich bei den „Big Five" um die VR China[30], die Demokratische Republik Kongo, Afghanistan, Indien, und Kenia (weitere Details in Tabelle III/5).

Der absolute Mittelzufluss in ein Land wird begrenzt durch seine *„Absorptionsfähigkeit"*. Damit sind die strukturellen Voraussetzungen gemeint, die gegeben sein müssen, damit finanzielle Fördermittel in sinnvolle Maßnahmen, Projekte und Programme umgesetzt werden können. Zumeist weisen entwickeltere Länder, wie z.B. Thailand oder Costa Rica, bessere staatliche und zivilgesellschaftliche Strukturen auf als weniger entwickelte Länder, wie z.B. Afghanistan oder Haiti. Dies führt insbesondere bei einer Entwicklungspolitik, die auf Armutsreduktion ausgerichtet ist, zu einem Dilemma. Gerade die Staaten, die die Hilfe am nötigsten hätten, bieten die schlechtesten Voraussetzungen für eine sinnvolle Allokation der Mittel. Deshalb kommt es häufig vor, dass Länder, die aufgrund politischer oder Naturkatastrophen mithilfe geradezu überschwemmt werden, wie z. B. Afghanistan oder die vom Tsunami zerstörten Landstriche in Indonesien, nicht in der Lage sind, alle von staatlicher Seite bereitgestellten oder von Bürgern gespendeten Finanzmittel in sinnvolle Maßnahmen umzusetzen.

In solchen Ländern mit mangelnder „Absorptionsfähigkeit" kommt es dann zu einem *„Mittelabflussproblem"*. Da die eigentlich bereitgestellten Finanzmittel nicht (fristgerecht) umgesetzt werden, stauen sich die für Hilfsmaßnahmen vorgesehenen Mittel auf. Dies kann dann wieder dazu führen, dass Projekte und Programme durchgeführt werden, die überhaupt nicht den Bedürfnissen der Zielgruppen entsprechen, nur damit die Finanzmittel auch wie vorgesehen ausgegeben werden. Wer z. B. die vom Tsunami schwer betroffene Provinz Banda Aceh in Indonesien bereist, wird feststellen,
- dass viele der von den Hilfsorganisationen gebauten Häuser leer stehen,
- dass überdimensionierte Flughäfen, prachtvolle Moscheen und Rathäuser gebaut wurden,
- dass die Preise für Baumaterial, Lebensmittel etc. temporär drastisch angestiegen sind,
- dass dem wirtschaftlichen Scheinboom des Wiederaufbaus ein drastischer Absturz mit Arbeitslosigkeit und Perspektivlosigkeit folgte.

Dieses Beispiel entstammt zwar der Humanitären Hilfe, bei der es darum geht, schnell Menschen in dramatischen Notlagen zu helfen, doch die Funktionsmechanismen lassen sich hierbei besonders deutlich aufzeigen, weil Staaten und Spendenorganisationen unter starkem Druck stehen, die zur Verfügung gestellten bzw. eingesammelten Spendenmittel auch den Bedürftigen zugute kommen zu lassen.

---

30 Die VR China zählt seit 2010 nicht mehr zu den Partnerländern deutscher Entwicklungszusammenarbeit. Allerdings werden vor 2010 eingegangene Verpflichtungen eingehalten (vgl. BMZ 2011c).

Tabelle I I/5: Deutsche bilaterale ODA nach Instrumenten und Ländern 2012 (in 1.000.000 Euro) (BMZ 2013b)

	Leistungen brutto insgesamt	Leistungen netto¹ insgesamt	Leistungen BMZ brutto insgesamt	Finanzielle Zusammenarbeit		Technische Zusammenarbeit			
				FZ brutto	FZ netto	TZ BMZ	Staatliche TZ	TZ zivilgesellschaftliche und wirtschaftliche Gruppen/Institutionen	Weitere TZ
Insgesamt	**7.946**	**6.678**	**5.256**	**2.775**	**1.507**	**2.277**	**1.336**	**708**	**234**
Europa	**448**	**329**	**252**	**169**	**50**	**111**	**79**	**31**	**0,4**
Serbien	65	41	54	41	17	13	13	–	–
Türkei	96	23	8	35	–39	0,6	0,6	–	–
Ukraine	66	64	22	7	5	15	13	2	–
Afrika	**2.503**	**2.166**	**1.529**	**812**	**475**	**625**	**474**	**148**	**2**
nördlich der Sahara	290	174	144	86	–30	58	49	8	0,5
Ägypten	120	80	61	47	7	14	12	3	–
Marokko	67	9	38	26	–32	12	12	0,06	–
Tunesien	51	33	18	11	–7	7	7	–	–
südlich der Sahara	1.967	1.754	1.170	560	346	519	385	132	1
Äthiopien	91	91	76	48	48	23	18	5	–
Kenia	278	122	103	66	–89	29	20	9	0,3
Kongo, Demokratische Republik	467	462	82	46	41	27	19	8	–
nicht aufteilbar	245	237	215	166	158	48	40	8	0,3
Amerika	**784**	**657**	**553**	**284**	**158**	**262**	**146**	**114**	**2**
Nord- und Mittelamerika	242	210	189	106	74	73	43	30	0,08
El Salvador	20	12	15	11	2	4	2	2	–

Tabelle III/5: Deutsche bilaterale ODA nach Instrumenten und Ländern 2012 (in 1.000.000 Euro) (BMZ 2013b) (Fortsetzung)

	Leistungen brutto insgesamt	Leistungen netto¹ insgesamt	Leistungen BMZ brutto insgesamt	Finanzielle Zusammenarbeit		Technische Zusammenarbeit			
				FZ brutto	FZ netto	TZ BMZ	Staatliche TZ	TZ zivilgesellschaftliche und wirtschaftliche Gruppen/Institutionen	Weitere TZ
Haiti	20	20	19	7	7	2	0,003	2	0,08
Mexiko	72	62	41	33	23	8	5	3	–
Südamerika	437	366	261	122	51	142	72	69	2
Brasilien	118	92	65	36	9	34	18	16	–
Chile	46	37	28	20	11	8	0,4	7	–
Peru	96	73	69	41	18	29	21	8	–
nicht aufteilbar	104	81	103	56	34	47	32	15	–
Asien	2.871	2.186	1.829	1.219	534	593	430	158	5
Naher und Mittlerer Osten	444	427	214	142	126	65	53	11	0,5
Jordanien	71	55	57	52	36	4	4	–	–
Palästinensische Gebiete	106	106	77	58	58	17	13	4	–
Syrien	83	83	3	0,1	0,1	2	2	–	–
Süd- und Zentralasien	1.339	1.036	890	562	260	296	213	80	3
Afghanistan	401	401	204	103	103	90	80	10	–
Indien	338	133	257	201	-3	56	26	30	–
Pakistan	127	79	38	11	-37	19	16	3	–
Ostasien	938	575	588	433	71	176	130	44	2
China	569	335	349	337	103	31	24	7	–
Indonesien	98	26	49	23	-49	28	21	6	0,4

Tabelle I I/5: Deutsche bilaterale ODA nach Instrumenten und Ländern 2012 (in 1.000.000 Euro) (BMZ 2013b) *(Fortsetzung)*

				Finanzielle Zusammenarbeit		Technische Zusammenarbeit			
	Leistungen brutto insgesamt	Leistungen netto¹ insgesamt	Leistungen BMZ brutto insgesamt	FZ brutto	FZ netto	TZ BMZ	Staatliche TZ	TZ zivilgesellschaftliche und wirtschaftliche Gruppen/Institutionen	Weitere TZ
Vietnam	83	77	46	26	21	23	21	2	–
nicht aufteilbar	151	147	137	81	77	55	32	23	0,2
Ozeanien	**10**	**9**	**7**	**1**	**0,1**	**7**	**4**	**3**	**–**
Fidschi	0,9	0,9	0,9	–	–	0,9	–	0,9	–
Palau	0,2	0,2	–	–	–	–	–	–	–
Papua-Neuguinea	3	1	1	1	0,1	1	0,008	1	–

¹ Netto-Leistungen: Rückflüsse (v. a. Tilgungen von Darlehen) werden von der ODA abgezogen.

Aufgrund des exorbitanten Mittelvolumens und der mangelhaften staatlichen wie zivilgesellschaftlichen Strukturen kam es in Banda Aceh zu einem massiven „Mittelabflussproblem". Deshalb schauten einige Organisationen nicht mehr so genau hin, wie viele Häuser denn benötigt wurden, ob die Bedürftigen nicht schon von einer anderen Organisation ein Haus erhalten hatten, ob es sich überhaupt um Bedürftige (vom Tsunami geschädigte) Familien handelte, ob der Flughafen nach dem Hilfeboom überhaupt noch oder in welchem Umfang gebraucht würde etc. Entscheidend war vielmehr, dass die Mittel in den betroffenen Regionen ausgegeben worden waren.

In der Entwicklungszusammenarbeit ist es nicht anders. Gerade in strukturschwachen Ländern kommt es vor, dass kompetente staatliche wie nicht staatliche Durchführungsorganisationen von internationalen und der Vielfalt nationaler Geber bedrängt werden, doch ihre Fördermittel anzunehmen und mit ihnen zusammenzuarbeiten. In diese „Geberfalle" gerät man, wenn politische Vorgaben, die in einem bestimmten Land umgesetzt werden sollen (z. B. weil es ein Schwerpunktland deutscher Hilfe ist), in Konkurrenz zu anderen nationalen Mittelgebern oder internationalen Organisationen treten. Mit der in vielen Strategiedokumenten beschworenen Koordination ist es in der Praxis oft nicht weit her. Häufig gibt es nicht nur ein konkurrenzgetriebenes Nebeneinander, sondern auch Programme, die in Gegensatz zueinander stehen oder bereits bestehende Erfolge wieder zunichte machen. So z. B. wenn über Jahrzehnte hinweg mit deutschen Steuermitteln in einem Land versucht wird, duale Ausbildungsstrukturen aufzubauen, dann aber aus millionenschweren Fördertöpfen der EU oder der Weltbank Berufsschulen gebaut werden, die auf ein vollschulisches Ausbildungsmodell setzen.

Auch diese Beispiele zeigen, dass nicht allein der absolute Fördermittelumfang, der einem Land zur Verfügung gestellt wird, zählt, sondern dass es darauf ankommt, ob diese Mittel so eingesetzt werden, dass sie insgesamt einen möglichst hohen Wirkungsgrad erreichen. In Kapitel 4 wird dieser Frage der Wirksamkeit der Entwicklungszusammenarbeit genauer nachgegangen.

Fazit

Hier bleibt festzuhalten, dass die Bundesregierungen der letzten Legislaturperioden Länderkonzepte und Schwerpunktstrategiepapiere für die strategisch-konzeptionelle Ausgestaltung und Umsetzung der entwicklungspolitischen Zielsetzungen verwenden. In den letzten Jahren ist zu beobachten, dass das BMZ seine Mittel auf wenige Länder und inhaltliche Schwerpunkte konzentriert. Dies war nicht nur eine Folge der massiven Kritik am „Gießkannenprinzip", nach dem möglichst viele Länder in zahlreichen Sektoren unterstützt werden sollten, oder strategischer Überlegungen und internationaler Abkommen, sondern vor allem auch eine Frage absolut stagnierender bis fallender Finanzmittel. Das BMZ hat sozusagen aus der Not eine Tugend gemacht, allerdings jetzt bei wieder steigenden EZ-Haushalten diese Strategie beibehalten.

3.2 ODA-Leistungen

Nicht alles, was an Finanzmitteln in die Entwicklungsländer fließt, trägt auch das Prädikat Entwicklungshilfe. Unter öffentliche Entwicklungszusammenarbeit (Official Development Assistance, ODA) dürfen nach einer allgemein anerkannten Definition des Entwicklungsausschusses der OECD nur solche Leistungen gezählt werden, die von öffentlichen Stellen (z. B. Bund, Ländern) mit dem Hauptziel der Förderung der wirtschaftlichen und sozialen Entwicklung von Entwicklungsländern an diese oder an internationale Organisationen zugunsten der Entwicklungsländer vergeben werden, und ein Zuschusselement von mindestens 25% beinhalten (vgl. BMZ 2008d: 468). Dieses Zuschusselement ist das eigentliche Kriterium, das öffentliche Kredite in Entwicklungshilfe verwandelt, da fast alle Leistungen irgendwie zur wirtschaftlichen und sozialen Entwicklung eines Landes beitragen können. Das Zuschusselement gibt den Grad der Vergünstigung von Krediten (um eben diese mindestens 25%) und das Ausmaß des Verzichts auf marktübliche Gegenleistungen („Zuschussäquivalent") an. Wird ein Kredit als „grant" vergeben, beträgt das Zuschusselement 100%, d. h. das Partnerland muss nichts von den erhaltenen Finanzmitteln zurückzahlen. Kredite, die zu sogenannten „IDA-Konditionen" an besonders bedürftige Länder vergeben werden, gewähren lange Laufzeiten (bis zu 50 Jahren inklusive zehn tilgungsfreien Jahren) und berechnen minimale Zinssätze (0,75%).[31]

Die als Official Development Assistance gezählten Finanzmittel können deshalb sehr unterschiedlich strukturiert sein. Das Spektrum reicht von einer hundertprozentigen Schenkung bis hin zum Minimalstandard eines 25% nicht rückzahlbaren Zuschusses. Es liegt deshalb auf der Hand, dass es für die Entwicklungsländer nicht nur wichtig ist, wie viel Geld sie bekommen, sondern auch, zu welchen Bedingungen sie es erhalten: D h. mit welchem Zuschussanteil (25%–100%), zu welchen Zinsen, mit welchen Laufzeiten und mit wie vielen tilgungsfreien Jahren. Deshalb ist nicht nur die Quantität der ODA, sondern auch ihre Qualität von Bedeutung.

In der öffentlichen Wahrnehmung geht es jedoch nur um die quantitativen Messgrößen. Dabei bildet nicht so sehr der absolute Betrag, sondern der zum Bruttonationaleinkommen ins Verhältnis gesetzte Anteil die entscheidende Beurteilungsgröße. Dies ergibt Sinn, da kleine Länder wie z. B. Luxemburg, absolut betrachtet, natürlich nicht den gleichen Betrag wie Deutschland aufbringen können. Deshalb wird dieser in Relation zum Nationaleinkommen (BNE) (früher Bruttosozialprodukt) gesetzt. Dabei werden alle an der magischen Marke von 0,7% des BNE gemessen, dem sogenannten 0,7-%-Ziel, zu dem sich die meisten Geber seit 1970 in zahllosen Erklärungen immer wieder verpflichtet haben. Da alle deshalb möglichst gut

---

[31] Die International Development Association (IDA) mit Sitz in Washington ist 1960 als Tochtergesellschaft der International Bank for Reconstruction and Development (IBRD), kurz Weltbank, gegründet worden. Die IDA finanziert sich nicht auf den Kapitalmärkten, sondern aus Beiträgen der Mitgliedsländer und Gewinnüberweisungen der IBRD sowie Kreditrückzahlungen (vgl. Weltbank 2015c).

aussehen wollen, versuchen viele, ihre Quote mit größeren und kleineren Tricks in die Höhe zu treiben.

Erlaubt ist nach ODA-Definition die Erfassung der Aufwendungen für die Humanitäre Hilfe und UN-Friedensmissionen, aber auch Studienplatzkosten für Studierende aus der Dritten Welt, die Kosten für die Unterbringung und Versorgung von Asylsuchenden und Bürgerkriegsflüchtlingen, Ausgaben für die entwicklungsländerspezifische Forschung (z. B. die Erforschung von Tropenkrankheiten oder die Entwicklung neuen Saatguts) und die entwicklungspolitische Bewusstseinsbildung in den Geberländern sowie allgemeine Verwaltungskosten des Gebers, oder Schuldenerleichterungen oder -erlasse. Diese hatten noch im Jahr 2008 ein gutes Viertel der ODA-Leistungen ausgemacht, sind bis 2012 allerdings auf etwa 4% gesunken (siehe Tabelle III/8). Begründet wird die Anrechenbarkeit von Schuldentilgungen damit, dass durch den Schuldenerlass, die für die Schuldentilgung vorgesehenen Mittel jetzt für die wirtschaftliche und soziale Entwicklung in den Partnerländern genutzt werden können. Da viele, gerade der ärmsten Länder, aber gar nicht die Mittel hätten aufbringen können, ihre Schulden zu tilgen (deshalb werden sie ihnen ja erlassen), kann das Geld – das gar nicht vorhanden ist – auch nicht für Entwicklungszwecke genutzt werden. Nicht zur ODA werden gerechnet:
- Spenden von privaten Hilfsorganisationen, da diese keine öffentlichen Mittel darstellen,
- öffentliche oder öffentlich verbürgte Exportkredite sowie öffentliche Darlehen zu Marktbedingungen der Weltbank und regionaler Entwicklungsbanken, die eine der ODA-Bedingungen (z. B. Zuschusselement von mindestens 25%) nicht erfüllen,
- die sogenannte Official Assistance (OA), die den Transformationsländern Mittel- und Osteuropas, den GUS-Staaten und teilweise auch einigen Schwellenländern zu Sonderbedingungen eingeräumt wird,
- private Direktinvestitionen, Portfolioinvestitionen (Erwerb von Wertpapieren und Anleihen) und Exportkredite,
- Militärhilfe (vgl. Nuscheler 2005: 481).

Wie aus Abbildung III/4 und III/5 hervorgeht, nimmt Deutschland, gemessen an den absoluten ODA-Beträgen, hinter den USA und Großbritannien sowie vor Japan und Frankreich mit 14,06 Mrd. US-Dollar (2013) den dritten Platz ein (DAC insgesamt: 134,84 Mrd. US-Dollar). Gemessen am prozentualen Anteil des Bruttonationaleinkommens belegt Deutschland hingegen seit Jahrzehnten nur einen Mittelplatz.

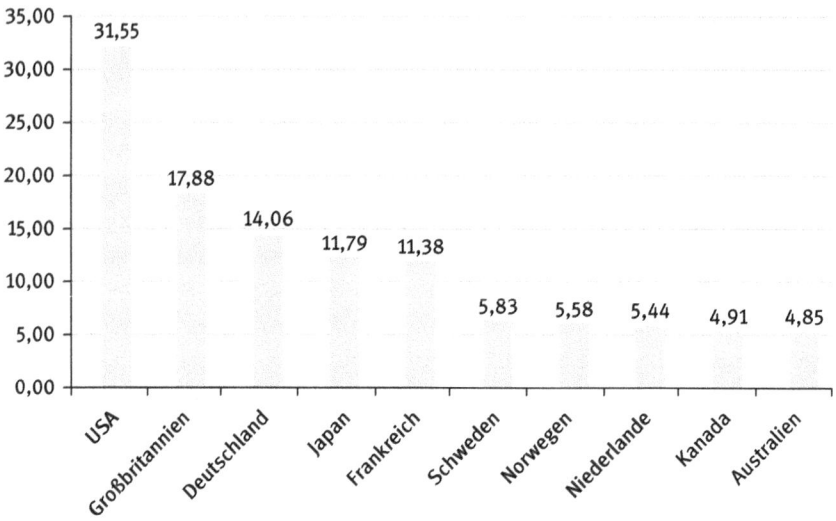

Abbildung III/4: Netto-ODA in Mrd. US-Dollar (2013) (vgl. BMZ 2014f)

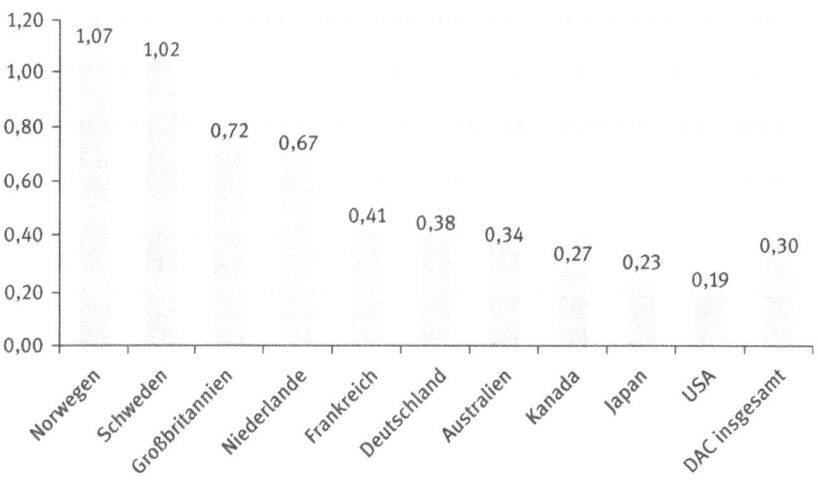

Abbildung III/5: Prozentualer Anteil am BNE (2013) (vgl. BMZ 2014f)

Dabei hat Deutschland seine Quote seit Mitte des letzten Jahrzehnts wieder gesteigert (vgl. Abbildung III/6). Nachdem die ODA-Quote in der Mitte der 1980er-Jahre von 0,47 % auf fast ein Viertel Prozent Ende der 1990er-Jahre gefallen war, hat sie sich jetzt wieder bei etwas über 0,35 % stabilisiert. Dies konnte allerdings nur erreicht werden, weil Sondermittel hineingerechnet werden, wie etwa die im Rahmen der Anti-Terror-Aktivitäten bereitgestellten Ressourcen für jene Länder, die als besonders gefährdet für den Einfluss terroristischer Gruppierungen gelten (vgl. Kevenhörster u. van den Boom 2009: 42). Vor dem Hintergrund der Finanzkrise ist es der Bundesregierung trotz der internationalen Zusagen nicht gelungen, die ODA bis 2010 auf 0,51% zu steigern und auch mit der zugesagten Steigerung bis 2015 auf 0,7% ist nicht zu rechnen.

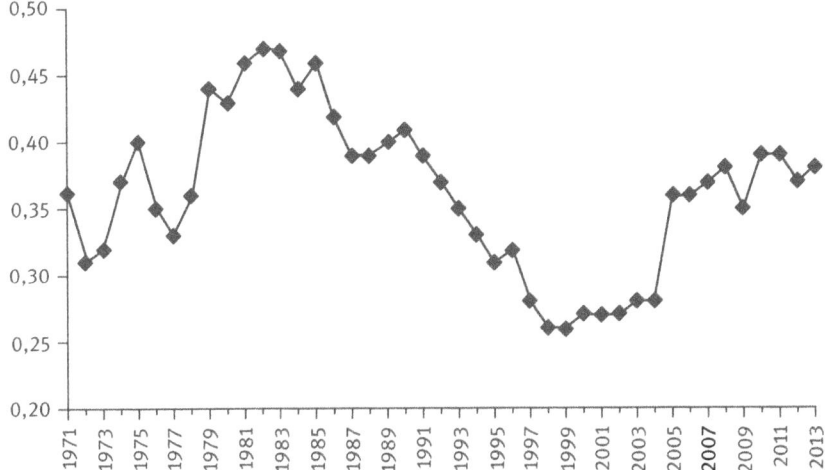

Abbildung III/6: Entwicklung der deutschen ODA-Quote 1971–2013 (vgl. BMZ 2013c, 2014g)

Wie sich die deutschen ODA-Leistungen zusammensetzen, ist in Tabelle III/6 zu erkennen. Dabei wird deutlich, dass die öffentliche Entwicklungshilfe nur zu etwas mehr als der Hälfte aus dem BMZ-Haushalt bestritten wird. Hinzu kommen fast 10% aus dem Haushalt des Auswärtigen Amtes, gut 12% macht die ODA als anrechenbarer Anteil am EU-Haushalt aus und für etwa 7% zeichnen die Bundesländer verantwortlich.

Tabelle III/6: Mittelherkunft der ODA 2012 in Mio. Euro (BMZ 2013d)

Herkunft der Mittel	Insgesamt	In %
Leistungen insgesamt	10.066,9	100,0
BM für wirtschaftliche Zusammenarbeit und Entwicklung (BMZ)	6.099,5	60,6
Auswärtiges Amt (AA)	939,1	9,3
BM für Umwelt, Naturschutz und Reaktorsicherheit (BMU)	127,4	1,3
Bundesministerium für Bildung und Forschung (BMBF)	112,7	1,1
Beauftragter der Bundesregierung für Kultur und Medien (BKM)	83,1	0,8
Bundesministerium der Finanzen (BMF)	36,6	0,4
BM für Ernährung, Landwirtschaft und Verbraucherschutz (BMELV)	31,0	0,3
BM für Gesundheit (BMG)	24,9	0,2
BM für Wirtschaft und Technologie (BMWi)	18,3	0,2
BM für Arbeit und Soziales (BMAS)	14,4	0,1
BM der Verteidigung (BMVg)	7,7	0,1
BM des Innern (BMI)	5,8	0,1

Tabelle III/6: Mittelherkunft der ODA 2012 in Mio. Euro (BMZ 2013d) *(Fortsetzung)*

Herkunft der Mittel	Insgesamt	In %
BM der Justiz (BMJ)	3,5	0,0
BM für Familie, Senioren, Frauen und Jugend (BMFSFJ)	2,1	0,0
Deutscher Bundestag	0,6	0,0
BM für Verkehr, Bau und Stadtentwicklung (BMVBS)	0,2	0,0
ODA-anrechenbarer Anteil aus dem EU-Haushalt	1.292,4	12,8
Bundesländer	722,8	7,2
Bundesvermögen	660,9	6,6
Marktmittel	734,9	7,3
DEG – Deutsche Investitions- und Entwicklungsgesellschaft	358,1	3,6
Sonstige	59,1	0,6
Tilgungen/Verkaufserlöse	−1.268,3	−12,6

Die gesamten ODA-Leistungen teilen sich auf in bilaterale und multilaterale Leistungen, deren Verhältnis seit vielen Jahren etwa zwei zu einem Drittel beträgt, wie Tabelle III/7 veranschaulicht. So wurden etwa 2012 rund 66 % der 10,067 Mrd. Euro (= 6,678 Mrd. Euro) bilateral, d. h. direkt an die Empfängerländer vergeben.

Tabelle III/7: Entwicklung der bi- und multilateralen Netto-ODA 2007 – 2012 (BMZ 2014h)

	2007	2008	2009	2010	2011	2012
Öffentliche Entwicklungszusammenarbeit (ODA)	8.978,4	9.692,9	8.674,1	9.803,9	10.135,6	10.066,9
Bilateral	5.807,3	6.283,2	5.096,1	6.081,8	6.256,1	6.678,4
Multilateral	3.171,0	3.409,8	3.578,0	3.722,1	3.879,5	3.388,6

Wie sich die bilateralen ODA-Leistungen Deutschlands nach Verwendungszwecken verteilen, ist Tabelle III/8 zu entnehmen. Den weitaus größten Anteil nimmt, bezogen auf das Jahr 2012, mit 44,91 % der Sektor „Soziale Infrastruktur und Dienste" ein. Unter dieser Bezeichnung verbergen sich vor allem Programme und Projekte zur Förderung der Bildung (16,31 %), von Staat und Zivilgesellschaft (11,81 %) und der Wasserver- und -entsorgung sowie Abfallbeseitigung (11,28 %). Eine relativ geringe Bedeutung gemessen an der Gesamtsumme der bilateralen ODA-Leistungen haben die Sektoren Gesundheit (2,76 %) und Bevölkerungsentwicklung (1,41 %).

Tabelle III/8: Verteilung der bilateralen ODA-Leistungen Deutschlands nach Handlungsfeldern 2008–2012 (in %) (OECD 2014b)

Sektor	2008	2009	2010	2011	2012
Soziale Infrastruktur und Dienste	**35,59**	**49,64**	**39,61**	**39,83**	**44,91**
Bildung	13,74	19,14	15,42	15,28	16,31
Gesundheitswesen	2,36	3,61	2,08	1,79	2,76
Bevölkerungspolitik und -programme	1,44	1,88	1,10	1,64	1,41
Wasserversorgung und Abwasser-/Abfallentsorgung	7,19	8,68	6,69	8,32	11,28
Staat und Zivilgesellschaft	9,65	14,72	13,21	11,21	11,81
Sonstige soziale Infrastruktur und Dienste	1,21	1,62	1,11	1,59	1,33
Wirtschaftliche Infrastruktur und Dienste	**19,21**	**21,83**	**34,10**	**24,28**	**21,68**
Transport und Lagerhaltung	1,68	2,44	4,34	0,71	0,80
Kommunikation	0,07	0,13	0,22	0,14	0,10
Energieerzeugung und -versorgung	10,11	8,43	21,38	12,38	10,94
Finanzwesen	5,80	9,31	5,90	9,27	8,09
Privatwirtschaftliche und andere Dienste	1,54	1,52	2,26	1,78	1,74
Produktive Sektoren	**4,10**	**6,00**	**5,35**	**5,53**	**5,51**
Land- und Forstwirtschaft, Fischerei	1,90	3,68	4,24	4,23	3,29
Industrie, Bergbau, Bauwesen	1,76	1,57	0,68	1,09	2,04
Handel	0,39	0,50	0,38	0,16	0,14
Tourismus	0,06	0,25	0,06	0,05	0,04
Multisektoral/Querschnitt	**7,30**	**10,10**	**9,74**	**17,84**	**13,13**
Umweltschutz allgemein	2,68	3,50	3,32	6,29	7,39
Andere multisektorale Maßnahmen	4,62	6,60	6,42	11,55	5,75
Warenhilfe und allgemeine Programmhilfe	**1,65**	**2,38**	**1,69**	**1,08**	**1,56**
Strukturanpassungshilfe	1,18	1,39	1,43	0,51	0,55
Nahrungshilfe, Hilfe zur Ernährungssicherung	0,47	0,99	1,43	0,58	1,00
Sonstige Warenhilfe und allgemeine Programmhilfe	—	—	—	—	—
Schuldenerleichterung	**26,09**	**1,60**	**1,18**	**2,21**	**4,44**
Humanitäre Hilfe, Nothilfe	**2,72**	**4,30**	**3,41**	**3,34**	**3,07**
Sonstiges	**3,34**	**4,15**	**4,91**	**5,89**	**5,70**
Insgesamt	**100,00**	**100,00**	**100,00**	**100,00**	**100,00**

Tabelle III/9: Das Budget des BMZ 1990–2014 in Mio. Euro (BMF 2014a)

Jahr	Haushalt	FZ	TZ[32]	Multilaterale und europäische EZ[33]
1990	3.929	1.428	562	1.168
1991	4.147	1.408	588	1.310
1992	4.252	1.396	590	1.359
1993	4.307	1.440	614	1.335
1994	4.277	1.295	565	1.491
1995	4.143	1.237	613	1.353
1996	4.164	1.229	614	1.383
1997	3.912	1.156	598	1.277
1998	3.919	1.168	575	1.296
1999	3.969	1.170	606	1.272
2000	3.631	999	575	1.173
2001	3.797	1.049	554	1.255
2002	3.699	985	545	1.237
2003	3.768	1.000	585	1.226
2004	3.783	983	595	1.289
2005	3.984	983	626	1.348
2006	4.176	984	630	1.509
2007	4.494	1.111	688	1.642
2008	5.135	1.406	730	1.920
2009	5.814	1.633	780	2.244
2010	6.070	1.601	864	2.249
2011	6.219	1.675	864	2.351
2012	6.296	1.881	1.121	2.224
2013	6.383	1.621	1.118	2.430
2014	6.444	1.129	1.269	2.158

Wie schon aus Tabelle III/6 zu entnehmen war, stammt nur etwas mehr als die Hälfte der von Deutschland erbrachten ODA-Leistungen aus dem Haushalt des BMZ. Wie sich dieser entwickelt hat, ist Tabelle III/9 zu entnehmen. Dabei zeigt sich, dass der BMZ-Haushalt in den 1990er-Jahren bei rund 4 Mrd. Euro stagnierte, um ab Ende der 1990er-Jahre sogar deutlich zu fallen. Seit Mitte der 2000er-Jahre ist – entsprechend der internationalen Vereinbarungen und trotz der Ende der 2000er-Jahre einsetzenden Wirtschaftskrise – ein deutlicher Anstieg zu erkennen.

Abbildung III/7 gibt einen Überblick zu der Struktur des Haushalts des BMZ (Einzelplan 23), der 20.146,444 Mrd. Euro umfasste. Nahezu die Hälfte davon wird für die bilaterale staatliche Zusammenarbeit aufgewendet (3,024 Mrd. Euro). Die Unterstützung der zivilgesellschaftlichen und wirtschaftlichen Gruppen und Institutionen

---

32 Inklusive entwicklungsorientierte Not- und Übergangshilfe.
33 Die Differenz zur Gesamtsumme (Haushalt ELP 23) ergibt sich aus den hier nicht separat ausgewiesenen Mitteln für zivilgesellschaftliche und wirtschaftliche Gruppen, Sondermaßnahmen und für das Bundesministerium.

macht mit 775 Mio. Euro 12% aus. Die Ausgaben für die internationale Ernährungssicherung sowie die administrativen Kosten des BMZ zählen ebenfalls zu den bilateralen Ausgaben. Der multilaterale Anteil des BMZ-Haushalts beträgt mit rund 2,16 Mrd. Euro etwa ein Drittel. Davon fließen dem Europäischen Entwicklungsfond 670 Mio. Euro, der Weltbank 611 Mio. Euro und den Vereinten Nationen sowie anderen internationalen Einrichtungen 381 Mio. Euro zu.

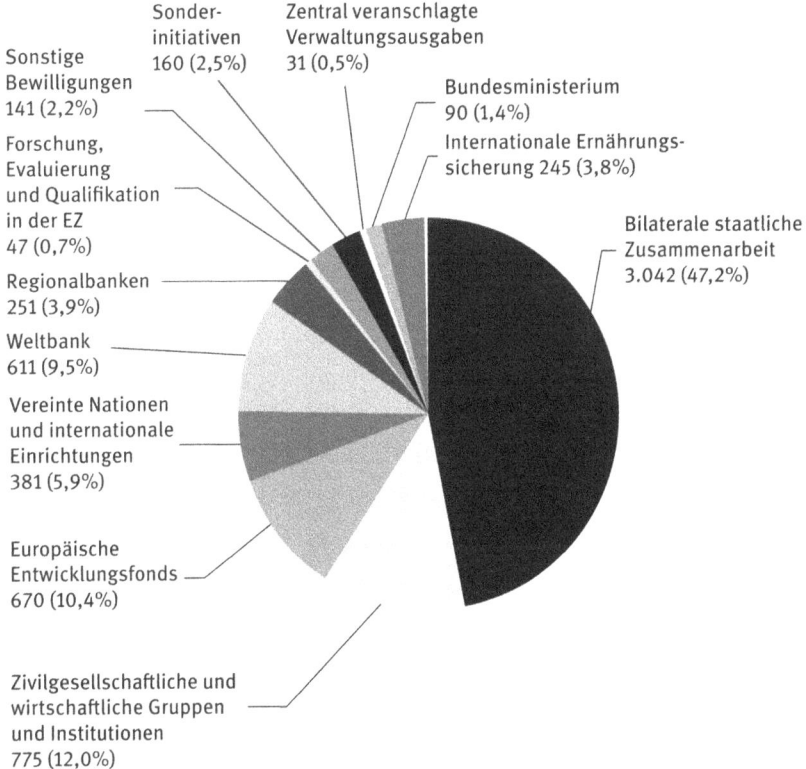

Abbildung III/7: Entwicklungshaushalt des BMZ im Jahr 2014 in Mio. Euro (vgl. BMZ 2015f)

Wie schon erwähnt, erhalten die multilateralen Organisationen nicht nur Mittel aus dem BMZ-Haushalt sondern auch von anderen Ministerien. 2012 beliefen sich die gesamten ODA-Leistungen Deutschlands an multilaterale Stellen auf 3,389 Mrd. Euro. Wie sich diese Mittel auf die einzelnen Organisationen verteilen, geht aus Tabelle III/10 hervor.

Tabelle III/10: ODA-Leistungen Deutschlands an multilaterale Stellen im Jahr 2012 in Mio. Euro (BMZ 2013e)

	Absolut	In %
Insgesamt	3.389	100,0
Weltbank, davon	614	18,1
IDA	586	17,3
Regionale Entwicklungsbanken, davon	244	7,2
Afrikanische Entwicklungsbank	184	5,4
Asiatische Entwicklungsbank	51	1,5
Karibische Entwicklungsbank	5	0,1
Interamerikanische Entwicklungsbank	4	0,1
VN-Stellen, davon	262	7,7
WHO	27	0,8
UN	26	0,8
UNDP	22	0,7
UNFPA	16	0,5
FAO	15	0,5
Europäische Union, davon	1.891	55,8
Europäische Kommission	1.292	38,1
Europäischer Entwicklungsfonds	598	17,7
Sonstige multilaterale Stellen, davon	377	11,1
Global Fund	200	5,9
Global Environment Facility	118	3,5

3.3 Instrumente der Entwicklungszusammenarbeit

Wie im vorangegangenen Kapitel gezeigt, lassen sich die ODA-Ausgaben nach multilateralen und bilateralen Leistungen, bei denen die Entwicklungsländer direkt gefördert werden, differenzieren. Das lange Zeit finanziell bedeutsamste bilaterale Instrument in der Entwicklungszusammenarbeit ist die *Finanzielle Zusammenarbeit* (FZ). Im Haushalt des BMZ wurden 2009 rund 1,6 Mrd. Euro zur Verfügung gestellt, 2014 sind es immerhin noch 1,1 Mrd. Euro (vgl. Tabelle III/9). Die FZ dient überwiegend dem Aufbau leistungsfähiger Strukturen sowie der Finanzierung von Sachgütern bzw. von Anlageinvestitionen. Die FZ soll die Lebensbedingungen der Menschen verbessern, „indem sie Investitionen zum Ausbau der sozialen und wirtschaftlichen Infrastruktur, zum Umwelt-, Klima- und Ressourcenschutz sowie zur Stärkung des Finanzsektors finanziert und gesamtwirtschaftliche Reformprogramme unterstützt" (BMZ 2008d: 62). Investitionsmittel fließen deshalb z. B. in Sektoren wie Bildung, Gesundheit, Wasser- und Abwasserentsorgung, Landwirtschaft, Ressourcenschutz, Energieversorgung und Verkehr. Die FZ soll vor allem strukturelle Veränderungen in den Partnerländern hervorrufen oder unterstützen. Deshalb sind FZ-Vorhaben in der Regel in

Politikreformen und Veränderungen auf gesamtwirtschaftlicher, sektoraler oder kommunaler Ebene eingebettet. Um hierfür finanzielle Mittel zu bündeln, fließt die FZ auch häufig in programmorientierte Gemeinschaftsfinanzierungen mit bilateraler und multilateraler Beteiligung (vgl. BMZ 2008d).

Die Bundesregierung hat seit Beginn der FZ im Jahre 1960 bis 2008 rund 60 Mrd. Euro bereitgestellt (vgl. BMZ 2008d: 63). Zwei Drittel dieser Mittel stammen aus dem BMZ-Haushalt. Um die unterschiedliche wirtschaftliche Leistungskraft der Partnerländer angemessen zu berücksichtigen, werden die Finanzmittel zu differenzierten Konditionen vergeben. Diese richten sich nach der wirtschaftlichen Lage des Partnerlandes, insbesondere seinem Entwicklungsstand, seiner wirtschaftlichen Leistungsfähigkeit und der Höhe seiner Verschuldung (vgl. BMZ 2008d: 63 ff. sowie BMZ 2008e):

- Für die ärmsten Entwicklungsländer (Least Developed Countries, LDC) – darunter die meisten afrikanischen Länder – werden die Fördermittel seit 1978 als nicht rückzahlbare Zuschüsse (Finanzbeiträge) zur Verfügung gestellt.
- Diejenigen Entwicklungsländer, die zwar keine LDC sind, denen aber von der Weltbank aufgrund ihres niedrigen Pro-Kopf-Einkommens die besonders günstigen Kreditkonditionen der International Development Association (IDA) gewährt werden, erhalten von der Bundesregierung dieselben Konditionen, nämlich Kredite zu 0,75 % Zinsen, bei 40 Jahren Laufzeit und zehn Freijahren.
- Allen anderen Entwicklungsländern werden FZ-Darlehen zu 2 % Zinsen, 30 Jahren Laufzeit bei zehn tilgungsfreien Jahren gewährt.

Um dem steigenden Finanzierungsbedarf weiterer Kooperationsländer, insbesondere beim Aufbau der öffentlichen Infrastruktur stärker entgegenzukommen, stellt die Bundesregierung zusätzliche Finanzierungsinstrumente zur Verfügung. Dabei werden die im Bundeshaushalt bereitgestellten FZ-Mittel mit Kapitalmarktmitteln der Kreditanstalt für Wiederaufbau (KfW), die vom BMZ mit der Abwicklung der FZ beauftragt ist (siehe Kapitel 3.4), gemischt. Solche „FZ-Entwicklungskredite" richten sich an Entwicklungsländer mit guter wirtschaftlicher Perspektive. Darüber hinaus bietet die KfW-Entwicklungsbank im Auftrag des BMZ „FZ-Förderkredite" an. Diese werden von der KfW-Entwicklungsbank auf eigenes Risiko für Entwicklungsvorhaben vergeben, die sowohl entwicklungspolitisch förderungswürdig als auch betriebswirtschaftlich rentabel sind. Damit soll die Lücke zwischen vergünstigten Finanzierungen und kommerziellen Bankkrediten für Länder ohne Verschuldungsprobleme geschlossen werden (vgl. BMZ 2008d: 66).

Die Deutsche Investitions- und Entwicklungsgesellschaft (DEG), die seit 2001 eine Tochter der KfW Bankengruppe ist, stellt der privaten Wirtschaft für entwicklungspolitisch sinnvolle Investitionen langfristiges Kapital zur Verfügung. Zu erwähnen sind in diesem Kontext auch die sogenannten „*Hermesbürgschaften*". Diese dienen dazu, die Exporte deutscher Unternehmen finanziell abzusichern. Sie springen dann ein, wenn die ausländischen Geschäftspartner ihren Zahlungsverpflichtungen nicht (mehr) nachkommen können. Diese Form der Exportgarantien und -bürgschaften wird allerdings nur gewährt, wenn ein außenwirtschaftliches Interesse vorliegt und wenn ökologische, soziale und entwicklungspolitische Leitlinien eingehalten werden. Über die Vergabe entscheidet die Bundesregierung unter Federführung des Bundeswirtschaftsministeriums.

Die *Technische Zusammenarbeit* (TZ) ist vom finanziellen Umfang her traditionell das zweitwichtigste staatliche Förderinstrument, auch wenn es im BMZ-Haushalt für 2014 leicht über dem Betrag der FZ liegt. Im Haushalt des BMZ wurden 2014 1,27 Mrd. Euro (TZ i.e.S) dafür vorgesehen (vgl. Tabelle III/9). Seit Beginn der TZ im Jahr 1960 wurden für die Entwicklungsländer Leistungen in Höhe von rund 22 Mrd. Euro bereitgestellt (Stand: 2007, vgl. BMZ 2008d: 69). Mit der Umsetzung der TZ i.e.S beauftragt das BMZ die Deutsche Gesellschaft für Internationale Zusammenarbeit (GIZ), die Bundesanstalt für Geowissenschaften und Rohstoffe (BGR) oder die Physikalisch-Technische Bundesanstalt (PTB) (siehe Kapitel 3.4).

Das Ziel der TZ besteht darin, Menschen, Organisationen und Gesellschaften in die Lage zu versetzen, durch den effektiven, effizienten und nachhaltigen Einsatz von Ressourcen die Lebensbedingungen zu verbessern. Hierzu werden im Rahmen der TZ technische, wirtschaftliche und organisatorische Kenntnisse und Fähigkeiten vermittelt. Besonderes Augenmerk soll dabei auf die Beteiligung der Zivilgesellschaft sowie (seit den 1990er-Jahren) die Verbesserung der gesellschaftlichen Stellung der Frau in den Partnerländern gelegt werden (vgl. BMZ 2008d: 68f.).

Die TZ umfasst zum einen die Entsendung von Experten für die Beratung sowie Aus- und Weiterbildung von Fach- und Führungskräften in den Partnerländern. Zum anderen werden materielle Ressourcen für die Ausstattung der Partnerorganisationen zur Verfügung gestellt. Die finanziellen Aufwendungen für die TZ werden allesamt unentgeltlich erbracht, d.h. es entstehen – anders als in der FZ, die nach wirtschaftlicher Leistungskraft unterschiedliche Vergabekonditionen anwendet – in keinem Fall Rückzahlungsverpflichtungen für die Partnerländer.

Zur Erreichung des Ziels, die Leistungsfähigkeit von Menschen und Organisation zu erhöhen, baut die TZ auf bereits bestehende Strukturen in den Partnerländern auf. Dabei gerät sie in ein Dilemma: Einerseits soll sie Beiträge zu den Vorhaben der Partner leisten und somit deren Ziele sowie die gegebenen strukturellen Bedingungen, sozialen Verhaltensweisen und kulturellen Werte respektieren. Andererseits soll sie aber auch Veränderungen herbeiführen, oder die Menschen und Organisationen dazu befähigen, sich so zu wandeln, dass sich die Lebensbedingungen der Menschen verbessern. Dies geht aber in der Regel nicht, ohne dass Prozesse, Strukturen und Verhaltensweisen verändert werden. Aus dieser Aufgabe entsteht ein permanenter Spannungsprozess zwischen Belassen und Erneuern, Bewahren und Verändern, Stagnation und Innovation etc., der in einen fruchtbaren Entwicklungsprozess umgewandelt werden muss. Die TZ birgt deshalb viel mehr Konfliktstoff als die FZ, die vereinfacht ausgedrückt, nur Finanzierungen sicherstellt. Bei der TZ prallen hingegen die Kulturen nicht nur sprichwörtlich aufeinander. Die Berater, Ausbilder und Gutachter werden vor Ort in den Partnerländern tätig und müssen deshalb nicht nur gute Fachexperten sein, sondern „Allroundkönner", die Wissen über die Religion, Traditionen und soziokulturellen Werte genauso mitbringen wie Sprachkenntnisse, Empathie, Kommunikations- und Moderationsgeschick, Motivationsfähigkeit und eine kaum zu überbietende Unerschütterlichkeit und Frustrationstoleranz. Das Gute wollen, um das Gute zu schaffen, reicht bei Weitem nicht aus. TZ ist ein anspruchsvolles Unterfangen, das von den personellen Beratern und den Beratenen ungeheuer viel abverlangt, wenn von beiden Seiten akzeptierte und damit langfristig tragbare, aber auch innovative Lösungen implementiert werden sollen. Hinzu kommt, dass die TZ zwar einzelne Programme, Projekte oder Maßnahmen fördert, aber immer auf Breitenwirksamkeit und Nachhaltigkeit angelegt ist. Deshalb sollen nicht nur lokal begrenzte Entwicklungsprozesse angestoßen werden, sondern solche, die möglichst einen hohen Multiplikations- und Verbreitungseffekt haben.

Maßnahmen der TZ sollen vor allem den armen Bevölkerungsschichten zugutekommen. Zusammen mit der FZ konzentrieren sie sich auf die Regionen und Sektoren, die in den Strategiepapieren und Länderkonzepten als Schwerpunkte der bilateralen Entwicklungszusammenarbeit mit dem Partnerland festgelegt wurden. Wie die FZ wird auch die TZ zunehmend im Rahmen von Gemeinschaftsprogrammen bi- und multilateraler Geber erbracht.

Wie schon dargestellt, stoßen die Geber bei der Planung, Durchführung und Steuerung von TZ-Vorhaben häufig auf kapazitäre Engpässe bei den Organisationen und Institutionen der Partnerländer. Diese reichen von fehlenden gesetzlichen Regeln oder Verordnungen, über bürokratisierte ineffiziente Strukturen, verschlungene Ablaufprozesse, fehlende Managementkompetenzen bis zu schlicht nicht vorhandenem Personal oder Räumlichkeiten. Diese Mängel stellen schwerwiegende Probleme für die Abwicklung noch so gut gemeinter Hilfs- oder Beratungsprojekte dar. Deshalb avancierte „Capacity Development" rasch zu einem Schwerpunkt der TZ.

Um kurzfristig – noch bevor die Durchführung eines Projekts oder Programms vereinbart wurde – handlungsfähig zu sein, verfügt die TZ über einen sogenannten „Studien – und Fachkräftefonds". Mit diesem flexibel einsetzbaren Instrument können nicht nur Studien und Gutachten finanziert werden, sondern auch neue TZ-Vorhaben vorbereitet sowie Kurzzeitmaßnahmen zur Unterstützung laufender oder bereits abgeschlossener Vorhaben verwendet werden. Den deutschen Auslandsvertretungen (Botschaften) in Entwicklungsländern steht zudem noch das Instrument der „Kleinstmaßnahmen" zur Verfügung, mit dem beispielsweise Initiativen lokaler Gruppen oder NRO unterstützt werden können (vgl. BMZ 2008d, 2008e).

Das dritte zentrale Förderinstrument in der deutschen Entwicklungszusammenarbeit ist die *Personelle Zusammenarbeit*. Diese umfasst die Aus- und Weiterbildung von Fach- und Führungskräften aus Entwicklungsländern, ihre Unterstützung bei der beruflichen (Wieder-)Eingliederung in ihren Heimatländern sowie den Einsatz von entsandten und integrierten Fachkräften sowie Entwicklungshelfern.

Durch die *Aus- und Weiterbildung von Nachwuchsführungskräften und Multiplikatoren* sowie durch den gezielten Erfahrungsaustausch mit Führungskräften in Politik, Wirtschaft, Verwaltung und Wissenschaft in Deutschland sollen deren fachliche und Managementkompetenzen verbessert werden. Dabei dienen praxisorientierte

Programme von bis zu einem Jahr dazu, den Teilnehmenden Kenntnisse und Fähigkeiten zu vermitteln, die in dieser Form in den Partnerländern nicht erworben werden können. Bei solchen Langzeitprogrammen wird dem interkulturellen Austausch zudem eine besondere Bedeutung beigemessen. Die Mehrzahl der Weiterbildungen umfasst eine Vielfalt von Kurzzeitmaßnahmen in Deutschland und in den Partnerländern. Insgesamt decken die verschiedenen Weiterbildungsprogramme vor allem die Bereiche Industrie und Handwerk, öffentliche und private Dienstleistungen, berufliches Bildungswesen, Land- und Forstwirtschaft, Gesundheitswesen sowie öffentliche Verwaltung ab. Als Querschnittsthemen spielen der Ressourcen- und Umweltschutz, aber auch Projektmanagement, Monitoring und Evaluation zunehmend eine wichtigere Rolle (vgl. BMZ 2008d: 71).

Durchgeführt wurden solche Programme bis 2011 vor allem von der bundeseigenen *Internationale Weiterbildung und Entwicklung gGmbH* (InWEnt), welche mittlerweile in der GIZ aufgegangen ist und deren Aufgaben nun von dieser neuen Organisation wahrgenommen werden (siehe Kapitel 3.4). Daneben gibt es eine Reihe weiterer Akteure (vgl. BMZ 2008d: 72ff.):

- Die *Deutsche Welle Akademie* ist im Auftrag des BMZ im Bereich der Fortbildung und Beratung von Rundfunkfachkräften (Hörfunk und Fernsehen) in Entwicklungsländern tätig.
- Die Wissenschafts- und Hochschulkooperation wird vom BMZ gefördert über
    - den Deutschen Akademischen Austauschdienst (DAAD):
      Durch die Bereitstellung von Stipendien, die Förderung fachbezogener Partnerschaften mit Hochschulen in Entwicklungsländern, über Sachmittelprogramme, Sommerschulen und die Nachbetreuung ehemaliger Studierender aus Entwicklungsländern soll die Qualifizierung akademischer Fach- und Führungskräfte in entwicklungsrelevanten Sektoren sowie der Aufbau globaler Wissensnetze und eine Anbindung an Deutschland erreicht werden.
    - die Alexander von Humboldt-Stiftung (AvH):
      Das Humboldt- und das Georg Forster-Forschungsstipendien-Programm dienen der Förderung hochqualifizierter Wissenschaftlerinnen und Wissenschaftler aus Entwicklungsländern im Bereich der Grundlagenforschung bzw. in Bereichen, die aus entwicklungspolitischer Perspektive besonders relevant sind.
    - die Deutsche Forschungsgemeinschaft (DFG):
      Die DFG unterstützt mit Zuschüssen für Projektaufwendungen (entwicklungspolitisch relevante) Kooperationsprojekte von Wissenschaftler(inne)n aus Entwicklungsländern mit deutschen Kolleg(inn)en.

Zu den Fördermaßnahmen im Bereich der Personellen Zusammenarbeit gehört auch die *Unterstützung zurückkehrender Fachkräfte*. Laut BMZ stammt eine Vielzahl der in Deutschland lebenden Ausländer aus Kooperationsländern der deutschen Entwicklungszusammenarbeit. Diese sind meist gut ausgebildet und berufserfahren und sollen mithilfe des BMZ-Programms „Rückkehrende Fachkräfte" dazu motiviert werden, auf entwicklungspolitisch relevanten Arbeitsstellen in ihren Heimatländern tätig zu werden. Die Kenntnisse und Fähigkeiten, die die Fachkräfte in Deutschland erworben haben, sollen dadurch für die wirtschaftliche und soziale Entwicklung ihrer Herkunftsländer zum Einsatz gebracht werden. Um dies zu erreichen, unterstützt das Programm die Rückkehr und Reintegration in den heimischen Arbeitsmarkt, u. a. durch Beratung, Stellenvermittlung und finanzielle Zuschüsse (vgl. BMZ 2008d: 75 sowie BMZ 2015g).

Die Entsendung und Vermittlung von (deutschen) externen Fachkräften in die Partnerländer findet dann statt, „wenn die zur Durchführung eines Vorhabens erforderlichen Kenntnisse und Fähigkeiten im Partnerland nicht vorhanden sind" (BMZ 2008d: 76). Die Kosten für den Einsatz solchen Personals werden vom BMZ nur dann übernommen, wenn diese von den Partnerorganisationen nicht oder nur teilweise aufgebracht werden können (vgl. BMZ 2008d).

Folgende Arten von Fachkräften werden in der deutschen Entwicklungspolitik unterschieden (vgl. BMZ 2008d: 76 ff. sowie BMZ 2015h):

1. Entsandte Fachkräfte: sind solche Personen, die von Organisationen der Bundesrepublik Deutschland unter Vertrag genommen und als fachliche Berater in Projekten und Programmen der TZ und FZ eingesetzt werden. Sie sind Mitarbeiter der deutschen Durchführungsorganisationen oder ihrer Auftragnehmer (z. B. Consultings). Vor allem die GIZ und die KfW, aber auch die politischen Stiftungen und andere NRO entsenden Fachkräfte.
2. Integrierte Fachkräfte: nehmen direkt ein Arbeitsverhältnis mit öffentlichen oder privaten Einrichtungen in einem Partnerland auf. Im Unterschied zu den entsandten Fachkräften unterstehen sie den Vorgesetzten der Partnereinrichtung, in der sie tätig sind, deren Eigenständigkeit und Verantwortung durch die unmittelbare Integration der Fachkräfte in ihre Struktur und Arbeitsabläufe unangetastet bleibt. Durch die zeitlich begrenzte Beschäftigung solcher Fachkräfte aus Deutschland (oder anderen EU-Ländern) sollen vorübergehende Personalengpässe in den Partnerländern überbrückt werden. Integrierte Fachkräfte werden zwar nach dem ortsüblichen Gehalt bezahlt, erhalten aber von deutscher Seite Unterstützung für die Vorbereitung ihrer Tätigkeit im Partnerland, Gehaltszuschüsse, Beiträge für die soziale Sicherung sowie Übergangsleistungen für eine berufliche Wiedereingliederung in Deutschland. Für die Auswahl, Entsendung und Betreuung ist das der GIZ angegliederte Centrum für internationale Migration und Entwicklung (CIM) zuständig.
3. Entwicklungshelfer: sind Personen, die mit einem staatlich anerkannten Träger des Entwicklungsdiensts „in Entwicklungsländern ohne Erwerbsabsicht einen mindestens zweijährigen Dienst leisten, um in partnerschaftlicher Zusammenarbeit zum Fortschritt dieser Länder beizutragen" (BMZ 2008d: 78)[34]. Die Bedingungen, zu denen sie angestellt sind, werden im Entwicklungshelfer-Gesetz, dem

---

[34] Entwicklungshelfer-Gesetz § 1 (1).

einzigen Bundesgesetz, das sich mit der Entwicklungspolitik befasst, festgeschrieben. Dort sind die Fragen der Haftpflicht-, Kranken- und Unfallversicherung, der Lohnersatzleistungen bei Arbeitslosigkeit sowie der beruflichen Wiedereingliederung geregelt. Entwicklungshelfer unterscheiden sich somit von den anderen Fachkräften vor allem dadurch, dass sie ihren Dienst ohne Erwerbsabsicht leisten. Organisatorisch sind sie wie die integrierten Fachkräfte in die arbeitgebende Institution eingebunden. Entwicklungshelfer können ausschließlich von den folgenden staatlich anerkannten Organisationen entsandt werden (vgl. BMZ 2015h):
- Arbeitsgemeinschaft für Entwicklungshilfe e.V. (AGEH), getragen von katholischen Organisationen und Institutionen;
- Deutsche Gesellschaft für Internationale Zusammenarbeit (GIZ), in Bundesbesitz;
- Dienste in Übersee gGmbH (DÜ), getragen von Brot für die Welt – Evangelischer Entwicklungsdienst (EED);
- Christliche Fachkräfte International e.V. (CFI), eingerichtet von der Arbeitsgemeinschaft evangelikaler Missionen in Verbindung mit der deutschen Evangelischen Allianz;
- Eirene, Internationaler Christlicher Friedensdienst e.V.;
- Weltfriedensdienst e.V.;
- Forum Ziviler Friedensdienste e.V. (forum ZFD)

4. Friedensfachkräfte: Die Entsendung von Friedensfachkräften ist ein relativ junges Personalentsendeinstrument, das auf den im Jahre 1999 gegründeten *Zivilen Friedensdienst (ZFD)* zurückgeht. Dieser ist ein Gemeinschaftswerk von staatlichen und nicht staatlichen Trägern der Entwicklungs- und Friedensarbeit mit dem Ziel, den gewaltfreien Umgang mit Konflikten und Konfliktpotenzialen zu fördern. Der Zivile Friedensdienst orientiert sich an entwicklungspolitischen Kriterien wie dem Subsidiaritätsprinzip, dem Prinzip des geringsten Eingriffs und dem Grundsatz der Hilfe zur Selbsthilfe. Der Einsatz von Friedensfachkräften wird im Zusammenhang mit der deutschen Entwicklungszusammenarbeit konzipiert und durchgeführt. Friedensfachkräfte arbeiten eng mit einheimischen Partnern und Konfliktparteien zusammen. Sie sollen u. a. bei Konflikten zwischen Angehörigen von Interessengruppen, Ethnien oder Religionen vermitteln, Kooperations- und Dialogstrukturen über Konfliktlinien hinweg aufbauen, Anlaufstellen und gesicherte Räume für die Begegnung von Konfliktparteien schaffen, Friedenspotenziale mit den lokalen Parteien durch vertrauensbildende Maßnahmen stärken, bei der Reintegration und Rehabilitation der von Gewalt besonders betroffenen Gruppen beitragen, Trainingsmaßnahmen zur Konfliktbeseitigung durchführen, die lokale zivile Rechtssicherheit stärken und Beiträge zur Versöhnung und zum Widerufbau leisten. Ihre Entsendung erfolgt auf der Grundlage des Entwicklungshelfer-Gesetzes und stellt eine Tätigkeit ohne Erwerbsabsicht dar (vgl. DMZ 2008d: 312f.). Die Aufgaben des ZFD werden vom Konsortium Ziviler Friedens-

dienst übernommen, welches sich aus den folgenden Trägerinstitutionen zusammensetzt (vgl. BMZ 2015i, ZFD 2015):
- Arbeitsgemeinschaft für Entwicklungshilfe e.V. (AGEH)
- Aktionsgemeinschaft Dienst für den Frieden (AGDF)
- Deutschen Gesellschaft für Internationale Zusammenarbeit (GIZ)
- EIRENE, Christlicher Friedensdienst
- Brot für die Welt – Evangelischer Entwicklungsdienst (EED)
- dem Weltfriedensdienst (WFD)
- Forum Ziviler Friedensdienst (forumZFD)
- KURVE Wustrow e.V.
- peace brigades international (pbi)

Die Administration des Zivilen Friedensdiensts obliegt dabei dem ZFD-Sekretariat, welches seit 2012 der neu gegründeten Servicestelle Engagement Global angegliedert ist (vgl. BMZ 2015i; siehe auch Kapitel 3.4).
Das BMZ hat nach einer Aufbauphase des Zivilen Friedensdiensts mit seinen Trägern für die Zukunft eine stärkere Konzentration auf Schwerpunktländer, die Entwicklung von ZFD-Länderstrategien und eine engere Zusammenarbeit der unterschiedlichen Träger vor Ort vereinbart. Der zivilgesellschaftliche Charakter, mit der Möglichkeit über die einzelnen Organisationen säkulare, kirchliche und staatliche Partner und Zielgruppen zu erreichen, soll durch diese Maßnahmen nicht angetastet werden, doch die Programmgestaltung vor Ort soll dadurch kohärenter aufeinander abgestimmt werden und stärker zur Profilbildung beitragen (vgl. BMZ 2008d: 313f.). Im Jahr 2011 wurde die bisherige Arbeit des ZFD evaluiert. Laut BMZ bezeichnete der Evaluationsbericht den ZFD zwar als wertvolles Instrument der Friedensförderung, wies aber zugleich darauf hin, dass eine weitere Schärfung seines Profils sowie eine verbesserte Steuerung durch das BMZ nötig seien, um die Potenziale des ZFD besser zu nutzen (vgl. BMZ 2015i).

Zu den weiteren Instrumenten der bilateralen Entwicklungszusammenarbeit gehören die entwicklungsorientierte *Not- und Übergangshilfe*, die in Krisen-, Konflikt- und Katastrophenfällen eingesetzt werden. Ziel solcher Maßnahmen, deren Laufzeiten zwischen sechs Monaten und drei Jahren liegen, ist es, „den Übergang von einer Notsituation zu Wiederaufbau und nachhaltiger Entwicklung ohne größere Brüche und Lücken zu sichern und damit den Grundstein für eine sich selbst tragende Entwicklung zu legen" (BMZ 2008d: 317). Die Grenze zwischen den verschiedenen Instrumenten, nämlich der humanitären Soforthilfe, der entwicklungsorientierten Nothilfe und der längerfristig angelegten Entwicklungszusammenarbeit sind fließend. Entwicklungsorientierte Not- und Übergangshilfe will zwar wie die „reguläre" Entwicklungszusammenarbeit strukturelle Wirkungen entfalten und Katastrophen und Konflikten präventiv vorbeugen, doch sie weist auch wesentliche Unterscheidungsmerkmale auf. Sie kann flexibler und schneller eingesetzt werden, auch in Ländern, in denen bilaterale Entwicklungszusammenarbeit nicht vertreten ist, und sie kann unterschiedliche Instrumente miteinander verknüpfen, um Soforthilfe, Rehabilitation und Entwicklung zu gewährleisten. Mit der Nothilfe sind allerdings auch eine Reihe von Schwierigkeiten verbunden: Ein plötzlicher Zufluss von umfangreichen externen Ressourcen oder eine zu lange andauernde Nothilfe können Korruption, Zweckentfremdung oder gar Konfliktverlängerung nach sich ziehen. Um dies zu verhindern, gilt gerade bei Nothilfemaßnahmen das Prinzip des Do-no-Harm-Ansatzes, dem Grundsatz der Vermeidung erneuter Konfliktinstitutionen durch Interessenausgleich und Gleichbehandlung (vgl. BMZ 2008d: 317).

Im Einzelnen sind folgende Instrumente zu unterscheiden: Die *Nahrungsmittelhilfe* in freier Verteilung oder gegen Arbeitsleistung („Food for Work") dient der kurzfristigen Überwindung von aktuellen Notsituationen. Hierbei arbeitet sie eng mit deutschen NRO und internationalen Organisationen wie dem Welternährungsprogramm (WEP) zusammen. Die Nahrungsmittelhilfe steht jedoch schon seit Jahrzehnten in der Kritik, die durch die Ergebnisse einer Studie des OECD-Entwicklungsausschusses (vgl. Clay, Riley u. Urey 2004) bekräftigt wurde. Darin wurde erneut festgestellt, dass Nahrungsmittelhilfe nur schwer steuerbar sei, häufig nicht die wirklich Betroffenen erreiche und kaum zur langfristigen Sicherung der Ernährung in den betroffenen Gebieten beitrage. Zudem sei sie vergleichsweise teuer, zerstöre lokale Märkte und führe zu Korruption und Missbrauch. Wenn die Nahrungsmittelhilfe als „gebundene" Hilfe geleistet wird, dient sie häufig nur dazu, die eigenen landwirtschaftlichen Exporte zu fördern oder Agrarüberschüsse zu beseitigen. Die Studie rechnet zudem aus, dass „ungebundene" Hilfe, bei der die Geber die Hilfsprodukte direkt im Partnerland erwerben, um fast die Hälfte billiger ist, als die „gebundene". Dennoch macht die „gebundene" Hilfe 80% der internationalen Nahrungsmittelhilfe aus.

Wesentliches Ziel der *Nothilfe* ist die kurzfristige Schaffung oder Wiederherstellung einer sozialen und infrastrukturellen Mindestversorgung, wie z.B. Basisgesundheitsstationen, Unterkünfte, Zugangsstraßen, Trinkwasser- und Abwasserentsorgung. Dabei sollen die Selbsthilfekräfte, durch aktive Einbindung der betroffenen Personen, gezielt gestärkt werden. Deshalb wird Nothilfe z.B. häufig mit Nahrungsmittelhilfe – „Food for Work" gekoppelt.

Die Maßnahmen der *Flüchtlingshilfe* dienen vor allem der (z.B. psychosozialen) Betreuung und Wiedereingliederung von Flüchtlingen und Binnenmigranten. Hier arbeitet die Bundesregierung ebenfalls eng mit NRO, aber auch mit dem UNHCR zusammen.

Die neuen globalen Partnerschaften, die durch die zahlreichen internationalen Erklärungen und Agenden zunehmend in den Mittelpunkt der Entwicklungszusammenarbeit rücken (siehe Kapitel 2.2), haben auch Folgen für die Instrumente der Entwicklungszusammenarbeit. Die *Budgethilfe* ist ein solch „neues" Instrument der internationalen Zusammenarbeit, das fünf Partnerschaftsverpflichtungen erfüllt: Die Stärkung der Eigenverantwortung der Partnerländer, die Ausrichtung der Hilfe auf nationale Entwicklungsstrategien, Geberharmonisierung, ergebnisorientiertes Management und gegenseitige Rechenschaftspflicht (vgl. Molt u. Kolb 2008: 1). Es wird unterschieden zwischen allgemeinen und sektoralen Budgethilfen sowie Korbfinanzierungen, die unter dem Oberbegriff „Programmorientierte Gemeinschaftsfinanzierung" (PGF) zusammengefasst werden.

Während die *allgemeine Budgethilfe* entwicklungsorientierte Gesamthaushalte und sektorübergreifende Armutsprogramme unterstützt, fördern *sektorale Budgethilfen* und *Korbfinanzierungen* Reformen innerhalb eines bestimmten Sektors. Bei allgemeinen sowie bei sektoralen *Budgetfinanzierungen* fließen die Geldmittel direkt in den Staatshaushalt des Partnerlands ein. Die Auszahlung der Gebermittel ist jedoch an die Erfüllung politischer, gesamtwirtschaftlicher und sektoraler Reformschritte durch die Partnerregierung gebunden. Die finanzielle Abwicklung der gemeinsam mit anderen Gebern geleisteten Beiträge unterliegt somit den Gesetzen und Regeln sowie dem nationalen öffentlichen Haushaltsmanagement des Partnerlands. Bei der *Korbfinanzierung* wird von den Gebern gemeinsam ein festgelegtes Maßnahmebündel gefördert, um die Sektorstrategie eines Partnerlands zu unterstützen. Im Unterschied zu den Budgetfinanzierungen unterliegen diese Mittel jedoch nicht dem nationalen Haushaltsverfahren des Partnerlands, sondern werden durch die Geber selbst verwaltet (vgl. BMZ 2008d: 192).

Ein wichtiges Charakteristikum von Gemeinschaftsfinanzierungen ist demnach in der Harmonisierung von Geberstrategien zu sehen, da sie ihre Finanzmittel gemeinsam einsetzen. Durch die Aufstockung nationaler oder sektoraler Haushaltsbudgets der Partnerländer wird das Prinzip des „Ownership" gestärkt, da diese nach ihren eigenen Prioritäten entscheiden, wofür sie diese Mittel einsetzen wollen. Da die Auszahlungen an die Einhaltung bestimmter Reformschritte in den Partnerländern gebunden sind und die Zielerreichung auf der Basis des „Results-based-Management" überwacht wird, besteht zumindest prinzipiell eine Überprüfungsmöglichkeit. Das Förderinstrument selbst erleichtert den Gebern die Mittelvergabe. Diese ist nicht länger an die Auswahl, Prüfung und Durchführung von einzelnen Projekten gebunden, sondern erlaubt einen raschen Mittelabfluss. Zwischen 2002 und 2009 stieg das jährliche globale Volumen der Budgethilfe von 1,9 Mrd. US-Dollar auf 5,3 Mrd. US-Dollar (vgl. de Kemp u. Dijkstra 2013: 23).

Das BMZ betrachtet die Budgethilfe grundsätzlich als ein geeignetes Instrument, um in Entwicklungsländern mit einem hohen Finanzbedarf nationale Armutsprogramme wirksamer, effizienter und flexibler zu unterstützen. Das BMZ verspricht sich davon, dass die strukturellen Wirkungen der Entwicklungszusammenarbeit verbessert, die hohen Transaktionskosten einer rein projektbezogenen Zusammenarbeit gesenkt und der politische Dialog mit dem Partnerland sowie die Geberkoordinierung intensiviert werden können. Budgethilfe sei deshalb vor allem geeignet, um langfristige und komplexe Reformprozesse zu befördern und um die öffentlichen Ausgaben in besonders wichtigen sozialen Bereichen wie Bildung und Gesundheit in den Partnerländern zu erhöhen (vgl. BMZ 2008d: 192). Allerdings stehen den Potenzialen der Budgethilfe auch Risiken gegenüber. So besteht die Befürchtung, dass solche Mittel mangels funktionierender öffentlicher Finanz- und Kontrollsysteme fehlverwendet werden (treuhänderische Risiken), dass der zum Teil erhebliche Mittelzufluss unter

Umständen zu einem Aufwertungsdruck in den Empfängerländern führen (makroökonomische Risiken) oder dass Abhängigkeiten zementiert werden könnten (politische Risiken). Das BMZ weist daher darauf hin, dass diese nur für Länder infrage kommt, die bestimmte Voraussetzungen erfüllen und beispielsweise über ein Mindestniveau an Good Governance sowie eine ausreichende Verwaltungskapazität, insbesondere im Bereich des öffentlichen Finanzmanagements verfügen (vgl. BMZ 2008b). Die Europäische Kommission hat 2012 ebenfalls striktere Kriterien für die Anwendung der Budgethilfe festgelegt und knüpft die Vergabe an die Einhaltung von Menschenrechten, demokratischer Prinzipien und Rechtssicherheit. Zudem bevorzugt die EU zunehmend sogenannte „Sektor Budgethilfe", deren Verwendung auf bestimmte Sektoren begrenzt ist.

Aufgrund der genannten Risiken wird die Budgethilfe in der öffentlichen Debatte häufig skeptisch beurteilt. Die Bundesregierung aus CDU/CSU und FDP sah die Budgethilfe denn auch besonders kritisch und hatte bereits in ihrem Koalitionsvertrag vom Oktober 2009 angekündigt, dass Budgethilfe und Entschuldungen in Zukunft nur nach strengen Vergabekriterien gewährt und fortlaufend überprüft werden sollen. Tatsächlich hatte die Bundesregierung die Budgethilfe während ihrer Amtszeit deutlich zurückgeschnitten, sodass diese im Jahr 2011 nur noch etwa 3% der gesamten deutschen bilateralen ODA ausmachte (vgl. Hermle u. Hauschild 2012: 6) und sich im Vergleich zum Jahr 2010 mehr als halbiert hatte (vgl. OECD 2014b).[35] Vergleicht man die Länder, die 2010 von Deutschland Budgethilfe erhielten (vgl. Abbildung III/8) mit dem Rang, den diese auf dem *Corruption Perception Index* (CPI) einnehmen, dann zeigt sich, dass Tansania, Äthiopien, Mosambik, Mali und Uganda zu dem Drittel von Ländern mit der höchsten Korruptionsrate gehören (vgl. Transparency International 2013).[36]

So rangiert Uganda z. B. auf Rang 142 von 175 untersuchten Ländern. 2012 kam es zu einem Eklat, nachdem der ugandische Rechnungshof aufgedeckt hatte, dass Mitarbeiter des Premierministers 12 Mio. Euro Entwicklungshilfe veruntreut haben sollen. Die Folge war, dass eine Reihe von Geberländern ihre Entwicklungshilfezahlungen an Uganda einstellten.

Trotz Zweifel, ob in Ländern mit hoher Korruptionsrate Budgethilfe ein angemessenes Instrument der Entwicklungshilfe sein kann, kommen erste Evaluierungen im Kontext der deutschen Entwicklungszusammenarbeit zu dem Ergebnis, dass Budgethilfe durchaus wichtige Beiträge zu effektiver Entwicklungszusammenarbeit leisten kann. Sowohl eine im Auftrag der KfW durchgeführte (vgl. Schmidt 2009) als auch eine von der Entwicklungsorganisation Oxfam beauftragte Studie (vgl. Hermle u.

---

35 Im Dezember 2012 verabschiedete das Parlament in den Niederlanden eine Resolution, die Allgemeine Budgethilfe als Förderinstrument ausschließt.
36 Der Korruptionswahrnehmungsindex (CPI) von Transparency International aggregiert Daten korruptionsbezogener Untersuchungen unabhängiger, namhafter Institutionen. In Form eines tabellarischen Rankings werden verschiedene Länder nach dem Grad der Korruption aufgelistet, den Geschäftsleute und Landesexperten im öffentlichen Sektor wahrnehmen. 2014 umfasste der Index 175 Länder (vgl. Transparency International 2014).

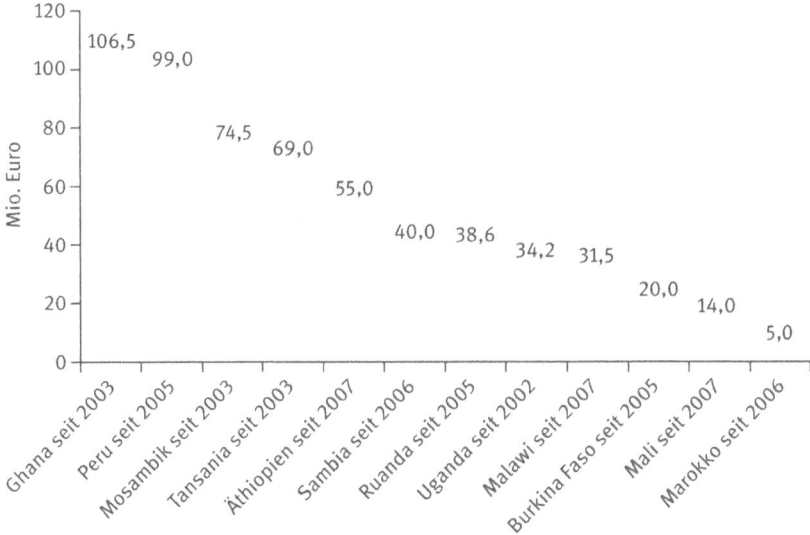

Abbildung III/8: Deutschlands Zusagen an allgemeiner und sektoraler Budgethilfe (vgl. OECD 2010: 77)

Hauschild 2012) nehmen explizit Bezug auf die vom BMZ mit der Budgethilfe verfolgten Ziele (Effektivitäts- und Effizienzziel, Governanceziel, Finanzierungsziel, vgl. BMZ 2008b) und stellen fest, dass in allen drei Bereichen wichtige Impulse von der Budgethilfe ausgingen. So würde diese z. B. zur Umsetzung der internationalen Wirksamkeitsagenda beitragen (Effektivität und Effizienz), wichtige Reformprozesse unterstützen (Governance) und die Bereitstellung und Nutzung von Mitteln in armutsrelevanten Sektoren stärken (Finanzierung). Gleichzeitig wird in beiden Studien darauf hingewiesen, dass in einigen Bereichen noch Verbesserungsbedarf bestünde und etwa die interne Rechenschaftslegung der Partnerländer gegenüber ihren Parlamenten und der Zivilgesellschaft weiter intensiviert werden müsse.

Die entwicklungspolitische Bilanz der Budgethilfe ist eher ambivalent.[37] Ein Bericht der Evaluierungseinheit des Außenministeriums der Niederlande trägt die aktuellen Erkenntnisse zusammen (Dijkstra, de Kemp u. Bergkamp 2012). Zunächst wird festgestellt, dass sich der Akzent der Budgethilfe mehr und mehr von der reinen Finanzierung auf den Politikdialog verlagert hat, sodass sich eine duale Zielsetzung herausbildete. Neben das ursprüngliche Ziel der Armutsminderung trat zusätzlich das Streben nach einer Verbesserung der Regierungsführung. Dahinter stand die Vorstellung, dass „Good Governance" eine Voraussetzung für wirtschaftliches Wachstum und Armutsbekämpfung sei. Eine These, die zumindest umstritten ist (vgl. Dijkstra 2013). Das Budgethilfe-Review kommt zu dem Ergebnis, dass dieses Instrument ein

---

[37] Zur Kritik an der Budgethilfe vgl. u. a. Klingebiel, Leiderer u. Schmidt 2007, Leiderer 2009, Schmidt 2005 sowie Seitz 2009.

wirksames Instrument zur Armutsbekämpfung darstellt. Partnerländer, die einen substanziellen finanziellen Betrag erhielten, machten größere Fortschritte, gemessen an zentralen MDG-Indikatoren, als vergleichbare Länder, die wenig oder gar keine Budgethilfe erhalten hatten.

Zwar zeigten sich auch positive Effekte im Bereich Governance, erfolgreich war die Budgethilfe der Geber jedoch nicht, wenn es darum ging fundamentalere Reformen anzustoßen, wie eine unabhängige Justiz, eine höhere Beteiligung der Zivilgesellschaft oder die Beseitigung von Klientelismus im öffentlichen Sektor (vgl. de Kemp u. Dijkstra 2013: 25).

Wie die Darstellung des Förderinstrumentariums der deutschen Entwicklungszusammenarbeit gezeigt hat, ist dies überaus reichhaltig. Eine weitere Besonderheit der deutschen Entwicklungszusammenarbeit besteht darin, dass es eine ganze Bandbreite von Förderinstitutionen gibt. Die Akteurslandschaft der deutschen Entwicklungszusammenarbeit wird im Folgenden beleuchtet.

3.4 Nationale Akteure der Entwicklungszusammenarbeit

3.4.1 Das BMZ und seine staatlichen Durchführungsorganisationen

Die Akteure der deutschen Entwicklungszusammenarbeit lassen sich zunächst einmal grob in die staatlichen und nicht staatlichen Organisationen unterteilen. Die entwicklungspolitische Ausrichtung legen die Bundesregierung und der Bundestag fest. Der Ausschuss für wirtschaftliche Zusammenarbeit und Entwicklung (AwZ) befasst sich im parlamentarischen Raum mit entwicklungspolitischen Themen. Von großer Bedeutung ist der Haushaltsausschuss, der alle haushaltsrelevanten Beschlüsse des deutschen Bundestags vorbereitet. Hierfür holt er sich von Fachausschüssen des Deutschen Bundestags – für die Entwicklungspolitik vom AwZ – gutachterliche Stellungnahmen ein. Die Beschlüsse und Empfehlungen des Haushaltsausschusses sind entscheidend für Volumen und Ausstattung des Einzelplans 23, den Etat des BMZ.

Entwicklungshilfe leistete die Bundesrepublik Deutschland zum ersten Mal im Jahr 1952 als sie sich am „Erweiterten Beistandsprogramm der Vereinten Nationen" finanziell beteiligte. In den 1950er-Jahren setzte sich der Deutsche Bundestag zunehmend für eine aktive Nord-Süd-Politik ein. Nachdem anfänglich noch bereits vorhandene Strukturen genutzt wurden, übertrug die Bundesregierung diese neue Staatsaufgabe im Herbst 1961 an ein eigenes Ministerium, das Bundesministerium für wirtschaftliche Zusammenarbeit (vgl. BMZ 2008d: 37). Zwar gibt es bei einer Reihe westlicher Staaten eigene Fachministerien für die Entwicklungspolitik, doch in den meisten OECD-Staaten sind die Entwicklungsbehörden den Außenministerien unterstellt, sodass die Neugründung eines eigenständigen Ministeriums keinesfalls eine Selbstverständlichkeit war.

Zunächst als Koordinationsministerium mit wenigen Befugnissen ausgestattet, emanzipierte sich das BMZ innerhalb von gut zehn Jahren zu einem vollwertigen Ressort. Marksteine auf diesem Weg sind der Bundeskanzlererlass von 1964, der dem BMZ die Zuständigkeit für die Grundsätze und Programme der Entwicklungshilfepolitik sowie für die Planung und Durchführung der Technischen Zusammenarbeit übertrug; der Organisationserlass von 1972, der dem BMZ die Verantwortung für die bi- und multilaterale Finanzhilfe zusprach; die Abschaffung der interministeriellen Referentenausschüsse, die den Einfluss der anderen Ressorts eindämmte; und die Eliminierung der Bundesstelle für Entwicklungshilfe (BfE) Mitte 1975, die dem BMZ die uneingeschränkte Oberhoheit für die Durchführung aller Entwicklungshilfeprojekte sicherte (vgl. im Einzelnen u. a. Martinek 1981, Schimank 1983, Bodemer 1985, Nuscheler 1985, Stockmann 1990).

Dieser schon Anfang der 1970er-Jahre erreichte Grad an relativer Autonomie blieb lange Zeit nahezu unverändert, teilweise begann er sogar zu erodieren. Andere Ressorts wie das frühere Bundesministerium für Forschung und Technologie (BMFT) in Wissenschaftsfragen und bei Technologietransfers, das Innenministerium bei Drogenbekämpfung, Polizeihilfe und bei Migrationsproblemen, aber auch das Landwirtschafts-, Bau- und Bildungsministerium sowie das Umweltministerium bauten bereits in den 1970er und 1980er-Jahren internationale Abteilungen auf.

Erst mit dem Wandel des Entwicklungsverständnisses von einer begrenzten Ressortaufgabe hin zu einer globalen Struktur- und Friedenspolitik konnte das BMZ seine Zuständigkeiten wieder weiter ausbauen (vgl. BMZ 2008d: 37 f.). Dennoch ist das BMZ nur für rund 60 % der ODA-Leistungen verantwortlich (siehe Tabelle III/6 in Kapitel 3.2).

Die Zuständigkeit auf dem Gebiet der Entwicklungspolitik muss sich das BMZ auf ministerieller Ebene weiterhin mit mächtigen Partnern teilen:

- Das Auswärtige Amt (AA) mit seinem Monopol auf die Außenpolitik nimmt Einfluss auf alle politischen Fragen, insbesondere auf die regionale Verteilung der Entwicklungshilfegelder, ist wesentlich an der Vergabeprozedur beteiligt, regelt und kontrolliert jegliche Korrespondenz zwischen BMZ und den Partnerländern und stellt einen wichtigen Pfeiler im Informationssystem des BMZ dar. Traditionell ist zudem die Humanitäre Hilfe beim AA angesiedelt. Unter der CDU-FDP-Regierung wurde zusätzlich die Not- und Übergangshilfe aus dem BMZ ins AA verlagert. In den letzten sieben Jahren sind die Haushaltsmittel des AA, die als ODA deklariert sind, von rund 360 Mio. Euro (2007) auf etwa 1,1 Mrd. Euro (2014) angewachsen. Damit hat sich der Anteil der ODA-Ausgaben am Gesamtetat des AA in diesem Zeitraum von 14,3 % auf 30,5 % mehr als verdoppelt (vgl. Welthungerhilfe u. terre des hommes 2014: 19).
- Das Bundesministerium für Wirtschaft und Energie (BMWi) ist u. a. bei Entscheidungen, die die Außenwirtschaft, wirtschaftliche Strukturveränderungen, Wirtschaftsförderung in Entwicklungsländern, Energiepolitik oder Schiffbauförderung berühren, beteiligt. Außerdem entscheidet es über die wichtigen Hermesbürgschaften und ist bei Umschuldungen federführend beteiligt.

– Das Bundesfinanzministerium (BMF) spielt in Fragen der Haushaltsplanung, der Planung des Personalhaushalts, der Finanz-, Währungs-, Zoll- und Steuerpolitik und insbesondere bei Umschuldungsverhandlungen eine entscheidende Rolle. Bei Kapitalhilfekrediten muss mitunter noch immer die Zustimmung des BMF eingeholt werden.
– Das Bundesministerium für Umwelt, Naturschutz, Bau und Reaktorsicherheit (BMUB) avanciert zu einem entwicklungspolitisch immer wichtigeren Ressort, welches hinter BMZ und AA den dritten Platz bei der Verteilung von ODA-Mitteln einnimmt (siehe Tabelle III/6 in Kapitel 3.2). Für die Verhandlungen über die zukünftigen Sustainability Development Goals, die die deutsche Entwicklungszusammenarbeit wesentlich prägen werden, teilen sich BMZ und BMUB die gemeinsame Federführung.

Des Weiteren gibt es natürlich auch mit anderen Ministerien thematische Überschneidungen oder sogar offen zutage tretende Zielkonflikte: Zum Beispiel mit dem Verteidigungsministerium im Zusammenhang mit Friedenssicherungsmaßnahmen wie z. B. in Afghanistan, mit dem Landwirtschaftsministerium mit Blick auf die heimische und europäische Agrarpolitik (welche von NRO immer wieder als entwicklungspolitisches Hemmnis kritisiert wird) oder mit dem Bildungsministerium, welches den wissenschaftlichen Austausch zwischen Deutschland und seinen Partnerländern fördert.

An dieser kurzen Auflistung wird deutlich, dass Entwicklungspolitik keineswegs isoliert betrachtet werden kann und stattdessen in Wechselbeziehung zur deutschen Gesamtpolitik und den einzelnen Politikfeldern steht. Um zwischen ihnen Kohärenz herzustellen, ist eine inhaltliche Abstimmung der einzelnen Ministerien notwendig. Hierzu wurden in der Vergangenheit verschiedene Instrumente installiert. Dazu zählen z. B. der Interministerielle Ausschuss für Exportkreditgarantien und der Bundessicherheitsrat, in dem seit 1998 das BMZ als ständiges Mitglied vertreten ist. Zwar existiert seit 2010 innerhalb des Bundeskabinetts ein Staatssekretärskreis „Technische Zusammenarbeit und ODA-Transparenz", der zweimal im Jahr tagt und zu dem das BMZ einlädt, aber über weitergehende Befugnisse verfügt das BMZ nicht. Gemeinsame Strategiepapiere der Bundesregierung z. B. zum Thema Globalisierung oder mit Blick auf die Kooperation mit bestimmten Regionen sollen zusätzlich zu einer verbesserten Kohärenz beitragen. Eine Vereinbarung zwischen Auswärtigem Amt und BMZ, durch welche letzterem die Federführung zur Koordinierung der offiziellen deutschen ODA-Beiträge zugeteilt wird, soll weiterhin zu einer verbesserten Abstimmung von Außen- und Entwicklungspolitik führen (vgl. BMZ 2013a).

Trotz allem bleibt Politikkohärenz eine dauernde Herausforderung, da mit der zunehmenden globalen Verflechtung eine Vielzahl von Politikbereichen von internationalen Entwicklungen betroffen ist und auf diese reagiert. Somit besteht ein gesteigertes Potenzial, hierbei Wege zu beschreiten, die den entwicklungspolitischen Anstrengungen des BMZ und vor allem seiner Partner zuwiderlaufen oder diese zumindest nicht unterstützen. Die fortwährende Verbesserung der Abstimmungsme-

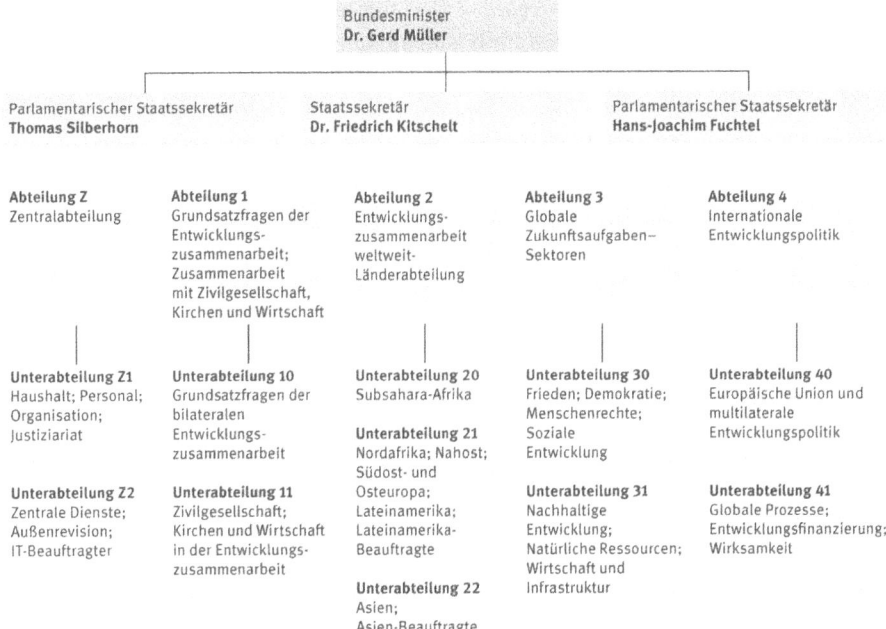

Abbildung III/9: Organisationsplan des BMZ, Stand 2014 (BMZ 2014i)

chanismen der einzelnen Ministerien und Politikbereiche bleibt daher eine politische Daueraufgabe, deren Bedeutung auch vom Entwicklungsausschuss der OECD wiederholt hervorgehoben worden ist (vgl. OECD 2006, 2010).

Das BMZ hat im Laufe seiner Geschichte nicht nur Veränderungen in seinen Beziehungen zu anderen Ressorts, sondern auch eine Reihe innerer Reformprozesse durchlaufen. Mit einer Reihe von Reorganisationsmaßnahmen wurden die Struktur und Ablaufprozesse immer wieder verändert, um die regionalen, fachlichen und institutionell-instrumentellen Arbeitsbereiche des BMZ besser miteinander zu verzahnen und stärker an übergreifenden Zielen auszurichten. Die nach dem Regierungswechsel vorgenommene Strukturreform hat zu dem in Abbildung III/9 dargestellten Organisationsplan geführt. Das Ministerium setzt für seine Aufgaben zurzeit rund 980 Mitarbeiter ein, von denen ca. 105 in deutschen Auslandsvertretungen und internationalen Organisationen tätig sind (vgl. BMZ 2015j).

Das BMZ verfügt über keine eigenen Umsetzungseinheiten, keine selbstständigen Außenstrukturen in den Partnerländern und über keinen behördlichen Unterbau, dafür aber über eine Reihe von Durchführungsorganisationen (DO), die mit der Umsetzung entwicklungspolitischer Aufgaben betraut werden.

Mit der *Finanziellen Zusammenarbeit* (FZ) mit den Entwicklungsländern ist seit den 1960er-Jahren die *Kreditanstalt für Wiederaufbau (KfW)* betraut. Sie wurde bereits 1948 als Förderbank zur Finanzierung des deutschen Wiederaufbaus mit Sitz in Frankfurt gegründet. Das Grundkapital stammt zu 80 % aus Mitteln des Bundes und zu 20 % aus Mitteln der Länder. Seit 2003 firmiert die KfW als Bankengruppe, die aus der KfW Mittelstandsbank, der KfW Förderbank, der KfW IPEX-Bank, der KfW Entwicklungsbank und als eine Tochtergesellschaft der 2001 eingegliederten Deutschen Investitions- und Entwicklungsgesellschaft (DEG) besteht. Innerhalb der KfW wird diese Unterscheidung weniger im Sinne eigenständiger organisatorischer Einheiten, denn als inhaltliche Zuordnung verschiedener Dienstleistungsprodukte verstanden, sodass von „Marken" gesprochen wird (vgl. Michaelowa 2009: 242). Die KfW Entwicklungsbank ist für die Förderprodukte zur finanziellen Unterstützung der Entwicklungsländer zuständig. Hierunter fallen einerseits die Finanzierungen aus Haushaltsmitteln im Auftrag des BMZ und andererseits die Finanzierungen aus KfW-eigenen Mitteln sowie Mischformen.

Die *Deutsche Investitions- und Entwicklungsgesellschaft mbH (DEG)* ist ein gemeinnütziges Finanzierungs- und Beratungsinstitut mit dem Ziel der Privatsektorförderung in Entwicklungsländern, Ländern in Mittel- und Osteuropa (MOE) sowie den Neuen Unabhängigen Staaten (NUS). Die DEG ist durch öffentliche Mittel mit einem Stammkapital von 750 Mio. Euro ausgestattet und im Beteiligungsgeschäft steuerbefreit, wirtschaftet sonst jedoch privatwirtschaftlich und auf eigenes Risiko, d.h. ohne staatliche Absicherung. Ihre Tätigkeit besteht vor allem in der Vergabe von Darlehen oder in der direkten Beteiligung an in diesen Ländern tätigen Unternehmen. Die DEG führt somit nicht selbst Entwicklungsprojekte durch, wie beispielsweise die GIZ, sondern die aktive Rolle kommt dem investierenden Partnerunternehmen zu. Die DEG-Finanzierungen werden mit Ausnahme der ursprünglichen Kapitalausstattung durch den Bund ohne Haushaltsmittel durchgeführt (Kapitalmarktfinanzierung) und unterliegen den Bestimmungen und Restriktionen des Kreditwesengesetzes/KWG und Basel III.[38]

Der Bestand an Finanzierungszusagen belief sich Ende 2013 auf 1,45 Mrd. Euro. Hauptsektoren der Förderung sind der Finanzsektor (479 Mio. Euro, bzw. 33 % der Neuzusagen 2013), aber auch die verarbeitende Industrie (404 Mio. Euro bzw. 28 %) und Infrastruktur (314 Mio. Euro bzw. 22 %). Der regionale Schwerpunkt der Förderung liegt derzeit auf Asien (492 Mio. Euro) und dabei vor allem auf Indonesien, China, Bangladesh und Indien, gefolgt von Lateinamerika (401 Mio. Euro) und Europa/Kaukasus (171 Mio. Euro). Die Förderung von Unternehmen in Subsahara-Afrika liegt bei 326 Mio. Euro (vgl. DEG 2014). Seit Ende 2001 ist die zuvor selbstständige DEG Teil der KfW Bankengruppe. Die DEG beschäftigt etwa 499 Mitarbeiter, überwiegend an ihrem Hauptsitz in Köln (vgl. DEG 2014).

Die Finanzierungszusagen der KfW Entwicklungsbank haben sich in den letzten Jahren vor allem durch den verstärkten Einsatz von KfW-Eigenmitteln erheblich aus-

---

38 Die Eigenkapitalrichtlinie Basel III des Baseler Ausschusses für Bankenaufsicht verpflichtet Kreditinstitute Eigenkapital in Höhe von mindestens 8 % der Risikopositionen vorzuweisen. Anschaulicher gesprochen, müssen „Risiken in Höhe von 100 Euro [...] mit mindestens 8 Euro Eigenmitteln hinterlegt werden" (BMF 2010). Hinzu kommen ein Kapitalerhaltungspuffer von 2,5 % und ein antizyklischer Kapitalpuffer von 0 bis 2,5 %. Hierdurch sollen Banken in die Lage versetzt werden, wirtschaftliche Verluste auch im Krisenfall ohne staatliche Hilfe zu bewältigen.

geweitet. Während die Neuzusagen beispielsweise 2008 rund 3,3 Mrd. Euro betrugen, waren es 2013 bereits knapp 5,3 Mrd. Euro. Davon stammten 2008 immerhin noch 42% aus Haushaltsmitteln des Bundes. 2013 waren es nur noch 34%. Hinsichtlich der sektoralen Aufteilung überwog 2013 mit 55% die Förderung der wirtschaftlichen Infrastruktur, gefolgt von der sozialen Infrastruktur mit knapp einem Drittel des Fördervolumens. Ein Blick auf die regionale Aufteilung zeigt, dass bezogen auf 2013 mit 31% Asien und Ozeanien die meisten Mittel erhielten. Auf Subsahara-Afrika entfielen 23%, auf Nordafrika und den Nahen Osten weitere 16%, auf Europa und den Kaukasus 14% und auf Lateinamerika 13%. Mit 3% wurden globale Vorhaben gefördert (vgl. KfW 2014a).

Der Geschäftsbereich der KfW Entwicklungsbank macht mit einem Gesamtvolumen von 5,3 Mrd. Euro nur ca. 7% am Gesamtfördervolumen der KfW Bankengruppe in Höhe von 72,5 Mrd. Euro aus. Mit etwa 650 Beschäftigten machen die Mitarbeiter der KfW-Entwicklungsbank aber etwa 12% der Belegschaft der gesamten Bankengruppe aus, die 2013 etwa 5300 Beschäftigte zählte (vgl. KfW 2014b).

Die KfW und die DEG sind in immer mehr Ländern mit eigenen Büros vertreten. Mittlerweile gibt es etwa 60 Repräsentanzen vor Ort, und dies obwohl die KfW nicht wie in der TZ Projekte oder Programme mit den Partnern vor Ort durchführt. Im Rahmen der FZ werden Darlehen oder Zuschüsse als sogenannte „nehmereigene" Mittel bereitgestellt. Das heißt nicht die KfW Entwicklungsbank, sondern der lokale Projektträger vor Ort führt die finanzierten Maßnahmen selbst durch oder beauftragt damit andere Institutionen.

Selbstverständlich steht die KfW dennoch in der Mitverantwortung. Schon bei der Auswahl und Planung berät sie die potenziellen Projektpartner. Gemeinsam werden Machbarkeitsstudien durchgeführt, die nicht nur die wirtschaftliche Tragfähigkeit des Vorhabens prüfen sollen, sondern auch ihre soziokulturelle und ökologische Verträglichkeit sowie mögliche Risiken. Darüber hinaus sollen die zu erwartenden entwicklungspolitischen Wirkungen und Nachhaltigkeitschancen prognostiziert werden. Erst wenn das BMZ eine internationale Vereinbarung über die finanziellen Zusagen mit dem Partnerland getroffen hat, kann die KfW Entwicklungsbank einen Finanzierungsvertrag mit den Projektträgern schließen. In diesem wird u. a. vereinbart, welche Rahmenbedingungen zu erfüllen sind, was beim Bau der Anlagen zu beachten ist oder wie die Betriebskosten zu decken sind. Für die Durchführung eines Vorhabens selbst ist dann der Projektträger vor Ort verantwortlich. Er schreibt Lieferungen und Leistungen aus, überwacht die Bauphasen und sorgt für die Ausbildung des Personals. Die KfW überprüft die Entwicklungsfortschritte und informiert das BMZ regelmäßig anhand von Fortschrittsberichten. Die Vorgehensweise der KfW Entwicklungsbank bei der Förderung von Entwicklungsvorhaben im Rahmen der FZ kann Abbildung III/10 entnommen werden.

Etwa ein Jahr nach Fertigstellung nimmt die KfW Entwicklungsbank eine Schlusskontrolle vor und überprüft, ob alle Zusagen eingehalten wurden. Ob ein Vorhaben wirklich dauerhaft erfolgreich ist und nachhaltig wirkt, zeigt sich erst in den Folgejahren. Deshalb führt die KfW als einzige deutsche EZ-Organisation seit ihrem

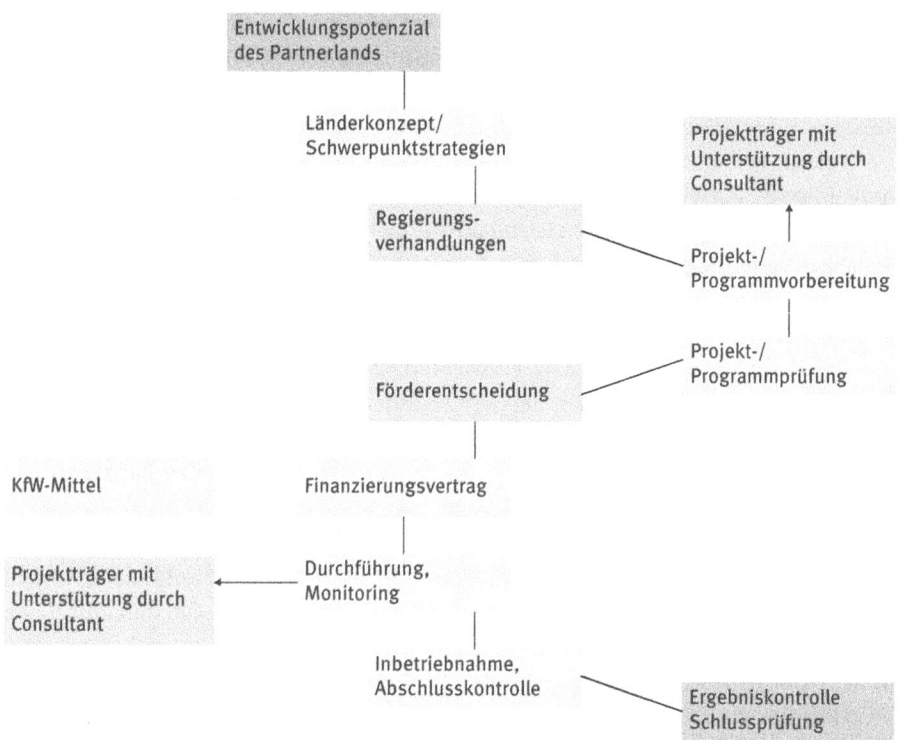

Abbildung III/10: Projektzyklus zur Förderung von Projekten und Programmen durch die KfW (KfW 2014c)

Bestehen regelmäßig Ex-post-Evaluationen durch. Während bisher alle Projekte einer solchen Schlussprüfung unterzogen wurden, nimmt die unabhängige Evaluationsabteilung mittlerweile aussagefähige Stichproben abgeschlossener Projekte, analysiert die erzielten Wirkungen, bewertet die Kosten und setzt beides in Relation zueinander.

Für die Bereiche der *Technischen Zusammenarbeit* (TZ) und der *Personellen Zusammenarbeit* (PZ) waren innerhalb der deutschen Entwicklungszusammenarbeit lange Zeit eine Vielzahl verschiedener Organisationen tätig. Diese strukturelle Fragmentierung war historisch gewachsen. Anfangs wurden in der organisatorischen Aufgabenteilung durchaus Vorteile gesehen: für die einzelnen Aufgaben und Instrumente der Entwicklungszusammenarbeit (FZ, TZ, PZ) wurden darauf spezialisierte Organisationen gegründet oder genutzt. Bei kleinen, auf bestimmte Aufgaben ausgelegten Organisationen wird nämlich davon ausgegangen,

- dass sie flexibel auf sich rasch verändernde Umfeldbedingungen reagieren können,
- dass sich aufgrund ihres Spezialisierungsgrads schnell adäquate Problemlösungen entwickeln lassen,

- dass aufgrund flacherer Hierarchien schnellere Entscheidungs- und Verwaltungsabläufe möglich sind,
- dass die Kommunikation wegen ihrer überschaubaren Größe erleichtert wird etc.

Deshalb wurde zuweilen argumentiert, dass viele schnelle „Boote" effektiver und effizienter vorankommen als ein schwer manövrierbarer „Tanker", der alle Aufgaben und Instrumente der Entwicklungszusammenarbeit in sich vereint. Wenn staatliche Entwicklungszusammenarbeit jedoch einer einheitlichen, von der Bundesregierung formulierten und verantworteten Entwicklungspolitik folgen soll und sich die einzelnen Aktivitäten zur Erreichung gemeinsam akzeptierter Ziele verdichten sollen, dann ergeben sich daraus nicht nur Steuerungs- und Koordinationsprobleme, sondern es besteht auch die Gefahr von Aufgabenüberschneidungen, Konkurrenz zwischen Durchführungsorganisationen und „verwirrten" Partnern, die die deutsche Entwicklungszusammenarbeit oder gar Entwicklungspolitik in der Vielfalt der einzeln auftretenden Durchführungsorganisationen gar nicht mehr erkennen können.

Dies hatte wiederholt zu Kritik aus den Reihen der Partnerländer und anderer Geber (v. a. OECD/DAC) beigetragen. Schon seit Jahrzehnten wurde deshalb immer wieder von einer organisatorischen Flurbereinigung gesprochen, lange jedoch ohne weitreichende Erfolge vorweisen zu können. Die Eingliederung der Deutschen Investitions- und Entwicklungsgesellschaft mbH (DEG) in die KfW Bankengruppe Ende 2001 sowie die 2002 erfolgte Zwangsfusion der beiden im Fortbildungsbereich tätigen Einrichtungen, der Carl Duisberg-Gesellschaft e.V. (CDG) und der Deutschen Stiftung für Internationale Entwicklung (DSE) in eine Organisation mit dem sperrigen Titel „Internationale Weiterbildung und Entwicklung gGmbH" (InWEnt) waren lange Zeit die einzigen organisatorischen Strukturreformen.

2011 schließlich wurde ein weitergehender – wenn auch für viele Beobachter nicht ausreichender (siehe Kapitel 3.4.2) – Reformschritt gegangen, indem zwei Organisationen der PZ – Deutscher Entwicklungsdienst (DED) und Internationale Weiterbildung und Entwicklung gGmbH (InWEnt) – und die bis dahin größte deutsche TZ-Organisation – Gesellschaft für Technische Zusammenarbeit (GTZ) mbH – zur Gesellschaft für Internationale Zusammenarbeit (GIZ) mbH zusammengeführt wurden. Ohne die eigentlich größere Herausforderung nämlich eine Zusammenlegung von FZ und TZ anzugehen, wollte die Bundesregierung aus CDU/CSU und FDP auf diesem Wege die Schlagkraft der deutschen Entwicklungspolitik erhöhen und die Wirksamkeit und Zielgenauigkeit des Mitteleinsatzes verbessern (vgl. Bundesregierung 2009: 129) (siehe hierzu die Ausführungen in Kapitel 3.4.2).

- Die *Internationale Weiterbildung und Entwicklung gGmbH (InWEnt)* bildete bis zur Fusion nach der KfW Entwicklungsbank und der GTZ den drittgrößten staatlichen Akteur in der deutschen Entwicklungszusammenarbeit. Hauptgesellschafter war die Bundesregierung, vertreten durch das BMZ, in dessen Auftrag die Mehrheit der Tätigkeiten von InWEnt durchgeführt wurde. Als weltweit operierendes Unternehmen für Personalentwicklung, Weiterbildung und Dialog war InWent ähnlich wie die GTZ nicht nur im Auftrag des BMZ, sondern auch für andere Bundesressorts (u.a. das Auswärtige Amt, das Bundesministerium für Wirtschaft und Technologie, das Bundesministerium für Bildung und Forschung) sowie für die Regierungen der Länder tätig. Im Unterschied zu KfW und GTZ verfügte InWEnt mit zehn Vertretungen allerdings über deutlich weniger internationale Außenstellen.

Die Aktivitäten von InWEnt konzentrierten sich auf die Aufgabe des ‚Capacity Building', indem durch Programme zur Personal- und Organisationsentwicklung die Handlungskompetenz von Fach- und Führungskräften in politischen, organisatorischen und betrieblichen Veränderungsprozessen gestärkt werden sollten. Daneben bot InWEnt auch Programme zur internationalen und interkulturellen Qualifizierung von Berufstätigen aus Deutschland und anderen Industrieländern an, förderte den internationalen Dialog und Erfahrungsaustausch zwischen Fach- und Führungskräften, unterstützte die entwicklungsbezogene Informations- und Bildungsarbeit und bereitete Fachkräfte der deutschen Entwicklungszusammenarbeit auf ihren Auslandseinsatz vor (vgl. BMZ 2008d: 97f.).

– Der 1963 gegründete *Deutsche Entwicklungsdienst (DED)* war wie InWEnt im Bereich der personellen Zusammenarbeit tätig. Als gemeinnützige GmbH organisiert, hielt die Bundesregierung, vertreten durch das BMZ, 95% der Anteile. Der DED förderte entwicklungsrelevante Organisationen in den Partnerländern hauptsächlich durch die Entsendung von Entwicklungshelfern. Ein Großteil davon arbeitete in Kooperationsprojekten mit der GTZ, der KfW, der Deutschen Welthungerhilfe (DWHH) und anderen Organisationen zusammen. Da der DED auch Personal in Länder entsenden durfte, in denen die übrige staatliche deutsche Entwicklungszusammenarbeit nicht oder nicht mehr aktiv war, wurde er manchmal auch zum (Neu-)Aufbau oder der Fortsetzung von staatlichen Kontakten genutzt. Inhaltlich konzentrierte sich der DED auf etwa 30 Leistungsangebote in fünf sektoralen Bereichen, die so unterschiedliche Handlungsfelder wie die Wasserberatung von Kommunen, den Zugang zu Mikrofinanzdienstleistungen oder die Bekämpfung der weiblichen Genitalverstümmlung umfassten (vgl. Meyer 2009: 176).

– Auch beim *Centrum für internationale Migration und Entwicklung (CIM)* geht es darum, Entwicklungsländer durch personelle Maßnahmen zu unterstützen. CIM ist eine 1980 gegründete Arbeitsgemeinschaft der GTZ und der Zentralen Auslands- und Fachvermittlung (ZAV) der Bundesagentur für Arbeit, welche in dieser Form unter dem Dach der jetzigen GIZ fortbesteht. Es führt die Programme „Integrierte Fachkräfte" und „Rückkehrende Fachkräfte" durch (vgl. die Ausführungen in Kapitel 3.3). Dafür stellte das BMZ dem CIM jährlich ca. 50 Mio. Euro bereit (vgl. CIM 2010). 2013 waren 488 integrierte Fachkräfte in den Partnerländern tätig. Weitere 439 Personen wurden als rückkehrende Fachkräfte von CIM unterstützt (vgl. GIZ 2014a).

Die Arbeitsteilung zwischen GIZ (bzw. zuvor GTZ) und ZAV funktioniert so, dass die GIZ vorwiegend für die entwicklungspolitischen Fragestellungen, die Auswahl der Arbeitgeber in den Partnerländern und die Personalbetreuung verantwortlich ist, während die Mitarbeiter der ZAV die Suche nach geeigneten Kandidaten auf dem deutschen und europäischen Arbeitsmarkt übernehmen.

2010 war etwas über ein Drittel der für CIM tätigen Fachkräfte im Bereich „Wirtschaftsförderung, Aufbau der Marktwirtschaft, Berufliche Bildung" tätig, ein weiteres Drittel im Bereich „Umwelt- und Ressourcenschutz, Energie, Wasser und Abfallmanagement", knapp 17 % im Tätigkeitsfeld „Demokratie, öffentliche Verwaltung, Zivilgesellschaft, Friedenssicherung" und ca. 8 % im Bereich „Gesundheit, Familienplanung, HIV/Aids". Von geringerer Bedeutung waren die Tätigkeitsfelder „Ernährungssicherung, Landwirtschaft, ländliche Entwicklung" (3 %), „Bildung" (2 %) und „Transport und Kommunikation" (1 %) (vgl. CIM 2015).

– Die eben genannten Organisationen – GTZ, DED, InWEnt und CIM – sind mit der Strukturreform von 2011 in der *Gesellschaft für Internationale Zusammenarbeit* (GIZ) mbH aufgegangen, welche die Portfolios der ehemals einzelnen Organisationen nun bündelt. Die *Deutsche Gesellschaft für Technische Zusammenarbeit mbH* (GTZ) war 1975 gegründet worden und stellte schon vor der Fusion die größte deutsche TZ-Organisation dar. Die GTZ war, wie es jetzt auch ihre Nachfolgeorganisation GIZ ist, zwar formal ein privatwirtschaftliches Unternehmen, jedoch zu 100 % im Besitz des Bundes. Die GIZ ist (wie vorher die GTZ) vom BMZ mit der Durchführung von entwicklungspolitischen Maßnahmen im Rahmen der TZ beauftragt. Die GIZ mit Sitz in Bonn und Eschborn ist in über 130 Ländern aktiv und verfügt über ca. 16.400 Mitarbeiter (vgl. GIZ 2015a). Das Geschäftsvolumen der GIZ belief sich im Jahr 2013 auf knapp zwei Mrd. Euro. Davon stammen rund 80 % vom Hauptauftraggeber BMZ (vgl. GIZ 2015a).

Darüber hinaus ist die GIZ nach Zustimmung der Bundesregierung – für andere Bundesressorts,[39] Regierungen anderer Länder, internationale Auftraggeber wie die Europäische Kommission, die Vereinten Nationen oder die Weltbank sowie für Unternehmen der privaten Wirtschaft tätig. Diese Aufträge wirbt die GIZ im Rahmen des sogenannten „Drittgeschäfts" selbst gegen Entgelt ein, wofür im Jahr 2002 „GTZ International Services" (GTZ IS) gegründet worden war. Nachdem es dem Bereich IS trotz wachsendem Auftragsvolumens nie gelungen war, Gewinne zu erwirtschaften und obwohl die GIZ diesen Bereich zu einem wichtigen strategischen Teil ihrer Unternehmensplanung für 2012 bis 2015 erhoben hatte, ist das Auftragsvolumen in den letzten Jahren geschrumpft. Als Gründe für diesen Misserfolg nennt die GIZ das Auslaufen großer Vorhaben nationaler Auftraggeber sowie das Ausbleiben neuer Aufträge, z. B. aus Saudi-Arabien, Katar und Libyen (vgl. GIZ 2013a, 2014a).

Das Aufgabenspektrum der GIZ ist entsprechend der Vereinigung der Bereiche TZ und PZ weit gefächert. Im Kern geht es bei allen Tätigkeiten der GIZ um Capacity

---

[39] Obwohl die GmbH ihrer Rechtsform nach keine gemeinnützige GmbH ist, werden die Aufträge vom BMZ und anderen deutschen öffentlichen Auftraggebern (DÖAG) wie beispielsweise Bundesministerien oder Bundesländern, dem gemeinnützigen Bereich zugeordnet, welcher von Körperschafts- und Gewerbesteuern befreit ist (vgl. GIZ 2015).

Development. Die GIZ leistet daher in erster Linie Beratung für Menschen und Organisationen und will dadurch Lern- und Veränderungsprozesse unterstützen. Die thematischen Arbeitsfelder der GIZ reichen dabei von ländlicher Entwicklung, über nachhaltige Infrastruktur, Sicherheit, Frieden und Wiederaufbau, Soziale Entwicklung, Staat und Demokratie, Umwelt und Klima bis hin zu Wirtschaft und Beschäftigung. Für diese Themen bietet die GIZ Dienstleistungen in folgenden Bereichen an (vgl. GIZ 2014b):

- Beratung: Diese deckt das Spektrum von Politik- und Strategieberatung, über Fachberatung bis Organisationsberatung ab.
- Internationale Kompetenzentwicklung: Dieser Bereich umfasst die klassische personelle Zusammenarbeit und die Kapazitätsentwicklung aufseiten von Nachwuchs-, Fach-, Führungs- und Managementkräften sowie Beratern.
- Vernetzung, Dialog und Mediation: Hierbei geht es u. a. um die Unterstützung von Dialogprozessen und des Managements komplexer Akteurs- und Wissensnetzwerke, aber auch um die Förderung des Erfahrungs- und Wissensaustauschs von Akteuren.
- Management und Logistik: In diesem Angebotsbereich werden die Auftragspartner verwaltungstechnisch und logistisch unterstützt, auch in den immer wichtiger werdenden Bereichen „Monitoring" und „Evaluation".

Wie eingangs dargestellt, beeinflusst die internationale Entwicklungsdiskussion die politischen Strategien und Umsetzungsprogramme der deutschen Entwicklungszusammenarbeit. In der Vergangenheit führte dies z. B. zu einer Bevorzugung größerer Entwicklungseinheiten (vom Projekt zum Programm) und höheren Interventionsebenen (von lokalen Einheiten zur System-/Gesellschaftsebene), zu Bemühungen um besser aufeinander abgestimmte, „kohärentere" Maßnahmen (vom einzelnen Projekt einer Entwicklungsorganisation zu „Multi-Akteurs-Programmen") und zur Ausrichtung der Entwicklungsmaßnahmen an ihren Ergebnissen (vom Input zum Impact). Seit einiger Zeit spielen die bereits in Kapitel 2.2 und 2.3 erwähnten „globalen Partnerschaften" eine immer größere Rolle auf dem internationalen und deutschen entwicklungspolitischen Parkett, was sich in einer verstärkten Zusammenarbeit mit aufstrebenden Ländern wie China, Indien, Südafrika, Brasilien oder Indonesien niederschlägt. Auch die GIZ passt ihre Aktivitäten dementsprechend an. Im Kontext zunehmender Süd-Süd-Kooperationen unterstützt sie z. B. Schwellenländer beim Aufbau eigener Strukturen der internationalen Zusammenarbeit und beteiligt sich auch an sogenannten Dreieckskooperationen (vgl. GIZ 2014c).

Zu den weiteren deutschen Durchführungsorganisationen, die mit spezifischen Aufgaben betraut sind, gehören:

- Die Bundesanstalt für Geowissenschaften und Rohstoffe (BGR), bei der derzeit 786 Mitarbeiter beschäftigt sind, ist die zentrale Einrichtung der Bundesregierung für georelevante Fragestellungen und dem Bundesministerium für Wirtschaft und Energie unterstellt (vgl. BGR 2015). Im Rahmen der Entwicklungszusammenarbeit ist die BGR seit 1958 aktiv. Sie berät das BMZ in den Sektoren Geologie, Rohstoffe,

Bergbau, Energie, Grundwasser, Boden sowie Georisiken und führt mit den Partnerländern im Auftrag des Ministeriums Vorhaben der Technischen Zusammenarbeit in diesem Themenfeld durch. Die BGR hat seit ihrer Gründung weit über 400 Projekte in mehr als 130 Ländern durchgeführt, derzeit ist sie in rund 50 Projekten in über 30 Ländern aktiv (vgl. BGR 2013: 4 ff.). Ihre Aufgaben und Beratungsschwerpunkte umfassen u.a. die Förderung des sektorspezifischen Technologietransfers, Aus- und Fortbildung von Fachkräften zu georelevanten Themen, Durchführung gemeinsamer wissenschaftlicher Studien mit Partnerorganisationen vor Ort, Bereitstellung von geowissenschaftlicher Ausrüstung und Beratung in geowissenschaftlichen Fragen (vgl. Borrmann 2009a: 60).

– Die Physikalisch-Technische Bundesanstalt (PTB) ist mit rund 1800 Mitarbeitern keineswegs eine kleine Organisation, aber mit Entwicklungszusammenarbeit sind in ihrem Fachbereich „Technische Zusammenarbeit" nur ca. 60 Mitarbeiter befasst. Die PTB ist das nationale Metrologie-Institut Deutschlands, das Grundlagenforschung und Entwicklung im Bereich der Metrologie betreibt. Im Rahmen der Kooperation mit Entwicklungs- und Transformationsländern unterstützt sie mit ihren Projekten den Aufbau einer Qualitätsinfrastruktur (QI) in Entwicklungs- und Schwellenländern, also Institutionen des Mess-, Norm-, Prüf- und Qualitätswesens. Auf diese Weise soll die wirtschaftliche Entwicklung gefördert, der Umwelt-, Gesundheits- und Verbraucherschutz gestärkt und somit insgesamt die notwendigen Voraussetzungen für nachhaltige Entwicklungen hergestellt werden. Konkret erarbeitet die PTB mit ihren Partnern Konzepte für die Entwicklung von Qualitätsinfrastrukturen, führt im Auftrag des BMZ entsprechende QI-Projekte durch und kooperiert mit QI-Institutionen auf nationaler, regionaler und internationaler Ebene (vgl. PTB 2014). Sie leistet u.a. Beratung sowie Aus- und Fortbildung für Ministerien, Selbstverwaltungsorgane und Fachorgansektionen; Beratung bei der Gesetzes- und Verordnungserstellung; Unterstützung bei der Einrichtung und dem Betrieb von Laboratorien und Institutionen; Lieferung von Mess- und Prüfeinrichtungen sowie Kalibrierungen und Akkreditierung von Laboratorien (vgl. Borrmann 2009b: 282).

Neben den bereits genannten Organisationen der Finanziellen (KfW), Personellen und Technischen Zusammenarbeit (GIZ, BGR, PTB) gibt es seit Kurzem zwei weitere staatliche Institutionen im Bereich der Entwicklungszusammenarbeit. Eine davon ist die am 1. Januar 2012 geschaffene Organisation „Engagement Global gGmbH – Service für Entwicklungsinitiativen" mit Sitz in Bonn. Die neue Institution, die rund 230 Mitarbeiter/-innen beschäftigt, bündelt eine Reihe von Aktivitäten, die vorher von einer Vielzahl eigenständiger Organisationen ausgeführt wurden. Bei ihr konzentriert sich die entwicklungspolitische Informations- und Bildungsarbeit als auch die Förderung des zivilgesellschaftlichen und kommunalen entwicklungspolitischen Engagements. Durch Informations- und Bildungsarbeit sollen Menschen für globale Zusammenhänge sensibilisiert und durch Beratung und Qualifizierung dazu befähigt werden, sich entwicklungspolitisch im In- und Ausland einzubringen (vgl. Engagement Global

2014a). Hierfür bietet Engagement Global für alle gesellschaftlichen Gruppen in Deutschland folgende Dienste an:
1. Informationen über die Möglichkeiten sich entwicklungspolitisch zu engagieren.
2. Beratung für Entwicklungsinitiativen, die sich für eine global gerechtere Welt engagieren wollen. Zentrales Portal dafür ist die Mitmachzentrale (MMZ), die das Angebot von Engagement Global erläutert und Kontakte zu Förderangeboten anderer Organisationen aus Zivilgesellschaft, Wirtschaft und Wissenschaft vermittelt. Dabei bietet sie Informationen für Schüler, Schulklassen, Schulabsolventen, Studierende und Berufstätige, Lehrer und Bildungsbeauftragte, Senioren, Rückkehrende, Vereine, Organisationen und Stiftungen, Unternehmen, Verbände, Kommunen und Länder. Alle können sich von der Ideenfindung bis hin zur Durchführung und Evaluierung eines Projekts beraten lassen.
3. Organisationen und Initiativen können für konkrete Projekte oder für Kampagnen in der Informations- und Bildungsarbeit finanziell gefördert werden. Das Angebot richtet sich erneut an die gesamte Vielfalt gesellschaftlicher Gruppen.
4. Engagement Global vermittelt bedarfsgerechte Fort- und Weiterbildungen und führt selbst Informations-, Lern- und Qualifizierungsveranstaltungen zu entwicklungspolitischen Themen durch, um z.B. Licht in den Förderdschungel zu bringen oder um methodische Anregungen für Informationsveranstaltungen zu erarbeiten.
5. Zudem bemüht sich die Institution die Erfahrungen und Kontakte lang bewährter Programme zusammenzuführen, indem Netzwerke gebildet oder bestehende unterstützt werden.

Engagement Global stellt – wie schon die Fusion der TZ-Organisationen – einen weiteren Versuch dar, die organisatorische Zersplitterung in der deutschen Entwicklungspolitik zu überwinden, indem verschiedene Einrichtungen, Programme und Initiativen unter einem Dach vereint werden. So z.B. die ehemals eigenständige bengo[40], welche Nichtregierungsorganisationen aus Deutschland und aus Partnerländern dabei berät, öffentliche Fördermittel zu beantragen; das Förderprogramm entwicklungspolitische Bildung (FEB), welches Projekte in Deutschland fördert, die der Öffentlichkeit entwicklungspolitische Themen vermitteln; oder TKZ-Transportkostenzuschuss, welches gemeinnützige Einrichtungen aus Deutschland dabei unterstützt, Sachspenden an gemeinnützige Organisationen im Ausland zu transportieren (vgl. Engagement Global 2014b). Insgesamt erhielt die gemeinnützige GmbH, deren alleinige Gesellschafterin die Bundesrepublik ist, im Jahr 2013 Aufträge im Umfang von 205,8 Mio. Euro, die fast allesamt (202,6 Mio. Euro) aus dem BMZ stammten (vgl. Engagement Global 2014c).

Während diese neue Organisation im 14. Entwicklungspolitischen Bericht der Bundesregierung als Beitrag zu einer breiter aufgestellten deutschen Entwicklungs-

---

[40] Website http://bengo.engagement-global.de/start-bengo.html, zuletzt eingesehen am 07.04.2015

zusammenarbeit unter aktiver Beteiligung der Zivilgesellschaft gelobt wird, erheben sich gerade aus der Zivilgesellschaft eher kritische Stimmen. So begrüßt z. B. VENRO, der entwicklungspolitische Dachverband deutscher NRO, zwar die Bündelung verschiedener Beratungsangebote unter einem Dach, kritisiert aber die damit einhergegangene „Verstaatlichung" originär zivilgesellschaftlicher Aufgaben, wie sie beispielsweise von bengo wahrgenommen werden (vgl. VENRO 2013a). Zudem wird beklagt, dass die NRO nicht ausreichend in die Konzeption der neuen Servicestelle einbezogen wurden und auch aus der Trägerschaft der Gesellschaft ausgeschlossen wurden (vgl. Rose u. Pollmeier 2013). Der Vorschlag von VENRO, Engagement Global als zivilgesellschaftliches Bündnis zu realisieren, war ebenfalls vom BMZ abgelehnt worden. VENRO hält eine „Mitmachzentrale" in staatlicher Trägerschaft für den falschen Weg, um zivilgesellschaftliches Engagement zu fördern (vgl. Spielmans u. Rosenboom 2013, VENRO 2013a, Welthungerhilfe u. terre des hommes 2013).

Die zweite, im November 2012 neu gegründete Institution der Entwicklungszusammenarbeit ist das Deutsche Evaluierungsinstitut der Entwicklungszusammenarbeit (DEval gGmbH), ebenfalls im alleinigen Besitz der Bundesregierung. Die Gründung war eine Reaktion auf die permanente Kritik an der Evaluationspraxis in der Entwicklungszusammenarbeit. Obwohl die Evaluation in diesem Politikfeld weitaus umfassender entwickelt ist als in anderen, wird immer wieder bemängelt, dass sie zu wenig unabhängig sei. Zumeist werden Evaluationen nämlich von den programmdurchführenden Organisationen selbst durchgeführt (vgl. Borrmann u. Stockmann 2009). Der Anteil an externen, unabhängigen Evaluationen ist gering. Doch auch in diesen Fällen erfolgt die Beauftragung durch die Geber, die somit die Evaluationsfragen festlegen, das zur Verfügung gestellte Budget, den Zeitrahmen und immer häufiger sogar das methodische Vorgehen. Auf diese Weise wird die „Unabhängigkeit" externer Evaluationen eingeschränkt.

Deshalb wurde schon zu Beginn der 1990er-Jahre die Idee von der Gründung eines unabhängigen Evaluationsinstituts der deutschen Entwicklungszusammenarbeit entwickelt (vgl. Stockmann u. Gaebe 1993, Stockmann 1996a, b). Bis zu ihrer Umsetzung dauerte es allerdings fast zwei Jahrzehnte, denn es wurde eine Vielzahl von Gegenargumenten vorgebracht (zur Entstehungsgeschichte vgl. Stockmann 2012). Auch jetzt, nachdem das Institut gegründet ist, ist der Chor der Kritiker nicht verstummt. Umso mehr muss das DEval sein Existenzrecht unter Beweis stellen. Dabei wird es an seinen selbst gesetzten Aufgaben gemessen werden. Gemäß Leitbild des DEval ist sein übergeordnetes Ziel „die unabhängige Beurteilung des Erfolgs von Maßnahmen der deutschen Entwicklungszusammenarbeit" (DEval 2014). Es soll das BMZ sowie seine Durchführungsorganisationen, aber auch nicht staatliche Einrichtungen dabei unterstützen, ihre Entwicklungsprojekte evidenzbasiert zu gestalten, Ergebnisse transparent darzustellen und aus Evaluationen für die zukünftige Gestaltung des Politikfelds zu lernen. Darüber hinaus ist das DEval dazu mandatiert, dem Deutschen Bundestag zu helfen, seine Kontrollfunktion gegenüber der Exekutive wahrzunehmen. Insgesamt soll das Institut durch seine unabhängige und externe Gesamtsicht dazu beitragen, die Qualität von Erfolgsbewertungen zu erhöhen, Eva-

luationskapazitäten in Partnerländern der deutschen Entwicklungszusammenarbeit und strategische Partnerschaften mit der Wissenschaft und anderen Organisationen aufzubauen. Dementsprechend lauten die Hauptaufgaben des Instituts:
1. Evaluierungen, Leistungsüberprüfungen und Wirkungsanalysen der deutschen Entwicklungszusammenarbeit
2. Überprüfung und Entwicklung von Methoden und Standards
3. Aufbereitung und Verbreitung von Evaluierungs- und Methodenforschungsergebnissen
4. Qualifizierungsmaßnahmen im In- und Ausland
5. Nationale und internationale Kooperationen
6. Förderung von Evaluierungskapazitäten in Kooperationsländern

In seiner Arbeit orientiert sich das Institut an sieben Leitprinzipien. Demnach sollen die Evaluierungen des DEval unabhängig, transparent, qualitätsbewusst, partizipativ, bedarfsorientiert, partnerschaftlich und effizient sein (vgl. DEval 2014). Das „new kid on the block" (Stefanie Krapp) sieht sich mit einem hohen Erwartungsdruck konfrontiert. Es ist in Deutschland das bisher einzige seiner Art. Bisher hat die Politik nämlich wenig Bereitschaft erkennen lassen, die Auswirkungen ihrer Arbeit durch unabhängige Institutionen überprüfen zu lassen. Der Bundesrechnungshof (BRH), der eine derartige Aufgabe übernehmen könnte, verfügt nicht über ein entsprechendes Evaluationsmandat, im Unterschied zu anderen europäischen Rechnungshöfen oder gar dem US-amerikanischen Government Accountability Office. Dem deutschen BRH obliegt hingegen nach Artikel 114 Absatz 2 des Grundgesetzes die Aufgabe, „die Rechnung sowie die Wirtschaftlichkeit und Ordnungsmäßigkeit der Haushalts- und Wirtschaftsführung" zu prüfen.

Umso größer sind nun die Erwartungen an die Arbeit des Instituts. Deshalb muss es vor allem zwei Herausforderungen meistern (vgl. Stockmann 2012: 92):
1. Da das übergeordnete Ziel des DEval eine „unabhängige Beurteilung des Erfolgs von Maßnahmen der deutschen Entwicklungszusammenarbeit" (DEval 2014) ist, muss es sowohl gegenüber dem BMZ als auch den deutschen Durchführungsorganisationen eine gewisse Unabhängigkeit demonstrieren, denn nur so kann es Glaubwürdigkeit gewinnen. Dies ist aber aus zumindest zwei Gründen schwierig. Das BMZ ist der einzige Gesellschafter des DEval und die Durchführungsorganisationen sitzen auf den Datenzugängen, d.h. sie verfügen über die Informationen (in Form von Akten, Berichten, Projektprüfungen, persönlichem Wissen), die für die erfolgreiche Durchführung einer Evaluation notwendig sind. Deshalb ist eine offene und transparente Kooperation sowohl mit dem Geldgeber als auch den Durchführungsorganisationen, deren Arbeit evaluiert werden soll, wichtig. Eine Gratwanderung, da Zusammenarbeit notwendig ist, ohne aber die Glaubwürdigkeit als unabhängiges Institut zu verlieren. Dabei hat sich das BMZ in den letzten beiden Jahren als wenig sensibler Partner erwiesen. Der politisch vom BMZ bestellte Direktor des Instituts wurde im Juli 2014 vom BMZ fristlos von seiner Arbeit entbunden. Seitdem wird das DEval kommissarisch vom BMZ selbst geleitet

(Stand: Frühjahr 2015). Allein diese Vorgehensweise lässt wenig Vertrauen in die Unabhängigkeit des Instituts aufkommen.
2. Die zweite Herausforderung, die das Institut, das mit rund 7 Mio. Euro (ca. 5 Mio. Haushaltsbudget und weiteren 2 Mio. aus Programmmitteln) und 38 Planstellen ausgestattet ist, zu meistern hat, ist die Qualität seiner Arbeit. Um sich überhaupt zu einem ernstzunehmenden Akteur in der nationalen und internationalen Evaluationslandschaft zu entwickeln, müssen die Arbeiten des Instituts sowohl den internationalen Evaluationsstandards als auch denen der wissenschaftlichen Forschung entsprechen. Auf keinen Fall dürfen die Evaluationen des DEval hinter bereits schon entwickelte Qualitätsstandards zurückfallen.

Doch auch in diesem Punkt hat das DEval bei Weitem noch nicht alle Erwartungen erfüllt. Trotz seiner guten Ressourcenausstattung hat es bis Frühjahr 2015, also nach über zwei Jahren seiner Tätigkeit lediglich zwei Berichte auf seiner Website publiziert. Davon ein Review der Evaluierungsarbeit zur deutschen Entwicklungszusammenarbeit in Afghanistan, keineswegs eine Evaluation, sondern eine Schreibtischstudie von Schreibtischstudien. Eine als „Baseline" titulierte Studie, die die Ausgangslage des DEval beschreiben sollte, um künftige Bewertungen der selbst angestrebten Wirkungen zu ermöglichen, liegt auch zweieinhalb Jahre nach der Gründung des DEval nicht vor, sodass Zweifel an ihrer Funktion als „Baseline" wohl angebracht sind. Hingegen wurde in Myanmar durch eine methodisch anspruchsvolle ex-ante Evaluation die Grundlage für robuste Wirkungsmessungen gelegt und zudem sind für 2015 eine Reihe von Evaluierungsberichten angekündigt: So z. B. eine Evaluation zu dem Instrument der Entwicklungshelfer, zu dem Schlüsselsektor Gesundheit, zu begleitenden Maßnahmen der Budgethilfe in Subsahara-Afrika, zur handelsbezogenen Entwicklungspolitik und zur 2011 vorgenommenen TZ-Fusion von GTZ, InWEnt und DED.

Bei der TZ-Fusionsstudie dürfte sich zeigen, ob die erhofften Synergieeffekte eingetreten sind, ohne dass die Stärken der vormals getrennten Organisationen verlorengegangen sind. So hatte der DED traditionell starke Kompetenzen im Bereich basisnaher Entwicklungen und der Unterstützung lokaler Einrichtungen der Zivilgesellschaft. InWEnt hatte ein breites Netzwerk von Weiterbildungsstrukturen aufgebaut. Und die GTZ stellte nicht nur Experten für die unterschiedlichsten Handlungsfelder bereit, sondern durfte auch als die entscheidende entwicklungspolitische Kompetenzagentur in Deutschland betrachtet werden. Eine der Herausforderungen der Fusion war deshalb die Erhaltung und der Ausbau dieser unterschiedlichen Stärken, eine andere bestand in der Harmonisierung der unterschiedlichen Instrumente für Planung, Steuerung und Evaluation und der sehr verschiedenen Organisationskulturen. Des Weiteren wird abzuwarten sein, ob die Evaluierung der TZ-Reform Aussagen zur Frage der Steuerungsfähigkeit der GIZ durch das BMZ machen wird. Letztere bleibt auch und gerade nach der Fusion eine Herausforderung, wie im folgenden Kapitel noch näher erläutert wird.

Deutsches Institut für Entwicklungspolitik (DIE)

Das 1964 gegründete *Deutsche Institut für Entwicklungspolitik* (DIE) mit Sitz in Bonn ist eine Ressortforschungseinrichtung des BMZ, das sich mit entwicklungspolitischer Forschung, Politikberatung und Ausbildung befasst (vgl. BMZ 2014j). Das DIE zählt zu den führenden „Think Tanks" zu Fragen globaler Entwicklung und internationaler Entwicklungspolitik. Die rund 125 Mitarbeiterinnen und Mitarbeiter (davon ca. zwei Drittel im Wissenschaftlichen Stab) konzentrieren sich auf fünf Forschungsfelder: Bi- und multilaterale Entwicklungspolitik; Nachhaltige Wirtschafts- und Sozialentwicklung; Governance, Staatlichkeit und Sicherheit; Umweltpolitik und Ressourcenmanagement; Weltwirtschaft und Entwicklungsfinanzierung (vgl. DIE 2014).

Aus der Forschung heraus berät das DIE das BMZ sowie öffentliche Institutionen in Deutschland und weltweit zu diesen Themen.

Im Rahmen eines neunmonatigen Postgraduierten-Programms bereitet das DIE Hochschulabsolventen auf Tätigkeiten in der deutschen und internationalen Entwicklungszusammenarbeit vor. Bis Mai 2013 zählte das DIE mehr als 900 Absolventen. Ferner bildet das DIE seit 2007 im Auftrag des BMZ an der „Global Governance School" hochqualifizierte Führungskräfte aus den Ländern Brasilien, China, Indien, Indonesien, Ägypten, Mexiko, Pakistan und Südafrika aus. Der sechs Monate dauernde Kurs ist Teil des gemeinsam mit der GIZ organisierten Fortbildungs- und Dialogprogramms „Managing Global Governance" (vgl. BMZ 2014j).

Mit dem BMZ ist das DIE nicht nur eng verbunden, weil 75 % des rund 5,5 Mio. Euro umfassenden Etats aus dem Haushalt des BMZ finanziert werden (die restlichen 25 % vom Land Nordrhein-Westfalen), sondern weil die meisten Aufträge aus dem BMZ kommen und das Ausbildungsprogramm als eine „Kaderschmiede" des BMZ und der großen Durchführungsorganisationen der Technischen Zusammenarbeit gilt (vgl. BMZ 2014j, DIE 2014).

3.4.2 Organisatorische Zersplitterung der staatlichen Entwicklungszusammenarbeit

Trotz der Fusion von DED, InWEnt und GTZ zur GIZ, aber bei gleichzeitiger Gründung von zwei neuen EZ-Organisationen, ist die staatliche Entwicklungszusammenarbeit weiterhin durch eine strukturelle Fragmentierung charakterisiert. Nach wie vor ist die organisatorische Trennung von Technischer (TZ) und Finanzieller Zusammenarbeit (FZ) nicht überwunden, obwohl diese einer zunehmend komplexer werdenden Entwicklungszusammenarbeit schon längst nicht mehr gerecht wird. Anders als in den 1960er- und 1970er-Jahren, als sich dieses System organisatorisch ausfaltete, stellen nicht mehr isolierte Einzelmaßnahmen und Projekte die Elemente der Förderung dar, die sich im Bau einer Straße, der Einführung neuen Saatguts oder der Ausbildung von Technikern erschöpfte, sondern – wie bereits anklang – horizontal und vertikal differenzierte Programmansätze. Diese umfassen aufeinander abgestimmte Aufgaben, wie zum Beispiel den Bau von Schulen, die Einführung eines (dualen) Ausbildungssystems und die Ausbildung von schulischen Lehrern, betrieblichen Ausbildern und der Schulverwaltung, die sowohl die Instrumente der TZ als auch der FZ umfassen. Da die Finanzierung von Schulbauten und deren technischer Ausstattung, die Einführung neuer Ausbildungsformen durch den Aufbau neuer Strukturen, die Entwicklung neuer Lehrpläne etc. sowie die Aus- und Weiterbildung der beteiligten Akteure einem gemeinsamen Ziel dienen, zum Beispiel das Land X mit besser qualifizierten Arbeitskräften zu versorgen, um die Produktivität und Konkurrenzfähigkeit der nationalen Unternehmen zu stärken, ist die Übertragung dieser drei Aufgaben auf verschiedene Institutionen (FZ = KfW, TZ = GIZ und ggf. auch BGR + PTB) nicht sehr effizient. Diese bisher noch immer existierende Aufgabendifferenzierung nach mehreren Organisationen schafft erhebliche Koordinations- und Transaktionskosten.

Deshalb hat das BMZ ein Verfahren zur Erstellung gemeinsamer Programmvorschläge entwickelt. Dabei sollen die in einem Schwerpunkt der Entwicklungszusammenarbeit eines Partnerlands tätigen Durchführungsorganisationen (GIZ, KfW, BGR, PTB) in einem gemeinsamen Dokument darstellen, welche positiven Wirkungen aus dem Zusammenspiel der einzelnen EZ-Maßnahmen zu erwarten sind (vgl. BMZ 2012c). Sicherlich ein Schritt in die richtige Richtung, solange es keine deutsche Entwicklungsagentur gibt, die TZ und FZ unter einem organisatorischen Dach vereint. Doch da jede Durchführungsorganisation über eigene Förderprinzipien, Verwaltungsrichtlinien, Planungs- und Durchführungsverfahren, Monitoring- und Evaluationsinstrumente verfügt, greift die Erarbeitung gemeinsamer Programmvorschläge zu kurz. Häufig sind die Planungsverfahren auch zeitlich nicht ausreichend aufeinander abgestimmt, da z. B. der FZ-Beitrag eine längere Vorlaufzeit benötigt als die TZ-Maßnahmen. So kommt es z. B. vor, dass das Curriculum für den Unterricht in der Berufsbildung schon längst im Rahmen der TZ entwickelt und das Lehrpersonal geschult ist, aber als Teil der FZ-Komponente die neuen Schulen weder gebaut noch mit der entsprechenden technischen Ausstattung bestückt sind. Durch die organisatorische Trennung kommt es zu unterschiedlichen Planungs- und Verwaltungsabläufen, sodass eine aufwendige Koordination zusammenfügen muss, was eigentlich zusammengehört.

Hinzu kommt, dass die Partnerländer, die mit zahlreichen bilateralen und multilateralen Gebern kooperieren,[41] es im deutschen Fall gleich mit verschiedenen deutschen Durchführungsorganisationen zu tun haben. Dies schafft auch auf der Partnerseite zusätzlichen Koordinationsaufwand. Zudem verschwimmen die Konturen der deutschen Entwicklungspolitik. Diese Situation wurde – und wird auch nach der TZ-Fusion noch immer – zum Teil heftig kritisiert. Nicht zuletzt vom Entwicklungsausschuss (Development Assistance Committee, DAC)[42] der Organisation für wirt-

---

41 Das Geberchaos ist ein grundsätzliches Problem: Allein auf staatlicher Ebene führen insgesamt 280 bilaterale Organisationen in Entwicklungsländern Projekte und Programme durch. Daneben gibt es 25 Entwicklungsbanken, etwa 40 Einheiten der Vereinten Nationen und 260 sogenannte multilaterale Programme, die sich der Entwicklungszusammenarbeit widmen (vgl. Prange 2011).
42 Die Mitglieder des DAC haben sich zum Ziel gesetzt, den Gesamtbetrag der Leistungen an die Entwicklungsländer zu steigern und den Nutzeffekt der geleisteten Hilfe zu erhöhen. Zu diesem Zweck überprüfen die Ausschussmitglieder in regelmäßigen Abständen gemeinsam Höhe und Art ihrer Beiträge zu den bilateralen und multilateralen Programmen der Entwicklungszusammenarbeit und konsultieren einander über alle sonstigen einschlägigen Gesichtspunkte ihrer EZ-Politik. Die 29 Mitglieder des Entwicklungsausschusses sind: Australien, Belgien, Dänemark, Deutschland, Finnland, Frankreich, Griechenland, Irland, Island, Italien, Japan, Kanada, Korea, Luxemburg, Neuseeland, Niederlande, Norwegen, Österreich, Polen, Portugal, Schweden, Schweiz, Slowakei, Slowenien, Spa-

schaftliche Zusammenarbeit und Entwicklung (OECD). Dieser führt in regelmäßigen Abständen Prüfungen der individuellen EZ-Leistungen der einzelnen Mitgliedsländer im Rahmen eines Peer Reviews durch (vgl. OECD 2002, 2006, 2010). In dem letzten vom DAC verfassten Bericht von 2010 – also noch vor dem Vollzug der TZ-Reform – wurde kritisiert, dass beim deutschen System die Gefahr bestehe, dass die Entwicklungszusammenarbeit zu sehr aus Sicht der Angebotsseite gestaltet werde, dass die Erfordernisse der internen Koordinierung sehr viel Zeit und Arbeitskraft in Anspruch nähmen und dass die Entwicklungspartner ob der Vielzahl deutscher Organisationen verwirrt würden und letztlich ein Ungleichgewicht zugunsten der Durchführungsorganisationen und zulasten der Steuerungsfähigkeit des BMZ bestehe (vgl. OECD 2010). Zudem wird die institutionelle Trennung von TZ und FZ als problematisch betrachtet. Vor diesem Hintergrund wertet der von australischen und britischen Peers erarbeitete Bericht die zum damaligen Zeitpunkt geplante Zusammenlegung von DED, InWEnt und GTZ als einen ersten wichtigen Reformschritt. Doch gleichzeitig werden weitergehende Reformen angemahnt:

> The reforms should also:
> i. strengthen significantly BMZ's capacity to oversee the development and implementation of its own policies;
> ii. strengthen BMZ's leadership capacity to implement the development policy across the German government; and
> iii. lead to innovation and adaptation of the technical co-operation models and strengthen the links between technical and financial co-operation. (OECD 2010: 19)

Die Zusammenlegung von TZ und FZ wurde und wird in der deutschen Entwicklungspolitik immer wieder diskutiert und einige Bundesregierungen haben es verschiedentlich auch versucht – doch bisher ohne Erfolg. Offenbar waren GTZ und KfW bisher mächtig genug, ihre Eigeninteressen auch gegen den erklärten Willen einer Bundesregierung durchzusetzen. Der letzte Versuch, die damalige GTZ und die KfW Entwicklungsbank zu fusionieren, scheiterte in der vorletzten Legislaturperiode unter der Großen Koalition von Union und SPD. Die Bundesregierung hatte die Wirtschaftsprüfungsgesellschaft Pricewaterhouse Coopers (PwC) damit beauftragt, Vorschläge zu erarbeiten. Sieben Modelle wurden vorgestellt, von denen drei in die engere Auswahl genommen wurden:
- Das erste Modell sah eine eigenständige Entwicklungsagentur in Form einer GmbH in Bundeseigentum vor, zu der GTZ und KfW fusionieren sollten (Fusionsvariante).
- Das zweite Modell sah eine Integration der GTZ in die KfW vor.
- Das dritte Modell stellte eine Art Mischform dar, bei dem die übergeordneten Aufgaben, wie Planung und Steuerung, ganz der KfW Entwicklungsbank über-

---

nien, Tschechien, Vereinigtes Königreich, Vereinigte Staaten und die Kommission der Europäischen Gemeinschaften (vgl. OECD 2015b).

tragen werden sollten und die GTZ als Tochter der KfW Bankengruppe nur noch für die Durchführung verantwortlich gewesen wäre (vgl. PwC 2006).

Keiner der Vorschläge konnte sich im weiteren politischen Prozess durchsetzen. Die GTZ lehnte eine Fusion mit der KfW ab, da sie dann deutlich an Einfluss verloren hätte. Die KfW wollte sich nicht mit der Gründung einer deutschen Entwicklungsagentur anfreunden. Dafür wurde ins Feld geführt, dass eine solche Agentur für die Kreditvergabe eine Banklizenz benötige, was als schwierig (aber nicht unmöglich) bewertet wurde. Zudem hätte eine Herauslösung der KfW Entwicklungsbank dazu geführt, dass in der KfW einige Arbeitsabläufe hätten umorganisiert werden müssen, da die KfW-Mitarbeiter im Laufe ihrer Karriere nicht nur in der Entwicklungsbank arbeiten, sondern auch in den anderen „Töchtern" (DEG, IPEX-Bank, Mittelstands- und Förderbank).

Ob die aus der Fusion zu erwartenden Nachteile, die vor allem von der KfW zu tragen gewesen wären, die zu erwartenden Vorteile wirklich überstiegen hätten, ist nie systematisch bilanziert worden. Vielmehr ist anzunehmen, dass die aus der Fusion für die Entwicklungszusammenarbeit erzielten Effizienz- und Effektivitätsgewinne, der durch die Zusammenlegung der Haushaltstitel für die FZ und TZ gewonnene Flexibilitätszuwachs, der erleichterte Umgang der Partnerländer mit Deutschland als Geberland sowie die Chancen, eine klarere, „synthetischere" und einheitlichere Entwicklungspolitik nicht nur zu formulieren, sondern auch umzusetzen und für eine Profilbildung der deutschen Entwicklungspolitik zu nutzen, die vorübergehenden Fusionsprobleme mehr als aufgewogen hätten. Je nach Perspektive der einzelnen politischen Akteure, des BMZ und der beiden Durchführungsorganisationen selbst, wurden aus dem PwC-Gutachten jedoch sehr unterschiedliche Schlüsse gezogen, die letztlich zu einer gegenseitigen Blockadepolitik führten.

In der öffentlichen Fachdebatte und im Entwicklungsausschuss des Bundestags fand die Fusionsvariante die meisten Sympathien. Dennoch setzte der Haushaltsausschuss des Bundestags eine erneute Prüfung durch den Bundesrechnungshof (BRH) durch. Auch dieser kritisierte in seinem Gutachten, was allen Beteiligten schon längst bekannt war, dass die doppelten Planungsstäbe und Verwaltungen in den Zentralen in Eschborn (GTZ) und Frankfurt (KfW) sowie der Aufbau jeweils eigener Außenstrukturen in den Partnerländern zu einer ineffizienten Mittelverwendung führen (vgl. BRH 2007).

Nach Berechnungen des BRH arbeiten allein im Bereich der Länderstrategien im BMZ und seinen Organisationen 360 Personen nebeneinander her! In den einzelnen Regional- und Sektorreferaten sieht es nicht besser aus. Hier sollen laut BRH 1000 Personen mit teils denselben länderspezifischen und inhaltlichen Fragestellungen befasst sein. Darüber hinaus sieht der BRH erhebliche Einsparpotenziale bei der Unternehmenssteuerung, dem Finanzwesen, der Beschaffung und dem Justiziariat.

Anders als das PwC-Gutachten, das nur die Zusammenlegung von FZ und TZ, also KfW und GTZ thematisierte, ging der BRH darüber hinaus, rückte die Fragmentierung der TZ stärker in den Blick und empfahl: „Durch die Zusammenführung von GTZ, InWEnt, DED und CIM sind Effizienzgewinne und eine Verbesserung des Außenauftritts der deutschen Entwicklungszusammenarbeit möglich" (BRH 2007: 93). Darüber hinaus empfahlen die Rechnungsprüfer, diese Fusion zuerst zu vollziehen. Die Bundesregierung aus CDU/CSU und FDP griff diesen Vorschlag auf und vollzog 2011 die empfohlene TZ-Reform, ohne allerdings den FZ-TZ-Fusionsgedanken noch einmal aufzugreifen. Auch die neue Regierung aus CDU/CSU und SPD lässt bisher keine Neigungen erkennen, sich diesem Problem zu stellen.

Allerdings ist anzunehmen, dass durch die TZ-Fusion de facto ein Präjudiz für die Reorganisation der staatlichen Durchführungsorganisationen geschaffen wurde. Es ist kaum zu erwarten, dass die TZ-Superorganisation mit fast 16.500 Mitarbeitern der KfW Entwicklungsbank angegliedert werden könnte, die nur etwa 650 Mitarbeiter aufweist.

Viel bedeutsamer ist allerdings ein Aspekt, der in dieser schier endlosen Fusionsdebatte bisher kaum thematisiert wurde: Wie soll das entwicklungspolitische Schwergewicht GIZ von einem BMZ gesteuert werden, das gerade mal über 800 Mitarbeiter verfügt und chronisch überlastet ist? Hinzu kommen ständig neue internationale Aufgaben sowie der Führungsanspruch im Kabinett, für alle Entwicklungsaufgaben federführend tätig sein zu wollen.

Dennoch wurde die Strukturreformdebatte lange Zeit fast ausschließlich unter dem Gesichtspunkt der Effizienz geführt. Dies ist nicht weiter erstaunlich, wenn man Organisationen wie ein Wirtschaftsprüfungsunternehmen und den BRH mit der Erarbeitung von Lösungsvorschlägen betraut. Um eine nachhaltige Systemveränderung zu erreichen, ist jedoch eine Analyse und Bewertung des Gesamtsystems der deutschen Entwicklungszusammenarbeit und seiner verschiedenen Aspekte notwendig, zu denen u. a. auch die politische Steuerungsfähigkeit, Effektivitäts- und Wirkungssteigerungen, Reform der Ablaufprozesse etc. gehören. Die einseitig als Effizienzdebatte geführte Strukturdiskussion verdeckt das Problem der politischen Verantwortlichkeit für die Entwicklungszusammenarbeit.

Die Diskussion um die Reform der institutionellen Strukturen der deutschen Entwicklungspolitik darf nicht einseitig mit technokratischen Argumenten geführt werden, sondern muss die politische Tragweite solcher Entscheidungen zentral miteinbeziehen, ansonsten besteht die Gefahr, dass eine zwar effizient arbeitende Super-Agentur generiert wird, die sich jedoch politisch nicht mehr steuern lässt und ein von der politischen Verantwortung abgekoppeltes technokratisches Eigenleben entwickelt.

Abschließend ist zu konstatieren, dass es dem BMZ zwar gelungen ist die TZ zu reformieren, dass es aber nach wie vor keine deutsche staatliche Entwicklungszusammenarbeit aus einem Guss gibt. Obwohl das BMZ und der parlamentarische Ausschuss für wirtschaftliche Zusammenarbeit Ende des letzten Jahrzehnts eine Fusion von FZ und TZ befürwortet hatten, und sich dabei auf die, ihre Position unterstützenden Gutachten von PwC und BRH berufen konnten, war diese politisch nicht durchsetzbar. Dies wirft ein grelles Licht auf die mangelnde Handlungsfähigkeit des

BMZ gegenüber „seinen" Durchführungsorganisationen, die es politisch eigentlich steuern soll.

Dies leitet über zu der Frage, wie es um die Steuerungsfähigkeit des BMZ nach der TZ-Fusion bestellt ist, deren Stärkung schon in den DAC-Reviews von 2001, 2005 und 2010 immer wieder gefordert wurde (vgl. OECD 2002, 2006, 2010). Dies ist keine leichte Aufgabe, denn nach der Fusion von GTZ, InWEnt und DED ist die GIZ mit rund 16.500 Beschäftigten und einem Auftragsvolumen von rund 2 Mrd. Euro die größte Entwicklungsorganisation (development agency) weltweit. Um seine Steuerungsfähigkeit zu erhöhen, hat das BMZ zunächst einmal sein Personal um 200 Stellen von 600 auf 800 ausgebaut. Unter Steuerungsfähigkeit versteht das BMZ „die Sicherstellung, dass ministerielle Kernaufgaben des BMZ ausschließlich durch Mitarbeiter/-innen des Ministeriums wahrgenommen werden" (Deutscher Bundestag 2012: 5). Hierzu zählen nach Gemeinsamer Geschäftsordnung der Bundesministerien (GGO) u. a. die Gestaltungs-, Steuerungs-, Koordinierungs- und Aufsichtsfunktionen. Diese Vorstellung von Steuerungsfähigkeit, die schon dann gegeben sei, wenn Mitarbeiter/-innen des Ministeriums Steuerungsaufgaben wahrnehmen, greift natürlich viel zu kurz. Nicht weniger bedeutsam für die Fähigkeit des Ministeriums seine Durchführungsorganisationen zu steuern, sind die strukturellen Rahmenbedingungen, die Art und Weise wie Steuerungsprozesse organisiert sind, Transparenz damit Steuerungsbedarfe überhaupt erkannt werden können und Macht (im Sinne von Max Weber 2002), um eigene Interessen gegen die der Durchführungsorganisationen durchsetzen zu können. Allein die Aufstockung des Personals reicht als Maßnahme zur Verbesserung der Steuerung deshalb nicht aus.

Hinzu kommt, dass der größte Teil des Stellensegens im BMZ dazu verwendet wurde, „ausgeliehene" GTZ-Mitarbeiter zu ersetzen. Über Jahre hinweg war es nämlich Praxis, je nach Arbeitsanfall 75 bis 110 Experten der GTZ als sogenannte „Sektorberater" mit GTZ-Verträgen im Ministerium einzusetzen. Da die Finanzierung aus operativen Mitteln der TZ und dem entsprechenden GTZ-Haushaltstitel erfolgte, hat der BRH dies mehrfach gerügt. Durch die Umwandlung dieser Stellen in Ministeriumsstellen wurde zumindest wieder eine klare Trennung zwischen Steuerungs- und Durchführungsaufgaben erreicht.

Weitere Stellen aus dem Zuwachs wurden für die Aufstockung der Entwicklungsreferenten[43] in den Partnerländern verwendet. Diese sind in den Außenvertretungen Deutschlands beschäftigt und befassen sich mit allen Fragen der Entwicklungszusammenarbeit. Für das BMZ stellen sie eine wichtige, eigenständige Informationsquelle dar. Allerdings sind sie dem Auswärtigen Amt unterstellt und müssen – je nach Größe der Botschaft – auch andere Aufgaben übernehmen. Den 85 Entwicklungsreferenten des

---

43 Konkret handelt es sich um entsandte Mitarbeiter/-innen des BMZ, die in den Botschaften der Partnerländer der deutschen Entwicklungszusammenarbeit, in den Vertretungen der Europäischen Union und in Regionalorganisationen wie der Afrikanischen Union sowie internationalen Organisationen tätig sind. Im Juni 2014 waren dies 110 Personen, die in mehr als 50 Ländern als sogenannte WZ-Referenten tätig sind (vgl. BMZ 2014k).

BMZ stehen 90 Auslandsbüros der GIZ und 60 Außenrepräsentanzen der KfW gegenüber, die ein Vielfaches an Personal beschäftigen. Hinzu kommen natürlich noch die rund 2100 Auslandsmitarbeiter der GIZ (vgl. GIZ 2014d).[44] Diese unterschiedlichen Repräsentanzen dokumentieren in den Partnerländern nicht nur eindrucksvoll die bereits thematisierte Zersplitterung der deutschen Entwicklungszusammenarbeit, sondern machen Kompetenzabgrenzungen (was ist noch Steuerung und was Durchführung?) notwendig und belasten natürlich den Finanzhaushalt des BMZ. Dennoch sieht das BMZ gerade in der Aufstockung der Entwicklungsreferentenstellen einen Zuwachs an Steuerungskompetenz.

Für die eigentlichen Aufgaben im BMZ hat die Personalaufstockung nicht viel gebracht. Nach einem Tätigkeitsbericht des Personalrats im BMZ bleiben nach Abzug der Umwandlung der GTZ- in BMZ-Stellen, der Stellen für die Entwicklungsreferenten, sowie der Übertragung von Stellen an das Auswärtige Amt (im Rahmen der Abgabe der entwicklungsorientierten Not- und Übergangshilfe), der Erbringung von Kw-Vermerken und linearen Kürzungen gerade mal knapp 50 Stellen übrig, die das BMZ für die Stärkung seiner originären ministeriellen Aufgaben verwenden kann. Hierfür hat das BMZ neue Referate wie z. B. Referat 103 (GIZ-Steuerung und Gremien) geschaffen (vgl. Deutscher Bundestag 2012).

Doch diese Maßnahmen reichen bei Weitem nicht aus, um die Steuerungsfähigkeit des BMZ zu erhöhen. Das Vorhandensein qualifizierten Personals, das diese Aufgaben wahrnehmen kann, ist zwar eine notwendige, aber keine hinreichende Bedingung. Da die Planer und Durchführer der Projekte und Programme strukturell bedingt immer über einen Informationsvorsprung verfügen, da sie wie im Falle der GIZ diese vor Ort implementieren oder (wie bei der KfW) intensiv begleiten, müssen die Steuerungsprozesse so organisiert sein, dass die vom BMZ vorgegebene Politik auch umgesetzt wird. Hierzu hat das BMZ schon im August 2002 mit der GTZ einen Auftragsrahmen (AURA) vereinbart, der zum einen die Auftragsbeziehungen neu klärt und die Aufgaben deutlicher voneinander abgrenzt: Das BMZ gibt die entwicklungspolitischen Leitlinien, Grundsätze und Entscheidungen vor und die GTZ (GIZ) konzentriert sich auf die operative Umsetzung und Steuerung der TZ-Vorhaben. Dabei entlastet sich das BMZ von der Detailsteuerung einzelner Projekte und Programme und erhöht damit die Freiheitsgrade und Flexibilität der GTZ (GIZ) für die verantwortliche Umsetzung.

Zum anderen werden mit AURA die entwicklungspolitischen Wirkungen in das Zentrum der TZ gestellt. Anstelle einer input- oder outputorientierten Betrachtungsweise tritt die Beobachtung der entwicklungspolitischen Wirkungen. Daas heißt, die auf Inputs ausgerichtete Sichtweise, die sich am personellen und finanziellen Mitteleinsatz für ein Programm, einen Sektor oder ein Land festmachen lässt, wird genauso als unzureichend abgelehnt wie die Aufzählung erbrachter Leistungen, also z. B.

---

44 Hinzu kommen noch rund 500 Integrierte Fachkräfte (CIM), 900 Entwicklungshelfer (DED) sowie etwa 12.000 nationale Mitarbeiter-/innen, die in den Büros und Programmen der GIZ tätig sind (vgl. GIZ 2014d: 48).

wie viele Meter Straße gebaut, wie viele Krankenhausbetten eingerichtet oder Lehrer ausgebildet wurden. Stattdessen sollen die entwicklungspolitischen Wirkungen, beginnend bei der Vorbereitung eines Vorhabens, beim Monitoring, der Berichterstattung und Evaluation in der Durchführungsphase für die Steuerung genutzt werden, wie es das Konzept des „Results for Management" fordert. Die zentrale Fragestellung lautet nun nicht mehr: „Was haben wir getan?" sondern: „Welche Wirkungen haben wir mit einem Vorhaben erreicht?". Auch für andere staatliche Durchführungsorganisationen wie PTB und BGR ist AURA inzwischen verbindlich, aber nicht für die KfW.

Eine 2005 durchgeführte Evaluierung bestätigt, dass AURA dazu beigetragen hat, Realismus und Glaubwürdigkeit in der TZ zu erhöhen. PwC attestiert der GTZ in ihrem Prüfbericht, dass sich „die mit der Einführung von AURA verbundenen positiven Erwartungen im Hinblick auf die Aussagekraft der Zielindikatoren bestätigt haben". Gleichzeitig wurde aber auch festgestellt, dass die Orientierung auf Wirkungen vor allem im Bereich der Formulierung von wirkungsorientierten Zielen und Indikatoren noch erhebliche Schwierigkeiten mit sich bringt. Die Flexibilität in der Durchführung wurde von der GTZ begrüßt, im BMZ stieß der neue Auftragsrahmen anfangs auf Skepsis (vgl. BMZ u. GTZ 2006: 4).

Diese ist auch zehn Jahre nach der Einführung von AURA nicht unbegründet. Zwar stellt die Orientierung auf Wirkungen einen klaren Fortschritt gegenüber einer Input- oder Outputbetrachtung dar, doch in der Realität handelt es sich bei den von der GIZ formulierten Indikatoren sehr häufig um Outputgrößen. Das hat zum einen mit der kurzen Laufzeit von Projekten (zwei bis drei Jahre) zu tun, in der nur beschränkt Wirkungen erzielt werden können, da häufig erst die Voraussetzungen dafür geschaffen werden müssen. Zum anderen hat die GIZ die Möglichkeit, ihren Verantwortungsbereich selbst zu bestimmen, d.h. sie legt die Ebene fest, bis zu der Indikatoren erhoben werden.

Ein Beispiel soll dies verständlich machen: In einem Berufsbildungsvorhaben übernimmt die GIZ die Aufgabe, das Berufsbildungssystem zu reformieren, indem neue Ausbildungsformen an den Schulen eingeführt, Curricula geändert und Lehrer entsprechend fortgebildet werden. Ziel der Reform ist eine praxisorientiertere Ausbildung, da die bisherige zu theoretisch ausgerichtet ist und die Berufsschulabgänger deshalb nur wenig Chancen auf dem Arbeitsmarkt haben. Wenn die GIZ (entsprechend dem von ihr festgelegten Verantwortungsbereich) nun anhand von Indikatoren misst, ob nach den neuen Curricula und Ausbildungsformen unterrichtet wird, nicht aber, ob die nach diesem neuen Modell ausgebildeten Abgänger nun auch tatsächlich einen adäquaten Arbeitsplatz gefunden haben, erfährt man nichts über die entwicklungspolitische Wirksamkeit dieses Vorhabens. Doch genau das müsste das BMZ wissen (wollen), denn letztlich war es das entwicklungspolitische Ziel, dem Arbeitsmarkt adäquat ausgebildete Arbeitskräfte zur Verfügung zu stellen. Ansonsten könnte es ja sein, dass die nach dem neuen Modell Ausgebildeten zwar besser ausgebildet sind, aber dennoch nicht den lokalen oder nationalen Anforderungen des Arbeitsmarkts in einem Partnerland entsprechen. Die GIZ kann jedoch zurecht argumentieren, dass sie sich bei ihrem Angebot gemäß AURA ans BMZ nicht verpflichten kann, dass die neuen

Abgänger einen Job finden, da dies neben der Qualifikation der Abgänger natürlich auch noch von anderen Faktoren wie Arbeitskräftenachfrage, Zuwanderung bereits qualifizierter Arbeitskräfte, der allgemeinen Wirtschaftsentwicklung etc. abhängt.

Anhand dieses Praxisbeispiels wird deutlich, dass AURA und das von der GTZ/GIZ entwickelte Wirkungsmodell keineswegs sicherstellen, dass das BMZ die Informationen bekommt, die es für die entwicklungspolitische Steuerung benötigt. Erschwerend kommt hinzu, dass nicht klar getrennt werden kann, welche Informationen dem BMZ zustehen. Welche Informationen dienen nur der Implementierung und dem Management des Vorhabens, liegen also allein in der Durchführungsverantwortung der GIZ und welche Informationen sind für die politische Steuerung notwendig und müssten deshalb von der GIZ dem BMZ mitgeteilt werden? Hier eröffnet sich ein breiter Ermessensspielraum, der von der GIZ in unterschiedlichem Umfang genutzt wird.

Als Fazit kann festgehalten werden, dass es dem BMZ in den letzten Jahren nicht überzeugend gelungen ist, seine Steuerungsfähigkeit gegenüber seinen Durchführungsorganisationen zu erhöhen. Im Gegenteil, es ist zu befürchten, dass die TZ-Fusion dieses Problem sogar verschlimmert hat. Unter diesem Gesichtspunkt ist es fraglich, ob man weiterhin für eine organisatorische Fusion von TZ und FZ plädieren soll. Dies wäre entwicklungspolitisch nur dann zu rechtfertigen, wenn die Steuerungskapazität der Politik – des federführenden Ministeriums, aber auch der demokratischen Gremien – gleichzeitig deutlich gestärkt werden könnte.

Von der Steuerungsfähigkeit des BMZ im Binnenverhältnis (zu den Durchführungsorganisationen) ist die im Außenverhältnis (zu den anderen Ministerien) zu unterscheiden. Ein weiterer Punkt, dessen Stärkung in den DAC-Reviews immer wieder angemahnt wird (vgl. OECD 2002, 2006, 2010). Glaubt man den Ausführungen im entwicklungspolitischen Bericht der Bundesregierung der 17. Legislaturperiode, so ist die Rolle des BMZ zugunsten einer höheren politischen Kohärenz und Koordinierung der ODA-Aktivitäten aller Bundesministerien gestärkt und zwischen BMZ und Auswärtigem Amt eine verbesserte Kooperation und Arbeitsteilung beschlossen worden (vgl. BMZ 2013a).

Dies wird auch im DAC-Midterm-Review vom November 2012 so gesehen.[45] Zwar seien nicht alle Empfehlungen aus dem Review von 2010 umgesetzt worden, doch wird anerkennend festgestellt: „BMZ has been strengthened through the establishment of a new department on planning/policy and communication and a division for policy coherence" (Lomoy 2012: 2). Als beispielhaft werden die Vereinbarungen mit dem Landwirtschaftsministerium (BMELV) und dem Auswärtigen Amt hervorgehoben – mit dem die Zuständigkeit für die Humanitäre Hilfe (zugunsten des AA) geregelt wurde. Allerdings stellt das DAC-Midterm-Review von 2012 auch fest: „Germany has made some progress with policy coherence for development since 2010, but it does not yet have a whole of government statement to clarify goals and responsibilities as recommended by the peer review" (Lomoy 2012: 2).

---

45 Das nächste DAC-Peer-Review ist für Ende 2015 geplant.

Im Kontext der politischen Steuerungsfähigkeit im Binnen- wie Außenverhältnis des BMZ gewinnt die Evaluation, als dafür zentrale Erkenntnisressource, immer mehr an Bedeutung. Da es zu den zentralen Aufgaben des BMZ gehört, zu überprüfen, ob die entwicklungspolitisch gewünschten Wirkungen auch eingetreten und nachhaltig sind, hat es schon 1971 ein sogenanntes Inspektionsreferat eingerichtet (vgl. Stockmann 1990). Aufgrund der bereits in Kapitel 3.4.1 geschilderten Kritik an der (mangelnden) Glaubwürdigkeit der EZ-Evaluationen hat das BMZ 2012 das DEval gegründet, das auch dazu genutzt werden könnte, dem BMZ wichtige Informationen zur Steigerung seiner Steuerungsfähigkeit bereitzustellen.

3.4.3 Nichtregierungsorganisationen und Politische Stiftungen

Ein weiteres Charakteristikum der deutschen Entwicklungspolitik ist die hohe Bedeutung, große Vielfalt und lange Tradition des nicht staatlichen Sektors und der dort tätigen Nichtregierungsorganisationen (NRO). Deren genaue Begriffsbestimmung ist gar nicht so einfach, da es viele NRO gibt, die einen Teil oder sogar die Mehrheit ihrer Finanzmittel vom Staat erhalten, und deshalb auch dessen Regelungsmechanismen (z. B. Verwaltungs- und Berichtspflichten) und Beeinflussungsversuchen unterworfen sind. Daneben ist eine Abgrenzung zu den Wirtschaftsunternehmen vorzunehmen, die eindeutig nicht dem staatlichen Sektor zuzuordnen sind, aber auch nicht dem sogenannten „dritten Sektor", der mitunter „Zivilgesellschaft" genannt wird. Aber auch dieser Begriff bleibt schillernd und vieldeutig (vgl. Stockmann 2006: 44 ff.).

Ursprünglich geht die Bezeichnung NRO auf eine Resolution des Wirtschafts- und Sozialrats der UNO (ECOSOC) aus dem Jahr 1950 zurück und bezog sich auf alle im Rahmen der VN tätigen Organisationen, also auch auf Wirtschaftsunternehmen (vgl. Wardenbach 2013: 392). Dem heutigen Verständnis nach werden nur noch solche Organisationen als NRO bezeichnet, die nicht gewinnorientiert sind, also dem sogenannten Nonprofit-Sektor zugerechnet werden. Das heißt, NRO sind von Staat und Regierung unabhängig, streben nicht nach wirtschaftlichem Gewinn, sondern sind gemeinwohlorientiert, orientieren sich an religiösen, humanitären oder ethischen Vorstellungen und weisen häufig eine internationale Grundausrichtung auf. Trotz dieser Begriffseinschränkung kann sich unter dem Kürzel NRO sehr Unterschiedliches verbergen: Eine große internationale Organisation, ein Netzwerk von Verbänden, eine kapitalkräftige Stiftung, oder aber eine kleine Selbsthilfegruppe, ein Verein zur Unterstützung eines Dorfes in Afrika oder eine Städte- oder Schulpartnerschaft.

Generell wird NRO in modernen Gesellschaften eine wachsende Bedeutung beigemessen. Immer öfter werden sie als Hoffnungsträger einer effektiven Problembearbeitung auf allen Ebenen der Politik bezeichnet (vgl. Take 2002: 37). Sie werden zum einen als gemeinschaftliches Moment und als Element gesellschaftlicher Integration und Sozialisation verstanden und zum anderen als mobilisierbare Ressource gegen Staat und Politik bzw. als „Gegengewicht" gegenüber staatlicher Macht (vgl. Zimmer u. Priller 2004: 21 f., Meyer u. Baltes 2004: 31 ff.). Dabei hat sich zwischen dem Staat und dem NRO-Sektor eine vielgestaltige Symbiose entwickelt. Einerseits entlasten NRO den Staat und die Kommunen in zahlreichen Aufgabenfeldern (z. B. soziale Dienste, Gesundheit, Umwelt, Verbraucherschutz, Sport, Entwicklungszusammenarbeit), andererseits unterstützt der Staat die NRO aber auch finanziell in beträchtlichem Umfang. Im internationalen Vergleich ist der deutsche NRO-Sektor in monetärer Hinsicht „einer der am meisten staatszentrierten und staatsabhängigen seiner Art" (Anheiner u. a. 2002: 26).

In der Entwicklungszusammenarbeit hatten die ersten NRO, die sich schon in den Anfängen der deutschen Entwicklungspolitik formierten, vor allem kirchliche und karitative Ursprünge. Im Zuge der Globalisierung und der neuen sozialen Bewegungen haben die NRO nicht nur an Bedeutung gewonnen – sowohl im Norden als auch im Süden – sondern sie haben auch viele neue Themen aufgegriffen, z. B. Menschenrechte, Umwelt, Frauenrechte und Gleichberechtigung, Korruptionsbekämpfung, Friedensförderung, gerechtere Weltwirtschaftsordnung, etc. NRO werden einerseits als unentbehrliches gesellschaftliches Sozial- und Entwicklungskapital betrachtet, andererseits wird ihnen eine demokratiefördernde, den Staat und die Wirtschaft kontrollierende Rolle zugeschrieben.

Über die Zahl der in Deutschland tätigen NRO gibt es nur Schätzungen. Das BMZ geht allein von mehreren Tausend entwicklungspolitischen NRO aus, die sich in Form von Fördervereinen, Initiativgruppen, Aktionsbündnissen, Arbeitsgemeinschaften, Solidaritätskreisen, Partnerschaftseinrichtungen, Stiftungen und Netzwerken mit lokaler, regionaler, bundesweiter und internationaler Aktionsbasis organisiert haben (vgl. BMZ 2015k). Allerdings erhalten nur rund 200 NRO finanzielle Unterstützung vom BMZ (vgl. Spielmans u. Rosenboom 2013). 2014 förderte das BMZ zivilgesellschaftliches, kommunales und wirtschaftliches Engagement mit insgesamt 775 Mio. Euro, einer Summe, die immerhin 12 % der Gesamtausgaben des BMZ-Haushalts entspricht (vgl. Abbildung III/11). Die Mittel werden jedoch sehr ungleich verteilt. Nahezu ein Drittel der Fördermittel geht an die sechs parteinahen politischen Stiftungen, ein weiteres Drittel an die beiden Zentralstellen für Entwicklungshilfe der großen Kirchen. Das restliche Drittel verteilt sich auf eine Vielzahl von Akteuren, unter denen es aber auch wiederum einige Schwergewichte wie die Welthungerhilfe, Caritas international, Kolpingwerk u. a. gibt.

Nach Angaben des BMZ (2013 f) übertrafen die Eigenmittel der NRO die staatlichen Förderbeträge um ein Vielfaches. Im Jahr 2012 wird das Aufkommen aus Spenden und Beiträgen auf über eine Mrd. Euro geschätzt. Trotz der zahlenmäßigen Vielfalt an NRO gilt aber auch hier wieder eine enorme Mittelkonzentration: Auf die zehn größten deutschen Entwicklungs-NRO entfallen 70 % der Spenden und sonstigen Einnahmen und 97 % des hauptamtlichen Personals ist bei ihnen beschäftigt (vgl. Wardenbach 2013: 393). Trotz Wirtschaftskrise ist der deutsche Spendenmarkt relativ stabil geblieben. Nach Angaben des Deutschen Zentralinstituts für soziale Fragen (DZI 2014a f) wurden 2013 für soziale Zwecke 6,3 Mrd. Euro gespendet (2012: 6,2 Mrd. Euro, 2011: 6,0 Mrd. Euro). Die genaue Summe der in Deutschland gespendeten Gelder ist jedoch nicht annähernd bekannt. Im Rahmen einer Befragung des Sozio-oekonomi-

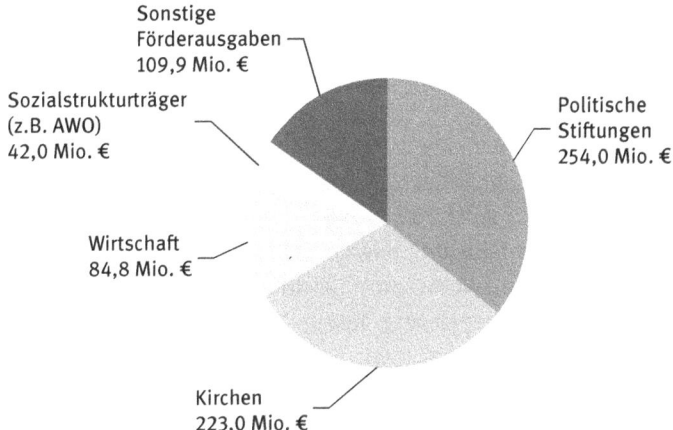

Abbildung III/11: Zuschüsse des BMZ an nicht staatliche Organisationen 2014 (BMF 2014b: 19 ff.)

schen Panels (SOEP) wurde das Spendenvolumen (2009) auf 4,5 bis 6,1 Mrd. geschätzt (vgl. Priller u. Schupp 2011: 4).

Nach einer Bevölkerungsumfrage der Gesellschaft für Konsumforschung (GfK) entfielen im Jahr 2013 79% aller Spenden auf den Bereich Humanitäre Hilfe, ca. 3% auf Kultur- und Denkmalpflege, gute 5% auf den Tier- und noch einmal rund 2% auf den Umweltschutz (vgl. GfK 2014). Der Spendenmarkt ist auch deshalb so unübersichtlich, weil in Deutschland keine Verpflichtung für gemeinnützige Organisationen besteht, über die Verwendung ihrer Mittel der Öffentlichkeit gegenüber Auskunft zu geben.

Wie auch diese Umfrage zeigt, besteht ein zentraler Schwerpunkt der NRO-Arbeit in der Humanitären Hilfe, die nach Naturkatastrophen, Kriegen und Hungersnöten geleistet wird. Ein traditionelles Arbeitsfeld ist die Unterstützung von Partner-NRO im Süden bei der Durchführung von Projekten mit den unterschiedlichsten Schwerpunkten, jedoch häufig in den Bereichen Gesundheit, Bildung und ländliche Entwicklung. In den letzten Jahren gehört auch die Stärkung von Süd-NRO selbst zu den Aufgabenschwerpunkten. Durch „Capacity Building" sollen einheimische NRO in die Lage versetzt werden, selbstständig Hilfsprojekte durchzuführen und durch die Generierung lokaler Einkommensquellen langfristig die Finanzmittel dafür zu beschaffen. Dabei sollen die NRO im Süden nicht nur zu eigenständiger karitativer Arbeit befähigt werden, sondern zunehmend auch zur politischen Artikulation. Ziel ist es, die NRO im politischen Prozess zu emanzipieren, damit diese in der Lage sind, politische Forderungen an die eigenen Regierungen, Distrikt- oder lokale Verwaltungen im Interesse der sozial Benachteiligten zu stellen.

Durch das Instrument der *Poverty Reduction Strategy Papers* (PRSP)[46] haben die einheimischen NRO eine deutliche Aufwertung erfahren. Sie sollen, nach dem Willen der Weltbank, bei der Formulierung solcher nationalen Strategiepapiere zur Armutsminderung miteingebunden werden.

Zunehmend wächst den NRO deshalb auch eine Rolle als staatliche Gegenmacht zu, indem sie als Fürsprecher und Lobbyisten derjenigen auftreten, die sich im politischen Prozess nicht ausreichend artikulieren können. Zu ihrer Politisierung hat die Schaffung von Netzwerken mit Unterstützung elektronischer Hilfsmittel wesentlich beigetragen. Durch die internationale Vernetzung gewinnen die NRO zusätzliche Schlagkraft und einen leichteren Medienzugang. Regelmäßige eigene (Gegen-)Konferenzen zu staatlichen Großveranstaltungen sowie entsprechende über die Medien verbreitete Kommentare zu den verschiedenen „Gipfeltreffen" und „Weltkonferenzen" finden in der Öffentlichkeit eine breite Aufmerksamkeit.

Dabei entsteht der Eindruck, dass es einen scharfen Gegensatz zwischen Staat und „Zivilgesellschaft" gäbe, bei dem die NRO die Rolle der unabhängigen, mahnenden Kritiker spielen und dabei zunehmend an politischem Einfluss gewinnen. Da NRO von niemandem gewählt werden und kein politisch legitimiertes Mandat haben, gerät ihr Handeln auch schon mal in die Kritik. Aber letztlich könnte dieser Einwand gegen jegliche Art der Interessenvertretung und des Lobbyismus vorgebracht werden. Während Wirtschaftsverbände und Gewerkschaften vor allem ihr Kapital bzw. ihre Mitglieder als Machtpotenzial einbringen, kompensieren dies die NRO durch die Mobilisierung der Öffentlichkeit. Durch die neuen Medien haben sich ihre Voraussetzungen dafür wesentlich verbessert.

Andererseits wird die Unabhängigkeit der NRO mitunter infrage gestellt, da nicht wenige finanzielle staatliche Unterstützung für die Durchführung ihrer Arbeit erhalten. Zum Teil sind Staat und NRO auch komplementär tätig. So können NRO wegen ihrer politischen Neutralität in Ländern, zu denen keine diplomatischen Beziehungen bestehen, dennoch aktiv werden und als „Eisbrecher" dienen. Oder sie werden in Kriegs-, Krisen oder Bürgerkriegsregionen tätig, in denen staatliche Geber nicht geduldet werden oder es für diese zu gefährlich wäre. Zudem werden die Entwicklungs-NRO in Deutschland immer häufiger auch in den länder- und sektorbezogenen Meinungsaustausch der Bundesregierung eingebunden und tragen dabei indirekt zu entwicklungspolitischer Politikformulierung bei. Auch international begleiten sie kritisch entwicklungspolitische Agenden. Ein besonders wichtiger Akteur ist in diesem Zusammenhang der Verband entwicklungspolitischer NRO in Deutschland (VENRO), der als Sprachrohr der Nichtregierungsorganisationen in diesem Bereich fungiert und auf den am Ende dieses Kapitels noch näher eingegangen wird.

---

46 *Poverty Reduction Strategy Papers* beinhalten eine armutsbezogene Bestandsaufnahme mit Blick auf ein bestimmtes Land und zeichnen den strategischen Weg vor, den dieses gehen will, um Armut zu reduzieren. Sie wurden 1999 von Weltbank und IWF eingeführt, um die entwicklungspolitische Ownership der Entwicklungsländer zu stärken und eine stärkere Fokussierung von Entwicklungsmaßnahmen auf die Armutsreduzierung zu erreichen (vgl. IMF 2014).

Unter der schwarz-gelben Bundesregierung wurde die Zusammenarbeit mit der Zivilgesellschaft auf eine neue Grundlage gestellt. Ein Strategiepapier hält die Ziele fest, die das BMZ mit dieser Zusammenarbeit verfolgte (vgl. BMZ 2013g). Nach den Vorstellungen der damaligen Regierung liegt die Rolle der NRO demnach vor allem in der Mobilisierung entwicklungspolitischen Verständnisses und Engagements im Inland, in der Stärkung und Qualifizierung der Kapazitäten entwicklungspolitischer Akteure in den Partnerländern und in der Mitwirkung an entwicklungspolitischen Zukunftsagenden. 2013 wurden dafür etwa 670 Mio. Euro oder 11% des Haushaltes des BMZ zur Verfügung gestellt (vgl. BMZ 2013g). Der Haushalt 2014 sieht für die Förderung zivilgesellschaftlichen, kommunalen und wirtschaftlichen Engagements sogar etwa 775 Mio. Euro also 12% des Gesamthaushaltes vor (vgl. BMZ 2014l).

Häufig wird angenommen, dass NRO generell eine effektivere und effizientere Entwicklungszusammenarbeit betreiben als die staatlichen Durchführungsorganisationen. Aufgrund ihrer Nähe zu den armen, unterprivilegierten Bevölkerungsgruppen sowie wegen ihres hohen Mobilisierungspotenzials zur Selbsthilfe und Eigeninitiative wird ihnen per se ein besserer Zugang zu den Zielgruppen zugeschrieben. Zudem wird angenommen, dass sie flexibler, unbürokratischer und zielgenauer als die staatlichen Durchführungsorganisationen arbeiten würden.

Ob dem tatsächlich so ist, wurde bisher kaum wissenschaftlich untersucht. Studien, die die Arbeit von NRO mit denen von staatlichen Organisationen vergleichen, existieren praktisch nicht. Eine Ausnahme bildet eine Studie zur Wirksamkeit der deutschen Berufsbildungszusammenarbeit in der VR China, in der die Arbeit der früheren GTZ mit der einer politischen Stiftung, der Hanns-Seidel-Stiftung (HSS), verglichen wird. Beide Organisationen waren angetreten, die chinesische Regierung bei der Einführung des dualen beruflichen Bildungssystems zu beraten. Dabei setzten GTZ und HSS auf jeweils unterschiedliche Förderkonzepte, Strategien und Vorgehensweisen. Der Vergleich zwischen GTZ- und HSS-geförderten Projekten zeigte ein differenziertes Bild. Die HSS erzielte mit einem Bruchteil der von der GTZ eingesetzten Finanzmittel durchaus vergleichbare Erfolge. Die HSS zeichnete sich dabei durch flexiblere Entscheidungsverfahren und schnellere dezentral gesteuerte Handlungsmuster aus. Die GTZ konnte durch ein ausgefeilteres Planungswesen, professionalisierte Steuerungsverfahren und systematischere Monitoringverfahren punkten (vgl. Stockmann u.a. 2000).

Nunnenkamp und Thiele (2009) liefern zu der Frage „Sind Nichtregierungsorganisationen die besseren Entwicklungshelfer?" spannende, da der Mainstream-Erwartung entgegengesetzte, Befunde. Eine Auswertung neuerer empirischer Studien zur Arbeit von NRO zeigt, dass
- diese sich nicht verstärkt in Ländern engagieren, in denen die Herausforderungen wegen schlechter Regierungsführung besonders hoch sind,
- sie der staatlichen Vergabepolitik folgen, statt eigene Akzente zu setzen, insbesondere wenn sie von staatlichen Geldern abhängig sind,
- sich NRO bevorzugt dort engagieren, wo schon andere NRO aktiv sind.

Die Autoren kommen schließlich zu dem Ergebnis: „The focus of NGOs on the neediest recipients turns out to be surprisingly weak" (Nunnenkamp u. Thiele 2009: 289). Offen lässt die Studie allerdings die Frage, die sie im Titel stellt. Die Wirksamkeit der NRO-Hilfe im Vergleich zur staatlichen Hilfe kann mangels verfügbarer Daten nicht beantwortet werden. Um diese Lücken zu schließen, folgern die Autoren, „müssten die NRO ähnlich detaillierte Daten zu ihrer Hilfe bereitstellen, wie es für staatliche Geber im Rahmen des Development Assistance Committees der OECD der Fall ist" (Nunnenkamp u. Thiele 2009: 287).

Das größte Kapital von NRO ist ihre Unabhängigkeit – von Markt und Staat – sowie ihre Glaubwürdigkeit. NRO, die sich hauptsächlich aus Spenden und freiwilligen Beiträgen finanzieren, konkurrieren auf einem immer wettbewerbsintensiveren Spendenmarkt. Auch wenn dieser nicht rückläufig ist, sondern sogar noch Wachstumspotenziale aufweist, hat die Konkurrenz durch das Auftreten immer neuer Akteure stark zugenommen. Nicht nur auf bestimmte Fragestellungen spezialisierte NRO bereichern die Szene, sondern auch internationale Organisationen wie Plan International, World Vision und Ärzte ohne Grenzen haben auf dem deutschen Markt Fuß gefasst.

Deutsches Spendensiegel

Das *Deutsche Zentralinstitut für soziale Fragen* (DZI) verleiht sozialen und karitativen Organisationen, die bestimmte Kriterien erfüllen, das *DZI Spenden-Siegel*. Das Spenden-Siegel steht für die nachgeprüfte, sparsame und satzungsgemäße Verwendung der Spendengelder und damit für die Seriosität und Transparenz der geprüften Organisation. Es dient – nach eigenen Angaben – als Orientierungs- und Entscheidungshilfe, erhöht die Vergleichbarkeit der Organisationen, macht den Spendenmarkt übersichtlicher und sorgt für eine wirkungsvollere Hilfeleistung. Ziel des DZI Spenden-Siegels ist es, Bewusstsein zu schaffen, Vertrauen zu fördern und die Hilfsbereitschaft der Menschen zu erhalten (vgl. DZI 2014b).

Die Spenden-Siegel-Standards für die Zuerkennung des Spenden-Siegels unterliegen fortlaufend einer systematischen Überarbeitung und beziehen sich derzeit auf folgende Aspekte der geprüften Organisation (vgl. DZI 2014c: 5):
- Leitung und Aufsicht sind wirksam und voneinander getrennt
- klare, wahre, sachliche und offene Öffentlichkeitsarbeit
- sparsame, wirtschaftliche und wirksame Mittelverwendung
- angemessene Vergütungen
- aussagekräftige, angemessen geprüfte Rechnungslegung
- Transparenz der Strukturen, Tätigkeit und Finanzen

Damit der Markt für die Spender überschaubar bleibt, stellt das Deutsche Zentralinstitut für soziale Fragen (DZI) in Berlin seit 1983 ein Gütesiegel aus, das die Seriosität der NRO belegen soll. Hierfür werden verschiedene Kriterien wie wahre und sachliche Spendenwerbung, transparente und sparsame Mittelverwendung sowie funktionierende Planungs- und Kontrollstrukturen verwendet (siehe Kasten oben). Im Oktober 2014 waren 230 Organisationen – von über 580.000 eingetragenen Vereinen und rund 20.000 Stiftungen in Deutschland – mit dem Spendensiegel zertifiziert (vgl. DZI

2014c: 4).⁴⁷ Allerdings weist der „umfassendste Selbstkontrollmechanismus für soziale NRO" (Wardenbach 2013: 393) einen schweren Mangel auf: Er sagt nichts darüber aus, ob die mit einem Gütesiegel ausgezeichnete NRO wirklich „gute" Arbeit leistet, ob sie die selbstgesetzten Ziele erreicht, oder gar, ob sie wirkungsvolle und nachhaltige Projekte und Programme fördert.

Das DZI ist sich dieses Problems schon seit Langem bewusst. Nach einer Bevölkerungsumfrage der Gesellschaft für Konsumforschung aus dem Jahr 2006 stimmten zwei Drittel der Befragten der Aussage, „Ich würde mir mehr Transparenz bei Spendenorganisationen wünschen", voll und ganz zu (vgl. GfK 2006). Die Befragten fühlen sich nicht ausreichend informiert. Erkenntnisse über die Resultate und Wirkungen der Aktivitäten gemeinnütziger Organisationen zu gewinnen, um auf dieser Basis eine Spendenentscheidung zu treffen, ist praktisch nicht möglich (vgl. DZI 2008: 43). Dies sei der Grund, „dass unter ‚Qualität' gemeinnütziger Organisationen in der öffentlichen Diskussion leider oft lediglich ‚niedrige Verwaltungskosten' verstanden wird"⁴⁸ (vgl. DZI 2008: 43). Doch Verwaltung sei per se nicht etwas Schlechtes und stelle oft keinen „objektiven Vergleichsmaßstab" dar, da die Aufgaben der einzelnen Organisationen doch sehr unterschiedlich seien. So könnte gerade bei einer Organisation, die besonderen Wert auf den methodisch sauberen Nachweis ihrer Aktivitäten legt, der Anteil der Verwaltungskosten deutlich steigen, was dann wiederum zu einer negativen Bewertung führen könnte. Da das Erfassen von Resultaten und Wirkungen mit zusätzlichen Kosten einhergeht – so das DZI (2008: 43) – „findet noch zu selten die finanzielle Unterstützung durch Geldgeber" statt.

Nach wie vor findet sich im DZI Spenden-Siegel kein Kriterium, das eine Evaluation zur Bewertung der erreichten Projekt- und Programmziele und der darüber hinausgehenden Wirkungen fordert. Auch im DZI Spenden-Almanach 2014 sucht man unter dem Kapitel „Was kommt von der Spende wirklich an?" Informationen zu diesem Thema vergebens.

Im Jahr 2014 hat die Stiftung Warentest zusammen mit dem DZI Spendenorganisationen überprüft, die von Prominenten gegründet wurden oder deren Namen tragen. Von den 28 angefragten Organisationen waren nur zehn (36 %)⁴⁹ bereit, die erbetenen Auskünfte zu erteilen. Obwohl es letztlich darauf ankommt, was eine Organisation mit ihrer Hilfe erreicht, was sie bewirkt, wurde dieses Kriterium nicht berücksichtigt: „Beim Test außen vor bleibt der Erfolg der Spendenprojekte" (Stiftung Warentest 2014: 15). Um darüber etwas aussagen zu können, müssen die Tester nicht

---

47 Anfang 2012 trugen noch 257 Organisationen das DZI Spenden-Siegel (vgl. DZI 2012: 4).
48 Wie sehr dieser Kostenanteil manipuliert werden kann, erläuterte der Vertreter einer Hilfsorganisation (die hier nicht genannt werden möchte) so: Wenn ein Mitarbeiter zur Koordination von Verwaltungsaufgaben in der Zentrale beschäftigt wird, dann wird er zu den Verwaltungskosten gezählt und erhöht damit den Verwaltungsanteil einer Einrichtung. Wird diese Person jedoch vor Ort im Rahmen der geförderten Projekte mit den gleichen Aufgaben betraut, werden die Kosten nicht dem Verwaltungsanteil, sondern der Projektarbeit zugerechnet. Und schon sieht die Bilanz ganz anders aus!
49 Drei davon aus dem Bereich der Entwicklungszusammenarbeit.

zwingend vor Ort fahren, um die Arbeit der Spendenorganisationen zu überprüfen (wie entschuldigend behauptet), sondern es wäre schon hilfreich gewesen, bei dem Test zu erheben, ob die Organisationen selbst etwas über den Erfolg ihrer Arbeit wissen, wie sie diesen Erfolg definieren, messen und bewerten. Doch auch dieses Kriterium wurde nicht verwendet. Stattdessen wurden (wie im Spendensiegel des DZI vorgesehen), der (a) Verwaltungs- und Werbekostenanteil, (b) Transparenz (Informationen im Internet) und (c) Leitung und Kontrolle bewertet. Deshalb sagt weder dieser Test – der insgesamt recht positiv für die untersuchten Organisationen ausfällt[50] – noch das DZI-Spendensiegel irgendetwas darüber aus, ob eine Organisation wirkungsvolle Arbeit leistet oder nicht.

Dass das Thema Wirkungen nicht nur viele Spender umtreibt, sondern auch die Spendensammler, macht eine von PHINEO 2014 durchgeführte Untersuchung deutlich, bei der 50 der größten und bekanntesten Spendenorganisationen[51] hinsichtlich ihrer „Wirkungstransparenz" bewertet wurden: „Ziel war es, herauszufinden, wie die Organisationen online über die Wirkung ihrer Projektarbeit berichten. Nicht beurteilt wurde die von den Organisationen erzielte Wirkung selbst" (PHINEO 2014: 3).

Stattdessen wurde Wirkungstransparenz als ein Indikator für Wirkung interpretiert (vgl. PHINEO 2014: 12). Dies ist natürlich nicht korrekt. Eine Organisation kann sehr wohl sehr wirkungsvoll arbeiten, ohne – aus welchen Gründen auch immer – darüber auf ihrer Internetseite zu berichten. In diesem Fall würde die Organisation einen hohen Wirkungsgrad erreichen, aber nur eine geringe Transparenz aufweisen. Hier werden von PHINEO offenbar zwei Dinge in einem Indikator vermischt. Dessen ungeachtet sind die Befunde der PHINEO-Studie sehr aufschlussreich. Sie zeigen,

- dass bei zwei Drittel der untersuchten Spendenorganisationen Informationen zu den Outputs (den im Berichtsjahr erbrachten Leistungen) im Jahresbericht und/oder der Webseite „leicht verfügbar" sind,
- dass sich zwar zwei Drittel der Organisationen mit den Wirkungen ihrer Aktivitäten befassen, aber
- dass lediglich ein Fünftel der Organisationen erreichte Veränderungen bei ihren Zielgruppen bzw. in der Gesellschaft systematisch, umfassend und schnell auffindbar darstellen,
- und dass nur 14 % der 50 untersuchten Organisationen hierzu leicht verfügbare „hochwertige" Wirkungsbelege veröffentlichen. Nach der Definition von PHINEO sind das solche, die „durch wissenschaftliche Evaluationen oder vergleichbare interne Erhebungen gestützt" werden (PHINEO 2014: 25).

---

50 Die Aufklärungsplattform „spendenskandal.com" hat die sehr gute Bewertung der Stiftung „Menschen für Menschen" durch die Stiftung Warentest und DZI als „skandalös" bezeichnet, da die Stiftung in den vergangenen Jahren nachweislich Millionen von Spendengeldern verschwendet habe. Den Testern wird vorgeworfen, nach oberflächlichen Befragungen großzügig positive Bewertungen vorgenommen zu haben (www.spendenskandal.com, Bericht vom 05.01.2015).
51 Davon 22 aus der Entwicklungszusammenarbeit/Katastrophenhilfe.

Daraus wird gefolgert: „Der Schwachpunkt der Berichterstattung vieler Organisationen bleibt die Veröffentlichung von Wirkungsbelegen" (PHINEO 2014: 25). Dabei lässt PHINEO offen, ob es daran liegt, dass die untersuchten Organisationen nicht über entsprechende Studien verfügen oder ob sie diese nur nicht veröffentlichen wollen.

Weiterhin ist an der PHINEO-Studie zu kritisieren, dass die Qualität von Wirkungsevaluationen nicht geprüft wird. So kann es sein, das Ergebnisse aus Wirkungsstudien zwar transparent gemacht werden, diese aber mit wissenschaftlich unzureichenden und nicht unabhängigen Evaluationen ermittelt wurden. In diesem Fall wäre zwar Wirkungstransparenz gegeben, doch könnte diese auf nicht validen, reliablen und objektiven Daten beruhen, sodass der Spender eben nicht über die Wirksamkeit der Arbeit dieser Organisationen informiert wird, sondern nur über die Veröffentlichungspraxis zu diesem Thema.[52]

Langfristig werden die deutschen NRO genauso wenig wie die staatlichen EZ-Organisationen umhin können, die Wirksamkeit und Nachhaltigkeit ihrer Aktivitäten
- *glaubhaft* (d. h. mit wissenschaftlich belastbaren Designs und Methoden),
- *unabhängig* (d. h. von dafür befähigten Experten oder Instituten) und
- *transparent* (d. h. auch für die Öffentlichkeit uneingeschränkt einsehbare Ergebnisse)

nachzuweisen. Hier sind die staatlichen EZ-Organisationen den meisten NRO schon weit vorausgeeilt. Dabei verweist das BMZ auf die im März 2006 geänderten Verwaltungsvorschriften (VV) zu §§ 23 und 44 der Bundeshaushaltsordnung (BHO), die die bestehenden gesetzlichen Bestimmungen zur Erfolgskontrolle bei der Verwendung von Haushaltsmitteln (§ 7 BHO) für Zuwendung des Bundes konkretisieren. In der VV Nr. 11a zu § 44 BHO ist eine abgestufte systematische Prüfung der Effektivität und Effizienz von geförderten Maßnahmen vorgeschrieben. Alle Maßnahmen sollen mindestens einer Zielerreichungskontrolle unterzogen werden, bei einer Programm- oder institutionellen Förderung ist zusätzlich eine Wirkungs- und Wirtschaftlichkeitskontrolle vorgesehen.

Die neu gegründete Engagement Global arbeitet derzeit am Aufbau eines umfassenden wirkungsorientierten M&E-Systems zur Verbesserung der Steuerungsprozesse, für die Rechenschaftslegung gegenüber dem BMZ (als alleiniger Gesellschafter), der Zivilgesellschaft und der gesamten deutschen Öffentlichkeit. Zahlreiche größere Nichtregierungsorganisationen veröffentlichen jährlich spezielle Wirkungsberichte (wie z. B. World Vision, CARE) oder Jahresevaluationsberichte (wie z. B. Misereor, Welthungerhilfe) oder Rechenschafts-/Jahresberichte, in denen die Wirkungen ihrer Tätigkeit belegt werden sollen (wie z. B. Plan International Deutschland).

---

52 Die fünf besten EZ-Spendenorganisationen von PHINEO (2014), die einen hohen Wert bei dem Indikator Wirkungstransparenz erhalten haben, sind: Ärzte ohne Grenzen, Care Deutschland, Deutsche Welthungerhilfe, Deutsches Komitee für UNICEF und World Vision Deutschland.

In seinem Positionspapier 2/2010 zur Wirkungsbeobachtung legt der Verband Entwicklungspolitik und Humanitäre Hilfe deutscher Nichtregierungsorganisationen (VENRO), ein Bekenntnis zur Wirkungsorientierung ab. Die Beschreibung und Messung der Wirkungen von geförderten Maßnahmen sollen dazu dienen, aus Erfahrungen zu lernen, Erkenntnisse für die Projektsteuerung zu erhalten, Zielgruppen zu „empowern" und schließlich gegenüber der Öffentlichkeit Rechenschaft abzulegen (VENRO 2010: 5). Aufgrund der besonderen Arbeitsweise der Nichtregierungsorganisationen vertritt VENRO die Auffassung, dass auch die Wirkungsbeobachtung speziellen Anforderungen zu genügen habe, die sich von wissenschaftlichen Standards unterscheiden würden, was zu einer umfassenden, bis heute anhaltenden Debatte führte (vgl. Krapp, Vahlhaus u. Gajo 2011, Mack u. a. 2011, Meyer u. a. 2011).

Die Überzeugung, dass Unabhängigkeit und Glaubwürdigkeit das größte Kapital von NRO ist, gilt nicht nur im Norden, sondern auch im Süden. Häufig wird die Überlegenheit der NRO-Arbeit gegenüber der staatlichen Entwicklungszusammenarbeit damit begründet, dass die Donor-NRO mit lokalen NRO zusammenarbeiten, die über basisnahe Strukturen verfügen, die sich – wie die Donor-NRO selbst – durch hohe Flexibilität, geringen Bürokratisierungsgrad und damit niedrige Verwaltungskosten und, aufgrund des Idealismus ihrer Mitglieder, durch hohe Motivation, Einsatzbereitschaft und eine gewisse Selbstlosigkeit auszeichnen. Da in vielen Partnerländern mittlerweile erkannt wurde, dass die nationalen wie multinationalen Geber ihre Mittel – insbesondere in fragilen Staaten – an staatsunabhängige Einrichtungen vergeben, sind in manchen Ländern NRO wie Pilze aus dem Boden geschossen, um an dem warmen Geldregen teilzuhaben. Deshalb ist nicht nur die Zertifizierung der in Deutschland spendensammelnden NRO ein wichtiges qualitätssicherndes Instrument, sondern es wäre auch wichtig, etwas über die NRO in den Partnerländern zu erfahren, mit denen die Donor-NRO zusammenarbeiten. Dabei sollten NRO – im Norden wie im Süden – „keine moralische Immunität genießen und nicht über Kritik erhaben sein" (Seitz 2009: 199).[53]

Entwicklungszusammenarbeit im öffentlichen Meinungsbild
2013 ließ die Generaldirektion für Entwicklung der EU eine Eurobarometer-Studie durchführen, um die Ansichten der europäischen Öffentlichkeit hinsichtlich der EU-Entwicklungszusammenarbeit zu erkunden, wobei es u. a. um die Bedeutung der Entwicklungszusammenarbeit im Kontext der derzeitigen Finanzkrise ging (vgl. Europäische Kommission 2013). Dabei zeigte sich, dass 83 % der Europäer (89 % der Deutschen) die Entwicklungszusammenarbeit für wichtig erachten. 61 % (Deutschland: 65 %) wollen, dass die bestehenden Hilfsverpflichtungen eingehalten oder sogar erhöht werden. 18 % der Europäer (11 % der Deutschen) sind der Meinung, dass die derzeitige Höhe der Unterstützung zu hoch sei.

Zu beobachten ist, dass sich im Vergleich zu vorangegangenen Befragungen teilweise deutlich geringere Zustimmungswerte zeigen. So erachteten in der Eurobarometerumfrage von 2009 noch 88 % der Europäer (Deutschland: 89 %) die Entwicklungszusammenarbeit für wichtig, 72 % der Europäer (Deutschland: 72 %) waren der Meinung, bestehende Hilfsverpflichtungen sollten eingehalten oder

---

53 Vgl. auch Freyhold 1998, Moyo, Makumbe u. Raftopoulos 2000, Wallace 2007 sowie Jackson 2009.

erhöht werden, und nur 7% der Europäer (Deutschland: 12%) waren der Ansicht, die Unterstützung sei zu hoch. Aus den zwar verringerten aber immer noch hohen Zustimmungsraten kann allerdings dennoch abgeleitet werden, dass die Entwicklungszusammenarbeit in Europa und in der deutschen Bevölkerung weitgehend unstrittig bleibt.

So sind denn auch 66% der Befragten (Deutschland: 69%) der Auffassung, dass die Armutsbekämpfung in Entwicklungsländern eines der Hauptziele der Europäischen Union darstellen sollte, wenngleich nur 48% der Ansicht sind, dass dies auch eines der Hauptziele *nationaler* Regierungen sein sollte. Auch für sich persönlich sehen immerhin 52% der Europäer (Deutschland: 45%) eine mögliche Rolle bei der Bekämpfung der Armut, während 44% (Deutschland: 52%) nicht glauben, in dieser Hinsicht einen Beitrag leisten zu können. 48% der Befragten (Deutschland: 67%) wären auch bereit, mehr Geld für Produkte aus Entwicklungsländern auszugeben, um die dort lebenden Menschen zu unterstützen. 47% (Deutschland: 30%) wären dazu nicht bereit, wobei diese Zahlen von Mitgliedsland zu Mitgliedsland erheblich schwanken. So ist etwa in Schweden (80%), den Niederlanden (72%) und Finnland (70%) eine ausgesprochen hohe Bereitschaft zu beobachten, beispielsweise mehr für faire Produkte auszugeben, während die Bereitschaft dazu in Portugal (18%), Bulgarien (21%) und Lettland (27%) deutlich niedriger ausfällt.

Schließlich interessierte sich die Eurobarometerumfrage auch für die Kenntnisse der Europäer über die Millennium-Entwicklungsziele und ihre Sichtweisen zu den Prioritäten der Entwicklungspolitik nach 2015. Dabei zeigte sich zunächst, dass 77% der Europäer (Deutschland: 75%) noch nie von den MDGs gehört haben und nur 6% der Befragten (Deutschland: 7%) sowohl die MDGs als auch ihre Bedeutung kennen. Danach gefragt, auf welche Bereiche sich die Entwicklungspolitik zukünftig konzentrieren solle, wurden u. a. die Themen Beschäftigung (44%; Deutschland: 20%), Gesundheit (33%; Deutschland: 26%), Wirtschaftswachstum (31%; Deutschland: 16%), Bildung (30%; Deutschland: 36%) sowie Ernährung und Landwirtschaft (25%; Deutschland: 32%) genannt.

Zentrale Nichtregierungsorganisationen (NRO) in Deutschland
Die Landschaft der nicht staatlichen Entwicklungsorganisationen ist noch weitaus vielfältiger als die der staatlichen. Grob kann zwischen den „kirchlichen" und „nicht kirchlichen" NRO sowie den Politischen Stiftungen, die eine Besonderheit in der internationalen Entwicklungszusammenarbeit darstellen, unterschieden werden.

Die *kirchlichen Einrichtungen* spielen in der nicht staatlichen Entwicklungszusammenarbeit traditionell eine herausragende Rolle. Diese sehen in der Bekämpfung der Armut und ihrer Ursachen in den Partnerländern ihre zentrale Aufgabe. Sie können in der Regel auf leistungsstarke Trägerstrukturen zurückgreifen und zeichnen sich durch Zielgruppenbezogenheit und Grundbedürfnisorientierung aus. Häufig ist die Basisarbeit mit sogenannten Empowerment-Maßnahmen verknüpft, um die Selbstbehauptungskräfte der Zielgruppen und/oder Partnerorganisationen zu stärken. Dabei führen die kirchlichen Hilfswerke keine „eigenen" Entwicklungsprojekte durch, sondern fördern Projekte ihrer Partner, von Kirchen, christlichen Organisationen und privaten Trägern. Häufig werden auch sehr kleine Projekte mit einem Finanzvolumen von unter 25.000 Euro unterstützt.

Die beiden Kirchen verfügen über verschiedene Einrichtungen für ihre Entwicklungsarbeit. Diese erfolgt streng getrennt von der Missionsarbeit, für die die katholische und evangelische Kirche eigene „Werke" gegründet haben, z.B. Missio und Vereinte Evangelische Mission (VEM).

Das Bischöfliche Hilfswerk *Misereor e. V.* ist mit 321 Mitarbeitern und einem Finanzvolumen von 179 Mio. Euro im Jahr 2013 (2012: 183 Mio. Euro) das größte katholische Hilfswerk in Deutschland (davon 54 Mio. Euro aus Kollekten und Spenden, 8 Mio. Euro aus kirchlichen Haushaltsmitteln) (vgl. Misereor 2014a: 50). Ihm angeschlossen ist die Katholische Zentralstelle für Entwicklungszusammenarbeit, die die vom BMZ zur Verfügung gestellten Finanzmittel abwickelt. Ziel von Misereor ist es laut Satzung

> [...] dazu bei[zu]tragen, Not und Elend, wie sie sich vorwiegend in Ländern Asiens, Afrikas und Lateinamerikas in Form von Hunger, Krankheit, Armut und anderen Formen menschlichen Leidens zeigen, zu lindern, damit den betroffenen Menschen zu einem Leben in Würde zu verhelfen und dadurch Gerechtigkeit, Freiheit, Versöhnung und Frieden in der Welt zu fördern. Die Hilfe soll Hilfe zur Selbsthilfe sein und eine dauerhafte Verbesserung der Lebensverhältnisse ermöglichen. Sie soll grundsätzlich allen Menschen zugute kommen, die Not leiden und die das Werk erreichen kann, ungeachtet von Rasse, Geschlecht, Religion und Nation. (Misereor 2012: §2)

Diesem Ziel folgend engagiert sich Misereor seit 1958 für Gerechtigkeit und die Bewahrung der Schöpfung und hat nach eigenen Angaben seither etwa 102.000 Entwicklungsprojekte mit mehr als 6,4 Mrd. Euro in Bereichen wie Gesundheitsförderung, Ernährungssicherung, Friedensförderung, Menschenrechte, Stärkung der Zivilgesellschaft und Katastrophenprävention gefördert (vgl. Misereor 2014a: 1). Weitere katholische Hilfswerke sind u. a. Caritas international, Adveniat, Die Sternsinger, Renovabis, Bonifatiuswerk, Kirche in Not und das Maximilian-Kolbe-Werk.[54]

Brot für die Welt – Evangelischer Entwicklungsdienst e. V. (EED) ist das Hilfswerk der evangelischen Kirchen in Deutschland, welches 2012 aus einem Zusammenschluss des Evangelischen Entwicklungsdiensts, des Diakonischen Werkes der Evangelischen Kirche Deutschlands, seiner Aktion Brot für die Welt und der Diakonie Katastrophenhilfe hervorgegangen ist. Der EED beschäftigt rund 460 Mitarbeiter und verfügt über einen Haushalt in Höhe von 263 Mio. Euro (2013) (2012: 248 Mio. Euro). Von den Mitgliedskirchen wurden rund 65,6 Mio. Euro aufgebracht. BMZ, Auswärtiges Amt und BMI stellten weitere 122,7 Mio. Euro zur Verfügung (EED 2014a: 54). Die Arbeit des EED gründet in dem Glauben, „der die Welt als Gottes Schöpfung bezeugt, in der Liebe, die gerade in dem entrechteten und armen Nächsten ihrem Herrn begegnet und in der Hoffnung, die in der Erwartung einer gerechten Welt nach Gottes Willen handelt" (EED 2015). Der EED versteht Entwicklung als einen Prozess der Befreiung von Hunger, Armut und Krankheit, aber auch von ungerechten Machtstrukturen. Dementsprechend formuliert der EED als Ziele seiner Tätigkeit

> [...] unterschiedslos allen Menschen beizustehen, die in leiblicher Not, seelischer Bedrängnis, Armut und ungerechten Verhältnissen leben; die Ursachen dieser Nöte aufzudecken und zu benennen und zu ihrer Beseitigung beizutragen; den kirchlichen Beitrag zur Überwindung der Armut, des Hungers und der Not in der Welt und ihrer Ursachen in ökumenischer Partnerschaft zu

---

[54] Für weitere Informationen zu den katholischen Hilfswerken vgl. APG 2014.

gestalten; [...] für eine gerechte Gesellschaft und eine nachhaltige Entwicklung einzutreten [...] (EED 2014b)

Die *politischen Stiftungen* stellen eine Besonderheit in der internationalen NRO-Szene dar, da es außerhalb Deutschlands keine vergleichbaren Einrichtungen gibt. Es handelt sich bei ihnen um den politischen Parteien nahestehende Institutionen, die im Wesentlichen drei Ziele verfolgen:
1. Die politische und gesellschaftliche Bildung im Geiste von Demokratie und Pluralismus zu fördern.
2. Begabten jungen Menschen durch Stipendien Zugang zu Studium und Forschung zu ermöglichen.
3. Zur internationalen Verständigung beizutragen.

Im Rahmen der bilateralen Zusammenarbeit fördern die politischen Stiftungen Vorhaben der Gesellschafts- und Sozialstrukturpolitik in Entwicklungs- und Transformationsländern. Ihr Ziel ist es, einen Beitrag zu leisten zum Aufbau und zur Festigung demokratischer Strukturen in den Partnerländern, zu einer ökologisch nachhaltigen und sozial gerechten wirtschaftlichen Entwicklung sowie zur Intensivierung der regionalen und internationalen Verständigung und friedlichen Zusammenarbeit. Sie engagieren sich für die Beteiligung der Bevölkerung an politischen Entscheidungsprozessen und für die Stärkung der wirtschaftlichen Eigenständigkeit der Partnerländer. Die Stiftungen unterstützen hierzu geeignete staatliche und nicht staatliche Institutionen in den Partnerländern oder helfen beim Aufbau entsprechender Strukturen. Schwerpunkte ihrer entwicklungspolitischen Tätigkeit sind die Demokratieförderung durch Stärkung von Parteien, Gewerkschaften und zivilgesellschaftlichen (Selbsthilfe-)Organisationen, Parlamentsberatung, Förderung freier Medien und der gesellschaftspolitischen Erwachsenenbildung (vgl. BMZ 2008d: 85, BMZ 2015l).

Die Bundesregierung stellt 2014 zur Unterstützung entwicklungspolitischer Vorhaben der politischen Stiftungen insgesamt 254 Mio. Euro bereit, was einem knappen Drittel aller Ausgaben für zivilgesellschaftliches, kommunales und wirtschaftliches Engagement entspricht (vgl. BMF 2014c). Deutschland verfügt über sechs politische Stiftungen:
– Friedrich-Ebert-Stiftung (FES)
– Friedrich-Naumann-Stiftung für die Freiheit (FNS)
– Hanns-Seidel-Stiftung (HSS)
– Heinrich-Böll-Stiftung (HBS)
– Konrad-Adenauer-Stiftung (KAS)
– Rosa-Luxemburg-Stiftung (RLS)

Auch wenn sie Stiftungen heißen, hat sich nur die FNS diese Rechtsform gegeben. Bei den übrigen Stiftungen handelt es sich um eingetragene Vereine, die – anders als Stiftungen – keiner staatlichen Aufsichts- und Rechenschaftspflicht unterliegen.

Die unterschiedlichen politischen Ausrichtungen der einzelnen Stiftungen eröffnen ihnen in den Ländern, in denen sie vertreten sind, vielfältige Zugänge zu den verschiedensten politischen und gesellschaftlichen Gruppierungen. Dadurch werden Handlungsmöglichkeiten eröffnet, die weit über den Kreis der traditionellen Akteure der Entwicklungszusammenarbeit hinausreichen. Dass alle Stiftungen durch die Bundesregierung finanziell unterstützt werden, also auch die Stiftungen der Oppositionsparteien, gilt in den meisten anderen Geberländern als ein ziemlich exotisches Verhalten.

Da die politischen Stiftungen in den Partnerländern natürlich gesellschaftliche Kräfte unterstützen, die ihnen politisch oder weltanschaulich nahestehen, werden auf diese Weise nicht nur einzelne politische Strömungen in den Partnerländern gefördert, sondern ein breites politisches Spektrum, sodass der Vorwurf, Deutschland würde über die politischen Stiftungen nur die Regierung oder die Opposition eines Partnerlands unterstützen, zumindest dann nicht zutrifft, wenn mehrere politische Stiftungen in einem Land tätig sind. Die politischen Stiftungen können auch in Ländern aktiv sein, in denen es keine staatliche Vertretung Deutschlands gibt, oder aber die Entwicklungszusammenarbeit eingestellt wurde. Da die politischen Stiftungen eine sehr große Nähe zu politischen Parteien aufweisen, eignen sie sich auch dazu, unter der offiziellen Politiklinie informelle Kontakte zu knüpfen oder eine zukünftige offizielle politische Zusammenarbeit vorzubereiten.

Die gesellschaftlichen Organisationen, die weder kirchlich noch parteipolitisch gebunden sind, werden als „private Träger" bezeichnet. Die Ziele dieser Organisationen sind so breit gefächert wie ihre Trägerschaft. Zu ihnen sind große und bekannte Organisationen zu zählen wie Andheri Hilfe, Deutsche Welthungerhilfe, Jugend Dritte Welt, Komitee Ärzte für die Dritte Welt, Kübel-Stiftung, terre des hommes, Weltfriedensdienst und EIRENE. Aber auch ganz kleine, auf private Initiative gegründete Vereine.

Die deutschen Förderprinzipien erlauben es, dass im Prinzip jeder Verein vom BMZ Fördermittel für Entwicklungsvorhaben beantragen kann, wenn er einige Voraussetzungen erfüllt (vgl. BMZ 2015k):
- Gemeinnützigkeit der Organisation; Sitz und Geschäftsbetrieb in Deutschland
- Fachliche und administrative Kompetenz
- Erfahrungen in der Zusammenarbeit mit leistungsfähigen, nicht gewinnorientierten Partnerorganisationen in Entwicklungsländern
- Das fragliche Projekt muss die wirtschaftliche, soziale oder ökologische Situation armer Bevölkerungsgruppen unmittelbar und nachhaltig verbessern oder zur Beachtung der Menschenrechte beitragen.
- Aufbringen eines Eigenanteils an den Projekten von mindestens 25%

Um den privaten Trägern der Entwicklungszusammenarbeit, aber auch allen anderen interessierten entwicklungspolitisch engagierten Gruppen und Initiativen den Zugang zu öffentlichen Fördermitteln zu erleichtern und sie in Fragen der Entwicklungszusammenarbeit zu beraten, wurde 1988 *bengo* gegründet. Die im Auftrag des BMZ tätige

Beratungsstelle unterstützt vor allem kleine und ehrenamtlich tätige NRO bei der Antragstellung, der Durchführung und späteren Abrechnung der öffentlichen Gelder, auch bei EU-Projekten und ist seit kurzem der Engagement Global gGmbH angegliedert (vgl. Engagement Global 2014d).

Von besonderer Bedeutung ist der *Verband Entwicklungspolitik und Humanitäre Hilfe deutscher Nichtregierungsorganisationen e. V.* (VENRO), der als Dachverband für rund 120 Mitglieder dient. VENRO-Mitglieder sind private und kirchliche Träger der Entwicklungszusammenarbeit, der Nothilfe sowie der entwicklungspolitischen Bildungs-, Öffentlichkeits- und Lobbyarbeit. Ziel von VENRO ist es, einen Beitrag zu mehr Gerechtigkeit in der „Einen Welt" zu leisten und für die Bekämpfung der Armut, die Verwirklichung der Menschenrechte und die Bewahrung der natürlichen Lebensgrundlagen einzutreten. Um diese Ziele zu erreichen, sieht der Verband seine Hauptaufgaben laut Satzung darin,

> [...] auf eine Bewusstseinsbildung in Fragen der Entwicklungshilfe und Völkerverständigung auf gesellschaftlicher Ebene hinzuwirken und diese als zentrale Aufgabe der Zukunftsgestaltung gesamtgesellschaftlich besser zu verankern [...], den Erfahrungsaustausch und die Zusammenarbeit unter seinen Mitgliedsorganisationen zu fördern, deren gemeinsame Interessen in Fragen der Entwicklungspolitik und Völkerverständigung zu Gehör zu bringen und diese in der Öffentlichkeit zu vertreten. (VENRO 2014b: Präambel)

Fazit

Die staatliche wie nicht staatliche Akteurslandschaft in der deutschen Entwicklungszusammenarbeit zeichnet sich durch ein hohes Maß an institutioneller Zersplitterung aus. Im zivilgesellschaftlichen Bereich spiegelt die Vielfalt der Nichtregierungsorganisationen (NRO) die gesellschaftliche Pluralität und somit unterschiedliche Interessen, Weltanschauungen und Einstellungen wider. Dadurch können ganz verschiedene Kräfte für die Entwicklungszusammenarbeit mobilisiert werden. Da die deutschen NRO wiederum mit den NRO des Südens zusammenarbeiten, stärken sie den zivilgesellschaftlichen Sektor in den Entwicklungsländern. Die Vielfalt der Nord-NRO stellt sicher, dass auch im Süden die unterschiedlichsten NRO unterstützt werden und somit nicht nur der zivilgesellschaftliche Sektor als Ganzes, sondern auch dessen Pluralität entwickelt und gestärkt wird.

Die Segmentierung der staatlichen Zusammenarbeit ist hingegen anders zu bewerten. Da die deutsche Entwicklungspolitik eine „Entwicklungszusammenarbeit aus einem Guss" anstrebt, erweist sich die trotz der Reformen der vergangenen Jahre weiterbestehende institutionelle Vielfalt als ein Problem für eine zielgerichtete, effektive und effiziente Entwicklungszusammenarbeit. Zwar ist es nützlich, dass die Entwicklungszusammenarbeit über verschiedene Instrumente wie FZ und TZ verfügt, doch da diese im Rahmen komplexer Programmansätze zumeist sowieso miteinander vernetzt eingesetzt werden, ist es immer weniger zweckmäßig, hierfür verschiedene Organisationen zu beauftragen.

Eine weitere Reformierung der deutschen Institutionenlandschaft durch die Zusammenlegung von GIZ und KfW Entwicklungsbank würde eine deutsche Entwicklungsagentur von – für EZ-Verhältnisse – gewaltigen Ausmaßen entstehen lassen. Dadurch könnten die erwarteten Vorteile, wie
- Kosteneinsparungen durch die Zusammenlegung von Grundsatz-, Planungs-, Sektor- und Verwaltungsreferaten sowie der Außenvertretungen von KfW und GIZ;
- Effektivitätssteigerungen durch die Verringerung von Koordinationsverlusten zwischen den staatlichen Durchführungsorganisationen, durch gezielteren Mitteleinsatz und besser aufeinander abgestimmte Entwicklungsstrategien;
- eine einheitlichere deutsche Außenrepräsentanz und damit erleichterte Profilbildung der deutschen Entwicklungszusammenarbeit

durch einige denkbare Nachteile zumindest geschmälert werden:
- Zunächst einmal sind enorme Fusions„kosten" zu erwarten, nicht nur in Form finanzieller Kosten, sondern vor allem durch die Entwicklung gemeinsamer Organisationsstrukturen, -prozesse und -verfahren, aber auch einer von allen mitgetragenen gemeinsamen Organisationskultur, die von Bankern der KfW bis zu Entwicklungshelfern des in die GIZ integrierten früheren DED reichen müsste.
- Eine solche Superorganisation könnte enorme Bürokratisierungstendenzen entwickeln, zentralistische Führungsstrukturen ausprägen und den Kontakt zu den Partnern im Süden erschweren.
- Als besonders problematisch sind die bereits jetzt zu beobachtenden und durch die TZ-Fusion verstärkten politischen Steuerungsprobleme des BMZ zu werten, die sich weiter vergrößern würden. Es sei denn, die Organisationsreform würde mit einer parallel verlaufenden Systemreform einhergehen, die die politische Verantwortlichkeit durch das Ministerium und die parlamentarischen Gremien sicherstellt. Dabei müssten die Steuerungsmöglichkeiten des BMZ ausgebaut und ein effektiveres Arrangement zwischen BMZ und Durchführungsorganisationen geschaffen werden, das einen stärkeren Systemcharakter und eine umfassendere Vernetzung (bei klarer Aufgabentrennung) zwischen steuernder und durchführender Organisation aufweist.
- Dadurch könnten die Chancen erhöht werden, nicht nur eine „Entwicklungszusammenarbeit aus einem Guss" zu entwickeln, sondern auch umzusetzen. Hierfür reicht die Gründung einzelner neuer Referate[55] nicht aus, da davon nicht das gesamte EZ-System erfasst und reformiert wird. Hinzu kommen muss neben einer Stärkung des Innenverhältnisses auch eine bessere Positionierung des BMZ gegenüber den benachbarten Ressorts. Hier gibt es bereits seit langer Zeit eine Reihe von Vorschlägen (vgl. Ashoff 2005, 2009, Faust u. Messner 2012, Kaltenborn u. Lübben 2014), um die Kohärenz der deutschen Entwicklungszusammenarbeit und

---

55 „GIZ-Steuerung und Gremien", „Wirksamkeit und Transparenz; Qualitätsstandards" und „Grundsatzfragen der bilateralen Zusammenarbeit, Kohärenz der ODA, Schwellenländer"

die Rolle des BMZ als zentrales Ministerium zu stärken. So schlagen z. B. Faust und Messner (2012) u. a. vor, das BMZ zu einem „Ministerium für globale Entwicklung" auszubauen, das über ein Mandat für Ernährungssicherung, Umwelt- und Klimapolitik und Forschungskooperation mit Partnerländern verfügt.[56] Dem DEval käme dabei eine besondere Rolle zu, da es den Erfolg dieser Systemreform und die Auswirkungen auf die deutsche Entwicklungszusammenarbeit als unabhängige Einrichtung evaluieren könnte.

Bevor über eine weitere Zusammenlegung von FZ und TZ, die sachlich geboten erscheint, nachgedacht wird, sollten zunächst einmal die Vor- und Nachteile genau abgewogen und am besten im Rahmen einer umfassenden Systemevaluation der Strukturen und Funktionsmechanismen der deutschen Entwicklungszusammenarbeit analysiert werden. Vielleicht gelingt es dann nicht nur, die immer wieder präsentierten TZ-FZ-Fusionspläne zu realisieren, sondern auch in eine umfassende EZ-Systemreform einzubetten, um die doppelte Schwäche des BMZ zu überwinden: Diese kommt einerseits dadurch zum Ausdruck, dass das Ministerium Schwierigkeiten hat, die ihm unterstellten und verantwortlichen Durchführungsorganisationen politisch zu steuern, zu koordinieren und zu kontrollieren, und ist andererseits daran zu erkennen, dass die Entwicklungspolitik im Interessengeflecht anderer Politiken (Außen-, Außenwirtschafts-, Verteidigungspolitik) häufig das Nachsehen hat. Deshalb wird immer wieder die Auflösung des BMZ gefordert (zuletzt von BMZ-Minister Dirk Niebel, bevor er dieses Amt antrat), um die Entwicklungspolitik dem Wirtschafts- und Außenressort zu überlassen. Diese Empfehlung ist allerdings schon so alt wie das BMZ selbst.

Da das *Development Assistance Committee* (DAC) der OECD in jedem Peer Review erneut die desolate Strukturierung der deutschen Entwicklungszusammenarbeit anprangert, wird der Druck auf die Bundesregierung nicht nachlassen, eine institutionell befriedigende Lösung zu entwickeln.[57] Vieles spricht dafür, dass hierzu eine handlungsfähige deutsche Entwicklungsagentur, die die verschiedenen Instrumente der Entwicklungszusammenarbeit bündelt, und ein politisch profiliertes und „mächtiges" BMZ notwendig sind, das einerseits diese Super-EZ-Organisation zu steuern versteht und das andererseits dazu in der Lage ist, sich im Kontext anderer Politikinteressen durchzusetzen.

---

56 Zur Kritik an diesem Vorschlag vgl. Lundsgaarde 2014: 30.
57 Eine erste Beurteilung der in den vergangenen Jahren erfolgten Reformmaßnahmen – die Zusammenlegung von GTZ, InWent und DED zur GIZ sowie der Aufbau des deutschen Evaluierungsinstituts DEval – kann vom nächsten Peer Review des OECD/DAC erwartet werden, welches im Herbst 2015 veröffentlicht werden soll.

4 Wirksamkeit der Entwicklungszusammenarbeit

4.1 Kritik an der Entwicklungszusammenarbeit

Die Kritik an der Entwicklungszusammenarbeit ist so alt wie die Entwicklungszusammenarbeit selbst. Seit Beginn steht sie unter einem erhöhten Legitimationsdruck, zu belegen, dass sie ihren Zweck erfüllt. Dies hat dazu geführt, dass die Entwicklungszusammenarbeit das einzige Politikfeld in Deutschland ist, das über ein ausgefeiltes Monitoring- und Evaluationssystem verfügt. Während andere Ressorts über ein Vielfaches an Haushaltsvolumen verfügen, ohne dass etablierte Monitoring- und Evaluationssysteme bei der Planung, Durchführung oder der Bewertung der Wirksamkeit von Maßnahmen oder Leistungsangeboten eingesetzt werden, hat sich das BMZ schon 1971 ein „Inspektionsreferat" zugelegt, das vor allem Kontrollaufgaben wahrnahm. Auch die Durchführungsorganisationen, allen voran die KfW und GIZ, haben selbst enorme Anstrengungen unternommen, Monitoring und Evaluation als Managementinstrumente zu nutzen.

Dies hat jedoch nicht verhindert, dass in zyklischen Abständen die Nützlichkeit der Entwicklungszusammenarbeit fundamental bezweifelt wird und die Donor-Gemeinschaft – trotz nun über 60 Jahren Entwicklungszusammenarbeit und trotz immer ausgefeilterer Monitoring- und Evaluationssysteme – verzweifelt das Gegenteil zu belegen versucht. Dabei ist immer wieder zu beobachten, dass die Kritiker den Befürwortern rasch den Wind aus den Segeln nehmen und – zumindest für kurze Zeit – die öffentliche Meinung für sich gewinnen. Dann schreiben Journalisten kritische Kommentare und in Talkrunden wird das Thema zerpflückt, bis es lautlos wieder in der Versenkung verschwindet. Irgendwann ist das Strohfeuer der Kritik zwar erloschen, aber nur um mit absoluter Sicherheit irgendwann erneut aufzuflackern. Auch nach über sechs Jahrzehnten Entwicklungszusammenarbeit kann die Frage „Hilft die Hilfe wirklich?" offenbar nicht schlüssig beantwortet werden. Woran dies liegt und welche Belege für und gegen die Wirksamkeit der Entwicklungszusammenarbeit vorgebracht werden können und was in der Zukunft zu tun ist, soll im Folgenden behandelt werden.

Verschafft man sich einen Überblick, welche methodischen Herangehensweisen zur Beantwortung der Frage nach der Wirksamkeit der Entwicklungszusammenarbeit verwendet werden, lassen sich mindestens drei Kategorien bilden:
1. Individualistische Mikrobetrachtungen und Erfahrungsberichte
2. Makroökonomische Analysen
3. Wirkungsorientierte Projekt- und Programmevaluationen.

4.2 Individuelle Beobachtungs- und Erfahrungsberichte

Zu dieser Kategorie zählen vor allem *Beobachtungs- und Erfahrungsberichte* von Entwicklungsexperten und Journalisten, die (vermeintlich) aus oder von der Praxis berichten. Schon in den 1960er-Jahren hat die Kritik an goldenen Wasserhähnen oder Betten, über die Journalisten in den Zeitungen berichteten, für Aufruhr gesorgt. Veruntreuungen oder die Verschwendung von Mitteln wie sie in anderen Politikfeldern auch vorkommen (siehe die jährlichen Berichte des Bundesrechnungshofs oder des Bundes der Steuerzahler) schlagen in der Entwicklungszusammenarbeit immer besonders hohe Wellen. So z. B. die staatsanwaltlichen Ermittlungen gegen den deutschen Geschäftsführer von UNICEF wegen des Verdachts auf Untreue.[58] Zudem wurde UNICEF vorgeworfen, ihre Kölner Bundesgeschäftsstelle mit einem unnötigen Millionenaufwand umzubauen. Die Verschwendungsvorwürfe führten bei UNICEF Deutschland nicht nur zu internen Personalkonsequenzen, sondern auch zu einem enormen Imageverlust, dem Austritt vieler Förderer und einem Einbruch des Spendenaufkommens. Dennoch geriet der United Nations Children's Fund 2014 schon wieder in die Schlagzeilen, als er bestätigen musste, dass er monatlich 87.000 US-Dollar Miete für sein Büro in Rangoon (Myanmar) an die Familie eines früheren Militärmachthabers zahlt (The Irrawaddy 22.05.2014)

Besondere Aufmerksamkeit erzielen immer wieder Bücher, die die Sinnlosigkeit der Entwicklungszusammenarbeit anprangern. Mitte der 1980er-Jahre fand das Buch einer ehemaligen Mitarbeiterin des BMZ, Brigitte Erler, mit dem provokativen Titel „Tödliche Hilfe" ein überwältigendes Medienecho. In einem leidenschaftlichen Plädoyer versuchte sie darzustellen, dass Entwicklungshilfe allen schadet, „denen sie angeblich nutzen soll", dass sie „nichts als Unheil" stiftet, oder gar „tödlich" wirkt und dazu beiträgt, „in den meisten Entwicklungsländern ausbeuterische Eliten an der Macht zu halten und im Namen von Modernisierung und Fortschritt Verelendung und Hungertod zu bringen", sodass letztlich der Schluss gerechtfertigt scheint: „Ohne Entwicklungshilfe ginge es den Menschen in den Ländern der Dritten Welt besser" (Erler 1985: 8 ff.).

Seitdem sind viele weitere solcher „Generalabrechnungen" erschienen: Jessen und Nebelung (1987) bestätigen die vernichtende Analyse Erlers genauso wie der Entwicklungsexperte Paul Alexander (1992a, b), der nach langjähriger Auslandserfahrung zu dem Ergebnis kommt, „daß unsere Transfers bei der Entwicklung der armen Länder ganz überwiegend schädlich wirken" (1992b: 102). Auch Kromka und Kreul (1991: 110) – die sich selbst ebenfalls als Entwicklungsexperten bezeichnen – sind der Auffassung, dass auch umsichtige und wohlüberlegte Entwicklungshilfe bisher nichts

---

58 Laut Frankfurter Rundschau vom 01.12.2007 waren an ehemalige Mitarbeiter Honorare (bei Tagessätzen von 700 Euro) in Höhe von 300.000 Euro gezahlt worden. Offenbar wurden auch viele Aufträge ohne die erforderlichen Ausschreibungen immer wieder an dieselben Consultings vergeben. Zu Veruntreuungsfällen kommt es immer wieder, vgl. z. B. Greenpeace (Spiegel 14.06.2014), Menschen für Menschen (epo 24.07.2013) sowie Katachel (Focus 23.01.2010).

bewirkt habe. Deshalb wird schon seit Jahrzehnten immer wieder gefordert, dass die Entwicklungszusammenarbeit und die „Händler der Armut" (Hancock 1989: 287) abgeschafft werden sollten.

In neuerer Zeit haben sich auch bekannte Persönlichkeiten unter die Kritiker gemischt, wie z. B. der deutsche Botschafter a. D. Volker Seitz, der 17 Jahre in Afrika tätig war und seine Erfahrungen in dem aufrüttelnden Buch „Afrika wird armregiert" verarbeitet. Auch er kommt – wie schon die Kritiker in den 1980er- und 1990er-Jahren – zu dem Ergebnis: „Das Modell der westlichen Entwicklungshilfe mit Hilfsgeldern und regelmäßigem Schuldenerlass seit Beginn der 1960er Jahre ist gescheitert" (2009: 47). Besondere Aufmerksamkeit in den Medien ist immer Rupert Neudeck gewiss, der Ende der 1970er-Jahre mit der Rettung tausender vietnamesischer Flüchtlinge (sogenannte „boat people") im chinesischen Meer weltweit bekannt wurde und als Gründer des „Komitee Cap Anamur/Deutsche Notärzte e.V." und des Friedenscorps „Grünhelme e.V." hohe Anerkennung genießt. Auch er behauptet immer wieder, dass die deutsche Entwicklungshilfe reine Geldverschwendung sei (Spiegel 17.12.2004) und bisher vollkommen versagt habe (Tagesschau 18.11.2009). Dabei unterscheidet Neudeck zwischen der staatlichen und der NRO-Hilfe: „Die staatliche Entwicklungshilfe war bisher nicht erfolgreich, weil sie indirekt korrupte Systeme und Regierungen unterstützte. Erfolgreich waren ganz eindeutig die Kirchen" (Tagesschau 18.11.2009). Außer einzelnen Fallbeispielen und eigenen Erfahrungsberichten bleibt aber auch Rupert Neudeck die empirischen Belege für seine harschen Urteile schuldig.

Derartige Bücher, Zeitungsartikel und Statements, die meist sehr persönlich und emotional „aus der Praxis" berichten und in der Regel mit einer vernichtenden Kritik der (staatlichen) Entwicklungszusammenarbeit enden, stellen jedoch – methodisch betrachtet – willkürlich ausgewählte Schlaglichter der Entwicklungszusammenarbeit dar, die keiner fundierten Prüfung standhalten. Unsystematisch aneinandergereihte Defizitschilderungen mögen zu anregenden Diskussionen führen, taugen jedoch nicht als empirische Basis, um die (Un-)Wirksamkeit der Entwicklungszusammenarbeit oder wenigstens von Programmen, bestimmten Instrumenten oder Ansätzen zu belegen. Die Untersuchungsmethodik ist in der Regel so schwach, dass sie noch nicht einmal ausreicht, um den Erfolg oder Misserfolg der ausgewählten Projekte zu belegen.

Die Defizite, die die meisten Erfahrungs- und Praxisberichte dieser Art aufweisen, lassen sich wie folgt zusammenfassen:
- Ohne die Auswahl der Fälle zu begründen, werden Einzelbeobachtungen unsystematisch aneinandergereiht.
- Oft ist die Stichprobe sehr klein und bezieht sich manchmal nur auf ein einziges Land.
- Kriterien für die Beurteilung der Wirksamkeit oder Nachhaltigkeit werden nicht fest- oder offengelegt.
- Der Aufenthalt für die Recherchen vor Ort ist in der Regel sehr kurz. Ein wenige Tage oder nur Stunden dauernder Besuch scheint auszureichen, um die Wirkung eines Projekts beurteilen zu können.

- Differenzierte Untersuchungsmethoden werden nicht angewandt. Die „Fakten" werden anhand weniger Gespräche oder mittels selektiver Eigenbeobachtung gesammelt.
- Empirisch abgesicherte Belege werden in der Regel nicht erbracht.
- Die Komplexität der Probleme wird nicht ausreichend erörtert, sodass der Eindruck entsteht, dass das Scheitern der Projekte vorprogrammiert war und von jedem, der über einen „gesunden" Menschenverstand verfügt, hätte vorhergesehen werden können.
- Es wird kaum zwischen kurz- und langfristigen, intendierten und nicht intendierten Wirkungen unterschieden.
- Die Ursachenanalyse verbleibt an der Oberfläche.
- Trotz dieser Defizite werden weitreichende Schlussfolgerungen gezogen und zumeist ohne Skrupel sogar auf die gesamte Entwicklungszusammenarbeit generalisiert.
- Die Autoren bemühen sich bei der Interpretation und Darstellung der Befunde nicht um Objektivität und eine kritische Distanz (zu sich selbst oder ihrem Gegenstand der Untersuchung), sondern argumentieren emotional und oft in der sicheren Gewissheit der endgültigen „Wahrheit" (vgl. Stockmann 1996c: 28f).

Persönliche Erfahrung, insbesondere wenn sie auf einer langjährigen beruflichen Praxis beruht ist keineswegs gering zu achten. Doch sie ersetzt keine systematischen Analysen, die auf methodisch sorgfältig gesammelten, empirischen Daten beruhen und in denen für eine Bewertung die gleichen, transparent gemachten Kriterien verwendet werden. Manche Personen haben in der Entwicklungszusammenarbeit gute Erfahrungen gemacht und wissen über positive Beispiele zu berichten, andere nicht. Das kommt sehr auf das Land, den Sektor und das einzelne Programm an. Persönliche Erfahrungsberichte werden deshalb immer selektiv und begrenzt sein. Hinzu kommt, dass nicht nur jeder Mensch andere Erfahrungen macht, je nachdem in welchem Kontext er sich bewegt, sondern dass er diese unter Verwendung persönlicher Bewertungsmaßstäbe auch sehr verschieden bewertet.

Deshalb reicht es für die Beantwortung der Frage nach der Wirksamkeit der Entwicklungszusammenarbeit noch nicht einmal aus, wenn viele Menschen, die schlechte Erfahrungen mit der Entwicklungspolitik gemacht haben, diese zu dem gemeinsam postulierten Befund verdichten, dass die Entwicklungspolitik versagt hat (Bonner Aufruf 2008 und Bonner Aufruf Plus 2009).[59] Dieser aus persönlichen Erfahrungen gespeiste Aufruf stellt ein politisches Fanal dar und kann durchaus für die Entwicklungspolitik wegweisende und der Realität angemessene Beobachtungen und daraus abgeleitete Schlussfolgerungen enthalten. Doch da der Aufruf *nur* von den

---

59 Interessant ist die Liste der Unterzeichner, zu der u.a. (z. T. ehemalige) Mitglieder des AwZ, BMZ-Staatssekretäre, Botschafter und Mitarbeiter verschiedener entwicklungspolitischer Organisationen gehören, die z. T. jahrzehntelang Verantwortung für die Politik getragen haben oder sogar noch tragen, die sie jetzt als erfolglos verurteilen (vgl. Bonner Aufruf 2015).

Unzufriedenen und Enttäuschten formuliert und unterzeichnet wurde, wurden alle möglicherweise vorhandenen positiven Aspekte ausgeblendet.[60] Dies bedeutet, dass ein solcher Aufruf der politischen Aktion und als Kampfschrift für eine „bessere" Entwicklungspolitik dient, aber eben nicht der Beurteilung der Frage, ob die Entwicklungszusammenarbeit „erfolgreich" oder wirksam ist oder nicht.

4.3 Ergebnisse makroökonomischer Analysen

Nicht überzeugender als Erfahrungs- und Praxisberichte sind Arbeiten, die anhand von makrobezogenen Entwicklungsdaten, wie sie die Weltbank und viele andere internationale Organisationen publizieren, den Erfolg oder Misserfolg der Entwicklungszusammenarbeit belegen wollen. Positive Veränderungen ausgewählter ökonomischer und gesellschaftlicher Indikatoren (z.B. Bruttoinlandsprodukt, Pro-Kopf-Einkommen, Schuldenquote, Analphabetenrate, Säuglingssterblichkeit, Einschulungsquoten, etc.) werden dabei als Indiz für die Wirksamkeit der Entwicklungszusammenarbeit gewertet, negative Veränderungen sollen das Gegenteil belegen. So hat z.B. schon Menzel in den 1990er-Jahren mit dieser Methode zeigen wollen, „daß 40 Jahre Entwicklungspolitik keinen nennenswerten Erfolg gezeigt haben, und zwar unabhängig davon, welche Strategien in den einzelnen ‚Entwicklungsdekaden' verfolgt wurden" (Menzel 1991: 9). Auch Dirmoser (1991: 23) kommt mit einer nicht begründeten Auswahl von Indikatoren zu dem Ergebnis, dass „die Resultate der Entwicklungspolitik niederschmetternd sind". Diese Vorgehensweise ist auch heute noch beliebt. Dabei gesellen sich zu den notorischen Kritikern des Nordens in den letzten Jahren zunehmend auch solche aus dem Süden.

Wenn Wissenschaftler, wie z.B. der Ökonom James Shikwati aus Kenia oder Journalisten wie Andrew Mvenda aus Uganda, also von dem Kontinent, der in den letzten 65 Jahren mit Abstand die meiste Entwicklungshilfe erhalten hat, diese für die Misere Afrikas verantwortlich machen, dann ist ihnen die Aufmerksamkeit der Medien sicher. Dies gilt ganz besonders für Dambisa Moyo, deren Buch mit dem Titel „Dead Aid" sehr an den vor zwanzig Jahren von Brigitte Erler geschriebenen Betroffenheitsbericht mit dem Titel „Tödliche Hilfe" erinnert. Dambisa Moyo, eine aus Sambia stammende und als Bankerin in London arbeitende Ökonomin kommt auf der Basis weniger willkürlich ausgewählter Makrodaten und Makrostudien zu dem Ergebnis, dass die afrikanischen Länder nicht trotz, sondern wegen der Hilfe weiterhin arm sind: „The problem is that aid is not benign – it's malignant. No longer part of the potential solution, it's part of the problem – in fact aid *is* the problem" (Moyo 2009: 47). Die Hilfe selbst sei Schuld daran, dass die Armen heute ärmer seien als früher: „Millions in

---

60 Allerdings wäre es denkbar, die Erfahrungen einer repräsentativen Stichprobe aller Personen, die in einem bestimmten Zeitraum in der Entwicklungszusammenarbeit aktiv waren, systematisch zu analysieren und anhand gleicher – transparent gemachter Kriterien – im Hinblick auf die Wirksamkeit der Entwicklungszusammenarbeit zu bewerten.

Africa are poorer today because of aid [...]. Aid has been and continues to be, an unmitigated political, economic and humanitarian disaster for most parts of the developing world" (Moyo 2009: XIX).

Ihre Kernthese besteht in der Behauptung, dass Entwicklungshilfe Armut verursache, weil sie zu Korruption und Abhängigkeit führe – und so volkswirtschaftlichen Erfolg unmöglich mache. In dem Kapitel „Aid is Not Working" widerlegt sie ihre These mit den von ihr gewählten Makrodaten allerdings selbst. Sie führt an, dass allein die finanzielle Unterstützung, die die USA Südkorea zwischen 1950 und 1980 habe zukommen lassen, größer war als die gesamte Hilfe, die 53 afrikanische Länder zwischen 1957 bis 1990 erhalten hatten. Ihrer These entsprechend müsste Südkorea eines der korruptesten Länder der Welt sein, was gemessen am Korruptionsindex jedoch nicht der Fall ist (vgl. Transparency International 2015).[61]

Auch wenn hier erneut gelten mag, dass die vorgetragenen Thesen interessant und aufregend sind, so ist die methodische Vorgehensweise dennoch vollkommen ungeeignet, die Wirksamkeit der Entwicklungszusammenarbeit zu bewerten. Je nach Auswahl der Indikatoren, je nachdem, ob die Angaben in relativen oder absoluten Werten erfolgen, je nach Auswahl der Beispielländer oder der Zusammensetzung von Länderprogrammen lassen sich positive oder negative Entwicklungsszenarien konstruieren. Gegner wie Befürworter der Entwicklungszusammenarbeit können sich auf diese Weise gleichermaßen ihre empirische Grundlage schaffen. Obwohl dies keineswegs eine neue Erkenntnis ist (vgl. z. B. Stallings 1993: 1, Stockmann 1996c: 18 ff.), ist diese Vorgehensweise – vor allem bei Nicht-Empirikern – sehr beliebt.

Ganz vernachlässigt werden dabei die mit den Daten verbundenen Reliabilitätsprobleme. Dies ist schon daran zu erkennen, dass selbst in den Publikationen gleicher Herkunft, aber in unterschiedlichen Veröffentlichungsjahren, für die gleichen Variablen und Zeiträume voneinander abweichende Werte angegeben werden (vgl. z. B. die Publikationen der Weltbank). Dies kommt daher, dass für viele Regionen der Welt überhaupt keine Daten vorliegen und sie deshalb teilweise auf abenteuerliche Weise geschätzt werden. In vielen Problemregionen der Welt gibt es überhaupt keine Statistiken und wer einmal versucht hat, nationale Statistiken, die beispielsweise in Lateinamerika in unvorstellbarer Vielfalt erzeugt werden, nachzuprüfen, wird rasch den Glauben an die Zuverlässigkeit solcher Daten verlieren. Wenn die in den einzelnen Ländern mithilfe unterschiedlicher Methoden und Techniken erhobenen Daten dann auch noch zu internationalen Statistiken hochaggregiert werden, spielt Reliablilität keine große Rolle mehr. Von offiziellen Organen wie der Weltbank einmal zu Papier gebracht, erreichen sie dann endgültig den Eindruck von Zuverlässigkeit und niemanden scheint es noch zu interessieren, wie diese Daten überhaupt zustande kamen. Noch problematischer wird es, wenn historische Reihen aus solchen Daten gebildet

---

61 2003 belegte Südkorea Platz 50 von 133 bewerteten Ländern, 2013 Platz 46 von 177 Ländern (vgl. Transparency International 2015).

werden. Wechselkursverschiebungen, über die Zeit hinweg veränderte Kategorien und Erfassungskonzepte potenzieren die Probleme.

Trotz dieser Reliabilitätsprobleme, die insbesondere mit Daten aus den Ländern auftreten, in denen die Zielerreichung der MDGs gemessen werden soll, wird diese Methodik dennoch auch für diesen Zweck herangezogen. Allerdings werden dabei nicht im Nachhinein irgendwelche Indikatoren willkürlich ausgewählt, die die eine oder andere Aussage stützen sollen, sondern es existiert ein bereits bei der Zielformulierung festgelegtes Indikatorentableau für die Erfolgsmessung. Die Reliabilitätsprobleme sind damit allerdings nicht ausgeräumt. Und zudem werden veränderte Messwerte natürlich auch darüber keine Auskunft geben können, ob Verbesserungen oder Verschlechterungen nun eine Folge der verstärkten Hilfsanstrengungen oder eine Folge veränderter Rahmenbedingungen sind.

Um dies herauszufinden, sind schon anspruchsvollere Verfahren notwendig. Mithilfe ökonometrischer Methoden, insbesondere anhand von Regressionsanalysen mit makroökonomischen Daten, wird versucht, den gesamtwirtschaftlichen Einfluss der Entwicklungszusammenarbeit zu bestimmen. Allerdings mit wenig Erfolg, da die einzelnen – mit zum Teil hohem Aufwand betriebenen – Studien seit Jahrzehnten widersprüchliche Ergebnisse produzieren.

Inwieweit die gesamtwirtschaftliche Entwicklung eines Landes durch die Entwicklungszusammenarbeit befördert wurde, ist Gegenstand einer Debatte, die bis in die 1970er-Jahre zurückreicht. Peter Thomas Bauer (1971) sah die Entwicklungszusammenarbeit nur als Störfaktor für die freie Entfaltung der Marktkräfte in den Entwicklungsländern und wollte sie deshalb am liebsten abschaffen. Allerdings gelang es ihm nicht, seine Thesen ausreichend statistisch robust zu belegen.

Bei den Studien aus den 1970er- und 1980er-Jahren fällt auf, dass die Befunde mit der Unterschiedlichkeit der Untersuchungszeiträume, der Länderauswahl, der Spezifizierung der Schätzgleichungen („Modelle") sowie der angewandten Regressionstechniken variieren (vgl. Agarwal, Dippl u. Glismann 1984: 2, Cassen 1990: 42). Hinzu kommt, dass sich die wenigsten Studien allein auf die Wirkungen der öffentlichen Entwicklungshilfe konzentrieren. Stattdessen werden in der Regel Effekte des gesamten Nettokapitalimports analysiert.[62] Da dieser sich jedoch aus verschiedenen Kapitalströmen wie privaten Direktinvestitionen, Krediten zu marktüblichen Konditionen und ODA-Leistungen zusammensetzt, kann der Effekt der öffentlichen Kapitalhilfe nicht mehr bestimmt werden. Zudem treten in den Studien, in denen Effekte nachgewiesen werden konnten, enorme regionale Unterschiede auf, was auf die Bedeutung landes- und regionenspezifischer Bedingungen hinweist.

So kann Papanek (1973) für Asien eine starke, für Lateinamerika eine schwache und für Afrika gar keine Beziehung zwischen Entwicklungshilfe und Wachstum feststellen. Dowling und Hiemenz (1983) finden für Asien ebenfalls signifikante po-

---

62 Der Nettokapitalimport wird in der Regel als das Defizit aus der Handels- und Dienstleistungsbilanz definiert.

sitive Effekte, Griffin und Enos (1970) für Afrika negative Effekte, Mosley (1980) weist für die Gesamtheit von 83 Entwicklungsländern einen negativen Einfluss der Entwicklungshilfe auf das Wirtschaftswachstum nach. In einer anderen Studie (Mosley u. Hudson 1984) zeigt sich für die 1960er-Jahre ein positiver Zusammenhang zwischen diesen beiden Variablen für die Länder mit niedrigem Einkommen und für die 1970er-Jahre für die Länder mit mittlerem Einkommen. Stoneman (1975) findet wiederum für alle Länder positive Korrelationen, Bornschier (1978) für eine Auswahl von 37 ärmeren Ländern ebenfalls.

Eine im Auftrag des Bundesministeriums für wirtschaftliche Zusammenarbeit durchgeführte Studie über die „Wirkungen der Entwicklungshilfe" gelangt anhand einer Querschnittsauswertung von 81 Entwicklungsländern zu dem Ergebnis, dass Entwicklungshilfe Wachstumseffekte für die Gesamtheit der untersuchten Länder sowie für die Gruppen „Länder mit mittlerem Einkommen" und „Asien" hat, wenn sie investiv verwendet wurde. Keine Beziehung zwischen Entwicklungshilfe und wirtschaftlichem Wachstum konnte für die ärmeren unter den Entwicklungsländern, für die afrikanischen und die rohstoffreichen Entwicklungsländer festgestellt werden (vgl. Agarwal u. a. 1984: 3).

In den Studien, die Aggregatdaten verwenden, in denen Länder zu Gruppen zusammengefasst werden (z. B. alle Länder mit extrem niedrigem, geringem, mittlerem, stärkerem etc. Einkommen), konnten meist keine oder nur schwache Relationen zwischen Entwicklungshilfe und Wirtschaftswachstum festgestellt werden (Cassen 1990: 41 ff.). Dies dürfte nicht zuletzt damit zusammenhängen, dass die Aggregate, die zum Vergleich ausgewählt worden waren, in ihrer Zusammensetzung viel zu heterogen sind. Deshalb fordert Cassen (1990: 416), einzelne Länder zu betrachten und miteinander zu vergleichen. Dann treten jedoch erst recht unterschiedliche Ergebnisse im Hinblick auf den Zusammenhang zwischen Entwicklungszusammenarbeit und Wirtschaftswachstum auf.

Obwohl makroökonomische oder makroquantitative Analysen zu dieser Frage keine eindeutigen Resultate liefern konnten, findet seit Mitte der 1990er-Jahre nicht nur eine Renaissance der Effektivitätsdebatte statt, sondern es wird auch eine Fülle neuer Makroanalysen vorgelegt mit – um es gleich vorwegzunehmen – nicht minder widersprüchlichen Resultaten. Ausgangspunkt dieses neuen Booms an ökonometrischen Wirkungsstudien sind nicht zuletzt die durch die internationalen Konferenzen ausgelösten Forderungen nach deutlich mehr Finanzmitteln, um die hochgesteckten Millenniums-Ziele zu erreichen sowie die Ziele der in Paris verabschiedeten „Declaration on Aid Effectiveness" (siehe Kapitel 2.2).

Der US-Ökonom Jeffrey Sachs (The Earth Institute, Columbia University), der „intellektuelle Architekt der MDGs" (Nuscheler 2008: 20), setzte sich an die Spitze derer, die mit massiven Kapitalspritzen einen „Big Push" auslösen wollen, um die ärmsten Länder aus ihrer Armutsfalle zu befreien, die MDGs zu verwirklichen und „Das Ende der Armut" (Sachs 2007, erste Auflage 2005) einzuläuten. Dies mobilisierte die Gegner, die die Armutsfalle für eine Legende und den „Big Push" für eine untaugliche Zauberformel halten. Allen voran William Easterly, der 16 Jahre für die Weltbank arbeitete und seitdem als Professor für Ökonomie und Afrikastudien an der Universität von New York tätig ist, verweist in seinem nicht minder beachteten Buch „Wir retten die Welt zu Tode" (2006)[63] darauf, dass Afrika gemessen an der Pro-Kopf-Hilfe schon längst in den Genuss eines „Big Push" gekommen ist, ohne dass die von Sachs erwarteten Effekte eingetreten seien. Wenn arme Länder weiterhin arm seien, dann liege dies vor allem an schlechter Regierungsführung und an schlecht organisierter Hilfe. Easterly (2006: 12) will deshalb die Hilfe für die Armen nicht etwa abschaffen, sondern vielmehr sicherstellen, dass sie auch ankommt. Allerdings sei dies mit traditionellen westlichen Hilfsmaßnahmen nicht möglich. Trotz 65 Jahren Entwicklungszusammenarbeit und Zahlungen in Höhe von 2,3 Billionen US-Dollar habe die Hilfsindustrie ihre hehren Ziele noch immer nicht erreicht (vgl. Easterly 2006: 19). Easterly sieht eine zentrale Ursache vor allem in der Planungsgläubigkeit der Entwicklungsexperten. Er jedoch glaubt, dass die wirtschaftliche und politische Komplexität einer Gesellschaft so groß ist, dass jeder Versuch, die Armut durch einen Plan zu beseitigen, zum Scheitern verurteilt ist (vgl. Easterly 2006: 24). In seiner Polemik „Die Reichen haben Märkte, die Armen Bürokraten", macht er vor allem die fehlende Rückmeldung der Bedürftigen an die Verantwortlichen für die Misere verantwortlich: „Das fehlende Feedback ist einer der entscheidendsten Mängel der bestehenden Entwicklungshilfe" (Easterly 2006: 25). Die Folge dessen sei, „dass die armen Empfänger von Entwicklungshilfe Dinge bekommen, die sie gar nicht haben wollen. Andere Dinge, die sie dringend brauchen, erhalten sie dagegen nicht" (Easterly 2006: 154). Deshalb empfiehlt er, Regierungen und Bürokratien rechenschaftspflichtig zu machen, worauf hier im Weiteren noch genauer eingegangen wird.

Die internationalen Entwicklungsorganisationen sehen sich – wieder einmal – herausgefordert, ohne wirklich den „Gegenbeweis" antreten zu können. Zwar hatte schon Mitte der 1980er-Jahre eine von Weltbank und IWF in Auftrag gegebene Studie[64] zu belegen versucht, dass die Entwicklungszusammenarbeit funktioniert: „Sie ist erfolgreich, indem sie die gesetzten Ziele der Entwicklung [...] erreicht, positiv zur wirtschaftlichen Leistungsfähigkeit beiträgt und keine Aktivitäten ermöglicht, die auch ohne Entwicklungszusammenarbeit realisiert worden wären" (Cassen 1990: 28). Da es aber noch immer Armut gebe, sei man zwar versucht, anzunehmen, die Entwicklungszusammenarbeit habe versagt. Doch: „Ein solcher Eindruck ist irreführend. Die Entwicklungszusammenarbeit hat den Ländern direkt und indirekt bei der Bekämpfung der Armut geholfen. Allgemein ausgedrückt: Trotz der Entwicklungszusammenarbeit besteht die Armut immer noch, wäre aber ohne sie noch viel schlimmer" (Cassen 1990: 83).

Mit diesem Argument wird bereits Mitte der 1980er-Jahre auf einen Umstand verwiesen, der auch heute noch gern außer Acht gelassen wird: Das Kontrafaktische. Was wäre gewesen, wenn es keine Unterstützung durch die Entwicklungszusam-

---

63 Englische Originalausgabe: The White Man's Burden (2006).
64 Originalausgabe: Robert Cassen: Does Aid Work? (1986).

menarbeit gegeben hätte? Eine Frage, auf die die ökonometrischen Länderanalysen keine Antwort geben können und auf die deshalb im Rahmen der Behandlung von Evaluationsstudien noch einmal zurückgekommen wird (siehe Kapitel 4.4).

Mitte der 1990er-Jahre, angetrieben von den Forderungen nach deutlich höheren Finanzmitteln für die Entwicklungszusammenarbeit, schwoll der Chor der kritischen Stimmen wieder an, die die Effektivität der Entwicklungszusammenarbeit in Zweifel zogen. Neue Nahrung erhielten die Vorbehalte durch eine Studie von Peter Boone (1996: 289 ff.), der mittels Regressionsanalysen zu dem Ergebnis gekommen war, dass eine Zunahme an staatlichen EZ-Ressourcen für ein Land weder signifikante Effekte auf dessen Wirtschaftswachstum noch auf dessen Investitionsquote hatte. Stattdessen konnte ein signifikant positiver Zusammenhang zwischen der Höhe der EZ-Mittel und dem Staatskonsum konstatiert werden, was Boone darauf zurückführt, dass die EZ-Transfers vor allem konsumptiven Interessen staatlicher Akteure dienen.

Erneut machte sich die Weltbank daran, die wieder verstärkt aufkeimenden Zweifel an der Entwicklungszusammenarbeit zu zerstreuen. In ihrer 1998 vorgelegten Studie „Assessing Aid" versuchte sie, Antworten auf die Frage „What Works, What Doesn't, and Why?" zu geben. Die zusammenfassende Hilfebilanz gipfelte in einem salomonischen Urteil: „Foreign aid in different times and different places has been highly effective, totally ineffective, and everything in between" (Weltbank 1998: 2). Bei der Suche nach den Defiziten wurden sie vor allem bei den Partnerländern fündig. „Bad Governance" und Kapazitäts- und Kompetenzprobleme wurden als zentrale Entwicklungshemmnisse ausgemacht. Dieser Befund wurde zunächst durch weitere Forschungsarbeiten zweier Weltbankökonomen gestützt. Craig Burnside und David Dollar (2000: 847 ff.) fanden bei einem Vergleich von 56 Entwicklungsländern einen statistisch signifikanten Effekt zwischen Entwicklungszusammenarbeit und Wirtschaftswachstum, wenn diese Länder eine gute makroökonomische Politik betrieben: „[...] aid has a positive impact on growth in developing countries with good fiscal, monetary, and trade policies, but has little effect in the presence of poor policies". Die Ergebnisse weiterer Studien wiesen in die gleiche Richtung (vgl. Svensson 1999, Burnside u. Dollar 2004, Dollar u. Levin 2004, Kosack u. Tobin 2006). Damit schien klar, dass Entwicklungszusammenarbeit wirken kann, wenn die politisch-institutionellen Rahmenbedingungen stimmen und die markroökonomischen Politiken der Partnerländer den EZ-Strategien nicht zuwiderlaufen. Diese Befunde schienen besonders plausibel, weil Faktoren wie Rechtssicherheit, verbriefte Eigentumsrechte und transparente politische Entscheidungsprozesse in der empirischen Wachstumsforschung als herausragende Einflussgrößen auf die wirtschaftliche Entwicklung von Gesellschaften identifiziert worden waren (vgl. Keefer u. Knack 1997, Olson, Sarma u. Swamy 2000, Lambsdorff 2003).[65]

---

65 Faust und Leiderer (2008: 134) weisen zudem darauf hin, dass eine ganze Reihe von Studien aus den letzen Jahren nahelegen, dass ein zunehmendes Demokratieniveau positive Effekte auf Performanzkriterien wirtschaftlicher Entwicklung haben kann (vgl. z. B. Lake u. Baum 2001, Plümper 2001, Halperin, Siegle u. Weinstein 2004, Faust 2006, 2008).

Dennoch konnten die von Burnside und Dollar (2000) postulierten Zusammenhänge in Folgestudien nicht bestätigt werden (vgl. z. B. Hansen u. Tarp 2001, Lensink u. White 2001). Zudem zeigte sich, dass die Ergebnisse stark von den benutzten Kontrollvariablen und der Größe des Datensatzes beeinflusst wurden (vgl. Easterly, Levine u. Roodman 2004, Hansen u. Tarp 2001, Lensink u. White 2001). David Roodman (2007) konnte in der bisher einzigen umfassenden Replikationsanalyse zeigen, dass die überprüften Zusammenhänge zwischen Höhe der EZ-Transfers und dem Wirtschaftswachstum in den Empfängerländern in Abhängigkeit von deren Makropolitik am sensibelsten auf Variationen der Modellspezifikationen und Schätzmethoden reagierten. Clemens und Mitautoren (2004) führten die widersprüchlichen Ergebnisse darauf zurück, dass EZ-Zuflüsse in aggregierter Form (ohne die verschiedenen EZ-Formen voneinander zu trennen) verwendet werden. Doch auch die auf disaggregierten Daten beruhenden Studien konnten die Befunde von Burnside und Dollar (2000, 2004) nicht bestätigen. Auch Studien aus den letzten Jahren kommen nicht zu einheitlichen Ergebnissen. Zwar besteht weitgehend Konsens darüber, dass ODA in Einzelfällen das Wirtschaftswachstum positiv beeinflusst (vgl. Doucouliagos u. Paldam 2015), doch ein genereller Effekt wird nach wie vor in Zweifel gezogen. Faust und Leiderer (2008: 129) kommen in einer Analyse makroquantitativer Forschungsergebnisse zu dem Schluss, „dass bislang keine robusten Befunde existieren, die eine positive Wirkung der Entwicklungszusammenarbeit (EZ) auf Wirtschaftswachstum oder Armutsreduktion belegen". Doucouliagos und Paldam (2011: 402) kommen in ihren Studien ebenfalls zu dem Ergebnis: „the effect of aid on growth is converging to zero".[66]

Insgesamt zeigt sich demnach ein schon aus den 1970er- und 1980er-Jahren vertrautes Bild: Die makroökonomische, quantitative Aggregatdatenforschung kann – trotz aufwendiger Studien – keinen statistisch robusten Beleg zwischen EZ-Transfers und gesamtwirtschaftlicher Entwicklung erbringen. Dieser negative Befund ändert sich nicht, wenn Studien herangezogen werden, die nicht das Wirtschaftswachstum, sondern verschiedene Armutsindikatoren als abhängige Variable verwenden (vgl. Faust u. Leiderer 2008: 135).

Angesichts der schon in den 1970er- und 1980er-Jahren vorgebrachten Kritik an dieser Art von Forschung ist es erstaunlich, mit welcher Akribie und mit welchem Aufwand diese seit Mitte der 1990er-Jahre fortgeführt wird. Eine Literaturrecherche von Doucouliagos und Paldam (2009) hat schon im Jahr 2005 rund 100 empirische Wirkungsstudien gezählt. Dass auch in den neueren makroökonomischen Studien keine robusten Ergebnisse erzielt werden konnten, ist mit den gleichen Faktoren zu erklären, die auch schon vor zwanzig Jahren genannt wurden (vgl. zusammenfassend Stockmann 1996c):

---

[66] Vgl. hierzu auch Doucouliagos und Paldam 2009, 2011, 2013, 2015, Lahdhiri u. Hammas 2012, Limodio 2012, Mallik 2008, Mekasha u. Tarp 2013, Min u. Sanidas 2011, Tezanos, Quiñones u. Guijarro 2013 sowie Tran 2009.

1. Methodische Gründe: Regressionen zur Wirksamkeit der Entwicklungszusammenarbeit reagieren, wie obige Studien zeigen, offenbar sehr sensitiv gegenüber den jeweils benutzten Kontrollvariablen, den Variablenoperationalisierungen, der Größe des Datensatzes, des untersuchten Zeitraums, der Zusammensetzung des untersuchten Aggregats (der in die Untersuchung einbezogenen Länder), der Modellspezifikationen und Schätzgleichungen. Hinzu kommt, dass die verschiedenen Hilfeformen (Kapitalhilfe = FZ, Technische Zusammenarbeit, Nothilfe, Katastrophenhilfe etc.) in der Regel nicht voneinander getrennt werden, obwohl sie zum Teil gar nicht auf die Induzierung von Wirtschaftswachstum ausgerichtet sind, sondern allenfalls sehr indirekt dazu einen Beitrag leisten können. Nuscheler (2008: 32) weist darauf hin, dass in den Studien der Ökonometriker wichtige Variablen der gesellschaftlichen und politischen Entwicklung aus den Modellvarianten ausgeklammert werden: „Sie behandeln die EZ wie ein Biotop, das aus seinem Umfeld isoliert werden kann".
2. Konfligierende Politiken der Geber: Wie schon in den vorangegangenen Kapiteln dargestellt, hat sich die Entwicklungspolitik der Geberländer gegen mächtige außen- und wirtschaftspolitische Interessen durchzusetzen. Deshalb wird Entwicklungshilfe nicht immer dort eingesetzt, wo sie am Nötigsten wäre. Strategisch wichtige Bündnis- und Handelspartner wurden früher in Zeiten des Ost-West-Konflikts und werden heute im Zeichen der Koalition gegen den Terror bevorzugt behandelt, auch wenn die Absorptionsfähigkeit dieser Länder schon längst überschritten ist. Zwar werden Kriterien wie „Good Governance" u. a. als Selektionskriterien benannt, doch würden sie wirklich angewendet, dann würden gerade die ärmsten und fragilsten Staaten aus der Förderung herausfallen.
3. Externe Ereignisse und Katastrophen: Negative Umwelteinflüsse wie z. B. Dürren und Überschwemmungen oder Erdbeben können genauso wie politische Ereignisse (z. B. Bürgerkriege, Konflikte zwischen Staaten) oder weltwirtschaftliche Veränderungen (z. B. Verschlechterung von Terms of Trade) mächtige Entwicklungsbarrieren darstellen, die gewünschte Wirkungen verhindern, die ansonsten vielleicht – dem postulierten theoretischen Zusammenhang folgend – eingetreten wären. Diese Faktoren dürften auch für die wechselnden Ergebnisse makroökonomischer Aggregatdatenforschung im Hinblick auf die untersuchten Zeiträume, die Zusammensetzung der Länderaggregate und die verwendeten Kontrollvariablen mitverantwortlich sein.

4. Marginalität der Hilfe: Das vielleicht am schwersten wiegende Argument ist jedoch, dass Entwicklungshilfe, gute wie schlechte, für die meisten Länder vom finanziellen Umfang her viel zu marginal ist, als dass sie tatsächlich für ein dauerhaftes Wirtschaftswachstum sorgen könnte (vgl. z. B. Cassen 1990, Wolff 2005). Und dies, obwohl die Hilfeleistungen seit Beginn der Entwicklungszusammenarbeit beträchtlich zugenommen haben.[67] In den 1950er-Jahren betrug die bilaterale und multilaterale Entwicklungszusammenarbeit aus sämtlichen Quellen weniger als zwei Mrd. US-Dollar pro Jahr. Anfang der 1970er-Jahre wurden erst 10 Mrd., Anfang der 1980er-Jahre bereits über 30 Mrd. und Mitte der 1980er-Jahre sogar rund 50 Mrd. US-Dollar pro Jahr für die Entwicklungszusammenarbeit ausgegeben. 1990 überstiegen die EZ-Ausgaben aus allen Quellen weltweit die 60 Milliarden-Dollar-Grenze, um sich derzeit auf ca. 170 Mrd. US-Dollar (ca. 125 Mrd. Euro) einzupendeln (vgl. OECD 2015c).

Auch wenn diese Summe sehr beachtlich erscheint, nimmt sie sich in Relation zu anderen Ausgabenbereichen gar nicht mehr gewaltig aus. So summieren sich die weltweiten Ausgaben für Rüstung jedes Jahr auf den mehr als zehnfachen Betrag (2013: 1747 Mrd. US-Dollar; vgl. Perlo-Freeman u. Solmirano 2014). Die Ausgaben der EU für Agrarsubventionen, die rund 38 % des Gesamthaushalts vereinnahmen, belaufen sich auf jährlich 58 Mrd. Euro, allein 12 Mrd. davon werden von Deutschland gezahlt (vgl. BMF 2015). Weltweit werden nach Schätzungen der Weltbank jährlich Agrarsubventionen in Höhe von 486 Mrd. US-Dollar geleistet (vgl. Potter 2014). Es wird angenommen, dass die Hälfte der durch die Entwicklungszusammenarbeit generierten Wohlstandsgewinne durch die protektionistische Handelspolitik ihrer Geldgeber wieder verloren geht (vgl. Nuscheler 2008: 32).

Wenn man bedenkt, dass seit der Wiedervereinigung ein Finanztransfer von rund 2 Billionen Euro von West- nach Ostdeutschland stattfand (vgl. Greive 2014), um eine Bevölkerung von nur 16,5 Mio. Einwohnern zu unterstützen, dann kann man vielleicht am besten ermessen, was es bedeutet, wenn im gleichen Zeitraum weltweit eine deutlich geringere Summe für die Entwicklungszusammenarbeit investiert wurde! Wenn berücksichtigt wird, dass einige Länder und Regionen Ostdeutschlands trotz dieses gigantischen Kapitaltransfers noch immer an Struktur- und Entwicklungsproblemen leiden, dann kann vielleicht besser eingeschätzt werden, was eine vergleichbare Kapitalsumme für alle Entwicklungsländer dieser Erde zusammengenommen, auszurichten vermag. Hier ist eindeutig mehr Bescheidenheit angezeigt. So lobenswert die Verkündung der MDGs auch ist, weil sie der weltweiten Entwick-

---

67 Vollkommen an der Realität vorbei geht hingegen die Kritik des Public Policy Professors Kishore Mahbubani (2008), der in E+Z die Auffassung vertrat, dass von zehn Dollar ODA acht in die Geberländer zurückfließen würden, also die Entwicklungshilfe in den Partnerländern sowieso gar nicht ankomme. Offensichtlich glaubt er, dass die TZ, die im Wesentlichen dazu verwendet wird, Know-how in Form von ausländischen Lang- und Kurzzeitexperten zu finanzieren, keinen Entwicklungsbeitrag leiste, da dieses Geld ja in die Geberländer zurückfließt.

lungszusammenarbeit eine neue Orientierung gegeben und einen neuen Motivationsschub versetzt hat, umso bedenklicher muss der Glaube erscheinen, dass dies durch finanziell verstärkte Entwicklungsanstrengungen erreicht werden könnte. Zudem hinkt dieser Vergleich auch noch erheblich, denn in Deutschland hat man es mit dem gleichen Kulturraum (also zumindest ähnlichen Norm- und Wertvorstellungen) zu tun, einem Land mit „Good Governance" und funktionierenden institutionellen Strukturen etc. Vieles, was in den meisten Entwicklungsländern nicht gegeben ist.

Nun wird von einigen eingewendet, dass die EZ-Transfers im Vergleich zu anderen Finanzströmen zwar weltweit betrachtet nicht gerade gewaltig sind, aber für einzelne Länder die Haupteinnahmequelle darstellen. Betrachtet man die Hilfe-Abhängigkeit (aid dependency) der sogenannten Middle-Income-Länder, dann liegt diese bei 0,2% des durchschnittlichen Bruttonationaleinkommens, bei den Low-Iincome-Ländern liegt dieser Durchschnitt bei 7,0% und in den Low-Iincome-Ländern Subsahara-Afrikas bei 11,6% (vgl. Weltbank 2014). In Tabelle III/11 sind die Länder aufgeführt, bei denen die internationale Hilfe mehr als 15% ihres Bruttonationaleinkommens ausmacht. Von den dort aufgeführten 16 Ländern und Gebieten zählen neun zu den kleinen Inselstaaten (Small Island Developing States)[68], sechs gehören zu Afrika und elf zählen, dem Fragile States Index zufolge, zu den fragilen Staaten oder zu jenen, deren Staatlichkeit von Fragilität bedroht ist (vgl. FFP 2014). Dies macht deutlich, dass EZ-Abhängigkeit vor allem ein Problem von Staaten mit ganz bestimmten Charakteristika ist. Nicht nur in ökonometrischen Analysen sollte dies stärkere Beachtung finden.

4.4 Evaluationen zur Wirksamkeit von Projekten und Programmen der Entwicklungszusammenarbeit

Als weiterer Datenfundus zur Beurteilung der Wirksamkeit der Entwicklungszusammenarbeit bieten sich die von den EZ-Organisationen selbst durchgeführten oder bei externen, unabhängigen Gutachtern und Institutionen in Auftrag gegebenen Evaluationen an.

Dabei fällt zunächst das positive Urteil der EZ-Organisationen über ihre eigene Arbeit auf. Seit Jahrzehnten vermitteln diese das Bild einer insgesamt positiven Entwicklungszusammenarbeit: Zwischen 70% und 90% aller beurteilten Projekte erhalten das Prädikat „erfolgreich". Um erst gar keinen Zweifel an diesen Daten aufkommen zu lassen, weist die KfW (1999: 3) schon mal vorsorglich darauf hin: „Die KfW hat weder Anlass noch Interesse, die Erfolgsbilanz schön zu färben". Im Jahr 2006 hat die KfW zum letzten Mal alle Vorhaben einer Schlussprüfung unterzogen. Dies waren 120 Projekte mit einem Gesamtvolumen von 1,14 Mrd. Euro. 78% der Projekte wurden gemessen an der Anzahl der Projekte, 84% bezogen auf die dafür eingesetzten Fi-

---

[68] Vgl. UN Department of Economic and Social Affairs 2014.

Tabelle III/11: Hilfe-Abhängigkeit (Weltbank 2014)

	ODA-Nettoleistungen (Mio. US-Dollar)				Pro-Kopf-ODA (US-Dollar)				Anteil ODA an BNE (%)			
	1999	2004	2008	2012	1999	2004	2008	2012	1999	2004	2008	2012
Afghanistan	143	2311	4875	6725	7	96	180	225	–	43,7	47,6	32,6
Burundi	75	364	522	523	11	48	61	53	9,4	41,0	32,5	21,2
Gambia	34	61	94	139	29	44	60	77	4,4	10,9	10,0	15,7
Haiti	263	299	912	1.275	31	33	95	125	–	8,0	13,9	16,0
Kiribati	21	17	27	65	256	188	286	642	18,7	10,8	13,6	25,0
Liberia	94	213	1251	571	34	67	341	136	28,1	69,1	181,2	36,1
Malawi	447	506	924	1175	41	40	65	74	25,8	19,6	22,4	28,4
Marshallinseln	63	51	53	76	1208	981	1019	1446	44,0	30,5	27,2	35,5
Mikronesien, Föder. Staaten	108	86	94	115	1000	810	901	1113	47,5	34,9	35,0	33,5
Salomonen	40	121	224	305	99	265	445	555	8,3	32,0	43,6	34,0
Samoa	23	31	40	121	132	173	220	639	10,0	8,4	7,6	18,6
São Tomé und Príncipe	28	34	47	49	200	223	281	259	–	31,2	25,8	18,7
Südsudan	–	–	–	1578	–	–	–	146	–	–	–	16,4
Tonga	21	19	26	78	217	193	250	746	10,5	7,9	7,3	16,1
Tuvalu	7	8	16	24	723	829	1647	2484	–	21,9	32,7	42,3
Westjordanland und Gaza	581	1161	2470	2001	204	359	687	495	11,8	26,2	35,9	18,3
Subsahara-Afrika, insgesamt	13.182	26.531	40.267	46.288	20	36	49	51	4,0	5,0	4,2	3,2
Welt, insgesamt	52.890	79.916	127.443	133.039	9	12	19	19	0,2	0,2	0,2	0,2

nanzmittel, als erfolgreich eingestuft. Seit 2007 führt die KfW nur noch Stichproben durch. In einer geschichteten Zufallsstichprobe von 2011/2012 wurden 112 Vorhaben aus einer Grundgesamtheit von 208 Projekten evaluiert und eine Erfolgsquote von 79 % (nach Anzahl) bzw. 82 % (nach Finanzvolumen) ermittelt (vgl. KfW 2013: 7 f.).

Die GIZ weist in ihren Jahresberichten ebenfalls konstant hohe Erfolgsquoten auf. Von 74 im Jahr 2008 evaluierten Projekten wurden 92 % als erfolgreich eingestuft, knapp 60 % erhielten sogar das Prädikat „sehr gut" und „gut" (vgl. GTZ 2008: 62). Im Evaluationszeitraum 2010/2011 hat die GIZ 227 Maßnahmen bewerten lassen: 88,8 % wurden als erfolgreich, davon über 70 % als sehr gut bzw. „gut – ohne wesentliche Mängel" eingestuft. Nur bei 11,2 % „dominieren trotz erkennbarer positiver Ergebnisse die negativen" (GIZ 2013b: 7). Vorhaben, die „ein eindeutig unzureichendes Ergebnis" erbrachten oder gar als nutzlos bewertet wurden, gab es in keinem Fall (vgl. GIZ 2013b: 7).

Während die Ergebnisse der KfW nur auf internen Evaluationen beruhen (bei denen zu einigen Evaluationen externe Experten hinzugezogen werden) (vgl. Michaelowa 2009: 252), hat die GIZ im Evaluationszeitraum 2010/2011 44 Evaluationen von unabhängigen Experten extern durchführen lassen und 183 selbst evaluiert (vgl. GIZ 2013b: 6).

Da auch die Nichtregierungsorganisationen durchweg von positiven Ergebnissen ihrer Arbeit berichten[69] und wenn man davon ausgeht, dass die von den staatlichen und nicht staatlichen Organisationen reale Evidenzen aufzeigen – selbst wenn ein Trend zu positiver Selbstdarstellung unterstellt wird – dann offenbart sich ein sogenanntes *Mikro-Makro-Paradoxon* (vgl. Mosley 1986: 22 ff., Wolff 2005: 252 ff.). Dieses besteht darin, dass auf der Projekt- und Programmebene (Mikroebene) häufig positive Evaluationsergebnisse vorliegen, während auf der Ebene der Gesamtgesellschaft (Makroebene) bestenfalls widersprüchliche Befunde zum Zusammenhang zwischen Entwicklungstransfers und Entwicklung berichtet werden. Dies würde bedeuten, dass es zwar viele wirkungsvolle Projekte und Programme gibt, die sich jedoch nicht zu gesamtwirtschaftlichen Effekten verdichten, sodass auf der Makroebene – mit ökonomischen aggregierten Makrodatenanalysen – keine robusten Effekte nachweisbar sind.

Das Mikro-Makro-Paradoxon geht demnach, vereinfacht ausgedrückt, davon aus, dass die Entwicklungszusammenarbeit auf der Mikroebene wirkt, auf der Makroebene aber nicht. Doch ist dies wirklich so? Auf die Gründe, warum auf der Makroebene keine stabilen Befunde ermittelt werden und auch in Zukunft nicht zu erwarten sind, wurde bereits ausführlich eingegangen. Doch wie ist es um die Evaluationen auf der Mikroebene bestellt? Zunächst einmal scheint es methodisch aussichtsreicher zu sein, die Wirkungen der Entwicklungszusammenarbeit dort zu messen, wo sie tatsächlich anfallen. Wie bei der Bewertung der makroökonomischen Analysen dargestellt, werden in diesen Studien häufig Zusammenhänge postuliert, die durch die Entwick-

---

[69] Vgl. die einschlägigen Jahresberichte, z. B. Misereor 2014b, EED 2014a und Welthungerhilfe 2011.

lungszusammenarbeit gar nicht oder allenfalls indirekt beabsichtigt sind. Die Mehrheit der EZ-Projekte (siehe Kapitel 4.3) ist nicht auf die Steigerung des Wirtschaftswachstums ausgerichtet (die am häufigsten verwendete abhängige Variable bei quantitativen Makroanalysen), sondern auf die Verbesserung von Gesundheit, Bildung oder Wohnverhältnissen, von Infrastruktur und Wasserver- und -entsorgung sowie der Umweltsituation, auf die Stärkung politischer Teilhaberechte, der Emanzipation von Frauen, dem Empowerment von Benachteiligten etc.

Darüber hinaus liefern die makroökonomischen Analysen keine Belege dafür, ob die beobachteten Effekte wirklich auf die Entwicklungszusammenarbeit zurückzuführen sind und warum. Das heißt mit dieser Methodik kann nicht geklärt werden, warum die Entwicklungszusammenarbeit gewirkt hat oder nicht. Dazu sollten jedoch Evaluationsstudien in der Lage sein, denn deren Hauptaufgabe besteht darin, möglichst alle Wirkungen, die eine Intervention ausgelöst hat, d. h. die intendierten und nicht-intendierten, die positiven und negativen zu erfassen und sie idealerweise zweifelsfrei Ursachen zuzuschreiben. Dafür ist es methodisch zweckmäßiger, zunächst einmal diese Wirkungen im direkten Projekt- und Programmfeld aufzuspüren und auf ihre Ursachenfaktoren hin zu untersuchen. Demnach sollten die Effekte von Ausbildungsprojekten im Ausbildungs- und Beschäftigungssystem eines Landes oder einer Region gemessen werden, bevor andere ökonomische oder gesellschaftliche Bereiche oder Effekte auf der Makroebene (z. B. Beitrag zum Wirtschaftswachstum) untersucht werden.

Dies spricht für die Durchführung von Projekt-, Programm- und Sektorevaluationen. Solche Evaluationen sind in den letzten Jahrzehnten weltweit nicht nur zu Tausenden, sondern zu Hunderttausenden durchgeführt worden. Und dennoch war es bis vor Kurzem schwer, Evaluationen zu finden, die die Wirksamkeit oder gar Nachhaltigkeit von EZ-Maßnahmen belegen.

Das *Center for Global Development* (CGD), ein gemeinnütziger „Think Tank" mit Sitz in Washington D. C. konstituierte daher 2004 die „Evaluation Gap Working Group". Sie sollte untersuchen, warum es nur derart wenige (echte) Wirkungsevaluationen gibt und praktische Empfehlungen erarbeiten, wie dieses Problem gelöst werden kann. Im Mai 2006 legte die Arbeitsgruppe ihren Bericht „When Will We Ever Learn? Improving Lives Through Impact Evaluation" vor, mit der einleitenden Feststellung:

> Yet after decades in which development agencies have disbursed billions of dollars for social programs, and developing country governments and nongovernmental organizations (NGOs) have spent hundreds of billions more, it is deeply disappointing to recognize that we know relatively little about the net impact of most of these social programs. (CGD 2006: 1)

Für diese „Evaluationslücke" wurden zwei Ursachen ausgemacht: „An ‚Evaluation Gap' has emerged because we do not produce enough of these impact evaluations and those that are commissioned are frequently of poor quality." (CGD 2006: 1). Schon vorher war der Mangel an methodisch fundierten Wirkungsanalysen trotz der Unmenge an Evaluationen immer wieder beklagt worden (vgl. Cassen 1990: 278,

Wapenhans 1992: Annex D,3, Stockmann 1996c: 29 ff.), aber erst seit einigen Jahren hat sich die Wirkungsorientierung der Entwicklungszusammenarbeit und ihrer Evaluation durchgesetzt. Doch zunächst zu den Gründen, die für den Mangel an aussagefähigen Wirkungsstudien auf der Mikroebene verantwortlich gemacht werden können:
1. Dominanz der Planungs- und Implementationsperspektive:
   Lange Zeit herrschte in den Durchführungsorganisationen eine hohe Planungsgläubigkeit vor. Man dachte, je besser und gründlicher ein Projekt geplant ist, umso erfolgreicher wird es sein. Deshalb wurden Methoden des Logical Framework (Logframe) oder der Zielorientierten Projektplanung (ZOPP) entwickelt, an denen sich dann auch das weitere Berichtswesen orientierte. Dabei stand der Vergleich des Soll (was erreicht werden sollte) und dem Ist (was erreicht wurde) bei den verwendeten Monitoring- und Evaluationsverfahren im Vordergrund.

Evaluation und Monitoring
Evaluation ist ein Instrument zur empirischen Generierung von Wissen, das mit einer Bewertung verknüpft ist, um zielgerichtete Entscheidungen zu treffen. Diese drei Aspekte von Evaluation finden sich in den meisten Definitionsversuchen wieder. Wissenschaftlich durchgeführte Evaluationen zeichnen sich dadurch aus, dass (1) sie auf einen klar definierten Gegenstand (z. B. politische Interventionsmaßnahmen, Projekte, Programme, Policies etc.) bezogen sind, (2) für die Informationsgenerierung objektivierende, empirische Datenerhebungsmethoden eingesetzt werden und (3) die Bewertung anhand explizit auf den zu evaluierenden Sachverhalt und anhand präzise festgelegter und offengelegter Kriterien (4) mithilfe systematisch vergleichender Verfahren vorgenommen wird. Die Evaluation wird (5) in der Regel von dafür besonders befähigten Personen (Evaluatoren) durchgeführt (6) mit dem Ziel, auf den Evaluationsgegenstand bezogene Entscheidungen zu treffen.
Monitoring ist eine fortlaufende, routinemäßige Tätigkeit mit dem Ziel, zu überprüfen, ob die Planungsvorgaben und angestrebten Ziele unter Berücksichtigung der verfügbaren Ressourcen und des vorgegebenen Zeitrahmens möglichst effizient erreicht werden. Monitoring kann auf der Ebene eines gesamtgesellschaftlichen Systems (z. B. Sozialindikatorensystem), eines Politikfelds (z. B. Umweltmonitoring), eines Programms, Projekts oder einer Interventionsmaßnahme ansetzen (vgl. Stockmann u. Meyer 2010: 64 f. und 82 f.).

Der Wirkungsfrage wurde in der internationalen EZ-Gemeinschaft hingegen kaum Aufmerksamkeit geschenkt: „In practice, most evaluative reports of many donor agencies were monitoring types of efforts, concentrating on implementation issues rather than on assessing development results" (Binnendijk 1989: 209). Während einige Autoren der Auffassung waren, dass die Regierungen der meisten Länder gar kein Interesse an der Evaluation der Wirkungen ihrer Interventionen hätten (vgl. z. B. Bamberger 1991: 333), kam Wapenhans (1992: Annex D,3) zu dem Schluss, dass das hektische Tagesgeschäft aufwendige Wirkungsevaluationen verhindere.
Die Working Group des Center for Global Development findet in ihrer Studie „When Will We Ever Learn?", dass beide Aspekte auch heute noch eine Rolle spielen. Einerseits: „The costs of starting an impact evaluation at this early stage [at the beginning of a project, RS] are real and present, while the benefits of measuring the impact will only materialize in the future" (CGD 2006: 23). Und

andererseits: Da man das Ergebnis von Wirkungsstudien vorher nicht wissen kann, besteht das Risiko, dass ein Programmfehlschlag dokumentiert wird, der die Arbeit des Gebers diskreditieren könnte (vgl. CGD 2006).

Hinzu kommt, dass nach wie vor die Design- und Implementationsphase im Fokus des Interesses steht. Deshalb ist die überwiegende Zahl der durchgeführten Evaluationen auf Planungs- und Steuerungsfragen und nicht auf Wirkungsfragen ausgerichtet. Dieses Informationsdefizit wird durch die administrative Abwicklung des Projektverlaufs damals wie heute begünstigt: „Typically, the loan covers only the period of project implementation and the funding for the monitoring and evaluation studies ends when implementation is completed" (Bamberger 1989: 233). Dies gilt auch weitgehend heute noch: „While impact evaluations generally have to be designed as part of a new program, politicians and project managers are focused in these early phases on designing and implementing their programs" (CGD 2006: iii). Da Wirkungsstudien nicht von Anfang an bei neuen Programmen mitgeplant werden, da sich Geber und Programmmanager auf die Design- und Implementationsphase konzentrieren, fehlen nicht nur die Finanzmittel, sondern auch die zu Beginn eines Programms notwendigen Baselinedaten, anhand derer überhaupt erst ein zeitlicher Vergleich möglich wird, um Veränderungen feststellen zu können.

2. Dominanz der Input- und Outputmessung:
Bei Geber- wie Empfängerländern war und ist die Input-orientierte Bewertung der Entwicklungszusammenarbeit beliebt. Die Gleichung „mehr Hilfe = mehr Entwicklung" (Klemp 1988: 68) lenkt von dem Erfolgsdruck einer effektiven, effizienten und nachhaltig wirksamen Entwicklungszusammenarbeit ab. Nach einem in den 1960er-Jahren von der UNO verabschiedeten Beschluss sollen die Geberländer wenigstens 0,7 % ihres Bruttoinlandsprodukts für Entwicklungszusammenarbeit bereitstellen. Diese auf zahlreichen internationalen Konferenzen oder in der Big-Push-These von Jeffrey D. Sachs immer wieder gebetsmühlenartig wiederholte Forderung suggeriert, mehr Hilfe sei gleich bessere Hilfe und würde die Probleme der Dritten Welt lösen.

Während in den 1980er-Jahren deshalb anstelle einer Inputbetrachtung noch eine „realistische Schilderung des ‚Output'" gefordert wurde (Bohnet 1983: 298), will sich damit heute niemand mehr zufriedengeben. Denn die Auflistung der erbrachten Leistungen, also z. B. wie viele Lehrer aus- und fortgebildet wurden, wie viele Krankenhausbetten zur Verfügung stehen oder wie viele Meter Straße gebaut wurden, sagt nichts über die induzierten Wirkungen aus, also ob sich dadurch der Unterricht verbessert hat und die Schüler mehr lernen; ob überhaupt jemand und wenn ja, wer in den neuen Krankenhausbetten liegt; oder wem die Straße nutzt und welchen Schaden sie möglicherweise angerichtet hat. Doch personelle und finanzielle Ressourcen (Inputs) werden nur deshalb in der Entwicklungszusammenarbeit eingesetzt, um bestimmte Leistungen (Outputs) zu erbringen, damit sich etwas in den Entwicklungsländern verändert, damit die gewünschten Wirkungen (möglichst ohne negative Nebenwirkungen) eintreten (Outcome und

Impact). Nur wenn dies der Fall ist, nur wenn Interventionen der Entwicklungszusammenarbeit etwas Positives bewirken, lassen sich die Ausgaben für Entwicklungszusammenarbeit rechtfertigen. Zudem, nur dann wenn erfasst wird, ob Maßnahmen helfen und warum, kann man aus diesen Erfahrungen für die aktuelle Projektsteuerung oder für zukünftige Projekte und Programme lernen (vgl. Stockmann 2006: 67).

3. Geringer Umfang der Qualitätskontrolle:
Während in internationalen Organisationen 2 bis 5% der Budgets für Evaluation aufgewendet werden, geben zahlreiche bilaterale staatliche Geber, ihre Durchführungsorganisationen, aber auch NRO dafür weitaus weniger aus. Eine in den Jahren 2008 bis 2009 durchgeführte Evaluation der Evaluationssysteme deutscher EZ-Organisationen kam zu dem Ergebnis, dass diese nur wenige Promille für Evaluationsstudien aufwenden (vgl. Borrmann u. Stockmann 2009: 108ff.). Obwohl die meisten deutschen EZ-Organisationen ihre Evaluationsbudgets in den letzten Jahren zum Teil kräftig aufgestockt haben, kommt die Studie zu dem Ergebnis, dass „das deutsche Evaluationssystem stark unterfinanziert" ist (Borrmann u. Stockmann 2009: 108).

Die Studie macht deutlich, dass die permanente Unterfinanzierung nicht nur dazu führt, dass insgesamt zu wenig evaluiert wird, sondern auch, dass dadurch schlechte Voraussetzungen für qualitativ anspruchsvollere Evaluationen bestehen. Dies wirkt sich besonders negativ auf die Durchführung von Wirkungsevaluationen aus, die prinzipiell aufwendige Designs notwendig machen. Auch gemessen am Personal sind die Evaluationssysteme der deutschen EZ-Organisationen unterausgestattet. In den letzten zehn Jahren haben nur die KfW und die frühere GTZ ihre Evaluationsstäbe massiv ausgebaut (vgl. Borrmann u. Stockmann 2009: 122ff.). Mit dieser Entwicklung konnten weder das BMZ noch andere EZ-Organisationen Schritt halten. Das 2012 vom BMZ gegründete DEval (siehe Kapitel 3.4) könnte hier in Zukunft einen wesentlichen Beitrag leisten.

Anspruchsvolle Evaluationsstudien fehlen häufig auch deshalb, weil Wirkungsevaluationen selten einen direkten Nutzen für die aktuelle Programmentwicklung generieren. Da sie erst im späteren Projektverlauf (wenn Wirkungen überhaupt erst aufgetreten sein können), oder sogar nach dem Förderende (Nachhaltigkeit der Wirkungen) messbar sind, ist die Motivation sie durchzuführen, oft gering. Deshalb – so auch die Systemstudie (vgl. Borrmann u. Stockmann 2009) – werden von vielen deutschen EZ-Organisationen keine Ex-post-Evaluationen durchgeführt.

Damit fehlen jedoch bei der Konzipierung neuer Programme gerade diese Erkenntnisse:

At that exact moment, program designers want the benefit of prior research, yet have few incentives to invest in starting a new study. Ironically, if they do not invest in a new study, the same program designers will find themselves in the exact same position four or five years later because the opportunity to learn whether or not the intervention has an impact was missed. (CGD 2006: 24)

Da die Informationen von Wirkungsstudien ein „öffentliches Gut" sind, werden sie von den einzelnen EZ-Organisationen nicht prioritär in deren Evaluationsportfolios behandelt. Deshalb kommen die Arbeitsgruppe des Center for Global Development und die 2008 gegründete Internationale Initiative für Wirkungsevaluationen (International Initiative for Impact Evaluation, 3IE) zu dem Ergebnis: „The evidence generated by impact evaluations [...] is a public good that tends to be undersupplied without collective efforts to mobilize sufficient investment" (3IE 2008: 1).

4. Mangelhafte Designs und Methodik für Wirkungsevaluationen:
Die Methodik von Evaluationsstudien ist seit Jahrzehnten ein Quell beißender Kritik, national wie international (vgl. z. B. Bamberger 1989, 1991, Cassen 1990, CGD 2006, Gauck 2011, Picciotto 2012, Stockmann 1996c, 1998, 2000, 2002, 2006, Wapenhans 1992). Viele Gutachten verwenden simpelste Methoden und die Bandbreite der sozialwissenschaftlichen Untersuchungsdesigns und Erhebungsmethoden wird nicht ausgeschöpft. So kommt die von Borrmann und Stockmann (2009: 112 ff.) durchgeführte Untersuchung von 20 EZ-Organisationen zu dem Ergebnis, dass die Wirkungsorientierung zwar mittlerweile bei allen als entwicklungspolitische Ausrichtung akzeptiert ist, dass aber nur wenige EZ-Organisationen intensive Anstrengungen unternehmen, Wirkungen methodisch anspruchsvoll zu erfassen und auf ihre Kausalität hin zu analysieren.

Generell ist zu beobachten, dass die *Untersuchungsdesigns* zur Evaluation in der Entwicklungszusammenarbeit von einigen Ausnahmen abgesehen, dem sogenannten „Gutachtenmodell" (Judgmental Approach) folgen, bei dem Experten damit beauftragt werden, die Wirkungen eines Programms zu überprüfen (vgl. Stockmann 2006: 237). Dies geschieht dann in der Regel durch den Besuch der programmdurchführenden Organisation, deren Mitarbeiter sowie Zielgruppenmitglieder befragt werden. Deren Bewertungen (judgements) werden zur Schätzung der Programmwirkungen herangezogen. Diese Form der Wirkungsmessung wird von Rossi, Lipsey und Freeman (1999: 269) „the shakiest of all impact assessment techniques" genannt.

Da eine Wirkung die Veränderung zwischen zwei Zeitpunkten darstellt, müsste es zumindest zwei Messzeitpunkte geben, idealerweise vor und nach der Programmintervention. Doch die dafür notwendigen Baselinestudien[70] existieren in der EZ-Evaluation kaum[71]. Auch die Durchführung einer parallelen Vergleichs-

---

[70] Das Fehlen von Baseline-Studien ist zugleich ein gravierendes konzeptionelles Defizit der Planung von EZ-Vorhaben, die ohne detaillierte Untersuchung der Bedarfslage unzureichend begründet und mit überprüfbaren Zielen versehen sind.

[71] Ausnahmen stellen z. B. das GTZ-Programm „Wettbewerbsfähigkeit und Umwelt" in Costa Rica (vgl. Krapp u. Stockmann 2009), das GTZ-Vorhaben „Stärkung von Evaluationskapazitäten in Entwicklungsländern" in Costa Rica (2011–2014), das GIZ-Programm „Skills Development for Green Jobs" in Südafrika (vgl. Silvestrini u. Wolf 2012) und die vom DEval in Zusammenarbeit mit dem CEval 2014/

messung bei einer Kontrollgruppe findet in der Regel nicht statt. Dies wäre jedoch notwendig, um alternative Erklärungen ausschließen zu können. Häufig werden für den Verzicht Kostenargumente oder ethische Bedenken ins Feld geführt, die es nicht erlauben würden, Kontroll- oder Vergleichsgruppen (die keine Hilfe erhalten) zu bilden. Auch wenn es selbstverständlich ethisch nicht vertretbare Fälle gibt, sollten diese nicht dazu verwendet werden, Kontroll- oder Vergleichsgruppen in der Entwicklungszusammenarbeit grundsätzlich abzulehnen. In pharmakologischen Experimenten sind Kontrollgruppenvergleiche trotz ebenfalls möglicher ethischer Bedenken natürlich streng vorgeschrieben. Wie sonst sollte die Wirksamkeit eines Medikaments nachgewiesen werden?

In der Entwicklungszusammenarbeit wird häufig unterschätzt, dass viele beobachtete Veränderungen nicht die Folgen von Programminterventionen sind, sondern von anderen Ursachen ausgelöst werden. So können z. B. endogene Gründe vorliegen, wenn ein krisenhafter Zustand, der durch bestimmte Interventionsmaßnahmen beseitigt werden sollte, von alleine wieder verschwindet. Aus der Medizin ist beispielsweise bekannt, dass viele Menschen sich von akuten Krankheiten erholen, ohne dass sie vom Arzt behandelt werden. Würde man nur die Treatment-Gruppe (also diejenigen, die vom Arzt behandelt werden) untersuchen – wie in der Entwicklungszusammenarbeit üblich – würde dieser Effekt nicht aufgedeckt. Veränderungen können zudem Folgen exogenen Wandels sein, z. B. allgemeiner, struktureller Trends (konjunktureller Auf- und Abschwungphasen) oder plötzlich auftretender Ereignisse.

Wer die Orientierung auf Wirkungen ernst nimmt, muss deshalb seine Untersuchungsdesigns entsprechend anpassen. In der Evaluation der deutschen Entwicklungszusammenarbeit werden in der Regel bisher jedoch weder feldexperimentelle Designs noch Längsschnittdesigns wie Panel- oder Zeitreihenanalysen eingesetzt. Vor allem BMZ, GIZ und KfW sowie einige nicht staatliche EZ-Organisationen sind sich dieses Defizits wohl bewusst und führen mittlerweile entsprechende Studien durch.

Die Wirkungserfassung wird zudem dadurch erschwert, dass in vielen Partnerländern keine oder nur unzureichende statistische Daten oder gar umfassende Monitoringsysteme existieren, wie sie in vielen entwickelten Staaten Standard sind. Die Chancen, die Qualität von Wirkungsevaluationen, aber auch von Evaluation generell zu verbessern, würden dadurch steigen, dass in den Partnerländern – mit Unterstützung der Entwicklungszusammenarbeit – die amtliche Statistik ausgebaut und aussagefähige wirkungsbezogene Monitoringsysteme entwickelt würden.

Bei den von den EZ-Organisationen eingesetzten Datenerhebungsmethoden zeigt sich eine deutliche Kluft zwischen den wenigen Organisationen, die mit einem

---

2015 durchgeführte Baseline-Studie für ein GIZ-Programm zur nachhaltigen Wirtschaftsentwicklung in Myanmar dar.

Methodenmix aus quantitativen und qualitativen Verfahren arbeiten und solchen, die weitgehend nur auf qualitative Methoden vertrauen.

Bei BMZ- und GIZ-Evaluationen (bezogen auf die externen Evaluationen) wird häufig ein Methodenmix angewendet, bei dem allerdings qualitative sozialwissenschaftliche Verfahren dominieren. Kosten-Nutzen- oder wenigstens Kosten-Wirksamkeitsanalysen kommen nur selten zum Einsatz. Bei der KfW ist es umgekehrt, dort werden häufig Verfahren zur Ermittlung der einzel- und gesamtwirtschaftlichen Wirtschaftlichkeit und gesamtwirtschaftlicher Effekte, aber kaum qualitative sozialwissenschaftliche Instrumente eingesetzt. Bei den nichtstaatlichen EZ-Organisationen konzentriert sich die Datenerhebung bis auf wenige Ausnahmen auf qualitative Verfahren.[72]

Auch bei der Wirkungsmessung greifen viele NRO gerne auf sogenannte partizipative Methoden zurück, bei denen vor allem das Urteil der Teilnehmer zur Bewertung der Wirksamkeit von Programmen herangezogen wird. Die Zielgruppen (Nutzer) eines Programms zu befragen, klingt besonders plausibel, denn wer sollte besser über die Wirkungen eines Programms Bescheid wissen, als diejenigen, die den Gegenstand der Untersuchung aus eigener Erfahrung kennen. Die Nutzer einer Dienstleistung oder die Betroffenen einer Maßnahme könnten deshalb leicht für die „eigentlichen" Experten gehalten werden. Doch Rossi, Lipsey und Freeman (1999: 269) geben zu bedenken: „However, it is usually difficult, if not impossible, for participants to make judgements about net impact because they ordinarily lack appropriate knowledge for making such judgements".

Kromrey (2006: 107) geht mit seiner Kritik an solchen Verfahren noch einen Schritt weiter, indem er darauf hinweist, dass die erhobenen Einschätzungen „weder den Status von Bewertungen im Sinne ‚technologischer' Evaluationen noch von Bewertungen neutraler Experten haben". Stattdessen handelt es sich „um individuell parteiische Werturteile von Personen, die in einer besonderen Beziehung – eben als Nutzer, als Betroffene – zum Untersuchungsgegenstand stehen". Diese Befragungen der „Teilnehmerzufriedenheit" sind zwar ein wichtiges Merkmal bei der Beurteilung von Programmen, doch sie stellen noch keine Evaluation dar (Stockmann 2006: 238).

Ein methodisches Problem entsteht auch dadurch, wenn – wie es häufig passiert – nicht eine repräsentative Auswahl aller potenziellen Nutznießer (also z. B. aller Anspruchsberechtigten) befragt wird, sondern nur die tatsächlichen Nutzer. Dies macht einen gravierenden Unterschied, der an einem Beispiel deutlich gemacht werden kann: So ist es leicht nachvollziehbar, dass z. B. die Sozialhilfeempfänger, die staatliche Leistungen in Anspruch nehmen, diese anders bewerten werden als diejenigen, die sie (z. B. aus Scham, Unwissenheit oder anderen Gründen) nicht in Anspruch genommen haben. Untersucht man jedoch nur diejenigen, die von ih-

---

72 Vgl. z. B. BMZ 2015 m, n, Brown, Guin u. Kirschenmann 2014, De Kemp, Faust u. Leiderer 2011, GIZ 2015b, KfW 2015, Misereor 2014c sowie VENRO 2014c.

rem Recht Gebrauch gemacht haben, erzeugt man verzerrte Ergebnisse.

Im Hinblick auf die Erhebungsmethoden ist festzuhalten, dass bei den meisten deutschen EZ-Organisationen einfache qualitative Verfahren verwendet werden. In der Regel werden keine Vorher-Nachher-Vergleiche, keine standardisierten Verfahren, Zielgruppenbefragungen oder ähnliche Instrumente angewendet. Insgesamt kommt quantitativen Methoden nur ein geringes Gewicht zu. Das Problem der Repräsentativität kleiner Fallzahlen bei qualitativen Erhebungen wird teilweise völlig ignoriert. Dementsprechend bewegen sich auch die Auswertungsmethoden auf einem sehr simplen Niveau.

5. Geringe Priorität von Wirkungsevaluationen in der wissenschaftlichen Forschung: Obwohl die Entwicklungszusammenarbeit heftig umstritten ist, sind auch in der Wissenschaft Wirkungsevaluationen, die über einzelne Fallstudien hinausgehen, Mangelware. Anders als in der Ökonomie, die eine Vielzahl ökonometrischer, quantitativer Makrostudien hervorgebracht hat, haben die Sozialwissenschaften nicht annähernd etwas Vergleichbares zu bieten. Dies liegt zum einen daran, dass die Geber bis vor wenigen Jahren daran kein besonderes Interesse hatten. Wissenschaftliche Wirkungsstudien bedürfen, wie ausgeführt, Baseline-Studien und Kontrollgruppen. Doch diese waren bisher in EZ-Programmen nicht vorgesehen. Deshalb konnten wissenschaftliche Wirkungsstudien oft erst im Nachhinein durchgeführt werden. In diesen Fällen musste die „Baseline" aus Projektdokumenten und retrospektiven Interviews rekonstruiert werden, was ein erhebliches methodisches Problem darstellt (vgl. z. B. Stockmann 1992, 1996c, 2000). Die restriktive Zugangskontrolle[73] der EZ-Organisationen hat die sozialwissenschaftliche Forschung auf diesem Gebiet nicht gerade beflügelt. Da die EZ-Organisationen darüber bestimmen, wer ihre Projekte und Programme mit welchen Fragestellungen und mit welchen Instrumenten evaluiert, sind der „freien" Forschung sehr enge Grenzen gesetzt. Letztlich kann sie nur funktionieren, wenn sie von den deutschen EZ-Organisationen und den Partnern vor Ort zumindest passiv unterstützt wird, d. h. wenn Aktenzugang gewährt und die verantwortlichen Manager, Mitarbeiter und Zielgruppen bereit sind, wenigstens als Informationsträger offen Auskunft zu geben.

Allerdings ist der Mangel an wissenschaftlichen Wirkungsevaluationen auch eine Folge der Prioritätensetzung in der Wissenschaft selbst, die sich zumeist anderen Forschungsfeldern zuwandte. Wenn davon ausgegangen wird, dass sich die Policy-Forschung grundsätzlich mit vier logisch aufeinanderfolgenden Komponenten

---

[73] Noch bis vor wenigen Jahren durften die Evaluationsberichte des BMZ noch nicht einmal vom Parlament bzw. dem zuständigen Ausschuss für wirtschaftliche Zusammenarbeit (AwZ), dessen Aufgabe die parlamentarische Kontrolle der staatlichen Entwicklungszusammenarbeit ist, eingesehen werden! Seit 2001 sind Kurzberichte und Zusammenfassungen von Evaluationen auf der Webseite des BMZ veröffentlicht. Seit 2005 können alle Evaluationsberichte auf Anfrage komplett eingesehen werden. Eine Seltenheit unter den deutschen EZ-Organisationen.

des Politikprozesses beschäftigen kann – Problemfelder, Programmentwicklung, Implementation und Entwicklung – dann ist folgendes zu konstatieren:
- Das Problemfeld „Dritte Welt" ist vielfach bearbeitet worden.
- Auf der Ebene der Programmentwicklung, bei der nach effektiven und effizienten Konzeptionen gesucht wird, um die erkannten Probleme zu lösen, lag ebenfalls ein Schwerpunkt auf der Policy-Forschung.
- Die Implementation von Programmen ist hingegen schon viel weniger häufig untersucht worden.
- Die Ebene der Wirkungen, der erzielten Resultate und messbaren Erfolge – insbesondere in langfristiger Perspektive (Nachhaltigkeit) – weist die größten Forschungsdefizite auf.

Auch wenn zu konzedieren ist, dass einem verstärkten wissenschaftlichen Aktionsdrang auf der Ebene der Projekt- und Programmevaluation oft politisch-administrative Barrieren entgegenstehen, ist nicht nur festzuhalten, dass sich das wissenschaftliche Forscherinteresse auf dieser Ebene in Grenzen hielt, sondern dass zudem weder die deutsche Forschungsförderung noch die Ressortforschung des BMZ die Untersuchung solcher Fragestellungen durch die Bildung von Forschungsschwerpunkten je unterstützt hätte. Nicht zuletzt deshalb ist die deutsche ökonomische und sozialwissenschaftliche (inklusive der politikwissenschaftlichen) Forschung auf die neueren Entwicklungen schlecht vorbereitet. Da sowohl die ökonometrische quantitative Aggregatdatenforschung als auch die sozialwissenschaftliche Impact-Forschung stark angelsächsisch dominiert sind, finden nur wenige deutsche Forscher hier einen Zugang zu international vergebenen Fördermitteln.

Fazit

Zusammenfassend ist festzuhalten, dass die Wirksamkeit der Entwicklungszusammenarbeit – trotz einer Reihe von qualitativ anspruchsvollen Evaluationsstudien in den letzten Jahren – bisher erst wenig wissenschaftlich profund und überzeugend nachgewiesen wurde. Während emotionale Praxis- und Erfahrungsberichte nicht als valide Datenquelle zählen können, haben aber auch die seit Jahrzehnten mit enormem Aufwand durchgeführten ökonometrischen Makroanalysen keine Beziehung zwischen EZ-Transfers und Wirtschaftswachstum robust belegen können. Evaluationsstudien, die bei entsprechender methodischer Auslegung zumindest in der Lage wären, den Zusammenhang zwischen EZ-Interventionen und den intendierten Veränderungen bei Menschen (Verhalten), Prozessen (z. B. Arbeitsabläufen) oder Strukturen (z. B. von Institutionen oder Systemen) nachzuweisen und auf ihre ursächliche Herkunft hin zu untersuchen, liegen erst in geringer Zahl vor. Deshalb ist der fehlende Wirkungsnachweis auf der Makro- wie auf der Mikroebene eher ein methodisches Problem und keinesfalls ein Ausdruck dafür, dass die Entwicklungszusammenarbeit wirkungslos sei und deshalb eingespart werden könnte. Stattdessen ist es höchste Zeit, dass vermehrt Studien durchgeführt werden, die wissenschaftlich einwandfrei nachweisen, wie wirksam die Entwicklungszusammenarbeit ist. Aus der Analyse der Ursachen kann einerseits gelernt werden, was sich unter welchen Umständen wo bewährt bzw. nicht bewährt (Lernen aus Erfolgen und Fehlern). Andererseits werden dadurch valide und reliable Befunde produziert, die den immer wieder aufflackernden Strohfeuern vernichtender Fundamentalkritik entgegengehalten werden können. Hierfür scheinen sich methodisch anspruchsvolle Evaluationsstudien besser zu eignen als quantitative Makrodatenanalysen, die aus einer Reihe vorher diskutierter Gründe auch in Zukunft nicht erwarten lassen, hier robuste Ergebnisse zu liefern. Die bisher vernachlässigte wissenschaftliche Evaluationsforschung, die es von der tausendfach praktizierten „Gutachterei" scharf zu trennen gilt, bietet hier ein noch längst nicht ausgeschöpftes Chancenpotential.

4.5 Warum alles besser werden könnte

In den letzten Jahren haben sich die Rahmenbedingungen für die Durchführung wissenschaftlich basierter Evaluationen deutlich verbessert. Sowohl die Verabschiedung der MDGs (2000) als auch die Paris Declaration on Aid Effectiveness (2005) implizieren verstärkte Anstrengungen, die Wirksamkeit der Entwicklungszusammenarbeit glaubwürdig nachzuweisen (siehe Kapitel 2.2). Seit einigen Jahren ist deshalb eine Neuorientierung der Entwicklungszusammenarbeit an Wirkungen zu beobachten. Die Forderung nach einem „Management for Results" hat nicht nur zu einer verstärkten Ausrichtung der Programmarbeit der EZ-Organisationen an der Erzielung von Wirkungen geführt, sondern auch zu einem vermehrten Interesse, diese nachzuweisen und für die Steuerung von Programmen sowie die Konzipierung neuer Strategien zu nutzen.

Vor diesem Hintergrund schlossen sich im November 2006 die Netzwerke von Evaluierungseinheiten bilateraler EZ-Organisationen, der UN sowie der multilateralen Entwicklungsbanken zu einer „Network of Networks Impact Evaluation Initiative (NONIE)" zusammen, um die Effektivität der Entwicklungszusammenarbeit gemeinsam zu verbessern, indem nützliche und relevante, qualitativ hochwertige Wirkungsevaluationen vorangebracht werden (vgl. Caspari u. Barbu 2008: 4).

Ziel von NONIE ist es, Aktivitäten im Bereich „Wirkungsevaluation" zu fördern. Hierfür sollen ein gemeinsames Verständnis von Evaluation sowie Ansätze zur Durchführung von Wirkungsevaluationen entwickelt und Kooperationen aufgebaut werden. Dementsprechend hat NONIE drei zentrale Aufgaben formuliert:
1. Erarbeitung von Richtlinien und Leitfäden für Impact Evaluationen.
2. Verständigung auf gemeinsame Maßnahmen zur Durchführung von Wirkungsevaluationen.
3. Entwicklung einer Ressourcenplattform zur Förderung von Wirkungsevaluationen (vgl. Leeuw u. Vaessen 2009).

Im Jahr 2008 formierte sich eine weitere Initiative zur Unterstützung von Wirkungsevaluationen: Die *International Initiative for Impact Evaluation* (3IE). 3IE ist eine unabhängige NRO mit Sitz in Neu Delhi, Washington D.C. und London. Mitglieder sind Ministerien oder öffentliche (bilaterale oder multilaterale) Einrichtungen, private NRO oder nicht staatliche Organisationen, die soziale und ökonomische Programme in Ländern mit niedrigem bis mittlerem Einkommen finanzieren oder implementieren (vgl. 3IE 2014a). Sie sieht ihre Aufgabe darin, „to contribute to the fulfillment of aspirations for wellbeing by encouraging the production and use of evidence from rigorous impact evaluations for policy decisions that improve social and economic development programs in low- and middle-income countries" (3IE 2008: 1). Hierfür fördert und finanziert sie Wirkungsevaluationen, welche sich durch einige spezifizierte Charakteristika auszeichnen:

- meet high standards of evidence;
- address questions that are relevant and important to public policy decisions;
- contribute evidence that leverages information from other sources and studies;
- pioneer new methods of data collection and analysis;
- engage appropriate stakeholders; and
- are less likely to be financed through other sources because of longer time frames, large expense, or greater complexity. (3IE 2008: 3)

2013 wurde eine Strategie verabschiedet, welche den Aktivitäten von 3IE in den Jahren 2014 bis 2016 Orientierung geben soll (vgl. 3IE 2014b). Darin werden fünf strategische Handlungsfelder definiert. Demnach sollen zunächst mehr Wirkungsevaluationen (Komponente 1) und Synthesestudien (Komponente 2) produziert sowie die Ergebnisse dieser Untersuchungen verbreitet werden (Komponente 3). Darüber hinaus soll die Institution insgesamt auf die Entwicklung förderlicher Rahmenbedingungen für evidenzbasierte Politikgestaltung hinwirken (Komponente 4) und ihre Arbeit im Sinne der Nachhaltigkeit von 3IE institutionell gestärkt werden (Komponente 5).

(Rigorous) Impact Evaluation
Der Begriff „Impact Evaluation" wird in der Literatur mit unterschiedlichen Bedeutungen vielfältig genutzt. Es kann sich dabei um Evaluationen handeln, die eben nicht nur Input und Output analysieren, sondern die Wirkungen einer Intervention messen wollen. Manchmal werden darunter auch einfach nur Ex-post-Evaluationen gefasst, um nach dem Förderende festzustellen, welche langfristigen Wirkungen eingetreten sind. Zuweilen werden damit solche Evaluationen bezeichnet, die das Kontrafaktische (counter factual) berücksichtigen, womit der Unterschied gemessen werden soll, den das Programm im Vergleich zu einer Situation ohne Programminterventionen verursacht hat.
Das Standardwerk von Rossi, Lipsey und Freeman (2004: 58) definiert „impact evaluation" (synonym zu „impact assessment" und „outcome evaluation") als eine Evaluation, die danach fragt, „whether the desired outcomes were attained and whether those changes included unintended side effects". Für Stockmann und Meyer (2010: 70f.) sind Wirkungsevaluationen solche, die möglichst alle, durch (Programm-)Interventionen hervorgerufenen intendierten wie nicht intendierten Wirkungen erfassen und sie ihren Ursachen zuschreiben. Auf diese Weise können die Nettowirkungen (die durch die Intervention verursacht wurden) von anderen Wirkungen (die auf andere Ursachen und Design-Effekte zurückzuführen sind) getrennt werden.

Für NONIE beinhaltet der Begriff „Impact Evaluation" zwei zentrale Elemente:
1. Die Erfassungen von mittelfristigen, direkten sowie langfristigen, übergeordneten entwicklungspolitischen Wirkungen einer Maßnahme;
2. die Berücksichtigung des Kontrafaktischen (vgl. BMZ 2008f).

Diese Definition ist extrem problematisch, da sie
a) den Wirkungsbegriff stark verkürzt (nur mittel- und langfristige Wirkungen sollen gemessen werden),
b) nur entwicklungspolitische Wirkungen untersucht (und somit andere Wirkungen, insbesondere solche, die nicht-intendiert waren, ausklammert) und
c) eine bestimmte Methodik, die Berücksichtigung des Kontrafaktischen, vorschreibt.

Dies erscheint eine unzulässige und vor allem unnötige Begriffseinschränkung, da selbstverständlich auch kurzfristige Wirkungen wichtig sind (sie können, selbst wenn sie kurzfristig sind, fatale Konsequenzen haben), andere als entwicklungspolitische Wirkungen ebenfalls bedeutsam sind und es Fälle gibt, in denen das Kontrafaktische nicht gut berücksichtigt werden kann. Viel zweckmäßiger hat 3IE (2008: 2) formuliert:

> Rigorous impact evaluation studies are analyses that measure the net change in outcomes for a particular group of people that can be attributed to a specific program using the best methodology available, feasible and appropriate to the evaluation question that is being investigated and to the specific context.

Die Verabschiedung der Millennium Development Goals, die verschiedenen internationalen Konferenzen zur Steigerung der Wirksamkeit der Entwicklungszusammenarbeit (siehe Kapitel 2.2) sowie die dadurch entfachte internationale Diskussion haben auch in der deutschen EZ-Gemeinschaft Veränderungen hervorgerufen. Wie schon ausgeführt, hat die „Orientierung auf Wirkungen" bei allen untersuchten EZ-Organisationen die vorher dominierende Input- und Output-Betrachtung verdrängt. Diese „Neuausrichtung" der Entwicklungszusammenarbeit stellt eine der größten Innovationen der letzten Jahre dar. Am konsequentesten ist die GIZ vorgegangen: In dem 2003 mit dem BMZ vereinbarten Auftragsrahmen (AURA) verpflichtet sie sich, ihre unternehmerischen Erfolge an der Wirksamkeit der EZ-Maßnahmen messen zu lassen. Hierfür hat die GTZ ein Wirkungsmodell entwickelt (vgl. GTZ 2006) und ihr gesamtes Auftragsmanagement, das Berichtswesen sowie das M&E-System (inklusive Fremdevaluationen, Schluss- und Ex-post-Evaluationen, Projektfortschrittskontrollen) auf Wirkungen ausgerichtet. Ähnlich konsequent und verbunden mit einer detaillierten Verfahrens- und Instrumentenentwicklung ist dies bei keiner anderen deutschen EZ-Organisation zu beobachten. Hierzu zählen auch die Anstrengungen der GTZ/GIZ einen „alltagstauglichen" Evaluationsansatz für die Wirkungsanalyse zu entwickeln, während BMZ und KfW einzelne groß angelegte Wirkungsevaluationen in Auftrag gegeben haben.

Die GIZ kann bei ihren Wirkungsanalysen auf vorangegangene Studien aufbauen. Bereits Anfang der 1990er-Jahre wurde von der damaligen GTZ in Zusammenarbeit mit der Universität Mannheim eine aufwendige Wirkungsevaluation durchgeführt, die ex post die Nachhaltigkeit von Berufsbildungsprojekten untersuchte (vgl. Stockmann 1992, 1996c). Hierfür wurde bereits damals ein theoretischer Analyseansatz entwickelt, der auf einem Lebensverlaufs-, Wirkungs-, und Innovations-/Diffusionsmodell beruht und die Formulierung von Wirkungshypothesen und deren Strukturierung mithilfe eines Analyserasters erlaubt.[74] Auch damals schon wurde ein quasiexperimentelles Design eingesetzt, in dem Vorher-Nachher-Vergleiche durchgeführt und Vergleichsgruppen gebildet wurden. Ein Multimethodenansatz sorgte dafür, dass die Perspektiven verschiedener Stakeholder umfassend erfasst wurden. Qualitative Datenerhebungsinstrumente sorgten für die nötige Tiefe, quantitative für eine hinreichende Repräsentativität.

Eine weitere Studie zur Wirksamkeit deutscher Berufsbildungszusammenarbeit – in der staatliche (GTZ, inzwischen GIZ) und nicht staatliche Programme (HSS) in der VR China einem Vergleich unterzogen wurden – bedient sich dieses Evaluationsansatzes, der bereits alle wesentlichen Charakteristika beinhaltet, die heute von robusten Impact-Evaluationen gefordert werden (vgl. Stockmann 2000).

DAC-Evaluationskriterien[75]

Relevance
The extent to which the aid activity is suited to the priorities and policies of the target group, recipient and donor. In evaluating the relevance of a programme or a project, it is useful to consider the following questions:

- To what extent are the objectives of the programme still valid?
- Are the activities and outputs of the programme consistent with the overall goal and the attainment of its objectives?
- Are the activities and outputs of the programme consistent with the intended impacts and effects?

Effectiveness
A measure of the extent to which an aid activity attains its objectives. In evaluating the effectiveness of a programme or a project, it is useful to consider the following questions:
- To what extent were the objectives achieved/are likely to be achieved?
- What were the major factors influencing the achievement or non-achievement of the objectives?

Efficiency
Efficiency measures the outputs – qualitative and quantitative – in relation to the inputs. It is an economic term which signifies that the aid uses the least costly resources possible in order to achieve the desired results. This generally requires comparing alternative approaches to achieving the same outputs, to see whether the most efficient process has been adopted. When evaluating the efficiency of a programme or a project, it is useful to consider the following questions:
- Were activities cost-efficient?
- Were objectives achieved on time?
- Was the programme or project implemented in the most efficient way compared to alternatives?

Impact
The positive and negative changes produced by a development intervention, directly or indirectly, intended or unintended. This involves the main impacts and effects resulting from the activity on the local social, economic, environmental and other development indicators. The examination should be

---

[74] Dieser Ansatz wurde bis heute immer weiter verfeinert und mittlerweile in Hunderten von Evaluationen (auch außerhalb der Entwicklungszusammenarbeit) eingesetzt (vgl. Stockmann 2006).
[75] Vgl. OECD (2015d).

concerned with both intended and unintended results and must also include the positive and negative impact of external factors, such as changes in terms of trade and financial conditions. When evaluating the impact of a programme or a project, it is useful to consider the following questions:
- What has happened as a result of the programme or project?
- What real difference has the activity made to the beneficiaries?
- How many people have been affected?

Sustainability
Sustainability is concerned with measuring whether the benefits of an activity are likely to continue after donor funding has been withdrawn. Projects need to be environmentally as well as financially sustainable. When evaluating the sustainability of a programme or a project, it is useful to consider the following questions:
- To what extent did the benefits of a programme or project continue after donor funding ceased?
- What were the major factors which influenced the achievement or non-achievement of sustainability of the programme or project?

Auf diesen Vorarbeiten, dem GTZ-Leitfaden für unabhängige Evaluationen (vgl. GTZ 2008) sowie den DAC-Evaluationskriterien baut ein vom *Centrum für Evaluation* (CEval) im Auftrag von und in Zusammenarbeit mit der GTZ entwickeltes Standardkonzept für Wirkungsevaluationen auf. Dieses lässt sich von programmtheoretischen Überlegungen leiten, verwendet ein „robustes" Untersuchungsdesign und nutzt zur Datenerhebung einen Methodenmix (Multi-Methoden-Ansatz). Zwischen 2008 und 2014 wurden mit diesem Wirkungsevaluationsansatz zehn Evaluationen in den Sektoren Wasser, Berufliche Bildung, Energie, Gesundheit und Grundbildung durchgeführt (vgl. GIZ 2015b).

Auswertungen der durchgeführten Studien belegen den analytischen Mehrwert gegenüber bisher üblichen Verfahren und die Alltagstauglichkeit dieses Ansatzes für Wirkungsevaluationen in der Technischen Zusammenarbeit, da dadurch die Wirkungsmessung und Ursachenzuschreibung deutlich verbessert werden konnte (vgl. Dinges u. Schweitzer 2013, Possinger u. von Jan 2014). Was bleibt, ist die Abwägung dieses Mehrwerts mit dem dafür erforderlichen zusätzlichen Ressourceneinsatz (längere Dauer, höhere Kosten durch Einbezug von Vergleichsgruppe etc.) im Einzelfall.

BMZ und KfW haben ebenfalls Evaluationsstudien in Auftrag gegeben, um die Wirksamkeit ausgewählter Programme mit robusten Methoden zu belegen. Christoph Zürcher und Mitarbeiter entwickelten ein Evaluationsdesign, das die Wirkung von EZ-Maßnahmen auf Post-Konflikt-Stabilisierungen erfassen soll (vgl. Böhnke, Koehler u. Zürcher 2009: 215 ff.). Die KfW initiierte verschiedene Wirkungsstudien z. B. zum jemenitischen Wasser- und Abwassersektor (vgl. Klasen u. a. 2011). In einer Gemeinschaftsevaluierung zwischen dem niederländischen Außenministerium und dem BMZ, in Kooperation mit der KfW, wurden mit einem quasiexperimentellen Ansatz die Wirkungen der Entwicklungszusammenarbeit im Trinkwassersektor in Benin untersucht (vgl. IOB, BMZ u. KfW 2011).

Die Forderung nach stärkerer Wirkungsorientierung im Sinne eines „Management for Results" hat ihren Niederschlag auch in der Arbeit der deutschen NRO gefunden (vgl. Borrmann u. Stockmann 2009: 46, 49 ff., 116 ff.). Vor allem die kirchlichen Hilfswerke und die Deutsche Welthungerhilfe haben sich schon frühzeitig mit der Wirkungsbeobachtung auseinandergesetzt (vgl. Dolzer u. a. 1998, Brot für die Welt 2008, Bachmann, Cruzada u. Wright 2009). Wirkungsstudien, gemessen an methodisch adäquaten Standards (z. B. Vorher-/Nachher-, Zielgruppen-/Kontrollgruppenvergleich, Multimethodenansatz, statistisch fortgeschrittene Auswertungsmethoden etc.), sind hingegen selten. Dies liegt in vielen Fällen daran, dass für anspruchsvolle Wirkungsstudien oder gar „rigorous impact evaluations" keine ausreichenden Finanzmittel bereitgestellt werden. In der Zwischenzeit sind jedoch auch im NRO-Bereich eine Reihe von Wirkungsevaluationen durchgeführt worden.[76] Leider lässt sich die methodische Qualität dieser Studien nicht immer beurteilen, da die verwendeten Designs und die eingesetzten Datenerhebungs- und Auswertungsverfahren nicht ausführlich genug dargestellt werden.

Von der internationalen Gebergemeinschaft sind mittlerweile eine Vielzahl von Wirkungsstudien publiziert worden und es ist ein Trend zu rigorosen, d. h. methodisch aufwendigen Studien zu beobachten.[77]

In Deutschland ist dieser Trend zwar auch feststellbar, doch im Hinblick auf das Methodenverständnis scheint sich zwischen staatlichen und nicht staatlichen EZ-Organisationen eine zunehmende Kluft aufzutun. Auch wenn diese Aussage grob vereinfacht, da gerade der NRO-Bereich extrem vielfältig ist, so lässt sich doch im Prinzip behaupten, dass das neugegründete DEval und einige der staatlichen Durchführungsorganisationen, insbesondere GIZ und KfW verstärkt unabhängige Rigorous-Impact-Evaluationen in Auftrag geben oder selbst durchführen und/oder an Konzepten arbeiten, robuste Methoden in Standardverfahren der Wirkungsevaluation zu integrieren. Viele NRO vertrauen hingegen weiterhin partizipativen, rein qualitativen Verfahren, die bei der Projekt-/Programmplanung und -durchführung ihre Berechtigung haben, sich aber nicht für Wirkungsevaluationen eignen, die wissenschaftlichen Standards genügen sollen.

Diese Diskussion fand ihren Niederschlag in einem VENRO Positionspapier von 2010 mit dem Titel „Qualität statt Beweis", das schon im Titel suggeriert, dass Qualität ohne Beweis bzw. Nachweis auskomme (VENRO 2010). Dies widerspricht jedoch nicht nur den Prinzipien der Qualitätssicherung und der empirischen Sozialforschung, sondern auch dem Bestreben der staatlichen wie nicht staatlichen Organisationen, die Qualität der eigenen Arbeit gegenüber dem Steuerzahler bzw. Spender belegen zu wollen. Die Ausführungen von VENRO blieben deshalb nicht ohne Widerspruch (vgl. Meyer u. a. 2011: 136 ff.). Vor allem wurde bemängelt, dass der Anspruch von VENRO,

---

[76] Einschlägige Studien finden sich z. B. auf den Webseiten von Misereor, Welthungerhilfe, World Vision Deutschland, Hanns-Seidel-Stiftung, Konrad-Adenauer-Stiftung und Friedrich-Ebert-Stiftung.
[77] Vgl. die zusammenfassende Auswertung von Caspari und Barbu (2000), die Arbeiten am MIT Department of Economics unter der Leitung von Esther Duflo (vgl. MIT Department of Economics 2015) sowie die von 3IE finanzierten rigorosen Wirkungsstudien. Die 3IE- „impact evaluation database" bietet Informationen und Links zu über 2500 Wirkungsstudien weltweit (vgl. 3IE 2015).

Veränderungen in geeigneter Form belastbar zu ermitteln und den spezifischen Beitrag der jeweiligen Maßnahmen zu den Veränderungen herauszuarbeiten, mit einer rein partizipativen Wirkungsbeobachtung nicht eingelöst werden kann und dass die fast ausschließlich auf die Zielgruppe und deren Beurteilung der Wirksamkeit von Maßnahmen eingeengte Perspektive zu einseitigen Ergebnissen führt und weitere Wirkungsfelder außer Acht lässt (vgl. Krapp u. a. 2011: 320 ff.) Zudem wurde kritisiert, dass die einseitige Festlegung im VENRO-Papier auf partizipative Methoden, der Komplexität von Evaluationen und deren Kontexten nicht gerecht wird und man deshalb nicht von vornherein andere, möglicherweise angemessenere Methoden ausblenden sollte (vgl. Krapp u. a. 2011: 324).

In einer Replik auf diese Kritik hält VENRO dagegen, „dass partizipative Methoden häufig mit weniger Aufwand ebenso verlässliche Informationen beitragen wie herkömmliche Methoden" und es wird an der Ansicht festgehalten, dass die Zielgruppen in der Lage seien, Wirkungszusammenhänge zu erkennen und dementsprechend auch zu bewerten (vgl. Mack u. a. 2011: 315 ff.).

In einem vom BMZ, VENRO und CEval gemeinsam veranstalteten „Dialogtag Wirkungen" mit dem Ziel, die verschiedenen Ansätze zu Wirkungsmonitoring und -evaluation zu diskutieren, konnte Ende 2011 ein offener Austausch über die unterschiedlichen Sichtweisen geführt werden. Im Rahmen von Tagungen und Konferenzen, vor allem der *Gesellschaft für Evaluation* (DeGEval) und der *European Evaluation Society* (EES), NONIE und 3IE hält diese Diskussion bis heute an. Dabei ist zu beobachten, dass sich zunehmend eine Position herausbildet, die die Kritik an einer einseitigen Verwendung von quantitativen Methoden (z. B. bei den Ökonometrikern zu beobachten) genauso ernst nimmt wie die Kritik an der einseitigen Verwendung qualitativer Verfahren. In den 1990er-Jahren gewannen die partizipativen Methoden als Reaktion auf die experimentellen und quantitativen Verfahren der Evaluationsforschung immer mehr an Bedeutung (vgl. Stockmann u. Meyer 2010: 191 ff.). Doch die im Anschluss daran auftretende Kritik an partizipativen, rein qualitativ ausgerichteten Evaluationskonzepten wurde lange Zeit ignoriert (vgl. Caspari 2006: 365 ff.).

Mittlerweile ist sich jedoch eine Mehrheit der Evaluationsforscher einig, dass eine solche Entweder-Oder-Position keinen Sinn ergibt, da beide Forschungsansätze notwendig und nützlich sind, da sie für unterschiedliche Fragestellungen angewendet werden können. Die Forderung, deshalb möglichst verschiedene Methoden anzuwenden, da sie jeweils unterschiedliche Perspektiven über einen Evaluationsgegenstand vermitteln, darf allerdings nicht mit einem „everything goes" verwechselt werden, denn jede Fragestellung erfordert einen passenden Methodenmix und – nicht zu vergessen – ein adäquates Untersuchungsdesign.

4.6 Lehren für die Zukunft

Für die Evaluation der Wirksamkeit der Entwicklungszusammenarbeit lassen sich aus den bisherigen Erfahrungen und Studien einige Lehren für die Zukunft ziehen:

1. Jede Wirkungsevaluation sollte auf einem theoriebasierten Konzept aufbauen, in dem klar die verschiedenen Interventionen, die erwarteten Wirkungen und die Rahmenbedingungen analysiert werden. Anders ausgedrückt: zu Beginn einer Evaluation sind klar Input, Output (die vom Programm erbrachten Leistungen), Outcome (die vom Programm erzielten intendierten Wirkungen) und Impact (alle beobachteten Veränderungen, also auch die, die von anderen Faktoren ausgelöst wurden sowie die nicht intendierten Interventionswirkungen) analytisch voneinander zu trennen. Dabei kann die Erarbeitung eines LogFrame hilfreich sein. Entscheidend ist die Entwicklung von Ursache-Wirkungs-Hypothesen, die logisch aufeinander aufbauen (Wirkungsketten): Wenn A dann B, wenn B dann C etc. Dabei besteht allerdings die Gefahr, die Realität allzu sehr zu vereinfachen. Für komplexe Programme reicht deshalb nicht eine simple Wirkungskette aus, sondern es muss vielmehr ein Wirkungsgefüge erstellt werden, das die Kontextbedingungen ausreichend berücksichtigt.
2. Die Auswahl des Untersuchungsdesigns hängt nicht nur von der Fragestellung ab, sondern auch von der Art des Programms und den Rahmenbedingungen, also z. B. ob ein experimentelles Design (mit Randomisierung), ein quasiexperimentelles Design oder andere Designs, die ebenfalls robuste Daten liefern können, wie z. B. Paneldesigns und Zeitreihenanalysen, einsetzbar sind. Auf jeden Fall erfordern eine Wirkungsmessung und ihre Ursachenzuschreibung wenigstens den Vergleich zwischen mindestens zwei Zeitpunkten (Vorher/Nachher) und zwischen Ziel- und Kontrollgruppen (randomisiert) bzw. Vergleichsgruppen (nicht randomisiert). Dafür gibt es unterschiedliche Lösungen und keine kann per se für sich behaupten, der Königsweg oder der „Goldstandard" (Patton) zu sein. Auch die zur Zeit hoch gehandelten randomisierten Kontrollgruppendesigns (Experiment) weisen eine Reihe von Problemen auf (z. B. geringe externe Validität), auf die hier nicht eingegangen werden soll (vgl. stattdessen Stockmann u. Meyer 2010: 191 ff.).
3. Es herrscht mittlerweile unter den Fachleuten ein weitgehender Konsens, dass für eine Wirkungsevaluation eine breite, möglichst repräsentative Befragung der Zielgruppen (die in den Genuss von Programmmaßnahmen gekommen sind) und Vergleichsgruppen (die davon ausgeschlossen waren) unabdingbar notwendig ist (vgl. White 2006: 20, Caspari u. Barbu 2008: 30, Böhnke u. a. 2009). Hierfür reichen einige Gespräche mit Zielgruppenvertretern oder die Durchführung einiger Gruppeninterviews oder Fokusgruppen nicht aus. Eine Vielfalt von Studien – auch zur deutschen Entwicklungszusammenarbeit (vgl. Possinger u. von Jan 2014, Reade 2008, 2009, Stockmann 1992, 1996c, Stockmann u. a. 2000) – zeigen, dass eine standardisierte Befragung (survey) sowohl von Ziel- und Vergleichsgruppen nicht nur durchführbar, sondern auch finanziell tragbar ist. Da Baseline-Daten häufig fehlen und deshalb mühsam retrospektiv (aus Dokumenten, Statistiken oder über Befragungen) rekonstruiert werden müssen, um den „Vorher"-Zustand beschreiben zu können, liegt hier eine zentrale Herausforderung für anspruchsvolle Wirkungsevaluationen. Es bedeutet nämlich, dass solche Wirkungsstudien schon von Programmbeginn an mitgedacht werden müssen. Idealerweise müssen

von Anfang an Daten für Indikatoren gesammelt werden, die dann Monate oder gar Jahre später als Vergleichsgrößen für die Wirkungsmessung herangezogen werden. Solche Baseline-Studien sind in der internationalen wie deutschen Entwicklungszusammenarbeit bisher Mangelware.

4. Entsprechend der vorangestellten Ausführungen zum „Methodenstreit" ist zu konstatieren, dass in den meisten Fällen sowohl quantitative als auch qualitative Datenerhebungsinstrumente notwendig sind. Während quantitative Verfahren in der Regel für eine höhere Repräsentativität sorgen können, dienen die qualitativen Methoden dazu, Sachverhalten die nötige Tiefenschärfe zu verschaffen. Die Frage nach Art und Umfang von Wirkungen benötigt eine gewisse Repräsentativität. Die Frage danach, weshalb und auf welche Weise ein Programm Wirkungen hervorgebracht hat oder nicht, bedarf einer tiefergehenden Analyse, für die sich Intensivinterviews eindeutig besser eignen als standardisierte Fragebögen.

5. Wenn eine Programm-/Wirkungs„theorie" vorliegt, können bei ausreichender Datenqualität statistisch anspruchsvollere Auswertungsmethoden angewendet werden. Insbesondere mithilfe regressionsbasierter Ansätze lassen sich auf der Grundlage des „theoretischen" Modells Zusammenhänge zwischen Maßnahme und Wirkungen sowie weiterer relevanter Einflussfaktoren statistisch überprüfen.

6. Wirkungsevaluationen sind Expertensache. Die theoretischen und methodischen Anforderungen an robuste Wirkungsevaluationen sind hoch und können nur von dafür ausgebildeten Fachleuten geplant und durchgeführt werden. Hinzu kommen Spezialkenntnisse, wie sie z. B. bei der Anwendung von Matching-Verfahren zur Konstruktion adäquater Vergleichsgruppen auf der Basis von Sekundärdaten notwendig sind. Da bei umfassenden Evaluationen, wie es Wirkungsevaluationen sind, nicht nur diese Qualifikationen erforderlich sind, sondern z. B. auch Fach-, Sektor-, Länder-, Sprachkenntnisse etc., ist es oft zweckmäßig, Evaluationsteams zu bilden, die sich komplementär ergänzen und Partnerkräfte vor Ort miteinbeziehen.

7. Noch nicht ausreichend thematisiert ist die Frage, wie im Kontext von Impact-Evaluationen die weiteren DAC-Kriterien (Relevanz, Effektivität, Effizienz und Nachhaltigkeit) untersucht werden können. Diese wurden zwar bereits Anfang der 1990er-Jahre in den „DAC-Principles" definiert, ohne jedoch zu erläutern, in welchem Zusammenhang sie zueinander stehen, was in der Regel dazu führt, dass sie in Evaluationsstudien relativ unabhängig voneinander abgehandelt werden. Caspari (2004: 220 ff.) macht einen Vorschlag, wie die DAC-Kriterien in ein Pfadmodell für Ursache-Wirkungs-Hypothesen eingebaut werden können. Allerdings sollte dabei nicht außer Acht gelassen werden, dass Wirkungsevaluationen leicht überfrachtet werden können, wenn unter diesem Titel zu viele verschiedene Anforderungen gestellt werden.

8. Die bisherigen Impact-Studien waren vor allem Programmevaluationen. Mit dem Aufkommen neuer EZ-Instrumente wird jedoch die Wirkungsevaluation vor neue oder zusätzliche Herausforderungen gestellt. Dies gilt bei Gemeinschaftsfinanzierungen (Budgethilfe, General Budget Support) oder vergleichbaren sektor-

weiten Ansätzen (Sector Wide Approaches = SWAp) nicht nur für die Evaluation, sondern zuvor schon für die Entwicklung der Programmtheorie und ihre Ursache-Wirkungs-Hypothesen. Da diese neuen Instrumente die Beziehung zwischen Geber- und Empfängerland neu definieren, und da Budgethilfe und sektorweite Ansätze die Partnerländer in die Lage versetzen sollen, ihre eigenen Ziele zu erreichen, ist genauer zu klären, was Gegenstand der Analyse sein soll, z. B. die Wirkungen des Ansatzes oder der Budgethilfe auf die (Sektor-)Politik des Empfängerlands; die Wirkungen der veränderten (Sektor-)Politik des Partnerlands bei den Zielgruppen; oder die Wirkungen auf die Haushaltspolitik des Partnerlands (z. B. Substitutionseffekte). Zum Anderen erfordert die Evaluation von Wirkungen des „Budget Support" und SWAp eine besondere Methodik. Während es einen zunehmenden Konsens über Methoden und Techniken für die Wirkungsevaluation von Projekten und Programmen gibt, existieren bisher erst wenige Erfahrungen dazu, wie die Wirkungen dieser neuen Instrumente geprüft werden könnten. Ein grundsätzliches Problem wird darin gesehen, dass sich bei SWAp oder Budget Support schwerlich Vergleichsgruppen zur Abbildung des Kontrafaktischen bilden lassen (vgl. zusammenfassend Caspari u. Barbu 2008: 32f.).

9. Nicht jedes Projekt oder Programm muss einer Wirkungsanalyse unterzogen werden. Manchmal ist weniger mehr. Wenn nicht genügend finanzielle Ressourcen zur Verfügung stehen, sollten diese auf eher wenige, dafür qualitativ hochwertige Wirkungsevaluationen konzentriert werden. Entscheidend ist, dass EZ-Organisationen, staatliche wie private, solche Evaluationen in ihrem Evaluationsportfolio haben. Aufgrund des hohen personellen, finanziellen und zeitlichen Ressourcenaufwands, den robuste Wirkungsevaluationen erforderlich machen, sollten diese sorgfältig ausgewählt werden. Dabei können verschiedene Überlegungen eine Rolle spielen.

   a) Ein zentrales Auswahlkriterium stellt das zu erwartende Lernpotenzial dar, also inwieweit angenommen wird, dass die Evaluationsergebnisse für zukünftige Vorhaben von Bedeutung sein werden. Dies ist dann der Fall, wenn eine „Policy" oder ein Programm von strategischer Bedeutung für die Erreichung eines Entwicklungsziels (z. B. Armutsreduzierung) ist. Mit solchen Impact-Evaluationen kann man herausfinden, ob bzw. inwieweit ein Programm dazu beiträgt, diese Ziele zu erreichen, wie es verbessert werden kann etc. Lernpotenzial ist auch dann gegeben, wenn ein neuer, vielversprechender, innovativer Entwicklungsansatz oder ein neues Förderinstrument auf ihre Wirksamkeit hin geprüft werden sollen, bevor diese in einem größeren Umfang eingesetzt werden. Manchmal interessiert die Frage, ob ein Programm, das sich in einem bestimmten Länder- oder Sektorkontext bewährt hat, auch unter anderen Bedingungen erfolgreich ist. Dies kann ebenfalls ein Ansatzpunkt für eine Wirkungsevaluation sein.

   b) Ein nicht weniger wichtiges Auswahlkriterium ist das Interesse der Öffentlichkeit, des Gebers oder des Partnerlands, zu erfahren, ob die geförderten Programme oder propagierten Entwicklungsstrategien wirkungsvoll sind, um die dafür aufgewendeten Ressourcen zu legitimieren. In Zeiten knapper Finanzmittel steht die Entwicklungszusammenarbeit immer besonders in der Kritik. Eingangs wurde dargestellt, dass es in zyklischen Abständen immer wieder zu fundamentalen Angriffen auf die Entwicklungszusammenarbeit kommt, denen die Entwicklungszusammenarbeit jedoch nicht wirklich überzeugende Belege für ihre Wirksamkeit entgegensetzen kann. Deshalb ist es von besonderer Bedeutung methodisch sauber zu überprüfen, ob bzw. inwieweit die aufgewendeten Mittel die gewünschten Wirkungen zeigen, ohne gleichzeitig so gravierende Nebenwirkungen zu haben, dass diese wieder konterkariert werden.

c) Wirkungsevaluationen erzielen vor allem dann einen „Mehrwert" gegenüber herkömmlichen Evaluationen, wenn bestimmte Durchführungsvoraussetzungen gegeben sind. Dies ist der Fall, wenn
   - der Evaluationsgegenstand klar abgegrenzt werden kann;
   - Baseline-Daten vorhanden sind, die mit den Daten zum Evaluationszeitpunkt für die ausgewählten Indikatoren verglichen werden können;
   - Monitoring-Daten und glaubwürdige Sekundärdaten vorliegen, die sich für den Vorher-Nachher-Vergleich verwenden lassen;
   - sich Ziel- und Vergleichsgruppen gut voneinander abgrenzen lassen (was z. B. dann schwierig ist, wenn alle von der zu evaluierenden Programmmaßnahme oder von Maßnahmen anderer Geber in diesem Sektor profitieren);
   - das Programm, das auf seine Wirkungen hin evaluiert wird, vom Volumen her groß genug war, damit überhaupt messbare Wirkungen entstehen konnten;
   - das Programm nur so komplex ist, dass die abgeleiteten Ursache-Wirkungs-Stränge auch theoretisch wie methodisch isoliert und einzeln auf ihre Wirksamkeit hin untersucht werden können;
   - die Projektverantwortlichen des Auftraggebers aber auch die Partnerorganisationen die Evaluation voll mittragen und unterstützen.

10. „Geht nicht – gibt's nicht!" würde man am liebsten den vielen Bedenkenträgern entgegenhalten, die ohne es vorher einmal ausprobiert zu haben, schon wissen, warum Wirkungsanalysen nicht (!) durchgeführt werden können. Ein häufig vorgebrachtes Argument ist, dass sie zu teuer seien. In der Tat, Wirkungsevaluationen mit einem aufwendigen Design benötigen mehr Ressourcen als herkömmliche Evaluationen. Wenn man 5 bis 10 % eines Programmbudgets als maximale Obergrenze für eine Wirkungsevaluation ansetzen würde, dann bedeutet dies, dass Projekte mit einem Programmvolumen von 100.000 bis 200.000 Euro kaum einer aufwendigen Wirkungsevaluation unterzogen werden können, Projekte ab 300.000 Euro aufwärts jedoch schon. Da – wie vorher betont – nicht für jedes Projekt oder Programm eine Wirkungsevaluation durchgeführt werden muss, bedeutet diese Faustregel keineswegs, dass alle Projekte ab einem bestimmten Volumen 5 bis 10 % für Wirkungsevaluationen einplanen sollten. Ab

einem bestimmten Programmvolumen nimmt der Anteil sowieso degressiv ab. Möchte man Projekte mit geringem Finanzvolumen einer Wirkungsevaluation unterziehen, empfiehlt es sich, mehrere Projekte der gleichen Art zu clustern, um die Evaluationskosten gemeinsam zu tragen. Zudem empfiehlt sich das Anlegen von organisationsinternen Fonds für die Durchführung von ausgewählten Wirkungsevaluationen.

Häufig wird bei dem Kostenargument, das gegen umfassende Wirkungsanalysen vorgebracht wird, übersehen, dass auch die Nicht-Durchführung solcher Evaluationen Geld kostet. Wenn Geld in Programme gesteckt wird, die keine oder kaum Wirkungen zeigen, wird dieses vergeudet. Niemand würde auf die Idee kommen, ein Medikament einzunehmen, das nicht in mehrfachen klinischen Tests auf seine Wirksamkeit und seine Nebenwirkungen hin ausreichend evaluiert worden ist. Bei EZ-Programmen, für die hohe Finanzbeträge dafür eingesetzt werden, das Verhalten von Menschen zu ändern, ihre Lebensverhältnisse umzugestalten, Gesellschafts-, Unternehmens- oder Familienstrukturen umzubauen, Einfluss auf ihre Kulturen und Wertvorstellungen zu nehmen, wurden (bisher) keine vergleichbaren Standards formuliert.

Dies bringt einen zum nächsten, oft gehörten Gegenargument, Wirkungsevaluationen seinen unethisch, insbesondere wenn sie ein experimentelles Design verwenden, da die Kontrollgruppe bewusst keine Programmunterstützung erhält. Doch dieses Argument wäre nur dann stichhaltig, wenn alle Personen zu Beginn eines Projekts auch gleichzeitig versorgt werden könnten. Doch dies ist sehr häufig nicht der Fall, da die Ressourcen oder die Logistik gar nicht ausreichen, alle gleichzeitig zu bedienen. Dies kann man sich in einer Wirkungsevaluation zunutze machen, indem frühe Nutzer mit solchen Personen verglichen werden, die erst später von dem Programm profitieren. Selbst ein randomisiertes Experiment ist denkbar, wenn Teilnehmer und Nicht-Teilnehmer z. B. über eine Lotterie ausgewählt werden. Bis jetzt hat jedenfalls noch niemand protestiert, dass das häufig bei der Vergabe von Studienplätzen oder überfüllten Seminaren angewendete Losverfahren unethisch sei. Vielmehr scheint es unethisch, Programme, die zentral in die Lebensbereiche, Wertvorstellungen und Traditionen von Menschen und Völkern eingreifen, nicht auf ihre Wirkungen hin zu untersuchen, wobei den nicht intendierten Wirkungen keine geringere Bedeutung zukommt als den intendierten.

Die bisherigen Wirkungsevaluationen haben gezeigt, dass derartige Untersuchungen grundsätzlich realisierbar sind und welche administrativen, operativen, theoretischen und methodischen Probleme es dabei zu bewältigen gilt. Zudem ist mittlerweile bekannt, wie sich Wirkungsevaluationen noch effektiver und effizienter planen und durchführen lassen und was bei der Auswahl von zu evaluierenden Programmen zu beachten ist, um ihren „Mehrwert" zu steigern, damit Lernpotenziale erschlossen und den Fundamentalkritikern, aber auch allen Steuerzahlern und Spendern fundierte Belege für eine wirksame Entwicklungszusammenarbeit präsentiert werden können.

Damit hierfür die politischen und institutionellen Voraussetzungen geschaffen werden können, haben sich auf internationaler Ebene staatliche (NONIE) und nichtstaatliche (3IE) Strukturen herausgebildet, die Wirkungsevaluationen unterstützen und finanzieren. In Deutschland lassen sich auf nationaler Ebene bisher keine vergleichbaren Pendants erkennen. Wie die Untersuchung des Evaluationssystems der deutschen Entwicklungszusammenarbeit ergab, ist eine Reihe von Reformschritten notwendig, um die Unabhängigkeit, Glaubwürdigkeit, Qualität, Nützlichkeit und Partnerschaftlichkeit des Evaluationssystems zu stärken. Diese Befunde können hier im Einzelnen nicht dargestellt werden (vgl. stattdessen Borrmann u. Stockmann 2009).

Im Hinblick auf die Wirksamkeit der Entwicklungszusammenarbeit ist zu konstatieren, dass das Evaluationssystem der deutschen Entwicklungszusammenarbeit zwar immer mehr, aber noch nicht ausreichend profunde, methodisch und statistisch belastbare Ergebnisse produziert hat. Bisher konnte auch das 2012 gegründete DEval hierzu noch keinen wesentlichen Beitrag leisten. Ein Grundproblem besteht darin, dass die in Kapitel 3.4.2 dargestellte Zersplitterung des deutschen EZ-Systems auch zu einer äquivalenten Parzellierung des Evaluationssystems geführt hat. Mit der Folge, dass jede Organisation bei der Durchführung von Wirkungsevaluationen an ihren eigenen Entwürfen und Instrumenten bastelt und ihren eigenen Regeln folgt. Häufig bremsen mangelnde Finanzmittel beabsichtigte Wirkungsevaluationen aus, ohne die Gelegenheit zu nutzen, stattdessen gemeinsame „Joint-Evaluations" durchzuführen. Was die Entwicklungspolitik auf internationaler Ebene fordert, ist sie offenbar nicht bereit, auf nationaler Ebene – die ihrem Einflussbereich unterliegt – umzusetzen oder gar erst einmal zu verlangen. Die Bemühungen des BMZ mit der Durchführung jährlicher Treffen der Evaluierungseinheiten deutscher EZ-Organisationen, Workshops und Tagungen haben jedenfalls nicht dazu geführt, die Segmentierung der Evaluationsaktivitäten der verschiedenen Durchführungsorganisationen zu überwinden. Hier könnte das DEval in Zukunft eine prägende und einflussreiche Rolle spielen. Was in Deutschland fehlt, ist

1. ein Zusammenschluss der Evaluierungseinheiten auf nationaler Ebene, der die NRO, die an diesem Thema Interesse zeigen, miteinschließt,
2. eine 3IE-vergleichbare Einrichtung, die Forschungs- und Evaluationsaufträge anhand wissenschaftlicher Standards vergibt und
3. ein Finanzierungsfonds, der diese Art von Evaluationen fördert.

Da die wissenschaftlichen Forschungsförderer (wie z. B. DFG oder VW-Stiftung) an Evaluationsfragestellungen außerhalb des Forschungs- und Hochschulbereichs bisher kaum Interesse gezeigt haben, die EZ-Ressortforschung schon seit vielen Jahren über kein größeres Budget verfügt und aufwendige Designs für Wirkungsevaluationen nur schwerlich (im Nachhinein) aus den Programmetats finanziert werden können, ist die Bereitstellung von Finanzmitteln und der Aufbau einer an den Interessen und Bedürfnissen der staatlichen wie nicht staatlichen EZ-Organisationen orientierten Vergabestruktur ein Gebot der Stunde. Auf diese Weise könnten Entwicklungsarbeiten gebündelt, Wirkungsstudien aufeinander abgestimmt, qualitativ hochwertige Studien produziert und die Ergebnisse rasch in den Geberkreis zurückgespiegelt werden. Über die vorgelegten Wirkungsstudien würden nicht nur neue Lernpotenziale für das gemeinsame Lernen aus staatlicher und nicht staatlicher Entwicklungszusammenarbeit eröffnet, sondern auch die Legitimität und Glaubwürdigkeit der Entwicklungszusammenarbeit als Ganzes gestärkt.

5 Entwicklungspolitischer Reformbedarf

Wie eingangs dargestellt, stehen *Entwicklungstheorien und -strategien* in einem engen Interdependenzverhältnis zueinander, wobei nicht klar ist, ob die Strategien den Theorien folgen oder umgekehrt. In der wechselvollen, in Teil I dieses Buches detailliert dargestellten Geschichte der Theorien und Ansätze haben sich einige *Komponenten* herauskristallisiert, die die aktuellen Entwicklungsstrategien und auch die Themen der internationalen Entwicklungskonferenzen sowie die dort verabschiedeten Erklärungen bestimmen. Diese sind
- die Überzeugung, dass Entwicklung ohne Wirtschaftswachstum nicht möglich ist,
- die Ablösung des neoliberalen Markt- und Wachstumsmodells durch die Konzepte der nachhaltigen Entwicklung und des grünen Wirtschaftens[78], die eine Balance zwischen ökonomischen, ökologischen und sozialen Entwicklungserfordernissen propagieren,
- der empirische Nachweis, dass nachholende Entwicklung möglich ist und steuernd beeinflusst werden kann,
- dass funktionierende staatliche Strukturen und Institutionen (Good Governance) neben einer gewissen Marktliberalität zentrale Entwicklungsvoraussetzungen darstellen,
- die Einsicht in die Globalität der Zusammenhänge, aus denen sich kein Staat herauslösen kann,
- die Überzeugung, dass Entwicklungspolitik allein die Welt nicht verändern kann, sondern dass sie sich unter Einbezug aller relevanten Politiken (z. B. Außen-, Wirtschafts-, Umwelt-, Friedenspolitik) zu einer globalen Strukturpolitik fortentwickeln muss.

Auf diesen *Kernprinzipien* basieren die Entwicklungsanstrengungen der beiden letzten Dekaden, die zudem durch wegweisende internationale Konferenzen geprägt wurden. In diesen wurde versucht, eine Reihe längst bekannter entwicklungspolitischer Probleme nicht nur zu thematisieren, sondern auch Lösungsmöglichkeiten anzubieten.

Die MDGs rückten das Kernproblem „Armut" in den Fokus und zeichneten mit ihren Zielvorgaben lange Zeit die Entwicklungsrichtung vor. Die in den letzten Jahren

---

[78] In den letzten Jahren wurde das Konzept des grünen Wirtschaftens („green economy"), in die Debatten um eine nachhaltige Entwicklung eingeführt und bildete beispielsweise eines der Hauptthemen beim Rio+20-Gipfel 2012 in Brasilien. Der Begriff ist dabei ähnlich ambivalent wie der Begriff der Nachhaltigkeit und bietet Raum für sehr unterschiedliche Interpretationen. Während er von manchen synonym mit grünem Wachstum („green growth") gebraucht wird, bildet er für andere die Chance zu einer umfassenden gesellschaftlichen Transformation und größerer sozioökologischer Gerechtigkeit. Vor diesem Hintergrund verwundert es nicht, dass bisher keine international einheitliche Definition dieses Konzepts vorliegt. Für eine Zusammenstellung von Publikationen diverser internationaler Organisationen zum Thema vgl. UN Division for Sustainable Development 2012. Vgl. auch OECD 2011b, UN Environment Programme 2011 sowie Weltbank 2012.

intensiv geführten Debatten um die Post-2015-Entwicklungsagenda, das Thema „Green Economy" und die „Sustainable Development Goals" knüpfen an die MDGs an und lenken den Blick in diesem Zusammenhang verstärkt auch auf die Themen „Umwelt" und „Nachhaltigkeit". Daneben haben sich eine Reihe von Folgekonferenzen mit zentralen Handlungsproblemen der Entwicklungspolitik auseinandergesetzt: Der Entwicklungsfinanzierung, der Harmonisierung der bilateralen und multilateralen Entwicklungsanstrengungen und der Steigerung der Wirksamkeit der Entwicklungszusammenarbeit, zuletzt auch verstärkt unter Berücksichtigung des Engagements der sogenannten neuen Geber. Allen Unkenrufen zum Trotz haben diese Konferenzen etwas in der *Entwicklungslandschaft verändert:*

Die bilateralen und multilateralen Geber haben ihre Programme und Handlungsprinzipien tatsächlich an den MDGs und wichtigen Erklärungen der internationalen Konferenzen dieser Dekade orientiert. Die deutsche Entwicklungspolitik, die hier näher dargestellt wurde, hat sich mit ihrer Ausrichtung an den MDGs im „Aktionsplan 2015" sowie den Zielvorgaben der Paris Declaration in einem doppelten Koordinatensystem verankert, das die Entwicklungsziele und die Art ihrer Umsetzung definiert.

Innerhalb von zehn Jahren (2003–2013) stieg das internationale Finanzvolumen für die Entwicklungszusammenarbeit von 70 Mrd. US-Dollar auf deutlich über 135 Mrd. US-Dollar (siehe OECD 2014a). Auch die deutsche ODA hat sich als Folge der internationalen Erklärungen nach Jahren der Degression und Stagnation wieder erhöht (siehe Kapitel 3.2). Selbst in die immer wieder beklagte Koordination zwischen den Geberländern ist Bewegung gekommen. Doch noch immer tummeln sich in jedem Entwicklungsland eine Vielzahl internationaler und nationaler Geber, die keineswegs einem gemeinsamen Entwicklungsplan folgen. Die Geber-Fragmentierung müsste deutlich reduziert werden, auf bi- wie multilateraler Ebene, um zu einer besseren Koordinierung zu gelangen. Die EU, die über die Hälfte der weltweiten ODA bereitstellt, könnte hierbei eine zentrale Rolle spielen, wenn es ihr allein gelänge, ihre eigene Politik und die ihrer Mitgliedsstaaten auf eine Linie zu bekommen (vgl. Klingebiel, Morazán u. Negre 2014). Aber auch die Vielfalt der in einem Land tätigen UN-Organisationen bedürfte einer Restrukturierung und kohärenten Koordination. Die in Marrakesh (2004), Paris (2005) und Accra (2008) vereinbarten Prinzipien
- ownership of development priorities by developing countries,
- focus on results,
- inclusive development partnerships, und
- transparency and accountability to each other

zur Steigerung der Wirksamkeit der Entwicklungszusammenarbeit sollten Meilensteine, die den weiteren Entwicklungsweg markieren, darstellen. Die in Busan (2011) vorgelegte Evaluation zur Umsetzung dieser Prinzipien lieferte jedoch ernüchternde Ergebnisse, die zur Gründung der Global Partnership for Effective Development Cooperation (GPEDC) führten. Mit dieser Partnerschaft, der sich mittlerweile 161 Staaten und 54 internationale Organisationen angeschlossen haben, wird u. a. auch das Ziel verfolgt, „neue" Geberländer wie China oder Indien besser einzubinden. Dies ist bisher jedoch nicht gelungen. Nach wie vor sind eine Reihe großer Schwellenländer der Wirksamkeitsagenda nicht beigetreten, sodass das erste hochrangige Treffen der „globalen Partnerschaft" im April 2014 in Mexiko allgemein als Fehlschlag gewertet wurde. Selbst in der Abschlusserklärung heißt es dort: „The unfinished aid effectiveness agenda remains a critical concern" (GPEDC 2014: 2). Janus, Klingebiel und Mahn (2014b: 2) kommen deshalb zu dem Ergebnis, dass die Wirksamkeitsagenda faktisch kaum noch existent sei. Sie beklagen, „dass Geber (einschließlich Deutschland) trotz anderslautender Bekundungen und Verpflichtungen ihre Zusagen für wirksamere Entwicklungszusammenarbeit nicht einhalten". Der Fortschrittsbericht der „Global Partnership" kommt allerdings zu einem anderen Ergebnis, „that despite global economic turbulence, changing political landscapes and domestic budgetary pressures, commitment to the Busan principles remains strong" (OECD u. UNDP 2014: 16).

Natürlich sind die in Paris eingegangenen Verpflichtungen, die Zusammenarbeit stärker als bisher an der Eigenverantwortung und den Partnerbedürfnissen auszurichten und die gegenseitige Rechenschaftspflicht zu pflegen, wohlfeile, immer wieder geforderte Ziele. Hierfür würde es komplexer, langfristig angelegter Capacity-, Institution- und State-Building-Strategien bedürfen, die in starkem Kontrast stehen „to the current trend to merely employ technical assistance as a short-term, consultant-based means to reduce disbursement pressures in the context of massive budget-support flows" (Faust u. Messner 2007: 20). Zudem macht die Ausrichtung der bilateralen und multilateralen Hilfsangebote an den nationalen Entwicklungsplänen nur dann Sinn, wenn es sich dabei um Staaten handelt, deren Eliten nicht nur ihre Herrschaftsbasis sichern wollen, sondern denen auch am Allgemeinwohl ihrer Bürger gelegen ist.

Unstrittig ist, dass nicht nur die Geberländer ihre Anstrengungen verstärken müssen, sondern auch die Partnerländer. Um die Prinzipien für eine Effective Development Cooperation umzusetzen, braucht es ein differenziertes Konzept, in dem die Zusammenarbeit zwischen den Gebern und ihren Partnerländern definiert ist. Dabei ist zu unterscheiden, ob es sich um ein Partnerland handelt, das die strukturellen und politischen Voraussetzungen für ein selbstbestimmtes Entwicklungskonzept aufweist, an dem sich die Geber orientieren können, oder ob es um einen Staat geht, bei dem korrupte Machteliten die Ressourcen eines Landes ausbeuten und sich nicht um die Entwicklung eines Staatswesens kümmern. Regierungen solcher Länder können kaum für sich in Anspruch nehmen, verantwortungsbewusste Partner zu sein, an deren Zielen sich die Geberunterstützung ausrichten soll.

Blickt man auf die *deutsche Entwicklungszusammenarbeit*, dann wird deutlich, dass diese unter einem besonderen *Reformdruck* steht. Politisch hat sich die staatliche wie nicht staatliche Entwicklungszusammenarbeit den neuen Themen geöffnet. Die verschiedenen Regierungen haben in den letzten beiden Dekaden ihre Förderstrategie den MDGs und der Paris Declaration angepasst, Kritik angenommen und z. B. die Zahl der Förderländer und -sektoren drastisch reduziert, die Finanzmittel für die Entwicklungszusammenarbeit trotz der Wirtschaftskrise aufgestockt und die Mitwirkungsrechte des BMZ bei globalen Fragen gestärkt. Zudem verfügt die staatliche Entwicklungszusammenarbeit über eine breite Palette entwicklungspolitischer Instrumente. Die organisatorische Zersplitterung wurde zumindest in der Technischen Zusammenarbeit durch die GIZ-Fusion beseitigt. Die instrumentelle und organisatorische Trennung von Technischer (TZ) und Finanzieller Zusammenarbeit (FZ) stellt jedoch nach wie vor ein zentrales Problem dar. Alle Versuche diese Spaltung durch die Zusammenführung der KfW Entwicklungsbank und der ehemaligen GTZ zu überwinden, sind jedoch bisher, wie dargestellt, gescheitert. Obwohl sich die Grenzen zwischen FZ und TZ längst aufgelöst haben und Programme in der Regel beide Komponenten aufweisen, ist es den größten deutschen staatlichen Durchführungsorganisationen gelungen, sich gegen die Interessen des BMZ durchzusetzen, das die Fusion politisch in die Wege geleitet hatte. Dies macht einen weitaus größeren Reformbedarf in der deutschen Entwicklungszusammenarbeit deutlich als der einer organisatorischen Verschlankung des staatlichen Durchführungsapparats.

Das BMZ braucht eine Stärkung innerhalb des Kabinetts, weil Entwicklungspolitik weniger als je zuvor für sich allein steht, sondern als globale Strukturpolitik die Fachgebiete anderer Ministerien direkt berührt. Das BMZ benötigt darüber hinaus eine Stärkung seiner Steuerungskompetenz gegenüber seinen Durchführungsorganisationen, gerade dann, wenn organisatorische Fusionen diese noch mächtiger machen. Deshalb wäre hier dringend eine Systemreform zu empfehlen, die zudem über den Bereich der Entwicklungszusammenarbeit hinausgeht und auch die Politikfelder umfasst, die eine globale Strukturpolitik und Nachhaltigkeitspolitik mitbestimmen.

Diese Vorschläge zur Reform von internationalen und nationalen Strukturen und Prozessen der Entwicklungszusammenarbeit gehen allesamt von der Prämisse aus, dass diese zwar noch effektiver und effizienter organisiert werden kann, aber prinzipiell wirksam ist oder zumindest wirksam sein kann. Doch diese Annahme stellt keineswegs einen gesellschaftspolitischen Konsens dar. Vielmehr wird die *Wirksamkeit der Entwicklungszusammenarbeit* immer wieder fundamental infrage gestellt. Hinzu kommt, dass jeder, der in der Entwicklungszusammenarbeit tätig ist, gescheiterte Projekte kennt. Dennoch ist die Aufzählung von persönlichen Erfahrungen keine valide Datenquelle. Die Wissenschaft hat zu diesem wichtigen Thema jedoch ebenfalls keine erschöpfenden Antworten zu bieten. Experten, die den Misserfolg der Entwicklungszusammenarbeit belegen wollen, finden in den internationalen Statistiken, je nach Auswahl der Indikatoren, Daten, die positive oder negative Entwicklungsszenarien nachzeichnen lassen. Zudem sagen diese Statistiken z. B. über die Reduzierung der Armut, die Verbesserung des Bildungs- und Gesundheitszustands oder über den Zerfall von Staaten, Korruption und Verelendung nur wenig über die Wirksamkeit oder Unwirksamkeit der Entwicklungszusammenarbeit aus.

Auf diese Frage versuchen makroökonomische Aggregatdatenanalysen Auskunft zu geben, allerdings ohne Erfolg. Obwohl seit den 1970er-Jahren unzählige dieser Studien vorgelegt wurden, zeigt sich ein äußerst zwiespältiges Bild: Studien, die den Zusammenhang zwischen EZ-Transfers und Wirtschaftswachstum (unter bestimmten Bedingungen) belegen und solche, die diesen Befunden wiederum regelmäßig widersprechen. Gerade in der Zeit nach der Jahrtausendwende, in der die MDGs die internationale Gemeinschaft massiv mobilisiert haben, um gezielt und gemeinsam die Armut in der Welt zu reduzieren und in der die internationalen Geber und vielbeachtete Entwicklungsexperten (wie z. B. Jeffrey D. Sachs) eine Vervielfachung der finanziellen Entwicklungshilfemittel fordern, ist es notwendiger denn je, zur *Bescheidenheit* aufzurufen, denn das „*Ende der Armut*" (Sachs 2007) *hängt nicht vom finanziellen Umfang der EZ-Mittel ab!* Wenn dem so wäre, dann ließe sich das Problem in absehbarer Zeit lösen. Doch weder reichen die (für die Entwicklungszusammenarbeit) mobilisierten Kapitalströme dafür aus, die im Vergleich zu anderen Politikbereichen (z. B. Rüstung, Agrarsubventionen, Handel) weiterhin marginal sind, noch ist Geld die entwicklungsentscheidende Variable.

Geld ist zwar das Schmiermittel für Entwicklung, aber entscheidend ist, wie und wofür es verwendet wird und in welchem Kontext. Hierzu liegen mittlerweile nicht nur Erfahrungen aus über sechzig Jahren Entwicklungszusammenarbeit vor, sondern auch Tausende von Evaluationsstudien, die zumindest die Funktionsmechanismen der Hilfe aufdecken. Auch wenn die Zahl wissenschaftlich fundierter Evaluationsstudien zur Wirksamkeit der Entwicklungszusammenarbeit nach wie vor gering ist und dadurch sowohl entscheidende Lernpotenziale als auch Chancen verschenkt werden, der Öffentlichkeit den Nutzen und die Wirksamkeit der von ihr über Steuern oder Spenden aufgebrachten EZ-Mittel zu demonstrieren, so haben diese Evaluationen dennoch erheblich das *Wissen über Entwicklungszusammenhänge* erweitert.

Selbst wenn mit letzter Gewissheit nicht belegt ist, dass *gut regierte Länder* die EZ-Ressourcen besonders effektiv nutzen, so bestehen doch genügend empirische Evidenzen, „dass funktionstüchtige Rechts- und Verwaltungsstrukturen, Rechtssicherheit für Individuen und Unternehmen sowie eine wirksame Korruptionsbekämpfung wichtige Voraussetzungen für eine günstige wirtschaftliche Entwicklung und für die Wirksamkeit der EZ bilden" (Nuscheler 2008: 29).

Es liegt auf der Hand, dass allein für die administrative Abwicklung von Fördermitteln in den Partnerländern Strukturen mit einer gewissen Funktionsfähigkeit vorhanden sein müssen. Noch viel mehr sind die Ministerien und Einrichtungen von Partnerländern gefordert, wenn sie Entwicklungsstrategien für ihr Land erarbeiten und – mit Unterstützung von EZ-Mitteln – umsetzen wollen. Dass die administrativen Kapazitäten dafür oft nicht ausreichen, zeigt sich u. a. an dem sogenannten Mittelabflussproblem der Geber. In diesen Fällen werden Mittel, die für ein Land oder ein Programm schon bereitstehen, vom Partner nicht abgerufen oder vom Geber nicht ausgezahlt, weil die Voraussetzungen für eine zweckmäßige Verwendung nicht gewährleistet sind. Schlecht funktionierende Institutionen, schwerfällige, ineffiziente Staatsbürokratien und häufig auch Korruption sind jedoch die größten Defizite gerade der Länder, die am bedürftigsten sind.

An dieser Stelle zeigt sich auch die größte *Schwäche* der im Rahmen der Paris-Erklärung vereinbarten Kernprinzipien. Denn in dieser verpflichten sich die Geber, ihre gesamte Unterstützung an den nationalen Entwicklungsstrategien der Partnerländer auszurichten (alignment) und diesen die Führungsrolle im Entwicklungsprozess zu überlassen (ownership). Was sich wie eine Selbstverständlichkeit anhört, ist jedoch in vielen Ländern, die besonders arm sind, gerade das Problem: Die staatlichen Strukturen absorbieren teilweise schon seit Jahrzehnten die EZ-Transfers, ohne dass sich eine positive Entwicklung zeigen würde.

Besonders geballt treten diese Probleme in Afrika auf. Von den 34 Staaten, die auf dem „Failed States Index"[79] als politisch besonders fragil[80] bezeichnet werden, gehören 20 Subsahara-Afrika an. Oder anders betrachtet, von den 41 Staaten Subsahara-Afrikas (ohne Inselstaaten) zählen 20 zu den am meisten gefährdeten Staaten. Die fünf Länder mit der am höchsten bewerteten Fragilität liegen allesamt südlich der Sahara: Südsudan, Somalia, Zentralafrikanische Republik, Kongo und Sudan. Vergleicht man die Entwicklungswege der Länder Asiens und Lateinamerikas mit denen Afrikas, dann wird noch deutlicher, dass die größten Probleme nach wie vor in Afrika zu bewältigen sind. Und dies, obwohl die Länder Subsahara-Afrikas seit Jahren die meisten Fördermittel erhalten. Zwischen 1960 und 2012 sind 887 Mrd. US-Dollar aus bi- und multilateralen Quellen nach Afrika geflossen.[81] Etwa die Hälfte dieser Hilfe ging jedoch in Staaten, in denen Kriege und Zerfallserscheinungen der öffentlichen Ordnung die Effekte vieler Projekte wieder zunichte machten.

Wohl nicht zuletzt deshalb kommen die kritischsten Äußerungen zur Entwicklungszusammenarbeit von dort. Schon 1993 hat die Kamerunerin Axelle Kabou (1993: 94) gewettert: „Die Afrikaner sind die einzigen Menschen auf der Welt, die noch meinen, dass sich andere als sie selbst um ihre Entwicklung kümmern müssen". In letzter Zeit mehren sich die Stimmen, die fordern, Afrika in „Ruhe zu lassen": Von der afrikastämmigen Bankerin Dambisa Moyo, die in der Entwicklungszusammenarbeit mit Afrika das eigentliche Entwicklungsproblem erkennt (2009: 47), über den ehemaligen deutschen Botschafter Volker Seitz, der meint, die Entwicklungszusammenarbeit habe das Los der Armen verschlechtert (2009: 25), bis hin zu dem bekanntesten Entwicklungshelfer Deutschlands, Rupert Neudeck, der die Entwicklungspolitik mit Afrika als „total gescheitert" und als „reine Geldverschwendung" tituliert (Spiegel online 11.10.2005). Seitz (2009: 47) kommt deshalb zu dem Schluss, dass nicht fehlende finanzielle Mittel oder kolonialistische Spätfolgen den Fortschritt hemmen, wie häufig afrikanische Führer behaupten würden, um die Schuldgefühle der Weißen zu manipulieren – „sondern mangelnder politischer Wille der Regierungen, mangelndes Verpflichtungsbewusstsein und mangelnde Leistungsbereitschaft, ungenügende Konzepte, träge und unzuverlässige Verwaltung" und das für die „res publica" charakteristische Zusammengehörigkeitsgefühl aller Bürger.

Die in der Pariser Erklärung verabschiedeten Prinzipien für eine neue Partnerschaft versagen gerade dort, wo die Not am größten ist. *Fragile Staaten*, in denen es weder ein Gewaltmonopol noch allgemein akzeptierte Institutionen gibt – von funk-

---

[79] Dieser wird jährlich vom Fund for Peace und dem Magazin Foreign Policy herausgegeben (vgl. FFP 2014). Für die Bewertung werden zwölf soziale, politische und ökonomische Indikatoren verwendet.
[80] Kategorien: very high, high und alert
[81] Eigene Berechnungen nach OECD Datenbank (vgl. OECD 2014c).

tionierenden gar nicht zu sprechen – in denen Kleptokratie und Korruption den Staat aussaugen, werden EZ-Mittel vor allem als zusätzliche Quellen der persönlichen Bereicherung angesehen. In diesen Fällen helfen die in Paris vereinbarten Partnerschaftsverpflichtungen nicht weiter. „State-building" um mit EZ-Hilfe außer Form geratene staatliche Strukturen zu rehabilitieren, ist nur in den Fällen möglich, in denen es darüber einen gesellschaftlichen Konsens gibt (vgl. Schneckener 2004, Fukuyama 2006, Debiel, Lambach u. Reinhardt 2007). Leider haben auch im Rahmen von Demokratisierungsprozessen unterstützte Regierungswechsel häufig nicht den gewünschten Erfolg gezeigt.

Es gibt eine wachsende Literatur, die sich mit dem Problem erodierender oder gar kollabierender Staatlichkeit auseinandersetzt.[82] Der DAC entwickelte Strategien zur Stabilisierung fragiler Staaten (vgl. Debiel u. a. 2007: 20 ff), die jedoch vor der letzten Konsequenz zurückschrecken, nämlich dass es Staaten gibt, denen nicht zu helfen ist, jedenfalls nicht mit staatlicher Entwicklungszusammenarbeit.[83] Nach Daten der Weltbank werden 35 Länder, die von ihr 1979 als „fragil" bewertet wurden, auch 30 Jahre später (!) noch immer in diese Kategorie eingestuft (siehe Moreau 2010: 74).[84] Vergleicht man die zehn fragilsten Staaten von 2005 mit denen von 2014 (vgl. Tabelle III/12), dann wird diese hohe Persistenz bestätigt, denn sechs von ihnen gehören noch immer dieser Gruppe an. Nicht angegeben wird die Summe der Finanzmittel, die in den letzten 30 bzw. zehn Jahren in diese dauerfragilen Staaten geflossen sind.

Tabelle III/12: Die zehn fragilsten Staaten, 2005 und 2014 (FFP 2014)

Land	Rang 2005	Rang 2014
Elfenbeinküste	1	14
Demokrat. Republik Kongo	2	4
Sudan	3	5
Irak	4	13
Somalia	5	2
Sierra Leone	6	35
Tschad	7	6
Jemen	8	8
Liberia	9	24
Haiti	10	9

Auch wenn es keine Standardstrategie gibt, wie mit fragilen Staaten umgegangen werden soll, da sie sehr unterschiedliche Bedingungen aufweisen, ist klar, dass diesen Ländern mit staatlicher Entwicklungszusammenarbeit nicht zu helfen ist. Stattdessen

---

82 Vgl. z. B. Gavas u. a. 2013, Lindemann u. Denzer 2014, Logan u. Preble 2011, Mackie, Klingebiel u. Martins 2013, OECD 2014d, Weltbank 2013c.
83 Vgl. den ersten European Report on Development (Giovannetti u. a. 2009).
84 Aktuelle Zahlen lassen sich nicht ermitteln.

sind andere Maßnahmen wie Friedensmissionen, Isolierung und Sanktionierung von Eliten und jede Form von öffentlichem internationalem Druck (Ächtung von Regierungsmitgliedern, Anklagen vor internationalen (Menschenrechts-)Gerichtshöfen etc.) notwendig.

Bevor der Einsatz staatlicher Entwicklungszusammenarbeit in solchen fragilen Staaten entwicklungspolitisch wieder verantwortet werden kann, sollte sich die Entwicklungszusammenarbeit auf soziale und Nothilfeprojekte sowie Maßnahmen zur Friedensbildung und Konfliktprävention beschränken sowie auf Projekte, die die „Civil Society" stärken. Diese sollten von Gebern und Partnerländern über NRO abgewickelt werden, damit die Hilfe wirklich bei den Bedürftigen ankommt. In Staaten ohne erkennbare Entwicklungsperspektive ist staatliche Entwicklungszusammenarbeit nicht nur Geldverschwendung, sondern sie trägt auch dazu bei, unsoziale, menschenverachtende Regime an der Macht zu halten. Sollten Geberländer dennoch Gründe haben, solche Staaten weiter zu unterstützen, z. B. wegen ihrer Rohstoffvorkommen, ihrer attraktiven Märkte oder weil sie als Verbündete gegen den Terrorismus gebraucht werden, dann sollte diese Form der Unterstützung jedenfalls nicht mehr Entwicklungszusammenarbeit genannt werden, um sie nicht weiter in Misskredit zu bringen.

Die *Konditionierung von EZ-Mitteln* ist nicht nur entwicklungspolitisch sinnvoll, um diese effektiv und effizient einsetzen zu können, sondern sie entspricht auch den weltanschaulichen Wert- und Entwicklungsvorstellungen der OECD-Geber, die u. a. durch Good Governance, Rechtsstaatlichkeit, verbriefte Menschenrechte, (soziale) Marktwirtschaft, nachhaltige Entwicklung etc. geprägt sind und die den Empfängerländern als Entwicklungswege zur Nachahmung empfohlen werden.

Nicht vergessen werden sollte, dass die *Partnerländer* sich in der Paris-Erklärung dazu bekannt haben, eine *wirksame Führungsrolle* bei der Entwicklung ihrer Länder zu übernehmen. Zu dieser „Ownership" würde es auch gehören, durch eigene Steuereinnahmen das Finanzmittelaufkommen zu erhöhen. Nuscheler (2008: 16) weist zu Recht auf die wiederholten Feststellungen der Weltbank hin, dass viele Entwicklungsländer das Armutsproblem aus eigener Kraft bewältigen könnten, wenn sie die oberen Einkommensgruppen in ihren Ländern so hoch besteuern würden, wie dies die reichen Länder tun, um damit ihren Wohlfahrtsstaat zu finanzieren (vgl. auch IADB 2013, Korte u. Lucas 2013). Auf Dauer ist den Steuerzahlern der Geberländer kaum zu vermitteln, dass sie selbst auf viele Leistungen verzichten sollen, aber für die Entwicklungszusammenarbeit immer mehr Mittel bereitgestellt werden müssen, wenn einerseits die Wirksamkeit der Hilfe nicht erwiesen ist und andererseits viele Partnerländer weder ihr Potenzial an Steuereinnahmen ausschöpfen, noch die Kapitalflucht wirksam bekämpfen.

Aus diesen Gründen gilt es viel stärker als bisher, radikal Position zu beziehen und eine schärfere Selektion bei der Auswahl der geförderten Staaten vorzunehmen, um die Chancen für die Wirksamkeit der Entwicklungszusammenarbeit zu steigern, damit eine Entwicklung entsprechend der oben genannten Prinzipien überhaupt möglich wird. Dies bedeutet, dass einige Länder dann aus der Förderung (bis auf die oben skizzierte Unterstützung der NRO-Arbeit) herausfallen. Damit sich ein Veränderungsdruck aufbauen kann, nutzt es allerdings kaum etwas, wenn nur einzelne in den *Geberstreik* treten, sondern dann ist die bilaterale und multilaterale Gebergemeinschaft als Ganzes gefragt.

Veränderungen in der globalen *Machtbalance* werden die Realisierung solcher Forderungen nicht gerade erleichtern. Der „Club" der OECD-Geberländer hat nämlich Konkurrenz bekommen. Mittlerweile ist die Zahl der Geberländer, die nicht dem DAC angehören, auf über 30 gestiegen. Dazu gehören neben der VR China, Indien sowie einigen arabischen Ländern auch Brasilien, Mexiko, Malaysia, Russland und Südafrika. Nach Schätzungen der OECD wenden sie jährlich zwischen 13 und 15 Mrd. US-Dollar für Entwicklungshilfe auf. Das entspricht rund 10 % der Mittel der traditionellen Geber.

Augenfälligster Akteur ist die VR China, die 2006 für Afrika allein schon Darlehen und Kredite in Höhe von 19 Mrd. US-Dollar bereitgestellt haben soll.[85] Diese massiven Differenzen bei den Entwicklungshilfeangaben der „neuen"[86] Geber liegen vor allem daran, dass es sich durchweg um Schätzungen handelt, die schon deshalb so schwierig ausfallen, weil nicht klar definiert ist, was als Hilfe gezählt wird, da die „neuen" Geber Ausgaben für Entwicklungszusammenarbeit, Außenwirtschaftsförderung sowie Investitionen in Rohstoffmärkte und dafür notwendige Infrastrukturmaßnahmen in den Partnerländern nicht klar trennen. Während die meisten „neuen" Geber sich vorwiegend in ihrer jeweiligen Nachbarschaft engagieren, gilt das für China nicht, das 2009 knapp die Hälfte seiner „Hilfsinvestitionen" in Afrika[87] tätigte und nur ein Drittel in Ländern Asiens (vgl. Elliesen 2013). OECD-Experten gehen davon aus, dass China zum größten globalen Kreditgeber avancieren wird (vgl. Paulo u. Reisen 2009: 386). China bietet seine Hilfe vor allem den Ländern an, die vorzugsweise Rohstoffe oder neue Exportmärkte zu bieten haben. Darin unterscheidet sich China kaum von den „alten" Gebern. Dafür in einem anderen Punkt: Chinas Hilfe erfolgt ohne aufwändige Prüfprozeduren, Geberkoordination und entwicklungspolitische Auflagen.

China bietet vorzugsweise „All-inclusive-Pakete" an, die Planung, Finanzierung, Arbeitskräfte und Ausbildung beinhalten. Diese Vorgehensweise hat zwar den Vorteil, dass die Förderung schnell zu vorzeigbaren Ergebnissen führt und die Zweckentfremdung von Mitteln oder Korruption auf ein Mindestmaß reduziert wird, doch die

---

[85] Die aktuellen Schätzungen zum Umfang der chinesischen Entwicklungshilfe schwanken zwischen 1,5 und 18 Mrd. US-Dollar (vgl. Balk 2015: 4).
[86] Wirklich „neu" sind diese Geber aber eigentlich nicht und eine homogene Gruppe stellen sie auch nicht dar. Zum einen handelt es sich um jüngere Mitglieder der Europäischen Union oder der OECD wie z. B. Slowenien, Ungarn, Estland oder Polen, die dem Entwicklungsmodell der „alten" DAC-Länder folgen. Zum anderen gibt es eine Gruppe arabischer Länder, die ihre Mittel vor allem in benachbarten islamischen Ländern einsetzen. Eine dritte Gruppe bilden Schwellenländer wie China, Indien, Brasilien und Südafrika, die sich den OECD-Institutionen, DAC-Kriterien und Standards nicht verpflichtet fühlen.
[87] Von 2000 bis 2010 wurden mit chinesischer Hilfe rund 1500 Projekte in 50 afrikanischen Staaten finanziert (vgl. Balk 2015: 4).

Fragen nach Partizipation, soziokulturell angepassten Lösungen etc., um nachhaltige Entwicklungsprozesse auszulösen, die die Entwicklungszusammenarbeit seit Jahrzehnten bewegen, werden in diesem Kontext nicht mehr gestellt. Zudem birgt eine Entwicklungszusammenarbeit, die außer der Lieferbindung für chinesische Staatsunternehmen keine Konditionen kennt, große Gefahren: Bestehende ungerechte Strukturen in den Entwicklungsländern werden stabilisiert, da sie nicht an die Bedingungen guter Regierungsführung geknüpft sind. Zudem besteht selbst für die ärmsten Länder die Verlockung, Kredite in einem Umfang in Anspruch zu nehmen, der ihre Verschuldung extrem nach oben treibt.

Diese Kritik an den „Neuen" ist zwar berechtigt, doch sollte nicht vergessen werden, dass auch die „alten" Geber teilweise massive Interessenpolitik betrieben haben und auch weiterhin betreiben. Vergleichende Studien zu den Motiven und der Vergabepraxis von DAC- und Nicht-DAC-Gebern zeigen, dass diese sich nicht durchgängig unterscheiden (vgl. Dreher, Nunnenkamp u. Thiele 2011, Dreher u. Fuchs 2012, Fuchs u. Vadlamannati 2013). Dennoch sind bisher alle Versuche die neue Konkurrenz entwicklungspolitisch besser in das bestehende System der Entwicklungszusammenarbeit einzubinden, ihre Finanzströme in Entwicklungsländer durchschaubarer zu machen oder sich sogar mit ihnen auf gemeinsame Regeln und Standards zu verständigen, gescheitert (vgl. Elliesen 2013). Im Gegenteil, Brasilien, Russland, Indien, China und Südafrika, die sogenannten BRICS-Staaten, haben im Juli 2014 im brasilianischen Fortaleza eine „eigene" Entwicklungsbank, die „New Development Bank", mit einem zu gleichen Teilen gezeichneten Eigenkapital von 50 Mrd. US-Dollar gegründet, das später verdoppelt werden soll. Gleichzeitig wurde ein Reservefonds (Contingent Reserve Allocation – CRA) von 100 Mrd. US-Dollar zur Unterstützung bei Zahlungsbilanzproblemen eingerichtet. Beide Institutionen sind als Spiegelbilder zu der von den USA dominierten Weltbank und dem Internationalen Währungsfond (IWF) angelegt.

Bei den Konferenzen für eine „Globale Partnerschaft für wirksame Entwicklungszusammenarbeit" in Busan und Mexiko waren die BRICS nur Zaungäste bzw. gar nicht erst anwesend. Auch an der Diskussion um den Post-2015-Prozess sind die „Neuen" wenig beteiligt, sodass das System der etablierten Entwicklungszusammenarbeit mit seinen Abkommen, Regeln und Prinzipien vor einem Scheideweg steht. Viele der alten Geber, aber auch der Partnerländer, haben in den vergangenen Jahren ihre Zusagen im Rahmen der globalen Partnerschaft für eine wirkungsvollere Hilfe ohnehin nicht eingehalten. Aufweichungstendenzen sind allenthalben zu beobachten.

Selbst die traditionelle Definition, was denn unter „offizieller Entwicklungshilfe" (ODA) zu verstehen sei, steht zur Disposition. Zunächst soll diese Messgröße zwar (methodisch überarbeitet) erhalten bleiben, doch parallel dazu soll eine neue Kennziffer gebildet werden: *Total Official Support for Sustainable Development* (TOSD). Zwar steht die exakte Definition noch aus, doch soll sich TOSD an der neuen Post-2015-Zielagenda, den *Sustainable Development Goals* (SDGs) orientieren, die im September 2015 verabschiedet werden sollen. Die neue Messgröße soll sämtliche Leistungen erfassen, die nachhaltige Entwicklung fördern oder ermöglichen (vgl. VENRO 2014d). Dabei soll TOSD möglichst die Gesamtheit aller öffentlich bereitgestellter Finanzierungen für Entwicklungsländer und multilaterale Organisationen umfassen. Und dies unabhängig von der Art des Finanzierungsinstruments, wie Zuschüssen, Darlehen, Beteiligungen, Garantien, strukturelle Fonds etc. Rein private Zuflüsse sollen jedoch auch weiterhin (wie bei der ODA) nicht miteingerechnet werden.

Das neue Maß reagiert auf die zunehmende Heterogenität der Entwicklungsländer und die damit einhergehenden Formen der Zusammenarbeit. Dies kommt auch in der relativ abnehmenden Bedeutung der ODA, trotz steigender absoluter Werte, im Vergleich zu anderen Finanzierungsquellen („neue" Geberstaaten, Stiftungen, Direktinvestitionen etc.) zum Ausdruck. Während die Nettokapitalzuflüsse aus OECD-DAC-Ländern in Entwicklungsstaaten im Jahr 1970 noch zu über 50 % aus ODA-Mitteln bestanden, ist der ODA-Anteil bis heute auf unter 20 % gesunken (vgl. Sieler 2015).

Es ist demnach nicht auszuschließen, dass sich viele der „alten" DAC-Mitglieder das Gebermodell Chinas zum Vorbild nehmen. Dies würde allerdings bedeuten, dass erhebliche Fortschritte, die in den letzten Jahren in dem Bestreben, eine partnerschaftliche und wirkungsvolle Zusammenarbeit aufzubauen, die sich an gesellschaftlichen Grundwerten orientiert (oder zumindest orientieren soll), erzielt wurden, möglicherweise aufgeweicht oder gar ganz aufgegeben würden. Beobachtet man die gemeinsamen Bemühungen der DAC-Geber- und Partnerländer, eine Post-2015-Agenda zu etablieren und die globale Wirksamkeitspartnerschaft zu beleben, dann muss die Konkurrenz alternativer, profitorientierter Entwicklungsmodelle à la China allerdings nicht gleich zu einem grundsätzlichen Systemwechsel in der globalen Entwicklungszusammenarbeit führen.

Im Gegenteil, wird die über 60-jährige wechselvolle Geschichte der Entwicklungspolitik und ihrer Strategien noch einmal im Rückblick betrachtet, dann kann man durchaus nicht abstreiten, dass in den letzten Dekaden zunehmend Erkenntnisse und Erfahrungen in die Gestaltung angepasster Strategien eingeflossen sind. Die bei den internationalen Entwicklungskonferenzen gefassten Beschlüsse und Erklärungen vermitteln den Eindruck, dass die nationalen und internationalen EZ-Organisationen heute deutlich besser aufgestellt sind, um den Herausforderungen der Entwicklung zu begegnen, als in den Jahren zuvor. Ein globales Entwicklungsverständnis, partnerschaftliche Prinzipien oder die Wirkungsorientierung sind fest in der Entwicklungsagenda verankert. Der Konsens, Erfolg von Entwicklungspolitik nicht an ausgezahlten Finanzbeträgen (input), sondern an den erbrachten Leistungen (output) und vor allem an den dadurch bewirkten Veränderungen (outcome, impact) zu messen, hat die Regierungsführung in vielen Ländern, Nord wie Süd, verändert und neue Steuerungsinstrumente wie Evaluation hoffähig gemacht.

Hierzu hat die Erkenntnis beigetragen, dass fundierte Wirkungsevaluationen erhebliche Lernpotenziale für die Verbesserung sowohl laufender als auch zukünftiger Projekte, Programme und Policies bieten und darüber hinaus der Legitimierung dieser Policys dienen können – wenn sie unabhängig durchgeführt und transparent gemacht werden. William Easterly (2006: 343) sieht in solchen Evaluationen eine Chance, die

Hilfsorganisationen für ihre Ergebnisse *verantwortlich zu machen*. Easterly will damit die kollektive Verantwortung für Entwicklungsziele personalisieren, da er der Überzeugung ist, dass die bisher vorherrschende Unverbindlichkeit die Entwicklungshilfeorganisationen davon entlastet hat, ausreichend Verantwortung für die Wirkungen ihrer Arbeit zu übernehmen. Deshalb verlangt er die Durchführung unabhängiger Evaluationen, die zeigen, ob die Hilfsorganisationen die Bedürfnisse der Armen ausreichend berücksichtigen und wie wirkungsvoll sie dazu beigetragen haben, diese zu befriedigen.

Weltweit ist ein Boom an Evaluationen zu erkennen (vgl. Furubo, Rist u. Sandahl 2002, Jacob, Speer u. Furubo 2015, Stockmann 2014, Meyer u. Stockmann 2015) – nicht nur in den Ländern des Südens. Nach einer Studie von Barbara Rosenstein (2013) verfügen immer mehr Länder über nationale „evaluation policies". Die Zahl nationaler und internationaler Evaluationsverbände ist auf fast 170 angewachsen, es wurden speziell Organisationen zur Förderung von Evaluationen gegründet, wie die *International Organization for Cooperation in Evaluation* (IOCE) oder die *International Development Evaluation Association* (IDEAS), um die Evaluation in Entwicklungsländern zu fördern, spezielle Organisationen zur Durchführung von anspruchsvollen Wirkungsevaluationen in Entwicklungsländern, wie 3IE (International Initiative for Impact Evaluation). Die Weltbank hat sechs *Regional Centers for Learning on Evaluation and Results* (CLEAR) gegründet und die deutsche Bundesregierung hat eine Evaluation-Capacity-Development-Initiative gestartet (vgl. Stockmann 2014 sowie Meyer u. Stockmann 2015).

Auch in Deutschland wurde das Thema „Evaluation" in der Entwicklungszusammenarbeit durch die Gründung des Deutschen Evaluierungsinstituts DEval gestärkt. Vor dem Hintergrund der in Kapitel 3.4 beschriebenen Schwierigkeiten bleibt allerdings abzuwarten, wann es die ihm zugedachte Rolle ausfüllen kann. Ohne Zweifel werden Evaluationen in Zukunft eine weiter wachsende Bedeutung bei der Steigerung der Wirksamkeit und Glaubwürdigkeit der Entwicklungszusammenarbeit haben. Gerade bei der Legitimierung von Politik – insbesondere, wenn es sich wie bei der Entwicklungszusammenarbeit um ein umstrittenes Politikfeld handelt – kommt unabhängigen Evaluationen, deren Ergebnisse publik gemacht werden, eine zentrale Bedeutung zu.

Wenn Evaluationen auf diese Weise dazu beitragen sollen, die gesellschaftliche Akzeptanz der Entwicklungspolitik zu erhöhen, ist natürlich zuerst einmal eine wirkungsvolle Entwicklungspolitik nötig. Dabei ist der Eindruck zu vermeiden, den viele der internationalen Erklärungen und Vereinbarungen jedoch hinterlassen, dass durch immer mehr Geld und eine besser organisierte Zusammenarbeit Entwicklung gleichsam „produziert" werden könne. Damit wird ein öffentlicher *Erwartungsdruck* aufgebaut, den die Entwicklungszusammenarbeit nicht erfüllen kann. Entwicklung ist etwas – wie in der Einleitung dargestellt – das von innen heraus als aktiver Prozess geschehen muss. Dabei kann Entwicklungszusammenarbeit ein stimulierender Faktor sein, aber nicht mehr. Es gibt in der über 60-jährigen Entwicklungsgeschichte der Nachkriegszeit nicht ein Land, das wegen der Entwicklungszusammenarbeit eine nachholende Entwicklung geschafft hat. Entwicklungszusammenarbeit kann – wenn sie gut funktioniert – allenfalls unterstützend wirken, sodass eindeutig eine *größere Bescheidenheit* bei der Formulierung von Entwicklungszielen und den damit verbundenen Erfolgserwartungen angezeigt ist. Hinzu kommt, dass sich die Entwicklungspolitik einer Vielzahl – teilweise an Schärfe gewinnender – Herausforderungen gegenübersieht: Finanzkrise, Klimawandel, Kriege, Terrorismus, Migration etc.

Auch wenn das Hauptziel der MDGs, die Armut bis Ende 2015 um die Hälfte zu reduzieren, nicht erreicht wurde, auch andere Millenniumsziele nur partiell umgesetzt wurden und die soziale Ungleichheit zwischen den Völkern und innerhalb von Gesellschaften weiter zugenommen hat, darf nicht vergessen werden, dass in den letzten Jahrzehnten enorme *Fortschritte* erzielt wurden – unabhängig davon, wie hoch dabei der Anteil der Entwicklungspolitik zu beziffern ist. Die Erhöhung der Nahrungsmittelproduktion (Grüne Revolution), der Ausbau der (Grundschul-)Bildung, die Senkung der Kindersterblichkeit, die Verbesserung der Gesundheit (insbesondere von Müttern), die erfolgreiche Bekämpfung von HIV, Malaria und anderen Krankheiten stellen enorme Erfolge dar. Die Zahl der Länder, denen in der Nachkriegszeit eine nachholende Entwicklung gelang, ist vor allem in Asien und Lateinamerika ständig gewachsen, sogar so stark, dass Europa und Nordamerika zunehmend an wirtschaftlichem und politischem Einfluss verlieren und mitunter schon von dem Anbruch eines „pazifischen Jahrhunderts" gesprochen wird.

Auf jeden Fall haben sich neue geostrategische Zentren – vor allem in Asien – herausgebildet und die *globale Machtbalance* verändert. Dies könnte für die Entwicklung der Entwicklungsländer ein Vorteil sein, aber auch ein Nachteil. Dann nämlich, wenn nackte Interessenpolitik beim Kampf um Rohstoffe, Märkte und politischen Einfluss den bei internationalen Konferenzen mühsam erzielten Minimalkonsens in Entwicklungsfragen wieder über Bord spülen würde.

Eine Chance für die weltweiten Entwicklungsbemühungen besteht vor allem darin, dass das Bewusstsein um die *Globalität der Probleme* und ihre Zusammenhänge in den letzten Jahrzehnten stark gewachsen ist. Kein Staat kann sich von den internationalen und globalen Entwicklungstrends abkoppeln. Alle Länder sind von dem Problem endlicher Ressourcen betroffen, seien es Rohstoffe, sauberes Wasser oder reine Luft. Finanz-, Waren- und Arbeitsmärkte lassen sich nicht national voneinander abschotten. Kriege, Bürgerkriege und ethnische Verfolgungen oder schlicht die Suche nach besseren (Über-)Lebensbedingungen haben Migrationsströme ausgelöst, die an historische Völkerwanderungen erinnern und die den Handlungsdruck auf wohlhabendere Staaten enorm vergrößern. Bedrohungen durch Islamismus, Terrorismus, international operierende Drogenkartelle und Verbrechersyndikate oder nach Massenvernichtungswaffen strebende nationalistische Staaten stellen nicht nur Entwicklungshemmnisse dar, sondern können auch nur gemeinsam durch die Staatengemeinschaft bekämpft werden.

Die *Kommunikationsrevolution* schafft ein Gefühl der Nähe. Katastrophen und Tragödien werden zeitnah präsentiert und lösen enorme Solidaritätsaktionen aus. Umgekehrt werden die Wohlstandsbilder der reichen Staaten in die hintersten Winkel dieser Welt transportiert und lösen Sehnsüchte und Wünsche, aber auch kulturelle Verwerfungen aus. Das Bewusstsein von der Globalität der Welt und über die wechselseitigen Abhängigkeitsprozesse wird von einigen Staaten als Bedrohung wahrgenommen und führt deshalb mitunter zu Abschottungspolitiken. Doch das weltweit wachsende Bewusstsein von der „Weltgemeinschaft" birgt eben auch *Entwicklungschancen.* Entscheidend wird sein, wie diese in den kommenden Jahrzehnten genutzt werden. Dabei stellt sich erneut die Frage nach dem „wozu" oder „wofür genutzt?", nach der Zielrichtung von Entwicklung, dem Entwicklungsmodell und den Strategien zur Umsetzung.

Nach wie vor ist das *westliche Konsum- und Wohlstandsmodell in einem demokratisch verfassten System,* das persönliche Freiheit, Gerechtigkeit, Sicherheit und politische Teilhabe verspricht, das *Leitmodell.* In der Diskussion um die Grenzen des Wachstums wurde gerade dieses Modell zwar als für den Planeten ruinös gebrandmarkt, doch auch zu einem *nachhaltigen Entwicklungsmodell* weiterentwickelt – allerdings mit bisher wenig Erfolg, wie die insgesamt mäßigen Fortschritte im Bereich der internationalen Klimapolitik vor Augen führen. Die Wohlstandsländer wollen ihren verschwenderischen Konsumstil nicht einschränken und die nachholenden Entwicklungsländer wollen sich auf ihrem Weg, ein vergleichbares Wohlstandsniveau zu erreichen, nicht aufhalten lassen.

Nicht unerheblich für die internationale Entwicklungsdiskussion ist, dass das Nachhaltigkeitskonzept nicht weniger als das Wachstums- oder Wohlstandsmodell ein westliches Konzept ist. Nur eben, dass das Primat des Ökonomischen, um soziale Ausgleichsmechanismen (die dem europäischen Wohlfahrtsmodell sowieso schon in unterschiedlichem Umfang inhärent waren) und um ökologische Bestandsbewahrung ergänzt wurde. Für das Konzept von Entwicklung bedeutet dies: Wenn (nachholende) Entwicklung ohne Wirtschaftswachstum nicht möglich ist, dann sollte sie um soziale (Verteilungs-)Gerechtigkeit und ökologischen Ausgleich im Sinne der Brundtland-Definition ergänzt werden. Da diese „*Zauberformel*" viel Interpretations- und Gestaltungsspielraum lässt, wird es darauf ankommen wie diese drei Elemente miteinander austariert werden, um Entwicklung im Sinne von sozial gerechter Wohlstandsmehrung und der Erzielung „besserer" Lebensbedingungen zu ermöglichen, ohne dadurch die ökologischen Lebensgrundlagen zu zerstören.

Eine *nachhaltige Entwicklungspolitik* besteht demnach in der Summe aller Strategien und Maßnahmen, die die wirtschaftliche, soziale und ökologische Entwicklung eines Landes fördern, um die Lebensbedingungen der dort lebenden Menschen zu verbessern. Wenn Entwicklungspolitik dazu beiträgt, bestehende Strukturen und Prozesse entsprechend zu verändern oder durch neue zu ersetzen, dann stellt sie eine nützliche Hilfe für die Unterstützung von Entwicklung dar.

Um dies zu ermöglichen, müssen die Fragen nach den Strukturen und Bedingungen, die einzelne Länder für Entwicklung bieten, mit weit schärferer Konsequenz als bisher beantwortet werden. Je nach der individuellen Situation eines Landes sind dann Entwicklungsstrategien zu entwickeln, die sich an dem Postulat der Nachhaltigkeit ausrichten und auch andere Politikfelder miteinbeziehen. Dabei wäre es bedeutsam, dass die internationale Gebergemeinschaft gemeinsame Strategien mit den Partnerländern aushandelt, um sich nicht gegenseitig zu behindern und um die bereitgestellten Mittel möglichst effizient einzusetzen. Die unabhängige Evaluation der Wirksamkeit solcher Strategien ist unverzichtbar, wenn man bereit ist, auf der Basis solcher Ergebnisse auch entsprechende politische Entscheidungen zu treffen.

Wenn zudem Entwicklungspolitik nicht als Weltsozialpolitik begriffen wird, die man getrost der Entwicklungszusammenarbeit überlassen könnte, sondern als *globale Strukturpolitik*, zu der sich auch andere Politikfelder wie z. B. Außen-, Wirtschafts- und Finanzpolitik bekennen, dann wachsen die Chancen, dass Entwicklungspolitik einen nachhaltigen Beitrag zu einer nachhaltigen Entwicklung leisten kann.

Literatur

3IE (2008): Founding Document for Establishing the International Initiative for Impact Evaluation 3ie. Online verfügbar unter: http://www.3ieimpact.org/media/filer_public/2012/05/17/3iefoundingdocument30june2008.pdf, zuletzt eingesehen am 13.04.2015.

3IE (2014a): Evidence, influence, impact: Annual report 2013. New Delhi, London, Washington: International Initiative for Impact Evaluation.

3IE (2014b): From influence to impact 3ie strategy 2014–2016. New Delhi, London, Washington: International Initiative for Impact Evaluation.

3IE (2015): Find evidence. What works in development programmes and why? Online verfügbar unter: http://www.3ieimpact.org/en/evidence/, zuletzt eingesehen am 01.04.2015.

Aachener Stiftung Kathy Beys (Hg.) (2014): Weltkommission für Umwelt und Entwicklung (Brundtland Bericht | Brundtland Report). Online verfügbar unter: http://www.nachhaltigkeit.info/artikel/brundtland_report_1987_728.htm, zuletzt eingesehen am 20.02.2015.

Agarwal, Jammuna P.; Dippl, Martin; Glismann, Hans H. (1984): Wirkungen der Entwicklungshilfe. Forschungsberichte des BMZ Nr. 50. München u.a: Weltforum-Verlag.

Alemann, Ulrich von (1991): Politikbegriffe. In: Nohlen, Dieter (Hg.): Wörterbuch Staat und Politik. Bonn: Bundeszentrale für Politische Bildung, S. 490–492.

Alexander, Paul (1992a): Der Trost des Entwicklungshelfers. Erfahrungen und Bekenntnisse aus 18 Jahren Arbeit für die Dritte Welt. Frankfurt a.M.: Haag und Herchen.

Alexander, Paul (1992b): Heimat oder Asyl? Ein Beitrag zur Entwicklungspolitik. Ulm: Schulz.

Anheiner, Helmut; Seibel, Wolfgang; Priller, Eckhard; Zimmer, Anette (2002): Der Nonprofit-Sektor in Deutschland. In: Badelt, Christoph (Hg.): Handbuch der Nonprofit-Organisation: Strukturen und Management. Stuttgart: Schäffer-Poeschel, S. 19–44.

Ashoff, Guido (2005): Der entwicklungspolitische Kohärenzanspruch: Begründung, Anerkennung und Wege zu seiner Umsetzung. Bonn: DIE.

Ashoff, Guido (2007): Entwicklungspolitischer Kohärenzanspruch an andere Politiken. In: Aus Politik und Zeitgeschichte, 48/07, S. 17–22.

Ashoff, Guido (2009): Institutioneller Reformbedarf in der bilateralen staatlichen deutschen Entwicklungszusammenarbeit. Bonn: DIE.

APG (2014): Online-Portal „katholisch.de". Online verfügbar unter: http://www.katholisch.de/de/katholisch/index.php, zuletzt eingesehen am 21.08.2014.

Bachmann, Lorenz; Cruzada, Elizabeth; Wright, Sarah (2009): Food Security and Farmer Empowerment. A study of the impacts of farmer-led sustainable agriculture in the Philippines. Aachen: Misereor.

Balk, Sabine (2015): Chinas Rolle in Afrika. In: E+Z Entwicklung und Zusammenarbeit, 56(1), S. 4–6.

Bamberger, Michael (1989): The Monitoring and Evaluation of Public Sector Programs in Asia: Why are Development Programs Not Evaluated? In: Evaluation Review, 13(1), S. 223–242.

Bamberger, Michael (1991): The Politics of Evaluation in Developing Countries. In: Evaluation and Program Planning, 14(4), S. 325–339.

Bauer, Peter T. (1971): Dissent on Development: Studies and Debates in Development Economics. London: Harvard University Press.

Beck, Ulrich (2007): Weltrisikogesellschaft. Auf der Suche nach der verlorenen Sicherheit. Frankfurt a.M.: Suhrkamp.

Bello, Walden (2002): Die Strukturanpassungsprogramme von IWF und Weltbank. In: Mander, Jerry; Goldsmith, Edward (Hg.): Schwarzbuch Globalisierung. Eine fatale Entwicklung mit vielen Verlierern und wenigen Gewinnern. München: Riemann, S. 190–201.

BGR (Hg.) (2013): Chancen schaffen – Zukunft gestalten. Geo-Kompetenz in der Technischen Zusammenarbeit. Hannover: BGR.
BGR (2015): BGR-Intern. Online verfügbar unter: http://www.bgr.bund.de/DE/Gemeinsames/UeberUns/BGR-Intern/BGR_Intern_node.html, zuletzt eingesehen am 13.02.2015.
Binnendijk, Annette L. (1989): Donor Agency Experience with the Monitoring and Evaluation of Development Projects. In: Evaluation Review, 13(3), S. 206–222.
BMF (2010): Basel III: Strengere Kapitalvorschriften für Banken. Online verfügbar unter: http://www.bundesfinanzministerium.de/Content/DE/Standardartikel/Service/Einfach_erklaert/2010-09-20-basel-III-strengere-kapitalvorschriften-fuer-banken.html, zuletzt eingesehen am 07.04.2015.
BMF (2014a): Haushalts- und Finanzpläne ab 2006. Online verfügbar unter: http://www.bundesfinanzministerium.de/Web/DE/Themen/Oeffentliche_Finanzen/Bundeshaushalt/Haushalts_und_Finanzplaene_ab_2006/haushalts_finanzplaene_2006.html, zuletzt eingesehen am 08.08.2014.
BMF (2014b): Bundeshaushaltsplan. Einzelplan 23. Bundesministerium für wirtschaftliche Zusammenarbeit und Entwicklung. Online verfügbar unter: http://www.bundeshaushalt-info.de/startseite/#/2014/soll/ausgaben/einzelplan/23.html, zuletzt eingesehen am 07.04.2015.
BMF (2014c): Bundeshaushalt 2014. Einzelplan Bundesministerium für Wirtschaftliche Zusammenarbeit und Entwicklung. Zivilgesellschaftliches, kommunales und wirtschaftliches Engagement. Online verfügbar unter: http://www.bundeshaushalt-info.de/startseite/#/2014/soll/ausgaben/einzelplan/2302.html, zuletzt eingesehen am 21.08.2014.
BMF (2015): Gemeinsame Agrarpolitik (GAP). Online verfügbar unter: http://www.bundesfinanzministerium.de/Web/DE/Themen/Europa/EU_auf_einen_Blick/Politikbereiche_der_EU/EU_Agrarpolitik/eu_agrarpolitik.html, zuletzt eingesehen am 16.02.2015.
BMZ (Hg.) (2001): Elfter Bericht zur Entwicklungspolitik der Bundesregierung. Bonn: BMZ.
BMZ (Hg.) (2003): Aktionsprogramm 2015. Armut bekämpfen. Gemeinsam handeln. Der Beitrag der Bundesregierung zur weltweiten Halbierung extremer Armut. Bonn: BMZ.
BMZ (Hg.) (2005a): Zwölfter Bericht zur Entwicklungspolitik der Bundesregierung. Bonn: BMZ.
BMZ (Hg.) (2005b): Mehr Wirkung erzielen – Die Ausrichtung der deutschen Entwicklungspolitik auf die Millenniums-Entwicklungsziele. Die Umsetzung der Paris Declaration on Aid Effectiveness. Bonn: BMZ.
BMZ; GTZ (2006): Handreichung zur Bearbeitung von AURA-Angeboten. Bonn und Eschborn: BMZ und GTZ.
BMZ (Hg.) (2008a): 13. Entwicklungspolitischer Bericht der Bundesregierung. Weißbuch zur Entwicklungspolitik. Bonn: BMZ.
BMZ (Hg.) (2008b): Konzept zur Budgetfinanzierung im Rahmen der Programmorientierten Gemeinschaftsfinanzierung (PGF). BMZ Konzepte 146. Bonn: BMZ.
BMZ (Hg.) (2008c): The Paris Declaration. Evaluation of the Implementation of the Paris Declaration: Case Study of Germany. Evaluation Reports 032. Bonn: BMZ.
BMZ (2008d): Medienhandbuch Entwicklungspolitik 2008/2009. Bonn: BMZ.
BMZ (Hg.) (2008e): Leitlinien für die bilaterale Finanzielle und Technische Zusammenarbeit mit Kooperationspartnern der deutschen Entwicklungszusammenarbeit. BMZ Konzepte 165. Bonn: BMZ.
BMZ (2008f): Wirkungsevaluierungen. Zum Stand der internationalen Diskussion und dessen Relevanz für die Evaluierung der deutschen Entwicklungszusammenarbeit. Bonn: BMZ.
BMZ (2009): Operationsplan zur Umsetzung der Pariser Erklärung 2005 und des Accra Aktionsplans 2008 zur Steigerung der Wirksamkeit von Entwicklungszusammenarbeit. Online verfügbar unter: http://www.bmz.de/de/zentrales_downloadarchiv/grundsaetze_und_ziele/OP_Paris_Accra_03_2009.pdf, zuletzt eingesehen am 01.04.2015.
BMZ (Hg.) (2011a): Chancen schaffen, Zukunft entwickeln. Bonn: BMZ.

BMZ (2011b): Der Operationsplan des BMZ zur Umsetzung der Pariser Erklärung 2005 und des Accra Aktionsplans 2008 zur Steigerung der Wirksamkeit von Entwicklungszusammenarbeit. Umsetzungsbericht. Online verfügbar unter: http://www.bmz.de/de/zentrales_ downloadarchiv/grundsaetze_und_ziele/zUmsetzung_OP_Paris_Accra_12_2011.pdf, zuletzt eingesehen am 01.04.2015.

BMZ (Hg.) (2011c): Konzept der entwicklungspolitischen Zusammenarbeit mit Globalen Entwicklungspartnern (2011–2015). Bonn: BMZ.

BMZ (Hg.) (2012a): Armut wirksamer bekämpfen – weltweit! Übersektorales Konzept zur Armutsreduzierung. BMZ-Strategiepapier 6/2012. Bonn: BMZ.

BMZ (2012b): Handreichung zur Erstellung von Länderstrategien. Bonn: BMZ.

BMZ (2012c): Handreichung und kommentierte Gliederung für Programmvorschläge für gemeinsame EZ-Programme. Bonn: BMZ.

BMZ (Hg.) (2013a): 14. Entwicklungspolitischer Bericht der Bundesregierung. Weißbuch zur Entwicklungspolitik. Bonn: BMZ.

BMZ (2013b): Bilaterale ODA nach Instrumenten und Ländern 2012 im Detail. Online verfügbar unter: http://www.bmz.de/de/zentrales_downloadarchiv/Ministerium/ODA/3_D4_Bilaterale_ ODA_nach_Instrumenten_und_Laendern_2012_im_Detail.pdf, zuletzt eingesehen am 04.08.2014.

BMZ (2013c): Entwicklung der deutschen ODA-Quote 1971–2012. Online verfügbar unter: http:// www.bmz.de/de/zentrales_downloadarchiv/Ministerium/ODA/3_A1_Entwicklung_der_ deutschen_ODA_Quote_1971_bis_2012.pdf, zuletzt eingesehen am 05.08.2014.

BMZ (2013d): Mittelherkunft der bi- und multilateralen ODA 2011–2012. Online verfügbar unter: http://www.bmz.de/de/zentrales_downloadarchiv/Ministerium/ODA/3_B3_1_Mittelherkunft_ der_bi_und_multilateralen_ODA_2011_bis_2012.pdf, zuletzt eingesehen am 05.08.2014.

BMZ (2013e): Deutsche ODA an multilaterale Organisationen und EU 2008–2012. Online verfügbar unter: http://www.bmz.de/de/ministerium/zahlen_fakten/leistungen/deutsche_ODA_2008_ 2012/index.html, zuletzt eingesehen am 21.08.2014.

BMZ (2013f): Leistungen von Nichtregierungsorganisationen aus Eigenmitteln an Entwicklungsländer 2008–2012. Online verfügbar unter: http://www.bmz.de/de/zentrales_ downloadarchiv/Ministerium/ODA/NRO_1_Leistungen_von_Nichtregierungsorganisationen_ aus_Eigenmitteln_an_Entwicklungslaender_2008_bis_2012.pdf, zuletzt eingesehen am 01.10.2014.

BMZ (Hg.) (2013g): Mitmachen, Mitwirken und Mitgestalten. Strategie zur Zusammenarbeit mit der Zivilgesellschaft in der deutschen Entwicklungspolitik. BMZ-Strategiepapier 8/2013. Bonn: BMZ.

BMZ (2014a): Was wir machen. Themen. Online verfügbar unter: http://www.bmz.de/de/was_wir_ machen/themen/index.html, zuletzt eingesehen am 20.02.2015.

BMZ (2014b): Die neue Politik des BMZ. 100-Tage-Bilanz von Bundesentwicklungsminister Dr. Gerd Müller. Online verfügbar unter: http://www.bmz.de/de/zentrales_downloadarchiv/Presse/ 100 Tage/Die-neue-Politik-des-BMZ-100-Tage-Bilanz-von-Minister-Mueller.pdf, zuletzt eingesehen am 01.04.2015.

BMZ (Hg.) (2014c): Zukunftscharta Eine Welt – unsere Verantwortung. Bonn: BMZ.

BMZ (Hg.) (2014d): Neue entwicklungspolitische Strategie für die Zusammenarbeit mit Afghanistan im Zeitraum 2014–2017. Verlässliche Partnerschaft in Zeiten des Umbruchs. Bonn: BMZ.

BMZ (Hg.) (2014e): Die deutsche Entwicklungszusammenarbeit. Eine Welt – unsere Verantwortung. Bonn: BMZ.

BMZ (2014f): Geber im Vergleich 2013 – Veränderung gegenüber 2012. Online verfügbar unter: http://www.bmz.de/de/zentrales_downloadarchiv/Ministerium/ODA/2_1_Geber_im_Vergleich_ 2013_Veraenderung_gegenueber_2012-vorl__Werte.pdf, zuletzt eingesehen am 05.08.2014.

BMZ (2014g): Entwicklung der deutschen ODA-Quote 1972 – 2013. Online verfügbar unter: http://www.bmz.de/de/zentrales_downloadarchiv/Ministerium/ODA/3_A1_Entwicklung_der_deutschen_ODA_Quote_1972_bis_2013.pdf, zuletzt eingesehen am 01.04.2015.

BMZ (2014h): Deutsche ODA-Leistungen. Entwicklung der bi- und multilateralen Netto-ODA 2007 – 2012. Online verfügbar unter: http://www.bmz.de/de/ministerium/zahlen_fakten/leistungen/entwicklung_2007_2012/index.html, zuletzt eingesehen am 14.08.2014.

BMZ (2014i): Organisationsplan. Stand: 18. August 2014. Online verfügbar unter: http://www.bmz.de/de/ministerium/dokumente/organisationsplan.pdf, zuletzt eingesehen am 21.08.2014.

BMZ (2014j): Deutsches Institut für Entwicklungspolitik (DIE). Online verfügbar unter: http://www.bmz.de/de/was_wir_machen/wege/bilaterale_ez/akteure_ez/einzelakteure/die/index.html, zuletzt eingesehen am 18.09.2014.

BMZ (2014k): Zusammenarbeit vor Ort. Müller trifft die Auslandsreferentinnen und -referenten des BMZ. Online verfügbar unter: http://www.bmz.de/20140624-1, zuletzt eingesehen am 07.04.2015.

BMZ (2014l): Ministerium. Haushalt. Online verfügbar unter: http://www.bmz.de/de/ministerium/haushalt/index.html, zuletzt eingesehen am 21.08.2014.

BMZ (2015a): Die Erklärung von Paris („Paris Declaration on Aid Effectiveness"). Online verfügbar unter: http://www.bmz.de/de/was_wir_machen/ziele/ziele/parisagenda/paris/index.html, zuletzt eingesehen am 01.04.2015.

BMZ (2015b): Eine Welt ohne Armut und Not. Ziele der internationalen Entwicklungspolitik. Online verfügbar unter: http://www.bmz.de/de/was_wir_machen/ziele/ziele/index.html, zuletzt eingesehen am 01.04.2015.

BMZ (2015c): Länder. Strategien fortentwickeln, Zusammenhänge erkennen, Schwerpunkte setzen. Online verfügbar unter: http://www.bmz.de/de/was_wir_machen/laender_regionen/index.html, zuletzt eingesehen am 01.04.2015.

BMZ (2015d): Auswahl der Kooperationsländer. Online verfügbar unter: http://www.bmz.de/de/was_wir_machen/laender_regionen/laenderliste/index.html, zuletzt eingesehen am 01.04.2015.

BMZ (2015e): Was wir machen. Themen. Online verfügbar unter: http://www.bmz.de/de/was_wir_machen/themen/index.html, zuletzt eingesehen am 01.04.2015.

BMZ (2015f): Haushalt. Online verfügbar unter: http://www.bmz.de/de/ministerium/haushalt/index.html, zuletzt eingesehen am 01.04.2015.

BMZ (2015g): Wege der bilateralen Zusammenarbeit: Reintegration – Fördermaßnahmen für rückkehrende Fachkräfte. Online verfügbar unter: http://www.bmz.de/de/was_wir_machen/wege/bilaterale_ez/zwischenstaatliche_ez/reintegration/, zuletzt eingesehen am 07.04.2015.

BMZ (2015h): Wege der bilateralen Zusammenarbeit. Entsendung, Vermittlung und Einsatz von Fachkräften. Online verfügbar unter: http://www.bmz.de/de/was_wir_machen/wege/bilaterale_ez/zwischenstaatliche_ez/entsendung/index.html, zuletzt eingesehen am 07.04.2015.

BMZ (2015i): Frieden. Ziviler Friedensdienst – Fachleute im Einsatz für den Frieden. Online verfügbar unter: http://www.bmz.de/de/was_wir_machen/themen/frieden/ziviler_friedensdienst/index.html, zuletzt eingesehen am 07.04.2015.

BMZ (2015j): Ministerium. Aufbau und Organisation. Online verfügbar unter: http://www.bmz.de/de/ministerium/aufbau/index.html, zuletzt eingesehen am 07.04.2015.

BMZ (2015k): Akteure der bilateralen Zusammenarbeit. Nichtregierungsorganisationen (Private Träger und Sozialstrukturträger). Online verfügbar unter: http://www.bmz.de/de/was_wir_machen/wege/bilaterale_ez/akteure_ez/nros/index.html, zuletzt eingesehen am 07.04.2015.

BMZ (2015l): Akteure in der bilateralen Zusammenarbeit. Politische Stiftungen. Online verfügbar unter: http://www.bmz.de/de/was_wir_machen/wege/bilaterale_ez/akteure_ez/polstiftungen/index.html, zuletzt eingesehen am 07.04.2015.

BMZ (2015m): Evaluierung. Methodendiskussion. Online verfügbar unter: http://www.bmz.de/de/was_wir_machen/wege/erfolg/evaluierung/methoden/index.html, zuletzt eingesehen am 16.02.2015.

BMZ (2015n): Publikationen. Reihen. Evaluierungen. Online verfügbar unter: http://www.bmz.de/de/mediathek/publikationen/reihen/evaluierungen/index.html, zuletzt eingesehen am 16.02.2015.

Bodemer, Klaus (1985): Programmentwicklung in der Entwicklungspolitik der Bundesrepublik Deutschland. In: Politische Vierteljahresschrift, 26(16), S. 278–307.

Bodemer, Klaus; Thibaut, Bernhard (1991): Entwicklungspolitik. In: Nohlen, Dieter (Hg.): Wörterbuch Staat und Politik. Bonn: Bundeszentrale für Politische Bildung, S. 121–127.

Böhnke, Jan R.; Koehler, Jan; Zürcher, Christoph (2009): Evaluation von Entwicklungszusammenarbeit zur Stabilisierung in Post-Konflikt-Zonen: Anwendung eines Mixed-Methods-Survey in Nordost-Afghanistan. In: Zeitschrift für Evaluation, 2/2009, S. 215–236.

Bohnet, Michael (1983): Deutsche Entwicklungspolitik: Bilanz und offene Fragen. In: Glagow, Manfred (Hg.), Deutsche Entwicklungspolitik: Aspekte und Probleme ihrer Entscheidungsstruktur. Saarbrücken: Breitenbach, S. 287–316.

Bonner Aufruf (2015): Die Unterzeichner. Online verfügbar unter: http://www.bonner-aufruf.eu/?seite=unterzeichner10, zuletzt eingesehen am 13.04.2015.

Boone, Peter (1996): Politics and the Effectiveness of Foreign Aid. In: European Economic Review, 40(2), S. 289–329.

Bornschier Volker; Chase-Dunn, Christopher; Rubinson, Richard (1978): Cross-national Evidence of the Effects of Foreign Investment and Aid on Economic Growth and Inequality: A Survey of Findings and a Reanalysis. In: American Journal of Sociology, 84(3), S. 651–683.

Borrmann, Axel (2009a): Fallstudie: Bundesanstalt für Geowissenschaften und Rohstoffe (BGR). In: Borrmann, Axel; Stockmann, Reinhard (Hg.): Evaluation in der deutschen Entwicklungszusammenarbeit. Band 2: Fallstudien. Studie im Auftrag des Bundesministeriums für Wirtschaftliche Zusammenarbeit und Entwicklung – BMZ. Münster: Waxmann, S. 57–85.

Borrmann, Axel (2009b): Fallstudie: Physikalisch-Technische Bundesanstalt (PTB). In: Borrmann, Axel; Stockmann, Reinhard (Hg.): Evaluation in der deutschen Entwicklungszusammenarbeit. Band 2: Fallstudien. Studie im Auftrag des Bundesministeriums für Wirtschaftliche Zusammenarbeit und Entwicklung – BMZ. Münster: Waxmann, S. 279–311.

Borrmann, Axel; Stockmann, Reinhard (Hg.) (2009): Evaluation in der deutschen Entwicklungszusammenarbeit. Band 2: Fallstudien. Studie im Auftrag des Bundesministeriums für Wirtschaftliche Zusammenarbeit und Entwicklung – BMZ. Münster: Waxmann.

Brandt, Willy (Hg.) (1982): Das Überleben sichern. Bericht der Nord-Süd-Kommission. Gemeinsame Interessen der Industrie- und Entwicklungsländer. Köln: Kiepenheuer & Witsch.

Brot für die Welt (2008): Fünf Jahrzehnte kirchliche Entwicklungszusammenarbeit. Wirkungen – Erfahrungen – Lernprozesse. Frankfurt a.M.: Brandes & Apsel.

Brown, Martin; Guin, Benjamin; Kirschenmann, Karolin (2014): Microfinance Banks and Financial Inclusion. Online verfügbar unter: http://ssrn.com/abstract=2226522, zuletzt eingesehen am 13.04.2015.

BRH (2007): Bericht an den Haushaltsausschuss des Deutschen Bundestages nach § 88 Abs. 2 BHO zum Thema: „Zukünftige Gestaltung der Durchführungsstrukturen im Bereich der staatlichen bilateralen Entwicklungszusammenarbeit (EZ)". Potsdam: Bundesrechnungshof.

Bundesregierung (2005): Gemeinsam für Deutschland. Mit Mut und Menschlichkeit. Koalitionsvertrag von CDU, CSU und SPD. Rheinbach: Union Betriebs-GmbH.

Bundesregierung (2009): Wachstum. Bildung. Zusammenhalt. Koalitionsvertrag zwischen CDU, CSU und FDP. Online verfügbar unter: http://www.csu.de/common/_migrated/csucontent/091026_koalitionsvertrag.pdf, zuletzt eingesehen am 07.04.2015.

Bundesregierung (2013): Deutschlands Zukunft gestalten. Koalitionsvertrag zwischen CDU, CSU und SPD. Rheinbach: Union Betriebs-GmbH.

Bundesregierung (2014): Bulletin der Bundesregierung Nr. 08–4 vom 29. Januar 2014. Rede des Bundesministers für wirtschaftliche Zusammenarbeit und Entwicklung, Dr. Gerd Müller, zur Entwicklungspolitik der Bundesregierung in der Aussprache zur Regierungserklärung der Bundeskanzlerin vor dem Deutschen Bundestag am 29. Januar 2014 in Berlin. Online verfügbar unter: http://www.bundesregierung.de/Content/DE/Bulletin/2014/01/Anlagen/08-4-bmz.pdf?__blob=publicationFile, zuletzt eingesehen am 20.02.2015.

Burke-Rude, Sara (2008): The Doha Declaration and Development: What are the next steps? Friedrich Ebert Stiftung. Online verfügbar unter: http://www.fes-globalization.org/publicationsNY/BP14DohaRevConf.pdf, zuletzt eingesehen am 01.04.2015.

Burnside, Craig; Dollar, David (2000): Aid, Policies and Growth. In: American Economic Review, 90 (4), S. 847–868.

Burnside, Craig; Dollar, David (2004): Aid, Policies and Growth: Revisiting the Evidence. World Bank Policy Research Working Paper 3251. Washington: Weltbank.

Caspari, Alexandra (2004): Evaluation der Nachhaltigkeit von Entwicklungszusammenarbeit. Zur Notwendigkeit angemessener Konzepte und Methoden. Wiesbaden: VS Verlag.

Caspari, Alexandra (2006): Partizipative Evaluationsmethoden – Zur Entmystifizierung eines Begriffs in der Entwicklungszusammenarbeit. In: Flick, Uwe (Hg.): Qualitative Evaluationsforschung. Reinbek: Rowohlt, S. 365–384.

Caspari, Alexandra; Barbu, Ragnhild (2008): Wirkungsevaluierungen. Zum Stand der internationalen Diskussion und dessen Relevanz für die Evaluierung der deutschen Entwicklungszusammenarbeit. Bonn: BMZ.

Cassen, Robert (1990): Entwicklungszusammenarbeit. Bern/Stuttgart: Haupt.

Center for Global Development (2006): When Will We Ever Learn? Improving Lives Through Impact Evaluation. Washington: Center for Global Development.

Center for Global Development (2013): Commitment to Development Index 2013. Online verfügbar unter: http://www.cgdev.org/sites/default/files/CDI2013/cdi-brief-2013.html, zuletzt eingesehen am 20.02.2015.

Chossudovsky, Michel (2002): Global Brutal – Der entfesselte Welthandel, die Armut, der Krieg. Frankfurt a.M.: Zweitausendeins.

CIM (Hg.) (2010): 2009. Das Geschäftsjahr im Überblick. Frankfurt a.M.: CIM.

CIM (2015): CIM Arbeitsfelder. Online verfügbar unter: http://www.cimonline.de/de/profil/250.asp, zuletzt eingesehen am 07.04.2015.

Clay, Edward; Riley, Barry; Urey, Ian (2004): The development effectiveness of food aid and the effects of its tying status. Paris: OECD/DAC.

Clemens, Michael A.; Radelet, Steven; Bhavnani, Rikhil R.; Bazzi, Samuel (2004): Counting Chickens when they Hatch: the Short-Term Effect of Aid on Growth. Working Paper 44. Washington: Center for Global Development.

Copur, Burak; Schneider, Ann-Kathrin (2004): IWF und Weltbank. Dirigenten der Globalisierung. Hamburg: VSA-Verlag.

DAAD (2008): Jahresbericht 2008. Bonn: Deutscher Akademischer Austauschdienst.

Dolzer, Hermann; Düttig, Martin; Galinski, Doris; Meyer, Lutz R.; Rottländer, Peter (1998): Wirkungen und Nebenwirkungen. Ein Beitrag von Misereor zur Diskussion über Wirkungsverständnis und Wirkungserfassung in der Entwicklungszusammenarbeit. Aachen: Misereor.

Doucouliagos, Hristos; Paldam, Martin (2009): The aid effectiveness literature: The sad results of 40 years of research. In: Journal Of Economic Surveys, 23(3), S. 433–461.

Doucouliagos, Hristos; Paldam, Martin (2011): The Ineffectiveness of Development Aid on Growth: An Update. In: European Journal Of Political Economy, 27(2), S. 399–404.

Doucouliagos, Hristos; Paldam, Martin (2013): The Robust Result in Meta-analysis of Aid Effectiveness: A Response to Mekasha and Tarp. In: Journal Of Development Studies, 49(4), S. 584–587.

Doucouliagos, Hristos; Paldam, Martin (2015): Finally a Breakthrough? The Recent Rise in the Size of the Estimates of Aid Effectiveness. In: Arvin, Mak; Lew, Byron (Hg.): *Handbook on the Economics of Foreign Aid*. Cheltenham: Edward Elgar, im Erscheinen.

Debiel, Tobias; Lambach, Daniel; Reinhardt, Dieter (2007): „Stay Engaged" statt „Let Them Fail". Ein Literaturbericht über entwicklungspolitische Debatten in Zeiten fragiler Staatlichkeit. INEF-Report 90. Duisburg: Institut für Entwicklung und Frieden.

DEG (2014): Über die Deutsche Investitions- und Entwicklungsgesellschaft. Online verfügbar unter: https://www.deginvest.de/Internationale-Finanzierung/DEG/Die-DEG/, zuletzt eingesehen am 17.09.2014.

De Kemp, Antonie; Faust, Jörg; Leiderer, Stefan (2011): Between high expectations and reality: An evaluation of budget support in Zambia (2005–2010). Synthesis Report. Den Haag: Ministry of Foreign Affairs.

De Kemp, Antonie; Dijkstra, Geske (2013): Budgethilfe: Ein umstrittenes Instrument. Beitrag der Evaluierungseinheit im Außenministerium der Niederlande. In: KfW Bankengruppe (Hg.): Fragiles Umfeld. Stabile Wirkung. 12. Bericht über die Evaluierung der Projekte und Programme in Entwicklungsländern 2011–2012. Frankfurt a.M.: KfW Bankengruppe, S. 23–25.

Demaria, Federico; Schneider, Francois; Sekulova, Filka; Martinez-Alier, Joan (2013): What is Degrowth? From an Activist Slogan to a Social Movement. In: Environmental Values, 22(2), S. 191–215.

Deutsche Gesellschaft für die VN (2014): UN-Konferenzen. Online verfügbar unter: http://www.dgvn.de/un-im-ueberblick/un-konferenzen/, zuletzt eingesehen am 20.02.2015.

Deutscher, Eckhard (2006): Die Politik der Weltbank. In: Ihne, Hartmut; Wilhelm, Jürgen (Hg.): Einführung in die Entwicklungspolitik. Hamburg: Lit Verlag, S. 215–230.

Deutscher Bundestag (2012): Antwort der Bundesregierung auf die Kleine Anfrage der Abgeordneten Ute Koczy, Dr. Frithjof Schmidt, Hans-Christian Ströbele, weiterer Abgeordneter und der Fraktion Bündnis 90/Die Grünen. Drucksache 17/8558. Umstrukturierungen im Bundesministerium für wirtschaftliche Zusammenarbeit und Entwicklung. Online verfügbar unter: http://dipbt.bundestag.de/doc/btd/17/087/1708717.pdf, zuletzt eingesehen am 07.04.2015.

Deutscher Übersetzungsdienst der OECD (2005): Erklärung von Paris über die Wirksamkeit der Entwicklungszusammenarbeit. Online verfügbar unter: http://www.oecd.org/development/effectiveness/35023537.pdf, zuletzt eingesehen am 01.04.2015.

Deutscher Übersetzungsdienst der Vereinten Nationen (2008): Offizielle Liste der Indikatoren für die Millenniums-Entwicklungsziele. Online verfügbar unter: http://www.un.org/depts/german/millennium/MDG-Indikatoren.pdf, zuletzt eingesehen am 01.04.2015.

DEval (2014): Leitbild. Online verfügbar unter: http://www.deval.org/de/leitbild.html, zuletzt eingesehen am 20.08.2014.

DIE (Hg.) (2014): Jahresbericht 2013 – 2014. 50 Jahre Brücken bauen zwischen Theorie und Praxis. Bonn: DIE.

Dijkstra, Geske; De Kemp, Antonie; Bergkamp, Denise (2012): Budget support: Conditional results; Review of an instrument (2000–2011). The Hague: Ministry of Foreign Affairs of the Netherlands.

Dijkstra, Geske (2013): Paradoxes around good governance. Inaugural lecture. Rotterdam: Erasmus University.

Dinges, Sabino; Schweitzer, Sylvia (2013). Alltagstaugliche Evaluierungsmethodik der GIZ. In: E+Z Entwicklung und Zusammenarbeit, 7, S. 298–300.

Dirmoser, Dietmar (1991): Mythos Entwicklung – eine Polemik. In: Dirmoser, Dietmar; Gronemeyer, Reimer; Rakelmann, Georgia A. (Hg.): Mythos Entwicklungshilfe. Entwicklungsruinen: Analysen und Dossiers zu einem Irrweg (ökozid extra). Gießen: Focus, S. 13–26.

Dollar, David; Levin, Victoria (2004): The Increasing Selectivity of Foreign Aid, 1984–2002. World Bank Policy Research Working Paper 3299. Washington: Weltbank.

Dowling, John M.; Hiemenz, Ulrich (1983): Aid, Savings and Growth in the Asian Region. In: The Developing Economies, 21(1), S. 3–13.

Dreher, Axel; Nunnenkamp, Peter; Thiele, Rainer (2011): Are ‚New' Donors Different? Comparing the Allocation of Bilateral Aid Between Non-DAC and DAC Donor Countries. In: World Development, 39(11), S. 1950–1968.

Dreher, Axel; Fuchs, Andreas (2012): Rogue Aid? The Determinants of China's Aid Allocation. Göttingen: Georg-August-Universität Göttingen.

DZI (2008): DZI Spenden-Almanach 2008. Berlin: Deutsches Zentralinstitut für soziale Fragen.

DZI (2012): DZI Spenden-Almanach 2012. Berlin: Deutsches Zentralinstitut für soziale Fragen.

DZI (2014a): Pressemitteilung. Berlin, den 5. März 2014. Spendenbilanz 2013: Katastrophenspenden bringen Wachstum. Online verfügbar unter: http://www.dzi.de/wp-content/uploads/2014/03/DZI_PM_5Mrz2014.pdf, zuletzt eingesehen am 07.04.2015.

DZI (2014b): Spenden-Siegel. Online verfügbar unter: http://www.dzi.de/spenderberatung/das-spenden-siegel/, zuletzt eingesehen am 21.08.2014.

DZI (2014c): DZI Spenden-Almanach 2014. Berlin: Deutsches Zentralinstitut für soziale Fragen.

Easterly, William; Levine, Ross; Roodman, David (2004): Aid, Policies, and Growth: Comment. In: American Economic Review, 94(3), S. 774–780.

Easterly, William (2006): Wir retten die Welt zu Tode. Für ein professionelleres Management im Kampf gegen die Armut. Frankfurt, New York: Campus.

EED (2014a): Jahresbericht 2013. Online verfügbar unter: http://www.brot-fuer-die-welt.de/fileadmin/mediapool/2_Downloads/Ueber-uns/BfdW_Jahresbericht_2013.pdf, zuletzt eingesehen am 07.04.2015.

EED (2014b): Satzung des Evangelischen Werkes für Diakonie und Entwicklung e.V. Online verfügbar unter: http://www.brot-fuer-die-welt.de/ueber-uns/ein-werk-der-kirchen/satzung.html, zuletzt eingesehen am 01.10.2014.

EED (2015): Über uns. Online verfügbar unter: http://www.brot-fuer-die-welt.de/ueber-uns.html, zuletzt eingesehen am 07.04.2015.

Elliesen, Tillmann (2013): Die neuen Helfer zeigen Flagge. In: welt-sichten, 3/2013. Online verfügbar unter: http://www.welt-sichten.org/artikel/9647/die-neuen-helfer-zeigen-flagge, zuletzt eingesehen am 13.04.2015.

Engagement Global (2014a): Über uns. Wer wir sind. Online verfügbar unter: http://www.engagement-global.de/wer-wir-sind.html, zuletzt eingesehen am 20.08.2014.

Engagement Global (2014b): Womit unterstützen wir Sie? Unser Service. Online verfügbar unter: http://www.engagement-global.de/unser-service.html, zuletzt eingesehen am 20.08.2014.

Engagement Global (2014c): Geschäftsbericht 2013. Online verfügbar unter: http://2013.engagement-global.de/startseite.html, zuletzt eingesehen am 07.04.2015.

Engagement Global (2014d): bengo. Online verfügbar unter: http://bengo.engagement-global.de/start-bengo.html, zuletzt eingesehen am 21.08.2014.

Erler, Brigitte (1985): Tödliche Hilfe. Freiburg: Dreisam.

Europäische Kommission (2013): Spezial Eurobarometer 405. Die EU-Entwicklungshilfe und die Millennium-Entwicklungsziele. Bericht. Online verfügbar unter: http://ec.europa.eu/public_opinion/archives/ebs/ebs_405_de.pdf, zuletzt eingesehen am 07.04.2015.

Faust, Jörg (2006): Die Dividende der Demokratie: Politische Herrschaft und wirtschaftliche Produktivität. In: Politische Vierteljahrsschrift, 47(1), S. 62–83.

Faust Jörg; Messner, Dirk (2007): Organizational Challenges for an Effective Aid Architecture. Discussion Paper 20/2007. Bonn: DIE.

Faust, Jörg (2008): Are More Democratic Donor Countries More Development Oriented? Domestic Institutions and External Development Promotion in OECD Countries. In: World Development, 36(3), S. 383–398.

Faust, Jörg; Leiderer, Stefan (2008): Zur Effektivität und politischen Ökonomie der Entwicklungszusammenarbeit. In: Politische Vierteljahresschrift, 49(1), S. 129–152.

Faust, Jörg; Messner, Dirk (2012): Probleme globaler Entwicklung und die ministerielle Organisation der Entwicklungspolitik. In: Zeitschrift für Außen- und Sicherheitspolitik, 5(2), S. 165–175.

FFP (2014): The Fragile States Index 2014. Online verfügbar unter: http://ffp.statesindex.org/rankings-2014, zuletzt eingesehen am 06.02.2015.

Fischer, Karin; Hödl, Gerald; Maral-Hanak, Irmi; Parnreiter, Christof (Hg.) (2006): Entwicklung und Unterentwicklung. Eine Einführung in Probleme, Theorien und Strategien. Wien: Mandelbaum.

Freyhold, Michaela von (1998): Beziehungen zwischen Nicht-Regierungsorganisationen des Nordens und des Südens. Erkenntnisse und Annahmen. In: Peripherie, 71, S. 6–30.

Fritsche, Ulrich (2004): Stabilisierungs- und Strukturanpassungsprogramme des Internationalen Währungsfonds in den 90er Jahren: Hintergründe, Konzeptionen und Kritik. Berlin: Duncker & Humblot.

Fritz, Thomas (2005): Globale Produktion, Polarisierung und Protest. In: Fritz, Thomas; Russau, Christian; Gontijo, Cícero (Hg.): Produktion der Abhängigkeit: Wertschöpfungsketten. Investitionen. Patente. Berlin: FDCL, S. 7–52.

Fuchs, Andreas; Vadlamannati, Krishna C. (2013): The Needy Donor: An Empirical Analysis of India's Aid Motives. In: World Development, 44, S. 110–128.

Fues, Thomas (2005): Entwicklungspolitische Perspektiven zur Weiterentwicklung von Global Governance in den Vereinten Nationen. In: Messner, Dirk; Scholz, Imme (Hg.): Zukunftsfragen der Entwicklungspolitik. Baden-Baden: Nomos, S. 59–72.

Fues, Thomas; Hamm, Brigitte (2001): Die Weltkonferenzen und ihre Folgeprozesse: Umsetzung in die deutsche Politik. In: Fues, Thomas; Hamm, Brigitte (Hg.): Die Weltkonferenzen der 90er Jahre: Baustellen für Global Governance. Bonn: Dietz, S. 44–125.

Fues, Thomas; Klingebiel, Stephan (2014): Nicht erwiderte Liebe: Was bleibt vom ersten Global-Partnership-Treffen? Bonn: DIE.

Fukuyama, Francis (2006): Staaten bauen: Die neue Herausforderung internationaler Politik. Berlin: Propyläen Verlag.

Furubo, Jan-Eric; Rist, Ray C.; Sandahl, Rolf (Hg.) (2002): International Atlas of Evaluation. New Brunswick: Transaction.

G-77 (2015): About the Group of 77. Online verfügbar unter: http://www.g77.org/doc, zuletzt eingesehen am 20.02.2015.

Gauck, Jennifer (2011): Measuring Impact on the Immeasurable? Methodological Challenges in Evaluating Democracy and Governance Aid. Paper prepared for the 2011 Annual Meeting of the American Political Science Association Seattle, September 4, 2011.

Gavas, Mikaela; Davies, Fiona; Mckechnie, Alastair; Brown, Oli; Elize, Hefer (2013): EU Development Cooperation in Fragile States: Challenges and Opportunities. Brüssel: EU.

Geiger, Wolfgang; Mansilla, Hugo C. F. (1983): Unterentwicklung: Theorien und Strategien zu ihrer Überwindung. München: Diesterweg.

George, Susan; Sabelli, Fabrizio (1995): Kredit und Dogma. Ideologie und Macht der Weltbank. Hamburg: Konkret Literatur.

GfK (2006): Bilanz des Helfens 2006. Online verfügbar unter: http://www.spendenrat.de/filearchive/dc03d076404dc4309e6f44367dda1e63.pdf, zuletzt eingesehen am 07.04.2015.

GfK (2014): Bilanz des Helfens 2014. Online verfügbar unter: http://www.spendenrat.de/download.php?f=4e2fed21e11ce44fd67dcf73e34fba77, zuletzt eingesehen am 07.04.2015.

Giovannetti, Giorgia u. a. (2009): Overcoming Fragility in Africa. Forging a New European Approach. Brüssel: EU.

GIZ (Hg.) (2013a): Jahresabschluss 2012. Bonn, Eschborn: GIZ.

GIZ (Hg.) (2013b): Messen – Bewerten – Verbessern. Erkenntnisse und Konsequenzen aus Monitoring und Evaluierung 2010 – 2012. Bonn, Eschborn: GIZ.

GIZ (Hg.) (2014a): Jahresabschluss 2013. Bonn, Eschborn: GIZ.

GIZ (2014b): Leistungen. Online verfügbar unter: http://www.giz.de/de/html/leistungen.html, zuletzt eingesehen am 20.08.2014.

GIZ (2014c): Globale Agenden. Online verfügbar unter: http://www.giz.de/de/leistungen/1410.html, zuletzt eingesehen am 20.08.2014.

GIZ (2014d): Unternehmensbericht 2013. Online verfügbar unter: http://www.giz.de/de/ueber_die_giz/277.html, zuletzt eingesehen am 07.04.2015.

GIZ (2015a): Fragen und Antworten zur GIZ. Online verfügbar unter: http://www.giz.de/de/presse/9785.html, zuletzt eingesehen am 20.02.2015.

GIZ (2015b): Ergebnisse und Veröffentlichungen. Online verfügbar unter: http://www.giz.de/de/ueber_die_giz/516.html, zuletzt eingesehen am 16.02.2015.

GPEDC (2014): First High-Level Meeting of the Global Partnership for Effective Development Co-operation: Building Towards an Inclusive Post-2015 Development Agenda. Mexico High Level Meeting Communiqué, 16 April 2014. Online verfügbar unter: http://effectivecooperation.org/resources/, zuletzt eingesehen am 06.02.2015.

Greive, Martin (2014): Wie ehrlich ist die Bilanz der Einheitskosten? Online verfügbar unter: http://www.welt.de/politik/deutschland/article127707743/Wie-ehrlich-ist-die-Bilanz-der-Einheitskosten.html, zuletzt eingesehen am 05.02.2015.

Griffin, Keith B.; Enos, John L. (1970): Foreign Assistance: Objectives and Consequences. In: Economic Development and Cultural Change, 18(3), S. 313 – 327.

GTZ (Hg.) (2006): Handlungsorientierter Auftragsrahmen (AURA). Eschborn: GTZ.

GTZ (Hg.) (2008): Unabhängige Evaluationen und Anleitung für die Erfolgsbewertung. Eschborn: GTZ.

Halperin, Morton; Siegle, Joseph T.; Weinstein, Michael M. (2004): The Democracy Advantage: How Democracies Promote Prosperity and Peace. London: Routledge.

Hancock, Graham (1989): Händler der Armut. Wohin verschwinden unsere Entwicklungsmilliarden? München: Droemer Knaur.

Hansen, Henrik; Tarp, Finn (2001): Aid and Growth Regressions. In: Journal of Development Economics, 64(2), 547 – 570.

Hauff, Volker (Hg.) (1987): Unsere gemeinsame Zukunft. Der Brundtland-Bericht der Weltkommission für Umwelt und Entwicklung. Greven: Eggenkamp.

Heinrich Böll Stiftung (2002): Der hohe Kompromiss von Monterrey. Online verfügbar unter: http://www.worldsummit2002.de/index.html?http://www.worldsummit2002.de/web/joburg/53.html, zuletzt eingesehen am 01.04.2015.

Hermle, Reinhard; Hauschild, Tobias (2012): Umstritten und für gut befunden. Wie Budgethilfe zu einer wirkungsvolleren EZ beiträgt. Eine Studie im Auftrag von Oxfam Deutschland e.V. Online verfügbar unter: http://www.oxfam.de/sites/www.oxfam.de/files/studie_budgethilfe_web.pdf, zuletzt eingesehen am 07.04.2015.

HLP (2013): A new global partnership: Eradicate poverty and transform economies through sustainable development. New York: United Nations.

HLP (2014): UN High Level Panel. Online verfügbar unter: http://www.beyond2015.org/un-high-level-panel, zuletzt eingesehen am 01.04.2015.

Hoering, Uwe (2007): Vorsicht: Weltbank. Hamburg: VSA-Verlag.

IADB (Hg.) (2013): More than Revenue: Taxation as a Development Tool. New York: Palgrave Macmillan.

ICISS (2001): The Responsibility to Protect. Ottawa: International Development Research Centre.
Ihne, Hartmut; Wilhelm, Jürgen (2013): Grundlagen der Entwicklungspolitik. In: Ihne, Hartmut; Wilhelm, Jürgen (Hg): Einführung in die Entwicklungspolitik. Münster: Lit Verlag, S. 5–40.
IMF (2014): Factsheet: Poverty Reduction Strategy Papers. Online verfügbar unter: https://www.imf.org/external/np/exr/facts/pdf/prsp.pdf, zuletzt eingesehen am 07.04.2015.
IMF (2015): IMF Members' Quotas and Voting Power, and IMF Board of Governors. Online verfügbar unter: http://www.imf.org/external/np/sec/memdir/members.aspx, zuletzt eingesehen am 20.02.2015.
IOB; BMZ; KfW (2011): The risk of vanishing effects. Impact evaluation of drinking water supply and sanitation programmes in rural Benin. Den Haag: Ministry of Foreign Affairs.
Jackson, Terence (2009): A Critical Cross-Cultural Perspective for Developing Nonprofit International Management Capacity. In: Nonprofit Management & Leadership, 19(4), S. 443–466.
Jacob, Steve; Speer, Sandra; Furubo, Jan-Eric (2015): The institutionalization of evaluation matters: Updating the International Atlas of Evaluation 10 years later. In: Evaluation, 21(1), S. 6–31.
Janus, Heiner; Keijzer, Niels (2014): Post 2015: Wie sollten Ziele für (inter)nationale Politik entworfen werden? Bonn: DIE.
Janus, Heiner; Klingebiel, Stephan; Mahn, Timo C. (2014a): Wie soll Entwicklungszusammenarbeit gestaltet werden? Die Globale Partnerschaft und das Development Cooperation Forum. Bonn: DIE.
Janus, Heiner; Klingebiel, Stephan; Mahn, Timo C. (2014b): Berlin: Leiser Startschuss für neue globale Entwicklungspolitik. Bonn: DIE.
Jessen, Brigitte; Nebelung, Michael (1987): Hilfe muss nicht tödlich sein. Berlin: Express Edition.
Kabon, Axelle (1993): Weder arm noch ohnmächtig. Eine Streitschrift gegen schwarze Eliten und weisse Helfer. Basel: Lenos-Verlag.
Kalinowski, Thomas (2006): Der Internationale Währungsfonds. Währungswächter, Krisenmanager, Entwicklungsagentur. In: Ihne, Hartmut; Wilhelm, Jürgen (Hg.): Einführung in die Entwicklungspolitik. Hamburg: Lit Verlag, S. 231–238.
Kallis, Giorgos; Schneider, Francois; Martinez-Alier, Joan (Hg.) (2010): Growth, Recession or Degrowth for Sustainability and Equity? In: Journal of Cleaner Production, 18(6), S. 511–606.
Kaltenborn, Markus; Lübben, Lukas (2014): Kohärenz und Kooperation im Organisationsrecht der Entwicklungszusammenarbeit. In: Die Verwaltung, 47(1), S. 125–149.
Kant, Immanuel (1803): Über Pädagogik. Herausgegeben von D. Friedrich Theodor Rink. Königsberg: Friedrich Nicolovius.
Keefer, Philip; Knack, Stephen (1997): Why Don't Poor Countries Catch Up? A Cross-Country Test of an Institutional Explanation. In: Economic Inquiry, 35, S. 590–602.
Kesselring, Thomas (2006): Entwicklungshilfe und Entwicklungspolitik aus ethischer Perspektive. In: Ihne, Hartmut; Wilhelm, Jürgen (Hg.): Einführung in die Entwicklungspolitik. Hamburg: Lit Verlag, S. 323–345.
Kevenhörster, Paul; van den Boom, Dirk (2009): Entwicklungspolitik. Lehrbuch. Wiesbaden: VS Verlag.
KfW (1999): Entwicklung finanzieren – Neue Wege gehen. Jahresbericht 1999. Frankfurt a. M.: KfW Bankengruppe.
KfW (2013): Fragiles Umfeld. Stabile Wirkung. 12. Bericht über die Evaluierung der Projekte und Programme in Entwicklungsländern 2011–2012. Frankfurt a. M.: KfW Bankengruppe.
KfW (2014a): KfW Entwicklungsfinanzierung. Online verfügbar unter: http://transparenz.kfw-entwicklungsbank.de/, zuletzt eingesehen am 19.08.2014.
KfW (Hg.) (2014b): Geschäftsbericht 2013. Frankfurt a. M.: KfW Bankengruppe.
KfW (2014c): Projektzyklus. Förderung mit System. Online verfügbar unter: https://www.kfw-entwicklungsbank.de/Internationale-Finanzierung/KfW-Entwicklungsbank/%C3%9Cber-uns/Unsere-Arbeitsweise/Projektzyklus/, zuletzt eingesehen am 19.08.2014.

Kfw (2015): Unsere Wirkungen. Online verfügbar unter: https://www.kfw-entwicklungsbank.de/Internationale-Finanzierung/KfW-Entwicklungsbank/Evaluierungen/, zuletzt eingesehen am 16.02.2015.

Klasen, Stephan; Lechtenfeld, Tobias; Meier, Kristina; Rieckmann, Johannes (2011): Impact Evaluation Report: Water Supply and Sanitation in Provincial Towns in Yemen. Göttingen: Georg-August-Universität Göttingen.

Klemp, Ludgera (1988): Entwicklungshilfekritik. Analyse und Dokumentation. Bonn: Deutsche Stiftung für Internationale Entwicklung.

Klingebiel, Stephan; Leiderer, Stefan; Schmidt, Petra (2007): Wie wirksam sind neue Modalitäten der Entwicklungszusammenarbeit? Erste Erfahrungen mit Programme-Based Approaches (PBAs). Discussion Paper 7/2007. Bonn: DIE.

Klingebiel, Stephan; Morazán, Pedro; Negre, Mario (2014): Szenarien für verstärkte EU-Geberkoordinierung: Wie viel Koordinierung ist sinnvoll? Bonn: DIE.

Klinnert, Christoph (2013): Die globalen Leitdokumente und Konferenzen. In: Ihne, Hartmut; Wilhelm, Jürgen (Hg): Einführung in die Entwicklungspolitik. Münster: Lit Verlag, S. 424–436.

Korte, Nina; Lucas, Viola (2013): Entwicklungsfinanzierung: Steuern als wichtiges Instrument. In: GIGA Focus Global, 06/2013, S. 1–8.

Kosack, Stephen; Tobin, Jennifer (2006): Funding Self-Sustaining Deveopment: The Role of Aid, FDI and Government in Economic Success. In: International Organization, 60(1), S. 205–243.

Krapp, Stefanie; Stockmann, Reinhard (1994): Konzepte der Bildungsförderung und ihre Umsetzung in Entwicklungsgesellschaften. In: Zeitschrift für Berufs- und Wirtschaftspädagogik, 90(4), S. 335–360.

Krapp, Stefanie; Stockmann, Reinhard (2009): Wirkungsevaluation im Kontext des M&E-Systems des Programms CYMA in Costa Rica. Unveröffentlichtes Manuskript.

Krapp, Stefanie; Vahlhaus, Martina; Gajo, Michael (2011): Gedanken zum VENRO Positionspapier zur Wirkungsbeobachtung. In: Zeitschrift für Evaluation, 2/2011, S. 320–324.

Kromka, Franz; Kreul, Walter (1991): Unternehmen Entwicklungshilfe. Samariterdienst oder die Verwaltung des Elends? Zürich: Edition Interfrom.

Kromrey, Helmut (2006): Empirische Sozialforschung. 11. Auflage. Stuttgart: UTB.

Kuhn, Katina; Rieckmann, Marco (Hg.) (2006): Wi(e)der die Armut? Positionen zu den Millenniumszielen der Vereinten Nationen. Frankfurt a.M.: Verlag für Akademische Schriften.

Lahdhiri, Manelle; Hammas, Mohamed A. (2012): The Effectiveness of External Financing Sources on Economic Growth Case of the Developing Countries of the MENA Region. In: International Journal Of Economics, 6(1), S. 131–158.

Lake, David; Baum, Mathew (2001): The Invisible Hand of Democracy. In: Comparative Political Studies, 34(6), S. 587–621.

Lambsdorff, Johann Graf (2003): How Corruption Affects Productivity. In: Kyklos, 56(4), S. 457–474.

Leeuw, Frans; Vaessen, Jos (2009): Impact Evaluations and Development. NONIE Guidance on Impact Evaluation. Washington: NONIE.

Leiderer, Stefan (2009): Budgethilfe in der Entwicklungszusammenarbeit: Weder Teufelszeug noch Allheilmittel. Analysen und Stellungnahmen. Bonn: DIE.

Leininger, Julia; Messner, Dirk (2011): Entwicklungspolitik. In: Nohlen, Dieter; Grotz, Florian (Hg.): Kleines Lexikon der Politik. 5. überarbeitete und erweiterte Auflage. München: C. H. Beck, S. 124–130.

Lensink, Robert; White, Howard (2001): Are There Negative Returns to Aid? In: Journal of Development Studies, 37(6), S. 42–65.

Limodio, Nicola (2012): The Puzzle of Aid and Growth: Any Role for Investment? In: International Review Of Applied Economics, 26(1), S. 1–26.

Lindemann, Stefan; Denzer, Annemie (2014): Was ist ein fragiler Staat? Frankfurt a.M.: KfW Bankengruppe.

Logan, Justin; Preble, Christopher (2011): Fixing Failed States: A Dissenting View. In: Coyne, Christopher J.; Mathers, Rachel L. (Hg.): The Handbook on the Political Economy of War. Cheltenham: Edward Elgar, S. 379–396.

Lomoy, Jon (2012): DAC mid-term review of Germany: Berlin, 6th November 2012. Online verfügbar unter: http://www.bmz.de/en/zentrales_downloadarchiv/Presse/47_414_1_Abschlussbericht_Brief_Lomoy_2.pdf, zuletzt eingesehen am 01.04.2015.

Lundsgaarde, Erik (2014): Bureaucratic pluralism in global development. Challenges for Germany and the United States. Discussion Paper 16/2014. Bonn: DIE.

Mack, Dorothee; Causemann, Bernward; Seitz, Klaus; Spielmans, Heike (2011): Die Semantik der Wirkungsbeobachtung oder: Wie konstruieren wir Missverständnisse? Erwiderung auf den Beitrag „Wer beweist Qualität?" in der ZfEv 1/2011. In: Zeitschrift für Evaluation, 2/2011, S. 315–319.

Mackie, James; Klingebiel, Stephan; Martins, Pedro (Hg.) (2013): European Report on Development 2013. Post-2015: Global Action for an Inclusive and Sustainable Future. Brüssel: EU.

Mahbubani, Kishore (2008): Der Mythos westlicher Entwicklungshilfe. In: E+Z Entwicklung und Zusammenarbeit, 49(2), S. 69–71.

Mallik, Girijasankar (2008): Foreign Aid and Economic Growth: A Cointegration Analysis of the Six Poorest African Countries. In: Economic Analysis And Policy, 38(2), S. 251–260.

Martens, Jens (2009): Entwicklungsfinanzierung. Doha-Konferenz 2008. In: Vereinte Nationen, 1/2009, S. 32–33.

Martinek, Michael (1981): Die Verwaltung der deutschen Entwicklungshilfe und ihr Integrationsdefizit. Bad Honef: Bock u. Herchen.

McNamara, Robert (1973): The Nairobi speech. Address to the Board of Governors. Online verfügbar unter: http://www.juerg-buergi.ch/Archiv/EntwicklungspolitikA/EntwicklungspolitikA/assets/McNamara_Nairobi_speech.pdf, zuletzt eingesehen am 20.02.2015.

Meadows, Donella H.; Meadows, Dennis L.; Randers, Jorgen; Behrens, William W. (1972): Limits to Growth. New York: New American Library.

Mekasha, Tseday J.; Tarp, Finn (2013): Aid and Growth: What Meta-analysis Reveals. In: Journal Of Development Studies, 49(4), S. 564–583.

Menzel, Ulrich (1991): Die Geschichte der Entwicklungstheorie. Hamburg: Deutsches Übersee-Institut.

Menzel, Ulrich (1992): Das Ende der Dritten Welt und das Scheitern der großen Theorie. Frankfurt a. M.: Suhrkamp.

Messner, Dirk; Nuscheler, Franz (Hg.) (1996): Weltkonferenzen und Weltberichte. Ein Wegweiser durch die internationale Diskussion. Bonn: Dietz.

Meyer, Wolfgang; Baltes, Katrin (2004): Network Failures. How realistic is durable cooperation in global governance? In: Jacob, Klaus; Binder, Manfred; Wieczorek, Anna (Hg.): Governance for Industrial Transformation. Proceedings of the 2003 Berlin Conference on the Human Dimension of Global Environmental Change. Berlin: Environmental Policy Research Centre, S. 31–51.

Meyer, Wolfgang (2007): Evaluation of sustainable development – A social science's approach. In: Schubert, Uwe; Stoermer, Eckhard (Hg.): Evaluating Sustainable Development in Europe. Concepts, Methods and Applications. Cheltenham: Edward Elgar, S. 33–50.

Meyer, Wolfgang (2009): Fallstudie: Deutscher Entwicklungsdienst (DED). In: Borrmann, Axel; Stockmann, Reinhard (Hg.): Evaluation in der deutschen Entwicklungszusammenarbeit. Band 2: Fallstudien. Studie im Auftrag des Bundesministeriums für Wirtschaftliche Zusammenarbeit und Entwicklung – BMZ. Münster: Waxmann, S. 173–198.

Meyer, Wolfgang; Rech, Jörg; Silvestrini, Stefan; Stockmann, Reinhard; Wolf, Sonja; Gaus, Hansjörg; Müller, Christoph; Keller, Daniela (2011): Wer beweist Qualität? Stellungnahme zum VENRO Positionspapier zur Wirkungsbeobachtung. In: Zeitschrift für Evaluation, 1/2011, S. 135–140.

Michaelowa, Katharina (2009): Fallstudie: Deutsche Investitions- und Entwicklungsgesellschaft mbH (DEG). In: Borrmann, Axel; Stockmann, Reinhard (Hg.): Evaluation in der deutschen Entwicklungszusammenarbeit. Band 2: Fallstudien. Studie im Auftrag des Bundesministeriums für Wirtschaftliche Zusammenarbeit und Entwicklung – BMZ. Münster: Waxmann, S. 143–171.

Min, Kyunghee; Sanidas, Elias (2011): The Impact of Foreign Aid's 7 Functional Categories on Economic Development in Recipient Countries. In: Korea And The World Economy, 12(1), S. 117–179.

Misereor (2012): Satzung des Bischöflichen Hilfswerkes MISEREOR e. V. in der Fassung vom 29.11.2012. Online verfügbar unter: http://www.misereor.de/ueber-uns/auftrag-struktur/satzung.html, zuletzt eingesehen am 07.04.2015.

Misereor (2014a): Jahresbericht 2013. Bericht des Bischöflichen Hilfswerks MISEREOR e. V., der Katholischen Zentralstelle für Entwicklungshilfe e. V. und der Helder-Camara-Stiftung. Aachen: Misereor.

Misereor (Hg.) (2014b): Wirken und Stärken. Jahresevaluierungsbericht 2013. Aachen: Misereor.

Misereor (2014c): Regelmäßig zurückblicken – Die Evaluierung. Online verfügbar unter: http://www.misereor.de/projekte/evaluierung-und-beratung/evaluierung.html, zuletzt eingesehen am 16.02.2015.

MIT Department of Economics (2015): Esther Duflo. Papers. Online verfügbar unter: http://economics.mit.edu/faculty/eduflo/papers, zuletzt eingesehen am 01.04.2015.

Moreau, Francoise (2010): Die Armut an der Wurzel packen. In ihrem ersten European Report on Development bewertet die Europäische Kommission Wege zur Überwindung fragiler Staatlichkeit. In: E+Z Entwicklung und Zusammenarbeit, 2, S. 74–75.

Molt, Peter; Kolb, Andrea (2008): Budgethilfe – ein geeignetes Instrument zum Umsetzen der Pariser Erklärung. Online verfügbar unter: http://www.kas.de/wf/doc/kas_14383-544-1-30.pdf, zuletzt eingesehen am 07.04.2015.

Mols, Manfred (1991): Entwicklung/Entwicklungstheorien. In: Nohlen, Dieter (Hg): Wörterbuch Staat und Politik. Bonn: Bundeszentrale für politische Bildung, S. 116–121.

Mosley, Paul (1980): Aid, Savings and Growth Revisited. In: Oxford Bulletin of Economics and Statistics, 42(2), S. 79–95.

Mosley, Paul; Hudson, John (1984): Aid, the Public Sector and the Marked in Less Development Countries. University of Bath, Papers in Political Economy.

Mosley, Paul (1986): Aid-effectiveness: The Micro-Macro Paradox. In: IDS Bulletin, 17(2), S. 22–27.

Moyo, Sam; Makumbe, John; Raftopoulos, Brian (2000): NGOs, the State and Politics in Zimbabwe. Harare : SAPES.

Moyo, Dambissa (2009): Dead Aid: Why Aid is Not Working and How There is a Better Way For Africa. London: Allen Lane Publishers.

Muhlen-Schulte, Arthur; Weinlich, Silke (2011): Busan und die Vereinten Nationen: Ist es Zeit, die Beziehungen zu festigen? Bonn: DIE.

Nohlen, Dieter; Nuscheler, Franz (1993): Was heißt Entwicklung? In: Nohlen, Dieter; Nuscheler, Franz (Hg.): Handbuch der Dritten Welt. Grundprobleme – Theorien – Strategien. Bonn: Dietz, S. 55–75.

Nunnenkamp, Peter; Thiele, Rainer (2009): Sind Nichtregierungsorganisationen die besseren Entwicklungshelfer? In: Perspektiven der Wirtschaftspolitik, 10(3), S. 266–289.

Nuscheler, Franz (1985): Lern- und Arbeitsbuch Entwicklungspolitik. Neue Gesellschaft. Bonn: Dietz.

Nuscheler, Franz (1992): Lern- und Arbeitsbuch Entwicklungspolitik. Dritte Auflage. Bonn: Dietz.

Nuscheler, Franz (2005): Lern- und Arbeitsbuch Entwicklungspolitik. Sechste Auflage. Bonn: Dietz.

Nuscheler, Franz (2008): Die umstrittene Wirksamkeit der Entwicklungszusammenarbeit. INEF Report 93/2008. Duisburg: Institut für Entwicklung und Frieden.

Nuscheler, Franz; Roth, Michèle (2006): Die Millenniums-Entwicklungsziele. Entwicklungspolitischer Königsweg oder ein Irrweg? Bonn: Dietz.

Obrovsky, Michael (2009): DOHA – oder die Krise der Entwicklungsfinanzierung. Briefing Paper 3. Wien: Österreichische Forschungsstiftung für Entwicklung.

OECD (2002): The DAC Journal Development Co-operation 2001 Report. Online verfügbar unter: http://www.oecd-ilibrary.org/development/the-dac-journal_journal_dev-v2-4-en, zuletzt eingesehen am 07.04.2015.

OECD (2003): Rome Declaration on Harmonisation. Online verfügbar unter: http://www.oecd.org/development/effectiveness/31451637.pdf, zuletzt eingesehen am 01.04.2015.

OECD (2004a): Joint Marrakech Memorandum. Managing for Development Results. Second International Roundtable. Online verfügbar unter: http://www.mfdr.org/documents/1JointMemorandum05feb04.pdf, zuletzt eingesehen am 01.04.2015.

OECD (2004b): Annex I to the Joint Marrakech Memorandum. Promoting a harmonized approach to managing for development results: core principles. Online verfügbar unter: http://www.mfdr.org/documents/2CorePrinciples05Feb04.pdf, zuletzt eingesehen am 01.04.2015.

OECD (2006): Germany. Development Assistance Committee. DAC Peer Review. Online verfügbar unter: http://www.oecd.org/development/peer-reviews/36058447.pdf, zuletzt eingesehen am 07.04.2015.

OECD (2008): 2008 Survey on Monitoring the Paris Declaration. Making Aid More Effective by 2010. Paris: OECD.

OECD (2010): Germany. Development Assistance Committee (DAC) Peer Review 2010. Online verfügbar unter: http://www.oecd.org/dac/peer-reviews/46439355.pdf zuletzt eingesehen am 07.04.2015.

OECD (2011a): Busan Partnership for Effective Development Co-operation. Online verfügbar unter: http://www.oecd.org/dac/effectiveness/49650173.pdf, zuletzt eingesehen am 01.04.2015.

OECD (2011b): Towards Green Growth. Online verfügbar unter: http://www.oecd.org/greengrowth/towardsgreengrowth.htm, zuletzt eingesehen am 17.02.2015.

OECD (2012): Entwicklungszusammenarbeit. Bericht 2011. Jubiläumsausgabe zum 50-jährigen Bestehen. Paris: OECD.

OECD (2013): Statistics on resource flows to developing countries. Net Disbursements of ODA to Sub-Saharan Africa by Donor. Online verfügbar unter: http://www.oecd.org/dac/stats/statisticsonresourceflowstodevelopingcountries.htm, zuletzt eingesehen am 01.04.2015.

OECD (2014a): Net ODA from DAC countries from 1950 to 2013. Online verfügbar unter: http://www.oecd.org/dac/stats/data.htm, zuletzt eingesehen am 25.11.2014.

OECD (2014b): Aid (ODA) by sector and donor [DAC5]: Open Data – Bilateral ODA by sector [DAC5]. Online verfügbar unter: http://stats.oecd.org/Index.aspx?QueryId=42232&lang=en, zuletzt eingesehen am 05.08.2014.

OECD (2014c): Net ODA by region from all donors combined. Online verfügbar unter: www.oecd.org/dac/stats/idsonline, zuletzt eingesehen am 06.02.2015.

OECD (2014d): Fragile States 2014. Domestic Revenue Mobilisation in Fragile States. Paris: OECD.

OECD (2015a): Compare your country. Official Development Assistance 2013. Online verfügbar unter: http://www.compareyourcountry.org/oda?cr=20001&lg=en, zuletzt eingesehen am 01.04.2015.

OECD (2015b): Development Co-operation Directorate (DCD-DAC). DAC members. Online verfügbar unter: http://www.oecd.org/dac/dacmembers.htm, zuletzt eingesehen am 07.04.2015.

OECD (2015c): Detailed aid statistics: Total official flows. Online verfügbar unter: http://dx.doi.org/10.1787/data-00074-en, zuletzt eingesehen am 05.02.2015.

OECD (2015d): Evaluation of development programmes. DAC Criteria for Evaluating Development Assistance. Online verfügbar unter: http://www.oecd.org/dac/evaluation/daccriteriaforevaluatingdevelopmentassistance.htm, zuletzt eingesehen am 06.02.2015.

OECD; UNDP (2014), Making Development Co-operation More Effective: 2014 Progress Report. Paris: OECD.

Olson, Mancur; Sarma, Naveen; Swamy, Anand (2000): Governance and Growth: A Simple Hypothesis Explaining Cross-Country Differences in Productivity Growth. In: Public Choice, 102 (3/4), S. 341–364.

Open Forum for CSO Development Effectiveness (2015): Activities. 4th High Level Forum on Aid Effectiveness (HLF4). Online verfügbar unter: http://cso-effectiveness.org/4th-high-level-forum-on-aid,080?lang=en, zuletzt eingesehen am 01.04.2015.

OWG (2014): Open Working Group proposal for Sustainable Development Goals. Online verfügbar unter: https://sustainabledevelopment.un.org/content/documents/1579SDGs%20Proposal.pdf, zuletzt eingesehen am 01.04.2015.

Papanek, Gustav (1973): Aid, Foreign Private Investments, Savings and Growth in Less Developed Countries. In: Journal of Political Economy, 81(1), S. 120–130.

Paulo, Sebastian; Reisen, Helmut (2009): Neue Geber, überholte Struktur. In: E+Z Entwicklung und Zusammenarbeit, 50(10), S. 386–387.

Pearson, Lester B. (1969): Der Pearson-Bericht. Bestandsaufnahme und Vorschläge zur Entwicklungspolitik. Bericht der Kommission für Internationale Entwicklung. Wien u.a.: Verlag Fritz Molden.

Perlo-Freeman, Sam; Solmirano, Carina (2014): SIPRI Fact Sheet. Trends in world military expenditure, 2013. Online verfügbar unter: http://books.sipri.org/files/FS/SIPRIFS1404.pdf, zuletzt eingesehen am 05.02.2015.

PHINEO (2014): Wirkungstransparenz bei Spendenorganisationen 2014. Berlin: PHINEO.

Picciotto, Robert (2012): Experimentalism and development evaluation: Will the bubble burst? In: Evaluation, 18(2), S. 213–229.

Plümper, Thomas (2001): Die Politik wirtschaftlichen Wachstums in autoritären Systemen. In: Politische Vierteljahresschrift, 42(1), S. 79–100.

Possinger, Sonja; von Jan, Susanne (2014): ‚Alltagstaugliche' Wirkungsevaluierungen in der Entwicklungszusammenarbeit. In: Zeitschrift für Evaluation, 2/2014, S. 287–304.

Post, Ulrich; Roll, Tim (2008): Die Entdeckung der Wirksamkeit: Die Paris Declaration on Aid Effectiveness auf dem Prüfstand. Bonn: Deutsche Welthungerhilfe e.V.

Potter, Grant (2014): Agricultural Subsidies Remain a Staple in the Industrial World. Online verfügbar unter: http://www.worldwatch.org/agricultural-subsidies-remain-staple-industrial-world-1, zuletzt eingesehen am 16.02.2015.

Prange, Astrid (2011): Konkurrenz belebt das Geschäft. Neue Geber revolutionieren die Entwicklungszusammenarbeit. Online verfügbar unter: http://www.deutschlandfunk.de/konkurrenz-belebt-das-geschaeft.724.de.html?dram:article_id=100158, zuletzt eingesehen am 07.04.2015.

Priller, Eckhard; Schupp, Jürgen (2011): Soziale und ökonomische Merkmale von Geld- und Blutspendern in Deutschland. In: DIW Wochenbericht, 29/2011, S. 3–10.

PTB (2014): Technische Zusammenarbeit. Online verfügbar unter: http://www.ptb.de/cms/de/fachabteilungen/abtq/fb-q5.html#c58203, zuletzt eingesehen am 20.08.2014.

PwC (2006): Studie zur zukünftigen Gestaltung der Durchführungsstrukturen im Bereich der staatlichen bilateralen Entwicklungszusammenarbeit. Bewertung verschiedener Modelle. Im Auftrag des Bundesministeriums für wirtschaftliche Zusammenarbeit und Entwicklung. Frankfurt a.M.: Pricewaterhouse Coopers.

Reade, Nicolà (2008): Konzept für alltagstaugliche Wirkungsevaluierungen in Anlehnung an Rigorous Impact Evaluations. Erprobung der Durchführung im Rahmen von GTZ Unabhängigen Evaluierungen. CEval Arbeitspapier Nr. 14. Online verfügbar unter: http://www.ceval.de/typo3/fileadmin/user_upload/PDFs/workpaper14_01.pdf, zuletzt eingesehen am 13.04.2015.

Reade, Nicolà (2009): Durchführung von Pilot-Wirkungsevaluationen am Beispiel des Wassersektors. In: Zeitschrift für Evaluation, 2/2009, S. 237–262.

Roodman, David (2007): The Anarchy of Numbers: Aid, Development and Cross-country Empirics. In: World Bank Economic Review, 21(2), S. 255–277.
Rose, Matthew D.; Pollmeier, Achim (2013): Ministerium für Selbsthilfe. Unter dem Liberalen Dirk Niebel leidet der Ruf der deutschen Entwicklungspolitik. Online verfügbar unter: www.zeit.de/2013/22, zuletzt eingesehen am 07.04.2015.
Rosenstein, Barbara (2013): Mapping of National Evaluation Policies. Commissioned by Parliamentarians Forum on Development Evaluation in South Asia Jointly with EvalPartners. Online verfügbar unter: http://www.mymande.org/evalpartners/blogs/mapping-status-national-evaluation-policies, zuletzt eingesehen am 07.02.2015
Rossi, Peter H.; Lipsey, Mark W.; Freeman, Howard E. (1999): Evaluation. A Systematic Approach. Thousand Oaks: Sage.
Rossi, Peter H.; Lipsey, Mark W.; Freeman, Howard E. (2004): Evaluation. A Systematic Approach. 7. Auflage. Thousand Oaks: Sage.
Sachs, Wolfgang (1989): Zur Archäologie der Entwicklungsidee. In: epd-Entwicklungspolitik, 10, S. 24–31.
Sachs, Jeffrey D. (2007): Das Ende der Armut: Ein ökonomisches Programm für eine gerechtere Welt. München: Siedler Verlag.
Sangmeister, Hartmut (2009): Entwicklung und internationale Zusammenarbeit: Eine Einführung. Baden-Baden: Nomos.
Schimank, Uwe (1983): Das außenpolitische Interorganisationsnetz als Hemmnis einer eigenständigen deutschen Entwicklungspolitik. In: Glagow, Manfred (Hg.): Deutsche Entwicklungspolitik: Aspekte und Probleme ihrer Entscheidungsstruktur. Bielefelder Studien zur Entwicklungssoziologie. Bd. 19. Saarbrücken: Breitenbach, S. 51–86.
Schmidt, Petra (2005): Budgethilfe in der Entwicklungszusammenarbeit der EU. Bonn: DIE.
Schmidt, Petra (2009): Erste Ergebnisse der Budgethilfe in ausgewählten Ländern. Gutachten im Auftrag der KfW Entwicklungsbank. Frankfurt a. M.: KfW Bankengruppe.
Schneckener, Ulrich (2004): States at Risk. Fragile Staaten als Sicherheits- und Entwicklungsproblem. Berlin: Stiftung Wissenschaft und Politik.
Seidl, Irmi; Zahrnt, Angelika (2010): Postwachstumsgesellschaft. Konzepte für die Zukunft. Marburg: Metropolis Verlag.
Seitz, Volker (2009): Afrika wird armregiert oder Wie man Afrika wirklich helfen kann. München: Deutscher Taschenbuch Verlag.
Senghaas, Dieter (1994): Wohin driftet die Welt? Über die Zukunft friedlicher Koexistenz. Berlin: Suhrkamp.
Siebold, Thomas (1995): Die sozialen Dimensionen der Strukturanpassung – eine Zwischenbilanz. Duisburg: Gerhard-Mercator-Universität.
Sieler, Simone (2015): „TOSD": Neue Messgröße für öffentliche Entwicklungsfinanzierung. In: Entwicklungspolitik Kompakt, 3. Online verfügbar unter: https://www.kfw-entwicklungsbank.de/PDF/Download-Center/PDF-Dokumente-Development-Research/2015-01-28_EK_TOSD.pdf, zuletzt eingesehen am 07.02.2015.
Silvestrini, Stefan; Wolf, Sonja (2012): Ex-ante Evaluation of the GIZ Program „Skills Development for Green Jobs". Im Auftrag der GIZ, Eschborn. Unveröffentlichtes Manuskript.
Spielmans, Heike; Rosenboom, Jana (2013): Mitmachen – oder Mit-Gestalten? Die Engagementpolitik des BMZ. In: Klein, Ansgar; Sprengel, Rainer; Neuling, Johanna (Hg.): Jahrbuch Engagementpolitik 2013. Staat und Zivilgesellschaft. Schwalbach: Wochenschau Verlag, S. 29–33.
Stallings, Barbara (1993): The New International Context of Development. In: Items, 47(1), S. 1–11.
Stiftung Warentest (2014): Spendenorganisationen von Prominenten: So spenden Sie mit Herz und Verstand. In: Finanztest, 11/2014, S. 14–18.
Stiglitz, Joseph E. (2004): Die Schatten der Globalisierung. München: Goldmann.

Stockmann, Reinhard (1990): Administrative Probleme der staatlichen
  Entwicklungszusammenarbeit – Entwicklungsengpässe im Bundesministerium für
  wirtschaftliche Zusammenarbeit. In: Glagow, Manfred (Hg.): Deutsche und internationale
  Entwicklungspolitik. Zur Rolle staatlicher, supranationaler und nicht-regierungsabhängiger
  Organisationen im Entwicklungsprozeß der Dritten Welt. Opladen: Westdeutscher Verlag,
  S. 35–76.
Stockmann, Reinhard (1992): Die Nachhaltigkeit von Entwicklungsprojekten. Eine Methode zur
  Evaluierung am Beispiel von Berufsbildungsprojekten. Opladen: Westdeutscher Verlag.
Stockmann, Reinhard; Gaebe, Wolf (Hg.) (1993): Hilft die Entwicklungshilfe langfristig?
  Bestandsaufnahme zur Nachhaltigkeit von Entwicklungsprojekten. Opladen: Westdeutscher
  Verlag.
Stockmann, Reinhard (1996a): Defizite in der Wirkungsbeobachtung. Ein unabhängiges
  Evaluationsinstitut könnte Abhilfe schaffen. In: E+Z Entwicklung und Zusammenarbeit, 37(8),
  S. 206–209.
Stockmann, Reinhard (1996b): Überlegungen zur Gründung eines Zentrums für die Evaluation der
  Entwicklungszusammenarbeit (ZEEZ). Auszug aus einem Vortrag anlässlich einer Konferenz des
  Deutschen Übersee-Instituts zur „Erfolgskontrolle in der entwicklungspolitischen
  Zusammenarbeit" am 10. und 11. Juni 1996 in Hamburg.
Stockmann, Reinhard (1996c): Die Wirksamkeit der Entwicklungshilfe. Eine Evaluation der
  Nachhaltigkeit von Programmen und Projekten. Opladen: Westdeutscher Verlag.
Stockmann, Reinhard (1998): Viel Kritik – aber wenig profundes Wissen: Der Mangel an
  Erkenntnissen über die Wirksamkeit der Entwicklungszusammenarbeit und wie er behoben
  werden könnte: In: Brüne, Stefan (Hg.): Erfolgskontrolle in der entwicklungspolitischen
  Zusammenarbeit. Hamburg: Schriften des Übersee-Instituts, S. 88–123.
Stockmann, Reinhard (2000): Evaluation staatlicher Entwicklungspolitik. In: Stockmann, Reinhard
  (Hg.): Evaluationsforschung. Grundlagen und ausgewählte Forschungsfelder. Wiesbaden:
  VS Verlag, S. 375–407.
Stockmann, Reinhard; Meyer, Wolfgang; Krapp Stephanie; Köhne, Gerhard (2000): Wirksamkeit
  deutscher Berufsbildungszusammenarbeit. Ein Vergleich staatlicher und nicht-staatlicher
  Programme in der Volksrepublik China. Wiesbaden: Westdeutscher Verlag.
Stockmann, Reinhard (2002): Herausforderungen und Grenzen, Ansätze und Perspektiven der
  Evaluation in der Entwicklungszusammenarbeit. In: Zeitschrift für Evaluation, 1/2002,
  S. 137–150.
Stockmann, Reinhard; Krapp, Stefanie (2005): Evaluation des DAAD-Programmbereichs. Stipendien
  für Ausländer. Saarbrücken: Centrum für Evaluation.
Stockmann, Reinhard (2006): Evaluation und Qualitätsentwicklung. Eine Grundlage für
  wirkungsorientiertes Qualitätsmanagement. Münster: Waxmann.
Stockmann, Reinhard; Meyer, Wolfgang (2006): Evaluation von Nachhaltigkeit. Studienbrief zum
  Fernstudium „Nachhaltige Entwicklungszusammenarbeit". Kaiserslautern: Technische
  Universität.
Stockmann, Reinhard; Meyer, Wolfgang (2010): Evaluation. Eine Einführung. Leverkusen: Barbara
  Budrich, UTB.
Stockmann, Reinhard (2012): Von der Idee zur Institution. Institut für deutsche
  Entwicklungsevaluierung gegründet. In: Zeitschrift für Evaluation, 1/2012, S. 85–93.
Stockmann, Reinhard (2014): The Future of Evaluation: Prospects and Challenges. In: Ciencias
  Económicas, 32(1), S. 183–204.
Stockmann, Reinhard; Meyer, Wolfgang (Hg.) (2015): The Future of Evaluation. London: Palgrave
  Macmillan.
Stoneman, Colin (1975): Foreign Capital and Economic Growth. In: World Development, 3(1),
  S. 11–26.

Svensson, Jacob (1999): Aid, Growth and Democracy. In: Economics and Politics, 11(3), S. 275–297.
Take, Ingo (2002): NGOs im Wandel: Von der Graswurzel auf das diplomatische Parkett. Wiesbaden: Westdeutscher Verlag.
Tetzlaff, Rainer (1993): Strukturanpassung – das kontroverse entwicklungspolitische Paradigma in den Nord-Süd-Beziehungen. In: Nohlen, Dieter; Nuscheler, Franz (Hg.): Handbuch der Dritten Welt. Berlin/Bonn: Dietz, S. 420–445.
Tetzlaff, Rainer (1996): Weltbank und Währungsfonds – Gestalter der Bretton Wodds Ära. Opladen: Leske und Budrich.
Tezanos, Sergio; Quiñones, Ainoa; Guijarro, Marta (2013): Inequality, aid and growth: Macroeconomic impact of aid grants and loans in Latin America and the Caribbean. In: Journal of Applied Economics, 16(1), S. 153–177.
Tran, Van H. (2009): Impact of Official Development Assistance on Developing Asia's Growth: A Substantive Econometric Study for Policy Analysis. In: Journal Of Quantitative Economics, New Series, 7(2), S. 120–133.
Truman, Harry S. (1949): Truman's Inaugural Address, January 20, 1949. Online verfügbar unter: http://www.trumanlibrary.org/whistlestop/50yr_archive/inagural20jan1949.htm, zuletzt eingesehen am 20.02.2015.
Transparency International (2013): CPI 2013. Tabellarisches Ranking. Online verfügbar unter: http://www.transparency.de/Tabellarisches-Ranking.2400.0.html, zuletzt eingesehen am 07.04.2015.
Transparency International (2014): Short methodological note. Online verfügbar unter: http://www.transparency.de/Haeufig-gestellte-Fragen-und-A.2572.0.html, zuletzt eingesehen am 07.04.2015.
Transparency International (2015): Corruption Perceptions Index (CPI). Online verfügbar unter: http://www.transparency.de/Corruption-Perceptions-Index.2164.0.html, zuletzt eingesehen am 13.04.2015.
UN (1992): Rio Declaration on Environment and Development 1992. New York: United Nations.
UN (2002a): Bericht des Weltgipfels für nachhaltige Entwicklung. Johannesburg (Südafrika), 26. August–4. September 2002. New York: United Nations.
UN (2002b): Bericht der Internationalen Konferenz über Entwicklungsfinanzierung. Monterrey (Mexiko), 18.–22. März 2002. New York: United Nations.
UN (2005): 2005 World Summit Outcome. New York: United Nations.
UN (2009): Implementing the responsibility to protect. Report of the Secretary-General. New York: United Nations.
UN (2012a): Millenniums-Entwicklungsziele. Bericht 2012. New York: United Nations.
UN (2012b): Resolution adopted by the General Assembly on 27 July 2012. The Future We Want. New York: United Nations.
UN (2013a): A life of dignity for all: accelerating progress towards the Millennium Development Goals and advancing the United Nations development agenda beyond 2015. Report of the Secretary-General. New York: United Nations.
UN (2013b): Draft resolution submitted by the President of the General Assembly. Outcome document of the special event to follow up efforts made towards achieving the Millennium Development Goals. New York: United Nations.
UN (2014a): Fulfilling our collective responsibility: International assistance and the responsibility to protect. Report of the Secretary-General. New York: United Nations.
UN (2014b): Millenniums-Entwicklungsziele. Bericht 2014. New York: United Nations.
UN (2015): Millennium Development Goals Indicators. The official United Nations site for the MDG indicators. Official List of MDG indicators. Online verfügbar unter: http://unstats.un.org/unsd/mdg/Host.aspx?Content=Indicators/OfficialList.htm, zuletzt eingesehen am 01.04.2015.

UN Department of Economic and Social Affairs (2014): Sustainable Development Knowledge Platform. Small Island Developing States. Online verfügbar unter: http://sustainabledevelopment.un.org/index.php?menu=203, zuletzt eingesehen am 15.10.2014.
UN Department of Economic and Social Affairs (2015): Sustainable Development Knowledge Platform. Sustainable Development Goals. Open Working Group. Online verfügbar unter: https://sustainabledevelopment.un.org/index.php?menu=1549, zuletzt eingesehen am 01.04.2015.
UN Division for Sustainable Development (2012): A Guidebook to the Green Economy (issue 1): Green economy, green growth, and low-carbon development – History, definitions and a guide to recent publications. Online verfügbar unter: http://www.uncsd2012.org/content/documents/528Green%20Economy%20Guidebook_100912_FINAL.pdf, zuletzt eingesehen am 13.04.2015.
UNDP (2008): Accra Agenda for Action. Online verfügbar unter: http://mdtf.undp.org/document/download/1, zuletzt eingesehen am 01.04.2015.
UN Environment Programme (2011): Towards a Green Economy. Pathways to Sustainable Development and Poverty Eradication. Online verfügbar unter: http://www.unep.org/greeneconomy/GreenEconomyReport/tabid/29846, zuletzt eingesehen am 13.04.2015.
UNRIC (2015): Charta der Vereinten Nationen und Statut des Internationalen Gerichtshofs. Online verfügbar unter: http://www.unric.org/html/german/pdf/charta.pdf, zuletzt eingesehen am 01.04.2015.
VENRO (Hg.) (2010): Qualität statt Beweis. VENRO Positionspapier 2/2010 zur Wirkungsbeobachtung. Bonn: VENRO.
VENRO (Hg.) (2011): Niebels Alleingang: Das BMZ-Konzeptpapier „Chancen schaffen – Zukunft entwickeln". Standpunkt Nr. 2/Oktober 2011. Bonn: VENRO.
VENRO (Hg.) (2013a): Standpunkt: Verpasste Chancen! Eine Bilanz von vier Jahren Entwicklungspolitik der Bundesregierung. Standpunkt Nr. 2/Juni 2013. Bonn: VENRO.
VENRO (Hg.) (2013b): Koalitionsvertrag: Politikwechsel verfehlt – Trotz positiver Ansätze keine Trendwende in Sicht. Standpunkt Nr. 4/Dezember 2013. Bonn: VENRO.
VENRO (Hg.) (2014a): Acht Kernpunkte einer neuen globalen Entwicklungs- und Nachhaltigkeitsagenda für die Zeit nach 2015. Positionspapier 1/2014. Bonn: VENRO.
VENRO (2014b): Satzung des Verbandes Entwicklungspolitik und Humanitäre Hilfe deutscher Nichtregierungsorganisationen e. V. Verabschiedet auf der Mitgliederversammlung am 09.12.2014. Online verfügbar auf: http://venro.org/uploads/tx_igpublikationen/VENRO-Satzung_2014.pdf, zuletzt eingesehen am 07.04.2015.
VENRO (Hg.) (2014c): Wirkungserfassung in der entwicklungspolitischen Inlandsarbeit. Eine methodische Bestandsaufnahme von Evaluationen zivilgesellschaftlicher Angebote. Bonn: VENRO.
VENRO (Hg.) (2014d): Financing for Sustainable Development in the Future. Position Paper 2/2014. Berlin: VENRO.
Wallace, Tina (2007): The aid chain: Coercion and commitment in development NGOs. Warwickshire u. a.: Practical Action Publ.
Wapenhans, Willi (1992): The Report of the Task Force on Portfolio Management. Washington: Weltbank.
Wardenbach, Klaus (2013): Nicht-staatliche Akteure in der deutschen Entwicklungspolitik. In: Ihne, Hartmut; Wilhelm, Jürgen (Hg): Einführung in die Entwicklungspolitik. Münster: Lit Verlag, S. 392–400.
Weber, Max (2002): Wirtschaft und Gesellschaft: Grundriss der verstehenden Soziologie. 5. Auflage. Tübingen: Mohr Siebeck.
Weltbank (1998): Assessing Aid. What Works, What Doesn't and Why. Washington: Weltbank.
Weltbank (2012): What are my career options. Online verfügbar unter: http://web.worldbank.org/WBSITE/EXTERNAL/EXTJOBSNEW/0,,contentMDK:23123081~menuPK:8453466~

pagePK:8453902~piPK:8453359~theSitePK:8453353~isCURL:Y,00.html, zuletzt eingesehen am 20.02.2015.

Weltbank (2012): Inclusive Green Growth. The Pathway to Sustainable Development. Washington: Weltbank.

Weltbank (2013a): The World Bank Annual Report 2013. Washington: Weltbank.

Weltbank (2013b): MIGA Annual Report 2013. Online verfügbar unter: http://www.miga.org/documents/AR13_Highlights.pdf, zuletzt eingesehen am 20.02.2015.

Weltbank (2013c): World Development Report 2014. Risk and Opportunity. Managing Risk for Development. Washington: Weltbank.

Weltbank (2014): World Development Indicators: Aid dependency. Online verfügbar unter: http://wdi.worldbank.org/table/6.11#, zuletzt eingesehen am 05.02.2015.

Weltbank (2015a): Member Countries. Online verfügbar unter: http://www.worldbank.org/en/about/leadership/members#1, zuletzt eingesehen am 20.02.2015.

Weltbank (2015b): Voting Powers. Online verfügbar unter: http://go.worldbank.org/PJO3US5APO, zuletzt eingesehen am 20.02.2015.

Weltbank (2015c): World Bank Group. Five Institutions, One Group. Online verfügbar unter: http://www.worldbank.org/en/about, zuletzt eingesehen am 01.04.2015.

Welthungerhilfe (Hg.) (2011): Annual Report of Welthungerhilfe 2010 – Evaluation. Bonn: Welthungerhilfe.

Welthungerhilfe; Terre des Hommes Deutschland (Hg.) (2013): Die Wirklichkeit der Entwicklungspolitik 2013. Eine kritische Bestandsaufnahme der deutschen Entwicklungszusammenarbeit. 21. Bericht. Online verfügbar unter: http://www.welthungerhilfe.de/ueber-uns/mediathek/whh-artikel/21-bericht-zur-wirklichkeit-entwicklungspolitik.html, zuletzt eingesehen am 01.04.2015.

Welthungerhilfe; Terre des Hommes Deutschland (Hg.) (2014): Die Wirklichkeit der Entwicklungspolitik 2014. Eine kritische Bestandsaufnahme der deutschen Entwicklungszusammenarbeit. 22. Bericht. Online verfügbar unter: http://www.welthungerhilfe.de/bericht-wirklichkeit-entwicklungspolitik.html, zuletzt eingesehen am 01.04.2015.

White, Howard (2006): Impact Evaluation. The Experience of the Independent Evaluation Group of the World Bank. Washington: Weltbank.

Williamson, John (1990): The Progress of Policy Reform in Latin America. Washington: Institute for International Economics.

Williamson, John (1997): The Washington Consensus Revisited. In: Emmerij, Louis (Hg.): Economic and Social Development into the XXI Century. Washington: Inter-American Development Bank, S. 48–61.

Wolff, Jürgen H. (1995): Entwicklungspolitik – Entwicklungsländer. Fakten – Erfahrungen – Lehren. München: Olzog.

Wolff, Jürgen H. (2005): Entwicklungshilfe: Ein hilfreiches Gewerbe? Versuch einer Bilanz. Münster: Lit Verlag.

Wood, Bernard; Kabell, Dorte; Muwanga, Nansozi; Sagasti, Francisco (Hg.) (2008): Evaluation of the Implementation of the Paris Declaration. Phase One. Synthesis Report. Copenhagen: Ministry of Foreign Affairs of Denmark.

Wood, Bernard; Betts, Julia; Etta, Florence; Gayfer, Julian; Kabell, Dorte; Ngwira, Naomi; Sagasti, Francisco; Samaranayake, Mallika (2011): The Evaluation of the Paris Declaration. Phase Two. Final Report. Copenhagen: Ministry of Foreign Affairs of Denmark.

World Commission on Environment and Development (1987): Report of the World Commission on Environment and Development: Our Common Future. New York: United Nations.

WTO (2015): What is the WTO? Online verfügbar unter: http://www.wto.org/english/thewto_e/whatis_e/whatis_e.htm, zuletzt eingesehen am 20.02.2015.

ZFD (2015): Konsortium ZFD. Online verfügbar unter: http://www.ziviler-friedensdienst.org/de/konsortium-zfd, zuletzt eingesehen am 07.04.2015.
Zimmer, Annette; Priller, Eckhard (Hg.) (2004): Future of Civil Society. Making Central European Nonprofit-Organizations Work. Wiesbaden: VS Verlag.
Zürcher, Christoph (2009): Anwendung eines Mixed-Methods-Surveys in Nordost-Afghanistan. In: Zeitschrift für Evaluation, 2/2009, S. 215–236.

Abkürzungsverzeichnis

3IE	International Initiative for Impact Evaluation
AA	Auswärtiges Amt
ACPC	Association of Coffee Producing Countries
AGDF	Aktionsgemeinschaft Dienst für den Frieden
AGEH	Arbeitsgemeinschaft für Entwicklungshilfe e.V.
AKP	Afrika, Karibik, Pazifik
ATTAC	Association pour la Taxation des Transactions financières et pour l'Action Citoyenne
AURA	Entwicklungspolitischer Auftragsrahmen
AvH	Alexander von Humboldt-Stiftung
AwZ	Ausschuss für wirtschaftliche Zusammenarbeit und Entwicklung
BCI	Basic Capabilities Index
BfE	Bundesstelle für Entwicklungshilfe
BGR	Bundesanstalt für Geowissenschaften und Rohstoffe
BIC	Brasilien, Indien, China
BIP	Bruttoinlandsprodukt
BKM	Beauftragter der Bundesregierung für Kultur und Medien
BMBF	Bundesministerium für Bildung und Forschung
BMELV	Bundesministerium für Ernährung, Landwirtschaft und Verbraucherschutz
BMF	Bundesministerium der Finanzen
BMG	Bundesministerium für Gesundheit
BMI	Bundesministerium des Innern
BMU	Bundesministerium für Umwelt, Naturschutz u. Reaktorsicherheit
BMUB	Bundesministerium für Umwelt, Naturschutz, Bau und Reaktorsicherheit
BMWi	Bundesministerium für Wirtschaft und Energie
BMZ	Bundesministerium für wirtschaftliche Zusammenarbeit und Entwicklung
BNE	Bruttonationaleinkommen
BRH	Bundesrechnungshof
BRICS	Brasilien, Russland, Indien, China, Südafrika
BTI	Bertelsmann Transformation Index
CCCC	Common Code for the Coffee Community
CDG	Carl Duisberg Gesellschaft e.V.
CDI	Commitment to Development Index
CEDAW	Convention on the Elimination of All Forms of Discrimination against Women
CESCR	UN-Kommission für wirtschaftliche, soziale und kulturelle Rechte
CEval	Centrum für Evaluation
CFC	Common Fund for Commodities
CFI	Christliche Fachkräfte International e.V.
CGD	Center for Global Development

CIM	Centrum für internationale Migration und Entwicklung
CLEAR	Regional Centers for Learning on Evaluation and Results
CPM	Capability Poverty Measure
CRM	Child Risk Measure
CSD	Commission on Sustainable Development
CSIS	Center for Strategic and International Studies
DAAD	Deutscher Akademischer Austauschdienst
DAC	Development Assistance Committee der OECD
DDA	Doha Development Agenda
DED	Deutscher Entwicklungsdienst
DEG	Deutsche Investitions- und Entwicklungsgesellschaft
DEval	Deutsches Evaluierungsinstitut der Entwicklungszusammenarbeit gGmbH
DFG	Deutsche Forschungsgemeinschaft
DFID	Department for International Development
DIE	Deutsches Institut für Entwicklungspolitik
DO	Durchführungsorganisationen
DSE	Deutsche Stiftung für Internationale Entwicklung
DSW	Deutsche Stiftung Weltbevölkerung
DÜ	Dienste in Übersee gGmbH
DWHH	Deutsche Welthungerhilfe
DZI	Deutsches Zentralinstitut für soziale Fragen
EBA	Everything but Arms
ECOSOC	Wirtschafts- und Sozialrat der UNO
EED	Evangelischer Entwicklungsdienst
EES	European Evaluation Society
EIRENE	Internationaler Christlicher Friedensdienst
EITI	Extractive Industries Transparency Initiative
EPAs	Economic Partnership Agreements
EU	Europäische Union
EL	Entwicklungsländer
EZ	Entwicklungszusammenarbeit
FAO	Food and Agriculture Organization
FARC	Revolutionary Armed Force of Colombia
FDI	ausländische Direktinvestitionen
FES	Friedrich-Ebert-Stiftung
FNS	Friedrich-Naumann-Stiftung für die Freiheit
FZ	Finanzielle Zusammenarbeit
GAD	Gender and Development
GAP	Gemeinsame Agrarpolitik
GATS	General Agreement on Trade in Services
GATT	General Agreement on Tariffs and Trade
GAVI	Global Alliance for Caccines and Immunzation
GCIM	Global Commission on International Migration

GEO	Weltumweltorganisation
GfK	Gesellschaft für Konsumforschung
GFK	Genfer Flüchtlingskonvention
GIZ	Deutsche Gesellschaft für Internationale Zusammenarbeit mbH
GNH	Gross National Happiness
GPEDC	Global Partnership for Effective Development Cooperation
GTZ	Deutsche Gesellschaft für Technische Zusammenarbeit mbH
GTZ IS	GTZ International Services
GUS	Gemeinschaft Unabhängiger Staaten
HBS	Heinrich-Böll-Stiftung
HDI	Human Development Index
HLP	High-level Panel of Eminent Persons on the Post-2015 Development Agenda
HPI	Human Poverty Index
HSS	Hanns-Seidel-Stiftung
IAASTD	International Assessment of Agricultural Science and Technology for Development
IBRD	International Bank for Reconstruction and Development
ICC	Internationaler Strafgerichtshof
ICISS	International Commission on Intervention and State Sovereignty
ICPD	Weltbevölkerungskonferenz
ICSID	International Centre for Settlement of Investment Disputes
IDA	International Development Association
IDEAS	International Development Evaluation Association
IDPs	Internally Displaced Persons
IFAD	Internationaler Fonds für Agrarentwicklung
IFC	International Finance Corporation
IFPRI	International Food Policy Research Institute
IL	Industrieländer
ILO	International Labour Organisation
InWEnt	Internationale Weiterbildung und Entwicklung gGmbH
IOCE	International Organization for Cooperation in Evaluation
IOM	International Organization for Migration
IPCC	Intergovernmental Panel on Climate Change
ISI	Importsubstitutionsindustrialisierung
IWF	Internationaler Währungsfonds
KAS	Konrad-Adenauer-Stiftung
KfW	Kreditanstalt für Wiederaufbau
KI	Kommunistische Internationale
LDC	Least Developed Countries
LICUS	Low Income Countries Under Stress
LLDCs	Least Developed Countries
LME	Londoner Metallbörse
LSMS	Living Standard Measurement Survey

MDGs	Millennium Development Goals
MFA	Multifaserabkommen
MIGA	Multilateral Investment Guarantee Agency
MITI	Ministry of International Trade and Industry
MOE	Länder in Mittel- und Osteuropa
MPI	Multidimensional Poverty Index
NAPACH	Anteil der Kinder, der die Grundschule nicht besucht hat
NGOs	Nongovernmental Organizations
NIC	National Intelligence Council
NICs	New Industrializing Countries
NONIE	Network of Networks Impact Evaluation Initiative
NRO	Nichtregierungsorganisationen (siehe NGOs)
NUS	Neue Unabhängige Staaten
OA	Official Assistance
ODA	Official Development Assistance
OECD	Organisation für wirtschaftliche Zusammenarbeit und Entwicklung
OPEC	Organization of Petroleum Exporting Countries
OWG	Open Working Group
pbi	peace brigades international
PGF	Programmorientierte Gemeinschaftsfinanzierung
PIK	Potsdamer Institut für Klimafolgenforschung
PPA	Participatory Poverty Assessment
PPP	Public Private Partnership
PPP	Purchasing Power Parity
PRSP	Poverty Reduction Strategy Papers
PTB	Physikalisch-Technische Bundesanstalt
PVS	Politische Vierteljahresschrift
PwC	Pricewaterhouse Coopers
PWYP	Publish What You Pay
PZ	Personelle Zusammenarbeit
QI	Qualitätsinfrastruktur
R2P	Responsibility to Protect
RLS	Rosa-Luxemburg-Stiftung
SDGs	Sustainable Development Goals
SDT	Special and Differential Treatment
SIPRI	Stockholm International Peace Research Institute
SWAp	Sector Wide Approaches
TFR	Total Fertility Rate
TOSD	Total Official Support for Sustainable Development
ToT	Terms of Trade
TRIPS	Trade Related Aspects of Intellectual Property Rights
TTIP	Transatlantic Trade and Investment Partnership
TZ	Technische Zusammenarbeit

UN	United Nations
UNAIDS	Gemeinsames Programm der Vereinten Nationen zu HIV/AIDS
UNCCD	Konvention zur Bekämpfung der Desertifikation
UNCED	United Nations Conference on Environment and Development
UNCHS	United Nations Centre for Human Settlements
UNCLOS	United Nations Convention on the Law of the Sea
UNCTAD	United Nations Conference on Trade and Development
UNDP	United Nations Development Programme
UNDWT	Anteil untergewichtiger Kinder
UNEP	United Nations Umweltprogramm
UNFPA	United Nations Fund for Population Activities
UNHCR	United Nations High Commissioner for Refugees
UNHCHR	United Nations Hochkommissar für Menschenrechte
UNICEF	United Nations Children's Fund
UNIFEM	UN Development Fund for Women
USMR	Rate der Kindersterblichkeit
VEM	Vereinte Evangelische Mission
VENRO	Verband Entwicklungspolitik und Humanitäre Hilfe deutscher Nichtregierungsorganisationen e.V.
VN	Vereinte Nationen
WB	Weltbank
WBGU	Wissenschaftliche Beirat Globale Umweltveränderungen
WEED	Weltwirtschaft, Ökologie und Entwicklung
WFD	Weltfriedensdienst
WHO	World Health Organization
WFP	United Nations Welternährungsprogramm
WRI	World Ressources Institute
WSSD	Weltgipfel über nachhaltige Entwicklung
WTO	World Trade Organization
WZ	Wirtschaftliche Zusammenarbeit
ZAV	Zentrale Auslands- und Fachvermittlung der Bundesagentur für Arbeit
ZFD	Ziviler Friedensdienst
ZOPP	Zielorientierte Projektplanung

Autoren

Dr. Reinhard Stockmann
Professor für Soziologie, Direktor des Centrums für Evaluation (CEval), Geschäftsführender Herausgeber der Zeitschrift für Evaluation und Leiter des Studiengangs Master of Evaluation an der Universität des Saarlandes.
Schwerpunkte: Entwicklungszusammenarbeit und -politik, Evaluationsforschung, Bildung; zahlreiche in fünf Sprachen übersetzte Lehrbücher, Monografien und andere Veröffentlichungen.

Dr. Ulrich Menzel
bis September 2015 Professor am Lehrstuhl für Internationale Beziehungen und Vergleichende Regierungslehre am Institut für Sozialwissenschaften der TU Braunschweig.
Schwerpunkte: Theorie der Internationalen Beziehungen, Internationale Politische Ökonomie, Entwicklungstheorie und Nord-Süd-Beziehungen, Friedens- und Konfliktforschung, Globalisierung und Global Governance; etwa 620 Veröffentlichungen, darunter 28 Monografien mit Übersetzungen in zwölf Sprachen.

Foto: Jürgen Bauer

Dr. Franz Nuscheler
emeritierter Professor für Internationale und Vergleichende Politik, Senior Fellow der Johannes Kepler Universität Linz, langjähriger Leiter des INEF (Institut für Entwicklung und Frieden) an der Universität Duisburg-Essen, Autor und Herausgeber zahlreicher Lehrbücher zur Entwicklungspolitik und zu den Nord-Süd-Beziehungen, Mitglied zahlreicher nationaler und internationaler Kommissionen und Gutachtergremien.